AF750418

L'INTELLIGENCE TERRITORIALE POUR L'ATTRACTIVITÉ ÉCONOMIQUE DES VILLES

Ouvrage collectif en hommage au professeur Jean-Roger Éssombè Édimo Nya Bonabébé

Sous la direction de

Gérard TCHOUASSI et Auguste MPACKO PRISO

L'INTELLIGENCE TERRITORIALE POUR L'ATTRACTIVITÉ ÉCONOMIQUE DES VILLES

Ouvrage collectif en hommage au professeur Jean-Roger Éssombè Édimo Nya Bonabébé

Préface d'Ivan SAMSON

L'Harmattan
Cameroun

5-7, rue de l'Ecole-Polytechnique - 75005 Paris
http://www.editions-harmattan.fr
ISBN : 978-2-336-57881-1
EAN : 9782336578811

Comité scientifique

Secrétariat scientifique

Chef de Secrétariat

- M. JIOKENG TCHOUGON Elie Fernand (Université de Yaoundé II)

Membres

- M. AWAH MANGA Lucien (Université de Yaoundé II)
- M. ESSOMME Innocent (Université de Yaoundé II)
- Mme KAMGA KAMGA Chrysleine Chantale (Université de Yaoundé II)
- M. OWONA MBOUROU (Université Ibnou Zohr)
- M. OYIE AVOULOU Michel (Université de Yaoundé II)
- M. YAYA SAIDOU (Université de Yaoundé II)

Liste des contributeurs

- Abakar SOULEYMANE
- Alex-Vidal ELLA BA ZAMBO
- Alice Brondinne SINGUI NDOMBI
- Audrey Guylène NGUETCHOUO DOMTCHOUANG
- Auguste MPACKO PRISO
- Aurore Sara Sophie NGO BALEPA
- Marie Thérèse BILO'O ALO'O
- Bainone DANZOUMBE
- Bourkou Dédé EL HADJ
- Bruno TACTOUM DJELOTSA
- Célestin MAYOUKOU
- Chrysleine Chantale KAMGA KAMGA
- Charnel NGUEDIA DJOUGHO
- Christian KAMENGA
- David SOSSO NJANGUI
- Derick NDO ETOA
- Dieudonné LEKANE TSOBGOU
- Donald Eric KAMGA
- Elie Fernand JIOKENG TCHOUGON
- Elie NGONGANG
- Eloi TIIGRIBE
- Emmanuel NANA MBAFONG
- François KOUM
- Franky TAGNE
- Gérard TCHOUASSI
- Henri Aurelien ATÉBA BOYOMO
- Innocent ESSOMME
- Ivan SAMSOM
- Jean Bernard AWONO MONO

- Jean TCHITCHOUA
- Jean-Roger ÉSSOMBÈ ÉDIMO NYA BONABÉBÉ
- Lineda Massona KAMCHE
- Johannas Martial NGANKEU
- Jolin TAFELEFACK
- Julien Grégoire ONGUENE ATÉBA
- Louis Bernard TCHUIKOUA
- Lucien Armel AWAH MANGA
- Magloire GOLOUM
- Marcellin Stéphane BELLA NGADENA
- Michel Stéphane Landry OYIE AVOULOU
- Ngwen NGANGUE
- Parfait TOMO CHRISTIAN
- Patrick NDZANA OLOMO
- Pierre Anicet NGUELE
- Pierre Patrick DZOU
- Soulemanou
- Sylain TCHAGUI
- Taher Doutoum MAHAMAT
- Tahir Cherif BRAHIM
- Théogène NSENGIYUMVA
- Thomas GAHAMANYI NIYONZIMA

Voici un ouvrage collectif pluridisciplinaire novateur, rédigé en hommage à un collègue, un maître, un Professeur titulaire de classe exceptionnelle, par des théoriciens, des praticiens de l'économie géographique et du territoire. Les thématiques abordées dans cet ouvrage sont actuelles et pertinentes, et traitent des questions au centre des préoccupations de la ville d'aujourd'hui et de demain.

Cet ouvrage interpelle les apprenants, les formateurs, les auditeurs, les experts, les universitaires et les décideurs qui s'intéressent à la ville.

Monsieur le Maire de la ville de Douala

Dr Roger MBASSA NDINE

On dit le plus souvent, et le plus simplement, qu'il n'y a pas de mot assez fort pour dire « ***merci*** », afin d'exprimer sa gratitude.

Tout humblement, j'enfouis la délicatesse et la pensée des uns et des autres dans mon cœur. En espérant que cela va constituer pour le futur, une lumière intérieure si intense et vive qui illuminera nos chemins.

Ainsi, du tréfonds de moi-même et de mon cœur resté illuminé, je dédicace cet ouvrage aux auteurs et aux lecteurs.

Professeur Jean-Roger Essombè Nya Bonabébé

SOMMAIRE

PRÉFACE

*C'*est pour moi un énorme plaisir d'avoir à préfacer l'ouvrage en l'honneur du **Professeur Jean-Roger ÉSSOMBÈ ÉDIMO NYA BONABÉBÉ**. Un collègue de longue date, qui a fait ses premiers pas en l'Université de Grenoble Pierre Mendes France (Grenoble-Alpes) et, en l'Université de Savoie (Campus de Savoie-Technolac).

Cet ouvrage c'est d'abord la reconnaissance d'une œuvre bien faite. Celle d'un homme qui a su porter **le territoire dans l'analyse économique au Cameroun**. Dans cette mouvance de Marshall (1890), avec ses « districts industriels », qui ont « révolutionné » la construction industrielle dans un monde en proie, d'un côté, à la crise du fordisme, et, de l'autre, à l'émergence des « nouveaux pays industrialisés ». Mais aussi, aujourd'hui, dans un univers plus que jamais mondialisé. Son analyse dans ce sillage fut appréciable. Et son apport dans la connaissance de la localisation des entreprises au Cameroun, et particulièrement à Douala, aura été incontestable.

Le terrain empirique sera pour lui, d'abord, la ville de Douala. Cette ville-port, capitale économique du Cameroun, mais aussi le plus grand centre industriel de l'Afrique centrale. L'auteur tente, par exemple, une analyse des actions et outils en matière d'animation de l'économique de la ville, en vue de contribuer à la mise en place d'un environnement favorable au développement des entreprises et, à l'effet de promouvoir son développement local et de permettre une meilleure adaptation de celle-ci à la mondialisation (2005).

Mais, au-delà des dispositions institutionnelles, il était aussi nécessaire de maîtriser les nouvelles tendances de localisation des entreprises (2007a et 2007b). Où l'on découvre que la localisation des entreprises dans la ville de Douala est, de plus en plus, périphérique par rapport à la stratégie adoptée par les pouvoirs publics locaux. Du fait de la forte pression démographique qui entraîne une augmentation de la pression sur le foncier, la ville tend à repousser ses limites initiales et à distribuer sa centralité : d'où le phénomène polycentrique qui naît de « la dilatation du territoire Doualais par processus ségrégatifs, et dont l'industrialisation est un des moteurs ».

Face à cette nouvelle réalité, il est urgent pour les pouvoirs publics d'adopter une démarche stratégique de développement, afin d'éviter la gestion par le hasard (2007b, *op.cit*). Dans un opus qui, en soi, constitue un ouvrage de référence, il tente une analyse à chaud de la stratégie de développement local de la ville de Douala, dont les institutions en charge sont largement à la traine et pratiquement désarmées face au développement industriel. « Douala, qui gouverne ? », s'interroge l'auteur. Et de continuer en utilisant une métaphore culinaire « *Le développement local, c'est comme le Ndolè. Chacun l'apprécie à sa manière, selon ses moyens et ses spécificités culinaires et gutturales propres* » (2007, *op.cit*). L'auteur emprunte à l'économie industrielle la notion de dynamique d'adaptation. Il ajoute que, désormais, la ville doit renouveler ses avantages concurrentiels, c'est-à-dire accroître son potentiel de création de richesses et de compétences organisationnelles.

Et, parce que la stratégie de développement de Douala a une incidence sur le positionnement de la ville dans la zone CEMAC, l'auteur part des analyses économiques proposées en termes d'agglomération, d'économie urbaine et de la nouvelle géographie économique (Krugman, 1990 et 1998) pour nous proposer une étude de l'attractivité et de la compétitivité de la ville (2008). Il y ressasse les spécificités fonctionnelles et structurelles de la ville, qui la hissent au rang de premier centre industriel de la sous-région. De même, qu'il nous invite à voir d'une part, les logiques soutenant la localisation infraterritoriale des entreprises à Douala et, d'autre part, de comprendre en quoi chacun des arrondissements de la ville est spécifique et contribue à la dynamique de localisation des entreprises industrielles (2014 ; 2015b ; 2016 b et 2016c). Ici, l'analyse se veut d'ailleurs beaucoup plus quantitative. On y recourt aux indices de Moran, aux matrices de distance, voire de contigüité, aux autocorrélations..., en vue de ressortir les effets de débordements spatiaux entre les territoires de cette ville, en fonction de leur spécificité fonctionnelle : la concentration des PME industrielles est alors expliquée en fonction de leur localisation au regard des interactions entre les territoires et de la dynamique d'ensemble (2013 ; 2014 et 2015 a).

Son autre ouvrage (2015a) poursuivra d'ailleurs sur la même lancée. On devine rapidement que les sources d'inspiration de l'auteur sont liées à la tradition de l'économie industrielle et qu'il aborde de nouveau la question de la localisation industrielle en intégrant les dernières contributions, en particulier italiennes, à l'approche de Marshall. L'auteur y développe une démarche visant à montrer qu'ici, on ne raisonne plus dans le cadre d'un espace-support ou d'un espace-réceptacle, mais bien dans l'idée d'un espace social construit, plus géographique qu'économique, qui, comme le souligne Pecqueur (2015), « enrichira le concept et permettra de comprendre comment peut émerger une ressource territoriale ». Plus spécifiquement, convaincu que les mécanismes caractéristiques de la croissance et de la diffusion de l'activité productive à travers le monde globalisé s'effectuent grâce à des systèmes territoriaux de production (STI) (clusters, SPL, technopoles, systèmes productifs localisés, technoparcs, etc.), l'auteur milite pour la mise en place de systèmes localisés de production en Afrique. En effet, comme le montre Scott (2001), avec les régions manufacturières, on observe aujourd'hui une structuration économique et politique des grandes régions en réseau, ce qui se superpose aux découpages étatiques à l'ère de la mondialisation.

Néanmoins, écrit-il « *si la littérature sur les agglomérations territoriales de production insiste davantage sur les caractéristiques, comme la concentration des firmes sur un espace, l'existence d'une forte complémentarité entre celles-ci et sur les spécificités distinctives des firmes ainsi agglomérées, ou encore l'accent mis sur la dynamique générée par les différents types de proximités (organisée, géographique...), le tout étant facilité par le territoire, qui, en fin de compte, est bien la matrice centrale de régulation* » (2021), la prise en compte de la concertation comme nouveau mode de coordination ou de gouvernance des STI pourrait aussi être comme un outil important dans la constitution et le fonctionnement de ces configurations spatiales de la production industrielle pour les pays en développement (2021, *op.cit*). Parce que la globalisation, qui en même temps qu'elle a installé un « territoire-monde » (Didelon, 2014) conduit obligatoirement aujourd'hui les espaces à construire leur « *attracti-compétitivité* ». Terme dont il est l'initiateur pour souligner, entre autres, que la mondialisation a généré l'attractivité et la compétitivité territoriales comme fondements de l'économie globalisée (2008, *op.cit*, et 2023).

La localisation des entreprises apparaît donc omniprésente dans l'abondante recherche de l'auteur, menée plus spécifiquement à Douala. Malgré des incursions pour l'étude de la dynamique spatiale à Yaoundé, à partir de la loi rang-taille (2016). Mais dans l'un ou l'autre cas, l'objectif est largement le même : comprendre les processus de concentration, de diversification de la production, qui est un des facteurs de la structuration ou de la déconstruction des agglomérations. Même si, comme le soulignent encore Bourdeau-Lepage, Huriot et Perreur (2007) « *... toutes les villes sont concentriques... (et) le centre de nos villes est toujours plein : un leu marqué, c'est en lui que se rassemblent et se condensent les valeurs de la civilisation : la spiritualité (avec les églises), le pouvoir (avec les bureaux), l'argent la marchandise (..), la parole (avec les agoras : cafés et promenades)...* ».

En somme, la localisation structurera également les différentes autres contributions commises çà et là par l'auteur (2014 ; 2017a ; 2018 ; 2019a ; 2022a ; 2022b et 2023[1]).

Mais, disions-nous, ce livre constitue aussi un bel hommage à l'homme. C'est une personne pleine d'humilité et de modestie, qui sait manier le pragmatisme lorsqu'elle appelle et utilise des théories, mobilise des outils et analyse les résultats. Il a su offrir une plateforme à de jeunes chercheurs, dont des primo, en raison de sa passion communicative.

Ce livre peut être apprécié et mis à profit par les étudiants, les spécialistes de divers domaines, les planificateurs et tous ceux qui s'intéressent aux opportunités offertes par le renouveau des modèles et des fondamentaux économiques. Ces fondamentaux peuvent inclure ceux hérités de l'économie de la localisation, de la « nouvelle économie géographique », des appels à la proximité, à l'économie des territoires, à la créativité et à la connaissance. Car,

---

[1] Voir toutes les contributions de l'auteur en fin de partie.

c'est tout cela qui guide la connaissance de la ville et qui donne sens et cœur à l'économie urbaine et du territoire.

Ivan SAMSON
Université UPMF-Grenoble Alpes
Laboratoire LAREQUOI
Université UVSQ Versailles/ Paris-Saclay

INTRODUCTION GÉNÉRALE

Gérard TCHOUASSI
et Jean-Roger ÉSSOMBÈ ÉDIMO NYA BONABÉBÉ

L'économie géographique analyse l'influence du cadre spatial sur l'activité des hommes luttant contre la rareté des ressources. Par la même occasion, elle étudie comment les hommes font des choix économiques ou sociaux pour produire des biens et des services susceptibles de satisfaire leurs besoins et leurs désirs. La géographie économique décrit, compare et explique concrètement l'organisation des activités au sein des différents territoires. Ces deux définitions mettent en exergue un cadre unique qui est l'espace ou le territoire.

Le lien entre l'attractivité du territoire et le développement économique a toujours été reconnu par les économistes. De plus, les sujets de la localisation des activités économiques et humaines, de la gouvernance urbaine et des relations entre l'agglomération et la croissance, qui sont au cœur de la nouvelle économie géographique, ne sont-ils pas toujours pertinents ?

Contrairement à une idée reçue, le territoire est entré très tôt dans la théorie économique. À l'origine, il était perçu comme un espace géographiquement délimité. Cette définition s'est ensuite affinée en mettant l'accent sur les interactions entre les différents acteurs économiques. Le territoire, au sens géographique du terme, a été défini de façon variable au gré de l'intensité des interactions précédemment évoquées entre les acteurs économiques. Ces concepts actuels (car le territoire est forcément pluriel) représentent en quelque sorte l'aboutissement d'une lente évolution épistémologique ayant convergé en ce nouveau millénaire dans un contexte économique marqué par l'émergence de nouveaux défis dans un monde en constante mutation, notamment sur les plans technologique et géopolitique.

Contrairement à une idée largement répandue, le territoire en tant qu'espace géographique de production n'est pas entré tardivement dans la théorie économique. Il en a été, au contraire, un ingrédient fondateur. Selon Boutillier (2015a), Xénophon définit l'économie comme la gestion du foyer, voire d'une propriété terrienne. Les mercantilistes ancreront leurs propos dans le cadre restreint de la défense des intérêts du royaume du prince. Les physiocrates, quant à eux, se concentreront sur la propriété terrienne. Toutefois, l'économie classique et, plus tard, l'économie néoclassique (en particulier le marginalisme) introduisent une rupture épistémologique qui peut induire en erreur.

L'économie néoclassique est résolument a-historique et a-géographique, voire a-sociale (Essombè Edimo, 2007a ; Boutillier, 2015 a, op.cit). Les participants du marché naviguent dans l'incertitude, contraints de viser le profit maximal (pour les entrepreneurs, qui sont également des producteurs) ou l'utilité optimale (pour les consommateurs). Alfred Marshall, à la fin du XIXe siècle, a introduit plusieurs concepts qui sont entrés depuis dans le vocabulaire des chercheurs en sciences humaines et sociales, notamment les « effets d'agglomération » et « l'atmosphère industrielle », ce qui constitue une rupture par rapport à l'approche existante des territoires. Mais, la théorie marshallienne du territoire s'enracine dans une réflexion plus ancienne, et à laquelle ont contribué des économistes-sociologues, tels de Johann Heinrich Von Thünen (1826) ou, plus tard, Alfred Weber (1909) ; Tord Palander (1935) ; Auguste Losch (1940) et bien d'autres avant eux.

La fin du XXe siècle a été caractérisée par un renouveau de la théorie marshallienne du territoire, en particulier en Italie avec les travaux de Giacomo Becattini (1979 et 1992). Ces travaux ont mis l'accent sur la créativité des réseaux de petites entreprises, remettant ainsi en question le modèle économique dominant de l'après-guerre, fondé sur la production et la consommation de masse (tels que décrits par François Perroux en 1955). Depuis les travaux pionniers de Giacomo Becattini, nombre de champs ont été explorés, ou plutôt réexplorés, en matière d'économie territoriale. Les travaux du Groupe de Recherche européen sur les « milieux innovateurs » (GREMI), contemporains de ceux de Becattini, s'inscrivent dans cette trajectoire intellectuelle. Ce concept de « milieu innovateur » va lui-même bientôt donner naissance à d'autres théories, telles que celle des systèmes productifs locaux (Courlet, 2007 et 2008, Essombè Edimo et Kamdem, 2021), des clusters, pôles de compétitivité, espaces serviciels et autres systèmes agroalimentaires localisés et technoparcs (Vachon, 1993, Chabault, 2008 ; Essombé Edimo, 2021, *op.cit*), ou encore de l'économie locale (Pecqueur, 1992), etc. L'ensemble de ces travaux converge vers une même direction : montrer que le développement des territoires est l'affaire des acteurs économiques qui s'y trouvent, et moins des programmes dirigistes nationaux, à l'image des pôles industriels définis par François Perroux au début des années 1960. Par ailleurs, la réussite des régions particulières, telles la Silicon Valley ou la Route 128 aux USA, a nourri une réflexion nouvelle s'étant développée grâce aux travaux de Michael Storper et de l'école californienne (Storper et Harrisson, 1990) d'une part, et de Michael Porter (1999 et 2008), d'autre part. Le développement d'un territoire donné réside dans la dynamique des interactions entre les acteurs qui le composent. Le constat fait l'unanimité, encore qu'il faille tenir compte des spécificités, car chaque territoire est unique, et chaque territoire a son histoire.

Dans le cadre de cet ouvrage en hommage à l'un des pionniers de l'économie spatiale et du territoire au Cameroun, nous dressons un rapide bilan du parcours historique de cette discipline « nouvelle » à la fois, par le nombre d'heures enseignées dans les institutions universitaires, mais aussi par son approche. En effet, pendant longtemps, l'enseignement de la science économique aura privilégié les approches micro et macroéconomiques. L'immersion dans une analyse territoriale a désormais mis en évidence la nécessité d'une approche mésoéconomique des problèmes. Les crises économiques des États, les problèmes d'adaptation économique, voire des mutations spatiales au sein de ceux-ci, ou encore l'accélération de la mondialisation... ne peuvent pas être exclusivement appréhendés en termes microéconomiques et macroéconomiques.

Toutefois, la démarche portera également sur l'évocation des auteurs les plus anciens (Von Thünen, 1826...). Nous montrons que la dimension spatiale et territoriale du développement économique n'a pas suivi un cheminement linéaire de l'ignorance à la reconnaissance. Bien qu'elle ait été toujours présente dans les esprits à des degrés divers. La réapparition de l'espace et du territoire dans la science économique standard à la fin du XXe siècle s'inscrit dans cette trajectoire historique. La pensée économique de l'espace et du territoire s'inscrit dans un contexte économique, social, politique et intellectuel donné, contribuant à structurer ces interrogations. Le territoire n'a jamais été perçu uniquement comme une entité géographique, il a été d'emblée pensé soit comme un espace de pouvoir (par exemple, le rôle de l'État), soit comme un espace économique, producteur de richesses.

L'introduction vise à résumer l'évolution historique de l'économie spatiale et du territoire. Pour ce faire, nous avons divisé l'histoire en deux grands ensembles. D'abord les « initiateurs » de l'économie spatiale, qui couvrent la période la plus longue (de l'Antiquité grecque au XXe siècle). Ensuite, les théories contemporaines. Cette dernière partie retrace, dans ses grandes lignes, la croissance quasi exponentielle de l'économie spatiale et territoriale depuis la fin du XXe siècle. Elle s'est relativement nourrie de cette longue période de gestation par les nouveaux défis liés aux changements de paradigme, au développement des technologies de l'information et de la communication, ou encore à l'accélération de la mondialisation, entre autres.

Peut-on vraiment tenter une brève histoire de la pensée en économie spatiale ? Comme l'observent Baldner et Conchon (2011), même si l'espace constitue une problématique essentielle pour l'Économie politique aux XVIIe et XVIIIes Siècles, *« la dichotomie entre la géographie économique et la théorie économique au (x) siècle (s) suivant (s) tient largement à la difficulté, voire au refus, d'intégrer le facteur spatial dans les propositions de la science économique ou à l'emprise d'une théorie « ponctiforme » dans les modèles spatiaux »*. Tout semble donc bien indiquer aussi que l'évolution en ce domaine aura été marquée par deux moments forts se caractérisant, dans un premier temps, par la disparition progressive du territoire (avant et après le moyen âge). Et ce, même si, dès 1755, par exemple, Cantillon avait pu proposer une dialectique de l'espace structuré par l'économique, avec une répartition des activités au sein d'un espace homogène, préfigurant ainsi « l'économie spatiale, au sens de « *distance* » et de « *surface* » » (Baldner et Conchon, 2011, *op.cit*). On peut aussi y voir, par exemple, Say (1803), etc. ; puis les précurseurs de la théorie spatiale : la distance et l'organisation de l'activité économique avec Von Thünen (1826), Weber (1909), voire Losch (1840, *op.cit*), Hoover (1937 et 1954), puis Isard (1949), ou encore les fondateurs de l'analyse économique du territoire aux pôles de compétitivité, comme Marshall (1890, *op.cit*), avec ses « *effets d'agglomération* », ou sa fameuse « atmosphère industrielle » et ses « *districts industriels* », voire *Hotelling (1929), avec son « principe de la différenciation minimale* », etc.

Et, dans un second mouvement, il s'agira de relever les nouvelles théories contemporaines de l'économie spatiale et du territoire : le district italien (Becattini, 1981, 1979, *op. cit* et 1987 ; Bagnasco, 1977 ; Brusco, 1986), ou Piore et Sabel (1984), Benko et Lipietz (1992 et 2000) ; puis « l*e milieu innovateur »* du Groupe de recherches européen sur les milieux innovateurs (GREMI) dès 1984, en filiation directe des analyses de Aydalot (1985 et 1986), et les travaux qui ont suivis (Maillat, 1996 et 1999 ; Zimmermann 1998 ; Romani et Courault, 1991, Crevoisier, 2001, Camagni et Maillat, 2006 ; etc.) et qui, entre autres, auront aussi permis de voir dans un système d'innovation *« un ensemble d'acteurs et d'entités telles que des entreprises, des organisations et des institutions interagissant pour produire, utiliser et propager de nouvelles connaissances économiquement utiles dans le processus de production* » (Essombè Edimo et Kamdem, 2021) ; ou encore l'approche de la régulation dans l'analyse des systèmes productifs locaux (Benko et Lipietz, 1992 et 2000, *op.cit* ; Bellet et al, 1992 ; Perrat, 2001 ; Scott, 1988 ; Pecqueur et Courlet, 1992 ; Pecqueur et Courlet, 2016, Courlet, 2007 ; Pecqueur, 2007 ; etc.) ; Rallet et Torre (1995), ou même en termes de « *flexibilité productive* », voire des formes post-fordistes de la division spatiale du travail et fondant le dynamisme renouvelé des grandes agglomérations urbaines (Storper et Harrison (1990, *op.cit*), Scott (2001, entre autres). On peut aussi retenir l'analyse par les coûts de transaction de l'École californienne proposée à partir des travaux de Coase (1937 et 1960), Williamson (1985) ; Storper et Scott (1989). Mais, l'on n'oublie pas la nouvelle économie géographique initiée par Krugman (1991 et 1998), et combinant aussi bien les approches de Kaldor (1985), de Marshall (1890, *op.cit*, et 1919) et des théories néoclassiques du commerce international (pour l'économie) ou de Isard entre autres (pour la science régionale). Il convient de retenir également les développements proposés autour des clusters et pôles de compétences de compétitivité et autres espaces serviciels dans le cadre de la mondialisation et de la compétition mondiale (Porter,1952 et 2000), ou pour la compétitivité des territoires (Rochas, 2004 ; Daumas, 2007 ; Chabault, 2006 ; Veltz, 1996, 2000 et 2004 ; entre autres), selon une approche relevant de la géographie de l'innovation (Jaffe, 1989 ; Feldman, 1994 ; Audretsch et Feldman, 1996), ou de l'école de l'apprentissage et de l'innovation (Lundvall et Johnson, 1994 ; Malmberg et Maskell, 1997), ou enfin de l'approche institutionnelle (Di Maggio et Powel, 1983 ; Saxenian, 1994 ; Ingram et Roberts, 2000).

À tout ceci s'ajoute, entre autres :

- la théorie de la proximité ou la stratégie des acteurs (Torre et Zuindeau, 2009 ; Rallet, 2002 ; Rallet et Torre, 2005 et 2007 ; Pecqueur et Zimmermann, 2004 ; Talbot, 2008 ; Colletis et al., 1992, entre autres) ;
- des analyses en termes des « *ressources territoriales* » (Colletis et Pecqueur, 2005 ; François et al, 2006 ; Colletis et Pecqueur, 2018 ; Peyrache-Gadeau et al, 2016 ; Gumuchian et Pecqueur (2007) ; Frémont, 2007 ; Glon et Pecqueur (2016), etc.) ;
- les approches partant du territoire, de l'agglomération ou de la ville, avec en filigrane de nombreuses préoccupations sur les nouveaux défis économiques, fiscaux, technologiques, environnementaux et relatifs aux changements climatiques, aux modes de vie, ou à l'usage des ressources naturelles (renouvelables ou non), à la mobilité urbaine intra et intercollectivités pour une construction des villes attractives, intelligentes, etc.

Ce livre collectif a pour objectif de mettre en lumière ces différents courants de pensée et de rendre hommage à notre collègue, le professeur Jean Roger ESSOMBE EDIMO Nya BONABEBE, qui a été un pionnier de l'économie territoriale au Cameroun. Comme il aime à la définir, il s'agit de ce corpus de la science économique « *qui a constitué le territoire en objet d'analyse, parce que le territoire est un ressort essentiel de la croissance et du développement* ». En Afrique, comme partout ailleurs, poursuivait-il, « la fin de l'illusion d'un développement construit à partir des hauteurs dominantes de l'économie (grâce à la « grande entreprise » et au fordisme) a fait redécouvrir l'espace-territoire et, surtout, le rôle des mutations spatiales dans la construction du développement et la gouvernance locale. *Tout comme le développement local et/ou territorial a été remis à l'ordre du jour et, avec ce dernier, la mobilisation de l'ingénierie du développement territorial* » (Essombè Edimo, 2023).

Rien d'étonnant donc que le présent ouvrage s'insère dans la même optique. Son objet est en effet d'intégrer théoriquement et empiriquement l'intelligence économique, connue aussi sous les termes de « veille économique » et de « veille stratégique », dans le processus de planification et d'aménagement des territoires urbains en Afrique et, principalement, au Cameroun. Il privilégie, dans ce cadre, une perspective analytique se voulant pluridisciplinaire, tant du point de vue des organisations que des autres institutions aussi bien publiques que privées. La définition de l'intelligence territoriale, ses méthodes et son impact sur la performance de ces différentes organisations se dotant d'un tel dispositif organisationnel, permet d'exhiber les dimensions multiples de cette pratique cruciale dans une économie du savoir et de la connaissance qui, par ailleurs, favorise la construction des villes intelligentes en vue de les rendre plus attractives.

Au cours de ces dernières années en effet, le processus d'évolution des villes au sein de notre planète a été séquencé par une série d'évènements majeurs, dont les effets aussi bien vertueux que vicieux, observés à tous les échelons des sphères sociales. Tout cela a obligé plusieurs observateurs à reconnaître qu'il est aujourd'hui difficile pour les politiques, d'anticiper ou d'évaluer les mutations à venir. Surtout dans un contexte où les questions de développement durable, de sécurité, de santé, d'éducation, de formation, d'inclusion sociale, etc., se sont lentement, mais indéniablement, complexifiées. Et pour preuve, les sociétés urbaines africaines ont évolué de manière vertigineuse vers une forme de modernité se voulant d'essence plus « liquide » que « solide » (Baumann, 2006 ; Boutillier, 2015 a, *op.cit*). Puisque cette forme de modernité « ne se fixe aucun objectif, ne trace aucune ligne d'arrivée ; plus précisément, elle n'attribue la qualité de la permanence qu'à l'état d'éphémère » (Baumann, 2006, op. cit.). Pour elles, le temps n'avance donc plus, il s'écoule. Cette évolution, empreinte de réalités nouvelles, s'émancipe ainsi à travers l'apparition de nouveaux besoins exprimés par les populations urbaines notamment. Des besoins s'ajustant aux spécificités de leurs villes qui, quant à elles, évoluent, se développent, s'étalent et se déploient au-delà de leurs frontières initiales (Courlet et Abdelmalki, 2004).

Les territoires urbains au cours de ces dynamiques voient leurs limites géographiques se prolonger au point de violer celles dévolues aux territoires ruraux, sans que l'on puisse évaluer avec certitude le degré de ce prolongement. Ce qui induit conséquemment l'apparition de nouveaux territoires aux caractéristiques inédites, voire méconnues : les territoires périurbains. Se met alors en place, dans les villes, un processus de dilatation ségrégative distribuant, en même temps qu'elle la dilue, la centralité de celles-ci (Essombè Edimo, 2007a, op.cit). Les villes sont donc sujettes à une puissante croissance urbaine qui, indiciblement, engendre de nombreux problèmes aussi bien globaux que locaux qui sont susceptibles d'affecter toutes les sphères sociales, particulièrement les couches de populations les plus vulnérables, et qui sont en outre capables d'affaiblir leur pouvoir d'attractivité (Essombè Edimo, 2008).

Penser et incanter différemment l'aménagement des villes africaines, leur cadre de vie, leur identité, tout en créant une espèce de proximité entre les acteurs situés en leur sein, est donc devenu l'un des plus grands défis du monde en développement et aussi, celui du Cameroun. Dans un contexte où les villes, désormais, ne se réduisent plus à un réceptacle destiné à accueillir du monde. De plus en plus aujourd'hui, les pouvoirs publics s'obligent à trouver de nouvelles méthodologies dans la mise en valeur de leurs territoires urbains. De sorte que l'on assiste à la construction au sein de plusieurs pays africains, à l'instar des Seychelles, de l'Égypte, du Maroc, de l'Afrique du Sud et, plus récemment, du Sénégal, ou de la Côte d'Ivoire, de « villes intelligentes ». En effet, l'émergence de la société de la connaissance (dont les nouvelles technologies de l'information et de la communication font partie) et la démarche qualité ont entraîné l'émergence, dans ces pays, de multiples initiatives de gouvernance territoriale locale axées sur les territoires intelligents, les villes intelligentes, les bâtiments intelligents ou les villes « smart » interconnectées ou en réseau dans des régions apprenantes ou innovantes (Courlet et Pecqueur, 2016, op. cit. ; Paillot et Péchenot, 2020 ; Boutillier, 2015, Idem).

L'économie de la connaissance est désormais en effet mise à contribution. Parce qu'elle suppose un mode de gouvernance radicalement nouveau pour l'ensemble des acteurs, dans un contexte de « *concurrence et coopération* ». Elle induit des échanges d'expériences au niveau des territoires urbains, des expérimentations, des souplesses et une profonde ouverture des esprits. Les villes et territoires urbains apparaissent, suivant cette logique, comme des lieux privilégiés pour une organisation du développement, de la composition ou de la recomposition sociale et de la création de richesses. La ville, espace vécu et espace de création de la valeur, est donc plus que jamais au cœur de la performance économique et sociale (Essombè Edimo, 2007b, *Idem*). Dans un contexte où, il faut bien en convenir aussi, les agglomérations urbaines sont devenues « *les moteurs régionaux de l'économie mondiale* », selon Scott (2005). L'espace de proximité constitue ainsi un pôle de régulation lui-même équilibré à une autre extrémité, par d'autres formes de régulations largement supranationales. L'étude de l'articulation global-local s'avère par conséquent importante (Pecqueur, 2002). En outre, la mondialisation ayant consacré une mobilité extraordinaire des firmes et des investissements, les villes sont désormais en compétition sur le marché des capitaux et des ressources. Elles se doivent, par conséquent, de dorénavant cultiver leur « *attracti-compétitivité* » (Essombè Edimo, 2008, *op.cit*).

Une ville renvoie avant tout à un contexte, à un lieu de vie, à un système complexe qui, par ailleurs, jouit d'une personnalité qui lui est propre. Elle est ainsi le produit d'une histoire. Elle est à l'image de ses habitants et de leur projet commun, elle est vivante. Tenir compte de son contexte et de sa complexité à la fois, spatiale et structurelle, est donc devenu essentiel. Cette prise en compte ne prend cependant corps qu'à travers la définition et la mise en œuvre de stratégies d'attractivité, dont l'idée véhiculée est prioritairement celle d'attirer durablement diverses formes de ressources. Que ces dernières soient matérielles (humaines ou financières), ou immatérielles (informationnelles) (Hatem, 2004 ; Tchouassi et Oyié Avoulou, 2023), ou idéelles (Gumuchian et Pecqueur, 2007). Encore que la question est désormais aussi de savoir comment faire en sorte que l'on s'y sente bien, que l'on s'y sente « chez soi ». En somme, que l'on soit heureux, ici, et que l'on ait envie de se poser, de rester, de s'attacher, voire de partager ce bonheur. Durablement : c'est aujourd'hui l'attachement, ou comment renforcer (réellement) la qualité du vécu quotidien. Comme l'écrit à ce propos Hein (2022), *« cela revient à recenser également ce qui est mis en œuvre pour aller plus loin que la seule promotion, et faire en sorte que le bonheur de vivre au sein et dans la ville se vérifie tous les jours et devienne le plus fort des liens entre celle-ci et les habitants, récents ou anciens* ». On le voit, c'est donc aussi aller vers une attractivité territoriale qui façonne le vivre ensemble. Qui s'oriente résolument vers « *l'attachement* ». Ainsi, il est devenu impératif pour la ville de se transformer en une communauté qui va véritablement incarner un « vivre-ensemble » captivant et chaleureux. Cette communauté devra favoriser l'hospitalité plutôt que l'accueil, le sentiment d'appartenance, les liens sociaux et offrir des opportunités à chacun de trouver sa place et de se sentir enfin chez soi sur ce territoire donné (Hein, 2022, *op. cit.*).

C'est également au regard de ces grands enjeux que la notion d'intelligence territoriale émerge en tant qu'outil capable de répondre à ces nouveaux défis. Si l'on s'en tient à sa compréhension basique, le terme intelligence présente un double sens. Dans son acception anglo-saxonne, « intelligence » se traduit par « recherche d'information » ou « activité de renseignement ». On parle de l'intelligence service, qui est un réseau composé de plusieurs spécialistes du renseignement, à des fins militaires ou économiques. L'intelligence, c'est aussi la capacité pour une organisation d'anticiper les changements, de s'adapter, d'être capable de répondre rapidement aux sollicitations qui lui sont faites (Martre, 1994). Lorsqu'elle est mise à contribution dans la construction et l'aménagement des villes par les acteurs situés, elle semble se muer en intelligence territoriale, dont la proximité sémantique avec l'intelligence économique s'avère prononcée.

En effet, l'intelligence économique concerne « *la maîtrise et la protection de l'information stratégique pertinente par tout acteur économique* » (Oubrich, 2007), mais aussi une « *culture du combat économique, un savoir-faire (composé de méthodes et d'outils relatifs à la veille, à la sécurité économique et à l'influence), et une politique publique (visant à contribuer à l'accroissement de puissance par l'élaboration et la mise en œuvre de stratégies géoéconomiques et de sécurité économique, ainsi que par des actions en faveur de la maîtrise collective de l'information stratégique)...* » (Delbecque, 2006).

Elle s'inscrit donc dans une démarche éclectique qui, selon Tchouassi (2017), est mise en berne à travers « *l'ensemble des actions coordonnées de recherche, de traitement, de distribution ou de protection de l'information à caractère économique, en vue de son exploitation au profit de l'entreprise* ». Une fois qu'elle est associée au territoire urbain, elle est appréhendée comme un processus de révélation, de valorisation, de coordination et de protection des atouts économiques et des savoir-faire industriels et technologiques de ces territoires et de leurs tissus d'entreprises, à l'effet de les transformer en véritables structures organisationnelles capables de se livrer à une compétition commerciale nationale et mondiale. L'intelligence territoriale s'appréhende ainsi comme « *un processus informationnel et anthropologique, régulier et continu, pouvant être assimilé, à la territorialité résultant du phénomène d'appropriation des ressources d'un territoire, puis aux transferts des compétences entre des catégories d'acteurs locaux de cultures différentes* » (Bertacchini et Oueslati, 2003 ; Massé et al., 2006 ; Bertacchini, 2007).

L'intelligence territoriale porte donc sur l'identification des forces et des faiblesses du territoire urbain, en rapport avec les opportunités et les menaces de son environnement global. Elle permet par conséquent de saisir de quelles façons une ville peut valoriser son potentiel en fonction des grandes tendances économiques, sociales et cultuelles y prévalant. Elle promeut également la protection, pour des raisons d'intérêt national, d'entités productives exerçant des activités sensibles et hautement stratégiques, ou ayant vocation à se lancer à la conquête des positions privilégiées sur des marchés importants. Elle rend ainsi compte à la fois, de l'existence de réseaux d'experts et de décideurs, interentreprises et inter-administrations, mais aussi entre l'État central, les entreprises, les universités et les différents acteurs du développement économique et social local ou, ce que Essombè Edimo (2020) appelle encore « *la biodiversité territoriale des acteurs situés* ». Elle vise également à sensibiliser tous les acteurs (décideurs publics, entreprises, ONG, associations, groupes de pression) aux complexités institutionnelles, du donné naturel et du construit. L'objectif est de réduire les incertitudes pour l'action philanthropique et humanitaire, les investissements, la composition sociale et le développement territorial.

Dans un monde infiniment concurrentiel, l'intelligence territoriale aide à mieux comprendre les situations complexes, les avantages et les désavantages des cinq comparatifs des lieux urbains et des différents acteurs territoriaux dans le respect des différences territoriales, mais aussi, à stimuler la recherche et à comprendre les processus d'innovations (technologiques et institutionnelles) en mouvement au sein des villes. La construction des villes intelligentes amène de nouvelles logiques de proximité. Elle est donc nécessairement associée aux logiques d'organisation et d'aménagement des territoires. Pour Essombè Edimo, l'innovation permanente, la formation du capital humain au niveau local, la gestion stratégique, la promotion de l'identité territoriale, les réseaux, l'innovation et la gouvernance territoriale, ainsi que l'intelligence économique représentent tous des facteurs essentiels pour assurer son propre développement et faire partie des « régions qui gagnent » (Beko et Lipietz, 1992, op.cit). Le tout, dans le cadre de cette « *gouvernance territoriale de développement* » grâce à laquelle « *les collectivités territoriales décentralisées promeuvent et fluidifient le système territorial d'acteurs, en vue de rendre compatibles les compromis pour la réalisation de la dynamique d'identification, de spécification et de valorisation locale des ressources, voire du projet du territoire* » (Essombè Edimo, 2020). Autant dire que, en tant que domaines de savoirs indispensables à la construction d'une compétitivité territoriale durable et, par conséquent, d'une attractivité économique durable, l'intelligence économique joue deux rôles essentiels. D'abord, elle aide les territoires urbains à identifier et à attirer les investissements les plus porteurs. Ensuite, elle aide à protéger et à maintenir ces investissements, devenant par la même occasion un des éléments majeurs de la gouvernance locale.

Fort de tout ce qui précède, et au regard de la richesse de ce concept et de son potentiel impact sur la construction des villes et, par prolongement, de leur attractivité, les méthodologies utilisées dans les différents chapitres de cet ouvrage sont aussi bien théoriques, qu'empiriques. Les résultats découlant de ces divers apports vont permettre de dresser des recommandations de politique économique fortes à l'endroit des multiples acteurs intervenant dans la construction, l'aménagement et le développement multidimensionnel des villes intelligentes.

Bien que ces recommandations soient loin d'être exclusives, elles sont imbibées des stigmates de la planification et de l'aménagement des villes, porteuses de leur attractivité, de la décentralisation financière, de la fiscalité et de la philanthropie locales pour l'amélioration et la gouvernance des villes. Mais, aussi des perspectives ouvrant sur le renforcement de compétences spécifiques du capital humain urbain. Elles se veulent adaptées aux besoins des populations (emplois, innovations, bien-être, croissance économique et développement humain) en amont, et des villes (construction d'une image et d'une identité du territoire urbain...) en aval. En perspective, l'articulation d'une intelligence territoriale débouchant sur des villes et régions intelligentes nécessiterait la mise en place et le renforcement d'un partenariat public-privé dynamique, efficace et pluriel.

PREMIÈRE PARTIE :

VILLE INTELLIGENTE ET ATTRACTIVITÉ

Ce chapitre introductif de **François KOUM** aborde la notion de ville intelligente en Afrique. L'objectif de ce papier est de voir dans quelle mesure une ville intelligente est constitutive d'une fenêtre d'opportunités ou de menaces pour le développement local. Sur le plan méthodologique, l'auteur recourt à une analyse de la littérature sur le sujet, en s'appuyant sur les travaux scientifiques et les documents institutionnels. Dans la pratique, la ville intelligente est associée à une vision et une planification urbaine de la municipalité, dont l'objectif est d'optimiser l'offre des services urbains et d'améliorer le milieu de vie des citoyens. Pour ce faire, l'incorporation des technologies intelligentes dans les infrastructures permet de collecter des données à l'aide de capteurs, de caméras et d'internet des objets. La nature du territoire n'étant pas figée, il envisage dans ce papier la possibilité de la création de « *Douala Smart City Projet Mangement Office* ». Cette proposition provient de l'idée sublime selon laquelle « n'importe quelle ville peut devenir une ville intelligente, avec une bonne vision et de bons partenariats ». Prenant en considération les risques d'intrusion dans la vie privée des citoyens, associés aux technologies intelligentes, nous prenons position, pour la mise en œuvre de nouvelles régulations pour réconcilier la municipalité et les citoyens.

Dans leur étude, Jean Bernard AWONO MONO, Lucien Armel AWAH MANGA, Jean-Roger ÉSSOMBÈ ÉDIMO NYA BONABÉBÉ et Alice Brondinne SINGUI NDOMBI analysent les effets de la localisation résidentielle sur l'accès à l'emploi dans la ville de Yaoundé, au Cameroun. L'influence de la nature des espaces de résidence sur l'accès à l'emploi est estimée à partir des données ECAM4 produites en 2014 par l'Institut National de la Statistique. On contrôle lors des estimations les sources de biais relavant du caractère imposé ou subit de la localisation résidentielle. Les résultats économétriques font paraître des effets très discriminants entre les résidents des espaces défavorisés, et ceux des espaces favorisés sur l'accès à l'emploi suivant la nature du statut résidentiel. Si la propension à la mobilité permet aux locataires d'échapper aux stigmates des espaces défavorisés, la faible mobilité des propriétaires contraint ces derniers à subir les effets des préjugés asymétriques de la réputation de ces espaces sur le marché du travail.

Christian Parfait TOMO et Patrick NDZANA OLOMO évaluent, de leur côté, la contribution des politiques de ville intelligente dans le développement local en Afrique sur la période de 2010-2020. Ils utilisent à cet effet la Méthode des Moments généralisés (MMG), à partir des données collectées auprès de la Commission économique pour l'Afrique des Nations Unies et de la Banque Mondiale. Les résultats empiriques montrent que la diminution des décès pendant les catastrophes naturelles et la transformation structurelle de l'économie africaine contribuent au développement local. Par contre, les pertes économiques résultant des catastrophes naturelles, l'inflation et les dépenses publiques ne contribuent pas au développement local en Afrique. Puis ils recommandent de renforcer les politiques de ville intelligente pour décupler le potentiel des villes africaines et les rendre attractives. Une telle démarche pourrait être intégrée dans la réalisation de la Vision 2063 de l'Union africaine.

Michel Stéphane Landry OYIE AVOULOU, Jean-Roger ÉSSOMBÈ ÉDIMO NYA BONABÉBÉ et Gérard TCHOUASSI montrent que l'assainissement est un des moteurs du développement des territoires, et que les toilettes publiques peuvent par conséquent jouer un rôle significatif dans la construction de l'attractivité des territoires urbains en général, et particulièrement sur celui des territoires du Cameroun. Il s'agit de toilettes publiques abordables et accessibles, construites avec des matériaux de qualité qui valorisent leur emplacement et contribuent à améliorer l'image de ces territoires urbains.

Enfin, **Innocent ESSOMME, Pierre Anicet NGUELE et Lineda MASSONA KAMCHIE** s'intéressent à l'influence de la communication interne sur l'implication au travail du personnel des CTD au Cameroun. Pour y parvenir, une enquête par questionnaire a été réalisée auprès d'un échantillon de 177 personnels communaux. Pour l'analyse des données, ils utilisent la méthode des Moindres Carrés Ordinaires (MCO) du modèle spécifique. Et leurs résultats montrent qu'une bonne communication interne améliore l'implication au travail. De manière précise, ils aboutissent à la conclusion que la communication interne affecte l'implication affective et calculée. Avant de recommander aux magistrats municipaux de fluidifier la communication interne avec leur personnel en utilisant les nouvelles technologies et les réseaux sociaux, d'instaurer un dialogue permanent et sincère entre les magistrats municipaux et leurs collaborateurs, de développer l'esprit d'équipe et de transparence dans la gestion des CTD.

CHAPITRE 1 :

VILLE INTELLIGENTE, OPPORTUNITÉ OU MENACE POUR LE DÉVELOPPEMENT LOCAL ?

François KOUM

Résumé

La ville intelligente, expression anglaise de « *smart city* », est une notion qui trouve son origine dans la stratégie du marketing territorial. Pour un exécutif local, le fait de proclamer l'intention de devenir dans un horizon raisonnable, une ville intelligente, participe d'une volonté de modernité. Cette posture laisse entrevoir l'effet d'attractivité, l'émergence d'un gisement d'emplois dans les domaines technologiques et une gouvernance urbaine plus efficace. L'objectif de ce papier était d'examiner dans quelle mesure, une ville intelligente est constitutive d'une fenêtre d'opportunités ou de menaces pour le développement local. Sur le plan méthodologique, nous convoquons la revue de la littérature, en s'appuyant sur les travaux scientifiques et les documents institutionnels. Dans la pratique, la ville intelligente est associée à une vision et une planification urbaine de la municipalité, dont l'objectif est d'optimiser l'offre des services urbains et d'améliorer le milieu de vie des citoyens. Pour ce faire, l'intégration de technologies intelligentes dans les infrastructures permet de collecter des données à l'aide de capteurs, de caméras et de l'internet des objets. Ces dernières, croisées avec d'autres bases et le « *big data* », alimentent les algorithmes permettant d'avoir une connaissance actualisée de la ville en temps réel et une sorte d'ubiquité permanente. Dans le domaine des transports, par exemple, les automobilistes sont informés sur la densité du trafic, les itinéraires à suivre pour éviter les embouteillages, l'accès au parking, etc. Les résidents sont renseignés sur la qualité de l'air, les lampadaires offrant une connexion Wi-Fi gratuite aux utilisateurs, etc.

Toutefois, si l'optimisation des services urbains est un progrès apprécié, les technologies intelligentes sont un puissant instrument d'intrusion dans la vie privée des citoyens / résidents. Le déploiement de la technologie de reconnaissance faciale par la municipalité est un instrument de surveillance de masse de la population dans l'espace public. La collecte des images et leur archivage sans le consentement des citoyens / résidents constituent une violation de leur intimité. L'ancrage de la ville dans l'ère du numérique, exige de repenser la démocratie locale en vue d'une gouvernance participative. La nature du territoire n'étant pas figée, nous avons envisagé, dans ce papier, la possibilité de la création de « *Douala Smart City Projet Mangement Office* ». Cette proposition provient de l'idée sublime selon laquelle : « n'importe quelle ville peut devenir une ville intelligente, avec une bonne vision et de bons partenariats ». Prenant en considération les risques d'intrusion dans la vie privée des citoyens, associés aux technologies intelligentes, nous prenons position, pour la mise en œuvre de nouvelles régulations pour réconcilier la municipalité et les citoyens.

Mots clés : ville intelligente, technologies intelligentes, big data, pilotage de la ville, gouvernance participative.

Abstract

The smart city, the english expression for « ville intelligente », is a notion which has a connection with the territorial marketing strategy. For a local executive, the fact of proclaiming the intention of becoming, within a reasonable horizon, a smart city, is part of a desire for modernity, which suggests the effect of attractiveness, the emergence of a source of jobs in technology fields and more effective urban governance. The objective of this paper was to examine to what extent a smart city constitutes a window of opportunities or threats for local development. On a methological level, we will proceed with an analysis of literature on the subject, drawing on scientific work and institutional documents. In practice, the smart city is associated with a municipal vision and urban planning, the obtective of which is to optimise the provision of urban services and improve the living environment of citizens. To do this, the embedding of intelligent technologies in infrastructures makes it possible, using sensors, cameras and internet of things, to collect data. These latter, crossed with other databases and « big data » feed the algorithms which provide up-to-date knowledge of the city in real time and a sort of permanent ubiquity. In the field of transport, for example, motorists are informed about traffic density, the road to follow to avoid traffic jams, access to parking, etc. Residents are informed about air quality, street lights that offer free Wi-Fi to users, etc.

However, while the optimization of urban services is welcome progress, smart technologies are a powerful instrument of intrusion in to private lives of citizens or residents. The deployment of facial recognition technology by the municipality, is an instrument for mass surveillance of the population in public spaces. Collecting images and and archiving them without the consent of citizens or residents constitutes a violation of their privacy. Anchoring the city in the digital age requires rethinking local democracy with a view to participatory governance. The nature of territory is not fixed, we have considered in this paper, the possibility of the creation of « Douala Smart City Project Management Office ». This proposal comes from the sublime idea that: « any city can become a smart city, with the right vision and good partnerships ». Taking in to consideration, the risks of intrusion in to the private lives of citizens, associated with smart technology, we are taking a position for the implementation of new regulations to reconcile the municipality and citizens.

Key words: *smart city, smart technologies, big data, city piloting, participatory governance*

Introduction

« *La ville intelligente, en tant que grande promesse révolutionnaire, a déçu. En revanche, en tant qu'une réalité quotidienne, elle passe désormais inaperçue. Les ambiguïtés demeurent, entre d'une part, l'idéal de participation, et d'autre part, le problème de démocratie. Dans des configurations assez différentes, elle contribue aux évolutions des politiques urbaines* » Picon (2022). En effet, il y a plus d'une dizaine d'années, un peu partout dans le monde, la notion de « smart city » (ci-après, SC) ou de « ville intelligente » (ci-après, VI) a émergé dans le discours concernant l'avenir des villes. Entourée de flou, une telle notion s'est avérée d'autant plus séduisante qu'elle avait l'ambition d'agréger des dimensions assez hétérogènes, allant de la recherche d'une grande efficacité des infrastructures aux facteurs d'attractivité urbaine, en passant par la prise en compte du dialogue social et des problèmes environnementaux.

D'un point de vue historique, la « SC » ou « VI », est née vers 1990, suite au désir des grandes firmes du numérique, CISCO[2], HP[3] et, IBM[4] tout particulièrement, de créer de nouveaux débouchés en proposant aux villes, d'améliorer la gestion de leurs infrastructures en se dotant de moyens d'applications adaptées à leurs besoins. L'utilisation du concept de « SC », qui désigne en anglais les « VI » et les territoires équipés de technologies permettant de renseigner à l'aide des capteurs, avaient été introduits par IBM. Les géants du numérique ont rapidement séduit les maires confrontés à des difficultés de gestion avec l'idée de maximiser leurs profits en période de récession (Söderström et al., 2014). Comprendre la complexité de la notion de « VI », un terme polysémique, nous a semblé crucial. Nous avons donc décidé de passer en revue quelques définitions, même si elles ne sont pas unanimes. En effet, les définitions varient en fonction du contexte et il n'y a pas de définition consensuelle. Albino et al. (2015), cités par Breux et Diaz (2017), ont ainsi recensé une diversité de définitions. Cette variété d'assertions s'explique par la diversité des domaines qu'elle aborde, et parce qu'elle constitue un objet de recherches multidisciplinaires (Angelidou, 2015, p. 95).

Toutefois, il existe un aspect commun à toutes ces définitions. La « VI », est une ville pilotée par les données. En ce sens, les « *big data* sont [...] l'outil

---

[2] Cisco est une entreprise informatique américaine focalisée notamment dans la conception et la commercialisation d'équipements pour la mobilité et la sécurité des données.

[3] Cet acronyme désigne Hewlett-Packard company, officiellement abrégé HP, qui était une entreprise multinationale américaine initialement d'électronique et d'instrumentation qui évolua au cours du temps vers l'informatique, les imprimantes, les serveurs et réseaux, le logiciel et le multimédia.

[4] L'acronyme IBM signifie International Business Machine Corporation, qui est une entreprise multinationale américaine présente dans les domaines du matériel informatique, du logiciel et des services informatiques.

indispensable pour permettre l'émergence de véritables « SC », structurées par une connaissance de la ville actualisée en temps réel et une forme d'ubiquité permanente » Douay et Henriot (2016, p. 89). La ville devient ainsi une plateforme qui génère des données qui alimentent les algorithmes. La miniaturisation, la connectivité et l'augmentation de la mémoire via les technologies digitales, rendent possibles la greffe des dispositifs numériques sur les infrastructures urbaines. En ce sens, la « VI » est observable par l'identification de ces infrastructures numériques dans l'espace physique.

Néanmoins, la caractérisation de la « VI » décrite dans la littérature sur les politiques urbaines, semble en décalage avec le contexte du Cameroun et, en particulier, de la ville de Douala. Si on réalisait un sondage auprès de la population de la ville, les résultats issus de cette enquête montreraient, sans doute, qu'il existe peu de satisfactions en relation avec les services offerts par ville. On peut citer, par exemple, l'enlèvement des ordures ménagères, la pénurie de voiries, la propreté et l'entretien des rues et trottoirs, la qualité des parcs et espaces verts, la qualité de l'air, des services de transport en commun, etc. Les défaillances observées sont autant de désagréments pour les populations dans la vie quotidienne et constituent un défi majeur pour la municipalité [5]. Optimiser la gestion des services urbains de la ville nécessiterait de prendre en considération toutes ces défaillances, en vue d'améliorer la qualité du milieu de vie.

À la lumière de ce qui précède, une question émerge : la « VI » constitue-t-elle une fenêtre d'opportunités ou de menaces pour le développement local ? La réponse à cette question exige de passer en revue le débat sur ce concept, les fondements de la théorie de l'innovation, de la connaissance, de la gouvernance et de la théorie institutionnelle, et surtout les expériences des « VI » menées dans quelques pays à travers le monde. Tenant compte du contexte, il apparaît séduisant, au regard des défaillances de la gouvernance urbaine relevées, de penser à ce que l'avènement de la « VI » pourrait représenter une fenêtre d'opportunités pour la ville de Douala. Il faut toutefois avoir conscience qu'une conceptualisation qui ne tient pas compte de l'éthique peut semer les graines d'un danger pour le développement local.

Notre travail sera organisé comme suit. Avant de montrer en quoi une « VI » constitue une fenêtre d'opportunités, mais aussi de menaces pour les libertés et le développement local (II), nous essaierons d'abord d'explorer la revue de littérature sur la conceptualisation de la notion de « VI » et le débat sur sa gouvernance démocratique (I). Ensuite, nous tenterons, dans un troisième temps, de passer en revue quelques exemples de « VI » à travers le monde (III). Tirant les leçons des expériences des pays qui font figure de

---

[5] Ce constat factuel n'implique pas, pour autant, que la ville de Douala, comme elle n'est pas réputée « intelligente », elle serait par conséquent une « ville stupide » si l'on se réfère à l'antonyme (Eveno, 2018, *op. cit.*).

pionnier, nous examinons, dans un quatrième temps, la faisabilité de la création d'une « VI » pilote à Douala (IV). Nous concluons, en dernier ressort, sur la nécessité de mettre en place de nouvelles régulations, afin de maîtriser les risques liés à l'avènement du numérique dans la cité (V).

I. Revue de la littérature sur la conceptualisation de la notion de « ville intelligente » et le débat sur sa gouvernance démocratique

Le concept de « SC » ou de « VI » est une expression polysémique, car elle est à la croisée de plusieurs approches de sciences humaines et techniques. Pour appréhender ses différentes dimensions, il apparaît instructif de formaliser un essai de conceptualisation (1) et, par la suite, d'examiner quelques approches sous l'angle de la gouvernance en situation de démocratie (2).

1. Essai de conceptualisation de la notion de « ville intelligente »

Le terme de « SC » ou de « VI » est utilisé par différents groupes : les chercheurs, les élus, les responsables politiques, les ingénieurs des techniques du numérique et les professionnels de l'aménagement urbain. Les différentes formations académiques et expériences professionnelles des acteurs influencent leur compréhension de ce concept. C'est pourquoi on constate une variété dans la manière dont ils conceptualisent la notion. Cette expression, utilisée par de grandes firmes et des organismes publics de promotion économique, demeure assez peu connue du grand public (Mosco, 2019). Pour la définir, il importe au préalable de mettre en relief la dimension polysémique, voire fluide, du concept, ainsi que la pluralité des définitions existantes. Kheidira (2020) souligne les difficultés à bien saisir l'objet. : la « SC » est l'exemple même d'une notion équivoque, mouvante. Tour à tour modèle, fiction, utopie, slogan, elle évolue au gré des objectifs et des contextes d'interventions des acteurs qui se l'approprient ». Pour Ghorra Gobin (2018), la « SC » est purement et simplement une « fiction », un slogan. Picon (2022), évoque l'idée « d'utopie collaborative », et souligne qu'il s'agit d'un idéal et non une réalité révolutionnaire. Évoquant le débat sur la notion de « VI » Townsend (2013), parle d'une nouvelle utopie. Eveno (2018, *op.cit*), souligne que l'objet est au cœur de nombreuses controverses, puisque sa définition est mouvante au gré des contextes.

Ghorra Gobin (2018, *op.cit.*) appréhende la « SC » comme une innovation technique qui se limite à l'optimisation des services urbains (grâce à des capteurs, aux objets connectés et à l'internet) proposée par les entreprises privées. En cela, elle remet en cause l'idée, qu'il s'agit d'une innovation majeure, qui traduit une gestion stratégique de la ville en cours de recomposition spatiale, sociale et économique sous l'effet de la mondialisation et de la révolution numérique. Dans la même veine, Gassmann et al. (2019) suggèrent une définition englobante et plus opérationnelle de la « VI » : « elle applique systématiquement des technologies numériques pour réduire la consommation de ressources, améliorer la qualité de vie de ses habitants, et permettre la compétitivité de l'économie régionale de manière soutenue. Celle-ci intègre l'utilisation des solutions intelligentes pour les infrastructures, l'énergie, le logement, la mobilité, les services et la sécurité, solutions qui s'appuient sur des capteurs intégrés, sur la connectivité, sur l'analyse des données et des processus à valeur ajoutée indépendants, p. 25 ». Enfin pour, Languillon-Aussel et al. (2016, p. 36), c'est l'ensemble des services urbains qui serait concerné par le processus d'intelligence, qu'il s'agisse de l'optimisation de la gestion des ressources, des intrants ou des sortants, des déplacements, des relations sociales, voire des citadins eux-mêmes.

Pour éclairer la nature changeante de la définition de l'objet, les travaux scientifiques distinguent trois types de définitions idéales et types : les « VI » sont des villes qui utilisent la technologie intelligente (angle technologique), qui utilisent du personnel intelligent (angle des ressources humaines) et qui ont des collaborations intelligentes (angle de la gouvernance). Giffinger et al. (2007), proposent une analyse élaborée de la notion de « VI », en mettant en évidence six caractéristiques. Leur conceptualisation prend en considération à la fois le personnel intelligent et la gouvernance intelligente, et ce à quoi elles essaient d'arriver (économie intelligente, mobilité intelligente, environnement intelligent). Dans le même ordre d'idées, Caragliu et al. (2011) pensent que la ville est considérée comme intelligente, lorsque les investissements dans le capital humain, social et l'infrastructure de communication classique (transport) et moderne (TIC), favorisent une croissance économique durable, et une bonne qualité de vie, avec une gestion sage des ressources naturelles, dans le cadre d'une gouvernance participative.

Au-delà de cette diversité de définitions, il importe de comprendre exactement les caractéristiques de la « VI ». En fait, l'intelligence urbaine serait liée à l'exploitation de gisements de données massives (*big data*) : « à l'image des matières premières, les données constituent un gisement de ressources exploitables, dont l'extraction (*data mining*) et la transformation en informations créent de la valeur » (Adam et Rivano, 2020, p. 127)[6]. Les rudiments d'une telle approche pour mieux connaître les caractéristiques du territoire et du développement local étaient déjà perceptibles à la CUD[7] avec la création de l'OSEED,[8] initiée par Essombè Edimo (2007, *op.cit.*). Ces

---

[6] Pour Eveno (2018, *op. cit*) le concept de « ville intelligente » donne lieu à de nombreuses controverses, puisque la ville ne peut pas être assimilée, à un être vivant, à une personne physique ayant des facultés cognitives.

[7] L'acronyme CUD désigne la Communauté urbaine de Douala située au Cameroun.

[8] Le sigle O.S.E.E.D. désigne l'Observatoire statistique des Études économiques de Douala.

données peuvent être acquises directement par des outils de surveillance et de contrôle (caméras, capteurs, drones, cartes d'accès, etc.), ou achetées à des entreprises informatiques ou autres (en assurance, en sécurité, etc.), ou des organismes qui collectent les données de localisation et de comportements, notamment à partir d'applications de téléphones intelligents, ou d'ordinateurs plus traditionnels. L'internet des objets (ci-après, IoT) et l'intelligence artificielle (ci-après, IA) sont aussi parties prenantes de la « VI », en permettant aux différents systèmes d'interagir et, éventuellement, de prendre des décisions (Katundi, 2018), cité par Simard (2021).

Dans cette perspective, est-il encore possible de parler de démocratie, lorsque les décisions sont prises par des algorithmes ? Zuboff (2019), approfondit l'idée de l'enjeu démocratique, en critiquant « le capitalisme de surveillance » en voie d'implantation, dont la « VI » serait une émanation. Pour l'auteur, ce changement de société serait un processus qui dépasse les frontières de la ville, pour englober l'ensemble des territoires. La possibilité de localiser les gens en temps réel ouvre la porte à des formes de surveillance (*monitoring*) diverses. Plusieurs entreprises privées mettent déjà en pratique ces possibilités, en informant les automobilistes sur la densité du trafic, mais aussi en leur offrant de la publicité « localisée ». Par-delà ces usages pratiques, l'enregistrement et l'archivage de nos « préférences », sans le consentement explicite de l'usager, font émerger de profonds questionnements d'ordres éthique, politique et philosophique.

2. La ville intelligente à l'épreuve de la gouvernance démocratique

La nature même de la démocratie serait interpelée par l'émergence de la « VI » (Gagné, 2019). L'avènement du numérique a favorisé la mise en place du vote électronique. Or, l'informatisation de l'acte de voter met de facto sur le côté les électeurs illettrés en matière de nouvelles technologies. En dehors des médias classiques (radio, presse écrite, télévision, tracts, affiches, etc.), les campagnes électorales sont désormais présentes dans les réseaux sociaux, comme Facebook, Instagram, Tik Tok, avec pour ambition de toucher les jeunes générations en âge de voter. Il est documenté aujourd'hui, que les algorithmes présents dans les réseaux sociaux auraient contribué à altérer la qualité des débats démocratiques en période électorale, en envoyant aux usagers, c'est-à-dire un nombre considérable de citoyens, des messages qui affectent leur capacité d'analyse de l'offre politique des candidats (Proulx, 2021). Ce phénomène récent participe de la manipulation des électeurs, mais aussi en polarisant le vote à l'échelle locale. Sur le terrain, une fois les élections passées, l'exécutif local installé, le pilotage du projet aura tendance à glisser de la compétence de l'élu vers la machine. Ce qui est constitutif d'une rupture radicale avec le cadre institutionnel qui confère le transfert de compétences et des ressources aux collectivités locales. Dans une démocratie locale, le transfert des compétences aux élus est assujetti à l'obligation de rendre compte de ses actions à la représentation locale ou nationale[9]. Si la ville est pilotée par des données, la technologie n'a aucune légitimité institutionnelle. Puisqu'elle n'est ni une personne morale, ni physique qui, assume la délégation de la responsabilité confiée à la municipalité par l'État.

La multiplicité des acteurs, notamment (organismes publics, plateformes, habitant-usager-consommateur) habilités à collecter les données utilisées pour orienter la décision de l'exécutif local de la ville, pose ou posera, de manière grave, la question du consentement et du respect de la vie privée des citoyens (Courmont et Le Galès, 2019 ; Serfaty, 2019). Avec l'avènement du « *big data* », des masses de données sont collectées, croisées, géolocalisées, destinées à des utilisateurs. Ce qui ouvre la voie à de multiples usages, dont l'intérêt public reste à démontrer. Dans le contexte d'une autocratie, on peut facilement imaginer un usage illicite des données, dans un avenir plus ou moins proche. Au demeurant, avec l'aide de l'« IA », le *deep learning* (c'est-à-dire de l'apprentissage automatique), les algorithmes du futur pourront probablement connaître nos désirs et nos besoins mieux que nous-mêmes. Cela permet de nous affranchir de la responsabilité d'opérer des choix (consommations, loisirs, sélection d'un ami, d'un conjoint, d'une naissance, etc.), ce qui est intimement lié à nos fonctions cognitives (Harari, 2018)[10].

Nonobstant ces réserves, de nombreux auteurs et organismes publics mettent en avant la dimension démocratique, participative ou durable de la « VI ». C'est dans cette perspective que des organisations spécialisées de l'ONU[11], de l'Union européenne, promeuvent la notion de « VI », en se fondant sur une vision généreuse de ce projet à l'échelle internationale. En fonction du contexte, les choix opérés par les agences d'urbanisme peuvent varier à l'aune de leurs propres intérêts. Toutefois, certains auteurs soulignent la présence des modèles de « VI », qui préservent la souveraineté locale. Cependant, il y a lieu de s'interroger sur la pertinence des arguments qui s'appuient sur cette conception généreuse. Dans la mesure où, la « VI » peut aisément favoriser des pratiques de surveillance et de contrôle des citoyens, de reconnaissance faciale comme en Chine.

[9] On retrouve ici l'un des principes de la science administrative, qui dispose que « la ville s'administre librement dans le cadre des lois et règlements de l'État indivisible ». Ainsi, le principe de la libre administration de la ville s'accompagne de la responsabilité et de l'obligation de rendre compte.

[10] Les conséquences de cette évolution de la ville peuvent aboutir à une situation où la population devient indifférente, aseptisée aux politiques publiques.

[11] Ce sigle désigne l'Organisation des Nations Unies.

De plus, il est difficile d'imaginer comment les technologies numériques pourraient contribuer à résoudre les problèmes persistants de pauvreté, de manque de services de base, d'inégalités d'accès au logement ou de quartiers informels dans les pays du sud, en particulier les bidonvilles. Pour Adam et Rivano (2020, p. 10), le fait d'ignorer ces problèmes urbains fondamentaux, pour se lancer corps et âme sur la voie des technologies, ressemble fort bien à une fuite en avant. Les auteurs soulignent que cette fuite en avant, dont ils se gardent de faire l'éloge, ne présage rien de bon pour l'avenir d'un monde fortement urbanisé. Sur le plan philosophique, faut-il le rappeler, certains auteurs, en Occident, établissent un lien automatique entre le progrès technique et le progrès social depuis la révolution industrielle (Vaccari, 1957). L'enracinement de cette croyance, aussi séduisante soit-elle, n'en fait pas pour autant une réalité. Nonobstant l'absence de ce lien, la « VI » s'inscrit indubitablement dans cette pensée séculaire à la « mystique » de la technique, où tous les « questionnements et les éléments de réponses commencent et se terminent par des solutions technologiques » (Mosco, 2019, p. 1). Sans être un prophète de mauvais augure, les « VI » pourraient devenir des cibles faciles pour les pirates informatiques (*hackers*), une caste de passionnés informaticiens en quête de reconnaissance et de rançon. La « VI », perçue comme résiliente, n'est pas à l'abri d'une grande vulnérabilité.

Dans de nombreuses villes ou métropoles chinoises, les dérives de la « VI » sont déjà perceptibles. On y trouve des millions de capteurs, de caméras de surveillance dotés de capacités de reconnaissance faciale (Briner, 2020). On retrouve également le système de crédit social, qui « recourt à un ensemble de systèmes de notation, qui attribuent à chaque citoyen, une note calculée à partir de différents paramètres (capacité à tenir les engagements commerciaux, comportements sur les réseaux sociaux, respect du Code de la route, consommation, etc. ». La volonté ferme d'optimiser l'offre des services urbains devient un engagement fort, dès lors que la ville se proclame « VI ». Par-delà le marketing urbain, cette nouvelle vision ouvre la porte à de nombreuses opportunités pour le développement local, mais aussi à des risques de violation des libertés publiques.

II. Ville intelligente, une fenêtre d'opportunités et de risques pour les acteurs

La « VI », comme nouveau modèle dominant du développement local, constitue en réalité une rupture en relation avec le paradigme urbain traditionnel. Si ce concept est souvent imprécis, il a le mérite de mettre en avant, d'une part, les opportunités qu'offre la révolution numérique pour le développement de la ville, et d'autre part, les risques de violation des libertés publiques des citoyens.

1. La ville intelligente, une fenêtre d'opportunités pour le développement local à saisir par les acteurs

Notre époque est caractérisée aujourd'hui par l'omniprésence de la technologie, où tout « objet » pourrait être connecté. L'augmentation de la connectivité et les innovations technologiques ont fait évoluer les « VI ». Ces villes permettent de réaliser des gains d'efficience, en favorisant la durabilité et en améliorant la qualité de vie des résidents grâce à l'intégration technologique. En fait, la planification d'une « VI » revient pour l'essentiel à faire évoluer « l'IoT » à une grande échelle. Dans le périmètre d'une « VI », une bonne planification s'appuie au départ sur l'automatisation que l'on fait évoluer ensuite à un niveau supérieur. L'objectif étant d'exploiter tous les atouts de la « VI » en termes de connectivité, de durabilité et de commodité, etc. La planification est donc essentielle, pour faciliter l'éclosion des nouvelles opportunités économiques, dans l'espace physique urbain à la suite de l'innovation technologique. À cet effet, les « VI » permettent de répartir les ressources pour une meilleure planification : (i) les transports (ii) les lampadaires intelligents et (iii) les systèmes de péage à flux libre constituent autant d'exemples.

- **L'installation des caméras**

L'installation des caméras aux arrêts de bus offre l'opportunité d'évaluer la densité des passagers. Dans le même ordre d'idées, d'autres capteurs permettent de déterminer, dans les bus à l'approche, le nombre de personnes qui montent à bord à l'instant t. En croisant les informations issues des deux sources, on peut répartir de manière efficace, les individus et les bus. La ville de Nanjing en Chine constitue un cas d'étude, qui montre les avantages de la « VI » sur la mobilité et la réduction de la congestion sur les routes.

À partir des capteurs installés à bord de 10 000 taxis, 7000 bus et un million de voitures de particuliers, les experts peuvent analyser les données du trafic routier obtenues, et puis informer les habitants-usagers en temps réel sur leurs smartphones. Les gains d'efficience dans les transports permettent de réduire les émissions de carbone, ce qui a pour effet de protéger l'environnement. La volonté de diminuer l'empreinte carbone dans l'atmosphère constitue un signal fort pour la préservation de la planète.

- **Le déploiement de lampadaires intelligents**

Le déploiement des lampadaires intelligents en remplacement des lampadaires traditionnels, fait souvent partie du bouquet de l'offre de la « VI ». Ces lampadaires intelligents ont plusieurs fonctions. Ainsi, les dispositifs intelligents intégrés comprennent des capteurs pour mesurer la qualité de l'air et la météorologie, des détecteurs thermiques pour évaluer la congestion routière, des étiquettes Bluetooth et RFID pour transmettre des signaux et fournir des services d'information géospatiale aux citoyens, des caméras de surveillance pour contrôler les constructions illégales et le déversement illégal des déchets, et des émetteurs Wi-Fi permettant aux citoyens d'utiliser gratuitement Internet.

Les données collectées sont téléchargées et mises en accès libre sur le portail de l'information du secteur public, pour une utilisation commune et pour faciliter le développement d'autres applications intelligentes qui créent de la valeur. On peut ainsi créer des bases de données. Par exemple, les informations sur la qualité de l'air issues des lampadaires intelligents pourraient être publiées par le département de l'environnement. Un observatoire pourrait publier les données météorologiques sur la température de l'air et de l'humidité. Un organisme de gestion territoriale pourrait publier les données de localisation.

- **Le système de péage à flux libre**

Le système de péage à flux libre permet aux automobilistes de payer à distance le passage, sans avoir à s'arrêter. Les techniques d'identification par radiofréquence et de reconnaissance automatique des plaques d'immatriculation sont utilisées. Lorsqu'un véhicule muni d'un badge de télépéage traverse l'ouvrage où ce système est installé, son passage est automatiquement détecté et un tarif approprié est facturé et débité du compte de paiement associé au badge.

À travers ces exemples, la « smartification » c'est-à-dire, l'incrustation du numérique dans la gestion urbaine, va de pair avec le rôle croissant de l'analyse de données et des capteurs dans la vie urbaine (Townsend, 2013, *op.cit.).* La majorité des solutions intelligentes aux problèmes urbains impliquent une ville plus connectée à l'internet et davantage régie par les données. Au cours du processus visant à transformer les villes en « VI », les données sur les interactions humaines et l'environnement urbain sont collectées, agrégées et analysées en vue d'optimiser les systèmes urbains (Kichin, 2014). Ainsi, la municipalité et les entreprises privées installent de nombreux capteurs, dans le but de surveiller et de collecter des données en temps réel, portant sur un large éventail d'activités urbaines.

Ces données sont croisées à d'autres bases, pour produire de grandes quantités d'informations de plus en plus abondantes, sur le fonctionnement de la ville et les activités des habitants. Ces données alimentent les algorithmes qui optimisent et améliorent l'efficacité de divers systèmes urbains, que ce soit les transports, la gestion des déchets, l'approvisionnement en énergie, la prévention de la criminalité, la lutte contre les maladies, etc. De cette façon, il devient de plus en plus facile de connaître et de contrôler la ville (Kichin, 2016, *op. cit.*). Nonobstant les nombreuses opportunités d'optimisation de l'offre des services urbains, qui améliorent la qualité de vie, la « VI » peut constituer un levier puissant de violation des libertés publiques et d'intrusion dans la vie privée des citoyens.

2. La ville intelligente, une source de risques pour les libertés publiques et d'intrusion dans la vie privée des citoyens

La « VI », marquée profondément par l'incorporation de l'innovation technologique, génère des risques pour certains acteurs, notamment les habitants-usagers-consommateurs, mais aussi pour les élus. Les technologies déployées dans la ville, en pleine évolution, ne tiennent pas toujours compte des besoins sociaux. À titre d'exemple, le système de reconnaissance faciale comporte le risque de voir une domination s'instaurer dans la ville[12]. En absence d'une consultation publique sur l'acquisition d'une telle technologie, les populations disposent peu d'informations sur le cadre institutionnel qui définit son usage. Le manque de transparence, de dialogue social, entourant la mise en pratique de ce système, constitue un obstacle pour contester son utilisation. En effet, rien ne garantit que le système ne soit pas utilisé pour surveiller les manifestations de rue.

Bien plus, les citoyens ne savent pas à quel moment, ils sont soumis à une surveillance exercée grâce au dispositif de reconnaissance faciale. En outre, il peut s'avérer qu'il n'existe aucun mécanisme efficace permettant de tenir la police pour responsable, si elle ne respecte pas les lois en vigueur en matière de collecte de données, à l'aide des systèmes de reconnaissance faciale. Et ce, lorsque les méthodes de collecte de données ne font l'objet d'aucun contrôle externe. Plus grave encore, lorsque l'utilisation du système de reconnaissance faciale est laissée à la discrétion de la police et de l'administration de la ville. Cette violation de la vie privée représente un risque de domination, incompatible avec le principe d'égalité de traitement des citoyens. Il n'est pas exclu que les données recueillies par ce système soient utilisées à d'autres fins que la prévention de la criminalité ou les enquêtes. Le fournisseur de ce système peut, en plus, en faire un usage commercial, s'il a accès à ces données pour entraîner ses propres systèmes d'IA.

Quant à la technologie des lampadaires intelligents, elle comporte le risque de violer le principe de non-domination. De fait, les lampadaires intelligents peuvent servir de dispositif de surveillance dans l'espace public, en collectant des informations sensibles, telles que les images de personnes et des véhicules situés à proximité, ainsi que la localisation des smartphones des citoyens. À partir du moment où ces informations confidentielles sont recueillies, les lampadaires intelligents permettront aux autorités de suivre le déplacement des populations à travers la ville. La question de savoir si les informations

---

[12] Kevin, K.W. et al. (2021), insistent sur la dimension de l'éthique morale, de l'égalité dans la relation sociale entre l'administration locale et les administrés.

recueillies seront utilisées à des fins non connues par les autorités constitue une autre source d'inquiétude. Il n'existe aucun moyen de se soustraire de cette technologie intelligente. Car tous les individus et tous les véhicules seront surveillés, dès qu'ils entreront dans l'espace public. Au regard de la grande diversité des fonctions dont disposent les lampadaires intelligents, cette technologie peut créer un sentiment de méfiance de la population à l'endroit de la municipalité. À l'évidence, les lampadaires intelligents fournissent à la municipalité les moyens de s'immiscer dans leur vie privée, et d'exercer une surveillance sur les citoyens. La quête de « crédibilité » devrait s'appuyer sur la nécessité d'établir des contraintes externes efficaces, et sur la manière dont ils sont utilisés. Pour rétablir la confiance des citoyens envers la technologie numérique, il faut favoriser la « transparence », car elle constitue la clé de voûte de cette révolution qui permet de concilier les intérêts des différents acteurs. À cet effet, les informations sur l'emplacement des lampadaires, les données collectées, les dispositifs activés doivent être rendues publiques.

Le système de péage à flux libre est un mode de perception des frais relatifs aux postes de péage. Chaque véhicule doit en disposer obligatoirement et être muni d'un badge de télépéage. Toutefois, le risque moral attaché au système de péage concerne la protection des données. En fait, le système permet au département des transports de collecter des informations personnelles, des données de localisation et des données relatives à l'activité des automobilistes. Dans le cadre de ce système, les automobilistes n'ont d'autre choix que de s'en remettre à la volonté du département des Transports, qui doit traiter les données de manière responsable, afin de réduire les perturbations dans le trafic. Par conséquent, le département des Transports a l'obligation morale de répondre adéquatement aux attentes des automobilistes, faute de quoi sa crédibilité serait mise en cause. La confiance du public envers le département des transports ne sera effective que s'il existe des organes de contrôle externes auxquels il doit rendre compte.

In fine, la numérisation des infrastructures génère des risques. L'un des risques le plus importants est la cybercriminalité et les conséquences potentiellement catastrophiques pour des millions de citoyens. Les « VI » représentent en réalité des cibles faciles pour les groupes organisés, et un risque de pertes massives d'informations précieuses. Étant donné que les technologies déployées par les hackers évoluent en permanence, leurs attaques peuvent se produire à n'importe quel moment. Elles peuvent également être la cible des terroristes qui se servent des plateformes digitales, pour promouvoir des idéologies, recruter leurs membres et terroriser les opinions à l'aide des vidéos. Au demeurant, certains hackers sont financés par des États, pour faire de l'espionnage numérique sur les infrastructures nationales des autres pays. L'occasion est ainsi offerte de donner à voir quelques exemples de modèles types de « VI » à travers un nombre limité de pays.

III. Les modèles types de « villes intelligentes » à travers le monde

Ne pouvant pas faire un tour d'horizon exhaustif de toutes les « VI » dans le monde, ce qui d'ailleurs n'est pas l'objectif de ce papier, nous avons fait le choix de passer en revue quelques exemples emblématiques. À cet effet, un petit nombre de pays a été retenu. Il s'agit notamment des « VI » qui montrent la voie en termes de durabilité urbaine : Singapour, Barcelone, San Francisco. Ce choix est justifié par le fait que certaines villes sont des pionnières, tandis que d'autres sont des exemples parfaits.

1. Singapour, la vitrine de la smart city

La capitale de la République de Singapour a investi un montant de 3,4 milliards de dollars dans son projet de « smart nation ». Considéré comme un modèle de planification urbaine par excellence, Singapour a fait le choix de numériser les services gouvernementaux à 94 %, le WI-FI gratuit pour tous et des aides à l'éducation numérique. Des milliers de capteurs transmettent leurs données à une plateforme nationale.

Ces informations permettent de détecter des fuites d'eau, les pics de pollution et les pertes d'énergie. Par-delà la gestion urbaine, le « *big* data » identifie les incidents de noyade dans les piscines publiques et alerte les urgences pour aider les personnes de troisième âge. Sur le plan de la mobilité. Les lampadaires intelligents savent modifier le trafic des bus selon la densité de la circulation et des voyageurs. Les navettes autonomes (en phase de test) pourront intervenir aux heures de pointe et en fin de service de nuit pour transporter les voyageurs.

2. Barcelone, la première smart city

En prévision à l'accueil des Jeux olympiques de 1992, la capitale de la Catalogne a installé plus de 500 km de fibre optique, posant ainsi les bases de son futur statut de « SC » parmi les plus intelligentes au monde. Animée par la volonté de maîtriser ses coûts en énergie et les transports, la ville s'est lancée dans une révolution urbaine et numérique qui place l'habitant-usager-consommateur au cœur de sa stratégie, en lui donnant l'opportunité de remonter ses besoins grâce aux données recueillies.

À cet effet, plus de 200 capteurs installés en ville évaluent l'hydrométrie pour activer les réserves d'eau de pluie, le remplissage des poubelles et pour changer le parcours des camions-bennes. L'IoT à travers des lampadaires intelligents, envoie les informations sur le niveau de pollution, d'embouteillage ou de qualité de l'air. L'innovation numérique permet aussi l'occupation en temps réel des places de parking.

3. San Francisco

L'incitative « connected city » de San Francisco, a permis aux habitants d'accéder à des données destinées à leur faciliter la vie, et à les informer dans les domaines tels que la santé, la mobilité et la biodiversité. Très engagée dans le domaine du développement durable, plus spécifiquement dans le recyclage des déchets, la ville fournit une électricité à 100 % renouvelable pour tous les services municipaux. Après avoir identifié les risques associés aux « VI », on peut dès lors esquisser les modalités de faisabilité de la création d'une « VI » pilote dans la ville de Douala.

4. Les modalités de création d'une « VI » pilote à Douala

Pour créer une « VI » expérimentale à Douala, il est impératif de se conformer aux règles de l'art en matière d'urbanisme et d'architecture. Avant de commencer un tel projet, il est essentiel d'évaluer les infrastructures actuelles et celles à construire (1), afin de garantir sa flexibilité et ses fonctionnalités pendant les différentes phases de développement. À cet effet, le vote du conseil municipal en faveur du projet constitue le point de départ de l'autorisation. Les Dossiers d'Appel d'Offre (DAO) et les différents cahiers charges élaborés par les services techniques doivent explicitement intégrer l'exigence du partenariat public-privé (2). Le maître d'ouvrage en lançant les marchés d'études architecturales, et puis les marchés des travaux de « Douala Smart City Projet Management Office » (ci-après, DSCPMO) doit s'assurer de la collaboration entre les secteurs privé et public.

- **État des lieux des infrastructures dans la ville**

Nonobstant le fait que la ville de Douala, métropole économique du Cameroun, n'appartient pas à la classe des villes futuristes du monde, nous adoptons volontiers l'idée sublime selon laquelle : « n'importe quelle ville peut devenir une « VI » avec une bonne vision et de bons partenaires ». Pour ce faire, la ville doit relever de nombreux défis à la fois sociétaux et technologiques. La ville de Douala accueille plus de 60 % de la population urbaine. L'ONU et la Banque mondiale estiment qu'à l'horizon 2050, le taux d'urbanisation sera de 80 %. La ville est caractérisée par une urbanisation rapide, due à la présence de nombreuses entreprises industrielles qui constituent un facteur d'attraction de la main-d'œuvre. Or, cette urbanisation se déroule de manière désordonnée et anarchique (Essombè Edimo, 2007, pp. 83-88 ; et 2015, p. 203, p. 226).

À ce phénomène démographique dû à l'exode rural s'ajoutent (i) l'insuffisance des infrastructures urbaines (faible densité des voiries, logements, lampadaires, transports urbains, infrastructures, capteurs, caméras, etc.) et (ii) l'offre insuffisante des services urbains (eau, gestion chaotique des déchets, etc.). Les changements climatiques, les embouteillages, la pollution de l'air, l'insuffisance de l'offre d'énergie, la pauvreté sont autant de défis à relever. Ce constat justifie la pertinence de la recherche d'une optimisation de l'offre des services publics, en vue d'améliorer leur nombre et leur qualité. Dans la filiation de cette pensée, Essombè Edimo (2007, *op. cit.*, p. 195), évoquait l'idée de l'adoption d'une dynamique d'aptitude comme mode de régulation et de gestion. Pour y arriver, dans la plupart des villes à travers le monde, la solution consista à investir et à adopter les technologies intelligentes en partenariat avec le secteur privé.

- **Le partenariat public-privé pour « Douala smart city projet management office »**

Les experts estiment que d'ici 2050, environ 80 % de la population de Douala vivra en ville. Cela implique de lourdes conséquences pour les populations, la municipalité et le secteur privé. En d'autres termes, il y aura beaucoup plus d'émissions de carbone, de consommation d'eau, d'énergie et de déchets. Grâce à la combinaison de technologies intelligentes, telles que les capteurs, des drones, les caméras, les réseaux sans fil et les dispositifs de communication, la ville a l'opportunité de développer des systèmes intelligents complets en partenariat avec le secteur privé, afin d'automatiser, de gérer et d'optimiser les services urbains. Pour ce faire, l'exécutif communautaire doit mettre en œuvre une planification visant à développer l'IoT à grande échelle. Et par la suite, le relèvement de l'automatisation à un niveau supérieur, avec l'installation des équipements et des infrastructures innovants. Les progrès attendus seront les suivants :

- une bonne gestion du trafic, grâce à une combinaison de capteurs et de détecteurs thermiques de chaleur qui recueillent des données sur la qualité de l'air, mais aussi pour évaluer la congestion de la circulation. Les données recueillies vont alimenter les algorithmes qui optimisent et améliorent l'efficacité de divers systèmes urbains : les transports, la gestion des déchets, l'approvisionnement en énergie, la prévention de la criminalité, etc. À travers ces outils, il devient plus aisé de connaître et de contrôler la ville en temps réel ;
- l'installation d'un nombre important de lampadaires intelligents en remplacement des lampadaires traditionnels, permettra d'adapter leur éclairage en fonction des passages des véhicules ou de piétons. Les dispositifs installés sont dotés de plusieurs fonctions. Ils permettront l'identification par radiofréquence pour transmettre des signaux et fournir des services d'information géospatiale aux citoyens.
- Les caméras de surveillance permettront de contrôler les constructions illégales et le déversement des déchets en dehors des sites dédiés ;
- l'usage des technologies intelligentes permettra à la ville de traiter la problématique de l'eau et des eaux usées ;

- pour lutter contre l'insécurité et la prévention de la criminalité, la ville pourra s'appuyer sur la vidéosurveillance et des dispositifs matériels sécurisés ;
- conscient des risques de dérapage dans l'usage des dispositifs numériques, le législateur devra faire des propositions sur de nouvelles régulations (la charte des droits numérique).

5. La nécessité de nouvelles régulations pour atténuer les risques liés à l'innovation numérique

Dans cette partie, on peut examiner quelques stratégies ayant pour objet de protéger et de défendre les intérêts de l'habitant-usager-consommateur, dans le cadre de ses relations avec les acteurs dépositaires d'une prérogative de puissance publique. Ces stratégies ont été énoncées pour la première fois par Anderson (2017), dans la configuration d'une relation entre employeurs et employés. Toutefois, il importe de souligner que chacune de ces stratégies comporte en elle-même des limites dans le cas spécifique de la « VI ». Pour ce faire, c'est une occasion idoine de décliner quelques dispositifs constitutifs de protection : le droit à la défection, la procédure équitable, l'exercice des droits fondamentaux du citoyen et, enfin, la contribution au débat public.

- **Le droit à la défection**

Le droit à la défection est un moyen pour limiter le pouvoir arbitraire ou exorbitant de l'autorité dépositaire de la loi. La menace crédible de défection, en d'autres termes, lorsque celle-ci est de notoriété publique, peut suffire à dissuader l'acteur dépositaire de la loi de faire preuve de retenue, pour ne pas entacher la crédibilité de l'institution (Hirscman, 1970 ; Taylor, 2017). Dans la filiation de cette pensée, certaines « VI » offrent la possibilité aux résidents de participer pleinement au débat sur leur mise en place. En tout cas, les habitants ne disposent que d'une faible marge de manœuvre pour se soustraire de l'emprise d'une « VI » tant qu'ils y résident. Or, de nos jours, mener une vie sans réseau implique un coût énorme pour l'habitant. Car de plus en plus, les biens et services publics dans la « VI » sont désormais organisés sous le format d'un noyau de réseaux interactifs. Ainsi, il importe de ne pas perdre de vue que la plupart des solutions technologiques développées dans la « VI » ne laissent que peu d'alternatives de sortie aux résidents. À cet égard, les outils de reconnaissance faciale, les lampadaires intelligents et les systèmes de péage à flux libre en sont une illustration. Qu'en est-il d'autres moyens juridiques, comme la procédure équitable ?

- **La procédure équitable, un moyen de protection potentiel des droits du résident**

Le deuxième moyen pouvant servir à établir une égalité entre les acteurs est l'instauration de l'État de droit ; il est assis sur les principes suivants : (i) l'autorité ne peut être exercée que s'il existe des bases juridiques sur l'objet ; (ii) ce que la loi n'interdit pas est licite ; (iii) la loi est impersonnelle ; (iv) le résident a droit à un procès équitable conformément aux lois et règlements en vigueur dans l'État.

Pour maîtriser les risques de dérapages associés au développement des « VI », les exigences de l'État de droit nécessitent une gouvernance publique responsable, capable de suivre les diverses séquences de la mise en œuvre du projet. À cet effet, les règles de l'art disposent qu'une étude d'impact sur les résidents et l'environnement constitue une condition préalable, à laquelle la municipalité devrait être assujettie. Bien plus, elle doit être accompagnée d'un suivi-évaluation ex-post, pour prendre en compte toutes les questions éthiques découlant de l'application des technologies intelligentes. Cet arsenal juridique peut être complété par l'exercice des droits fondamentaux du citoyen.

- **L'Exercice des droits fondamentaux du citoyen**

Dans la relation sociale entre les administrés et l'administration, le respect des droits individuels et collectifs doit être consigné dans une charte des droits. Dans l'esprit de la loi, la municipalité et les firmes privées doivent être responsables des actes qu'ils posent, dans le traitement des données personnelles. Lorsque ce traitement sort du cadre légal, les auteurs doivent rendre compte devant l'institution judiciaire compétente. En cela, l'État doit prévoir un mécanisme de réparation, en faveur des résidents lésés en cas de préjudice subi. À l'évidence, le déploiement des nouvelles technologiques a rendu possible, l'intrusion dans la vie privée des résidents. Pour préserver ces droits, une charte des droits numériques devrait être créée. Ces droits numériques pourraient intégrer, le droit à la vie privée de l'individu et du groupe (Mittelstadt, 2017), le droit à la suppression des documents appartenant à autrui (Mayer-Schönberger, 2009), le droit à la protection des données, qui impose un traitement conforme à la loi sur la base du consentement (McDermott, 2017). C'est dans ce cadre que l'Union européenne a créé un dispositif, qui instaure le règlement général de protection des données (RGPD). Celui-ci ayant pour objet de protéger les résidents des nuisances de la numérisation. L'ensemble de ces exigences vise à sensibiliser les firmes privées et la municipalité, face aux outils pouvant atténuer les préjudices, par-delà le champ de la protection de la vie privée des résidents.

- **La contribution au débat**

La liberté d'expression doit pouvoir s'exercer dans un État de droit, lorsque les citoyens ou les habitants-usagers-consommateurs estiment que leurs intérêts vitaux sont menacés, par les actes posés par des élus dépositaires de l'autorité publique. En principe, les citoyens des « VI », assujettis de fait à l'usage d'un ensemble d'ouvrages incrustés de technologie dans leur ville, ont le droit de contribuer à la gouvernance urbaine de ces systèmes. L'exercice de ce droit vise à atténuer les effets préjudiciables des asymétries d'information et de pouvoir découlant de la « smartification » des systèmes urbains. L'objectif étant de promouvoir la culture du dialogue et du compromis entre les acteurs, et plus spécifiquement, entre les citoyens et l'exécutif local, dans la conception et la mise en place des dispositifs technologiques de la « VI ». Dans cette perspective, les citoyens doivent bénéficier d'un cadre juridique, permettant d'interpeler des responsables de la gouvernance urbaine. Dans la même veine, ils doivent avoir la possibilité de remettre en cause toute mesure problématique prise par le gouvernement.

En cela, on retrouve la notion d'égalité qui articule la relation entre acteurs, en intégrant le processus de contestation démocratique (Pettit, 2012). Aux États-Unis, et plus précisément dans la ville de Seattle, le contrôle démocratique a joué un rôle déterminant dans la gouvernance des projets de « VI ». À cet effet, « le conseil consultatif de la collectivité pour les technologies fut créé en 2015, en vertu du code communal de la ville, pour formuler des recommandations au maire et au conseil municipal sur les questions d'intérêt communautaire, relatives aux technologies incrustées dans les infrastructures, ainsi que pour effectuer des recherches sur ces dispositifs et recueillir les suggestions des populations ». Ce conseil, composé de dix membres, a mis en place des commissions sur la « VI », l'innovation et l'équité numérique. L'adhésion des citoyens est libre, qu'ils soient des professionnels de la technologie ou non. Bien plus, les citoyens ou les résidents sont invités à assister aux réunions ordinaires du conseil, afin de donner leur point de vue sur les questions concernant les technologies de l'information et de la communication. Cette approche participative adoptée par la municipalité vise à atténuer les incriminations et les affaires contentieuses en favorisant l'inclusion numérique.

Conclusion

La création d'une « VI » exige un temps d'arrêt, une réflexion profonde au-delà d'une approche purement publicitaire en termes de marketing urbain innovant. Par-delà les défis technologiques majeurs existants pour les techniciens des métiers du numérique, de multiples enjeux sociaux, politiques, démocratiques et environnementaux se dressent à l'horizon. À l'évidence, la plupart des enjeux concernent le comportement des acteurs et l'intrusion du numérique dans la société, mais surtout la conceptualisation de la notion de « VI ». Dans l'esprit des professionnels de l'aménagement urbain, les villes, et en particulier les métropoles, sont le résultat d'un construit social et économique, architectural et patrimonial. C'est un lieu de concentration des populations, des infrastructures, des sièges des firmes, des institutions bancaires et financières, des instituts de recherches, des universités, de sièges des syndicats, etc. La ville est un territoire, un espace où la dynamique d'aptitude ouvre de nombreuses perspectives pour le développement local, l'expérimentation, l'implantation des technologies intelligentes. L'irruption de ces dernières dans la cité s'accompagne indubitablement par des effets positifs et négatifs pour les acteurs.

L'utilisation des technologies intelligentes dans le secteur des transports, afin d'assurer la fluidité du trafic et de faciliter l'accès au stationnement, constitue plutôt un progrès, une commodité appréciée par les automobilistes. L'efficience qui en résulte permet de diminuer les émissions de carbone. Dans le même ordre d'idées, les lampadaires intelligents qui permettent l'économie d'énergie, la mesure de la qualité de l'air, la détection des constructions illégales, la mise à la disposition des résidents du Wi-Fi gratuit représentent des facteurs de progrès en termes de bien-être de la population. La critique principale de la « VI » provient plutôt, de la fiction de l'idée, que les données croisées qui alimentent les algorithmes, en permettant l'optimisation des services urbains, sont en mesure de résoudre tous les problèmes auxquels la ville est confrontée. Par ailleurs, même si les ingénieurs du numérique prônent une « approche collaborative », ils oublient de souligner que la technologie intelligente devient un moyen de supprimer, avec subtilité, le principe de la « proximité spatiale » dans le dialogue social.

Les alertes en vertu du principe de précaution ont malheureusement peu de chance d'être prises en considération. Pourquoi insister sur les défaillances de la ville, en matière d'accès au logement, de lutte contre la pauvreté, d'urbanisation incontrôlée, alors qu'il est plus excitant d'attirer l'attention sur de nouvelles idées et de nouveaux leviers d'intervention ? En fait, les technologies intelligentes ont la prétention de résoudre tous les problèmes anciens et nouveaux. Si cela est vraisemblable « pourquoi diable résister au chant des sirènes, puisque tous y trouveront leur compte [...] sauf les plus démunis ? (Simard, 2021) ? »

« À l'âge des cités globales, selon Courlet (2007), Douala doit mobiliser tous ses atouts à travers la mise en œuvre d'une véritable stratégie de développement territorialisé ». Car, la mondialisation crée en effet une concurrence territoriale en matière d'attractivité et de compétitivité des villes. Sous certaines conditions, la ville de Douala doit saisir l'opportunité de proclamer l'intention de devenir une « VI » à un horizon à déterminer. Ce positionnement naturel, comme ville internationale et régionale dans le golfe de guinée, devrait permettre à la ville, sous l'impulsion de DSCPMO, d'optimiser l'offre des services urbains et d'améliorer la qualité de vie des résidents.

Bibliographie

Adam, M. et Rivano, H. (2020). *Données : quand le numérique produit et gouverne la ville* ; dans M. Adam et E. Comby (dir.), *Le capital dans la cité : une encyclopédie critique de la ville* (p.125-137). Édition Amsterdam.

Albino et al. (2015). Smart cities : definitions, dimensions, performance, and initiatives, *Journal of Urban Technology*, 22 (1), p. 3-21

Anderson, E. (1999). What is the point of equality ? *Ethics* 109 (2) : p. 287-337. DOI : 10.1086/233897

Angelidou, M. (2015). Smart cities : A conjoncture of four forces. *Cities*, 47, p. 95-106 DOI : 10. 1016/j.cities.2015.05.004

Breux, S. et Diaz, J. (2017). Ville intelligente, origine, définitions, forces et limites d'une expression polysémique, Rapport remis à la ville de Repentigny, Centre urbanisation Culture Société, 30 pages.

Briner, C. (2020). La Chine veut noter ses habitants et installe 600 millions de caméras. *Radio Télévision Suisse.*

Caragliu, A. ; Del Bo, C. et Nijkamp, P. (2011). Smart Cities in Europe, *Journal of Urban Technology,* 18(2), pp. 65-82.

Courmont, A. et Le Galès (Dir). *Gouverner la ville numérique*, PUF.

Douay, N., et Henriot, C. (2016). La Chine à l'heure des villes intelligentes. *L'information géographique*, 80 (3), pp. 89-102.

Eveno, E. (2018). La ville intelligente : objet au cœur de nombreuses controverses, *Quaterni*, N° 96, p. 29-41

Essombè Edimo, J., R., Nya Bonabébé (2007). *Spatialité et développement économique à Douala : entre le hasard et la nécessité*, l'Harmattan, 206, pages

Essombè Edimo, J., R., Nya Bonabébé (2015). *Douala et la répartition spatiale des entreprises : Polarisation et fragmentation,* l'Harmattan, 273 pages.

Gagné, J.-F. (2019). La ville intelligente : au service de qui ? *Relations,* 804, pp. 29-30. https://id. erudit.org/iderudit/91735ac.

Gassmann, O., Bohm, et Palmié, M. (2019*). Smart cities : introducing digital innovation to cities*, Emarald.

Ghorra Gobin, C. (2018). Smart city : « fiction » et innovation stratégique, *Quaterni*, 96, pp. 5-15.

Griffinger, R.et al. (2007), *Smart cities, ranking of European medium-size cities*, récupéré de http://www.smart-cities.eu/download/smart_cities_final_report.pdf.

Harari, Y.N. (2018). *21 leçons pour le XXIe siècle.* Albin Michel.

Hirschman, A. (1970). *Exit, voice, and loyalty : responses to decline in firms*, Organizations, and states. Cambridge : Harward University Press.

Katundi, F. (2018). *La coévolution des villes intelligentes et l'internet des objets : le cas de la ville de Montréal* [mémoire de maîtrise, Université du Québec à Montréal]. Archipel.https://archipel.uqam.ca/11835/1/M15653.pdf

Kevin, K.W. et al. (2021). Développement d'une ville intelligente à Hong-Kong : une analyse éthique, *Perspectives Chinoises*, pp. 1-18.

Khedira, H. (2020). *Smart city : une mise au pas des villes par l'innovation technologique,* dans, M. Adam et E. COMBY (dir.), *Le capital dans la cité : une encyclopédie critique de la ville* (p.337-349). Éditions Amsterdam.

Kitchin, R. (2014). The real-time city ? Big data and smart urbanism, *GeoJournal*, 79 (1), pp. 1-14. DOI : 10.2139/ssrn.2289141

Kitchin, R. (2016). The ethics of smart cities and urban science. Philosophical transctions of the royal society : a Mathematical, physical and engineering sciences 374 (2083). DOI : 10.1098/rsta.2016.0115

Languillon-Aussel, R., Leprêtre, N. et Granier, B. (2016). La stratégie de la « smart city » au Japon : expérimentations nationales et circulations globales. *EchoGéo, 36.*https : //doi.org/10.4000/echogeo.14598.

Mayer-Schoonberger, V. (2009). *Delete : the virtue of forgetting in the digital age.* Princeton : Princeton University Press.

McDermott, Y. (2017). Conceptualising the right to data protection in an eraof bog data, Big data and Society, 4 (1), pp. 1-7. DOI : 10.1177/2053951716686994

Mitteltadt, B. (2017). *From individual to group privacy in the big data analytics.* Philosophy and Technology, 30 (4), p. 475-494.

Mosco, V. (2019). *The smart city in a digital world.* Emerald.

Pettit, P. (1997). *Republicanism : a theory of freedom and government.* Oxford : Oxford Press University. DOI : 10.1093/0198296428.001.0001

Picon, A., (2022). Où en est la ville intelligente ? Dans *revue-constructif,* 2022/3 n° 63, pp. 57-60, Fédération Française du Bâtiment. DOI : 10. 3917/const.063.0057

Proulx, B. (2021). Ces algorithmes qui nous divisent et nous polarisent. La Presse. https://www. *Lapresse*.ca/actualites/sciences/2019-08-25/les-centres-de-donnees-en-ebullitio

Serfaty, I.B. (2019). Ville intelligente et intelligence artificielle, pour de vrai, n° 54, p. 20-23. Dans *revue-constructif,* Fédération française du Bâtiment. DOI : 10.3917/const.054.OO20

Simard, M. (2021). Ville intelligente, démocratie et durabilité : l'improbable quadrature du cercle, volume 30, n° 3, *Revue Organisations et Territoires*, pp. 40-49.

Söderström, O., Paasche, T., et Klauser, F. (2014). Smart cities as corporate storytelling. *City*, 18 (3), pp.307-320.

Taylor, R. (2017). *Exit, left : markets and mobility in Republican thought.* Oxford : oxford Press University

Townsend, A.M. (2013). *Smart cities : big data, civic hackers, and the quest for a new utopia.* New York : W.W. Norton.

Vaccari, V. (1957). Progrès technique et progrès social. *Relations industrielles*, 12 (4), p. 326-347.https://doi.ORG/10.7202//1022510ar

CHAPITRE 2 :

LA LOCALISATION RÉSIDENTIELLE ACCENTUE-T-ELLE LES INÉGALITÉS D'ACCÈS À L'EMPLOI SUR LE MARCHÉ URBAIN DU TRAVAIL AU CAMEROUN ?

Jean Bernard Awono Mono, Lucien Armel AWAH MANGA, Jean-Roger ESSOMBÈ EDIMO NYA BONABÉBÉ et Alice Brondinne SINGUI NDOMBI

Résumé

Des études sur les données individuelles ont mis en évidence une corrélation négative entre la nature des espaces de résidence et les inégalités sur le marché du travail aux États-Unis. Cette constatation a donné lieu à de nombreuses études économétriques dans les villes américaines, européennes et africaines, y compris quelques-unes au Cameroun, qui ont révélé un impact négatif de la localisation résidentielle dans les quartiers défavorisés sur la nature des relations de travail. L'étude présentée dans ce chapitre s'inscrit dans cette réflexion en proposant une analyse des effets de la localisation résidentielle sur l'accès à l'emploi dans la ville de Yaoundé au Cameroun. L'influence de la nature des espaces de résidence sur l'accès à l'emploi est estimée à partir des données ECAM4 produites en 2014 par l'institut national de la statistique. On contrôle lors des estimations les sources de biais relavant du caractère imposé ou subit de la localisation résidentielle. Les résultats économétriques font paraître des effets très discriminants entre les résidents des espaces défavorisés, et ceux des espaces favorisés sur l'accès à l'emploi suivant la nature du statut résidentiel. Si la propension à la mobilité permet aux locataires d'échapper aux stigmates des espaces défavorisés, la faible mobilité des propriétaires contraint ces derniers à subir les effets des préjugés asymétriques de la réputation de ces espaces sur le marché du travail.

Mots clés : *Inégalités, localisation résidentielle, marché du travail, Yaoundé.*

Codes JEL : C35, J23, J71, R23, Z0,

Abstarct

Studies on individual data have shown a negative correlation between the nature of residential areas and inequalities in the labour market in the United States. This stylised fact has given rise to numerous econometric studies in American, European and African cities, but less so in Cameroon. in Cameroon, which have concluded that residential location in disadvantaged neighbourhoods has an impact on the nature of employment relationships. The study presented in this chapter is part of this reflection by analysing the effects of residential location on access to employment in the city of

Yaoundé. employment in the city of Yaoundé in Cameroon. The influence of the type of residential area on access to employment is estimated using ECAM4 data from the French National Statistical Institute in 2014. The estimates control for sources of bias related to the imposed or unintended nature of residential location. The econometric results show that, depending on their residential status, residents of disadvantaged areas are very different from those of advantaged areas in terms of access to employment. While the propensity to move allows renters to escape the stigma of deprived areas, the low mobility of homeowners forces them to suffer the effects of the asymmetric prejudice of the reputation of these areas in the labour market.

Introduction

Depuis des décennies déjà, l'insertion sur le marché urbain du travail des pays en développement (PED) s'inscrit dans un contexte difficile d'accès. D'un côté, certaines études observent les mécanismes de gestion de la main-d'œuvre par les entreprises. Elles soulignent que l'accès à l'emploi des jeunes s'inscrit dans un contexte compartimenté en segments, et dans lesquels les perspectives en matière de salaire, de contrat, de sécurité de l'emploi et de vulnérabilité diffèrent (De Vreyer et Roubaud, 2013 ; Fambeu, 2018 ; Fomba Kamga, 2012 ; O'Higgins et al., 2019). De l'autre, l'on analyse les stratégies de prospections d'emploi, et l'on suggère que l'accès à l'emploi des jeunes est alimenté par des différences en matière de formation, de diplôme, d'expérience professionnelle, d'origine sociale du parent et d'influence du réseau social (Bindop, 2019 ; Rodríguez-Villalobos et Rangel-González, 2020). Dans le cas des pays d'Afrique subsaharienne (ASS), les études menées se sont davantage concentrées sur la contribution des facteurs liés aux caractéristiques intrinsèques des demandeurs d'emploi ainsi que sur celles de l'influence des mécanismes de prospection pour expliquer les contraintes de l'accès à un emploi. Pourtant, de nos jours, une des démarches sur l'étude de la dynamique d'insertion sur le marché du travail consiste à analyser l'inscription spatiale des individus (Essombè Edimo, 2007), notamment le rôle joué par la localisation résidentielle sur l'accès à l'emploi.

Plus l'accès sur le marché du travail dépend du caractère situé des individus dans l'espace urbain, moins le principe d'égale opportunité et de justice sociale défini par Rawls (1971) est respecté. En effet, selon ce principe qui reconnaît une distribution aléatoire de certaines inégalités, les individus qui jouissent d'une même valeur intrinsèque devraient avoir les mêmes perspectives de succès sur le marché du travail. En plus de rechercher la justice sociale, l'égalité d'opportunité sur le marché du travail répond au principe fondamental du système rawlsien « *Maximin* ». Ce système place, en effet, la maximisation des opportunités d'accès des plus démunies au premier plan des priorités dans la résolution des inégalités. Réduire les inégalités d'opportunités d'accès à l'emploi sur le marché du travail permet en réalité une meilleure allocation de la main-d'œuvre là où les rendements sont les plus faibles (De Vreyer et Roubaud, 2013).

Pour sa part, la littérature en économique urbaine montre, dans un contexte d'exclusion, l'existence de plusieurs mécanismes territoriaux à l'origine des inégalités d'accès à l'emploi sur le marché urbain du travail. Le caractère situé dans l'espace peut avoir un effet direct sur l'accès à l'emploi à travers l'influence de deux facteurs. Le premier facteur est la concentration dans l'espace urbain d'une population démunie et sous intégrée au système d'urbanisme. Le deuxième facteur est la distance physique. La concentration dans l'espace urbain d'une communauté d'individus démunis influe sur les opportunités d'emploi des résidents à travers les pratiques et habitudes de vie déviante qui y prévalent. Selon la littérature sur l'acquisition des compétences, ce type de concentration met en lumière une autoreproduction de la distribution des connaissances qui dégrade le capital humain et accentue la chute du secteur productif sur plusieurs générations (Benabou, 1991). Ce phénomène, au cœur de la théorie épidémique de ghettos (Crane, 1991), suggère l'existence des effets voisins, qui construisent les interactions entre les individus, affectent leur développement et alimentent les comportements déviants. On note d'ailleurs sur ce point qu'à travers les goûts ou les préjugés, un employeur qui sait qu'un individu réside dans un quartier réputé de « *ghetto* » peut être amené à discriminer ce dernier indépendamment de sa productivité réelle. La distance physique, pour sa part, agit différemment. Elle met en effet l'accent sur l'importance des coûts de transport supportés par les chercheurs d'emploi. La littérature souligne dans ce contexte que les chômeurs distants des bassins d'emploi peuvent être amenés à se décourager dans la phase de recherche s'ils jugent les coûts de transport trop importants au regard du salaire proposé (Awono et al. 2023 ; Bastiaanssen et al. 2020 ; Bouabdallah et al. 2002 ; Dong Liu and Mei-Po Kwan, 2020 ; Edwin, 2021 ; Fan et al., 2014, Tchouassi et al. 2021.). Également, cette même littérature souligne que la distance physique peut détériorer l'efficacité de la recherche d'emploi des chômeurs distants des bassins d'emploi. En ce sens que la friction de l'information sur les offres d'emploi tend à augmenter avec la distance (L'Horty et Sari, 2019 ; Gobillon et Selod, 2006 ; Wasmer et Zenou, 2004).

Cette étude vise à évaluer l'influence de la localisation résidentielle sur le marché urbain du travail au Cameroun. Plus spécifiquement, elle entend montrer dans quelle mesure le caractère situé d'un individu dans l'espace urbain d'une grande ville, comme Yaoundé agit directement sur l'accès à l'emploi.

En effet, depuis sa désignation en 1961 comme capitale de la République du Cameroun, Yaoundé n'a cessé de s'étaler et d'entretenir des relations spatiales et économiques avec les localités environnantes. Une dynamique urbaine rapide, mais déséquilibrée, qui a engendré une production de logements décents insuffisante et des équipements urbains (médicaux, éducatifs, ludiques, etc.) insuffisants par rapport aux besoins réels des populations. Ils sont, par ailleurs, implantés de manière disproportionnée dans les quartiers de la ville. D'ailleurs, les quartiers pauvres caractérisés par des logements précaires et construits très souvent de manière anarchique, occupent 62 % de la superficie de Yaoundé (BAD, 2013). La généralisation de cette situation occasionne une ségrégation qui concentre dans les zones à risque des personnes situées en dessous du seuil de pauvreté local. Cette persistance de ségrégation dans la ville est susceptible de générer des inégalités socio-spatiales pouvant influer sur la pérennité des espaces. Parmi celles-ci s'identifient les inégalités d'accès à l'emploi des diplômés des différentes communes qui la composent. L'hypothèse de base de notre étude est que l'état d'inégalité des espaces dans les communes de Yaoundé défavorise l'employabilité des résidents des espaces défavorisés. Le degré d'inégalité d'opportunité est alors défini ici comme une association nette entre la position d'un diplômé sur le marché du travail et sa localisation résidentielle, indépendamment du secteur d'activité et du type d'emploi recherché. Cette manière de voir permet d'identifier les caractéristiques des personnes présentant les niveaux les plus élevés d'inégalités de chances afin d'apporter des éléments de réponse sur les différentes thèses qui expliquent les différences territoriales entre les individus.

Dans cette perspective, notre étude s'inscrit en droite ligne de l'analyse en termes de l'économie géographique et de l'économie territoriale. Elle cherche à identifier les divers facteurs socio-spatiaux qui expliquent les différences de résultats sur le marché du travail entre les individus. Du fait de la rareté des données fournissant les informations sur les quartiers, il n'existe que très peu d'études sur les inégalités territoriales d'accès à l'emploi portant sur les pays d'ASS. La plupart des analyses largement proposées ne s'intéressent, en effet, qu'aux pays développés (Alivon, 2016 ; Challe et al., 2018 ; l'Horty et al., 2019). Les études connues pour l'Afrique, par exemple, restent rares et sont loin à fortiori d'avoir proposé les déclinaisons socioterritoriales de l'impact sur le marché de l'emploi. Celles-ci analysent de manière indirecte la relation entre le statut d'occupation du logement et la carence en offre de transport et services urbains (Fiawumor, 2016 ; Lourdes Diaz et al., 2005) en appliquant une stratification semblable à celle des pays développés. L'on considère généralement ici une configuration mono centrique du marché du travail. Or, la structure polycentrique des villes d'ASS ne permet pas à priori de déterminer la localisation spatiale et le statut d'emploi selon le niveau de vie. Les pays d'ASS présentent d'une part, des villes où se juxtaposent des quartiers de bas standing surpeuplés et des quartiers résidentiels de haut standing (Oliete, 2002) et, d'autre part, des quartiers caractérisés par une mixité sociale en termes de niveau de vie, mais relativement homogènes en termes de communautés ethniques (Bouyou, 2007 ; Voundi et al., 2018). Il est donc nécessaire de mener une étude spécifique au marché urbain du travail dans une ville d'ASS pour tenir compte de la structure spatiale de résidence des individus.

Le présent chapitre s'articule ainsi autour de cinq sections. La deuxième propose la littérature qui établit généralement le lien entre la localisation résidentielle et l'accès à l'emploi sur le marché urbain du travail. Pour sa part, la troisième section présente les données du contexte d'étude et la méthodologie d'estimation des résultats. Dans la quatrième section, les actifs sur le marché du travail sont comparés selon leur degré d'inégalité territoriale d'accès à l'emploi sur le marché du travail. Enfin, la dernière section discute et conclut l'analyse.

I. Inégalités territoriales et emploi : acquis théoriques et empiriques liés

La science économique standard n'a pas initialement intégré l'analyse des territoires dans ses études de l'inégalité (Essombè Edimo, 2005 et 2015), comme le montre la théorie proposée par Rawls (1971) et justifiée notamment par Sen (1992), par exemple. Et les deux composantes qui ont résulté de ces deux principaux auteurs et qui sont, du reste, dorénavant intégrées par l'analyse économique en général sont aussi, au moins sur le plan du discours, véhiculées par les organisations internationales. L'approche théorique propose alors désormais une certaine synthèse intégrant les préceptes tirés du « welfare state » de jadis. Comme le souligne avec pertinence Cogneau (2004), « *John Rawls considère la justice distributive comme le problème fondamental et inextinguible de la vie en société. Armartya Sen soutient par ailleurs que toute théorie de la justice est une théorie de l'égalité. La question de la justice n'étant pas « égalité ou non », mais « égalité de quoi* ».

Depuis les années 70, et grâce au développement d'un vaste champ interdisciplinaire en effet, la science économique a ainsi généré deux grandes visions des inégalités, à savoir le welfarisme, et l'approche par les opportunités et dans laquelle se situe la théorie des *capabilities* de Sen à la suite de la voie, naguère, ouverte entre autres par Arrow (1951). Le premier courant (ou welfarisme), pointe plus spécifiquement les inégalités liées à un certain nombre de résultats (*outcomes*) sur lesquels portent les préférences des individus et de la société (fonction de bien-être social). Succédant ainsi à l'approche utilitariste qui n'admet que le critère d'optimalité parétienne. Lequel résulte des arbitrages entre efficacité et équité découlant alors de la comparaison entre optima « de second rang ». De son côté, l'approche par les opportunités constitue une critique de l'utilitarisme et du welfarisme. Elle met l'accent sur l'égalité des chances de départ plutôt que sur les résultats. La théorie de la justice comme équité (*fairness*) de Rawls apparaît indubitablement comme une synthèse entre welfarisme et égalité des droits et des opportunités. Elle ne se limite en effet pas aux fameux « principes de différence », qui est un principe d'égalité juste.

Grâce au « renouvellement » de l'économie spatiale, notamment en raison de l'émergence de la Nouvelle Économie Géographique[13], (Krugman, 1991 et 1998 ; Behrens et Thisse, 2007 ; Thisse, 2012 ; Prager et Thisse, 2010 ; Catin, 2000,...) et de l'économie territoriale (Courlet, 2008 ; Pecqueur et Courlet, 2016 ; Essombè Edimo, 2005, 2007a et 2015, *op. cit.* ; Tchouassi et *al.*, 2021, entre autres), les études sur la fragmentation ou les inégalités socio-spatiales vont connaître un essor considérable dans divers domaines.

L'une des directions est celle mise en évidence par Kain (1968) sur l'état de la relation existant entre la localisation résidentielle et l'état de chômage aux États-Unis. Sur la base d'une analyse de l'organisation urbaine d'une ville, deux mécanismes sont avancés par la littérature pour expliquer les performances sur le marché local du travail.

D'abord, la distance physique séparant le lieu de résidence du bassin d'emploi. Il est connu par l'hypothèse de « spatial mismatch ». Il met en avant l'idée que les chômeurs des zones distantes des bassins d'emploi subissent des coûts de déplacement élevés susceptibles d'affecter non seulement leur efficience productive, mais aussi, de les décourager au regard du salaire offert. Les analyses de Thisse et al. (2003) l'expliquent par le fait que, sur le marché du travail, le salaire est une moyenne pondérée de la productivité marginale du demandeur d'emploi et du salaire de réserve égale à la somme de l'indemnité du chômage, du coût de la navette domicile-travail et du différentiel de loyer payé à une localisation quelconque de l'espace. Cela dit, pour qu'un demandeur d'emploi distant du bassin d'emploi soit en mesure de travailler pour une entreprise, il faudrait que l'écart entre le salaire et les coûts associés au déplacement soit justifié dans un sens positif par la satisfaction que lui apporte sa participation à la vie sociale. L'exhibition du mécanisme de navette domicile-travail montre, dans ce contexte, que les stratégies de gestion de la main-d'œuvre par les employeurs peuvent négativement influer sur le bien-être des demandeurs d'emploi, dès lors qu'ils proviennent des espaces résidentiels éloignés ou déconnectés au bassin d'emploi. Les analyses de Simpson (1992) et Wasmer et Zenou (2004) établissent également que la friction spatiale de l'information disponible sur les offres d'emploi tend à augmenter la durée dans la file d'attente de l'emploi des populations des quartiers déconnectés au bassin d'emploi qui, déjà, peinent à financer les frais de transport pour la recherche de l'emploi.

On peut aussi y voir les analyses d'Alivon (2016) et de Darden et al. (2019) qui suggèrent que l'ampleur de cette durée dans la file d'attente de l'emploi est largement dépendante du niveau de bien-être recherché et des caractéristiques personnelles des individus liées elles-mêmes au type d'espace de

[13] Rappelons que la nouvelle économie géographique, dont Paul Krugman (1991 a et 1991b) est l'initiateur, apparaît également comme un renouvellement de l'Économie urbaine.

résidence (Gobillon et Selod, 2006 ; l'Horty et al., 2019 ; Wasmer et Zenou, 2004).

Ensuite, le rôle de la ségrégation socio-économique, voire ethnique, des quartiers. Trois principales conséquences sont avancées. La ségrégation résidentielle peut, tout d'abord, détériorer la qualité de l'espace de résidence du demandeur d'emploi. Ce phénomène est bien connu des travaux de Crane (1991) sur sa célèbre théorie épidémique des ghettos. D'après les économistes urbains, la réussite professionnelle est un phénomène qui dépend, d'une part, de l'éducation et des compétences du demandeur d'emploi et, d'autre part, de la socialisation au sein des familles c'est-à-dire, du potentiel des relations et des interactions entre individus de différents groupes (Rodríguez-Villalobos et Rangel-González, 2020). À ce titre, la concentration dans un espace, d'une masse populaire de chômeurs, constitue un effet désincitatif qui se traduit par une détérioration du réseau social. Il en est ainsi parce qu'elle ne favorise pas l'activation de liens[14] sociaux à la base d'interactions entre personnes de différents groupes (Benabou, 1991).

En effet, la littérature sur le marché du travail souligne qu'une proportion importante d'emploi est trouvée par contacts personnels avec des personnes qualifiées et susceptibles de recommander auprès des employeurs (Gobillon et Selod, 2006 ; Patacchini et Zenou, 2011 ; Selod et Zenou, 2001). Ceci dit, dans un contexte d'absence d'interactions sociales entre différentes catégories d'individus dans un espace, il se forme une érosion durable des compétences qui agit comme un phénomène multiplicateur des problèmes sociaux (Fitoussi et al., 2004). Sur le plan économique, cela se traduit dans les espaces résidentiels défavorisés par le développement des activités illicites. Et, sur le plan social, spécifiquement sanitaire, cela se traduit par une dégradation du capital santé à travers une consommation excessive d'alcool, de tabac ou de médicament psychotropes (Wiltshire et al., 2019). Ainsi, en recourant à des régressions bivariées, un ensemble d'étude laisse entendre que, par un effet de contagion « *neighbourhood effects* » sur plusieurs générations, l'interaction constante avec les adultes au chômage et faiblement qualifiés désincite, par une perte de confiance en soi, l'effort fourni par les plus jeunes pour l'amélioration des conditions de vie (Benabou, 1991 ; Fitoussi et al., 2004 ; Selod et Zenou, 2006). Dès lors, l'influence des pairs présents dans l'espace de résidence apparaît interconnectée au problème d'adéquation entre la main-d'œuvre offerte et les compétences requises pour les postes en entreprise « *skills mismatch* » (l'Horty et al., 2019).

Par ailleurs, le problème de ségrégation résidentielle qui se traduit, dans certains espaces, par une érosion des compétences se répercute sur le marché

[14] Selon la théorie du capital social, ce lien est de type *linking*. Celui-ci qui caractérise les interactions entre des agents appartenant à des groupes différents. Autrement dit, l'absence d'éloignement physique en termes de proximité relationnelle.

urbain du travail par des préjugés asymétriques que se constituent les employeurs sur les caractéristiques intrinsèques des demandeurs d'emploi. Dans un tel contexte et, selon la littérature, on parlera, d'une part, de *discrimination statistique par les goûts* lorsque les employeurs ne souhaitent pas, par exemple, que leur clientèle entre en contact avec des individus pauvres ou noirs et, d'autre part, de *discrimination territoriale à l'embauche*, lorsque ces derniers basent leurs goûts sur la qualité de l'espace de résidence (Becker, 1957 ; Zenou et Boccard, 2000). On souligne sur ce dernier point que la réputation d'un espace de résidence constitue même, pour un demandeur d'emploi, un signal qu'utilisera un employeur pour se faire une idée du niveau de compétence de l'individu (Spence, 1973). De nombreuses études s'accordent, au moyen d'une technique de *testing,* à montrer que certains chefs d'entreprise se constituent à ce titre un zonage en rouge « *redlining* » dans l'espace urbain pour séparer les territoires dont le franchissement constitue un élément stigmatisant à l'origine d'une discrimination (Anne et l'Horty, 2013 ; Broze et al., 2002 ; Duguet et al., 2010 ; L'Horty et Sari, 2019 ; Petit et al., 2011 ; Petit et al., 2011 ; Zenou et Boccard, 2000).

Toutefois, en dépit de la pertinence de la littérature ci-dessus exposée, une principale limite peut être avancée au regard du contexte actuel. C'est celle relative à l'hypothèse du *spatial mismactch* qui s'intéresse aux demandeurs d'emploi qui font face à une perte d'information sur les offres d'emploi avec la distance au bassin d'emploi. Le fait est que cette vision peut s'avérer moins pertinente de nos jours, tout simplement en raison de la révolution des nouvelles technologies de l'information et de la communication. Les informations sur les offres d'emploi peuvent en effet désormais être directement consultées en ligne. Ainsi, pour lever toute équivoque sur cette question, il est considéré dans cette étude que les demandeurs d'emploi se déplacent vers les entreprises seulement lorsqu'ils ont l'affirmation de procéder à une négociation de leur employabilité.

II. Agglomération de la ville de Yaoundé au Cameroun : présentation et cadre institutionnel du marché du travail

Depuis sa position initiale de Capitale politique et chef-lieu de la région du centre, la ville de Yaoundé, composée de sept communes, constitue un pôle d'attraction de la population à l'échelle régionale et nationale. D'abord parce qu'elle concentre à elle seule la grande majorité des principales directions et sièges sociaux des entreprises publiques et privées. Ensuite, parce que l'unique voie ferrée qui permet l'entrée et l'évacuation des marchandises passe par elle. Enfin, parce que, depuis sa position de deuxième plus grande ville du Cameroun, elle enregistre le plus grand nombre d'universités et grandes écoles de formation.

Ce statut donne lieu à une forte croissance démographique et un exode rural des populations à la recherche d'un meilleur niveau de vie. Ce qui n'est pas sans conséquent sur la configuration de la ville. En effet, la convergence vers Yaoundé tend à concentrer une forte pression de la demande de services publics qui, face à l'occupation et l'exploitation désordonnées des sols, provoque des effets contraires aux espérances des populations. C'est ainsi qu'on note une disharmonie des espaces consacrés aux logements et aux activités de production et de commercialisation. Spécifiquement, on note une configuration polycentrique des bassins d'emploi. Dans la commune de Yaoundé 1, qui se trouve au nord de la ville (voir la figure 1 ci-dessous), on note une polarisation des activités agricoles, une prévalence de quartiers denses à habitat haut de gamme et spontané, caractérisés par des zones marécageuses et des décharges non contrôlées de déchets ménagers, et la proximité d'équipements publics générant des externalités positives. Dans la commune de Yaoundé 2 cependant, il s'est développé des quartiers résidentiels de haut standing caractérisés par des équipements publics porteurs d'externalités positives, telles que les terrains de golfs, restaurants et hôtels cinq étoiles (CUY, 2008).

La commune de Yaoundé 3, pour sa part, concentre le plateau administratif (équipements militaires, ministères, hôpitaux...). Elle est par ailleurs juxtaposée à des quartiers très insalubres et à d'habitat spontané. De plus, elle est juxtaposée à la zone industrielle de la commune de Yaoundé 4 située plus au sud de la ville.

Figure 1 : **Carte de la ville de Yaoundé au Cameroun**

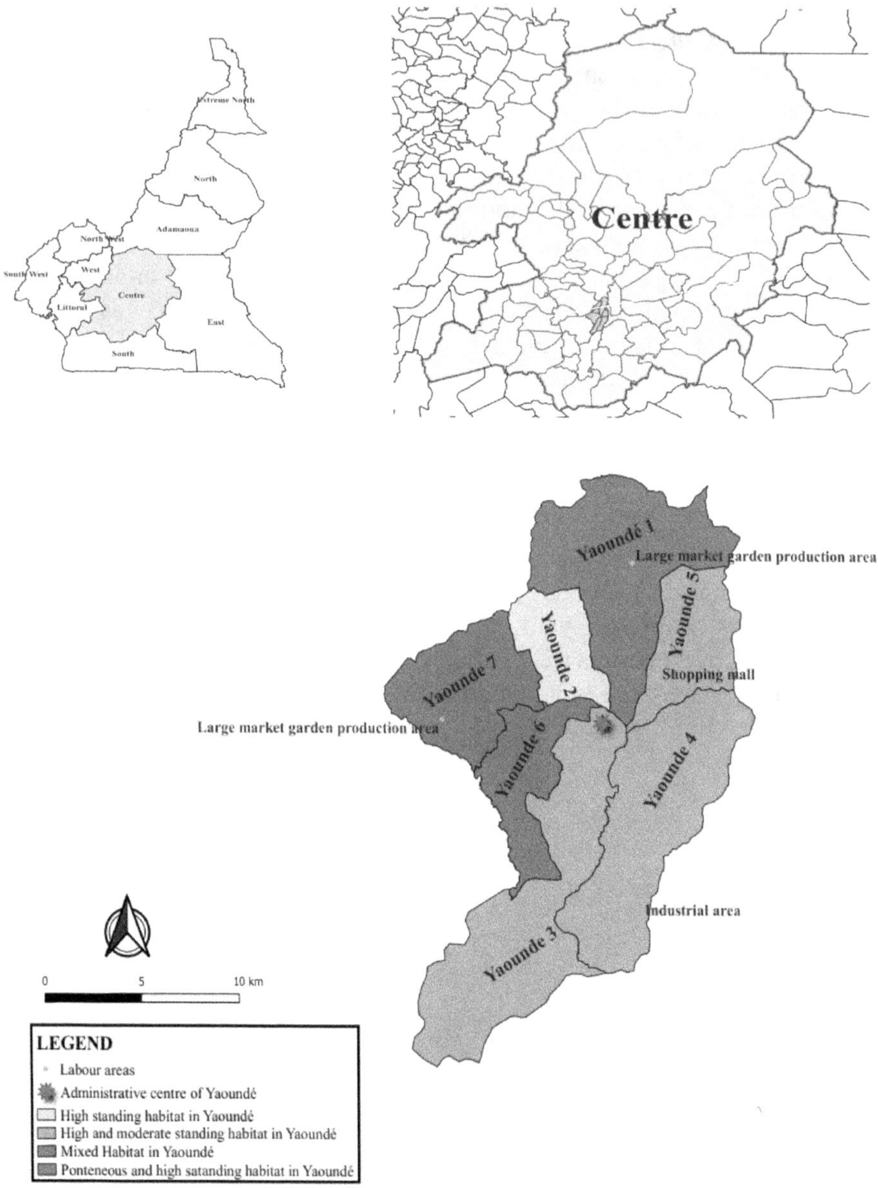

Source : Auteurs, suivant les données de l'Institut Nationale de la Cartographie 2014.

Si, dans cette dernière commune, on peut voir des équipements publics à proximité, on peut cependant souligner que c'est également une zone très insalubre constituée de quartiers denses à habitat haut et moyen standing. La commune de Yaoundé 5, située plus à l'Est de la ville, est, pour sa part, qualifiée de centre commercial. Elle concentre en son sein plusieurs équipements d'intérêt humain, à l'instar des marchés de produits alimentaires, des entreprises commerciales de distribution, une gare de voyageurs... C'est également une zone concentrant quelques quartiers de haut standing juxtaposés cependant à des quartiers à habitat mixte. Par ailleurs, la commune de Yaoundé 6 dispose aussi d'un qualificatif : « *site colinéaire ou de sept collines* ». Dans cette dernière, l'habitat croît de manière anarchique par des lotissements traditionnels au détriment des lotissements publics. Les bas-fonds inondables sont densément peuplés et plusieurs rivières arrosent les vallées et zones enclavées. Cependant, elle reste désavantagée en ce qui concerne l'accès aux services de base, comme l'eau et l'assainissement. Elle présente toutefois l'avantage d'être directement alimentée en produits alimentaires par les vives fraîches provenant de la grande zone de production maraîchère de la commune de Yaoundé 7, laquelle est en intense interaction avec l'arrière-pays agricole.

En ce qui a trait au cadre institutionnel du marché du travail de la ville de Yaoundé, il est régi par la loi n° 92/007 du 14 août 1992 relative au Code du travail du Cameroun. En effet, clairement orienté vers une flexibilité dans les relations de travail, cette loi confère aux employeurs du secteur privé la possibilité d'agir comme un monopsone, et de disposer d'un important pouvoir de négociation. Spécifiquement, elle permet, sur le plan de la sécurité de l'emploi, de distinguer trois formes contractuelles sur le marché urbain du travail au Cameroun : les contrats écrits à durée indéterminée (CDI), les contrats écrits à durée déterminée (CDD) et les formes non écrites de contrat. La dernière forme identifiant les contrats verbaux est l'absence de contrat, à l'instar du contrat d'apprentissage et le contrat d'essai approximé dans une certaine mesure, comme CDD (BIT, 2016). Par ailleurs, la loi souligne que, lorsque les relations contractuelles ne se poursuivent pas dans le cadre d'un CDI, une séparation qui n'engage aucun coût pour les deux parties s'effectue à l'échéance du CDD.

Pour ce qui relève de la durée légale du travail et de la rémunération, ce cadre institutionnel du travail fixe une durée de 8 heures de travail par jour, soit un maximum de 40 heures par semaine dans les établissements privés et publics non agricoles, et 48 heures dans les établissements privés agricoles. Cela sous-entend du point légal que les heures effectuées au-delà de cette durée légale donnent lieu à une majoration de salaire fixée. Le salaire minimal interprofessionnel garanti (SMIG) est la base. En effet, fixé à 36 270 FCFA en 2014 par le décret n°2014/2217, il a récemment connu une revalorisation par publication du décret n° 2023/00338. Ainsi, actuellement, il se situe à 45000 FCFA dans le secteur agricole et 60000 FCFA dans le secteur non agricole. Cette base, bien que moins consistante au regard de la conjoncture, doit alors être intégralement versée par l'employeur tous les mois, et ce, même pendant la période de congé payé octroyé à l'employé.

Cependant, pour ce qui concerne la ville de Yaoundé, le cadre institutionnel régi par la loi actuelle semble être en dissonance avec la réalité palpable, où on observe, sempiternellement, un développement des emplois atypiques. Lesquels apparaissent comme la conséquence d'une faible sécurité liée à la pérennité de la relation au travail que nous allons mettre en perspective avec la localisation résidentielle.

III. Cadre méthodologique

1. Modélisation de l'accès à l'emploi sur le marché urbain du travail

Conceptuellement, l'accès à l'emploi en zone urbaine est une négociation dont l'issue est la détermination d'un P-uplet de caractéristiques de l'emploi. Par P-uplet de caractéristiques, nous entendons la négociation simultanée de plusieurs aspects de l'emploi (salaire, durée de travail, sécurité économique et sociale, etc.). Prendre en compte cette possibilité de choix multiple demande de retenir une modélisation qui tient compte d'une multiplicité de choix. Le modèle Probit multivarié est la modélisation retenue. Selon son principe en effet, la variable dépendante est *l'utilité d'un panier* composé de plusieurs biens. Il repose ainsi fondamentalement sur l'idée que, si dans un panier, un bien possède une probabilité non nulle d'être choisi et si chaque bien du panier est dépendant des autres biens, alors il est possible de calculer une probabilité jointe du choix des différents biens (Aurier et Mejía, 2014 ; Besag, 1974). Sur le marché urbain du travail, cela sous-entend que si une caractéristique de l'emploi peut être choisie individuellement et si chacune des caractéristiques est dépendante des autres, alors la probabilité jointe du choix de plusieurs caractéristiques de l'emploi existe aussi.

Formellement, il est considéré une utilité globale U_{iht}, du choix des caractéristiques i (1.... I), de l'emploi d'un demandeur h (1... H), en un instant donné t (1... T). Celle-ci est décomposée en une composante déterministe V_{iht} et une composante aléatoire ε_{iht}, due à l'influence d'un facteur non observable du modèle :

$$U_{iht} = V_{iht} + \varepsilon_{iht} \quad (3.1)$$

La composante déterministe V_{iht} est, pour sa part, exprimée comme une combinaison linéaire des caractéristiques du choix *i* :

$$V_{iht} = \alpha_i + \beta X_{iht} + \gamma_i Z_{ht} \tag{3.2}$$

Avec α_i l'utilité constante de l'unité de choix correspondant aux caractéristiques non prises en compte dans le modèle ; X_{iht} le vecteur des *k* caractéristiques du choix *i* du demandeur d'emploi *h* en *t* et Z_{ht} le vecteur des caractéristiques de l'individu *h* en *t*. β et γ_i sont les vecteurs des paramètres à estimer.

À la composante aléatoire ε_{iht} cependant, il est spécifié une distribution normale pour l'estimation des paramètres.
À ce titre, la probabilité du choix de la caractéristique *i* de l'emploi est donnée par :

$$P_{iht} = \int_{\varepsilon_{iht}=-\infty}^{\infty} \int_{\varepsilon_{1ht}=-\infty}^{e_{in}+V_{iht}-V_{1ht}} \dots \int_{\varepsilon_{Iht}=-\infty}^{e_{in}+V_{iht}-V_{1ht}} \phi(\tilde{\varepsilon}) d_{\varepsilon_{Iht}} \dots d_{\varepsilon_{1ht}} d_{\varepsilon_{iht}} \tag{2.3}$$

Avec $\tilde{\varepsilon}_h$ le vecteur des composantes aléatoires de la fonction d'utilité $\tilde{\varepsilon}_h = [\tilde{\varepsilon}_{1ht}, \dots, \tilde{\varepsilon}_{Iht}]$, distribuée selon la loi normale multivariée de moyenne 0 et de matrice de variance-covariance Σ $, de\ taille\ I \times I$ donnée par :

$$\Sigma \quad = [1\ \rho_{12} \cdots \rho_{21}\ 1 \cdots \vdots \vdots \vdots \quad \rho_{1I}\ \rho_{2I} \vdots\ \rho_{I1}\ \rho_{I2} \quad \cdots 1\ ] \tag{2.4}$$

Dans cette matrice, $cov(\varepsilon_i, \varepsilon_j) = \rho_{ij}$ représente les coefficients de corrélations existant entre deux caractéristiques *i* et *j* de l'utilité du panier de choix. Statistiquement, et sous l'approbation d'un test de Wald, cela signifie qu'un coefficient de corrélation non nul entre les caractéristiques *i* et *j* est le reflet d'une dépendance de choix. En revanche, un coefficient de corrélation nul met en avant une indépendance de choix entre les caractéristiques *i* et *j* de l'utilité du panier de choix. Ce qui, dans le même temps, suggère qu'il est plus opportun d'estimer séparément plusieurs modèles Probit classiques, plutôt que de procéder à une estimation conjointe.

2. Présentation des données et variables

Les données de cette étude sont tirées de la quatrième enquête camerounaise auprès des ménages (ECAM4), menée en 2014 par l'Institut National de la Statistique (INS) sur l'ensemble du territoire camerounais. C'est une enquête de type budget-consommation dans laquelle il est appliqué, à chaque ménage et individu, un questionnaire collectant les informations sur les caractéristiques démographiques et socio-économiques. L'emploi et l'environnement résidentiel des ménages sont deux des principales sections appliquées à cette enquête. Ainsi, dans cette étude, nous observons les individus employés.

Comme le présente le **Tableau 1** ci-après, l'échantillon est constitué de 2 714 individus âgés de 15 à 65 ans et résidents à Yaoundé. Notre choix a porté sur cette cible parce que c'est elle qui est plus susceptible d'être engagée dans une relation de subordination. Ainsi donc, la variable dépendante *accès à l'emploi* est un panier minimum déterminé par l'utilité d'un contrat formel de durée (C), un revenu mensuel (W), et une durée du travail (H). Chaque caractéristique du panier est représentée par une variable binaire y_{iht} codé 1 si la caractéristique *i* est présente à l'issue dans le panier et 0 sinon. Ces caractéristiques de l'emploi ont été choisies en raison du fait que le marché du travail de Yaoundé est principalement composé d'emplois atypiques qui se distinguent par leur nature précaire, par opposition aux emplois à temps complet et à long terme dans le cadre de relations de subordination.

Pour ces trois caractéristiques, l'on peut compter au total $2^3=8$ paniers distincts tels que définis ci-après :

$$(C,0,0)\,;(0,W,0)\,;(0,0,H)\,;(C,W,0)\,;(C,0,H)\,;(0,W,H)\,;(C,W,H);(0,0,0)$$

Dans ce qui suit, nous présentons brièvement les différentes caractéristiques du panier choisi.

Le contrat formel de durée : c'est le reflet de la sécurité économique d'emploi. Il vise à mesurer, non pas le type de contrat, mais, la stabilité du lien existant dans la relation de travail. Il est ainsi, pour un individu travaillant à temps plein sur le marché du travail, mesuré par le fait de détenir un contrat formel et écrit à durée déterminée (CDD) ou indéterminée (CDI). Comme le présente dans le **Tableau 1**, seuls 13,82 % d'individus de notre échantillon sont détenteurs d'un tel contrat. Sur la base de ce fait empirique, nous reconnaissons, comme De Vreyer et Roubaud (2013), le fait que certains demandeurs d'emploi sont susceptibles de préférer un emploi instable, mais mieux rémunéré, à un emploi stable et moins rémunéré. Ainsi, nous considérons qu'un panier ne présentant pas cette caractéristique $(0, W, 0)$ devrait être analysé comme tel. L'on pourrait également mentionner la situation où le demandeur d'emploi, débutant $(0, 0, H)$, obtient un stage préemploi qui, à l'issue d'une certaine durée, pourrait lui permettre de signer un CDD ou CDI.

Tableau 1 : **Descriptive statistics**

Variables	Description
Observations	2714 individus
Sexe	
Féminin	50,07 %
Moyenne d'âge	30,98 ans
Niveau d'éducation	
Sans niveau	15,55 %
Primaire	30,21 %
Secondaire	40,16 %
Supérieur	14,08 %
Taille du ménage	5,71 individus
Variables du marché du travail	
CDI/CDD	13,82 %
Salaire	0,18 %
Heure	21,63 %
Réseau social	94,07 %
Expérience professionnelle	4,8 ans
Variables spatiales	
Très défavorisés	1,62 %
Moins défavorisés	18,35 %
Favorisés	34,52 %
Mixte	45,5 %
Statut résidentiel	
Propriétaire	43,33 %
Locataire et bénéficiaires d'allocation	56,67 %

Source *:* Auteur, suivant les données ECAM4.

La rémunération : c'est la caractéristique majeure du demandeur d'emploi. Selon la théorie de la prospection, elle fait référence à tous les éléments explicites de la proposition d'embauche, mais également à toutes les éventualités pouvant affecter le devenir du demandeur d'emploi qui l'accepte (Cahuc et Zylberberg, 2003). Positivement corrélée au niveau d'instruction et à l'expérience dans la manipulation de la tâche effectuée, elle est donc mesurée dans cette étude par l'obtention d'un salaire mensuel équivalent au moins à quatre fois le SMIG en 2014.

Les premières analyses soulignent sur ce point que très peu d'individus de la population (0,18 %) sont détenteurs d'un tel niveau de rémunération, et ce, malgré l'expérience accumulée (4,8 ans en moyenne) sur le marché du travail. Par conséquent, l'on pourrait considérer qu'un panier ne possédant pas cette caractéristique $(C, 0, H)$ est une situation où l'individu obtient, à l'issue de la négociation sur le marché du travail, une rémunération inférieure au niveau susmentionné.

La durée du travail : elle est le reflet de la priorité accordée à la conciliation entre la vie familiale et la vie professionnelle. Cette caractéristique vise à prendre en considération les heures de travail excessives qui entraînent des tensions au travail, affectent la santé et réduisent le temps de repos et l'organisation de la vie en famille. Elle est alors mesurée ici par le fait de travailler au plus 40 heures (entreprise non agricole) ou 48 heures (entreprise privée agricole) par semaine. Soit, 8 heures de temps par jour. Ainsi, comme un seul individu sur cinq (21,63 %) dans la population de la ville parvient à concilier vie familiale et vie professionnelle, les paniers $(C, 0,0)$; $(0, W, 0)$ devraient être vus comme une surexploitation pure et simple du potentiel physique, mental et psychique des individus.

Les variables explicatives sont, par ailleurs, regroupées en caractéristiques démographiques (âge, sexe, niveau d'instruction, taille du ménage), variables de prospection de l'emploi (expérience professionnelle) et variables spatiales (réseau social, variables de ségrégation et statut résidentiel). Ainsi, dans l'échantillon retenu, il faut noter que la population étudiée est relativement jeune et âgée de 31 ans. Un individu sur deux est une femme (50,07 %) de niveau d'étude secondaire (40,16 %) issu d'un ménage de six personnes (5,71).

Concernant les variables de ségrégation, elles sont la résultante des travaux de Awono et al. (2022). Considérant l'aspect physique du relief (montant/versant de collines, plaines, bas-fonds marécageux) sur lequel est bâti le logement ; la distance à pied[15] du domicile à un ensemble composite d'infrastructures publiques[16] et l'influence des aménités environnementales[17],

[15] La marche a été retenue ici en vue d'homogénéiser les modes de transport et lever le problème de distinction des niveaux de vie.

[16] L'ensemble d'infrastructures publiques est constitué des écoles maternelles, primaires et secondaires publiques, des hôpitaux de district et des postes de police/gendarmerie.

[17] Les aménités retenues ici recensent les externalités négatives subies (bruits provenant des passants ou du trafic routier, des débits de boisson, activités industrielles...), les externalités négatives produites par le voisinage (eaux usées, odeurs) et les externalités dues à la nature (espaces verts et cours d'eau non aménagés dans un rayon de 100 mètres du logement).

ces auteurs établissent une caractérisation acceptable de la logique de ségrégation urbaine dans la ville de Yaoundé. En effet, rendue possible par l'application d'une analyse des correspondances multiples, celle-ci permet de distinguer quatre groupes d'espaces, dont trois homogènes et un hétérogène.

Le premier groupe homogène est qualifié « *d'espaces très défavorisés* ». Il recense 1,62 % d'individus localisés dans les bas-fonds marécageux, où règnent fréquemment des aménités environnementales négatives. Ils sont, par ailleurs, situés à plus de deux heures de marche de l'infrastructure publique la plus proche du domicile. Le deuxième groupe homogène est qualifié « *d'espaces moins défavorisés* ». Il regroupe 18,35 % d'individus localisés sur les sommets/versants de collines ou sur des plaines, où règnent des aménités environnementales négatives moins importantes. Ils sont, pour leur part, situés à une distance comprise entre une et deux heures de marche de l'infrastructure publique la plus proche du domicile. Le troisième groupe homogène est qualifié « *d'espaces favorisés* ». Il regroupe 34,52 % d'individus localisés sur des plaines et/ou bas-fonds situés à proximité (pas plus d'une heure de marche) ou éloignés (plus de deux heures de marche) de l'infrastructure publique la plus proche du domicile. Ainsi, dans ces espaces, les aménités environnementales négatives sont absentes. Le grand groupe d'espaces hétérogènes est, pour sa part, qualifié « *d'espaces mixte*s ». Il regroupe tout le reste d'individus (45,5 %) dont la localisation résidentielle dans l'espace urbain de Yaoundé n'a pu être caractérisée par les dimensions susmentionnées.

Enfin, pour la majeure partie du temps, les emplois sont obtenus par recours à la famille ou réseau d'amis (94,07 %). Cette analyse purement descriptive met en évidence le fait que de nombreuses caractéristiques sociodémographiques et spatiales susceptibles d'influencer les performances sur le marché du travail sont autant de facteurs différenciant l'accès à l'emploi.

3. Technique d'estimation des paramètres

Notons enfin que le choix de la cible 15-65 ans est susceptible de poser un problème d'endogénéité de choix de localisation. En effet, il est possible qu'un individu de la population présente, à l'issue d'une négociation des relations de travail, un mauvais résultat sur le marché du travail parce qu'il vit dans un espace particulier (effet de la ségrégation urbaine). De plus, il est possible que le mauvais résultat présenté par un individu après négociation des relations de travail soit pour lui le fait d'être domicilié chez ses parents ou hériter d'un domicile légué par les parents (regroupement spatial des individus similaires). Pour contourner ce problème, nous contrôlons le statut résidentiel en observant si l'individu est issu d'un ménage propriétaire (43,33 %) du domicile (faible mobilité résidentielle) ou locataire (56,67 %) (forte mobilité résidentielle) (Awono et al., 2023). Par ailleurs, compte tenu du fait que l'existence du choix simultané est le plus souvent l'expression d'une interaction entre les caractéristiques d'un panier, il est également utile de prendre en compte l'influence de l'hétérogénéité des choix des travailleurs. Cette prise en compte suggère de relâcher l'hypothèse d'une valeur unique d'un coefficient et de considérer les paramètres comme étant aléatoires (Duvvuri et al., 2007). Ceci consiste à spécifier à chaque individu une valeur spécifique β_h qui dévie autour d'un coefficient β selon la loi normale comme suit : $\beta_h = \beta + \delta z_h + \sigma v_h$. Avec β_h le coefficient associé à l'individu *h*, tel que $\beta_h \sim N[\beta + \delta z_h, \sigma^2]$; σ l'écart-type des β_h autour de β ; β le coefficient moyen dans l'échantillon ; z_h les caractéristiques de *h* ; δ le coefficient caractérisant l'influence de z_h sur β_h et v_h l'hétérogénéité individuelle, non observée, centrée réduite.

Ainsi, sur la base de cette considération, la fonction d'utilité globale U_{bht} est exprimée comme la somme des utilités individuelles des unités de choix *i* à travers la relation ci-après :

$$U_{bht} = \sum_i U_{iht} = \sum_i (V_{iht} + \varepsilon_{iht}) = \sum_i (\beta_i X_{iht} + \sum_{j \neq i} \psi_j X_{jht}) d_{iht} + \tilde{\varepsilon}_{ht} \quad 4.6)$$

Où X_{iht} (X_{jht}) sont les vecteurs de caractéristiques de *i* (*j*) ; β_i et ψ_j les coefficients associés et $\tilde{\varepsilon}_{ht}$ le vecteur de composantes aléatoires distribué selon la loi normale multivariée.

VI. Résultats de l'étude

Pour compléter les analyses descriptives effectuées plus haut, nous avons estimé les probabilités jointes du choix des caractéristiques de l'utilité de l'emploi. Comme dans le cadre du modèle Probit classique, les coefficients obtenus ne sont pas directement interprétables. Seuls les signes renseignent sur le sens dans lequel évoluent les probabilités. En conséquence, quatre modèles, deux pour les propriétaires et deux pour les locataires, ont été évalués en utilisant la méthode de White pour corriger les tests t non biaisés en présence d'hétéroscédasticité. Les résultats de ces estimations sont présentés dans les **Tableaux 2** et **3** ci-dessous.

Les modèles sont donc globalement acceptables avec des tests de Wald significatifs au seuil de 1 %. En outre, les coefficients de corrélation entre les différentes caractéristiques de l'utilité de l'emploi sont positifs et significatifs au seuil de confiance traditionnelle (5 %). Cela signifie que le choix d'estimation des probabilités jointes est bien adapté au phénomène étudié.

Tableau 2 : Probit Multivarié pour les propriétaires

VARIABLES	Propriétaires					
	Model I			Model II		
	Contrat	Salaire	Heure	Contrat	Salaire	Heure
Sexe						
Féminin	**-0.220** (0.101)**	-0.421 (0.404)	-0.077 (0.082)	-0.128 (0.107)	-0.532 (0.352)	0.017 (0.086)
Niveau d'éducation						
Primaire	0.309 (0.216)	-0.327 (0.488)	**-0.394*** (0.129)**	**0.552* (0.284)**	0.113 (0.601)	**-0.283** (0.138)**
Secondaire	**0.722*** (0.204)**	**3.419***(0.400)**	-0.136 (0.121)	**1.069*** (0.288)**	**3.778*** (0.644)**	0.085 (0.131)
Supérieur	**1.444*** (0.217)**	0.248 (0.383)	0.102 (0.149)	**1.904*** (0.299)**	-0.147 (0.517)	**0.374** (0.161)**
Variables spatiales						
Très défavorisés	0.064 (0.280)	**-3.155*** (0.272)**	-0.299 (0.248)	0.075 (0.298)	**-2.475*** (0.624)**	-0.357 (0.251)
Moins défavorisés	-0.122 (0.137)	**-3.355*** (0.281)**	**-0.314*** (0.117)**	-0.040 (0.144)	**-3.298*** (0.463)**	**-0.254** (0.123)**
Favorisés	-0.186 (0.115)	-0.205 (0.369)	-0.095 (0.091)	**-0.217* (0.123)**	-0.664 (0.407)	-0.102 (0.095)
Expérience professionnelle				**0.046*** (0.006)**	**0.046***(0.006)**	**0.046*** (0.023)**
Réseau social				**4.921*** (0.130)**	**4.921*** (0.130)**	**4.797*** (0.845)**
Log taille du ménage	/	/	-0.035 (0.083)			-0.012(0.084)
Constante	-1.686** *(0.205)	-5.524* ** (0.468)	-0.376** (0.191)	-7.111*** (0.313)	-8.899*** (0.978)	-5.576*** (0.226)
rho21	**0.734** *(0.092)**			**0769*** (0.123)**		
rho31	**0.337** *(0.055)**			**0.248*** (0.058)**		
rho32	**0.356** *(0.068)**			**0.301*** (0.073)**		
Observations	1176	1176	1176	1176	1176	1176
Wald chi2(22) & (28)	842.99			8395.97		
Prob > chi2	0.0000			0.0000		

Robust standard errors in parentheses *** p<0.01, ** p<0.05, * p<0.1

Tableau 3 : Probit Multivarié pour locataires et bénéficiaire d'allocation logement

VARIA-BLES	Locataires et bénéficiaire d'allocation logement					
	Model I'			Model II'		
	Contrat	Salaire	Heure	Contrat	Salaire	Heure
Sexe						
Féminin	**-0.464*** *(0.083)**	0.077 (0.412)	**0.163** (0.075)**	**-0.380*** (0.087)**	0.132 (0.417)	**0.297*** (0.079)**
Niveau d'éducation						
Primaire	-0.000 (0.144)	0.050 (0.189)	-0.071 (0.114)	0.065 (0.154)	0.017 (0.196)	-0.008 (0.119)
Secondaire	**0.467*** (0.131)**	**3.234***(0.346)**	- 0.073(0.110)	**0.592*** *(0.143)**	3.607*** *(0.355)	0.031 (0.115)
Supérieur	**1.058*** *(0.145)**	0.019 (0.230)	**0.377*** *(0.127)**	**1.258*** *(0.156)**	0.054 (0.231)	**0.557*** *(0.133)**
Variables spatiales						
Très défavorisés	0.121 (0.241)	**-2.252*** *(0.273)**	0.243 (0.196)	0.020 (0.250)	**-2.557*** (0.392)**	0.177 (0.208)
Moins défavorisés	0.081 (0.110)	0.320 (0.400)	-0.109 (0.104)	0.034 (0.113)	0.308 (0.404)	-0.173 (0.106)
Favorisés	-0.049 (0.094)	**-2.969*** *(0.349)**	-0.040 (0.081)	-0.069 (0.097)	**-3.305*** *(0.363)**	-0.051 (0.084)
Expérience professionnelle				**0.041*** *(0.006)**	0.017***(0.006)	**0.041*** *(0.006)**
Réseau social				**5.182*** *(0.096)**	3.230*** *(0.280)	**5.198*** *(0.110)**
Log taille du ménage			**-0.093* (0.052)**			**-0.115* *(0.054)**
Constante	-1.247*** *(0.134)	-5.970*** *(0.208)	-0.776* **(0.123)	-6.736*** *(0.169)	-9.660*** *(0.304)	-6.249*** *(0.165)
rho21	**0.330***(0.093)**			**0.295**(0.098)**		
rho31	**0.282***(0.048)**			**0.219*** (0.049)**		
rho32	**0.183** (0.077)**			**0.160**(0.077)**		
Observations	1538	1538	1538	1538	1538	1538
Wald chi2(22)	327.81		Wald chi 2 (28)	8400.63		
Prob > chi2	0.0000			0.0000		

Robust standard errors in parentheses *** p<0.01, ** p<0.05, * p<0.1

Parmi les caractéristiques démographiques, l'âge a été retenu pour servir de tremplin aux estimations. Ainsi, quel que soit le statut de logement, résider dans un espace défavorisé et même favorisé reste sans effet sur l'accès à un CDI ou CDD écrit (cf. modèle I et I'). Toutefois, pour ce qui est du niveau de salaire susmentionné, il constitue un critère significativement discriminant pour les propriétaires de logement. Cependant, c'est également le cas chez les locataires (ou logés gratuitement) vivant dans des milieux très défavorisés ou très favorisés. Finalement, en ce qui a trait au respect de la durée légale du travail, il est nettement plus faible chez les propriétaires de logements habitant dans des milieux défavorisés.

Ces résultats sont bien en phase avec les attentes liées au statut résidentiel. La situation des locataires qui résident dans les espaces favorisés permet de comprendre l'effet de la ségrégation résidentielle sur le salaire. En effet, pour un locataire (ou logé gratuitement) spatialement ségrégué, le coût associé à la distance affecte négativement la productivité du travail, lequel est un élément essentiel de la formation du salaire. Il est donc plus opportun pour un locataire de se rapprocher du lieu de travail afin de réduire les effets négatifs de cette distance sur sa productivité. Par ailleurs, la situation des propriétaires qui résident dans les espaces défavorisés met bien en évidence l'influence du regroupement spatial sur le salaire et la durée légale de travail. Ceci dans la mesure où, moins mobiles que les locataires, ils restent susceptibles de faire face aux préjugés asymétriques que confère la réputation de leur espace de résidence.

En plus des résultats liés à la localisation résidentielle, l'analyse des caractéristiques démographiques montre qu'être une femme est un critère significativement discriminatoire pour l'accès à un CDD ou à un CDI. Cette observation reste valable aussi bien chez les propriétaires que chez les locataires. On peut toutefois remarquer que cette caractéristique reste sans influence significative sur le salaire. Par ailleurs, concernant le respect de la durée légale du travail, être de sexe féminin augmente significativement les chances de concilier travail et vie familiale chez les locataires (ou logés gratuitement), mais reste sans influence significative chez les propriétaires de logement.

De plus, les résultats révèlent que les caractéristiques de l'utilité de l'emploi sont positivement corrélées au niveau d'éducation. Spécifiquement, ils soulignent qu'avoir un niveau d'éducation secondaire ou supérieur augmente significativement les chances de décrocher un CDI ou CDD écrit. Ils montrent également que la détention d'un niveau de salaire équivalent à au moins 4 fois le SMIG est une fonction croissance du niveau d'éducation secondaire. Cependant, pour ce qui concerne la durée légale du travail, ces résultats montrent chez les propriétaires que détenir un niveau d'éducation primaire réduit significativement les chances de concilier travail et vie familiale. Pourtant, chez les locataires (ou logés gratuitement), malgré l'influence négative et significative de la taille du ménage, ce même niveau d'éducation reste sans effets significatifs. Ils soutiennent au contraire qu'un locataire (ou logé gratuitement) qui est détenteur d'un niveau d'éducation supérieur a significativement plus de chance d'obtenir un emploi qui permet de concilier travail et vie familiale.

Vu le caractère généralisé du panier de caractéristiques de l'emploi sur le marché du travail de la ville de Yaoundé, il est particulièrement important de se demander si les résultats présentés sont sensibles à la prise en compte de l'environnement d'existence des individus. Ainsi, en présence de l'influence positive et significative du réseau social et de l'expérience professionnelle sur le marché du travail (cf. modèle II et II'), les résultats restent sans changement majeur sur les problèmes créés par la localisation résidentielle au seuil habituel de significativité (5 %).

V. Discussion des résultats et conclusion

Ces dernières années, les inégalités sur le marché du travail se sont accentuées au Cameroun. La flexibilité du marché du travail, qui s'est traduit par l'éclosion des formes atypiques d'emploi en zones urbaines, en a contribué. En effet, dans les villes offrant un faible niveau de développement, ces inégalités se sont renforcées par la nature de l'origine sociale qui à la base découle de l'espace de résidence des individus. La ville de Yaoundé offre une illustration assez convaincante du malaise vécu par les résidents dans les espaces défavorisés sur le marché du travail. Elle démontre qu'il est difficile de penser justice sur le marché du travail sans incorporer au problème des inégalités d'opportunité, la dimension géographique des demandeurs d'emploi. Chose logique lorsqu'il est admis que la géographie est l'expression spatiale du fait social et le territoire un élément constitutif du lien social (Bret, 2009).

Cette étude confirme donc bien la thèse selon laquelle les inégalités peuvent principalement découler de la déficience dans la compensation des externalités négatives liées à l'occupation du territoire (Emelianof, 2007 ; Kobou et al., 2021). Malgré la limite sur l'orientation sectorielle de l'emploi, et même l'existence d'une catégorie socioprofessionnelle de référence, nos résultats, qui peuvent également être retrouvés dans l'accès à beaucoup d'autres services sociaux (éducation, santé, gestion des ordures, eau, électricité...) au Cameroun, laissent paraitre que le lieu de résidence peut contribuer à stigmatiser davantage la structure du niveau de vie dans certaines zones. On serait ainsi davantage en mesure de penser que, dans les espaces très défavorisés, la nature atypique du panier de l'emploi est caractérisée par une précarité dans la rémunération, soit une sécurité de l'emploi, une faible rémunération et une possibilité de concilier travail et vie familiale (C, 0, H). Dans les espaces moins défavorisés, ce panier serait davantage caractérisé par une sécurité de l'emploi, une faible rémunération et une surexploitation du potentiel physique, mental et psychique chez les individus caractérisés par une faible mobilité (C, 0, 0). On pourrait cependant observer un renforcement de ce panier par une forte rémunération et une possibilité de concilier travail et vie familiale (C, W, H) lorsque la propension à la mobilité augmente. Dans les espaces favorisés enfin, le panier de l'emploi serait davantage fonction de toutes les caractéristiques retenues (C, W, H) chez les individus caractérisés par une faible mobilité résidentielle. Cependant, il se dégraderait sur le niveau de rémunération (C, 0, H) lorsque la propension à la mobilité pousserait ce dernier à résider loin de son lieu de travail.

Ainsi, sur le marché du travail de la ville de Yaoundé, une politique publique de territorialisation visant à revaloriser les espaces dégradés pour les rendre plus justes et efficaces permettrait, en partie, de réduire les inégalités de chances dans l'accès à l'emploi sur le marché du travail. Ceci dit, à long terme, l'aménagement du territoire, en modifiant profondément les normes et valeurs culturelles des communautés d'individus, pourrait réduire l'effet direct du caractère situé dans un bidonville sur l'accès à l'emploi. *In fine*, cette étude montre que les différences de formation scolaire, de diplôme et d'expériences professionnelles ne sont pas les seules caractéristiques intrinsèques des individus qui influent sur l'accès à l'emploi au Cameroun. Dans les grandes villes en général et à Yaoundé en particulier, la réputation de certains espaces contraint les résidents à ne trouver satisfaction que dans le secteur informel.

Bibliographique

Alivon, F. (2016). *L'influence de la ségrégation urbaine sur l'emploi : une étude de cas sur l'aire urbaine marseillaise.* In L. d. É. d. D. (LEDi) (Ed.), *La ségrégation spatiale et économique : une analyse en termes d'emploi et d'éducation dans les espaces urbains*. Université de Bourgogne.

Anne, D. et l'Horty, Y. (2013). *Économie de l'emploi et du chômage* (A. Colin Ed.). Paris ; CURSUS économie.

Aurier, P., et Mejía, V. (2014). Les modèles Logit et Probit multivariés pour la modélisation des achats simultanés : présentation, utilisation, intérêts et limites. *Recherche et Applications en Marketing (French Edition), 29*(2), 79-98.

Awono, J., B., Bella, M., S., Singui, A.B., Oyono, J.C., Awah, A. (2023). Job Search, Spatial Constraints, and Unemployment Duration: An Empirical Analysis of the Cameroonian Case. *Journal of Economic Sciences*, 2(1), 39-52. https://doi.org/10.55604/jes.v2i1.a4

Awono, J., B., Essombè Edimo, J., R., Nya Bonabébé et Awah, A. (2022). Choix scolaires territorialement contraints dans les établissements secondaires de qualité de la ville de Yaoundé. *Revue subsaharienne d'économie et de finance*, n° 15, Paris, Ed. PUF, décembre 2022.

BAD (2013). *Deuxième phase du Projet d'Assainissement de Yaoundé (PADY 2). Rapport d'Évaluation.* Yaoundé, Cameroun : Groupe de la Banque africaine de Développement.

Bastiaanssen, J., Johnson, D. et Lucas, K. (2020). Does transport help people to gain employment? A systematic review and meta-analysis of the empirical evidence. *Transport Reviews*, 40 (5), 607-628.https://doi.org/10.1080/01441647.2020.1747569

Becker, G., S. (1957). *The economics of discrimination* (second edition ed.): Chicago : University of Chicago Press.

Benabou, R. (1991). *Working of a city : Location, Education, and Production.* : Massachusetts Institute of Technology.

Besag, J. (1974). Spatial interaction and the statistical analysis of lattice systems. *Journal of the Royal Statistical Society: Series B (Methodological), 36*(2), 192-225.

Bindop, K., M. (2019). Les inégalités d'accès au marché du travail au Cameroun : le rôle de l'école. *Revue d'économie du développement, 27*(2), 45-86.

Bouabdallah, K., Cavaco, Sandra. Et Lesueur, J-Y. (2002). Recherche d'emploi, Contraintes spatiales et Durée de Chômage : une analyse microéconométrique. *Revue d'économie politique, 1*(112), 137-156. https://doi.org/10.3917/redp.121.0137

Bouyou, J.-M. (2007). Représentations de l'espace et des quartiers à Libreville et Brazzaville. *Villes en Parallèle, 40*(1), 80-94.

Bret, B. (2009). Interpréter les inégalités sociospatiales à la lumière de la Théorie de la Justice de John Rawls. *Annales de géographie, 1*(665-666), 16-34.

Broze, L., Steinauer, M. et Thomas, I. (2002). Discrimination spatiale des femmes et ségrégation sur le marché du travail : l'exemple de Bruxelles. *Espace, populations, sociétés, 3*, 323-345.

Cahuc, P. et Zylberberg, A. (2003). *Microéconomie du marché du travail.* Paris : Éditions La Découverte.

Challe, L., l'Horty, Y., Petit, P. et Wolff, F.-C. (2018). *Les discriminations dans l'accès à l'emploi privé et public : les effets de l'origine, de l'adresse, du sexe et de l'orientation sexuelle.* : Travail, Emploi et Politiques Publiques (TEPP) - FR CNRS.

Crane, J. (1991). The epidemic theory of ghettos and neighborhood effects on dropping out and teenage childbearing. *American journal of Sociology, 96*(5), 1226-1259.

CUY. (2008). *Yaoundé 2020—Plan directeur d'Urbanisme.* Yaoundé, Cameroun : Communauté urbaine de Yaoundé, MINDUH.

Darden, J., Malega, R. et Stallings, R. (2019). Social and economic consequences of black residential segregation by neighbourhood socioeconomic characteristics: The case of Metropolitan Detroit. *Urban Studies, 56*(1), 115-130.

De Vreyer, P. et Roubaud, F. (2013). *Les marchés urbains du travail en Afrique subsaharienne.* Marseille, France : IRD Éditions.

Dong Liu, et Mei-Po Kwan (2020). Measuring spatial mismatch and job access inequity based on transit-based job accessibility for poor job seekers. *Travel Behaviour and Society*,19,184-193. https://doi.org/10.1016/j.tbs.2020.01.005

Duguet, E., L'Horty, Y., du Parquet, L., Petit, P. et Sari, F. (2010). *Les effets du lieu de résidence sur l'accès à l'emploi : une expérience contrôlée sur des jeunes qualifiés en Ile-de-France.* : Centre d'Étude de l'Emploi (CEE).

Duvvuri, S., Ansari, A. et Gupta, s. (2007). Consummers'price sensitivities across complementary categories. *Management Science, 53*(12), 1933-1945.

Edwin A., Kanfer, R., Gokce, B., Kammeyer-Mueller, J. et Wanberg, C. (2021). Job Search and Employment Success: A Quantitative Review and Future Research Agenda. *Journal of Applied Psychology,* 106(5), 674-713. http://dx.doi.org/10.1037/apl0000675

Emelianoff, C. (2007). La problématique des inégalités. Un nouveau paysage conceptuel. *Écologie et politique 35 (1)*, p. 19-31.

Essombè Edimo, J., R., Nya Bonabébé (2005). Le développement territorialisé à Douala : fondements et repérage des modalités institutionnelles d'une dynamique nouvelle. *Monde en Développement,* No 130, p.111-130.

Essombè Edimo, J., R., Nya Bonabébé (2007). Localisation périphérique des entreprises industrielles et création de nouvelles centralités à Douala. *Monde en Développement,* No 137, p. 101-116.

Essombè Edimo, J., R., Nya Bonabébé (2007). *Spatialité et développement économique à Douala : entre le hasard et la nécessité,* L'Harmattan, Paris.

Fambeu, A., H. (2018). L'entourage influence-t-il le comportement informel des entreprises au Cameroun ? *African Development Review, 30*(4), 478-489

Fan, Y., Allen, R. et Sun, T. (2014).Spatial mismatch in Beijing, China: Implications of job accessibility for Chinese low-wage workers. *Habitat international, 44,* 202-210.
https://doi.org/10.1016/j.habitatint.2014.06.002.

Fiawumor, S. (2016). *Dynamiques résidentielles dans une ville ouest-africaine : déterminants du statut d'occupation du logement à Lomé (Togo).* Université de Montréal.

Fitoussi, J.-P., Laurent, E. et Maurice, J. (2004). *Ségrégation urbaine et intégration sociale.* Paris, France : Conseil d'Analyse économique.

Fomba Kamga, B. (2012). Contrat de travail et segmentation du marché du travail dans le secteur manufacturier camerounais. *L'Actualité économique, 88*(2), 197-229.

Gobillon, L. et Selod, H. (2006). *Ségrégation résidentielle, accessibilité aux emplois et chômage : le cas de l'île de France.*

Harding, D., J. (2003). Counterfactual models of neighborhood effects: The effect of neighborhood poverty on dropping out and teenage pregnancy. *American journal of Sociology, 109*(3), 676-719.

Harding, D., J. (2010). *Living the drama: community, conflict, and culture among inner-city boys.* Chicago and London: University of Chicago Press.

Harding, D., J. (2011). Rethinking the cultural context of schooling decisions in disadvantaged neighborhoods: From deviant subculture to cultural heterogeneity. *Sociology of Education, 84*(4), 322-339.

Jencks, C. et Mayer, S. E. (1990). The social consequences of growing up in a poor neighborhood. In Laurence E, J. Lynn et M. G. H. McGeary (Eds.), *Inner-city poverty in the United States* (pp. 111-186). Washington, D.C. : National Academy Press.

Kain, J. (1968). Housing Segregation, Negro Employment, and Metropolitan Decentralization. *The Quarterly Journal of Economics, 82*(2), 175-197.

Kobou, G., Mbenga, M., Wounang, R. et Fontep, E. (2021). *Développement urbain, économie informelle et inégalité au Cameroun.* Paris ; France : Agence française de développement.

Krugman, P. (1991). Increasing Returns and Economic Geography.*Journal of Political Economy,* 99(3), 483-499.

Krugman, P. (1998). What's new about the new economic geography? *Oxford review of Economic policy,* 14(2), 7-17.

L'Horty, Y., Bunel, M. et Petit, P. (2019). Testing for redlining in the labour market. *Spatial Economic Analysis, 14*(2), 153-173.

L'Horty, Y. et Sari, F. (2019). The role of spatial and skill mismatches: explaining long-term unemployment in Paris. *Regional Studies, 53*(2), 283-296.

Lourdes Diaz, O., Plat, D. et Pochet, P. (2005). *Marche à pied, pauvreté et ségrégation dans les villes d'Afrique de l'Ouest. Le cas de Dakar.* Paper presented at the Concentration économique et ségrégation spatiale, De Boeck Université.

O'Higgins, N., Bausch, J., et Bonomelli, F. (2019). La qualité des emplois : l'emploi informel dans les pays à revenu faible ou intermédiaire *Relever le défi de l'emploi des jeunes : Derniers éléments concernant des questions de politique essentielles*. Organisation Internationale du Travail (OIT).

Oliete, S. (2002). Assanaissiments d'écosystèmes urbains en zone tropicale humide. Le cas de la ville de Yaoundé à Cameroun : Tesina de Especialidad, ETSECCPB-UPC.

ONU-HABITAT. (2016). *Almanach des Bidonvilles 2015/2016 : Suivre l'Amélioration de la Qualité de Vie des Habitants des Bidonvilles*. Nairobi : Programme Participatif d'Ameloration des Bidonvilles ONU-HABITAT.

Patacchini, E., et Zenou, Y. (2011). Neighborhood effects and parental involvement in the intergenerational transmission of education. *Journal of regional science, 51*(5), 987-1013.

Petit, P., Florent, S., L'Horty, Y., Duguet, E. et du Parquet, L. (2011). Les effets du lieu de résidence sur l'accès à l'emploi : un test de discrimination auprès des jeunes qualifiés. *Économie et Statistique, 1*(447), 71-95.

Rawls, J. (1971). *A theory of justice : Revised Edition.* Cambridge, Harvard university press.

Rodríguez-Villalobos, M. et Rangel-González, E. (2020). Social networks and job quality in Mexico: 2005–2019. *Heliyon, 6*(6), e04127.

Selod, H. et Zenou, Y. (2001). *Social interactions, ethnic minorities and urban unemployment.* (0769-489X).

Selod, H. et Zenou, Y. (2006). City structure, job search and labour discrimination: Theory and policy implications. *The Economic Journal, 116*(514), 1057-1087.

Simpson, W. (1992). *Urban structure and the labour market. Worker mobility, commuting and underemployment in cities* (O. U. PRESS Ed.).

Spence, M. (1973). Job market signaling. *The Quarterly Journal of Economics, 87*(3), 355-374.

Tchouassi, G., Kamga C., et Essombè Edimo, J., R., Nya Bonabébé (2021). Politique philanthropique et développement local au Cameroun : une analyse à partir du modèle DEA. *Revue africaine Inter-Disciplinaire*, No 16, p.159-178.

Thisse, J.-F., Wasmer, E. et Zenou, Y. (2003). Ségrégation urbaine, logement et marchés du travail. *Revue française d'économie, 17*(4), 85-129.

Wasmer, E. et Zenou, Y. (2004). Equilibrium search unemployment with explicit spatial frictions. *Labour Economics, 13*(2), 143-165.

Wiltshire, G., Lee, J. et Williams, O. (2019). Understanding the reproduction of health inequalities: physical activity, social class and Bourdieu's habitus. *Sport, Education and Society, 24*(3), 226-240.

Wodtke, G. T., Elwert, F. et Harding, D. J. (2016). Neighborhood effect heterogeneity by family income and developmental period. *American journal of Sociology, 121*(4), 1168-1222.

Zenou, Y. et Boccard, N. (2000). Racial discrimination and redlining in cities. *Journal of Urban Economics, 48*(2), 260-285.

CHAPITRE 3 :

POLITIQUE DE VILLE INTELLIGENTE ET DÉVELOPPEMENT LOCAL EN AFRIQUE : UNE ANALYSE À PARTIR DE LA MÉTHODE DES MOMENTS GÉNÉRALISÉS

Christian Parfait TOMO
et Patrick NDZANA OLOMO

Résumé

Ce chapitre évalue la contribution des politiques de ville intelligente dans le développement local en Afrique sur la période de 2010-2020. Nous avons utilisé la Méthode des Moments généralisés (MMG), et collecté les données auprès de la Commission économique pour l'Afrique des Nations Unies et de la Banque Mondiale. Les résultats empiriques montrent que la diminution des décès pendant les catastrophes naturelles et la transformation structurelle de l'économie africaine contribuent au développement local. Par contre, les pertes économiques résultant des catastrophes naturelles, l'inflation et les dépenses publiques ne contribuent pas au développement local en Afrique. Nous recommandons de renforcer les politiques de ville intelligente pour décupler le potentiel des villes africaines et les rendre attractives. Une telle démarche pourrait être intégrée dans la réalisation de la Vision 2063 de l'Union africaine.

Mots-Clés : Ville intelligente, Développement local, Territoire urbain, Attractivité, Méthode MMG.

Abstract

This chapter evaluates the contribution of smart city policies on local development in Africa during the 2010-2020 period. We have used the Generalized Method of Moments (GMM), and collected data from the United Nations Economic Commission for Africa and the World Bank. Empirical results show that the decrease in deaths during natural disasters and the structural transformation of the African economy contribute to local development. However, economic losses resulting from natural disasters, inflation, and public spending do not contribute to local development in Africa. We recommend strengthening smart city policies to multiply the potential of African cities and make them attractive. Such an approach could be integrated into the realization of the African Union's Vision 2063.

Keywords *: Smart city, Local development, Urban territory, Attractiveness, GMM method.*

Introduction

Le territoire est longtemps resté le lieu de toutes les attractions, à la fois politique, économique et social. Il faut remonter parfois aux guerres révolutionnaires, nationalistes pour se rendre compte de cette réalité. Dans son essence épistémologique, le territoire est une donnée à la fois matérielle et immatérielle. La forme matérielle identifie le territoire comme un espace délimité par des frontières. La forme immatérielle, quant à elle, identifie le territoire comme une agrégation de connaissances selon des domaines variés. Le territoire identifié sous sa forme matérielle renvoie alors à un grand espace délimité sur le plan national, régional, local, puis mondial (Lemoine, 2010)[18]. Positionné sur une lisière locale, le territoire urbain est un espace complexe dans lequel s'émeuvent des stratégies de compétition et de coopération entre des acteurs économiques et politiques, et qui influencent le développement local.

Tenant compte de la nature spécifique du territoire, la politique de ville intelligente est un modèle de développement qui emprunte aussi bien à l'économie urbaine qu'à l'économie de la connaissance pour redessiner le développement local, et ceci pour améliorer la qualité de vie de la population résidente. Dans ce modèle, l'espace est une sphère dans laquelle l'intelligence territoriale, ses méthodes, et ses attentes pour les organisations et les populations, sont savamment projetées. Cela nécessite une transformation plus profonde des structures territoriales sur les plans économique, environnemental et architectural pour répondre aux besoins urgents de développement. L'économie de la connaissance peut aider à affiner ce modèle pour maximiser les résultats escomptés (Paris et Veltz, 2010 ; Éssombé-Édimo, 2023 ; Yaqoob et coll., 2023). L'économie de la connaissance, de l'innovation et des technologies de pointe, qui suppose un mode de gouvernance nouveau, axé sur la collaboration, est susceptible d'être mise à contribution. Ce type de gouvernance favorise le partage d'expériences entre les villes, les expérimentations, la flexibilité et l'ouverture d'esprit (Paris et Veltz, 2010, p. 20 ; ONU-Habitat, 2014).

La politique de ville intelligente s'appuie sur plusieurs leviers essentiels : personnes intelligentes (capital humain et social), vie intelligente (qualité de vie), économie intelligente (compétitivité), mobilité intelligente (transport et TIC[19]), environnement intelligent (ressources naturelles), et gouvernance intelligente (participation) (Giffinger et *al.,* 2007 ; Giffinger et Gudrun, 2010). Pour être efficace, l'amélioration des courants d'informations visant à faciliter les décisions d'investissement, ainsi que les projets et programmes de coopération technique sont nécessaires pour atteindre les objectifs d'une

[18] Préface de Philippe Lemoine dans *L'économie de la connaissance et ses territoires sous la direction de* Paris, T., et Veltz, P. (2010), ouvrage publié aux Éditions Hermann.
[19] Technologie de l'information et de la communication.

économie urbaine prospère, durable ou, mieux encore, attractive (Manickama et *al.*, 2023 ; Sharifi et *al.*, 2024). Dans leur complexité, les villes sont des espaces qui peuvent emprunter dans l'économie de la connaissance (par exemple, les innovations numériques) pour la conception des services urbains rénovés et la création de valeurs publiques. Cette complexité pose les préoccupations liées à l'alignement entre les stratégies municipales et les systèmes d'information. Ce qui conduit les gouvernements à rénover les politiques urbaines (Bolívar et *al.*, 2023).

Sur le plan international, la politique de ville intelligente oblige tous les gouvernements à mettre en place des instruments facilitant l'aménagement des territoires urbains, l'adoption des politiques et des stratégies intégrées favorisant une urbanisation inclusive, efficace, participative et durable, le renforcement de la capacité des locaux à planifier et à gérer le développement urbain de manière durable (ONU, 2022). S'il est clair que les espaces urbains sont devenus des pôles de compétitivité et de croissance, cela semble se justifier par une démarche durable vers des politiques de développement local. Le développement local est une démarche collective qui vise à améliorer la vie des habitants d'un territoire donné en tenant compte de leurs besoins et de leurs atouts (Tchouassi et *al.*, 2021). En réalité, des territoires urbains constitués, les villes sont des espaces qui concentrent une grande partie de la population et de l'activité économique, et elles sont les moteurs de l'innovation et du changement. L'espace est devenu un élément matériel clé sur lequel toute stratégie de développement est bâtie, visant à améliorer la qualité de vie des résidents. Le territoire apparaît alors selon Éssombé-Édimo (2007) comme un système complexe dont les besoins de structuration tendent à croître au rythme des changements.

Le développement des villes constitue une réalité à laquelle les gouvernements ne sauraient se soustraire. Greffe (1984, *op.cit)* défendait déjà l'idée selon laquelle le développement local était dû à la prise de conscience des insuffisances des politiques d'aménagement du territoire, des déséquilibres géographiques et socio-économiques ne pouvant trouver un plein épanouissement qu'en s'appuyant sur une structure organisationnelle des volontés locales. La mise en place des modèles efficaces semble déterminante, et vise à soutenir les politiques de développement afin de ramener la croissance. Si encore l'aménagement des pôles de compétitivité et de croissance urbaine s'est imposé dans les grandes métropoles occidentales, c'est en raison de l'attractivité qui est recherchée. Selon Éssombé-Édimo (2005), la ville devient alors un territoire pertinent pour redécouvrir, ou renouveler une identité collective, ou pour développer des solidarités. Ce qui permet au milieu de réagir aux défis des forces hétéronomes extérieures ou à la mondialisation.

En Afrique, l'urbanisation progresse rapidement. Selon le Programme des Nations Unies pour les Établissements humains (ONU-Habitat) (2014), d'ici

2050, plus de la moitié de la population africaine vivra en zone urbaine. Cette croissance urbaine pose de nombreux défis, tels que la congestion, la pollution, le manque de logement et d'infrastructures adéquates, puis les risques climatiques. Ces défis se heurtent à un contexte international contrarié où règnent l'instabilité économique, sociale, environnementale, et l'escalade des tensions géopolitiques internationales (UN DESA, 2024). Malgré cette situation, l'institution permanente africaine, en l'occurrence la Commission de l'Union africaine (CUA), entend poursuivre l'accélération du développement du continent. Dans sa stratégie de développement adoptée en 2013 (Agenda 2063 : l'Afrique que nous voulons), troisième du genre, après le Plan d'action et l'Acte final de Lagos en 1980, et le Traité d'Abuja en 1991, l'Afrique entend relever les défis de la croissance démographique et de l'urbanisation rapide, transformer la structure de ses économies et mettre en place des mesures de résilience climatique. Cette institution mise également sur les Sciences et Technologies, rappelées dans son Programme minimum d'intégration, pour éliminer rapidement la pauvreté et soulager les populations (CUA, 2009 ; CUA, 2015).

Le capital humain est fondamental pour réinventer des espaces urbains. Cela est essentiel pour atteindre la Vision 2063 pour un développement accéléré du continent. Les externalités bénéfiques, qui peuvent en découler, seront matérialisées par des services efficaces et accessibles à toutes les couches sociales, en plus d'un leadership local fort, avec des planifications réalisables (Slavova et Okwechime, 2016), permettant de réduire les vulnérabilités (CEA, 2023a). Si l'intelligence territoriale peut être un moyen d'accélérer le développement local, il n'en demeure pas moins que l'adhésion des technologies intelligentes peut aider à améliorer l'économie urbaine africaine (CUA, 2015, *op.cit* ; CEA, 2021 ; Friedrich-Ebert-Stiftung, 2022 ; Lim et *al.,* 2023). Cela implique de développer les stratégies microéconomiques relatives à l'économie d'agglomération, d'échelle, de proximité, de circularité et de réseaux (Éssombé-Édimo, 2005, *op.cit* et 2007, *op.cit* ; CEA, 2023a ; Sharifi et *al.,* 2024).

Partant de ce qui précède, il devient légitime de s'interroger sur la contribution des politiques de ville intelligente dans le développement local en Afrique. Réfléchir sur l'aménagement des villes africaines, leur cadre de vie, leur identité, tout en créant une espèce de proximité entre les acteurs situés et les villes, est plus que jamais essentiel pour relever les défis de développement de notre ère. Raisonner ainsi nous amène à donner un cadre précis à la démarche à emprunter.

Dès lors, l'idée centrale de cette réflexion est d'évaluer la contribution des politiques de ville intelligente dans le développement local en Afrique sur la période de 2010-2020. Il s'agit de montrer comment la politique de ville intelligente peut aider à rendre les villes africaines attractives et accélérer le développement de l'Afrique. Malgré des trajectoires plurielles contrastées, des réalités géopolitiques, sociales et culturelles aussi différentes, une politique de ville intelligente tournée vers le développement local a le potentiel de changer la face du continent. Nous utilisons la Méthode des Moments généralisés, et collectons les données auprès de la Commission économique pour l'Afrique des Nations Unies et de la Banque Mondiale. Le reste de l'article est organisé de la manière suivante à la suite de cette introduction. Nous présentons dans un premier temps la revue de la littérature. Dans un second temps, nous abordons l'approche méthodologique. Enfin la quatrième partie conclut.

I. Revue de la littérature

En parcourant la littérature sur l'aménagement des territoires urbains, le constat est que l'économie urbaine et locale ne sont pas de concepts nouveaux et disjoints. Il faut parfois remonter jusqu'aux travaux de l'École allemande, notamment ceux de Von Thünen (1826) sur la théorie de la localisation, qui seront ensuite développés par les analyses de Weber (1909), de Hotelling (1929), de Christaller (1933) et de Lösch (1940). À la suite de ces prédécesseurs, Lösch (1940) introduit l'espace dans l'analyse économique élargissant le problème de la localisation. La localisation de la production industrielle et agricole dans le cadre d'une seule économie nationale ne constitue que le point de départ de l'analyse des fondements des zones économiques. Les transferts spatiaux de biens sont traités de la même manière que la redistribution spatiale des facteurs de production, et l'analyse est incluse comme la base du développement urbain. Cette théorie microéconomique, qui s'intéresse à la localisation géographique des activités économiques, constitue une partie de la nouvelle économie géographique (Krugman, 1991 et 1995). Elle veut expliquer les comportements égoïstes des acteurs économiques. Les firmes choisissent des situations qui maximisent leurs profits et les individus choisissent celles qui maximisent leur utilité. À l'origine conçue pour étudier uniquement le comportement des firmes dans le choix d'implantation, l'économie spatiale va se déporter dans les territoires pour analyser le comportement des ménages en intégrant également la formation du prix du foncier (Éssombé- Édimo, 2005, *op.cit* ; Tchouassi et *al.*, 2021, *op.cit.*). Les recherches de ces dernières décennies vont analyser l'économie spatiale en insistant sur le territoire. Comme dans l'analyse microéconomique, le territoire est devenu un espace de compétitivité en ce sens qu'il représente une base essentielle dans l'élaboration des politiques de développement local (Laganier et *al.*, 2002 ; Éssombé- Édimo, 2007, *op.cit*).

Le développement local a arboré deux déclinaisons essentielles. La première déclinaison encore appelée « développement par le haut », soutenue par Greffe (1984), et selon laquelle la dimension territoriale est mise en évidence, vient traduire les politiques de développement initiées au niveau national. Cette assertion va être enrichie par un complément d'analyse de Pecqueur (2003) qui associe la notion de « proximité relationnelle » pour expliquer l'interaction sociale de plusieurs acteurs dans le territoire. La deuxième déclinaison, encore appelée « développement par le bas » en partageant l'idée d'Éssombé- Édimo (2007), s'appuie sur des initiatives au niveau des petites collectivités pour conduire le développement économique, longtemps propice dans les pays en développement. Pour Éssombé-Édimo (2005), le développement local est construit à la fois, par les entreprises et les collectivités locales, dans une dynamique qui tend à redécouvrir ou, simplement, à reconstruire l'identité territoriale collective. Ces dernières décennies, le concept de ville intelligente a obtenu plusieurs définitions convergentes (Tranos et Gertner, 2012). L'expression « ville intelligente » a été utilisée pour la première fois par Gibson et *al.* (1992) pour présenter les avantages de la technopole comme une approche innovante pour l'accélération du développement économique, et utile dans la création des villes intelligentes. Les villes intelligentes permettent l'amélioration des infrastructures, ainsi que la modernisation des services gouvernementaux, leur accessibilité pour une croissance économique durable (Yaqoob et *al.,* 2023). La participation des personnes intelligentes (capital humain et social), de la vie intelligente (qualité de vie), de l'économie intelligente (compétitivité), de la mobilité intelligente (transport et TIC), de l'environnement intelligent (ressources naturelles) et de la gouvernance intelligente (participation), explique la contribution de la ville intelligente dans le développement local (Giffinger et *al.,* 2007 ; Giffinger et Gudrun, 2010).

Bastidas et *al.* (2023, *op.cit*) établissent des principes de conception pour l'alignement stratégique dans les architectures d'entreprise des villes intelligentes en Irelande et en Israël. Ils observent que les villes intelligentes sont des systèmes complexes dans lesquels les innovations numériques sont appliquées pour concevoir des services urbains améliorés, et permettre la création de valeurs publiques dans divers domaines. Pour ces derniers, la stratégie de la ville devrait être alignée avec les mises en œuvre des villes intelligentes dans un système d'interopérabilité. Cette stratégie doit permettre l'élaboration d'objectifs de la ville reflétant les besoins et anticipations citoyennes. Yaqoob et *al.* (2023, *op.cit*) vont plus loin dans la réflexion en intégrant le métavers, une tendance qui se dessine dans le monde. Le métavers est une collection d'espaces numériques immersifs et interconnectés dans lesquels les utilisateurs peuvent interagir à travers des environnements générés par ordinateur. Le métavers a le potentiel de révolutionner, remodeler et transformer de manière significative les villes intelligentes. Le métavers offre des opportunités pour les villes intelligentes en permettant l'amélioration de la gestion du trafic et de la congestion, l'optimisation de la consommation d'énergie et des ressources, la réduction de la pollution et des déchets, l'amélioration de la sécurité publique, et le renforcement de la cohésion sociale. Lim et *al.* (2023) évaluent l'impact du développement des villes intelligentes en Corée du Sud à partir de l'indice d'impact des villes intelligentes. L'indice est construit avec les indicateurs de développement (économique, environnemental, social et gouvernance), ainsi qu'avec la dimension technologique, par exemple la technologie. L'indice appliqué en Corée du Sud est catégorisé comme suit : i) les villes de transport de première vague axée sur les infrastructures de transport et de sécurité, ii) les villes de transport de deuxième vague qui mettent l'accent sur une gestion urbaine globale, et iii) les villes non intelligentes. Les résultats montrent que les villes intelligentes de deuxième vague ont un score plus élevé à la fois en 2008 et 2018. Cependant, elles ont eu un score faible à la fois dans la dimension environnementale et sociale. Au fond, la ville intelligente en Corée du Sud a eu des impacts positifs en facilitant l'égalité et la participation des citoyens, mais un impact négatif sur la perception des gens en matière de transparence et de confidentialité.

Mao et *al.* (2023) évaluent l'efficacité dans la construction des villes intelligentes en Chine entre 2016 et 2021. Les méthodes de l'indice de production de Malmquist et du modèle de super-efficacité tenant compte des résultats indésirables sont utilisées sur trente-sept villes. Les résultats montrent que l'écart dans la construction des villes intelligentes entre les régions en Chine s'est réduit, mais un écart subsiste dans les régions du Centre et de l'Ouest par rapport à l'Est. L'amélioration de l'efficacité de la construction des villes intelligentes est en corrélation avec le développement économique régional, montrant une diminution progressive d'Est en Ouest. Dans le même ordre d'idées, Bolivar et *al.* (2023) analysent les modèles de planification d'initiatives intelligentes dans les villes intelligentes en Espagne de janvier à février 2021. En utilisant le modèle Probit, l'étude est une analyse complète du nombre d'initiatives dans douze villes intelligentes en Espagne (1 635 initiatives intelligentes) pour identifier les relations entre les caractéristiques clés des villes (villes et profils des citoyens) et la planification des stratégies de villes intelligentes. Les résultats montrent que la planification stratégique formelle est principalement réalisée dans les villes intelligentes avec des habitants plus qualifiés, une population d'âge mûr et une approche de planification stratégique descendante. Le mouvement des villes intelligentes a émergé pour faire face aux défis urbains. La complexité et la nature dynamique des villes les rendent dépendantes du contexte dans leurs processus de planification stratégique concernant les initiatives intelligentes, qui peuvent conduire à différentes solutions et résultats pour le développement des villes.

En outre, Kim et *al.* (2023) évaluent la réduction des risques de catastrophe dans le cadre de villes intelligentes dans la ville de Daegu (Corée du Sud), en se basant sur des mesures juridiques et institutionnelles élaborées et des données de la plateforme centrale. Les auteurs examinent l'importance des documents et accords clés dans cette ville pour réduire les risques de catastrophe pour les personnes vulnérables. Pour la sécurité en cas de catastrophe, cette ville métropolitaine s'est donné pour objectif de réduire jusqu'à 20 % les dommages matériels et les victimes pouvant survenir en raison d'évènements physiques, tels que les effondrements, les catastrophes liées à l'eau et les vagues de chaleur. Selon le gouvernement de cette ville, la résolution des problèmes sociaux et la gestion des catastrophes sont la clé d'une ville intelligente, et elles s'efforcent d'améliorer l'efficacité des autres villes. Cependant, Daegu a des limites, car il s'agit d'une ville intelligente tournée vers les services, et il est nécessaire d'impliquer les citoyens dans leur participation, de les sensibiliser à la ville intelligente et de les éduquer sur la plateforme.

De leur côté, Aditya et *al.* (2023) analysent les besoins communautaires face à la fracture numérique et la politique de la ville intelligente au sein de la ville de Tangerang (Indonésie) en 2022. La fracture numérique est un défi auquel les gouvernements locaux s'efforcent de faire face en garantissant un accès équitable et inclusif à des services publics adéquats pour l'ensemble de la communauté. La régression par équations structurelles basée sur les moindres carrés partiels est utilisée sur les données collectées à base des enquêtes réalisées dans treize districts de cette ville. En exploitant les TIC, le gouvernement a surveillé de manière proactive la dynamique de la ville, entraîné des changements positifs et amélioré la qualité de vie des résidents. De même, Wanga et Haob (2023) explorent l'impact de la construction des villes intelligentes dans la réduction de l'émission carbone en Chine entre 2009 et 2019. Les résultats, obtenus à partir de l'approche de différence échelonnée, montrent que la construction des villes intelligentes peut aider à réduire l'émission carbone et à améliorer l'environnement urbain. Enfin, Avani et Shaw (2023) analysent le processus de villes intelligentes au Népal. La méthode qualitative et des entretiens structurés avec des informateurs clés ont été utilisés pour collecter des données. L'étude révèle que le concept de ville intelligente au Népal est centré sur l'intégration de la technologie et de solutions innovantes pour relever les défis auxquels sont confrontées les zones urbaines et améliorer la qualité de vie des citoyens. Ce concept est motivé par le rythme rapide de l'urbanisation, le besoin croissant de villes durables et résilientes et la reconnaissance croissante du rôle que la technologie peut jouer pour relever ces défis. Les zones urbaines souffrent de déficits d'infrastructures municipales physiques et d'information et sont exposées à un risque élevé de tremblements de terre, d'inondations, d'incendies et de glissements de terrain. Le développement et la transformation en villes intelligentes constituent une nouvelle voie dans la tendance de développement népalaise.

Le débat sur le développement des villes a conduit à l'élaboration au niveau international d'un cadre commun visant à rendre durable les territoires urbains à l'horizon 2030 (Agenda 2030). Son objectif onze ambitionne de faire en sorte que les villes soient ouvertes à tous, sûres, résilientes et durables. Il s'agit dans le détail de :

i. faire en sorte que tous les êtres humains aient accès à un logement et à des services de base sûrs et abordables, et à des espaces publics rénovés et sûrs ;
ii. soutenir l'inclusion socio-économique et promouvoir l'harmonie et la sécurité pour tous, en réduisant les inégalités et en luttant contre toutes les formes de discrimination ;
iii. renforcer les efforts visant à protéger et à préserver le patrimoine culturel et naturel mondial ;
iv. réduire l'impact environnemental en accordant une attention particulière à la qualité de l'air et à la gestion des déchets municipaux ;
v. adopter des politiques et des stratégies intégrées favorisant une urbanisation inclusive, efficace, participative et durable, et renforcer la capacité des gouvernements locaux à planifier et à gérer le développement urbain de manière durable ;
vi. soutenir les établissements humains positifs à l'égard du climat et l'intégration de mesures d'atténuation et d'adaptation au changement climatique dans les politiques et stratégies nationales,
vii. renforcer les liens économiques, sociaux et environnementaux entre les zones urbaines, périurbaines et rurales en renforçant la planification du développement régional et local, et de
viii. donner aux autorités locales et régionales les moyens de promouvoir et de mettre en œuvre un développement durable et inclusif (ONU, 2022).

Slavova et Okwechime (2016), puis Dos-Santos et Mota (2019), ont recensé des problèmes liés à l'urbanisation en Afrique. On compte parmi ces facteurs les infrastructures matérielles inadéquates, la faible densité urbaine et la congestion, le chômage et l'économie informelle urbaine, les bidonvilles et les établissements informels, les services sociaux de qualité inférieure, non durables et inégaux, et enfin les vulnérabilités sociales, alimentaires, en matière de ressources environnementales et climatiques.

En réalité et suite à la hausse de particules fines, la qualité de l'air s'est détériorée en raison de l'augmentation de la population dans les bidonvilles (CEA, 2023a). La concentration en particules fines mesurée en micromètre par mètre cube ($PM_{2,5}$) est en hausse. Ce sont des poussières provenant de la combustion incomplète et contribuant à polluer l'air. Une taille inférieure au $PM_{2,5}$ peut conduire à l'absorption de ces particules par des voies aériennes supérieures du corps humain (bouches, nez, gorge, larynx et trachée). Le seuil d'alerte admis pour les particules fines est fixé à 80 mgr/m^3. Les fortes concentrations de particules fines se retrouvent dans les zones à fortes densités de la population (ONU-Habitat, 2022). Malgré les progrès réalisés, près de

99 % de la population urbaine mondiale vit encore dans des zones où la qualité de l'air ne respecte pas les nouvelles lignes directrices de l'Organisation mondiale de la santé, pour les $PM_{2,5}$ de moins de cinq microgrammes par mètre cube (OMS, 2021 ; ONU, 2022). Si l'Afrique enregistre une concentration de particules fines dans les zones urbaines à forte densité de la population, il n'en demeure pas moins qu'elle a consacré très peu de surface urbaine aux espaces publics (CEA, 2023 a, *op.cit*). Pourtant, une bonne conception des rues et des espaces publics, ainsi que le mode d'entretien peuvent aider à faire baisser la criminalité et la violence, à dégager de l'espace pour des activités économiques formelles et informelles et à fournir des services et possibilités à des usagers d'horizons divers. L'ONU-Habitat (2022, *op.cit*) recommande qu'en moyenne 45 % à 50 % des terres urbaines soient allouées aux rues et aux espaces publics ouverts, soit 30 % à 35 % aux rues et trottoirs et 15 % à 20 % aux espaces publics ouverts, en vue d'assurer le bon fonctionnement et la prospérité d'une ville.

Bien que la vulnérabilité urbaine continue de progresser, l'accès aux transports publics à des coûts raisonnables est un défi auquel les gouvernements devraient se pencher. Leur impact sur le tissu social est important. Pour sortir de l'enclavement qui prive les pays des avantages comparatifs, il est prévu dans l'Agenda 2063, que soient connectées toutes les capitales et tous les centres commerciaux par un train à grande vitesse africain pour faciliter le mouvement des marchandises, des services facteurs et des personnes, réduire les coûts de transport et décongestionner les réseaux actuels et à venir (CUA, 2015, *op.cit*). Face aux défis que soulève l'urbanisation rapide des villes africaines, les municipalités ont une tâche énorme à accomplir pour améliorer la disponibilité et l'utilisation de systèmes de transport public accessibles, inclusifs, sûrs, fiables et efficaces (ONU, 2022, *op.cit*). Il faut ajouter que le continent africain pourrait connaître une augmentation du nombre de personnes décédées, disparues ou directement touchées par des catastrophes dans les prochaines années en raison du changement climatique. Cela peut être évité si des mesures sont prises pour réduire les risques de catastrophes (UNDRR, 2013). Ces dernières années, on a observé que les sécheresses, les inondations, les tempêtes, les cyclones et les épidémies demeurent les principales catastrophes entraînant de nombreuses pertes en vies humaines et des déplacements. Bien que l'Afrique ne contribue qu'à hauteur de 5 % des taux d'émissions mondiales de gaz à effet de serre, la région est l'un des continents le plus vulnérables aux changements climatiques. Si le nombre de catastrophes a augmenté entre 2015 et 2018, c'est pareil pour le nombre de décès. La part de l'Afrique dans la population mondiale affectée par les catastrophes évolue de manière croissante : 8 % pour la période 2001-2020 et 29 % en 2021 (CUA, 2023c).

Dans le même temps, les catastrophes naturelles affectent profondément les pays africains. Dans l'optique de se conformer au Cadre de Sendaï pour la réduction des risques de catastrophe (2015-2030), l'Union africaine a adopté une stratégie régionale africaine pour la réduction des risques de catastrophe. L'Afrique australe, l'Afrique de l'Est, l'Afrique de l'Ouest et l'Afrique centrale, respectivement à travers leur Communauté économique régionale, se sont dotées de programmes similaires (Banque Mondiale, 2021). Cependant, seuls 39 % de pays, en 2019, disposaient d'une stratégie nationale de réduction des risques. La proportion s'élevait à 29 % en 2015 (CEA, 2023b). Ces catastrophes naturelles occasionnent des pertes économiques directes, des dommages causés aux infrastructures critiques et la perturbation dans les services de base résultant de catastrophes. S'il est admis par l'UNDRR (2022), que les catastrophes font moins de victimes chaque année, elles deviennent cependant très coûteuses, accentuant la pauvreté. Cette tendance alarmante risquerait de retarder la réalisation de l'objectif C du Cadre de Sendaï. Dans le monde, les pertes économiques lors de la survenance des catastrophes avoisinent en moyenne 170 milliards de dollars US pour la dernière décennie. Les pays africains de la catégorie à faible revenu et à revenu intermédiaire de la tranche inférieure enregistrent annuellement des pertes en moyenne de 0,8 % à 1 % de leur PIB national. En revanche, les pays à revenu élevé et à revenu intermédiaire de la tranche supérieure se démarquent avec des moyennes respectivement de 0,1 % et 0,3 %. La moyenne estimative des pertes directes de l'Afrique sur la dernière décennie se chiffre à 12 milliards de dollars US par an. Au niveau des différents espaces régionaux du monde, les pertes économiques les plus élevées en raison des catastrophes s'observent en Asie et dans le Pacifique (1,6 % du PIB). L'Afrique apparaît comme la deuxième zone la plus touchée avec une moyenne de pertes de 0,6 % du PIB (CUA, 2023c).

Au-delà des difficultés que rencontrent les villes africaines, on observe tout de même l'existence de quelques villes intelligentes. Kigali (Rwanda) est considérée comme l'une des villes intelligentes les plus avancées d'Afrique. La ville a investi dans des infrastructures TIC, des transports en commun et des services de santé en ligne. Ensuite, Lagos (Nigeria) est la plus grande ville d'Afrique. La ville a mis en œuvre un plan de développement intelligent qui vise à améliorer la gestion du trafic, la sécurité et l'assainissement. Par ailleurs, Cape Town (Afrique du Sud) se distingue dans le domaine de la gestion durable de l'eau. La ville a mis en place un programme de réduction de la consommation d'eau qui a permis d'éviter une crise de l'eau. D'autres pays africains excellent dans la construction des villes intelligentes. Parmi ces pays, il y a les Seychelles, l'Égypte, le Maroc, et plus récemment, le Sénégal et la Côte d'Ivoire.

II. Approche méthodologique

La réalisation de ce chapitre s'est faite en adoptant une analyse statistique, et particulièrement la Méthode des Moments généralisés (MMG) pour évaluer la contribution des politiques de ville intelligente dans le développement local en Afrique sur la période de 2010-2020. Nous avons procédé à l'analyse des données collectées par la Commission économique pour l'Afrique des Nations Unies (CEA), et mises à disposition en 2023, dans le cadre de l'évaluation des avancées dans la mise en œuvre de la Vision 2030 des Nations Unies et de la Vision 2063 de l'Union africaine en collaboration avec la Commission de l'Union africaine d'une part. D'autre part, nous avons associé ces données statistiques à celles recueillies dans la base des données des indicateurs de développement de la Banque Mondiale. Les données collectées se sont prêtées à l'analyse statistique, et à la Méthode des Moments généralisés après une réalisation préalable des tests statistiques. Parmi ceux-ci, on compte le test de Levin–Lin–Chu (2002) pour vérifier si les séries temporelles présentent des propriétés stationnaires, c'est-à-dire si leurs caractéristiques restent constantes dans le temps. On peut aussi citer le test de cointégration de Kao (1999) pour vérifier l'existence d'une relation entre les variables à long terme, puis le test de Granger (1969) pour détecter la causalité entre les variables.

La Méthode des Moments généralisés est une technique d'estimation statistique utilisée avec des données de panel. Cette méthode trouve toute son importance en raison de ses propriétés qui sont simples à caractériser. Ce qui fournit un cadre utile à la fois, pour leur comparaison et leur évaluation. Cette méthode est appropriée pour estimer les variables instrumentales en présence d'éléments endogènes de la régression, permettant ainsi de contrôler les biais de simultanéité et de variables omises (Baum et *al.,* 2003 ; Caner et Kock, 2019). Le test C (différence de Sargan) d'endogénéité, qui est adopté par la suite, permet de réaliser un diagnostic sur la validité des instruments utilisés dans un modèle d'équations simultanées, tels que les modèles de variables instrumentales. L'intuition d'un tel test s'exprime en termes de nombre de conditions d'orthogonalité disponibles. Il rend compte du traitement des regresseurs endogènes et de ceux exogènes. En ajoutant ces restrictions aux conditions de moment, il est possible d'obtenir une estimation plus précise et efficace (Baum et *al.,* 2003).

Résultats empiriques

- **Présentation des variables sélectionnées et des statistiques descriptives**

Le **Tableau 1** présente les variables sélectionnées. Les informations contenues dans ce tableau portent sur l'ensemble des cinquante-quatre pays africains.

Tableau 1 : Liste des variables.

Thèmes	Variables	Abréviation	Définition	Source
Accessibilité et ouverture des villes	Population urbaine	POP URB	Proportion de la population urbaine vivant dans des quartiers de taudis, des implantations sauvages ou des logements inadéquats (en %).	ONU
	Accès au transport public	TRANSP	Proportion de la population ayant aisément accès aux transports publics, par âge, sexe et situation au regard du handicap (en %).	ONU
	Surface urbaine	SU	Proportion de la surface urbaine construite consacrée à des espaces publics, par sexe, âge et situation au regard du handicap.	ONU
	Adoption des politiques urbaines	POL.URB	Nombre de pays ayant adopté une politique urbaine nationale ou un plan de développement régional qui tienne compte de la dynamique des populations, et vise à l'équilibre du développement territorial et élargisse la marge de manœuvre budgétaire locale.	ONU
Résilience des villes	Décès lors des catastrophes	DÉCÈS	Nombre de personnes décédées, disparues ou directement touchées lors des catastrophes, pour 100 000 personnes.	ONU
	Pertes économiques	PE	Pertes économiques directement attribuables aux catastrophes (en % PIB).	ONU
	Adoption du Cadre de Sendaï	ACS	Nombre de pays ayant adopté et mis en place des stratégies nationales de réduction des risques de catastrophe, conformément au Cadre de Sendaï pour la réduction des risques de catastrophe (2015-2030) (en indice).	ONU
	Adoption locale de stratégies locales de réduction des risques de catastrophe	STRAT. LO	Proportion d'administrations locales ayant adopté et mis en place des stratégies locales de réduction des risques de catastrophe, conformément aux stratégies suivies à l'échelle nationale (en %).	ONU
Durabilité des villes	Dépenses consacrées au patrimoine culturel	PATRIM	Dépenses totales par habitant consacrées à la préservation, à la protection et à la conservation de l'ensemble du patrimoine culturel et naturel, par source de financement (publique, privée), type de patrimoine (culturel, naturel) et niveau d'administration (national, régional et local/municipal) (en dollar US).	ONU

	Déchets municipaux	DM	Proportion de déchets municipaux solides collectés et gérés dans des installations contrôlées sur le total des déchets municipaux générés, par ville (en %).	ONU
	Particules fines	PF	Niveau moyen annuel de particules fines (PM 2,5) dans les villes, pondéré en fonction du nombre d'habitants (en mgr/m^3).	ONU
	PIB par tête	PIB.T	Croissance du PIB par habitant (en % annuel).	Banque Mondiale
Structure de l'économie	Inflation	INFL	Indice des prix à la consommation (en % annuel).	Banque Mondiale
	Investissements	INVEST	Formation brute de capital fixe (en % PIB).	Banque Mondiale
	Commerce (échanges)	C	Exportations et importations des marchandises (en % PIB).	Banque Mondiale
	Dépenses publiques	DEPENS	Dépenses de consommation finale des administrations publiques (en % du PIB).	Banque Mondiale

***Source* : les auteurs**

Le **Tableau 2** présente les statistiques descriptives. La plupart des indicateurs se portent mal. La qualité de l'air n'est pas bonne, car les particules fines sont élevées (144, 4981 mgr/m^3), et souvent attribuable à une forte densité démographique urbaine.

Tableau 2 : Statistiques descriptives

Variables	Nombre d'observations	Moyenne	Écart-type	Minimum	Maximum
PIB par tête	594	0,87	6,94	-48,39	96,96
Particules fines (qualité de l'air)	594	144,50	78,77	0	324,03
Collecte de déchets municipaux	594	2,54	12,58	0	98
Accès au transport public	594	1,25	6,91	0	76,6
Pertes économiques	594	0,18	3,60	0	86,6
Population vivant dans des taudis	594	22,18	28,31	0	97,00
Surface urbaine consacrée aux espaces publics	594	1,45	8,10	0	76,7
Personnes décédées lors des catastrophes	594	1833,97	8019,85	0	100 601
Adoption du Cadre de Sendaï	594	0,09	0,22	0	1

Adoption locale de stratégies locales de réduction des risques de catastrophe	594	6,77	21,29	0	100
Adoption des politiques urbaines	594	0,07	0,26	0	1
Dépenses consacrées au patrimoine culturel	594	0,03	0,46	0	7,99
Inflation	594	8,73	31,94	-4,29	557,20
Investissements	594	22,11	11,56	-3,95	76,78
Dépenses publiques	594	13,41	9,16	0	61.17
Ouverture commerciale (échanges)	594	54,05	31,32	0	263,33

Source : Calculs des auteurs

Ensuite, l'Afrique reste encore à la traine dans la construction des espaces publics. Le seuil actuel (1,45 %) se situe en deçà de ce qui est recommandé par l'ONU-Habitat (2022). Le nombre de personnes décédées, disparues ou directement touchées lors des catastrophes se chiffre en moyenne à 1833, tandis que les pertes économiques directes et les dommages causés aux infrastructures pendant les catastrophes naturelles représentent 0,18 % du PIB. De plus, la proportion de pays ayant adopté et mis en place les stratégies nationales de réduction des risques de catastrophe, conformément au Cadre de Sendaï, est faible (0,087 %). Par ailleurs, la proportion de la population ayant accès aux transports publics est aussi faible (1,25 %) que la proportion d'administrations locales ayant adopté et mis en place les stratégies locales de réduction des risques de catastrophe, conformément aux stratégies suivies à l'échelle nationale (6,77 d'indice). Cette faiblesse s'observe également dans les dépenses totales par habitant consacrées à la préservation, à la protection et à la conservation du patrimoine culturel (0,03 dollar US).

Dans cet environnement, la proportion de la population urbaine vivant dans des quartiers de taudis, des implantations sauvages ou des logements inadéquats progresse (22,18 %). Ce constat s'observe au niveau de l'inflation (8,79 %) et l'ouverture commerciale (54,05 %), exprimant respectivement la hausse de la vulnérabilité sociale, et de la dépendance économique. Ce qui pourrait expliquer la faiblesse du développement économique (0,87 % du PIB par tête) corolaire aussi de la faiblesse des dépenses publiques (13,41 %).

- **Spécification du modèle**

Plusieurs modèles sont utilisés dans la littérature pour analyser la contribution des politiques de ville intelligente selon des structures de données variées. Les recherches examinent la ville intelligente sous divers angles, notamment l'indice d'impact des villes intelligentes (Lim et coll., 2023, op.cit), la méthode de l'indice de production de Malmquist et du modèle de super-efficacité (Mao et al., 2023, op.cit), le modèle Probit (Bolivar et al., 2023, op.cit), l'approche de différence échelonnée (Wanga et Haob, 2023, op.cit), la régression par équations structurelles à moindres carrés partiels (Aditya et al., 2023), ou encore la méthode qualitative fondée sur des entretiens structurés (Slavova et Okwechime, 2016, op.cit ; Avani et Shaw, 2023, op.cit). Nous choisissons de recourir au modèle à variables instrumentales utilisé lorsque les variables endogènes sont également des variables explicatives. L'estimation des coefficients s'effectue à l'aide de la méthode MMG, pour contrôler les biais de simultanéité et de variables omises (Baum et *al.*, 2003, *op.cit*). Considérons le modèle de base suivant :

$$y_{it} = X_{it}\beta + \varepsilon_{it} \qquad (1)$$

Où y et ϵ sont des scalaires et x est un vecteur régresser $(1 \times K)$. On suppose l'existence d'une variable instrumentale de vecteur z de dimensions $(1 \times K)$.

Dans la relation (1), y_{it} représente le PIB par tête, i représente le pays, t le temps, X_{it} est la matrice des regresseurs. Certains des regresseurs sont endogènes, comme l'investissement. Par ailleurs, ε_{it} représente le terme d'erreur. Ainsi, la relation (1) est modifiée pour intégrer toutes les variables de contrôles contenues dans le vecteur *X*. On obtient la spécification empirique suivante :

$$PIBr.T_{it} = \beta_0 + \beta_1 PIBr.T(-1)_{it-1} + \beta_2 POP.URB_{it} + \beta_3 TRANSP_{it} + \beta_4 SU_{it} + \beta_5 POL.URB_{it} + \beta_6 DECES_{it} + \beta_7 PE_{it} + \beta_8 ACS_{it} + \beta_9 STRA.LOC_{it} + \beta_{10} PATRIM_{it} + \beta_{11} DM_{it} + \beta_{12} PF + \beta_{13} INFL_{it} + \beta_{14} INVEST_{it} + \beta_{15} C_{it} + \beta_{16} DEPENS_{it} + \psi_{it} \qquad (2)$$

Avec $i = 1, 2, \ldots N$ et $t = 1, 2, \ldots T$ représentant respectivement les pays et les années.

- **Présentation et discussion des résultats**

- **Résultats des tests**

Les résultats du test de racine unitaire (Voir **Tableau 5**, *infra*) montrent que certaines variables parmi lesquelles l'accès au transport public, la surface urbaine consacrée à des espaces publics, l'adoption des politiques urbaines, puis les dépenses consacrées au patrimoine culturel sont non stationnaires, contrairement au reste des variables.

Tableau 5 : Test de racine unitaire

Variables	Décalages	Ordre d'intégration	Avec tendance		Sans tendance	
			t* ajusté	P-value	t* ajusté	P-value
PIB par tête	0	I (0)	-11,19	0,0000***	-12,17	0,0000***
PIB par tête	1	I(0)	-8,89	0,0000***	-10,15	0,0000***
Particules fines (qualité de l'air)	0	I (0)	-10,56	0,0000***	-11,28	0,0000***
Collecte de déchets municipaux	0	I (0)	-8,84	0,0000***	-9,66	0,0000***
Accès au transport public	0	I(1)	25,14	1,0000	21,02	1,0000
Pertes économiques	0	I (0)	-11,65	0,0000***	-12,39	0,0000***
Population vivant dans des bidonvilles	0	I (0)	-2,23	0,0128	-3,69	0,0001
Surface urbaine consacrée aux espaces publics	0	I(1)	13,87	1,0000	10,71	1,0000
Décès liés aux catastrophes naturelles	0	I (0)	-9,60	0,0000***	-10,58	0,0000***
Adoption du Cadre de Sendaï	0	I (0)	-10,36	0,0000***	-11,41	0,0000***
Stratégies de réduction des risques de catastrophe	0	I (0)	-10,98	0,0000***	-11,89	0,0000***
Adoption des politiques urbaines	0	I(1)	29,03	1,0000	23,20	1,0000
Dépenses consacrées au patrimoine culturel	0	I(1)	14,65	1,0000	11,22	1,0000
Inflation	0	I (0)	-11,00	0,0000***	-11,93	0,0000***
Investissements	0	I (0)	-11,29	0,0000***	-11,72	0,0000***
Dépenses publiques	0	I (0)	-10,72	0,0000***	-11,52	0,0000***
Ouverture commerciale (échanges)	0	I (0)	-11,52	0,0000***	-12,17	0,0000***
Notes : Les astérisques portés en vis-à-vis des coefficients correspondent aux seuils de significativité des tests statistiques respectivement de 1 % (***), de 5 % (**) et de 10 % (*).						

Source : calculs des auteurs

Les résultats du test de cointégration (Voir **Tableau 6,** *infra*) montrent qu'il existe une relation de long terme entre les variables.

Tableau 6 : Test de cointégration

	Sans tendance	
	Statistique	P-value
Dickey–Fuller t modifié	-38,2688	0,0000***
Dickey–Fuller t	-23,3376	0,0000***
Dickey–Fuller t augmenté	-15,2135	0,0000***
Dickey–Fuller t modifié non ajusté	-51,9883	0,0000***
Dickey–Fuller t non ajusté	-23,9306	0,0000***
Vecteur de cointégration	Même	
Paramètre AR	Même	
Kernel	Bartlett	
Décalages	2,73 (Newey–West)	
Décalages augmentés	1	
Nombre de panels	11	
Nombre de périodes	52	

Notes : Les astérisques portés en vis-à-vis des coefficients correspondent aux seuils de significativité des tests statistiques respectivement de 1 % (***), de 5 % (**) et de 10 % (*).

Source : Calculs des auteurs

- **Résultats de l'estimation**

Le **Tableau 7** présente les résultats de l'estimation par la Méthode des Moments généralisés à partir des données annuelles de l'ensemble des pays de l'Afrique. Par rapport à la question de départ, les résultats montrent que les politiques de ville intelligente contribuent très peu au développement local en Afrique. La diminution des décès pendant les catastrophes et l'amélioration du retard économique du continent sont les seules variables qui ont des coefficients à la fois significatifs et positifs.

Ce résultat peut s'expliquer d'une part, par le fait que plusieurs administrations ont adopté et mis en place des stratégies locales de réduction des risques de catastrophes naturelles, conformément aux stratégies nationales, et, d'autre part, par l'adoption des politiques urbaines. Cette assertion se justifie par les résultats de la causalité entre les variables qui montrent un lien étroit déterminant le développement économique et réduisant le retard économique de l'Afrique.

Par contre, on observe que les pertes économiques résultant des catastrophes naturelles, la hausse de l'inflation et la faiblesse des dépenses publiques ne contribuent pas au développement local.

Les pertes économiques pendant les catastrophes naturelles sont fréquentes dans le continent africain, en dépit de la volonté politique au niveau international de réduire les risques de catastrophe (UNDRR, 2022, *op.cit*). Ces pertes économiques déterminent la collecte des déchets municipaux au niveau des collectivités locales africaines au sens de la causalité. Ainsi, la réduction des risques climatiques pour la plupart des pays devrait continuer de s'inscrire en droite ligne avec la Vision 2030 de l'ONU et la Vision 2063 de l'Union africaine (CUA, 2015, *op.cit.* ; CEA, 2023 a, *op.cit*). Selon Kim et *al.* (2023, *op.cit*) la résolution des problèmes sociaux et la gestion des catastrophes sont la clé d'une ville intelligente, et elle s'efforce d'améliorer l'efficacité des autres villes. Il faut ajouter que les politiques de villes intelligentes sont nécessaires pour soutenir le développement économique local (Mao et *al.*,2023, *op.cit*). Le mouvement des villes intelligentes a émergé pour faire face aux défis urbains (Bolivar et *al.*, 2023, *op.cit*).

Tableau 7 : Résultats de l'estimation

Variable dépendante : PIB par tête Méthodes d'estimation : Méthode de Moments généralisés Groupes de variables : 54 pays africains Variable de temps : annuelle Période : 2010-2020	
Constante	-1,579 (1,831)
Particules fines (qualité de l'air)	0,525 (0,597)
Collecte des déchets municipaux	0,00485 (0,00690)
Accès au transport public	-0,0236 (0,0332)
Pertes économiques	-0,0202** (0,00966)
Population dans des bidonvilles	-0,00615 (0,00753)
Surface urbaine consacrée aux espaces publics	0,0376 (0,0281)
Décès lors de la survenance des catastrophes naturelles	0,251** (0,113)
Adoption du Cadre de Sendaï	-0,312 (0,703)
Stratégies de réduction des risques de catastrophe	-0,0106 (0,00721)
Adoption des politiques urbaines	-1,653 (1,276)
Dépenses dues au patrimoine culturel	-0,299 (0,190)
Retard économique	0,506*** (0,110)
Inflation	-0,0146*** (0,00398)
Investissements	0,124 (0,0808)
Dépenses publiques	-0,102** (0,0411)
Ouverture commerciale (échanges)	0,0111 (0,0113)
Statistiques	
Wald Chi2 (8)	353,03
Prob>Chi2 (P-value)	0,000
Différence de Sargan (P-value)	0,2401
Erreur quadratique moyenne	4,5196
Nombres d'observations	594
R^2	0,575

Notes : Écart-type entre parenthèses. Les astérisques portés en vis-à-vis des coefficients correspondent aux seuils de significativité des tests statistiques respectivement de 1 % (***), de 5 % (**) et de 10 % (*).

Source : Calculs des auteurs

Si l'inflation progresse rapidement en Afrique, il n'en demeure pas moins qu'elle est susceptible d'affecter par les coûts les personnes vulnérables, en creusant davantage les inégalités en Afrique (Slavova et Okwechime, 2016, *op.cit ;* Dos-Santos et Mota, 2019, *op.cit*). Une telle propension de l'inflation ne peut que contrarier la pleine réalisation des politiques de ville intelligentes et freiner le développement de l'Afrique. Avec des budgets d'investissement publics souvent limités, il est difficile de pouvoir améliorer la qualité de vie des populations. Les dépenses publiques aident, selon l'analyse keynésienne, à relancer la consommation pour permettre par la suite l'accélération du développement. Il y a fort à craindre une progression de la pauvreté urbaine. Par exemple, la variable relative aux dépenses dues au patrimoine culturel n'est pas significative, même au seuil de 10 % pour expliquer le développement de l'Afrique, et son coefficient est négatif. Cette situation est due à la faiblesse des dépenses consacrées au patrimoine culturel. Pourtant, la culture en Afrique peut être un secteur attractif pour les villes africaines.

L'analyse de la causalité montre que le niveau de développement détermine la qualité de l'air au niveau des villes africaines. En effet, la faible progression du développement en Afrique explique l'évolution galopante de la pauvreté et la forte densité démographique urbaine. Cette concentration de la population dans des bidonvilles favorise l'augmentation des particules fines qui dégradent, par la suite, la qualité de l'air (Slavova et Okwechime, 2016, *op.cit ;* Dos-Santos et Mota, 2019, *op.cit* ; CEA, 2023 a, *op.cit*). L'analyse de la causalité peut aider dans la conception des politiques de ville intelligente pour stimuler le développement local.

Conclusion

Ce chapitre a permis d'évaluer la contribution des politiques de ville intelligente dans le développement local en Afrique. La Méthode des Moments généralisés a été utilisée pour mesurer ces effets à partir des données de panel provenant de la Commission économique pour l'Afrique des Nations Unies et de la Banque Mondiale sur la période de 2010 à 2020. Les résultats empiriques montrent que la diminution des décès pendant les catastrophes naturelles et la réduction du retard économique à partir des territoires locaux contribuent au développement local en Afrique. Par contre, les pertes économiques résultant des catastrophes naturelles, de la hausse de l'inflation et de la faiblesse des dépenses publiques ne contribuent pas au développement local en Afrique.

Pour accélérer la transformation structurelle de l'économie, des efforts devront continuer d'être déployés au niveau local afin d'intégrer des politiques de villes intelligentes dans les stratégies de développement du continent. L'ancrage de cette démarche dans la réalisation de la Vision 2063 de l'Union africaine pourrait constituer une avancée majeure vers des économies plus transformées, concourant à l'amélioration de la qualité de vie et réduisant la pauvreté. Dans le but d'éliminer les vulnérabilités, les gouvernements gagneraient à élaborer des plans novateurs tournés vers :

- la réduction des risques de catastrophes naturelles pour contenir les pertes économiques,
- la diversification économique pour contenir l'inflation,
- le développement des pôles de compétitivité, et de
- croissance urbaine pour décupler le potentiel économique du continent.
- Voici quelques pistes de réflexion qui mettent irrémédiablement en relation l'économie de la connaissance.

Bibliographies

Avani, D., and Shaw, R. (2023). Smart cities in Nepal: The concept, evolution and emerging

patterns. *Urban Governance*, pp. 211-218.

Banque mondiale. (2021). *Vers la résilience face aux catastrophes en Afrique subsaharienne Renforcer les capacités régionales de coordination, de planification et de conseil en matière de gestion des risques de catastrophe, Résultats du programme et réalisations.* Washington, D.C Banque mondiale.

Bastidas, V., Reychav, I., and Helfert, M. (2023). Design principles for strategic alignment in smart city enterprise architectures (SCAE). *Procedia Computer Science, 219*, 848– 855.

Baum, C., Schaffer, M., and Stillman , S. (2003). Instrumental variables and GMM: estimation and testing. *The Stata Journal, 3*(1), pp. 1-31.

Bolívar, M., Munoz, L., and Munoz, C. (2023). Identifying patterns in smart initiatives' planning in smart cities. An empirical analysis in Spanish smart cities. *Technological Forecasting and Social Change, 196*, pp. 1-15.

Bureau des Nations unies pour la réduction des risques de catastrophes (UNDRR). (2013). *Rapport de la 4e Plate-forme régionale africaine pour la prévention des risques de catastrophe. Protéger les acquis de développement et rendre les nations africaines résilientes face aux catastrophes.* Genève.

Caner, M., and Kock , A. (2019). High dimensional linear GMM. *arXiv e-prints, arXiv1811.*

Christaller, J. (1933). *Central place in Southern Germany.* (1966, Ed.) London : Prentice-Hall.

Commission de l'Union africaine (CUA). (2009). *Programme minimum d'intégration.* Addis-Abéba: CUA.

Commission de l'Union africaine (CUA). (2015). *Agenda 2063. L'Afrique que nous voulons.* Addis-Abeba : CUA.

Commission de l'Union africaine (CUA). (2023c). *Conférence des bailleurs de fonds/d'annonce de contribution de l'Union africaine sur l'aide humanitaire, Document d'information pour le thème 1 : Changements climatiques, catastrophes et déplacements en Afrique.* Addis-Abeba : CUA. Récupéré sur https://au.int /sites/default/files/newsevents/workingdocuments/40515-wd52396_F_Theme_1… (consulté le 17 janvier 2024).

Commission économique pour l'Afrique des Nations Unies (CEA). (2023a). *Rapport sur le développement durable en Afrique. Accélérer la reprise au sortir de la pandémie de maladie à coronavirus (COVID-19) et la mise intégrale du Programme de développement durable à l'horizon 2030 et de l'Agenda 2063 de l'Union africaine.* Addis-Abeba : CEA.

Commission économique pour l'Afrique des Nations Unies (CEA). (2023b). *Forum régional africain pour le développement durable. Neuvième session, 28 février - 2 mars 2023.* Niamey : CEA.

Commission de l'Union Africaine (CUA)/Organisation de Coorpération et de Développement Économiques (OCDE). (2023). *Dynamiques du développement en Afrique 2023 : investir dans le développement durable,* Paris : CUA/OCDE. Doi:10.1787/b0920649-fr.

Dos Santos, M., and Mota, M . (2019). Toward sustainable and smart cities in Africa: A review and challenges. *6th International Conference on CSR, Sustainable, Ethnics & Governance 2019/ The 4th International Conference on Organization and Management ICOM 2019, Abu Dhabi, United Arab Emirates.* (pp. 1-4). Abu Dhabi : College of Business at Abu Dabhi University / GCGI-Global Corporate Governance Institute. doi:10400.21/11603

Éssombé-Édimo Nya Bonabébé, J.-R. (2023). Les collectivités territoriales décentralisées et le développement : pour quelle gouvernance locale ? In J. Ntuda Ebodé, et G. Etoa Oyono, *Les initiatives de développement en Afrique subsaharienne : entre construction et déconstruction des modèles existants depuis 1960 », Réminiscences du Pr émérite L. Zang* (pp. 127-150). Paris : L'Harmattan.

Éssombé-Édimo Nya Bonabébé, J.-R. (2005). Le développement territorialisé à Douala : fondements et repérage des modalités institutionnelles d'une dynamique nouvelle. *Monde en Développement, 2* (130), pp. 111-130.

Éssombé-Édimo Nya Bonabébé, J.-R. (2007). Localisation des entreprises industrielles et création de nouvelles centralités. *Monde en Développement, 1*(137), pp. 101-137.

Friedrich-Ebert-Stiftung. (2022). *La ville juste en Afrique. La valeur transformative de l'urbanisation.* Nairobi : Friedrich-Ebert-Stiftung.

Gibson, D., Kozmetsky, G, and Smilor, R. (1992). *The Technopolis phenomenon : Smart Cities, Fast Systems, Global Networks. International series on technical innovation and entrepreneuship.* Boston/ Maryland : Rowman & Littlefield Inc.

Ginger, R., and Gudrun , H. (2010). Smart Cities ranking: An effective instrument for the positioning of the cities? *ACE : Architecture, City and Environment, 4*(12), pp. 7-26.

Granger, C. W. (1969). Investigating causal relations by econometric models and crossspectral methods. *Econometrica, 37*(3), pp. 424-438.

Greffe, X. (1984). *Territoires en France, les enjeux économiques de la décentralisation.* Paris : Economica.

Hotelling, H. (1929). Stability in competition. *Economic Journal*(39), pp. 41-57.

Kao, C. (1999). Spurious regression and residual-based tests for cointegration in panel data. *Journal of Econometrics, 90*(1), pp. 1-44.

Kim, J., Lee, J., and Kanga, J. (2023). Smart cities and disaster risk reduction in South Korea by 2022: The case of Daegu. *Heliyon, 9*, pp. 1-19.

Krugman, P. (1991). Increasing returns and economic geography. *Journal of Political Economy, 99*(3), pp. 483-49.

Krugman, P., and Venables, A. (1995). Globalization and inequality of Nations. *Quarterly Journal of Economics, 110*(4), pp. 857-880.

Laganier, R., Villa, B., and Zuindeau, B. (2002). Le développement durable face au territoire. *Développement durable et Territoires, Dossier 1*, pp. 1-19.

Lim, Y., Edelenbos, J., and Gianol, A. (2023). What is the impact of smart city development? Empirical evidence from a smart City Impact Index. *Urban Governance*, pp. 1-19.

Lösch, A. (1940). *Die räumliche Ordnung der Wirtschaft.* Berlin : Gustav Fischer Jéna.

Manickama, P., Girijab, M., Sathishc, S., Dudekulad, K., Duttae, A., Eltahirf, Y.AM., *Zakarig, N.M.A., and Gilkaramenthih, R. (2023). Billiard based optimization with deep learning driven anomaly detection in internet of things assisted sustainable smart cities. Alexandra Engineering Journal, 83*, pp. 102-112.

Mao, C., Wang, Z., Yue, A., Liu, H., and Peng, W. (2023). Evaluation of smart city construction efficiency based on multivariate data fusion: a perspective from China. *Ecological indicators, 154*, pp. 1-18.

Newey, W., and West , K. (1994). Automatic lag selection in covariance matrix estimation. *The Review of Economic Studies, 61*(4), pp. 631-653.

Organisation des Nations Unies (ONU). (2022). *Rapport sur les objectifs de développement durable.* New York : ONU.

Organisation mondiale de la santé. (OMS). (2021). *Lignes directrices OMS relatives à la qualité de l'air.* Berlin : Centre européen de l'environnement et de la santé de l'OMS.

Paris, T., et Veltz, P. (2010). *L'économie de la connaissance et ses territoires.* Paris : Hermann.

Pecqueur, B. (2003). Territoire et gouvernance : quel outil permanent pour le développement ? *Actes du colloque international UMR Sagert, 25-27 février* (pp. 1-11). Montpellier : CIRAD.

Programme des Nations Unies pour les Établissements humains (ONU-Habitat). (2014). *L'état des villes africaines 2014. Réinventer la transition urbaine.* Nairobi : ONU-Habitat.

Programme des Nations Unies pour les Établissements humains (ONU-Habitat). (2022). *Accès aux espaces publics pour tous.* Nairobi : ONU-Habitat. Récupéré surlhttps://unhabitat.org/sites/default/files/2022/07/module_de_formation_in

dicateur_11.7.1_acces_aux_espaces_publics_pour_tous.pdf, consulté le 10 mai 2023

Sharifi, A., Allam, Z., Bibrie, S., and Khavaria-Garmsirf, A. (2024). Smart cities and sustainable development goals (SDGs): a systematic literature review of co-benefits and tradeoffs. *Cities, 146*, pp. 1-19.

Slavova, M., and Okwechime, E. (2016). African smart cities strategies for Agenda 2063. *Africa Journal of Management*, 1-20. doi: 10.1080/23322373.2016.1175266

Tchouassi, G., Kamga-Kamga, C., and Éssombe- Édimo Nya Bonabébé, J.-R. (2021). Politique philanthropique et développement local au Cameroun : Une analyse à partir du modèle DEA. *Revue Africaniste Inter-Disciplinaire*(6), pp. 159-178.

Tranos, E., and Gertner, D. (2012). Smart networked cities? *Innonation : The European Journal of Social Sciences Research, 25*(2), pp. 175-190.

United Nations Department of Economic and Social Affairs (UN DESA). (2024). *World economic situation and prospects 2024.* New York : United Nations.

Von Thünen, J. H. (1826). *Der Isolierte Staat in Beziehung auf Landwirtschaft und Nationalökonomie.* Hamburg: Perthes.

Wanga, J., and Haob, S. (2023). Analysis of the carbon reduction effect of smart city construction. *Procedia Computer Science, 221*, pp. 94-99.

Weber, A. (1909). *The localization of the industries (English Edition 1929).* Chicago : University of Chicago Press.

Yaqoob, I., Salah , K., Jayaraman, R., and Omar, M. (2023). Metaverse applications in smart cities: enabling technologies, opportunities, challenges, and future directions. *Internet of Thing, 23*, pp. 1-19.

Annexes

Annexe A : Liste des pays africains

1	Afrique du Sud	31	Mali	37	Niger
2	Algérie	32	Maroc	38	Nigéria
3	Angola	33	Maurice	39	Ouganda
4	Bénin	34	Mauritanie	40	République centrafricaine
5	Botswana	35	Mozambique	41	Rwanda
6	Burkina Faso	36	Namibie	42	Sao Tomé-et-Principe
7	Burundi	19	Gabon	43	Sénégal
8	Cap Vert	20	Gambie	44	Seychelles
9	Cameroun	21	Ghana	45	Sierra Leone
10	Comores	22	Guinée	46	Somalie
11	Congo, République démocratique du	23	Guinée-Bissau	47	Soudan
12	Congo, République du	24	Guinée Équatoriale	48	Soudan du Sud
13	Côte d'Ivoire	25	Kenya	49	Tanzanie
14	Djibouti	26	Lesotho	50	Tchad
15	Égypte	27	Libéria	51	Togo
16	Érythrée	28	Libye	52	Tunisie
17	Eswatini	29	Madagascar	53	Zambie
18	Éthiopie	30	Malawi	54	Zimbabwe

Annexe B : Causalité de Granger, tests de Wald

Equation	Excluded	chi2	df	Prob > chi2
PIB_Tête	PIB_Tête1	.20129	2	0.904
PIB_Tête	PM25	3.8259	2	0.148
PIB_Tête	déchets	13.528	2	0.001
PIB_Tête	Transport	.50409	2	0.777
PIB_Tête	Perte_eco	2.1868	2	0.335
PIB_Tête	Taudis	1.7949	2	0.408
PIB_Tête	surfac_urb	1.6036	2	0.449
PIB_Tête	Person_decedées	1.4516	2	0.484
PIB_Tête	Pays11b1	2.8867	2	0.236
PIB_Tête	Pays11b2	.26981	2	0.874
PIB_Tête	Pays11a1	.73295	2	0.693
PIB_Tête	Depens_hbts1141	.77837	2	0.678
PIB_Tête	INFL	.6063	2	0.738
PIB_Tête	C	2.0344	2	0.362
PIB_Tête	INVEST	3.4456	2	0.179
PIB_Tête	DEPPUBLIQ	4.0649	2	0.131
PIB_Tête	ALL	81.103	32	0.000
PIB_Tête1	PIB_Tête	.02196	2	0.989
PIB_Tête1	PM25	1.5649	2	0.457
PIB_Tête1	déchets	8.7345	2	0.013
PIB_Tête1	Transport	.1742	2	0.917
PIB_Tête1	Perte_eco	1.7812	2	0.410
PIB_Tête1	Taudis	1.3501	2	0.509
PIB_Tête1	surfac_urb	.09191	2	0.955
PIB_Tête1	Person_decedées	4.2207	2	0.121
PIB_Tête1	Pays11b1	1.2771	2	0.528
PIB_Tête1	Pays11b2	.01939	2	0.990
PIB_Tête1	Pays11a1	.5945	2	0.743
PIB_Tête1	Depens_hbts1141	.18854	2	0.910
PIB_Tête1	INFL	.04598	2	0.977
PIB_Tête1	C	.09848	2	0.952
PIB_Tête1	INVEST	2.4363	2	0.296
PIB_Tête1	DEPPUBLIQ	2.5228	2	0.283
PIB_Tête1	ALL	42.139	32	0.108
PM25	PIB_Tête	7.3417	2	0.025
PM25	PIB_Tête1	5.5077	2	0.064
PM25	déchets	.93426	2	0.627
PM25	Transport	.36694	2	0.832
PM25	Perte_eco	.32202	2	0.851
PM25	Taudis	1.5359	2	0.464
PM25	surfac_urb	.42772	2	0.807
PM25	Person_decedées	4.9901	2	0.082
PM25	Pays11b1	2.1484	2	0.342
PM25	Pays11b2	.95171	2	0.621
PM25	Pays11a1	36.909	2	0.000
PM25	Depens_hbts1141	.29459	2	0.863
PM25	INFL	1.1413	2	0.565
PM25	C	6.7219	2	0.035
PM25	INVEST	.53954	2	0.764
PM25	DEPPUBLIQ	3.8023	2	0.149
PM25	ALL	88.319	32	0.000
déchets	PIB_Tête	1.1373	2	0.566
déchets	PIB_Tête1	.35107	2	0.839
déchets	PM25	.8189	2	0.664
déchets	Transport	.01966	2	0.990
déchets	Perte_eco	.2408	2	0.887
déchets	Taudis	.55012	2	0.760
déchets	surfac_urb	.00451	2	0.998
déchets	Person_decedées	.2807	2	0.869
déchets	Pays11b1	1.1838	2	0.553
déchets	Pays11b2	.75725	2	0.685
déchets	Pays11a1	.01073	2	0.995
déchets	Depens_hbts1141	.16343	2	0.922
déchets	INFL	.11126	2	0.946
déchets	C	1.7815	2	0.410
déchets	INVEST	.24883	2	0.883
déchets	DEPPUBLIQ	.23332	2	0.890
déchets	ALL	10.875	32	1.000
Transport	PIB_Tête	3.2555	2	0.196
Transport	PIB_Tête1	1.7433	2	0.418
Transport	PM25	27.03	2	0.000
Transport	déchets	.14968	2	0.928
Transport	Perte_eco	.04263	2	0.979
Transport	Taudis	.66942	2	0.716
Transport	surfac_urb	25.199	2	0.000
Transport	Person_decedées	.90148	2	0.637
Transport	Pays11b1	.96178	2	0.618
Transport	Pays11b2	1.5371	2	0.464
Transport	Pays11a1	13.191	2	0.001
Transport	Depens_hbts1141	28.217	2	0.000
Transport	INFL	5.6321	2	0.060
Transport	C	10.689	2	0.005
Transport	INVEST	.54779	2	0.760
Transport	DEPPUBLIQ	.07061	2	0.965
Transport	ALL	331.89	32	0.000
Perte_eco	PIB_Tête	1.3257	2	0.515
Perte_eco	PIB_Tête1	.12246	2	0.941
Perte_eco	PM25	4.2742	2	0.118
Perte_eco	déchets	16.233	2	0.000
Perte_eco	Transport	.00737	2	0.996
Perte_eco	Taudis	1.8199	2	0.403
Perte_eco	surfac_urb	.00814	2	0.996
Perte_eco	Person_decedées	.37395	2	0.829
Perte_eco	Pays11b1	.10198	2	0.950
Perte_eco	Pays11b2	.08834	2	0.957
Perte_eco	Pays11a1	.05504	2	0.973
Perte_eco	Depens_hbts1141	.00722	2	0.996
Perte_eco	INFL	.08211	2	0.960
Perte_eco	C	1.194	2	0.550
Perte_eco	INVEST	.00198	2	0.999
Perte_eco	DEPPUBLIQ	.09064	2	0.956
Perte_eco	ALL	27.799	32	0.679
Taudis	PIB_Tête	5.2491	2	0.072
Taudis	PIB_Tête1	.53317	2	0.766
Taudis	PM25	2.7431	2	0.254
Taudis	déchets	2.4091	2	0.300
Taudis	Transport	.34577	2	0.841
Taudis	Perte_eco	5.0148	2	0.081
Taudis	surfac_urb	7.0424	2	0.030
Taudis	Person_decedées	3.0077	2	0.222
Taudis	Pays11b1	8.7258	2	0.013
Taudis	Pays11b2	4.32	2	0.115
Taudis	Pays11a1	1.36	2	0.507
Taudis	Depens_hbts1141	.78333	2	0.676
Taudis	INFL	12.926	2	0.002
Taudis	C	.02446	2	0.988
Taudis	INVEST	.30554	2	0.858
Taudis	DEPPUBLIQ	4.1439	2	0.126
Taudis	ALL	77.421	32	0.000
surfac_urb	PIB_Tête	4.1276	2	0.127
surfac_urb	PIB_Tête1	1.0584	2	0.589
surfac_urb	PM25	55.317	2	0.000
surfac_urb	déchets	.35378	2	0.838
surfac_urb	Transport	17.71	2	0.000
surfac_urb	Perte_eco	.17717	2	0.915
surfac_urb	Taudis	.2055	2	0.902
surfac_urb	Person_decedées	1.8818	2	0.390
surfac_urb	Pays11b1	3.6924	2	0.158
surfac_urb	Pays11b2	4.6532	2	0.098
surfac_urb	Pays11a1	9.9558	2	0.007
surfac_urb	Depens_hbts1141	9.6114	2	0.008
surfac_urb	INFL	2.6037	2	0.272
surfac_urb	C	9.6324	2	0.008
surfac_urb	INVEST	.18252	2	0.913
surfac_urb	DEPPUBLIQ	.36392	2	0.834
surfac_urb	ALL	425.09	32	0.000

Person_decedées	PIB_Tête	.72653	2	0.695
Person_decedées	PIB_Tête1	1.4569	2	0.483
Person_decedées	PM25	.12268	2	0.941
Person_decedées	déchets	1.7844	2	0.410
Person_decedées	Transport	.03793	2	0.981
Person_decedées	Perte_eco	1.5911	2	0.451
Person_decedées	Taudis	1.4719	2	0.479
Person_decedées	surfac_urb	1.0598	2	0.589
Person_decedées	Pays11b1	1.9882	2	0.370
Person_decedées	Pays11b2	4.1816	2	0.124
Person_decedées	Pays11a1	1.1707	2	0.557
Person_decedées	Depens_hbts1141	1.9414	2	0.379
Person_decedées	INFL	.35355	2	0.838
Person_decedées	C	1.6248	2	0.444
Person_decedées	INVEST	10.704	2	0.005
Person_decedées	DEPPUBLIQ	2.0652	2	0.356
Person_decedées	ALL	33.8	32	0.381
Pays11b1	PIB_Tête	3.337	2	0.189
Pays11b1	PIB_Tête1	3.3384	2	0.188
Pays11b1	PM25	1.7372	2	0.420
Pays11b1	déchets	1.4276	2	0.490
Pays11b1	Transport	5.2699	2	0.072
Pays11b1	Perte_eco	.2108	2	0.900
Pays11b1	Taudis	5.0867	2	0.079
Pays11b1	surfac_urb	6.4023	2	0.041
Pays11b1	Person_decedées	.61222	2	0.736
Pays11b1	Pays11b2	5.3519	2	0.069
Pays11b1	Pays11a1	3.4522	2	0.178
Pays11b1	Depens_hbts1141	2.4414	2	0.295
Pays11b1	INFL	9.1094	2	0.011
Pays11b1	C	.0078	2	0.996
Pays11b1	INVEST	5.6877	2	0.058
Pays11b1	DEPPUBLIQ	2.2474	2	0.325
Pays11b1	ALL	51.191	32	0.017
Pays11b2	PIB_Tête	7.6417	2	0.022
Pays11b2	PIB_Tête1	7.4483	2	0.024
Pays11b2	PM25	1.5233	2	0.467
Pays11b2	déchets	.41271	2	0.814
Pays11b2	Transport	.55425	2	0.758
Pays11b2	Perte_eco	.13653	2	0.934
Pays11b2	Taudis	5.4671	2	0.065
Pays11b2	surfac_urb	1.7967	2	0.407
Pays11b2	Person_decedées	1.1157	2	0.572
Pays11b2	Pays11b1	.89873	2	0.638
Pays11b2	Pays11a1	.78853	2	0.674
Pays11b2	Depens_hbts1141	1.4371	2	0.487
Pays11b2	INFL	2.6828	2	0.261
Pays11b2	C	2.4564	2	0.293
Pays11b2	INVEST	8.8868	2	0.012
Pays11b2	DEPPUBLIQ	8.8925	2	0.012
Pays11b2	ALL	42.254	32	0.106
Pays11a1	PIB_Tête	.91083	2	0.634
Pays11a1	PIB_Tête1	.42245	2	0.810
Pays11a1	PM25	205.16	2	0.000
Pays11a1	déchets	.49553	2	0.781
Pays11a1	Transport	11.485	2	0.003
Pays11a1	Perte_eco	.76216	2	0.683
Pays11a1	Taudis	2.636	2	0.268
Pays11a1	surfac_urb	23.788	2	0.000
Pays11a1	Person_decedées	2.2573	2	0.323
Pays11a1	Pays11b1	11.785	2	0.003
Pays11a1	Pays11b2	3.9365	2	0.140
Pays11a1	Depens_hbts1141	2.7382	2	0.254
Pays11a1	INFL	4.1379	2	0.126
Pays11a1	C	6.2854	2	0.043
Pays11a1	INVEST	.29711	2	0.862
Pays11a1	DEPPUBLIQ	6.1206	2	0.047
Pays11a1	ALL	340.8	32	0.000

Depens_hbts1141	PIB_Tête	2.6894	2	0.261
Depens_hbts1141	PIB_Tête1	1.4725	2	0.479
Depens_hbts1141	PM25	1.9802	2	0.372
Depens_hbts1141	déchets	.06262	2	0.969
Depens_hbts1141	Transport	1.8146	2	0.404
Depens_hbts1141	Perte_eco	.10726	2	0.948
Depens_hbts1141	Taudis	.98943	2	0.610
Depens_hbts1141	surfac_urb	11.464	2	0.003
Depens_hbts1141	Person_decedées	4.6611	2	0.097
Depens_hbts1141	Pays11b1	2.0244	2	0.363
Depens_hbts1141	Pays11b2	3.3668	2	0.186
Depens_hbts1141	Pays11a1	1.2318	2	0.540
Depens_hbts1141	INFL	.29348	2	0.864
Depens_hbts1141	C	.02895	2	0.986
Depens_hbts1141	INVEST	1.56	2	0.458
Depens_hbts1141	DEPPUBLIQ	1.6296	2	0.443
Depens_hbts1141	ALL	52.176	32	0.014
INFL	PIB_Tête	7.4028	2	0.025
INFL	PIB_Tête1	1.7272	2	0.422
INFL	PM25	48.607	2	0.000
INFL	déchets	.33276	2	0.847
INFL	Transport	.47688	2	0.788
INFL	Perte_eco	.17106	2	0.918
INFL	Taudis	.1253	2	0.939
INFL	surfac_urb	.7081	2	0.702
INFL	Person_decedées	4.8251	2	0.090
INFL	Pays11b1	2.5493	2	0.280
INFL	Pays11b2	.3721	2	0.830
INFL	Pays11a1	39.828	2	0.000
INFL	Depens_hbts1141	.18798	2	0.910
INFL	C	3.7763	2	0.151
INFL	INVEST	4.1835	2	0.123
INFL	DEPPUBLIQ	9.2771	2	0.010
INFL	ALL	95.329	32	0.000
C	PIB_Tête	2.7564	2	0.252
C	PIB_Tête1	2.8836	2	0.237
C	PM25	.15348	2	0.926
C	déchets	4.1617	2	0.125
C	Transport	5.9812	2	0.050
C	Perte_eco	1.5123	2	0.469
C	Taudis	.43277	2	0.805
C	surfac_urb	2.6015	2	0.272
C	Person_decedées	4.9142	2	0.086
C	Pays11b1	.42697	2	0.808
C	Pays11b2	.99305	2	0.609
C	Pays11a1	2.2919	2	0.318
C	Depens_hbts1141	.34929	2	0.840
C	INFL	1.7909	2	0.408
C	INVEST	4.8416	2	0.089
C	DEPPUBLIQ	1.8662	2	0.393
C	ALL	30.163	32	0.560
INVEST	PIB_Tête	2.1897	2	0.335
INVEST	PIB_Tête1	.07628	2	0.963
INVEST	PM25	.77547	2	0.679
INVEST	déchets	2.3052	2	0.316
INVEST	Transport	4.1116	2	0.128
INVEST	Perte_eco	.63549	2	0.728
INVEST	Taudis	.89865	2	0.638
INVEST	surfac_urb	2.3598	2	0.307
INVEST	Person_decedées	6.297	2	0.043
INVEST	Pays11b1	11.357	2	0.003
INVEST	Pays11b2	3.2719	2	0.195
INVEST	Pays11a1	1.687	2	0.430
INVEST	Depens_hbts1141	.37288	2	0.830
INVEST	INFL	2.243	2	0.326
INVEST	C	.24082	2	0.887
INVEST	DEPPUBLIQ	.26439	2	0.876
INVEST	ALL	39.697	32	0.164
DEPPUBLIQ	PIB_Tête	1.0431	2	0.594
DEPPUBLIQ	PIB_Tête1	2.5435	2	0.280
DEPPUBLIQ	PM25	.76534	2	0.682
DEPPUBLIQ	déchets	1.3851	2	0.500
DEPPUBLIQ	Transport	.65511	2	0.721
DEPPUBLIQ	Perte_eco	.15842	2	0.924
DEPPUBLIQ	Taudis	.27183	2	0.873
DEPPUBLIQ	surfac_urb	.26254	2	0.877
DEPPUBLIQ	Person_decedées	.17865	2	0.915
DEPPUBLIQ	Pays11b1	5.0287	2	0.081
DEPPUBLIQ	Pays11b2	6.726	2	0.035
DEPPUBLIQ	Pays11a1	1.3446	2	0.511
DEPPUBLIQ	Depens_hbts1141	.84135	2	0.657
DEPPUBLIQ	INFL	2.3705	2	0.306
DEPPUBLIQ	C	.21731	2	0.897
DEPPUBLIQ	INVEST	5.7976	2	0.055
DEPPUBLIQ	ALL	31.291	32	0.502

CHAPITRE 4 :

ASSAINISSEMENT ET DÉVELOPPEMENT TERRITORIAL : LE RÔLE DES TOILETTES PUBLIQUES DANS LA CONSTRUCTION DE L'ATTRACTIVITÉ DES TERRITOIRES URBAINS AU CAMEROUN

Michel Stéphane Landry OYIE AVOULOU,
Jean-Roger ESSOMBE EDIMO NYA BONABÉBÉ
et Gérard TCHOUASSI

Résumé

Ce chapitre théorique a pour ambition de montrer que l'assainissement est un des moteurs du développement des territoires, et que les toilettes publiques peuvent par conséquent jouer un rôle significatif dans la construction de l'attractivité des territoires urbains en général, et particulièrement sur celui des territoires du Cameroun. En démontrant que la rareté des toilettes publiques dans les villes entraîne des conséquences sur la santé, le bien-être social et l'environnement, nous recommandons la construction de toilettes faciles d'accès, qui offrent un espace de sécurité et d'intimité à tous, sans distinction. Ces endroits doivent être en mesure de répondre aux besoins particuliers des femmes et des jeunes filles, être plus faciles à entretenir et respecter les normes environnementales. Il s'agit des toilettes publiques accessibles et abordables, construites avec des matériaux valorisant leur territoire d'implantation, et pouvant contribuer à améliorer son image.

Mots clés : *Assainissement, image, toilettes publiques, attractivité, territoire, territoire urbain.*

Abstract :

This theoretical chapter aims to show that sanitation is one of the drivers of territorial development, and that public toilets can therefore play a significant role in building the attractiveness of urban territories in general, and particularly in the urban territories of Cameroon. By establishing that the insufficiency in the provision of public toilets by urban communities has slowly declined, having had health and social as well as environmental effects, we recommend the construction of toilets that are easy to access and offer a space of safety and comfort. privacy for all, without exclusion. Places that are able to adjust to the needs of women and girls, with easier maintenance and built in accordance with environmental requirements. These are accessible public toilets, at affordable prices, and which are built with materials capable of enhancing their location and which can contribute to improving the image of these urban territories.

Keywords: *Sanitation, image, public toilets, attractiveness, territory, urban territory.*

Introduction

Si l'on s'en tient à sa définition première, le terme « *assainissement* » signifie « *action d'assainir* » (Steichen, 2010). Cette expression semble contextuellement convoquer un ensemble de techniques et méthodes visant à traiter les eaux usées et les excréments. Il concerne donc la collecte, le traitement et l'évacuation des déchets liquides, des déchets solides et des matières fécales[20].

Cependant, lorsqu'on parle d'assainissement au sein de nombreuses métropoles de plusieurs pays du monde, rarement fait-on allusion aux toilettes publiques en tant qu'éléments pertinents de la corbeille des biens et services publics de base relevant de la salubrité urbaine. Au sein de bon nombre d'entre elles, les politiques publiques liées à l'assainissement qui passent entre autres aspects par l'offre en quantité et en qualité suffisante des toilettes publiques sont inopérantes, voire même absentes (Abomo Akono, 2020). Parler d'assainissement, principalement au sein des territoires urbains, oblige pourtant à mettre la question des toilettes publiques à l'entame des débats dans un contexte où la croissance urbaine mondiale représente aujourd'hui presque 2/3 de l'ensemble de la population mondiale[21].

En effet, la population urbaine, aussi bien au sein des nouveaux pays émergents que dans la plupart des pays en développement, s'est considérablement accrue. À tel enseigne que plus de la moitié de la population mondiale est, aujourd'hui, installée dans les villes (presque 56 %, soit un peu plus de 4,4 milliards de personnes)[22]. Elle se construit et se dynamise donc au sein des territoires urbains. Selon un rapport commis par ONU-Habitat (2022), cette catégorie de la population mondiale pourrait atteindre les deux tiers en 2050. Plusieurs citadins, notamment les plus pauvres, ne recherchent cependant que peu ou pas du tout à s'installer sur des territoires urbains bien aménagés susceptibles d'offrir des conditions d'habitation confortables, faute de moyens financiers. Ils se rapprochent davantage des territoires offrant un habitat non planifié, et dont les conditions d'assainissement sont très généralement peu définies ou pas du tout réunies (Smith, 2020).

[20] Conf : UNICEF Sanitation Programming Hanbook sur www.unicef.org, UNICEF.

[21] Si l'on donne du crédit aux propos de Kajumulo Tibaijuka, lors de la Conférence des Nations-Unies pour les Établissements humains, tenue en 2007.

[22] Résultats du rapport du 29 juin 2022, d'ONU-Habitat sur les villes en 2022, unhabitat.org/wcr.

Le fait que le développement[23] soit dynamisé, entre autres choses, par l'urbanisation fait que tous les pays industrialisés ont, aujourd'hui, une population essentiellement urbaine. Cela signifie donc que l'essentiel de l'essor démographique mondial intervient désormais au sein des territoires urbains des pays en développement, notamment (Tabutin, 2020). Selon ONU-Habitat (2022, op.cit.), plus d'un tiers de la population des pays en développement, soit plus de 863 millions de personnes, vit dans des territoires urbains pauvres, mal assainis, et par conséquent peu attractifs, mais fortement peuplés.

Conséquemment, au sein de ces différents territoires, l'insalubrité s'est lentement enracinée, aussi bien dans les espaces publics que privés, à cause notamment d'un manque d'assainissement de façon générale. Et celui-ci s'illustre au travers d'un profond déficit en offre de toilettes publiques décentes, un fait qui contribue à dégrader l'image des territoires urbains.

En effet, dans le monde, on estime que près d'un cinquième de la population urbaine, soit plus de 700 millions, vit sans toilettes décentes. Le problème est tellement préoccupant que, selon certaines études, le nombre de personnes qui manquent de toilettes dans les villes et métropoles équivaudrait à environ 29 fois le tour du globe terrestre (OMS, 2020).

Suivant cette idée, la théorie argue pour le justifier que les pouvoirs publics auraient accusé de nombreuses difficultés à offrir à leurs différentes populations, des biens et services publics de base, susceptibles d'améliorer leurs différentes conditions de vie. Évidemment, ces faiblesses des pouvoirs publics vont concerner la satisfaction des besoins les plus élémentaires de leurs citoyens en amont. Au nombre de ces besoins s'inscrira donc en bonne place celui de l'accès à des toilettes publiques décentes (Abomo Akono, 2020, *op.cit.*).

Sans accès à des toilettes publiques décentes, et capables de satisfaire les besoins minima des populations urbaines d'Afrique subsaharienne principalement, environ 100 millions de personnes n'ont pas d'autre option que de pratiquer la défécation en plein air. Les 600 millions de personnes restantes doivent utiliser des toilettes qui ne respectent pas les obligations minimales d'hygiène, de sécurité et d'intimité, parce qu'elles sont souvent sales, mal entretenues et bien trop fréquentées (WaterAid, 2016).

Les populations vivant près des cours d'eau ont régulièrement, quant à elles, recours à des latrines « *suspendues* » au-dessus d'une rivière ou d'un lac. Ce système par lequel les excréments humains tombent directement dans

---

[23] Le développement est défini comme « *l'ensemble des changements mentaux et sociaux d'une population qui la rendent apte à accroître cumulativement et durablement son produit réel global* » (Perroux, 1969). C'est donc l'ensemble des transformations techniques, sociales, territoriales, démographiques, cultuelles et culturelles qui accompagnent la croissance de la production, et qui renforcent les conditions du bien-être social.

l'eau servant à la fois de voie d'évacuation et d'eau potable pour les populations urbaines entraîne généralement des maladies graves. Les rues, les espaces publics, les cours d'eau, prennent par conséquent très vite des allures de décharges et deviennent rapidement des égouts à ciel ouvert.

Les États africains en général, et celui du Cameroun en particulier, ont pendant de très nombreuses années, pour la plupart, été confrontées à maints défis, notamment, des difficultés à relancer leur économie et à les rendre résilientes. Des difficultés à faire face à un chômage ambiant plus accru, à se lancer vers un développement à la fois durable et inclusif, à asseoir des systèmes de santé performants, ou encore des difficultés à réformer le système éducatif, ou enfin à une incapacité à assainir leurs villes[24]. À ces défis traditionnels s'est ajouté celui qui consiste à rendre leurs territoires attractifs. Dans ce cadre : vont-ils se substituer à leurs collectivités territoriales décentralisées. En effet, ils vont définir à la place de ces collectivités, les politiques et stratégies publiques qui auront pour effets supposés de valoriser et d'attirer les populations et les investissements mobiles, vers leurs territoires urbains (Caldeira, 2011), à travers une offre de biens et services efficace et efficiente. Parmi les propositions visant à améliorer la qualité de vie de ces communautés, celles concernant l'installation de toilettes publiques décentes (Tchandem Kamkang, 2017) auraient pu être mises en œuvre.

Malheureusement, ces politiques et stratégies ont atteint leurs limites. Elles n'étaient plus en mesure de remplir cet objectif crucial avec succès (Hounsounon, 2016), ce qui a rendu ces territoires peu attractifs.

L'objectif du présent chapitre est de montrer que l'assainissement des espaces de vie constitue un des moteurs du développement de tout territoire urbain et que, par conséquent, les toilettes publiques jouent un rôle significatif sur l'attractivité urbaine en général, et particulièrement, sur celle des territoires urbains du Cameroun. Il s'organise ainsi qu'il suit : après avoir fait une brève analyse du territoire et son attractivité, nous verrons ensuite le rôle des toilettes publiques dans la construction de l'attractivité des territoires urbains au Cameroun. Ensuite, il y aura un regard sur la manière dont le Cameroun s'est organisé en la matière. Plus précisément, on analysera les effets des toilettes publiques sur la construction de l'attractivité des territoires urbains dans ce pays. On examinera également certaines pistes permettant d'améliorer l'impact des toilettes publiques sur les territoires urbains au Cameroun.

---

[24] Conf. Agenda 3063 de l'Union africaine intitulé : *Nos aspirations pour l'Afrique que nous voulons*, http://au.int > agenda 2063 < aspirations.

I. Le territoire, comme une norme commune et l'attractivité territoriale un construit permanent

Le territoire en théorie s'entend, il convient de le préciser, comme un « *système dynamique, complexe, construit par une pluralité d'acteurs qui se situent dans des espaces proches (proximité géographique), et qui sont en interrelation grâce à certaines normes communes (proximité institutionnelle)* » (Pecqueur, 2002). Il va induire intuitivement l'idée d'une organisation politique, économique et sociale, où les dimensions historique, idéologique et affective sont profondément enracinées.

Cette idée reprise par Camagni (2002), dans ses travaux, fait admettre le territoire urbain à la fois comme :

- *Un système d'externalités technologiques localisées* : ensemble de facteurs à la fois matériels et immatériels qui génèrent des avantages compétitifs aux entreprises et qui, au travers de la proximité et grâce à la réduction des coûts de transaction qu'elle induit, peuvent se muer en externalités de patrimoine comme les agglomérations (villes, clusters, districts, pôles, etc.) ;
- *Un système de relations économiques et sociales :* qui contribuent à la création du capital social d'un lieu et qui sont à l'origine des effets de synergie locale et des rendements croissants ;
- *Un système de gouvernance locale :* qui rassemble une collectivité, un ensemble d'acteurs privés et un système d'administrations publiques locales. Ce système est responsable de l'interprétation des besoins des collectivités et de la mise en œuvre des meilleurs dispositifs pour apporter des réponses efficaces aux défis du contexte général.

En théorie, l'attractivité d'un territoire urbain s'appréhende donc comme la propension pour lui, à attirer et à retenir en son sein, temporairement ou durablement, à la fois des personnes et des capitaux mobiles (Poirot et Gérardin, 2010 ; Le Roy et Ottaviani, 2011). Elle s'appuie dans ce contexte sur plusieurs facteurs économiques et sociaux, qui reflètent sa capacité à offrir aux populations des conditions propices à leur implantation (coût du logement ; infrastructures de transports et de communication, services de base aux ménages, etc.). Elle s'appuie également sur des facteurs sociaux, environnementaux et de bien-être (qualité de vie), qui matérialisent sa capacité à accompagner ces populations dans leur processus d'accomplissement, notamment en leur permettant « *d'être et d'agir* » (Sen, 2000). L'attractivité d'un territoire urbain convoque dans ce cadre, sa capacité intrinsèque à ***séduire***, à ***attirer***, à ***fasciner***, au travers de sa qualité de vie (qualité de l'habitat, du logement, aménités offertes aux résidents), de sa culture, de ses infrastructures (de transport, de santé, d'éducation), et de sa capacité à rapprocher les logiques productives des entreprises avec les dynamiques d'attractivité économique des territoires. Un ensemble de caractéristiques propres aux territoires urbains, et qui sont durablement promues à travers l'assainissement et la gestion des boues de vidange.

Cette identité territoriale, qui se meut dans un environnement fortement urbanisé, acquiert un intérêt certain, au même titre que les arts qui sont à considérer comme un bien urbain, permettant de « *visualiser la différence entre les villes* » (Kunzman, 2004). Dans ce cadre, l'attractivité de tout territoire urbain passe par la mise en valeur du « *capital image* » (Bouinot, 2002) de chaque territoire urbain. La notion d'identité se devant donc de prendre en compte des facteurs, tels que les différences cultuelles et culturelles, des temporalités diverses et, l'identité du territoire (Borja et Castells, 1997), au sein d'un environnement qui se voudra urbanisé.

L'attractivité des territoires urbains se construit aussi, selon Mourriaux (2004), autour de trois axes, notamment, « *le territoire, à travers la qualité des hommes et des femmes, ses atouts, avec la qualité de vie qu'il offre ; la position que ce territoire occupe, à travers la recherche-développement et la formation professionnelle ; mais aussi les faiblesses de ce territoire, à travers sa fiscalité et l'environnement juridique et social qu'il offre* ».

Dans ce cadre, les toilettes, de façon générale, et celles publiques, dans notre cas, s'insèrent parfaitement dans le carcan des facteurs porteurs de bien-être au sein des territoires urbains. Plus elles sont en quantité et en qualité suffisantes, plus elles reflètent un niveau élevé de bien-être et vice-versa. L'attractivité des territoires urbains associée aux toilettes publiques s'inscrit ainsi dans le cadre des éléments les plus essentiels de la santé en amont, et de l'assainissement en aval. Elle est par conséquent un problème dont l'encrage socio-environnemental est profond, puisqu'à priori (ou à postériori), l'offre en toilettes publiques décentes permet d'accentuer l'attractivité des territoires urbains africains en général et, principalement, ceux du Cameroun.

Le problème de l'évacuation des eaux usées au sein des territoires urbains se pose aux pays en développement, depuis qu'ils sont sujets à la fois à une croissance économique dynamique[25], mais également à un processus de métropolisation important[26]. Ces deux causes ont lentement entraîné diverses conséquences, parmi lesquelles une faible disponibilité en eau de consommation et, surtout, une faible disponibilité de toilettes publiques convenables (Mouly, 2002).

D'ailleurs, plusieurs travaux (Smith, 2020, op.cit. ; Abomo Akono, 2020, op.cit) considèrent les toilettes publiques comme des « infrastructures

---

[25] Selon un rapport de la Banque Mondiale publié le 29 juin 2022, l'urbanisation est cause d'environ 30 % de la croissance du PIB/habitant en Afrique.

[26] La métropolisation est définie selon Manel Djemel (2008) comme « *le résultat d'une croissance rapide des villes afin de répondre à des normes mondiales et des exigences urbaines standardisées* ».

d'assainissement destinées principalement aux personnes travaillant dans une zone ou aux passants, et non aux résidents ». Ces lieux d'aisance trouvent généralement leur place à proximité des espaces publics ou des lieux d'activités, comme les marchés, les espaces commerciaux, les aires de repos situées le long des réseaux de transport, les parcs, les sites d'intérêt religieux ou touristiques, les lieux fréquentés par les sans-abri (sans logis et sans domicile fixe) (Olivier, 2014).

La fonction des toilettes publiques dépend donc de leur lieu d'implantation. Si elles sont situées près des centres d'activités diverses et de rassemblements temporaires (églises, mosquées, marchés, bâtiments administratifs, etc.), elles seront fréquentées par les passants, les clients, les vendeurs. Elles seront dans ce cadre considérées comme une solution adéquate aux besoins des populations mobiles. Dans le cas où elles sont situées au sein des quartiers, elles seront fréquentées par les résidents permanents ou temporaires du territoire urbain d'implantation. Elles seront ainsi considérées comme une solution aux problèmes d'évacuation des eaux usées, à l'insuffisance des lieux de commodité, et à l'absence des latrines individuelles ou à leur inadéquation avec les besoins d'intimité, de salubrité, et de sécurité de ces résidents.

Dans l'un ou l'autre cas, elles auront en toile pour vertu d'aider les territoires urbains à offrir aux populations, de meilleures conditions de vie, à travers une meilleure offre de toilettes publiques et, par conséquent, à être plus attractifs. À cet égard, il en va d'ailleurs des toilettes publiques comme de l'insalubrité urbaine. Et dont la persistance cause en effet une perte d'attractivité à un territoire urbain.

Si l'on accorde du crédit à certaines études menées par l'organisation caritative WaterAid (2018), au sein des territoires urbains de divers pays africains, il est bien plus courant de posséder un téléphone portable que de jouir d'un accès aisé à des toilettes garantissant une bonne sécurité hygiénique et une parfaite intimité. Dans les territoires urbains des pays comme le Niger, le Soudan du Sud, le Togo, le Kenya, le Ghana, le Cameroun, le Nigéria, le Bénin, le Sénégal ou encore la République Démocratique du Congo, pour ne citer que ces pays-là, ¼ seulement de la population avait accès aux toilettes publiques en 2016. Les ¾ des populations de ces pays ne pouvant donc se soulager qu'à l'air libre (WaterAid, 2018, *op.cit.*).

Plusieurs années après, les politiques publiques dans bon nombre de ces pays sont restées davantage orientées vers la quête de croissances économique, sécuritaire, et socioculturelle, mais peu ou pas du tout axées sur le développement d'infrastructures publiques essentielles, comme les toilettes publiques, désormais facteurs éloquents de la construction de l'image des collectivités urbaines (Abomo Akono, 2020, *op.cit.*).

Aux derniers échos du classement des pays où il est difficile de trouver des toilettes dans cette partie du monde, le Soudan du Sud (93,3 %), le Niger

(89,1 %), le Togo (88,1 %), Madagascar (88,0 %), le Tchad (87,9 %), la Sierra Leone (86,7 %), le Ghana (85,1 %), le Congo (85,0 %), la Tanzanie (84,4 %) et l'Érythrée (84,4 %), ont été identifiés comme étant les pires élèves en matière d'offre de toilettes publiques[27]. Quant à la mise en œuvre des stratégies d'assainissement au sein des pays africains, du plus élevé au moins élevé, cinq (5) pays dont la population a aisément accès à des toilettes publiques en qualité et en quantité se distinguent particulièrement. Il s'agit des Seychelles, de la Réunion, de l'Ile Maurice, de la Guinée Équatoriale, et du Cap-Vert.

S'il est communément établi que l'État assure l'ordre public au sein de son territoire, et que l'ordre public englobe à la fois la sécurité, la tranquillité et la salubrité (Sève, 2015), cette troisième composante concerne inévitablement la santé publique et plus récemment, l'attractivité territoriale[28]. Très souvent les États confient la mission de salubrité publique aux collectivités urbaines locales, bien qu'assumant cette mission, se limitent généralement à l'enlèvement des ordures, en omettant, et parfois pour des faiblesses des budgets, ce flanc important qu'est l'offre des toilettes publiques adéquates.

Quoi qu'on en dise, les questions de toilettes publiques restent au cœur du développement de tous les territoires. Car, elles renvoient à l'amélioration des conditions du bien-être des populations qui sont, précisément, à l'aune de leur choix de localisation et causes et conséquences de leur attractivité. Malheureusement, celles-ci demeurent encore à l'épreuve de plusieurs défis au sein des territoires urbains, notamment, en raison de leur faible accès et leur indisponibilité permanente.

Il est aujourd'hui devenu anodin, pour une grande partie de la population urbaine, de se soulager à l'air libre. Surtout que tout le monde a expérimenté, un jour ou l'autre, la difficulté de trouver une toilette publique au sein de son lieu urbain de résidence. Cette difficulté reste constante au sein des territoires urbains africains. Suite à cette carence, les individus préfèrent se soulager là où ils le peuvent. Une habitude pas du tout conforme avec les exigences de la santé et de la dignité humaine, et celles de protection de l'environnement. Alors que ces fondamentaux sont précisément la raison d'être des territoires urbains. Parler des toilettes publiques comme un facteur essentiel d'attractivité des territoires urbains au Cameroun, notamment, est donc une question importante qui mérite d'être abordée avec attention.

---

[27] D'après une étude faite par wateraid, en novembre 2016, intitulée *Des villes qui débordent : l'état des toilettes dans le monde en 2016*, www.wateraid.org.

[28] Selon une étude menée par la Fnau intitulée *Santé et Territoires*, Ed. Gallimard, col. Alternatives, 5, rue Gaston-Gallimard, www.editionsalternatives.com.

II. Toilette publique et attractivité des territoires urbains : le Cameroun passe au crible

1. Diagnostic de l'existant

Au Cameroun, comme dans la plupart des pays en développement, une grande majorité de la population urbaine se soulage à l'air libre dans les espaces publics[29]. Les toilettes publiques, quand elles en existent, sont en quantité insuffisante et sont par ailleurs mal entretenues, constituant de fait un risque de santé publique pour les usagers. Dans plusieurs d'entre elles, par exemple, les cuvettes sont sales, constituant des lieux où prolifèrent divers germes infectieux et autres bactéries. Cela oblige les usagers à recourir à différentes techniques pour éviter tout contact avec la surface des cuvettes.

Au sein des centres urbains du pays, il vaut mieux ne pas avoir envie de faire ses besoins. Le spectacle est courant aussi bien à Yaoundé, à Douala, que dans toutes les autres grandes villes. Des spectacles tels que celui d'une femme accroupie derrière une voiture stationnée pour assouvir un besoin pressant, ou d'un adulte, braguette ouverte et sans pudeur qui se soulage contre un poteau électrique, sont récurrents. Tout le monde reconnaît aujourd'hui qu'il y a un manque grave de toilettes publiques partout au Cameroun. La preuve en est que les mares d'eau, les murs des maisons, les abords de commissariats et des bâtiments administratifs, les caniveaux… sont systématiquement choisis comme lieux d'aisance et pris d'assaut en lieu et place des véritables toilettes publiques.

Dans la ville de Yaoundé, par exemple, c'est à peine si l'on dénombre plus de quatre toilettes publiques en plein centre urbain. Les plus connues sont celles du Boulevard du 20 mai et de l'Hôtel de Ville. Il est presque impossible de trouver un autre espace aménagé par la communauté urbaine de Yaoundé, ou par les communes d'arrondissement pour permettre aux populations de se soulager si besoin est. Par ailleurs, au-delà de leur carence, ces toilettes publiques sont mal entretenues et donc incapables de répondre aux besoins d'hygiène chez les femmes et les jeunes filles, à cause de leur vétusté. Les toilettes ne sont pas propres parce qu'elles sont mal entretenues, surtout que la quantité d'eau disponible au sein des espaces urbains reste insuffisante. Par conséquent, les villes sentent mauvais et ne sont pas agréables à vivre.

Beaucoup de personnes vivant au sein des espaces urbains partout au Cameroun sont pourtant exposées à des risques sanitaires dus à des toilettes publiques mal entretenues, dont l'entretien est abandonné depuis des années aux microbes, sources de maladies. En plein cœur des territoires urbains,

[29] L'Enquête complémentaire à la quatrième Enquête camerounaise auprès des Ménages (EC-ECAM4, 2020) fait savoir que plus d'un tiers de la population urbaine des villes du Cameroun n'a pas accès à des toilettes décentes.

plusieurs rues baignent dans les urines et répandent une odeur nauséabonde. Pour emprunter certaines routes, ou ruelles, les piétons sont parfois obligés d'arrêter systématiquement leur respiration quelques secondes, question d'éviter les odeurs.

Souvent, pour certaines toilettes publiques gérées par des particuliers ou des privés, l'usage n'est pas gratuit. Pour se soulager d'une diarrhée pressante, il faut débourser une somme de 100 FCFA, 50 FCFA pour uriner et 200 FCFA pour prendre un bain. Parfois, certains clients n'ont aucune notion d'hygiène. Malgré toutes les mesures de propreté prises, certains usagers n'arrivent toujours pas à s'y conformer. De sorte que, si l'on est pris par une envie pressante, il est difficile d'y accéder, à cause de la très forte demande, pour une offre qui reste faible, à la limite, inexistante.

Il est donc urgent de résoudre la crise de l'accès à des toilettes publiques décentes dans les marchés, les ménages, les hôpitaux, les prisons, les administrations publiques et les entreprises privées. En effet, les toilettes existantes sont souvent verrouillées, ce qui pousse les gens à déféquer à l'air libre, même parmi les cadres et les agents publics. Cette situation est exacerbée par la pénurie de stations de traitement des eaux usées. En effet, la plupart des villes camerounaises sont fortement tributaires de l'assainissement autonome pour la collecte des déchets humains.

2. L'attractivité des territoires urbains camerounais dégradée par la mauvaise qualité des toilettes publiques

Les territoires urbains partout au Cameroun attirent des ménages, en raison non seulement des opportunités socio-économiques qu'ils sont susceptibles d'offrir, mais aussi parce qu'ils se positionnent comme des lieux qui séduisent par leur qualité architecturale, leur charme, leur ambiance, leur passé historique, et le cadre de vie qu'ils ont à offrir (Gomez, 2010)[30]. Ils ont donc tendance à se valoriser ou à se revaloriser, au travers de la mise en œuvre de multiples projets visant à renforcer leur image. Tout comme ils se valorisent en mettant en place une stratégie de création de la valeur, qui s'insère dans une dynamique associant à la fois « *l'afflux de capitaux, la revalorisation du foncier, l'implantation d'entreprises (…).* Mais aussi *« l'arrivée de nouveaux habitants et de nouveaux commerces* » (Noisette et Valéguro, 1996).

En ce qui concerne ce deuxième aspect, la propension des habitants, qu'ils soient anciens ou nouveaux, à s'installer durablement sur certains territoires urbains plutôt que sur d'autres dépend non seulement de la qualité de vie et de l'offre de services dont ces territoires disposent (Fourny, 2008). Mais elle

---

[30] Noémi Léon Gomez (2010), ATTRACTIVITÉ ET IDENTITÉ : liens et enjeux dans la construction d'une métropole, Le cas de Mexico (1977-2007), à travers trois exemples de projet d'aménagement, Thèse de Doctorat soutenue le 30 novembre 2010 à l'Institut d'Urbanisme de Paris.

dépend aussi du degré de sensibilité, et du lien identitaire qu'ils sont susceptibles d'entretenir avec ces territoires (Jolivet et Lena, 2000 ; Thouément et Charles, 2014).

Le territoire urbain Camerounais, dans ce contexte, ne matérialise plus seulement le lieu où l'on se rend pour chercher du travail. Il se présente aussi comme le lieu où l'on s'établit temporairement ou durablement pour vivre. Il attire donc des agents socio-économiques au travers de la valorisation de la qualité de vie qu'il est à même de leur offrir. Surtout que cette qualité de vie pour les territoires, de manière générale, est indubitablement devenue un enjeu majeur qui se meut à mesure que la mobilité de ces agents s'accentue et se dynamise, dans un contexte où ils procèdent à un arbitrage récurrent. Lequel donne très souvent lieu à divers compromis entre leurs opportunités professionnelles, et cette qualité de vie (Jolivet et Lena, 2000). Il en va de même de l'insalubrité due à des déchets, ou à des ordures ménagères. À Douala, par exemple, le développement de la ville s'est construit au détriment des règles de base, engendrant des externalités négatives de toutes sortes, et que la Commuanuté Urbaine voudrait combattre aujourd'hui à travers le programme « *Douala Clean City, it's possible* ».

De manière générale, la situation géographique, le cadre de vie, l'offre d'espaces publics, d'équipements, de services, de commerces, de sécurité, la salubrité, l'offre scolaire, universitaire et de formations, mais aussi, la qualité et la densité du parc de logement sont devenues au fil des années des éléments décisifs qui influent les choix de localisation (Filippi et al., *op.cit*) des ménages au Cameroun. Le territoire urbain se veut donc être à la fois un espace d'opportunités de travail et de vie, mais également un ensemble de lieux qui suscitent des impressions, des symboles et des imaginaires sociaux, qui sont quant à eux des vecteurs d'attractivité urbaine.

La problématique des toilettes publiques mérite par conséquent d'être placée au cœur des préoccupations des territoires urbains, surtout que leur indisponibilité entraîne généralement des dérives parfois dramatiques. Et pour preuve, le pays a vécu un malheureux incident qui s'est soldé par le décès d'un gendarme le 22 juillet 2022 à Douala, la capitale économique. En effet, il est survenu un désaccord en rapport au paiement de la somme de 100 francs CFA par le défunt, après que celui-ci se soit soulagé dans les toilettes collectives qui étaient payantes, et installées au sein de l'agence de transport interurbain qu'il avait sollicité pour son voyage.

Le différend né de ce désaccord entre lui et les employés de ladite agence a dégénéré en une bagarre dont l'issue s'est malheureusement avérée mortelle. Une situation qui avait alors motivé le ministre en charge des Transports, dans un communiqué circonstancié, à rappeler que « *Rien n'habilite les gestionnaires de terminaux à mettre en place des toilettes publiques payantes au sein des agences de voyage interurbain, prérogatives qui, du reste, est, de la compétence des collectivités territoriales décentralisées* ».

Ces propos viendront heureusement réinscrire les collectivités décentralisées comme sujet et objet de l'offre et de la gestion des toilettes publiques, dont l'une des missions consiste à rendre leurs territoires attractifs au travers d'un meilleur aménagement (Ezmale et Litavniece, 2012), et partant, d'un meilleur assainissement (Le Roy et Ottaviani, 2011 ; Avom et Gandjon Fankem, 2012).

Conséquemment, le manque de toilettes publiques rend les territoires urbains Camerounais, peu attractifs. En effet, environ un tiers de la population urbaine utilise une source d'eau potable contaminée par des matières fécales, et deux tiers n'ont toujours pas accès à des toilettes adéquates. Une importante frange de ces populations défèque à l'air libre (dans les caniveaux, derrière les buissons ou dans les plans d'eau)[31].

Il se pose par ailleurs de façon récurrente un problème d'hygiène lié au mauvais entretien des toilettes publiques dans les marchés, les ménages, les centres hospitaliers, les institutions carcérales, les administrations publiques et les institutions privées. Elles sont le plus souvent sous clé, poussant ainsi à la défécation à l'air libre. Cette situation entraîne donc la dégradation de l'image de ces territoires urbains et de leur population, et contribue à affaiblir leur attractivité résidentielle. De manière plus pratique, environ 10 millions de Camerounais vivent toujours sans toilettes adéquates, c'est-à-dire sans toilettes hygiéniques publiques ou privées qui éliminent les boues fécales en toute sécurité. Ils pratiquent donc encore la défécation en plein air.

Les toilettes ne sont pourtant pas juste des toilettes. Elles permettent de sauver des vies, de protéger la dignité humaine, de créer diverses opportunités et, surtout, d'améliorer l'attractivité résidentielle des territoires. Quel que soit le territoire urbain, la disponibilité en toilettes publiques de qualité est donc un témoignage de la qualité de vie et de l'attractivité de celui-ci.

III. Les effets de la crise des toilettes publiques sur l'attractivité des territoires urbains au Cameroun

Un territoire urbain est considéré comme attractif par les populations s'il a la capacité d'attirer et de retenir des personnes physiques et morales en raison des opportunités qu'il offre. Il est donc susceptible d'être choisi par un individu selon certains critères de décision qu'il juge importants. Ces critères peuvent l'aider à procéder à un choix de localisation (Poirot et Gérardin, 2010). Il peut s'agir de la qualité de vie, des disponibilités d'emplois, des

[31] Pourtant, il convient de souligner que la thématique de l'eau et de l'assainissement est l'objectif n° 6 des 17 objectifs de développement durable (ODD) adoptés en 2015 par l'Assemblée générale des Nations unies. Son intitulé complet est, il faut le rappeler, « *garantir l'accès de tous à l'eau et à l'assainissement et assurer une gestion durable des ressources en eau* ».

facilités de mobilité, de la qualité de l'environnement, du sentiment de sécurité, etc. (Le Roy et Ottaviani, *op.cit.*). L'attractivité est donc source de nouvelles richesses, symbole de dynamisme et porteuse d'une bonne image du territoire (Bourdeau-Lepage, 2020).

Au Cameroun, la faible disponibilité des toilettes publiques décentes, au sein des territoires urbains, est source de diverses conséquences, dont les effets les plus visibles sont aisément observables à l'échelle sanitaire, sociale et environnementale.

1. Les effets sanitaires et sociaux

La faible disponibilité de toilettes publiques décentes au sein des territoires urbains au Cameroun, depuis plus d'une vingtaine d'années, a des effets certains sur les plans sanitaire et social. En effet, un accès aisé à des toilettes publiques décentes constitue en principe une des premières stratégies visant à prévenir de plusieurs maladies graves. Leur absence a donc motivé les populations locales à développer des comportements alternatifs qui, malheureusement, consistent encore aujourd'hui à se soulager partout où cela est possible. De fait, les excréments et urines sont déposés çà et là, polluant les cours d'eau, les animaux, les plantes comestibles, et même les insectes. Ces populations urbaines sont par conséquent sujettes à plusieurs maladies hydriques (dysenterie amibienne, typhoïde, choléra, etc.), qui malheureusement, causent des milliers de victimes au Cameroun chaque année[32].

De plus, on observe que plusieurs femmes et jeunes filles pratiquent la défécation en plein air. Or, cette pratique malheureuse est une dégradation de leur dignité, une violation de leur intimité, et une fragilisation de leur santé et de leur bien-être[33]. Elles sont, par exemple, obligées de se rendre parfois dans des endroits isolés pour avoir un peu d'intimité quand elles veulent se soulager, avoir leur hygiène intime ou quand elles ont leurs menstruations. Cela les expose malheureusement à des risques de viol, d'exploitation sexuelle et d'insécurité personnelle[34].

Selon le Fonds des Nation-Unies pour l'enfance (UNICEF), un gramme de fèces peut contenir 10 millions de virus, un million de bactéries et mille kystes

---

[32] Conf, rapport de suivi des 100 indicateurs clés de santé au Cameroun en 2019, focus sur les ODD, OMS, Cameroun.

[33] Conf, conclusions d'une étude menée par WaterAid (2018) : « *Des toilettes publiques et communautaires adaptées aux femmes et aux filles : guide à l'intention des urbanistes et des décideurs* ».

[34] Conf, Journée mondiale des Toilettes 2019, « *Mettre fin à la défécation en plein air plutôt que dans les toilettes auront des avantages transformationnels pour les personnes les plus vulnérables du monde, selon le Conseil de concertation pour l'approvisionnement en eau et l'assainissement (WSSCC), organisme partenaire de l'ONU pour l'assainissement* ».

parasites[35]. Par conséquent, la défécation en plein air dans les zones urbaines du Cameroun, combinée aux mauvaises habitudes d'hygiène (ne pas se laver les mains au savon après avoir fait ses besoins ou avant de manger), entraîne chaque année la mort de plus de 10 000 personnes[36].

2. Les effets environnementaux

En l'absence de toilettes publiques acceptables, les aires boisées urbaines, les fourrés, les espaces verts aménagés, les égouts et les fossés, les trottoirs et les allées, ainsi que les bords des murs bordant les voies publiques de chaque ville camerounaise sont constamment envahis par la population pour faire ses besoins. Se soulager dans la nature pollue pourtant l'environnement. On observe, pour le déplorer, la prolifération d'odeurs nauséeuses le long des ruelles, des cours d'eau, qui par ailleurs, sont pollués par les défécations des populations en manque de toilettes. Dans ce cadre, les multiples éléments pathogènes contenus dans les divers excréments déposés dans ces cours d'eau s'infiltrent dans les eaux souterraines et celles de surfaces (lacs et rivières).

Ces dépôts sans aucun traitement rendent donc les cours d'eau et leurs contenus (poissons, et autres fruits de pêches), souvent utilisés et consommés par les populations des espaces urbains, impropres et insalubres à la consommation et à l'usage[37]. De fait, les territoires urbains Camerounais perdent en qualité de vie et en attractivité. Ce qui s'illustre par la prolifération des quartiers insalubres, peu assainis et occupés par des populations majoritairement pauvres et n'ayant pas accès aux services sociaux de base.

IV. Les toilettes publiques au cœur de l'attractivité des territoires urbains au Cameroun : quelques solutions visant à améliorer leur impact

Les toilettes publiques en tant que facteurs significatifs de l'attractivité des territoires urbains pourraient trouver leur empreinte dans l'élaboration et la mise en œuvre de politiques publiques qui prennent en compte les divers enjeux auxquels font face ces territoires.

---

[35] J. Florio/WSSCC (2019), De l'importance des toilettes : l'impact transformateur de l'élimination de la défécation en plein air, pourquoi la défécation en plein air est-elle un problème si grave ?

[36] Conf, rapport de suivi de 100 indicateurs clés de santé du Cameroun en 2019, focus sur les ODD. Yaoundé, catalogue à la source, htttp://app.who.int/iris ; http://onsp.misante.com.

[37] Conf, dossier spécial-exposition « *les toilettes, une question de dignité* », Fiche1 : L'ampleur de la crise et ses répercussions (des conséquences sur l'environnement) in coalition eau.

1. Enjeux majeurs de l'attractivité des territoires urbains portés par les toilettes publiques au Cameroun

Il s'agit notamment :

- *Des enjeux de mobilité et d'accessibilité.*

En effet, les toilettes publiques constituent un immobilier urbain ayant vocation à accompagner la mobilité aussi bien pour les personnes valides que pour celles souffrant d'infirmités motrices, les personnes âgées, les familles nombreuses, etc. Pour certaines personnes au Cameroun, l'absence de toilettes publiques constitue un véritable obstacle au déplacement de tous les individus, sans exception, dans un contexte où chacun veut éviter des situations malheureuses, liées à des envies subites et pressantes, et qui sont de nature à violer l'intimité et à dégrader la dignité humaine.

- *Des enjeux de santé publique.*

Les territoires urbains doivent disposer de toilettes publiques décentes, qui soient capables d'aider les populations qui, pour la plupart, vivent dans des environnements insalubres ou dans les quartiers pauvres, en leur offrant des lieux d'aisance qui peuvent leur permettre de satisfaire leurs besoins tout en garantissant leur intimité, leur santé et leur sécurité. Ne pas disposer de toilettes publiques en quantité et en qualité suffisantes empêche ainsi de répondre aux exigences d'assistance sociale, prescrites aux collectivités urbaines, mais aussi, à celles de salubrité publique qui s'imposent à tout territoire[38].

- *Des enjeux de gestion des espaces publics.*

Au Cameroun, les collectivités territoriales urbaines disposent de services qui s'occupent de l'hygiène et de la salubrité urbaine (balayage, ramassage et vidage des ordures), mais également de l'incivisme des populations en matière d'hygiène, notamment pour leur propension à se soulager au sein même de cet espace public (police municipale). L'absence des toilettes publiques à proximité de ces espaces contribue à perpétuer ces actes d'incivisme qui, s'ils sont généralisés, entraînent des crises sanitaires et sociales graves.

- *Des enjeux d'égalité.*

Pendant longtemps, l'offre en termes de toilettes publiques est restée discriminante parce qu'elle n'était accessible qu'à des personnes valides, et pas à celles qui souffraient d'infirmité (motrice ou mentale). Une offre de toilettes publiques qui ne tient pas compte de la diversité des usagers en termes de besoins d'intimité et de sécurité, de différences physiques et de genre est inadéquate et inefficace.

---

[38] Conf, loi n° 2019/024 du 24 décembre 2019, portant Code général des Collectivités territoriales décentralisées du Cameroun, Document de travail.

➢ *Des enjeux d'attractivité des espaces publics.*

La présence des toilettes publiques est un indicateur traduisant la volonté, pour une collectivité urbaine, de rendre son environnement agréable, surtout qu'elles participent à l'ambiance et à la qualité du cadre urbain. De fait, si elles ne sont pas suffisamment nombreuses, accessibles et signalées, et, si, en plus elles ne jouissent pas d'un niveau minimum de propreté et d'entretien, elles ne seront pas en mesure de rendre ces espaces attractifs.

Les toilettes publiques se positionnent donc comme une variable d'intérêt dans la planification urbaine, dans la mesure où leur implantation prend en compte les spécificités de leurs territoires d'implantation, et les dynamiques à l'œuvre au sein de ces territoires. Elles s'insèrent par ailleurs au cœur des schémas d'aménagement, d'assainissement urbain, et des plans d'urbanisme, qui concourent à rendre les territoires urbains plus attractifs.

2. Quelques solutions visant à améliorer l'impact des toilettes publiques sur la construction de l'attractivité des territoires urbains au Cameroun

L'attractivité se présente en théorie comme un enjeu majeur en matière de développement territorial pour les territoires urbains (Blais, 2007). Accroître leur attractivité dépend donc non seulement de leur capacité à faire face à des contraintes quantitatives liées à la mobilité des personnes, mais également de leur propension à répondre aux attentes de ces personnes en termes de qualité de l'environnement, du cadre du bâti et des services et équipements proposés (Le Roy et Ottaviani, 2011, *op.cit.*). La différence d'attractivité entre un territoire urbain et un autre sera donc fonction de la qualité de vie et des aménités que l'un ou l'autre sont capables d'offrir à leurs résidents potentiels (Poirot et Gérardin, 2010, *op.cit*).

Les toilettes publiques, eu égard à leurs propriétés et aux services qu'elles sont en devoir de rendre, peuvent contribuer dans ce contexte à améliorer le cadre de vie des populations urbaines au Cameroun. Leur impact, aussi bien qualitatif que quantitatif, au sein de chaque territoire urbain donné, peut permettre de l'aider à se construire une attractivité urbaine forte. Dans ce contexte, il est nécessaire pour les collectivités urbaines de mettre un accent sur la construction de toilettes publiques décentes en quantité et en qualité suffisantes, à proximité des lieux publics (bâtiments publics, établissements scolaires, et universitaires), des lieux publics marchands (restaurants, centres commerciaux, gares routières, aires de repos, grands carrefours), des espaces sanitaires (dispensaires, centres de santé intégrés, hôpitaux et cliniques privées), les lieux de cultes (mosquées, chapelles) et des quartiers défavorisés où les populations ne disposent pas de latrines individuelles à domicile, mais partagent des latrines communes[39], afin de limiter considérablement la défécation en plein air.

Pour qu'elles puissent par ailleurs permettre de satisfaire aux objectifs d'attractivité chers aux territoires urbains, elles doivent satisfaire aux besoins de tous, notamment les femmes et les jeunes filles, les vieillards, les handicapés. Selon Abomo Akono (2020, *op.cit.)* en effet, en matière d'infrastructures, *« les besoins des hommes et des femmes diffèrent pour diverses raisons : des facteurs biologiques, comme la menstruation et la grossesse ; des aspects sociaux ou culturels (la perception des notions de dignité et de pudeur, les femmes restant bien plus que les hommes, chargées des soins des enfants, des personnes malades, des personnes handicapées... »*

En sus, le choix d'implantation des toilettes publiques au sein des territoires urbains au Cameroun doit obéir à plusieurs critères, notamment être :

- faciles d'accès et offrir un espace de sécurité et d'intimité à tous, sans exclusive (vieillards, handicapés, femmes enceintes, familles nombreuses) ;
- en mesure de s'ajuster aux besoins des femmes et des jeunes filles, avec un entretien plus aisé, et être construites conformément avec les exigences environnementales ;
- à des tarifs abordables et disponibles lorsque cela est possible, et
- être construites avec des matériaux qui valorisent leurs territoires de localisation et qui contribuent à améliorer leur image.

Ces critères non exhaustifs pourraient permettre aux territoires urbains d'offrir à leurs populations un cadre de vie sain et épanouissant et de se construire une attractivité forte.

Par ailleurs, il est important de mettre en place un cadre juridique capable de fixer clairement le droit d'accès aux toilettes publiques, et capable d'accompagner la mise en place d'une politique publique de développement des servitudes d'aisance intitulée « *gratuité, propreté et sécurité* »[40]. L'ordre de ces trois éléments doit être respecté. En effet, selon Damon (2010, *op.cit*), la gratuité pourrait permettre d'éviter les discriminations et de promouvoir la tolérance à l'endroit des populations vulnérables. La propreté, quant à elle, aurait pour rôle de continuer à motiver les usagers à aller satisfaire leurs besoins dans ces toilettes publiques plutôt qu'à l'air libre. Enfin, la sécurité pourrait aider à donner confiance aux usagers, en leur offrant un maximum de protection sur les sites.

---

[39] Conf, Gérer les latrines et les douches publiques, eaux et assainissements pour tous (SMC), guide méthodologique n° 5.

[40] Conf, Damon, J., (2009), « *Les toilettes publiques. Un droit à mieux aménager* », Droit social, n° 1, pp.103-110.

Les collectivités urbaines pourraient, dans ce contexte, soit construire des toilettes publiques gratuites, qui pourraient être gérées par leurs soins, soit associer les infrastructures et équipements relatifs à des structures de commerces (cafés, restaurants, snack-bars et autres établissements commerciaux). Et ce, par la mise en place d'un système de délégation de service public de gestion des toilettes publiques à ces structures, et qui pourraient aider à améliorer l'accès indifférencié aux toilettes publiques. Par ailleurs, elles pourraient procéder à des choix de construction qui soient en mesure d'embellir les sites d'implantation, en valorisant par exemple la culture et l'identité des territoires (Jolivet et Léna, 2000, *op.cit*), leur histoire (Bernus, Polet et Quéchon, 1998), leurs savoir-faire (Agier et Ricard, 1997) et en mettant en avant tous les talents qui peuvent valoriser les territoires urbains sous forme de « mobilier urbain ».

Toutes choses qui auront pour finalité de rendre les toilettes publiques capables de s'insérer dans les mouvances urbaines, qu'elles soient traditionnelles ou urbaines, de renforcer la visibilité et l'image des territoires urbains et de rendre ces territoires attractifs aussi bien pour les résidents permanents, les résidents passifs, que pour les investisseurs potentiels.

Conclusion

Tout au long de cette proposition, il a été question de montrer que, puisque l'assainissement constitue un des moteurs du développement des territoires, les toilettes publiques jouent par conséquent un rôle significatif sur la construction de l'attractivité des territoires urbains en général et, particulièrement, sur la construction de l'attractivité de ceux du Cameroun.

Il ressort de cette réflexion que la disponibilité en matière de toilettes publiques au sein des territoires urbains Camerounais est encore insuffisante. Ce qui donne lieu à des défécations en plein air. Une offre insuffisante qui, par ailleurs, a lentement mais sûrement eu divers effets (sanitaires, sociaux, environnementaux…) observables partout au sein de ces territoires urbains.

Fort de cela, nous avons prescrit, en cohérence avec les enjeux de mobilité et d'accessibilité, de santé publique, de gestion des espaces publics, d'égalité et d'attractivité chers aux territoires urbains, la construction de toilettes publiques faciles d'accès et offrant un espace de sécurité et d'intimité à tous, sans exclusive. Des toilettes étant en mesure de s'ajuster aux besoins des femmes et des jeunes filles, avec un entretien plus aisé, et être construites conformément avec les exigences environnementales.

Les toilettes publiques ont donc vocation à satisfaire aux besoins d'intimité, de sécurité et d'aisance des populations urbaines, mais également à améliorer l'attractivité des territoires urbains de localisation. En ce sens, elles pourraient aider à construire et à entretenir durablement l'attractivité des territoires urbains africains de manière générale, et du Cameroun, en particulier.

Bibliographie

Abomo Akono, R., (2020). Les États d'Afrique subsaharienne à l'épreuve des toilettes publiques : entre crise d'accès, crise d'assainissement, risques et solutions, Revue francophone du Développement durable, n°8, Hors-série, décembre, pp.33-50.

Agier, M., et Ricard, A., (1997). Les arts de la rue dans les sociétés du sud, Ed., de L'Aube, IRD, variations.

Avom, D., et Gandjon Fankem, G., S., (2012). Le développement durable constitue-t-il un élément d'attractivité territoriale ? Application aux pays de l'Afrique centrale, Marchés et Organisations, Ed. L'Harmattan, vol.2, n° 16, pp.77 à 102.

Bernus, E., Polet, J., et Quéchon, G., (1998). Communautés déracinées dans les pays du sud, Ed., de L'Aube, IRD, variations.

Blais, J., P. (2007). L'attractivité des territoires : regards croisés, Actes des séminaires, février et juillet 2007, ministère de l'Écologie, de l'Énergie, du Développement durable et de l'Aménagement du Territoire, 124 pages.

Borja, J. et Castells, M. (1997). Local and global : management of cities in the information age, London; Earthscan.

Bouinot, J. (2002). La ville compétitive, Paris, Economica.

Bourdeau-Lepage, L., (Dir.) (2020). Évaluer le bien-être sur un territoire : comprendre pour agir sur les facteurs d'attractivité territoriaux, DOI : 978-2-9572418-0-4.

Caldeira, E. (2011). Essais sur la décentralisation dans les pays en développement, Économie et Finances, Université d'Auvergne-Clermont-Ferrand, Centre d'Études et de Recherche en Développement international (CERDI), thèse de doctorat, 219 pages.

Camagni R. et Maillat D. (2006). Milieux innovateurs : théorie et politiques, Éditions Economica, Paris.

Castells M. (1997). The power of identity, the information age: economy society and culture, Vol.II, Cambridge, MA, Oxford, UK, Blackwell.

Clark, T., N. (2003). The city as an entertainment machine, San Diego (CA), Elsevier.

Damon, J. (2010). Les toilettes publiques : un droit social à aménager en milieu urbain, in Questions sociales et Questions urbaines, pp.303-322.

Ezmale, S. et Litavniece, L. (2012). Spatial planning as a tool for improving attractiveness of the places: case of Latgale region, in European integration studies, n°5, ISSN 1822-8402.

Jolivet, M-J. et Léna, P. (2000). Logiques identitaires, logiques territoriales, Ed., de L'Aube, cahiers des sciences humaines, nouvelle série, n° 14, 214 pages.

Kunzmann, K., R. (2004). Culture, Creativity and Spatial Planning, Town Planning Review, 75, 383-404.

Le Roy, A. et Ottaviani, F. (2011). Développer de nouveaux indicateurs de richesses afin de repenser l'attractivité territoriale ?, Colloque interdisciplinaire Aménagement-Economie-Droit-Géographie-Sociologie-Statistiques, Territoires, emploi et politique publique, Université de Metz, juin 2011.

Manel Djemel (2008). Impact de l'évolution des formes de croissance urbaine sur l'identité de la ville et de ses citoyens, Faculté de l'aménagement, Institut d'urbanisme, Université de Montréal, Mémoire de Master, 211 pages.

Mouly, J. (2002). Les droits sociaux à l'épreuve de droits de l'homme, Droit social, n°9/10, pp.799-811.

Mourriaux R. (2001). L'Année sociale. Refondation sociale, crise de l'État-nation, grèves hospitalières, (ed.) Syllepse.

Olivier, M. (2014). Santé : le manque de toilettes en Afrique, une « pandémie », orpheline ? In Jeune Afrique Politique.

Organisation mondiale de la santé (2020). Rapport mondial sur la capacité des pays à produire des données sanitaires, Score pour les données sanitaires, outil technique.

Pecqueur, B. (2002). La dimension locale de la Régulation, in Théories de la régulation, l'état des Savoirs, la découverte.

Poirot, J. et Gérardin, H. (2010). L'attractivité des territoires : un concept multidimensionnel, Mondes en développement, n° 149, vol.1, pages 27 à 41.

Sen, A.(2000). The ends and means of sustainability, Keynote Address at the international conference on transition to sustainability, 15 may 2000, Tokyo.

Sève, R. (2015). Avant-propos : la mesure de l'ordre public, Archives de philosophie du droit, vol.1, tome 58, page X à XXV.

Smith, S. (2020). La gestion des propriétés sanitaires et économiques dans le contexte de la propagation du COVID-19 en Afrique, Centre d'études stratégiques de l'Afrique.

Steichen, P. (2010). L'évolution du droit d'assainissement en France : une mise aux normes sous-contrainte, Les Cahiers de droit, vol.51, n° 3-4, pp.567-593.

Tabutin, D. et Schoumaker, B. (2020). La démographie de l'Afrique subsaharienne au XXIe siècle. Bilan des changements de 2000 à 2020, perspectives et défis d'ici 2050, in Population, vol.75, n° 2-3, pages 169 à 295.

Tchandem Kamkang, A-C. (2017). Accéder aux toilettes publiques : un droit ou un privilège ?, rcinet.ca.

WaterAid (2016). Des villes qui débordent : l'état des toilettes dans le monde, www.wateraid.org.

WaterAid (2018). Des toilettes publiques et communautaires adaptées aux femmes et aux filles : guide à l'intention des urbanistes et des décideurs, www.wateraid.org.

CHAPITRE 5 :

PRATIQUES MANAGÉRIALES DANS LES COLLECTIVITÉS TERRITORIALES DÉCENTRALISÉES AU CAMEROUN : LA COMMUNICATION INTERNE CATALYSEUR DE L'IMPLICATION AU TRAVAIL DU PERSONNEL ?

Innocent ESSOMME,
Pierre Anicet NGUELE
et Lineda MASSONA KAMCHIE

Résumé

L'objectif de cette recherche est d'analyser l'influence de la communication interne sur l'implication au travail du personnel des CTD au Cameroun. Pour y parvenir, une enquête par questionnaire a été réalisée auprès d'un échantillon de 177 agents communaux. Pour l'analyse des données, nous avons utilisé la méthode des Moindres Carrés Ordinaires appliquée à un modèle spécifique. Nos résultats montrent qu'une bonne communication interne améliore l'implication au travail. Plus précisément, la communication interne influence à la fois l'implication affective et calculée. Nous recommandons aux magistrats municipaux de fluidifier la communication interne avec leur personnel en recourant aux nouvelles technologies et aux réseaux sociaux, d'instaurer un dialogue permanent et sincère entre la hiérarchie et les collaborateurs, ainsi que de développer l'esprit d'équipe et la transparence dans la gestion des CTD.

Mots clés : Communication interne, Implication au travail, Collectivités territoriales décentralisées, technologies.

Abstract

The aim of this research is to analyze the influence of internal communication on the work involvement of staff Decentralized local authorities' in Cameroon. To achieve this objective, a questionnaire-based survey was carried out with a sample of 177 communal agents. The data were analyzed using the Ordinary Least Squares method applied to a specific model. Our results show that good internal communication improves work involvement. Specifically, internal communication affects both affective and calculative involvement. We recommend that municipal magistrates enhance internal communication with their staff by using new technologies and social networks, establish a permanent and sincere dialogue between management and employees, and foster team spirit and transparency in the management of Decentralized local authorities.

Key words: *Internal communication, work involvement, Decentralized local authorities, technologies*

Introduction

L'autonomisation des CTD apparaît aujourd'hui comme une opportunité visant à améliorer la gestion des affaires publiques. Il s'agit d'une méthode d'administration des ressources qui permet de rapprocher les services publics de la population locale. Voire de créer un environnement favorable à une bonne gouvernance reposant sur des pratiques managériales exemplaires. Ces pratiques reposent sur une communication interne fluide, favorisant l'émulation des agents communaux. C'est ainsi que l'État procède progressivement au transfert de compétences vers les CTD, conformément à la loi N° 2019/024, qui, à l'article 8[41], stipule que « l'État a doté les CTD des moyens et des compétences particulières », leur conférant ainsi une certaine autonomie administrative et financière. Par autonomie administrative, nous entendons le fait que les CTD sont libres d'assurer une gestion adéquate des ressources humaines locales dans le cadre de la législation étatique. À cet effet, elles « disposent du personnel, d'un patrimoine, des domaines publics et privés et des services propres, contrairement à ceux de l'État et des autres organismes publics ». Cette autonomie se traduit également par la capacité d'utiliser leurs propres biens et ressources, renforçant ainsi leur autonomie financière. Elle renvoie ainsi, au fait que les CTD disposent de ressources et de budgets propres pour la gestion des intérêts régionaux et locaux.

La gestion des ressources humaines dans les collectivités territoriales décentralisées au Cameroun est encadrée dans la loi N° 2004/019 du 22 juillet 2004, qui précise à l'Article 17 que « les collectivités territoriales recrutent et gèrent librement le personnel nécessaire à l'accomplissement de leur mission conformément à la législation et à la réglementation en vigueur ». De plus, le personnel de l'État peut être affecté, détaché ou mis à disposition selon des modalités fixées par voie réglementaire. L'État établit ainsi une fonction publique locale dont le statut est déterminé par décret présidentiel. Le maire, en outre, est responsable du recrutement, de la suspension et du licenciement du personnel relevant de la législation du travail et des conventions collectives (Art 209, alinéa 1 de la loi *Supra*). Mais également, il affecte et gère le

[41] Article 8 : Les Collectivités territoriales sont des personnes morales de droit. Elles jouissent de l'autonomie administrative et financière pour la gestion des intérêts régionaux et locaux et règlent, par délibération, les affaires de leurs compétences.

personnel placé sous son autorité (Art 209, alinéa 2) tandis que le mode et le taux de rémunération sont définis par voie réglementaire (Art 210, alinéa 2).

Ce cadre juridique est complété par l'instruction générale N° 002 du 1er octobre 2002 relative à l'organisation du travail des agents publics, qui fixe les objectifs assignés aux agents publics et établit les règles encadrant leurs actions. Cette démarche vise à promouvoir l'épanouissement et le bien-être de tous les Camerounais. Dans cette nouvelle philosophie managériale, le sens du service public devient un moteur essentiel de la motivation : mieux organiser la gestion des agents permet de mieux servir les usagers. Cependant, les pratiques managériales adoptées par les magistrats municipaux des CTD font souvent l'objet de critiques par des agents, lesquels estiment ne pas bénéficier de conditions de travail optimales, entravant ainsi leur implication.

En effet, les pratiques managériales dans les CTD doivent se faire dans le respect des principes de bonne gouvernance locale. Mais, pour des raisons de jeux politiques, les agents communaux souffrent des problèmes de mauvaise gouvernance inhérente au retard des paiements de salaires, aux conflits entre les agents et les exécutifs municipaux, à l'absence de l'implémentation de bonne politique de communication interne des magistrats municipaux à même d'impulser une implication pérenne de leur personnel, dans la réalisation des missions qui leur sont dévolues. Aussi, Essombè Edimo (2007) reconnaît qu'une influence est exercée au niveau hiérarchique pour empêcher les élus locaux, issus des partis d'opposition, de travailler librement pour le développement de leurs populations. Dans le même sens, pour Kollo Bandibeno et Awomo Ndongo (2017), observent que, dans les CTD au Cameroun, « le facteur politique exerce une influence positive sur les démarches de performance ». De ce fait, pour ces derniers « les relations entre électeurs, groupes d'intérêts, médias, prétendants à l'élection municipale ou concurrents politiques et autres élus locaux, motivent le comportement des exécutifs municipaux en matière de développement d'une démarche de performance ». C'est la raison pour laquelle « l'information à divulguer doit faire l'objet d'une sélection minutieuse, afin qu'elle constitue une stratégie d'enracinement des maires. Les élus locaux peuvent vouloir justifier la qualité de leur gestion auprès des administrés et des groupes d'intérêts. Ils peuvent aussi souhaiter se démarquer des prétendants et des concurrents politiques. ». Ils aboutissent à la conclusion selon laquelle, l'impact du système d'information sur la performance actuelle des collectivités locales est négatif.

Cependant, il faut le reconnaître, la communication est un facteur d'implication (Fernandez et Rayney. 2006), aussi bien pour le personnel que pour les partenaires externes de l'organisation. Sur le plan interne, un système de communication et d'information mieux organisé permet de réduire les tensions au sein de l'organisation, et améliore le climat de travail (Damanpour et Schneider, 2006). Par exemple, le 10 août 2020, les employés de la mairie de Yaoundé 6 ont observé un mouvement d'humeur réclamant 6 mois d'arriérés de salaire (lebledparle.com du 10 août 2020). En juin 2023, 374 Communes appartenant à l'association CVUC, ont menacé de faire grève, dénonçant les mauvaises conditions de travail, l'absence de communication et le refus des maires d'augmenter les salaires et d'actualiser le SMIG des agents communaux. Cette augmentation salariale faisant suite aux mesures gouvernementales de revalorisation des salaires des fonctionnaires civils et militaires (www.recapinfos.com du21 juin 2023[42]).

Selon Cameroun Tribune du 10 avril 2017, le syndicat départemental des travailleurs des communes du Wouri avait lancé un mot de grève visant le rétablissement de la couverture sanitaire des personnels et de leur famille. Ce même jour, les délégués du personnel avaient été suspendus de leurs postes. Parmi ceux-ci, nous avions dix délégués du personnel de la Mairie de ville de Douala, qui ont été réhabilités un mois plus tard le 07 mai 2020 suite à un protocole d'accord signé entre la mairie et ces derniers. Face à tous ses problèmes, la communication interne des magistrats municipaux avait été décriée comme facteurs potentiels de conflits et de démotivation ayant une incidence sur l'implication du personnel dans les CTD. En effet, l'environnement de travail peut influencer la productivité des employés dans leur milieu professionnel (Mbarki et Rharzouz, 2016).

Selon Harter (2014) [43]« Les agents d'abord, les usagers ensuite ». À travers ces propos, cet auteur montre une distinction claire entre l'interne, « les agents » et l'externe, « les usagers ». C'est une distinction primordiale en communication, puisqu'elle met d'un côté en avant la communication à destination des agents (communication interne) et, d'un autre côté, la communication à destination des usagers (la communication externe), dans l'administration publique plus précisément, au sein d'une CTD. Dans cette étude, il s'agira de la communication interne dans les CTD.

Fort de ce qui précède, il serait important de relever qu'au sein des organisations, la communication interne dépasse peu à peu son rôle de transmission d'informations pour devenir un véritable outil de management. Elle est ainsi capable d'apporter de nombreux bienfaits aux organisations en général et au CTD en particulier, mais aussi d'avoir une influence positive sur le collaborateur, et ce, de diverses manières. Ainsi, de ce qui précède, l'objectif de cette recherche est de montrer les effets des pratiques managériales, telle la communication interne sur l'implication au travail du personnel des CTD au Cameroun.

À partir de ce questionnement, cette recherche vise à contribuer aux débats actuels autour des pratiques managériales favorables à l'épanouissement des employés. Autrement dit, il est question de montrer l'influence de la

---

[42] Lettre préavis de grève enregistrée sous le N°CSTC/CE/1 Yaoundé le 02 juin 2023 adressée au MINATD

[43] Responsable de la communication interne à la communauté urbaine de Strasbourg :

communication interne sur l'implication du personnel des CTD. Pour y parvenir, la revue des travaux théoriques permettra de déceler les caractéristiques propres à la communication interne des collectivités territoriales. Le reste de cet article présente la démarche méthodologique, puis analyse les résultats et propose quelques recommandations managériales.

I. La communication interne pour l'implication du personnel : un état de l'art

Bien que la littérature sur la communication dans les collectivités territoriales soit abondante, la communication interne reçoit encore peu d'attention. Dans le secteur privé, toutefois, elle est bien développée. C'est pourquoi, Peretti (2015) soutient que « ...l'entreprise de demain ne pourra remplir sa mission et atteindre ses objectifs que si elle améliore sa faculté à communiquer, à informer et à faire participer... ». Il est en effet impensable de mener une mission sans avoir communiqué sur les outils et les moyens de réussite, ainsi que sur les obstacles et risques potentiels. Informer et s'informer autour des objectifs de l'organisation et participer à leurs réalisations paraît donc une nécessité pour l'implication du personnel dans l'organisation.

Cependant, la qualité de la communication interne dans les organisations n'amène pas toujours les employés à s'investir pleinement dans leur travail. L'implication ou non d'un individu dans le fonctionnement d'une organisation dont il est membre résulterait, selon les résultats de nombreuses études, du caractère subjectif du regard que l'individu porte sur cet environnement d'une part, et de la qualité de la relation qu'il entretient avec l'organisation, d'autre part. *Dès lors, comment peut-on définir la communication interne dans les collectivités territoriales et quel est son lien avec l'implication au travail* ?

- **La communication interne, outil clé de la gestion des ressources humaines dans les collectivités territoriales**

Plusieurs auteurs ont tenté de donner une définition à la communication interne, on peut citer entre autres Doussy (2005) selon qui « la communication interne cible l'ensemble des membres de l'organisation, quelle que soit leur identité professionnelle (fonction, statut, métier). Elle a plusieurs rôles de mobiliser les membres, de fédérer pour les faire adhérer aux objectifs de l'organisation, de leur faire véhiculer, à l'externe, une bonne image de l'entreprise ». Par contre, Westphalen (2004) précise que « La communication interne est l'ensemble des actes de communication produits à l'intérieur d'une organisation à destination de ses salariés ». Pour Décaudin ; Igalens et Waller (2017) « La communication interne est un instrument d'adhésion interne aux valeurs de l'entreprise et à sa philosophie, un instrument de construction d'une solidarité et d'une implication des salariés par rapport à leur employeur ». Plus encore, pour Décaudin et Igalens (2017) « La communication interne est le recours à un ensemble d'outils (comme le journal d'entreprise, internet...) pour informer le personnel sur les objectifs communs à l'entreprise, pour susciter un sentiment d'appartenance à l'entreprise et pour stimuler le travail en commun » et « L'information interne vise la mise à disposition adéquate de données permettant à chaque fonction de faire son métier ». La communication interne dans l'organisation cible prioritairement les collaborateurs, les individus et groupes. Elle les fait converger autour d'un projet commun en utilisant différents outils favorisant l'échange. De plus, elle encourage l'alignement sur la culture d'entreprise, la compréhension de sa vision et de ses valeurs, dans le but de motiver, de rallier et d'engager les employés par rapport à l'organisation.

Au sein des collectivités territoriales, la communication interne est relativement récente et s'adresse exclusivement aux agents communaux. En effet, en 2009, Mégard et Deljarrie (2009) montraient que la « communication interne » est exclusivement utilisée par les collectivités territoriales depuis, environ, 15 ans pour qualifier un public constitué uniquement du personnel des collectivités ». Ces auteurs iront même jusqu'à parler d'un « phénomène récent pour les collectivités territoriales ». Ainsi, cette communication interne est encore nouvelle pour les collectivités territoriales et ne s'intéresse que d'un public dit « interne » à l'organisation, à savoir le « *personnel* » que sont les agents communaux.

De plus, selon Mégard et Deljarrie (2009, *op.cit*), ces agents donnent des « contraintes spécifiques » à la communication interne. En effet, les collectivités territoriales ont plusieurs types de compétences, ce qui implique une grande diversité de métiers et de lieux de travail. Il faut donc s'y adapter pour obtenir une communication atteignant le plus grand nombre d'agents. Dans ce sens, pour Constans et Jobard (2015) « La définition la plus simple de la communication interne est la nécessité pour toute organisation humaine de partager des objectifs communs. (...). Proposer une vision sur l'environnement professionnel et sociétal, expliquer et accompagner un changement dans le fonctionnement d'une organisation, diffuser des informations à la connaissance des salariés, sont les missions premières de cette fonction ».

De cette définition, il ressort que la communication interne ne s'intéresse qu'à l'univers du travail ou du fonctionnement de l'organisation en tant qu'employeur. Par ailleurs, elle peut souvent être qualifiée de communication administrative à cause du rapport existant entre les agents et les usagers, comme le précise Leyval-Granger (1996), quand elle affirme que la communication interne peut être « un véritable bastion de la communication administrative ».

La communication interne est aussi un instrument de la gestion des ressources humaines. En effet, selon Mégard et Deljarrie (2009, *op.cit),* la communication interne des collectivités territoriales, constitue « l'apport d'un appui opérationnel à la direction des ressources humaines ». La communication interne peut même être rattachée à cette direction dans l'organigramme des services d'une collectivité (Cohen-Bacrie, 2004). D'autres auteurs vont l'associer au management. Par exemple, Constans et Jobard (2015) la qualifient d'« *outil du management* » lorsqu'elle est rattachée hiérarchiquement à la Direction générale des services, ou encore Mégard et Deljarrie (2009, *Ibidem*) qui voient en elle un « *nouveau management* ».

II. L'implication au travail : pour une contribution des agents ?

L'implication au travail représente un défi important pour les salariés. Malgré d'éventuels manques de reconnaissance, de nombreux employés s'investissent avec énergie et passion dans leurs activités (Malherbe et Saulquin, 2011). C'est aussi une préoccupation forte pour les entreprises, dans la mesure où l'implication au travail peut être perçue comme une arme compétitive, ou plus comme élément central d'un nouvel agencement de la domination (Bachelard et Paturel, 2004). L'implication est également l'objet d'un intérêt particulier de la part des praticiens de la gestion des ressources humaines. Puisque l'implication des personnes serait « un des objectifs généraux que les politiques, outils et techniques de gestion du personnel doivent contribuer à atteindre » (Thévenet, 2002). Ainsi, l'implication au travail peut être considérée comme un attachement et un engagement au travail, un dévouement de manière responsable d'une personne pour son travail. L'implication au travail se traduit donc par la motivation et l'enthousiasme du salarié. Elle permet aux organisations d'utiliser à leur profit les aptitudes de leurs travailleurs.

1. L'implication au travail : une question importante

Cependant, l'implication est une question de recherche centrale sur les attitudes et comportements au travail. Selon Meyer et Allen (1991), l'implication se décline en dimensions attitudinale (engagement affectif) et comportementale (engagement calculé et normatif). La première se traduit par un attachement émotionnel fort à l'organisation, tandis que la seconde résulte d'un raisonnement sur les coûts associés au départ (Gagnon et al. 2007). Ainsi, la notion d'implication permet d'appréhender l'attitude d'une personne vis-à-vis de son travail et de son environnement (Thévenet, 2004). La multidimensionnalité dans la forme et dans la cible de l'implication organisationnelle permet de mieux prédire les attitudes et comportements des salariés, comme l'intention de quitter l'entreprise (Bentein et *al*, 2004). Selon Durrieu et Roussel (2002), l'implication organisationnelle serait cette

« attitude de l'individu correspondant d'une part à son attachement affectif à l'organisation dans laquelle il travaille et au partage des valeurs communes, d'autre part, à son choix raisonné de lui rester fidèle, en fonction de l'évaluation qu'il fait du coût d'opportunité de partir ou de rester, enfin à l'obligation morale qu'il ressent de lui être fidèle et d'accomplir son devoir jusqu'au bout ».

Nous constatons, dans un premier temps, que l'implication se rapporte à un attachement psychologique de l'individu à l'objet d'implication (dimension affective de l'attitude), et correspond au processus psychologique par lequel les individus envisagent la nature de leurs relations avec leur organisation, leur manager, leur travail. Dans un deuxième temps, cette implication est produite par un point de vue basé sur les comportements passés de l'individu (dimension cognitive qui résulte d'un calcul et d'un jugement), et correspond au processus par lequel le comportement passé des individus les lie à l'organisation, à leur manager, à leur travail.

Ainsi, on peut comprendre la démarche attitudinale comme étant l'ensemble des émotions et des sentiments éprouvés par un employé envers son organisation. Cette démarche est fortement liée à l'état psychologique de l'employé. En revanche, on considère la démarche comportementale comme étant l'ensemble des gestes et des actions effectués par un employé dans l'exercice de ses fonctions. Ces éléments permettent ensuite de mesurer le niveau d'engagement du travailleur envers l'organisation. Malgré son originalité, cette démarche comporte d'importantes limites conceptuelles et méthodologiques. Il s'agit de :

- Premièrement de la confusion entre implication comportementale et intention de comportement, car de nombreux travaux de recherche définissent l'implication comportementale comme une intention et non comme un comportement effectif.
- Deuxièmement, le manque d'outils fiables de mesure de l'implication comportementale. Cela est dû au fait que plusieurs chercheurs mesurent l'implication comportementale avec des échelles visant à évaluer des intentions de comportements et non les actes.

Toutefois, selon Thévenet (2002, *op.cit*) encore, l'implication ne se manipule pas directement « on ne peut impliquer des personnes, comme on ne peut les changer. Seules les personnes peuvent s'impliquer ». La seule chose que l'organisation peut faire, c'est de satisfaire aux conditions nécessaires de l'implication. L'implication au travail apparaît donc de plus en plus comme une notion fédératrice, un salarié impliqué dans son travail tisse des liens particuliers avec de différents domaines de son expérience professionnelle, il peut s'agir de groupes de personnes comme ses collègues de travail ou ses clients, son entreprise ou le travail en général. L'implication dans l'organisation demeure le concept phare (Thévenet, 2002, *Ibidem*).

Les travaux de Safy-Godineau, Fall et Carrassus (2020), issus d'un échantillon de 942 agents territoriaux, montrent qu'une forte implication calculée, de même qu'une implication organisationnelle affective, combinée à une faible satisfaction au travail, apparaissent comme les déterminants potentiels de l'absentéisme-maladie au travail. Comment percevoir donc sa relation avec la communication ?

2. Communication interne et implication au travail : vers une convergence des vues ?

Plusieurs études ont été faites sur le lien existant entre la communication interne et l'implication au travail. La substance de ces travaux montre qu'il y a une relation positive entre ces deux variables. Par exemple, Tcheir Sihem et Berbach (2022), dans leur étude sur l'analyse de l'effet de la communication interne sur l'implication organisationnelle au complexe industriel des plastiques et du caoutchouc (ENPC) en Algérie, ont exploré les dimensions de l'implication organisationnelle selon le modèle de Meyer et Allen (1991). Les résultats de cette étude ont abouti à la conclusion que la communication interne exerce un effet positif sur les différentes dimensions de l'implication organisationnelle. Notamment, il a été observé que la communication interne influence particulièrement l'implication affective.

Dans son étude, Markos (2021) a entrepris d'examiner l'impact de la communication interne sur l'implication des employés, en se basant sur des données primaires provenant de 287 employés de la Banque Commerciale d'Éthiopie. Les résultats obtenus de cette recherche mettent en évidence une relation significative et positive entre la communication interne et l'implication des employés. L'étude menée par Balakrishnan et Masthan (2003), à l'aéroport international de Delhi entre 2010-2011, a évalué la relation existante entre la communication interne et l'implication au travail en analysant un échantillon de 300 employés issus de différents secteurs de l'aéroport. Les résultats ont montré une corrélation positive entre les deux variables, mesurée à travers des facteurs tels que l'implication, le sens du travail et l'effort discrétionnaire. Cette étude démontre l'importance de la communication interne pour stimuler l'implication.

De leur côté, Soumya et Rashmi (2018) ont publié une étude qui se concentre sur l'analyse de l'impact de la communication interne sur l'implication des employés au sein des entreprises informatiques en Inde. Les résultats révèlent l'importance cruciale de la communication interne dans la promotion de l'engagement des employés. Les dimensions de la communication mobilisées étaient la fréquence de la communication, la clarté et la transparence de l'information et les canaux utilisés. De plus, Cézanne et al. (2019) examinent dans leur article l'impact de la communication interne au sein des entreprises sur l'engagement des employés au travail. Plusieurs dimensions de la communication interne ont été mobilisées, à savoir la fréquence des communications, la clarté des informations transmises, la transparence des décisions, la disponibilité des canaux de communication. Les résultats de l'enquête ont montré que la qualité de la communication interne a une influence significative sur l'engagement des employés. Les entreprises qui ont mis en place des pratiques de communication transparentes, fréquentes et claires ont des niveaux plus élevés d'engagement parmi leurs employés.

Enfin, Hadi Davardoost et Seyed Mohammad (2019), dans leur enquête, ont entrepris d'explorer le rôle de la communication interne sur l'implication des employés au sein d'une entreprise pétrochimique en Iran. Les résultats de l'étude mettent en évidence l'importance de la communication interne dans l'industrie pétrochimique iranienne, en montrant comment une communication efficace peut contribuer à renforcer l'engagement des salariés. De ce qui précède, on constate que la plupart des études sur le lien entre la communication interne et l'implication au travail montre une influence positive de la communication interne sur l'implication des salariés. *Quand n'est-il de cette relation au sein des Collectivités territoriales décentralisées du Cameroun ?*

III-Démarche méthodologique de l'étude

Cette étude s'inscrit dans le cadre d'un paradigme positiviste et, donc, une approche quantitative orientée vers une démarche hypothético-déductive. Il sera présenté par la suite, respectivement, la méthode de collecte des données, les caractéristiques de l'échantillon, les instruments de mesure des variables, ainsi que les résultats obtenus.

1. La méthode de collecte des données

Une enquête par questionnaire a été menée auprès de 177 agents des CTD au Cameroun. La période de collecte de ces données s'est étalée du mois de février à septembre 2023. Ce questionnaire a été élaboré sur la base de la littérature proposée précédemment, et il est organisé en trois sections. Ainsi, une première porte sur l'identification du répondant, une deuxième porte sur la communication interne au sein des CTD, une troisième section concerne l'implication au travail des salariés. L'application kobotoolbox a été utilisée pour la collecte des données. Avant la mise en ligne et la distribution de notre questionnaire, nous avons mobilisé la carte de distribution géographique des CTD au Cameroun. Rappelons par ailleurs que, d'après la loi n° 2004/019 du 22 juillet 2004, en son article 259, la collectivité territoriale couvre le même ressort que la région ou la circonscription administrative. Le **Tableau 1** donne le nombre de départements, d'arrondissements, de communes et de communautés urbaines par région.

Tableau 1 : Nombre de départements, d'arrondissements, de communes et de communautés urbaines par région

Régions	Chefs-lieux	Départements	Arrondissements/ Communes	Communautés urbaines
Extrême-Nord	Maroua	6	47	1
Nord	Garoua	4	21	1
Adamaoua	N'Gaoundéré	5	21	1
Nord-Ouest	Bamenda	7	34	1
Sud	Ebolowa	4	29	2
Sud-Ouest	Buea	6	31	2
Centre	Yaoundé	10	70	1
Est	Bertoua	4	33	1
Littoral	Douala	4	34	3
Ouest	Bafoussam	8	40	1

Source *: INS (2019)*

Il ressort de ce **Tableau 1** que la région du Centre a le plus grand nombre de départements et communes. La région de Littoral dispose de 3 communautés urbaines. La collecte des données s'est faite dans 11 communes. Au-delà du souci de représentativité de l'échantillon, le choix des communes dans lesquelles la collecte des données s'est faite a été surtout guidé par la diligence et les facilités avec lesquelles les différents exécutifs municipaux concernés nous ont facilité notre travail de terrain.

2. L'échantillon de l'étude

Notre échantillon se compose de 177 fonctionnaires municipaux camerounais et se divise en 9 catégories socioprofessionnelles : 47 employés de bureau, 36 agents contractuels, 19 agents de maîtrise, 17 cadres moyens, 10 cadres supérieurs, 7 comptables, 3 dirigeants, 1 dirigeant et comptable, et 37 autres. Les participants sont répartis dans 5 régions du Cameroun. Précisément, 15 fonctionnaires ont été interrogés à la mairie de Bafoussam I, 23 à la mairie de Bafoussam II, 22 à la communauté urbaine de Bertoua, 11 à la mairie de Douala II, 10 à la mairie de Douala IV, 20 à la mairie de Douala V, 15 à la mairie de Dschang, 21 à la mairie de Foumban, 20 à la mairie de Kribi II et 10 à la mairie de Yaoundé VII. La seule mairie rurale incluse dans l'étude est celle de Pencka-Michel, où 10 personnes ont été questionnées.

3. Les caractéristiques de la population

Sur une population de 177 personnels de mairie, la majeure partie de la population est d'origine masculine (54 %) contre (46 %) du sexe féminin. Notre population est constituée surtout des jeunes. Ainsi, en se référant à la définition de jeune donnée par les autorités camerounaises, et selon laquelle un jeune est toute personne physique dont la tranche d'âge est comprise entre 15 et 35 ans (MINJEC, 2015), on constate que 101 personnes (soit 57 % de l'échantillon total) sont des jeunes. Parmi ces jeunes, 18 (soit 10 % de l'échantillon total et 18 % de la population jeune) ont au plus 25 ans et 83 (47 % de l'échantillon total et 82 % de la population jeune) ont un âge compris entre 26 et 35 ans. Seules 14 personnes (8 % de l'échantillon total) ont plus de 46 ans. Les informations issues de cet échantillon sont analysées par les méthodes statistique et économique appropriées.

4. Identification des variables de l'étude

Cette étude analyse l'effet de la communication interne sur l'implication au travail du personnel dans les collectivités décentralisées au Cameroun. La variable dépendante de l'étude est l'implication au travail du personnel, et la variable explicative est la communication interne. Ainsi, les variables à utiliser sont les suivantes :

- ✓ **Indicateurs de mesure de la variable dépendante : l'implication au travail**

Sur la base du modèle en trois composantes de l'engagement organisationnel proposé par Meyer et Allen (1991, *op. cit.*), les dimensions suivantes sont considérées dans l'étude : l'engagement affectif, qui correspond au degré d'attachement émotionnel et d'identification envers l'organisation ; l'engagement calculé, qui se rapporte à la connaissance par l'individu des coûts associés à son départ de l'organisation ; et l'engagement normatif, qui correspond à un sentiment d'obligation de rester travailler dans l'organisation par devoir moral, loyauté ou pour terminer un projet dans lequel la personne s'est investie.

Dans le cadre de cette étude, et sur la base des travaux effectués dans la littérature, différentes affirmations ont été faites lors de l'enquête de terrain. Affirmations auxquelles les enquêtés étaient appelés à dire « D'accord », si l'affirmation faite était juste et correspondait à la réalité vécue dans la CTD. Et « en désaccord », si l'affirmation faite était plutôt contraire à la réalité vécue. Une troisième option intermédiaire « Indifférent » était également proposée aux enquêtés.

- ✓ **Indicateurs de mesure de la variable indépendante de communication interne**

Sur la base des travaux effectués dans la littérature, différentes affirmations ont été faites lors de l'enquête de terrain. Les personnes interrogées devaient dire si elles étaient « d'accord », « en désaccord » ou « indifférentes » à ces affirmations.

5. Modèle de recherche

Dans cette étude, il a été mis sur pied un modèle prenant en compte les travaux passés et les observations empiriques présentées. Par exemple, les travaux effectués par Tcheir Sihem et Berbach Toufik (2022, *op.cit*), Markos (2021, *op.cit*) et Cézanne et al. (2019, *op.cit*) vont être mobilisés. Pour ce faire, il est question d'abord d'identifier les pratiques de communication interne présentes dans les CTD, puis on regroupe les divers types d'implication au travail. Enfin, on analyse et vérifie l'existence d'une relation significative entre la communication interne et l'implication au travail dans les CTD. Des résultats des travaux *infra*, l'hypothèse centrale émise dans le cadre de cette étude est la suivante : ***La communication interne a une influence positive sur l'implication au travail du personnel des CTD au Cameroun***. Cette hypothèse s'appuie sur les travaux Tcheir Sihem et Berbach Toufik (2022, *Ibidem*) pour qui, la communication interne exerce un effet positif sur les différentes dimensions de l'engagement organisationnel.

6. La stratégie économétrique (méthodes et outils statistiques utilisés)

Dans cette étude, des indices synthétiques seront calculés en vue d'obtenir des mesures agrégées pour chaque variable. De manière précise, les indices synthétiques seront calculés pour mesurer l'implication totale, l'implication affective, l'implication calculée, l'implication normative et la communication interne. Ces indices seront obtenus en utilisant les différents items des affirmations de nos variables. La technique utilisée est celle de l'analyse des correspondances multiples (ACM).

Afin d'analyser l'effet de la communication interne sur l'implication des personnels des CTD au Cameroun, on considère que le type de communication interne dans les municipalités ont un pouvoir explicatif sur l'implication du personnel, ce qui permet de définir la relation théorique suivante :

$y = f(x_i,)$(1)

Où y est la variable dépendante et x_i les variables explicatives

En supposant que la relation entre y et les x_i soit linéaire, la relation 1 pourra être explicitée comme suit :

$$y = \beta_0 + \beta_1 x_1 + \varepsilon \quad (2)$$

β_0 est une constante. $\beta_1$et sont les coefficients respectifs des variables x_1 . ε est le terme d'erreur. L'équation 2 est ainsi constituée d'une partie déterministe et du terme aléatoire.

Dans cette étude, le modèle empirique à estimer se présente comme suit :

$$Implication = \beta_0 + \beta_1 Communication + \varepsilon \quad (3)$$

$Implication$ Désigne l'implication au travail, $Communication$ est la mesure de la communication interne.

On a recours, en outre, aux Moindres Carrés Ordinaires pour estimer le modèle économétrique que nous avons spécifié. L'équation 2 pourra être estimée par cette méthode si y est une variable continue. La variable dépendante (l'implication) sera mesurée par des indices synthétiques qui ont des valeurs continues, ce qui recommande donc le recours à la méthode des moindres carrés ordinaires (MCO) pour les estimations. Les estimations sont effectuées à l'aide du logiciel Stata 17.

L'analyse de l'influence de la communication interne sur l'implication amène à porter un intérêt particulier sur β_1 . Si β_1 est statistiquement significatif, alors l'effet de la communication sur l'implication est significatif. Dans le cas contraire, cet effet n'est pas significatif. En outre, si β_1 est significatif et son signe est positif, alors une bonne communication interne favorise l'implication du personnel au travail. Si en revanche $\beta_1$est significatif et son signe est négatif, cela traduit le fait qu'une bonne communication interne réduit plutôt l'implication au travail.

IV. Les résultats de l'étude

Après collecte et analyse des données, les résultats sur le lien existant entre la communication interne et l'implication au travail ont été obtenus. Ainsi, dans cette section, on présente, tour à tour, la description des indicateurs des variables clés de l'étude, la description statistique des variables de l'étude, la présentation et discussion des résultats économétriques, et la validité des hypothèses et des implications.

1. Description des indicateurs de variables clés d'étude

Les **Tableaux 2** et **3** ci-dessous donnent une description statistique relative aux différents items utilisés pour capter les deux variables clés de cette étude, à savoir respectivement la communication interne et l'implication au travail.

Tableau 2 : Description des items de la communication interne

Variables de communication	**Accord**	**Indifférent**	**Désaccord**
Disponibilité permanente des informations pour chaque employé	87 %	8 %	5 %
Existence d'un système de communication préétabli	91 %	3 %	5 %
Partage fréquent des informations relatives aux objectifs et aux enjeux de l'organisation par la hiérarchie	85 %	9 %	6 %
Existence des procédés de résolution des conflits	80 %	11 %	9 %
Existence des textes régissant le comportement du personnel communal. (Règlement intérieur, Lois sur la décentralisation, etc.,)	88 %	8 %	3 %
Disponibilité permanente des informations portant sur les missions de la commune et l'unité de travail	85 %	6 %	9 %
Recours aux affiches, aux babillards, notes circulaires, réunion d'information, médias publics pour informer les employés et les usagers par l'autorité communale	94 %	3 %	3 %
Réception des informations nécessaires lorsque surviennent des changements dans le poste de travail/commune	86 %	7 %	7 %
Satisfaction quant à la clarté dans la gestion des informations existant au sein de l'unité administrative	81 %	11 %	8 %
Personnel informé des réalisations ou des résultats obtenus dans la commune	73 %	15 %	14 %
Communication entre la hiérarchie et le personnel ne se limitant pas uniquement à la réponse aux questions posées	40 %	9 %	51 %
Non-confidentialité de l'information diffusée au sein de la structure	24 %	12 %	64 %

Source *: Auteurs à partir des données d'enquête*

Tableau 3 : Description des items de l'implication au travail

Variables d'implication au travail	Accord	Indifférent	Désaccord
Implication affective			
Vous passerez bien volontiers le reste de votre vie professionnelle dans cette commune	68 %	15 %	15 %
Vous ressentez vivement les problèmes de cette commune comme s'ils étaient les vôtres	91 %	3 %	6 %
Vous vous considérez comme un(e) « membre de la famille » dans cette commune	87 %	7 %	6 %
Vous ressentez un fort sentiment d'appartenance à cette commune	86 %	11 %	3 %
Vous tentez de résoudre les problèmes de vos collègues comme si c'étaient les vôtres	76 %	17 %	7 %
Implication calculée			
Il serait très difficile pour vous de quitter cette commune en ce moment, même si vous le désirez	66 %	14 %	20 %
Beaucoup de choses seraient dérangées dans votre vie si vous décidez de quitter cette commune maintenant	58 %	20 %	22 %
En ce moment, rester dans cette commune est un problème qui relève autant de la nécessité que du désir	64 %	19 %	17 %
Une des conséquences de votre départ de cette commune serait le manque de solutions de rechange possibles	44 %	28 %	28 %
Si vous n'avez pas tant donné de vous-même à cette commune, vous aurez pu envisager de travailler ailleurs	52 %	21 %	27 %
Implication normative			
Vous ne quittez pas cette commune pour le moment, car vous éprouvez un sentiment d'obligation envers les personnes qui en font partie	56 %	19 %	25 %
Vous estimez que cette commune mérite votre loyauté	93 %	6 %	1 %
Vous éprouveriez de la culpabilité si vous quittiez cette commune maintenant	53 %	24 %	23 %
Même si c'était à votre avantage, vous ne vous sentirez pas dans le droit de quitter cette commune maintenant	50 %	19 %	31 %

Source *: Auteurs à partir des données d'enquête*

On constate que, pour presque toutes les affirmations positives portant sur la communication interne et l'implication au travail, la majorité des individus sont d'accord. Ceci traduit une relative bonne communication interne au sein des CTD camerounaises. La seule exception intervient lorsqu'on affirme que « La diffusion de l'information se fait souvent de façon non confidentielle au sein de votre structure ». À cette question, une majorité d'enquêtés déclarent ne pas être d'accord (64 %), alors que seulement 24 % semblent être d'accord et, 12 % de personnes se situent à mi-chemin entre les deux réponses.

2. Description statistique des variables de l'étude

Dans le **Tableau 4**, on constate la description statistique des différentes variables utilisées dans les analyses économétriques. Ces variables sont des indicateurs synthétiques de l'implication au travail et la communication interne. Elles ont été obtenues à la suite de l'Analyse des Correspondances multiples ici mobilisée. Ces indices sont exprimés sous forme de pourcentage avec les valeurs allant de 0 à 100.

Tableau 4 : Statique descriptive des variables de l'étude

Variables	Moyenne	Écart type	Minimum	Maximum
Implication totale	83	17,20	0	100
Implication affective	90,93	18,52	0	100
Implication calculée	69,15	23,94	0	100
Implication normative	58,94	17,39	0	100
Communication interne	86,58	18,97	0	100

Source *: Auteurs à partir des données d'enquête*

Ainsi, les statistiques du **Tableau 4** montrent que la moyenne de l'implication totale dans le travail se situe à 83. Cette moyenne s'accroît lorsqu'il s'agit de ne considérer que la composante affective de l'implication au travail (90,93), et décroît lorsqu'il s'agit de considérer uniquement l'implication calculée (69,15), ou alors l'implication normative (58,94).

Concernant la communication interne, on observe que la moyenne de l'indice se situe à 86,58. Ce qui traduit une relative bonne communication au sein des collectivités territoriales décentralisées au Cameroun.

Tableau 5 : Matrice de corrélation entre les variables de l'étude

Variables	Implication totale	Implication affective	Implication calculée	Implication normative	Communication interne
Implication totale	1,0000				
Implication affective	0,8802	1,0000			
Implication calculée	0,2910	0,1685	1,0000		
Implication normative	0,4686	0,1390	0,1161	1,0000	
Communication interne	0,3900	0,3673	0,1075	0,0597	1,0000

Source *: Auteurs à partir des données d'enquête*

Le Tableau 5 donne la matrice de corrélation entre les variables. Il met en évidence des corrélations modérées entre les variables explicatives, car tous les coefficients sont inférieurs à 0,7, qui est souvent considéré comme un seuil empirique pour les fortes corrélations. Par conséquent, il n'y a pas de problème de multi-collinéarité dans notre étude à priori. La multi-colinéarité est une forte dépendance linéaire entre plus de deux variables explicatives dans une régression multiple. Lorsque les variables explicatives présentent des phénomènes de multi-colinéarité, l'estimation par les MCO a l'inconvénient de conduire à des estimateurs dont les variances sont très élevées.

3. Analyse de l'effet de la communication interne sur l'implication au travail du personnel des CTD : résultats économétriques

Il sera question, dans le cadre de cette sous-section, de présenter et de discuter les résultats du lien existant entre la communication interne et l'implication au travail du personnel des CTD du Cameroun. Les analyses économétriques effectuées ont impliqué le recours aux MCO afin d'expliquer l'implication au travail par la communication interne. Le résultat des estimations faites est contenu dans le **Tableau 6** ci-dessous :

Tableau 6 : Communication et implication au travail : Résultats de la régression

Variables	**1**	**2**
Communication interne	0,35***	0,27**
	(0,09)	(0,10)
Constante	52,41***	49,83***
	(870)	(853)
Observations	177	177
R^2	0,15	0,19
Écarts types robustes entre parenthèses* p<0,01 ; ** p<0,05 ; * p<01**		

Source *: Auteurs, à partir des données d'enquête.*

Dans la colonne 1, seule la communication interne a été prise en compte comme variable explicative. Le résultat du modèle complet, incluant la communication interne et l'implication au travail, est présenté dans la colonne 3. Le résultat des estimations montre que la communication interne a un effet positif et statistiquement significatif sur l'implication au travail, et ce, quelle que soit la spécification économétrique considérée. Cela indique qu'une bonne communication interne au sein des CTD doit se traduire par une meilleure implication du personnel au travail.

De façon spécifique, les résultats du modèle complet (colonne 2) indiquent qu'une augmentation de l'indice de communication interne d'un point de pourcentage devrait se traduire par une amélioration de l'indice de l'implication au travail de 0,27 point de pourcentage. ***Les effets de la communication interne sur l'implication au travail sont-ils similaires, quel que soit le type d'implication considéré*** ?

4. Analyse de l'effet de la communication interne sur les divers types d'implication au travail du personnel des CTD

Pour montrer l'influence de la communication interne sur les dimensions de l'implication au travail, de nouvelles estimations ont été faites. Dans ces estimations, les variables dépendantes sont constituées des différentes composantes de l'implication au travail, à savoir l'implication affective, l'implication calculée, et l'implication normative. Les résultats sont présentés dans le **Tableau 7,** et permettent d'explorer l'existence ou non d'effet différentié de la communication interne suivant le type d'implication considérée.

Tableau 7 : Résultats de la régression pour différentes composantes de l'implication au travail

Variables	Implication affective	Implication calculée	Implication normative
Communication interne	0,34***	0,19*	-0,03
	(0,12)	(0,10)	(0,08)
Constante	59,24***	58,99***	51,64***
	(10,25)	(8,61)	(6,66)
Observations	177	177	177
R^2	0,14	0,02	0,04
Écarts types robustes entre parenthèses* p<0,01 ; ** p<0,05 ; * p<0,1**			

Source : Auteurs à partir des données d'enquête

Nos résultats montrent que si la communication interne a un effet positif et significatif sur l'implication globale au travail, comme relevé dans le Tableau 6, leurs effets diffèrent selon le type d'implication au travail considérée. Ainsi, la communication interne a un effet significatif sur l'implication affective et sur l'implication calculée. Une augmentation d'un point de pourcentage de l'indice de communication interne va se traduire par une augmentation respective de 0,34 point, et de 0,19 point de pourcentage de l'indice d'implication affective et de l'indice de l'implication calculée.

Enfin, les résultats économétriques montrent que la communication interne a un effet positif sur l'implication au travail. Ainsi, notre hypothèse de départ selon laquelle « *La communication interne a une influence positive sur l'implication au travail du personnel des CTD au Cameroun* » est confirmée.

V. Discussion

Les résultats de cette étude montrent que la communication interne a un effet positif sur l'implication au travail. Cela indique qu'une bonne communication interne au sein des CTD doit se traduire par une meilleure implication du personnel au travail. Un tel résultat n'est pas surprenant quand on sait qu'en entreprise, un des principaux buts de la communication interne est de motiver les travailleurs, et de leur donner envie de s'impliquer dans l'organisation (Tiffany, 2016). Car, dans une étude similaire portant sur les très petites entreprises (TPE) au Bénin, par exemple, Nakou et Simen (2021) parviennent à la conclusion selon laquelle, une communication interne favorable a un impact positif sur le degré d'implication des employés au travail. Pour ces auteurs, une communication interne favorable participe à l'amélioration de l'implication des employés dans leur travail. Ce qui augmente la capacité des entreprises à répondre aux attentes de ses parties prenantes et, donc, le maintien d'une bonne notoriété sur le marché. Lorsque les relations entre employés et supérieurs hiérarchiques sont de qualité, la communication à l'interne est respectée. Cela facilite l'implication des employés au travail.

De plus, il se situe aussi en droite ligne avec d'autres résultats obtenus dans la littérature. Dans un travail empirique similaire, Karanges et al. (2015) par exemple vont, à partir d'enquêtes et d'analyses de régression, aboutir au résultat selon lequel la communication organisationnelle interne et la communication interne des superviseurs favorisent les relations de travail basées sur le sens et la valeur, et jouent un rôle significatif dans le développement et le maintien d'un engagement optimal des employés. La communication organisationnelle interne représentait 23,04 % de la variance de l'engagement des employés, tandis que la communication interne des superviseurs représentait 32,38 % de la variance de l'engagement des employés. Concernant la relation unissant la communication interne et les dimensions de l'implication au travail, cette étude a montré que la communication interne a un effet significatif sur l'implication affective et sur l'implication calculée. Ce résultat est partiellement confirmé par Tcheir Sihem et Berbach Toufik (2022, *Ibidem*), qui ont exploré les dimensions de l'engagement organisationnel. Les résultats de leur étude ont abouti à la conclusion que la communication interne exerce un effet positif sur les différentes dimensions de l'engagement organisationnel. Mais, plus précisément, il a été observé que cette influence était particulièrement marquée en ce qui concerne l'engagement affectif. Cette différence de résultats sur l'implication calculée s'explique par les jeux politiques des acteurs au Cameroun et qui encouragent les agents favorables à leur reconduction aux fonctions politique.

Conclusion

Ce chapitre avait pour objectif de montrer l'influence de la communication interne sur l'implication du personnel des CTD camerounaises. Il a permis d'explorer les nouvelles pistes de l'implication au travail du personnel communal. Les données empiriques sont issues d'une enquête en ligne par questionnaire administré auprès de 177 personnels de CTD dans 11 communes. La technique des MCO appliquée dans l'analyse économétrique montre que l'implication au travail est déterminée par la communication interne au sein des communes. L'analyse souligne deux grands constats. Premièrement, la qualité de la communication interne au sein des CTD affecte positivement l'implication du personnel des communes. Deuxièmement, la qualité de la communication implémentée par les exécutifs communaux favoriserait une implication affective et calculée du personnel.

Ce qui s'explique par la sensibilité de la gestion communale. Car, le fait pour les magistrats municipaux d'accorder plus d'importance aux agents appartenant à leur composante politique et idéologique, motive ces derniers à faire des calculs politiques sur les potentiels vainqueurs des échéances électorales ultérieures. Aussi, le développement des outils de communication interne renforce le lien que ces agents peuvent avoir avec leur collectivité territoriale. La fluidité des informations dans la gestion quotidienne du personnel est un catalyseur de motivation, et d'engagement de ceux-ci, qui se sentent plus concernés par les projets de leur municipalité. Pour ces raisons, nous recommandons aux magistrats municipaux de fluidifier la communication interne avec leur personnel en utilisant les nouvelles technologies et les réseaux sociaux, d'instaurer un dialogue permanent et sincère entre les magistrats municipaux et leurs collaborateurs, de développer l'esprit d'équipe et de transparence dans la gestion des CTD.

Bibliographie

Bachelard O, Paturel D., (2004) Nouvelle forme de souffrance au travail : analyse et réflexion en matière de GRH, (en ligne) http : //www.agrh.eu/03-publication/01-actes-congrès.html

Balakrishnan, C. et Masthan, D. (2003). Impact of Internal Communication on Employee Engagement A Study at Delhi International Airport, *International Journal of Scientific and Research Publications,* Volume 03, Issue 8,

Bentein, K, Vandenberghe, C, Dulac T. (2004) engagement organisationnel de continuité et indicateurs d'efficacité au travail, Revue de gestion des ressources humaines, n° 53, pp. 69-79, 2004.

Cézanne, C., Loufiani Fedida, S., Luu P. et Sagliette, L. (2019). L'influence de la communication interne d'entreprise sur l'engagement des salariés au travail : les apports de l'enquête réponse 2011, *Revue de gestion des ressources humaines,* Vol. 04, n° 114,

Cohen-Bacrie, B. (2004). *La communication publique territoriale : procédures, cibles et objectifs.* Voiron : Territorial, 2004, 138 p. (Dossier d'experts)

Constans, P. et Jobard F. (2015). *Le nouveau guide de la communication interne : analyse, méthode et nouveaux outils pour les collectivités territoriales.* Voir on : Territorial, 2015, 98 p. (Dossier d'experts)

Damanpour, F. et Schneider, M. (2006). Phases of the Adoption of Innovation in Organizations: Effects of Environment, Organization and top Managers, *British journal of Management*, 17, 215-236.

Décaudin, J., M. et Igalens, J. (2017). *La communication interne : stratégies et techniques.* 8e éd., Paris, Dunod.

Decaudin, J., M., Igalens, J. et Waller, S. (2017). *La communication interne : stratégies et techniques*, 4e édition, Dunod,

Doussy Madeleine (2005). Information et communication 1re STG, Manuels Enseignement édition Bréal, Broché

Durrieu F. et Roussel (2002) « l'implication organisationnelle dans les réseaux de franchisés : un concept pertinent pour les entreprises en réseau ? Gestion de ressources humaines, n° 44, avril-mai-juin, P. 219

Essombe Edimo, J., R., Nya Bonabébé (2007). *Spatialité et développement économique à Douala : entre le hasard et la nécessité.* Éditions Harmattan, Paris,

Fernandez, S. et Rainey, H., G. (2006). Managing Successful Organizational Change in Public Sector, *Public Administration Review*, 66(2), 168-176.

Gagnon C. et al (2007) avis du centre de recherche sur le développement territorial en collaboration avec le GRIDEO et le GRIR dans le cadre de la consultation sur la stratégie gouvernementale en développement durable. CRDT, 37 p.

Hadi Davardoost, Seyed Mohammad, J. (2019). The role of employee engagement and internal communication in Iran - Case study: one of the Iranian petro*chemical. Journal of behavior work,* Volume 04,

Harter, C. (2014). *in* « Communication interne : accompagner le changement », *Brief,* n° 22, novembre 2014, p. 18.

Karanges, E., Johnston, K., Beatson, A. et Lings, I. (2015). The influence of internal communication on employee engagement: A pilot study. *Public Relations Review*, 41(1), 129-131.

Kollo Bandibeno, I. et Awomo Ndongo, J., C. (2017). Pratiques de gestion des ressources humaines et performances sociales des collectivités territoriales décentralisées au Cameroun. *Mondes en développement,* N° 2 (n° 178), pages 139 à 154

Leyval-Granger A. (1996) La communication administrative entre secret et publicité. In Communication et Langages N° 110, 4e trimestre.

Malherbe. D et Saulquin, J. Y. (2003), « reconnaissance et GRH : au-delà de l'affirmation d'un mot d'un enjeu de représentations », Communication pour le colloque AGRH 2003, 25 pages.

Markos, S. (2021). *L'effet de la communication interne sur l'engagement des employés : preuve empirique de la banque commerciale d'Éthiopie*, Revue internationale de l'information, des affaires et de la gestion, Vol. 13, N° 2, pp45/71, 2021.

Mbarki, M. A. et Rharzouz, J. (2016). L'impact des pratiques qualités sur l'implication du personnel sous contrat flexible. Essai d'une étude qualitative exploratoire auprès des entreprises du secteur automobile sur la région du nord du Maroc. *European Scientific Journal.* September 2016 édition Vol.12, n° 25, p199. ISSN : 1857-7881 (Print), e-ISSN1857- 7431.

Megard, D. et Deljarrie, B (2009). *La communication des collectivités locales.* Paris : LGDJ – Lextenso éditions, 128 p. (2e édition)

Meyer, J., P. et Allen, N. (1991). A three-component conceptualization of organizational commitment. *Human Resource Management Review, 1*(1), 61-89.

Nakou, Z., D. et Simen, S., F. (2021). Climat social et implication au travail des employés temporaires dans les très petites entreprises béninoises : une étude exploratoire. Colloque international en Psychanalyse et Management : Agadir, Maroc.

Peretti J. M. (2015) « Gestion des ressources humaines » Ressources humaines, 20e édition Vuibert, pp. 591 à 620 ? ISBN 2311402013.

Safy-Godineau, Amar Fall et David Carrassus (2020), soutien organisationnel perçu, implication organisationnelle et satisfaction au travail : effets sur l'absentéisme maladie dans la fonction publique territoriale. Revue gestion des ressources humaines N° 116 pp. 45 à 67.

Soumya et Rashmi, R. (2018). A study on the impact of internal communication on employee engagement in I.T companies in India, *AIMS Journal of Research*, Volume13, Issue 02, 2018.

Tcheir Sihem et Berbach, T. (2022). L'effet de la communication interne sur les dimensions de l'engagement organisationnel - une étude de cas du complexe industriel des plastiques et du caoutchouc ENPC dans l'état de Sétif (Algérie), *Revue de l'institut des sciences économiques*, Vol 52, N° 1, pp127/147, 2022.

Thevenet, M. (2002). *Impliquer les personnes dans l'entreprise.* Éditions de l'organisation, Paris

Thevenet, M. (2004). *Le plaisir de travail.* Édition de l'organisation, Paris.

Westphalen, M., H. (2004). Communicator, 4e édition, Dunod, Paris.

DEUXIÈME PARTIE :

INTELLIGENCE TERRITORIALE ET ATTRACTIVITÉ

Gérard TCHOUASSI, Michel Stéphane Landry OYIE AVOULOU et Bourkou DEDE EL HADJ cherchent ici à comprendre comment les facteurs institutionnels, qui reflètent la qualité des institutions centralisées, peuvent influencer l'attractivité des territoires urbains camerounais pour les investissements directs. En examinant conjointement les influences exercées par les éléments, tels que l'instabilité politique, la gestion et la corruption sur l'attractivité grâce à une analyse régressive multivariée basée sur des données transversales, nous constatons que chaque facteur a bel et bien un impact positif, certes restreint, sur l'attractivité des villes pour les investissements directs étrangers. Cela contredit néanmoins les prévisions économiques classiques, qui soutiennent plutôt le contraire. Cette situation s'explique principalement par la piètre qualité des données utilisées. Un ensemble de résultats, conformes avec plusieurs travaux théoriques majeurs, sont convoqués dans cette réflexion. Il est, dans ce cadre, préconisé d'intensifier la lutte contre la corruption d'un côté, tout en améliorant et en vulgarisant les pratiques de bonne gouvernance, dans un environnement sociopolitique stable qui promeut un développement national de toutes les sphères sociales, de l'autre.

Aurore Sara Sophie NGO BALEPA et Marie Thérèse BILO'O ALO'O analysent l'existant en espaces affectés aux localisations d'entreprises industrielles dans les documents d'urbanisme, et essaient d'établir les conséquences de la mauvaise utilisation des espaces alloués à l'industrie dans la ville de Yaoundé. Les résultats de cette recherche révèlent que la vision spatiale prospective du développement industriel est très faible dans les documents d'urbanisme et de prévisions économiques, et que les entreprises industrielles à Yaoundé s'implantent très librement, dans l'irrespect du cadre spatial minimum réservé aux localisations industrielles. L'exemple de Yaoundé permet de comprendre qu'il est nécessaire d'entourer le développement industriel territorial d'une organisation sans faille afin d'en assurer un meilleur processus et une pérennisation.

David SOSSO NJANGUI fait ressortir la démarche de prise en compte de l'attractivité territoriale dans les stratégies de développement local. À cet effet, il se pose le problème de savoir si l'attractivité territoriale accompagne le développement de la ville de Douala. Nous sommes partis de l'hypothèse selon laquelle l'attractivité territoriale est prise en compte dans le développement de la ville de Douala. L'approche méthodologique mobilisée est essentiellement basée sur une recherche documentaire et des enquêtes de terrain auprès d'une cible hétérogène, à savoir les opérateurs économiques, les agents communaux et quelques habitants de la ville. Cela au moyen des protocoles d'entretien et d'administration de questionnaires élaborés, en tenant compte de leurs différents domaines d'intervention. Il résulte de cette étude que la prise en compte de l'attractivité territoriale semble être moins effective dans les stratégies de développement local de la Ville de Douala.

Jean-Roger ÉSSOMBÈ ÉDIMO NYA BONABÉBÉ fait une analyse théorique des systèmes territoriaux de production (STP) qui partent de l'idée fort intéressante des « districts industriels », naguère, initiés par Marshall (1890). La transposition moderne, notamment à l'issue de l'analyse de « la troisième Italie » de Becattini (1987 et 1989), a généré l'étude d'une variété de situations d'agglomérations d'entreprises ayant pour noms clusters, systèmes productifs localisés, pôles de compétitivité, espaces serviciels, systèmes agroalimentaires localisés… Des travaux de même nature menés en filiation avec les analyses pionnières de Aydalot (1986) ont généré des modalités proprement territoriales du processus d'innovation dans le cadre des *milieux innovateurs*. Dans cette perspective, d'autres encore vont suggérer de passer des systèmes territoriaux de production aux systèmes territoriaux d'innovation (STI). Toutefois, la revue de la littérature sur les agglomérations territoriales de production montre que celle-ci met davantage l'accent sur les caractéristiques, comme la concentration des firmes sur un espace, l'existence d'une forte complémentarité entre elles et, des spécificités distinctives des firmes ainsi concentrées. Mais/et la mise en place en leur sein, pour un fonctionnement optimal, d'une concertation organisée pourrait également être un véritable outil permettant à ces entreprises d'avoir une régulation fondée sur un dialogue permanent entre les partes prenantes de ces organisations territoriales de production.

CHAPITRE 6 :

FACTEURS INSTITUTIONNELS ET ATTRACTIVITÉ DES INVESTISSEMENTS DIRECTS ÉTRANGERS POUR LES TERRITOIRES URBAINS

Gérard TCHOUASSI, Michel Stéphane Landry OYIE AVOULOU et Bourkou DEDE EL HADJ

Résumé

Ce chapitre s'emploie à questionner la capacité des facteurs institutionnels, reflet de la qualité des institutions centralisées, à agir sur l'attractivité des territoires urbains du Cameroun aux investissements directs étrangers notamment. En analysant à la fois, l'effet de la stabilité politique, de la gouvernance et de la corruption sur cette attractivité au travers d'un modèle vectoriel autorégressif sur des données en coupe transversale, il apparaît que chacun de ces facteurs a un effet significatif, mais limitant sur l'attractivité des territoires urbains par rapport aux IDE, alors même que la théorie économique établit l'inverse. Un fait simplement dû à leur mauvaise qualité. Un ensemble de résultats, conformes avec plusieurs travaux théoriques majeurs, sont convoqués dans cette réflexion. Il est, dans ce cadre, préconisé d'intensifier la lutte contre la corruption d'un côté, tout en améliorant et en vulgarisant les pratiques de bonne gouvernance, dans un environnement sociopolitique stable qui promeut un développement national de toutes les sphères sociales, de l'autre.

Mots-clés : *Facteurs institutionnels, attractivité macro-territoriale, investissements directs étrangers, VAR.*

Abstract

This chapter aims to question the capacity of institutional factors, reflecting the quality of centralized institutions, to act on the attractiveness of Cameroon's urban territories to foreign direct investments in particular. By analyzing the effect of political stability, governance and corruption on this attractiveness through an autoregressive vector model on cross-sectional data, it appears that each of these factors has an effect significant but limiting on the attractiveness of urban territories in relation to FDI, even though economic theory establishes the opposite. This is simply due to their poor quality. A set of results, consistent with several major theoretical works, are cited in this reflection. In this context, it is recommended to intensify the fight against corruption on the one hand, while improving and popularizing good governance practices, in a stable socio-political environment which promotes national development of all social spheres, the other.

Keywords: *institutional factors, macro-territorial attractiveness, investments, Foreign direct investments, VAR.*

Introduction

Dans le but de définir et de mettre en œuvre des politiques et stratégies visant à asseoir des fondations efficaces pour un développement socio-économique de long terme, qui soit harmonieux et sans exclusion, les États des pays du Sud ont dès les indépendances eu recours à plusieurs types de financement, notamment l'aide publique au développement ou encore l'endettement (Essombè Edimo, 1995). Cependant, les résultats attendus n'ont pas été suffisamment satisfaisants. À telle enseigne que ces gouvernements seront contraints de questionner l'efficacité de ces sources traditionnelles de financement (Brunetti et al., 1998). Dans un contexte où les économies sont devenues interconnectées, la mondialisation aidant, on aura loisir d'observer, çà et là, des métamorphoses institutionnelles qui aboutiront lentement, mais inexorablement, à la mise en œuvre de la décentralisation (Caldeira, 2008). Cela entraînera la formation de micro-territoires plus ou moins autonomes.

Et pour financer leurs différents projets de développement, ces pays vont désormais s'intéresser à une autre forme de financement, notamment les Investissements directs étrangers (IDE). Les IDE auront tellement « *pignon sur roue* » qu'en 2004, leur valeur va atteindre un peu plus de 25 % du PIB mondial (Adamenko et al., 2017). Or au cours des années 1960, ce moyen de financement était davantage regardé comme un instrument de domination et de fragilisation de la souveraineté des États (Deblock, 2011). Aujourd'hui, cette méfiance a laissé place à un fort engouement exprimé à l'endroit de ce nouveau mode de financement, obligeant ainsi les acteurs du développement des micro-territoires, à entrer en concurrence à l'effet d'attirer le plus d'IDE possible. Pour certains auteurs d'ailleurs, ils ont efficacement contribué, entre autres faits, à l'accélération du transfert de technologies et à la création d'emplois (Fisher, 1999).

Ils représentent donc, selon la théorie économique, l'ensemble des « *opérations administratives et financières destinées à agir sur la stratégie et la gestion des firmes multinationales implantées hors des frontières nationales* » (Resmini, 2003), mais également, « *l'ensemble des opérations effectuées par les investisseurs non-résidents afin d'acquérir ou accroître des intérêts durables dans des entités résidentes et de détenir une influence dans sa gestion. Ils précèdent généralement les investissements de portefeuille et accélèrent le développement des marchés financiers locaux* » (Resmini, 2003, *op.cit.).* Ils mettent ainsi en relation des entreprises, investisseurs directs (entreprises mères), et des entreprises investies, qu'il s'agisse d'une filiale ou d'une succursale. Ils sont suivant cette idée, considérés comme « *des capitaux investis par des entreprises étrangères dans les installations de production ou autres biens corporels* » (Esso, 2005).

D'après le FMI, les investissements directs étrangers renvoient à différentes opérations financières ayant pour objectif d'agir sur le fonctionnement et la gestion d'entreprises implantées dans un pays différent de celui de l'entreprise mère. Ils matérialisent ainsi deux principales opérations, notamment « *celles réalisées par croissance interne au sein d'une même firme transnationale entre l'entreprise mère et ses filiales implantées à l'étranger ; et celles réalisées par croissance externe, à condition d'atteindre au moins 10 % du capital de l'entreprise étrangère visée* » (Benhabib, 2013).

Désormais, donc, un micro-territoire se devra de devenir plus attractif que ses concurrents, pour pouvoir attirer à lui plus de flux d'IDE. Le micro-territoire est pensé ici comme un construit social couvrant à la fois « *une dimension objective et une dimension subjective* » (Boualam, 2010), mais aussi, en tant qu'espace géographique conçut pour « *mettre en valeur les spécificités du territoire* » (Bailly et al, 2005). En outre, il matérialise un espace qui découle d'un processus de « *spatialisation* », voire de « *territorialisation* » (Essombè Edimo, 2020), et qui conduit la société à le mettre en valeur, à le transformer, à assurer sa reproduction et à l'édifier comme un construit social et sociétal (Le Berre, 1992 ; Tchouassi et Oyié Avoulou, 2023). Il traduit, en définitive, un mode de découpage, voire « *de contrôle de l'espace, garantissant la spécificité, la permanence, et la reproduction des groupes humains qui l'occupent. C'est sa dimension politique. Cette dimension illustre la nature intentionnelle et le caractère volontaire de ces groupes humains* » (Acemoglu et al., 2005).

Dans ce contexte, la littérature conçoit l'attractivité comme une dynamique dont l'idée est de mettre en érection, l'aptitude de tout micro-territoire à attirer des investissements nationaux et internationaux, et sa vocation à séduire les personnes et les entités productives (Tchouassi et Oyié Avoulou, 2023, *op.cit*). Puisqu'elle représente « *la capacité pour les territoires à fournir aux entreprises, grâce à leurs ressources, des conditions d'implantation plus intéressantes que celles des territoires concurrents, pour des projets mobiles* » (Ahmad et al., 2014), l'attractivité va permettre de mesurer non plus seulement « *les avantages compétitifs des entreprises, mais également, les avantages comparatifs des territoires* » (Porter, 1993).

Tout cela pris en compte, l'attractivité d'un micro-territoire pour un investisseur donné va illustrer la capacité du premier à offrir au second des conditions propices à l'implantation de son activité, l'incitant à s'y localiser. Cette attractivité dépend donc non seulement des spécificités de la demande exprimée par les firmes désireuses de s'implanter sur un micro-territoire donné, mais aussi des dynamiques de ce micro-territoire et du niveau de concurrence existant entre cette dernière et ses rivaux (Buchanan et coll., 2012). En effet, l'objectif de l'attractivité des micro-territoires dans un contexte concurrentiel mondial est de doter les micro-territoires de tous les pays, en particulier ceux des pays en développement, d'une « biodiversité territoriale des acteurs locaux » (Essombè Edimo, 2020, dans « Essai sur l'attractivité des micro-territoires »). Cette biodiversité permet aux micro-territoires de se doter de moyens leur permettant de mieux s'intégrer aux marchés mondiaux et de rendre leurs économies compétitives, tout en offrant à leurs populations la possibilité de vivre mieux, notamment grâce à l'attrait des Investissements étrangers.

En effet, après la Seconde Guerre mondiale, on observe une croissance importante du PIB mondial et une hausse des échanges commerciaux internationaux. Cette évolution progressive conduira les multinationales à établir de nombreux réseaux pour accéder à de nouveaux marchés, dans un contexte de mondialisation croissante (Demir, 2016). Ces réseaux ont lentement, mais indéniablement contribué à favoriser et à renforcer le recours aux investissements directs étrangers (IDE), et à stimuler *« l'érection de mouvements de localisation massifs des firmes »* (Gani et al., 2013), rendant par la même occasion les « économies des pays du monde entier plus intégrées » (Efa Fouda, 2005). Les firmes dynamisent dans ce cadre, l'intégration et la transformation de l'économie et de la société (Rioux, 2012), au sein d'un construit social et sociétal que la théorie appelle « *territoire* » (Courlet, 2001 ; Essombè Edimo, 2023), une contraction de ce que, par extension, Didelon (2014) aime à appeler « *le territoire-monde* ».

Mais très généralement, les Investissements directs étrangers se réalisent par croissance externe (Shakil et al., 2018). À ce titre, deux procédés sont identifiables. Le premier porte sur les programmes de privatisation des entreprises publiques mises en œuvre par les gouvernements aussi bien dans les pays développés qu'au sein de ceux en développement. Le second porte sur les fusions-acquisitions entre grandes entreprises. Elles visent à placer les firmes transnationales en situation d'oligopole, en optimisant les alliances entre les différentes unités de l'entreprise mère, de sorte qu'elles atteignent une taille critique.

L'IDE est aussi « *la détention d'un intérêt stable détenu par une entreprise située dans le pays d'origine, d'un montant équivalent à 10 % ou plus, d'une entreprise située dans un pays étranger. Les IDE regroupent trois types d'investissements : le capital en actions, les prêts intra-entreprises et les profits réinvestis sur place* » (Kaufmann et al., 2011). L'investissement direct étranger est encore défini comme « *une activité par laquelle un investisseur résidant dans un pays obtient un intérêt durable et une influence significative dans la gestion d'une entité résidant dans un autre pays. Lorsque les conditions générales adéquates ont été réunies, il peut être un facteur de stabilité financière, peut favoriser le développement économique...* » (Goswami, 2013).

La hausse en valeur des flux d'IDE constatée dans la deuxième moitié du vingtième siècle va intéresser les chercheurs, si l'on s'en tient au grand nombre de travaux théoriques et qui porteront alors sur la recherche des facteurs motivants de la multinationalisation des firmes.

Pour certains, la multinationalisation des firmes serait liée au fait qu'il existe des privilèges particuliers que ces firmes sont susceptibles d'avoir à l'étranger (Faundez, 2016). Ces privilèges, dus au caractère imparfait des marchés, seraient liés à la fois, à leur image de marque, à leur savoir-faire, à un accès privilégié à certains marchés (capitaux, matières premières, main-d'œuvre spécialisée), à la réalisation d'économies d'échelle et à la mise en œuvre des législations favorisant l'entrée des capitaux étrangers. Pour d'autres, les firmes se devraient d'analyser leurs coûts de transaction pour savoir si, oui ou non, elles doivent internaliser certaines de leurs fonctions liées aux activités qu'elles exercent à l'international (Globerman et Shapiro, 1999).

La multinationalisation aidant, entre 1980 et 1989, les flux mondiaux d'IDE tournaient autour de 94 millions de dollars. Ces derniers vont même s'intensifier et se maintenir à la hausse dès les années 1990 (Crozet et Kœnig, 2005). Les flux mondiaux d'IDE vont en effet progresser de 218 milliards 53 millions de dollars environ en 1990 (World Investisment Report, 1990), à 1979 milliards de dollars en 2007 (Epaphra, 2016). En 2013, ils seront d'environ 1470 milliards de dollars (World Investisment Report, 2014), ensuite 1230 milliards de dollars en 2014 (World Investisment Report, 2015), ou encore 1762 milliards de dollars en 2015 (World Investisment Report, 2016), puis 1752 milliards de dollars en 2016 (CNUCED, 2017), voire 1750 milliards de dollars en 2017 (World Investisment Report, 2018) et 1300 milliards de dollars en 2018 (World Investisment Report, 2019). D'après ces différents rapports, ces tendances seraient le reflet soit des reprises, soit des baisses de l'activité économique mondiale, dans son ensemble. Une légère baisse sera toutefois constatée en 2018, période au cours de laquelle la valeur des IDE aurait été d'environ 1430 milliards de dollars, soit une baisse d'environ 22 % (CNUCED, 2019).

Néanmoins, la hausse tendancielle précédente s'expliquait par la mise en œuvre des politiques de déréglementation qui auraient entraîné la suppression d'un certain nombre de barrières à l'entrée des IDE, provoquant conséquemment l'émergence d'une nouvelle méthodologie de la part des États vis-à-vis de ces IDE, et visant à internationaliser les entreprises nationales. Pour cela, les gouvernements auront comme objectif de rendre leurs territoires d'accueil plus attractifs (Freeland, 2010).

En ce qui concerne les pays en développement, les volumes d'IDE en 2018 tournaient autour de 671 milliards de dollars, après la baisse de 10 % observée en 2016. Ils auront été de 42 milliards de dollars pour ceux à destination de l'Afrique, soit une baisse de 21 % par rapport à 2016, contre 476 milliards pour l'Asie. Ces IDE jouent un rôle important dans les économies des pays en développement. De nombreuses études montrent, par exemple, qu'ils ont un impact significatif sur les économies bénéficiaires. Puisqu'ils y induisent le « *transfert de technologies modernes, la création d'emplois décents, une forte productivité, l'amélioration et l'accélération de la croissance et du développement* » (Epaphra et Massawe, 2017). À cet effet, les IDE vont connaître une forte augmentation au cours des deux dernières décennies, dans la plupart des pays en développement (Epaphra et Mwakalasya, 2017). Cette hausse aurait été associée à la mondialisation, à une intégration économique accrue et à la réduction des obstacles au commerce et aux investissements transfrontaliers (Severiano, 2011).

Pour Ibrahim et al (2011), les IDE sont devenus, depuis 2005, la principale source d'apports de capitaux étrangers en Afrique dépassant, en termes de volume, l'aide publique au développement. Les IDE auraient ainsi contribué pour 20 % des recettes brutes à la formation de capital fixe en Afrique, entre 2000 et 2016 (UNCTAD STAT, 2017). En Afrique Centrale notamment, les flux d'IDE ont connu une forte hausse à partir des années 1998. De sorte qu'entre les années 2000 et 2014, ils sont passés de 670,4 millions de dollars à 5 milliards 307,5 millions de dollars (Guiswe Badoma et Abessolo, 2017). Cette progression va même s'accélérer, puisqu'on va passer de 5 milliards 390,3 millions de dollars en 2016, à 9 milliards 102 millions de dollars en 2017, pour se situer à environ 8 milliards 847,5 millions de dollars en 2018 (CNUCED, 2019, *op.cit*).

Au Cameroun, ces flux ont notablement progressé, de 663,8 millions de dollars en 2016, à 814 millions de dollars en 2017, pour se situer finalement à environ 701,7 millions de dollars en 2018. Ces montants, comparés à ceux des autres pays d'Afrique Centrale, semblent faibles. En effet, le Congo aurait reçu, pour les mêmes périodes, des montants respectifs de 1 milliard 610,5 millions de dollars ; 4 milliards 406 millions de dollars et 4 milliards 313,1 millions de dollars. Il en va de même pour la République Démocratique du Congo, dont les montants en termes d'IDE étaient, respectivement, de 1 milliard 204,7 millions de dollars ; 1 milliard 340,2 millions de dollars et, 1 milliard 493,9 millions de dollars. Tout comme du Gabon, et dont les montants des flux sont de 1 milliard 241,1 millions de dollars ; 1 milliard 498 millions de dollars et, 845,8 millions de dollars. Au regard de ces informations, on pourrait se risquer à penser que ces pays sont plus attractifs que le Cameroun en termes d'IDE.

Pour accroître l'attrait aux IDE, le Cameroun s'est pourtant investi à créer « *un cadre transparent (...), doté de stratégies de mise en œuvre de contrats adéquats et de respect des droits de propriété, articulé autour de politiques macroéconomiques bien conçues, mais, surtout, d'institutions qui permettent aussi bien aux entreprises nationales, qu'internationales, d'exercer leurs activités de façon efficace et rentable et d'avoir un impact maximal sur le développement* » (Djaowé, 2009). Puisque pour Chakrabarti (2001), les firmes multinationales souhaitent « *évoluer dans un cadre qui leur permet de rentabiliser leurs investissements, tout en diminuant les incertitudes associées aux coûts de transaction* ». Elles recherchent donc des micro-territoires au sein desquels les politiques économiques sont claires et prévisibles. Surtout que les quantités d'IDE en direction d'un pays destinataire sont liées à la stabilité des institutions politiques et au respect des principes de bonne gouvernance. Et une des voies empruntées pour atteindre ces objectifs est la considération de la qualité des institutions en tant que facteurs essentiels d'attractivité des micro-territoires aux IDE. Elle représente, suivant cet ordre d'idées, un indicateur de choix d'investissement et, par conséquent, une source d'attractivité des micro-territoires aux IDE.

L'objectif de ce chapitre est, il convient de le rappeler, de questionner la capacité des facteurs institutionnels, reflet de la qualité des institutions centralisées, à agir sur l'attractivité des territoires urbains du Cameroun aux investissements directs étrangers notamment. Notre réflexion sera séquencée par une revue de littérature succincte (section 1), la présentation de la méthodologie (section 2), la discussion (section 3) et par une conclusion (section 4).

I. Revue de la littérature

Il n'existait pas vraiment de cadre théorique qui puisse permettre de mieux appréhender les facteurs d'attractivité des micro-territoires vis-à-vis des investissements directs étrangers (Chakrabarti, 2001 ; Levasseux, 2003) à partir de la qualité des institutions centralisées. Même si l'on observait déjà, vers les années 1970, une hausse importante de ces flux d'IDE, les premières études ont visé à fixer les fondements de la théorie du commerce international. Et dans ces dernières, les avantages comparatifs étaient définis comme les plus importants éléments de motivation pour les IDE (Banga, 2003).

Certains travaux permettaient déjà, certes, d'identifier plusieurs facteurs explicatifs de l'attrait aux IDE (Dunning, 1993). À leur suite, d'autres auteurs vont s'employer à identifier quatre catégories de motivations à l'investissement direct étranger, notamment « *la recherche des ressources (pour accéder aux matières premières...) ; la recherche de marchés (...) ; la recherche d'efficacité (...) et, la recherche d'actifs stratégiques (pour accéder à la recherche-développement, à l'innovation et aux technologies de pointe)* » (Anyawu, 2011).

Eu égard à cela, deux types de facteurs aux IDE vont être identifiés dans la littérature. Il s'agira, notamment, des « *pré-conditions de l'attractivité, à savoir le cadre politique et macroéconomique. En effet, la stabilité d'un régime politique satisfait aux exigences de prévisibilité en matière de rentabilité des projets d'investissement (...). À ce cadre politique et économique s'ajoute aussi le cadre général et réglementaire de l'IDE* » (Michalet, 1999). Or, la qualité des institutions fait partie des pré-facteurs d'attractivité évoqués par Michalet, puisqu'elle met en érection le cadre à la fois politique et économique, de l'attractivité des micro-territoires aux IDE.

Dans ce contexte, deux grandes familles de facteurs macroéconomiques d'attractivité territoriale des IDE sont identifiées, notamment les facteurs traditionnels ou de marché et les facteurs institutionnels (Mainguy, 2004). Dès lors, des études empiriques mettant en relief l'existence de divers facteurs économiques, en relation avec les IDE, ont été élaborées. Parmi les facteurs d'attractivité macroéconomique aux IDE figurent en bonne place les facteurs institutionnels. En effet, selon divers auteurs, il est impératif de renforcer la qualité des institutions pour attirer les investissements directs étrangers. En effet, le lieu d'investissement et la localisation des entreprises dépendent de ce facteur crucial. Même si les facteurs traditionnels d'attractivité macroéconomiques restent des critères non négligeables (Globerman et Shapiro, 1999, *op.cit.*).

La prise en compte de la qualité des institutions apparaîtra donc dans la littérature économique aussi bien comme « *un catalyseur de la croissance économique* » (Aziz, 2017) ; que comme « *une source d'attractivité aux investissements directs étrangers, notamment les flux entrants, principalement dans les économies en transition* » (Kurul, 2017). Dans ce contexte donc, les institutions ne sont plus seulement considérées comme des conditions préalables à l'attrait aux IDE. Mais elles contribuent aussi à construire le processus de transition des économies, puisqu'il existe visiblement une interaction entre les investissements étrangers et les institutions des pays d'accueil. Il en advient que la qualité des institutions est par conséquent un « *critère vital pour l'attrait aux IDE* » (Kurul, 2017, *op.cit.*).

De fait, la bonne gouvernance au sein d'un pays, en l'occurrence la stabilité politique, la qualité de la régulation, et la lutte contre la corruption sont un préalable à une meilleure attractivité des territoires vis-à-vis des IDE (Kaufmann et al., 2011). En revanche, une mauvaise qualité des institutions en constitue un obstacle majeur (Aziz, 2017, *op.cit.).* Par ailleurs, plusieurs auteurs établiront une relation significativement positive entre la qualité des institutions et les investissements directs étrangers (Buchanan et al., 2012 ; Kurul, *op.cit.*). Aziz (Aziz, 2017, *op.cit.*) s'emploiera à analyser l'influence des institutions sur les IDE dans les pays arabes entre 1984 et 2012. À ce titre, il établira une relation globalement positive entre ces deux variables. Kurul (2017, op.cit.), quant à lui, va examiner l'effet de la qualité de la gouvernance sur l'attractivité des IDE en faisant une analyse en panel, au sein des pays en développement. Il établira lui aussi une relation globalement positive entre ces deux variables à partir d'un seuil défini de qualité institutionnelle.

Pour d'autres auteurs, « *la qualité de la gouvernance (bureaucratie, corruption, information, secteur bancaire et institutions juridiques) est un puissant canal d'attractivité aux IDE* » (Bénassy-Quéré et al., 2007 ; Coupet et Meyer, 2007). Ces derniers arguent notamment que « *la distance institutionnelle tend à réduire les flux d'IDE, au sein des pays en développement* » (Bénassy-Quéré et al., 2007, *op.cit.*), préconisant ainsi un rapprochement des structures institutionnelles à l'effet d'atteindre une plus grande efficacité dans l'attrait des IDE. D'autres théoriciens encore feront référence aux différences liées au degré de prévisibilité des flux d'IDE, eu égard au cadre institutionnel défini au sein des pays destinataires (Brunetti, Kisunko et Weder, 1997 (1998).). Pour eux, « *plus un pays présente un degré de prévisibilité élevé, plus il est attractif aux IDE* » (Brunetti, Kisunko et Weder.1998, *op.cit.*).

L'intérêt est donc porté à la gouvernance au sein des institutions des micro-territoires récipiendaires des IDE, notamment aux conditions d'amélioration de la qualité de leurs institutions. À ce titre, plusieurs travaux mettent en relief le rôle majeur de cette variable dans les modèles traditionnels du comportement des territoires destinataires des IDE (Glaeser et al., 2004 ; Alfaro et al.,2008 ; Saidi et al.,2013). Les bonnes institutions auraient ainsi une influence positive sur le développement, à travers la promotion de l'investissement. Pour Glaeser et al (2004, *op.cit.*) plus précisément, le développement sur un territoire s'explique principalement par la qualité de ses institutions, de ses ressources, de ses politiques économiques et, de sa géographie. À cet effet, l'attrait des IDE pour les territoires d'Asie de l'Est, par exemple, serait « *davantage justifié par la qualité des institutions que par des facteurs macroéconomiques traditionnels* » (Easterly, 2005).

Par ailleurs, « *l'efficacité du gouvernement, l'État de droit, le droit au vote et l'accès à des postes de responsabilité ont un effet positif sur l'attrait aux IDE* » (Gangi et Abdulrazak (2012). L'attrait aux IDE est par conséquent corrélé à « *la qualité de la réglementation et à l'efficacité du gouvernement du pays destinataire* » (Alvares, 2015).

La littérature distingue quatre types d'institutions, à savoir, « *les institutions de création des marchés (...) ; les institutions de régulation du marché (...) les informations imparfaites et asymétriques ; les institutions stabilisatrices du marché visant à réduire les instabilités macroéconomiques ; et les institutions visant à soutenir la protection sociale et à gérer les conflits sociaux* » (Rodrick et al., 2004). De sorte que « *la création de nouvelles institutions est un objectif de politique économique au moins aussi important que les programmes macroéconomiques conventionnels* » (Stiglitz, 1969 ; Kurul, 2017). Eu égard à ce qui précède, nous émettons une première hypothèse selon laquelle la stabilité politique et la bonne gouvernance auraient un effet significativement positif sur l'attractivité du Cameroun vis-à-vis des IDE.

Quant à la corruption, elle est généralement perçue comme un volet important de la qualité des institutions politiques, et la cause majeure de la stagnation économique et de l'échec des programmes de réformes économiques. Pour bon nombre d'auteurs, elle « *décourage les investisseurs étrangers et constitue une entrave aux investissements. Par ailleurs, elle exerce une forme de pression sur les investissements étrangers, ce qui tend à les dissuader d'investir* » (Demir, 2006, *op.cit.*). Ces théoriciens démontrent que « *l'instabilité politique, la corruption, la non-transparence institutionnelle, le non-paiement ou la modification de la dette souveraine, les guerres et autres coups d'État sont des situations qui nuisent à l'environnement des affaires et, par conséquent, réduisent l'attrait aux IDE* ». À cet égard, Shleifer et al. (1993) estime que « *l'effet qu'a la corruption sur les IDE décline au fur et à mesure que d'autres facteurs à l'instar de la taille du marché, deviennent plus importants* ». Selon Rose-Ackermann (1999), la corruption influe négativement sur l'offre des biens publics, à l'instar des infrastructures. Ce qui aura pour effet d'affaiblir l'attractivité des pays par rapport aux IDE, tout en baissant significativement les profits des firmes multinationales. Makki et al., (2004), quant à eux, établissent que, dans les pays corrompus, les compétences vont être orientées, à cause des incitations importantes, des activités productives aux activités ou opérations de rente. Cette situation va générer un coût important sur la croissance économique de ces pays. Anupam et Srinivasan (2002) posent dans leurs travaux qu'un environnement institutionnel transparent, fixant des règles prévisibles et mutuellement acceptables, est très important dans la décision de délocalisation des firmes.

Pour Mauro (1996), la corruption « modifie la composition des dépenses publiques, dans la mesure où les pouvoirs publics corrompus consacrent moins de dépenses à l'éducation, à la santé, et probablement davantage à l'investissement public, eu égard au fait que la corruption affecte la structure de ces dépenses (des pots-de-vin…) ».

En outre, selon une étude menée par Habib et Zurawicki (2001) auprès de 89 nations, tant développées qu'émergentes, il existe une relation négative significative entre la corruption et les flux d'investissements directs étrangers. Cette analyse croisée suggère que la présence de corruption peut dissuader les investisseurs internationaux de s'implanter dans ces régions. Acemoglu et al., (2005) dressent un bilan sur les institutions politiques et judiciaires africaines. Interrogés sur la corruption, le respect de l'État de droit, ou la capacité de leur système juridique à assurer l'exécution des contrats, les entrepreneurs africains répondront en donnant des notes qui, en moyenne, étaient comparables ou légèrement inférieures à celles obtenues par d'autres pays en développement. Avec en conclusion le fait que les institutions africaines sont de moindre qualité, ce qui a tendance à affaiblir leur pouvoir d'attractivité aux IDE.

Cependant, Ahmad et al., (2018), révèlent un effet positif de la corruption sur l'attrait des flux d'IDE. Dans la mesure où, selon eux, elle graisse les rouages du système à cause de l'échec des gouvernements. Même si Ibrahim et al (*op. cit.*) estiment qu'il n'y a pas de relation significative entre le montant des IDE et la corruption du pays destinataire, concluant que l'effet de la corruption est relativement faible en tant que facteur de choix à la localisation. Pour eux, elle agit comme une taxe arbitraire. Puisque « *la nature aléatoire de la corruption crée des charges supplémentaires, car les coûts liés à la recherche de ceux qui acceptent les pots-de-vin devraient être ajoutés aux coûts de négociation et de paiement* » (Gani et al., 2013). De fait, les obligations obtenues par le paiement de ces pots-de-vin pourraient être violées si la corruption devenait décentralisée.

La corruption peut donc s'avérer bénéfique pour les IDE et, plus précisément, en présence de restrictions administratives et réglementaires. En effet, les firmes multinationales peuvent payer des pots-de-vin à l'effet d'accélérer le processus bureaucratique et obtenir des permissions légales nécessaires pour lancer leurs projets dans les délais qu'ils auraient fixés. Pour Shakil et al., (2018), les pots-de-vin permettent de gagner un temps précieux en réduisant le temps d'attente. Puisqu'ils jouent le rôle de « *motivant* » au sein de l'appareil administratif public. Par ailleurs, la corruption apporte un coup de main, puisqu'elle détourne les rigueurs imposées par les pouvoirs publics, celles-là mêmes qui empêchent l'investissement et gênent la prise d'autres décisions économiques favorables à la croissance. Par conséquent, « *la corruption lubrifie le mécanisme ou graisse les rouages* » (Appiah, 2018). Elle ne semble donc pas être mauvaise pour les IDE. Puisqu'elle peut stimuler leur entrée.

Dans ce contexte, la corruption des pays destinataires peut avoir un impact positif sur l'attractivité des investissements directs étrangers. L'argument du « *paiement engraissant* » est même renforcé par l'expérience de l'Asie de l'Est. Certains auteurs admettent en effet le caractère particulier de cette région qui connaît pourtant un fort pouvoir attractif des IDE, malgré les taux élevés de corruption qu'elle affiche (Rahman et al., 2000). Les investisseurs peuvent ainsi profiter des procédés malhonnêtes utilisés par les employés administratifs pour contourner les réglementations, lorsqu'il existe des règles bureaucratiques contraignantes.

Eu égard à tout ce qui précède, il est clairement établi que les investisseurs ont besoin non seulement d'avoir des informations sur la notoriété macroéconomique d'un territoire, mais aussi sur la qualité des institutions qui organisent « *la vie socio-économique* » de ce territoire. Dans ce contexte, notre deuxième hypothèse est que la corruption a un effet négatif sur l'attractivité du Cameroun par rapport aux IDE.

II. Méthodologie

La section précédente nous a permis de présenter le rapport étroit qu'il y a entre les facteurs institutionnels et les flux d'IDE de manière générale. Autrement dit, l'attractivité d'un territoire donné est concomitante avec la qualité de la gouvernance qui y est mise en œuvre. Dans l'optique d'analyser les effets de ces facteurs institutionnels sur l'attractivité du Cameroun vis-à-vis des IDE, au travers d'un modèle opérationnel testable et sur la période suscitée, notre échantillon aura une taille de 21 observations couvrant la période 2008 à 2018.

En partant des travaux de Rahman et al., (2000), considérons le modèle VAR suivant :

$$IDE_t = \alpha_0 + \alpha_1 TxPIB_t + \alpha_2 TxInfl_t + \alpha_3 Tail_t + \alpha_4 CCor_t ++ \alpha_5 Spol_{t-1} + \alpha_6 Gov_t + \mu_t \qquad (1).$$

Où : *α_0 représente le paramètre constant ; IDE représente le flux d'Investissements directs étrangers à la période t ; TxPIB représente le taux de croissance du PIB à la période t ; TxInfl représente le taux d'inflation du pays à la période t ; Tail représente la taille du marché de ce pays à la période t ; Ccor représente l'indice de corruption du pays à la période t ; Spol Représente l'indice de stabilité politique du Cameroun, déterminée chaque année ; Gov représente l'indice de gouvernance du pays à la période t ; α_t Représente les paramètres portés par les variables explicatives. Ils seront également retardés d'une période ; μ représente le terme d'erreurs.*

Dans ce modèle, nous avons d'un côté une variable à expliquer, à savoir l'IDE et, de l'autre côté, nous avons trois variables d'intérêt (Corruption, Stabilité politique et Gouvernance) ; et trois variables de contrôle (PIB, Inflation, Taille du marché).

1. Présentation des différentes variables du modèle

- **Définition de la variable à expliquer : Investissement direct étranger (IDE)**

Les investissements directs étrangers (IDE) sont un des indicateurs les plus pertinents d'attractivité d'un territoire retenus par la CNUCED. Ils représentent des mouvements de flux internationaux de capitaux réalisés en vue de créer, développer ou maintenir une filiale, ou encore d'exercer un contrôle permanent sur la gestion d'une entreprise étrangère. Ils comprennent à la fois, l'opération initiale entre les deux firmes et, toutes les opérations financières ultérieures entre elles et entre les firmes de la même multinationale. Ils représentent une variable macroéconomique dont l'évolution dépend du comportement de plusieurs variables économiques et institutionnelles. Dans le cadre de notre modèle, cette variable expliquée est mesurée par les flux nets d'IDE entrants, exprimés en millions de dollars US.

Étant donné que les valeurs de ces flux sont volumineuses, nous avons choisi de leur associer le logarithme. Ce dernier est un nombre pris dans une progression arithmétique, et permet de mieux analyser des nombres dont la progression est géométrique.

- **Définition des variables explicatives**

- Les variables de marché

Ces variables sont, notamment le produit intérieur brut, le taux d'inflation et la taille du marché.

- ***Le Produit intérieur brut*** : c'est l'un des agrégats les plus importants des comptes nationaux. En tant qu'indicateur économique principal reflétant l'amélioration quantitative de la qualité de vie d'une population donnée au cours d'une période donnée, il s'emploie en vue de mesurer et de quantifier, pour un pays et une année donnée, la valeur totale de la richesse produite par les agents économiques résidant à l'intérieur de ce territoire (ménages, entreprises, administrations publiques). Compte tenu du caractère volumineux des valeurs associées à cette variable, nous capterons cette variable au travers de son indice, à savoir son taux de croissance. Nous supposons ainsi un signe positif du coefficient associé à cette variable ;
- ***Le taux d'inflation (TInfl)*** : l'inflation est généralement perçue comme un indicateur macroéconomique qui renseigne sur la plus ou moins grande stabilité de l'économie d'un pays sur une période donnée, à travers son indice. Si celui-ci est élevé (de l'ordre de plus de 3 % dans le cas des pays de la CEMAC), cela pourrait provoquer une certaine réticence à investir. Par contre, si sa valeur est relativement faible (inférieure ou égale à 3 %), cela indiquerait aux investisseurs que le territoire est propice à l'investissement. Le signe associé au coefficient de cette variable indicielle devrait par conséquent être négatif ;
- ***La Taille du marché (Tail)*** : est très souvent captée par la taille de la population. En effet, les pays dont les populations sont d'envergure constituent des espaces de marchés dont les opportunités de profit sont multiples. Ils représentent ainsi de vastes marchés pour les biens et services offerts par les firmes multinationales. De fait, plus un pays possède une forte population (à l'instar du Nigeria, dont la population serait estimée à environ 203 millions d'habitants en 2018, et de l'Égypte, qui a une population de plus de 97 millions d'habitants pour la même période[44]), plus il est attractif aux IDE. Compte tenu du caractère volumineux des valeurs associées à cette variable, nous avons pris le logarithme de celles-ci, ce qui a eu pour effet de ramener des valeurs dont la progression est géométrique à celles dont la

[44] Selon le rapport de l'organisme Perspective Monde, publié le 21 novembre 2019.

progression est arithmétique. Dans ce contexte, le signe associé au coefficient de cette variable devrait être positif.

- **Les variables institutionnelles**

  - ***Le Contrôle de la Corruption (CCor)*** : qui évalue les perceptions de la corruption par les agents, sur un territoire. La corruption étant perçue comme l'utilisation du pouvoir public à l'effet d'augmenter des gains privés. C'est un comportement socialement et pénalement répréhensible à travers lequel un individu (le corrompu) sollicite, agrée ou accepte un don, une offre ou une promesse, des présents ou des avantages quelconques dans l'optique de retarder, d'accélérer, ou d'omettre, d'accomplir un acte entrant d'une façon directe ou indirecte dans le cadre de ses fonctions. Cet indicateur de la gouvernance est noté selon des indices allant de -2,5 à +2,5 et, à cet effet, une valeur proche de +2,5 traduit un état de très bonne gouvernance institutionnelle. Ainsi, un pays dont l'indice de corruption est élevé perd son pouvoir d'attractivité aux IDE. Dans ce contexte, le signe associé au coefficient de cette variable devrait porter le signe négatif ;

  - ***La Stabilité politique (Spol)*** : est un indicateur composite qui associe certaines mesures de la probabilité de déstabilisation d'un État par la violence ou des moyens non constitutionnels. Elle essaie de capter la continuité de la politique et la possibilité qu'ont les citoyens de choisir dans la paix, les dirigeants au pouvoir. Elle est par conséquent une association de plusieurs facteurs qui ne se recoupent pas totalement, mais qui, pourtant, doivent être pris en compte simultanément. Elle renvoie à des changements de pouvoir politique réguliers dans le respect des formes légales (sans violences ni terrorisme intérieur). En effet, un pays connaissant une forte propension à la violence ou à l'instabilité politique, principalement institutionnelle, sera peu attrayant pour les investissements directs étrangers (IDE). En effet, les investisseurs privilégieront les nations politiquement stables plutôt que celles qui le sont moins. Le coefficient associé à cette variable devrait porter un signe positif ;

  - ***L'effectivité de la Gouvernance (Gov) :*** qui est saisi à partir de la combinaison des mesures permettant de capter la qualité des prestations de services publics, la qualité de la bureaucratie, de l'indépendance des services civils et du degré de crédibilité de l'État, relativement à ses politiques et à la réalisation de ses engagements. Ces éléments renseignent sur la capacité de cet État à produire et à réaliser des politiques crédibles tout en offrant des services collectifs de qualité. À ce titre, un pays dont l'indice de gouvernance est fort sera plus attractif aux IDE que celui dont l'indice de gouvernance s'avère faible. Le signe porté par le coefficient associé à cette variable devrait cependant être positif.

Tableau 1 : Présentation des variables explicatives et différents signes attendus

Variables		Abréviations	Signes
Dimension de marchés	Taux de croissance du Produit intérieur brut	TxPIB	Positif
	Taux d'Inflation	TxInfl	Négatif
	Taille du marché	LogTailt	Positif
Dimension institutionnelle	Contrôle de la Corruption	Ccor	Négatif
	Stabilité politique	Spol	Positif
	Gouvernance	Gov	Positif

Source *: Auteurs, à partir de la théorie économique*

2. Résultats empiriques : Présentation et Discussion

Dans cette section, il est question de faire état des résultats liés à l'analyse descriptive de nos données, mais aussi, de procéder à l'estimation du modèle VAR.

- **Analyse descriptive des données**

Tableau 2 : Statistiques descriptives

Variables	Observations	Moyennes	Écart-type	Minimum	Maximum
Logide	21	530.811	293.1814	-24.19802	814.002
Txpib	21	4.252706	1.110922	2.198664	5.884059
Txinfl	21	2.226976	1.34447	0.6404092	5.337806
Ccor	21	-1.130989	0.0809445	-1.261325	-1.003626
Spol	21	-0.829767	0.2981373	-1.37598	-0.4744701
Gov	21	-0.829767	0.2981373	-1.37598	-0.4744701
Logtail	21	2.21e+07	1980545	1.93e+07	2.52e+07

Source *: Auteurs, sous stata14.*

Le **tableau 2** ci-dessus présente les statistiques descriptives des différentes variables. Le constat fait est que le niveau moyen des flux d'IDE tournerait autour de 513.7177 millions de dollars au cours de la période d'étude. De plus, ces flux oscilleraient en volume, entre -24,198 02 millions de dollars (valeur minimale) et 814 002 millions de dollars (valeur maximale).

Par ailleurs, pour ce qui est des variables de marché qui sont considérées ici comme variables de contrôle, on observe, dans l'ensemble, des moyennes positives. En ce qui concerne le taux de croissance du PIB, la moyenne serait d'environ 4.25 %, avec une progression tendancielle de 2.20 %, valeur minimale à une valeur maximale de 5.884 %. Concernant le taux d'inflation, l'on observe une tendance moyenne de l'ordre de 2.227 %, et qui se situerait entre 0.640 %, valeur minimale, et 5.338 %, valeur maximale. La taille du marché, captée par la taille de la population quant à elle, aurait une moyenne de 2.18e+07, et serait ainsi comprise entre 1.93e+07, et 2.46e+07. En ce qui est des variables institutionnelles considérées comme variables d'intérêt, l'on observe que toutes les moyennes sont négatives. Plus précisément, pour ce qui est de la variable contrôle de corruption, la tendance moyenne serait de -1.130989, pour des valeurs indicielles minimales de -1.261325 et maximales de-1.003626. Pour ce qui est de la stabilité politique du pays, la tendance moyenne serait de l'ordre de -0.829767, pour un indice oscillant entre -1.37598 et -0.4744701. Dans le cadre de la mise en œuvre effective des principes de bonne gouvernance en outre, la moyenne est de -0.829767, avec un indice dont la valeur oscille entre -1.37598 et -0.4744701.

Il convient, eu égard aux différents constats faits, d'observer les faits de causalité qui pourraient éventuellement lier l'attractivité aux IDE et les variables de contrôle d'un côté, et ceux d'intérêt de l'autre. Dans ce contexte, le **tableau 3** suivant nous permet de voir les différentes interrelations entre les variables, ainsi que leur niveau de significativité au seuil de 5 %.

Tableau 3 : Analyse de la corrélation entre les variables

	Logide	tx_pib	tx_infl	ccor	spol	gov	logtail
Logide	1.000						
Tx_pib	0.2909	1.000					
Tx_infl	-0.5050	-0.1574	1.000				
Ccor	- 05649	-0.5038	0.4705	1.000			
Spol	-0.4388	-0.2766	0.6590	0.2425	1.000		
Gov	-0.4388	-0.2766	0.6590	0.2425	1.000	1.000	
Logtail	0.6856	0.3960	-0.7473	-0.5298	-0.8876	-0.8876	1.000

Source *: Auteurs, sous Stata14.*

On observe qu'il existe une corrélation positive entre les flux d'IDE et le taux de croissance du PIB et entre les flux d'IDE et la taille du marché. Par contre, une corrélation négative est admise pour les relations établies entre les flux d'IDE et le taux d'inflation, les flux d'IDE et la corruption, les flux d'IDE et la stabilité politique et les flux d'IDE et la gouvernance. Ces observations nous motivent donc aussi à questionner la stabilité de notre modèle économétrique. Puisqu'il est établi dans la théorie économique que les variables institutionnelles que nous avons choisies sont pertinentes. Il convient donc pour nous de procéder à une analyse plus rigoureuse des résultats obtenus dans le cadre de nos estimations.

3. Présentation économétrique des résultats

- **Analyse de la stationnarité des séries**

L'idée ici est de procéder à l'étude de la stationnarité des séries de données de notre modèle. À cet effet, il sera question non seulement de savoir si les séries identifiées dans le cadre de cette étude sont stationnaires, mais aussi de fixer l'ordre d'intégration pour chacune d'elles. L'application du test ADF (Augmented Dickey-Fuller) montre donc que 4 séries ne sont pas stationnaires en niveau (intégrées d'ordre 0), à l'exception des séries « Investissement direct étranger », « Taux d'inflation » et « Taille du marché ». Alors que, dans la première différence (intégrée à l'ordre 1), les séries des taux de croissance du PIB, de la stabilité politique et de la gouvernance sont stationnaires. La série « Contrôle de la corruption » est seulement stationnaire en différence troisième (intégrée d'ordre 3). Le **tableau 4** suivant fait l'économie de ce qui vient d'être argué.

Tableau 4 : Synthèse

Variables	Test en niveau		Test en différence		Test en différence		Ordre d'intégra-tion
	Valeur statisti-que	Valeur criti-que	Valeur statisti-que	Valeur criti-que	Valeur statisti-que	Valeur critique	
Logide	0.0003	-3.600	/	/	/	/	(0)
Tx_pib	0.9540	-3.600	0.0040	-3.600	/	/	(1)
Tx_infl	0,0163	-3.600	/	/	/	/	(0)
Logtail	0.0000	-3.600	/	/	/	/	(0)
Ccor	0.8265	-3.600	0.3747	-3.600	0.0132	-3.600	(3)
Spol	0.2410	-3.600	0.0145	-3.600	/	/	(1)
Gov	0.2410	-3.600	0.0145	-3.600	/	/	(1)

Source *: Auteurs, sous Stata14.*

- **Détermination du retard optimal**

Il est question de déterminer le retard optimal à intégrer dans le modèle. À cet effet, nous recourons à cinq tests de détermination du retard optimal du modèle VAR à un degré de significativité de 5 %, notamment les critères Akaike, Schwarz, le test de prédiction finale des erreurs, le test de vraisemblance et le test Hannan-Quinn. Cet ensemble de tests nous permettra ensuite de sélectionner le premier retard comme optimal. Et dans ce cadre, notre modèle VAR à estimer est d'ordre (0). Le **tableau 5** ci-dessous en est plus illustratif :

Lag	LL	LR	FPE	AIC	HQIC	SBIC
(0)	-34.8369	NA	9053.54*	11.9456*	11.8067	11.9109*
*indicates lag order selected by the criterion ; LR : sequential modified LR test statistic (each test as 5% level) ; FPE : final prediction Error ; AIC : Akaike information criterion ; HQIC : Hannan-Quinn information criterion ; SBIC : Schwarz information criterion.						

Source : *Auteurs, sous Stata14.*

L'on observe que toutes les variables institutionnelles ne sont pas stationnaires en niveau. Elles sont seulement en première différence pour les variables « stabilité politique » et « gouvernance », et en troisième différence pour la variable « contrôle de la corruption ». Ce qui pose un problème, puisqu'en théorie, les indices devraient être stationnaires en différence première tout au plus. Il convient donc pour nous de voir si, au travers de ces informations, notre modèle d'étude est stable dans l'ensemble. Nous procédons donc à cet effet, à l'estimation de ce modèle.

- **Estimation du modèle vecteur auto-régressif (VAR)**

L'idée de la modélisation Vectorielle Auto-Regressive (VAR) est d'analyser les rapports d'interdépendances entre un ensemble de variables, sur une période relativement courte. À cet effet, notre démarche nous a fait mettre en berne plusieurs relations entre différentes variables de notre modèle. Cependant, celles qui font l'objet de notre attention portent principalement sur les effets qu'ont les variables explicatives d'ordre institutionnel, à savoir la corruption, la stabilité politique et la gouvernance sur l'attractivité du Cameroun par rapport aux IDE.

De nos trois variables institutionnelles, seule la variable stabilité politique est définie dans un intervalle de confiance. Les deux autres variables, notamment contrôle de la corruption et gouvernance, ne sont pas prises en compte. Cependant, pour mieux nous assurer de la qualité de la régression, procédons à deux tests complémentaires, notamment le test de causalité au sens de Granger et celui de stabilité du modèle.

- **Test de causalité de Granger**

L'idée ici est de savoir quelles peuvent être les influences statistiquement significatives entre les différentes variables de notre modèle. Par hypothèse, on devrait s'attendre à avoir une influence significative des variables institutionnelles sur l'attractivité des IDE du Cameroun. Cependant, le test de Granger montre que la corruption n'a pas d'effet sur l'attractivité des IDE. Contrairement à la variable stabilité politique qui, elle, aurait un rapport significatif avec l'attractivité du Cameroun par rapport aux IDE. La variable gouvernance pourrait aussi avoir un rapport significatif avec l'attractivité du

Cameroun par rapport à ce type d'investissements, dans la mesure où elle présente quasiment les mêmes valeurs que la stabilité politique (test de stationnarité des séries).

- **Test de stabilité du modèle**

On observe qu'au moins une des valeurs propres des variables de ce modèle, principalement des variables institutionnelles, prend au moins la valeur 1 (**tableau 8** en **Annexes**). De plus, le test de stabilité au travers du cercle unitaire montre que deux variables sur huit sont hors de ce cercle. On pourrait donc présager que ces deux variables font partie des trois variables institutionnelles qui constituent nos variables d'intérêt, soit le contrôle de la corruption et la gouvernance. Dans ce contexte, le modèle VAR ne satisfait pas à la condition de stabilité.

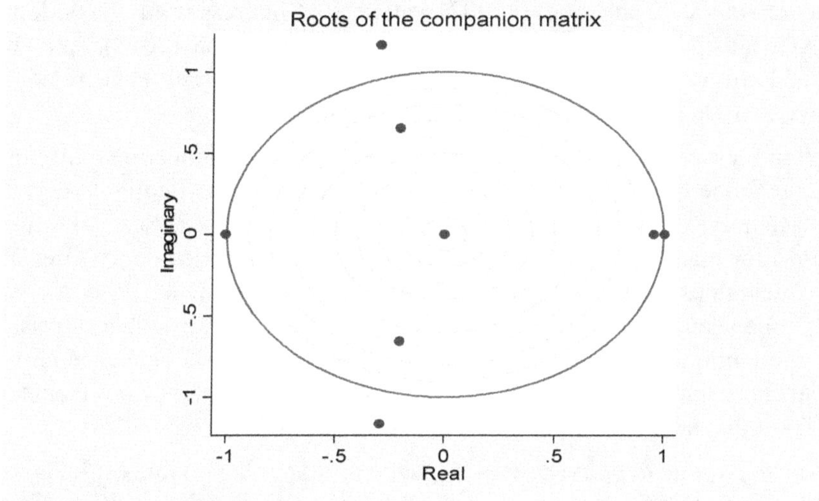

Source : *auteurs, à partir de Stata14.*

III. Discussion

L'analyse économétrique faite en amont laisse constater un rapport négatif dans l'ensemble, entre les variables institutionnelles et l'attractivité du Cameroun par rapport aux IDE.

- ***En ce qui concerne le contrôle de la corruption,*** le signe porté par la variable est négatif et significatif au seuil de 5 %. Cela traduit le fait que, lorsque l'indice de corruption est faible dans un pays donné, celui-ci devient une destination favorite aux IDE. Dans le cas qui nous concerne, le Cameroun présente un indice de contrôle de la corruption tellement faible que celle-ci fragilise l'attractivité du pays par rapport aux IDE. Cela est conforme aux résultats de Habib et Zurawicki (2002), qui ont révélé une corrélation négative entre la corruption et les investissements directs étrangers (IDE) dans 89 pays, en se fondant sur des données transversales. Ce résultat est aussi en cohérence avec les propos d'Epaphra (2016), qui pense que « *sur le long terme, l'augmentation des flux d'IDE pourrait se faire par la lutte contre la corruption, l'élaboration d'un droit plus efficace et la réduction de l'instabilité politique* ».

- ***Sur le plan de la stabilité politique***, le signe obtenu et porté par la variable est négatif, et significatif au seuil de 5 %. Ce résultat est tout aussi cohérent avec le signe économique attendu. Même si la plupart des travaux économiques présentent une relation positive entre cette stabilité politique et l'attrait des IDE. Dans des travaux relativement récents, notamment ceux de Basu et Srivanivasan (2002), qui ont analysé le cas de sept pays d'Afrique australe (Ouganda, Botswana, Lesotho, Île Maurice, Namibie et Swaziland), ou encore ceux de Tchakounté (2007), qui se sont intéressés aux pays de la CEMAC, ainsi que ceux de Djaowé et Woulkam Bouba (2018), qui ont examiné l'attractivité du Cameroun en matière d'IDE, on observe une relation négative entre la stabilité politique et l'attrait pour les IDE.

Ce fait n'est cependant pas sans justification probable. Il faut dire que, dans le cas du Cameroun, ce pays a connu une relative stabilité depuis le 6 avril 1982. Même si des évènements malheureux dus, soit aux crises politiques (coup d'État manqué du 6 avril 1984 ; crises postélectorales de 1990 et de 2018 ; incursions du Boko-Haram au nord du pays, ou encore de la « crise anglophone » au nord-ouest et au sud-ouest depuis 2017), soit aux crises socio-économiques (dévaluation du FCFA en 1994, avec comme conséquences une dégradation du niveau de vie des populations ; des émeutes de la faim, ou encore crise financière mondiale en 2008).

- ***Sur le plan de la gouvernance,*** le signe porté par la variable est lui aussi négatif et statistiquement significatif au seuil de 5 %. Alors qu'économiquement, la gouvernance entretient une relation positive avec les flux d'IDE (Gani et al., 2013). Cette situation serait probablement due aux mauvais scores enregistrés par le Cameroun depuis plus d'une vingtaine d'années, notamment pour ce qui est de la qualité de la gouvernance mise en œuvre par le gouvernement. Elle traduirait donc le fait que les principes de bonne gouvernance ne sont pas encore suffisamment intégrés dans les pratiques quotidiennes des administrations centrales, déconcentrées et décentralisées.

De façon générale donc, ces constats invalident bien notre première hypothèse, à savoir que la stabilité politique et la gouvernance auraient, sur l'attractivité du Cameroun par rapport aux IDE, un impact positif. En théorie, il est possible de conclure que les facteurs institutionnels ont une influence positive significative sur l'attractivité d'un pays pour les investissements directs étrangers (IDE). La qualité de la gouvernance et la stabilité politique ont, sur l'attractivité des IDE, un impact significativement positif en théorie. Toutefois, dans le cas spécifique du Cameroun, ces indicateurs de performance institutionnelle sont encore très faibles, et ont donc plutôt tendance à illustrer le contraire.

Néanmoins, ces conclusions nous permettent aussi de valider notre deuxième hypothèse, à savoir que la corruption a sur l'attractivité du Cameroun par rapport aux IDE un impact significativement négatif. Un résultat qui est en cohérence avec celui obtenu dans les travaux de Rahman et al., (2000).

Conclusion

Ce chapitre avait pour objectif de montrer les effets de la qualité des institutions centralisées illustrée par les variables institutionnelles, notamment la corruption, la gouvernance et la stabilité politique, sur l'attractivité du Cameroun par rapport aux IDE. L'analyse des différents travaux théoriques et empiriques que nous avons effectués nous confirme que l'attractivité d'un territoire comme le Cameroun vis-à-vis des investissements directs étrangers est sensible aussi bien aux facteurs macroéconomiques traditionnels qu'aux différents facteurs institutionnels. Dans la mesure où les investisseurs sont devenus sensibles à la qualité des institutions des pays destinataires des IDE. À ce propos, nous sommes parvenus à deux formes de résultats, à savoir que d'une part, la qualité de la gouvernance et une stabilité politique forte ont un effet négatif sur l'attractivité du Cameroun par rapport IDE. Alors qu'en théorie, cet effet devrait être positif. D'autre part, qu'une corruption généralisée contribue à amoindrir le pouvoir d'attractivité de ce pays par rapport aux IDE. Les investisseurs sérieux sont d'autant plus sensibles à ces facteurs pour de multiples raisons :

- premièrement, ils ne sauraient investir dans un pays miné par la corruption, entendue comme l'utilisation par une entité publique de son autorité pour accroître ses propres gains ou ceux d'un tiers. C'est un comportement par lequel un tiers sollicite, agrée ou accepte un don, une offre ou une promesse, des présents ou des avantages quelconques dans l'optique de retarder, d'accélérer, ou d'omettre, voire d'accomplir un acte entrant d'une façon directe ou indirecte dans le cadre de ses fonctions. La corruption rend ainsi l'environnement des affaires peu transparent, et les marchés locaux imprévisibles ;
- deuxièmement, aucun investisseur ne viendrait placer des fonds financiers dans un pays politiquement et institutionnellement instable, et dont la probabilité d'un coup d'État ou d'un acte terroriste est élevée ;
- troisièmement, aucun investisseur ne financerait un projet dans un pays incapable de produire et de réaliser des politiques publiques crédibles

qui offriraient des services collectifs de qualité, au travers de la qualité de sa bureaucratie, de l'indépendance de ses services civils et de la crédibilité de son État quant à sa capacité à remplir ses engagements. Dans ce contexte, il est préconisé de renforcer la lutte contre la corruption, en définissant de nouveaux instruments qui soient capables de dissuader les acteurs du service public à participer à des actes de corruption, tout en donnant aux instances judiciaires et de contrôle (Tribunal criminel spécial, Agence National Investigation financière, Contrôle supérieur de l'État, Commission nationale anticorruption), une plus grande marge de manœuvre dans la définition et la mise en œuvre des instruments et stratégies qui soient susceptibles d'y faire efficacement face ;

- Par ailleurs, l'amélioration de la qualité de la gouvernance pourrait contribuer à rassurer les investisseurs sur la qualité du climat des affaires, et à créer, chez eux, un sentiment de confiance non seulement vis-à-vis des pouvoirs publics, mais également envers les instances judiciaires.

Finalement, un environnement politique apaisé qui se conforme aux principes démocratiques et qui favorise à la fois le respect de la personne humaine et de ses droits fondamentaux ainsi qu'un développement inclusif et participatif, en laissant à son peuple la liberté d'être et d'agir, pourrait stabiliser le gouvernement et inciter les investisseurs à investir davantage dans des projets. Toutes ces stratégies mises à contribution pourraient renforcer le pouvoir d'attractivité macroéconomique du Cameroun. Elles pourraient également renforcer l'efficacité de la décentralisation qui, il faut bien le préciser, vise l'autonomisation politique, administrative et financière des collectivités territoriales décentralisées, et porte en elle les prémisses d'une démocratie locale plus participative et plus efficace pour dynamiser le processus de développement local amorcé par ce pays.

Bibliographie

Acemoglu, D., Johnson, S. et Robinson, J., A. (2005). Institutions as a fundamental cause of long-run growth, *Handbook of Economic Growth*, Vol. 1, pp. 385-472

Adamenko, A., Zolotukhina, E., B., Ulanov, V., A., Samoylova, E., S., Chizhankova, I.,V. et Mamatelashvilli, O., V. (2017). Investment management activities of commercial enterprises; *International Journal of Applied Business and Economic Research*, 15(12): 11-21.

Ahmad, M., H. et Ahmed, Q., M. (2014). Does the institutional quality matter to attract the foreign direct investment ? An empirical investigation for Pakistan, *South Asia Economic Journal*, Vol. 15, No. 1, pp. 55-70.

Alfaro, L., Kalemli-Ozcan, S. et Volosovych, V. (2008). Why doesn't Capital Flow fromRich to Poor Countries? An Empirical Investigation, *The Review of Economics and Statistics* 90:347-368.

Álvarez, I., A. (2015). *Institutional drivers of capital flows. Banco de Espana*, Documentos de Trabajo no. 1531.

Anyanwu, J., C. (2011). *Determinants of foreign direct investment inflows to Africa*, 1980-2007. African Development Bank Group Working Paper, 136.

Appiah, M., O. (2018). Investigating the multivariate granger causality between energy consumption, economic growth and CO2 emissions in Ghana, *Energy Policy*, Vol. 112, pp. 198-208.

Aziz, Omar Ghazy (2018). Institutional Quality and FDI Inflows in Arab Economies, *Finance Research Letters, vol.25, Elsevier, pp. 111-123.*

Banga, R. (2003). *Impact of Government policies and investment agreements of FDI Inflows.* Working Paper n° 116, Indian Council for Research of International Economic Relations.

Basu, A., et Srivanivasan, K., (2002). *Foreign Direct Investment in Africa- Some case Studies* », IMF Working Paper n°0261, 40 pages.

Bénassy-Quéré, A., Coupet, M., et Mayer, T. (2007). Institutional determinants of foreign direct investment. *The World Economy, 30*(5), 764-782.

Bhagwati, J., N., Panagariya, A. et Srinivasan, T., N. (1998). *Lectures on InternationalTrade. Cambridge,* MA : MIT Press, 614 pages.

Brunetti, A., Kisunko, G. et Weder, B. (1998). Credibility of Rules and Economic Growth: Evidence from a Worldwide Survey of the Private Sector, *World Bank Economic Review*, Vol. 12. pp 252-84.

Buchanan, B.,G., Le, Q.,V. et Rishi, M. (2012). Foreign direct investment and institutional
quality: Some empirical evidence, *International Review of Financial Analysis*, Vol. 21, pp. 81-89.

Caldeira, E., Foucault, M., Rota-Graziosi, G., (2008). *Decentralization in Africa and the nature of local governments competition evidence from Benin* », working paper, 1018, CERDI

Chakrabarti, A. (2001). The Determinants of the Foreign Direct Investment Sensitivity Analyses of Cross-Country Regressions, *KYKLOS, 54, 89-114.*

CNUCED. (2017) http://www.unctad.org// fdistatistics. Date de dernière consultation 20 avril 2017.

Collard, F., et Fève, P. (2008). Modèles VAR ou DSGE : que choisir ?, *Économie & Prévision* 2008/2 n° 183-184, p.153-154.

Crozet, M. et Kœnig, P. (2005). État des lieux du Commerce international : le rôle des firmes multinationales dans le commerce international, Mondialisation et commerce international, *Cahier français*, n° 325, 13-19p.

Deblock, C. (2011). *Les États-Unis et l'investissement direct étranger*, Centre d'études sur l'intégration et la mondialisation, notes de synthèse, 2011.

Demir, F. (2016). Effects of FDI flows on institutional development: does it matter where the investors are from? *World Development*, Vol. 78, pp. 341-359.

Djaowé et Woulkam Bouba (2018). Institutions et attractivité des investissements directs étrangers au Cameroun, *International Journal of Innovation and Scientific Research* ISSN 2351-8014 Vol. 38 No. 2 Sep. 2018, pp. 257-271 © 2018 Innovative Space of Scientific Research Journals.

Didelon, C-L., (2014). Le Monde comme territoire ; pour une approche renouvelée du Monde en géographie, Université de Rouen, mémoire d'habilitation à diriger des recherches.

Djaowé, J. (2009). Investissements directs étrangers (IDE) et Gouvernance : les pays de la CEMAC sont-ils attractifs ? *Revue africaine de l'intégration, vol.3, n°1, 36 pages.*

Dunning, J., H. (1993). *Multinational Enterprises and the Global Economy,* Wokingham, England: Addison-Wesley.

Easterly, W. (2005). *National Policies and Economic Growth : a Reappraisal*, in Aghion P. et Durlauf S., N.(eds.), *Handbook of Economic Growth*, Vol. 1A, Chapter 15. Noth-Holland, Elsevier.

Efa Fouda, (2005). Le rôle des investissements directs étrangers dans le renforcement des capacités scientifiques et techniques des pays en développement, réunion d'experts sur l'incidence des investissements directs étrangers sur le développement, Génève, 24-26 janvier 2005, 1-12p.

Egger, E., et Winner, H., (2005). Evidence on Corruption as an Incentive for Foreign Direct Investment, *European Journal of Political Economy*, vol.21, N°4, pp. 932-952, 2005.

Epaphra, M. et Massawe, J. (2016). Investment and economic growth : an empirical analysis for Tanzania. *Turkish Economic Review*, 3(4), 578-609.

Epaphra, M. et Massawe, J. (2017). The effect of corruption on foreign direct investment: A panel data study. *Turkish Economic Review, 4(1), 19-54.* doi.org/10.1453/ter. v4i1.1234.

Epaphra, M. et Mwakalasya, A., H. (2017). Analysis of foreign direct investment, agricultural sector and economic growth in Tanzania. *Modern Economy*, 8(1), 111-140.

Epaphra, M. (2016). Foreign direct investment and sectoral performance in Tanzania. *Journal of Economics and Political Economy*, 3(4), 670-719.

Esso, L., J. (2005). *Investissements directs étrangers, déterminants et influence sur la croissance économique*, politique économique et développement, cellule d'analyse des politiques économiques du CIRES, 2005, E. n° 117, 1-27p.

Essombè Edimo, J., R., Nya Bonabébé (1995). *Quel avenir pour l'Afrique ? Financement et développement*, éd. Silex/Nouvelles du sud, Paris

Essombè Edimo, J., R., Nya Bonabébé (2007a). Spatialité et développement économique à Douala : entre le hasard et la nécessité, Études africaines, L'Harmattan, 206 pages.

Essombè Edimo, J., R., Nya Bonabébé (2007b). Localisation périphérique des entreprises industrielles et création de nouvelles centralités à Douala, in Revue *Mondes en Développement*, n° 137, vol.2007/35.

Essombè Edimo, J., R., Nya Bonabébé (2008). Douala et l'attractivité territoriale en zone CEMAC à l'heure de l'économie globale, *Revue ENJEUX*, n° 34-35.

Essombè Edimo, J., R., Nya Bonabébé (2020). *La concertation comme outil de gestion de la lutte contre le covid-19 dans des CTD Camerounaises* », in *« Concertation locale, nationale et Internationale contre le Covid-19 : quelles leçons pour le futur ? »,* (Essombè Edimo, J., R., Nya Bonabébé et Kamdem, E. (Dir.), en collaboration avec l'Université des Nations-Unies pour la Paix, la Fondation P. Cruigneau et le BIT), éd. PIPD, Genève-Yaoundé Sept

Essombè Edimo, J., R., Nya Bonabébé (2023). *Les collectivités territoriales décentralisées et le développement : pour quelle gouvernance locale* ? Dans Ntuda Ebodé, J., V. et Etoa Oyono, G. (2023). *Les initiatives de développement en Afrique subsaharienne : entre construction et déconstruction des modèles existants depuis 1960*, Réminiscences du Pr émérite L. Zang, L'Harmattan, Paris, pp. 127/150.

Faundez, J., (2016). Douglass norths theory of institutions: lessons for law and development, *Hague Journal on the Rule of Law*, Vol. 8 No. 2, pp. 373-419.

Gangi, Y., A. et Abdulrazak, R., S. (2012). The impact of governance on FDI flows to African countries. *World Journal of Entrepreneurship, Management and Sustainable Development, 8* (2/3), 162-169.

Gani, A. et Al-Abri, A., S. (2013). Indicators of business environment, institutional quality and foreign direct investment in Gulf cooperation council (GCC) countries, *International Review of Applied Economics,* Vol. 27 No. 4, pp. 515-530.

Gérardin, H., (2010). L'attractivité des territoires : un concept multidimensionnel. Dans *Mondes en développement* N° 149, pages 27 à 41.

Glaeser, E., L., La Porta, R., Lopez-de-Silanes, F. et Shleifer, A. (2004). *Do Institutions Cause Growth ?* Cambridge MA, NBER Working Paper 10568, 2004.

Globerman, S. et Shapiro, D., M. (1999). The impact of government policies on foreign direct Investment : the canadian experience, *Journal of International Business Studies*, Vol. 30 No. 3,pp. 513-532.

Guiswe Badoma, et Abessolo (2017). Les Déterminants de l'Attractivité des Pays de la Communauté économique et monétaire de l'Afrique Centrale (CEMAC) à l'égard des IDE, *Global Journal of Management and Business Research : Finance* Volume 17 Issue 6 Version 1.0 Year 2017. Type : Double Blind Peer Reviewed International Research Journal Publisher : Global Journals Inc. (USA).

Habib, M, Zurawicki, L. (2002). Corruption and foreign direct investment. *J.Inter. Bus. Stud.* 33 :(2) : 291-208.

Ibrahim, G., Elhiraika, A., Hamdok, A. et Kedir, A. (2011). *Revisiting the determinants of foreign direct investment in Africa: The role of institutions and policy reforms*. United Nations Economic Commission for Africa.

Ingallina, P., (2007). *Attractivité des Territoires : Regards Croisés*, Direction générale de l'Aménagement, du Logement et de la Nature PUCA - Plan

Urbanisme Construction architecture Grande Arche de la Défense - 92055 La Défense cedex *www.urbanisme.equipement.gouv.fr/puca.*

Kaufmann, D., Kraay, A. et Mastruzzi, M. (2011). The worldwide governance indicators: methodology and analytical issues, *Hague Journal on the Rule of Law*, Vol. 3 No. 2, pp. 220-246.

Kersan-Škabić, I., (2013). Institutional Development As A Determinant Of FDI Attractiveness In Southeast Europe, *Primljeno* : 4. 2. 2013.

Kurul, Z. (2017). Nonlinear relationship between institutional factors and FDI flows: dynamic panel threshold analysis, *International Review of Economics and Finance*, Vol. 48, pp. 148-160.

Mainguy, C. (2004). Impact des Investissements directs étrangers sur les économies en Développement, *Revue régionale et Développement*, n° 20, 65-89p.

Makki, S., S. et Somwaru, A. (2004). Impact of foreign direct investment and trade on economic growth: evidence from developing countries, *American Journal of Agricultural Economics,* Vol. 86 No. 3, pp. 795-801.

Mauro, P. (1995). Corruption and Growth, *Quarterly Journal of Economics*, vol. 110, N°3, pp. 83-108, 1995.

Meuriot, V. (2008). Réflexions méthodologiques sur la modélisation non structurelle : une approche par les modèles vectoriels autorégressifs (VAR) et leurs extensions dynamiques, *Mathématiques et sciences humaines* [En ligne], 182 |, Été 2008, mis en ligne le 30 juin 2008, consulté le 19 avril 2019.

Michalet, C., A. (1997). *Strategies of Multinational and Competition for Foreign Direct Investment : The opening of Central and Eastern Europe* », Foreign Investment, Advisory Service, Occasional Paper N°10, World Bank, 1997.

Michalet, C,. A. (1999). *La séduction des nations ou comment attirer les investissements*, Paris Economica,

North, D., C. (1990). *Institutions, Institutional Change, and Economic Performance*, Cambridge University Press, 1990.

Rahman, A., Kisunko, G. et. Kapoor, K. (2000). *Estimating the Effects of Corruption : Implications for Bangladesh.* Policy Research Working Paper No. 2479, The World Bank South Asia Region, 2000.

Resmini, L. (2003). Economic Integration, Industry location and frontier economies in transition countries, *Economic systems*, February 2003, vol. 27, 205-221p.

Rioux, M. (2012). Théories des firmes multinationales et des réseaux économiques transnationaux. *Cahier de Recherche CEIM.* Centre d'Étude sur l'Intégration et la Mondialisation. Université du Québec à Montréal, 38p.

Rodrik, D., Subramanian, A. et Trebbi, F. (2004). Institutions rule : The primacy of institutions over geography and integration in economic development. *Journal of Economic Growth, 9*(2), 131-165.

Rose-Ackermann, S. (1999). *Corruption and Government: Causes, Consequences, and Reform,* Cambridge University Press, 1999.

Sachs, J., D. (2003). *Institutions Dont Rule : Direct Effects of Geography on Per Capita Income,* NBER Working Paper 9490 (Cambridge, Massachusetts : National Bureau of Economic Research), 2003.

Severiano, A. (2011). *The determinants of FDI in Portugal: A sectoral approach.* Master of Science in Economics, Universidade Católica Portuguesa.

Shakil, M., H., Mustapha, I., M., Tasnia, M. et Saiti, B. (2018). Is gold a hedge or a safe haven? An application of ARDL approach, *Journal of Economics, Finance and Administrative Sciences*, Vol. 23 No. 44, pp. 60-76.

Shleifer, A. et Vishny, R., W. (1993). Corruption, *The Quarterly Journal of Economics*, vol. 108, N°3, pp. 599-617.

Stiglitz, J. (1999). *Whither reform? Ten years of transition.* Keynote address at the Annual Bank Conference on Development Economics, World Bank, Washington. Available at http://siteresources.worldbank.orgThe Heritage Foundation (2012). *The Index of Economic Freedom.*

Tchakounté, N., M. (2007). Analyse des indicateurs de l'attractivité des IDE en zone CEMAC, *Revue africaine de l'Intégration*, vol. 1 No. 2, pp. 123-150, 2007.

Tripathi, V., Seth, R., et Bhandari, V. (2015). Foreign Direct Investment and Macroeconomic Factors: Evidence from the Indian Economy, *Asia-Pacific Journal of Management Research and Innovation, vol 2 (1), pp. 1-11.*

Tchouassi, G. (2017). Les besoins en informations dans les entreprises, in *Revue congolaise de Gestion*, n° 24, pages 63 à 92.

Tchouassi, G. et Oyié Avoulou, M., S., L. (2023). Entreprendre en économie circulaire pour le développement des territoires urbains : une alternative efficace à la portée des collectivités locales africaines ?, *International Journal of Accounting, Finance, Auditing, management and Economics*, vol. 4, no 4-1, PP. 488-506.

UNCTAD (2017). World investment report 2017, Investment and the digital economy, 42 pages.

Autres sources

Perspective Monde (2019). Rapport du 21 novembre 2019.

CHAPITRE 7 :

PROBLÉMATIQUE ET ENJEUX DE LA SPATIALISATION DES ENTREPRISES INDUSTRIELLES A YAOUNDÉ

Aurore Sara Sophie NGO BALEPA
et Marie Thérèse BILO'O ALO'O

Résumé

Aussi bien dans les pays industrialisés et développés que dans les pays en développement, de nombreuses entreprises industrielles ont fermé, se sont délocalisées ou même éprouvent de graves difficultés dans leur fonctionnement, à cause de leur mauvaise spatialisation. C'est le cas dans la ville de Yaoundé, seconde concentration industrielle du Cameroun avec 26,7 % des entreprises industrielles du Cameroun en 2016. Yaoundé expérimente un très faible développement industriel suite à une mauvaise spatialisation des entreprises industrielles. Cela est à l'origine de nombreuses nuisances protéiformes causées et/ou subies par les entreprises industrielles environnantes. Quels sont les enjeux spatiaux du développement industriel dans la ville de Yaoundé ? L'objectif de ce travail de recherche est d'analyser l'existant en espaces affectés aux localisations d'entreprises industrielles dans les documents d'urbanisme, et d'établir les conséquences de la mauvaise utilisation des espaces alloués à l'industrie dans la ville de Yaoundé.

Les résultats de cette recherche révèlent que la vision spatiale prospective du développement industriel est très faible dans les documents d'urbanisme et de prévisions économiques, et que les entreprises industrielles à Yaoundé s'implantent très librement, dans l'irrespect du cadre spatial minimum réservé aux localisations industrielles. L'exemple de Yaoundé permet de comprendre qu'il est nécessaire d'entourer le développement industriel territorial d'une organisation sans faille afin d'en assurer un meilleur processus et une pérennisation.

Mots clés : Développement industriel, entreprise/établissement* industriel, nuisances protéiformes, pérennisation de l'industrialisation, spatialisation.

*Dans ce travail de recherche, généralement, il s'agit d'unités de production juridiquement autonomes. Il faut bien comprendre que les établissements ou usines ou unités de production sont les plus concernés.

Abstract

In both industrialized and developed countries and developing countries, many industrial enterprises have closed down, relocated or even experienced serious difficulties in their operation because of poor spatialization. This is the case in the city of Yaoundé, the second industrial concentration in Cameroon with 26.7% of the industrial enterprises in Cameroon in 2016. Yaoundé experiences very low industrial development due to poor spatial planning of industrial enterprises. This is the cause of many manifold nuisances caused and/or suffered by surrounding industrial enterprises. What are the spatial issues of industrial development in the city of Yaoundé? The objective of this research work is to analyze the existing spaces allocated to industrial business locations in urban planning documents, and to establish the consequences of misuse of space allocated to industry in the city of Yaoundé.

The results of this research reveal that the prospective spatial vision of industrial development is very weak in urban planning and economic forecasts, and that industrial enterprises in Yaoundé are very freely established, in breach of the minimum spatial framework reserved for industrial sites. The example of Yaoundé shows that it is necessary to surround territorial industrial development with a seamless organization in order to ensure better process and sustainability.

Keywords: *Industrial development, Industrial enterprise/establishment, Proteiform nuisances, Sustainability of industrialization, Spatialization.*

Introduction

L'industrialisation est, certes, une activité économique de développement, mais aussi d'organisation et de structuration de l'espace territorial. Malheureusement, il n'en est rien pour de nombreux pays de l'Afrique subsaharienne. Dans l'économie moderne, une croissance économique forte, rapide et durable a presque toujours impliqué un processus d'industrialisation et, en particulier, le développement de la production manufacturière (Szirmai, 2009). Pour Gaffard (2012) : « …Aucun pays ne peut imaginer rester sur une trajectoire de croissance s'il perd son industrie et se trouve de ce fait confronté à un déficit croissant de ses échanges. » Il est indéniable que l'industrie est une activité porteuse de développement économique et social, et la littérature sur ce volet est plurielle (Lall, 2005 ; Rodrik, 2007 ; Hesse, 2008), pour ne citer que ces auteurs-là.

Cependant, le développement industriel est tributaire de la spatialisation des entreprises industrielles. C'est une propriété essentielle et déterminante dans la survie et la pérennité d'une entreprise industrielle et de tout investissement productif, comme le dit Scharlig (1973) « *Un problème d'investissement sur deux à nos jours comporte une question de localisation* ». La spatialisation désigne le fait pour les entreprises -industrielles- d'être localisées dans l'espace qui a été prévu dans la planification urbaine ou rurale et qui cause le minimum de nuisances. Cela suppose que leur soit réservé un espace approprié pour les accueillir lorsqu'elles veulent s'implanter dans un territoire ; mais aussi qu'il faille respecter les zones déjà entrevues pour leurs implantations. En effet, la disponibilité et le choix de l'espace qu'elle va occuper, les externalités positives, les impacts sur le voisinage… constituent des facteurs pour la survie d'une entreprise industrielle. L'espace est ici une donnée. Il ne s'agit pas pour les entreprises de construire un espace ; ce n'est donc pas dans une approche constructiviste où l'espace est une construction sociale qu'est abordé ce travail de recherche.

Dans de nombreux pays de l'Afrique subsaharienne et au Cameroun, notamment, le problème de la spatialisation des entreprises industrielles est prégnant. Il s'ajoute à celui d'une économie rentière et peu diversifiée, à celui de la faiblesse des réseaux de communication, et à celui du pouvoir d'achat des habitants des territoires pour empêcher ou ralentir le développement de l'activité économique et sociale, donc de l'industrialisation. Le développement et la pérennisation des zones industrielles nécessitent une réflexion stratégique et prospective. Mais autant il est préoccupant, autant ce problème de la spatialisation des entreprises industrielles n'est pas du tout abordé par les différents auteurs à notre connaissance. La ville de Yaoundé, avec 26,3 % des implantations industrielles du Cameroun en 2016, année du dernier recensement des entreprises, illustre parfaitement ce problème. Dans ce territoire, la mauvaise spatialisation résulte d'abord de l'absence d'une vision spatiale prospective du développement industriel. Un constat est clair : il n'y a pas de véritable politique de promotion des espaces et des zones industrielles dans le but d'assurer leur succès. Cela conduit à l'insatisfaction des promoteurs qui vont privilégier d'autres sites. Elle résulte ensuite de l'irrespect du cadre spatial minimum réservé aux localisations industrielles. Et, enfin, des nuisances protéiformes causées ou subies par les établissements industriels viennent complexifier ce problème. La spatialisation approximative, c'est celle qui est insuffisamment réfléchie par rapport aux externalités positives et aux éventuelles extensions futures, interdisant d'engranger le maximum de profits et de garantir la pérennité de ces établissements sur le site choisi. Plusieurs entreprises industrielles ont ainsi fermé, ou se sont délocalisées, causant (ou subissant) beaucoup de nuisances (Essombè Edimo, 2007a). Une spatialisation bien idéale est perçue comme un atout, car elle renforce l'attractivité de l'entreprise. Elle favorise sa pérennité en l'affirmant dans le marché local, elle crée des opportunités d'affaires (Gavrieleux et Malezieux, 1986).

Conduite principalement à partir des analyses des documents d'urbanisme et de la dynamique des implantations des entreprises industrielles dans la ville de Yaoundé, cet article présente un premier axe intitulé « Une très courte vision industrielle spatiale prospective au Cameroun et à Yaoundé ». Il est question d'analyser les documents d'urbanisme et ceux de la prévision et d'orientation économique du pays, et de confirmer qu'il y a effectivement très peu de prévisions spatiales industrielles au Cameroun. Un deuxième axe de recherche intitulé « Les enjeux de la spatialisation des entreprises industrielles à Yaoundé », dans lequel les conséquences de cette première situation seront dévoilées en termes de liberté d'implantation des entreprises, de ses conséquences et des perspectives du développement industriel à Yaoundé. Cette étude soulève la nécessité d'entourer tout processus industriel d'une organisation et d'un suivi.

I. Une très courte vision industrielle spatiale prospective au Cameroun et à Yaoundé

La vision industrielle spatiale prospective se comprend comme une prévision des espaces pouvant accueillir des entreprises industrielles, ou tout investissement productif en quête d'implantation dans un territoire donné, une ville par exemple. Anticiper correctement le futur pour être en mesure de s'y préparer est l'une des clés de la pérennité et de la compétitivité de long terme des entreprises (Moati, 2008). Le développement socio-économique ne peut être la conséquence d'un processus spontané et non soumis à aucune prospective, à aucun contrôle, ni à aucun suivi. Mais c'est le résultat d'une action délibérée des centres publics de décisions engageant la participation consciente de toute la communauté (Ikonicoff, 2000). Le développement économique et social est tributaire de la spatialisation, un facteur d'attractivité des territoires.

À l'analyse, la problématique est qu'au Cameroun, tous les documents d'urbanisme et ceux de la planification urbaine, ainsi que ceux de prévision ou d'orientation du développement économique et social de la ville de Yaoundé, confirment l'hypothèse qui stipule que la dimension spatiale du développement industriel y est peu perceptible. Dans ces documents, peu de place a été consacrée à la spatialisation des entreprises industrielles. La spatialisation découle de la planification. La planification consiste à projeter, dans l'avenir, des évolutions plausibles du développement socio-économique d'un pays à un horizon donné, et à en prévoir un cadre d'action global. Au Cameroun, la pratique de la planification date de l'indépendance du pays avec l'élaboration et la mise en œuvre des plans quinquennaux de 1960 à 1986. Les cinq plans quinquennaux de développement économique, social et culturel ont prévu, dans le cadre de la politique prônée de décentralisation du tissu industriel du pays concentré à Douala, de débuter et de poursuivre l'aménagement des zones industrielles dans d'autres centres du pays. Le sixième plan quinquennal de développement économique et social du Cameroun, qui devait couvrir les décennies 1986-1991, n'a pas été exécuté.

Les balbutiements dans la planification industrielle dans la décennie 1960-1970, issus des plans quinquennaux de développement économique et social, ont conduit les pouvoirs publics à s'engager dans une politique volontariste de promotion et de planification industrielles, notamment à travers la création des zones industrielles (**Tableau 1**). Ainsi a été créée la Mission d'Aménagement et de Gestion des Zones industrielles (MAGZI) par le décret N° 71/DF/95 du 1er/3/1971, modifiée par les décrets N°73/483 et 80/474 des

25/8/1973 et 5/12/1980. Cet « établissement public à caractère industriel et commercial intervient, comme maître d'œuvre, pour le compte de l'État, dans les opérations d'aménagement des terrains destinés à accueillir les industries, ainsi que leur gestion » (Mouafo, 1991). Cet établissement a été transformé en Société à capital public par les décrets N° 2019/205 du 24 avril 2019 et le décret N° 2019/206 du 24 avril 2019. Aux sept zones précédemment créées et issues des plans quinquennaux se sont ajoutées quatre (4) autres zones industrielles MAGZI, ce qui porte ce chiffre à onze (11) au total.

Dans l'optique d'une plus grande couverture du territoire national, la MAGZI compte créer de nouvelles zones industrielles, afin de couvrir progressivement tout le pays. Ainsi, la création d'autres zones a été planifiée depuis quelques années. Dans un avenir relativement proche donc, de nouvelles zones industrielles, MAGZI verront le jour. Il s'agit de :

- Yassa à Douala, région du Littoral –400 hectares ;
- Dibombari dans le Moungo, Région du Littoral-300 hectares ;
- Nomayos, Région du Centre-201 hectares ;
- Meyomessala, région du Sud –100 hectares ;
- Kribi, Région du sud –3000 hectares (zone industrialo-portuaire).

De nombreux autres documents d'orientation du développement économique et social ont vu le jour au Cameroun, pour sa transformation structurelle et son développement inclusif. C'est que « Le Gouvernement s'est doté, en 2009, d'une vision de développement à long terme du Cameroun, contenue dans le document « Cameroun–Vision 2035 ». Cette vision, qui fournit une image du pays à l'horizon 2035, ambitionne de faire du Cameroun un pays émergent, démocratique et uni dans sa diversité. Elle constitue le cadre de référence de la politique économique de l'État. Elle requiert du secteur industriel que le pays atteigne le statut de Nouveau Pays Industrialisé (NPI). Ce qui impliquerait, à terme, que la part de la production manufacturière dans le PIB soit de l'ordre de 23 à 24 %, et que l'exportation de produits manufacturés prenne une place importante dans la structure des échanges extérieurs.

Dans le cadre de l'opérationnalisation de cette vision, le Gouvernement a élaboré le Document de Stratégie pour la Croissance et l'Emploi (DSCE), qui constitue son cadre de planification décennale pour la période 2010-2020 (PDI : 16). L'objectif général du DSCE est d'accélérer la croissance et favoriser la création d'emplois. À l'instar du Document de stratégie pour la croissance et l'emploi de 2009 (DSCE 2009), ou encore de « Cameroun Vision 2035 », il y a aussi le Plan directeur d'industrialisation (PDI) et la Stratégie nationale de développement 2020-2030 (SND30), qui se concentrent sur la transformation structurelle de l'économie, et dont la stratégie d'industrialisation en est le pilier. Le PDI est le document par excellence du développement industriel d'un pays. On se souvient que le premier PDI élaboré en 1982 et approuvé en 1989 n'a pas pu être mis en œuvre, suite à la crise économique de 1987. Mais il n'y avait rien concernant les orientations sur la spatialisation de l'industrie. Le second Plan directeur d'Industrialisation (PDI) dont se dote le Cameroun en 1989, se présente comme « véritable boussole permettant de conduire de manière méthodique et rationnelle, l'industrialisation de ce pays ». Dans ce PDI, il est question d'une « réorganisation de la logique d'intervention bâtie sur trois (03) sanctuaires : le Numérique, l'Agro-industrie, l'Énergie, sur cinq (05) Piliers industriels stratégiques : le Textile/Confection/Cuir, les Mines et la Métallurgie, la Forêt/Bois, les Hydrocarbures et la Pétrochimie, la Chimie et la Pharmacie », et deux socles : infrastructures et financement (PDI, 2009). Le Cameroun ambitionne ainsi de devenir le Commutateur, le Nourricier et l'Équipementier de la CEEAC et du Nigeria. L'enjeu de cette dynamique d'industrialisation est de faire du Cameroun « l'usine de la Nouvelle Afrique Industrielle » (PDI 2017). Il est en effet question de « Procéder aux réformes indispensables pour transformer le Cameroun en un hub financier de premier rang dans le golfe de Guinée et soutenir la vision d'industrialisation du pays » (SND 30).

À l'exemple de la plupart des pays africains, le développement industriel du Cameroun s'est opéré sans planification réelle. À Yaoundé, la plupart des entreprises créées avant ou au cours des deux premières décennies qui ont suivi les indépendances n'étaient qu'une juxtaposition d'unités entretenant très peu d'échanges interindustriels[45]. On n'a pas vu de véritables paysages industriels, en tout cas pas dans des zones spécifiquement dédiées à cette fin.

Le Cameroun a privilégié depuis son indépendance les seules politiques publiques conventionnelles pour conduire le processus d'industrialisation. Cependant, la crise économique des années 1980 a entraîné un changement de cap. Désormais, le développement économique et social ne dépend plus uniquement des autorités centrales. Les promoteurs privés sont également responsables de la création d'entreprises et du choix de leur localisation. Les hommes et femmes d'affaires au Cameroun ont adhéré au régime de la zone franche industrielle, mais l'absence d'un espace de création publique ou privée pour accueillir les entreprises industrielles a constitué un véritable frein pour eux. Cette stratégie privée a échoué. « La non-existence d'une zone proprement franche » (Ngo Balépa, 2012) est manifeste au Cameroun en général et à Yaoundé en particulier. En effet, la zone prévue pour le port de Douala est maintenant occupée par des conteneurs, en friche en 2009. La ZFIC s'est muée en Points Francs Industriels (PFI), y compris dans la zone MAGZI de Yaoundé.

Même si ces documents envisagent le développement industriel à moyen et à long terme sous le prisme socio-économique, ils ne reflètent en rien une vision spatiale prospective du développement industriel. Les documents de planification urbaine et d'urbanisme (Schéma directeur d'aménagement

[45] Commission économique de l'ONU pour l'Afrique, 22 octobre 1991, 45 p

urbain (SDAU), plan d'occupation des sols…) fixent le cadre et les règles de l'usage des espaces. Ils contribuent à la planification urbaine. Dans le SDAU de Yaoundé, des espaces ont été prévus pour abriter les activités industrielles. Cependant, ils ont tous été rattrapés par une urbanisation rapide. Ainsi, les espaces qui ont été alloués à l'industrie n'ont pas été aménagés et ont, par la suite, été occupés par les populations. Seule la zone industrielle de Yaoundé sud-est opérationnelle. Elle est partiellement aménagée, mais une grande partie est occupée par les populations et les activités commerciales.

Tous les documents d'orientation du développement économique et social se cantonnent à donner les grandes orientations de l'économie nationale, et visent à mettre en place les conditions favorables à la croissance économique et à l'accumulation de la richesse nationale à travers des modifications structurelles indispensables. Mais bien que ce n'en soit pas l'objectif, la planification spatiale y est absente, c'est-à-dire que l'on ne trouve dans ces documents aucune allusion à un espace à occuper par les entreprises industrielles qui souhaitent s'implanter. Dans ces conditions, où sont donc localisées les entreprises industrielles de Yaoundé ?

Tableau 1 : L es zones industrielles MAGZI au Cameroun (2016)

N°	Dénomina-tion de la Zone industriel-le MAGZI	Lieu de situation *(Région/Ville)*	Nombre d'entreprises et/ou établissements implantés	Superficie de la zone créée *(en ha)*	Superficie aménagée (en ha)	Superficie déjà occupée *(en ha)*	Coût du patrimoine foncier (en millions de Francs CFA)
1	Bonabéri	Littoral/Douala	85	192	130	159	122 133
2	Bassa	Littoral/Douala	119	150	125	118	137 054
3	Yaoundé Sud	Centre/Yaoundé	114	316	100	129	77 614
4	Ombé	Sud-Ouest/Ombé	17	133	32	32	13 444
5	Garoua	Nord/Garoua	7	90	10	8	6 397
6	Ngaoundéré	Adamaoua/ Ngaoundéré	24	115	70	78	14 964
7	Banengo	Ouest/ Bafoussam	0	25	0	0	3 797
8	Koptchou	Ouest/ Bafoussam	1	3	3	3	
9	Bamenda	Nord-Ouest/ Bamenda	/	44	44	/	4 874
10	Koumé-Bonis	Est/ Bertoua	/	105	-	/	10 460
11	Mandjou-Kano	Est/ Bertoua	/	120	-	/	8 454
TOTAL			**367**	**1 293**	**542**	**557**	**399 191**

Source:*https://www.magzicameroun.com/index.php/fr/zonecom/presentation*

II. Les enjeux de la spatialisation des entreprises industrielles à Yaoundé

Les enjeux de la spatialisation des entreprises industrielles à Yaoundé démontrent non seulement l'absence ou la courte vision industrielle spatiale prospective au Cameroun et à Yaoundé, mais aussi la liberté de localisation des entreprises et les nuisances qui en résultent.

L'industrie est un phénomène urbain au Cameroun. En effet, à Yaoundé, par exemple, 94,19 % des établissements de la région du Centre sont localisés dans tous les arrondissements urbains de cette ville, comme le montre le **Tableau 2**. Où sont donc localisées les entreprises industrielles de Yaoundé ? La grande majorité des établissements est disséminée dans le tissu urbain et elles ne respectent pas le cadre spatial minimum prévu pour les accueillir.

1. La liberté de localisation des entreprises dans les arrondissements de Yaoundé

C'est l'entrepreneur industriel qui décide du choix de la localisation de son entreprise à l'intérieur du tissu urbain. Il s'ensuit une implantation anarchique des entreprises industrielles dans le tissu urbain, en marge de la légalité, sous l'œil « de la tolérance administrative » des autorités en charge de l'aménagement du territoire. La saturation du tissu urbain conduit souvent certaines entreprises à rechercher de nouveaux espaces, notamment dans les espaces périurbains. En effet, ces derniers de plus en plus accueillent de nouvelles implantations. C'est surtout à cause de la congestion des centres urbains et de la recherche de l'espace pour d'éventuelles extensions, ainsi que de la main-d'œuvre bon marché.

Par son caractère spatialement anarchique dans la ville, l'implantation industrielle échappe souvent à l'encadrement bienveillant des autorités et aux mesures qu'elles prennent dans le cadre de l'aménagement du territoire urbain. Ensuite, le phénomène d'éparpillement est alors une des caractéristiques de l'étalement urbain. Les arrondissements de Yaoundé III et Yaoundé IV totalisent à eux seuls le plus grand nombre d'entreprises industrielles, près de la moitié, 49,7 % des 529 entreprises recensées dans la ville en 2019. Ces deux arrondissements urbains sont les plus anciens ; ils abritent la zone industrielle MAGZI Sud de Yaoundé depuis les années 1983. Ils sont très peuplés, de 3702 ha/km^2 pour Yaoundé III et de 8118 ha/km^2 Yaoundé IV en 2019. Une population nombreuse sur un territoire est un atout pour la localisation d'une entreprise. En effet, la population constitue un marché étendu de consommateurs et une main-d'œuvre abondante et qualifiée. Il s'agit aussi de l'ancienneté de la présence de l'industrie dans ces arrondissements. En effet, le passé industriel joue un rôle très important dans un territoire. Il suffit de penser aux expériences du travail industriel acquises par la main-d'œuvre ou à la proximité du centre-ville où se trouvent les ministères et les institutions politiques. Sans oublier que la présence de nombreuses infrastructures administratives et d'aide aux entreprises industrielles, le siège des grandes activités bancaires, commerciales et la présence des universités et centres de recherche sont autant de facteurs de localisation des entreprises industrielles (Merenne-Schoumaker, 2011, Ngo Balepa, 2019, Bilo'o Alo'o, 2023 ; Essombè Edimo, 2015).

Viennent ensuite, par ordre de grandeur décroissante du nombre d'entreprises implantées, les arrondissements de Yaoundé I avec 17,4 %, Yaoundé II avec 12,6 %, Yaoundé V avec 10,9 %, Yaoundé VI, 6,2 % et Yaoundé VII, 3,2 % (**Tableau 2** et **Figure 1**). Ces arrondissements s'industrialisent grâce à l'accroissement démographique. En dehors de ce qu'est la population comme facteur de localisation sur le plan quantitatif et qualitatif, les nouveaux arrivants peuvent être en même temps des entrepreneurs qui souhaitent implanter leurs entreprises librement. C'est-à-dire sur un terrain propre à eux. Il existe aussi, en périphérie urbaine, de vastes terrains non encore occupés et moins chers que dans le centre urbain, susceptibles d'abriter une localisation industrielle. La périphérie urbaine est alors très vite rattrapée par les infrastructures urbaines et devient une centralité (Essombè Edimo, 2007b). Il en va ainsi de la zone industrielle sud de Yaoundé, qui, dans les années 1980, était situé à la périphérie, et qui, aujourd'hui, se retrouve au centre de la ville.

Tableau 2 : Localisation des établissements industriels par arrondissement à Yaoundé

Arrondissements	Quartiers	Effectifs	%	Yaoundé II	Fébé	67	12,6
Yaoundé I	Bastos	92	17.4		Mbankolo		
	Olembé				Messa		
	Nyom				Madagascar		
	Okolo				Mkomkana		
	Émana				Tsinga		
	Tongolo				Mokolo		
	Ekoudou				Briqueterie		
	Etoudi				Citéeverte		
	Nkoléton				Angono		
	Djoungolo				Plateau		
	MballaII			Yaoundé IV	Mimboman	127	24.0
	Mballa IV				MvogMbi		
	Etoa Meki				Emombo		
	Nkolondom				Nkomo		
Yaoundé III	Centre administratif	136	25.7		Kondengui		
	Mvolye				Awae		
	EligBelibi				Ekounou		
	NgoaEkelle				Ndamvout		
	Olezoa				Ekoumdoum		
	Dakar				Odza		
	Efoulan				Messamendon-go		
	Nsimeyong				Nkolndongo		
	Nsam				Meyo		
	Obobogo				Minkan		
	Ahala				Ayene		
	Etoa				Mvan		
	Afanoyoa				Nkol ewe		
	Mekoumbou				Anguissa		
Yaoundé V	MvogEbanda	58	10.9	Yaoundé VI	Elig Effa	33	6.2
	Nkolmesseng				Nkol Bikok		
	Mfandena				Mvog Beti		
	NkolEbogo				Melen		
	Essos				Obili		
	MvogAda				Etoug Ebé		
Yaoundé VII	Carrière	17	3.2		Simbock		
	Oyomabang				Biyem-assi		
	Etetak						
	Total					**529**	**100**

Source : *Enquêtes de terrain, 2019*

L'industrie conduit à la recomposition de l'espace. Ainsi l'afflux de population, dû à l'implantation industrielle, provoque une croissance accélérée des périphéries et des banlieues avec de grandes répercussions sur les besoins de logement. D'où la construction de nombreux logements, et l'implantation de petites entreprises de services et de commerces ou d'entreprises moyennes liées à la production de biens de consommation ou de biens d'investissement des ménages.

Figure1 : Le poids de l'industrie dans les arrondissements de Yaoundé en 2019

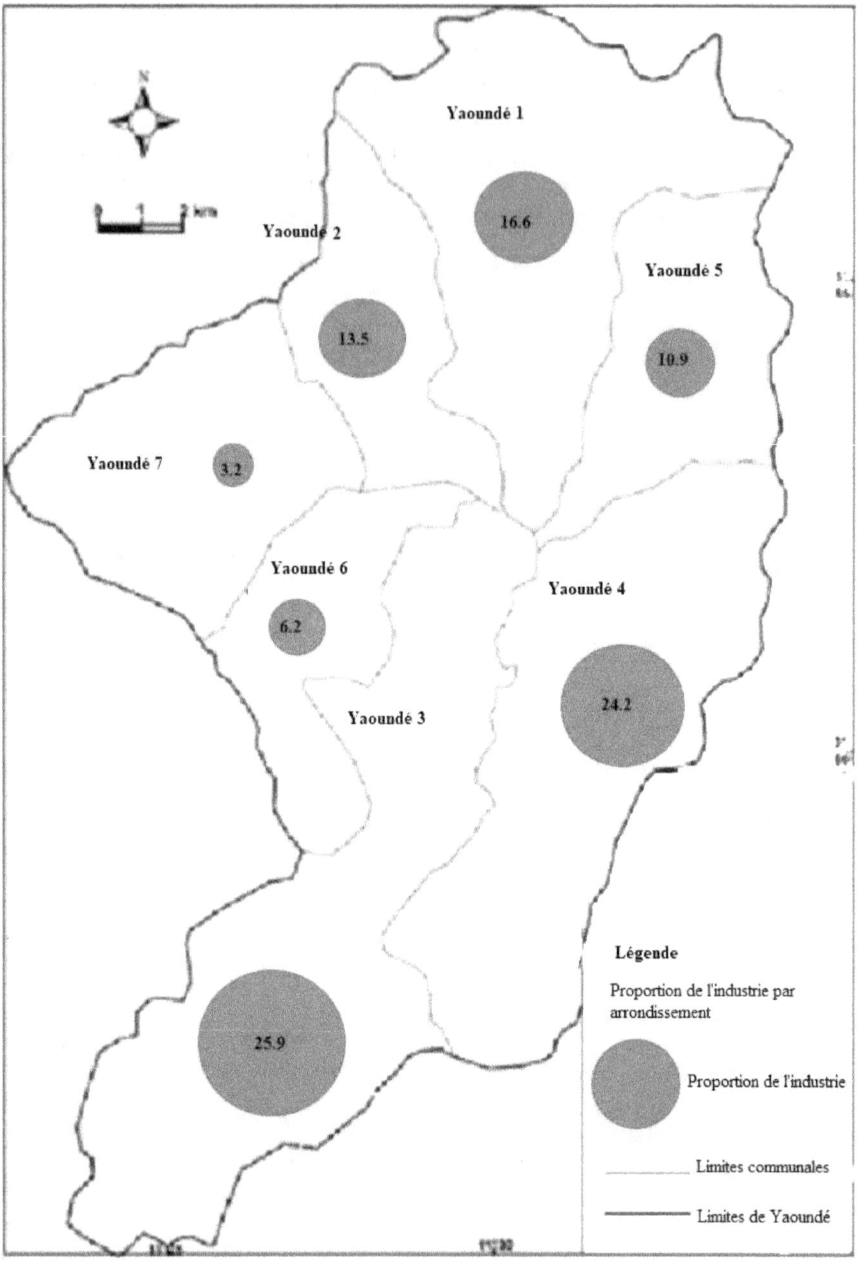

Source : Enquêtes de terrain

2. L'irrespect du cadre minimum réservé aux entreprises industrielles

C'est le deuxième axe de recherche dans les enjeux de la spatialisation des entreprises industrielles dans la ville de Yaoundé. Il a quand même été prévu un minimum d'espaces pour accueillir les entreprises industrielles. La localisation s'est donc également concentrée au niveau des zones industrielles (Tableau 3). Il en existe cinq (5). Une seule relève de la MAGZI, la zone industrielle sud de Yaoundé. Trois (3) relèvent des prévisions du Schéma directeur d'Aménagement et d'urbanisme (SDAU) de 1982. Une zone a été spontanée.

Tableau 3 : Les zones industrielles de Yaoundé de 1980 à nos jours

Zones industrielles	**Statut**	**Superficiels hectares**	**Effectif des entreprises industrielles**
Zone MAGZI de Yaoundé Sud	Zone de droit	315	12
Zones industrielles situées sur la Nationale 3	Zone de fait	Non déterminé	18
Bitotol	Abandonnée	160	/
NkolOzola	Abandonnée	240	/
Olembé	Abandonnée	100	/
TOTAL			30

Source : *Enquêtes de terrain, 2019*

Il s'agit de la zone industrielle de Yaoundé Sud (315 ha). Elle est la toute première au Cameroun. Elle se situe au sud de la ville, entre le quartier Nsam et Mvan, avec un prolongement vers le quartier Mvog-Mbi. L'implantation de ce pôle est certainement liée à la disponibilité de l'espace, c'est-à-dire à la présence des terrains périphériques peu onéreux en 1983 à l'époque. Le fleuve Mfoundi, qui traverse cet espace, a certainement été un atout pour les grandes entreprises qui s'y sont installées. La proximité de voies ferrées, la présence d'infrastructures routières et la proximité de l'aéroport ont certainement été décisives. Il s'agit d'un secteur industriel réglementé (Essombè Edimo et Ngo Balepa, 2013), c'est-à-dire qu'il a été spécifiquement conçu et aménagé pour accueillir des entreprises manufacturières. La zone industrielle sud de Yaoundé a été partiellement aménagée. On peut y voir des entreprises implantées. Toutefois, il est constaté que cette zone industrielle MAGZI n'est occupée que par une douzaine d'entreprises industrielles. L'urbanisation, qui a horreur du vide, a envahi les espaces laissés vacants.

D'autres zones industrielles ont été prévues dans le SDAU 1982. Il s'agit du site de Bitotol, 160 ha dans la Mefou et Afamba, qui au gré des découpages administratifs s'est finalement retrouvé dans le département du Mfoundi.

Ensuite, le site d'Olembé s'étend sur 240 hectares au nord-ouest de la ville. Ces espaces ont été choisis pour abriter les entreprises industrielles. Leur éloignement de la ville était avantageux, car ils représentaient une réserve de terrains en cas de saturation de la zone principale de Yaoundé Sud. Le site de Nkol-Ozola, 100 ha, est occupé en partie par la Régifercam. Ces trois zones industrielles ont été abandonnées. Car l'implémentation du SDAU n'est pas arrivée à son terme. Les sites sont occupés aujourd'hui par les populations, dans un contexte de forte spéculation foncière.

L'espace industriel de fait est un espace occupé par les entreprises industrielles de façon spontanée, sans répondre à une exigence particulière de planification spatiale. C'est le cas de la cinquième zone qui se situe sur la Nationale N3, la route Yaoundé-Douala. Elle n'appartient pas à la MAGZI, et elle n'a pas été prévue dans le SDAU. Elle doit son existence grâce au concours des facteurs décisifs, tels que la congestion dans le centre urbain, la rareté de grands terrains et, surtout, leur coût onéreux, la présence d'une infrastructure routière leur permettant de s'approvisionner et d'écouler leur production via le port de Douala. Ici, les entreprises bénéficient de terrains vastes et naguère à moindre coût pour leurs extensions. Cette zone a également bénéficié de l'assentiment des pouvoirs publics, qui ont manifesté via le SDAU 2020, leur intention de densifier cet axe qui relie la ville de Yaoundé à celle de Mbankomo, en y implantant des industries. Dix-huit (18) entreprises y sont implantées et bénéficient des infrastructures ayant été aménagées pour répondre aux besoins en énergie des entreprises qui en sont de grosses consommatrices.

Malheureusement, c'est le minimum des entreprises industrielles qui est implanté dans cette zone MAGZI industrielle Sud de Yaoundé et aussi dans les zones industrielles de fait. Les zones industrielles prévues dans le SDAU n'enregistrent aucune implantation d'entreprises jusqu'à présent pour des raisons inconnues. Toutes les autres entreprises sont disséminées dans les quartiers des arrondissements de la ville de Yaoundé, dans l'irrespect total du minimum qui a été prévu pour elles. On observe que la spatialisation des activités industrielles a une incidence sur la forme urbaine et la qualité des milieux de vie. L'imbrication du tissu urbain dans l'espace industriel est source de nombreuses nuisances, et des conflits protéiformes, mais surtout fonciers.

III. Les nuisances multiformes, la dégradation de l'environnement et les risques sanitaires

Le terme nuisance désigne toute dégradation de l'environnement qui ne présente pas d'impact écotoxicologique, mais qui a pour conséquence d'induire une gêne pouvant conduire jusqu'à la maladie pour les personnes qui la subissent. Elle se caractérise généralement par un fait, une source, perceptible, et provoque une gêne réelle pour un ou plusieurs individus. En économie, on parle également « d'externalité ». Les nuisances sont de plusieurs types et se présentent sous des formes diverses dans la ville de Yaoundé (**Tableau 4** et **Planche 1**). La dégradation de l'environnement et les risques sanitaires résultent aussi du fonctionnement des entreprises industrielles comme effets négatifs. L'on note en effet des nuisances multiformes c'est-à-dire :

1. Les nuisances esthétiques

Elles se caractérisent par la modification dégradante d'un paysage. Elles sont provoquées par un urbanisme indigent, qui altère gravement la qualité visuelle des paysages, surtout par la dispersion des déchets de toutes sortes, des effluents liquides et d'emballages plastiques dans la nature.

2. Les nuisances à la qualité de l'air

Concernant la qualité de l'air, on retrouve principalement les nuisances olfactives résultant de l'émanation d'odeurs nauséabondes, provenant des déchets solides, liquides ou gazeux, des poussières qui détériorent la qualité de l'air. Les activités principalement responsables de nuisances de la qualité de l'air sont les suivantes :

- L'extraction et la transformation des matériaux de construction des carrières, des mines, et de toutes sortes de manipulations de leurs déchets.
- Les installations industrielles de chimie, d'agroalimentaire, de papeterie, etc. (**Tableau 3**). Ces nuisances peuvent induire une gêne pouvant aller jusqu'à des symptômes physiques, comme des maux de tête, des vomissements, des irritations du système respiratoire, des nuisances oculaires.

3. Les nuisances sonores

Le bruit est un « phénomène acoustique produisant une sensation auditive jugée désagréable ou gênante » (AFNOR NF 530-105). Les effets auditifs du bruit sont de deux ordres :

Tableau 4 : Les types de nuisances connues par les établissements industriels à Yaoundé

Nuisances	Effectif des établissements concernés	Activités de ces entreprises	Pourcentage %
Visuelles ou esthétiques	92	- Rejets des effluents liquides et des huiles dans la nature par les Boulangeries, l'industrie de la Boisson, les papeteries ; - Insalubrité généralisée - Industrie du textile et de la confection, exemple des teintureries ; - Dépôt des produits plastiques dans la nature par l'industrie de la boisson.	17.4
Olfactives	252	Boisson, Boulangeries, Carrières, industrie de la viande et du poisson, Papeterie, Provenderies.	42.3
Sonores	116	Menuiseries, BTP, Provenderies	21.9
Toutes les nuisances à la fois	96	Toutes à la fois	18.4
Total	**529**		**100**

Source : *Enquêtes de terrain, 2019*

- La fatigue auditive correspond à un défaut temporaire d'audition qui se caractérise par une diminution de la sensibilité auditive pendant un temps limité après la fin de la stimulation acoustique ;
- Les pertes auditives partielles ou totales sont irréversibles et peuvent compromettre l'avenir professionnel ou social de l'individu. La sensibilité au bruit est d'ailleurs plus forte chez soi que sur son lieu de travail ou dans ses déplacements. Le domicile apparaît comme un lieu de refuge où l'on ne veut pas être dérangé, et où l'on se montre donc plus facilement gêné par les bruits.

4. La dégradation de l'environnement

Les problèmes environnementaux constituent une véritable calamité pour la nature et pour la santé humaine. Les eaux usées, fortement chargées, sont préoccupantes pour les populations. La pollution et la dégradation de la qualité des ressources en eau, avec comme conséquence la disparition des espèces aquatiques, sont vécues par 78 % des ménages interrogés. La contamination des sols est évoquée par 63 % des ménages entraînant la détérioration de la qualité, l'érosion et le ravinement des sols, la détérioration du cadre de vie, la destruction du patrimoine urbain, l'insalubrité et la gêne des voisins qui est ressentie par 40 % des ménages interrogés.

Planche 1 : Quelques nuisances causées par les établissements industriels à Yaoundé

Source : Photo Bilo'o Alo'o (septembre 2019)

Photo 1 : Des effluents liquides répandus dans la nature

De nombreuses entreprises de cette zone d'étude déversent les eaux usées et les déchets dans les rues et les rigoles en marge de toute législation.

Source : Photo Bilo'o Alo'o (septembre 2019)

Photo 2 : Des déchets entassés à l'arrière d'une usine

Les déchets (1) entassés ici dégagent des odeurs nauséabondes qui gênent constamment le voisinage. Les lixiviats (2) provenant de ces déchets s'écoulent dans la nature.

Les réseaux techniques urbains connaissent également des problèmes, du fait des eaux usées mal drainées. En effet, 52 % des ménages interviewés ont mentionné les débouchages d'égouts, les obstructions des systèmes de drainage des eaux pluviales, des cas de canalisations endommagées et des remontées d'eaux usées sur la chaussée. Ces problèmes représentent 23 %, 7 % et 2 % des réponses, respectivement. Les conséquences évoquées par les ménages de l'échantillon sont entre autres : la destruction des infrastructures urbaines, la réduction de la durée de vie des réseaux urbains, particulièrement une voirie impraticable qui ralentit les activités économiques.

Les effets des nuisances industrielles sur la santé des populations à Yaoundé

Les problèmes de santé (**Tableau 5**), dus au non-traitement des eaux usées et à leur stagnation dans les drains et les espaces libres, sont signalés comme nuisances par 56 % des ménages interrogés. La prolifération de gîtes des vecteurs de maladies, tels que les moustiques, les mouches, les cafards et les rongeurs, ainsi que des odeurs nauséabondes sont citées par 60 % des ménages de la zone. La présence, dans les eaux usées, de germes et des microbes pathogènes, est perçue par 30 % des ménages comme facteurs de maladies chez les riverains. En effet, une analyse des données issues du service épidémiologie du ministère de la Santé (Direction de la santé communautaire en 2019) montre que les risques de maladies hydriques sont élevés dans toute la ville, sans distinction de tissu urbain, notamment dans les ménages riverains des cours d'eau et des zones de stagnation des eaux usées.

Le paludisme, qui affecte en moyenne 35 % des ménages de la zone d'étude, la diarrhée et la dysenterie dont a souffert 11 % des ménages de l'échantillon, la typhoïde qui touche près de 10 % des ménages étudiés, la toux dans 17 % des ménages, sont des maladies que l'étude permet de relever dans l'échantillon.

Tableau 5 : Les effets des nuisances industrielles sur la santé des populations à Yaoundé

Effets des nuisances	**Action**	**Conséquences** sur la santé des populations
Irritation des yeux, du nez et de la gorge	Stimulation des voix nasales et respiratoires et par les substances irritantes	- Congestion nasale et sinusale - Inflammation respiratoire et symptômes associés : • Augmentation de la résistance à la pénétration de l'air • Bronchoconstriction et constriction laryngienne • Diminution du volume et du flux d'air inspiré • Augmentation du rythme respiratoire et cardiaque • Rhinites • Sinusites
Stimulation des nerfs	Activation des nerfs crâniens liés au système sensoriel	• Maux de tête • Nausées • Exacerbation des désordres allergiques et de l'asthme • Fatigue olfactive (notamment suite à l'exposition au H2S et aux mercaptans) • Dysfonctionnement olfactif (perception distordue, diminuée ou amplifiée
Perturbations émotionnelles et cognitives	Système limbique (émotionnel) et mémoire fortement liés au système olfactif	• Perturbation de l'humeur et des performances • Fatigue • Manque d'appétit • Stress et symptômes liés au stress - Perturbations du système immunitaire - Perturbations endocriniennes - Symptômes somatiques (augmentation de la tension artérielle, par exemple)

Source : *Enquêtes de terrain, 2019*

De cette étude, il ressort que ces maladies sont la cause de près de 15 % des affections dans les ménages de la ville de Yaoundé. Les enfants de moins de 5 ans sont les plus touchés, et représentent 30 % des cas déclarés dans l'ensemble des centres hospitaliers de la ville (MINSANTE/DSC, 2002). Non seulement les problèmes de santé sont autant de risques dans ces zones imbriquées, mais les conflits fonciers y sont aussi légion.

5. Les conflits fonciers

Les conflits surviennent lorsque plusieurs groupes cherchent à défendre des intérêts incompatibles. Il s'agit, par exemple, des droits fonciers obtenus par voie de succession ; des limites des parcelles entre familles et communautés voisines ; des différends entre une communauté et un organisme public pour l'accès à des terres domaniales ; des chevauchements entre les structures coutumières et juridiques pour la reconnaissance des droits fonciers.

Le principal conflit foncier en rapport étroit avec l'industrialisation est celui qui oppose la MAGZI aux populations de Yaoundé III et de Yaoundé IV, respectivement, à Nsam et à Mvan. Après la création de la MAGZI, l'État a eu besoin d'un vaste espace, soit 315 hectares, pour implanter la zone industrielle. La zone de Yaoundé sud-est choisie. Cependant, cet espace est occupé par les Mvog Atemengue qui estiment que c'est leur propriété. La MAGZI a procédé, avec l'accord du MINDUH, à des expropriations sur les sites de Mvan et de Nsam et même à des destructions matérielles pour dissuader les « occupants illégaux ». Cependant, les populations réfractaires, considérant qu'elles ont été abusivement traitées, sont revenues s'installer sur les mêmes lieux et ont reconstruit les maisons qui ont été détruites.

À cause de l'urbanisation galopante, la zone industrielle de Yaoundé sud-est prise d'assaut par les populations et les activités non industrielles. En effet, il y a plus d'entrepôts et de commerces que d'industries dans cet espace. Avec cela, il ne reste plus beaucoup d'espace à l'industrie, qui se trouve minoritaire et à l'étroit dans la zone qui lui était dédiée. Ce qui est, en soi, un facteur limitant pour l'implantation industrielle. En effet, la Zone industrielle est irrégulièrement modifiée par le conservateur foncier, en violation des dispositions du décret d'expropriation. C'est en partie cette occupation illégale qui ralentit les missions de la MAGZI[46]. Cependant, la demande des terrains par les entreprises est élevée. La plupart des investisseurs étrangers qui sollicitent des lots restent insatisfaits de l'offre qui ne répond pas à la réglementation et aux exigences minimales (MAGZI, 2019).

6. La recomposition spatiale

La recomposition de l'espace affecte la composition sociologique de la population d'origine. Elle a également un impact sur la vocation de ces espaces périurbains qui cessent d'être complètement agricoles. Car, il y a l'introduction de nouvelles activités visant à répondre aux besoins des nouveaux arrivants issus d'horizons divers. Elle a également une incidence sur l'aménagement du territoire. En effet, la morphologie de ces espaces va changer. Les cases

[46] Christol Manon, Directeur de la MAGZI lors de la conférence de presse du 12 mai 2021

construites en terre battue et en semi-dur, caractéristiques des espaces ruraux et périurbains, deviennent des logements construits en matériaux définitifs, décents et qui répondent le mieux aux besoins et aux aspirations des nouveaux arrivants.

Le développement industriel revêt une dimension socio-économique, mais aussi une dimension spatiale, et il est implémenté sur un espace grâce à la scénarisation et à la modélisation. La spatialisation est une organisation et une qualification de l'espace terrestre en fonction de la perception et de l'utilisation qu'en ont les individus (Claval, 1974). L'industrie est une activité d'organisation de l'espace. Ainsi, dans un souci d'aménagement du territoire, les pouvoirs publics élaborent des documents de planification spatiale. Il existe ainsi des espaces réservés à l'habitat, aux cimetières, aux marchés (…) et ceux réservés à l'industrie. Le zoning industriel, c'est-à-dire l'affectation des espaces à un usage industriel, se matérialise par la création des zones industrielles. Afin de développer l'industrie et d'en faire une activité pérenne, ce sont des Zones industrielles, des Zones d'activités économiques, des Parcs industriels qui ont été créés et dans lesquels l'industrie vit, où elle s'épanouit et peut réaliser des extensions nécessaires à son développement.

La spatialisation optimale des entreprises industrielles est l'une des conditions de la réussite et de la pérennité de leurs activités sur un territoire donné. Et c'est une nécessité économique et de développement d'avoir des industries pérennes et compétitives. La spatialisation participe de cette nécessité. Elle conditionne la survie des entreprises. L'industrie est une activité qui se déroule dans un espace donné. Son développement et son échec sont liés aux conditions et mutations survenues dans cet espace.

Les entreprises qui s'implantent librement dans une région rencontrent des difficultés variées et parfois insurmontables, ce qui entrave l'intégration spatiale du développement industriel. Ceux-ci se présentant comme des défis importants à relever, afin de faciliter l'adaptation desdits espaces aux exigences de l'économie contemporaine et largement globalisée.

Conclusion

Depuis le début de l'ère industrielle, les entreprises recherchent la « localisation optimale », c'est-à-dire le meilleur emplacement possible et qui leur permet d'engranger le maximum de profit. Cependant, cette localisation optimale des entreprises industrielles est donc tributaire de la spatialisation. La spatialisation suppose que soient réservés des espaces appropriés pour accueillir les entreprises industrielles. Elle est optimale lorsqu'elle devint une des conditions de la réussite et de la pérennité de leurs activités sur un territoire donné. Or, le Cameroun, en général, et Yaoundé, en particulier, présentent une mauvaise spatialisation des entreprises industrielles, voire un non-respect du cadre minimal prévu pour les accueillir. Cela entraîne des conséquences très négatives. Quels sont donc les enjeux de la spatialisation dans la ville de Yaoundé ?

Yaoundé en général encore plus que les autres villes du Cameroun, présente les atouts tant sur le plan institutionnel que sur le plan humain, susceptibles de permettre le développement et la pérennisation des activités industrielles. Yaoundé est le cœur de l'administration, car c'est le siège des institutions, telles que les ministères, la trésorerie, la poste centrale, les bureaux de poste, les centres des impôts, et il y a deux universités et de grandes écoles... Sa population aussi bien sur le plan quantitatif que sur le plan qualitatif constitue également un important bassin de main-d'œuvre et un débouché pour les entreprises qui y sont installées.

Mais, premièrement, il n'y apparaît que très peu d'espaces formels pour accueillir les entreprises industrielles. Un seul espace a été prévu par la MAGZI et il n'est finalement occupé qu'à 15 %. Les douze (12) établissements industriels sur les 529 de l'échantillon qui y sont implantés bénéficient des atouts de la zone formelle.

Deuxièmement et paradoxalement, l'urbanisation est à l'assaut de ce minimum qui est la zone industrielle créée par la MAGZI pour accueillir les établissements industriels. Il y a plus d'urbanisation que d'industrialisation, c'est-à-dire des bâtiments et des infrastructures qui n'ont rien à voir avec l'industrialisation dans cette zone MAGZI.

Troisièmement, les entreprises industrielles se trouvent dans le tissu urbain où elles côtoient les habitations. Il y a une imbrication de l'urbanisation avec l'industrialisation c'est-à-dire des entreprises industrielles/habitats. Elle cause des nuisances et des conséquences néfastes pour les entreprises et les populations riveraines et tous les désagréments et les conflits que cela peut apporter.

L'industrialisation doit bénéficier des effets positifs de la planification. Cette dernière prévoit des espaces industriels pour toute implantation industrielle. La problématique foncière et les contraintes qui pèsent sur les entreprises localisées dans un contexte d'absence de planification préalable, d'infrastructures et de terrains alloués en prévision du développement industriel, bref, d'absence d'une vision spatiale du développement industriel et du non-respect du minimum mis à la disposition des entreprises, ainsi que de l'urbanisation rapide, incontrôlée et anarchique, sont autant de problématiques pertinentes à étudier pour atteindre le développement durable.

Bibliographie

Bilo'o Alo'o, M., T. (2023). Dynamiques, spatialisation et perspectives du développement industriel au Cameroun : cas de la ville de Yaoundé. Thèse de Doctorat/PhD en Géographie, Université de Douala, Département de Géographie 398p.

Claval P. (1974). La géographie et la perception de l'espace. In L'Espace géographique, tome 3, n° 3, pp.179-187.

Essombe Edimo, J., R., Nya Bonabébé (2007a). *Spatialité et développement économique à Douala entre hasard et nécessité,* Ed. L'Harmattan, 206 p.

Essombe Edimo, J., R., Nya Bonabébé (2007b). Localisation périphérique des entreprises industrielles et création de nouvelles centralités à Douala, *Mondes en développement*, 2007/1 n° 137, pp. 101-116.

Essombe Edimo, J., R., Nya Bonabébé (2015). Douala et la répartition spatiale des entreprises : polarisation et fragmentation, L'Harmattant, Paris.

Gaffard J. L. (2006). « Dynamique industrielle, productivité et croissance ». Revue de l'OFCE, Presses de Sciences Po. Pp 245-256

Gavrielatos, E. et Malezieux, J. (1986). L'espace industriel et le devenir urbain d'une métropole régionale à vocation internationale : le cas de Salonique, *Annales de géographie,* pp. 694-708.

Hesse, H. (2008). *Export diversification and economic growth.* World Bank Publications-Books, The world Bank Group, number 28040, December.

Ikonicoff, M. (1982). Les deux étapes de l'industrialisation dans le Tiers Monde, *Revue Tiers-Monde,* tome 23, n° 91. pp. 479-498.

Lall, S., V. (2005). Industrial location and spatial inequality: theory and evidence from India. *Review of Development Economics*/ Volume 9, Issue 1/ pp. 47-68. https://doi.org/10.1111.J.1467-9361.2005.00263.x

Mérenne-Schoumaker, B. (2011). *La localisation des industries. Enjeux et dynamiques.* PUR, 3e édition corrigée et mise à jour, 263 p.

Mouafo, D. (1991). Les zones industrielles MAGZI Douala, Cameroun, *in Revue de Géographie du Cameroun Volume X, n° 1,* p53-63.

Ngo Balépa, A., S., S. (2019). *Industrialisation et développement : Dynamiques, effets induits et perspectives au Cameroun,* Éditions CLE, Yaoundé, Cameroun, 219 p.

Ngo Balépa, A., S., S. (2012). Le régime de la zone franche industrielle au Cameroun (ZFIC) : Résultats mitigés d'une stratégie d'industrialisation porteuse d'espoirs ». *Les Cahiers d'Outre-Mer, Cameroun,* N° 259, Vol. 65, juillet-septembre 2012, Presses universitaires de Bordeaux (PUB), p. 339-369.

Rodrick, D. (2007). One Economics, many recipes: Globalisation, Institutions and Economic growth. Princeton University

Scharlig, A. (1973). *Où construire l'usine ? La localisation d'une entreprise industrielle dans la pratique.* Dunod, Paris.

Szirmai, A. (2009). Industrialisation as an engine of growth in developing countries, MERIT

Thorbecke, E. (1971). *Emploi et production*, Ed. OCDE, Coll Étude sur l'emploi, Paris, 215 p.

CHAPITRE 8 :

LA PRISE EN COMPTE DE L'ATTRACTIVITÉ TERRITORIALE DANS LES COLLECTIVITÉS TERRITORIALES DÉCENTRALISÉES : QUELLE STRATÉGIE POUR LE DÉVELOPPEMENT LOCAL ?

David SOSSO NJANGUI

Résumé

Le présent chapitre traite de la problématique de la prise en compte de l'attractivité territoriale dans les stratégies de développement local des Collectivités territoriales décentralisées, en l'occurrence la ville de Douala. Dans cette perspective, la Ville valorise de manière compétitive ses productions, construit une nouvelle image d'elle-même et met en valeur ses atouts et ses potentialités par rapport aux territoires concurrents. Cette recherche a pour objectif d'étudier l'attractivité territoriale de la ville, au regard du processus de construction d'un territoire (territorialisation) par les acteurs locaux (les opérateurs économiques), et d'appropriation d'un outil d'action publique pour agir collectivement. L'objectif de ce chapitre est de dégager au sein de la ville de Douala, la démarche de prise en compte de l'attractivité territoriale dans les stratégies de développement local.

À cet effet, il se pose le problème de savoir si l'attractivité territoriale accompagne le développement de la ville de Douala. Nous sommes partis de l'hypothèse selon laquelle l'attractivité territoriale est prise en compte dans le développement de la ville de Douala. L'approche méthodologique mobilisée est essentiellement basée sur une recherche documentaire et des enquêtes de terrain auprès d'une cible hétérogène, à savoir : les opérateurs économiques, les agents communaux et quelques habitants de la ville. Cela au moyen des protocoles d'entretien et d'administration de questionnaires élaborés, en tenant compte de leurs différents domaines d'intervention. Il résulte de cette étude que la prise en compte de l'attractivité territoriale semble être moins effective dans les stratégies de développement local de la Ville de Douala.

Mots-clés : *Attractivité territoriale, collectivités territoriales décentralisées, développement local*

Abstract

This chapter addresses issues of territorial attractiveness in the local development strategies of regional and local authorities, specifically the City of Douala. In this context, the City is developing its products in a competitive manner, building a new image of itself and highlighting its assets and potentials in relation to competing localities. This research aims to study the territorial attractiveness of the city, with respect to the process of construction of a given territory (territorialisation) by local stakeholders (investors), and the appropriation of a public action tool for collective action. The aim of this chapter is to outline, within the City of Douala, the approach to recognize territorial attractiveness in local development strategies.

To this end, the question arises as to whether territorial attractiveness supports the development of the City of Douala. We began with the hypothesis that territorial attractiveness is taken into account in the development of the City of Douala. The method used is essentially based on documentary research and field enquiries with a heterogeneous target group, i.e. stakeholders, council officials and some of the city's inhabitants. This took place by means of interview protocols and questionnaires drawn up, taking into account their different spheres of intervention. The result of this study is that territorial attractiveness seems to be less effectively taken into account in the local development strategies of the City of Douala.

Key words: *Territorial marketing, Territorial attractiveness, Regional and Local development.*

Introduction

L'attractivité territoriale, une notion encore très peu connue au Cameroun, est une démarche qui vise à améliorer la visibilité et la promotion d'un territoire donné, en vue de le positionner pour attirer des flux d'investissements et des compétences nouvelles. C'est un ensemble d'actions qui permet l'élaboration et la mise en œuvre des activités élaborées sur la base des stratégies d'une action publique. Dans un environnement en proie à la modernité et au développement, l'interaction attractivité territoriale/développement des entreprises dans un territoire s'intéresse à l'un des éléments constitutifs d'une politique d'offre locale ou territoriale : la communication publique territoriale. Cependant, la promotion du territoire ne constitue qu'une facette de l'attractivité territoriale. Cette dernière se concentre sur les territoires et les projets des entreprises, en se fondant sur trois éléments clés : une identité qu'il faut définir, renforcer, promouvoir et défendre ; des acteurs qu'il faut convaincre, fédérer, mobiliser et valoriser ; et des projets qu'il faut penser, positionner, conduire et promouvoir. Tout cela dépend du développement des entreprises.

Dans l'optique de participer au développement local, les entreprises investissent sur des projets de société qui interagissent sur le développement des collectivités territoriales. Il est donc évident de penser à l'existence d'une relation entre la mise en place d'une politique d'attractivité territoriale et le développement desdites collectivités qui, en fait, demande de revoir le marketing des territoires avec la participation des entreprises locales aux projets de leur territoire. En effet, grâce à l'attractivité territoriale, les décideurs locaux peuvent orienter leurs décisions de développement vers des actions précises qui vont donner au territoire une image forte et désirée par tous (les acteurs locaux, les populations et les investisseurs). En d'autres termes, il est question de remettre l'attractivité territoriale au centre de la problématique du développement des collectivités territoriales en s'assurant que le territoire soit le principal bénéficiaire des investissements des entreprises locales.

C'est ainsi qu'on note l'importance de l'attractivité du territoire[47] et au moyen de cette dernière que les décideurs des collectivités territoriales, de même que certains acteurs du territoire, tels que les investisseurs, les différents partenaires au développement, parviennent à mobiliser l'ensemble des personnes dans un projet collectif. D'autant plus que, depuis un certain nombre d'années, nous assistons à la multiplication des actions à rendre attractifs les territoires, réalisées par les collectivités territoriales du fait de la concurrence. En effet, la conception et la mise en pratique des stratégies deviennent essentielles du fait de la globalisation, qui accroît la concurrence entre collectivités, d'un côté, et qui favorise les flux importants d'investissements et, d'autre part, la montée de l'économie via l'industrie touristique, ainsi que la nécessité d'attirer et de conserver les compétences sur le territoire.

À cet effet, il pose le problème principal de savoir si l'attractivité territoriale accompagne le développement de la ville de Douala *couramment* observée entre la territorialisation et l'attractivité territoriale présentée aujourd'hui comme étant, une démarche qui tend à élaborer « *sur la base de la connaissance de l'environnement (géographique, démographique, culturel, économique, social, politique), l'offre territoriale par les dirigeants élus au sein d'une collectivité territoriale (...) en vue d'assurer son adéquation permanente à diverses cibles (touristes, résidents, associations, entreprises, investisseurs...)*[48]. », et la volonté de construire une collectivité territoriale forte qui est constamment au service du territoire et des populations à travers l'apport des entreprises locales. Si pour suivre les mutations observées dans le développement local, les collectivités territoriales ont intégré la notion de l'attractivité territoriale comme une solution au positionnement de leur territoire auprès des entreprises, la préoccupation que nous évoquerons est qu'au-delà de la complexité des enjeux du concept de l'attractivité territoriale et de son appropriation, les collectivités territoriales décentralisées semblent faire un usage particulier du concept. Cette logique nous amène à poser les questions suivantes :

---

[47] Zemor, P. (2007). *Le défi de gouverner, communication comprise. Mieux associer les citoyens ?* Paris, l'Harmattan.

[48]Chamard, C. et Liquet, J-C. (2009). *L'évaluation de l'image perçue des régions françaises.* W.P,Colloque CNRS, « vivre du patrimoine », Corte, pp.23.Chamard C. et Liquet J-C. (2009), « L'impact d'un succès cinématographique sur l'image d'une région : le cas de « Bienvenue chez les ch'tis », In : Actes du 25e Congrès de l'Association française du Marketing, Londres, 14 et 15 mai.

Quels sont les indicateurs de l'attractivité territoriale qui permettent de promouvoir le développement local dans la ville de Douala ? Comment se manifeste la participation des investisseurs/entreprises au développement local dans la Ville de Douala ? Quelles stratégies pour une prise en compte de l'attractivité territoriale qui favoriserait le développement local dans la Ville de Douala ?

De ces questions découlent des hypothèses suivantes :

- Les indicateurs de l'attractivité territoriale qui permettent de promouvoir le développement local dans la ville de Douala sont perçus à travers les ressources humaines basées sur la diversité et la qualité de l'offre de formations, la qualité de l'emploi. Ensuite l'environnement économique, basé sur la taille du marché, la présence des entreprises avec le moins de fiscalité, le dialogue avec le secteur privé. Enfin, l'environnement naturel et urbain avec la création des emplois et des services de base (sociaux, médicaux, culturels, sportifs,), la sécurité des biens et des personnes.
- La participation des entreprises se manifeste à tous les niveaux du développement local que sont : les investissements, la création des richesses, la mobilisation des ressources, la participation aux projets locaux et à l'amélioration de l'assiette fiscale.
- L'intégration de la territorialisation apparaît comme un outil de contribution à la prise en compte de l'attractivité territoriale pour le développement de la ville de Douala.

En ce qui concerne l'expérience de la ville de Douala dans ce domaine, elle est limitée, raison pour laquelle nous souhaitons approfondir nos connaissances sur les enjeux liés à l'attractivité territoriale (un élément important du mix marketing classique) dans le développement local des villes. Nous avons ainsi entrepris une enquête de terrain menée à l'aide d'un guide d'entretiens soumis à une cible hétérogène. Cette dernière nous a permis de saisir, en premier lieu, l'existence ou non d'une stratégie de l'attractivité territoriale dans les communes, lesquelles ont été choisies pour leur importance économique, sociale et environnementale, et en second lieu, si l'attractivité territoriale est réellement au service du développement local.

Dans la première partie, nous exposerons sur le concept de l'attractivité territoriale et de sa portée. Nous montrerons ainsi l'importance de l'attractivité dans le processus de développement local. Dans la deuxième partie de ce chapitre, nous reviendrons sur les principaux éléments qui composent le concept de développement local et nous aborderons, notamment, son évolution ainsi que ses différentes déclinaisons sur le territoire.

Notre étude s'appuiera sur la théorie de l'attractivité. En effet, pendant longtemps, l'attractivité du territoire a été liée à l'importance de ses ressources naturelles et celles des entreprises, en fonction des possibilités de transformation du territoire qu'elles engagent.

Sans négliger les facteurs traditionnels dans l'économie contemporaine, l'attractivité d'un territoire repose sur des facteurs qu'ils soient des traditionnels ou des facteurs nouveaux[49].

Plusieurs communes[50] au Cameroun mériteraient d'être étudiées, mais nous nous sommes intéressés prioritairement à la Ville de Douala regroupant les communes de Douala 1er, 2e, 3e, 4e, Douala 5e et 6e, étant impliquées dans le développement de leur localité et qui dans le même temps, sont soumises à des contraintes de territoire par la nature de leurs activités de production.

Outre les recherches documentaires, le recueil des informations s'est fait par le biais d'entretiens semi-directifs menés auprès des cadres des communes suscitées, et plus particulièrement, auprès des responsables des services et chefs des différentes cellules de la communication. Au plan méthodologique, elle s'appuie sur des observations directes au sein des communes et sur des entretiens non structurés et compréhensifs réalisés auprès des élus, des citoyens, des opérateurs économiques et des touristes. Un échantillon aléatoire de 60 personnes, dont 10 cadres, 25 opérateurs économiques et 25 personnes, nous a permis de faire une analyse qualitative des données recueillies et de confronter nos hypothèses à la réalité du terrain.

I. De l'absence de stratégie sur l'attractivité

1. L'attractivité territoriale

L'attractivité territoriale a été pendant longtemps liée à la valeur des ressources naturelles d'un territoire et des opérateurs économiques, ainsi que des entreprises qui s'installaient dans les proximités pour se développer en fonction des opportunités d'affaires au sein des territoires. Aussi, sans mettre de côté d'autres facteurs, l'attractivité du territoire dépend du rôle joué par les acteurs locaux pour l'exploiter et le valoriser, que ce soit grâce à des facteurs traditionnels ou nouveaux.

En fin de compte, l'attractivité est définie comme étant la « Capacité d'un territoire à attirer (et retenir) les populations et les entreprises dans un contexte de mobilité croissante au plan international et national »[51]. En effet, définir le

[49] Tartaud-Gineste Cédric – Marketing territorial et identité territoriale – **http://salers-aucoeur.over-blog.org/article-10948609.html**

[50] N° 2004/019 du 22 juillet 2004 fixant les règles applicables aux communes,

[51] L'attractivité territoriale dans les projets d'agglomérations et de pays – in Les notes de l'observatoire – Revue ETD (entreprises,territoiresetdéveloppement)–Avril2005–DocumentInternet http://www.paysagglomerations.com/documents/docs_consult/not_obs_attractiv_0405.pdf

territoire aujourd'hui, c'est le ramener au centre des stratégies de communication publique territoriale, voire celle de l'attractivité pour les enjeux liés au développement éducatif, économique, social, politique, sportif, etc. Mais, elle est également définie comme « la capacité d'un territoire à attirer une quantité importante d'activités productives »[52]. C'est pourquoi la notion de compétitivité territoriale accrue à l'égard des acteurs économiques conduit les collectivités territoriales à une véritable course à l'attractivité par des opportunités diverses. La notion d'attractivité connaît une évolution rapide, car elle est devenue un intérêt pour tous ceux qui s'intéressent aux territoires et ses enjeux (social, sportif, éducatif, politique, économique, etc.). Pour les communes, il s'agit de mettre en place des politiques pour l'attractivité afin de favoriser la création des espaces urbains comme des services de loisirs à la culture et aux différentes activités commerciales. Qu'elles soient aussi capables de concentrer des flux importants pour attirer des touristes, amener les populations à adhérer aux plans de campagne des communes (les PCD) et d'en attirer de nouveau.

Toutefois, par-delà les différences de concepts et de paradigmes, on peut observer partout la même envie d'attirer de plus en plus de touristes, des opérateurs économiques et les populations à croire aux missions des communes à améliorer les conditions de vie des populations. De ce fait, le projet des communes peut être présenté sous l'angle de l'image institutionnelle, qui est largement utilisée pour stimuler l'attractivité et relancer ainsi l'économie territoriale. Ensuite, il peut être présenté comme une offre territoriale attrayante, concurrentielle, et bénéficiant d'un « branding territorial ». De manière générale, on peut distinguer trois définitions complémentaires de l'attractivité territoriale qui se résume sur trois approches[53] :

- **L'approche « MACRO »**

Selon cette approche, l'attractivité d'un territoire dépend de la présence de caractéristiques générales qui répondent aux critères de localisation des entreprises, tels que la main-d'œuvre, la productivité, les coûts salariaux, les réseaux d'infrastructures, la mobilité, etc. En effet, cette approche identifie l'attractivité d'un territoire en fonction de sa capacité à attirer une variété d'entreprises. Elle mesure l'attractivité d'un pays, d'une région ou d'une municipalité en fonction de sa capacité à attirer les opérateurs économiques, les touristes, les partenaires et les résidents. En revanche, cela n'explique pas les tendances en ce qui concerne les forces et les faiblesses de la localité, ni les différents facteurs d'attractivité territoriale réalisés par le biais de plusieurs moyens.

---

52 Hatem F, (2005), « *Attractivité du territoire : de la théorie à la pratique* », L'industrie en France et la mondialisation, Service des études et des statistiques industrielles.

53 Hatem F. (2007). *Le marketing territorial : principes, méthodes, pratiques.* Edition EMS, 3/11/2007.

✓ **L'approche économétrique :**

Elle prend comme variables les investissements étrangers (le flux d'IDE et le nombre de projets), et essaie de les expliquer par des critères de localisation : cela rend la question de l'attractivité territoriale comme prioritaire chez les investisseurs.

✓ **Les enquêtes d'opinion auprès des investisseurs :**

Elles consistent à demander aux investisseurs de classer leurs critères de besoins et de les positionner dans différents territoires par rapport aux besoins des populations.

➢ **L'approche « MESO »**

Elle définit l'attractivité territoriale comme l'existence d'un ensemble de facteurs favorables à la localisation d'une catégorie spécifique d'activités. Ce qui incitera les entreprises appartenant au même secteur d'activité à s'y localiser, afin de bénéficier des avantages liés à la concentration du territoire.

➢ **L'approche « MICRO » :**

Elle définit l'attractivité comme étant la capacité d'un territoire donné à offrir, pour un projet spécifique, un meilleur rapport risque/rentabilité, que les territoires concurrents. Pour parvenir à évaluer ce rapport, il convient de reconstituer les conditions concrètes de fonctionnement d'un projet en utilisant des techniques plus proches de l'analyse financière que de l'économie.

Dans ces différentes approches, la compétitivité se mesure sur trois cycles (**Figure 1**).

Figure 1 : les trois cycles de la compétitivité

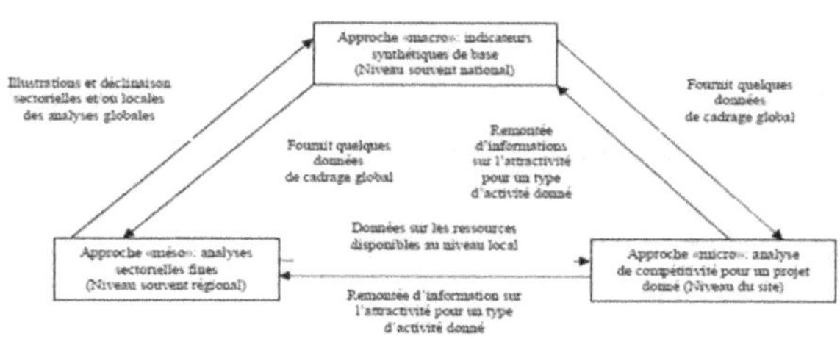

Figure 1: Complémentarité entre trois approches de l'attractivité
Source : Hatem 2004

***Source** : Hatem, 2004.*

Face à ces trois approches, les acteurs territoriaux semblent avoir opté pour l'approche « MESO », sur laquelle ils peuvent se concentrer afin de favoriser l'attractivité du territoire et de créer les conditions de localisation d'un secteur d'activité en adéquation avec les enjeux d'attractivité existants dans leur territoire. De ce fait, construire une identité, une notoriété d'une institution ne suffit pas, car il faut penser à son attractivité pour que les employés souhaitent spontanément travailler pour son territoire, pour que les touristes trouvent des sites d'épanouissement, pour que les opérateurs économiques apportent des capitaux aux actions et que les ménages s'intéressent à ces actions.

L'attractivité du territoire repose sur certains facteurs, dont la connaissance relève du rôle des acteurs territoriaux, de les exploiter et de les valoriser. L'attractivité est définie comme étant la *« capacité d'un territoire à attirer (et retenir) les populations et les entreprises dans un contexte de mobilité croissante au plan international et national »*. Elle est également définie comme la *« capacité d'un territoire à attirer une quantité importante d'activités productives »*. De fait, elle apparaît donc comme un outil important dans le développement des collectivités territoriales, du fait qu'elle contribue à les hisser au-devant de la scène concurrentielle des autres collectivités et, par là, rend ces dernières comme un produit qui doit se vendre pour se développer.

L'attractivité se voit en effet comme indispensable à la promotion de l'image pas seulement d'une collectivité, mais également d'un pays. Ce qui permet d'envisager l'élaboration d'un plan d'attractivité du territoire, lequel conduit à mettre en valeur les atouts d'un territoire.

Ces derniers permettent alors de favoriser le développement par l'apport des actions des édiles, qui peuvent être mises en place, et qui se traduisent dans notre cas de la Ville de Douala par des actions de communication publique territoriale. Aussi, la volonté de valorisation des communes demande une certaine mutation et une transformation de leurs ressources impliquant des conséquences sur les richesses, le niveau de vie des populations et le devenir des collectivités, autrement dit son développement local.

2. L'attractivité territoriale et sa portée

D'après certains auteurs, l'attractivité est appliquée au territoire depuis le 19e siècle, ceci est illustré, notamment, par l'émergence de certaines pratiques aux États-Unis. Ces pratiques correspondent à une certaine forme de marketing développée par Meyronin (2002)[54] qui, à travers le lancement des campagnes de promotion et de commercialisation des terres agricoles, attire des gens pour le peuplement et la construction de l'Ouest des États-Unis. Progressivement, ces pratiques de promotion se sont développées et ont été prises en compte par les acteurs locaux afin de promouvoir leurs villes.

[54]Meyronin B. (2012) « *Le marketing territorial. Enjeux et pratiques* », 2e Ed Vuibert, Paris.

Cependant, en se référant au sociologue Michel Wieviorka, le terme de « marketing territorial » est apparu dans les années 1975 et, depuis, il a eu des évolutions sur le plan théorique aussi bien que sur le plan pratique, tout cela étant relié aux préoccupations majeures qu'avait l'espace ou le territoire. C'est pourquoi il ne s'agissait pas uniquement de promouvoir ou de vendre le territoire, mais de soigner et de développer ses qualités naturelles et le potentiel dudit territoire.

Dans les années 1980, le marketing territorial, voire l'attractivité, était davantage associé au développement urbain. Mais il est primordial de souligner à ce propos que le sens de ce néologisme n'est décrit qu'à travers le premier livre d'Ashworth et H.Voogd (1990) intitulé "*Selling the city: Marketing approaches in public sector planning*[55]".

Le territoire détenait une place importante, notamment en ce qui concerne l'attractivité et la compétitivité territoriale. De ce fait, le marketing, voire l'attractivité va se définir comme étant : « *l'effort de valorisation des territoires à des marchés concurrentiels pour influencer, en leur faveur, le comportement de leurs publics par une offre dont la valeur perçue est durablement supérieure à celle des concurrents* [56]».

Le concept d'attractivité du territoire indique généralement la capacité de celui-ci à attirer et à retenir les entreprises tant nationales qu'étrangères. Le territoire, au sens de l'économie régionale, peut renvoyer à la ville, à la région, à la nation, ou encore à une zone économique comme l'Union européenne. Ainsi, Coeuré et Rabaud (2003) ont-ils défini l'attractivité comme « *la capacité d'un pays à attirer et retenir les entreprises* »[57]. Pour Mouriaux (2004) « *l'attractivité d'un territoire est la capacité à y attirer et y retenir les activités à contenu élevé en travail très qualifié*[58] ». Celui-ci considère également que le concept d'attractivité est adapté pour évaluer la situation d'une économie dans un monde caractérisé par une mobilité élevée des biens, des hommes et des capitaux. Compte tenu de cela, l'attractivité d'un territoire peut être définie comme la capacité à y attirer les investissements. Mais l'attractivité peut aussi qualifier la capacité d'un territoire à capter les investissements étrangers et à conserver les investissements qui sont déjà présents et implantés sur le territoire. De ce qui précède, toute politique d'attractivité consiste à attirer les investissements à la fois exogènes et

---

[55] Gregory John Ashworth et Henk Voogd (1990), « *Selling the city: Marketing approaches in public sector planning* ».

[56] Gollain V. 2008. *Réussir son marketing territorial en 9 étapes*, Version 1, Club des Développeurs,
économiques d'Île-de-France (CDEIF), Paris.

[57] Coeuré B., et Rabaud I., 2003, « *Attractivité de la France : analyse, perception et mesure* », *Économie et Statistique*, n° 363-364-365

[58] Mouriaux F., 2004, *« Le concept d'attractivité en Union monétaire »*, *Bulletin de la Banque de France*, N° 123, pp. 29-44.

endogènes sur un territoire donné, dans l'objectif d'y maintenir et d'y accroître l'activité économie.

Une stratégie en matière d'attractivité du territoire se construit à partir de principes, c'est-à-dire qu'elle repose sur la maîtrise des principes qui régissent ses pratiques professionnelles et disciplinaires. Elle est une démarche qui vise à améliorer la visibilité et la promotion d'un marché donné, en vue de le positionner pour attirer des flux d'investissements et des compétences. C'est un ensemble d'actions sur la base d'une élaboration et la mise en œuvre des actions élaborées. Ces actions mises en œuvre doivent être pilotées. Dans ce contexte, le pilotage d'une stratégie territoriale désigne un ensemble d'outils permettant de déterminer les priorités de promotion et d'évaluation de l'action publique territoriale. Comme toute démarche de planification commence par une analyse approfondie des données pertinentes, il est crucial de comprendre les facteurs clés qui influencent l'attractivité d'un territoire. Afin de mieux saisir cette notion complexe et d'évaluer l'impact de l'attractivité sur le développement local, nous nous appuyons sur plusieurs aspects qui contribuent à notre compréhension du territoire :

- de faire une étude ou un diagnostic ;
- de faire une élaboration ;
- de faire un pilotage ; ou encore
- de faire une mise en œuvre.
- C'est ainsi que les outils du diagnostic reposent sur la compilation des statistiques, des études et des enquêtes de terrain et sur l'analyse du marché territoriale. Le pilotage, lui, fait appel à la recherche permanente du rapport entre les objectifs et les moyens. La conception et la mise en œuvre sont cruciales en raison de la globalisation, qui entraîne une plus forte concurrence entre les régions, de la présence de flux considérables d'investissements, de l'émergence d'une économie axée sur le tourisme, de même que de la nécessité d'attirer et de retenir des compétences sur le territoire. D'où un certain défi auquel les communes sont appelées à répondre : l'ouverture du territoire au monde. Il faut valoriser les atouts du territoire pour attirer et séduire les investisseurs, entraîner plus d'opportunités pour le territoire, lui trouver un encrage et lui permettre de réduire les menaces ;
- la création des emplois et l'amélioration du cadre de vie des populations dans la perspective du développement du territoire ; ou encore,
- mettre en œuvre des politiques d'attraction et de coopération du territoire avec les autres. Cette politique d'attraction va permettre au territoire de nouer des contacts et d'avoir des ressources en faisant prévaloir la diversité culturelle, sociale, économique et politique de développement.

Toutefois, une stratégie participe aussi à la professionnalisation de l'action publique territoriale. Et, à ce titre, elle doit savoir faire ressortir les actions pour mieux les piloter : les facteurs critiques, discriminants et différenciés d'un territoire (le désordre urbain, la question foncière, les infrastructures routières, l'électricité, etc.). Cela inclut aussi les types d'informations nécessaires aux investisseurs (la nature de la consommation des populations, le besoin de la nature du territoire, le besoin du projet territorial à court, à moyen et à long terme). Dans une autre mesure, l'attractivité territoriale pourrait être perçue aussi comme l'art de positionner un territoire dans le but d'attirer les investisseurs. Et pour Hatem (2007)[59], précisément, c'est l'art de positionner un village, une ville, une région ou une métropole sur le vaste marché mondial. Il s'agit en fait d'appliquer des concepts et des méthodes traditionnellement réservés aux secteurs marchands à un espace dont on souhaite faire la promotion. Ainsi, cet auteur va-t-il définir le marketing territorial comme étant une démarche qui vise à améliorer la part de marché d'un territoire donné dans les flux internationaux de différentes natures (commerce, investissement, tourisme, compétences).

Mais, la promotion d'une offre territoriale vise à inviter les entreprises à venir s'installer sur le territoire en leur fournissant une information conforme à leurs préférences. Cela est facilité par l'émergence de la communication.

II. Au développement local et aux enjeux de l'attractivité pour la promotion du territoire.

Dans le contexte économique d'aujourd'hui, la question du développement local (en rapport avec l'action publique) demande une réflexion au niveau des stratégies de l'attractivité territoriale, voire des actions territoriales les plus pertinentes. Outre le fait que de nombreuses communes voient la décentralisation[60] comme un moyen d'améliorer l'effort et la qualité des services publics, et de répondre aux besoins des populations, le développement local apporte des modifications de l'environnement dans toutes ses formes (économiques, sociales, santé, sport, éducative, etc.) et termes de concepts, de stratégies, ou encore de benchmarking[61].

Le développement local est un concept multidimensionnel, il englobe toutes les dimensions d'une collectivité territoriale, qu'elle soit économique, sociale, politique, culturelle, physique, ou administrative. Le développement local met l'accent sur le potentiel des collectivités locales et la dynamique qui

---

[59] Hatem F. (2007), « *le marketing territorial : principe, méthodes et pratique* », Editions EMS. 3/11/2007.

[60]N° 2004/017 du 22 juillet 2004 portant orientation de la décentralisation ;

[61]Article Internet **URL**

Article : http://www.mdipi.gov.dz/IMG/pdf/Developpement_local___concepts_strategies_et_benchmarking.pdf

anime leurs acteurs. En ce sens, c'est une façon unique de voir et de faire le développement, et il ne peut être réduit à une action strictement sectorielle ou institutionnelle. Ainsi, on peut dire que le développement local est un processus grâce auquel la communauté participe au façonnement de son propre environnement dans le but d'améliorer la qualité de vie de ses citoyens. C'est ce qui amène Essombè Edimo (2020) à dire que *« le développement local est un développement endogène, qui permet aux acteurs des territoires de réorganiser l'économie locale face à la montée des concurrences à l'échelle mondiale (...). Le mécanisme de territorialisation repose sur le principe de spécification des actifs, c'est-à-dire la recherche de la ressource propre au territoire qui lui permet de se différencier de son voisin...) »*. Bien entendu, il s'agit d'une démarche qui nécessite une intégration harmonieuse des composantes économiques, sociales, culturelles, politiques et environnementales.

Le développement local, aussi appelé développement à la base, est un processus utilisant les initiatives locales au niveau des petites collectivités comme moteur du développement économique. Ainsi, le développement local est une stratégie de développement utilisée dans plusieurs pays, orientée vers l'action qui valorise les potentialités locales et les acteurs locaux. Car il réussit souvent là où l'État central a échoué dans sa lutte contre la pauvreté. La finalité du développement local est de faire en sorte que les acteurs d'une communauté puissent procéder de façon participative à l'élaboration de plans locaux de développement (PCD) en accord avec les grandes orientations du pays. Le développement local devient donc un processus global et dynamique de construction du mieux-être des citoyens à l'intérieur d'un espace donné, avec une démarche appropriée où les différents acteurs (parties prenantes) se rencontrent, échangent, élaborent un projet de société (un rêve, une vision), et associent leurs énergies et leurs ressources pour le mettre en œuvre. Tout de même, la commune [62]ayant une mission générale de développement local et d'amélioration du cadre et des conditions de vie de ses habitants, elle est donc la porte d'entrée, l'épicentre du développement local.

Par ailleurs, le développement local est un processus par lequel une communauté urbaine participe à la construction de son propre environnement dans le but d'améliorer la qualité de vie de ses résidents. Cette démarche est avant tout un processus humain où les projets et l'action, plus que les institutions et les politiques, mobilisent l'ensemble des intervenants de chacune des communes. C'est pourquoi l'approche du développement épouse quatre (4) dimensions[63] :

---

[62] L'article 3 de la loi n° 2004/018 du 22 juillet 2004 fixant les règles applicables aux communes dispose que (1)

[63]Louis F, Benoît L (1996), « *Développement économique communautaire, économie sociale et intervention* », Sainte-Foy, PUQ, Page. XIX

1. la dimension économique vise le déploiement d'un ensemble d'activités de production et de vente de biens et services ;
2. la dimension locale touche à la mise en valeur des ressources locales d'un territoire donné, dans le cadre d'une démarche partenariale tripartite où s'engagent les principales composantes d'une communauté ;
3. la dimension du DEC (développement économique et communautaire) se veut sociale et politique. Elle vise la revitalisation économique et sociale d'un territoire en intervenant au niveau de l'emploi, du logement, de la formation, de la santé et des services sociaux. Elle cherche à favoriser la réappropriation de son devenir économique et social par la population résidante, et
4. la dimension communautaire où la communauté est le centre d'intérêt de l'intervention. Quant à lui, le développement social fait référence à la mise en place ou au renforcement, au sein des communautés et à l'échelle de la collectivité, de conditions qui permettent d'une part à une société de progresser socialement, culturellement et économiquement, et d'autre part, à tous les membres de cette société de participer au progrès et de profiter de ses fruits, le plus équitablement possible.

Aussi, des objectifs suivants lui sont fixés afin de cerner le sens de ce concept :

- le développement local vise à améliorer le cadre de vie des personnes de la communauté pour qu'elles puissent profiter d'un environnement sain et agréable ;
- il vise également à améliorer leur milieu de vie pour qu'elles puissent s'épanouir dans une communauté qui leur offre plusieurs occasions sociales et culturelles, et
- il cherche à augmenter le niveau de vie afin que chacun dans la communauté puisse travailler et, donc, gagner un revenu pour pouvoir profiter des avantages de la communauté (création d'emplois et répartition de la richesse).

Longtemps, la gestion des communes a été pensée par des lois et dirigée par des nominations. Cette forme traditionnelle de développement local se concrétise souvent par une politique de développement qui se situe parfois loin des communautés, et ne permet pas toujours de répondre à tous les besoins leurs besoins.

L'attractivité territoriale a un apport très important dans le développement économique d'un territoire. Il représente un outil qui permet d'attirer et de fidéliser diverses cibles, notamment les touristes et les entreprises. Ces dernières constituent un réel investissement sur le territoire considéré et contribuent, de ce fait, à l'amélioration de sa qualité de vie et à l'instauration d'un sentiment d'appartenance pour l'ensemble des acteurs du territoire. C'est ainsi qu'on pourra énoncer quelques enjeux qui font l'ensemble de ce que représente l'attractivité :

- l'identité d'un territoire, socle du développement urbain ;
- le rôle des grands projets urbains, et
- les différentes cibles endogènes et exogènes.

Mais au-delà, pour la communication publique territoriale, l'attractivité territoriale a pour objectif de favoriser l'échange et le partage d'informations d'utilité publique, ainsi que le maintien du lien social sur un territoire donné. La responsabilité de cette communication incombe à la commune pour les compétences qu'elle assume. Développer la communication territoriale va nécessiter d'être capable de distinguer ce qui est de l'ordre de la mise en pratique des politiques publiques d'une part, et de l'action publique d'autre part. Il s'agira d'informer les différents publics cibles : l'information étant préalable à toute démarche de communication, elle nécessite en effet un traitement de plus en plus précis. La portée dans ce sens est de développer une information utile et utilisable à travers des points tels que :

- Mobiliser l'ensemble des acteurs concernés ;
- Promouvoir l'action engagée par la collectivité, et
- Renforcer la cohésion sociale sur le territoire.

La valeur d'un territoire s'inscrit sur deux étapes, à savoir la reconnaissance par les acteurs locaux de leurs propres valeurs, et la perception du territoire par les populations. Allant dans ce sillage, l'attractivité territoriale vise donc à mobiliser et à accompagner le développement local. Son objectif est d'établir des relations capables de construire des ressources spécifiques. Cette démarche est collective dans la mesure où chacun devrait faire appel à l'image partagée du territoire. De ce fait, le territoire doit alors être envisagé comme un ensemble stratégique, une construction d'idées d'acteurs qui s'organisent autour de certaines valeurs dans un objectif de développement global du territoire. Pour les communes de Douala, la question de l'attractivité et du positionnement de leur territoire à l'inscription de leurs projets territoriaux au sein des orientations des schémas d'aménagement continue à se poser. Une question qui renvoie, plus globalement, à celle relative à l'échelle stratégique des projets et à la promotion du territoire abordée aujourd'hui. Autrement dit, l'attractivité d'un territoire reste un enjeu essentiel, mais ce sont les échelles qui évoluent et appellent à de nouvelles orientations au travers d'un partenariat plus large et plus interactif des acteurs locaux. Cette évolution, ouverte aux innovations, offre un champ nouveau pour les communes relativement à leur développement et à la promotion d'un territoire. Ce qui peut se faire par une stratégie touristique, culturelle, sociale, économique et politique adaptée. Une telle stratégie sera optimale pour un territoire, lorsque celui-ci pourra formuler et apporter des offres de qualité qui portent sur :

- l'amélioration de la qualité de vie, par l'aménagement et la création d'offres et de services à la population (ex : adaptation et aménagement des sites, entretien du patrimoine, cofinancement par le tourisme des équipements de transports, des espaces de loisirs et des offres culturelles, etc.) ;
- les retombées économiques et financières directes et indirectes (dépenses des touristes, des étudiants, des investisseurs / entrepreneurs... etc.) ;
- les retombées sociales (création d'emplois, limitation du départ des jeunes... etc.)
- les retombées culturelles (partage de cultures / ouverture sur le monde, acquisition de connaissances et de savoir-faire, etc.), et
- la création d'une dynamique (une image valorisante est source de fierté d'appartenance, d'initiatives et de dynamiques internes...).

Conclusion

L'objectif général de notre étude a été de dégager au sein des Collectivités territoriales décentralisées (CTD), voire des communes d'arrondissements de Douala, la démarche de prise en compte de l'attractivité territoriale dans le développement de la ville de Douala. Cela a pu être vérifié à travers la participation des entreprises qui se manifestent à tous les niveaux du développement local et à travers l'intégration de la territorialisation, qui apparaît comme un outil de contribution de la mise en œuvre de l'attractivité de la Ville de Douala.

Ainsi, nous avons organisé notre chapitre en deux parties. La première partie porte sur les considérations théoriques de l'étude. Nous pouvons en retenir que notre étude se situe dans un contexte similaire à celui de la relation entre l'attractivité et le développement, un tandem qui s'est avéré complémentaire à l'issue des débats politiques et scientifiques. Notre étude s'inscrit donc en droite ligne avec cette problématique de la participation et de l'implication des entreprises au développement de leur commune. Cependant, la particularité de notre recherche est qu'elle prend également en compte des populations. En ce sens qu'elles sont également des actrices du développement de leur localité d'origine. Le contexte de notre étude s'est construit à partir des questions de recherche tournant autour de la prise en compte de l'attractivité territoriale en vue du développement de la ville de Douala.

La deuxième partie de notre recherche a porté sur l'approche analytique du développement local et les enjeux de l'attractivité pour la promotion des communes. Il en ressort que le développement local n'est pas un concept étranger pour les communes, cela grâce à un environnement institutionnel favorable. Ce dernier s'observe par le biais d'ententes de partenariat conclues entre certaines entreprises et les municipalités. Ces ententes visent notamment à faciliter les transactions fiscales. On peut aussi l'observer par le biais des divers projets de développement. La participation des entreprises dans la Ville de Douala à la mise en œuvre des politiques de développement s'avère encore faible. Les actions de développement sont beaucoup plus recensées en direction des groupes de communautés. De ce fait, elles contribuent très peu au développement de la ville.

Enfin, nous nous sommes rendu compte que les acteurs ont conscience que l'attractivité territoriale est la base de toute promotion du territoire et de tout développement. Ceci, du fait qu'elle a un apport essentiel dans l'amélioration des relations entre les populations et les élus locaux, les entreprises et les édiles. Ce principe constitue en effet la clé de succès des projets de développement territorial. Mais, la question de l'appropriation de l'attractivité territoriale constatée sur le terrain démontre le manque d'implication des responsables des communes dans les projets de développement des territoires et dans la promotion de ces dernières.

Bibliographie

Ashworth, G., J. et Voogd, H. (1990). *Selling the city: Marketing approaches in public sector planning ;* London : Belhaven Press. Xii, 178 pp.

Chamard, C. et Liquet, J-C. (2009). L'évaluation de l'image perçue des régions françaises. W.P,Colloque CNRS, « vivre du patrimoine », *Corte,* pp.23.

Chamard, C. et Liquet, J-C. (2009). L'impact d'un succès cinématographique sur l'image d'une région : le cas de « Bienvenue chez les ch'tis », In : Actes du 25e Congrès de l'Association française du Marketing, Londres, 14 et 15 mai.

Cœure, B. et Rabaud, I. (2003). Attractivité de la France : analyse, perception et mesure. *Économie et Statistique,* n° 363-364-365 ;

Essombè Edimo, J, R., Nya Bonabébé (2008). Douala et l'attractivité territoriale en zone CEMAC à l'heure de l'économie globale. *Revue ENJEUX,* n° 34-35 ;

Essombè Edimo, J., R., Nya Bobabébé (2020). Développement local et développement territorial : au-delà des concepts quel rôle pour les CTD dans le développement local *?* Leçon inaugurale, Université Catholique Saint-Jérôme de Douala, 16 Juill., Douala ;

Gollain, V. (2008). *Réussir son marketing territorial en 9 étapes.* Version 1, Club des Développeurs : économiques d'Île-de-France (CDEIF), Paris.

Hatem, F. (2004). L'attractivité des pays pour l'investissement étranger. *Notes bleues de Bercy,* n° 267, mars, pages 209 à 237 ;

Hatem, F. (2005). *Attractivité du territoire : de la théorie à la pratique.* L'industrie en France et la mondialisation, Service des études et des statistiques industrielles.

Hatem, F. (2007). *Le marketing territorial : principes, méthodes, pratiques.* Edition EMS, 3/11/2007.

Louis, F. et Benoit, L. (1996). *Développement économique communautaire, économie sociale et intervention.* Sainte-Foy, PUQ, Page. XIX ;

Meyronin, B. (2012). *Le marketing territorial. Enjeux et pratiques.*2e Ed Vuibert, Paris ;

Meyronin, B, (2012). *Markéting territorial : enjeux et pratiques.* 2e éd. Vuibert, Paris,

Mouriaux, F. (2004). Le concept d'attractivité en Union monétaire, *Bulletin de la Banque de France,* N° 123, pp. 29-44 ;

Zemor, P. (2007) *Le défi de gouverner, communication comprise. Mieux associer les citoyens ?* » Paris, l'Harmattan ;

Article, revues et Loi

Article Internet - http://salers-au cœur.overblog. org/article-10948609.html.

Article Internet **URL Article :** http://www.mdipi.gov.dz/IMG/pdf/Developpement_local___concepts_strategies_et_benchmarking.pdf

TARTAUD-GINESTE Cédric – Marketing territorial et identité territoriale – **http://salers-aucoeur.over-blog.org/article-10948609.html**

L'attractivité territoriale dans les projets d'agglomérations et de pays – in Les notes de l'observatoire – Revue ETD (entreprises, territoires et développement) – Avril 2005 – DocumentInternethttp://www.paysagglomerations.com/documents/docs_consult/not_obs_attractiv_0405.pdf

Loi n° 2019/024 du 24 décembre 2019 portant Code général des Collectivités territoriales décentralisées.

CHAPITRE 9 :

LES TECHNOPARCS DANS LES PAYS EN DÉVELOPPEMENT : PEUT-ON ALLER PLUS LOIN DANS LA COORDINATION DE LEUR FONCTIONNEMENT ?

Jean-Roger ÉSSOMBÈ ÉDIMO NYA BONABÉBÉ

Résumé

Les systèmes territoriaux de production (STP) partent de l'idée fort intéressante des « districts industriels », naguère, initiés par Marshall (1890). Ce dernier suggérait d'organiser la concentration des petites entreprises dans un même secteur [64]aux côtés des grandes firmes ayant des fonctions intégrées et initialement promises à absorber toute l'économie. La transposition moderne, notamment à l'issue de l'analyse de « la troisième Italie » de Becattini (1987 et 1989), a généré l'étude d'une variété de situations d'agglomérations d'entreprises ayant pour noms clusters, systèmes productifs localisés, pôles de compétitivité, espaces serviciels, systèmes agroalimentaires localisés… Des travaux de même nature menés en filiation avec les analyses pionnières de Aydalot (1986) ont généré des modalités proprement territoriales du processus d'innovation dans le cadre des *milieux innovateurs*. Dans cette perspective, d'autres encore vont suggérer de passer des systèmes territoriaux de production aux systèmes territoriaux d'innovation (STI).

Toutefois, la revue de la littérature sur les agglomérations territoriales de production montre que celle-ci met davantage l'accent sur les caractéristiques, comme la concentration des firmes sur un espace, l'existence d'une forte complémentarité entre elles et des spécificités distinctives des firmes ainsi concentrées. En outre, l'accent est mis sur la dynamique générée par différents types de proximités (organisée, géographique et institutionnelle, par exemple), le tout étant facilité par le territoire qui, *in fine*, est bien la matrice centrale de régulation sociale.

Mais/et la mise en place en leur sein, pour un fonctionnement optimal, d'une concertation organisée pourrait également être un véritable outil permettant à ces entreprises d'avoir une régulation fondée sur un dialogue permanent entre les partes prenantes de ces organisations territoriales de production. La mondialisation ayant contribué à en faire des composantes majeures de l'attractivité territoriale.

Mots-clés : *Systèmes territoriaux de production ; systèmes territoriaux d'innovation ; régulation ; Territoire ; Technoparcs, Technopoles.*

[64] Ou partageant la même spécialité dans les bassins industriels

Abstract

Territorial systems of production (TSP) are based on the very clever idea of "industrial districts", once proposed by Marshall (1890). Marshall suggested to organize the vitalization of the concentration of small firms engaged in the same sector alongside large firms with integrated functions, and initially promised to absorb the whole economy. The modern transposition, notably following the analysis of the third Italy by Bacattini (1987 and 1989), has generated the study of a variety of situations of agglomeration of firms with names such as clusters, localized agri-food systems, etc. Works of the same nature, carried out in line with the pioneering analysis of Aydalot (1986), will even make it possible to highlight the specifically territorial modalities of the innovation process within the framework of innovative environments. On this basis, others will suggest moving from Territorial Systems of production to Territorial Systems of Innovation (TSI).

But/and the establishment within them, for optimal functioning, of organized consultation could also be a real tool allowing these companies to have regulation based on a permanent dialogue between the stakeholders of these territorial organizations of production. Which have become, with the help of globalization, one of the major components of territorial attractiveness.

Keywords: *Territorial systems of production ; Territorial systems of innovation ; Regulation; Territory; technoparc ; Concertopoles.*

Introduction

La conception de « l'espace polarisé » merveilleusement illustrée par Perroux (1955) partait de l'idée que l'existence dans un espace économique des *pôles de croissance* permettrait à ces derniers d'exercer des « effets d'entraînement » sur les différentes unités de production avec lesquelles ils sont en relation. C'est l'époque des grandes industries, situées sur les hauteurs dominantes de l'économie. C'est la belle époque du fordisme. Au cours des *trente glorieuses* l'aménagement du territoire, par exemple, se justifiait à partir de la théorie des pôles de croissance. « *La croissance n'apparaît pas partout à la fois ; elle se manifeste en des points ou des pôles de croissance, avec des intensités variables ; elle se répand par divers canaux et avec des effets terminaux variables pour l'ensemble de l'économie* », disait Perroux, (1955, *op.cit*). L'espace polarisé est donc celui des territoires susceptibles d'exercer des *effets d'entraînement* sur d'autres. Ainsi, les politiques interventionnistes ont porté exclusivement sur certains points géographiques ou secteurs d'activités, parce qu'ils ont été considérés comme susceptibles d'avoir un impact sur d'autres secteurs, villes ou régions (Aydalot, 1985). Dans cette logique, le processus de diffusion va du centre vers les périphéries. Cependant, dans un espace restreint, une telle politique contribue à générer des espaces marginalisés autour des centres.

Aujourd'hui, la globalisation de l'économie ne rime pas forcément avec un développement territorial homogène. Il semble donc important de réduire les inégalités de développement dans l'espace. Depuis les années 80, les débats sur la remise en cause de cette représentation de l'espace ont donné naissance à une tentative de renouvellement de l'économie de développement à travers *l'économie spatiale* et, surtout, l'Économie *Territoriale* (Essombè Edimo, 2005 et 2015 ; Courlet, 2010 ; Courlet et Pecqueur, 2016, entre autres). Les approches qui en sont issues remettent à jour la problématique du *développement local.* De même qu'elles tenteront une théorisation du *développement territorial.* Dans cette acception, le local, « le territoire », va alors cesser d'être une variable muette et sans dynamisme pour apparaître comme une donnée explicative du développement. Le territoire est même considéré comme étant à la base du développement. Il se matérialise dans un espace spécifique et y prend naissance. Il est même, observait Chabault (2006), le résultat de chacune des composantes du territoire, soit celles qui sont naturelles, culturelles, économiques et sociales.

À la suite de la crise du *fordisme* dans les années 80 l'on a constaté, d'abord dans les pays industrialisés, que l'industrialisation ne pouvait plus être conçue comme le résultat d'un phénomène centrifuge, exclusivement issu des grands complexes. Pour ce qui est des pays en développement ensuite, l'on s'apercevra que l'intégration de leurs économies à partir des *éléphants blancs* aboutit, dans la plupart des cas, à des échecs. Parallèlement pourtant, l'on assistait à l'émergence des *nouveaux pays industriels*, avec une dynamique de production basée sur la semi-industrialisation (Judet, 1986). L'essoufflement du modèle fordiste de production aura donc permis de (re)découvrir une autre forme d'organisation productive, plus petite, mais tout aussi efficace. L'émergence de ce nouveau type, en même temps qu'il montrait le dynamisme parallèle et les capacités d'adaptation de la petite dimension, a généré de profondes mutations spatiales qui ont complètement bouleversé les hiérarchisations territoriales, autrefois, entretenues par le fordisme (Essombè Edimo, 2007 et 2008).

Prenant acte de ces bouleversements qui faisaient apparaître *une nouvelle industrialisation* reposant sur des agglomérations de petite taille, et dont l'espace de prédilection est à la fois, la ville, la région ou les microrégions, il en a découlé aussi une approche conceptuelle du *développement local* (Essombè Edimo, 2007 et 2008, *op.cit.*). Face aux défis de la globalisation et de l'importance accrue de la décentralisation, plusieurs pays se sont progressivement orientés vers les stratégies de développement économique local (DEL) porté par des clusters, systèmes productifs localisés... (Brésil, Maroc...).

Ces agglomérations d'entreprises, qu'on appelle de manière interchangeable pôles de compétitivité, clusters, districts industriels, technopôles, espaces de services, systèmes agroalimentaires locaux ou encore systèmes productifs locaux, technoparcs ou pôles de compétitivité (Courlet, 2007), donneront lieu à une littérature abondante (Chabault, 2006, *op. cit.*). En effet, la découverte, dans les années 1970, de la vitalité des microsystèmes productifs de la troisième Italie en termes de création d'emplois et d'exportation va être à la base de la réhabilitation de la notion de districts industriels, naguère théorisée par Marshall (1890). Ce qui va motiver et accroître les recherches consacrées aux territoires productifs dont le succès s'explique en partie par leur dotation initiale en facteurs de production, mais également par les avantages qu'ils tirent de la concentration géographique des activités (Daumas, 2007). Aujourd'hui, ces regroupements sont considérés comme d'incontestables outils de développement économique. Rien d'étonnant alors que, comme dans beaucoup d'autres pays africains, la ville de Douala y voit également une solution idoine à son industrialisation.

Toutefois, il convient de bien comprendre les choses. En effet, les multiples configurations territoriales qui en découlent conduisent à la confusion, et ne concourent pas à l'entendement d'un phénomène pourtant ancien, mais toujours d'actualité. C'est pourquoi il importe de voir, premièrement, quels sont les fondements théoriques des approches sur l'agglomération spatiale. Une telle démarche parait utile à la fois, pour saisir la mutation des différents systèmes territoriaux de production (STP), ainsi que quelques-unes de leurs limites. Tout comme Chabault (2006, *Idem*), il va plus exactement s'agir, en lien avec les fondements de la notion de développement, de présenter premièrement les approches *traditionnelles* des systèmes territoriaux de production (I) et les approches nouvelles qui se sont principalement attachées à la place de l'innovation et au rôle des réseaux comme vecteur du développement. Deuxièmement, il s'agira alors de proposer une tentative d'introduction d'une nouvelle notion, *la concertation*, en vue de voir comment générer un fonctionnement et une dynamique internes optimisés des systèmes territoriaux de production (II).

I. Que disent les acquis théoriques sur les systèmes territoriaux de production ?

Il convient en effet de se souvenir des analyses « classiques », avec leur foultitude d'approches, avant de présenter une tentative récente d'élargissement de la notion de système territorial de production incluant une gouvernance améliorée.

1. Approches traditionnelles des systèmes territoriaux de production

- **Les districts industriels et leurs déclinaisons contemporaines**

L'étude des *districts industriels* a été initiée par les travaux de Marshall (1890, *op.cit*). Elle connaîtra, dès le début des années 1980, un véritable renouvellement, notamment, à travers l'étude des districts industriels italiens. C'est qu'en cette fin du XIXe Siècle, Marshall (1890, *Idem*) va à l'encontre de l'idée dominante selon laquelle l'efficacité de la production est obtenue en raison de la division du travail et de la croissance à l'intérieur de la firme. Il soutient, en revanche, que cette efficacité peut être obtenue grâce à l'intégration du tissu socio-économique et du réseau d'entreprises se situant sur le lieu concerné, tout en précisant que le travail peut être fractionné en petites unités au sein d'un espace géographique donné. Cet espace est « *le district industriel* » que Zeitlin (1992) définit comme « *un système de production localisé géographiquement et fondé sur une intense division du travail entre petites et moyennes entreprises spécialisées dans des phases distinctes d'un même secteur industriel* ».

Allant plus loin, Marshall appréhende également l'agglomération industrielle à travers le prisme des économies externes. En effet, les économies externes permettent de saisir simultanément la colocalisation d'entreprises et la productivité globale du district, en raison des bénéfices générés par la proximité des firmes. La proximité immédiate des entreprises engendre ainsi des avantages réciproques : l'accroissement du nombre d'industries intermédiaires, l'élargissement d'un bassin d'emploi spécialisé, ainsi que le partage des ressources et la création d'une structure de coordination propre au district. Il s'agit des effets d'économies externes qui, abaissant les coûts de production, sont à l'origine des rendements croissants provenant d'économies d'agglomération et d'organisation.

Puis l'auteur popularise l'idée selon laquelle « l'industrie localisée » (faite de districts industriels) est plongée dans une atmosphère industrielle. Car, dit-il, « les secrets de l'industrie cessent d'être des secrets ; ils sont pour ainsi dire dans l'air, et les enfants apprennent inconsciemment-(pour) beaucoup d'entre eux ». Cette idée est particulièrement importante. Car elle est la garantie de la durabilité du système en favorisant concomitamment l'éducation, l'échange d'idées et d'expériences. Elle encourage également la coopération et l'innovation. Marshall introduit ainsi le concept de territoire dans la réflexion des districts industriels. C'est à travers cette notion qu'il suggère que l'efficacité et la dynamique d'un système localisé de petites et moyennes entreprises sont généralement la résultante de leur inscription socio-territoriale.

- **Les déclinaisons contemporaines des districts industriels**

L'on doit le renouvellement du concept de *district industriel* aux recherches de l'économiste italien Becattini en particulier (1979 et 1987). En contextualisant la notion de district industriel à l'Italie du Nord, il reprend à son compte la brèche laissée par l'analyse de Marshall en ce qui concerne le milieu sociologique. Il définit le district industriel comme étant « *une entité socio-territoriale caractérisée par la coexistence active d'une communauté ouverte d'individus et d'une population d'entreprises à l'intérieur d'une aire géographique* ». Dès l'instant où les populations et les entreprises occupent le même territoire, il est inéluctable qu'il y aura des interactions entre les deux. Il existe forcément une certaine symbiose entre activités productives et vie communautaire.

Becattini (1979, *op.cit*) met en lumière des aspects ayant trait simultanément à la configuration proprement économique de l'ensemble d'entreprises et à la configuration se rapportant au fonctionnement social de la collectivité locale. Outre l'appartenance des populations à un même ensemble d'entreprises, c'est la culture, un ensemble de valeurs communément partagées, qui permet de spécifier et de caractériser cette communauté locale. L'existence, par exemple, au sein des réseaux de PME de *la Troisième Italie*, d'une proximité technique importante (du fait que les entreprises regroupées localement appartiennent toutes à une même filière industrielle) crée le sentiment d'appartenance à *la communauté industrielle locale,* qui est l'élément essentiel et constitutif du district (Brusco, 1986 ; Becattini, 1992, Essombè Edimo et Ndamcheu, 2015). Tout ceci permet en outre de circonscrire les conflits d'intérêts. Le district est appréhendé comme une entité qui facilite l'articulation des relations endogènes (entre la culture, la société et l'économie locale) et celles qui sont exogènes (effets produits par les marchés, les sociétés et les cultures extérieures).

Partant de la théorie des coûts de transaction (Coase, 1937 ; Williamson, 1975), Storper et Scott (1989) vont pourtant remettre en cause le modèle strict de district industriel. Pour ces auteurs, la performance d'un STP passe par l'externalisation des différentes activités d'un processus et par une désintégration verticale de la chaîne de production. Ce qui permet, soit de minimiser les risques, soit de maximiser les bénéfices de la spécialisation, même si cette désintégration verticale peut par ailleurs accroître les transactions entre les entreprises et augmenter les coûts de transaction (Chabault, 2006, *Idem*). C'est pour éviter cette augmentation possible des coûts que les entreprises se conglomèrent dans un espace géographique flexible et matérialisé. Dans cette logique, la concentration d'entreprises vise la minimisation des coûts de transaction interentreprises (Scott, 1988). C'est de là qu'émergera, précisément, le paradigme Coase-Williamson-Scott selon lequel l'organisation industrielle arbitre entre les coûts de transaction internes à la firme et les coûts de transaction entre les firmes.

Toutefois, cette vision ne prend en compte que des facteurs économiques pour étayer la performance des technoparcs et autres pacs d'entreprises. Dans le secteur de la haute technologie, par exemple, il faut aussi tenir compte des interdépendances entre les acteurs, notamment les conventions et les règles informelles, ou les habitudes qui facilitent la coordination entre les parties prenantes, ou encore la concertation à laquelle se livrent ces dernières. Il est alors utile de compléter cette approche essentiellement économique par une approche sociologique des relations sociales. Ces axes, et bien d'autres, suggérés par de nombreux auteurs, seront donc pris en compte dans les approches les plus récentes des STP.

2. Des systèmes territoriaux de production aux systèmes territoriaux d'innovation

Avec l'accélération de la globalisation de l'économie et les progrès technologiques, l'on observe également l'émergence de la question des phénomènes d'agglomération des entreprises : *pourquoi et comment les STP expérimentent-elles des succès dans un contexte de mondialisation de l'économie ? Pourquoi la concentration spatiale des entreprises semble encore importante, alors même que les progrès technologiques permettent d'outrepasser les limites nationales et d'améliorer les échanges* ? Sont autant de questions que l'on se pose encore aujourd'hui.

Les travaux menés par le GREMI[65], en filiation directe avec les analyses pionnières d'Aydalot (1986) mettent en évidence de manière éclatante les modalités proprement territoriales des processus d'innovation, notamment à travers *les milieux innovateurs*. C'est que, depuis les travaux liminaires de Marshall (1890, *Idem*), le concept des STP (districts industriels...) a évolué vers les systèmes territoriaux d'innovation (STI) (parcs scientifiques, technopôles, parcs technologiques, Technoparcs, pôles de compétitivité...). On convient désormais que le développement et l'innovation ne sont plus le fruit des grandes entreprises, bras séculier du système fordiste, mais du territoire et du milieu, faisant référence au milieu entrepreneur, c'est-à-dire innovateur. Et le milieu préexiste à l'entreprise. Il est même à l'origine de celle-ci et des dynamiques de développement et de croissance. Selon Camagni et Maillat (2006), il est désormais admis que l'innovation et la performance d'une organisation découlent d'un processus d'apprentissage et de sélection local, issu des interactions internes et externes à l'entreprise.

Alors qu'un *système d'innovation* peut se définir comme un ensemble d'acteurs et d'entités, comme des entreprises, des organisations et des institutions qui interagissent pour produire, utiliser et propager de nouvelles connaissances économiquement utiles dans le processus de production

[65] GREMI ; Groupe de Recherche européen sur les Milieux innovateurs

(Fischer, 2000), un *système d'innovation territorial* renvoie simplement cette fois-là, aux divers modèles régionaux d'innovation au sein desquels les dynamiques institutionnelles locales jouent un rôle important. Dans la littérature, on peut distinguer deux grandes catégories de STI : une première catégorie dominante sur le plan économique et une seconde axée spécifiquement sur l'importance des réseaux.

- **Les STI selon les approches économiques**

Ici, la notion d'économies externes est cruciale. On retrouve parmi les principaux auteurs de cette approche Porter (1990) et Krugman (1991). En effet, avec sa théorie de la compétitivité, Porter tente d'expliquer comment la localisation des entreprises influence leur productivité et leur compétitivité régionale, nationale et internationale. En mettant en évidence la localisation au sein d'un territoire, c'est-à-dire d'un pôle de compétitivité ou d'un cluster, il propose un modèle d'analyse de l'avantage concurrentiel d'un cluster fondé sur quatre facteurs : la stratégie, la structure et la rivalité des sociétés, l'état de la demande, les industries de support liées et l'état des facteurs. De même, le développement et les interactions entre ces facteurs soutiennent la compétitivité de trois façons différentes c'est-à-dire qu'ils améliorent la productivité, incitent à l'innovation et soutiennent la commercialisation des innovations grâce à l'inventivité des nouvelles entreprises (Porter, 1998).

Cependant, si la notion de cluster semble mettre en avant uniquement les transactions économiques, il convient de noter qu'elle tient également compte de la géographie économique et de la sociologie économique, notamment à travers l'apprentissage, l'accès et le transfert de connaissances. Toutefois, la concertation (qui peut animer ou réguler la gouvernance dans les industries…), par exemple, n'est nullement mise en relief.

En 1998, l'auteur définira le cluster comme un réseau d'entreprises et « d'institutions proches géographiquement et interdépendantes, liées par des métiers, des technologies et des savoir-faire communs. Le cluster a une influence positive sur l'innovation et la compétitivité, les compétences des travailleurs, l'information et la dynamique entrepreneuriale sur le long terme ». Cette définition se rapproche surtout de l'analyse de l'économie industrielle et du management. Le cluster vise, notamment, à faciliter et à organiser les modes de coordination. Puisqu'il porte à la fois sur un ensemble d'entreprises qui se complètent, d'institutions publiques et privées de recherche-développement ainsi que sur des structures de formation ou de financement situées dans un même espace géographique.

De son côté Krugman (1991, *op.cit*), en référence aux économies externes de Marshall (1919) actualisées par Helpman et Krugman (1985), estime que la concentration de l'activité économique dans une région spécifique est le facteur majeur de l'étude de l'économie géographique. Pour cela, il met en lumière la multitude des cas de spécialisations et de concentrations possibles dont le déclencheur est généralement la conséquence d'une décision politique. Cette approche encourage ainsi l'interventionnisme étatique qui conduit à engendrer une dynamique locale contribuant à la création ou à la consolidation d'un avantage. Il convient donc de compter sur le pouvoir décisif de l'autorité (État ou CTD, par exemple), pour créer, attirer ou encourager la formation des Technoparcs.

Continuant son argumentation, l'auteur présente l'exemple de la création des pôles technologiques aux États-Unis, notamment celui de la *Silicon Valley*. Tout comme il intègre également la dimension historique dans son analyse en soulignant le caractère dynamique et cumulatif des effets d'échelle liés à la localisation industrielle. Dans cet exemple, il note l'importance de l'existence d'un avantage principal initial (l'existence d'une main-d'œuvre qualifiée), l'impulsion par une initiative politique (celle de Fred Terman) et qui permet, par la suite, de pérenniser le développement de la *Silicon Valley* à travers un processus (historique) cumulatif de développement.

Néanmoins, dans ces diverses analyses (Porter, 1990 et 1998, *op.cit* ; Krugman, 1991, *op.cit*), seuls les aspects économiques ont été pris en compte, laissant de côté les spécificités territoriales et socioculturelles.

- **Les STI selon les approches par les réseaux**

Généralement fondée sur le concept de réseaux de Powell (1990), cette seconde catégorie insiste sur l'importance des facteurs territoriaux, sociaux, institutionnels et culturels de la dynamique des STI. Parmi les courants de cette catégorie, on distingue l'approche de la géographie de l'innovation (Jaffe, 1989 ; Feldman, 1994 ; Audretsch et Feldman, 1996), les travaux de l'école des *milieux innovateurs* (Aydalot, 1986 ; Maillat, 1996), l'école de l'apprentissage et de l'innovation (Lundvall et Johnson, 1994 ; Malmberg et Maskell, 1997), et l'approche institutionnelle (Di Maggio et Powel, 1983 ; Saxenian, 1994 ; Ingram et Roberts, 2000).

L'on estime, en général, que les externalités de la connaissance contribuent directement à la croissance économique en générant des rendements croissants. Elles contribuent, par la même occasion, au processus d'innovation sans coûts supplémentaires. Dès lors, la géographie de l'innovation s'est donné pour mission de mettre en lumière les fondements empiriques, en vue d'éclaircir la solide polarisation spatiale des activités d'innovation. Dans cette logique, les recherches empiriques visent à analyser notamment le rôle des acteurs (mobilité et collaboration des chercheurs, impact des infrastructures de transport et rôle des TIC...) dans la localisation du STI.

Pour expliquer le fait que certaines localités, longtemps restées sous-développées, se développent et innovent, alors que d'autres, très industrialisées, tombent en crise et ne parviennent pas à se relancer, les chercheurs du GREMI proposent une tentative de réponse par l'approche du milieu innovateur. Aydalot (1986, *op.cit*) souligne ainsi que « *l'entreprise innovante ne préexiste pas aux milieux locaux, elle est sécrétée par eux. Les comportements innovateurs dépendent essentiellement de variables définies au niveau local ou régional. En effet, le passé des territoires, leur organisation, leur capacité à générer un projet commun, le consensus qui les structure sont à la base de l'innovation »*. L'idée mise en avant ici est que les milieux sont des incubateurs de l'innovation. Et que les réseaux territoriaux sont, de ce fait, imbriqués dans des réseaux sociaux. L'analyse par *les milieux innovateurs* va ainsi faire évoluer la conception des STI. Puisqu'elle met l'emphase sur la dimension territoriale. Dans cette démarche, le territoire est appréhendé comme une organisation liant entreprises, institutions et populations locales en vue de son développement économique. Cependant, l'une des critiques faites à cette approche est la non-prise en compte totale des aspects économiques pourtant bien présents chez Porter (1990, *Idem* et 1998, *op.cit*) et Krugman (1991, *idem*).

Plus loin encore, l'école nordique de l'innovation et de l'apprentissage va proposer une analyse en termes de *système régional d'innovation* (SRI). Elle se base sur le fait que, premièrement, les politiques scientifiques et technologiques sont ancrées à différents niveaux spatiaux. Et, deuxièmement, que la production scientifique et technologique, de même que le transfert de technologies et de connaissances, nécessitent d'être appréhendés à travers diverses échelles appropriées : systèmes national, régional, sectoriel ou technologique, voire *une région apprenante* (Courlet et Pecqueur, 2016, *op.cit*). L'idée principale se fonde sur l'apprentissage collectif induit par les relations de coopération entre les membres d'un système.

La connaissance est considérée comme une ressource stratégique, et l'apprentissage comme un processus fondamental du développement économique. La connaissance est en effet insérée dans un contexte social et territorial. Elle est difficile à codifier et à transférer à travers un mécanisme formel. Le contact informel entre personnes est, de ce fait, essentiel en vue de la diffusion de la connaissance générée par les agents innovateurs au sein de l'agglomération spatiale. C'est un élément crucial du développement des SRI, et qui est facilité par la proximité géographique. Théoriquement, une « région apprenante[66] », par exemple, est alors plus active et plus performante qu'un simple SRI. La dissemblance majeure entre les deux notions est la prise en compte du concept *d'environnement créatif*. Puisque celui-ci facilite la mise en place d'innovations à l'échelle régionale.

Pour sa part, l'approche institutionnelle culturelle des clusters glisse sur des aspects strictement sociologiques dans l'analyse économique conventionnelle. Elle suggère ainsi tout l'intérêt de tenir compte de l'importance des institutions pour appréhender et interpréter les faits sociaux et économiques. Les auteurs ont recours à la notion *d'isomorphisme*

[66] Ou *learning region*

institutionnel. Celui-ci stipule que les organisations n'adoptent pas forcément les techniques les plus adaptées aux nécessités économiques de l'heure, mais celles qui semblent les mieux admises socialement afin d'acquérir de la légitimité (Chalbaut, 2006, *Idem*). Dans le même sillage du reste, Granovetter (1985) en précisant que « *les actions économiques n'existent qu'insérées dans des réseaux de relations interpersonnelles* », défend l'idée selon laquelle les formes organisationnelles découlent d'interactions palpables entre acteurs concrets, en liaison avec un environnement sociopolitique singulier. On comprend que Saxenian (1994), par exemple, ait pu noter que l'approche institutionnelle des clusters suggère que les facteurs sociaux, institutionnels et culturels sous-jacents à l'interconnexion entre les acteurs économiques sont plus importants que les facteurs économiques et techniques (économies externes) pour la performance des entreprises et le développement économique local. Selon l'auteur, si les STP/STI sont délimités par des limites géographiques, il est désormais plus intéressant de les appréhender comme étant des réseaux d'entreprises et d'institutions.

Ainsi, les apports empiriques des diverses conceptions théoriques évoquées ci-dessus sont multiples : districts industriels, systèmes productifs localisés, pôles d'excellence, clusters, technopôles, pôles de compétitivité, agglomération spécialisée, espace serviciels, Technoparcs, systèmes agroindustriels spécialisés,... Il est parfois difficile de s'y retrouver. La confusion est telle que, parfois, une même dénomination évoque des réalités distinctes, et inversement. Et cette diversité notionnelle semble souligner, du reste aussi, l'idée de l'inexistence d'un modèle universel de coopération et de développement à l'échelle d'un territoire. En effet, la revue théorique sur les STI/SRI permet de souligner quelques facteurs à même de limiter le développement des pôles de compétitivité et autres Technoparcs : problèmes de coordination entre les acteurs, de propriété industrielle et intellectuelle, espionnage industriel, concurrence, légitimité des organes de gouvernance…, autant de questions susceptibles d'interpeler les chercheurs en vue de proposer de nouvelles pistes d'analyses (Chabault, 2006, Idem). Dans cette logique également, nous avions souligné récemment qu'il peut être opportun d'introduire la notion de concertation dans les STP/SRI, dans l'optique d'en améliorer la gouvernance et, ainsi, de configurer ce qu'on pourrait appeler les concertopôles (Essombè Edimo et al., 2021).

II. Tentative d'élargissement de la notion de STP pour une gouvernance améliorée

1. Des types de gouvernances actuelles à une gouvernance intégrant la concertation

Dans le contexte de la mondialisation croissante des économies, la prolifération des STP dans le monde et, plus spécifiquement, l'adoption des politiques de ces configurations organisationnelles territorialisées conduisent à réfléchir aux conditions favorisant la coopération territoriale. En effet, si les recherches analysant expressément la gouvernance des systèmes territorialisés d'organisation sont peu nombreuses (Chabault, *clusters, systèmes productifs localisés, pôles de compétitivité, espaces serviciels, systèmes agroalimentaires localisés, op.cit*), la notion apparaît pourtant comme l'élément central permettant d'assurer la stabilité, la compétitivité et l'existence même de ces systèmes territorialisés (Alberti, 2001). Selon Elhinger et al., (2007) en effet, la gouvernance est même « *inextricablement liée à leur devenir* ». Selon ces auteurs, la littérature sur la question permet d'identifier trois modes de gouvernance des STP : les réseaux pilotés par une firme pivot, la gouvernance de type associative et la gouvernance dite territoriale. Dans le type de gouvernance mené par la firme pivot, les réseaux territoriaux sont dirigés par une firme focale qui influence les aspects structurels, relationnels et cognitifs du réseau. Ce mode de gouvernance aurait l'avantage que la firme pivot structure et organise la coopération, afin de diminuer les coûts de transaction pour les petites enclines à l'innovation. Mais il est également caractérisé par une asymétrie des pouvoirs qui est source de tensions, voire de conflits.

Ensuite, dans le cadre de la gouvernance associative qui se base sur le principe d'équilibre des pouvoirs, l'idée est de regrouper les représentants de l'ensemble des parties prenantes au réseau. Le but de ces représentants est de défendre les intérêts collectifs de leur groupe d'appartenance (Chabault, 2008, *op.cit*). Cependant, si cette approche associative semble efficace dans les réseaux spontanés, ceci n'est pas le cas dans les réseaux exogènes à l'intérieur desquels coexistent des acteurs différenciés. L'hétérogénéité des acteurs impliqués dans la gouvernance des STP peut alors générer des conflits cognitifs, des problèmes de distribution des pouvoirs, mais aussi des difficultés de cohésion du système (Alberti, 2001, *op.cit*).

Enfin, la gouvernance territoriale est quant à elle caractérisée par l'implication de tous les acteurs locaux dans les dynamiques de développement local. Le processus de coordination ici se déroule entre les acteurs territoriaux hétérogènes. Il est alors primordial que la diversité des acteurs territoriaux[67] se coordonne, afin de construire de nouvelles ressources intransférables en vue d'assurer la compétitivité de leur territoire (Mendez et Mercier, 2006). Toutefois, le problème avec ce mode de gouvernance est que les implications diffèrent selon que le caractère de l'émergence des STP est spontané ou volontariste. Par exemple, alors que les STP issus d'un processus d'émergence spontané fonctionnent mieux, du fait des arrangements et de la coordination informelle, dans les STP issus d'un processus volontariste, un processus de coordination formel s'avère essentiel.

La spécificité volontariste de l'émergence des STP et, notamment, l'apparition de nouveaux acteurs institutionnels qui les encadrent, laisse envisager la montée de nouveaux types de gouvernance dans lesquels les aspects relationnels, institutionnels et territoriaux interagissent concurremment. Cette nouvelle appréhension semble alors mettre l'emphase sur les contributions collectives à un objectif commun. À partir de là, il peut donc aussi être opportun de se demander comment la concertation entre les différentes parties prenantes d'un STP pourrait y contribuer.

2. Des STP gouvernés par la concertation

Le développement territorial (ou local) est une approche essentiellement partenariale. La concertation, qui est le chemin vers le partenariat, est une exigence inéluctable pour une stratégie de développement territorial pérenne. En plaçant la concertation au centre des systèmes économiques, managériaux, politiques et sociaux, l'on a montré qu'en décidant ensemble, les parties prenantes prennent l'engagement de partager les responsabilités qui en découlent et sont, dès lors, toutes gagnantes. Les collectivités territoriales et les administrations y jouent donc un rôle essentiel, notamment dans la circulation des informations. De plus en plus dans le monde, la circulation opérationnelle de l'information entre les entreprises, les collectivités territoriales et les administrations représente un facteur déterminant de la compétitivité, voire de *l'attracti-compétitivité*[68] des territoires face à la concurrence extérieure.

De nos jours, la notion de *concertation* est reprise dans la majorité des discours économiques. Elle demeure toutefois encore très floue. Sur un plan plus large, la participation publique est même souvent jugée comme une forme

---

[67] Allant plus loin dans une publication récente, Essombè Edimo (2020), parle même de *biodiversité territoriale d'acteurs locaux* pour décrire cette diversité d'acteurs territoriaux.

[68] Expression initiée par Essombè Edimo (2008, *op. cit.*), à partir de la contraction des termes *attractivité* (aptitude des territoires à attirer les investissements et la main-d'œuvre qualifiée et à les conserver), et *compétitivité* (capacité des entreprises et des territoires à conquérir des marchés). Contraction proposée par l'auteur pour signifier que, dans une économie désormais globalisée comme celle de ce début de siècle, l'attractivité et la compétitivité territoriales vont de pair. Les territoires doivent donc construire et protéger leurs avantages concurrentiels s'ils veulent attirer des investissements et des compétences.

de démocratie. Dans la gestion locale, par exemple, elle est même devenue « *une révolution culturelle dans les façons de faire et dans les relations entre élus, administrateurs et acteurs de la communauté* » (Fortier, 2009). Ce faisant, il est également possible de tenter de délimiter le sens de la concertation à des rencontres, à de la consultation, à des échanges d'informations, à la mise en commun de moyens, d'équipements, de locaux, de personnels... Mais cela semble insuffisant. Car, une authentique concertation devrait tendre à une association, à une complémentarité, voire à une fusion (momentanée et ponctuelle) des compétences et des énergies en faveur d'un objectif commun à atteindre (Vachon, 1993). En effet, pour tout groupe d'acteurs, une décision issue de la concertation motive plus qu'une décision unilatérale. La concertation fonctionne comme la théorie des jeux qui aboutit à une situation de donnant-donnant et de gagnant-gagnant. La concertation est l'interaction décisionnelle la plus motivante pour les humains. De manière générale, elle permet de décider ensemble dans le but d'être ensuite coresponsables. Alors, on voit se profiler une ouverture de la gestion des structures et de la société, intégrant des acteurs individuels et collectifs invités à prendre part, de façon plus ou moins directe, aux décisions relatives aux affaires qui concernent de près leur environnement socioéconomique, leur cadre et leur milieu de vie. Une telle ouverture à la participation suppose un ajustement dans les façons de faire et dans les relations entre les organes dirigeants des organisations, les administrateurs et les employés, par exemple. Il y a une évidence claire que ni le marché à lui seul ni la hiérarchie à elle seule, ne sont capables de conduire l'économie à la satisfaction des besoins d'une large majorité de la population.

Dans le cadre du développement local, notamment les STP, Vachon (1993, *Idem*) met en lumière quelques raisons qui militent en faveur de la mise en œuvre de la concertation. En premier lieu, on retrouve la transformation qui s'est désormais opérée au niveau de l'organisation de la production. Désormais, la manière de produire évolue (coproduction entre grandes entreprises et PME, sous-traitance, production zéro-stock, flux continu) et s'adapte à la demande plutôt qu'à la capacité de production de l'entreprise. Cette nouvelle organisation de la production va alors exiger une coopération technologique et une planification de la production. Aussi parait-il désormais avantageux de répartir le risque et le coût croissant des développements technologiques entre les différentes parties prenantes. En second lieu, on retrouve la transformation qui s'est opérée dans le cadre du fonctionnement du marché. La concurrence est à l'extérieur des frontières du territoire. Mondialisation et ouverture des économies obligent. Il faut donc unir les efforts pour affronter la compétition extérieure. Cela conduit à la mise en place d'un partenariat à l'échelle de la production avec, toutefois, une concurrence (disciplinée) à l'échelle de la commercialisation. Pour ce qui est de l'allocation rationnelle des ressources disponibles sur le territoire, enfin, une concertation efficâce permettrait en effet, soit d'éviter tout gaspillage, tout dédoublement de services au sein de la communauté, soit encore d'économiser du temps et des ressources pour l'implantation de (nouveaux) projets ou des entreprises.

Au total donc, la littérature sur les STP insiste sur les caractéristiques comme l'agglomération d'entreprises sur un espace, l'existence d'une forte complémentarité entre elles et, des spécificités distinctives des firmes ainsi agglomérées, notamment pour ce qui est des systèmes productifs localisés (Courlet, 2007, *op.cit* et 2010). De même que l'accent est mis sur la dynamique générée par différents types de proximités (organisée et géographique, par exemple). Le tout étant facilité par le territoire qui, en fin de compte, apparaît comme la matrice centrale de régulation sociale. Toutefois, on peut également regretter que des études n'aient pas encore sérieusement lorgné aussi dans la direction de la concertation, sous ses différentes formes (entre producteurs, entre ces derniers et les autres parties prenantes...). Cela en appelle donc à emprunter à l'analyse de l'interactionnisme symbolique (Blumer, 1969), par exemple, pour mieux comprendre et rendre compte des rapports indispensables établis entre des acteurs dans des situations données. Situations qui, au demeurant, sont des objets construits et défendus par et pour des acteurs situés en vue de répondre à des intérêts, à des enjeux, voire à des valeurs communes.

La concertation comme nouveau mode de gouvernance des STP et des technoparcs, notamment dans les pays en développement, trouve ainsi toute sa place. Les États n'ont pas de moyens financiers, ou alors sont simplement défaillants quant à la promotion du développement économique de leurs territoires. Dans un contexte de crise généralisée, où le fractionnement des interventions publiques a fait son apparition, on constate une multiplication des stratégies de développement intégrées, qui impliquent plusieurs partenaires. La concertation pourrait alors désormais devenir une nouvelle façon de réfléchir et de concevoir les solutions idoines, face aux difficultés économiques et sociales des collectivités territoriales dans leur production de richesses et leur adaptation à la mondialisation. La concertation des acteurs situés, appliquée comme systèmes de gouvernance dans les STP dans les pays en voie de développement, génèrerait même des *concertopôles*. Lesquels apparaîtraient comme un nouvel outil du développement local ou territorial. Arcboutés sur les principes clés des STI et autres STP, des Technoparcs régulés par la concertation entre parties prenantes apparaîtraient en ce sens comme ces espaces localisés de production, consolidant ainsi la nécessaire coordination des acteurs par le territoire.

Conclusion

Les STP, toutes formes confondues, partent de l'idée fort astucieuse des *districts industriels* autrefois proposés par Marshall (1890, *op.cit*). Lequel suggérait d'organiser la vitalité de la concentration des petites entreprises dans un même secteur [69]aux côtés des grandes firmes ayant des fonctions intégrées et initialement promises à absorber toute l'économie. Une telle cohabitation, selon l'auteur, repose sur la mise en évidence d'externalités positives : les petites unités de production parviennent en effet à surmonter les handicaps en termes d'économie d'échelle par la coopération inter-firmes et une division du travail qui génère la proximité géographique. Cette coopération favorise, à son tour, la communication, la diffusion des savoir-faire, la mobilité et les échanges entre professionnels et, même, la concertation entre les différentes parties prenantes territorialement situées. Le tout fait alors apparaître également une *atmosphère industrielle* qui engendre une dynamique productive dans ces agglomérations de firmes organisées en systèmes territoriaux de production.

La transposition moderne, notamment à l'issue de l'analyse de *la troisième Italie* de Becattini (1987 et 1989, *op.cit*), a généré l'étude d'une multitude de situations d'agglomérations d'entreprises ayant pour noms clusters, systèmes productifs localisés, Technoparcs, pôles de compétitivité, espaces serviciels, systèmes agroalimentaires localisés, technopoles, pôles de compétitivité, agglomérations spécialisées… Des travaux de même nature menés en filiation avec les analyses pionnières de Aydalot (1986, *op.cit*) vont même mettre en évidence les modalités proprement territoriales du processus d'innovation dans le cadre des *milieux innovateurs*. Pour montrer que le développement et l'innovation ne seraient plus générés par les grandes entreprises, qui représentent le fer de lance du système fordiste, mais par le territoire et le milieu, c'est-à-dire le milieu entrepreneurial et, par le fait même, innovateur. Sur cette base, d'autres encore vont suggérer de passer des systèmes territoriaux de production aux systèmes territoriaux d'innovation.

Ainsi, longtemps délaissé, l'héritage de Marshall (1890, *idem*) va pourtant marquer la recherche dès les décennies 70 et 80, notamment à la suite de la crise du fordisme et de la « nouvelle industrialisation » mise en lumière par l'émergence des *Nouveaux Pays Industriels*, entre autres. Toutefois, la littérature sur les agglomérations territoriales de production semble insister davantage sur les caractéristiques, comme la concentration des firmes sur un espace, l'existence d'une forte complémentarité entre elles et des spécificités distinctives des firmes ainsi agglomérées. Tout comme l'accent est mis sur la dynamique générée par différents types de proximités (organisée et géographique, institutionnelle, par exemple). Le tout étant facilité par le

[69]Ou partageant la même spécialité dans les bassins industriels.

territoire qui, en fin de compte, est bien la matrice centrale de régulation sociale. De sorte qu'on peut regretter que des études n'aient pas exploré avec le même allant le rôle de la concertation, sous ses différentes formes (entre producteurs, entre ces derniers et les autres parties prenantes…), dans la régulation de ces mêmes Technoparcs, ou même de la biodiversité territoriale des acteurs locaux et, souvent, à l'initiative de ces dynamiques. La mise en œuvre de la concertation comme nouveau mode de gouvernance des STP pourrait bien être un nouvel outil dans la constitution et le fonctionnement de ces concentrations spatiales de la production dans les pays en développement. Ces regroupements de centres de production dynamiques sont maintenant, grâce à la mondialisation, un facteur clé dans l'attraction des investissements directs étrangers.

Plusieurs interrogations restent toutefois en suspens. Il serait tout aussi enrichissant, de produire des analyses systémiques du rôle de la concertation dans des études monographiques précises. Une telle démarche permettrait également de déterminer, par exemple, les liens spatiaux et fonctionnels qui pourraient exister entre les producteurs concentrés, et pour ce qui est d'une ville comme Douala, entre ce type d'agglomérations productives et l'attractivité de la ville, ou encore de comprendre dans quel sens et avec quelle intensité la concertation influence le développement de ces concentrations productives, voire l'analyse de la concertation en termes de coûts d'opportunité, par exemple, pour les producteurs, les parties prenantes. Autant de questionnements auxquels des recherches futures devraient apporter des éléments de réponse.

En tout état de cause, l'on comprend que le parc technologique, qui est un site réservé à des activités à forte valeur ajoutée dans les domaines de la haute technologie et bénéficiant d'un aménagement, généralement de qualité, sur le plan de l'environnement urbain ou paysager, retienne de plus en plus l'attention de la CUD. Ordinairement, ces activités regroupent des domaines bien distincts, ainsi que des équipes de recherche des universités et des entreprises, dans le but de dynamiser la production industrielle. Ils représentent même aujourd'hui par leurs généralisations multiformes (technopoles, zones agglomérées, SYAL, SPF…), l'une des principales modalités d'adaptation des territoires à la mondialisation.

Bibliographie

Alberti, F. (2001), The Governance of Industrial Districts: A Theoratical Footing Proposal. *Liuc Papers*, n°82, SeriePiccola e Media Impresa, 5.

Audrestch, D. B. et Feldman M. (1996), R&D Spillovers and the Geography of Innovation and Production. *American EconomicReview*, Vol. 86.

Aydalot, P. (1985), *Économie régionale et urbaine*, Paris, Economica,

Aydalot, P. (1986), *Milieux innovateurs en Europe*, Paris, GREMI,

Becattini, G. (1979), Dal settoreindustriale al distrettoindustriale. Alcuneconsiderazionisull'unità d'indaginedell'economiaindustriale, *Revisita di economia e politicaindustriale*, Vol. 1.

Becattini, G. (1987), *Mercato e forzelocali : il distrettoindustriale*, Bologna, Il Mulino.

Becattini, G. (1992), Le district industriel Marshallien : une notion socio-économique, in Benko G. et Lipietz A. (éds), *Les régions qui gagnent*, PUF, Paris.

Blumer, H. (1969), *Symbolic Interactionism, Perspectives and Method*, Englewood Cliffs NJ, Prentice-Hall.

Brusco, S. (1986), *Small firms and industrial districts: the experience of Italy in Europe*, London, Croo, Helm.

Chabault, D. (2006), Les systèmes territoriaux de production : revue de littérature et approches théoriques d'un concept évolutif. *Cahiers de Recherche du CERMAT*, Vol. 19, n° 6.

Chabault, D. (2008), La gouvernance des réseaux territorialisés d'organisation : revue de littérature d'un concept émergeant. *Cahiers de Recherche du Centre d'études et de recherches en management de Touraine (CERMAT).*

Camagni, R. et Maillat D. (Eds.)(2006), *Milieux innovateurs : théories et pratiques*, Economica, Anthropos, Paris.

Coase, R. (1937), *The Nature of the Firm*, Economica, Vol. 4.

Courlet, C. (2002), Les systèmes productifs localisés : Un bilan de la littérature. *Études et Recherches sur les Systèmes Agraires et le Développement*, INRA Editions,

Courlet, C. (2007), *Territoire et développement économique au Maroc : les systèmes productifs localisés*, L'Harmattan, Paris

Courlet, C. (2010), *L'Économie territoriale*, PUG, Grenoble

Courlet, C. et Pecqueur B. (2016), Économie *territoriale*, Ed. PUG, Grenoble.

Daumas, J. C. (2007), Districts industriels : du concept à l'histoire. Les termes du débat. *Revue économique*, Vol. 58, n° 1,

DiMaggio, P.J. et Powel, W.W. (1983), The Iron Case revisited : Institutional Isomorphism and Collective Rationality in Organizational Fields. *American Sociological Review*, Vol. 48,

Ehlinger, S. V. Perret et D. Chabault, (2007), Quelles gouvernances pour les réseaux territorialisés d'organisations ? *Revue française de Gestion*, n° 170.

Essombè Edimo, J. R. NyaBonabébé (2005), Le développement territorialisé à Douala, fondements et repérage des modalités institutionnelles d'une dynamique nouvelle, Revue *Mondes en Développement*, n° 130, Vol.33.

Essombè Edimo, J. R. NyaBonabébé (2007), *Spatialité et développement économique à Douala : entre le hasard et la nécessité.* L'Harmattan : Paris.

Essombè Edimo, J. R. NyaBonabébé (2008), Douala et l'attractivité territoriale en zone CEMAC à l'heure de l'économie globale, *Revue Enjeux*, n°34/35.

Essombè Edimo, J. R. NyaBonabébé (2015), *Douala et la répartition spatiale des entreprises : polarisation et fragmentation*, L'Harmattan.

Essombè Edimo, J. R. NyaBonabébé et Ndamcheu B. Duvalier (2015), Disparités territoriales de la dynamique des petites et moyennes entreprises à Douala, *La Revue subsaharienne d'Économie et de Finance*, n° 5.

Essombè Edimo, J.R. NyaBonabébé (2020), *La concertation comme outil de gestion de la lutte contre le covid-19 dans des CTD Camerounaises*, dans Essombè Edimo et E. Kamdem (2020) (Coord) « *Concertocratie locale, nationale et internationale contre le covid-19 : quelles leçons pour le futur ?* PIPD Éditions, Collection « *Innovation et développement concerté* », Genève.

Essombè Edimo, J.R. Nya Bonabébé et Kamdem, E. (2021). Le concertopôle : un nouvel outil pour le développement local dans les pays en développement, *La Revue subsaharienne d'Économie et de Finance*, n° 14, Déc.

Feldman, M. P. (1994), *The Geography of Innovation*, Kluwer Academic Publisher.

Fischer, M.M. (2000), Innovation, knowledge creation and systems of innovations. *Annals of Regional Science*, Vol. 35.

Fortier, J. (2009), Contribution de la concertation à la démocratisation de la gestion municipale : le cas de la ville de Trois-Rivières, *Thèse de Doctorat*, Université du Québec à Montréal.

Granovetter, M. (1985), Economic-Action and Social-Structure – The problem of Embeddedness*American Journal of Sociology*, Vol. 91.

Helpman, E. et Krugman, P. (1985), *Market structure and foreign trade: increasing returns, imperfect competition and the international economy*, MIT Press, Cambridge Mass.

Ingram, P. et Roberts, P.W. (2000), Friendship Among Competitors in the Sydney Hotel Industry, *American Journal of Sociology*, Vol. 106.

Jaffe, A.B. (1989), Real Effects of Academic Research, *American Economic Review*, Vol. 79.

Judet, P. (1986), *Les nouveaux pays industriels*, Ed. Ouvrières, Paris.

Kamdem, E. (2012), *Concertalisme, concertocratie et économie sociale : la concertation au cœur des systèmes économiques, managériaux, politiques et sociaux au XXI siècle*. L'harmattan, Paris.

Krugman, P. (1991), *Trade and Geography*, Cambridge : MIT Press.

Lundvall, B. et Johnson, B. (1994), The learning Economy. *Journal of Industry Studies*, Vol. 1,

Maillat, D. (1996), *Regional Productive Systems and Innovative Milieux*. OCDE (Eds), "Networks of Enterprises and Local Development", Paris OCDE.

Malmberg, A. et Maskell, P. (1997), Towards and Explanation of Regional Specialization and Industry Agglomeration. *European Planning Studies*, Vol. 5.

Marshall, A. (1890), *Principles of Economics*. London : Macmillan.

Marshall, A. (1919), *Industry and trade*, London : Macmillan. (Traduction française par Gaston L. L'industrie et le commerce, Eds Marcel Giard 1934).

Mendez, A. et S. Mercier (2006), Compétences-clés de territoires. Le rôle des relations inter organisationnelles. *Revue française de Gestion*, Vol. 32, n° 164.

Perroux, F. (1955), Note sur la notion de pôle de croissance, *Économie appliquée*, Vol. 8,

Porter, M. (1990), *The Competitive Advantage of Nations*, London : Mac Millan.

Porter, M. (1998), *On Competition*, Harvard Business School Press,

Powell, W.W. (1990), Neither Market Nor Hierarchy – Network Forms of Organization. *Research in Organizational Behaviour*, Vol. 12.

Saxenian, A. (1994), *Regional Advantage. Culture and Competition in Silicon Valley and Route 128*, Cambridge: Harvard University Press.

Scott, A. (1988), *New Industrial Spaces: flexible production organizations and regional development in north America and western Europe*, London : Pion.

Storper, M. et Scott A.J, (1989), The geographical Foundations and Social Regulation Flexible Production Complexes. In Wolch, J. et Dear, M. E. (Eds), *The Power of Geography: How Territory Shape Social Life*, Unwin Hyman,

Vachon, B. (1993), *Le développement local : théorie et pratique, réintroduire l'humain dans la logique de développement*. Gaëtan Morin éd., Montréal.

Williamson, O.E. (1975), *Markets and Hierarchies: analysis and antitrust implications*, New York, Free Press.

Zeitlin, J. (1992), *Industrial districts and local economic regeneration: overview and comment*, dansPyke, F. et Sengenberger, W. (1992), *Industrial districts and local economic regenaration*, Genève, International Institute for Labour Studies.

TROISIÈME PARTIE :

ESPACE URBAIN ET ATTRACTIVITÉ

Gérard TCHOUASSI, Magloire GOLOUM et Emmanuel NANA MBAFONG traitent de l'abondance des ressources naturelles et de leur impact sur le capital humain au Tchad. Les ressources naturelles sont considérées comme une manne capable de booster le développement socio-économique d'un pays (Stijns, 2006 ; Grasmann, 2009). Cependant, le facteur croissance est également décrié par certains auteurs qui estiment que les ressources naturelles sont aussi un frein à la croissance, du fait de l'instabilité sociopolitique et sécuritaire qu'elles engendrent (Gylfason, 2001 ; Ross, 2003). Une analyse statistique descriptive des données a été faite grâce au logiciel SPSS. Notre étude sur le lien entre l'investissement de la rente issue des ressources naturelles dans le domaine de la croissance économique, de la santé et de l'éducation a fait ressortir les résultats selon les variables de la population totale (POP), du produit intérieur brut par tête (PIBT), de la dépense en santé (DEPSAN) et, enfin, des dépenses en éducation (DPEDUC). En effet, pendant la période allant de 2003 à 2008, c'est-à-dire les 5 premières années de l'exploitation du pétrole, on constate une nette croissance de la population. Pour ce qui est de la croissance économique, les auteurs se servent du produit intérieur brut (PIB). Les résultats ont démontré que les années 2011 et 2012 sont marquées par une forte croissance du PIB du fait de la hausse du prix du baril du pétrole. En ce qui concerne l'accessibilité de la population dans les structures de la santé, cette étude a démontré qu'il a une hausse de 50 % pendant la période 2003 - 2008 du fait de la réelle volonté de l'État d'investir dans le secteur de la santé.

Lucien Armel AWAH MANGA, Henri Aurelien ATÉBA BOYOMO, Jean Bernard AWONO MONO et **Jean-Roger ÉSSOMBÈ ÉDIMO NYA BONABÉBÉ** analysent les effets de l'urbanisation sur les profits agricoles de la production maraîchère dans les zones urbaines et périurbaines de Yaoundé, au Cameroun. Les données d'une enquête menée par le *World Vegetable Center*, celles du Bureau central de Recensement et d'Études de la population (BUCREP) et de *Google maps* ont été utilisées. Les résultats montrent que l'urbanisation réduit les profits agricoles dans la production maraîchère dans et autour de Yaoundé. Mais, selon le degré d'urbanisation, ces profits agricoles varient considérablement d'une zone de production à une autre. Précisément, la densité de la population et la proximité au centre-ville diminuent les revenus agricoles nets. Ainsi, pour tirer parti des avantages de l'urbanisation, les maraîchers devraient se regrouper et établir des relations commerciales en amont et en aval, permettant de réduire les coûts de production, d'améliorer la qualité des produits et d'augmenter les prix. Les autorités municipales devraient également accroître la sécurité foncière des exploitations maraîchères en tenant compte de cette agriculture dans l'élaboration des plans directeurs d'urbanisme, des plans d'occupations des sols et des plans de zonage. De telles mesures contribueraient à diminuer les effets du *syndrome d'impermanence* auquel font face les maraîchers en zones urbaines et périurbaines.

L'objectif du chapitre de **Ngwen NGANGUE** est d'analyser la répartition spatiale de l'offre de santé au Cameroun. Une description détaillée de l'organisation du système de santé est fournie. Les résultats de cette analyse descriptive montrent une inégale répartition inter et intra régionale des infrastructures et du personnel de santé. En termes de politiques, les autorités devraient renforcer la décentralisation du système de santé en vue d'améliorer l'allocation des ressources, pour une meilleure prise en compte des besoins locaux en respectant les normes et les équilibres au niveau national.

Louis Bernard Tchuikoua et **Alex-Vidal Ella Ba Zambo** évaluent les nouvelles stratégies des maraîchers afin de voir leurs impacts sur la production maraîchère locale, et la vie socio-économique de ces derniers dans la localité d'étude. Il ressort des lectures, observations et enquêtes de terrains que la philosophie de maximisation du profit, qui a guidé les réponses des parties prenantes dans ces développements, a fait augmenter les valeurs de l'offre-rente et est ainsi devenue inabordable pour les populations ordinaires, les poussant de fait vers les périphéries où le maraîchage était pratiqué. L'acquisition foncière pour cette activité tend à être guidée par des variables socioculturelles. Lesquelles sont fonction des traits et des stratégies des acteurs qui restent dynamiques. Pour l'État et les collectivités territoriales, il serait judicieux de porter une attention particulière au problème d'accessibilité à la propriété, impactant négativement le secteur agricole, afin de mieux s'adapter et relever le défi d'une "seconde génération agricole" dans la perspective de l'émergence en 2035.

CHAPITRE 10 :

RESSOURCES NATURELLES ET DÉVELOPPEMENT DU CAPITAL HUMAIN DES TERRITOIRES URBAINS

Gérard TCHOUASSI, Magloire GOLOUM
et Emmanuel NANA MBAFONG

Résumé :

Ce chapitre traite de l'abondance des ressources naturelles et de leur impact sur le capital humain au Tchad. Les ressources naturelles sont considérées comme une manne capable de booster le développement socio-économique d'un pays (Stijns, 2006 ; Grasmann, 2009). Cependant, le facteur croissance est également décrié par certains auteurs qui estiment que les ressources naturelles sont également un frein à la croissance, du fait de l'instabilité sociopolitique et sécuritaire qu'elles engendrent (Gylfason, 2001 ; Ross, 2003). Une analyse statistique descriptive des données a été faite grâce au logiciel SPSS. Notre étude sur le lien entre l'investissement de la rente issu des ressources naturelles dans le domaine de la croissance économique, de la santé et de l'éducation a fait ressortir les résultats selon les variables de la population totale (POP), du produit intérieur brut par tête (PIBT), de la dépense en santé (DEPSAN), et enfin des dépenses en éducation (DPEDUC).

En effet, pendant la période allant de 2003 à 2008, c'est-à-dire les 5 premières années d'exploitation du pétrole, on constate une nette croissance de la population. Pour ce qui est de la croissance économique, nous nous servi du produit intérieur brut (PIB). Les résultats ont démontré que les années 2011 et 2012 sont marquées par une forte croissance du PIB du fait de la hausse du prix du baril du pétrole. En ce qui concerne l'accessibilité de la population dans les structures de la santé, cette étude a démontré qu'il a une hausse de 50 % pendant la période 2003 - 2008 du fait de la réelle volonté de l'État à investir dans le secteur de la santé. Concernant la répartition de la population selon le niveau d'instruction et de scolarisation, la tendance est à la hausse : on compte respectivement 70 %, 75,5 % et 78,5 % de croissance tous les cinq ans entre 2003 et 2018.

Mots clés : ressources naturelles ; capital humain, économie, santé, éducation.

Abstract :

This chapter discusses the abundance of natural resources and their impacts on human capital in Chad. Natural resources are considered a boon capable of boosting the socio-economic development of a country (Stijns, 2006; Grasmass, 2009)

However, this growth factor is also criticized by certain authors who believe that natural resources are also a brake on growth, due to the socio-political and security instability that they generate (Gylfason, 2001; Ross, 2003). We use the methodology of descriptive statistics followed by analysis. Our study on the link between the investment of income from natural resources in the fields of economic growth; health and education highlighted the results according to the variables of the total population (POP), the product gross domestic per capita (GDP), health expenditure (DEPSAN) and, finally, education expenditure (DPEDUC).

Indeed, during the period from 2003 to 2008, that is to say, the first 5 years of oil exploitation, there was a clear growth, we use gross domestic product (GDP). The results showed that the years 2011 and 2012 were marked by strong growth in GDP due to the increase in the price of a barrel of oil. Regarding the accessibility of the population to the health structures, this study demonstrated that there was an increase of 50% during the period 2003-2008 due to the real desire of the state to invest in the health sector.

Concerning the distribution of the population according to levels of education and schooling, growth, is increasing, (70%; 75, 5%; 78, 5%) every 5 years during the period from 2003 to 2018.

Keywords: *natural resources; human capital; economy; health; education.*

Introduction

Il y a des nations qui ont dans leurs sous-sols des ressources naturelles exploitables, comme les pierres, les métaux précieux et les minéraux (fer, cuivre, or, diamant, aluminium, manganèse, uranium, pétrole). Le pétrole fait l'objet de nombreuses controverses. Il est devenu le nœud de la guerre dans les nations et entre les nations. Par ricochet, il est aussi une source de dictature (Verschave, 2003). On qualifie souvent la présence de pétrole dans les pays en développement de « malédiction ». Cependant, l'exploitation des ressources naturelles est également un atout majeur dans le processus de développement et de croissance économique à l'échelle mondiale (Smith, 1776 ; Marshall, 1920 ; Schumpeter, 1950 ; Hicham G., 2017). Les ressources naturelles au sens économique désignent celles qui sont utilisables avec la technologie existante et exploitable avec les prix actuels.

On peut classer les ressources naturelles en deux catégories : les ressources épuisables et les ressources naturelles renouvelables. Les premières se présentent sous forme de stock fini d'un point de vue physique et les secondes sont les ressources ayant une capacité de reproduction propre, indépendamment de l'intervention de l'homme. Toutefois, les minerais et le pétrole sont des ressources naturelles ayant une haute rente alors que l'agriculture génère, en général, une rente plus faible (Sachs et Wamer 1997). Les ressources naturelles sont toujours considérées comme une manne capable de changer le cours de l'économie des pays qui l'exploitent. Les ressources financières issues de ces exploitations sont investies, selon l'orientation de certains dirigeants des institutions, dans divers secteurs de développement. Cela est-il suffisant pour garantir un développement ? Encore faut-il que ces ressources financières soient gérées par des hommes qualifiés et compétents. Le croisement de la théorie des ressources à la littérature du capital humain met en lumière deux ressources clés dans la gestion du développement : le capital humain et la croissance. En effet, le capital humain est au centre du développement.

L'exploitation des ressources naturelles doit servir au développement du capital humain, car un lien étroit existe entre le capital humain et la croissance. En réalité, la vraie richesse d'un pays, c'est sa population constituée d'hommes et de femmes valides (Nan-guer, 2008). Un rapport de recherche sur le thème : le « capital humain » comme moteur de la croissance conclut une « corrélation entre les investissements en matière d'éducation et de santé et une meilleure croissance du PIB ». C'est dire qu'il y a un lien de cause à effet entre « les compétences, les expériences et le savoir » d'une population et sa contribution dans le développement économique d'un pays (IHME, 2018).

Le capital humain est un ensemble des capacités de production acquise par une suite d'accumulation des connaissances générales ou particulières (Beker, 1964 & Tchouassi, 2017). De manière simplifiée, il correspond à la somme des frais de scolarité ou de formation et du coût d'opportunité lié à cette activité (Chamak et Fromage, 2006). Le capital humain se résume en deux grands secteurs non négociables, dont la santé et l'éducation. L'éducation n'est pas seulement un investissement, mais aussi un bien de consommation durable (Schultz, 1963). En effet, l'éducation permet à un État de rattraper un retard quelconque ou encore de sortir du lot des pays sous-développés (Romer, 1986 ; Lucas, 1988 ; Barro, 1996 ; Hicham, 2017).

L'investissement dans le capital humain permet aussi d'avancer l'espérance de vie. La croissance économique se mesure à différents niveaux cités ci-dessous, dont l'amélioration du niveau de vie et du pouvoir d'achat, l'augmentation de l'espérance de vie, la scolarisation et la formation, la baisse de la pauvreté et du chômage, la stabilité politique, et la baisse des risques liés aux conflits, etc. (OCDE, 1998). La santé, l'éducation font partie des principaux domaines d'intervention priorisés de l'État tchadien (Magrin et van Vliet, 2005).

Cependant, avec les difficultés socio-économiques qu'ont rencontrées les pays producteurs de pétrole et le Tchad, en particulier pendant la période allant de mi 2014 à juin 2019, les revenus des ressources minières ont drastiquement chuté et constituent un vide difficile à combler. La question centrale qu'on se pose est de savoir en quoi l'exploitation des ressources naturelles, particulièrement le pétrole, encourage le développement du capital humain au Tchad ?

Pour répondre à cette question principale, nous nous sommes d'abord posé d'autres questions : quelle est la proportion de la population active à l'ère du pétrole ? Quel est le taux du PIB au Tchad, entre 2003 et 2018 ? Quel est le niveau d'accès aux soins à l'ère de l'exploitation du pétrole ? En quoi l'exploitation des ressources pétrolières permet-elle au secteur éducatif de grandir ?

L'objectif de ce papier est de faire ressortir le lien entre l'investissement de l'État tchadien dans le capital humain, notamment dans le domaine de la santé et de l'éducation (période de 2003 - 2018) et l'impact de cet investissement sur la croissance économique. Nous examinerons ensuite les données secondaires fournies par les ministères concernés à l'aide du logiciel statistique SPSS.

En effet, notre étude se penche sur l'impact de l'exploitation pétrolière relative au développement humain au Tchad.

Le reste du travail est organisé comme suit : revue de la littérature sur la question ; méthodologie et description des sources de données utilisées ; présentation des principaux résultats des estimations ; et enfin, conclusion et recommandations.

I. Brève revue de la littérature

Le pétrole est pour le développement ce que le sang est pour le corps humain (Mareau Defarges, 2006). Son importance a valu de nombreuses publications de différents auteurs. Deux groupes se distinguent parmi les auteurs qui ont abordé la question des ressources naturelles et de leur impact sur le développement du capital humain. D'une part, il y a ceux que l'on appelle « théoriciens de la malédiction des ressources naturelles » : Gelb & Grasmann (2009), Gylfason (2001), Sachs et Vial (2001) ainsi que Sachs et Warner (1997). D'autre part, on compte les auteurs qui considèrent les ressources naturelles comme une bénédiction. Il est constitué de Ross (2003) ; Stijns (2006) ; Lederman et Maloney (2007) et Stiglitz (2007).

Selon Sachs et Vial (2001), l'abondance des ressources naturelles est nulle et constitue même un frein à la croissance lorsque celles-ci forment à elles seules les produits d'exportation. Pour pallier cela, il faut diversifier les exportations. Ngangoue (2016), pour sa part, a déclaré que les pays pétroliers du tiers monde, ayant basé leur budget en grande partie sur les revenus des ressources naturelles, notamment du pétrole, connaissent une crise sociale lorsque les cours du pétrole baissent sur le plan mondial. Il a pris l'exemple du Gabon, du Congo et du Cameroun. Cet auteur soulève le problème des dépenses budgétaires supérieures aux revenus des ressources naturelles. En ce qui concerne le bois, par exemple, son exploitation excessive sans intervalle causerait en retour un obstacle à la croissance environnementale. Les indicateurs de développement (éducation et santé, notamment) tendent à être moins bons dans les pays exportateurs de pétrole qu'ailleurs (Ross, 2003 ; Gylfason, 2001). Sachs et Warner (1997) ont ainsi observé que les pays en développement ayant un rapport entre leurs exportations de matières premières et leur PIB qui était très élevé dans les années 1970 ont connu, au cours des deux décennies subséquentes, une croissance moins importante que celle des autres pays en développement.

Selon Gelb et Grasmann (2009), on pourrait recenser trois types de problèmes liés à la thèse de la malédiction des ressources naturelles. D'abord, il s'agit du « syndrome hollandais » (Ross, 2003 ; Gylfason, 2001). C'est-à-dire de la surestimation des revenus générés par les ressources naturelles. Cela crée une dépendance aux ressources naturelles et, lorsqu'il y a une baisse des profits sur le revenu national, il y a également une augmentation du taux de chômage, par exemple une chute du prix du baril de pétrole. De plus, la capacité des gouvernants à une gestion saine de ces revenus tend vers la corruption (Collier, 2007) ; (Karl ; 1997, 2003, 2007a, 2007 b) ; enfin, le manque d'investissements dans les formes complémentaires de capital (humain) est observé. Stijns (2006), reste modéré quant à la question de la contribution des ressources naturelles au développement. Selon lui, la présence de ressources naturelles peut favoriser l'investissement dans le domaine éducatif *via* les ressources financières qu'elles procurent.

En effet, il estime que la rente des ressources naturelles par habitant est positivement proportionnelle à l'accumulation du capital humain. Cela implique que la capitalisation de la connaissance théorique et pratique par la population est une condition sine qua non à la contribution des ressources naturelles au développement. Le pays jouirait réellement de l'exploitation des ressources naturelles proportionnellement à la qualité de ses ressources humaines.

Benhabib et Spiegle (1994) ont pris le contre-pied en remettant en cause l'effet du capital humain, via l'éducation, sur la croissance économique. Selon Benhabib et Spiegle (1994), l'impact de l'éducation sur la croissance varie selon le niveau de développement des pays. Le point de départ de ce courant de recherche consiste à s'interroger sur le rendement d'un investissement en capital humain pour un pays donné après une période d'exploitation des ressources naturelles.

Des auteurs tels que Bravo-Ortega et de Gregorio (2007) soutiennent que ce n'est pas l'abondance de ressources qui détermine *en soi* les opportunités de croissance, mais bien le vivier de capital humain d'un pays riche en ressources. Toutefois, Bulte et al. (2005) affirment d'entrée de jeu que l'abondance en ressources naturelles serait aussi corrélée négativement avec le niveau de développement humain (IDH). Selon Christophe (2012), posséder un capital humain n'est pas un indicateur de croissance économique. Car, dit-elle, « *les pays abondants en ressources naturelles peuvent être à la fois gagnants et perdants, leur situation dépend de la qualité des institutions en place* ». Donc, il est évident que le capital humain d'un pays abondant en ressource naturelle, lorsqu'il est mal entretenu, surtout par des institutions corrompues, peut occasionner un manque à gagner pour la croissance (Lederman et Maloney, 2007). En effet, la corruption a un impact négatif sur la croissance (Gylfason, 2001 ; Papyrakis et Gerlagh 2004). Toutefois, il faut faire la part des choses entre les ressources naturelles. Selon Papyrakis et Gerlagh 2004, seules les ressources, comme la mine, le pétrole seraient corrélés négativement à la qualité des institutions. Par contre la forêt, l'agriculture ne seraient pas corrélées avec la qualité des institutions. L'abondance en ressources naturelles serait une malédiction si les institutions en charge de la gestion des revenus de ces ressources sont mauvaises et elle serait une bénédiction si les institutions sont bonnes (Mehlum, Moene et Torvik 2006). Certains auteurs soutiennent également cette thèse en affirmant que c'est un symptôme de l'incapacité du gouvernement à gérer les larges revenus associés aux ressources naturelles (Atkinson et Hamilton, 2003 ; Stijn (2006).

II. Méthodologie

La méthodologie utilisée est la statistique descriptive. En effet, l'analyse de notre recherche est construite sur des données constituées par un échantillon de sept (7) provinces du Tchad sur 23 observations, en considérant la période allant de 2003 à 2018, soit une observation tous les cinq (5) ans. On se retrouve avec trois (3) groupes d'intervalles de cinq (5) ans chacun.

Le groupe de variables (capital financier, capital humain) est choisi pour caractériser la croissance économique. Les variables utilisées sont au nombre de quatre : population totale (POP), produit intérieur brut par tête (PIBT), dépense en santé (DEPSAN), dépense en éducation (DPEDUC). Notre étude se passe au Tchad. Nous avons choisi de faire une étude qualitative. Mais pour un sujet de ce genre, l'on ne peut s'arrêter uniquement aux données qualitatives d'où la nécessité des données quantitatives. Les données utilisées sont des données secondaires fournies par l'Institut National de la Statistique et des Études démographiques (INSEED).

L'objectif de cet article est de mettre en évidence, empiriquement, la relation entre l'exploitation des ressources naturelles et le développement du capital humain (éducation, santé) et de mesurer l'impact du capital humain sur la croissance.

Le Tchad est un pays de l'Afrique centrale, large d'une superficie d'un million deux cent quatre-vingt-quatre mille kilomètres carrés (1284000 m^2). Selon le recensement général de la population et de l'habitat (RGPH2) de 2009, sa population est estimée à 12 000 000 d'habitants. Selon l'étude du PNUD, elle est de 18 000 000. Les données sont issues des enquêtes réalisées par la direction nationale de la statistique et de la démographie (INSEED).

III. Analyse des résultats

Figure 1 : Répartition selon la croissance de la population par Tranche de 5 ans

Cette figure fait ressortir la répartition selon la croissance de la population tchadienne de l'an 2003 jusqu'à l'an 2018. Au cours de cette période de quinze ans, trois histogrammes ont été répartis. Le premier, allant de 2003 à 2008, est estimé à 5,5 millions d'habitants. Le second s'étend de 2008 à 2013 et le troisième de 2013 à 2018. Ce dernier est resté stable à environ 1 000 000 d'habitants.

En réalité, cette figure montre que la croissance démographique a été beaucoup plus grande après les cinq premières années de l'exploitation du pétrole que durant les dix (10) dernières années.

Les ressources de l'exploitation du pétrole ont contribué après les cinq premières années de l'exploitation du pétrole à renforcer les campagnes de sensibilisations dans le domaine de la santé, de la reproduction et de l'espacement des naissances. Il faut aussi noter que les populations se soucient davantage de leurs carrières, de leurs avenirs et de leurs devenirs, oubliant ainsi, sans le savoir, le besoin de la nativité. La crise politique de 2008 a aussi entraîné des troubles dans les foyers, notamment chez les femmes âgées et celles en âge de procréer.

Figure 2 : Répartition de la population par PIB

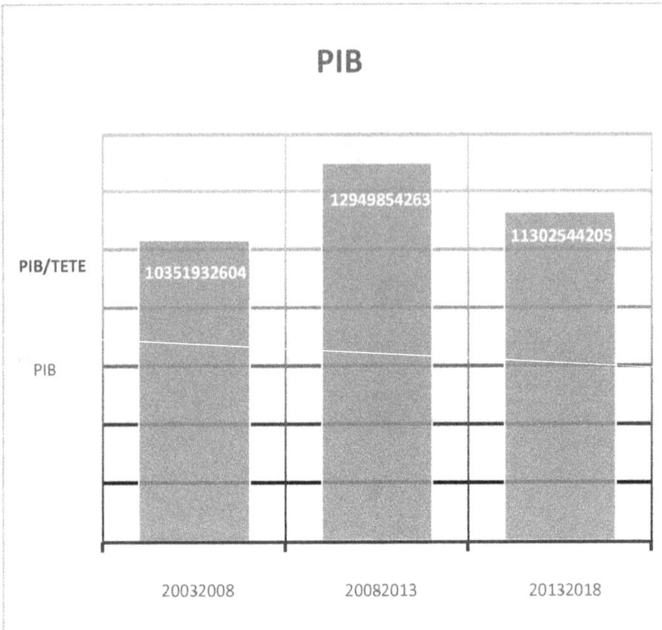

L'indicateur utilisé pour mesurer la croissance économique est le produit intérieur brut (PIB). Le PIB est la valeur de l'ensemble des biens et services produits dans le pays pendant une année (y compris par les entreprises étrangères). Le graphique numéro 2 que voici fait ressortir le Produit intérieur brut par habitant sur la période retenue pour notre étude (2003-20018. En fait, l'intervalle de 2008-2013 montre une réelle hausse du PIB, contrairement aux intervalles 20032008 et 2013-2018, qui ont montré sensiblement une hausse de 7 % et de 2 %. Ces hausses s'expliquent par le fait que les années 2011 et 2012 étaient marquées également par une hausse du prix du baril du pétrole sur le marché international. Le Tchad, producteur de pétrole, a vu ses revenus s'accroître, comme le soulignent Sala-i-Martin (1997) et Doppelhofer et al. (2000). Cette hausse, malheureusement, n'est pas restée stable, car l'économie tchadienne est dépendante en grande partie (90 %) de l'exploitation pétrolière.

Figure 3 : Répartition de la population selon l'accessibilité aux structures de santé

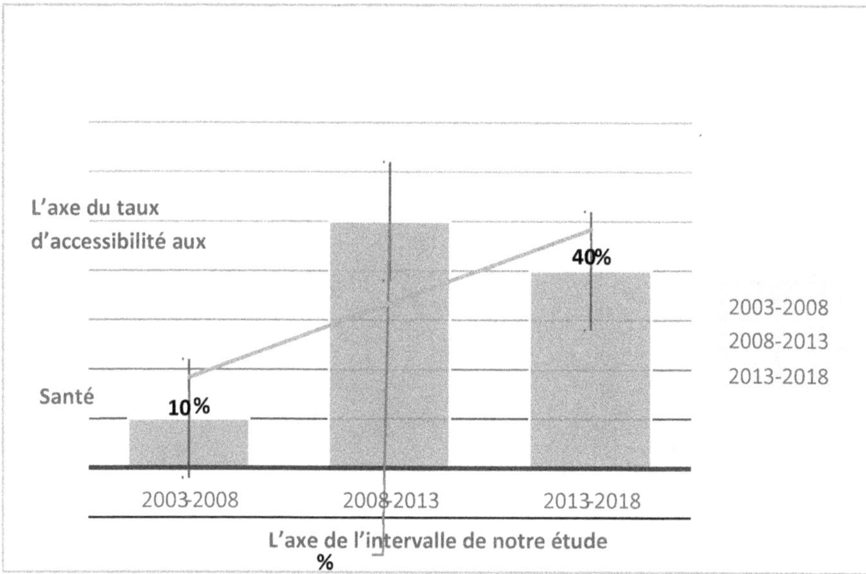

La figure ci-dessus montre que, dans le premier histogramme, l'accès de la population aux structures de santé était d'environ 10 %. La seconde période, qui s'étend de 2003 à 2008, a connu une hausse et atteint le seuil des 50 %. Dans le dernier intervalle de notre période d'étude, ce taux d'accessibilité aux structures de soins est 40 % environ, soit une baisse de 10 %.

La troisième figure démontre nettement que l'accessibilité aux structures de santé a quintuplé à la deuxième période quinquennale après l'exploitation du pétrole. Cela témoigne justement de l'investissement des revenus des ressources naturelles, dont le pétrole dans le capital humain, notamment la santé. Cependant, la baisse de 10 % dans le dernier histogramme s'explique par la chute des revenus du pétrole à l'échelle mondiale. Une chute qui a touché tous les pays producteurs de pétrole.

Figure 4 : Répartition de la population selon le niveau d'instruction et de scolarisation

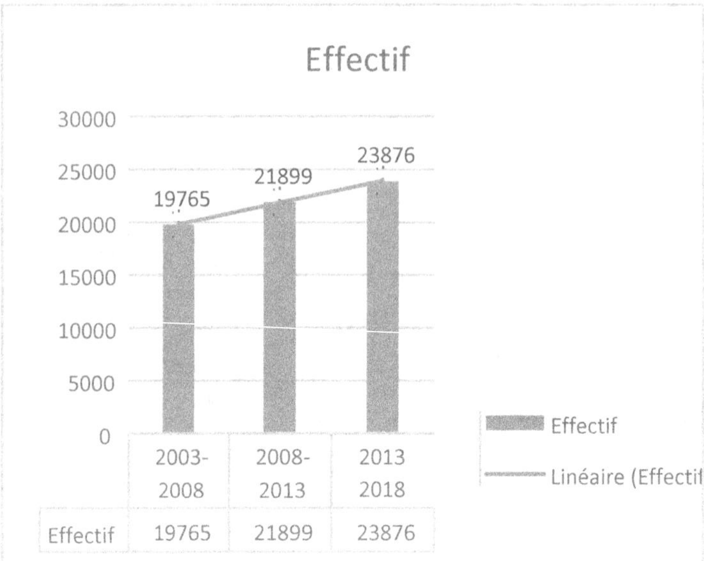

Le niveau d'instruction et de scolarisation représentée par cette figure souligne qu'il y a une progression linéaire du taux de la scolarisation et du niveau d'instruction. Dans le premier quinquennat, il s'agit d'un taux de scolarisation sensiblement égal à 70 %. Pendant la seconde période après l'exploitation du pétrole, on note une progression de 5,5 %, soit un total de 75,5 % du taux de scolarisation. En dernier lieu, on enregistre encore une croissance de 3 %, soit une progression de 78,5 % sur l'intervalle de 15 ans. En réalité, cette figure fait mention de la hausse réelle du capital humain depuis l'exploitation du pétrole jusqu'à nos jours. On pourrait interpréter cette figure par le fait que le gouvernement en place a injecté une partie des revenus pétroliers dans le développement du capital humain, précisément dans la scolarisation, à travers la construction des infrastructures de l'éducation, le rehaussement des indemnités des enseignants, etc. Toutefois, il faut noter que le taux de croissance dans le domaine de l'éducation, qui était de 5,5 % après les cinq premières années de l'exploitation pétrolière, est passé à 2 % à cause de la baisse du prix du baril. Pour des besoins d'un réajustement économique sur le plan national, les indemnités des enseignants ont été suspendues.

Conclusion

Au regard de notre étude, il s'avère que les ressources naturelles sont des biens qui sont enfouis naturellement dans le sol ou que l'on retrouve à la surface de la Terre dans un État et dont l'exploitation peut générer plusieurs autres ressources financières et matérielles. Pour exploiter toute ressource, il faut nécessairement des hommes avec un capital humain vérifié.

En substance, la théorie du capital humain affirme que l'homme contribue au développement économique par l'entremise de ses aptitudes socio-éducatives, physiques et professionnelles (Becker, 1964). Nous avons fait ressortir 5 variables, dont la population active, le PIB, la santé et l'éducation. En ce qui concerne cette étude, nous avons constaté que la variable Population était de 50 % dans le premier intervalle, c'est-à-dire 5 ans après l'exploitation du pétrole. Les deux autres périodes ont enregistré une progression négligeable compte tenu de plusieurs facteurs socio politique. La seconde variable, notamment la variable PIB, a augmenté successivement dans le premier et le deuxième quinquennat (7 % et2%), mais il a chuté dans le troisième intervalle (2013-2018) de 4 % compte tenu de la baisse du prix du pétrole au baril. En effet, le budget de l'état tchadien dépend à 90 % des revenus du pétrole. La troisième variable, qui est la santé, a également changé en bien dans l'intervalle 2008-2013. Le taux d'accès aux structures de santé a doublé (50 %). Et enfin la dernière variable, qui est la variable éducation, est toujours croissante depuis l''exploitation du pétrole jusqu'à nos jours, dans les trois groupes d'intervalles retenus, la progression est de 5,5 % et 3 % après chaque cinq ans.

Nous pouvons conclure en disant que l'exploitation des ressources naturelles au Tchad, notamment du pétrole, contribue effectivement au développement du capital humain, car la santé et l'éducation, maillons forts de la chaîne de croissance, ainsi que le taux de la population active et le PIB se sont améliorés. Cependant, les ressources naturelles étant des biens tarissables doivent être soutenues, car leur baisse influe énormément sur le capital humain et conduit à la baisse de la croissance. Comme les mêmes causes entraînent les mêmes effets, nous proposons également de diversifier les ressources de l'État (Hesse, 2008 ; Leiderman et Maloney, 2007) pour ne pas dépendre excessivement de l'exploitation du pétrole. Car une baisse des revenus de ce secteur pourrait encore influer sur toute la chaîne de croissance. Les secteurs tels que l'agriculture et l'élevage ayant depuis fort longtemps les mamelles de l'économie nationale, doivent faire l'objet d'investissement.

Bibliographie

Aghion, P. & Cohen, E. (2004). *Éducation et Croissance*, Paris : La Documentation française. Aghion, P. & Howitt, P. (1998). *Endogeneous Growth Theory*. Cambridge : MIT Press. Altinok, N. (2006). Capital humain et croissance : l'apport des enquêtes internationales sur les acquis des élèves. *Économie publique*, 18-19(1-2), P. 177-209.

Arrow K. J. (1973). Higher Education as a Filter, Journal of Public Economics, n° 2.
Arrow, K. J. (1962). The Economic Implications of Learning by Doing. The Review of Economic Studies, 29 (3), pp. 155-173.

Atkinson, G. & Hamilton, K. (2003). *Savings, Growth and Resource Curse Hypothesis*. World Development, Vol.31, No. Il, P. 1793-1807

Barro, R. J. & Lee J. W. (1996). International Measures of Schooling Years and Schooling Quality. *American Economic Review*, Papers and Proceedings, 86, pp. 218-223.

Barro, R. J. & Lee J.W. (2001). International Data on Educational Attainment: Updates and Implications. Oxford Economic Papers, 53-3, pp. 541-563.

Barro, R. J. & S. I. Martin X. (1992). Convergence. *Journal of Political Economy*, 100, P. 223251.

Barro, R. J. (1991). Economic Growth in a Cross Section of Countries. *Quarterly Journal of Economics*, 151, P. 407-443.

Barro, R. J. (2001). Education and Economic Growth Dans: J. F. Helliwell, *The Contribution of Human and Social Capital to Sustained Economic Growth and Well-Being,* OECD, chapter 3, pp. 14-41.

Barro, R. J. and Lee J. W. (1994). Dataset for a Panel of 138 Countries. And disponible à l'adresse : http://www.nber.org/pub/barro.lee

Becker, G. (1962). Investment in Human Capital: A Theoretical Analysis. *Journal of Political Economy*, vol. 70, P. 9-49.

Becker, G. (1964). Human Capital. New York : Columbia University Press.

Becker, G. (1976). T*he Economic Approach to Human Behavior.* Chicago, University of Chicago Press.

Becker, G. (1993). *Human Capital. A Theoretical and Empirical Analysis with Special Reference to Education.* Chicago, University of Chicago Press, 3e dir. (1re dir. 1964). 3e édition. Vignolles. B (2012). Le capital humain : du concept aux théories. Dans Regards croisés sur l'économie (n° 12), pages 37 à 41. Repéré le 26/01/2020 sur le site :

https://www.cairn.info/revue-regards-croises-sur-l-economie-2012-2-page-37.htm

Bravo-ortega, C. et J. De Gregorio. (2007). the Relative Richness of the Poor? Natural Resources, Human Capital, and Economic Growth, in Lederman, D. ET W.-F. Maloney (dir. pub.), Natural resources. Neither curse nor destiny, Stanford University Press, Banque mondiale, Washington, DC.

Christophe, V. (2012). La malédiction des ressources naturelles : une question de dépendance ou de dispersion ? Mémoire de maîtrise inédit, Université du Québec, Montréal.

Collier, P. (2007). The Bottom Billion: Why the Poorest Countries are failing and what can be done about it, Oxford University Press, Oxford.

Doppelhofer, G., Miller, R. et Sala-i-Martin, X., (2000). Determinants of long-term growth: A Bayesian averaging of classical estimates (BACE) approach. NBER 7750 June.

Gelb. A & Grasmann. S (2009). Déjouer la malédiction pétrolière. Afrique contemporaine ; n° 229. P.87-135. Relevé sur le site web : https://www.cairn.info/revue-afrique-contemporaine2009-1-page-87.htm en date du 08 février 2010.

Guillard. A & 3. J (2010). Le capital humain en gestion des ressources humaines : éclairages sur le succès d'un concept. Dans Management & Avenir (n° 31), pages 160 à 181. Repéré le 26/01/2020 sur le site : https://www.cairn.info/revue-management-et-avenir-2010-1-page160.htm

Gurgand, M. (2000). Capital humain et croissance : la littérature empirique à un tournant. *Économie publique/Public economics*

Gylfason, T. (2001). Natural Resources and Economic Growth: What is the Connection?

CESifo Working Paper, n°530, Ifo Institute for Economic Research, Munich.

Gylfason, T. (2001). Natural Resources, Education and Economie Development. *European Economie Review,* Vol. 45, P. 847-859

Gylfason, T., T.-T. Herbertsson & G. Zoega. (1999). A mixed blessing, natural resources, and economic growth, *Macroeconomic Dynamics*, n°3, P. 204-225.

Hess & Heiko (2008). Export Diversification and Growth. Working Paper No. 21, Growth Commission, World Bank, Washington DC.

Karidia, S. (2019). Cours de gestion des ressources naturelles et environnement. Université d'Ouagadougou 2

Kyriacou, G. (1991). Level and Growth Effects of Human Capital: A Cross-Country Study of the Convergence Hypothesis, New York University Economic Research Report, 91-26.

Lau L. J., Bhalla S. & Louat F. (1991). *Human and Physical Stock in Developing Countries: Construction of Data and Trends,* Washington D.C.: World Bank.

Lau L. J., Jamison D. T. & Louat F. (1991). Education and Productivity in Developing Countries: An Aggregate Production Function Approach, Washington D.C.: *Working Papers Series*, 612, World Bank.

Lederman, D. & Maloney. W.-F. (dir. pub). (2007). *Natural Resources: Neither Curse nor Destiny,* Stanford University Press, Palo Alto, CA.

Lucas, R. E. (1988). On the Mecanics of Economic Development, *Journal of Monetary Economics*, 22(1), P. 3-42.

Magrin, G. & van Vliet, G. (2005). Greffe pétrolière et dynamiques territoriales : l'exemple de l'on-shore tchadien. *Afrique contemporaine*, 216 (4),

Maloney, W.-F. (2001). *Innovation and growth in resource rich countries*, Working Paper, n° 148, Banque centrale du Chili, Santiago du Chili.

Mankiw, N., Romer, D. & Weil, D. (1992). A Contribution to the Empirics of Economic Growth. *Quaterly Journal of Economics*, 107, P. 407-437.

Marshall, A. (1920). *Principles of Economics: An Introductory*, London : Macmillan.

Mehlum, H., Moene, K. & Torvik, R. (2006). Cursed by Resources or Institutions? The World Economy, Blackwell Publishing, Vol. 29, No. 8, P. 1117-1131

Mincer, J. (1958). Investment in Human Capital and Personal Income Distribution. *Journal of Political Economy*, 66, P. 281-302.

Mincer, J. (1974). *Schooling, Experience, and Earnings*, New York: Columbia University Press. Nakoumde, N. (2007). Boom pétrolier et risque d'un syndrome hollandais au Tchad : une approche par la modélisation en équilibre général calculable. Sciences de l'Homme et Société.

Thèse de doctorat. Université d'Auvergne, France.

Nan-guer, K. (2006). *L'impact du capital humain sur la croissance économique au Tchad.* Mémoire de DEA inédit. Université Cheikh Anta Diop de Dakar.

Nehru, V. Swanson E. & Dubey, A. (1995). A New Database on Human Capital Stocks in Developing and Industrial Countries: Sources, Methodology and Results. *Journal of Development Economics*, 46(2), P. 379-401.

Nehru, W. & Dhareshwar, A. (1993). A New Database on Physical Capital Stock: Sources, Methodology and Results. *Revista de Analysis Economico*, 8(1), pp. 37-59.

Nelson, R. & Phelps E. (1966). Investment in Humans, Technological Diffusion and Economic Growth, *American Economic Review*, 61, pp. 69-75.

OCDE, (1998). *L'investissement dans le capital humain. Une comparaison internationale*,

Paris : dir de l'OCDE.

Okacha, R. (2015). *Capital humain, éducation et croissance économique : Une approche économétrique.* Thèse de doctorat en science économique. Université Abou Bekr Belkaid. Papyrakis, E. & Gerlagh, R. (2004). The Resource Curse Hypothesis and Its Transmission

Channels, *Journal of Comparative Economies,* Vol. 32, pp. 181-193

Romer, P. (1986). Human Capital and Growth: Theory and Evidence. University of Chicago Ross, M. (2003). How Does Mineral Wealth Affect the Poor?, Département des Sciences politiques, UCLA, Los Angeles, CA, Avril.

Sachs, J.-D. et A. Warner. (1997). Natural Resource Abundance and Economic Growth, mise à jour du *NBER working paper*, n°5398 (1995), Center for International Development and Harvard Institute for International Development,

Harvard University, Cambridge, MA, November.

Sachs, J.-D. et J. Vial. (2001). Can Latin America compete?, *in* Vial, P. ET P. Cornelius (dir. pub.), *The Latin America Competitiveness Report, 2001-2002,* Center for International Development and World Economic Forum, Cambridge, MA.

Sala-i-Maliin, X., (1997). I just ran two million regressions, American Economie Review, Papers and Proceedings, May.

Schultz, T. W. (1967). The Rate of Return in Allocating Investment Resources to Education, *Journal of Human Resources*, 2, pp. 293-309.

Schultz, T. W. (1961). Investment in Human Capital. American Economic Review, 51 Schultz, T. W. (1962). Reflections on Investment in Man. *Journal of Political Economy*, 70(5), pp. 1-8.

Schultz, T. W. (1968). Resources for Higher Education: An Economist View. *Journal of Political Economy*, 76 (3), pp. 327-347.

Schultz, T. W. (1975). The value of the ability to deal with disequilibria. *Journal of Economic Literature*, vol. 13, pp. 872-876.

Schumpeter, J. (1950). *Capitalism, Socialism and Democracy*, Harper and Row.

Sims, C. (1980). Macroeconomics and Reality. *Econometrica*, 48, pp. 1-48.

Smith, A. (1776). Recherche sur la nature et les causes de la richesse des nations.

Solow, R. (1956). A Contribution to the Theory of Economic Growth. *Quarterly Journal of Economic*, 70 (1).

Stijns, J.-P.C. (2006). Natural resource abundance and human capital accumulation, *World Development*, n°34, pp. 1060-1083.

Tchouassi, G. (2017). Capital humain et croissance économique au Cameroun et au Sénégal : une modélisation VAR. Dans l*es Cahiers du CEDIMES, Université de Yaoundé II, Cameroun.* World Bank, (1995). *World Development Report 1995: Workers in an Integrating World*, Zuinen. N & Varlez. S (2004). Développement durable : modes de production et capital humain. Working Paper 22-04, Bureau fédéral du Plan, Bruxelles, P.140

CHAPITRE 11 :

EFFETS DE L'URBANISATION SUR LES PROFITS AGRICOLES DANS LES EXPLOITATIONS MARAÎCHÈRES URBAINES ET PÉRIURBAINES DE YAOUNDÉ : UNE ANALYSE PAR L'APPROCHE MULTI-NIVEAU

Lucien Armel AWAH MANGA, Henri Aurelien ATÉBA BOYOMO, Jean-Roger ÉSSOMBÈ ÉDIMO NYA BONABÉBÉ et Jean Bernard AWONO MONO

Résumé

Dans le contexte d'une urbanisation rapide et incontrôlée en Afrique au sud du Sahara, l'environnement économique, social et politique de la production maraîchère devient progressivement délétère malgré sa multifonctionnalité. Ce chapitre a pour objectif de mesurer les effets de l'urbanisation sur les profits agricoles dans la production maraîchère en zones urbaines et périurbaines de Yaoundé au Cameroun. Les données d'une enquête menée par le *World Vegetable Center*, celles du Bureau central de Recensement et d'Études de la population (BUCREP) et de *Google Maps* ont été utilisées.

Les résultats montrent que l'urbanisation réduit les profits agricoles dans la production maraîchère dans et autour de Yaoundé, mais, selon le degré d'urbanisation, ces profits agricoles varient considérablement d'une zone de production à une autre. Précisément, la densité de la population et la proximité au centre-ville diminuent les revenus agricoles nets. Par conséquent, pour tirer parti des avantages de l'urbanisation, les maraîchers devraient s'unir et établir des relations commerciales en amont et en aval, ce qui leur permettrait de réduire les coûts de production, d'améliorer la qualité de leurs produits et d'augmenter leurs prix. Les autorités municipales devraient également accroître la sécurité foncière des exploitations maraîchères en tenant compte de cette agriculture dans l'élaboration des plans directeurs d'urbanisme, des plans d'occupations des sols et des plans de zonage. De telles mesures contribueraient à diminuer les effets du *syndrome d'impermanence* auquel font face les maraîchers en zones urbaines et périurbaines.

***Mots clés** : Urbanisation ; Profit agricole ; Maraîchage urbain et périurbain ; Economies d'agglomération ; Modèle linéaire multiniveau.*

Abstact

In the context of rapid and uncontrolled urbanization in Africa south of the Sahara, the economic, social and political environment of market gardening is gradually becoming harmful despite its multifunctionality. This chapter aims to measure the effects of urbanization on agricultural profits in market gardening production in urban and peri-urban areas of Yaoundé in Cameroon. Data from a survey conducted by the World Vegetable Center, those from the Central Bureau of Census and Population Studies (BUCREP) and Google Maps were used.

The results show that urbanization reduces agricultural profits in market gardening production in and around Yaoundé, but depending on the degree of urbanization, these agricultural profits vary considerably from one production zone to another. Specifically, population density and proximity to the city center reduce net agricultural income. Thus, in order to benefit from the effects of urbanization, market gardeners should group together and establish commercial relationships both upstream and downstream capable of reducing production costs, improving product quality and increasing prices. products. Municipal authorities should also increase the land security of market gardening farms by taking this agriculture into account in the development of urban master plans, land use plans and zoning plans. Such measures would help to reduce the effects of the impermanence syndrome faced by market gardeners in urban and peri-urban areas.

***Keywords**: Urbanization; Agricultural profit; Urban and peri-urban market gardening; Agglomeration economies; Multi-level linear model*

Introduction

L'urbanisation, définie comme l'augmentation de la proportion de la population vivant en ville et l'expansion physique continue des centres urbains existants (Bhadra et Brandao, 1993), évolue parallèlement avec la pauvreté urbaine, l'insécurité alimentaire et la malnutrition en Afrique Subsaharienne (ASS). Selon les prévisions, le taux d'urbanisation de ASS atteindra 58,1 % en 2050. Actuellement, ce taux est de 43,1 % (Nations unies, 2018). Pourtant, depuis 2020, environ 40 à 45 % des pauvres en Afrique sont concentrés dans les villes (FNUAP, 2007).

Selon la Banque mondiale (2013), cette situation offre une occasion unique de développer une agriculture urbaine et périurbaine (AUP) en ASS. Définie simplement, elle est une production alimentaire en juxtaposition spatiale avec d'autres activités économiques urbaines et en rivalité avec elles pour le sol, le travail et les ressources (Smith et al., 2004). L'AUP, spécifiquement la production maraichère, est devenue une activité particulièrement importante de l'utilisation des terres et un moyen de subsistance considérable pour les habitants des villes en ASS (Taiwo, 2014). Elle favorise la sécurité alimentaire des ménages, réduit la pauvreté, génère des revenus, améliore la biodiversité urbaine, atténue le changement climatique et renforce la base économique des villes (Zasada, 2011 ; Banque mondiale, 2013 ; Chihambakwe et al., 2018).

Les légumes feuilles africains (LFA) produits dans les zones urbaines et périurbaines fournissent rapidement des revenus aux petits producteurs[70] sans capacité d'investissement (Kahane et al., 2008). Dans la plupart des villes de l'ASS, les LFA comme l'amarante [71] et la morelle noire [72] se vendent parfaitement aux côtés de leurs homologues exotiques, tels que le chou[73] et l'épinard [74]dans les supermarchés modernes (Onyango et al., 2009).

La production maraîchère urbaine et périurbaine est justifiée par la théorie de Von Thünen (1826). Selon cette théorie, les activités économiques s'organisent de manière concentrique autour des villes, avec la bague intérieure réservée à une production agricole périssable (Fujita, 2012). Dans les villes d'ASS, la proximité avec les marchés urbains assure la profitabilité de la production de légumes. Parce que, sinon, le transport de légumes sur de longues distances se traduirait par des prix élevés (Ambrose-Oji, 2009). En effet, il est communément admis que l'agriculture dans les zones urbaines et périurbaines ne peut être durable que si elle est économiquement profitable (Sydorovych et Wossink, 2008). Une incapacité à faire des profits impliquerait toujours que l'utilisation des terres en agriculture reste un phénomène temporaire en attendant une utilisation alternative des terres dans le futur.

Proche de la ville, il y a plusieurs avantages qui concourent à la profitabilité de l'agriculture. L'urbanisation favorise l'accessibilité et l'efficience des marchés urbains (Schultz, 1953 et 1951). Elle accroît les revenus des producteurs agricoles en réduisant les imperfections des marchés (Nicholls, 1961). Les agriculteurs reçoivent des prix plus élevés pour leurs produits agricoles et supportent des prix plus bas pour leurs intrants du fait de la concentration des activités économiques (Taiwo, 2014). Aussi, les profits agricoles augmentent-ils simplement du fait de la réduction des coûts de déplacement vers les marchés (Tacoli, 2004).

En revanche, il existe également des coûts importants qui réduisent la profitabilité de l'AUP et, donc, sa durabilité (Wu et al., 2011). L'urbanisation conduit à une indisponibilité et à une inaccessibilité des facteurs de production (Adelaja et Sullivan, 1998 ; Palada et al., 1992). Les superficies des parcelles ont tendance à être de petite taille autour des villes. Ce qui diminue la quantité de produits récoltés, accroît les coûts de commercialisation et, donc, réduit les profits agricoles (Huong et al., 2013). Les coûts du travail loué et le loyer de la terre sont généralement plus élevés en zones urbaines qu'en zones rurales (Nehring et al., 2006). Puisque l'urbanisation consomme de nouvelles terres, entraînant ainsi une hausse du prix de la terre en périphérie.

---

[70] Notamment les femmes et les jeunes.

[71] *Amaranthusspp.*

[72] *Solanumscabrum et S. villosum*

[73] *Brassicaoleracea*

[74] *Spinaciaoleracea*

Bien que peu nombreuses, quelques études ont tenté d'examiner les effets de l'urbanisation sur les profits agricoles. En leur temps, Tauriainen et Young (1976), Sinclair (1957) et Ruttan (1955) avaient montré que les revenus agricoles à l'échelle d'une région augmentent avec la taille de population non agricole, la valeur ajoutée par tête du secteur manufacturier et la proximité à un centre urbain. Plus récemment, Wu et al., (2011) ont démontré que l'urbanisation, mesurée par la densité démographique, la superficie urbanisée totale et la distance au centre urbain, affecte les coûts de production et les profits agricoles, les opportunités de l'urbanisation surpassant les menaces. Patterson-Andrews et Pemberton (2014), quant à eux, n'ont trouvé aucune influence significative de l'urbanisation, mesurée simultanément par la proximité au centre urbain et la densité de la population, sur les profits des petits producteurs agricoles.

En ASS spécifiquement, plusieurs études ont mesuré les profits des exploitations maraichères en zones urbaines et périurbaines (Awah Manga et al., 2021 ; Asongwe et al., 2014; Temgoua et al., 2012 ; Berinyuy et Fontem, 2011 ; Eaton et Hilhorst, 2003 ; Gockowski et al., 2003 ; Buechler et al., 2002 ; Danso et al., 2002 ; Fialor, 2002 ; Nkegbe, 2002 ; Moustier, 2001 ; House et al., 1993). Elles ont trouvé que les profits agricoles en zones urbaines et périurbaines sont relativement supérieurs au minimum du salaire garanti de leur pays respectif, aux revenus tirés d'autres activités économiques urbaines informelles et aux revenus issus de l'agriculture en zone rurale. Parmi ces dernières, seulement celles de Awah Manga et al., (2021), Gockowski et al., (2003), Nkegbe (2002) et Buechler et al., (2002) ont essayé d'examiner la relation entre l'urbanisation et les profits agricoles. Elles ont trouvé que les profits agricoles sont plus élevés en zones urbaines, ensuite en zones périurbaines et moindres en zone rurale. En dehors de ces trois études qui ont mesuré le profit agricole le long du continuum urbain-périurbain-rural, il n'existe pas, à notre connaissance, d'études portant spécifiquement sur les effets de l'urbanisation sur les profits agricoles dans la production maraichère en zones urbaines et péri-urbaines. La contribution de cet article à la littérature est ainsi de mettre en évidence les effets de l'urbanisation sur les profits agricoles dans la production maraichère en zones urbaines et périurbaines de Yaoundé au Cameroun.

L'examen des effets de l'urbanisation sur les profits agricoles dans la production maraichère en zones urbaines et périurbaines est utile dans un contexte d'urbanisation rapide. Les profits agricoles déterminent le pouvoir d'achat des agriculteurs. Il est donc important d'examiner les déterminants du profit agricole afin de formuler des politiques adéquates qui contribueront, d'une part, à améliorer le bien-être des agriculteurs et, d'autre part, à soutenir et renforcer la viabilité de l'AUP. Pour élaborer des politiques efficaces visant à améliorer le maintien de l'agriculture, les décideurs politiques ont besoin d'informations sur les facteurs qui améliorent ou réduisent la viabilité, en particulier les facteurs qui peuvent être ciblés pour faciliter la compétitivité économique. L'article est structuré comme suit : la section 2 présente le cadre théorique. La section 3 décrit les données et la méthode d'analyse utilisées. La section 4 met en évidence les résultats, puis nous discutons nos constats à la section 5. Nous concluons à la section 6.

I. Urbanisation et profit agricole dans l'agriculture urbaine et périurbaine : le cadre théorique

Dans le cadre d'analyse des externalités spatiales, le secteur agricole bénéficie des effets d'agglomération d'une ville simplement en ayant accès au centre-ville de cette dernière (Gruber et Soci, 2010). Ainsi, en ce qui concerne les effets de l'urbanisation sur l'agriculture, Andrews et Chetrick (1988) ont suggéré que l'AUP est exposée à des effets d'agglomération directs en termes d'accès aux marchés urbains et à des effets indirects liés à l'augmentation de la densité de la population urbaine dans les zones de production. Partant de cette suggestion, Essombe et al., (2018) ont discuté la manière avec laquelle l'urbanisation affecte l'AUP dans le cadre théorique des économies d'agglomération.

Les économies d'agglomération se composent des économies d'urbanisation et des économies de localisation et, des économies d'échelle. Les économies d'urbanisation renvoient à des externalités spatiales dues à la diversité des entreprises. Il est naturel que les exploitations agricoles situées à proximité d'autres types d'entreprises, de services publics, d'infrastructures de transport, de centres de recherche et des marchés urbains bénéficient des économies d'urbanisation via la proximité au centre urbain. En revanche, les économies de localisation représentent des externalités spatiales subies par l'ensemble des entreprises d'une même industrie. Une adaptation est nécessaire pour faire appartenir à la même industrie, les ménages agricoles et les ménages non agricoles. En fait, il faut les considérer tous les deux simplement comme des consommateurs de la terre, bien que certaines différences doivent être notées entre ces deux types de consommateurs[75].

[75] Tout d'abord, les ménages agricoles sont les premiers à s'installer dans ces zones, tandis que les ménages non agricoles sont les suivants. En général, les ménages agricoles sont souvent installés bien longtemps avant. Néanmoins, il existe de rares exceptions avec le phénomène récent de l'installation de l'agriculture urbaine où les producteurs agricoles cherchent à se rapprocher des consommateurs. Ensuite, alors que les ménages agricoles consomment de grandes superficies de terre, qu'ils achètent ou louent à un prix relativement bas ou nul, selon qu'ils soient propriétaires ou locataires, les ménages non agricoles, quant à eux, consomment relativement de plus petites superficies qu'ils acquièrent en une fois et, à un prix beaucoup plus élevé que le prix de la terre pour les usages agricoles. Enfin, alors que l'utilisation des terres peut être un processus dynamique chez les ménages agricoles, il est statique chez les ménages non agricoles. Avec les ménages agricoles, les terres peuvent changer d'affectation, de

1. Les (des) économies d'urbanisation et les profits agricoles en AUP : une analyse à travers l'hypothèse « du développement urbain et industriel »

L'influence du développement économique sur l'agriculture a clairement été reformulée dans la littérature sous le prisme de l'influence de l'urbanisation sur l'agriculture par Ruttan (1955) et Sinclair (1957) et décrite par Schultz (1953) dans une séquence de trois propositions dites « *hypothèse du développement urbain et industriel* [76] ». Selon cette hypothèse, l'urbanisation réduit les imperfections des marchés (Nicholls, 1961). Les marchés du travail, du capital, des produits finaux et des intrants fonctionneraient mieux pour l'agriculture dans les zones urbanisées que dans les zones rurales (Katzman, 1974). En ville, l'excédent de main-d'œuvre est mieux utilisé, tandis que les agriculteurs reçoivent des prix plus élevés pour leurs produits et paient des prix plus bas pour leurs intrants agricoles (Taiwo, 2014 ; Adelaja et Sullivan, 1998). Ils réalisent de ce fait des investissements agricoles rentables. En revanche, le marché foncier à proximité du centre fonctionne également efficacement, mais cette fois, il réduit les profits agricoles. Les mécanismes formels du marché foncier sont introduits dans le système de vente des terres (Durand-Lasserve et al., 2015), si bien qu'ils augmentent le prix des terres à un certain niveau difficilement supportable par les agriculteurs en zones urbaines et périurbaines.

Schultz (1953) observe également l'influence de deux mécanismes non marchands, à savoir l'augmentation de la productivité des personnes et l'amélioration de la capacité des travailleurs. La diversité augmente les possibilités de générer de nouvelles idées qui pourraient aboutir à des innovations capables de réduire les coûts de production agricole. Les avantages des villes concernent également la création, l'acquisition et la diffusion quotidienne de connaissances supplémentaires qui peuvent être utilisées en agriculture. L'agriculture bénéficie aussi de biens publics locaux, de politiques de soutien, d'investissements sur les marchés, ainsi que des infrastructures et des cadres institutionnels capables de réduire les coûts de production (Turok et McGranahan, 2013). Ces aspects non marchands conduisent à des effets irréguliers des mécanismes de marché en fonction des zones où ils sont disponibles (Tauriainen et Young, 1976). Les zones urbaines

---

l'agriculture à l'urbanisation. Alors qu'une fois urbanisées, les terres ne peuvent plus être utilisées pour les activités agricoles.

[76] Selon laquelle (i) le développement économique se produit dans une matrice de localisation spécifique et il peut y avoir une ou plusieurs matrices dans une économie particulière, (ii) ces matrices de localisation sont principalement de composition urbaine et industrielle.. , (iii) l'organisation économique existante fonctionne mieux au centre ou à proximité du centre d'une matrice de développement économique particulière, ainsi que dans les sous-secteurs de l'agriculture qui sont favorablement situés à proximité d'un tel centre.

offrent des (dés) économies d'urbanisation qui affectent définitivement les profits agricoles en fonction de leur éloignement au centre-ville.

2. Les (des)économies de localisation et les profits agricoles en AUP : une analyse à travers les externalités spatiales

La conséquence directe de l'expansion de la ville est la conversion des terres agricoles en usages résidentiels et commerciales. Mais une fois la conversion des terres réalisée, la croissance de la population non agricole affecte les exploitations agricoles qui demeurent dispersées dans les zones en voie d'urbanisation comme une conséquence secondaire de la perte de terres agricoles (Lockeretz, 1989). Les (dés) économies de localisation s'assimilent ainsi aux effets indirects de l'urbanisation en agriculture. Ces déséconomies de localisation augmentent les coûts de production en imposant des coûts supplémentaires aux agriculteurs par rapport à ce qu'ils supporteraient dans les zones moins densément peuplées (Nehring et al., 2006). Dans cette logique, quatre types d'effets secondaires ont été décrits. Ce sont les effets réglementaires, les effets d'efficacité technique, les effets spéculatifs et les effets de marché (Larson et al., 2001). Les effets réglementaires émergent en raison de l'augmentation de la réglementation locale visant à forcer ou à contraindre les agriculteurs à internaliser certains effets externes négatifs que leurs activités agricoles génèrent. À mesure que la densité de la population s'intensifie, les conflits d'usages de l'espace entre les agriculteurs et les résidents non-agriculteurs dans les zones agricoles deviennent de plus en plus soutenus (Larson et al., 2001).

De leur côté, les effets d'efficacité technique vont résulter de l'évolution des pratiques agricoles, en réponse ou par crainte des nuisances provoquées par l'augmentation des résidents non agricoles dans les zones agricoles (Lopez et al., 1988). Le vandalisme et les intrusions dans les exploitations agricoles sont des problèmes rencontrés par les agriculteurs dans les zones urbaines et périurbaines. Ces agriculteurs doivent alors investir plus de ressources qu'ils ne le feraient en l'absence de l'augmentation de la densité de la population pour obtenir une même quantité ou qualité d'outputs souhaitée, ce qui réduit la profitabilité de leurs activités (Lockeretz, 1989).

Quant à l'effet spéculatif, largement connu sous le nom du *syndrome de l'impermanence*, il renvoie au raccourcissement de l'horizon temporel de l'utilisation des terres agricoles que les agriculteurs périurbains expérimentent en raison de la pression urbaine qu'ils subissent (Adelaja et al., 2011). Lorsque les agriculteurs perçoivent que les terres situées autour d'eux ont été converties en usage urbains, ils considèrent inévitable que leurs terres le soient aussi dans un futur proche. En conséquence, les agriculteurs hésitent à investir pour maintenir et pour améliorer la qualité des terres et les capitaux utilisés dans les activités agricoles (Adelaja et al., 2011), ce qui réduit la profitabilité de leurs activités.

Enfin, l'effet de marché indique comment les facteurs immobiles, y compris la terre, deviennent plus chers. La croissance urbaine conduit les ménages et les entreprises non agricoles à rechercher toujours plus d'espaces pour installer leurs maisons, leurs usines et/ou leurs bureaux. Cette utilisation multiple de la terre se reflète finalement dans l'augmentation des coûts de ce facteur (Gruber et Soci, 2010). Plus les prix de la terre sont élevés, plus les superficies des terres agricoles sont petites. L'agriculture à petite échelle augmente les coûts de commercialisation, car il devient difficile pour un agriculteur d'organiser son propre circuit d'approvisionnement directement à un détaillant (Huong et al., 2013)[77].

II. Méthodologie de l'étude

1. Zone d'étude

L'étude couvre l'aire métropolitaine de Yaoundé (AMY) dans la région du Centre au Cameroun. La zone a été choisie principalement en raison de sa localisation au sein de la zone d'intervention de *Humidtropics*. La ville de Yaoundé est le chef-lieu de la région du Centre, ainsi que la capitale politique et administrative du Cameroun [78] (Figure 1). Sa population représente 58,7 % de la population totale de la région. Le processus d'urbanisation de la ville se déroule en l'absence d'un développement industriel significatif et est principalement alimenté par l'accroissement naturel et l'annexion. Avec 5,3 % de taux de variation annuelle, 12,8 % de la population totale, 23,9 % de la population urbaine totale et 3 656 000 habitants (Nations Unies, 2018), Yaoundé est la deuxième ville la plus urbanisée du Cameroun. La région du Centre offre d'excellentes opportunités pour la production de fruits et légumes, principalement dans et autour des zones voisines de la ville de Yaoundé.

L'AMY s'étend entre les latitudes 2° 06 et 6° 14 et les longitudes 9° 42 et 13° 45, sur une série de collines et de vallées situées à une altitude variant entre 750 et 1200 m. L'AMY appartient au climat subéquatorial guinéen caractérisé par quatre saisons[79] : deux saisons des pluies et deux saisons sèches

---

[77] Toutefois dans certains cas, il peut aussi être important de noter l'émergence des circuits courts de commercialisation qui permettent de réduire les coûts de commercialisation. Les agriculteurs périurbains procèdent à des ventes sur les marchés de plein-vent, directes à la ferme, par cueillette, de paniers mis à la disposition des consommateurs et, même, par internet (Torre, 2014).

[78] Un programme de recherche terminé du CGIAR, qui mettait l'accent sur l'intensification durable de la production agricole.

[79] Une grande saison sèche qui va de novembre à février, une petite saison des pluies entre mars et juin, une petite saison sèche de juin à août et une grande saison des pluies de mi-août à mi-novembre.

avec des précipitations de l'ordre de 1500 à 2000 mm par an au cours de l'année. Le climat de L'AMY est humide et les températures varient de 18°C à 28°C pendant la saison des pluies et de 17°C à 31°C pendant la saison sèche. La pédologie de la zone n'est pas très diversifiée. Il n'existe que deux types de sols : les sols hydromorphes et les sols ferrallitiques. Les sols hydromorphes se trouvent partout dans les plaines et les vallées. On distingue les sols hydromorphes organiques près des rivières et des basses terres étendues, ils ont un certain potentiel pour l'agriculture ; et, les sols hydromorphes minéraux qui ont une texture relativement grossière, sableuse et même graveleuse. Les sols ferrallitiques[80], quant à eux, occupent 80 % de la superficie totale de la région. Ils sont moins adaptés à l'agriculture.

Carte 1 : Localisation de la ville de Yaoundé

2. Sources de données

Afin d'examiner l'influence de l'urbanisation sur les profits agricoles dans le maraichage, l'étude a utilisé des données primaires et secondaires. Les données primaires ont été collectées avec le soutien du World Vegetable Centre (WorldVeg) en 2016, auprès des producteurs de légumes des zones urbaines et périurbaines de la ville de Yaoundé, pour saisir les caractéristiques

[80] Il s'agit généralement de sols rouges orthiques modaux et de sols topomorphes jaunes.

des agriculteurs, les caractéristiques descriptives de leurs activités, les perceptions des agriculteurs de leur contexte spatial et les informations pour évaluer leur profit agricole.

La collecte des données a été guidée par la définition des anneaux périurbains. Les anneaux périurbains correspondent à différents espaces définis *a priori* sur la base d'un modèle monocentrique (Perez, 2007 ; Von Thunen, 1826). Ce modèle suppose que le centre de Yaoundé est le lieu à partir duquel les effets urbains se dissipent dans l'espace. Cependant, il n'existe pas de définition unique et satisfaisante de ce que l'on appelle « zone périurbaine ». Les différentes définitions sont comprises et utilisées dans différents contextes et circonstances (Brook et al., 2003). Au Burkina Faso, en Côte d'Ivoire, au Ghana et au Mali, la zone périurbaine est estimée à environ 30-40 km des centres urbains, avec des distances plus grandes le long des routes principales et, beaucoup plus courtes, là où le réseau routier est limité (Chagomoka, 2015, Drechsel et al., 2006 ; Erenstein et al. 2004 ; Adam, 2001). En Afrique de l'Ouest et du Centre, Moustier (2001) note que le maraichage sous influence urbaine s'arrête au-delà de 50 km des centres-villes. Ainsi et, selon MINDUH et YCC (2008), l'AMY peut être divisée en trois couronnes périurbaines. La première couronne va du centre-ville jusqu'à 15 km[81], la seconde de 15 km à 25 km et la dernière de 25 km à 50 km (Figure 2).

Carte 2 : L'aire métropolitaine de Yaoundé

[81] En fait, la ville de Yaoundé s'étend jusqu'à 12 km du centre-ville à l'Est, à l'Ouest et au Nord, et à environ 20 km au Sud.

Dans ces trois anneaux périurbains, toutes les zones de production de légumes ont été numérisées sur la base d'images satellites à l'aide d'un système d'information géographique (SIG). La sélection des ménages producteurs de légumes a été guidée par des techniques d'échantillonnage raisonné et aléatoire utilisant des méthodes d'échantillonnage à plusieurs niveaux. Au premier stade, les trois anneaux concentriques ont été pris en compte. Au deuxième stade, trois zones de production de légumes ont été sélectionnées dans chaque anneau concentrique sur la base de l'intensité de la production de légumes, des pratiques d'utilisation des terres, des caractéristiques socio-économiques et de l'orientation de la production de légumes vers le marché. Au cours de la troisième étape, les ménages producteurs de légumes ont été sélectionnés au hasard. Le nombre de ménages ciblés dans chaque zone de production choisie a été déterminé par l'importance de la production de légumes dans cette zone spécifique. Si le ménage sélectionné n'était pas disponible, un ménage voisin était interrogé. Dans chaque ménage sélectionné, le répondant était soit le chef de ménage, soit la personne qui possède la parcelle et responsable de la production de légumes dans le ménage si le chef de ménage n'est pas la personne qui gère l'exploitation. Ainsi, sur les 200 questionnaires cibles, 185 ont été considérés comme complets et valables pour la suite de l'analyse (**tableau 1).**

Des données secondaires ont été utilisées pour mesurer le degré d'urbanisation de chaque zone de production sélectionnée. Ces données renvoient d'une part, au nombre total de personnes et à la taille des zones résidentielles[82] utilisées pour le calcul de la densité de la population et, d'autre part, à la distance par route entre le centre-ville de Yaoundé et les centres des différentes zones de productions maraîchères. Les informations utilisées pour calculer la densité de la population ont été obtenues auprès du Bureau central du recensement et des études démographiques (BUCREP), les distances en kilomètres ont été calculées à l'aide de Google Maps.

3. Spécification du modèle empirique

Le profit agricole est généralement exprimé par une variable continue. Il est donc raisonnable d'estimer un modèle linéaire. Cependant, dans la mesure où le profit agricole peut varier d'un maraîcher à un autre dans une même zone de production, mais aussi entre deux maraîchers situés dans deux zones différentes, il semble utile de saisir l'influence de l'espace sur les profits agricoles (Jeanneaux, 2006). Par conséquent, il parait approprié d'utiliser des modèles multiniveaux puisque les zones de production maraîchère peuvent être utilisées pour regrouper les profits agricoles corrélés des maraichers dans

[82] Zone de dénombrement correspondante.

chaque contexte spatial. Ce raisonnement intime la nécessité d'utiliser un modèle linéaire multiniveau[83].

Dans cette logique, la zone de production agricole est considérée comme l'unité spatiale d'analyse la plus élevée. Elle contribue, à côté des facteurs individuels (relatifs au producteur et à sa production), à expliquer les profits agricoles des producteurs de légumes. Naturellement, il est considéré comme une généralisation de la régression ordinaire multiple (Paterson et Goldstein, 1991). Il est possible de commencer par le modèle habituel suivant :

$$Y_{ij} = \beta_0 + \beta_1 X_{ij} + \varepsilon_{ij} \quad (2.1)$$

où Y_{ij} représente le profit agricole du producteur de légumes i de la zone de production j, β_0 la constante du modèle qui prend en compte l'ensemble des variables omises, β_1 le vecteur des paramètres du modèle à estimer, X_{ij} la matrice des variables explicatives relatives au maraîcher i de la zone j et ε_{ij} la composante non observée qui représente l'erreur de prédiction du modèle associée au producteur i de la zone de production j.

L'équation (2.1) ne tient pas en compte l'hétérogénéité qui pourrait survenir entre les zones de production (j). Pourtant, en raison de l'influence de l'environnement qui est spécifique à chaque zone, les profits agricoles pourraient démontrer des tendances similaires au sein d'une même zone de production et des différences élevées entre les zones de production. Ce qui signifie donc que les coefficients β_0 et β_1 de l'équation (2.1) ne doivent pas être identiques à travers l'espace, mais doivent varier d'une zone de production de légumes à une autre.

Désormais, $\beta_0 = \beta + \mu_j$ et devient aléatoire puisque β représente maintenant la constante générale du modèle et μ_j la constante qui varie de façon aléatoire entre les zones de production de légumes. (2.1) devient donc (2.2) tel que :

$$Y_{ij} = \beta + \mu_j + \beta_1 X_{ij} + \varepsilon_{ij} \quad (2.2)$$

Aussi, afin d'appréhender les effets de l'urbanisation mesurée à l'échelle de la zone de production sur le profit agricole, il est ajouté à (2.2), X_j la matrice des variables relatives à l'urbanisation de la zone j et β_2 le vecteur des paramètres d'urbanisation à estimer. De même, (2.2) devient (2.3) tel que :

$$Y_{ij} = \beta + \mu_j + \beta_1 X_{ij} + \beta_2 X_j + \varepsilon_{ij} \quad (2.3)$$

[83] Récemment, les modèles multiniveaux ont commencé à être appliqués dans l'analyse spatiale (Fazio et Piacentino, 2010 ; Raspe et Van Oort, 2007).

En réorganisant les membres de l'équation (2.3), on aboutit à l'équation (2.4) telle que :

$$Y_{ij} = \beta + \beta_1 X_{ij} + \beta_2 X_j + (\mu_j + \varepsilon_{ij}) \quad (2.4)$$

où $\beta + \beta_1 X_{ij} + \beta_2 X_j$ représente la part déterministe du modèle contenant tous les coefficients fixes (effets fixes) et $\mu_j + \varepsilon_{ij}$, la part aléatoire du modèle. Dans (2.4), ε_{ij} et μ_j sont supposées être normalement distribuées avec une moyenne nulle et une variance égale à σ_ε^2 et $\sigma_{\mu_j}^2$ respectivement. Alors que, β, β_1 et β_2 sont les paramètres du modèle à estimer.

Deux statistiques sont utilisées pour l'évaluation du modèle linéaire multiniveau par rapport au modèle de régression linéaire ordinaire. La première est le coefficient de corrélation interne (CCI)[84] qui, dans ce cas, est le pourcentage de la variance totale du profit agricole attribuable aux seules caractéristiques des zones de production. Elle correspond à la corrélation entre le maraîcher i et le maraîcher i' de la zone de production de légumes j et est telle que :

$$\rho = corr(y_{ij}, y_{i'j}) = \frac{\sigma_{\mu_j}^2}{\sigma_\varepsilon^2 + \sigma_{\mu_j}^2}$$

La deuxième statistique, quant à elle, fait une comparaison simple du rapport de vraisemblance (LR) entre deux modèles alternatifs, à savoir le modèle A (modèle linéaire multi niveaux) et le modèle B (modèle linéaire simple) tel que $LR = -2\,(log\,L\,A - log\,L\,B)$. Sous l'hypothèse nulle[85], cette statistique est distribuée comme un Chi 2 avec des degrés de liberté donnés par la différence entre le nombre de paramètres dans les deux modèles.

Quatre modèles linéaires multiniveaux successifs portant sur l'analyse de l'influence de l'urbanisation sur le profit agricole des producteurs de légumes urbains et périurbains de Yaoundé sont estimés. Le **modèle 1**, qualifié de modèle « vide[86] », fournit une estimation de la proportion de la variation totale du profit agricole liée uniquement aux différences entre les zones de production plutôt qu'aux différences entre les producteurs. Le **modèle 2** permet d'expliquer la variation du profit agricole uniquement par les caractéristiques des producteurs et de la production. Ces caractéristiques représentent le niveau 1 d'analyse, puisqu'elles sont propres à chaque maraîcher. Dans le **modèle 3**, outre les variables de niveau 1, les variables de niveau 2 c'est-à-dire, les variables d'urbanisation et géographiques sont

[84] C'est le pourcentage de la variance totale expliquée par la variance entre les classes.
[85] Le modèle multi niveaux est plus adapté que le modèle linéaire simple.
[86] C'est le modèle qui ne contient aucune variable explicative.

rajoutées [87] . Le **modèle 4** enfin, permet simplement de contrôler l'hétéroscédasticité[88] qui pourrait advenir, puisque les données utilisées ont été collectées par zone de production[89].

4. Description des variables

Les variables retenues dans cette étude sont inspirées de la littérature (Wu et al., 2011 ; Edelman, 1999, Govindasamy et al., 1999, Schultz, 1953 et 1951 ; Andrews et Chetrick, 1988 ; Taurianen et Young, 1976 ; Katzman, 1974 ; Hayami et Ruttan, 1971 ; Nicholls, 1960, Tacoli, 2004 ; Lopez et al., 1988 ; Patterson-Andrews et Pemberton, 2014 ; Enete et Okon, 2010 ; Adelaja et Sullivan, 1998 ; Thapa, 2007 ; Bidogeza et al., 2015b ; Kimhi, 2009 ; Allen et Lueck, 1998 et enfin, Govindasamy et al, 1999).

Le revenu agricole net est utilisé comme le proxy du profit agricole dans les exploitations de légumes périurbaines et se mesure de la manière suivante :

$$RAN = RAB - CE - PD$$

où RAB représente le revenu agricole brut, qui est la somme des revenus issus de la vente des légumes ; CE, les dépenses de production liées à l'ensemble des opérations dans l'exploitation (le coût des intrants, coût de la location du terrain, coût de la location de la main-d'œuvre et le coût de transport des inputs et produits) ; et PD, les paiements effectués pour payer les dettes de l'exploitation agricole. En référence aux modèles de Adelaja et Sullivan (1998) et Adelaja et al., (1988), l'horizon temporel est d'un an[90].

Outre les variables d'urbanisation qui sont la proximité au centre-ville et la densité de la population, treize autres variables indépendantes ont été identifiées sur la base des résultats de l'enquête sur le terrain et le cadre théorique. Les variables indépendantes sont un mix de variables discrètes et

---

[87] Plus précisément, le modèle 3 permet de déterminer si les caractéristiques d'urbanisation des différentes zones de production et communes à tous les producteurs d'une même zone, permettent d'expliquer une partie ou toute la variation du revenu agricole net observée par zone de production dans le modèle 1.

[88] En statistique, l'on parle d'hétéroscédasticité lorsque les variances des résidus des variables examinées sont différentes. C'est-à-dire qu'elles varient d'une sous-population à une autre.

[89] La prise en compte de l'hétéroscédasticité permet de fournir des estimations encore plus robustes. Il est identique en toute chose au modèle 3 à l'exception de l'option cluster appliquée à la fin de la commande.

[90]Les revenus agricoles dans la production de légumes sont très variables d'une année à une autre et même d'une saison à une autre, selon les conditions climatiques et de marché. Selon la majorité des études sur la viabilité économique de l'agriculture urbaine et périurbaine, les données sur un an mesurent bien la profitabilité économique des exploitations agricoles urbaines et périurbaines.

continues. **Le tableau 2** résume les variables utilisées dans l'étude et leurs caractéristiques.

Tableau 2 : Définitions et unités de mesure des variables incluses dans le modèle

Variables	Nature	Mesure	Signe attendu*
Variables Dépendente			
RAN	continue	En FCFA	
Variables explicatives			
Âge	Continue	Âge en années	+
Taille de la famille	Continue	Nombre de personnes	+
Genre du producteur	Discrète	0 = Femme, 1= Homme	+/-
Expérience dans la production de légumes	continue	Nombre d'années	+
Contact avec les institutions de recherches	Discrète	0 = Non, 1= Oui	+
Propriétaire du terrain de l'exploitation	Discrète	0 = Non, 1= Oui	+
Taille de l'exploitation	Discrète	0= Moins de 500 m², 1= plus de 500m²	+
Activité extra-agricole	Discrète	0 = Non, 1= Oui	+/-
Location de la main-d'œuvre extérieure	Discrète	0 = Non, 1= Oui	+
Modalités de vente de la production	Discrète	0= Au champ, 1= Collectivement, 2= Aux grossistes, 3= Au marché	+/-
Types de légumes produits	Discrète	0= Traditionnelle, 1= Exotique, 2= les deux types	+/-
Type de semences	Discrète	0= Traditionnelle, 1= Améliorées, 2= les deux types	+/-
Accessibilité de la zone de production	Discrète	0 = Difficile, 1= Facile	+
Densité de la population	Continue	Densité au km²	+
Distance au centre-ville	Continue	Distance en km	-

* Les signes +/-, +, - indiquent une influence positive ou négative, positive et négative sur les revenus nets agricoles respectivement.

III. Résultats

1. Les revenus agricoles nets des producteurs de légumes en zones urbaines et périurbaines de Yaoundé

Les maraîchers des zones urbaines et périurbaines de Yaoundé gagnent en moyenne 418337 FCFA par cycle de production[91], leur revenu agricole net minimum est de 21700 FCFA et leur revenu agricole net maximal est égal à 3226498 FCFA. Ce résultat n'est pas très éloigné des 750000 FCFA de revenu brut moyen à Bamenda (Asongwe et al., 2014) et de l'intervalle de revenu net[92] moyen que gagnent les producteurs de légumes à Dschang (Temgoua et al., 2012). Le revenu agricole net moyen des producteurs situés entre 15 et 25 km du centre-ville de Yaoundé est le plus élevé. Il est presque 3 fois plus élevé que celui des producteurs situés entre 0 et 15 km du centre-ville et supérieur de 100 000 FCFA environ à celui des producteurs situés au-delà des 25 km de Yaoundé (**Graphique 1)**. Ce constat semble mettre en exergue une relation non linéaire entre le niveau de revenu agricole net des producteurs de légumes et la distance au grand marché.

Graphique 1 : Revenu agricole net moyen des producteurs de légumes en zones urbaines et périurbaines de Yaoundé par cycle de production et par cercle concentrique

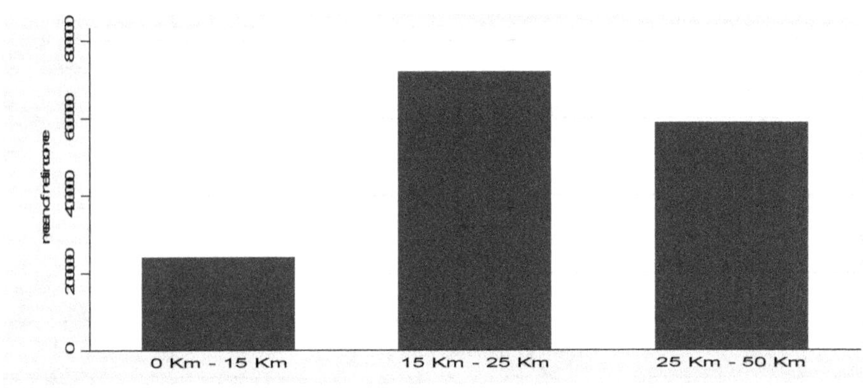

Source : traitement des auteurs à partir des données d'enquête WorldVeg, 2016

[91] Selon le type de légume produit, le cycle de production varie globalement entre 2 à 4 mois maximum.

[92] Ces auteurs ont monté que les producteurs de légumes de Dschang gagnent entre 30 000 et plus de 1 000 000 FCFA par cycle de production.

2. Effets de l'urbanisation sur les revenus agricoles nets dans les exploitations maraîchères urbaines et périurbaines de Yaoundé

Le **Tableau 3** présente les résultats des estimations de quatre modèles linéaires multiniveaux successifs portant sur l'analyse de l'influence de l'urbanisation sur le revenu agricole net des producteurs de légumes périurbains de Yaoundé.

Globalement, les estimations des modèles sont statistiquement valides. Les probabilités limites associées à ces estimations sont toutes inférieures à 1 % (Prob Chi2= 0,000). De même, les probabilités associées aux Likelihood-ratio tests (LR)[93] sont toutes inférieures à 1 % (Prob chibar2 = 0.0008). Ce qui indique que la modélisation multiniveau est plus adaptée qu'une modélisation linéaire simple. L'observation des Prob (z) renseigne sur les variables statistiquement significatives.

Les résultats du « ***modèle vide*** » indiquent que le revenu agricole net varie entre les zones de production de légumes ($\sigma^2_{\mu_j}$ = 0,533 à 1 %). Plus de 32 % (ρ= 0,328) de la variation totale du revenu net agricole des maraîchers peut être attribuée aux seules différences entre les zones de production. Ces différences spatiales peuvent être liées aux variables d'urbanisation, géographiques, spatiales, socioculturelles, ou encore à l'intensité de la production dans chaque zone. Une proportion beaucoup plus grande est ainsi imputable aux différences entre les maraichers eux-mêmes (68 %).

Les résultats du **modèle 2, modèle 3 et modèle 4** dévoilent dans une logique successive les variables liées aux producteurs et à la production de même que celles liées aux zones de production qui influencent le revenu net des maraîchers[94].

De manière spécifique, le **Tableau 3** montre que l'urbanisation réduit les revenus agricoles nets des producteurs de légumes de Yaoundé. D'une part, la

[93] Ce test aide à faire le choix entre le fait de retenir une modélisation multi niveaux et le fait de retenir tout simplement une modélisation standard.

[94] Les résultats du **modèle 2** dévoilent les variables liées aux producteurs et à la production qui influencent significativement le revenu net des maraîchers. Malgré l'ajout des variables du niveau 1, le modèle indique toujours une variation, même comme moindre du revenu net agricole à travers les zones de production (ρ= 0,259). Les résultats du **modèle 3** montrent que la proportion non expliquée de la variation du revenu agricole net par zone de production a fortement diminué. Elle n'est plus qu'autour de 9,5 % ($\sigma^2_{\mu_j}$ =0,0839 à 1%). Toutes les variables de niveau 1 significatives dans le modèle 2 le restent dans le modèle 3. Toutes les variables de niveau 2 qui ont été rajoutées sont aussi significatives. Enfin dans le **modèle 4** (modèle 3 estimé de manière plus robuste), les résultats, en dehors du fait de mettre en exergue la significativité de la modalité « vente de la production aux grossistes », restent identiques aux résultats du **modèle 3**.

densité de la population dans les zones de production réduit le revenu agricole net des producteurs de légumes en zones urbaines et périurbaines ($p<0.01$). D'autre part, et paradoxalement à nos attentes, la proximité des zones de production de légumes au centre-ville de Yaoundé a également un effet négatif sur les profits agricoles des maraîchers ($p<0.01$). Ainsi, l'éloignement d'une zone de production de 1 km du centre-ville accroît les revenus agricoles nets dans cette zone de 1,5 %.

Les caractéristiques à l'échelle des producteurs et de la production (variables de niveau 1) complètent la compréhension de la variation des revenus agricoles nets parmi les maraichers. L'âge du producteur de légumes a une incidence non linéaire sur les revenus agricoles nets. Une année en plus augmente tout d'abord les revenus nets agricoles de 7 % ($p<0.1$) ; mais au-delà de 36 ans[95], l'âge et le revenu agricole net commencent à évoluer en sens contraire ($p<0.01$). Par ailleurs, une année d'expérience agricole en plus augmente le revenu agricole net des maraîchers de 1 % ($p<0.1$). Les producteurs qui sont en contact avec la recherche connaissent une augmentation de leur revenu agricole net de 61,5 % par rapport à ceux qui ne le sont pas ($p<0.01$). En référence aux maraîchers qui cultivent des exploitations de moins de 500 m^2 de superficie, les maraichers qui cultivent les exploitations de plus de 500 m^2 voient augmenter de 50 % leur profit agricole ($p<0.01$). Les producteurs qui ont recours à la main-d'œuvre louée bénéficient en moyenne d'une augmentation de 36 % de leurs revenus agricoles nets relativement aux producteurs qui n'en louent pas ($p<0.05$). En référence aux maraîchers qui vendent leur production directement en champ, les producteurs qui vendent leurs légumes collectivement subissent en moyenne une baisse de leur revenu agricole net de 87 %, alors que ceux qui vendent directement aux grossistes expérimentent en moyenne une augmentation de 26 % ($p<0.1$). Enfin à l'échelle du producteur et de la production, le fait d'utiliser exclusivement les semences améliorées accroît le profit agricole de 45 % par rapport au fait d'utiliser uniquement les semences traditionnelles ($p<0.05$).

Une autre variable à l'échelle des zones de production, outre les variables d'urbanisation, affecte également les revenus agricoles nets. L'accessibilité de la zone de production réduit les profits agricoles des maraichers ($p<0.05$). Les producteurs établis dans des zones non desservies par une ou plusieurs routes goudronnées ont vu leur revenu agricole augmenter de 68 % par rapport à celui des producteurs situés dans des zones accessibles.

[95] Méthode de calcul du point d'inflexion : soit l'équation $y = a + bx + cx^2$ (a étant une constante, b le coefficient de la variable explicative concernée et c le coefficient de la même variable, mais élevée au carré), le point d'inflexion correspond à la valeur de x qui annule la dérivée. $\frac{dy}{dx} = b + 2cx$ si $\frac{dy}{dx} = 0$ alors $x = -\frac{b}{2c}$.

Tableau 1 : Modélisation multiniveau de l'influence de l'urbanisation sur le logarithme népérien du revenu net agricole

VARIABLES	Modèle 1	Modèle 2	Modèle 3	Modèle 4
Constante	**12.08*** **	**10.35*** **	**10.67*** **	**10.67*** **
Effets fixes				
Variables de niveau 1				
Âge de l'exploitant		**0.0680***	**0.0709***	**0.0709***
Âge de l'exploitant au carré		**-0.000994 ****	**-0.000997 ****	**-0.000997 ****
Genre de l'exploitant				
femme		-0.0939	-0.0929	-0.0929
Expérience dans la production des légumes		**0.0135***	**0.0155***	**0.0155***
Contact avec la recherche agricole		**0.601*** **	**0.615*** **	**0.615*** **
Propriétaire du terrain de l'exploitation		-0.126	-0.145	-0.145
Taille de l'exploitation				
Plus, de 500 m²		**0.547*** **	**0.500*** **	**0.500*** **
Pratique d'une activité extra agricole		0.129	0.128	0.128
Location de la main-d'œuvre louée		**0.383****	**0.359****	**0.359****
Modalités de vente de la production				
Collectivement		**-0.873***	**-0.883***	**-0.883***
Aux grossistes		0.255	0.261	**0.261***
Directement au marché		-0.199	-0.215	-0.215
Type de légumes cultivés				
Légumes exotiques		0.216	0.250	0.250
Légumes traditionnels et exotiques		0.297	0.289	0.289
Type de semences				
Améliorée		**0.393****	**0.452****	**0.452****
Améliorée et traditionnelle		0.128	0.186	0.186
Accessibilité de l'exploitation				
Accès difficile		0.0211	-0.0148	-0.0148
Accès ni difficile ni facile		0.266	0.275	0.275

Variables de niveau 2				
Accessibilité de la zone de production			**-0.677****	**-0.677****
Densité de la population			**-0.00023*****	**-0.00023*****
Distance zone de production et centre-ville			**0.0156***	**0.0156*****
Effets aléatoires				
Niveau 2				
Variance entre zones de production $\sigma^2_{\mu_j}$	0.533***	0.279***	0.0839***	0.0839
Coefficient de corrélation interne (ρ)	0.328	0.259	0.095	0.095
Observations	177	177	177	177
Nombre de zones de production	9	9	9	9

****significativité statistique à 1 %, **significativité statistique à 5 %, * significativité statistique à 10 %.***

IV. Discussion

Les résultats obtenus montrent que l'urbanisation affecte les revenus agricoles nets dans les zones urbaines et périurbaines de Yaoundé et, selon le degré d'urbanisation, cette influence varie dans l'espace. Ceci est cohérent avec la littérature qui souligne l'influence du contexte spatial dans l'étude des profits en agriculture urbaine et périurbaine en ASS (Gockowski et al., 2003, Nkegbe, 2002 et Buechler et al., 2002 ; Awah Manga et al., 2021). Il est important de tenir compte de ce point de vue pour éviter les généralisations qui donnent une image trompeuse de la réalité sur le terrain.

De manière plus précise, les résultats ont souligné que l'urbanisation diminue les revenus agricoles nets. Il a été prouvé que la densité de la population réduit les revenus des producteurs. Ce résultat va dans le même sens que les prédictions des effets théoriques des déséconomies de localisation sur les profits agricoles en AUP. En effet, l'augmentation de la densité de la population accroît les coûts de production (Lopez et al., 1988), puisque la disponibilité, l'accessibilité à la terre et à d'autres intrants deviennent plus difficiles, et que le coût du travail loué s'accroît aussi (Palada et al., 1992 ; Zoomers et Kleinpenning, 1996). À Yaoundé précisément, les maraichers font face à un manque de reconnaissance de leur activité par les autorités en charge du développement urbain, aux conflits d'usage des terres avec les non-agriculteurs, à la pollution due aux déchets ménagers et aux vols de leur production.

En outre, la proximité au centre-ville de Yaoundé est apparue comme un réducteur des profits agricoles. Ce résultat est contraire aux prédictions théoriques de l'accès aux économies d'urbanisation et des études antérieures, soutenant que les revenus agricoles augmentent avec la proximité des centres urbains, car les coûts de production élevés y sont compensés par des prix plus élevés des produits et les coûts de transport moindres (Wu et al., 2011 ; Tacoli, 2004). Cependant, deux explications peuvent être apportées. Premièrement, en ce qui concerne les prix, ils sont plus élevés en périphérie de la ville et plus bas près du centre. En effet, proche du centre, les zones de production se spécialisent dans la production des FLA, qui ont une faible valeur économique. Tandis que, loin du centre, elles se spécialisent dans la production des légumes exotiques à forte valeur ajoutée. Deuxièmement, les maraîchers ont des ententes tacites afin de réduire considérablement les coûts de transport de leurs produits vers le marché. Ceux qui en produisent de grandes quantités peuvent ainsi s'entendre avec les transporteurs qui les transportent généralement à plusieurs, et de très bonne heure vers les marchés de la ville-centre.

Finalement, les résultats ont suggéré que les revenus agricoles nets dépendent largement aussi d'autres variables observées à l'échelle des producteurs, de la production et des zones de production. En ce qui concerne les variables caractéristiques du producteur et de la production, l'âge du producteur a augmenté tout d'abord et, ensuite, réduit les revenus agricoles nets. Car les jeunes producteurs considèrent le maraîchage comme l'activité génératrice de revenus exclusifs par excellence. Cependant, au-delà d'un certain âge, pour assumer leurs charges sociales qui augmentent, le maraîchage devient progressivement une activité parmi plusieurs autres dans leur stratégie de survie. L'expérience dans la production des légumes a conduit à consolider les profits agricoles, puisqu'au fil des années, les producteurs de légumes renforcent naturellement l'efficacité de leur système de production (Patterson-Andrews et Pemberton, 2014). Les agriculteurs en contact avec les centres de vulgarisation agricole bénéficient, au détriment de ceux qui ne le sont pas, des formations et des conseils agricoles, et ils expérimentent souvent les premières les innovations agricoles issues de la recherche. Cela est une source d'effets positifs potentiels sur les revenus agricoles nets. Adelaja et Sullivan (1998) ont trouvé que les exploitations de grandes tailles sont susceptibles de générer des revenus agricoles nets élevés dans la mesure où elles bénéficient d'économies d'échelle et d'économies de gammes. La main-d'œuvre louée semble influencer positivement les profits agricoles. En effet, Kimhi (2009) et, Allen et Lueck (1998) ont soutenu indirectement à ce propos que la main-d'œuvre louée est plus productive que la main-d'œuvre familiale. La vente des légumes bord-champ et la vente directement aux grossistes ont montré la propension à plus renforcer les revenus agricoles nets que la vente collective. Adelaja et Sullivan (1998, *op. cit.*) arguent encore que ces deux modalités de vente réduisent drastiquement les coûts de transaction pour accéder aux marchés urbains (coûts de transport et diverses tracasseries). L'utilisation exclusive des semences améliorées est apparue accroître les revenus agricoles nets des maraîchers en référence aux semences traditionnelles. Car, bien qu'elles soient plus coûteuses, elles sont généralement plus résistantes et mieux adaptées pour une production intensive à grande échelle.

Pour ce qui est de l'autre variable caractéristique de la zone de production, les résultats ont mis en exergue le fait que l'accessibilité des zones de production réduit les revenus agricoles nets. En d'autres termes, l'accessibilité d'une zone de production devrait se traduire par une réduction des coûts de transport pour atteindre les marchés urbains et par une augmentation des revenus agricoles nets. Cependant, ce résultat se justifie lorsque l'on considère qu'une zone facile d'accès attire les populations non agricoles vectrices des usages alternatifs du sol. Avec l'augmentation de la densité de la population, les espaces agricoles se raréfient, le prix de la terre augmente, la taille des exploitations diminue, et les profits agricoles se réduisent.

Conclusion

L'objectif de ce chapitre était de mesurer les effets de l'urbanisation sur les profits agricoles dans la production maraîchère en zones urbaines et périurbaines de Yaoundé au Cameroun. Les résultats ont montré que les effets de l'urbanisation réduisent les profits agricoles dans le maraichage, mais en fonction du degré d'urbanisation, ces effets varient dans l'espace. Ce résultat renforce la nécessité de prendre en compte le contexte spatial lors de l'examen de la viabilité économique de l'agriculture.

Les résultats ont également précisé qu'alors que la densité de la population réduit les revenus agricoles nets conformément aux prédictions théoriques des effets des économies de localisation ; la proximité à la ville centre diminue, quant à elle, les profits agricoles de manière contraire à ce que prévoit le cadre d'analyse des économies d'urbanisation. Ces doubles effets négatifs de la densité de la population et de la proximité aux grands marchés urbains suggèrent, contrairement à Wu et al., (2011, *op. cit.*) que les opportunités sont moindres que les menaces de l'urbanisation dans le cadre de la production maraichère dans les zones urbaines et périurbaines de la ville de Yaoundé. Pour rendre les opportunités supérieures aux menaces de l'urbanisation, les maraichers des zones urbaines et périurbaines de Yaoundé pourraient se regrouper et établir des relations commerciales, aussi bien en amont qu'en aval, présentant des avantages tels que la réduction des coûts de production, l'amélioration de la qualité produite et des normes de production, l'augmentation des prix des produits et, une fidélisation de la clientèle.

Tout ceci devrait, par ricochet, attirer l'attention, le soutien et l'assistance technique et financière des autorités municipales et/ou des organismes de développement intéressés par l'agriculture urbaine et périurbaine durable. Les autorités municipales devraient également assurer l'intégration et la préservation de la production de légumes dans le cadre du processus de développement urbain. Pour cela, il serait utile d'accroître la sécurité foncière des exploitations maraîchères en milieu urbain et périurbain en tenant compte de cette agriculture dans l'élaboration des plans directeurs d'urbanisme, des plans d'occupations des sols et des plans de zonage ; mais également, en formalisant les droits de propriété sur les terres agricoles. De telles mesures contribueraient, en diminuant les effets du *syndrome d'impermanence* auquel font face les maraîchers périurbains, à renforcer le bien-être économique des maraichers et la viabilité économique de cette agriculture.

Bibliographie

Adam, M. (2001). Definition and Boundaries of peri-urban interface: Patterns in the Patchwork. Dans P. Drechsel, & D. Kunze, Waste composting for urban and peri-urban agriculture: closing the rural-urban nutrient cycle in sub-saharan Africa (pp. 193-208). Wallingford : CABI.

Adelaja, A., et Sullivan, K. (1998). Agricultural viability at the urban fringe *New Jersey Agricultural Experiment Station Publication*. New Jersey.

Adelaja, A., Sullivan, K., et Hailu, Y. G. (2011). Endogenizing the planning horizon in urban fringe agriculture. *Land Use Policy, 28*(1), 66-75.

Allen, D. W., et Lueck, D. (1998). The nature of the farm. *The Journal of Law and Economics, 41*(2), 343-386.

Ambrose-Oji, B. (2009). Urban food systems and African indigenous vegetables: Defining the spaces and places for African indigenous vegetables in urban and peri-urban agriculture. In C. M. Shackleton, M. W. Pasquini et A.W. Drescher (Eds.), *African Indigenous Vegetables in Urban Agriculture* (pp. 1-33). London : Sterling, VA.

Andrews, M. S., et Chetrick, J. (1988). Agricultural productivity in densely populated areas. *Landscape and urban planning, 16*(4), 311-318.

Asongwe, G. A., Yerima, B. P., et Tening, A. S. (2014). Vegetable production and the livelihood of farmers in Bamenda Municipality, Cameroon. *International Journal of Current Microbiology and Applied Sciences, 3*(12), 682-700.

Awah Manga, L.A., Bidogeza, J.C., Afari-Sefa, V., Essombe Edimo, J.R., Tenkouano, A., (2018). Sustainability of peri-urban vegetable production under urban pressures in Sub-Saharan Africa. The International Journal of Environmental Sustainability, *14* (2): 19-37. Doi: https://doi.org/10.18848/2325-

1077/CGP/v14i02/19-37

Banque mondiale. (2013). *Urban Agriculture: Findings From Four City Case Studies*. Washington, DC. : World Bank.

Berinyuy, J. E., et Fontem, D. (2011). Evaluating post-harvest opportunities and constraints to utilization and marketing of African leafy vegetables in Cameroon. *African Journal of Food, Agriculture, Nutrition and Development, 11*(2), 4647-4663.

Bhadra, D., et Brandao, A. (1993). urbanization, Agricultural, development, and land allocation *World Bank Discussion Papers*. Washington, DC : The World Bank.

Bidogeza, J.-C., Berentsen, P. B. M., De Graaff, J., et Oude Lansink, A. (2015). Bio-economic modelling of the influence of family planning, land consolidation and soil erosion on farm production and food security in Rwanda. *Journal of Development and Agricultural Economics, 7*(6), 204-221.

Brook, Robert, Sangeetha Purushothaman, and Chandrashekar Hunshal. (2003). Changing Frontiers: The Peri-Urban Interface Hubli-Dharwad, India. Hubli-Dharwad, India: Books for Change.

Buechler, S., Hertog, W., et Van Veenhuizen, R. (2002). Wastewater use for urban agriculture. *Urban Agriculture Magazine, 8*(2), 1-4.

Chagomoka, T., Drescher, A., Glaser, R., Marschner, B., Schlesinger, J., & Nyandoro, G. (2016). Women's dietary diversity scores and childhood anthropometric measurements as indices of nutrition insecurity along the urban rural continuum in Ouagadougou, Burkina Faso. Food & Nutrition Research, 60: 29425

Chihambakwe, Michelle, Paramu Mafongoya, and Obert Jiri. (2019). Urban and Peri-Urban Agriculture as A Pathway to Food Security: A Review Mapping the Use of Food Sovereignty. *Challenges* no. 10 (1):6.

Danso, G., Drechsel, P., Wiafe-Antwi, T., et Gyiele, L. (2002). Income of farming systems around Kumasi. *Urban Agriculture Magazine, 7*, 5-6.

Drechsel, P., Graefe, S., Sonou, M., & Cofie, O. (2006). Informal irrigation in urban West Africa: an overview. IWMI Research Report 102, International Water Management Institute.

Durand-Lasserve, A., Durand-Lasserve, M., et Selod, H. (2015). *Land delivery systems in West African cities: The example of Bamako, Mali*. Washington, D.C: World Bank Publications.

Eaton, D., et Hilhorst, T. (2003). Opportunities for managing solid waste flows in the periurban interface of Bamako and Ouagadougou. *Environment and Urbanization, 15*(1), 53-64.

Enete, A. A., et Okon, U. E. (2010). Economics of Waterleaf (Talinumtriangulare) Production in Akwa Ibom State, Nigeria. *Field Actions Science Reports. The journal of field actions, 4*, 1-6.

Erenstein, O., Moussa, M., Oswald, A., & Keijzer, P. (2004). Characterization of peri-urban lowland use along an ecological and market access gradient in West

Africa. West Africa Rice Development Association (WARDA)-The Africa Rice Center, Abidjan, Côte d'Ivoire.

Essombe Edimo, J. R., Awah Manga, A., Tchanou, J.P., (2018). Urbanisation et agriculture périurbaine : une tentative d'élargissement des économies d'agglomération au secteur agricole. Revue Subsaherienne d'Économie et de Finance, n° 11, Paris, Ed. PUF, mars 2018,

Fazio, G., et Piacentino, D. (2010). A Spatial Multilevel Analysis of Italian SMEs' Productivity. *Spatial Economic Analysis, 5*(3), 299-316.

Fialor, S. (2002). Profitability and Sustainability of Urban and Peri-urban Agriculture (UPA) in Kumasi (p. 33): FAO/IBSRAM (IWMI) DAEFM-KNUST Project (PR 17951).

FNUAP. (2007). State of World Population 2007: Unleashing the Potential of Urban Growth United Nations Population Fund.

Fujita, M. (2012). Thünen and the New Economic Geography. *Regional Science and Urban Economics, 42*(6), 907-912.

Gockowski, J., Mbazo'o, J., Mbah, G., et Moulende, T. F. (2003). African Traditional Leafy Vegetables and the Urban and Peri-Urban Poor. *Food policy, 28*(3), 221-235.

Govindasamy, R., Hossain, F., et Adelaja, A. (1999). Income of farmers who use direct marketing. *Agricultural and Resource Economics Review, 28*(1), 76-83.

Gruber, S., et Soci, A. (2010). Agglomeration, agriculture, and the perspective of the periphery. *Spatial Economic Analysis, 5*(1), 43-72.

House, W. J., Ikiara, G. K., et McCormick, D. (1993). Urban self-employment in Kenya: Panacea or viable strategy? *World development, 21*(7), 1205-1223.

Huong, P. T. T., Everaarts, A., Neeteson, J., et Struik, P. (2013). Vegetable Production in the Red River Delta of Vietnam. I. Opportunities and Constraints. *NJAS-Wageningen Journal of Life Sciences, 67*, 27-36.

Jeanneaux, P. (2006). Les conflits d'usage dans les zones périurbaines et rurales françaises-Une approche par l'analyse économique de la décision publique. *Thèse de doctorat en Sciences économiques, Université de Bourgogne, Dijon.*

Kahane, R., Temple, L., Brat, P., et De Bon, H. (2008). Les légumes feuilles des pays tropicaux : diversité, richesse économique et valeur santé dans un contexte très fragile. In L. Parrot, A. Njoya, L. Temple, F. Assogba-Komlan, R. Kahane, M. Ba Diao et M. Havard (Eds.), *Agricultures et Développement urbain en Afrique subsaharienne : environnement et enjeux sanitaires* (pp. 119-129). Paris : L'Harmattan, collection Éthique économique.

Katzman, M. T. (1974). The Von Thunen paradigm, the industrial-urban hypothesis, and the spatial structure of agriculture. *American Journal of Agricultural Economics, 56*(4), 683-696.

Kimhi, A. (2009). Demand for on-farm permanent hired labour on family holdings: a comment. *European Review of Agricultural Economics, 36*(3), 447-452.

Larson, J. M., Findeis, J. L., et Smith, S. M. (2001). Agricultural Adaptation to Urbanization in Southeastern Pennsylvania. *Agricultural and Resource Economics Review, 30*(1), 32-43.

Lockeretz, W. (1988). Urban influences on the amount and structure of agriculture in the north-eastern United States. *Landscape and urban planning, 16*(3), 229-244.

Lockeretz, W. (1989). Secondary effects on Midwestern agriculture of metropolitan development and decreases in farmland. *Land Economics, 65*(3), 205-216.

Lopez, R. A., Adelaja, A. O., et Andrews, M. S. (1988). The Effects of suburbanization on agriculture. *American Journal of Agricultural Economics, 70*(2), 346-358.

Mindhu, et Cuy. (2008). Yaoundé : 2020 Plan Directeur d'Urbanisme Yaoundé. Yaoundé : Communauté urbaine de Yaoundé-Ministère de l'Habitat et du Développement urbain.

Moustier, P. (2001). Assessing the socio-economic impact. *Urban Agric Mag, 5*, 47-48.

Nehring, R., Barnard, C., Banker, D., et Breneman, V. (2006). Urban influence on costs of production in the Corn Belt. *American Journal of Agricultural Economics, 88*(4), 930-946.

Nicholls, W. H. (1961). Industrialization, Factor Markets, and Agricultural Development. *Journal of political economy, 69*(4), 319-340.

Nkegbe, P. (2002). *Benefit-costs analysis of irrigated vegetable production in urban and peri-urban tamale.* (Bsc Thesis).

Onyango, C., Imungi, J., Mose, L., Harbinson, J., et Kooten, O. V. (2009). *Feasibility of Commercial Production of Amaranth Leaf Vegetable by Small-Scale Farmers in Kenya.* Paper presented at the 9th African Crop Science, Conference Proceedings, Cape Town, South Africa, 28 September-2 October 2009.

Palada, M., Kang, B., et Claassen, S. (1992). Effect of Alley Cropping with Leucaena leucocephala and Fertilizer Application on Yield of Vegetable Crops. *Agroforestry systems, 19*(2), 139-147.

Patterson-Andrews, H., et Pemberton, C. A. (2014). Factors affecting profitability of small-scale farming in southern Trinidad et Tobago. *International Journal of Food and Agricultural Economics, 2*(3), 1-18.

Péres, S. (2007). *La Vigne et la Ville : Forme Urbaine et Usage des Sols.* (Ph.D en Sciences économiques), Université Montesquieu-Bordeaux IV, Bordeaux.

Raspe, O., et van Oort, F. (2007). What when space matters little for firm productivity? A multilevel analysis of localised knowledge externalities: Utrecht University, Section of Economic Geography.

Ruttan, V. W. (1955). The Impact of Urban-Industrial Development on Agriculture in the Tennessee Valley and the Southeast *Papers in Regional Science, 1*(1), 169-192.

Schultz, T. W. (1951). The declining economic importance of agricultural land. *The economic journal, 61*(244), 725-740.

Schultz, T. W. (1953). *The Economic Organization of Agriculture.* New York : McGraw-Hill Book Company.

Sinclair, L. S. (1957). Urbanization and the Incomes of Farm and Nonfarm Families in the South. *Journal of Farm Economics, 39*(2), 510-516.

Smith, O. B., Moustier, P., Mougeot, L. J., et Fall, A. (2004). *Développement durable de l'agriculture urbaine en Afrique francophone : enjeux, concepts et méthodes* : CRDI, Ottawa, ON, CA.

Sydorovych, O., et Wossink, A. (2008). The meaning of agricultural sustainability: Evidence from a conjoint choice survey. *Agricultural systems, 98*(1), 10-20.

Tacoli, C. (2004). *Rural-urban linkages and pro-poor agricultural growth: An overview.* Paper presented at the Prepared for OECD DAC POVNET Agriculture and Pro-Poor Growth Task Team Helsinki Workshop.

Taiwo, O. J. (2014). Determinants of peri-urban and urban agricultural locational choice behaviour in Lagos, Nigeria. *Land Use Policy, 39*, 320-330.

Tauriainen, J., et Young, F. W. (1976). The impact of urban-industrial development on agricultural incomes and productivity in Finland. *Land Economics, 52*(2), 192-206.

Temgoua, E., Ntangmo Tsafack, H., Njine, T., et Serve, M.-A. (2012). Vegetable Production Systems of Swamp Zone in Urban Environment in West Cameroon: Case of Dschang City. *Universal Journal of Environmental Research and Technology, 2*(2), 83-92.

Thapa, S. (2007). *The relationship between farm size and productivity: empirical evidence from the Nepalese mid-hills.* University of Trento.

Torre, A. (2014). L'agriculture de proximité face aux enjeux fonciers. Quelques réflexions à partir du cas francilien. Espaces et sociétés, 3(158), 31–48. Doi : 10.3917/esp.158.0031

Turok, I., et McGranahan, G. (2013). Urbanization and economic growth: The arguments and evidence for Africa and Asia. *Environment and Urbanization, 25*(2), 465-482.

United Nations (2018). World urbanization prospects: The 2018 revision online edition. Department of Economic and Social Affairs Population Division.

Von Thünen, J. H. (1826). *Der isolierte Staat in Beziehung auf Landwirtschaft und Nationalökonomie* (Vol. 1): Wiegant, Hempel and Parey.

Wu, J., Fisher, M., et Pascual, U. (2011). Urbanization and the viability of local agricultural economies. *Land Economics, 87*(1), 109-125.

Zasada, I. (2011). Multifunctional Peri-Urban Agriculture—A review of Societal Demands and the Provision of Goods and Services by Farming. *Land Use Policy, 28*(4), 639-648.

Zoomers, A. E., et Kleinpenning, J. (1996). Livelihood and Urban-Rural Relations in Central Paraguay *Tijdschrift voor economische en sociale geografie, 87*(2), 161-174.

Annexe 1 : Description statistique de la variable revenu agricole net des maraichers en zones urbaines et périurbaines de Yaoundé

Variable	Nombre d'observation	Moyenne	Écart-type	Min	Max
Revenu agricole net	185	418 337.6	468 306.6	21 700	3 226 498

Annexe 2 : Statistiques descriptives des variables explicatives du revenu agricole net des producteurs de légumes périurbains de Yaoundé

Variables	Mesure	Variables continues		Variables discrètes
		moyenne	Std dev	proportion
Âge du producteur	Âge en années	42	12,49	
Genre du producteur	0= masculin			57,4
	1= féminin			42,6
Caractéristiques institutionnelles				
Expérience dans la production de légumes	Expérience en années	11,74	10,90	
Contact avec les institutions de recherches	0= oui			18,6
	1= non			81,4
Caractéristiques économiques et techniques				
Propriétaire du terrain de l'exploitation	0= oui			57,4
	1= non			42,6
Taille de l'exploitation	0= moins de 500 m²			33,5
	1= Plus de 500 m²			66.5
Activité extra-agricole	0= oui			56,3
	1= non			43,7
Location de la main-d'œuvre extérieure	0= oui			55,7
	1= non			44,3
Modalités de vente de la production	0= au champ			53,5
	1= collectivement			2,2
	2= aux grossistes			29,5
	3= au marché			14,7
Types de légumes produits	0= traditionnel			25,7
	1= exotique			13,1

	2= les deux types			61,2
Type de semences	0= traditionnel			36
	1= amélioré			39,4
	2= les deux types			24,6
Variables géographiques				
Accessibilité de la zone de production	0= facile			47,5
	1= difficile			52,5
Accessibilité de l'exploitation	0= accès facile			21,3
	1= accès difficile			58
	2= ni facile ni difficile			20,7
Variables urbaines				
Densité de la population	Densité au km²	1566.34	16.417	
Distance à la ville-centre	Distance en km	22,81	22,813	

Source : Traitement de l'auteur à partir des données d'enquête WorldVeg, 2016, *Ibidem*

CHAPITRE 12 :

L'OFFRE DES SERVICES DE SANTÉ DANS LES TERRITOIRES URBAINS AU CAMEROUN

Ngwen NGANGUE

Résumé

L'objectif de ce chapitre est d'analyser la répartition spatiale de l'offre de santé au Cameroun. La description détaillée de l'organisation du système de santé est utilisée. Les résultats de cette analyse descriptive montrent une inégale répartition inter et intra régionale des infrastructures et du personnel de santé. En termes de politiques, les autorités devraient renforcer la décentralisation du système de santé en vue d'améliorer l'allocation des ressources pour une meilleure prise en compte des besoins locaux en respectant les normes et les équilibres au niveau national.

Mots clés : Districts de santé, Offre de santé, Services de santé, Territoire, décentralisation

Abstract

The objective of this chapter is to analyze the spatial distribution of health provision in Cameroon. The detailed description of the organization of the health system is used. The results of this descriptive analysis show an unequal inter- and intra-regional distribution of health infrastructure and personnel. In terms of policies, the authorities should strengthen the decentralization of the health system with a view to improving the allocation of resources for better consideration of local needs while respecting standards and balances at the national level.

Keywords: *Health districts, Health provision, Health services, Territory, decentralization*

Introduction

L'offre de santé peut être définie comme un ensemble des infrastructures, des ressources et des activités mobilisées pour assurer des prestations de soins et de services en vue de répondre aux besoins de la population (Van Lerberghe,1994). En matière d'offre de services de santé en Afrique subsaharienne, les villes apparaissent comme mieux loties que les villages, aussi les disparités d'accessibilité aux lieux de soins ont été peu étudiées à l'échelle territoriale et intra-urbaine. Dans quelle mesure, dans un contexte de pauvreté, l'accès des populations africaines aux soins de santé de base se trouve-t-il entravé par les caractéristiques intrinsèques des infrastructures et équipements de santé, mais aussi par leur répartition spatiale et les conditions d'accessibilité (Diaz, Plat et Pocket, 2011). Le système de services de santé de base reste un déterminant important à considérer dans la planification économique. Même si les tendances actuelles de la réflexion sur la santé dans les villes semblent négliger l'organisation territoriale des services de soins de santé au profit de la lutte contre la pauvreté (Grodos, 2000 ; Harpham, 2009). Les villes des pays en développement sont aujourd'hui soumises à une urbanisation galopante non planifiée et à une croissance spectaculaire de leurs populations, apparaissant ainsi comme des espaces, des territoires à risques sanitaires multiples. Selon le rapport sur le développement dans le monde 1999-2000 de la Banque Mondiale, 63 % de la population de l'Afrique subsaharienne vivront dans les villes d'ici 2020 (Banque Mondiale, 2000). Cependant, l'urbanisation ne génère pas que des effets pervers sur la santé des populations, elle peut être une opportunité d'organiser les systèmes de soins de santé.

Le concept de système des districts de santé occupe une position tout à fait centrale dans la stratégie globale de l'organisation des soins de santé de base en Afrique subsaharienne. Selon l'OMS, le district de santé est une zone décentralisée relativement autonome économiquement viable et couvrant l'essentiel des besoins de santé des populations résidant dans ses limites géographiques, on y trouve les autres services connexes et les partenaires au développement sanitaire entretenant une collaboration intersectorielle. Le district de santé est l'unité géographique opérationnelle pour l'offre des services de santé de base aux populations. C'est le niveau opérationnel qui permet la mise en œuvre de la politique sanitaire de notre pays. Les deux autres niveaux (central et intermédiaire) n'apportant qu'un appui à la viabilisation du district de santé. L'aire de santé est une subdivision territoriale du district de santé autour d'une formation sanitaire leader (CMA, CSI). Une aire de santé est une zone géographique qui comporte : un ou plusieurs villages ou plusieurs quartiers desservis par un centre de santé et des structures de dialogue.

L'existence d'une offre sanitaire ne garantit pas qu'elle soit utilisée, encore faut-il qu'elle soit financièrement abordable, physiquement accessible et de qualité suffisante pour répondre aux besoins et aux attentes de ses usagers potentiels. Aussi bien au Sud que dans les villes du Nord, les obstacles à la fréquentation des services de santé affectent différemment les pratiques sanitaires des populations urbaines selon leur localisation résidentielle et/ou leur situation socio-économique et entraînent de fortes inégalités d'accès aux soins, au détriment des plus défavorisés. En particulier, les disparités spatiales dans la répartition des services de santé, et les capacités diverses qu'ont les populations à se rendre sur les lieux de soins, font de l'accessibilité un élément clef d'analyse des conditions d'équité dans l'accès aux soins (Guagliardo, 2004).

L'accessibilité peut être définie de façon générale comme « offre de mobilité, ensemble des possibilités effectives de relier deux lieux par un déplacement » (Lévy et Lussault, 2003). Elle permet d'évaluer le potentiel de services utilisables sur un territoire donné et ne renseigne donc pas sur l'accès effectif à ces services, dont elle est l'une des conditions (Penchansky et Thomas, 1981). L'accessibilité est appréhendée en prenant en compte la localisation de l'offre de services de santé disponible sur un territoire (ou une aire donnée) et la distance (ou le temps de transport) nécessaire pour s'y rendre. Selon les choix de mesures faits et les données disponibles, l'accessibilité spatiale se traduit par une grande diversité d'indicateurs (Raux et al., 2008) : indicateurs d'offre et de sa répartition (nombre de services au sein d'une zone, ou d'un rayon donné autour d'un point), de distance des lieux de résidence à un ou à plusieurs services de santé (à vol d'oiseau, rectilinéaire, par affectation sur un réseau), de temps de trajet (global ou en intégrant la disponibilité de modes de transport publics ou individuels), de coûts (sommes à payer pour se rendre sur le lieu de soins), voire de coûts ou de temps généralisés.

Au Cameroun, l'offre de santé publique est organisée autour des districts de santé et des aires de santé. Les données de la carte sanitaire 1999 indiquent qu'on a un centre de santé pour 8 555 habitants, un lit d'hospitalisation pour 768 habitants, un médecin pour 10 083 habitants, un infirmier pour 2 249 habitants. Les difficultés économiques que traverse le Cameroun à partir de 1985, entraînent une baisse drastique des ressources publiques consacrées à la santé. Ce qui ne lui permet pas de maintenir le rythme des investissements en infrastructure et des recrutements du personnel afin d'améliorer l'offre de santé sur l'ensemble du territoire. Face à ces difficultés économiques, la décentralisation peut constituer une réponse aux inégalités d'accès aux soins.

La décentralisation peut être définie comme une technique d'organisation administrative se traduisant par la répartition des pouvoirs entre différents centres de décisions autonomes dans un État unitaire. Développé dans un cadre plus général par Rondinelli et al., (1983), le concept de décentralisation a été appliqué au système de santé par l'Organisation mondiale de la santé. Selon Mills et al. (1991), la centralisation et la décentralisation doivent être considérées comme des mouvements entre deux pôles extrêmes. Il ne faut pas les aborder comme s'il s'agissait de situations rigoureusement antinomiques et exclusives l'une de l'autre. Ils pensent qu'il faut bien distinguer la décentralisation géographique et la décentralisation fonctionnelle.

Dans la décentralisation géographique, la responsabilité des grandes fonctions publiques est transférée à des organismes locaux ayant compétence sur un territoire bien défini. C'est ce qui correspond, en gros, au sens français de la décentralisation. Cela débouche sur la création de collectivités territoriales autonomes et dirigées par des autorités élues. C'est généralement de cette forme de décentralisation qu'il est question quand on évoque les réformes dans ce domaine. Dans la décentralisation fonctionnelle, il y a transfert d'autorité d'une fonction particulière, à un bureau local spécialisé. C'est le cas de ce qui est entrepris dans le domaine de la santé publique.

L'objectif de ce chapitre est d'analyser la répartition spatiale de l'offre de santé au Cameroun afin de proposer les mesures de politique en vue d'améliorer l'accès des populations aux soins de qualité. Autrement dit, quelle est la place du district de santé dans l'offre de soins au Cameroun ? La première partie de cette étude est consacrée à l'organisation du système de santé au Cameroun. La deuxième présente la répartition spatiale de l'offre de santé. La troisième propose des mesures de politique publique.

I. Organisation du système de santé

Le système de santé est organisé autour des sous-secteurs public, privé et traditionnel. Ce système est par ailleurs structuré en trois niveaux de santé, dont chacun dispose de structures administratives, des formations sanitaires et des structures de dialogue. Cette organisation contribue à une certaine balkanisation de l'offre de soins qui entraîne des dysfonctionnements du système, des contreperformances de la politique de santé, et une structuration inefficace du système.

1. Système et politique nationale de santé

Le système de santé est organisé en trois niveaux : central, intermédiaire, et périphérique, conformément aux recommandations du Comité régional de Lusaka (1985). Le niveau opérationnel synchronise les services de santé périphériques, le niveau intermédiaire correspond aux services sanitaires régionaux et le niveau stratégique coordonne les services de santé au niveau central.

Le niveau central ou national est constitué des structures de conception, de coordination et d'encadrement de la politique sanitaire, ainsi que des actions de santé d'envergure nationale. Conformément à l'organigramme de 2002 du ministère de la Santé publique, le niveau central est constitué d'un Secrétariat particulier, de trois Conseillers techniques, d'une Cellule de Communication, de trois Inspections générales et d'une « Administration centrale ». Cette dernière structure est composée d'un Secrétariat général dirigé par un Secrétaire général, autorité de coordination de l'action administrative du ministère de la Santé, de sept Directions centrales, de trois Divisions spécifiques, des Projets et Programmes spécialisés. On retrouve également à ce niveau des Institutions d'appui et des Établissements de soins de référence de troisième niveau.

Le niveau intermédiaire ou régional est constitué de 10 délégations régionales, de structures d'appui technique et de coordination pour les districts de santé, de 15 hôpitaux régionaux et assimilés et des structures de formations paramédicales. La Délégation régionale de la Santé publique est placée sous la responsabilité d'un Délégué. L'approvisionnement en médicaments des formations sanitaires est assuré par des structures plus ou moins autonomes, les Centres d'Approvisionnement pharmaceutique régionaux (CAPR).

Le niveau périphérique (district de santé) comprend 179 districts de santé et 1673 aires de santé. L'aire de santé est une zone géographique comportant un ou plusieurs villages ou quartiers desservis par un centre de santé de référence, des structures de dialogues et de participation communautaire. Ce niveau est le lieu d'implémentation de la politique sanitaire.

La réorientation des soins de santé de base est la politique de santé actuellement en vigueur au Cameroun. Sur le plan réglementaire, il existe une loi-cadre dans le domaine de la santé, différents textes afférents au recouvrement des coûts et un texte réorganisant le territoire national en districts de santé (DS). En vue de la mise en œuvre des soins de santé de base, deux axes stratégiques majeurs ont été développés : la supervision et le Système national d'informations sanitaires (SNIS), ainsi que le développement de la participation communautaire à travers des structures de dialogue, comme les Comités de santé d'arrondissement, le Fonds provincial spécial pour la santé et les comités de gestion respectifs.

Toutefois, face aux nombreux problèmes dans le cadre de la mise en œuvre de la politique des soins de santé de base et, dans un contexte de pauvreté grandissante (37,5 %), le ministère de la Santé a élaboré dès 2001, la Stratégie sectorielle de Santé qui résume la politique sectorielle de santé. La version de 2010 a été révisée en 2016 et couvre la période 2016-2027. La Stratégie sectorielle de Santé a pour objectif de garantir, de manière pérenne, l'accès universel aux services et soins de santé de qualité, à travers l'amélioration de leur offre et du financement de leur demande. Elle vise les objectifs spécifiques ci-après :

- amener 80 % des 179 districts de santé existants à achever au moins la phase de consolidation du processus de viabilisation ;
- amener 100 % des structures de santé des niveaux stratégique et intermédiaire à jouer leur rôle d'appui et d'orientation-recours ;
- réduire de 1/3 la charge morbide chez les pauvres et les populations les plus vulnérables ;
- réduire de 2/3 la mortalité des enfants de moins de 5 ans ;
- réduire de 2/5 la mortalité maternelle.

Pour atteindre ces objectifs spécifiques, cinq (05) axes stratégiques ont été retenus : le renforcement du système de santé ; la vulgarisation de la mise en œuvre du paquet minimum d'activités (PMA) et du paquet complémentaire d'activités (PCA) dans le district de santé ; le développement d'un système d'orientation-recours opérationnel ; le renforcement du partenariat dans le secteur ; et la stimulation de la demande.

2. Structuration des services de santé

Le secteur de la santé s'articule en trois sous-secteurs : public, privé et traditionnel. Le sous-secteur public comprend toutes les structures sanitaires publiques des trois niveaux de la pyramide sanitaire ainsi que les structures sanitaires qui sont sous la tutelle d'autres départements ministériels.

Le sous-secteur privé regroupe les structures sanitaires privées (centres de santé, hôpitaux, cliniques, institutions pharmaceutiques) à but lucratif ou non et le sous-secteur traditionnel dont l'intégration fait l'objet de nombreux textes et initiatives. Ainsi, en l'absence d'une reconnaissance juridique formelle, l'État a entrepris diverses actions de promotion de la médecine traditionnelle, notamment, la création d'un service en charge de la médecine traditionnelle dans l'organigramme du ministère de la Santé publique. Pour en assurer l'intégration dans le système national de santé, l'État a initié l'élaboration et l'adoption d'un cadre juridique, l'élaboration d'un plan stratégique de développement de la médecine traditionnelle et l'incitation des tradipraticiens à se constituer en associations.

Les intervenants dans le secteur santé sont l'État, les ménages/communautés, le secteur privé et les partenaires extérieurs. L'État intervient comme régulateur, coordonnateur, pourvoyeur de ressources, producteur de soins et comme appui-relais (finance, communication, agriculture, etc.). Les ménages et les communautés doivent jouer un rôle important dans la définition, la planification, la mise en œuvre, le suivi-évaluation des politiques et programmes de santé. Toutefois, la décentralisation et la faible intégration des méthodes participatives ne permettent pas de rendre cette participation optimale.

Le secteur privé est subdivisé en deux sous-secteurs : le secteur privé à but lucratif et le secteur privé à but non lucratif. Le sous-secteur privé à but lucratif comprend des formations sanitaires de diverses catégories : polycliniques, cliniques, cabinets médicaux, dentaires et de soins, officines de pharmacies, laboratoires d'analyses, etc.). Ces structures sont dirigées par des professionnels de santé (médecins, chirurgiens-dentistes, pharmaciens et infirmiers). La plupart des structures privées sont localisées en milieu urbain. L'activité du sous-secteur privé à but lucratif est surtout curative. Le sous-secteur privé à but non lucratif comprend essentiellement les confessionnels, et dans une moindre mesure le secteur associatif. Ces structures sont davantage localisées en milieu rural.

Les partenaires extérieurs interviennent au niveau du développement du système de santé et/ou dans le développement et la mise en œuvre des programmes prioritaires de santé. L'appui est multiforme : technique, matériel ou financier. Les principaux partenaires sont la Banque Mondiale (BM), la coopération japonaise (JICA), les agences des Nations Unies (OMS, ONUSIDA,

UNICEF), l'Agence française de Développement (AFD), la coopération allemande (GIZ), l'UNFPA, l'Union européenne, la Fondation CLINTON, le Fonds Mondial, GAVI, la BID, la BAD, la Banque islamique, etc.

L'OMS conçoit le financement de la santé comme la façon dont les ressources financières sont générées, affectées et utilisées dans les systèmes de santé. Les principales sources de financement du secteur de la santé sont le budget de l'État, les ménages, les collectivités publiques locales, l'assurance maladie privée, les ONGs, le financement extérieur. En 2008, le budget de l'État alloué au ministère de la Santé était de 87 629 milliards de FCFA. Le taux d'exécution était de 82,9 %. Cette situation s'explique par la lourdeur des procédures d'exécution du budget de l'État.

La propension moyenne de la consommation médicale indique la part du revenu consacré à la consommation médicale. La consommation médicale totale regroupe la consommation de soins et biens médicaux, ainsi que la médecine préventive. Il s'agit des soins hospitaliers, des soins ambulatoires, des transports sanitaires et des biens médicaux.

Au niveau individuel, le poids des dépenses de santé peut être considéré comme le rapport entre la dépense de santé et le revenu. Mais, dans le souci de définir les classes vulnérables et les couches sociales défavorisées pour lesquelles les mesures devront être prises pour améliorer la qualité de la dépense de santé, le poids de la dépense de santé peut être défini comme étant la proportion des ménages ou des personnes qui supportent des dépenses de santé largement supérieure à la moitié du revenu d'un ménage. Les ménages prennent en charge 90 % des dépenses de santé. La dépense mensuelle de santé curative par personne est estimée à 1 454 FCFA. Seuls 14 % des ménages effectuent des dépenses de santé préventive. Elles s'élèvent à 654 FCFA en moyenne par ménage. Les collectivités publiques locales inscrivent, dans leur budget, une allocation destinée aux secteurs sociaux, notamment la santé et l'éducation. En 2008, l'aide internationale a représenté en moyenne 30 % du financement global du secteur de la santé au Cameroun (Projet de Budget de l'exercice 2009 du ministère de la Santé). Conformément à la politique nationale de santé, les soins de santé de base ont constitué la principale destination de ce financement.

Le sous-secteur pharmaceutique est régi par diverses lois et autres textes réglementaires. Toutefois, ce cadre réglementaire présente globalement des insuffisances : l'existence d'un vide juridique pour certaines activités du secteur, l'inadaptation à la politique de régionalisation et à la mouvance internationale (OHADA, ADPIC), l'interférence dans les attributions des directions techniques du ministère de la Santé, la faible connaissance des textes et des procédures par les divers intervenants.

Conformément à l'organisation du système de santé, le sous-secteur pharmaceutique se décline en trois niveaux : Au niveau central, il existe une

Inspection générale des services pharmaceutiques, une Direction de la Pharmacie et du Médicament. Comme institutions d'appui, on peut citer la Centrale Nationale d'Approvisionnement en Médicaments et Consommables médicaux essentiels (CENAME) et le Laboratoire National de Contrôle de Qualité et d'Expertise (LANACOME). On trouve aussi à ce niveau, les pharmacies des établissements de soins de référence que sont les hôpitaux généraux et centraux. Au niveau intermédiaire ou régional, on trouve les Centres d'approvisionnement pharmaceutiques régionaux (CAPR) et les pharmacies des hôpitaux régionaux. Au niveau périphérique (district de santé), on trouve les pharmacies des formations sanitaires.

Le sous-secteur pharmaceutique privé à but non lucratif est représenté par les grossistes répartiteurs et les pharmacies des formations sanitaires laïques ou confessionnelles. Ce sous-secteur comprend des établissements de fabrication des médicaments, des établissements de distribution en gros et des officines de pharmacies.

II. Déficit dans la production du système de santé

Les dysfonctionnements ainsi que les contreperformances du système de santé, ont conduit à une répartition inégale de l'offre de santé qui ne tient pas toujours compte des besoins réels des populations et de la couverture sanitaire physique existante.

1. Formations sanitaires : une spatialisation inégale

Les données de la carte sanitaire de 1999, présentées dans le **Tableau 1** ci-après, relèvent que le Cameroun comptait 179 districts de santé et 1673 aires de santé, inégalement répartis sur l'ensemble du territoire. Les régions du Centre et de l'Extrême-nord sont les mieux dotées en formations sanitaires. La région du Centre compte 29 districts et 248 aires de santé, tandis que celle de l'Extrême-Nord en a respectivement 28 et 243. Les régions de l'Adamaoua et du Sud sont les moins bien pourvues en infrastructures médicales, avec seulement 8 et 10 districts de santé, respectivement. Ces données montrent une couverture insuffisante des formations sanitaires publiques.

Tableau 1 : Nombre de districts et des aires de santé par région au Cameroun

Régions	Nombre de districts de santé	Nombres des aires de santé
Adamaoua	8	97
Centre	29	248
Est	14	105
Extrême-nord	28	243
Littoral	19	161
Nord	15	112
Nord-ouest	18	204
Ouest	20	221
Sud	10	104
Sud-ouest	18	178
Total	**179**	**1673**

Source : Calculs de l'auteur à partir du ministère de la Santé (2016)

Depuis 2014, il est noté une nette évolution en termes d'infrastructures et d'équipements hospitaliers. Le Cameroun était doté, à cette date, de 4 034 formations sanitaires publiques et privées, comme l'indique le **Tableau 2** ci-après. Le secteur privé (à but lucratif ou non) disposait de 27,9 % des formations sanitaires répertoriées. En valeur absolue, le nombre de formations sanitaires au niveau opérationnel est satisfaisant, mais leur répartition géographique dans le pays est inégale. En effet, il existe un déséquilibre infrastructurel entre les différentes régions, et même entre les districts de santé où l'on trouve encore les populations vivant à plus de 20 km d'une formation sanitaire. Cette situation est aggravée par l'insuffisance qualitative et quantitative des plateaux techniques qui limite l'utilisation de ces formations sanitaires. De plus, certaines structures ne peuvent pas fonctionner adéquatement parce que le suivi des travaux de réhabilitation/construction est inadéquat, tout comme l'est la dotation en équipement. La diversité des marques d'équipement, combinée à leur état de vétusté, rend difficile la mise en place d'une stratégie de maintenance préventive et corrective, de même que la réalisation d'économies d'échelle.

Tableau 2 : Répartition des formations sanitaires par région au Cameroun en 2014

Régions	Population en 2014	CSI et CMA	HD et Assimilés	HR	HC et HG	Total Général
Adamaoua	1 125 432	148	8	1	0	157
Centre	3 906 883	767	29	1	11	838
Est	888 682	213	13	1	0	227
Extrême-Nord	3 856 740	296	30	3	0	329
Littoral	3 175 664	575	39	2	3	619
Nord	2 271 914	257	14	-1	0	272
Nord-Ouest	1 999 831	336	30	1	0	367
Ouest	1 978 322	595	32	1	0	628
Sud	766 981	298	9	2	1	310
Sud-Ouest	1533 964	271	14	2	0	287
Total général	21 504 419	3 786	218	15	15	4 034

Source : Calculs de l'auteur à partir du ministère de la Santé (2016)

Au Cameroun, l'accès aux soins reste difficile en raison du faible maillage en infrastructures médicales. Les hôpitaux sont souvent surchargés et inadaptés pour répondre aux besoins grandissants de la population. La plupart des centres de santé souffrent d'un manque crucial d'équipements biomédicaux et peinent à réaliser leur maintenance adéquate. Par ailleurs, il est observé une prolifération anarchique des formations sanitaires privées dans certaines régions. Plusieurs de ces formations sanitaires ne disposent pas d'agrément du ministère de la Santé et échappent ainsi à son contrôle. Cette faible maîtrise de la carte sanitaire a pour conséquences une surabondance de l'offre de services et de soins de santé dans les grandes agglomérations. Ce dysfonctionnement entraîne un manque d'efficience pour le secteur en raison des doublons dans les investissements réalisés.

Les normes relatives aux équipements des formations sanitaires du niveau opérationnel ont été élaborées en 2009, mais ne sont pas souvent respectées. En effet, une étude réalisée en 2012 a relevé une absence de boîte d'accouchement (24,5 %) ; de système de stérilisation à sec (39,5 %) ; de boîte de césarienne (67,5 %) et de microscopes fonctionnels (11,6 %) dans les formations sanitaires.

Les plateaux techniques des hôpitaux de 1re, 2e et 3e catégorie sont pour la plupart en état de dégradation faute de maintenance. Ces hôpitaux offrent des soins spécialisés sans différentiation et dans la concurrence, mais ne sont pas régulièrement évalués. Par ailleurs, le rôle de structures d'appui et de référence qu'ils sont censés jouer pour les autres formations sanitaires de catégories inférieures n'est que faiblement assuré.

2. Personnels de santé : une spatialisation inégale

En termes de ratio, l'OMS recommande un (1) médecin pour 1000 habitants et un (1) infirmier pour 3000 habitants. Avant 2000, le Cameroun était en deçà des standards internationaux et comptait un médecin pour 14 730 habitants, un infirmier pour 2 249 habitants et un aide-soignant pour 3 000 habitants. Par ailleurs, il est dénombré un lit pour 636 habitants, un hôpital pour 57 861 habitants et un centre de santé intégré pour 16 649 habitants, comme l'indique le **Tableau 3** ci-après.

Tableau 3 : Quelques ratios par régions

Régios	1 Médecin	1 Infirmier	1 Lit	1 Hôpital	1 CS
Adamaoua	14411	2767	584	32824	8952
Centre	9921	1425	761	32322	25050
Est	15036	2444	834	33831	7960
Extrême-Nord	46972	6012	1096	74504	18627
Littoral	8442	1784	577	65125	56984
Nord	25492	4396	1492	73478	13879
Nord-Ouest	16383	2881	1021	84101	11790
Ouest	15956	1890	273	46573	15250
Sud-Ouest	21420	3303	639	36495	18247
Sud	7256	1207	277	15861	13383
Cameroun	14730	2249	636	57861	16649

Source : Calculs de l'auteur à partir du ministère de la Santé (2016)

Les besoins globaux en personnels ont été identifiés au terme du Recensement général des Personnels de la Santé (RGPS) de 2011, et décrits dans le Plan de Développement des Ressources humaines (PDRH). L'effectif des personnels en 2011 a été évalué à 38 207 personnels, dont 25 183 dans le public (66 %) et 13 024 (34 %) dans le privé. Sur la base des données du 3e RGPH, le Ratio personnel/population était alors de 1,07 (médecin, sage-femme, infirmier) pour 1000 habitants. Ce ratio est inférieur à la norme de l'OMS, qui est de 2,3 pour 1000 habitants (Minsanté, 2016).

Des chiffres du **Tableau 4**, il peut être relevé une évolution significative dans les ratios présentés. De nouvelles données et des calculs effectués se dégagent les ratios suivants : 01 infirmier pour 3 157 habitants et 01 médecin pour 11 335 habitants au niveau national dans le sous-secteur public. Cependant, ces moyennes masquent certaines disparités régionales. En effet, la comparaison entre les régions fait état d'un ratio de 01 médecin pour 3.657 habitants et 01 infirmier pour 2 253 habitants pour le Centre. Pour ce qui est de la répartition du personnel par région, le Centre, le Littoral et l'Ouest, grâce aux grandes villes de Yaoundé, Douala et Bafoussam, en comptent plus de 55 %, alors que les régions de l'Est, de l'Adamaoua et du Sud n'en ont que 10 %.

Tableau 4 : Répartition des ressources humaines en santé par région

Qualifications	Régions											
	Adamaoua	**Centre**	**Est**	**Diaspora**	**Extrême-Nord**	**Littoral**	**Nord**	**Nord-Ouest**	**Ouest**	**Sud**	**Sud-Ouest**	**Total**
ARC	3	26	27	0	131	6	11	47	97	11	8	367
Assistant Social	1	54	1	0	9	9	3	0	12	5	11	105
Autres Professionnels de santé	7	305	55	0	176	508	28	499	555	44	237	2413
Personnel administratif	47	770	58	0	69	191	58	184	131	64	152	1724
Chirurgiens-dentistes	4	22	0	0	4	17	1	2	3	3	2	58
Commis de pharmacie	5	133	42	0	166	137	92	211	234	24	134	1178
Infirmier	817	4512	874	3	1733	3276	965	1590	2599	781	1804	18954
Médecins généralistes	38	500	53	72	71	307	42	82	116	45	94	1420
Médecins spécialistes	16	192	55	7	10	127	3	9	26	11	16	422
Paramédicaux	176	1343	204	2	342	786	160	377	593	175	368	4526
Personnel d'appui	77	1401	120	0	816	1534	227	844	726	100	828	6673
Pharmaciens	7	38	4	0	12	40	8	2	26	4	21	162
Tradipraticien/ Matrone	0	0	0	0	189	0	10	0	1	1	4	205
Total	126 198	296	443	85	3728	6938	1606	3847	5119	1268	3679	38207

Source : Calculs de l'auteur à partir du ministère de la Santé (2016)

Ces ratios peuvent par ailleurs traduire le fait que les infrastructures ne sont pas entretenues. On estime que 20 à 25 % sont réellement opérationnelles alors que le taux d'utilisation des hôpitaux est de seulement 30 %. Quant au personnel, celui-ci a vieilli en raison du non-renouvellement des effectifs. Depuis la crise économique et les programmes d'ajustement structurel, les recrutements ont été gelés dans les secteurs public et privé.

En plus de cette dégradation progressive de ces ratios, il apparaît de grandes disparités dans la répartition des ressources humaines du secteur entre les différentes régions d'une part et, au sein d'une région, entre la zone rurale et la zone urbaine d'autre part. Ces disparités sont encore plus marquées entre les grands hôpitaux (généraux, centraux et régionaux) et les districts de santé. Le **Tableau 5** ci-après ressort le gap entre l'existant et les normes révisées en personnels (toutes catégories confondues) en 2011 par le ministère de la Santé. Les informations sur les types de spécialisation par niveau de la pyramide ne sont pas disponibles.

Tableau 5 : Estimation des besoins en personnels par niveau de la pyramide sanitaire

Niveau de la pyramide sanitaire	**Besoins**
Services centraux	14
Programmes prioritaires de santé	227
Hôpitaux de 1re et 2e catégorie	1 732
Hôpitaux régionaux	1 582
Districts de santé	2 222
Formations sanitaires de niveau de district de santé (CSI, CMA, HD)	21 976
Total	**27 753**

Source : Calculs de l'auteur à partir du ministère de la Santé (2016)

Ce déficit en personnel affecte négativement la qualité de l'offre de services. Ainsi, le niveau des soins prodigués dans les établissements de santé publique est souvent décrié par la population. La qualité de l'accueil, le suivi médical et la prise en charge néonatale sont autant de critères qui nécessitent d'être renforcés pour garantir une meilleure satisfaction des patients.

Après avoir examiné l'évolution de la politique de santé, ainsi que son organisation, on observe un manque d'infrastructures et d'équipements, des dysfonctionnements et une utilisation sous-optimale des capacités de production des soins, ce qui entraîne des contre-performances du système et une détérioration de l'état de santé des populations, mesurées à l'aide des principaux indicateurs. Il apparaît que beaucoup reste à faire pour améliorer l'efficience productive du système. À ce titre, la décentralisation apparaît comme le processus idoine à même de réorganiser le système de soins en vue de le rendre plus efficace.

III. Décentralisation : stratégie d'amélioration de la territorialité de l'offre de santé

Bien qu'elle ne soit pas complète dans la plupart de pays, la décentralisation dans le domaine de la santé peut offrir un certain nombre d'avantages en ce sens qu'elle favorise une territorialisation optimale des infrastructures sanitaires au niveau national, et une gestion territorialisée rationnelle et efficace des ressources humaines.

1. Territorialisation optimale des infrastructures sanitaires

La décentralisation peut, sous certaines conditions, réduire les inégalités territoriales. En rendant plus visibles les écarts entre les territoires, elle amène des politiques explicites de redistribution qui ne sont pas forcément mises en œuvre dans des systèmes centralisés où les inégalités territoriales sont moins explicitées. Dans le cas du Cameroun, la décentralisation permettrait de corriger les écarts observés dans la répartition des formations sanitaires entre les régions. Le **Tableau 5** ci-dessus montre qu'entre les régions du Centre et de l'Extrême-Nord, à population presque égale, il est observé un écart de 509 formations sanitaires en faveur de la région du Centre. Elle en compte 2,55 fois plus de formations sanitaires. De même, s'agissant des régions de l'Ouest et de l'Extrême-Nord, il peut être observé que la région de l'Ouest a la moitié de la population de la région de l'Extrême-Nord, mais compte presque 2 fois plus de formations sanitaires. La décentralisation permettrait de corriger ces inégalités à travers la péréquation nationale en fonction des ressources et des besoins respectifs des régions. La décentralisation favorise la cohérence entre le niveau national et le niveau local. En fonction des ressources et de la planification locale, chaque région décidera du nombre de formations et de lieux de leur implantation de façon à rapprocher les formations sanitaires des populations et à améliorer ainsi leurs recours aux soins.

2. Gestion territorialisée pour une efficacité des ressources humaines

La gestion centralisée du personnel au niveau national empêche toute maîtrise de ce personnel, dans son déploiement comme dans sa gestion quotidienne. La décentralisation introduite dans le secteur de la santé permet de mettre en œuvre une nouvelle conception de la gestion des ressources humaines. Elle peut transférer un certain nombre de compétences aux régions. Premièrement, en décentralisant le recrutement au niveau intermédiaire, on peut rompre avec le système actuel de l'affectation décidée au niveau central, en fonction de logiques administratives centrales ou d'interférences politiques, sans se préoccuper des priorités locales. Cette approche permettra à partir d'un état de besoins établi, et en fonction de normes nationales et locales et de postes de travail au niveau de chaque district de santé, de définir un plan de mise en place du personnel sur plusieurs années afin de combler le déficit des effectifs. Cette décentralisation offre les possibilités d'organiser des formations et des recyclages d'appoint pour obtenir des profils désirés en fonction des postes ainsi définis.

L'avantage est que le personnel sera déployé de façon rationnelle et optimale en fonction des besoins. Deuxièmement, la décentralisation va transformer radicalement le comportement du personnel de santé, en modifiant le contexte institutionnel dans lequel il fonctionne. Il y aura plus de responsabilisation et de motivation du personnel. La responsabilité (*acountability*) du personnel recouvre deux dimensions : la responsabilité vis-à-vis des autorités (par le haut), la responsabilité vis-à-vis du public c'est-à-dire, par le bas, auxquelles pourraient être ajoutée la responsabilité morale vis-à-vis de sa conscience c'est-à-dire, la responsabilisation par le dedans. La restauration de la discipline qu'entraîne la décentralisation permet aux responsables hiérarchiques des formations sanitaires d'exercer l'autorité qui leur est impartie sur leur personnel. La décentralisation entraîne une gestion transparente et objective du personnel, avec un système d'incitations clairement défini : statut particulier, profil de carrières, primes, moyens de travail, mais aussi des sanctions applicables sans discriminations en cas de manquements. En introduisant la participation communautaire dans la gestion des formations sanitaires, la décentralisation permet de responsabiliser le personnel médical par le bas. La participation communautaire, par le contrôle qu'elle institue, améliore la gestion des formations sanitaires, gage d'un bon fonctionnement des services et d'un renforcement de l'efficacité.

Conclusion

L'objectif de ce chapitre était d'analyser la répartition spatiale de l'offre de santé au Cameroun, et de proposer les mesures de politique en vue d'améliorer l'accès des populations aux soins de qualité. Il ressort de nos analyses une repartie inter et intra régionale inégale des formations sanitaires et du personnel de santé au Cameroun. Au terme de l'analyse, il se dégage qu'il existe un déséquilibre infrastructurel entre les différentes régions. Il en est de même entre les districts de santé, où l'on trouve encore des populations vivant à plus de 20 km d'une formation sanitaire. Cette situation est aggravée par l'insuffisance qualitative et quantitative des plateaux techniques qui limite l'utilisation de ces formations sanitaires.

Quant aux ressources humaines, il apparaît de grandes disparités entre les différentes régions d'une part et, au sein d'une région, entre la zone rurale et la zone urbaine d'autre part. Ces disparités sont encore plus marquées entre les grands hôpitaux (généraux, centraux et régionaux) et les districts de santé. Pour inverser cette tendance forte, qui entrave le bon fonctionnement du secteur, nous avons, en termes de politique, proposé le renforcement de la décentralisation du système de santé. Il s'agit d'une option qui vise une meilleure efficience dans l'allocation des ressources, ce qui permettrait une meilleure prise en compte des besoins locaux (en infrastructures et en personnel) en respectant les normes et les équilibres au niveau national.

Bibliographie

Banque Mondiale (2000). Le développement au seuil du XXIe siècle, Rapport sur le développement dans le monde 1999-2000. 329 p.

Diaz, O., L., Plat, D. et Pochet, P. (2011). Se déplacer pour se soigner. Pratiques et obstacles à Conakry et Douala, *Cahiers de Géographie du Québec*, Vol. 55, n° 156, pp. 555-573.

Grodos, D. (2000). Le district sanitaire urbain en Afrique subsaharienne : enjeux, pratiques et politiques. Thèse de doctorat en Santé publique, Université catholique de Louvain : département de santé publique, Faculté de médecine.

Guagliardo, M., F. (2004). Spatial accessibility of primary care: concepts, methods and challenges », *International Journal of Health Geographics*, vol. 3, n° 3.

Harpham, T. (2009). Urban health in developing countries: what do we know and where do we go?, *Health Place* **15**, 107-116.

Levy, J. et Lussault, M. (2003). *Dictionnaire de la géographie et de l'espace des sociétés*, Paris, Belin.

Mills, A., Vaughan, J., P., Smith, D., L. et Tabibzaded, I. (1991). La décentralisation des systèmes de santé : concepts et problèmes, OMS. Genève

Ministère de la Santé publique (2012). *Plan de Développement des Ressources humaines du Système de Santé au Cameroun 2013-2017. Document 2 : Choix stratégiques*. Yaoundé

Penchansky, R. et Thomas, W., J. (1981). The concept of access: definition and relationship to consumer satisfaction. *Medical Care*, vol. 19, n° 2, p. 127-140.

Raux, C., Mercier, A. et Ovtracht, N. (2008). Évaluation économique des politiques de transport et indicateurs d'accessibilité spatiale : l'apport des SIG, *Cybergeo : European Journal of Geography*, Systèmes, Modélisation, Géostatistiques.

Rondinelli, D., A., Nellis, J., R. et Cheema, S. (1983). Decentralization in developing countries: a review of recent experiences, World Bank Staff Working Paper, n° 581, World Bank.

Van Lerberghe, W. (1994). Les politiques de santé africaines, Bulletins des séances, *Académie Royale des Sciences d'Outre-Mer* ; 39 (1993-2) : 205-230.

CHAPITRE 13 :

ENCHÉRISSEMENT FONCIER ET STRATÉGIES D'ADAPTATION DES MARAICHERS DANS L'ARRONDISSEMENT DE KYE-OSSI, VILLE TRANSFRONTALIÈRE CAMEROUN-GABON-GUINÉE ÉQUATORIALE

Louis Bernard TCHUIKOUA
et Alex-Vidal ELLA BA ZAMBO

Résumé

Située dans une zone frontalière entre le Cameroun, le Gabon et la Guinée Équatoriale, la localité de Kyé-Ossi a acquis une position stratégique en termes d'activités économiques naissantes, à tel point qu'elle est devenue la plaque tournante des échanges entre les trois pays. Le désenclavement de cette localité, grâce au bitumage de l'axe lourd reliant Ambam à Kyé-Ossi en 2004, a entraîné une mutation socio-spatiale caractérisée par la forte arrivée et l'installation des migrants, le développement des activités commerciales, la forte demande en espace de construction et agricole, etc. Cette étude vise à évaluer les nouvelles stratégies des maraîchers afin de voir leurs impacts sur la production maraîchère locale, et la vie socio-économique de ces derniers dans la localité d'étude.

Il ressort des lectures, observations et enquêtes de terrains que la philosophie de maximisation du profit, qui a guidé les réponses des parties prenantes dans ces développements, a fait augmenter les valeurs de l'offre-rente et est ainsi devenue inabordable pour les populations ordinaires, les poussant de fait vers les périphéries où le maraîchage était pratiqué. L'acquisition foncière pour cette activité tend à être guidée par des variables socioculturelles. Lesquelles sont fonction des traits et des stratégies des acteurs qui restent dynamiques. Pour l'État et les collectivités territoriales, il serait judicieux de porter une attention particulière au problème d'accessibilité à la propriété, impactant négativement le secteur agricole, afin de mieux s'adapter et relever le défi d'une "seconde génération agricole" dans la perspective de l'émergence en 2035.

Mots clés : enchérissement foncier, stratégie d'adaptation, maraichers, Kyé-Ossi, ville transfrontalière

Abstract :

Located in a border area between Cameroon, Gabon and Equatorial Guinea, the town of Kye-Ossi has acquired a strategic position in terms of emerging economic activities, to such an extent that it has become the hub of trade between the three countries. The opening up of this locality, thanks to the asphalting of the main road linking Ambam to Kye-Ossi in 2004, has led to a socio-spatial transformation characterised by the arrival and settlement of a large number of migrants, the development of commercial activities, the strong demand for building and agricultural space, etc. The aim of this study is to evaluate the new strategies adopted by market gardeners in order to assess their impact on local market garden production and the socio-economic life of market gardeners in the study area.

It emerges from the readings, observations and field surveys that the profit-maximisation philosophy that has guided the responses of the stakeholders in these developments has increased the value of the supply-rent and thus become unaffordable for ordinary people, driving them to the outskirts where market gardening used to be practised. Land acquisition for this activity tends to be guided by socio-cultural variables. These are a function of the characteristics and strategies of the players, who remain dynamic. For the State and local authorities, it would be wise to pay particular attention to the problem of access to property, which is having a negative impact on the agricultural sector, in order to adapt better and meet the challenge of a "second agricultural generation" in the run-up to the country's emergence in 2035.

Key words: *rising land prices, adaptation strategy, market gardeners, Kye-Ossi, cross-border town*

Introduction

La forte croissance de la population des pays de l'Afrique subsaharienne est aujourd'hui un problème qui échappe au contrôle des autorités desdits pays. D'origine naturelle (baisse du taux de mortalité due aux progrès enregistrés dans la médecine) et migratoire (due aux progrès connus dans le domaine des transports), le boom démographique qui en découle crée un déséquilibre entre la demande et l'offre de terrains. La valeur de ces terrains augmente donc considérablement (Bernier X. 1997). Au Cameroun, la localité de Kyé-Ossi (Fig. 1) n'a pas échappé à cette réalité. En effet, depuis son désenclavement grâce au bitumage de l'axe lourd reliant Ambam à Kyé-Ossi en 2004, elle connaît une mutation socio-spatiale sans précédent. Cette mutation est liée à sa position de zone transfrontalière entre le Cameroun, le Gabon et la Guinée Équatoriale. Kyé-Ossi est ainsi devenue un espace géostratégique, située au carrefour des trafics multiformes entre les trois pays. Sa population est passée d'environ 17.127 habitants en 2005 (BUCREP[96] 2005) à environ 26.107 habitants en 2013 (PCD[97] 2013) soit un surplus de près

[96] Bureau central de Recensement et d'Étude de la population au Cameroun

[97] Plan communal de développement

de 9000 personnes en moins de 10 ans. Les raisons de cette forte croissance démographique sont certainement inhérentes à un accroissement naturel de la population, à une immigration exponentielle qui a pour conséquence le foisonnement ethnique dans l'arrondissement et à un retour des fils du terroir partis dans les grandes métropoles camerounaises, et dans les pays voisins, comme le Gabon et la Guinée Équatoriale à la recherche d'emploi.

Avant le désenclavement de l'arrondissement de Kyé-Ossi, l'économie de la localité n'intégrait que la commercialisation de quelques produits vivriers, couplés aux échanges commerciaux de quelques produits manufacturés. Après la réalisation de l'axe lourd reliant cet arrondissement au reste du Cameroun et aux pays voisins, le flux des personnes et des biens a connu un surcroit important. Tous les secteurs d'une économie moderne se retrouvent désormais à Kyé-Ossi, faisant de cette localité le poumon économique de la région du Sud Cameroun. La forte croissance démographique a eu comme conséquences la quête du foncier pour les constructions, les activités commerciales et surtout pour la pratique de l'agriculture. Ainsi, face à la convoitise effrénée du sol par les différents acteurs du domaine économique et, devant les difficultés d'accès au foncier par les maraîchers, cet article vise à mettre en évidence d'une part, les facteurs d'enchérissement foncier et, d'autre part, les stratégies d'adaptation des maraichers dans l'arrondissement de Kyé-Ossi.

I. Méthodologie de collecte des données

Les résultats de cette recherche émanent des lectures, des enquêtes par questionnaires, entretiens et observations de terrain. Les données secondaires ont été collectées dans les différents centres de documentation de Yaoundé, à la Sous-préfecture de Kyé-Ossi et aussi sur Internet. Face à l'absence de données sur les maraîchers dans les administrations pourtant en charge du secteur agricole dans cette localité, nous nous sommes appuyés sur les statistiques fournies par les associations regroupant les maraîchers de l'arrondissement. D'après ces statistiques, l'arrondissement de Kyé-Ossi compte environ 217 maraîchers repartis dans trois bassins de production. Il s'agit du bassin de l'axe Kyé-Ossi – Ngoazik, avec 113 maraîchers (c'est le plus important), du bassin de l'axe Kyé-Ossi – Ongozok comptant 65 maraîchers et du bassin de l'axe Ngoazik – Ongozok avec 39 maraîchers.

À partir des critères tels que l'accessibilité dans les villages, la disponibilité des enquêtés, 104 maraîchers ont pu répondre aux questionnaires (Tableau 1). Cette enquête par questionnaires a permis de collecter les informations nécessaires pour cette recherche. Des entretiens ont également été menés auprès des personnes-ressources, notamment les personnels administratifs, techniques et traditionnels de l'arrondissement de Kyé-Ossi. Les photographies ont été prises lors des descentes sur le terrain, à l'aide d'un appareil numérique. Pour le traitement cartographique, le logiciel Adobe

Illustrator CS a été utilisé. De même, les données statistiques utilisées dans cette étude ont été traitées dans le logiciel Sphinx Plus2.

Tableau 1 : Répartition des questionnaires dans l'arrondissement de Kyé-Ossi

Bassins de production	**Échantillon**	**Pourcentage**
Bassin de production de l'axe Kyé-Ossi-Ongozok	38	37
Bassin de production de l'axe Ngoazik-Ongozok	21	20
Bassin de production de l'axe Kyé-Ossi-Ngoazik	45	43
Total	**104**	**100**

Source : Enquête de terrain, janvier 2015

II. Cadre conceptuel et présentation géographique de l'arrondissement de Kye-ossi

1. Cadre conceptuel

Dans le cadre de cette recherche, le maraîcher est celui qui pratique une culture maraîchère. La culture maraîchère désigne, dans un premier temps, les cultures intensives de légumes et des primeurs. C'est-à-dire des produits qui sont cultivés et vendus avant la saison normale. Dans un second temps, elle désigne l'ensemble des cultures pratiquées dans les bas-fonds, ou encore une activité agricole basée sur la production végétale. Le concept de maraîchage sera compris ici, suivant la définition de Tiamiyou (2002), comme la culture intensive, continue ou saisonnière de légumes et de certains fruits, pratiquée sur différents types de sols, en saison des pluies ou en saison sèche, dans les villes ou en zone rurale, en plein champ ou sur un périmètre préalablement délimité et aménagé ou non.

La culture maraîchère symbolise donc tout produit pouvant être cultivé avant, pendant et après la saison normale ou tout au long de l'année. Elle couvre l'ensemble des productions légumières de feuilles, de fruits et de racines des plantes d'origine européenne, cultivées et utilisées dans l'assaisonnement des sauces (tomate, oignon, persil, poireau, etc.) ou dans la constitution des entrées ou des crudités (salade, choux, etc.).

2. Présentation géographique de l'arrondissement de Kye-Ossi

La ville de Kyé-Ossi est le chef-lieu du plus jeune[98] arrondissement du département de la vallée du Ntem, dans la région du Sud Cameroun. Il se situe

[98]Erigé en arrondissement en 2006 et la commune a été créée par décret n° 2007/117 du 24 avril 2007

entre 11°10' et 11°25' de longitude Est et entre 2°10' et 2°18' de latitude Nord avec une superficie de 710 km^2 (PCD 2013). Il est limité au Nord par l'arrondissement d'Ambam, à l'ouest par celui d'Olamzé, à l'Est par la République du Gabon et au Sud par la Guinée Équatoriale.

Au plan administratif, l'arrondissement de Kyé-Ossi est subdivisé en deux grandes zones : une zone urbaine et une zone rurale. Si certains villages, notamment Akombang et Akonangui, font désormais partie de l'espace urbain de cet arrondissement, l'espace rural englobe l'ensemble des villages, tels que Ngoazik, Mefoup, Kono-Fonossi, Nsana, Ongozok, Mekomo, Metet, Ebengon, Nkan, Nzangbwang, etc.

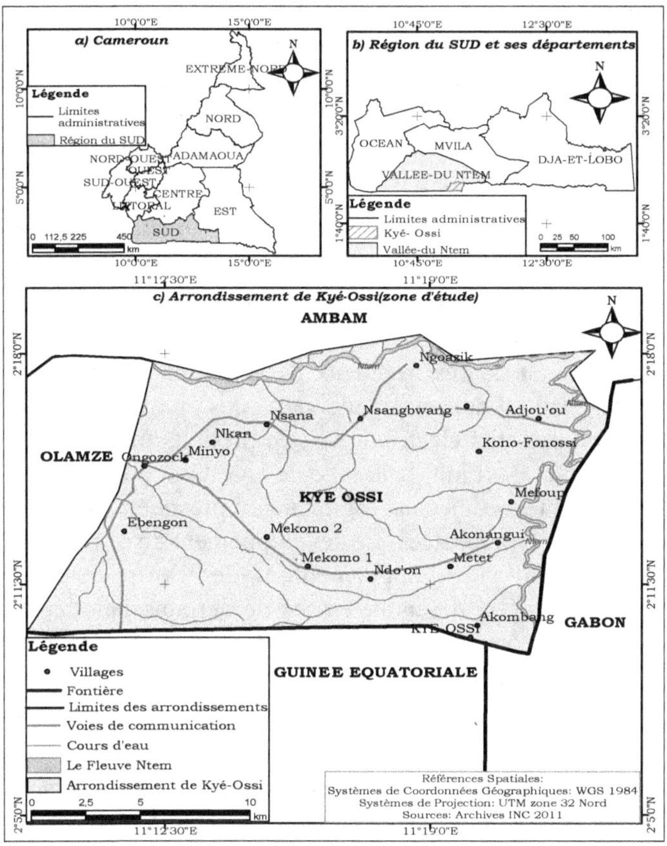

Figure 1 : Carte de localisation de l'arrondissement de Kyé-Ossi

3. Les facteurs d'enchérissement foncier à Kyé-ossi

• La croissance démographique et son incidence spatiale

Le bitumage de l'axe lourd Ebolowa-Kyé-Ossi, lancé dès 2002 et achevé en fin 2004, a véritablement ouvert l'arrondissement de Kyé-Ossi à la sous-région. En effet, l'ouverture de cette localité au reste du Cameroun, au Nord du Gabon et à la Guinée Équatoriale a eu une influence significative sur sa démographie. Comme évoqué plus haut, selon les résultats des derniers recensements réalisés sur la ville de Kyé-Ossi en 2005, la population de cet arrondissement était estimée à près de 17127 habitants (BUCREP 2005), contre 26107 habitants en 2013 (PCD 2013). Cette croissance démographique significative n'a pas toujours été observée dans cette localité au cours des années antérieures à 2005.

En réalité, entre l'année 2005 à 2013, le différentiel de la population est estimé à près de 8980 personnes avec un surplus de 1122 habitants chaque année. Ce qui confirme que la croissance naturelle, l'immigration et, même, la rurbanisation ont connu une redynamisation. En revanche, de 2002 à 2005 c'est-à-dire, durant les trois années qui ont précédé le bitumage de l'axe lourd Ebolowa-Kyé-Ossi, ce surplus annuel était en dessous de 100 personnes. La croissance rapide de la population a ainsi entraîné une forte demande foncière et a contribué à son enchérissement.

- **Un environnement économique favorable aux affaires**

Le secteur tertiaire de l'économie locale de la Commune de Kyé-Ossi est le plus représentatif dans la région du Sud Cameroun depuis son désenclavement en 2004. Il est fortement dominé dans l'espace urbain par les échanges commerciaux très fructueux des produits locaux et manufacturés. Ici, c'est le lieu d'approvisionnement des pays voisins en denrées alimentaires, en produits électroniques, en produits mécaniques, en produits vestimentaires, etc. Ceci fait de la ville de Kyé-Ossi une véritable plateforme d'échanges et d'intégration sous-régionale où presque toutes les spéculations commerciales sont représentées. Le développement de ce pilier de l'économie repose grandement sur l'augmentation de l'offre en infrastructures commerciales, et sur le désenclavement de certains bassins de production localisés dans la zone rurale et permettant aux populations locales de bénéficier des retombées financières.

Le secteur primaire, quant à lui, occupe une place de choix dans la Commune comme dans toutes les zones rurales du Cameroun. En effet, l'agriculture, particulièrement la culture du manioc et de la banane-plantain, représente un pilier de l'économie locale. Le maraîchage est aussi non négligeable depuis l'arrivée des populations allochtones, notamment les Bamilékés, qui maîtrisent mieux les techniques culturales dans ce domaine. Ces différentes formes d'agriculture, notamment le vivrier et le maraîchage, connaissent une hausse fulgurante, due à une demande croissante de la part des populations locales, mais aussi de celles venant du Gabon et de la Guinée Équatoriale. Le développement de ces différents secteurs économiques a largement contribué à la recomposition spatiale et foncière dans l'arrondissement. En effet, la forte demande foncière a été à l'origine de la revalorisation de sa valeur marchande, entraînant quelques fois des conflits d'intérêts entre les différents protagonistes.

- **Une position géostratégique propice aux échanges**

Le communiqué final à l'issue de la 11e session ordinaire de la conférence des chefs d'État, tenue à Brazzaville au Congo en date du 25 juillet 2012, mentionne dans l'une des résolutions qu'afin de créer véritablement un espace intégré de la zone CEMAC, il a été décidé de rendre effective la libre circulation des personnes et des biens par l'émission des passeports biométriques CEMAC. Cette résolution, sans doute la plus importante sur laquelle un accent particulier a été mis, traduit la volonté de la mise en place d'un véritable espace économique communautaire, qui a remplacé l'UDEAC (Union Douanière et Économique des États de l'Afrique Centrale), dont la création remonte à près de quatre décennies.

En effet, en dépit des atermoiements observés régulièrement de l'autre côté de la frontière qui ont plusieurs fois conduit à sa fermeture, les autorités camerounaises n'ont jamais pris de mesures de rétorsion. Au contraire, conscientes des avantages qu'elles tirent des échanges transfrontaliers, les barrières de la police d'émi-immigration sont restées levées afin de favoriser le fonctionnement des services chargés de prélever les taxes sur les produits exportés et importés. En réalité, l'activité commerciale florissante a fait fructifier les recettes de la commune de Kyé-Ossi, à telle enseigne que la moyenne de son budget gravite autour 350 000 000 de Frs CFA (533 571,56 euros)[99] dont plus de 40 % proviennent du commerce transfrontalier. Entre 2011 et 2013, le budget de la commune a connu une baisse liée aux fermetures officielles de la frontière par la Guinée Équatoriale. En fait, la Guinée Équatoriale, suite aux incidents étant souvent observés entre les Camerounais et les Equato-guinéens, opte pour le rapatriement des étrangers. Face à cette réalité, il apparaît que la situation géographique de l'arrondissement de Kyé-Ossi est un facteur entraînant une convoitise de la terre par les hommes d'affaires, d'où son enchérissement.

- **Une conquête acharnée de l'espace pour le bâti**

À l'origine, Kyé-Ossi n'est qu'un petit bourg rural à fonction de marché. Cependant, avec l'ouverture de l'axe Lord en 2004, la ville n'a cessé de s'étendre, passant de l'ancien village de Kyé-Ossi à la colonisation des villages d'Akombang et d'Akonangui. Cette situation est consécutive à la forte croissance démographique que connaît la ville. Cette forte croissance démographique entraîne une compétition pour l'espace et la recherche de nouvelles terres pour loger non seulement les centaines d'élèves des lycées et leur personnel d'encadrement qui arrivent chaque année, mais aussi les

---

[99] 1 euro = 655,957 FCFA

hommes d'affaires et les autochtones de la ville, qui connaissent une croissance constante.

Dans la même logique, les observations de terrain montrent que Kyé-Ossi est une ville dont la croissance spatiale est horizontale. C'est pourquoi la demande en terre ne cesse de s'accroître afin de répondre au problème de logement de la population. À l'exception de quelques immeubles de type commercial, les maisons sont en majorité simples et la ville s'étale, de plus en plus, à perte de vue. Cependant, cette réponse de la population aux problèmes de logement a entraîné une artificialisation du paysage et une intensification du bâti dans la ville. À telle enseigne que des activités agricoles, comme le maraîchage, ont dû se déporter vers les zones rurales, contraignant ainsi les maraîchers de cette localité à redéfinir de nouvelles stratégies d'adaptation et d'accès à la terre.

- **Stratégies d'adaptation des maraîchers dans l'arrondissement de Kyé-ossi**

Le bitumage de l'axe lourd Ebolowa-Kyé-Ossi en 2004, et la présence importante des maraîchers allochtones dans l'arrondissement de Kyé-Ossi ont fortement influencé le mode d'accès à la terre dans cette localité. En effet, bien avant le bitumage de cette route, l'accessibilité à la terre était un processus qui n'intégrait pas les arrangements relatifs à l'argent. S'appuyant uniquement sur des relations amicales, les étrangers, sans débourser des sommes faramineuses, avaient la possibilité d'acquérir des espaces pour exercer leurs activités. Le mode traditionnel d'accès à la terre était donc essentiellement basé sur des dons et legs. Mais, de nos jours, l'ouverture de l'arrondissement au reste du Cameroun et la demande accrue des produits maraîchers au Gabon et en Guinée Équatoriale ont considérablement augmenté la demande de terres agricoles. Cela a entraîné une hausse significative des prix du terrain. Cette situation a eu pour conséquence la redéfinition des nouvelles stratégies d'accès à la terre.

III. De la causalité de l'enchérissement foncier aux nouvelles stratégies d'accès à la terre

Depuis une décennie, du fait de son désenclavement, en plus de sa position de zone transfrontalière, de carrefour des échanges entre le Cameroun, le Gabon et la Guinée Équatoriale, l'arrondissement de Kyé-Ossi est devenu un nouvel *Eldorado* dans la région du Sud Cameroun. Des populations en quête de nouvelles opportunités individuelles et collectives s'y sont installées en masse, avec des idéaux visant à y développer leurs activités. Face à l'étroitesse de l'offre par rapport à la demande foncière, les nouveaux arrivants vont se livrer une bataille sans concession pour accéder à la terre. Devant cette situation, les autochtones vont prendre conscience de l'importance de cette richesse dont ils ne mesuraient pas jusque-là la valeur marchande.

Les enquêtes de terrain ont montré que les nouvelles stratégies d'accès à la terre sont : la location qui représente plus de 61 % des modes d'accès à la terre dans l'arrondissement, le système d'alliance matrimoniale qui représente près de 24 % des modes d'accès au foncier, et le métayage qui représente 15 % des modes d'accès à la terre.

- ***La location : un mode privilégié pour l'accès à la terre***

Selon le dictionnaire Encarta 2010, *« la location est la mise à la disposition d'un bien par celui qui le possède au profit d'un tiers, moyennant un loyer et selon les termes d'un contrat »*. C'est un principe qui a été mis en pratique dans l'arrondissement de Kyé-Ossi dès l'arrivée des étrangers dans cette localité. Ici, une fois que les propriétaires terriens ont pris conscience de la rentabilité du foncier, ils ont non seulement opté pour la mise en location de leurs surfaces de culture, mais surtout, ils ont revu à la hausse les prix d'accès à la terre. Dans ce domaine, notre enquête de terrain s'est limitée essentiellement à la compréhension des stratégies d'accès à la terre développées par les maraîchers de cet arrondissement. Il en ressort que les prix de la location du terrain ont considérablement augmenté depuis 2006, comme le montre le Tableau 2 ci-dessous.

Tableau 2 : Évolution des prix de location des terres arables à Kyé-Ossi

Période d'évolution des prix de location / Superficie en location pour une durée de 6 mois	2000-2005	2006-2010	2011-2015
1 hectare	5 000 FCFA	25 000 FCFA	50 000 FCFA
½ hectare	3 000 FCFA	15 000 FCFA	30 000 FCFA

Source : Ella Ba Zambo A.V. (2015)

Ce tableau 2 montre que les prix de location des terres destinées à la culture maraîchère ont connu une évolution significative. De 2000 à 2005 c'est-à-dire, avant le bitumage de l'axe lourd reliant Ebolowa à Kyé-Ossi, un hectare de terre propice au maraîchage était loué à 5 000 FCFA (7,62 euros). À cette époque, la demande en terre n'était pas importante, les activités économiques et la pression démographique non plus. Entre 2006 et 2010, juste après le bitumage de l'axe lourd, le rapport entre la demande foncière et prix d'accès au foncier a considérablement changé, atteignant 25 000 FCFA (38,11 euros) l'hectare. Cette augmentation des prix de location foncière s'est accélérée au point d'atteindre 50 000 FCFA (76,22 euros) entre 2011 à 2015, témoignant ainsi de l'importance grandissante du foncier dans l'arrondissement de Kyé-

Ossi. La pratique de la location des surfaces de culture dans l'arrondissement est associée à d'autres modes d'accès à la terre, notamment par l'alliance matrimoniale.

- **L'alliance matrimoniale comme mode d'accès à la terre**

Dans l'arrondissement de Kyé-Ossi, les alliances matrimoniales entre les autochtones et les allochtones permettent à ces derniers d'avoir accès au foncier. En effet, les enquêtes de terrain ont permis de constater que certains maraîchers de l'arrondissement accédaient au foncier grâce au mariage de l'un d'entre eux avec certaines familles de la région. Ces maraîchers, installés dans les villages où leurs sœurs sont en mariages, vont réaliser leurs champs sur les parcelles de terrain appartenant aux familles de leurs beaux-frères.

Par cette occasion, ils ne paieront ni frais de location des parcelles cultivées, ni frais de location des habitats, ni même frais d'alimentation. Tous les bénéfices leur reviendront, ce qui facilitera une épargne rapide de ces maraîchers. La figure 10 montre que, sur les 104 maraichers interrogés lors de notre enquête de terrain, 23,1 % ont accédé à la terre en faisant usage de cette stratégie. Dans la mesure où tous les maraîchers n'ont pas des sœurs qui sont en mariage dans l'arrondissement, d'autres formes d'accès au foncier ont dû voir le jour afin d'y remédier.

- **Un métayage plus ou moins pratiqué dans la localité**

Le métayage est un mode d'accès à la terre où le propriétaire terrien et le métayer se concertent afin d'établir un contrat de métayage. Ce contrat définira les résolutions prises entre les deux parties afin de réglementer et de cadrer les conditions de leur partenariat. Dans celui-ci seront inscrits, d'un côté, la superficie, le temps d'exploitation de la parcelle que le propriétaire terrien met à sa disposition, sans omettre, s'il en existe, d'éventuels apports financiers, et, de l'autre côté, le taux de productivité que le maraîcher devra fournir au propriétaire terrien. Dans l'arrondissement de Kyé-Ossi, l'appréhension de ce contrat ne répond pas aux paramètres prédéfinis plus haut. Ici, l'enquête de terrain que nous avons menée nous a fait comprendre que ces contrats, qui s'effectuent entre les maraîchers et les propriétaires terriens résidants en ville (fonctionnaires), se résument par l'entretien de la propriété du fonctionnaire par le maraîcher qui bénéfice, en retour, non seulement d'une location traduite, mais surtout de l'accès aux terres du fonctionnaire. En effet, dans cet arrondissement, plusieurs familles autochtones n'ont plus de parents ou de grands-parents qui résident au village. Les propriétés de ces familles sombrent dans un état d'abandon accompagné d'un envahissement de celles-ci par de mauvaises herbes. Afin d'assurer un entretien de leur propriété, certains fonctionnaires ont jugé mieux d'adopter des familles maraîchères auxquelles le foncier et la location seront fournis et qui, en contre patrie, s'occuperont de l'entretien de la propriété du fonctionnaire.

En fait, la demande accrue du foncier dans l'arrondissement de Kyé-Ossi a favorisé la mutation des modes d'accès des stratégies à caractère essentiellement gratuites, vers des stratégies qui placent le paramètre financier au centre de toutes négociations. Cette évolution des stratégies d'accès à la terre a certainement été possible à cause d'une hétérogénéité des acteurs du domaine maraicher.

IV. Discussion

Le fait que les maraîchers de l'arrondissement de Kyé-Ossi ne soient pas sûrs que leur accès à la terre ne sera pas, à un moment ou à un autre, sujet de tension entre eux et les propriétaires de ces parcelles, influence grandement la mise en valeur de ces espaces. En effet, eu égard au non-respect de contrat de location des terres arables par les propriétaires fonciers de l'arrondissement, les maraîchers se sont retrouvés, non seulement dans l'obligation d'opter pour la production des essences de courte saison, mais aussi pour un investissement moindre dans cette activité.

Pour remédier à cette question de l'accessibilité foncière, il serait judicieux pour les collectivités territoriales en collaboration avec les services de gestion des litiges (police, gendarmerie et procureur) de se pencher de plus en plus sur les problèmes liés à la question foncière qui opposent les propriétaires terriens aux maraîchers. L'objectif est de permettre à ces derniers de cultiver librement et sans entrave les espaces qui leur sont accessibles. Cela pourrait être possible, en permettant aux maraîchers de conclure ces contrats en présence d'un représentant de la loi. Ce dernier prenant le temps de préciser au propriétaire terrien des poursuites dont il pourrait être l'objet s'il en vient à projeter de rompre le contrat. Ainsi, avec cette garantie, l'investissement et la diversification des espèces culturales qui vont s'en suivre permettront, sans doute, non seulement la rehausse de la production, mais aussi l'amélioration des conditions de vie des maraîchers de cette localité.

Pour la FAO, le renforcement des capacités techniques et matérielles des agriculteurs est capital pour l'amélioration du cadre de travail des paysans et plus encore, pour accroître la production agricole. Il s'agit « de mettre à la disposition des individus, des organisations et des collectivités, les aptitudes et outils leur permettant de mieux produire et gérer leurs affaires avec succès ». Il sera donc question d'un processus par lequel les individus et les organisations libèrent, créent, adaptent et préservent les aptitudes optimales au fil du temps (Abate, 2012). Cette exigence est capitale pour parvenir à la croissance de la production maraîchère. Car les agriculteurs ne maîtrisent pas les techniques et les outils modernes de culture. Il importe donc à l'État, à travers la décentralisation de certains de ses pouvoirs aux collectivités territoriales décentralisées et aux partenaires du développement, de densifier et de vulgariser la stratégie de renforcement des capacités techniques et matérielles des populations rurales. Afin de leur permettre de mener à bien leur activité et de garantir un développement socio-économique harmonieux de leurs collectivités (PNDP, 2014).

En fin de compte, la demande accrue du foncier dans l'arrondissement de Kyé-Ossi a boosté les sommes à débourser afin d'avoir accès à la terre. Cette logique n'échappe pas aux maraîchers de l'arrondissement qui, malgré le fait que les terres qui les intéressent soient des terrains marécageux et hostiles à l'installation humaine, doivent payer des sommes considérables pour y accéder. Les frais de location des terres, qui atteignent désormais les 50 000 FCFA par trimestre, entrent dans le capital de financement de la mise en place du champ et diminuent ainsi la rentabilité de l'activité. Dans le souci de maximiser cette rentabilité, il est opportun que les pouvoirs locaux envisagent la régularisation et l'harmonisation des prix, afin de donner aux maraîchers une marge de bénéfice acceptable. Car jusqu'ici, les prix de location des terrains dépendent exclusivement du bon gré et du tempérament des propriétaires terriens.

Conclusion

Grâce aux informations obtenues, nous nous sommes rendu compte que les enjeux fonciers qui sévissent dans l'arrondissement de Kyé-Ossi vont contraindre les maraîchers de cette localité à adopter des stratégies d'accès à la terre qui mettent l'argent au centre de toutes transactions. En effet la terre, qui n'avait qu'une valeur sentimentale dans l'arrondissement de Kyé-Ossi, va, dès son ouverture au reste du Cameroun, connaître une valorisation qui l'a placée au centre d'une multitude d'enjeux. Face à cette demande exponentielle d'accessibilité au foncier, les maraîchers ayant adopté des stratégies propices à son maintien vont voir les quantités de leur production s'amoindrir, sans que cela ait un effet négatif sur leur cadre et leur niveau de vie.

Il s'agit en fait d'un résultat mitigé, malgré la sensation positive qu'ont les maraîchers de cet arrondissement, en ce qui concerne leur niveau de vie. Dans le but de parfaire le cadre de vie de ces maraîchers, plusieurs suggestions ont été faites. D'abord, celle d'assurer le suivi, par les agents de maintien de l'ordre, des contrats qui régularisent l'accès des maraîchers à la terre. Ensuite, celle de fournir des équipements susceptibles de stocker et de transformer les produits maraîchers, lors des grandes productions afin d'en réduire les pertes. Enfin, celle d'entretenir et d'améliorer l'offre en infrastructures de transport, dans le souci de minimiser les coûts. L'obtention de ces résultats n'a été possible qu'après avoir défini, au préalable, des hypothèses qui ont été vérifiées à partir des données primaires et secondaires préanalysées par le biais des logiciels tels qu'Excel et SPSS2.

Bibliographie

Abate, R. (2012). *Crise économique et politique de relance de la production vivrière dans l'espace rural d'Ebolowa II*, Mémoire de DIPES II, ENS de Yaoundé, 99 p.

Bernier, X. (1997). *Les mutations des espaces tropicaux dans les pays en voie de développement,* Economica (Collection poche),112 p.

BUCREP (2010). (2005). Rapport de présentation des résultats définitifs, résultats du recensement de 2005 au Cameroun, 67 p. Yaoundé.

Courade, G. (1994). *Le village camerounais à l'heure de l'ajustement,* édition Karthala.

Ela, J., M. (1982). *L'Afrique des villages,* Paris, Karthala, 228 p.

Ella Ba Zambo, A. V. (2015). *Enjeux fonciers et stratégies d'accès à la terre : le cas des maraîchers de l'arrondissement de Kye-Ossi,* Mémoire de DIPESS II en Géographie, ENS de Yaoundé, 98 p.

PNDP (2013). Plan communal de développement (PCD) de Kyo-Ossi.

PNDP (2014). Plan communal de développement (PCD) de Kyé-Ossi.

Tiamiyou, I. (2002*). Notes techniques sur les cultures maraîchères,* FSA/UAC Benin, 58 p.

QUATRIÈME PARTIE :

AGRICULTURE URBAINE ET ATTRACTIVITÉ

Franky Jordann TAGNE et Sylain TCHAGUI analysent les problèmes de transition vers une agriculture maraichère durable, en corrélation avec l'utilisation des intrants chimiques dans les pratiques agricoles. La méthodologie utilisée combine à la fois les données de source documentaire et celles d'enquêtes de terrain. L'approche utilisée est celle par les systèmes alimentaires qui aide à comprendre les liens et à penser les solutions connectées. Les techniques d'enquête choisies ont été les entretiens (18), les focus groups, les questionnaires (110), et les observations. Sur la base de cette méthodologie et des outils utilisés, il en ressort que les raisons de l'utilisation des intrants chimiques et les difficultés rencontrées dans la pratique du maraichage sont un blocus pour une agriculture maraichère viable. 40 % des agriculteurs rencontrés n'ont qu'un niveau primaire, et 12 % sont analphabètes. Cependant, la baisse de la fertilité des terres, la lutte contre les maladies et les ravageurs, les contraintes financières sont les principales raisons de l'utilisation des intrants chimiques. Au regard des dangers liés à l'utilisation de ces produits, il est urgent de mettre sur pied une politique agricole inclusive qui place les maraichers au centre des programmes pour une implémentation effective des modes de production plus durables.

Gérard TCHOUASSI, Moïse GODOM et **Abakar SOULEYMANE** présentent la végétalisation des zones urbaines comme moyen d'atténuation des effets du changement climatique constatés dans certaines villes du Cameroun. Pour y parvenir, nous avons utilisé une méthode d'analyse de synthèses par extraction d'informations. Les auteurs présentent, en premier lieu, les contributions des zones urbaines dans la stimulation des émissions de gaz à effet de serre ; en second lieu, les effets des hausses de température et des irrégularités des pluies dans certaines zones urbaines du Cameroun, comme Yaoundé et Douala ; en troisième lieu, les mesures d'atténuation des effets des éléments du climat, dont l'accent est mis sur la végétalisation, en présentant le rôle essentiel des arbres ou des forêts dans la récupération des carbones compilés de CO2 émis dans l'atmosphère ; et enfin, ils déterminent les différentes stratégies à appliquer pour le reboisement des zones urbaines au Cameroun. Ces stratégies concernent la sensibilisation de la majorité des personnes ignorant l'existence du changement climatique, à travers une communication porte-à-porte dans chaque localité communale, ou encore l'application de la politique du programme « une personne, un arbre » dans des espaces cibles tout en présentant à la population urbaine les avantages escomptés de cette politique.

Jolin TAFELEFACK et Johannas Martial NGANKEU dans ce chapitre, visent à contribuer à l'amélioration des conditions de vie des paysans, fondée sur l'économie autour des gastéropodes en milieu urbain. L'étude s'inscrit donc dans l'axe « Ressources naturelles et développement du capital humain des territoires urbains ». L'étude mobilise l'approche quantitative et qualitative. À partir d'un échantillonnage « boule de neige », les données ont été collectées auprès de 150 personnes pratiquant l'activité. En plus des entretiens semi-structurés (15), deux Focus Groups ont été effectués. La réflexion débouche sur trois résultats principaux : d'abord, l'intérêt des paysans à la cueillette des gastéropodes dans un contexte d'afflux des Personnes déplacées internes (PDI) à Santchou. Ensuite, les acteurs de cette activité sont dominés par les élèves et ces escargots sont commercialisés plus dans la ville de Douala. Enfin, les revenus issus de la vente de ces mollusques améliorent les conditions de vie des pratiquants.

CHAPITRE 14 :

L'AGRICULTURE URBAINE FACE AUX ENJEUX DE DURABILITÉ : UNE ÉTUDE À PARTIR DU MARAICHAGE DANS LES VILLES DE L'OUEST-CAMEROUN

Franky Jordann TAGNE et Sylain TCHAGUI

Résumé

Face aux risques permanents d'insécurité alimentaire, de malnutrition qui pèsent sur les populations africaines et de baisse de production agricole dans les campagnes, l'agriculture urbaine apparaît aujourd'hui comme une voie pour répondre à ces préoccupations. En effet, la forte croissance démographique enregistrée ces dernières décennies en Afrique et la pauvreté ambiante, poussent les citadins à se lancer de plus en plus dans l'agriculture en milieu urbain. Parmi les cultures davantage pratiquées, figure en bonne place le maraicher. Cependant, avec les objectifs de durabilité, le défi n'est plus seulement orienté vers les quantités de production, mais beaucoup plus vers une alimentation saine et la construction des modes de production et de distribution plus durables (Touzard et Fournier, 2015). Seulement, dans les grands bassins de production du maraicher, les pratiques agricoles et agraires sont basées sur des méthodes intensives qui visent à maximiser les rendements, au détriment du respect de la biodiversité et des attentes des consommateurs en matière de qualité des produits (Ghins, 2020).

L'objectif de la présente étude est d'analyser les problèmes de transition vers une agriculture maraichère durable, en corrélation avec l'utilisation des intrants chimiques dans les pratiques agricoles. La méthodologie utilisée combine à la fois les données de source documentaire et celles d'enquêtes de terrain. L'approche utilisée est celle par les systèmes alimentaires qui aide à comprendre les liens et à penser les solutions connectées. Les techniques d'enquête retenues ont été les entretiens (18), les focus groups, les questionnaires (110), et les observations. Sur la base de cette méthodologie et des outils utilisés, il en ressort que les raisons de l'utilisation des intrants chimiques et les difficultés rencontrées dans la pratique du maraichage sont un blocus pour une agriculture maraichère viable. 40 % des agriculteurs rencontrés n'ont qu'un niveau primaire, et 12 % sont analphabètes. Cependant, la baisse de la fertilité des terres, la lutte contre les maladies et les ravageurs, les contraintes financières sont les principales raisons de l'utilisation des intrants chimiques. Au regard des dangers liés à l'utilisation de ces produits, il est urgent de mettre sur pied une politique agricole inclusive qui place les maraichers au centre des programmes pour une implémentation effective des modes de production plus durables.

Mots clés : Intrants chimiques, maraichage, agriculture durable, système alimentaire, Ouest Cameroun.

Abstract

Faced with the permanent risks of food insecurity, malnutrition which weigh on African populations and a decline in agricultural production in the countryside, urban agriculture appears today as a way to respond to these concerns. Indeed, the strong demographic growth recorded in recent decades in Africa and the prevailing poverty are pushing city dwellers to increasingly engage in agriculture in urban areas. Among the most widely practiced crops, market gardening figures prominently. However, with sustainability objectives, the challenge is no longer only oriented towards production quantities, but much more towards healthy eating and the construction of more sustainable production and distribution methods (Touzard and Fournier, 2015). However, in the large market gardening production areas, agricultural and agrarian practices are based on intensive methods which aim to maximize yields, to the detriment of respect for biodiversity and consumer expectations in terms of product quality (Ghins 2020).

The objective of the present study is to analyze the problems of transition towards sustainable market gardening, in correlation with the use of chemical inputs in agricultural practices. The methodology used combines both documentary source data and field survey data. The approach used is that of food systems which helps to understand the links and think about connected solutions. The survey techniques chosen were interviews (18), focus groups, questionnaires (110), and observations. On the basis of this methodology and the tools used, it appears that the reasons for the use of chemical inputs and the difficulties encountered in the practice of market gardening are a blockade for viable market gardening. 40% of the farmers met only have a primary education, and 12% are illiterate. However, decline in land fertility, control of diseases and pests, financial constraints are the main reasons for the use of chemical inputs. Given the dangers linked to the use of these products, it is urgent to establish an inclusive agricultural policy which places market gardener at the center of programs for the effective implementation of more sustainable production methods.

Keywords: *Chemical inputs, market gardening, sustainable agriculture, food system, West Cameroon.*

Introduction

Face à la paupérisation du monde rural, les villes camerounaises accueillent de plus en plus de ruraux entraînant une augmentation du nombre de citadins (AFD, 2021). En 2020, le Cameroun avait l'un des taux d'urbanisation les plus élevés d'Afrique subsaharienne, soit près de 58 % (BAD, 2022). Cette croissance urbaine a comme conséquence, une demande élevée en denrées alimentaires, et ce, dans un contexte de conditions de vie difficile marqué par un taux de chômage élevé et un accroissement de la pauvreté (Essombé Edimo, 2005). Pour répondre à cette équation à plusieurs inconnus, les populations se sont lancées dans la production agricole avec le maraichage comme élément de base. Cependant, cette agriculture est ancrée sur des pratiques moins durables malgré l'attention de plus en plus orientée sur la qualité des denrées alimentaires, même si elle ne concerne qu'une certaine classe de la population.

L'essentiel des travaux consultés pour réaliser la présente étude aborde les difficultés de l'agriculture urbaine, et des solutions pour assurer la durabilité de celle-ci (Rastoin, 2006 ; Lamine et al., 2009 ; Lamine, 2012 et Ahouangninou, 2013). Il n'est point question ici de prétendre étudier un phénomène nouveau bien, que son appréhension par les géographes soit récente et coïncide avec l'émergence de la « nouvelle géographie ». En insistant sur les contraintes, cette réflexion propose des perspectives pour une transition vers la durabilité qui dépend du degré de recomposition des pratiques agronomiques et des dynamiques collectives.

L'objectif est donc d'analyser les problèmes de transition vers une agriculture maraichère durable en corrélation avec l'utilisation des intrants chimiques dans les pratiques agricoles. De cet objectif émerge la question de savoir « *dans quelle mesure les pratiques des maraichers constituent des blocus pour la transition vers une agriculture durable ?* » Au-delà de la question centrale qui sous-tend cette étude se dégagent des questions plus spécifiques, telles que « Quelles sont les contraintes à la pratique de l'agriculture maraichère ? », « Quels sont les facteurs qui freinent le dépassement du modèle agricole prévalent ? », « Dans quelle mesure les bienfaits du modèle conventionnel renforcent sa longévité ? », ou encore « Quelles perspectives pour une agriculture maraichère durable ? ».

L'analyse des possibilités de transition vers une agriculture maraichère durable ne saurait se faire sans une étude préalable des acteurs de la production que sont les maraichers, leurs forces, leurs faiblesses, leurs logiques, ainsi que les stratégies de production. La connaissance de ces déterminants permettrait de mieux appréhender leurs pratiques, ainsi que les possibilités de transition pour approvisionner les populations citadines toujours demandeuses en produits sains.

I. Revue de littérature

La revue de littérature sur les limites du modèle conventionnel de l'agriculture, l'alimentation des villes et la sécurité sanitaire alimentaire et les contraintes de l'agriculture urbaine et périurbaine en Afrique subsaharienne permet non seulement de faire le point sur les connaissances en lien avec le maraichage, mais aussi de positionner la présente recherche dans le domaine des sciences sociales.

1. Limites du modèle conventionnel de l'agriculture

Depuis les deux précédentes décennies, les pays occidentaux font face à des crises qui remettent en cause le système alimentaire prévalent (Leuschel,

2008). Les perspectives de la croissance démographique mondiale, qui annoncent 9 milliards d'habitants sur la planète à l'horizon 2050, ont remis au-devant de la scène le débat sur le rapport entre le nombre de bouches à nourrir et les disponibilités alimentaires. Mais cette question des quantités à produire n'est plus la seule. Deux autres aspects qui avaient été négligés dans le passé, à savoir la protection de l'environnement et la santé humaine, ont changé la donne dans le débat. Ils vont probablement bouleverser la production alimentaire de la chaîne d'approvisionnement ainsi que les habitudes de consommation (Delpeuch, 2007).

Les modes de production agricole et de consommation alimentaire sont dès lors réinterrogés dans des formes et à des degrés variables (Bureau-point et al, 2021). Dans le même sens, Gasselin et al. (2021) pensent que l'agriculture et la production alimentaire ont besoin de toute urgence d'une transition vers une configuration plus en accord avec la nature et la société. Plus loin, Larouche (2018) insiste sur les inégalités sociales dans le modèle de production actuel avec une consommation à profusion au Nord, alors que dans les pays au Sud des personnes ont des carences alimentaires.

2. Alimentation des villes et sécurité sanitaire alimentaire

Il y a eu un changement notable en matière d'alimentation jusque dans les années 1980, les préoccupations ont été axées davantage sur les quantités et ce n'est que les travaux les plus récents qui ont permis la prise en compte de la qualité. Les questions d'alimentation des villes qui se posaient étaient orientées sur la quantité et la compétitivité en termes de prix. En outre, les enjeux sanitaires ne peuvent pas être absents des espaces les plus touchés par l'insécurité alimentaire en tant que privation d'accès à une nourriture suffisante, tant en quantité qu'en qualité nutritionnelle ; mais dans ce contexte, ils passent au second plan (Pulliat 2017). À l'inverse, l'amélioration des conditions de vie des citadins des métropoles émergentes conduit à un effacement de ces questions au profit de celles portant sur la qualité des aliments et leur risque toxicologique.

Les politiques publiques impactant l'alimentation ne sont pas nouvelles. Les pouvoirs municipaux se sont toujours préoccupés de garantir d'une part, un approvisionnement alimentaire régulier et, d'autre part, une qualité sanitaire des aliments pour leur population. Leurs interventions ont pris des formes très variées au cours des siècles jusqu'à ce que les États prennent progressivement le contrôle des politiques alimentaires (Daviron et al, 2017). Depuis quelques années, des gouvernements locaux urbains s'intéressent à nouveau à l'alimentation. Au regard de ces enjeux contrastés, les villes se sont retrouvées face à un nouveau défi. Celui de garantir l'accès à des aliments sans danger, nutritifs et abordables (FAO, 2020). Aujourd'hui leur objectif est de rendre les villes et les systèmes alimentaires durables. Il s'agit donc d'accroître la résilience des systèmes alimentaires urbains et de promouvoir des régimes alimentaires sains, en améliorant les moyens d'existence et le bien-être des populations urbaines et périurbaines.

3. Contraintes au maraîchage urbain et périurbain

L'urbanisation rapide pose surtout des défis d'approvisionnement alimentaire (Bricas et Seck, 2004). Ainsi, pour faire face à ces défis, les citadins se tournent vers l'agriculture urbaine et périurbaine, en particulier le maraîchage qui contribue de plus en plus à l'approvisionnement alimentaire des villes, notamment pour les légumes (Delamarche, 2007 ; Dièye, 2006 ; Koc et Al. 2006 ; Midmore et Jasen 2003).

Cependant, l'accès des maraîchers au foncier urbain pour la culture de leurs spéculations est un problème dans la plupart des pays au sud du Sahara et ceux-ci font des cultures multi sites. En dehors de cette stratégie, les maraîchers font des installations en zones périurbaines (Plateau et al. 1999). En Afrique de l'Ouest, par exemple, l'agriculture maraîchère urbaine connait plusieurs contraintes, comme les risques sanitaires, une faible maîtrise des techniques de production, une marginalisation du secteur dans la répartition des ressources, et une perception négative de celle-ci (Smith, 1999). Ainsi, puisque la production locale était relativement insuffisante, il fallait se tourner vers l'arrière-pays pour combler les besoins en consommation (Zallé, 1999).

Au demeurant, l'essentiel des travaux sur la durabilité du maraichage, et l'utilisation des intrants chimiques à l'ouest Cameroun analysent les impacts de leur utilisation (Tchamadeu et al., 2017 ; Tchékoté et al., 2018). Cependant, ces travaux n'intègrent pas dans leur analyse les perceptions de l'utilisation des intrants chimiques et les verrous de la transition vers la durabilité. Le présent travail interroge donc les représentations de l'utilisation des intrants chimiques et les possibilités de réduction de l'utilisation de ces produits dans le maraichage dans les villes de l'ouest Cameroun, afin de les rendre plus durables.

II. Méthodologie

Pour analyser les problèmes de transition vers une agriculture maraichère durable, en corrélation avec l'utilisation des intrants chimiques dans les pratiques agricoles dans les villes de l'Ouest-Cameroun, une stratégie de vérification basée sur un cadrage méthodologique qui s'organise autour de la collecte de données provenant des observations, des entretiens semi-structurés et une enquête par questionnaire effectuée sur le terrain, entre les mois d'avril et de mai 2023, a été nécessaire. S'agissant des observations directes, elles se sont faites principalement dans trois arrondissements de la région, notamment Penka-Michel, Nkong-Ni et Foumbot.

Ce choix se justifie par la forte propension des citadins de ces unités administratives à exercer l'agriculture et, surtout, le maraichage. En l'absence d'un fichier sur les acteurs impliqués, l'administration du questionnaire a mobilisé la technique d'échantillonnage « par effet boule de neige ». Le matériau empirique est obtenu via 110 questionnaires et un focus group. Par la suite, 18 entretiens semi-directifs auprès des maraichers et commerçants d'intrants chimiques, afin de mieux comprendre leurs différentes perceptions ainsi que leurs logiques d'utilisation des intrants chimiques dans l'agriculture maraichère, ont été réalisés. En outre, ces entretiens ont été étendus auprès du personnel en charge de la gestion des pesticides à la délégation départementale du ministère de l'Agriculture et du Développement rural de la Menoua. Afin d'analyser les actions menées pour la transition vers un maraichage viable. Le complément de ces informations (les données secondaires) s'est fait à travers l'exploitation d'articles et ouvrages scientifiques traitant de l'agriculture urbaine et de ses implications.

L'analyse et le traitement des données collectées à partir des différents outils méthodologiques convoqués, et les données obtenues à la suite de la combinaison des méthodes quantitatives et qualitatives ont permis d'aboutir aux principaux résultats suivants.

III. Résultats et analyse

Les résultats obtenus à l'aide des méthodes présentées s'articulent autour des points suivants : les impacts de l'utilisation des produits chimiques, les points positifs du modèle agricole qui y prévalent, les difficultés de transition vers une agriculture durable, et les perspectives vers une agriculture maraichère durable.

1. Un mode de production avec de multiples impacts

- **Des engrais pour le rendement avec des effets négatifs sur la qualité**

Il existe une diversité d'engrais chimique à l'Ouest-Cameroun. Chaque producteur fait son choix en fonction de la composition chimique, du climat, du type de sol, ainsi que de l'objectif de production. Si les engrais chimiques constituent en général un problème pour la qualité des spéculations, certains le sont encore plus que d'autres. Les engrais foliaires NPK avec des compositions chimiques élevées sont ceux qui permettent aux producteurs de raccourcir le cycle de production des plantes et d'obtenir des rendements élevés. Cependant, ces produits sont des couteaux à double tranchant. En effet, utiliser ces produits c'est renoncer à la durabilité. Car, après récoltes, les productions doivent être vendues et consommées dans un délai de temps très réduit en ce sens que ces cultures se dégradent très vite. En ce qui concerne les pommes de terre, par exemple, ces engrais une fois utilisés n'ont que deux semaines de vie au maximum avant de se dégrader[100]. L'autre revers de l'utilisation de ces intrants est qu'ils ne permettent pas au maraicher de ressortir la semence pour la prochaine campagne. En ce qui concerne le poireau l'engrais foliaire a non seulement un impact sur la durée après récolte, mais également sur la qualité (**Planche 1,** *Infra*).

Planche 1 : Pommes de terre et poireaux illustrant les impacts des engrais foliaires

Source : Enquête de terrain mai 2023

La **Planche 1** montre des pommes de terre pourries, 5 jours après les récoltes à Balessing dans l'arrondissement de Penka-Michel. Ces cultures se dégradent davantage si elles ont été mouillées par les eaux de pluie. Les producteurs qui recourent à ces produits sont généralement dans une logique de marché où les quantités sont plus importantes que la qualité. Par contre, ceux qui n'en utilisent pas sont dans la crainte de voir leurs récoltes se dégrader en cas de problème sur le marché (difficultés de vente). Ces produits sont souvent à l'origine des pertes pour les grossistes ou les revendeurs qui achètent les marchandises pour effectuer de longues distances (Yaoundé, Gabon, Kousseri), et ceux-ci se dégradent en chemin. Ces intrants chimiques constituent donc un problème pour la durabilité du système alimentaire, car ils exigent une consommation immédiate.

- **Augmentation du coût de production**

Avec l'augmentation du prix des produits chimiques au Cameroun et, particulièrement dans les principaux bassins de production de l'Ouest-Cameroun, les maraichers ont dorénavant besoin, pour produire, de deux fois plus de capital utilisé avant pour lancer une campagne. Les intrants agricoles ne sont plus accessibles par tous les maraichers. Ce coût de production réduit considérablement la rémunération des producteurs qui éprouvent des difficultés à rentabiliser leurs activités (**Graphique 1**).

---

[100] Entretien avec Dongmo Delphine, agricultrice dans l'arrondissement de Nkong-Ni en février 2024.

Graphique 1 : Dépenses pour les intrants chimiques pendant une campagne

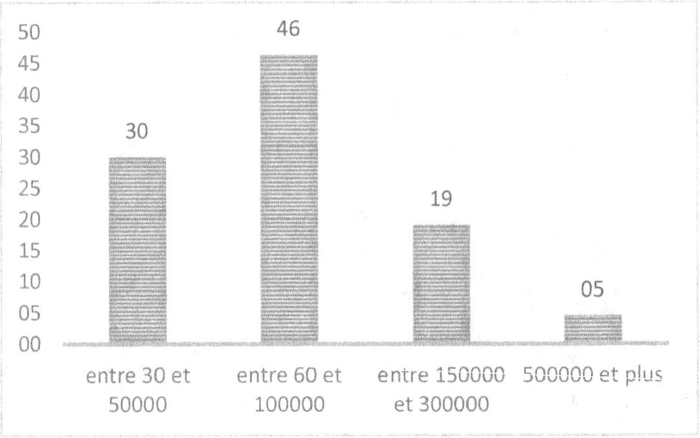

Source : Enquête de terrain mai 2023

Le **Graphique 1** montre que 46,4 % de maraichers dépensent entre 60000 et 100000 FCFA pour l'achat des fertilisants et pesticides. Cette dépense est en corrélation avec le nombre de spéculations cultivées, ainsi que le nombre de parcelles. Une situation qui limite leurs gains engrangés et accentue leur vulnérabilité.

- **Dégradation de la santé des producteurs**

Les maraichers dans l'ensemble ne respectent pas les normes d'utilisation des produits chimiques, et sont pour la plupart exposés à des risques de contamination permanente. Même avec une faible exposition, les pesticides peuvent avoir de graves conséquences sur l'organisme. Ils peuvent, par exemple, provoquer l'infertilité masculine, des cancers, mais aussi atteindre le fœtus pour les femmes enceintes[101]. Les impacts sur la santé varient en fonction du type de pesticide, mais aussi du niveau de toxicité. Au-delà d'avoir des conséquences sur la santé du producteur, l'usage de ces produits impacte également sur la santé des consommateurs. En effet, les résidus de pesticides qui restent dans la plante pourraient altérer la santé des populations. Les producteurs ne maîtrisent pas suffisamment les stratégies de réduction des risques sanitaires et environnementaux liés à l'utilisation des pesticides. La plupart d'entre eux les utilisent sans protection. Leur objectif premier est de parvenir à détruire les ravageurs et les maladies qui attaquent leurs plantes et limitent leurs productions. Ils utilisent habituellement les pesticides qu'ils ont

[101] Propos recueillis auprès de plusieurs agriculteurs rencontrés sur le terrain. Bien qu'il soit difficile pour nous de vérifier ces dires, leur récurrence témoigne tout de même des risques encourus par ces acteurs.

sous la main, pourvu qu'ils arrivent à éliminer les ravageurs et les maladies des cultures. Ce qui les expose à de nombreuses maladies (**Graphique 2**).

Graphique 2 : Impacts des produits chimiques sur la santé des producteurs

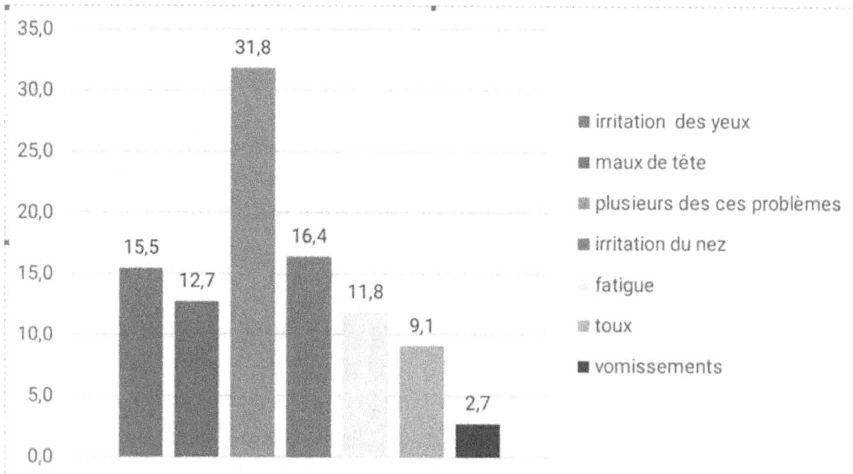

Source *:* Enquête de terrain 2023

On constate, à la lecture du **Graphique 2**, qu'un grand nombre de maraichers souffrent de nombreuses maladies liées à l'utilisation des intrants chimiques. Ces intrants sur le long terme dégradent la santé des maraichers qui sont exposés à des contaminations pouvant conduire à la mort.

- **Une dépendance des sols vis-à-vis des produits chimiques**

Les maraichers justifient leur forte dépendance vis-à-vis des intrants chimiques par la baisse de la fertilité des sols. Celle-ci est visible par une absence de jachère qui permettrait aux sols de se régénérer. Pour certains, un sol laissé en jachère ne permettrait pas de produire tout au long de la campagne. À cela s'ajoute le fait que les sols ont, pendant de longues années, été habitués aux produits chimiques. De sorte qu'ils en ont besoin davantage pour produire chaque année. La demande sur le marché et leur désir de se faire beaucoup d'argent ne leur permettent pas de laisser un sol au repos. L'**encadré 1** illustre les raisons de ce choix.

Encadré 1 : Maraicher expliquant comment la qualité du sol le contraint d'utiliser les engrais

Il y a des années de cela, quand j'étais encore plus jeune, on cultivait les pommes, on ne mettait rien sur ça comme engrais et on avait de bonnes récoltes. Quand nous avons constaté que la production avait baissé et que ce n'était plus comme avant, c'est à ce moment que nous avons commencé à utiliser les engrais et les fientes dans nos champs pour espérer obtenir une meilleure production.

Source : Enquête de terrain 2023

De l'**encadré 1**, il en ressort qu'en dehors de la volonté d'améliorer leur revenu, les sols constituent un facteur qui a permis l'utilisation accentuée des intrants chimiques dans le maraichage. Les sols sont aujourd'hui moins productifs en l'absence des produits de synthèse.

- **L'agriculture conventionnelle : des bienfaits qui assurent sa longévité**

L'utilisation des intrants chimiques dans le maraichage a des points positifs sur le système alimentaire. Par le passé, elle a assuré la transition d'une production agricole basée sur la caféiculture à une production basée sur le maraichage. Les maraichers aujourd'hui produisent jusqu'à trois fois l'an, permettant une disponibilité en quantité des denrées sur le marché.

Aujourd'hui, avec la situation conjoncturelle, les conditions climatiques peu favorables, les sols peu fertiles, ou encore l'utilisation des intrants chimiques par les maraichers ont permis de stabiliser la production. En dépit de ces contraintes, les producteurs n'ont plus, certes, les mêmes niveaux de rendement qu'avant, mais ne connaissent pas une importante diminution de leur production. Avec toutes ces contraintes, ces derniers se sont appuyés sur les intrants chimiques pour maintenir leur production à un niveau pouvant subvenir à leurs besoins. De plus, pour les tâches de nettoyage des terres agricoles et de désherbage des cultures, ils n'ont plus besoin de consacrer plusieurs semaines à ces tâches ni de recruter une main-d'œuvre additionnelle. Les herbicides utilisés allègent la tâche de ces producteurs tout en réduisant leurs dépenses.

Le développement industriel a eu des conséquences indirectes et directes sur l'agriculture et l'alimentation. Le modèle agroindustriel a permis notamment le développement d'une production de masse des denrées alimentaires distribuées à bas prix pour accroître les disponibilités alimentaires. Mais aussi, il a permis à de nombreux pays déficitaires en produits agricoles par rapport aux besoins de la consommation intérieure (les pays sans littoral pour la plupart), d'entrer dans une ère de satisfaction progressive des besoins des populations en produits agricoles.

2. Une volonté de dépasser le modèle conventionnel malgré de nombreuses difficultés

Même si les maraichers manifestent une volonté de dépasser le modèle actuel de production du fait de ses nombreux impacts, ceux-ci font face à de nombreuses difficultés. La transition vers la durabilité est donc plus un souhait qu'une réalité dans ce bassin de production maraichère, et ce, à cause des multiples obstacles qui sont à la fois intrinsèques et extrinsèques aux agriculteurs :

L'érosion et le lessivage des sols dans l'ensemble ajouté à l'absence du couvert végétal sont des problèmes pour l'agriculture maraichère. En saison de pluies, les parcelles ont du mal à retenir les intrants apportés, ceci à cause du ruissellement qui emporte les amendements vers les bas-fonds et dans les rivières (photo 1).

Photo 1 : Des parcelles sur les pentes abruptes

Source : Cliché Tagne, 2023

L'observation de la photo 1 permet de constater que le relief est dominé par les pentes qui accentuent le lessivage des sols. Les engrais versés par les producteurs pour la croissance des plantes se retrouvent acheminés vers la rivière qui traverse la vallée et enrichissent plutôt les parcelles situées dans les bas-fonds les plus encaissés. 46 % de maraichers possèdent des parcelles sur les pentes contre 25 % qui pratiquent leur activité dans les bas-fonds (Figue 3).

Figure 3 : pourcentage de maraichers par site de production

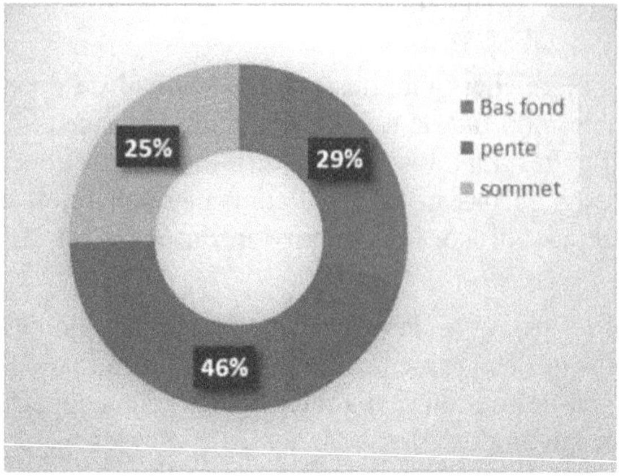

Source : Enquête de terrain mai 2023

Les parcelles de cultures situées dans les bas-fonds sont convoitées et sont plus couteuses par rapport aux autres sites. Il est donc difficile de lancer une initiative d'agriculture biologique dans ces zones, car elles sont exposées aux produits chimiques qui s'écoulent des zones élevées. C'est pourquoi la plupart de ces citadins, en raison de la conjoncture économique, exploitent davantage les pentes (figure 3).

La forte demande et la concurrence des produits conventionnels : Un changement radical dans le volet consommation du système alimentaire serait encore plus efficace. En effet, les producteurs, qui désirent d'abord gagner de l'argent, produisent en fonction de la demande des consommateurs. De ce fait, les intrants sont le seul moyen pour les maraichers de gagner assez d'argent pour les prochaines campagnes tout en satisfaisant la demande. La planche 2 illustre les maraichers en période de traitement phytosanitaire.

Planche 2 : Des maraichers manipulant les intrants chimiques

Source : Cliché Tagne 2023

L'observation de la planche 2 permet de s'apercevoir des différentes manipulations effectuées par les maraichers sur les produits de synthèse. Ces derniers font abstraction des dangers que peuvent causer ces intrants chimiques. S'ils ne font pas très attention des impacts que peuvent avoir ces produits sur leur propre santé, il est clair qu'ils ne tiennent pas suffisamment compte de ce qui peut arriver à un consommateur lambda qui consomme cette denrée.

La dégradation progressive des sols : Si, pendant longtemps, on associait la couleur de la terre à la fertilité, aujourd'hui, les maraichers de ces bassins de production ne partagent plus cet avis. Ces derniers justifient leur forte dépendance vis-à-vis des intrants chimiques par l'infertilité des sols. Cette infertilité est justifiée selon eux par l'utilisation excessive des sols et donc une absence de jachère qui permettrait à ces sols de se régénérer.

Les caprices climatiques : Depuis quelques décennies, le climat est devenu encore plus instable dans le monde et en particulier au Cameroun. Cette instabilité est devenue un défi majeur pour les producteurs maraichers à l'ouest Cameroun, dont le calendrier agricole est aujourd'hui modifié. Pour donc rattraper ce retard dans le cycle de la plante, les maraichers font recours à plus d'engrais afin de faire une remise à niveau et aux pesticides pour lutter contre toutes menaces susceptibles de détruire ou de ralentir la croissance des plantes. La photo 2 illustre une plantation de poireaux qui souffre de l'absence des pluies.

Photo 2 : parcelle de poireaux de 5 mois

Source : Enquête de terrain mai 2023

La photo 2 illustre des poireaux de 5 mois (3 mois à la pépinière et 2 mois après le semis) qui devaient déjà être à un stade de croissance plus avancé. Malheureusement, la rareté des pluies a eu raison de leur développement. Pour une croissance plus accélérée, ces plantes nécessitent plus d'intrants.

L'absence de marchés des produits biologiques : Certes le circuit du bio existe dans le département de la Menoua et du Noun, celui-ci n'est pas encore développé sur les pentes méridionales des monts Bamboutos et particulièrement à Bafou Nord. Les maraichers renfermés sur leur territoire de production n'ont pas connaissance de l'existence d'un marché de bio du fait de l'absence dans la localité.

Un faible niveau de scolarisation : les maraichers n'ont pas tous le même niveau scolaire. Cette différence de niveau scolaire explique les différences de pratique dans le maraichage. Les maraichers de Bafou, pour la plupart, héritent le maraichage de leurs parents et, pour eux, nul besoin de faire une formation pour le pratiquer. Le maraichage est porté par une population très jeune. Que ce soit en nombre de parcelles ou d'hectares, les populations de moins de 40 ans dominent. Ceux-ci, majoritairement, pratiquent des activités secondaires pour pouvoir soutenir leur production maraichère et avoir assez de moyens pour acheter les intrants agricoles, incontournables dans le maraichage. Par contre, les maraichers les plus âgés n'exercent que cette activité. Les perceptions dans les pratiques diffèrent entre les deux grands groupes d'âge (**figure 4**).

Figure 4 : Niveau d'étude des maraichers

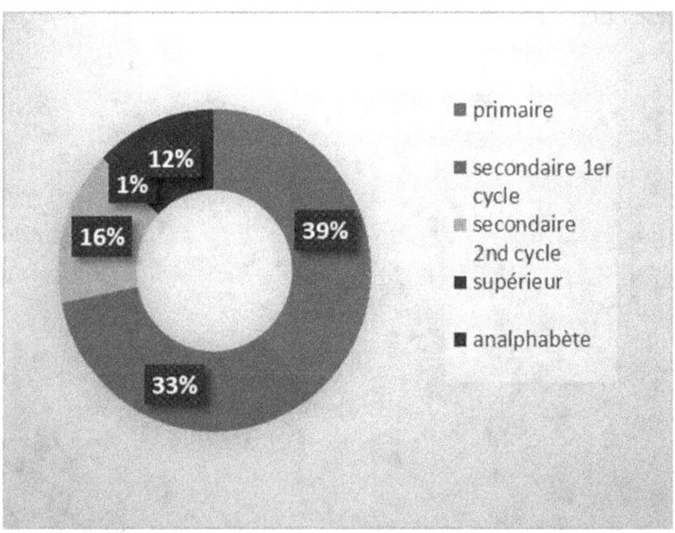

Source : Enquête de terrain mai 2023

La figure 4 montre un nombre important de producteurs analphabète (33 %). Majoritairement sans formation dans la pratique de l'agriculture, les maraichers pratiquent cette activité avec des connaissances transmises par leurs ascendants. Avec un niveau d'étude relativement bas, la plupart des agriculteurs n'ont pas connaissance des enjeux de durabilité dans la production agricole.

Les perceptions de l'agriculture biologique par les producteurs : les agriculteurs ne voient pas en l'agriculture biologique l'assurance de leur rémunération. Le cycle de production des cultures est plus long sans produits chimiques. Même si l'agriculture biologique est l'alternative qui coexiste avec l'agriculture conventionnelle, celle-ci est tout de même questionnée et le débat se situe entre le respect des normes de base et un assouplissement des règles pour atteindre une production qui satisfait la demande. Avec les attaques biologiques de plus en plus présentes, les maraichers trouvent difficile un maraichage sans produits chimiques (Encadré 2)

Encadré 2 : maraicher expliquant la difficulté de produire sans intrants chimiques

On ne peut pas faire le bio ici, car le rendement est trop faible et il n'y a pas de marché pour les produits bio. Puisqu'avant de produire bio, il faut chercher le marché où tu iras vendre là-bas à leur prix parce que, si tu fais le bio ici et tu pars sur le marché local, on va acheter au même prix voir plus bas que les produits avec les engrais chimiques. Et les maladies qui attaquent les plantes, tu vas faire comment ? Tu fais le bio sur une parcelle de 5 m² et avec les engrais chimiques sur la même superficie, tu récolteras 5 fois plus qu'avec les intrants bio et tout ça pour vendre au même prix. Ça serait tourné dans les pertes !

Source : Enquête de terrain mai 2023

L'Encadré 2 montre que la transition vers la durabilité est un véritable défi à relever, et ceci à cause de l'absence d'une véritable alternative à l'agriculture conventionnelle capable de répondre à la demande croissante tout en améliorant les conditions de vie des producteurs. L'agriculture biologique est donc un « palliatif » qui présente de nombreuses limites.

IV. Discussion

Les résultats de la présente étude montrent qu'il est difficile d'importer un modèle agricole dans les villes de l'Ouest, puisque ce dernier est une réponse aux conditions locales (infertilité des sols, attaques biologiques, etc.) et à la demande du marché. Ces résultats sont également similaires à ceux de Kanda et al, (2014), Siyapdje (2017).

De même, les résultats de ce travail montrent que certaines pratiques (utilisation des intrants chimiques) sont encrées au territoire et ne peuvent être remplacées sans de réelles alternatives qui puissent répondre aux exigences du milieu. Ce résultat est soutenu par celui de Tagne (2023). Ce dernier, dans ses travaux, montre que la transition vers une agriculture biologique doit se faire avec le concours de tous les acteurs de la chaîne. Cependant, les modes de production engendrent de multiples impacts sur la qualité des spéculations, la santé des producteurs, la qualité des sols. Un résultat auquel sont également parvenus Kanda et al., (2009). Ces derniers montrent que, malgré les multiples difficultés enregistrées, le mode de production actuel permet une production de masse avec des prix accessibles à toutes les catégories sociales. Un résultat quasi similaire à ceux de Rastoin (2006) et Touzard et Fournier (2015). Mais qui s'éloignent de ceux de Tchagui et Ndoki (2024). Ces derniers montrent que les difficultés auxquels font face les agriculteurs dans les régions de l'Extrême-Nord et de l'Ouest, bien qu'elles aient un impact sur la production agricole, ne constituent pas un frein majeur à la pratique de leur activité. Les agriculteurs, depuis des décennies, en effet, ont développé des savoir-faire qui leur permettent de juguler ces obstacles, comme l'adoption de la polyculture et des arbres fruitiers dans leurs plantations.

En ce qui a trait à la conversion vers une agriculture maraîchère durable, il est ardu de changer de modèle agricole sans considérer une étape intermédiaire. Cette étape consisterait à adoucir les règles de la durabilité pour s'adapter aux contraintes de production et aux besoins alimentaires. C'est également le résultat obtenu par Lamine et al., (2009) et Lamine (2012) lorsqu'ils analysent une potentielle voie de transition « intermédiaire ». Cependant, ces résultats s'éloignent de ceux de Bayiha et al. (2019) qui, pour atteindre cet objectif, présentent trois formes d'agriculture biologique présentes au Cameroun (L'agriculture biologique certifiée, L'agriculture biologique hybride, L'agriculture biologique naturelle). Mais ce dernier précise que ces types font ressortir de manière générale un environnement peu favorable pour le développement de l'agriculture biologique au Cameroun, du fait d'un manque de fédéralisme entre les acteurs impliqués dans l'agriculture biologique et de l'absence de législation qui en est le corollaire.

Les résultats obtenus dans la présente étude rejoignent également ceux d'Ahouangninou (2013). Cet auteur préconise de renforcer l'encadrement technique des producteurs, de multiplier les séances de formation et de mettre en place des moyens efficaces et durables de lutte contre les nuisibles des cultures maraîchères. Cela devrait permettre d'améliorer leur efficacité et de maximiser leurs profits. Les travaux d'Ouédraogo et al. (2020) montrent plutôt que le choix d'un mode de production durable nécessite des préalables en matière d'accès aux ressources et aux moyens de production, notamment à la terre, qui semble constituer le principal obstacle. Cependant, le développement de l'agriculture maraichère dans un contexte de croissance démographique et urbaine pose un véritable dilemme quant aux questions de durabilité. La mise en place d'une agriculture plus respectueuse de l'environnement serait un véritable casse-tête, compte tenu des nombreuses difficultés rencontrées par les maraichers dans l'exercice de leur métier. Il est important de faire participer les paysans à la prise des décisions qui concernent leur territoire et qui les affectent. Il s'agit cependant pour eux non pas de gérer les affaires administratives ou le bassin agricole, mais d'aider le ministère en charge de l'agriculture à mieux les gérer. C'est également un résultat auquel Ondoa Manga (2006) est parvenu lorsqu'il analysait les politiques agricoles mises en œuvre au Cameroun depuis 1960.

V. Perspectives et recommandations pour une agriculture maraichère durable

Au regard des difficultés rencontrées par les maraichers pour une transition vers des pratiques durables dans l'agriculture maraichère, plusieurs mesures peuvent être envisagées. La première consisterait à mettre sur pied une politique agricole inclusive. En effet, il a été constaté que les programmes agricoles ne répondent pas très souvent aux besoins des maraichers. Il est question de faire participer les paysans à la prise des décisions qui concernent leur territoire et qui les affectent. Il s'agit cependant pour ces derniers non pas de gérer les affaires administratives ou le bassin agricole, mais d'aider le ministère en charge de l'agriculture à mieux les gérer. Ainsi, des programmes mis sur pied pour soutenir la production dans les bassins agricoles pourront parvenir aux producteurs et avoir de réels impacts.

L'autre mesure à mettre en place est l'intensification de la présence de l'État à travers l'assistance technique et financière (Tchagui et Pessetve, 2023). En effet, les agents de contact avec les maraichers presque inexistants sont nécessaires pour implémenter les programmes publics et même privés d'assistance dans la zone de production de Bafou. Pour la gestion durable des ressources naturelles, qui consiste à organiser et encourager les initiatives tant étatiques que privées, individuelles ou communautaires, en faveur d'un développement durable soucieux de la préservation de l'environnement. Il sera important de faire fonctionner à nouveau les postes agricoles aujourd'hui presque inexistants et les doter des moyens supplémentaires pour être davantage efficace. Au Cameroun, seulement 4 % du budget est alloué au secteur agricole. Pour apporter des solutions à ce problème, il faudrait injecter davantage de fonds dans la production pour soutenir la transition vers une agriculture durable. Il est question ici de financer les initiatives de durabilité à savoir : le développement des biofertilisants, les projets de restauration des sols. Mais il faut reconnaître que les bios pesticides ont des coûts très élevés.

Par la suite, des solutions sur les problèmes fonciers sont essentielles. En effet les modalités actuelles d'accès aux terres cultivables, et le faible recours aux techniques innovantes obligent un grand nombre d'agriculteurs, surtout parmi les grands exploitants, à pratiquer une agriculture nomade : ce qui les contraint à l'utilisation intensive des fertilisants chimiques. Il est donc nécessaire de réfléchir sur les conditions équitables d'accès aux ressources foncières et, également, aider les femmes à détenir les grandes parcelles de cultures, au même titre que les hommes, et à être bien représentées dans la catégorie de grands producteurs.

Par ailleurs, créer des marchés spécifiques à la vente des produits « bio ». Certes, il existe quelques circuits de commercialisation des produits sans intrants chimiques, ceux-ci sont encore à l'état embryonnaire et ne couvre pas des zones assez étendues. Il faudrait donc encourager un développement et la multiplication de ces circuits afin d'inciter ces producteurs urbains à se lancer dans l'agriculture biologique. L'accent mis sur la qualité organoleptique par les consommateurs ne favorise pas la vente des denrées « bio » dans les marchés classiques à cause de leur faible poids face aux denrées produites de manière conventionnelle. Cependant, la transition vers des formes d'agriculture devrait être progressive au risque de ne pas satisfaire la demande alimentaire et en particulier urbaine. Le tableau 1 propose une analyse SWOT de transition vers une agriculture maraichère durable.

Tableau 2 : Matrice SWOT de la transition vers une agriculture maraichère durable

Forces	Faiblesses
- Présence de quelques initiatives biologiques - Les impacts de plus en plus croissants de l'agriculture conventionnelle - La cherté des intrants chimiques	- Manque de terre - Baisse de la fertilité des sols - Variabilité climatique - Présence d'une multitude de ravageurs - Absence de marché de bio
Opportunités	**Menaces**
- Pratique de l'agriculture bio - Présence des structures exerçant dans le bio (GADD) - Présence d'institutions en agronomie (IRAD, FASA de l'université de Dschang)	- Agriculture à fort usage de produits chimiques à Foumbot - Faible demande des consommateurs urbains pour les produits biologiques - Cherté des produits bio et faible coût des produits conventionnels

Source : Tagne mai 2023

Le tableau 1 montre que, même si la transition vers la durabilité des modes de production possède des avantages, les raisons qui motivent la pratique de l'agriculture conventionnelle dans ces bassins maraîchers constituent des obstacles à son changement.

Conclusion

Au terme de cette étude sur l'analyse des problèmes de transition vers une agriculture maraichère durable en corrélation avec l'utilisation des intrants chimiques dans les pratiques à Bafou, il ressort que ceux-ci sont majoritairement liés aux bienfaits du modèle agricole prévalent. Les résultats révèlent que la pratique de l'agriculture maraichère à l'Ouest-Cameroun est sujette à de nombreuses difficultés, notamment dans la commercialisation, la cherté et la mauvaise qualité des semences, le difficile accès à l'eau ainsi que le déficit de voies de communication qui renforcent l'utilisation des pratiques agricoles peu durables. De ce fait, les facteurs bloquant une transition vers la durabilité ne sont qu'une réponse aux contraintes du territoire et sont à la fois propres et externes aux maraichers. Cependant, il est nécessaire de mettre sur pieds de multiples régulations afin d'atteindre une forme d'agriculture plus au moins intermédiaire entre le modèle conventionnel et le modèle durable de production.

Bibliographie

Ahouangninou C. (2013), Durabilité de la production maraîchère au Sud Bénin : un essai de l''approche éco systémique. Cotonou : UAC, Thèse de doctorat : Gestion de l''environnement. Environnement, santé et développement durable : Université d''Abomey- Calavi ; 349 p.

Bayiha, G. D. L. P., Temple, L., Mathe, S., & Nesme, T. (2019), *Typologie et perspective d'évolution de l'agriculture biologique au Cameroun.* Cahiers Agricultures.

Bricas, N., & Seck, P. A. (2004). L'alimentation des villes du Sud : les raisons de craindre et d'espérer. *Cahiers Agricultures*, *13*(1), 10-14.

Bureau, E., Barthélémy, C., Demeulenaere, E., Doudou, D. T., & Thivet, D. (2021). Les mondes agricoles face au problème des pesticides. Compromis, ajustements et négociations [dossier thématique]. *VertigO : La Revue Électronique en Sciences de l'Environnement*, *21*(3).

Delpeuch, B. M. F. (2004). La transition nutritionnelle, l'alimentation et les villes dans les pays en développement. *Cahiers agricultures*, *13*(1), 23-30.

Essombè Edimo, J. R. (2005). Le développement territorialisé à Douala : fondements et repérage des modalités institutionnelles d'une dynamique nouvelle. *Monde en développement*, *33*(2), 111-130.

Fournier Stéphane et Touzard Jean-Marc Touzard (2014), « La complexité des systèmes alimentaires : un atout pour la sécurité alimentaire ? » https://doi.org/10.4000/vertigo.14840 Volume 14 Numéro 1 | mai 2014, Des systèmes alimentaires articulés et transversaux pour une sécurité alimentaire ;

Gasselin, P., Lardon, S., Cerdan, C., Loudiyi, S., Sautier, D., & Van der Ploeg, J. D. (2021). *Coexistence et confrontation des modèles agricoles et alimentaires* (p. 396). Éditions Quae.

Kanda, M., Akpavi, S., Wala, K., Djaneye-Boundjou, G., & Akpagana, K. (2014), « Diversité des espèces cultivées et contraintes à la production en agriculture maraîchère au Togo ». International Journal of Biological and Chemical Sciences, 8(1), pp.115-127.

Kanda, M., Wala, K., Batawila, K., Djaneye-Boundjou, G., Ahanchedé, A., & Akpagana, K. (2009), « Le maraîchage périurbain à Lomé : pratiques culturales, risques sanitaires et dynamiques spatiales », Cahiers Agricultures, 18 ((4), 356–363 (1). https://doi.org/10.1684/agr.2009.0319 Leonel Vilain et al., 2008 Évaluation de la durabilité des exploitations agricoles ;

Lamine C. (2012), « Changer de système : une analyse des transitions vers l'agriculture biologique à l'échelle des systèmes agri alimentaires territoriaux ». Terrains & travaux 20(1) : 139–156.

Lamine, C., Meynard, J. M., Perrot, N., & Bellon, S. (2009), « Analyse des formes de transition vers des agricultures plus écologiques : les cas de l'Agriculture biologique et de la Protection intégrée ». *Innovations agronomiques*, *4*(4), pp.483-493.

Ondoa, M. T. (2006), Analyse des politiques agricoles mises en œuvre au Cameroun depuis 1960. *Document de travail, OCDE.*

Ouédraogo, F. Konkobo, M. K., & Kestemont, M. P. (2020), *Dynamique foncière et transition agro écologique : quels enjeux pour la durabilité du maraîchage à l'ouest du Burkina Faso ? (Cas de la Province du Houet)*. Réflexions sur le développement durable en Afrique : Sous l'angle des lettres et des sciences humaines et sociales, 219 pages.

Pulliat, G. (2017). Métropoles émergentes et alimentation : Une lecture croisée. *Information géographique*, (3), 54-74.

Rastoin, J. L. (2006), « Le système alimentaire mondial est-il soluble dans le développement durable ». Unité mixte de recherche MOISA, working paper, pp.5-15.

Siyapdje, E. (2017), Pratiques phytosanitaires paysannes et problématique de l'amélioration des conditions de vie des ménages ruraux de la localité de BAFOU-NORD (Ouest Cameroun).

Tagne, F. (2023). Utilisation des intrants chimiques dans le maraichage et durabilité des systèmes alimentaires à Bafou-Nord, Mémoire de Master en géographie, Université de Dschang.

Tchagui, S., & Ndoki, D, (2024). « L'économie locale des campagnes septentrionales à l'épreuve de la variabilité climatique : une analyse à partir des cas de Darak et Kousséri dans l'Extrême-Nord Cameroun ». Communication au colloque sur les changements climatiques et leurs impacts sur la sécurité alimentaire en Afrique tenu à Ndjamena au Tchad du 2 au 4 mars 2024 à L'université Roi Fayçal du Tchad en partenariat avec la Ligue des Universités Islamiques.

Tchagui, S., & Pessetve, A.C, (2023). « Crise économique et mutations des campagnes au Cameroun : analyse à partir des régions de l'Extrême-Nord et de L'Ouest », In *L'homme, l'espace et le développement en Afrique subsaharienne,* Volume 3 Mutations des systèmes de production agricole à l'œuvre dans les campagnes d'Afrique subsaharienne, Édition Connaissances et savoirs, pp. 245-276.

Tchamadeu, N. N., Nkontcheu, D., & Nana, E. D. (2017). Évaluation des facteurs de risques environnementaux liés à la mauvaise utilisation des pesticides par les maraîchers au Cameroun : le cas de Balessing à l'ouest Cameroun. *Afrique science, 13*(1), 91-100.

Tchékoté, H., Melachio, M. N., & Siyapdje, E. C. (2018). Appropriation foncière, pratiques agricoles et enjeux environnementaux à Bafou-Nord dans les monts Bamboutos (Ouest Cameroun). *Belgeo. Revue belge de géographie*, (2).

Touzard J-M, Touzard & Fournier S, (2015), « La complexité des systèmes alimentaires : un atout pour la sécurité alimentaire ? », in article of the journal VertigO Volume 14, Number 1, May 2014, Online publication : Jan. 7, 2015 Des systèmes.

Zallé, D. (1999). Stratégies politiques pour l'agriculture urbaine, rôle et responsabilité des autorités communales : le cas du Mali. In *Urban agriculture in West Africa: contributing to food security and urban sanitation, une contribution à la sécurité alimentaire et à l'assainissement des villes*. CRDI, Ottawa, ON, CA.

CHAPITRE 15 :

VÉGÉTALISATION URBAINE COMME MOYEN D'ATTÉNUATION DES EFFETS DU CHANGEMENT CLIMATIQUE AU CAMEROUN

Gérard TCHOUASSI, Moïse GODOM et Abakar SOULEYMANE

Résumé

L'objectif de ce chapitre est de présenter la végétalisation des zones urbaines comme moyen d'atténuation des effets du changement climatique constatés dans certaines villes du Cameroun. Pour y parvenir, nous avons utilisé une méthode d'analyse de synthèses par extraction d'informations. Ainsi, nous présentons, en premier lieu, les contributions des zones urbaines à l'augmentation des émissions de gaz à effet de serre. En second lieu, nous examinons les effets des hausses de température et des irrégularités des pluies dans certaines zones urbaines du Cameroun, comme Yaoundé et Douala. En troisième lieu, nous abordons les mesures d'atténuation des effets des éléments du climat, en mettant l'accent sur l'importance de la végétalisation, en présentant le rôle crucial des arbres et des forêts dans la récupération des carbones compilés de CO2 dans l'atmosphère. Enfin, nous déterminons les différentes stratégies à appliquer pour le reboisement des zones urbaines au Cameroun.

Ces stratégies concernent la sensibilisation de la majorité des personnes ignorant l'existence du changement climatique, à travers une communication porte-à-porte dans chaque localité communale, ou encore l'application de la politique du programme « une personne, un arbre » dans des espaces cibles tout en présentant à la population urbaine les avantages escomptés de cette politique.

Mots clés : Végétalisation, zones urbaines, atténuation, changement climatique, Cameroun

Abstract

The objective of this chapter is to present the revegetation of urban areas as a means of mitigating the effects of climate change observed in certain cities in Cameroon. To achieve this, we used a method of analyzing summaries by extracting information. We therefore present, firstly, the contributions of urban areas in stimulating greenhouse gas emissions; secondly, the effects of heat via temperature increases and rainfall irregularities observed in certain urban areas of Cameroon such as Yaoundé and Douala; thirdly, measures to mitigate the effects of climate elements, the emphasis being placed on revegetation by presenting the essential role of trees or forests in the recovery of carbons compiled from CO2 emitted into the atmosphere and finally determining the different strategies to apply for the reforestation of urban areas in Cameroon.

These strategies concern raising awareness among the majority of people unaware of the existence of climate change, through door-to-door communication in each municipal locality, or the application of the policy of the "one person, one tree" program in spaces - target while presenting to the urban population the expected benefits of this policy.

Keywords: *Revegetation, urban areas, mitigation, climate change*

Introduction

Le changement climatique est devenu une préoccupation mondiale, qui est partout ailleurs évoquée comme un phénomène représentant un danger pour toute population en passant par plusieurs canaux. Il se manifeste par les variations non maîtrisées des pluies, l'augmentation des écarts de températures au cours d'une saison et la fréquence des phénomènes météorologiques extrêmes, tels que les sécheresses, les inondations, la prolifération d'insectes nuisibles, la perturbation de la biodiversité, la disparition de certaines espèces animales et/ou végétales (GIEC, 2007 ; FAO, 2013 ; GIEC, 2015 ; GIEC, 2022). Lorsqu'on évoque les causes du changement climatique, on fait tout d'abord référence à la théorie astronomique de Milankovitch expliquant le changement climatique de manière naturelle. C'est d'ailleurs la raison pour laquelle certains travaux de recherche prennent en compte cette théorie et montrent, en allant plus loin, que le réchauffement du climat est principalement causé par l'accroissement atmosphérique des gaz à effet de serre (GES), comme le dioxyde de carbone (CO_2), le méthane (CH_4) et le protoxyde d'azote (N_2O). Ces GES d'origine anthropique renforcent l'effet de serre naturel (Seguin et Soussana, 2006 ; GIEC, 2015, *op. cit.*).

C'est justement pour cette considération des causes que le changement climatique est appréhendé par les experts du GIEC comme une modification globale et continue des caractéristiques climatiques et météorologiques de la Terre due aux émissions anthropiques des gaz à effet de serre. Les actions anthropiques qui renforcent les gaz à effet de serre ont été clamées pour la première fois en 1896 par un chimiste suédois, Svante Arrhenius. Celui-ci a déclaré que la combustion généralisée du charbon avait pour conséquence une augmentation du réchauffement global via la concentration de CO_2 dans l'atmosphère. Dans les domaines forestiers et agricoles, la littérature retient que la déforestation abusive pour les besoins des bois et des pratiques agricoles est la cause principale de l'augmentation des gaz à effet de serre dans l'atmosphère.

Dans le domaine de l'urbanisation, les travaux ont montré que les aménagements infrastructuraux et l'augmentation de la population mettant la pression sur le processus d'urbanisation, via la prolifération des villes, ont tendance à faire disparaître les forêts et, par ricochet, renforcent le changement climatique. Lorsque Essombè Edimo (2007 a) déclare, en parlant des villes : « Une dilatation par processus ségrégatifs qui distribue, en même temps qu'elle dilue, la centralité de celles-ci », cela voudrait expliquer les constats de Courlet (2004) indiquant que les villes évoluent, se développent, s'étalent et se déploient au-delà de leurs frontières initiales pour s'ajuster aux spécificités des besoins des populations urbaines. Ce qui signifie que les territoires urbains, suivant ces dynamiques, ont l'obligation automatisée de prolonger leurs limites géographiques, au point de violer celles appartenant aux territoires ruraux sans avoir une évolution certifiée de degré de ce prolongement. Ceci induit, par conséquent, l'apparition de nouveaux territoires ayant des propriétés nouvelles, voire même méconnues, comme les territoires périurbains en faisant disparaître des zones forestières. Cependant, les forêts jouent un rôle primordial dans l'établissement de l'équilibre climatique en constituant une réserve de stockage de carbone (FAO, 2022). Le processus d'urbanisation et/ou la multiplication des villes font donc partie des causes du changement climatique, en plus des activités industrielles, énergétiques et agricoles. C'est ainsi que le rapport mondial 2011 sur les établissements humains destinés aux gouvernements, sur les questions de développement urbain et de changement climatique, montre, à travers ses principales conclusions, que la proportion des émissions de gaz à effet de serre générées par les actions anthropiques dans les villes pourrait se situer entre 40 et 70 % des émissions globales. Bien que ce rapport ait pris la peine de préciser qu'il est impossible de donner des chiffres concrets sur le niveau des émissions urbaines, considérant qu'il n'existe aucune méthode mondiale pour en déterminer l'ampleur et d'inventorier les émissions de GES. Mais il faut relever empiriquement que les villes reçoivent de plus en plus les mêmes élévations de température qu'au niveau rural.

Au Cameroun, les vérifications actuelles montrent que, durant ces dix dernières années, toutes les villes ont connu une élévation excessive de la température, de manière uniforme. Cela est particulièrement vrai pendant les mois de mars. On observe aussi de plus en plus d'irrégularités des saisons pluviométriques, avec des pluies imprévues en février dans certaines villes du sud, comme Yaoundé et Douala, par rapport aux vingt années précédentes. Les constats sont faits dans les zones rurales et urbaines du Grand Nord du Cameroun, où les manifestations du changement climatique sont restées depuis longtemps dans la mode effective et ont eu des effets déplorables sur les cultures agricoles (Devèze, 2006 ; Mpabè Bodjongo, 2021 ; Godom et Numba, 2023). Les effets du changement climatique sur le court et le long terme, ainsi que leurs interactions avec la riziculture au Cameroun, sont largement débattus dans certaines études (Godom et Tchouassi, 2024 ; Godom et Noumba, 2024). C'est pour cette raison que les études se sont intéressées à la résilience des agriculteurs face aux effets du changement climatique (Godom et Tchouassi, 2023). Malgré ces travaux sur les effets et les résiliences, face au changement climatique, aucun de ces travaux ne s'est intéressé aux moyens de résilience ou d'atténuation des effets du changement climatique dans les zones urbaines au Cameroun, vu les manifestations réelles observées en leur sein. Mais il faut préciser qu'en menant l'étude sur les politiques d'adaptation et d'atténuation au Cameroun face aux vulnérabilités des chocs climatiques, Kengoum et Tiani (2013) ont montré à partir des revues des littératures que le Cameroun ne disposait encore d'aucune stratégie d'attestation et d'atténuation des effets du changement climatique. Mais ces auteurs ont constaté néanmoins que l'attention a davantage été portée sur l'atténuation que sur l'adaptation.

Le présent chapitre va donc s'intéresser aux mesures (ou actions) à mener pour atténuer les effets du changement climatique observés dans les zones urbaines au Cameroun. Pour atteindre cet intérêt, la suite de cette étude va s'appesantir sur (I) la revue de littérature, en présentant premièrement les contributions des zones urbaines au changement climatique, en insistant aux effectivités constatées au Cameroun et, deuxièmement, sur la présentation des zones urbaines camerounaises comme victimes des effets du changement climatique ; (II) la présentation de la méthodologie d'étude en insistant sur le choix de deux villes à forte agglomération (Yaoundé et Douala) ; (III) les résultats, en précisant les différentes mesures d'adaptation ou d'atténuation du changement climatique dans les zones urbaines, donc les orientations sont plus rivées vers la végétalisation urbaine et, enfin (IV) les discussions et les recommandations, en précisant les stratégies de végétalisation urbaine au Cameroun.

I. Revue de littérature

1. Contributions des zones urbaines au changement climatique : effectivités constatées au Cameroun

Si, pour le GIEC, le changement climatique est l'émanation des émissions excessives des Gaz à effet de serre par les actions anthropiques humaines, les zones urbaines font partie des acteurs principaux de ces émissions. Ces zones urbaines contribuent majoritairement aux émissions des GES par l'utilisation de combustibles fossiles dans le but de s'approvisionner en énergies (électricité), pour les transports et les fonctionnements industriels. Selon le rapport mondial pour les établissements humains (2011), la production d'énergie représente environ 26 % des émissions mondiales de GES, dont la principale source est l'utilisation de combustibles fossiles, employés partout pour la production d'électricité, le chauffage, la climatisation, la cuisine, les transports et la production industrielle. Dans les pays dont la production électrique se fait principalement à partir du charbon, on peut observer une double action d'émission. En effet, la production initiale du charbon implique la déforestation, qui constitue une source du changement climatique, et sa combustion pour produire de l'énergie ou de l'électricité génère une autre forme d'émission de gaz à effet de serre, comme le CO_2, qui se concentre dans l'atmosphère, ce qui entraîne un réchauffement global. Ce phénomène a été dénoncé dès 1896 par Svante Arrhenius. Pour Rob Jones (2016), les infrastructures, telles que les centrales électriques, les immeubles d'habitation et les bâtiments commerciaux dans les zones urbaines, représentent plus du tiers, c'est-à-dire de 36,5 % des émissions mondiales.

Selon les études présentées dans la communication nationale initiale de 1997 au Cameroun, les principaux gaz à effet de serre émis sont, entre autres, le dioxyde de carbone (CO_2), le méthane (CH_4) et le protoxyde d'azote (N_2O). Le **Graphique 1** présente les pourcentages d'émissions des GES au Cameroun en prenant pour référence l'année 1994.

Graphique 1 : Pourcentage d'émission des GES au Cameroun en 1994

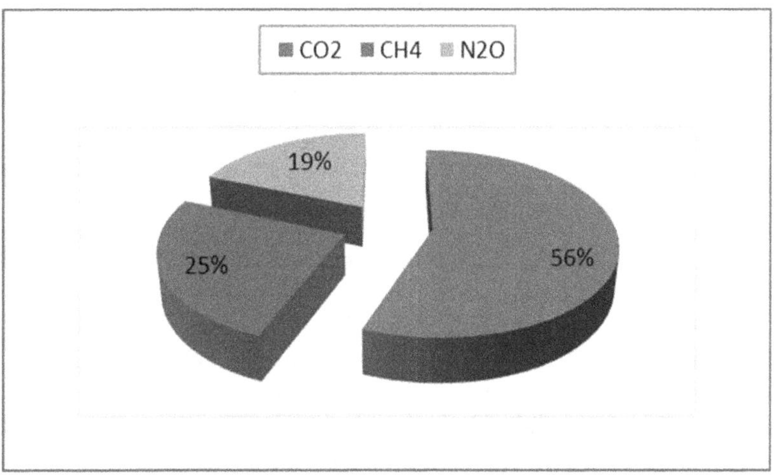

Source : Auteurs ; Manupulation des données de CNI Cameroun (1997)

Le **Graphique 1** montre que les émissions de CO_2 durant l'année de référence 1994 au Cameroun sont majoritaires à hauteur de 56 %, celles de méthane sont de l'ordre de 25 %, alors que celles de protoxyde d'azote sont de 19 %. Ces émissions sont expliquées par une forte contribution des utilisations et de changement d'affectation des terres et des forêts (UCATF), qui représentent un secteur-clé dans les émissions des GES dans les zones urbaines avec sa contribution pendant cette période à hauteur de 51 %, comme le montre le **Graphique 2**. Lorsqu'on parle des utilisations et de changements d'affectation des terres et des forêts, il ne faut pas oublier les processus d'occupation des terres par les cultures agricoles. Il est possible d'inclure dans ces processus ceux d'urbanisation, qui font que les surfaces forestières sont transformées en bâtiments résidentiels, alors que la déforestation réduit la capacité des forêts et des arbres à emmagasiner du carbone, ce qui entraîne une hausse des émissions directes de gaz à effet de serre, tels que le CO2, dans l'atmosphère (van Goor et Snoep, 2019).

Graphique 2 : Contribution des différents secteurs dans l'émission des GES au Cameroun en 1994

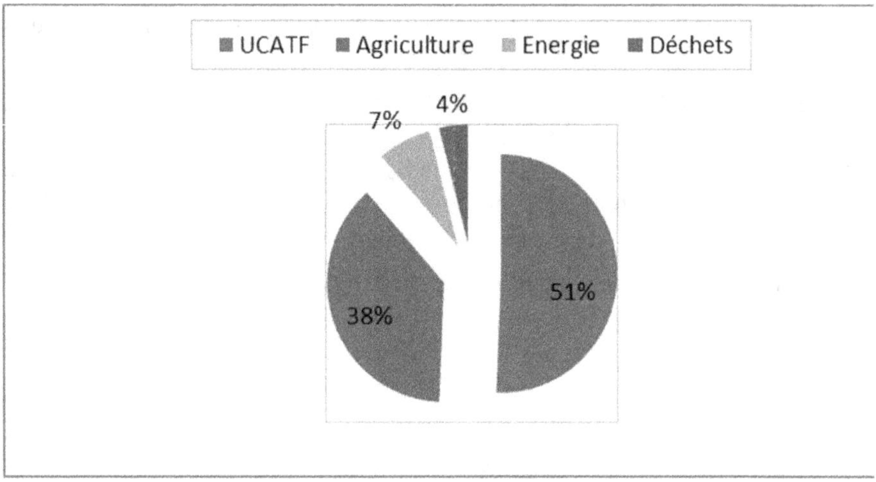

Source : CNI ; Cameroun 1997.

Au Cameroun, selon la communication nationale initiale (en 1997), les principaux secteurs d'émissions des gaz à effet de serre sont : l'agriculture (38 %), l'utilisation et changement d'affectation des terres et des forêts (51 %), l'énergie (7 %) et les déchets (4 %). Les trois derniers secteurs font intervenir les processus d'urbanisation (c'est-à-dire la disparition des forêts au détriment de l'habitation urbaine), le fonctionnement et la gestion de l'environnement urbain (l'éclairage, le transport et la gestion des déchets ménagers ou sanitaires par la population urbaine). Ces trois secteurs constituent 62 % d'émission de GES principalement allouée au processus et au fonctionnement des zones urbaines. Sur la base des études menées sur le terrain par les auteurs de la communication nationale initiale au Cameroun, les procédés industriels ne contribuent que de manière marginale aux émissions nettes des GES qui s'expliquent par une faible industrialisation au Cameroun (CNI Cameroun, 1997).

2. Zones urbaines camerounaises, victimes des effets du changement climatique

Dans les zones urbaines camerounaises, les manifestations du changement climatique sont visibles et perceptibles par toutes catégories de personnes. De par l'ampleur et la dangerosité de ses manifestations, l'homme de la rue suppose que le changement climatique c'est une avancée vers « la fin du monde ». Tout ce qui arrive doit se justifier par la normalité naturelle, les catastrophes naturelles (éruption volcanique, séisme), l'élévation excessive des températures, les inondations et tous autres malheurs naturels sont les manifestations de l'évolution du monde. Cette considération d'effets se justifie par la confusion totale entre les élévations excessives des températures dans presque toutes les villes du Cameroun qui, jadis, étaient considérées comme un phénomène rural : « Avant, l'on ne connaissait pas la hausse de températures et les irrégularités des pluies dans les villes comme Yaoundé ou Douala ». Ces villes connaissent déjà des pluies surprises comme on pouvait le constater ces dernières années au mois de février. L'élévation excessive des températures est perçue par tout ailleurs, surtout par les agriculteurs d'Afrique subsaharienne, comme une manifestation du changement climatique (Tchouassi et Kakmo Pideu, 2021). Durant ces cinq dernières années, les villes de Douala et Yaoundé ont enregistré d'innombrables cas d'inondations manifestant les conséquences du changement climatique. Il faut signifier que la ville de Douala est une métropole portuaire située à moins de 20 kilomètres de l'océan Atlantique. L'élévation des températures observée induit une modification directe des mers et des océans. En effet, la fonte des glaces polaires entraîne une hausse significative de leur niveau, ce qui finit par submerger les côtes et augmenter considérablement la fréquence et le volume des précipitations. Les augmentations des précipitations conduisent aux inondations, par exemple, en fin de mois d'août 2020, 2021 et, même, 2022 dans la ville de Douala ont eu pour impacts la paralysie de la ville pendant plusieurs heures, l'immobilisant la population pour cause d'inaccessibilité des routes, mettant toutes les populations en détresse. Pendant quasiment les mêmes périodes, la ville de Yaoundé a autant enregistré des cas d'inondations au niveau de la poste centrale. Lesquelles ont créé la panique parmi les usagers des routes et toutes les autres populations de la ville.

La vie normale dans les milieux urbains est donc restée, au jour le jour, menacée à cause de la présence du soleil brulant, dû aux disparitions progressives des arbres servant d'ombrage. Si pour Essombè Edimo (2007 b), la ville « *est un espace vécu et un espace de création de la valeur qui est plus que jamais au cœur de la performance économique et sociale* », elle se trouve en face des défis du changement climatique qu'il faut à tout prix révéler. Il est bien de souligner un paradoxe de la vulnérabilité d'un pays au changement climatique par rapport à l'autre, puisque, selon la Banque mondiale (2018), le

Cameroun ne contribue pas trop à l'émission de gaz à effet des serres, comme la Chine et les États-Unis, mais il est plus exposé au changement climatique que ces derniers. Il faut donc des mesures fortes en adéquation avec les opportunités disponibles et faisables.

II. Méthodologie : présentation des zones d'étude

Afin de passer en revue les différentes stratégies d'atténuation du changement climatique, en passant par la promotion de la politique de reboisement dans les zones urbaines les plus attractives et les plus agglomérées du Cameroun, il est tout d'abord important de faire une brève présentation des zones urbaines (Douala et Yaoundé).

1. Les villes de Douala et de Yaoundé : Zones urbaines plus attractives et peuplées

Parmi les quatre départements qui composent la région côtière, le département de Wouri, dont Douala est la capitale, est celui qui se distingue par sa concentration et sa superficie réduite (923 km2 sur un total de 20 248 km2). En effet, il est entièrement concentré autour de la ville de Douala, ce qui fait que sa population, estimée à 5 066 000 habitants en 2023, présente une forte densité, soit 5 489 hab./km2. Cette concentration a entraîné la disparition progressive et complète des arbres.

Douala est la capitale économique du Cameroun et son principal centre d'affaires. Elle a le statut de communauté urbaine, constituée de six communes d'arrondissement, qui sont Douala 1 (Bonandjo), Douala 2 (New bell), Douala 3 (Logbaba), Douala 4 (Bonabéri), Douala 5 (Bonamoussadi) et Douala 6 (l'ile de Manoka). La ville de Yaoundé, quant à elle, représente le département de Mfoundi qui est le département le plus peuplé et le plus densifié sur les dix que compte la région du centre. Sa superficie est de 297 km2 sur 74 050 km2 au total. La population est estimée, en 2023, à 4 509 287 habitants, soit une densité de 15 183 hab./km2. Ceci montre une concentration de la population dans la ville de Yaoundé, mettant en même temps une pression sur la disparition totale des arbres.

2. Description de la démarche méthodologique

Dans le but de montrer l'importance de la végétalisation dans les zones urbaines pour atténuer les effets du changement climatique sur la population, nous avons opté pour l'utilisation d'une méthode d'analyse documentaire en recensant quelques mesures d'atténuation en passant par la mise en lumière des rôles que peuvent jouer les arbres. En résumé, la méthode de l'analyse documentaire consiste à comprendre, intégrer et représenter une information.

L'analyse documentaire permet la constitution de banques de données (par sélection de valeurs), de dossiers documentaires (par caractérisation des documents retenus), et de synthèses (par extraction d'informations). Dans la présente étude, nous utilisons la méthode de constitution de synthèses par extraction d'informations afin de présenter les résultats de quelques mesures d'atténuation du changement climatique.

III. Résultats de quelques mesures d'adaptation ou d'atténuation du changement climatique dans les zones urbaines : rôle à jouer par les forêts

Lors de la deuxième communication initiale sur le changement climatique publiée en 2015, l'engagement est pris par le Cameroun à travers sa participation au Mécanisme de Développement propre (MDP), qui s'est fait de principales initiatives suivantes : la préparation de la Stratégie nationale REDD+ et de l'élaboration d'un Plan national d'Adaptation au Changement climatique (PNACC), qui lui permettent d'élaborer des stratégies pour mieux s'adapter au Changement climatique sur le plan national. Dans le domaine agricole, par exemple, le Cameroun a accordé en 2010 diverses subventions à la population et a mis en œuvre des politiques agricoles, telles que l'opération Sahel-Vert et l'Avenir rose, afin de pallier la baisse de la production des céréales. Ces actions sont louables en ce sens qu'elles permettent aux personnes vulnérables de se résilier face aux chocs climatiques et qu'elles leur permettent de prendre conscience des effets du changement climatique. Le Cameroun a également signé et ratifié l'Accord de Paris, qui est la convention cadre des Nations unies sur le changement climatique (CCNUCC) en s'engageant à mettre en œuvre sa contribution prévue déterminée au niveau national (CPDN), afin de réduire ses émissions par rapport à un scénario de référence et de s'adapter aux conséquences du changement climatique. Malgré ces engagements, la population camerounaise, surtout urbaine, est de plus en plus exposée aux effets du changement climatique. Il faut donc considérer quelques actions pouvant être menées, par exemple des mesures pragmatiques et précises que la population peut prendre pour s'adapter ou atténuer les effets du changement climatique, tels que les hausses des chaleurs causées par des températures excessives. Cela inclut l'instauration de politiques publiques comme « une personne, un arbre » dans le milieu urbain.

Investir dans la végétalisation urbaine (opération de replantation des arbres dans les zones urbaines) requiert un engagement dans le moyen et long terme. Il est à la fois coûteux et difficile, voire presque inconcevable pour les citadins d'avoir à l'esprit la volonté de faire machine arrière pour faire une récupération forestière. Pourtant, les investissements dans les replantations des arbres peuvent avoir d'importants gains sur la réduction des émissions de gaz à effet de serre, tant aujourd'hui que demain. Selon la FAO (2022), si les forêts sont de manière durable protégées, restaurées et gérées, elles permettent le stockage et la rétention de carbone et stabilisent par transitivité le climat local et régional, en passant par des processus biophysiques et fournissant une large zone d'adaptation et de résilience de la biodiversité, d'autres services écosystémiques et des populations face aux éventuels changements de climat. La forêt joue donc un rôle essentiel dans l'action de récupération des carbones compilés de CO2 émis dans l'atmosphère par des actions urbaines ou non, pouvant assurer l'équilibre climatique de la terre. La contribution de la forêt dans la régulation de l'équilibre de climat ne se résume pas seulement à la captation et au stockage du carbone, mais aussi au refroidissement du chauffage terrestre suite à la hausse de températures. De nouveaux travaux scientifiques offrent des données révélant d'effets de refroidissement considérables grâce à l'évapotranspiration des forêts, en passant par leur structure physique et chimique.

Les arbres constituent donc les moyens idoines pour toute population à s'adapter et à la limite même, d'atténuer les effets du changement climatique. Ce double rôle des arbres dans l'adaptation et l'atténuation des effets du changement climatique s'explique par le fait qu'ils constituent d'une part, un moyen d'abri face aux élévations des températures et, d'autre part, ils permettent la captation des CO2 émis par d'autres actions anthropiques et, par conséquent, réduisent le rythme du changement climatique. En tenant compte des effets biophysiques de la forêt, la FOA (2022) estime que la préservation de la forêt tropicale pourrait permettre d'augmenter le refroidissement mondial de 50 % par rapport aux prévisions initiales. À part la capacité supplémentaire d'atténuation du changement climatique mondial par le système de refroidissement émanant des arbres, l'on peut encore ajouter les rôles de la forêt dans la régulation des précipitations et la stabilisation de climat local en contribuant à la réduction au minimum des phénomènes météorologiques extrêmes, comme les inondations. Les écosystèmes forestiers stockent environ 60 % du stock total de carbone terrestre dans différents réservoirs. Ce qui leur donne la capacité d'éliminer environ 30 % des émissions anthropiques de CO2 dans les années antérieures (Federici et al. 2017). Les forêts font donc partie des éléments essentiels dans l'adaptation et de la résilience face au changement climatique. Ainsi, mettre fin à la déforestation et accroître la couverture forestière sont des moyens d'atténuer le changement climatique. Le processus d'urbanisation doit donc s'accompagner de processus de reboisement.

IV. Discussion et recommandations : stratégies de végétalisation urbaine au Cameroun

Il faut, tout d'abord, noter que l'adaptation aux effets du changement climatique présente de nature multiforme, qui consiste à opérer de multiples ajustements des comportements, des structures ou des technologies par la population urbaine. Cette population doit donc développer une flexibilité lui permettant de faire évoluer les structures et les modes de fonctionnement, ainsi que les stratégies de développement en fonction des perturbations qui surviennent. Les mesures d'adaptation peuvent ainsi varier selon le moment d'intervention : anticipation (ex ante) ou réaction (ex post), qui permettent, respectivement, les préventions ou les corrections des effets dans le temps (court ou long terme) ou dans l'espace, c'est-à-dire locales ou régionales (Dumas, 2006). Lorsqu'on évoque les mesures d'adaptation intervenant pour la correction des effets du changement climatique (les cas de hausse excessive des températures et les irrégularités des saisons) par la population urbaine, on peut parler des mesures d'atténuation. Ces mesures permettent non seulement à la population d'adopter des techniques lui permettant de vivre en présence des effets, mais encore plus à endiguer ou à éradiquer ces effets.

Les mesures d'atténuation des effets du changement climatique sur la population urbaine sont multiples, mais l'on s'appesantira sur la mesure contradictoire à la déforestation dont la source émane du processus de l'urbanisation lui-même, c'est-à-dire la reforestation ou le reboisement en milieu urbain pour la compensation des pertes des arbres initiaux. Pour Quenault et al (2011), face à la vulnérabilité au changement climatique en milieu urbain, la population urbaine doit se résilier en adoptant de nouvelles stratégies pour un développement urbain durable. Les stratégies pour la végétalisation urbaine au Cameroun doivent tout d'abord commencer par la conscientisation de la population face aux effets réels et constatés dans certaines villes, et ensuite, amener cette population à la prise des décisions collectives en instaurant l'opération « une personne, un arbre ».

1. Conscientisation de la population urbaine face aux effets du changement climatique

Au Cameroun, avec la mondialisation, le gouvernement a prétendu accélérer des mouvements de décentralisation pouvant aider les fonctionnements des collectivités locales. Selon Essombè Edimo (2023), l'on a (re) découvert l'espace-territoire et, surtout, le rôle des transformations des espaces ou des territoires dans la construction du développement et la gouvernance locale. Surtout que le développement local et/ou territorial a été remis à l'ordre du jour avec la mobilisation de l'ingénierie du développement territorial. Cependant, dans le contexte des manifestations du changement climatique existant dans certaines villes au Cameroun, le rôle des collectivités territoriales décentralisé doit être ajusté pour la conscientisation de la population afin de prendre connaissance de ce phénomène. Puisque beaucoup des personnes inconscientes ignorent le changement climatique et qualifient ses manifestations dans les rangs des phénomènes fatals, et ont tendance à considérer le changement climatique comme une avancée vers « la fin du monde ».

Il faut donc une sensibilisation plus poussée de la majorité des personnes qui ignore l'existence du changement climatique, à travers une communication porte-à-porte dans chaque localité communale, surtout dans certaines villes ayant une plus forte capacité d'attractivité, comme Douala ou Yaoundé. Cette sensibilisation doit s'accentuer sur les mécanismes de résiliences, face aux effets de température et de pluviométrie violente, afin de les atténuer par les stratégies de reboisement urbain. Même comme il est difficile de formuler des options politiques en l'absence d'études complètes sur les réponses aux moteurs de la déforestation (ou de la dégradation forestière), et sur la vulnérabilité des populations, ainsi que sur leur capacité à répondre aux chocs climatiques (Kengoum et Tiani, 2013).

2. Stratégies de reboisement urbain comme moyen d'atténuation du changement climatique

Bien qu'il existe des communautés d'arbres qui ne répondent pas à la définition de la forêt, ces arbres jouent également un rôle important dans la captation et la séquestration du carbone et, transitivement, dans la réduction des émissions des gaz à effet de serre principalement au sein des terres agricoles et urbaines. Elles sont souvent appelées "arbres hors forêt", et peuvent contribuer de façon très significative aux bilans globaux du carbone dans l'atmosphère au niveau mondial et national (Schnell et al., 2015 ; Zomer et al., 2016). Si les pays développés se sont engagés à réduire les émissions de CO2, en ratifiant la convention-cadre des Nations unies sur les changements climatiques (CCNUCC), ils peuvent compenser en partie leurs émissions nationales de CO2, la séquestration de carbone par des actions de boisement et de reboisement. Les pays en développement comme le Cameroun peuvent aussi mettre en œuvre des projets de boisement ou de reboisement dans les zones urbaines. Le reboisement a lieu sur des terres qui étaient jadis boisées, mais qui ont été soumises à une autre utilisation (GIEC 2007, *op. cit.*) comme l'urbanisation.

La stratégie principale à développer par les communautés urbaines est d'amener les populations à planter des arbres en milieux urbains. L'objectif est d'améliorer l'environnement urbain en promouvant une politique d'opérations « une personne, un arbre ». Les espaces à cibler sont les suivants :

- les espaces verts publics, tels que les parcs, les jardins ;
- les arbres des rues et les plantations sur les routes ;
- les espaces semi-privés, tels que les espaces verts dans les zones résidentielles et dans les parcs industriels ;

- les plantations d'arbres publiques et privées sur des terrains vagues et les forêts à proximité des zones urbaines ;
- les terres agricoles urbaines, telles que les vergers, les jardins familiaux. La politique d'opérations « une personne, un arbre » que doivent mener et convoquer les communautés urbaines auprès de leur population urbaine doit s'accompagner de la présentation des avantages suivants : la réduction de la pollution atmosphérique ; la réduction des effets des îlots de chaleur urbains, tels qu'ils sont observés tous les jours à Douala, par exemple ; la purification de l'air ; la protection des sols contre l'érosion ; la réduction du bruit causé par les véhicules et les systèmes audio des bars ; et une protection contre les catastrophes naturelles (Frigeri et al. 2017). Les arbres plantés dans les zones urbaines peuvent aider à séquestrer le CO2, constituant un outil d'atténuation des émissions de ce dernier dans l'atmosphère (Carter, 1995).

Conclusion

L'objectif de cette étude est de présenter la végétalisation des zones urbaines comme une mesure ou un moyen d'atténuation des effets du changement climatique par la population urbaine. Elle a tout d'abord évoqué les contributions des zones urbaines à la stimulation du changement climatique. Puisque le GIEC considère que le changement climatique est l'émanation des émissions excessives des Gaz à effet de serre par les actions anthropiques humaines dans lesquelles les zones urbaines font partie des acteurs principaux de ces émissions. Pour les villes camerounaises, elles ne contribuaient que dans le processus d'urbanisation, via l'utilisation et le changement d'affectation des terres et des forêts à hauteur de 51 %. Ensuite, les effectivités des effets du changement climatique constatés dans certaines zones urbaines du Cameroun, comme Yaoundé et Douala, sont brièvement passées en revue avant de préciser certaines mesures d'adaptations ou d'atténuations des effets des éléments du climat, dont l'accent est mis sur la végétalisation. Puisque, selon la FAO (2022, *op. cit.*), les forêts jouent un rôle essentiel dans la récupération des carbones compilés de CO2 émis dans l'atmosphère, pouvant ainsi assurer l'équilibre climatique de la terre en garantissant le refroidissement du chauffage terrestre suite à la hausse des températures. Il a fallu donc déterminer les différentes stratégies à appliquer pour le reboisement des zones urbaines au Cameroun.

Ces stratégies se résument à sensibiliser la majorité des personnes qui ignorent l'existence du changement climatique par une campagne de porte-à-porte dans chaque communauté locale. De plus, il faut mettre en place une politique d'opération « une personne, un arbre » dans des espaces ciblés en expliquant à la population urbaine les avantages escomptés de cette politique, c'est-à-dire la réduction des effets des îlots de chaleur urbains observés quotidiennement dans certaines villes ; la purification de l'air ; la conservation des sols contre l'érosion ; la réduction du bruit causé par les voitures et les bars ; et une barrière contre les catastrophes naturelles, comme les éboulements de terrain.

Bibliographie

Banque mondiale (2017). *Changement climatique et gestion des risques de catastrophe au Cameroun. Banque Mondiale*, Washington DC

Banque mondiale (2018). *Vulnérabilité des pays africains face aux risques du changement climatique*, Banque Mondiale, Washington DC

Carter, J., E. (1995). *The potential of urban forestry in developing countries : a concept paper*. Food and Agriculture Organization (FAO), Rome, Italy.

Courlet, C. (2004). Territoires et Régions : Les grands oubliés du développement économique. *Collection « pour comprendre », Armand colin. Paris*

Deveze, J., C. (2006). Le coton, moteur du développement et facteur de stabilité du Cameroun du Nord ? Dans *Afrique contemporaine,* 2006/1 (N° 217), pp. 107-120.

Dumas, P. (2006). *L'évaluation des dommages du changement climatique en situation d'incertitude : l'apport de la modélisation des coûts de l'adaptation*, Thèse en Économie de l'environnement, École des hautes études en sciences sociales, Paris.

Essombè Edimo J., R. Nya Bonabébé (2023). *Les collectivités territoriales décentralisées et le développement : pour quelle gouvernance locale* ? Dans Ntuda Ebodé, J., V. et Etoa Oyono, G. (2023). *Les initiatives de développement en Afrique subsaharienne : entre construction et déconstruction des modèles existants depuis 1960*, Réminiscences du Pr Emérite L. Zang, L'Harmattan, Paris, pp. 127/150.

Essombè Edimo J., R. Nya Bonabébé (2007b). « Localisation périphérique des entreprises industrielles et création de nouvelles centralités à Douala », in *Revue Monde en Développement*, n° 137, vol. 2007/35.

Essombè Edimo J., R. Nya Bonabébé (2007a). *Spatialité et développement économique à Douala : entre le hasard et la nécessité, Études africaines*, L'Harmattan, 206 pages.

FAO. (2022). Des solutions forestières pour lutter contre le changement climatique. Vingt-sixième session de comité des forêts ; 3-7 octobre 2022.

FAO. (2013). Agriculture intelligente face au climat (Available at http://www.fao.org/climatechange/climatesmart/fr/).

Federici, S., Lee, D. et Herold, M. (2017). Forest mitigation : a permanent contribution to the Paris agreement? (Working Paper).

Frigeri, J. V., Krefta, S. M., Paula, A. S., Germano, A. D et Krefta, S. C. (2017). Environmental and socioeconomic benefits of urban trees. rLAS 2: 66-77.

GIEC. (2022). *Climate change 2022, mitigation of climate change.* Sixth Assessment Report. GIEC. (2015). *Changement climatique : état des lieux du 5e rapport du GIEC* ; Laboratoire des Sciences du Climat et de l'Environnement (LSCE), France.

GIEC. (2007). *Climate change : impacts, adaptation and vulnerability. contribution of working group II to the fourth assessment report of the intergovernmental panel on climate change.* Cambridge, UK : Cambridge University Press.

Godom, M and Noumba, I. (2024). Climate change and rice yield in the far north of Cameroon: reciprocal effects using the vector autoregressive model. *Journal of Social and Economic Development; Vol. (0123456789). https://doi.org/10.1007/s40847-024-00349-1*

Godom, M. et Noumba, I. (2023). Changement climatique et rendement du riz au Cameroun. *Recherches et Applications en Sciences économiques et de Gestion, Vol 2, No 1, pages : 12-30.*

Godom, M and Tchouassi, G. (2024). Modeling the effects of climate change on Rice Yields in Cameroon: The future ? *International Journal of Plant, Animal and Environmental Sciences.14 (2024) : pp 31-41.*

Godom, M. et Tchouassi, G. (2023). Du changement climatique à la résilience des riziculteurs au Cameroun. *Journal of African management trends. Vol 23, Series 3.* pp 31-51.

Kengoum, F. et Tiani, A., M. (2013). *Politiques d'adaptation et d'atténuation au Cameroun : pistes de synergies.* Document occasionnel 96. Bogor, Indonésie : CIFOR.

Mpabe Bodjongo, M., J. (2021). *Climate change, cotton prices and production in Cameroon;* Association of Development Research and Training Institutes (EADI).

PNUD (2011). *Les villes et le changement climatique : orientations générales* ; Rapport Mondial. Programme des Nations unies sur les établissements humains.

Quenault, B., Pigeon, P., Bertrand, F. et Blond, N. (2011). Vulnérabilité et résilience au changement climatique en milieu urbain : vers de nouvelles stratégies de développement urbain durable ? *Programme interdisciplinaire de recherche Ville et Environnement - AAP 2009- Rapport de recherche – 31 mai 2011 ;*

Rob, J. (2016). Les effets climatiques des infrastructures ; https://www.unops.org/fr/news-and-stories/insights/how-infrastructure-defines-our-climate.

Schnell, S., Altrell, D., Ståhl, G and Kleinn, C. (2015). The contribution of trees outside forests to national tree biomass and carbon stocks a comparative study across three continents. *Environmental Monitoring and Assessment* 187(1) : pp.1–18.

Seguin, B. et Soussana, J., F. (2006). Le réchauffement climatique (prédictions futures et observations récentes) en lien avec les émissions de GES. Fourrages, *Association française pour la Production Fourragère*, 2006, 186, pp.139-154. hal-02664370.

Tchouassi, G. et Kakmo Pideu, J. L. (2021). Agriculteurs d'Afrique subsaharienne face au changement climatique ; *les éditions Monange, BP 8419, Yaoundé, Cameroun.*

Van Goor et Snoep, M. (2019). The contribution of forests to climate change mitigation. *A synthesis of current research and understanding. Face the Future*. Wageningen, The Netherlands.

Zomer, R., J., Neufeldt, H., Xu, J. et al. (2016). Global tree cover and biomass carbon on agricultural land: the contribution of agroforestry to global and national carbon budgets. Scientific Reports 6 : 29987. doi: 10.1038/srep29987. http:// www.nature.com/articles/srep29987.

CHAPITRE 16 :

ÉMERGENCE D'UNE ÉCONOMIE PAYSANNE AUTOUR DES "GASTEROPODES" : LE CAS DES ESCARGOTS DANS LA VILLE DE SANTCHOU AU CAMEROUN

Jolin TAFELEFACK
et Johannas Martial NGANKEU

Résumé

Au Cameroun, l'essor des nouvelles économies dans les campagnes s'inscrit, depuis quelques décennies, dans un contexte de crises économiques et politiques difficiles. À l'Ouest-Cameroun, plus précisément dans la ville de Santchou, le développement d'une économie paysanne autour des gastéropodes semble être une réponse à la situation de pauvreté induite par une succession de crises que subissent les paysanneries. En effet, face à la précarité des conditions de vie, aggravée par le coût de la vie élevé, certains paysans tentent de transformer leurs moyens d'existence en développant une économie émergente autour des gastéropodes.

Le présent chapitre a pour objectif de contribuer à l'amélioration des conditions de vie des paysans, fondée sur l'économie autour des gastéropodes en milieu urbain. Ce qui inscrit l'étude dans l'axe « Ressources naturelles et développement du capital humain des territoires urbains ». L'étude mobilise l'approche quantitative et qualitative. À partir d'un échantillonnage « boule de neige », les données ont été collectées auprès de 150 personnes qui pratiquent l'activité. En plus des entretiens semi-structurés (15), deux Focus Groups ont été effectués. La réflexion débouche sur trois résultats principaux : d'abord, l'intérêt des paysans à la cueillette des gastéropodes dans un contexte d'afflux des Personnes déplacées internes (PDI) à Santchou. Ensuite, les acteurs de cette activité sont dominés par les élèves et ces escargots sont commercialisés plus dans la ville de Douala. Enfin, les revenus issus de la vente de ces mollusques améliorent les conditions de vie des pratiquants.

Mots clés : Émergence ; économie paysanne ; escargots ; Santchou ; Ouest-Cameroun.

Abstract

In Cameroon, the rise of new economies in the countryside has taken place, for several decades, in a context of difficult economic and political crises. In West Cameroon, more precisely in the town of Santchou, the development of a peasant economy around gastropods seems to be a response to the situation of poverty induced by a succession of crises suffered by the peasantry. Indeed, faced with precarious living conditions, made worse by the high cost of living, some farmers are trying to transform their livelihoods by developing an emerging economy around gastropods. The present study aims to contribute to improving the living conditions of farmers, based on the economy around gastropods in an urban environment. This places the chapter in the area of natural resources and development of human capital in urban areas.

The study uses the quantitative and qualitative approach. Using snowball sampling, data was collected from 150 people practicing the activity. In addition to the semi-structured interviews (15), two Focus Groups were carried out. The reflection leads to three main results: first, the interest of farmers in gathering gastropods in a context of influx of Internally Displaced Persons (IDPs) in Santchou. Then, the actors in this activity are dominated by students and these snails are marketed more in the city of Douala. Finally, the income from the sale of these molluscs improves the living conditions of practitioners.

Keywords: *Emergence; peasant economy; snails; Santchou ; West Cameroon.*

Introduction

En Afrique, les escargots sont des mollusques gastéropodes dont la chair est très appréciée des consommateurs (Zongo, 1995). Les ressources alimentaires non conventionnelles, notamment les escargots, contribuent d'une manière non négligeable au renforcement de la sécurité alimentaire et à l'économie des ménages (Mbétid-Bessane, 2006). La progression de la pauvreté est l'un des phénomènes qui caractérisent l'évolution récente de l'Afrique, en particulier au sud du Sahara (Mwanza et Kabamba, 2002). Le désordre politique, la mauvaise gouvernance, les crises économiques, etc., ont aggravé les conditions de vie des populations rurales. Cette situation a incité les paysans à développer des stratégies de transformation de leurs moyens d'existence basées sur les nouvelles économies (non agricoles) paysannes à l'instar de la cueillette et la commercialisation des gastéropodes. Les escargots sont des produits forestiers non ligneux qui prospèrent en milieu humide. De nombreuses personnes utilisent la viande d'escargot pour compléter leurs sources conventionnelles et régulières de protéines animales (Ejidike et Adewuyi, 2018). En outre, l'escargot est très apprécié dans la zone forestière africaine, et y constitue la principale source de protéines animales et de revenus pour de nombreux ménages (Dafem et al., 2008).

Au Cameroun, la situation socio-économique et politique du pays est difficile. Sur le plan politique, elle s'est sévèrement dégradée depuis 2016, avec la résurgence des velléités sécessionnistes des deux régions Anglophones, le Nord-Ouest et le Sud-Ouest (Razafindrakoto et Roubaud, 2018), provoquant des milliers de déplacés à travers le pays. Dans ce contexte, les paysans de la région de l'Ouest, l'une des régions d'accueil des personnes déplacées de la crise anglophone, ont mis en place des stratégies basées sur la cueillette et la commercialisation des escargots pour tenter de sortir de la situation de pauvreté : une nouvelle activité non agricole. En effet, dans l'arrondissement de Santchou, la cueillette et la commercialisation des gastéropodes se développent dans un contexte de précarité des conditions de vie des populations, aggravée par l'afflux des Personnes déplacées internes (PDI) des régions Anglophones. Ces PDI, dont la consommation des gastéropodes fait partie d'ores et déjà de leur habitude alimentaire, incitent les populations de Santchou à s'intéresser davantage à cette activité. Les acteurs qui s'adonnent à ces activités sont pour l'essentiel des élèves, des maraichers et des commerçants.

Fort de ce qui précède, il semble intéressant de se pencher sur la question de l'émergence d'une économie paysanne autour des gastéropodes à Santchou, laquelle suscite un vif intérêt chez de nombreux élèves, notamment en période de classe. Dès lors, la question fondamentale qui oriente la réflexion est celle de savoir « *en quoi l'économie émergente autour des gastéropodes améliore-t-elle les conditions de vie des paysans à Santchou ?* ». L'objectif de la présente étude est une contribution à l'amélioration des conditions de vie des paysans basée sur l'économie autour des gastéropodes en milieu urbain. L'hypothèse étant que, les personnes qui cueillent et commercialisent des escargots améliorent leurs conditions de vie.

I. Méthodologie

1. Présentation de la zone d'étude

L'étude s'appuie sur le cas de l'arrondissement de Santchou, dans le département de la Menoua, **tel que montre la figure 1**. Il est donc situé dans la région de l'Ouest, et a une population d'environ 46 249 habitants (BUCREP, 2010). Il s'étend sur 335 km^2. La commune de cet arrondissement compte 66 villages répartis dans trois groupements : Sanzo, Fombap et Fondonera. Dans le cadre de cette étude, nous avons mené les enquêtes dans les deux premiers groupements. En effet, les principaux acteurs de la cueillette et de la commercialisation des escargots vivent à Santchou, dans le groupement Sanzo, ainsi qu'en zone périurbaine, dans le groupement Fombap. Les principales ethnies présentes sur le territoire de la commune sont constituées majoritairement des Bamilékés, suivi des Mbo'o et des Anglophones (PCD, 2015).

En ce qui concerne l'environnement physique, les sols de la zone de basse altitude sont humides et marécageux, ceux de la zone de moyenne altitude sont riches en humus et ceux de la zone de haute altitude sont ferrallitiques. Le climat est équatorial, avec des caractéristiques similaires à celles du climat guinéen. Il se compose de quatre saisons de longueurs inégales : la saison des pluies principale (de mi-août à octobre), la saison des pluies secondaire (de mars à juin), la saison sèche principale (de mi-octobre à mars) et la saison sèche secondaire (de juin à mi-août). La température annuelle varie entre

20,83 °C et 23,35 °C. Les précipitations sont particulièrement abondantes pendant les mois de septembre et octobre. La pluviométrie mensuelle est de 3633 mm. Santchou est, dans l'ensemble, une savane arbustive au niveau des sommets. Sur les pentes de collines, on observe une prairie et, dans les bas-fonds, une végétation composée de raphiales et de galeries forestières le long des cours d'eau (PCD, 2022). Le milieu bioclimatique de la commune favorise le développement de la faune (faune,) à l'instar des gastéropodes.

L'accessibilité de la ville de Santchou à l'une des deux régions Anglophones du Cameroun a facilité le déplacement des personnes et de leurs biens, fuyant les exactions perpétrées par les forces séparatistes dans le cadre de la crise anglophone depuis 2016. De ce fait, on observe au sein de l'arrondissement une émergence d'une économie, une émergence d'une économie paysanne autour des "gastéropodes".

Figure 1 : **Présentation de la zone d'étude**

Source : Ngankeu et Tafelefack, 2023

2. Matériel et méthodes

La méthodologie a mobilisé la collecte des données primaires et secondaires. La population cible concernée par cette étude est constituée des individus pratiquant la cueillette et la commercialisation de l'escargot. La collecte de données statistiques a mobilisé la technique d'échantillonnage par "effet boule de neige". À cet effet, 150 questionnaires ont été placés dans la période allant du 04 au 30 septembre 2023. Lesdits questionnaires ont pris soin de classer les différents acteurs en trois catégories, notamment les élèves (75), les maraichers (50) et les commerçants (25), afin d'avoir les informations complètes sur l'activité.

L'enquête par questionnaire a été complétée par 15 entretiens effectués auprès de certains ménages, dans le but de savoir quelles étaient leurs perceptions vis-à-vis de la pratique de cette activité au sein de l'arrondissement. De plus, deux (02) Focus Groups ont été organisés au sein de l'arrondissement sur la base d'une moyenne de 08 personnes choisies de manière volontaire, en tenant compte des critères tels que l'expérience c'est-à-dire le nombre d'années passées dans l'activité et la quantité produite. Ceci dans l'optique de saisir les perceptions de ces acteurs quant à l'effet de cette nouvelle activité sur l'amélioration des conditions de vie. Le complément de ces informations au travers des données secondaires s'est fait à travers l'exploitation d'articles et ouvrages scientifiques traitant de la question.

Le traitement et l'analyse de ces données ont été effectués à l'aide du logiciel statistique Excel 2010 et du logiciel cartographique ArcGIS 10.3.1. L'analyse et le traitement des données collectées ont permis d'aboutir aux principaux résultats suivants. Le premier résultat met l'accent sur l'engouement des paysans au ramassage des escargots. Le second quant à lui, met en exergue les principaux acteurs et les circuits de commercialisation. Enfin, l'étude analyse l'impact de cette activité sur les conditions de vie des paysans.

II. Résultats

1. Engouement des paysans autour des activités liées aux gastéropodes à Santchou

Parlant des facteurs d'engouement, on relève qu'ils sont dominés par l'immigration des PDI, avec une demande de plus en plus forte autour de l'activité.

- **Facteurs d'engouement, une prédominance de l'immigration des PDI à Santchou**

Les informations issues des entretiens et Focus Group font état de ce que l'engouement des paysans pour la cueillette et la commercialisation des escargots est lié en majorité à l'afflux des personnes déplacées internes à Santchou. En effet, la consommation de la viande d'escargot est ancrée depuis longtemps dans les préférences culinaires des Camerounais de la partie anglophone. Avant l'arrivée des PDI, cette méthode était encore très peu connue. Les PDI, qui en consomment, ont fait de la viande d'escargot séchée l'une de leurs activités principales lorsqu'ils étaient à Santchou. À ce sujet, une jeune PDI affirme que :

> *« La crise anglophone qui perdure depuis 2016 m'a poussé à fuir. Car il fallait que je sauve ma vie. Une fois arrivée à Santchou, au début, je n'avais même pas où dormir. J'étais désœuvrée et misérable. Pour pouvoir vivre, j'ai décidé de me lancer dans les activités liées aux escargots. Je tiens à vous signifier que c'est une activité que nous avons l'habitude de pratiquer chez nous. Et depuis que j'exerce cette activité ici, j'ai pu inspirer plusieurs jeunes de cette localité à s'y lancer ».*

La viande d'escargot, désormais très consommée localement, est vendue dans les rues et le long de la route régionale Dschang-Mélong sous forme de brochette ou servie dans des restaurants par des Anglophones. Elle attire maintenant la population de Santchou au point de devenir une véritable aubaine pour les acteurs qui pratiquent cette activité. C'est ce qu'a expliqué un jeune de la ville lors d'un entretien.

> *"C'est vrai que je voyais quelques personnes vendre de la viande d'escargot à Santchou, mais avec l'arrivée de nos frères Anglophones, ils nous ont montré qu'on pouvait gagner notre vie en vendant de l'escargot. C'est ainsi que le ramassage et le commerce de l'escargot sont devenus un champ d'activité florissant ici à Santchou".*

L'entretien a révélé que l'arrivée des PDI à Santchou a entraîné une augmentation de la consommation de la viande d'escargots. De plus, la synthèse des points de vue recueillis lors du focus group du 16 septembre 2023 fait état de ce qui suit :

> *À Santchou, les gastéropodes sont désormais consommés de diverses manières, au-delà des traditionnelles brochettes et du « Water fufu and Eru ». Avec la venue des PDI, nous avons appris les autres valeurs nutritives et vertus des escargots, notamment l'assaisonnement des mets de pistaches, les légumes sautés ; l'utilisation de la poudre issue de sa coquille écrasée pour préparer la bouillie, faire l'élevage et soigner les brulures, du fait de l'extrême richesse en calcium. La bave est utilisée dans tout ce qui est cosmétique, pour la cicatrisation.*

Au-delà de la consommation des gastéropodes, les populations s'intéresseraient également à cette activité à cause de l'augmentation des prix de vente de l'espèce ces dix dernières années, comme l'indique le tableau 1 ci-dessous :

Tableau 1 : Évolution des différents prix de vente des escargots en fonction des mesurettes

Années	20 13	20 14	20 15	20 16	201 7	201 8	201 9	202 0	202 1	202 2	202 3
Prix par seau	25 00	25 00	50 00	70 00	100 00	100 00	120 00	150 00	150 00	170 00	180 00
Prix par sac « Mbadjock »	-	-	-	-	-	-	-	-	160 00	200 00	230 00

Source : enquêtes de terrain, 2023.

Il ressort de l'analyse des données contenues dans ce tableau qu'une bonne franche de notre échantillon affirme s'intéresser à cette activité du fait de son caractère rentable. Ainsi, les prix de vente dans le seau ont évolué de 2500 FCFA en 2013 à 18000 FCFA en 2023, et le prix du sac passé de 16000 FCFA à 23000 FCFA de 2021 à 2023.

- **Une demande des gastéropodes de plus en plus forte**

Selon les personnes interrogées, la disponibilité des escargots sur le marché dépend des saisons. En effet, les gastéropodes sont abondants pendant les périodes pluvieuses et deviennent rares pendant les saisons sèches. Cette rareté entraîne une hausse de la demande sur le marché pendant les saisons sèches. La ville de Santchou connaît une croissance spectaculaire du marché des escargots. Les valeurs nutritives et thérapeutiques de l'animal ont favorisé une demande toujours croissante des consommateurs, au point que le rythme de la cueillette a augmenté avec le temps. La consommation de la chair d'escargot prend de l'ampleur au grand bonheur de ceux qui pratiquent l'activité, car cette activité leur permet de réaliser de revenus considérables. Comme le montre la **planche photo** ci-après, pour satisfaire la forte demande, les paysans sont contraints de ramasser les escargots sur plusieurs jours et de les conserver jusqu'à l'atteinte de la quantité demandée avant toute livraison.

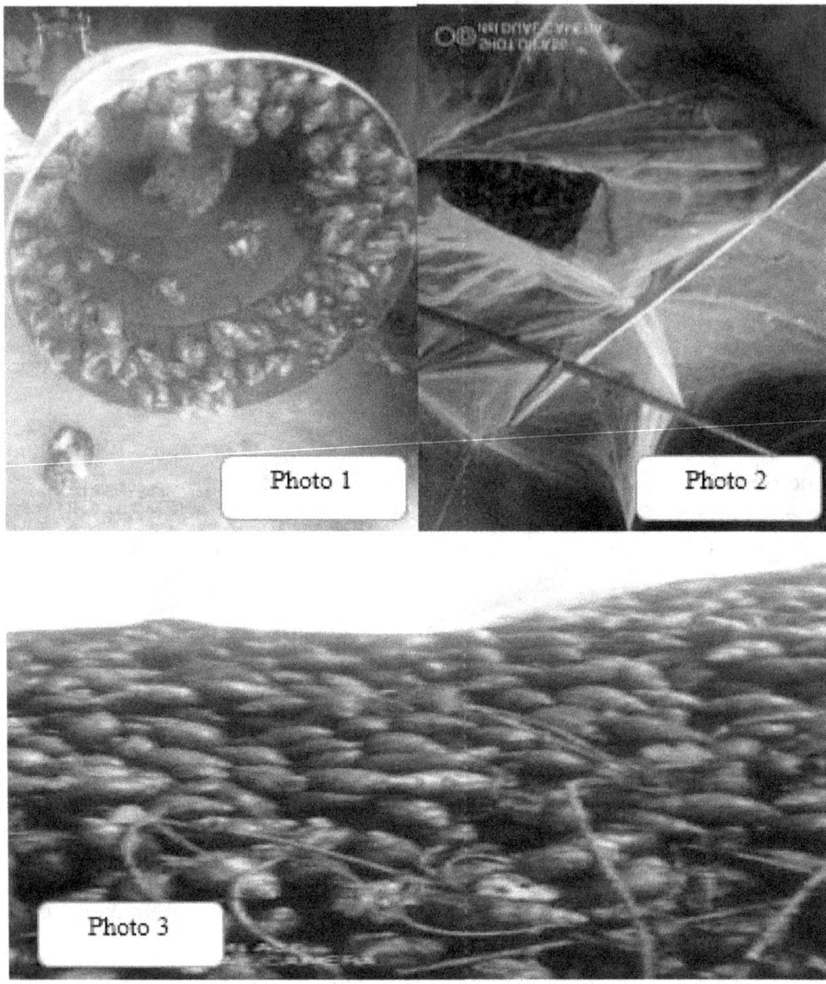

Planche 1 : Méthodes de conservation des escargots après la cueillette

Source : Enquêtes de terrain, 2023.

La photo 1 montre la conservation des escargots après ramassage à travers la jante de voiture. Ces escargots une fois insérés dans le trou du cylindre métallique, la jante est ensuite retournée ; ce qui les empêche de s'en fuir. Les photos 2 et 3 montrent la méthode de conservation des escargots grâce à l'utilisation d'une moustiquaire. En effet, après la cueillette, les escargots sont amassés et emballés dans une moustiquaire. Pour assurer leur survie durant la période de captivité avant leur livraison, on leur sert de l'aliment, comme des feuilles de patate, de banane, de manioc et de taro. L'engouement des paysans pour cette activité nous amène à analyser les principaux acteurs ainsi que les circuits de commercialisation.

2. Acteurs et circuits de commercialisation

De nombreux acteurs interviennent dans ce secteur d'activité, notamment les jeunes scolarisés. Les produits issus du ramassage et de la commercialisation des escargots sont écoulés non seulement sur le marché local, mais également dans les grands centres urbains du Cameroun.

Une activité dominée par les jeunes scolarisés

Le ramassage et la commercialisation des escargots sont une activité pratiquée par toutes les tranches d'âges de notre échantillon **comme le montre le tableau 2**. D'après notre échantillon, c'est une activité dominée par les jeunes scolarisés, car ils constituent 50 % des occurrences. Ils sont suivis par les maraichers (33,33 %) et par les commerçants (16,66 %). Les élèves font du ramassage une activité permanente après le retour des classes, alors que les maraîchers et les commerçants en font une activité complémentaire. Le ramassage se fait majoritairement dans la nuit entre 19h et 1h du matin à l'aide de la torche, des téléphones. En effet, l'espèce affectionne l'humidité ; la fraîcheur de la nuit lui permet d'être plus active durant cette période. Les escargots sont nombreux en saison pluvieuse car, pour leur survie, ils ont besoin d'une humidité permanente.

La plupart du temps, les cueilleurs d'escargots utilisent la fouille comme technique de ramassage. Elle consiste à explorer, à l'aide d'un bout de bois ou de la machette, certains endroits capables d'abriter des escargots, en vue de les dénicher et de les ramasser. À Santchou, les endroits explorés sont surtout les lieux tels que les plantations vivrières et pérennes, la forêt, près des marécages, dans les poubelles et les alentours des WC. Ils deviennent cependant de plus en plus rares en saison sèche dans la mesure où, durant cette période, ils doivent produire beaucoup de mucus pour se déplacer, et pour le fabriquer, ils ont besoin d'eau. L'eau se raréfiant en saison sèche, l'animal reste renfermé dans sa coquille, justifiant ainsi le caractère saisonnier de l'espèce. Pourtant, la demande ne diminue pas.

Tableau 2 : répartition des principaux acteurs par tranche d'âge en fonction du sexe.

Tranche d'âge	**Sexe**				
	Masculin	Pourcentages	Féminin	Pourcentages (Pourcentages)	**Total (Total)**
10-15	6	5,61 %	2	4,65 %	8
15-20	54	50,46 %	2	4,65 %	56
20-25	21	19,62 %	5	11,62 %	26
25-30	13	12,14 %	7	16,27 %	20
30-35	4	3,73 %	9	20,93 %	13

35-40	6	5,6 %	10	23,25 %	16
40 et +	3	2,8 %	8	18,6 %	11
Total	107	100 %	43	100 %	150

Source (Source) : Enquêtes de terrain, 2023.

À Santchou, la cueillette et la commercialisation des escargots sont une activité dominée par les hommes (71,33 %). L'activité est surtout pratiquée par des individus âgés entre 15 à 20 ans, soit 37,33 % de l'échantillonnage. Il s'agit en réalité des jeunes de l'arrondissement qui sont inscrits dans des classes de 3e à Terminale dans le cadre de l'enseignement secondaire général, ou de 4e à Terminale dans le cadre de l'enseignement secondaire technique. Les femmes se retrouvent majoritaires à partir de 30 ans. Cette situation inverse pourrait s'expliquer par le fait que, contrairement aux autres, elles assurent plus la fonction de « bayam sellam », c'est-à-dire d'acheteuses et de revendeuses. En effet, comme dans plusieurs autres activités commerciales au Cameroun à l'instar de l'achat et de la commercialisation des produits maraîchers et vivriers, ce sont des activités pratiquées en majorité par des femmes. L'achat et la commercialisation de la viande d'escargot à Santchou n'échappent donc pas à cette règle. Ces femmes contribuent aux échanges entre Santchou et les autres villes du Cameroun.

- **Douala, principal lieu de destination de la production des escargots de Santchou**

À Santchou, les escargots sont ramassés dans la nature, mis dans les sacs ou des seaux et transportés vers le marché local ou vers des centres urbains (**Planche 2**). Au niveau du marché local, les cueilleurs vendent parfois directement aux consommateurs ou alors à des revendeurs. C'est le circuit le plus important du fait de la proximité du marché local avec la zone de cueillette d'escargots. Ce qui amène les cueilleurs, surtout les jeunes scolarisés, à livrer généralement les escargots sans intermédiaires aux consommateurs.

Outre le marché local, la ville de Santchou échange avec d'autres marchés des centres urbains. Ces derniers constituent également des pôles d'écoulement des escargots ramassés à Santchou. Les plus importants sont les marchés de Douala (40 %), Dschang (30 %), Melong (20 %). Du moment où le cueilleur n'a pas pu écouler toute sa production au niveau local, pour une raison spécifique (faible demande des consommateurs, recherche de prix plus juteux), il se déporte vers les marchés des centres urbains (figure 2), comme le démontre cette dernière. Il l'achemine aux consommateurs, par l'intermédiaire des grossistes et des détaillants, près de 20 % de la quantité d'escargots ramassée. En outre, les grossistes, qui sont majoritairement des femmes, s'approvisionnent auprès des cueilleurs dans les villages et acheminent les escargots vers les marchés urbains aux détaillants qui, à leur tour, livrent aux consommateurs.

Figure 2 : Répartition des lieux de destination de la production des escargots à partir de Santchou

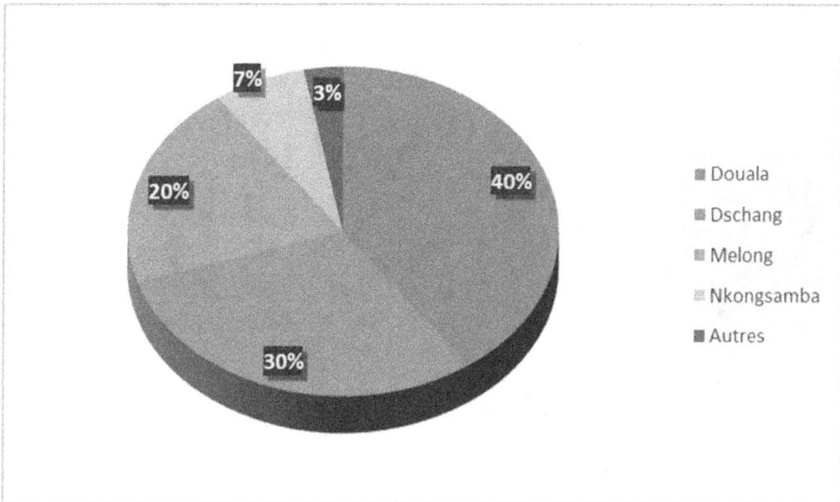

Source : Enquêtes de terrain, 2023.

La lecture de la figure ci-dessus présente les principaux lieux de destination de la production des escargots de Santchou. Il est noté qu'une bonne partie de la production d'escargots de Santchou est commercialisée dans la région du Littoral (67 %), du fait de sa proximité territoriale avec cette Région. La ville de Douala est le principal marché qui reçoit la production d'escargots provenant de Santchou, soit 40 %. Elle est suivie par les villes de Dschang (30 %), de Melong (20 %) et de Nkongsamba (7 %). Le choix d'écouler en grande partie la production d'escargots vers Douala se justifie par le fait que c'est non seulement la capitale économique du pays, chef-lieu de la région du Littoral, mais également la ville la plus peuplée du pays. Cette densité humaine entraîne une forte demande en matière de consommation de la viande d'escargots. La planche photographique 2 ci-après présente les différentes mesurettes de la vente des gastéropodes.

Planche 2 (Planche 2) : Différentes mesurettes de la vente des escargots

Source (Source) : Enquêtes de terrain, 2023.

Différents prix sont pratiqués dans le cadre de la commercialisation des escargots à Santchou. La photo A présente un sac d'escargots étalé dans un porte-tout et prêt à être expédié à Douala. Relevons qu'un tel sac correspond à quatre seaux, et coûte 72 000 FCFA. Les photos B, C et D illustrent d'autres instruments de mesure. Les escargots sont donc mesurés à l'aide d'un seau ou d'un sac de 15 litres. Un sac plein, comme celui de la photo C, coûte actuellement 23 000 FCFA sur le marché. Un seau d'escargots (photo B) coûte 18 000 FCFA. Les revenus tirés de cette activité ont des conséquences sur le plan socio-économique.

3. Implications socio-économiques des activités liées aux escargots dans l'amélioration des conditions de vie des paysans

Les activités liées au ramassage et à la commercialisation des escargots à Santchou ont des impacts tant sur le plan social qu'économique.

- Sur le plan social : la prise en charge des familles

La cueillette et la commercialisation de la viande d'escargots ont des implications sur le plan social à Santchou. Ils permettent de contribuer à la ration alimentaire des ménages et de réaliser de petits investissements (**Figure 3**). Outre la vente, l'escargot est considérablement utilisé dans la pharmacopée pour guérir certaines maladies, telles que les maladies de la peau, et est efficace dans la cicatrisation des plaies. Il est une importante source de fer, de calcium, de phosphore, de cuivre, de magnésium pour l'être humain. Les informations contenues dans la **figure 3** ci-après montrent les différentes réalisations à partir de la vente des escargots.

Figure 3 : Réalisations à partir des revenus issus de la vente des escargots à Santchou

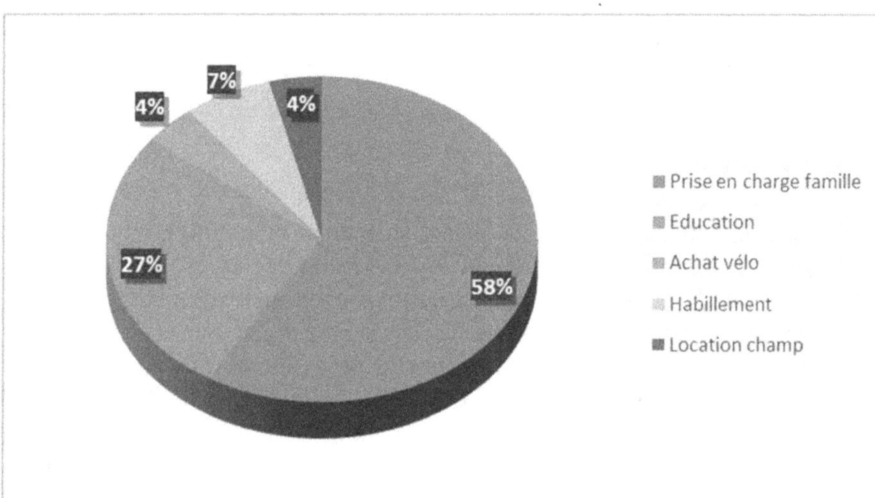

Source : Enquêtes de terrain, 2023.

Les revenus issus de la vente des escargots permettent majoritairement de prendre en charge la famille (58 %), d'assurer les frais de scolarité et l'achat du matériel didactique (27 %), de s'habiller (7 %), d'acheter des vélos pour aller à l'école et de louer des champs pour les travaux champêtres, soit 4 % chacun.

- **Sur le plan économique,-une activité génératrice de revenus**

En dehors des valeurs nutritives et thérapeutiques que fournit l'escargot, ce dernier constitue également une source de revenus pour les populations de Santchou. L'activité de cueillette apparaît comme une source de revenus principale pour les jeunes élèves scolarisés et une source de revenus secondaire pour les personnes adultes. 60 % de notre échantillon gagnent entre de 100 à 150 000 FCFA, et 26 % ont des revenus moyens par saison compris entre 150 000 à 300 000 FCFA (**Tableau 3**). Ainsi, le revenu brut tiré de l'activité de cueillette et de la commercialisation des escargots représente une proportion significative du revenu total des ménages. Néanmoins, ces revenus diminuent en saison sèche à cause de la rareté de l'espèce.

Tableau 3 : Répartition des revenus moyens saisonniers issus de la vente d'escargots.

Montant (FCFA)	**Effectifs**	**Pourcentage (%)**
[De 10 à 50 000[	27	18
[De 50 à 100 000[	18	12
[De 100 à 150 000[	60	41,33
[De 150 à 300 000[	39	26
Plus de 300 000	14	9,33

Source : Enquêtes de terrain, 2023.

IV. Discussion

L'engouement des paysans pour la cueillette et la commercialisation des escargots est lié en majorité à l'afflux des personnes déplacées internes au sein du territoire de Santchou. Ces résultats sont en contraste avec ceux observés dans la région sud du Bénin, où l'intérêt des populations pour la cueillette des achatines serait attribuable à l'augmentation des prix en raison de la rareté croissante de ces mollusques dans la nature (Sodjinou et coll., 2001). Ce qui revient à dire que l'engouement des populations pour les activités liées à la cueillette et à la commercialisation des escargots pourrait se justifier en fonction du contexte dans lequel ces différentes populations se trouvent.

Le marché des escargots connaît une ascension fulgurante à Santchou. Les valeurs nutritionnelles et thérapeutiques de l'animal ont favorisé une demande toujours croissante des consommateurs au point que le rythme de cueillette, chez les paysans cueilleurs, a augmenté avec le temps. La consommation de la chair d'escargot prend de l'ampleur au grand bonheur de ceux qui pratiquent l'activité, car elle leur permet de réaliser de revenus considérables. Ce constat a été aussi rapporté par des études antérieures où, pour répondre à la demande toujours croissante des consommateurs, des individus se lancent davantage dans les activités liées à la cueillette et la commercialisation d'escargots (Kouassi et al., 2008).

D'après notre échantillon, c'est une activité dominée par les jeunes scolarisés dans la mesure où ils constituent 50 % des occurrences. Ils sont suivis par les maraichers (33,33 %) et par les commerçants (16,66 %). Les élèves ont fait du ramassage une activité permanente, alors que les maraichers et les commerçants en ont fait une activité complémentaire. Ces résultats sont similaires à certaines études antérieures qui ont noté que la cueillette des escargots est une activité pratiquée par toutes les catégories d'âge. Parmi les cueilleurs interrogés, les enfants sont relativement nombreux (Sodjinou et al., 2001). Outre le marché local, la ville de Santchou échange avec d'autres marchés des centres urbains. Ces derniers constituent également des pôles d'écoulement des escargots ramassés à Santchou. Les plus importants sont les marchés de Douala (40 %), Dschang (30 %), Melong (20 %).

La cueillette et la commercialisation de la viande d'escargots ont des implications sur le plan social et sur le plan économique à Santchou et, « par conséquent », sur le développement local à travers de multiples stratégies mises sur pied par les principaux acteurs de la cueillette et de la commercialisation des escargots. Ces résultats sont superposables à ceux de Essombè Edimo (2005) lorsqu'il montre que le développement local traduit, dans sa pratique, une dynamique consistant à élaborer et à mettre en œuvre des stratégies pour le développement intégré des territoires à travers les expériences en cours des acteurs. La cueillette et la commercialisation des escargots permettent de contribuer à la ration alimentaire des ménages et de réaliser de petits investissements. Ainsi, lesdites activités constituent une source de revenus pour les populations de Santchou. Ces résultats corroborent certaines des études antérieures montrant que le ramassage et la commercialisation de la viande d'escargots permettraient d'accroître le revenu et de renforcer la sécurité alimentaire *(Codjia et al., 2002 ; Mbétid-Bessane, 2006, op. cit.).* En outre, comme relevé dans la littérature, l'escargot a une importance majeure dans l'alimentation humaine et la médecine traditionnelle. Il constitue à la fois une source de protéine alternative pour les populations locales et apporte des revenus à la population (Akele et al., 2022). Ce qui confirme notre hypothèse de départ.

Conclusion

L'objectif du présent chapitre était une contribution à l'amélioration des conditions de vie des paysans basée sur l'économie autour des gastéropodes en milieu urbain. Il en ressort que les facteurs d'engouement des populations à l'économie des escargots sont surtout liés à l'afflux des Personnes déplacées internes à Santchou. De plus, cet engouement s'explique non seulement par l'augmentation des prix de vente de l'espèce au cours des dix dernières années, due à la rareté croissante de ces mollusques dans la nature, mais aussi par ses valeurs nutritionnelles et thérapeutiques. Le marché des escargots connaît une ascension fulgurante à Santchou. Pour satisfaire la forte demande, les paysans sont contraints de ramasser les escargots sur plusieurs jours et de les conserver jusqu'à l'atteinte de la quantité demandée avant toute livraison. D'après notre échantillon, c'est une activité dominée par les jeunes scolarisés, car ils constituent 50 % des occurrences. Ils sont suivis par les maraichers (33,33 %) et par les commerçants (16,66 %).

Le ramassage se fait majoritairement dans la nuit entre 19h et 1h du matin à l'aide de la torche des téléphones. La plupart du temps, les cueilleurs d'escargots utilisent la fouille comme technique de ramassage. À Santchou, les endroits explorés sont surtout les lieux tels que les champs, la forêt, près des marécages et dans les poubelles. Outre le marché local, la ville de Santchou échange avec d'autres marchés des centres urbains. Les plus importants sont les marchés de Douala (40 %), Dschang (30 %), Melong (20 %). La cueillette et la commercialisation de la viande d'escargots ont des implications sur le plan social à Santchou. Elles permettent de contribuer à la ration alimentaire des ménages et de réaliser de petits investissements. Sur le plan économique, elles constituent une source de revenus pour les populations.

Bibliographie

Akele, D., Aboh, A., B., Idoleke, G., Goudohessi, D. et Montchowui, E. (2022). Exploitation de l'escargot aquatique Lanistes varicus (Müller, 1774) dans la Basse Vallée de l'Ouémé au

Bénin, Afrique de l'Ouest. *International Journal of Biological and Chemical Sciences*, *16*(4),

pp.1608–1620.

BUCREP (Bureau Central des Recensements et des Études de Population). (2010). *La Population du Cameroun en 2010.* BUCREP Yaoundé, Cameroun.

Codjia, J., Biaou, G. et Sodjinou, E. (2002). Caractérisation du marché des escargots géants africains (achatines) dans les départements de l'Atlantique et du Littoral au Sud-Bénin. *Tropicultura (Antwerpen, Belgium)*, *20*(2), pp.83–88.

Dafem, R., Ngoula, F., Teguia, A., Kenfack, A. et Tchoumboué, J. (2008). Performances de reproduction de l'escargot géant africain (Archachatina marginata) en captivité au Cameroun. *Tropicultura*, *26*(3), pp.155–158.

Ejidike, B., N. et Adewuyi, C., O. (2018). The giant African land snail (GALS) Archachatina marginata egg and adult sizes: Case study. *Journal of Biodiversity, Bioprospecting and Development*, *5*(171), pp.2376–0214.

Essombè Edimo, J., R., Nya Bonabébé (2005). Le développement territorialisé à Douala : fondements et repérage des modalités institutionnelles d'une dynamique nouvelle. *Mondes en développement, 130*(2), 111-. https://doi.org/10.3917/med.130.0111

Kouassi, K., D., Otchoumou, A. et Gnakri, D. (2008). Le commerce des escargots (Achatina achatina), une activité lucrative en Côte d'Ivoire. *Livestock Research for Rural Development, 20*(4), 2008.

Mbétid-Bessane, E. (2006). Analyse de la filière des escargots comestibles dans la région de l'Équateur en République centrafricaine. *Tropicultura (Antwerpen, Belgium), 24*(2), pp.115–119.

Mwanza, H. et Kabamba, K. (2002). Pauvreté et marginalisation rurales en Afrique au sud du Sahara. *Belgeo. Revue belge de géographie, 1*, 3–16.

PCD. (2015). *Plan communal de développement de Santchou.* Santchou

PCD. (2022). *Plan communal de développement de Santchou.* Santcou

Razafindrakoto, M. et Roubaud, F. (2018). *Sous la crise anglophone au Cameroun : frustrations politiques et défiance à l'égard des autorités publiques.* UMR DIAL 225. https://horizon.documentation.ird.fr/exl-doc/pleins_textes/divers19-03/010074743

Sodjinou, E., Biaou, G. et Codjia, J.-C. (2001). La cueillette des escargots géants africains (achatines) dans le village Avakpa au sud du Bénin. *Bulletin de la recherche agronomique* http://www.slire.net/download/551/article2-brab31

2001_la_cueillette_des_escargots_g_ants_africains-achatines.pdf

Zongo, D. (1995). Les escargots géants africains. *Conférence prononcée à l'institut de géographie tropicale d'Abidjan dans le cadre du module de formation "Valorisation des produits du cuit et développement auto centré". ENSA-Côte-d'Ivoire, Abidjan, 15 p.*

CINQUIÈME PARTIE :

MOBILITÉ URBAINE ET ATTRACTIVITÉ

Gérard Tchouassi et Chrysleine Chantale Kamga Kamga dressent ici un état des lieux des connaissances et des pratiques en matière de gestion de la voirie urbaine au Cameroun, de même qu'ils soulèvent l'une de ses conséquences directes, qui est la congestion routière et, enfin, ils proposent quelques pistes de solutions.

Elie Fernand JIOKENG TCHOUGON, Donald Eric KAMGA et Charnel NGUEDIA DJOUGHO s'intéressent à la dynamique spatiale engendrée par l'autoroute Yaoundé-Nsimalen, présentant de véritables opportunités en matière de développement et de sérieuses menaces pour les populations situées en section rase campagne. De même, on assiste dans cette zone à une réduction considérable du couvert végétal au détriment du bâti qui gagne du terrain, tout en favorisant la prolifération des activités socio-économiques. L'autoroute, malgré son grand apport dans le développement socio-économique de la localité, se présente comme un couteau à double tranchant, car les populations d'Ayock Abome, de Meyo et de Toutouli se trouvent confinées. Ce confinement est expliqué par le fait que l'autoroute a divisé la localité en deux secteurs, rendant la mobilité presque impossible, surtout que les 15 km de voies secondaires prévues dans le fond du dossier d'étude environnementale de l'autoroute n'ont jamais été réalisés.

Julien Grégoire ONGUENE ATÉBA analyse l'impact des activités de la chaîne logistique inverse des entreprises industrielles sur le développement durable au Cameroun et plus spécifiquement dans la région du Centre. Pour ce faire, il a mené une enquête de terrain auprès de 31 entreprises industrielles situées dans dix localités de la région du Centre qui ont mis en œuvre ou non la logistique inverse, afin d'obtenir des données primaires. Les données secondaires proviennent à la fois de la base de données de l'Enquête sur l'Emploi et le Secteur Informel (EESI) et de INS (2022). Ces dernières ont fait l'objet d'un traitement relevant du registre descriptif avec les logiciels Stata 2011 et Excel 2013 et d'un test d'hypothèses en statistique inférentielle. Les variables de notre étude étant de nature qualitative, la technique utilisée a permis de recueillir les données non chiffrées, ce qui a motivé notre démarche hypothético-déductive par le test de Khi-deux. Les résultats obtenus montrent que « la pratique de la logistique inverse dans les entreprises industrielles contribuera efficacement au bien-être économique et social de la région du Centre » et « la pratique de la logistique inverse dans les entreprises industrielles ne contribuera pas au bien-être environnemental de la région du centre ».

CHAPITRE 17 :

AMÉNAGER ET REPENSER LA VOIRIE URBAINE AU CAMEROUN POUR UNE VILLE DURABLE

Gérard TCHOUASSI
et Chrysleine Chantale KAMGA KAMGA

Résumé

De nos jours, les problèmes liés à l'état des routes dans les grandes villes sont de plus en plus fréquents, parce que l'urbanisation rapide et l'attrait politique, social et économique des villes font en sorte que l'état de leurs rues n'est plus adéquat. Cela entraîne non seulement un aspect visuel inapproprié, mais aussi des conséquences négatives sur la circulation et les déplacements en ville (Crozet et Mercier, 2016). C'est une situation gênante qui met considérablement les populations et pouvoirs publics face à de nombreux autres défis sociaux, économiques et environnementaux. La ville, espace vécu et espace de création de la valeur, est plus que jamais au cœur de la performance économique et sociale (Essombè Edimo, 2007).

La voirie urbaine est caractérisée par sa multifonctionnalité et par la multiplicité et la diversité des usagers qu'elle rassemble. Elle accueille des déplacements aux motifs et aux durées divers, mais elle est également un lieu d'activité économique et de vie sociale. Dans un contexte de ruée massive des populations vers les grandes métropoles en temps normal comme en temps particulier, les préoccupations liées à la voirie urbaine au Cameroun sont de plus en plus fréquentes. L'objectif de ce chapitre est, dans un premier temps, de dresser un état des lieux des connaissances et des pratiques en matière de gestion de la voirie urbaine au Cameroun. Ensuite, il sera question de la congestion routière, une conséquence directe de ces pratiques, et finalement, quelques pistes de solutions seront proposées.

Mots clés : Voirie urbaine, Congestion routière, Ville durable.

Abstract

Nowadays, concerns related to urban roads in our metropolises are increasingly frequent because with the phenomenon of accelerated urbanization and political, social, and especially economic attractiveness, the state of the city's roads is called into question not only because of its inappropriate visual appearance unworthy of a metropolitan road; but also more because of the harm it causes in terms of traffic and travel in the city and its surroundings (Crozet and Mercier, 2016). This is an embarrassing situation that considerably places populations and public authorities in the face of many other social, economic and environmental challenges. The city, a lived space and a space for creating value, is more than ever at the heart of economic and social performance (Essombè Edimo, 2007).

Urban roads are characterized by their multi-functionality and by the multiplicity and diversity of users they bring together. It accommodates trips for various reasons and durations, but it is also a place of economic activity and social life. In a context of massive population rush towards large metropolises in normal times as in special times, concerns related to urban roads in Cameroon are increasingly frequent. The objective of this chapter is first to take stock of knowledge and practices in urban road management in Cameroon, then to pose one of the direct consequences which is road congestion and finally to propose some possible solutions.

Keywords: *Urban roads, Road congestion, Sustainable city.*

Introduction

Selon Jean Roger Essombe Edimo Nya Bonabebe « *le territoire est un ressort essentiel de la croissance et du développement* ». La ville est le lieu de rassemblement de multiples acteurs de la vie urbaine entrant en interaction souvent par le biais de leur coprésence physique en un même lieu (Wiel, 2002). Penser et incarner autrement l'aménagement des villes africaines, leur cadre de vie, leur identité, leur voirie, tout en créant une espèce de proximité entre les acteurs situés et ces villes, constitue aujourd'hui l'un des plus grands défis du développement de notre époque, surtout dans le cas du Cameroun. En effet, les villes ne sont plus simplement des lieux d'accueil pour les populations. Les villes et les territoires urbains constituent des endroits privilégiés pour l'organisation du développement, de la composition ou de la recomposition sociale, ainsi que pour la création de richesse. La ville, espace vécu et espace de création de la valeur, est plus que jamais au cœur de la performance économique et sociale (Essombè Edimo, 2005, 2007).

De nos jours, les préoccupations liées à la voirie urbaine dans nos métropoles sont de plus en plus fréquentes, puisque l'urbanisation accélérée et l'attractivité politique, sociale et, surtout, économique entraînent une remise en question du réseau routier. En effet, cet état de fait n'est pas seulement dû à un aspect visuel inapproprié pour une ville comme la nôtre, mais également parce qu'il entraîne des problèmes de circulation et de déplacements. C'est une situation gênante qui met considérablement les populations et pouvoirs publics face à de nombreux autres défis sociaux, économiques et environnementaux. Une ville est donc avant tout un contexte, un lieu de vie, un système complexe, qui, par ailleurs, jouit d'une personnalité qui lui est propre. Elle est ainsi le produit d'une histoire, elle est à l'image de ses habitants et de leur projet commun (Kamga Kamga, 2021a). Tenir compte de son contexte et de sa complexité, tant structurelle que spatiale, est devenu essentiel. Cette prise en compte n'a cependant de corps qu'à travers la définition et la mise en œuvre de stratégies d'attractivité, dont l'idée véhiculée est prioritairement celle d'attirer durablement diverses formes de ressources, qu'elles soient matérielles (humaines ou financières), ou immatérielles (informationnelles) (Hatem, 2004 ; Tchouassi et Oyié Avoulou, 2023). La circulation automobile en zone urbaine est donc un casse-tête dans toutes les grandes communes.

La libéralisation de l'accès à la voiture personnelle a en effet conduit, dans les pays en développement en général et le Cameroun en particulier, à une saturation récurrente des voiries. Accompagnée d'effets externes, comme la pollution ou le bruit, la congestion routière est devenue une question centrale et redoutable pour les décideurs publics locaux. Face à la marée automobile, les réponses politiques ont évolué avec le temps, sans pouvoir trouver une réponse qui réglerait définitivement le problème. Dans un premier temps, cet article vise à faire un état des lieux des connaissances et des pratiques en matière de gestion de la voirie urbaine au Cameroun. Ensuite, il abordera une des conséquences directes, soit la congestion routière, puis proposera quelques pistes de solution.

I. État des lieux de la voirie urbaine au Cameroun

La voirie désigne l'ensemble des voies de circulation (routes, chemins, rues, etc.) avec leurs dépendances, la nature et la structure de ces voies. Les voies de circulation permettent les déplacements de tous (piétons, cyclistes, automobilistes…) et l'accès aux activités économiques, commerciales, touristiques… La voirie est également le lieu de passage de tous les réseaux (eau potable, eaux usées, eaux pluviales, électricité, gaz, télécommunication, etc.). La voirie urbaine se distingue par sa fonctionnalité polyvalente et par la diversité et la variété des usagers qu'elle accueille. Ainsi, elle accueille des déplacements aux motifs et aux durées divers, et est également un lieu d'activité économique et de vie sociale. Dans un contexte de ruée massive des populations vers les grandes métropoles en temps normal comme en temps particulier, les préoccupations liées à la voirie urbaine au Cameroun de nos jours sont de plus en plus fréquentes. Le rythme de croissance très élevé depuis les années 2000 a conduit à une augmentation considérable des effectifs de la population (Tabutin et Schoumaker, 2020). L'explosion démographique et l'extension fulgurante consécutives au phénomène d'urbanisation galopante provoquent un accroissement rapide des besoins de la population en eau, logement, emplois, espaces publics, etc. (Kamga Kamga 2021b). Ce phénomène, comme il n'est pas maîtrisé, a de lourdes conséquences sur la voirie urbaine.

La croissance urbaine, qui peut être une source d'opportunités, est également porteuse de risques majeurs sur les plans sociaux et environnementaux. Avec le phénomène d'urbanisation accélérée et désordonnée (Essombé Edimo, 2007, Tchouassi et al., 2021 et Kamga et al., 2022), le réseau routier de Yaoundé à cause de la non-planification à long terme, du mauvais état et du non-entretien des routes, du non-respect des normes d'urbanisme dans sa conception, et de la non-divergence des moyens de déplacement dans la ville, laisse entrevoir davantage sa fragilité. Cette situation gênante et alarmante met considérablement les populations et pouvoirs publics face à de nombreux autres défis sociaux, économiques et environnementaux. Il faut agir par la mise en évidence des solutions pour faire de Yaoundé, de Douala, de Bafoussam, de Garoua, de Ngaoundéré et autres des villes durables à travers une voirie adaptée à sa convenance et à sa position géostratégique. L'une des conséquences de cet état de choses est la congestion urbaine empêchant ainsi une circulation fluide. Les voiries des villes camerounaises sont des exemples patents des voiries urbaines avec des routes délabrées. La résultante à cette observation est la longue file de bouchons paralysants les activités économiques aux heures de pointe (Tchamako, 2022).

Les mots « congestion », « embouteillage » et « bouchon » désignent couramment un encombrement de la circulation, se traduisant par des vitesses plus lentes qu'habituellement, voire quasiment nulles[102], ou encore par un débit irrégulier. Cela ne s'applique pas seulement au domaine routier, mais aussi aux piétons. La congestion urbaine, telle que définie par les experts du trafic, apparaît lorsque la demande de déplacements excède la capacité de l'infrastructure. Il y a donc deux états pour le trafic : une circulation fluide et une circulation congestionnée lorsque le point critique, au-delà duquel la demande de déplacements dépasse la capacité de l'infrastructure, est atteint[103].

Deux types de phénomènes peuvent provoquer une congestion du réseau, selon Crozet et Mercier (2016). On parlera de congestion récurrente (ou congestion de la demande) et de congestion non récurrente (ou congestion de l'offre) :

- Dans le premier cas, l'embouteillage survient lorsque la demande croît au point de dépasser l'offre. Ce phénomène apparaît notamment aux heures de pointe ou lors des grands épisodes de départs en vacances.
- Dans le second cas, l'embouteillage est provoqué par une réduction soudaine ou prévue de la capacité de la voirie. Ces épisodes de congestion se produisent notamment lors de travaux, d'une réduction de chaussée, d'une mauvaise qualité de la voirie ou bien encore d'un accident.

Une congestion routière survient donc avant tout parce que le rapport entre capacité et demande se déséquilibre. L'urbanisation accélérée et désordonnée des villes camerounaises (Essombé Edimo, 2007 ; Tchouassi et Kamga, 2016) fait de ces villes, des territoires propices à l'apparition d'embouteillages…

---

[102]Dictionnaire de l'Académie française sur Centre national des ressources textuelles et lexicales

[103] https://www.lafabriquedelacite.com

Le fonctionnement efficace et efficient de nos sociétés implique la synchronisation des temps de travail. Ainsi, tous les acteurs de la ville (travailleurs, élèves et étudiants) doivent se retrouver aux mêmes endroits, aux mêmes moments pour pouvoir interagir. Cette nécessité s'impose naturellement dans la société et conduit une majorité de citadins à se déplacer dans des fenêtres horaires similaires : 7h-9h et 16h-19h (Kamga Kamga, 2021b).

Photo : Écoulement du trafic à Yaoundé (lieu dit montée Jouvence)

Cliché Kamga Kamga

De plus, la concentration spatiale de l'emploi, accrue par la métropolisation, contribue à renforcer l'utilisation de la voirie autour des pôles d'emploi. Malheureusement la voirie urbaine n'est pas toujours en bon état pour recevoir tous les usagers de la route (Tchamako, 2022). Qui s'occupe de la Voirie urbaine au Cameroun ?

Au quotidien, la Communauté urbaine veille au respect des infrastructures et des aménagements installés sur la voie publique afin de maintenir un développement des déplacements adaptés, pour une mobilité plus simplifiée et plus organisée. Avec l'avènement de la décentralisation, plusieurs acteurs aux intérêts divergents, mais complémentaires s'emploient et se déploient dans le domaine de la gestion urbaine au Cameroun. Au rang de ces acteurs, on note les acteurs institutionnels et les acteurs non institutionnels (Kamga Kamga, 2021a). Les acteurs institutionnels se composent de l'administration en charge des questions urbaines et des collectivités décentralisées. Le ministère du Développement urbain et de l'Habitat (MINDUH) est l'épine dorsale de la politique urbaine au Cameroun. Le ministère des Domaines et des Affaires foncières (MINDAF) intervient lui aussi dans la gestion urbaine au Cameroun. Au terme de la révision constitutionnelle du 18 janvier 1996 et de la loi du 22 juillet 2004 portant décentralisation, les collectivités se sont vues attribuer des compétences et des responsabilités, notamment en matière de gestion urbaine (Moutila Beni, 2013). L'entretien d'une route départementale incombe au département. Mais c'est le maire qui assure la police de la circulation et qui est chargé de la sureté et de la commodité du passage sur ces voies dans la traversée de sa commune.

Malgré ces différents acteurs, la voirie camerounaise a toujours des manquements importants. Le constat reste alarmant pour tous et il s'avère donc très urgent pour nous d'apporter des solutions adaptées et perspicaces pour évacuer avec promptitude et efficacité les tares de cette voirie. Si rien n'est fait, elle nous conduira à d'autres problèmes plus asservissants.

II. Voirie urbaine et congestion urbaine

La conséquence première d'une voirie urbaine mal adaptée à la réalité de la métropole est la congestion urbaine. Face aux limites des réponses centrées sur l'offre de la voirie et son management (plans de circulation, régulation des feux tricolores...), les politiques publiques ont tenté de susciter un report vers les transports collectifs, notamment en développant des solutions de mobilité alternatives à l'automobile (Crozet et Mercier, 2016). Les rues des métropoles, caractérisées par une circulation automobile intense, demeurent inadaptées en raison de la difficulté croissante de se déplacer dans la ville, en particulier pendant la période des fêtes de fin d'année, où la ville devient de plus en plus attractive. Chacun y va de son propre gré pour tenter de boucher les nids de poule. Qu'importe s'il y a des clous, des bouts de planche et autres. L'essentiel est de chercher à fermer le trou. On a l'impression que les populations n'ont plus le droit de circuler aisément sans se fouler la cheville pour les piétons, et avoir les roues crevées pour les automobilistes ou les motocyclistes. Pour mieux présenter les faits, nous avons monté deux figures, l'une expliquant les problèmes plausibles d'une mauvaise voirie urbaine, plus précisément d'une congestion routière et l'autre montrant quelques pistes de solutions.

Figure 1 : les causes premières et les effets directs de la congestion routière

Source : Recherches personnelles

Le défi majeur dans les villes camerounaises est la congestion routière. Aujourd'hui, l'automobile est pointée du doigt comme étant la source des problèmes. Cependant, les travaux historiques de Flonneau (2000) sur l'automobile montrent qu'elle a contribué non seulement à la modernité de la métropole, mais aussi à son rayonnement. Malheureusement, au Cameroun, le nombre d'automobiles augmente rapidement, alors que la voirie n'avance pas au même rythme. En plus de réduire la vitesse de circulation, la congestion routière est une source importante de pollution de l'air, due à une consommation supplémentaire de carburant. Dans cet arbre à problèmes (figure 1), nous avons une voirie urbaine très mauvaise, un incivisme des populations et des pouvoirs publics, des routes non aménagées et un investissement public insuffisant dans le domaine du transport en commun.

Ces manquements causent des insuffisances et le mauvais état des voies de communication, des routes non aménagées, etc.

Ces causes entraînent une fragilité du réseau routier et créent plusieurs effets qui sont :

- Le réchauffement climatique,
- Le retard au travail,
- Les accidents de route,
- Les bouchons,
- Les augmentations du prix de transport, etc.

Les trafics sont majoritairement des trafics locaux. La congestion routière n'est donc pas sans conséquence et se traduit par de forts impacts économiques, sociétaux et environnementaux (Essombè Edimo 2023). Les conséquences environnementales sont sans doute les plus pointées du doigt pendant les bouchons, car, par une logique élémentaire, plus un véhicule passe de temps dans la circulation, plus il consomme de carburant et plus il émet d'éléments polluants. Les embouteillages sont donc la situation la plus pénalisante sur la route en termes de dégradation de la qualité de l'air avec l'émission des gaz à effet de serre. Ce qui nous éloigne le plus de la ville durable.

III. Quelques pistes de solutions

La voirie routière révèle une complexité qui amène à appréhender plusieurs dimensions simultanément. Sans être exhaustif, nous avons la dimension politique à travers la gestion du patrimoine de voirie, la dimension technique par la gestion mécanique de l'infrastructure ainsi que l'organisation de la circulation des usagers, la dimension foncière par la gestion de l'espace public, ou encore la dimension urbanistique par l'inscription de la voirie dans le paysage urbain (Pavard, Bordin et Dony, 2021). Les politiques de transport et de déplacements et voirie urbaine doivent donc s'inscrire dans une perspective commune où qualité de vie, durabilité et sécurité se côtoient, au service d'un environnement sûr et sans nuisance (Reigner H., Hernandez F. et Brenac T., 2009). Néanmoins les autorités camerounaises essaient plus ou moins de limiter les nuisances automobiles dans les centralités urbaines (Tchamako, 2022). Il ne s'agit en effet pas tant de freiner globalement les mobilités polluantes, mais davantage d'en limiter les impacts négatifs sur la ville.

Figure 2 : Repenser la voirie urbaine

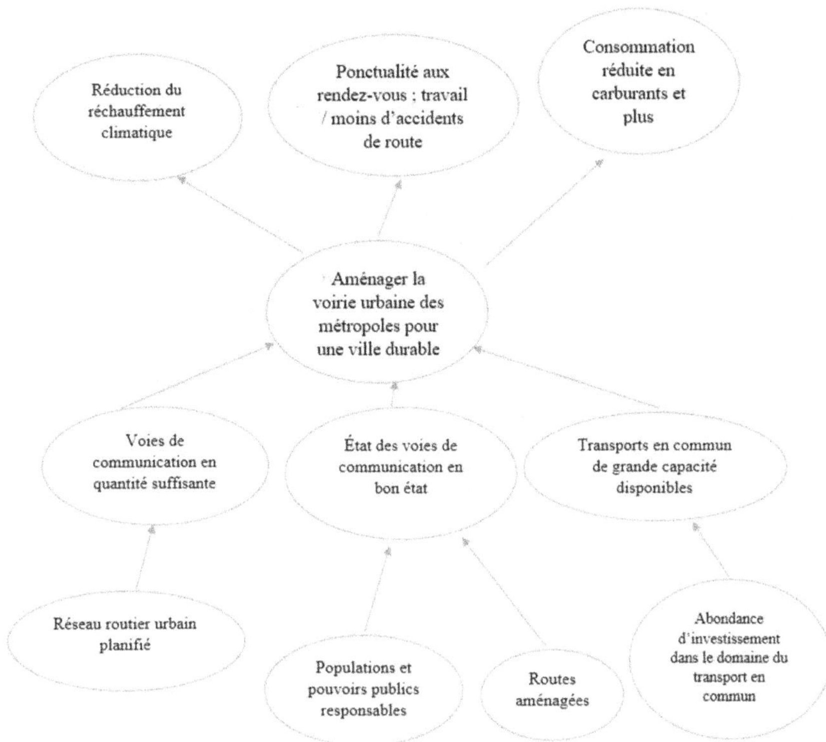

Source : Recherches personnelles

Cet arbre à solutions commence par le sommet avec les objectifs généraux recherchés pouvant impacter positivement sur une ville durable. De ces objectifs généraux découle l'objectif principal, qui est l'aménagement de la voirie urbaine pour une ville durable.

Nous avons ensuite les résultats attendus qui sont :

- Voies de communication en quantité suffisante,
- État des voies de communication en bon état,
- Transports en commun de grande capacité disponibles
- …

Pour que ces résultats soient atteints, la dernière ligne de la figure2 propose quelques activités à mener. Les gestionnaires de la voirie au Cameroun ont néanmoins besoin de plusieurs autres données pour définitivement repenser la voirie urbaine du pays.

Conclusion

En définitive, il est vrai que l'explosion démographique et l'extension fulgurante des villes, consécutives au phénomène d'urbanisation galopante, provoquent un accroissement rapide des besoins de la population en eau, logement, emplois, espaces publics, etc. À cela s'ajoutent la dégradation de la voirie urbaine, les changements climatiques en milieu urbain, l'insécurité, et la maintenance des infrastructures. La conséquence première de cette mauvaise voirie urbaine retenue dans cet article est la congestion routière, qui se reconnaît comme un phénomène universel dans les grandes villes. La principale raison étant l'abondance de véhicules particuliers et la rareté de l'espace viaire. Plusieurs actions sont dès lors possibles : agir sur l'offre viaire, réduire ou déplacer la demande.

La congestion routière se présente comme découlant d'un excès de la demande de déplacement automobile par rapport à la capacité de la voirie, dans cet article, nous avons en premier lieu été tentés de proposer de manière intuitive d'augmenter la capacité de l'offre viaire afin de résorber la congestion. Si une telle déduction est une suite logique à première vue, la réalité de la circulation est plus compliquée et les résultats peuvent être moins concluants. C'est pour cette raison que l'on doit aussi agir sur la demande. Nous devons prendre en compte une possible aggravation de la situation initiale. Chaque citadin veut avoir son local et aussi avoir un véhicule. À défaut de pouvoir engager une action sur la capacité de la voirie, il est potentiellement possible d'infléchir la demande de déplacements. Cette action a théoriquement un effet direct sur le flux de véhicules, sur la concentration de la circulation et, par conséquent sur la congestion.

Bibliographie

Crozet Y. et Mercier A., (2016), Induction et évaporation de trafic : *Revue de la littérature et études de cas* ; Etude réalisée pour le service voirie de la Métropole de Lyon, Université de Lyon, novembre, 48p.

Dictionnaire de l'Académie française sur Centre national des ressources textuelles et lexicales

Essombè Edimo, J., R., Nya Bonabébé (2005). Le développement territorialisé à Douala : fondements et repérage des modalités institutionnelles d'une dynamique nouvelle, dans la *Revue Monde en développement*, n° 130, 2005/2, pp. 111-130.

Essombè Edimo, J., R., Nya Bonabébé (2007). *Spatialité et développement économique à Douala : entre le hasard et la nécessité, Études africaines,* L'Harmattan, 206 pages.

Essombè Edimo, J., R., Nya Bonabébé (2008). Douala et l'attractivité territoriale en zone CEMAC à l'heure de l'économie globale, *Revue ENJEUX*, n° 34-35.

Essombè Edimo, J., R., Nya Bonabébé (2023). Les collectivités territoriales décentralisées et le développement : pour quelle gouvernance locale ? Dans Ntuda Ebodé, J., V. et Etoa.

Flonneau, M., (2000). Infrastructures et citadins : réflexions sur l'acceptation et l'impact de l'automobile à Paris au XXe siècle, *Le mouvement social*, n° 192, pp. 99-120.

Kamga Kamga, C., C. (2021a). Multi-agent analysis of the city's sustainable development policy (Analyse multi-agents de la politique du développement durable des villes), Tendances de Management Africaines, Volume 21, série 2, Décembre pp. 157-172.

Kamga Kamga, C., C. (2021b). *Efficacité de la Philanthropie pour le développement local des zones périurbaines*, Thèse de Doctorat, Phd, Charisma University, Turks and Caicos Island United Kingdom, 301 p

Kamga Kamga, C., C ; Tchouassi, G. et Essombe Edimo, J., R, Nya Bonabébé (2022). *Modeling the altruistic policy for local development with data envelopment analysis,* MPRA, Munich Personal RePEc Archive, Août, 21p.

Moutila Beni, L. (2013). Planification urbaine au Cameroun : Nature, Origine, et Défis. *Géographie et environnement* ; octobre.

Oyono, G. (2023). Les initiatives de développement en Afrique subsaharienne : entre construction et déconstruction des modèles existants depuis 1960, Réminiscences du Pr Emérite L. Zang, L'Harmattan, Paris, pp. 127/150

Pavard, A., Bordin, P. et Dony, A., (2021). Modéliser la voirie urbaine pour une gestion de l'infrastructure routière : étude comparée de deux conceptions de données surfaciques de voirie, Belgeo, http:// journals.openedition.org/belgeo/51958 ;

Reigner, H., Hernandez, F. et Brenac, T. (2009). Circuler dans la ville sûre et durable : des politiques publiques contemporaines ambiguës, consensuelles et insoutenables, *Métropoles*.

Tabutin, D. et Schoumaker, B. (2020). La démographie de l'Afrique subsaharienne au XXIe siècle : Bilan des changements de 2000 à 2020, perspectives et défis d'ici 2050. *Population*, 75, 169-295.

Tchamako, J., T. (2022). La problématique des routes et voiries urbaines en mauvais états au Cameroun, La chaussée en béton de Ciment, une solution résistante et économique.

Tchouassi, G. (2010). *Argent de la diaspora et financement du développement des infrastructures urbaines basées en Afrique,* Repenser le développement africain pour le développement, pp. 211-229.

Tchouassi, G., et Oyié Avoulou, M., S., L. (2023). Entreprendre en économie circulaire pour le développement des territoires urbains : une alternative efficace à la portée des collectivités locales africaines ?, international Journal of Accounting, Finance, Auditing, management and Economics, vol. 4, no 4-1, PP. 488-506

Tchouassi, G. ; Kamga Kamga, C., C et Essombe Edimo J., R., Nya Bonbébé (2021). Politique philanthropique et développement local au Cameroun : une analyse à partir du modèle DEA", *Revue Africaniste inter-Disciplinaire* N° 16, pp. 159-17.

Tchouassi, G. et Kamga Kamga, C., C. (2016). *L'économie de proximité et la dynamique des activités de microfinance au Cameroun*, in Tchékoté H., Moulendé Fouda T., Tallet B., Guillermou Y. et Yemmafouo A., (eds), (2016), *Savoirs et politiques de financement rural en Afrique subsaharienne*, Ed Clé, Yaoundé pp. 371-390.

Wiel, M. (2002), *Ville et automobile,* Paris, Descartes & cie.

CHAPITRE 18 :

INFRASTRUCTURES STRUCTURANTES ET DÉVELOPPEMENT PERI-URBAIN : CAS DE L'AUTOROUTE YAOUNDE-NSIMALEN

Elie Fernand JIOKENG TCHOUGON,
Donald Eric KAMGA
et Charnel NGUEDIA DJOUGHO

Résumé

Située dans la région du centre, la ville de Yaoundé connaît une urbanisation progressant du centre vers la périphérie. Cette urbanisation nécessite la mise en place d'infrastructures de transport parmi lesquelles l'autoroute Yaoundé-Nsimalen. Cette étude nécessite une analyse approfondie sur l'évolution du bâti entre plusieurs dates, notamment 1987, 2000, et 2023, afin d'évaluer la dynamique d'occupation du sol dans la zone. La recherche documentaire, les observations participantes, les entretiens, l'échantillonnage et les enquêtes sociologiques permettront de montrer les dynamiques spatiales induites par la construction de l'autoroute Yaoundé-Nsimalen à la périphérie sud-est de la ville de Yaoundé. Les résultats obtenus ne relèvent que la dynamique spatiale engendrée par l'autoroute Yaoundé-Nsimalen, présentent de véritables opportunités en matière de développement et de sérieuses menaces pour les populations situées en section rase campagne. De même, on assiste dans cette zone à une réduction considérable du couvert végétal au détriment du bâti qui gagne du terrain, tout en favorisant la prolifération des activités socio-économiques.

L'autoroute, malgré son grand apport dans le développement socio-économique de la localité, se présente comme un couteau à double tranchant, car les populations d'Ayock Abome, de Meyo et de Toutouli se trouvent confinées. Ce confinement s'explique par le fait que l'autoroute a divisé la localité en deux secteurs, rendant la mobilité presque impossible, puisque les 15 km de voies secondaires prévues dans le fond du dossier n'ont jamais été réalisés. Cet état de choses rend la mobilité et la circulation difficiles dans la zone, d'où l'appel des populations au MINHDU depuis 2019, malgré le fait que rien n'a changé depuis lors. Bien que les activités socio-économiques gagnent du terrain à proximité de l'autoroute, les pouvoirs institutionnels devraient assainir durablement les problèmes rencontrés suite à la construction de ce joyau architectural.

Mots clés : Infrastructures structurantes, extension urbaine, autoroute, impact socio-économique.

Abstract

Located in the central region, the city of Yaoundé is experiencing urbanization progressing from the center to the outskirts. This urbanization requires the establishment of transport infrastructure, including the Yaoundé-Nsimalen highway. This study requires an in-depth analysis of the evolution of buildings between several dates, notably 1987, 2000, and 2023, in order to evaluate the dynamics of land use in the area. Documentary research, participant observations, interviews, sampling and sociological surveys will make it possible to show the spatial dynamics induced by the construction of the Yaoundé-Nsimalen highway on the southeastern outskirts of the city of Yaoundé. The results obtained only highlight the spatial dynamics generated by the Yaoundé-Nsimalen highway, presenting real opportunities in terms of development and serious threats for populations located in open country sections. Likewise, in this area we are witnessing a considerable reduction in plant cover to the detriment of buildings which are gaining ground, while promoting the proliferation of socio-economic activities.

The highway, despite its great contribution to the socio-economic development of the locality, presents itself as a double-edged sword, because the populations of Ayock Abome, meyo and Toutouli find themselves confined. This confinement is explained by the fact that the highway has divided the locality into two sectors, making mobility almost impossible, especially since the 15 km of secondary roads planned in the background of the file, the environmental study of the highway was never built. This state of affairs makes mobility and circulation difficult in the area, hence the appeal of populations to MINHDU since 2019, despite the fact that nothing has changed since then. Although socio-economic activities are gaining ground near the highway, the institutional powers should sustainably resolve the problems encountered following the construction of this architectural gem.

Key words: *Structuring infrastructure, urban extension, highway, socio-economic impact.*

Introduction

La ville de Yaoundé, capitale du Cameroun, a connu une croissance spectaculaire. Cette croissance s'est accompagnée d'une urbanisation rapide. Ainsi, la population de Yaoundé est passée de 1 936 461 habitants en 2006 à 2 765 568 habitants en 2015 (BUCREP, 2015). En 9 ans la population de la ville de Yaoundé a presque doublé, entraînant de nombreuses dynamiques. Cette croissance démographique s'est traduite par une expansion spatiale. La surface urbanisée de Yaoundé a quadruplé entre 1980 et 2001. Elle est passée de moins de 4 000 hectares à près de 16 000 en vingt ans. En 2001, le site urbanisé occupait près de 16 000 hectares, soit 56 % de la superficie administrative. La densité moyenne du tissu urbain était alors d'environ 100 habitants par hectare. Yaoundé couvre actuellement une superficie de plus de 30 000 hectares (CUY, 2010), et son taux de croissance urbain est estimé à 3,2 % (United Nation Statistic Division, 2013). La ville a connu une croissance démographique exponentielle, constituant le principal facteur de son extension spatiale en ce qu'elle impose la colonisation des terrains libres et moins coûteux d'où la phagocytose de l'arrière-pays naguère rural (Ndock, 2013). Les espaces périurbains très peu peuplés avant les années 1985 ont attiré les flux importants des migrants en provenance de toutes les régions du Cameroun. Yaoundé a connu un étalement urbain qui est toujours d'actualité, entraînant dans la majorité des cas une insécurité foncière (Assako, 2011).

L'offre des transports est aussi un facteur marquant dans la modification de l'espace, dans la mesure où l'implantation d'une infrastructure routière entraîne de nombreux changements sur les territoires traversés. Car le transport n'est certainement pas une traduction passive des besoins de déplacements des pôles générateurs de flux. Il possède une dynamique propre qui va faire de lui un instrument essentiel de la structuration de l'espace. De tout temps, on a cherché à organiser l'espace au moyen du transport et l'on s'est préoccupé de ses effets structurants, notamment de ses infrastructures (Daniel L'Huillier, 1974). De ce fait, la nécessité s'impose de faire une mise à jour du système routier de l'agglomération en créant de nouvelles voies plus grandes, qui répondront mieux aux critères actuels de densification des moyens de déplacement intra et interurbain : le cas de l'autoroute Yaoundé-Nsimalen.

Ce chapitre peut être considéré comme une étude au service des actions pratiques éventuelles parce qu'elle fournit aux différents acteurs concernés, à la suite des travaux et recherches antérieurs, des outils de compréhension des dynamiques spatiales induites par la construction de l'autoroute Yaoundé-Nsimalen.

I. Revue de la littérature

Lanneaux (2020) mesure les effets d'une grande infrastructure de transport : celle de l'autoroute A39 de Dole-Bourg-En-Bresse. Elle montre que la construction d'une autoroute comme l'A39 entraîne des modifications dans l'organisation et la gestion du territoire. Mais ces changements se différencient en fonction du « territoire récepteur » et des acteurs locaux mettant en place des stratégies d'aménagement et de développement.

Dans son étude concernant le rôle des autoroutes à Toronto, Caralp (1973) montre que près de 18 % des appartements de Toronto étaient construits à proximité immédiate des autoroutes construites ou projetées. Les autoroutes d'Amérique jouent un rôle d'effet-vitrine et de fixation des populations. Car elles participent à l'augmentation de la population et l'on observe des logements de plus en plus récents à proximité de l'autoroute. Cependant, en dehors des avantages de l'autoroute, il existe aussi des inconvénients, notamment le bruit généré par les véhicules en circulation.

Pour sa part, Seneh (2012) démontre que les effets positifs de la route à Nouakchott sont de nature socio-économique. Ils concernent l'amélioration du niveau et des conditions de vie de la population, notamment un meilleur accès aux marchés, au développement des activités commerciales, à une meilleure organisation du transport des personnes et des biens, aux services tels que la santé et la scolarisation, au revenu par habitant, au développement des activités économiques telles que la pêche, le tourisme et l'élevage, entre autres.

De même, Cohou (2001) s'attarde sur l'impact et les effets de l'autoroute sur le développement territorial, en montrant qu'elle ne constitue qu'un facteur de dynamisme parmi d'autres, et que son rôle positif n'est pas assuré d'avance. Par contre, avant comme après sa réalisation, les élus politiques et professionnels, les chefs d'entreprises sont moins critiques et soulignent l'impulsion donnée par la mise en service. Là où, Plassard (1989), dans son ouvrage intitulé « Infrastructures de transport et transformations de l'espace : le cas de la région du Creusot et de Montceau-les-Mines entre 1780 et 1980 », montre les relations qui existent entre les transformations de l'espace et la construction d'infrastructures de transport. Cette ville a connu des accumulations exceptionnelles en infrastructures de transport : canal du Centre en 1973, voie de chemin de fer en 1861, route express en 1965, train à grande vitesse Paris-Sud-Est en 1981. Ces différentes infrastructures ont eu un impact sur l'espace, notamment la réorientation de la région (qui était orientée essentiellement du nord) vers le sud. Car il n'existait aucun axe est-ouest sur la totalité de la région. Le canal est donc apparu comme une innovation spatiale, puisqu'il aura permis une ouverture d'est en ouest. Il sera devenu le référent géographique de toutes les activités ayant une composante spatiale.

Enfin, Boudoux d'Hautefeuille (2014) fait une analyse des enjeux portés par les projets routiers en Guyane française. L'auteur se propose de questionner les enjeux associés aux projets routiers en Guyane française structurés par deux types d'effets, à savoir : le désenclavement d'implantations humaines préexistantes d'un côté et, la mise en valeur du foncier traversé de l'autre. L'auteur présente les routes guyanaises comme garante de la continuité territoriale régionale. D'autant que celles-ci permettent par ailleurs d'accéder au foncier, et de mettre en valeur, à travers l'extraction des ressources végétales ou minérales, l'économie productive (agriculture et élevage) capitaliste ou vivrière. Derrière le principe de continuité territoriale qui s'applique en Guyane française pour justifier les projets routiers, d'autres motivations semblent donc bien réelles.

II. Méthodologie

La méthode utilisée s'appuie sur la recherche documentaire effectuée dans les centres de documentation de l'Institut National de la Statistique, dans les archives du MINHDU, à la délégation départementale du MINDCAF, à la bibliothèque du département de Géographie de l'Université de Yaoundé I et une grande partie sur Internet. Elle a permis de consulter les documents manuscrits et numériques sur les projets et réalisation du MINHDU en 2021, particulièrement le cas de la section rase campagne de l'autoroute Yaoundé-Nsimalen. Les données statistiques du troisième Recensement général de la Population et de l'Habitat (RGPH, 2005) et de l'INS (2010) ont permis d'avoir les informations sur les quartiers traversant l'autoroute.

La forte connaissance que nous avons du terrain d'étude n'a pas empêché de réaliser des interviews pour consolider ou infirmer certaines présomptions. De ce fait, nous avons eu des entretiens avec différents acteurs en présence. Le but est de montrer l'influence de la construction de l'autoroute sur le développement socio-économique des quartiers traversés par celle-ci, à savoir Toutouli, Ayock Abomé, Ntoum, Meyo, Ahala II, Nsimalen.

Ils ont consisté en des observations directes, des enquêtes auprès des ménages sur la base d'un questionnaire, des enquêtes auprès des personnes-ressources, des entretiens semi-structurés, des marches de reconnaissance et d'observation. Toutes ces méthodes nous ont fourni des informations détaillées sur l'impact de la construction de l'autoroute Yaoundé-Nsimalen sur la dynamique locale. Pendant ces travaux de reconnaissance, des photos ont été prises pour montrer des exemples de situations sur le terrain nécessitant une attention particulière.

Notre sondage a consisté à aborder les chefs de ménage par le biais d'une série de questions écrites auxquelles ils devaient répondre. Le questionnaire comportait les rubriques suivantes : entretiens, administration du questionnaire, acquisition du terrain, mise en valeur des parcelles. Les données à collecter étaient celles concernant l'autoroute et l'occupation du sol. Ces interrogations portent principalement sur les conséquences positives et négatives de la construction de l'autoroute sur le développement socio-économique. La sélection de l'échantillon est une étape cruciale avant toute enquête. Pour constituer un échantillon représentatif, nous avons associé plusieurs techniques. Il a fallu d'emblée identifier la population cible[104]. La population totale a été obtenue grâce aux données du recensement général de la population et de l'habitat de 2005. Le pas de tirage représente le nombre choisi de manière aléatoire, compris entre 1 à 20. Ainsi, pour l'échantillon à enquêter, la formule P = N/n a été appliquée. La population totale enquêtée est de 197 ménages. Cet échantillon représente 5,85 % de la population totale (**Tableau 1**).

---

[104] Selon Chauchat H. (1987), la population cible ou parente est l'ensemble des individus sur qui s'applique l'étude. Les limites de cette population et ses caractéristiques sont définies en fonction des objectifs de l'investigation.

Tableau 1 : Quartier d'enquête

Quartiers	Ménages	Échantillons	Pas de tirage
Ntoun	215	11	20
Meyo	403	50	8
Ahala II	2114	105	20
Nsimalen	630	31	20
TOTAL	**3362**	**197**	**68**

Source : *RGPH 2005, adapté par les auteurs*

Ainsi, 197 chefs de ménages recevront des questionnaires afin d'obtenir des informations sur la dynamique spatiale induite par la construction de l'autoroute dans ces localités. Les quartiers cités dans le Tableau 1 ont été choisis à cause de leur situation par rapport à l'autoroute Yaoundé-Nsimalen. Ce sont les principaux axes de passage de l'infrastructure.

1. Traitement, interprétation et analyse des données

Après la collecte des données, nous avons procédé au dépouillement, au traitement et à l'interprétation des résultats. Cela a été possible par l'analyse des questionnaires dont les données ont, au préalable, été intégrées dans le logiciel Excel. Après croisement des données, nous avons produit des tableaux, et généré des graphiques et des diagrammes.

La réalisation et le traitement des cartes ont été effectués par la combinaison des logiciels Adobe illus-tration CS 11, ArcGis 10.8 et Qgis 3.26. Ils ont facilité la création des contours, la réalisation des profils, le filtrage des images. La réalisation de carte nous a permis de spatialiser les faits.

2. Cadre spatiale de l'étude

L'autoroute Yaoundé-Nsimalen traverse plusieurs départements à savoir : le Mfoundi, la Mefou- et-Akono, et la Mefou-et-Afamba. Cette autoroute comporte deux sections :

- La section rase campagne longue de 10,8 km, va du rond-point Nsimalen en passant par les villages Toutouli, Meyo jusqu'au quartier Ahala (**Figure 1**).
- La section urbaine de 12 km se raccorde avec la section en rase campagne. Elle traverse les quartiers Ahala, Nsam, carrefour Trois-Statues, Oilybia Olezoa, Messe des officiers, Poste centrale, Carrefour Hilton, Carrefour Warda, Nouvelle route Bastos et la sous-préfecture Tsinga.

Notre chapitre porte sur l'analyse des dynamiques spatiales engendrées par la construction de l'autoroute Yaoundé-Nsimalen.

Figure 1 : Tracé de l'autoroute Yaoundé-Nsimalen en section rase campagne

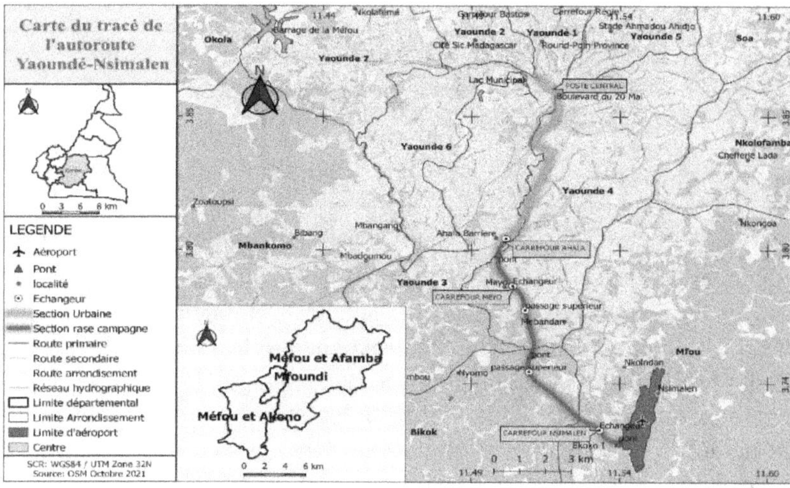

La **Figure 1** ci-dessus est la représentation graphique de l'autoroute Yaoundé-Nsimalen. Sur celle-ci, nous pouvons voir les arrondissements traversés par l'autoroute, ainsi que ses différentes composantes.

III. Résultat et analyse

Résultats

- **Évolution du bâti dans zone**

Les résultats portent sur la construction de l'autoroute Yaoundé-Nsimalen et ses effets induits sur la dynamique d'occupation du sol et, particulièrement, sur le bâti.

L'occupation de l'espace par le bâti a connu une forte croissance. Les chiffres obtenus de l'analyse diachronique montrent que, entre 1987 et 2020, la consommation de l'espace par le bâti est passée de 3,87 % à 50,62 % (voir **Tableau 2**), soit une augmentation de 46,75 %. Cette évolution est attribuée à plusieurs facteurs déterminants qui sont la construction de l'aéroport international de Nsimalen, ou encore l'installation des infrastructures de base dans la capitale politique. Le plus récent des facteurs à l'origine de l'augmentation du bâti dans la zone est sans aucun doute la construction de l'autoroute Yaoundé-Nsimalen.

Tableau 2 : Évolution du bâti dans zone

Année	**Superficie**	**Proportion du bâti (%)**
1987	172,017196	5,9
2000	464,399617	16,12
2023	2245,137322	77,91
Total	2881, 554135	100

Source : Donnée INC 2014, plus données Earth explorer 1987, 2000, 2023

Le **Tableau 2** ci-dessus illustre l'augmentation du bâti de 1987 à 2020 dans les quartiers traversés par l'autoroute Yaoundé-Nsimalen. Sur celle-ci, nous pouvons clairement voir une croissance exponentielle du bâti (5,9 %) en 1987 (16,12 %) en 2000 et (77,91) en 2023. Soit une hausse de 72,01 % en 36 ans. Cette croissance est rattachée à l'installation et au développement des infrastructures. Cette augmentation ne s'arrêtera pas à ce stade, car le passage de l'autoroute est l'un des facteurs d'augmentation du bâti dans la zone, vu le nombre de maisons en construction depuis la venue de cette infrastructure. Cette situation de croissance du bâti vient justifier le fameux dicton « le développement suit où la route passe ».

- **L'achat : principal mode d'acquisition de terrain dans la zone**

Le **Tableau 3** permet de ressortir les différents modes d'acquisition des terres dans le quartier qui traverse l'autoroute. Depuis la construction de l'autoroute, le marché foncier a pris une autre tournure. Plusieurs acteurs sont dorénavant impliqués dans la vente de terrains, particulièrement dans les zones couvertes par les grands projets structurants.

Tableau 3 : Mode d'acquisition terrain dans le périmètre de l'autoroute

Modes	Fréquence (%)
Achat	65 %
Héritage	30 %
Autres	5 %
Total	100

Source : Enquête de terrain 2023

Il ressort de ce **Tableau 3** que 65 % des ménages interrogés sont d'allogènes principaux acquéreurs des terres dans la zone. Les autochtones occupent le deuxième rang, soit 30 %, et la plupart d'entre eux ont hérité la terre. Le reste des modes d'acquisitions relèvent soit de la succession, du gré-

gré, soit du domaine de l'État. Les halogènes sont les plus nombreux dans le quartier, et ces derniers évoquent l'hypothèse selon laquelle ils ont acheté le terrain à des prix raisonnables : 2 000-5000 FCFA dans les années 2000, et ceux des plus récents ont acheté le mètre carré entre 10000 et 30000 FCFA (investigation de terrain, 2017)

- **Autoroute et évolution du prix du m² de terrain dans le périmètre de l'autoroute**

À Yaoundé, par exemple, le développement du bâti a été occasionné par la construction des infrastructures de base, telles que les routes, les écoles, ainsi que l'installation des activités économiques. La construction de l'autoroute a été un facteur favorisant l'évolution du bâti dans la zone. 82,5 % des personnes interrogées disent habiter dans cette zone en raison de la présence de l'autoroute. Elles estiment que cette infrastructure contribuera à l'amélioration de la réputation du quartier. Le choix du lieu de résidence repose sur plusieurs raisons (Tchawa, 2014). Ainsi, dans la zone d'étude des raisons du choix du lieu de résidence sont évoquées par les populations. Il s'agit de :

- la disponibilité foncière, notamment dans les arrondissements de Bikok
- du cadre de vie aisé ;
- la recherche de la tranquillité, et
- des installations de la MAETUR qui conduiront au lotissement de 38 hectares bitumés facilitant la mobilité, et du complexe sportif communal au niveau des villages Ngoulemekong et Ntoun.

- **L'autoroute et confinement des populations**

Construction de l'autoroute Yaoundé-Nsimalen n'ayant pas abouti à la finalisation des travaux sur tous les plans, constitue un réel facteur de confinement des populations. Les populations se plaignent du fait qu'elles ont aujourd'hui une mobilité réduite, contrairement à avant. Car la construction de l'autoroute se présente comme une barrière pour les populations. La construction a limité et bloqué les petits passages que les populations utilisaient avant pour se déplacer rapidement d'un point à un autre. Les enfants du primaire sont obligés de parcourir une dizaine de km pour se rendre dans leurs différentes écoles. Ce qui ne cadre plus avec les principes de l'UNESCO. Il était prévu, environ, 15 km de voie de contournement dans le cadre de la construction de l'autoroute, mais depuis que l'autoroute est devenue opérationnelle, plus rien n'a été fait. À telle enseigne que les populations escaladent l'autoroute pour se rendre de l'autre côté de la voie. Les populations véhiculées sont obligées de garer leur véhicule à une certaine distance pour prendre une moto avant de se rendre dans leur domicile respectif. Vivre chez soi devient un sérieux défi, malgré l'autoroute.

Face à ce sérieux problème de déplacement, les populations ont développé des moyens de contournement qui ne cadrent pas avec la sécurité routière, d'où quelques accidents observés

(**Planche 2**).

Dec 2020, Photo Auteurs Dec 2020, Photo Auteurs

Photo 1 : Accès difficile à l'autoroute Photo 2 : Rupture entre l'autoroute et les habitations

Il ressort de la **Photo 1**, que la section rase campagne de l'autoroute Yaoundé-Nsimalen a encore un sérieux travail à faire concernant les finitions. Les populations pendant la construction ont jubilé de ce bijou architectural, et plusieurs se sont précipitées à acheter les terres qu'elles ont mises en valeur. De nos jours se déplacer pour se rendre à son domicile ou à son occupation quotidienne est un sérieux challenge. En (A) traverse l'autoroute dans la zone de Meyo, une échelle est placée par les populations pour arriver facilement sur l'autoroute (B). En (C) nous avons un habitat perché au sommet de la pente. Ce résidant pratique une très grande activité sportive afin de pouvoir joindre l'autoroute. La **Photo 2**, présente le même état de choses, à la seule différence qu'il y a un espace non aménagé entre l'autoroute (C) et les habitations (A) qui est couverte de friche (B) depuis l'arrêt des travaux, et en (D) nous avons un espace vide où se faufilent les populations pour traverser l'autoroute avec tous les dangers que cela peut comporter.

Les populations implorent le MINHDU de les sortir de cette situation, car 16 km de voies de contournement sont attachés à ce projet. Le MINHDU est donc interpelé par les populations des zones autour de l'autoroute pour faciliter leur déconfinement, car vivre sans voies d'accès n'est pas différent de vivre en autarcie.

IV. Discussion

Le volet concernant l'implication des infrastructures structurantes au niveau de la section rase campagne présente des implications socio-économiques malgré de nombreux manquements. Muller (1978) abonde dans le même sens quand il écrit que les deux objectifs d'une autoroute de ceinture sont : « Relier les grands axes radiaux à des points situés en dehors de l'agglomération. Dans ce rôle, les rocades servent de voies de contournement permettant au trafic de transit d'éviter les zones urbaines congestionnées et de relier les centres résidentiels ou commerciaux situés à l'extérieur du noyau urbain contigu. L'effet de ce lien est de faciliter la circulation intramétropolitaine des automobiles et des camions privés entre ces zones ».

Ces deux rôles attribués à l'autoroute de ceinture ne font plus l'objet de doutes. L'implication la plus importante de l'autoroute de ceinture, d'après cet auteur, est d'accroître substantiellement l'offre de terrains disponibles, en particulier au voisinage des échangeurs. Plus exactement cette disponibilité accrue de terrains vacants traduit un effet indirect de l'autoroute, exploité habilement par les promoteurs industriels et immobiliers bien avant la réalisation du projet. Bacha (2007, *op. cit.*) identifie les impacts positifs et négatifs des projets routiers sur l'environnement. Dans ses travaux, elle fait une étude générale sur les impacts environnementaux générés par une route. Elle commence par définir une étude d'impact comme étant celle qui permet d'apprécier les effets naturels et humains dont la réalisation et le contenu sont imposés par le code de l'environnement. Elle présente les différents impacts, à savoir :

- les impacts primaires, résultant directement de la réalisation et du fonctionnement des ouvrages affectant physiquement le patrimoine naturel et humain formant l'environnement des zones concernées, et
- les impacts secondaires, qui résultent des impacts primaires, se manifestent sur le milieu naturel par la réduction du capital environnemental, c'est-à-dire par la destruction, le prélèvement ou la dégradation des cinq ressources principales (le sol, l'air, l'eau, la flore et la faune) ainsi que des ressources humaines (les activités économiques, sociales et culturelles et la qualité de vie).

Pour Bacha (2007, *op. cit.*), il est clair que la route est le moteur de développement socio-économique malgré quelques séquelles environnementales. Seneh (2012) montre que les effets négatifs des routes à Nouakchott sont de caractère environnemental. Le développement de certaines activités et pratiques pourrait induire des conséquences négatives affectant, par exemple, la dégradation du paysage, la perte de la biodiversité, la pollution du milieu. Quant à Boudoux d'Hautefeuille (2014, *op. cit.*), il propose une analyse des enjeux portés par les projets routiers en Guyane française. L'auteur questionne les enjeux associés aux projets routiers en Guyane française. Il suggère que ceux-ci sont structurés par deux types d'effets, à savoir le désenclavement d'implantations humaines préexistantes d'un côté, et la mise en valeur du foncier traversé de l'autre.

Atsena (2021), dans ses travaux de recherches menées autour du périmètre de l'autoroute Yaoundé-Nsimalen, soulève les effets induits de la construction de l'autoroute. Pour elle, la construction de l'autoroute a fait grimper le prix du mètre carré de terrain dans la zone, qui est passé de 5000 à 8000 FCFA avant 2021 à pratiquement 20 000 à 40 000 FCFA après la construction de cette infrastructure. Le prix continue d'augmenter de nos jours. Plusieurs propriétaires se sont enrichis en vendant leur terrain à prix d'or après la construction de l'autoroute. Néanmoins, hormis l'augmentation rapide du coût du prix de terrain, l'autoroute génère également de sérieux obstacles, notamment le confinement des populations à la suite des difficultés de déplacement avec l'inachèvement de certains travaux qui devaient faciliter la mobilité des populations autour de cet équipement.

Conclusion

Notre chapitre porte sur l'analyse des dynamiques spatiales engendrées par la construction de l'autoroute Yaoundé-Nsimalen. À Yaoundé, par exemple, le développement du bâti a été occasionné par la construction des infrastructures de base, telles que les routes, les écoles, ainsi que l'installation des activités économiques. La construction de l'autoroute a été un facteur favorisant l'évolution du bâti dans la zone. 82,5 % des personnes interrogées affirment résider dans cette zone en raison de la présence de l'autoroute. Elles estiment que cette infrastructure contribuera à améliorer le standing du milieu. Il en ressort que la section rase campagne de l'autoroute Yaoundé-Nsimalen a encore un sérieux travail à faire concernant les finitions. Les populations pendant la construction ont jubilé de ce bijou architectural, et plusieurs se sont précipitées à acheter les terres qu'elles ont mises en valeur. De nos jours se déplacer pour se rendre à son domicile ou à son occupation quotidienne est un sérieux défi.

Les populations implorent le MINHDU de les sortir de cette situation, car 16 km de voies de contournement sont attachés à ce projet. Le MINHDU est donc interpelé par les populations des zones autour de l'autoroute pour faciliter leur déconfinement, car vivre sans voies d'accès n'est pas différent de vivre en autarcie.

Bibliographie

Amougou, J., V. (1999). *Périurbanisation et dégradation de l'environnement : le cas des marges septentrionales de Yaoundé*, Mémoire de Maîtrise Université de Yaoundé I, 109p.

Atsena, A. (2021). *Dynamiques spatiales induites par la construction de l'autoroute Yaounde-Nsimalen en section rase campagne,* FALSH, mémoire de l'Université de Yaoundé I, 157 p.

Assako Assako, R., J. (2011). Yaoundé. La métropole face à son arrière-pays, éd. Dianoia, Paris, 176 p

Assako Assako, R., J. et Ndock Ndonck, G. (2010). Gouvernance urbaine et développement local dans la commune de Soa à la périphérie Nord de Yaoundé (Cameroun). Annales de la Faculté des Arts, Lettres et Sciences humaines, Université de Ngaoundéré, Vol XII, pp. 185-212

Assako Assako, R., J. (2007). Observations urbaines et environnementales : des théories aux applications, Ed. Dianoia, 222p.

Bacha, A. (2007). *Exposé d'étude d'impact des projets routiers sur l'environnement*, Mémoire de Master, USTHB

Bachu, P. et Al. (2013). Pollution d'origine routière et environnement de proximité. *Vertigo, https://doi./10.4000/vertigo.12775*

Barbier, J-C. ; Courade, G, et Gubry, P. (1978). *L'exode rural au Cameroun,*. Office National de la Recherche scientifique et Technique. Institut des Sciences humaines ; Centre Géographique National ; Centre de Sciences économiques et Sociales, 135 p

Barre, A. et Vaudois, J. (1979). Autoroutes et agriculture dans la région Nord-Pas-de-Calais (Motorways and farming in the Nord-Pas-de-Calais region). *Bulletin de l'association de géographes. 464.* 301-305

Beguin, J-P. ; Kalt, K. ; Leroy, J-L. ; Louis, D. ; Macary, J. ; Pelloux, P, Peronne, H-P. (1952). *L'habitat au Cameroun : Présentation des principaux types d'habitat.* Essai d'adaptation aux problèmes actuels, 155 p.

Bergès, L. ; Avon, C., R. ; Chevalier, Y. et Dumas. (2012). Impact des routes forestières sur la biodiversité floris-tique : synthèse de trois études menées en forêt de plaine. *Revue Forestière française,* École nationale du génie rural, 447p.

Bérion, P. (2005). Autour des effets "territoriaux" de l'autoroute A39 en terre jurassienne. Images de Franche-Comté. *Association pour la cartographie et l'étude de la Franche-Comté*, hal-00982189. 10-13p.

Boado, A, Gonzalez, C, Bedoya, Bedoya, J. (2003). L'autoroute Saint-Jacques-Lalin-Orense et son impact sur le paysage rural galicien. *Cahiers Nantis*, 60, 11 p.

Bopda, A. (1997). *Yaoundé dans la construction nationale du Cameroun : territoire urbain et intégration,* 2 tomes, Thèse de l'Université de Paris I Panthéon Sorbonne-France 516p.

Caralp, M. (1973). Le rôle des autoroutes, Revue géographique de l'Est, Vol. 13-3. pp. 273/87

Cohou, M. (2001). Qu'est-ce qu'une autoroute ? *Café Géographique*, Communauté Métropolitéiae de Montréal : les formes d'habitat et la planification des densités résidentielles, 23 p

Franqueville A. 1984, « Yaoundé, construire une Capitale », Études urbaines éd. ORSTORM 192p.

Kamga D E., (2020). *Foncier et aménagement du quartier Simbock situé à la périphérie Sud- Ouest de la ville de Yaoundé.* Mémoire de Master en Géographie, Université de Yaoundé I, 134p.

Lanneaux, S., D. (2020). Les effets environnementaux des infrastructures : une analyse critique ; *Revue des Sciences de Transport,* Vol. (12), n° 3, pp. 45-60

Lussault, M. (2003). Dictionnaire de la géographie et de l'espace sociétés, Belin, 1033 p.

Mfoulou, J-P. (2008). Urbanisation, mobilité et fonctionnement de l'offre de transport à Yaoundé, 14p.

Ministère des Transports du Québec, Canada. L'environnement dans les projets routiers du ministère des Transports du Québec, 103 p.

Minyemeck, C. (2016). *Contribution à l'aménagement de la gare routière centrale actuelle de la ville d'Edéa-Cameroun.* Mémoire de Master, Université de Yaoundé 1.

Mougoue B., (2003). *Yaoundé : un avion sans pilote.* (Inédit) 26 p.

Mougoue B., (2022). *De la croissance urbaine à l'aménagement du territoire.* Yaoundé, Cameroun : Éditions de Midi, 803 p

Muller, et *Al.* (1979). *The Impact of Beltways on Central Business Districts: a Case Study of Richmond.* Washington D.C., the Urban Institute, 101p.

Ndock Ndock, G. (2013). *Métropolisation de Yaoundé et développement des villes Satellitaires : cas de SOA.* Thèse de Géographie, Université de Yaoundé I, 446 pages.

Seneh, K. (2012). Système territorial général et développement : impact de la route Nouakchott-Nouadhibou sur le parc national du banc d'arguin, Thèse de Doctorat, Université du Havre, 315 p

Rapport d'études

BUCREP (2005). Troisième recensement général de la population : Rapport de présentation des résultats définitifs. 65 p

BUCREP (2010). Troisième Recensement général de la Population et de l'Habitat (RGPH). Rapport de présentation des résultats, Yaoundé, 67 p.

BUCREP.) (2010). *Rapport de présentation des résultats définitifs du Recensement général de la population et l'Habitat de 2005,* 67 pages.

CUY, (2015). Plan Directeur d'Urbanisme de Yaoundé (PDU) horizon 2020 : cas de la ville de Yaoundé. FAO, 1999. Comité de l'agriculture : agriculture urbaine et périurbaine. Rome,

CUY, 2011. Élaboration d'un plan de déplacements urbains de la ville de Yaoundé, rapport final, 248 p.

Webographie

https://www.memoireonline.com/04/13/7119/Routes-et-developpement-durable-rle-des-etudes- d-impact-sur-lenvironnement-Cas-du-programme.html consulté le 10/03/2024

https://www.persee.fr/doc/bagf_0004-5322_1979_num_56_464_5121 consulté le 12/04/2024

https://www.cairn.info/revue-population-et-avenir-2010-2-page-14.htm consulté le 18/03/2023

https://www.erudit.org/fr/revues/pr/2005-v33-n2-pr1043/01229ar/ consulté le 09/0542024

https://citadinite.home.blog/2013/09/08/ix-lespace-geographique-des-villes-4-lhomme-spatial-de-michel-lussault-2007/amp/ consulté le 19/04/2024

https://www.google.com/amp/s/www.institut-numerique.org/ii8-nouvelle-economique-geographique-neg-524eb85e75369/amp consulté le 11/04/2024

https://www.cairn.info/revue-espaces-et-societes-2014-1-page-177.html2 consulté le 17/03/202

https://www.memoireonline.com/02/10/3170/m_Expose-etude-dimpact-des-projets-routiers-sur-lenvironnement1.html consulté le 02/04/2024

https://www.memoireonline.com/01/17/9568/m_Impacts-des-transports-sur lenvironnement8.html consulté le 11/07/2024

https://www/memoireonline.com/07/08/1192/m_importance-route-developpement-

socioeconomique-region-boucle-de-blouf.html consulté le 18/05/2024

https://www.persee.fr/rgpso_1276-4930_2001_num_12_1_2771 consulté le 04/03/2024

https://www.cairn.info/revue-internationale-des-etudes-du-developpement-2017-3-page-33.htm consulté le 04/06/2024

https://fr.m.wikipedia.org/wiki/Johann_Heinrich_von_Th consulté le 10/04/2024

https://www.maxicours.com/se/cours/reduction-des-effets-nefastes-des-amenagements-urbains/consulté le 30/04/2024

https://lexebpedagogique.com/prof84700/dynamiques-spatiales/ consulté le 12/04/2024

https://www.cameroon-tribune.cm/article.html/29676/fr.html/autoroute-yaounde-nsimalen-on- amorce-la-section-urbaine consulté le 09/04/2024

CHAPITRE 19 :

PRATIQUE DE LA LOGISTIQUE INVERSE DANS LES VILLES DE LA RÉGION DU CENTRE AU CAMEROUN

Julien Grégoire ONGUENE ATÉBA

Résumé

La pratique de la logistique inverse dans les entreprises industrielles contribue-t-elle au développement durable du Cameroun ? Telle était la question qui est au centre de cette recherche. L'objectif de chapitre était d'analyser l'impact des activités de la chaîne logistique inverse des entreprises industrielles sur le développement durable au Cameroun et plus spécifiquement dans la région du Centre. Pour atteindre cet objectif, une enquête de terrain a été menée auprès de 31 entreprises industrielles dans dix localités de la région du Centre ayant implanté ou non la logistique inverse. Les données primaires ont été recueillies par cette méthode. Les données secondaires proviennent de la base de données de l'Enquête sur l'Emploi et le Secteur Informel (EESI) ainsi que de INS (2022). Ces dernières ont fait l'objet d'un traitement relevant du registre descriptif avec les logiciels Stata 2011 et Excel 2013 et d'un test d'hypothèses en statistique inférentielle. Les variables de notre étude étant de nature qualitative, la technique utilisée a permis de recueillir les données non chiffrées, ce qui a motivé notre démarche hypothético-déductive par le test de Khi-deux. Les résultats obtenus montrent que ''la pratique de la logistique inverse dans les entreprises industrielles contribuera efficacement au bien-être économique et social de la région du Centre'' et ''la pratique de la logistique inverse dans les entreprises industrielles ne contribuera pas au bien-être environnemental de la région du centre''.

Mots-clés : *Logistique inverse, Développement durable, bien-être, chaîne logistique, hypothético-déductive.*

Abstract

Does the practice of reverse logistics in industrial companies contribute to sustainable development in Cameroon? This was the central question, which this research seeks to answer. The objective of this chapter was to analyze the impact of reverse logistics chain activities of industrial companies on sustainable development in Cameroon and more specifically in the Centre Region. To achieve this objective, a field survey was carried out among 31 industrial companies in ten localities in the Centre Region having implemented or not reverse logistics to obtain primary data. Secondary data comes from both the Employment and Informal Sector Survey (EESI) database and (INS, 2022). The latter were the subject of processing in the descriptive register with the Stata 2011 and Excel 2013 software and of a hypothesis test in inferential statistics. The variables of our study being of a qualitative nature, the technique used made it possible to collect unquantified data which motivated our hypothetico-deductive approach using the Chi-square test. The results obtained show that ''the practice of reverse logistics in industrial companies will effectively contribute to the economic and social well-being of the Centre Region'' and ''the practice of reverse logistics in industrial companies will not contribute to the environmental well-being of the Centre region''.

Keywords: *Reverse logistics, Sustainable development, well-being, supply chain, hypothetico-deductive.*

Introduction

Si, en premier lieu, la logistique des retours a essentiellement répondu à des problématiques environnementales, elle s'est progressivement imposée au cœur de l'organisation des chaînes logistiques modernes et représente dans certains secteurs industriels, comme les industries agroalimentaires (IAA) un enjeu stratégique primordial, associé à un impact économique significatif.

Selon Singh (2021), la logistique inverse concerne la manière dont les expéditeurs gèrent le retour d'un produit du consommateur à l'expéditeur. Il joue un rôle crucial dans l'élaboration de l'expérience des clients lorsque les choses ne se passent pas comme prévu. Le Council of Logistics Management (CLM) a proposé une définition largement acceptée par les spécialistes en logistique. Selon cette définition, la reverse logistique[105] est un processus efficace de planification, de mise en œuvre et de suivi des flux de matières premières, de stocks, de produits finis, depuis le point de consommation jusqu'au point d'origine, ainsi que de la gestion de l'information liée à ces flux. Dans une perspective de développement durable intégrant les dimensions économique, sociale et environnementale, ces activités soulèvent des préoccupations quant à la conception des produits, des processus et des réseaux logistiques Lavoisier (2022).

Au sujet de la logistique inverse, Dupont and Lauras (2018) s'intéresse pour sa part aux flux connexes générés par les activités logistiques directes (gestion des déchets, des emballages, des retours...) et aux flux survenant chez

---

[105] La traduction française de Reverse logistics

le client, au-delà de la mise à disposition initiale (flux d'usage et de fin de vie). Gruppe (2020) démontre qu'une logistique inverse non maîtrisée et non surveillée peut faire perdre des revenus considérables à une entreprise. Les grandes firmes américaines de produits électroniques l'ont bien compris : chaque année, la revente sur les marchés secondaires de produits électroniques défaillants après des opérations de refurbishing, de réparation ou de reconditionnement rapporte plus de 15 milliards de dollars. Son importance semble devenir grandissante, avec notamment le développement durable. De plus, la logistique verte, qui est un système de distribution et de transport efficient ami de l'environnement, est plus que la logistique inversée, car elle cherche à économiser les ressources, à éliminer des déchets des industries et à améliorer la productivité. Elle doit avoir la plus petite empreinte sur l'environnement. Cette forme de logistique consiste à créer des réseaux de retours entre le détenteur final d'un produit agroalimentaire et le producteur afin d'assurer le recyclage Krouss (2021). La logistique inverse a subi des profondes mutations et appellations. Riopel et al., (2011). L'ont défini comme étant « le processus de planification, d'implantation et de suivi de contrôle qui vise à maximiser la création de valeur et l'élimination propre des flux inverses de produits, par une gestion efficiente des matières premières, des encours de production, des produits finis et de l'information pertinente, du point de consommation au point d'origine, et ce, en tenant compte des dimensions environnementales, sociales et économiques des activités de développement ».

Rogers et Tibben-Lembke (1998) ont proposé quatre étapes qui définissent les activités de la logistique inverse. Elle débute par la barrière, suivie de la collecte, le tri et le traitement. À ces quatre étapes, deux éléments doivent être ajoutés pour compléter le système de logistique inverse et assurer son bon fonctionnement : un système d'information et un système d'expédition Lambert et al., (2011). La logistique inverse se présente comme une démarche pilotant des flux dans le sens inverse de la chaîne logistique traditionnelle Fulconis et al., (2009). Elle se positionne comme étant un outil légitime du développement durable, qui s'est progressivement articulé autour des questions de protection de l'environnement et de gestion des retours de produits tout au long de leur cycle de vie Fulconis et al., (2009)[106]. Pour Essombè (2007), pendant des décennies, les unités industrielles qui s'implantaient dans la ville se localisaient majoritairement à l'intérieur de ces zones industrielles. Dans un contexte de l'industrie chinoise[107], Abdulrahman et al. (2014) ont proposé un modèle théorique de mise en œuvre de logistique inverse et d'identification des obstacles importants caractérisant cette industrie.

---

[106] De ce fait, la logistique inverse propose une démarche transversale de gestion de flux physiques divers (produits, emballages, matières premières) et d'informations associées, dans une optique de prise en compte du cycle de vie total de ces flux.

[107] Industries de plastiques automobiles, électriques et électroniques, en acier, des textiles, de papier et produits de papier à base empirique.

La logistique est devenue, depuis une dizaine d'années, une fonction concurrentielle, pour laquelle les entreprises industrielles définissent désormais des stratégies précises et longuement réfléchies. Une nouvelle facette de la logistique est mise en avant depuis quelques années : *la reverse logistics, rétro logistique, logistique à rebours, logistique inversée,* etc. Au demeurant, la question de recherche que nous soulevons dans cette recherche est la suivante :

La pratique de la logistique inverse dans les villes de la région du Centre peut-elle contribuer au développement durable de ces dernières ?

Cette recherche a plus d'un intérêt. Il trouve sa contribution suivant une approche théorique et empirique. Sur le plan théorique, elle met en lumière la place fondamentale des théories de la logistique inverse sur le développement durable. Les débats sur la logistique inverse se présentent comme une démarche pilotant des flux dans le sens inverse de la chaîne logistique traditionnelle. Sur le plan empirique, c'est une contribution nouvelle dans le domaine de la recherche sur les opportunités de la logistique inverse dans les Industries qui peuvent contribuer au développement durable du Cameroun. La logistique inverse a un intérêt économique, social et environnemental dans la Supply Chain inversée. Elle peut produire et créer des revenus et, par conséquent, booster la croissance économique en améliorant le bien-être des populations actuelles tout en préservant celui des générations futures. Pour l'Afrique, par exemple, cela se traduisait aussi, par la mise en place d'une industrialisation exclusivement basée sur la grande dimension (Essombè, 2005). L'originalité de cette recherche est aussi de comprendre l'impact que la logistique inverse a sur le bien-être écologique. Le présent chapitre s'articule autour de trois sections. La première met l'accent sur l'approche théorique et conceptuelle de la logistique inverse et du développement durable. La deuxième traite du cadre méthodologique à travers des procédés et des techniques pour mener l'enquête et collecter les données nécessaires à la recherche pour tester empiriquement l'impact que la logistique inverse peut avoir sur le développement durable au Cameroun. La troisième section présente les résultats et les recommandations.

I. Revue de littérature sur la logistique inverse

Il s'agira dans cette section de développer les notions de logistique inverse, de développement durable et de mettre l'accent sur les théories classiques et modernes qui sont explicatives de ces concepts.

1. Le concept de logistique inverse

Selon Younes et Kacem (2021), la logistique inverse est en fait un concept qui a fait son apparition aux États-Unis au début des années 1990, la « reverse logistics », par opposition à la « direct logistics », a longtemps constitué un marché de niche sur le continent américain, où trois acteurs principaux opéraient : Processors et Caroline Réclamation pour le secteur alimentaire ; Genco dans la grande consommation. Elle puisait à l'époque sa justification principale dans les préoccupations environnementales et écologiques, puis a trouvé une justification économique (Marchal, 2006). Cette notion s'est ensuite progressivement généralisée et étendue à l'Europe. Une attention croissante lui a été portée, notamment à la suite de recherches ayant démontré que, même si des activités, comme le recyclage et le traitement des retours, se produisaient hors du champ traditionnel de la logistique, ces mêmes activités de la logistique inverse ainsi que d'autres pouvaient avoir un impact conséquent sur la rentabilité d'une entreprise.

La logistique inverse poursuit son développement dans le monde tout en suscitant tantôt l'émerveillement, tantôt la méfiance. De nombreux obstacles internes ou externes à l'entreprise bloquent sa mise en place ainsi que sa pratique. Au début des années 1990, les chercheurs et les praticiens ont porté une attention particulière à la logistique inverse. Ce thème était alors considéré comme « l'enfant oublié de la chaîne logistique classique », car il avait été sous-estimé par les décideurs, des entreprises.

Comme son nom l'indique, la logistique inverse est une démarche diamétralement opposée à la logistique classique, vu qu'elle remonte le réseau logistique du consommateur vers le fabricant d'origine, au lieu de la tirer de chez le producteur vers le client. Bien que des scientifiques aient mentionné des canaux de retour ou de flux de retours, ce fut dans un contexte de recyclage. La première définition du concept « Stock » (1992) est la suivante : il sert à désigner le rôle de la logistique en ce qui concerne le recyclage, l'élimination et la gestion des matériaux dangereux. De nombreux auteurs ont par la suite proposé leur propre définition, apportant des précisions quant à la signification du terme de « logistique inverse » : acteurs en jeu, différentes activités concernées, objectif de démarche. Parmi eux, Pohlen et Farris (1992) spécifient la direction empruntée par les marchandises en logistique inverse, tout en insistant sur le fait que les flux de retour n'empruntent pas forcément la même voie que celle utilisée lors du processus de distribution. En outre, Kopicky et al., (1993) développent également cette notion de sens contraire au flux habituel de distribution et restent très proches de la définition donnée par stock. Alors que certains théoriciens Thierry et al., (1995) écartent la gestion des déchets de leur définition, d'autres logisticiens semblent se concentrer sur cet aspect de la logistique inverse, en définissant le terme comme « faisant référence aux talents de la gestion de la logistique et les activités requises pour réduire, gérer et disposer des déchets dangereux et non dangereux provenant du matériel d'emballage et des produits ». De plus, ils apportent une perspective nouvelle en présentant des flux de retours générés par des conteneurs réutilisables[108].

À l'instar de Stock (1998), il souligne la disposition des déchets et introduit, comme Carter et Ellram (1998), la notion de réduction des ressources, soit « la minimisation des déchets résultant d'un processus de distribution en amont et inverse ». Fleischmann et al. (1997), quant à eux, abordent la logistique inverse sous un autre aspect, à savoir la planification de la distribution, la gestion des stocks et la planification de la production. Rogers et Tibben-Lembke (1990), en se basant sur la définition de la logistique qui émane du Council of logistics Management, proposent l'explication suivante, qui est une des plus connues à ce jour, puisqu'elle sert également de référence à plusieurs auteurs : « La logistique inverse est le processus de planification, d'implémentation, et de contrôle de l'efficience, de la rentabilité des flux de matières premières, d'en-cours de production, de produits finis, ainsi que de l'information s'y rattachant du point de consommation au point d'origine en vue d'en récupérer de la valeur ou pour en disposer proprement »[109].

Pour Lavoisier (2022), la logistique inverse vise la valorisation de ces produits via un réseau de création de valeur intégrant les processus de récupération, de traitement, de recyclage, de distribution ou d'élimination propre. Dans une perspective de développement durable intégrant les dimensions économique, sociale et environnementale, ces activités soulèvent des préoccupations quant à la conception des produits, des processus et des réseaux logistiques. La prise en compte simultanée de ces considérations implique des changements importants qui affectent les modèles d'affaires autant que les habitudes de consommation. De nouvelles façons de faire et une vision à long terme sont les nouvelles bases des réseaux logistiques durables. Quant à Rogers and Tibben-Lembke (1998), la logistique inverse ou logistique des retours ou rétro logistique se définit comme « l'ensemble des processus efficients de planification, de mise en œuvre et de contrôle des flux de matières premières, des encours de fabrication, des produits finis et de l'information relative à ces flux, d'amont en aval, dans le but de satisfaire le client/consommateur final. ». Cette discipline consiste à gérer et à optimiser les flux provenant du consommateur en direction du fabricant. Sa forme la plus connue est celle du Service après-vente, mais elle tend à se développer vers le recyclage et plus particulièrement celui des DEEE[110]. Le retour des produits défectueux, les surstocks ou les articles en fin de vie sont également des thèmes qui lui sont intimement liés.

---

108 Comme des palettes, des racks, des backs en plastique mobilisés dans l'industrie ou le commerce de détail.

109 Revue française d'Économie et de Gestion, ISSN : 2728- 0128, Volume 2 : Numéro 4.

110 Déchets d'équipements électriques et électroniques

Selon Démarque (2022), cette logistique de retour possède des enjeux importants, notamment en termes financiers, d'images de marque, de rentabilité et même de durabilité. Son objectif final étant le même : la satisfaction du client. En effet, gérer les flux retours de marchandises représente un coût logistique élevé si ceux-ci ne sont pas optimisés. Un produit invendu et laissé de côté dans le stock perd progressivement de sa valeur. C'est la raison pour laquelle cette logistique œuvre pour la réduction de ce temps de stockage ou d'attente et veut également donner une seconde vie aux produits. La logistique inverse a subi des profondes mutations et appellations. Dans ce papier, nous adaptons la définition proposée par Riopel *et al.*, (2011).

Dupont and Laurass (2018) démontrent que la logistique inverse fait référence aux flux qui empruntent le chemin inverse et remontent la chaîne de création de valeur. Initialement, elle concernait principalement la gestion des déchets et des produits en fin de vie (récupération, réutilisation et recyclage) et s'inscrivait dans une problématique écologique et environnementale. Actuellement, la logistique inverse dépasse ce seul champ d'activité pour inclure : la gestion des produits en retour (produits défectueux ou non désirés par les clients), la gestion des produits en fin de vie, le retraitement ou l'élimination des chutes et déchets générés pendant les processus de production, de transport et de distribution. Rogers and Tibben-Lembke (1998) ont proposé quatre étapes qui définissent les activités de la logistique inverse. Elle débute par la barrière, suivie de la collecte, le tri et le traitement. À ces quatre étapes, deux éléments doivent être ajoutés pour compléter le système de logistique inverse et assurer son bon fonctionnement : un système d'information et un système d'expédition Lambert *et al.,* (2011). Cependant, Rogers and Tibben-Lembke (2001) ont éclaté en plusieurs activités la problématique. La logistique inverse se présente comme une démarche pilotant des flux dans le sens inverse de la chaîne logistique traditionnelle Fulconis *et al.,* (2009). Elle se positionne comme étant un outil légitime du développement durable, qui s'est progressivement articulé autour des questions de protection de l'environnement et de gestion des retours de produits tout au long de leur cycle de vie Fulconis *et al.*, (2009).

Il est devenu inconcevable de penser à la croissance de son activité industrielle sans y associer la notion de développement durable. Cependant, dans un monde industriel marqué par un contexte économique difficile, les entreprises doivent étudier toutes les possibilités de réduction de coûts, de satisfaction de la clientèle et de consolidation des préoccupations environnementales afin d'assurer l'optimisation de leur chaîne logistique Amalo (2020).

2. L'état des lieux de la logistique inverse et du développement durable au Cameroun

Il s'agit d'analyser les travaux réalisés sur l'impact de logistique inverse dans les industries agroalimentaires du Cameroun comme alternative au développement durable, ce qui confortera la logistique inverse en tant que maillon de l'économie circulaire et de motivation environnementale au Cameroun.

Au Cameroun, certaines études sur cette problématique font référence à une tentative d'analyse des activités de la logistique inverse dans les industries agroalimentaires, comme une alternative au développement durable au Cameroun Onguéné et al., (2019). De même, certaines recherches menées par Kengmogne (2019) analysent la logistique inverse des emballages dans l'optique d'une économie circulaire en contexte camerounais qui peut contribuer au développement durable.

L'analyse empirique menée par Onguéné et al., (2019) permet de relever que la logistique inverse n'est pas une spécificité des IAA au Cameroun, d'une part, et n'est pas assez outillée pour contribuer aux fondamentaux du développement durable, d'autre part. L'enquête a été effectuée par téléphone en décembre 2018 au travers de la NEAD[111] auprès de 65 chefs d'industries agroalimentaires (IAA) de moins de 250 salariés, sur 77 IAA existantes en 2017 d'après INS et 89 en 2019. Le choix des IAA résulte à la fois de critères économiques (poids dans la Valeur ajoutée nationale, nombre d'entreprises, nombre des salariés), et conjoncturels (caractéristiques de l'IAA sous l'angle du développement durable). Le secteur de l'industrie agroalimentaire regroupe, à l'exception des boulangeries, pâtisseries, charcuteries et chocolateries, des activités affectées au commerce de détail de par leur spécificité. Selon le Fonds national de l'emploi, les industries de transformation emploient 10 % de la population [112] . Les industries agroalimentaires sont des moteurs de croissance économique[113]. La plupart de ces entreprises sont des petites et moyennes entreprises. Ainsi, il ressort de l'analyse et du traitement de données, que la reverse logistics ne contribue pas au développement durable au Cameroun. Ce qui infirme la question de recherche ou problématique. En effet, l'engagement citoyen du chef d'entreprise n'est pas le premier facteur d'implication des IAA dans le développement durable. Pour la prise en considération des déchets comme matières premières, 85 % des IAA interrogées dans notre étude ont admis que leurs déchets n'étaient pas revendus comme tels. Ils s'accumulent donc sans

---

[111] Nouvelle École Africaine pour le Développement(NEAD).

[112] SANDRINE TONLIO TIAKO, Journal ''Mutations'', Avril 2016

[113] À en croire la délégation régionale du Fonds national de l'emploi pour, elles représentent « 11 % du PIB, 6 % des exportations, 33 % de la production industrielle et 27,2 % de la valeur ajoutée » (FNE, 2013).

être recyclés, puisqu'ils ne sont pas rentables. Les 15 % qui sont pionnières dans ce domaine envisagent ces mesures sous un angle plus concret et plus directement lié aux performances de l'entreprise. Ainsi, la première raison avancée est la valorisation de l'image de l'entreprise. Le deuxième est la difficulté de collecter et de revendre.

Parmi les travaux réalisés dans le champ de la logistique inverse au Cameroun, les résultats obtenus par Ruel, Bourcier-Bequaert et Domont (2021) considèrent que la logistique inverse est une pratique centrale à la démarche d'économie circulaire pour permettre un développement économique soutenable.

Les entretiens de Ruel, Bourcier-Bequaert et Domont (2021) permettent d'identifier que la logistique inverse n'est pas principalement interprétée comme une pratique écologiquement responsable, relevant de l'altruisme, par les employés. Le principal argument justifiant la mise en place des pratiques de recyclage est celui des gains financiers.

Cette étude explore les motivations soutenant les pratiques de logistique inverse au sein d'une organisation spécifique, la coopérative, dans un secteur peu investigué : la distribution physique. En effet, le plus souvent, la logistique inverse est étudiée dans un contexte industriel (Monnet, 2005 ; Breka, 2014 ; Jaegler, Bouzdine- Chameeva, et Mérieux, 2017 ; Douet, 2018) ou alors de distribution en e-commerce (Kokkinaki et al., 1999 ; Durand, 2010). Les résultats montrent l'intérêt de varier les contextes d'analyse de ces pratiques. En effet, du fait de sa réticence à porter la logistique inverse comme une pratique pro- environnementale et à en faire un argument marketing susceptible de constituer un avantage compétitif auprès de leurs clients, la coopérative étudiée n'atteint pas un niveau de diffusion très élevé de la logistique inverse.

Les travaux de Kengmogne (2019) sur la logistique inverse des emballages dans l'optique d'une économie circulaire en contexte camerounais démontrent que l'abandon récurrent des emballages dans la nature au Cameroun cause des problèmes qui affectent l'espèce humaine et la planète entière. Dans la logique d'un développement durable, une économie circulaire interpelle les différents acteurs en relation avec les produits emballés afin de résoudre ces fléaux. Cette étude met en exergue la réutilisation et le réemploi des emballages usagés par deux entreprises camerounaises et la contribution des différentes parties prenantes à cette activité. Il s'agissait, dans le présent chapitre, de présenter les éléments théoriques qui sous-tendent la logistique inverse et le développement durable. Sur ce point, l'approche multiforme du concept démontre que la logistique inverse est au centre de la gestion efficiente des flux retours. L'analyse des modèles de la logistique inverse dans l'hypothèse de la fourniture des facteurs de production démontre qu'il réduit les coûts et la consommation des ressources et en minimise les impacts sur l'environnement. Certains travaux empiriques en Amérique, en Europe, en Afrique et au Cameroun, en particulier, ont analysé la corrélation de la logistique inverse et le développement durable. Dans le cadre du chapitre que nous aborderons sur l'approche méthodologique, nous essaierons pour la résolution du problème posé dans le cadre de cette étude d'aboutir à des résultats et les interpréter.

II. Méthodologie

1. Échantillonnage et collecte des données

Dans cette étude, la population observée regroupe les (31) entreprises industrielles recensées dans la région du centre au Cameroun et ayant implémenté ou non la logistique inverse dans leurs unités de production. L'enquête de terrain s'est déroulée du 12 février 2023 au 24 mars 2023 dans dix localités de la région du Centre. Elle a permis d'interroger plusieurs travailleurs sur la pratique ou non de la logistique inverse dans leurs entreprises.

En ce qui concerne la distribution géographique des entreprises manufacturières étudiées, il a été constaté que deux (2) d'entre elles sont situées dans le quartier Bastos de Yaoundé, six (6) dans le quartier Nsam de Yaoundé, cinq (5) dans le quartier Mvan de Yaoundé, une (1) dans le quartier Omnisport de Yaoundé, quatre (4) dans la localité d'Obala, cinq (5) dans le quartier Nkolfoulou, une (1) dans le centre-ville de Soa, cinq (5) dans la localité de Mbalmayo, une (1) dans la localité de Mfou et une (1) dans la localité de Mbandjock.

- **La source des données primaires**

Dans cette étude, les données primaires collectées sont issues d'une enquête de terrain menée auprès de (31) entreprises industrielles installées dans la région du centre au Cameroun (voir annexe 4) et ayant appliqué ou non la logistique inverse dans leurs activités de production.

- **La source des données secondaires**

Les données secondaires ou agrégées sont celles qui sont rapidement accessibles. Elles constituent les informations de seconde main ou les informations recueillies en effectuant des recherches bibliographiques ou documentaires. Elles concernent les bases de données existantes dans les institutions gouvernementales et non gouvernementales. Les données secondaires utilisées dans cette étude sont extraites des sources suivantes :

- la base de données de l'Enquête sur l'Emploi et le Secteur Informel (EESI) ;

- la base de données de l'Institut National des Statistiques INS (2022) des entreprises industrielles.

La base des données de l'Institut National des Statistiques INS (2022) a permis d'obtenir la liste des entreprises industrielles localisées dans la région du centre au Cameroun.

Les variables utilisées dans notre étude sont de nature qualitative. Les variables utilisées dans cette étude ont été construites sur la base d'une revue de la littérature portant sur l'implémentation de la logistique inverse dans les entreprises industrielles. Dans cet ordre d'idées, une technique de collecte de données a été mobilisée dans notre étude. Il s'agit notamment de la technique qualitative.

Les variables qualitatives utilisées dans notre étude sont : la fonction du travailleur interrogé, la raison sociale de l'entreprise industrielle, le secteur d'activité de l'entreprise, la localisation de l'entreprise industrielle, les types de bien-être économique et social, les approches de logistique inverse et les types de bien-être écologique ou environnemental. Cette recherche présente deux types de variables : la variable endogène et la variable exogène.

- **La variable endogène ou expliquée**

Dans ce travail de recherche, le développement durable représente la variable endogène de l'étude. À cet effet, le développement durable désignera le bien-être économique et social ou le bien-être environnemental.

- **La variable exogène ou explicative**

Dans ce travail de recherche, la variable explicative (X) a deux modalités et désigne l'adoption ou non de la logistique inverse dans les entreprises industrielles de la région du centre.

2. Outils de traitement des données

Dans le but d'évaluer l'impact des activités de la chaîne logistique inverse des industries sur le développement durable du Cameroun, nous avons utilisé la méthode de statistique descriptive. À ce titre, les données collectées ont fait l'objet d'un traitement relevant du registre descriptif. En fait, la statistique descriptive permet d'analyser les données et tester les hypothèses de l'étude. L'analyse statistique a également privilégié une interprétation des données en termes de fréquences. La synthèse de l'information véhiculée par les données qualitatives collectées s'est faite à travers des tableaux statistiques et des représentations graphiques comme : le diagramme en bandes, le diagramme en tuyaux d'orgue et le diagramme circulaire. Les logiciels Stata 2011 et Excel 2013 ont été indispensables pour la construction de la base des données et la réalisation des graphiques.

III. Résultats et recommandations

1. Bien-être économique et social

La présente étude a permis de répertorier (31) entreprises industrielles dans la région du Centre. S'agissant de leur raison sociale, ces entreprises sont composées de 24 sociétés à responsabilité limitée (SARL) et 07 sociétés anonymes (SA).

S'agissant de la contribution de la logistique inverse au bien-être économique et social, 09 entreprises sur 31 (soit 29 %) estiment que cette innovation technique ne contribuera pas au bien-être économique et social de la région du Centre **(tableau 1)**.

Tableau 1 : Contribution de la logistique inverse au bien-être économique et social

Contribution de la logistique inverse au bien-être économique et social	Effec tif	Fréquence (en %)
Création de nouveaux emplois	11	36
Réduction des coûts de logistique industrielle pour l'entreprise	10	32
Source de Recettes pour l'État	1	3
Ne contribue pas au bien-être économique et social	9	29
Total	31	100

Source *: L'auteur à partir des données de l'enquête de terrain*

Cependant, 22 répondants sur 31 (soit 71 %) pensent plutôt que la logistique inverse participera au bien-être économique de la région du Centre. Elle permettra notamment la création de nouveaux emplois (36 %) et la réduction des coûts de logistique industrielle dans l'entreprise (32 %). Cependant, peu d'entreprises (3 %) estiment que la logistique inverse génèrera des recettes à l'État. La pratique de la logistique inverse dans les entreprises industrielles est significativement (au seuil de 1 %) associée au bien-être économique et social de la région du centre. L'étude révèle que 33,33 % des entreprises industrielles qui pratiquent la logistique inverse estiment qu'elle créera de nouveaux emplois tandis que 66,67 % des entreprises industrielles innovantes y voient un moyen de réduire les coûts industriels dans les entités recensées (**tableau 2**).

Tableau 2 : Résultat du test khi-deux sur le bien-être économique et social

Choix de logistique inverse ou non (X)	Bien-être Économique et social (Y)	Nouveaux emplois	Réduction des coûts logistiques	Recettes fiscales pour l'État	Pas du tout de bien-être économique	Total
Adoptants la logistique	Effectif	2	4	0	0	6
inverse	Fréquence (en %)	33,33	66,67	0	0	100
Non adoptants	Effectif	9	6	1	9	25
de la logistique inverse	Fréquence (en %)	36	24	4	36	100
Total	Effectif	11	10	1	9	31
	Fréquence (en %)	35,48	32,26	3,23	29,03	100
Résultat du test de khi-deux	Chi2 (3) calculée = 5,1404	Chi2(3) théorique à 1 % = 11,34	Test de Chi2 significatif au seuil de 1 %	Test chi 2 car 5,1404	significatif < 11,34	Accepter Hypothèse1(H01)

Source *: L'auteur à partir de l'enquête de terrain*

Le test de khi-deux révèle que le khi-deux calculé (5,140 4) est inférieur au khi-deux théorique (11,34) à 1 %. Cela indique que le test de khi-deux est significatif à 1 %.

2. Bien-être écologique et environnemental

55 % des personnes interrogées dans les entreprises industrielles affirment que la logistique inverse contribuera au bien-être écologique et environnemental de la région du Centre. En ce sens, elles pensent que ce bien-être écologique et environnemental dépendra du respect des émissions de gaz dans l'atmosphère (32 %), de la protection des eaux usées (13 %) et de la préservation des sols des déchets d'emballage non dégradables (10 %). Néanmoins, 45 % des personnes interrogées pensent que la logistique inverse n'aura pas un effet sur le bien-être écologique et environnemental de la région du Centre (Tableau 3).

Tableau 3 : Contribution de la logistique inverse au bien-être écologique et environnemental

Contribution de la logistique inverse au bien-être écologique et environnemental	Effectif	Fréquence (%)
Respect du taux d'émission des gaz dans l'atmosphère	10	32
Préserve les eaux par le traitement et la canalisation des eaux usées	4	13
Préserve les sols des déchets d'emballages non biodégradables	3	10
Pas du tout	14	45
Total	31	100

Source *: L'auteur à partir de l'enquête de terrain*

La pratique de la logistique inverse dans les entreprises industrielles n'est pas significativement (au seuil de 1 %) associée au bien-être environnemental de la région du centre (tableau 4).

Tableau 4 : Résultat du test khi-deux sur le bien-être environnemental

Choix de logistique inverse ou non (X)	Bien-être environnemental (Y)	Respect du taux d'émission des gaz dans l'atmosphère	Préservation des eaux par le traitement et la canalisation des eaux usées	Préserver les sols des déchets d'emballages non biodégradables	Pas du tout de bien-être environnemental	Total
Adoptants la logistique	Effectif	1	2	3	0	6
inverse	Fréquence (en %)	16,67	33,33	50	0	100
Non adoptants	Effectif	9	2	0	14	25
de la logistique inverse	Fréquence (en %)	36	8	0	56	100
Total	Effectif	10	4	3	14	31
	Fréquence (en %)	32,26	12,90	9,68	45,16	100
Résultat du test de khi-deux	Chi2 (3) calculée = 18,9273	Chi2(3) théorique à 1 % = 11,34	Test de Chi2 non significatif au seuil de 1 %	Test chi2 car 18,9273	non significatif > 11,34	Rejeter Hypothèse2(H02)

Source : L'auteur à partir de l'enquête de terrain

En effet, 50 % des entreprises industrielles qui pratiquent la logistique inverse affirment que celle-ci permettra de préserver les sols des déchets d'emballages non biodégradables, 33,33 % avancent qu'elle favorisera le traitement des eaux, enfin 16,67 % estiment qu'elle permettra de respecter le taux d'émission des gaz dans l'atmosphère.

3. Recommandations

- **Subventions préférentielles**

La Loi N° 96/12 du 05 août 1996 portant loi-cadre relative à la gestion de l'environnement prévoit en son article 11 le financement des politiques de l'environnement.

L'environnement constitue en République du Cameroun un patrimoine commun de la nation. Il fait partie intégrante du patrimoine universel. Sa protection et la gestion rationnelle des ressources qu'il offre à la vie humaine sont d'intérêt général. Pour ce faire, sur la base du compte spécial d'affectation du Trésor, initié dans cette loi, dénommé « Fonds National de l'Environnement et du Développement Durable » désigné le « Fonds », les pouvoirs publics doivent encourager exclusivement les entreprises qui pratiquent la logistique inverse. Autrement dit, leur accorder plus de subventions.

- **Surtaxe environnementale aux entreprises industrielles en marge de la logistique inverse**

Pour renforcer les dispositifs des articles 79 à 84 de la Loi N° 96/12 du 05 août 1996, une surtaxe appliquée aux entreprises industrielles qui ne pratiquent pas la logistique inverse doit être instaurée. Les trois dimensions du développement durable sont envisagées à cet effet. Cela représentera une ressource supplémentaire pour le budget de l'État en vue d'une redistribution à la construction des infrastructures vertes. Le domaine économique intégrant les enjeux de lutte contre la pauvreté et l'amélioration des conditions de vie des populations sera au centre. Il est question d'assurer la croissance et l'efficacité économiques, à travers des modes de production et de consommation durables.

- **Le rôle des Collectivités territoriales décentralisées (CTD)**

La loi n° 2011/008 du 06 mai 2011 portant orientation pour l'aménagement et le développement durable du territoire au Cameroun ouvre un cadre normatif pour les CTD. En réalité, les 15 % des ressources totales à reverser aux CTD ne sont pas suffisants pour implémenter la décentralisation. Il revient également aux CTD de produire des ressources. Elles peuvent faire de la gestion des déchets une activité pour produire les matières premières qui vont obéir aux principes de la logistique inverse à travers : la collecte, traitement, transport, entreposage, stockage et distribution. Les CTD peuvent également créer des taxes d'hygiène et assainissement auprès des entreprises, marchés, hôpitaux, écoles dans leurs espaces de compétences qui ne pratiquent pas la logistique inverse.

- **Respect du cadre normatif de la logistique inverse**

Le décret n° 2012/2809/PM du 2 septembre 2012 fixant les conditions de tri, de collecte, de stockage, de transport, de récupération, de recyclage, de traitement et d'élimination finale des déchets doit être appliqué pour garantir le droit de chacun à un environnement sain et assurer un équilibre harmonieux. Ce décret vient compléter la loi n° 96/12 du 5 août 1996. Les pouvoirs publics se doivent de recadrer les ménages. Le principe pollueur-payeur, selon lequel les frais résultants des mesures de prévention, de réduction de la pollution et de la lutte contre celle-ci et de la remise en l'état des sites pollués, doivent être supportés par le pollueur.

- **Mesures répressives en cas d'incivisme lié à la pratique de la logistique inverse**

Les pouvoirs publics doivent se rassurer que toute personne qui produit ou détient des déchets doit en assurer elle-même l'élimination ou le recyclage, ou les faire éliminer ou recycler auprès des installations agréées par l'Administration sous peine de sanctions pécuniaires ou privatives de libertés. Elle est, en outre, tenue d'assurer l'information du public sur les effets sur l'environnement et la santé publique des opérations de production, de détention, d'élimination ou de recyclage des déchets, sous réserve des règles de confidentialité, ainsi que sur les mesures destinées à en prévenir ou à en compenser les effets préjudiciables.

- **Réduction des coûts logistiques industriels**

Il suffit pour les entreprises industrielles de fixer un prix par Kilogramme pour les déchets issus des ménages qui consomment leurs produits et de relancer le processus de logistique industrielle inversée soit par l'entreprise elle-même avec ses propres déchets de l'usine, soit par l'externalisation logistique et l'entreprise capitalise en termes de réductions des coûts et participe au développement durable, car nos villes ne seront plus inondées des poubelles.

- **Un partenariat public privé (PPP) dans le cadre de la logistique industrielle**

La confusion est soigneusement entretenue sur le jeu des acteurs. Il faut rompre. La solution est dans le PPP ou la concession d'un service public pour une durée précise et reconductible après évaluation. Ainsi, les mélanges de genres vont cesser. Le MINEPAT doit entrer en jeu et mettre tous les autres à leurs véritables missions. Les entreprises qui ont participé activement à l'élaboration du Plan national de gestion de l'environnement (PNGE) au Cameroun ont marqué leur intérêt pour des objectifs, notamment ceux liés à la production verte. Beaucoup d'entre elles ont adhéré à des programmes spécifiques de production durable.

- **L'externalisation : un modèle de logistique inverse à s'inspirer**

Il n'y a pas de déchets qui jonchent les rues en Côte d'Ivoire. Le problème de déchets est un problème de gouvernance. La forme utilisée là-bas est la compétence de l'État dans un PPP. C'est quand même regrettable que des textes soient pondus tous les jours dans le souci de faire mieux qu'hier, mais la confusion demeure. Cette situation demande des mesures d'urgence au regard de la dégradation de l'hygiène publique et le risque des maladies encouru ces jours.

Conclusion

L'objectif principal de ce travail était d'analyser l'impact des activités de la chaîne logistique inverse des entreprises industrielles sur le développement durable au Cameroun. Pour cela, il était question d'établir en lien avec les trois dimensions du développement durable l'impact des activités de la chaîne logistique inverse sur le bien-être économique et social d'une part. D'autre part, d'analyser l'effet des activités de la chaîne logistique inversée sur le bien-être environnemental ou écologique. Cette recherche contribue aux débats sur les dynamiques en logistique inverse en Afrique en général et au Cameroun, en particulier tant au plan théorique, méthodologique et empirique. La préconisation la plus importante de cette étude est d'adapter la logistique inverse à un modèle de gouvernance par interpellation des ménages par le respect du cadre normatif, le renforcement du cadre réglementaire, mais également des mesures répressives en cas d'incivisme lié à la pratique de la logistique inverse. Les réticences à la pratique de la logistique inverse sont cependant réelles. Elles sont liées aux coûts supplémentaires qu'une entreprise peut subir en termes de collecte, transport, stockage, traitement, broyage.

Des améliorations sont attendues sur la culture de la compétitivité environnementale à travers des synergies entre entreprises et CTD pour la gestion du déchet industriel, un partenariat public-privé (PPP) dans le cadre de la logistique industrielle et l'externalisation comme un modèle de logistique inverse à s'inspirer. Dans le contexte où les problématiques de logistique inverse font partie des priorités des entreprises mondiales et dans un contexte où le Cameroun en a fait un objectif dans le cadre de la SNDD. Il est essentiel de se questionner sur la manière d'assurer la réussite et la pérennité de la mise en place d'un tel projet pour les entreprises industrielles. Ceci pourrait faire l'objet d'une nouvelle étude.

Bibliographie

Amalo, P. (2020). L'information environnementale : un enjeu à moyen terme pour toutes les entreprises, Revue française de Comptabilité, n° 356, pp.7-8.

Bennekrouf, A. et al. (2022). A Bibliometric Analysis of Reverse Logistics from 1992 to 2017, Supply Chain, Forum : *An International Journal* Vol 20, n° 1, pp. 15-28, doi:10.1080/16258312.2019.1574430.

Beyina, E. (2019). Logistic Chains and performances in SMEs : informational asymetries, managerial implications and added value. Specific case of

Camerounian SMEs, *International Journal of Scientific Research,* Vol.8, n°4, pp.53-58.

Brodhag, N. (1999). Et si la reverse logistics devenait la solution face à l'épuisement des ressources naturelles ? *Logistique & Management*, Vol 22, n° 1, Pp. 35-41. doi:10.1080/12507970.2014.11517042.

Brown, L., L. (2021). *Eco-économie, une autre croissance est possible*, Ecologie durable, Édition Seuil, Paris 2001.

Carley, M. et Christie, L. (2020). Contrôle et mesure de la responsabilité sociale d'entreprise, *3e Congrès de l'Aderse*, 18-19 octobre, Lyon.

Debrie, J. (2021). *La mobilité urbaine est-elle en bonne voie* ? La vie des idées, La Vie des Idées. hal-03360220.

De Brito, M., P. et Dekker, R. (2003). *A framework for reverse logistics*, Report series research in management, Erasmus university Rotterdam.

Demarque, M. (2022), ''La circulation inverse des déchets d'équipements électriques et électroniques (DEEE) : entre consolidation et développement.'', Logistique &Management, Vol 26, n° 1, Pp. 3-14, doi:10.1080/12507970.2017.1384702.

Dupont, B. et Lauras, N. (2018), ''Comment rendre l'e-logistique plus verte ?'', Logistique & Management Vol18, n° 1, Pp. 45–55. doi:10.1080/12507970.2010.11516959.

Essombè Edimo, J., R., Nya Bonabébé (2015). *Douala et la répartition spatiale des entreprises : Polarisation et fragmentation*, Yaoundé, L'Harmattan.

Essombè Edimo, J., R., Nya Bonabébé (2007). *Spatialité et développement économique à Douala : entre le hasard et la nécessité*, Paris, L'Harmattan.

Essombè Edimo J., R., Nya Bonabébé (2007). Localisation périphérique des entreprises industrielles et création de nouvelles centralités à Douala, *Mondes en développement*, Vol. 33-2007/1, n°137

Essombè Edimo, J., R., Nya Bonabébé (2005). Le développement territorialisé à Douala, fondements et repérage des modalités institutionnelles d'une dynamique nouvelle, *Mondes en développement*, Vol. 33-2005/2, n°130

Essombè Edimo, J., R., Nya Bonabébé (2004a). Le projet observatoire économique urbain de Douala, problématique, contexte et stratégie, Doc. de travail, CUD, Mars.

Essombè Edimo, J., R., Nya Bonabébé (2004b). Le développement territorialisé à Douala : le projet de création des "jardins d'entreprises", Doc. de Travail pour les journées du partenariat Bordeaux Aquitaine-Douala, 3/9 septembre, Bordeaux

Fulconis, D. et al. (2009). *Sustainable Marketing, Sage Publication*, London-New Delhi.

Gruppe, D. (2020). Reverse Logistics and Closed-loop Supply Chain: A Comprehensive Review to Explore the Future, *European Journal of Operational Research* 240(3): 603–626.

Kenmogne, P. (2019). La gestion des retours de produits en fin de vie : le cas de la ville de Dschang, *Revue Gestion* (Vol. 38).

Krouss, C. (2021). Étude exploratoire sur le commerce électronique lié à la reverse logistics., Revue *Logistique & Management* Vol7, n °2, Pp. 27-36.doi:10.1080/12507970.1999.11516709.

Lambert, A., S. et al. (2011). Generalizing Generalizability in Information Systems Research. *Information Systems Research,* Vol14, n° 3, Pp. 221-243. doi :10.1287/isre.14.3.221.16560.

Lavoisier, C. (2022). Reverse and recycling : reverse logistics opportunities, Council of Logistics Management.

Marchal, J., P. (2006). Sustainability and corporate environmental focus: an analysis of Danish small and medium sized companies, *Managerial and Decision Economics*, Vol 15, n° 18, p. 443-453.

Onguene, J., G. et Ndzomo, C. (2023). Logistique urbaine et mobilité dans la ville de Yaoundé : L'urgence d'une dynamique des Collectivités territoriales décentralisées, *Journal of African Management Trends.* Volume 23, n° 4, Pp 29-54.

Onguene, J., G. (2022). Logistique urbaine et mobilité urbaine dans la ville de Yaoundé, 5th international Communication, *Economics, Organization Social Sciences Congress en Indonésie (Jakarta),* volume N° 5, p101, www.ceocongress.org, ISBN : 978-605-73822-6-9. Du 09 au 11 Décembre 2022.

Onguene, J., G. (2022). Transport et développement durable au Cameroun. *Tendances de management africaines*, Vol 22, n° 6, août 2022.

Onguene, J., G. (2022). Reverse logistics et développement durable au Cameroun, *Sciences, Technologies et Développement,* Volume spécial N° 1, pp. 1-2. http://www.univ-douala.com/std/, ISSN 1029-2225-e-ISSN 2313-6278.

Onguene, J., G. et al. (2019). Reverse logistics dans les industries agroalimentaires : une alternative au développement durable au Cameroun ; https://ssrn.com/author=576563, https://ssrn.com/author=3902097.

Riopel, D. ; Chouinard, M. et Marcotte, S. (2011). *Ingénierie et gestion de la logistique inverse : Vers des réseaux durables*. Lavoisier : Hermes Science Publications.

Rogers, D. et Tibben-Lembke, R. (1998). *Going Backwards: Reverse Logistics Trends and Practices*, University of Nevada, Reno, NV: Reverse Logistics Executive Council.

Singh, S. (2021). Green supply-chain management: A state-of-the-art literature review, *International Journal of Management Reviews*, 9 (1), pp. 53-80.

Stock, J., R. (1992). Développement et mise en œuvre des programmes de reverse logistics, *Logistique & Management, Vol* 7, n° 2, Pp. 81-86. doi:10.1080/12507970.1999.11516715.

Stock, J, R. (1998). Développement et mise en œuvre des programmes de reverse logistics, *Logistique & Management*, Vol 7, n° 2, Pp. 81-86. doi:10.1080/12507970.1999.11516715.

Thierry, F. et al. (1995). The gap between the environmental attitudes and the environmental behaviour of small firms, *Business Strategy and the Environment,* Vol. 11, n° 8, pp. 238-248.

Younes, R. et Kacem, L. (2021). *Case Study Research: Design and Methods*. London : Sage publications.

Autres publications

Décret n° 2005/0577/PM du 23 février 2005 fixant les modalités de réalisation des études d'impact environnemental

SIXIÈME PARTIE :

INDUSTRIE DU TOURISME ET DÉVELOPPEMENT TERRITORIAL

Audrey Guylène NGUETCHOUO DOMTCHOUANG analyse l'offre touristique des territoires Camerounais. Les territoires considérés ici sont les régions. Les informations proviennent de l'annuaire statistique du ministère du Tourisme et des Loisirs du Cameroun pour l'année 2020, de la numérisation de documents papier et électroniques, ainsi que des Parcs nationaux du monde entier. L'auteur présente ici l'offre touristique du Cameroun et sa structuration dans les différents territoires du pays. Il ressort de son analyse que les régions les plus riches en sites touristiques sont celles de l'Adamaoua et de l'Ouest. Les régions les plus dotées en établissements touristiques sont le Centre et le Littoral. Les régions les plus riches en établissements touristiques enregistrent plus de flux touristiques que les régions les plus riches en attractions touristiques. Les parcs nationaux et les réserves de faune sont menacés par le changement climatique, le braconnage et la déforestation. Les populations locales participent à la protection, à l'animation et à la conservation des espaces naturels. Selon l'auteur, plus de la moitié des établissements hôteliers au Cameroun n'ont pas été classifiés. De plus, les sites touristiques ne sont pas bien connus, ni par la population locale ni par celle à l'international. Ceci témoigne d'une faible promotion de l'image des territoires camerounais.

Gérard Tchouassi, **Audrey G NGUETCHOUO DOMTCHOUANG et Pierre Anicet NGUELE** abordent la contribution de l'industrie touristique au revenu national du Cameroun à partir des données issues de la WDI entre 1995 et 2015. Ils utilisent, pour cela, le modèle de régression linéaire multiple. L'analyse des données du premier modèle montre que lorsque les recettes touristiques augmentent d'un dollar, le PIB augmente de 0,65 %, et lorsque les recettes touristiques d'exportation augmentent de 1 %, le PIB augmente de 0,39 %. L'analyse des données du second modèle montre qu'une augmentation des dépenses pour les postes de déplacement des touristes à l'intérieur du Cameroun d'un dollar traduit une augmentation du PIB de 0,83 %. Et lorsque les dépenses d'importation aux postes de transport des voyageurs à l'entrée du Cameroun augmentent de 1 %, le PIB varie positivement de 0,27 %. De même, un accroissement des dépenses pour les postes de transport des voyageurs en partance pour l'étranger d'un dollar se traduit par un accroissement du PIB de 0,68 %. De façon globale, l'industrie touristique influence significativement le revenu national avec des contributions des dépenses touristiques plus grandes que celles des recettes touristiques.

Dieudonné LEKANE TSOBGOU traite des entreprises de la restauration distractive se localisant dans les territoires du centre-ville et sur les artères principales de quartiers. La question de savoir si les nouveaux modes de « manger hors de chez soi », dans les points de restauration distractive, pourraient susciter l'attractivité des territoires urbains au Cameroun dans un contexte de décentralisation. Cette étude suggère que les activités du commerce de « bouche, du ventre et du plaisir » peuvent transformer nos manières d'habiter un territoire, en plus de le valoriser et de le rendre plus attirant. Raison pour laquelle cet article ambitionne de positionner les territoires des centres urbains du Cameroun parmi les destinations de choix en ce qui concerne l'investissement dans les activités de la restauration distractive. Pour mener à bien ce travail, l'auteur s'est appuyé sur une abondante recherche documentaire et des enquêtes de terrain de 2017 à 2024 auprès de 700 entrepreneurs de restaurants, afin de clarifier le concept de restauration distractive et d'analyser les nouveaux modes de manger. Les résultats de cette recherche permettent d'identifier les points « chauds » de la restauration distractive, les atouts et le choix des territoires de pratique, de consommation des repas distractifs dans les territoires urbains du Cameroun.

CHAPITRE 20 :

OFFRE TOURISTIQUE DES TERRITOIRES CAMEROUNAIS

Audrey Guylène NGUETCHOUO DOMTCHOUANG

Résumé :

L'objectif de notre chapitre est d'analyser l'offre touristique des territoires camerounais. Les territoires considérés ici sont les régions, et les données sont issues de l'annuaire statistique du Ministère du Tourisme et des Loisirs 2020 du Cameroun, d'une exploitation de documents physiques et numériques et de global national parks. Nous présentons ici l'offre touristique du Cameroun et sa structuration dans les différents territoires du pays. Il ressort de cette analyse que les régions les plus riches en sites touristiques sont celles de l'Adamaoua et de l'Ouest. Les régions les plus dotées en établissements touristiques sont le Centre et le Littoral.

Les régions les plus riches en établissements touristiques enregistrent plus de flux touristiques que les régions les plus riches en attractions touristiques. Les parcs nationaux et les réserves de faune sont menacés par le changement climatique, le braconnage et la déforestation. Les populations locales participent à la protection, à l'animation et à la conservation des espaces naturels. Nous observons également que plus de la moitié des établissements touristiques au Cameroun sont non classés et que les sites touristiques ne sont pas très connus ni de la scène nationale ni de la scène internationale. Ceci témoigne d'une faible promotion de l'image des territoires camerounais.

Mots clés : offre touristique, attraction touristique, infrastructure touristique, territoire, tourisme, Cameroun

Abstract :

The aim of our chapter is to analyze the tourist offer of the cameroonian territories. The territories considered here are the regions, and the data come from the statistical yearbook of the Ministry of Tourism and Leisure 2020 of Cameroon, from and exploitation of physical and digital documents and from Global National Parks. We present here the tourist offer of Cameroon and its structuring in the different territories of the country. It emerges from this analysis that the regions richest in tourist sites are those of Adamaoua and the West. The regions with the most toursit establishments are the Centre and the Littoral.

The regions richestnin tourist establishments record more tourist flows than the regions richest in tourist attractions. National parks wildlife reserves are threatened by climate change, poaching and deforestation. Local populations participate in the protection, animation and conservation of natural spaces. We also observe that more than half of the tourist establishments in Cameroon are unclassified and that the tourist sites are not very well known, neither on the national nor on the international scene. This shows a weak promotion of the image of cameroonian territories.

Keywords: ***tourist** offer, tourist attraction, tourist infrastructure, territory, tourism, Cameroon*

Introduction

Le tourisme est l'une des plus grandes industries au monde (WTTC[114], 2011). C'est un secteur qui a la capacité à la fois de stimuler la croissance économique en attirant les investissements, en favorisant l'entrepreneuriat et la création d'emplois, tout en protégeant le patrimoine culturel, en préservant les écosystèmes et la biodiversité et en promouvant l'autonomisation des communautés locales CNUCED[115] (2017). La promotion et le développement du tourisme améliorent la visibilité de tout pays aussi bien sur le plan national que sur la scène internationale, favorisant ainsi la prise en compte de ses problèmes internes et son ouverture au monde (Sireyjol, 2010). Pour des pays dotés d'une somme considérable de ressources, le secteur touristique peut être l'un des moyens les plus efficaces pour valoriser ces ressources, surtout pour les pays en voie de développement afin d'améliorer le niveau de vie de leurs populations et de générer des possibilités d'emplois (Nasser, 2011).

« Le tourisme est un système d'acteurs, de pratiques et de lieux, qui a pour finalité de permettre aux individus de se déplacer pour la recréation hors lieux de vie habituels afin d'aller habiter temporairement d'autres lieux » (l'équipe MIT[116], 2005). L'OMT[117] et la commission statistique des Nations unies (2000) définissent le tourisme comme « *les activités déployées par les personnes au cours de leurs voyages et de leurs séjours dans les lieux situés en dehors de leur environnement habituel pour une période consécutive qui ne dépasse pas une année à des fins de loisirs, pour affaires et autres motifs* ». Ces différentes définitions permettent de voir que l'industrie touristique se caractérise par un nombre important de services et d'affaires, d'abondantes infrastructures nécessaires pour la soutenir. Elle implique une diversité d'acteurs, qu'il s'agisse des organisations internationales, des organisations gouvernementales et non gouvernementales, des entreprises du secteur privé ou des consommateurs (OCI[118], 2002).

Dans le cadre d'une mondialisation qui accentue la connexion entre les différentes parties du globe, il favorise le climat de compétition entre les

[114] *World Travel and Tourism Council*
[115] Conférence des Nations unies sur le Commerce et le Développement
[116] Mobilités, Itinéraires, Territoires
[117] Organisation mondiale du Tourisme
[118] Organisation de la Coopération islamique

territoires. L'industrie touristique évolue dans un contexte très concurrentiel, et joue un rôle majeur pour les territoires et leurs économies avec l'apparition de nouveaux modes de commercialisation et de nouvelles destinations. Le secteur du tourisme est l'un des secteurs qui promeut le territoire en tant que destination, car une destination, au-delà des touristes, doit attirer, accueillir et retenir des investisseurs, des services publics, la main-d'œuvre, des entreprises, des institutions, afin de devenir un système touristique intégré localement (Fabry et Zeghni, 2012). Chaque territoire travaille pour améliorer son attractivité par la valorisation et la promotion de ses atouts et potentialités touristiques (Raif et Zouiten, 2021).

Le Cameroun a pour ambition d'accéder à la catégorie de pays à revenu intermédiaire de tranche supérieure. Il est donc nécessaire pour lui, afin d'atteindre cet objectif, d'accélérer et de conforter le rythme de croissance économique en mettant en évidence ses atouts immédiats (MINEPAT[119] et PNUD[120], 2019). Au rang de ces atouts figure le tourisme, car ce pays lui accorde une place importante dans ses axes majeurs de la vision 2035. Ainsi donc, dans la SND[121] 30, l'objectif principal du Cameroun est d'accueillir 3 500 000 touristes d'ici 2030. Pour atteindre cet objectif, le MINTOUL[122] a axé son intervention autour de deux axes majeurs : la promotion du tourisme et des loisirs tant à l'intérieur qu'à l'extérieur du pays, et la structuration de l'offre du tourisme et des loisirs.

Malgré sa richesse en sites touristiques, le Cameroun est un pays qui peine à développer son tourisme. Les arrivées touristiques internationales sont faibles et estimées à moins de 1 200 000 touristes avec le plus grand nombre d'arrivées observé en 2017, soit 1 081 000 touristes. L'arrivée de la crise sanitaire liée au Covid-19 n'a pas aidé le Cameroun, puisque, tout comme tous les autres pays, il a vu son tourisme ralentir. Les entrées internationales ont ainsi diminué de 1 021 000 en 2019 à 240 000 touristes en 2020. Néanmoins, les récentes données[123] montrent que le pays est sur une bonne voie de reprise, car il atteint son nombre d'arrivées d'avant pandémie en 2021, soit 1 012 054 touristes. Cette performance du secteur reste encore faible par rapport à l'objectif que s'est fixé le MINTOUL. Le Cameroun doit donc améliorer et développer l'offre touristique de ses territoires afin d'améliorer son image et la perception que les visiteurs ont du pays. L'offre touristique désigne la quantité de biens et services pouvant être disponible sur le marché à un prix donné (Raboteur, 2000). Autrement dit, c'est « *l'ensemble des produits et des services nécessaires pour satisfaire les besoins des*

[119] Ministère de l'Économie de la Planification et de l'Aménagement du Territoire
[120] Programme des Nations unies pour le Développement
[121] Stratégie nationale de Développement
[122] Ministère du Tourisme et des Loisirs
[123] Rapport sur la situation et les perspectives économiques, sociales et financières de la nation, 2022

consommateurs en ce qui concerne les vacances et les voyages [...] l'offre touristique doit être concrète et susceptible d'être consommée » (Stafford, 1999).

Cet article examinera donc le deuxième axe de l'objectif du ministère en charge du tourisme à savoir la structuration de l'offre des territoires camerounais. La loi camerounaise admet les régions, les communes et les communautés urbaines comme territoires. Les seuls territoires avec des données disponibles pour une analyse sont les régions et donc notre travail portera sur l'analyse de l'offre touristique dans les régions du Cameroun. C'est donc l'offre touristique, sa composition, sa structure et son développement qui rendent un territoire attrayant pour le tourisme. De ce fait, il sera question, d'entrée de jeu, de présenter une revue de la littérature de l'industrie touristique, puis de présenter l'offre touristique des territoires au Cameroun, c'est-à-dire les attractions touristiques existantes, aussi bien naturelles que culturelles, et les produits touristiques. Enfin, nous exposerons nos résultats et formulerons quelques recommandations.

I. Revue de la littérature

La littérature sur l'industrie touristique est extrêmement large. Son étude est d'un intérêt théorique et pratique de plus en plus important, c'est un secteur en pleine croissance dans plusieurs pays du monde. C'est une industrie en voie de mutation qui peut, en y associant les objectifs et les stratégies du développement durable et à travers de nouvelles formes de promotion de la marque et un nouveau modèle de partenariat, contribuer à la croissance d'un territoire (Lavigne et Couture, 2005). Encore que, il faut le préciser, l'état de pauvreté des populations d'un territoire peut être source d'une mauvaise exploitation du potentiel touristique de ce territoire aussi riche soit-il (Agbeti, 2002). Les études comme celles de Duthion et Mandou (2016) analysent le tourisme en faisant ressortir les atouts et les facteurs de ralentissement de l'activité touristique et montrent l'ampleur de l'innovation sur le processus d'amélioration de l'image touristique ainsi que des métiers qui en découlent.

Le territoire ressort donc comme étant d'une importance capitale au développement du tourisme. La pensée territoriale n'est pas nouvelle dans les analyses économiques. D'après Boutillier (2015), des économistes comme Alfred Weber avec sa théorie de la localisation ou encore Alfred Marshall avec l'atmosphère marshallienne, avaient déjà mis en évidence l'importance du territoire pour l'économie dans leurs études respectives en 1909 et en 1919. Pour le premier, le territoire est un facteur de localisation des firmes. De ce fait, une firme qui souhaite minimiser ses coûts de production choisira soit un territoire qui dispose d'une main-d'œuvre abondante et pas chère, soit un territoire doté d'une grande capacité de ressources ou alors un territoire où il existe déjà un marché de produits avec une concurrence parfaite. Pour le deuxième, le territoire représente un cadre spatial dans lequel les firmes développent des relations de non-concurrence et de coopération en vue de favoriser le partage des informations, des savoir-faire ou des méthodes et la propagation du progrès.

Une offre bien développée et organisée contribuera à l'attractivité touristique du territoire. L'attractivité touristique est perçue comme un élément de la destination qui incite le voyageur à sortir de son environnement habituel (Lew, 1987). Elle repose donc dans ce sens selon Crouch (2011) sur les perceptions que les visiteurs ont de la destination et de ses attributs. Les visiteurs se servent de cette perception pour choisir, organiser et interpréter les informations qu'ils ont de la destination (d'Astous, 2002).

L'une des façons de renforcer son image et son attractivité touristique internationale est de mieux exploiter ses forces en hissant son offre à un niveau d'excellence. Un territoire doit donc toujours avoir une offre composée d'un minimum d'éléments sans lesquels il ne pourra pas satisfaire la demande. L'attractivité touristique fait référence à l'ensemble d'évènements, d'acteurs, d'équipements et d'actions qui suscitent les déplacements. Les qualités spectaculaires et naturelles des sites ne sont pas les seuls facteurs d'attractivité d'une destination (Gagnon, 2007). En répondant aux besoins des touristes et des investisseurs, elle facilite la mise en valeur des atouts et le développement des territoires. Selon Aboutayeb (2014), le tourisme permet tout d'abord de mettre en lumière les activités traditionnelles et les savoir-faire locaux, de générer des revenus, de développer les infrastructures de base et de services, d'améliorer la qualité de vie des populations, de préserver et de diffuser la culture. Deuxièmement, de favoriser la prise de conscience identitaire de la population par son territoire, l'éducation et la sensibilisation à la préservation de l'environnement et à la formation en tourisme. Et enfin, il est un moyen de lutte contre l'exode rural qui, selon Diatta (2018), résulte de la pauvreté et d'un manque d'emplois en zone rurale. Le développement du tourisme représente donc un véritable moyen pour booster de manière significative l'économie de certaines régions du sud (Sadou, 2021).

Les types de tourisme comme le tourisme culturel doivent se développer autour des produits et activités touristiques culturels, mais aussi des expériences interactives des touristes (Ababneh et Masadeh, 2019). Les études de Bridaa et al. (2012) montrent que les héritages locaux à l'instar des musées, sont susceptibles de stimuler l'attractivité des territoires s'ils ont des rôles éducatifs, par exemple, ce qui constituera également une source de revenus pour ces derniers. Pour les touristes, l'attractivité d'une destination dépend à la fois des composantes primaires et des composantes secondaires (Jansen-Verbeke, 1986), qui sont des éléments de l'offre touristique d'un territoire. Les éléments primaires font référence aux équipements et ressources touristiques, objet principal de la visite qui séduit les visiteurs, notamment les salles de concert, le divertissement, les musées, les installations sportives, les évènements spéciaux, les édifices historiques et les galeries d'art. Par éléments secondaires, on entend les éléments supports des attractions qui favorisent le charme des villes en fournissant aux touristes des transports, des installations d'hébergement et de restauration et des commerces.

La plupart des études sur l'industrie touristique au Cameroun sont axées sur l'analyse et la qualité, car il y a peu de données disponibles dans ce domaine. En accordant une place plus importante au tourisme dans son économie nationale, le Cameroun a des chances de réussite. Les comparaisons faites avec certains concurrents d'Afrique de l'Ouest et de l'Est montrent en effet que le pays possède de grandes potentialités. L'amélioration du rapport avec les partenaires internationaux, la prise de conscience et la forte volonté d'y parvenir des décideurs camerounais sont les meilleurs arguments de ce tourisme (Handy, 1992). Ces analyses sont principalement axées sur l'état du tourisme dans les différentes localités du Cameroun.

Secheresse et Poliwa (2010) présentent les produits et les sites touristiques camerounais les plus attractifs, évaluent l'évolution de l'offre touristique et identifient les besoins qui devront être satisfaits prioritairement afin de ressortir les activités qui peuvent faire partir du projet de compétitivité des filières de croissance pour leur prise en charge. La présence des activités touristiques dans les territoires, comme c'est le cas dans l'arrondissement de Nkolmetet, contribue au renforcement de son héritage naturel et culturel et à l'amélioration des revenus des populations locales (Foudjet Nzépa, 2016). Le plus gros challenge auquel est confronté le développement du tourisme dans cet arrondissement est le manque de la promotion touristique de cette destination par les acteurs institutionnels qui y sont localisés. Malheureusement, Tchindjang et Fouodop (2008) observent dans ce pays que, malgré le potentiel touristique dont dispose le pays, le niveau du tourisme reste en dessous des attentes, et ce, à cause d'énormes difficultés auxquelles ils proposent des mesures nécessaires. En comparant le trafic camerounais au trafic africain et mondial, Tchindjang et Kamdem (2011) montrent que ce pays, en pleine reconstruction, ne parvient toujours pas à saisir l'occasion de contribuer au développement national et local, à la création d'emplois, aux PMI[124]-PME[125], à la réduction du chômage et à la lutte contre la pauvreté.

II. Méthodologie : présentation de l'offre touristique des territoires au Cameroun

Nous allons ici présenter l'offre touristique du Cameroun et sa structuration dans les différentes régions dont compte le pays. Cette partie est construite sur une recherche documentaire physique et numérique : mémoires,

[124] Petites et Moyennes Industries
[125] Petites et Moyennes Entreprises

rapports, thèses, annuaires, articles et livres. Les données secondaires sont issues de l'annuaire statistique du Ministère du Tourisme et des Loisirs de 2020, qui est le document le plus récent. Le Cameroun est un pays très riche en produits touristiques et en ressources aussi bien naturelles que culturelles qui suscitent la découverte. Ces produits et ces attractions sont des éléments qui donnent à ce pays tout son charme sur le plan touristique. Il présente une grande diversité de culture, de paysage, de relief, une faune et une flore impressionnante réparties dans les parcs nationaux, les jardins botaniques et zoologiques, les plantations, les monuments et bien d'autres.

1. Analyse des attractions touristiques dans les territoires au Cameroun

Une attraction touristique est constituée de l'ensemble des éléments localisés ailleurs qui attirent le voyageur hors de son lieu de résidence (Lew, 1987, *op. cit.*). Autrement dit, il s'agit de tout élément tangible ou non, qui, à partir d'une mise en valeur appropriée de ressources naturelles ou culturelles, pourrait avoir la capacité d'attirer un touriste (Leiper, 1990).

1.1. Analyse des attractions naturelles dans les territoires comme éléments de l'offre

Les attractions naturelles, dont les monts, les parcs nationaux, les réserves, les jardins botaniques et zoologiques (…) renferment une énorme richesse de faune (population d'animaux constituée d'oiseaux, de mammifères, de reptiles, d'insectes, de mollusques, etc.) et de flore (constituée d'espèces végétales représentées par des paysages de forêts tropicales, marécageuses, vierges, des arbustes, des fleurs aux beautés sans pareilles, etc.). Elles favorisent le développement de l'activité touristique, car « *les paysages de savanes ondulées dominées par quelques éminences et coupées de rivières, ainsi que certaines espèces végétales, comme le baobab, sont appréciés des visiteurs* » (Mesplier et Bloc-Duraffour, 2005). Ces deux milieux de vie, de par la beauté et l'ancienneté des plantes, la possibilité de faufiler entre les racines de grands arbres, d'observer des espèces animales rares et/ou en voie de disparition, offrent aux touristes un environnement splendide, une vue spectaculaire et un écosystème impressionnant.

1.1.1. Étude des montagnes, cols et falaises comme éléments de l'offre

La montagne se distingue par sa hauteur et sa pente. Il s'agit d'une structure topographique positive à la surface de la planète, faisant partie d'un ensemble (une chaîne de montagnes) ou formant un relief isolé sous forme d'escarpements, de marges continentales, de rifts en domaine extensif, de chaînes de collines ou de plissements. Elle est relativement élevée par rapport à son environnement. Elle garde un versant imaginaire *« qui la rapproche irrésistiblement, au même titre que la mer (...), de la nature sauvage et de l'envers de la civilisation. Difficile d'accès, impressionnante par son altitude, ses formes massives et torturées, son silence et ses mystères, elle est voisine, depuis peu, avec la catégorie esthétique kantienne du sublime* » (Lecuppre, 2003).

Le col est un passage multiforme situé entre deux versants, une sorte de « sommet » de substitution, une « charnière » paysagère, un lieu de repos après une ascension fatigante (Hascoët et al, 2021). La falaise, quant à elle, renvoie à des versants raidis qui se forment en zone montagneuse ou en bordure de mer (Paskoff, 2010). Ils offrent de vastes panoramas et de multiples curiosités géomorphologiques. Les ascensions de ces collines et montagnes peuvent souvent être pénibles, mais n'en demeurent pas moins fascinantes. Les écosystèmes de montagnes constituent la source de grands fleuves et sont des ilots exceptionnels et de précieux réservoirs de diversité biologique (FAO[126], 2006). La diversité de ces montagnes, colonisées pour la plupart par des oiseaux et différents autres animaux, offre des paysages remarquables et diversifiés qui attirent les touristes.

Nous allons ici présenter quelques exemples. Dans le Grand Nord[127], vous visiterez les monts Mandara, le mont Atlantika, le mont Rhumsiki encore appelé « Mchirgué », le mont Boboyo, le mont Ziver, le mont Djoumbal, le mont de Damougare, le mont Djim, les falaises de Ngaoundéré et de Mbé, le col de koza, etc. Vous trouverez dans le grand Sud[128] le mont Fébé, le mont Manengouba, le mont Nlonako, les monts Bakossi, massif de Ngovayang, etc. Dans le grand Ouest,[129] nous avons le mont Cameroun encore appelé « Char de Dieu », c'est le plus haut sommet du Cameroun, le mont Oban, le mont Tchabal Mbado, la falaise de Dschang ou falaise de Fokéré, le col de Batié, le mont Oku, les monts Bamboutos, le mont Mbapit, le mont Mete, le col de Fotouni, le col de Bana, le col de Batcha, etc. Et enfin à l'Est, nous avons ici le mont Yadé, le mont Pandi qui est constitué de trois rochers dont les plus petits sont considérés comme des rochers femelles et le grand comme le rocher mal, etc.

---

126 Food and Agriculture Organization

127 Constitué des régions du Nord, de l'Extrême-nord et l'Adamaoua

128 Constitué des régions du Sud, du Centre et du Littoral

129 Constitué des régions de l'ouest du Sud-ouest et du Nord-ouest

Graphique 1 : répartition des monts, cols et falaises groupés par région en 2020

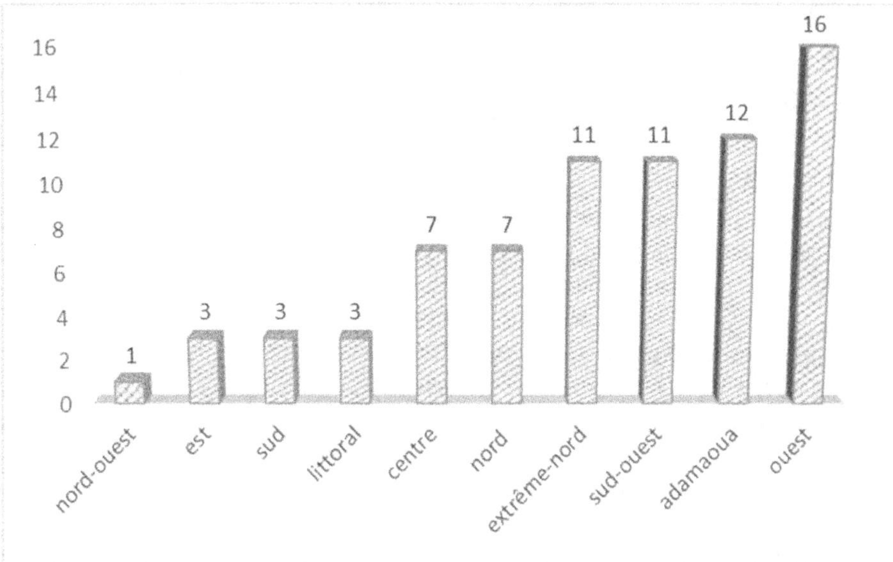

Source : auteure à partir des données du MINTOUL

On note des disparités naturelles entre les différents territoires. Pour les amoureux de la montagne, la région de l'Ouest est susceptible d'être la région la plus visitée, car elle est dotée du plus grand nombre de monts (y compris les cols et les falaises). À l'inverse, la région du Nord-ouest sera la moins visitée. Les visites touristiques dans un territoire peuvent ne pas dépendre de la quantité des attractivités naturelles, mais plutôt de leurs popularités. Dans le cas des montagnes, plusieurs régions surpasseront celle de l'Ouest. Il s'agit premièrement de la région du Centre avec le mont Febe, qui est populaire pour son hôtel quatre étoiles et son monastère. Deuxièmement de la région du Sud-ouest avec le mont Cameroun, qui est populaire parce qu'il est le plus haut sommet du Cameroun et l'un des plus hauts en Afrique et parce qu'il fait annuellement l'objet d'une compétition sportive : l'ascension du mont Cameroun. Et enfin, la région du littoral avec le mont Manengouba, très célèbre pour ses lacs jumeaux mâle et femelle.

1.1.2. Étude des parcs nationaux comme éléments de l'offre touristique

Chaque parc possède une histoire et résulte d'un processus de construction qui lui est propre. Selon l'Union internationale pour la conservation de la nature, lors de son congrès de 1969 à New Delhi, les parcs favorisent auprès du public la connaissance des milieux et des espaces gérés en les ouvrant aux loisirs de plein air. En effet, les touristes recherchent des lieux sauvages et plutôt beaux. Ils stimulent le déplacement des personnes avides d'espaces naturels ou pseudo naturels et de vie animale majestueusement libre. Pour Souissi (2008) « *les parcs nationaux sont représentatifs des différents écosystèmes du pays et constituent par conséquent une composante majeure des produits touristiques basés sur la nature* ». Ces endroits, dotés d'une flore et d'une faune exceptionnelles, permettent de découvrir et d'observer les espèces animales dans leur habitat naturel, et surtout de prendre quelques photos. Ils nécessitent donc une valorisation récréative et touristique.

Les parcs nationaux au Cameroun sont des lieux majestueux de beauté et de sérénité dotés de paysages très variés allant des savanes aux montagnes. Ces réserves naturelles sont véritablement un paradis pour la flore et la faune. Vous y trouverez une variété d'espèces animales telles que les lions, les antilopes, les éléphants, les serpents, la paruline rouge, les rhinocéros, le turaco à crête blanche, le rollier d'Abyssinie, les éléphants noirs, les guépards, le barbet barbu, le bruant à croupion brun, les hippopotames, les grands calaos d'Abyssinie, les hippopotragues, les buffles, les élans de Derby, les guibs harnachés, les cobs défassa, les phacochères, les damalisques, les béliers blancs, les chevaux, ainsi qu'une multitude d'espèces d'oiseaux et de plantes, dont l'acacia du Sénégal, les bouleaux africains, le dattier du désert, le tamarinier, le hanza, l'ébène des savanes, entre autres.

Ils sont favorables à la pratique d'activités (qui tiennent compte des besoins et des budgets des touristes) comme des safaris-photos, des randonnées, dégustation de la gastronomie locale et l'observation des oiseaux du fait de la diversité d'espèces présentes dans ces parcs. Ces parcs servent aussi de centres de recherches scientifiques permettant une plus grande compréhension des écosystèmes et le développement des stratégies efficaces pour leur conservation. Mais malheureusement, ils font principalement face aux menaces, telles que la désertification, le braconnage et le changement climatique, dont les autorités du Cameroun fournissent des efforts pour résoudre de concert avec les organisations internationales.

Nous retrouvons 20 parcs nationaux au Cameroun :

Parcs nationaux	Régions	Période idéale de visite	Hébergement	Implication population	Menaces/problèmes
Mpem et Djim	Centre	Saison sèche	Campements écologiques et hôtels disponibles à proximité	Participe à la protection et à la conservation du parc	1- braconnage 2- déforestation
Mefou	Centre	Saison sèche	Disponibles dans les villes voisines	RAS[130]	1- Pas très bien aménagé 2- route difficilement praticable en saison des pluies
Kimbi-Fungom	Nord-ouest	Saison sèche		Participe à la préservation du parc, à la gestion du tourisme, et organise des évènements culturels (art, danse, musique) auxquels les touristes assistent.	1- braconnage 2- déforestation 3- changement climatique
Mont Cameroun	Sud-ouest	Saison sèche	Campements rustiques et hôtels de luxe à proximité	Organise des activités traditionnelles, telles que la danse et la musique auxquelles les visiteurs participent	RAS
Takamanda	Sud-ouest	Saison sèche	Disponibles dans les villes voisines	Aide à la conservation du parc	1- braconnage 2- déforestation
Bakossi	Sud-ouest	Saison sèche	Cabanes, campings lodges et hôtels disponibles à proximité	RAS	1- braconnage 2- déforestation

130 Rien A Signaler

Korup	Sud-ouest	Saison sèche	Campings et logements plus commodes à l'intérieur ou à proximité du parc	RAS	RAS
Campo Ma'an	Sud	Saison sèche	Loges et campements à proximité du parc	Participe à la protection et à la gestion du parc	RAS
La Bénoué	Nord	Saison sèche	Campements, établissements de luxe et service de location de voiture à proximité	Participe à la conservation du parc et à la richesse culturelle de la région	1- braconnage 2- déforestation
Bouba Ndjida	Nord	Saison sèche	Campings et lodges de luxe disponibles à proximité	RAS	1- route difficilement praticable en saison des pluies 2- braconnage 3- déforestation
Faro	Nord	Toute l'année	Camping à proximité du parc	RAS	1- changement climatique 2- déforestation 3- braconnage
Kalamaloué	Extrême-nord	Toute l'année	Un campement disponible	RAS	Braconnage
Mozogo Gokoro	Extrême-nord	Saison sèche	Hébergement disponible dans les villes voisines	RAS	RAS
Waza	Extrême-nord	Saison sèche	Campings et hébergements de luxe à l'intérieur comme à l'extérieur du parc	Participe à la protection et à la conservation du parc	1-déforestation 2- braconnage
La vallée du Mbéré	Adamaoua	RAS	Options d'hébergement disponibles	RAS	1-déforestation 2- braconnage
Mbam et Djerem	Adamaoua	Toute l'année	Un hébergement à l'intérieur et des	Participe à la conservation du parc	RAS

			installations à proximité		
Lobéké	Est	Saison sèche	Campements écologiques et lodges à proximité	Participe à la conservation du parc et au développement durable	1-déforestation 2- braconnage
Boumba Bek	Est	Saison sèche	Campements de base et lodges de luxe	Participe à la gestion et à la conservation du parc	1- changement climatique 2- déforestation 3- braconnage
Nki	Est	Saison sèche	Campements écologiques et hébergement communautaire les hôtels et autres hébergements de luxe sont disponibles dans les villes voisines	Participe à la protection et au respect de la faune et de la flore du parc	Terrain accidenté à l'intérieur du parc, ce qui oblige les visites à pied et peut rendre la visite pénible en saison des pluies
Deng Deng	Est	Saison sèche	Lodges et campements écologiques à l'intérieur et à proximité	Participe à la conservation du parc en organisant des activités culturelles et des festivals	Mauvais état de la route

Source : auteure à partir des données de Global National parks

Des guides sont disponibles dans tous les parcs pour faciliter votre visite. La gestion de certains parcs est assurée par les responsables des parcs et les populations. D'autres parcs, en plus des acteurs suscités, bénéficient de la présence du MINFOF [131] et de certaines ONG [132] et organisations internationales. Certains parcs ont eux-mêmes mis sur pied des mesures et des actions pour protéger et conserver la faune et la flore. Il s'agit notamment de la surveillance renforcée de la faune, l'amélioration des infrastructures, la mise sur pied des patrouilles anti-braconnages et la sensibilisation

[131] Ministère des Forêts et de la Faune

[132] Organisation Non Gouvernementale

communautaire. Ils sont favorables à la pratique du Safari photo, de l'écotourisme, du tourisme cynégétique et du tourisme halieutique.

1.1.3. Étude des côtes comme éléments de l'offre touristique

Les côtes sont principalement bordées d'eau (de la mer/océan/fleuve) et présentent des plages et des berges en pente douce ou très douce. Le rivage est oblique, assez peu prononcé par rapport à l'horizontale, et se prolonge longuement sous le niveau de l'eau, masqué par une accumulation de sable parfois fin, parfois doux, tacheté par des bancs de rochers. Ces côtes sont idéales pour les détentes. La plage est « *fréquentée en hiver, puis en été, de jour et désormais la nuit, habillé, dévêtu, sur prescription médicale, puis pour le plaisir. Aujourd'hui, quel que soit le continent, la pratique de la plage urbaine et périurbaine en fait un territoire de loisirs, de pratiques sportives* » (Rieucau et Lageiste, 2008).

Elles permettent aux touristes de s'évader de leurs problèmes, soucis, des réflexions stressantes, car, comme le souligne Landrin (1866), « *il est difficile de réfléchir devant la mer ! La grandeur du spectacle absorbe, étourdit. On suit machinalement des yeux la vague qui s'élance vers le rivage ou erre sur la surface mobile et diaprée de mille teintes, sans se rendre compte de ce qu'on voit...* ». Allant plus loin dans sa contemplation, l'auteur ajoute même : « *on passe des heures à regarder la mer sans penser à rien ; sa vue seule enivre, et cette ivresse est une jouissance [...]. Des vagues se succèdent avec un roulement cadencé.* »

La plage de Mouanko dans la région du Littoral, encore appelée « plage de Yoyo » est le prolongement des plages de Kribi, c'est une magnifique plage de sable jaune ensoleillée idéale pour se baigner et pour bronzer. Bien qu'elle ne soit pas encore très connue du grand public, il est recommandé d'apporter son propre pique-nique (boissons, nourriture, parasol). Les plages de Kribi, telles que la plage de Grand Batanga et la plage de Londji, situées dans la région du Sud, sont des plages de sable blanc bordées de cocotiers. La plage Seme à Limbé, dans la région du Sud-Ouest, est une plage de sable noir située entre le Mont Cameroun et l'océan Atlantique, entourée de verdure luxuriante. Elle est célèbre pour la pêche locale et ses vagues de surf parfaites. La plage de la Pointe à Douala dans la région du littoral est située sur les rives du fleuve Wouri.

La plage d'Ebodjé est située dans la région du Sud, au bord de l'océan atlantique. Sa popularité émane de l'observation des tortues marines sur la plage, surtout en période de ponte. La plage d'Idénau est située dans un village du même nom dans la région du Sud-ouest et est célèbre pour la pêche. Nous distinguons des berges comme celles du Mayo Kaliao, du Mayo Tsanaga ou encore de la Bénoué, les berges du Wouri, les berges de la Lobé, les berges du fleuve Nkam, les berges de la Sanaga, etc. Nous remarquons que certaines plages et berges sont plus connues que d'autres, ce qui est un atout pour les territoires dans lesquels elles sont situées. Elles sont réparties au Cameroun ainsi qu'il suit :

Graphique 2 : répartition des plages et berges groupées par région en 2020

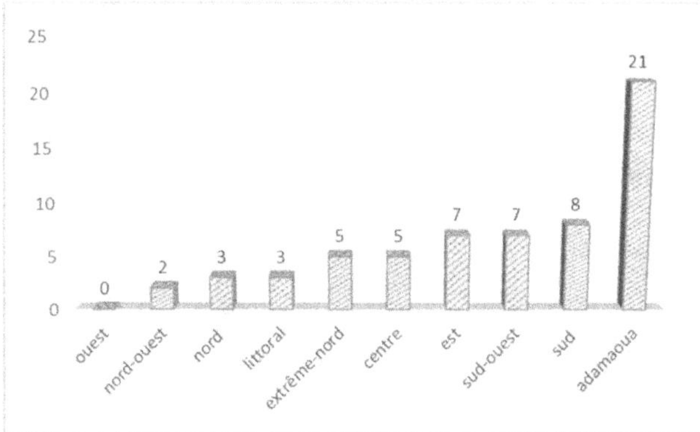

Source : auteure à partir des données du MINTOUL

Les régions du Sud, du Littoral et Sud-ouest contrairement à ce à quoi nous nous attendions, ne sont malheureusement pas celles avec le plus grand nombre. Néanmoins, seules ces trois régions disposent de plages. Par ailleurs, la région de l'Adamaoua ne possède pas de plages comme les autres, uniquement des berges.

1.1.4. Étude des réserves comme éléments de l'offre touristique

Les réserves « *qui présentaient des valeurs que leur rareté même rendait encore plus précieuses devinrent ainsi lieux de fréquentation. On y recherchait, tout à la fois, des paysages grandioses, surtout montagnards, une faune abondante, pittoresque et rendue moins méfiante par l'interdiction de la chasse, des fleurs rares (...)* » (Richez, 1992). L'auteur ajoutera plus tard la nécessité de susciter les émotions, de charmer les populations urbaines avec ces réserves qui constituent « *un ensemble d'éléments capables d'émouvoir des populations urbaines coupées de la nature et conscientes de l'être* ». Lieux idéals pour les amoureux de la nature, les réserves camerounaises sont populaires pour la richesse de leur biodiversité abritant de nombreuses espèces animales (des éléphants, des buffles, des lions, des girafes, des antilopes et de nombreuses espèces d'oiseaux) et végétales.

Dans la région de l'Est, nous distinguons les réserves de faune de Ngoyla et du Dja. Cette dernière est inscrite au patrimoine mondial de l'UNESCO[133]. Dans la région du Littoral, nous avons les réserves de faune de Douala-Edéa et du lac Ossa. Les régions de l'Ouest et du Nord-ouest ont respectivement la

[133] United Nations Educational, Scientific and Cultural Organization

réserve de faune de Santchou et la réserve de faune de Mbi crater. Cette répartition nous permet de produire le graphique suivant :

Graphique 3 : répartition des réserves par région au Cameroun en 2020

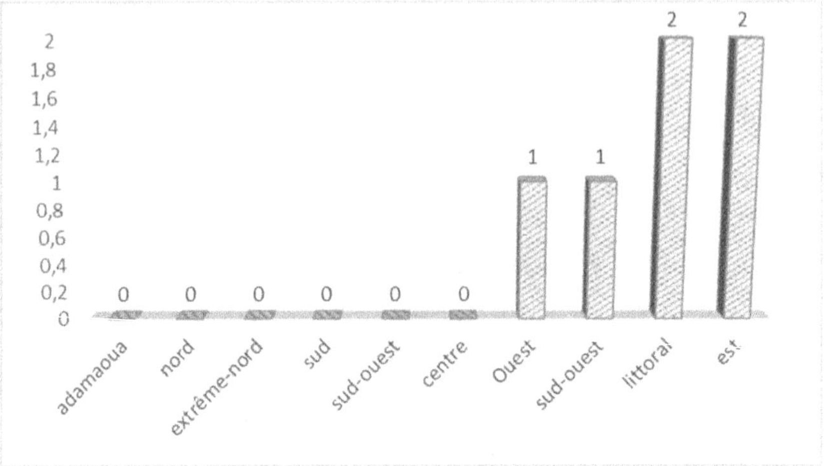

Source : auteure à partir des données du MINTOUL

Nous constatons que seulement quatre régions, à savoir l'Ouest, le Sud-ouest, le Littoral et l'Est, possèdent des réserves fauniques. Les six autres régions n'accueilleront donc pas de touristes souhaitant visiter ces réserves au Cameroun.

1.1.5. Étude des jardins botaniques, jardins zoologiques et autres sites de conservation de la flore et de la faune comme éléments de l'offre touristique

Le jardin botanique de Limbé dans la région du Sud-ouest a été créé en 1892 par un horticulteur allemand pour acclimater les plantes, telles que le cacao, l'hévéa, le bananier, le café et la quinine. Il a une superficie de 52 ha. On y retrouve plusieurs pistes : la piste qui longe la rivière et où l'on rencontre des plantes et des arbres de plus de 100 ans, la piste de Bota pour découvrir de grands arbres et des animaux sauvages, la piste côtière qui donne une belle vue de la partie occidentale du jardin et la piste de la biodiversité qui donne une vue du jardin sur sa biodiversité. Le Savanna botanic garden de Bamenda dans la région du Nord-ouest est un jardin aéré où poussent de nombreuses variétés de fleurs, de plantes et de palmiers à huile et à l'intérieur duquel sont construits des boukarous pour permettre aux visiteurs de se reposer.

Le bois sainte Anastasie dans la région du Centre est un espace clos et gardé avec en son sein un restaurant qui accueille en moyenne 150 visiteurs par jour et particulièrement le week-end. Il constitue un cadre idéal pour des pique-niques en famille, de prise de photos pour les cérémonies de mariage ou d'anniversaire et de détente pour les couples. Constitué de violettes, d'hibiscus, de géraniums et de rosiers formant de jolis massifs au milieu d'essences d'arbustes bien taillés, ce bois est un lieu de quiétude et de sérénité où la nature est mise à l'honneur.

Les jardins zoologiques sont de grands centres de biodiversité qui servent à la conservation d'espèces sensibles et d'espèces en voie de disparition et qui sont accessibles au public. Le Cameroun est doté de plusieurs jardins zoologiques. Le Jardin zoologique de Garoua dans la région du Nord a été créé en 1966 comme petite ménagerie à parc d'animaux sauvages en transit avec une superficie d'environ 6,8 ha. Le zoo de Garoua présente un couvert végétal à prédominance d'espèces exotiques et quelques pieds d'espèces dites indigènes. On y retrouve des éléphants, des dromadaires, des antilopes, des lions, etc. Le Jardin zoologique de Limbé a été créé en 1993 suite à une collaboration entre le gouvernement camerounais et la fondation Pandrillus et couvre une superficie de près de 44 ha. Il a pour mission d'éduquer les populations sur la nécessité de préserver l'exceptionnelle diversité de la faune et de la flore du Cameroun.

Le Jardin zoologique de Mvog-Betsi dans la région du Centre est situé en plein cœur de Yaoundé. Il a été créé en 1951. On y retrouve principalement des primates, des fauves et une flore relativement riche, idéale pour des balades en famille. Selon les informations recueillies par le blog « le 360 Afrique » auprès de certains visiteurs, ce zoo a perdu de sa valeur, car il n'est pas entretenu et les animaux à visiter ne sont plus aussi nombreux. Certains visiteurs regrettent même le temps et l'argent qu'ils ont dépensé pour s'y rendre. En date du 27 mai 2024, un drame se produit dans ce zoo : l'avant-bras d'un petit garçon est arraché et dévoré par une hyène. Ceci témoigne du manque de vigilance et de surveillance de la part des responsables de ce site. C'est aussi un fait qui peut réduire son niveau d'attractivité déjà faible, car les visiteurs effrayés ne voudront plus s'y rendre.

Le sanctuaire des gorilles de Mengame est situé dans la région du Sud, de part et d'autre de la frontière entre le Cameroun et le Gabon, et couvre 130 000 ha. Ce sanctuaire est un site indispensable pour la conservation de l'écosystème forestier tropical en Afrique centrale. Il est soutenu par l'organisation internationale de bois tropicaux et est constitué d'une forêt dense humide, de prairies saisonnièrement inondées, des habitats divers et d'une forêt marécageuse pour les plus impressionnants. Il faut noter que la réserve abrite également une population d'éléphants d'Afrique. Le sanctuaire de faune sauvage de Banyang-Mbo dans la région du Sud-ouest est célèbre pour ses éléphants, il a été créé pour la conservation de la biodiversité, le développement et la promotion de l'écotourisme. Nous avons également le sanctuaire à gorilles de Kagwene dans la région du Nord-ouest.

Vous serez également charmé par Ebodjé dans la région du Sud. En plus d'être doté d'une magnifique plage, ce village est également un site de protection des tortues marines que l'on peut observer pendant la période de ponte. C'est un petit village qui est favorable à l'écotourisme et soutenu par le World Wildlife Fund. On y retrouve des chambres d'hôte et de nombreux petits restaurants. Les cinq espèces de tortues marines que l'on y retrouve sont : la tortue Luth, la tortue olivâtre, la tortue verte, la tortue imbriquée et la caouanne. Un problème se pose néanmoins : l'accès au site. La route empruntée pour accéder au site est en mauvais état, ce qui limite les visites en saison pluvieuse. L'ile de Pongo dans la région du Littoral est un sanctuaire de chimpanzés, elle est le siège de l'association Papaye France qui a pour mission de réinsérer des chimpanzés dans leur milieu naturel. Il est possible au cours de la visite d'approcher, cajoler et nourrir les chimpanzés et se promener main dans la main avec eux, car ils ne sont pas agressifs. C'est un cadre idéal pour les amoureux de l'écotourisme.

1.1.6. Étude des chutes et cascades comme éléments de l'offre touristique

Impressionnantes, elles offrent un spectacle de la nature d'une extrême beauté. Certaines, comme les chutes de la Métché situées dans le village Bamougoum dans la région de l'Ouest, renferment des légendes. Ces chutes étaient utilisées pendant la période de maquis pour tuer tous les nationalistes camerounais qui refusaient de rejoindre la cause des Français. Les forces armées françaises jetaient ces opposants du haut de la falaise, sachant que la hauteur était suffisante et le courant assez fort pour emporter les corps et les faire disparaître sans laisser de trace. Selon l'histoire, les massacres ont pris fin le 12 septembre 1959, lorsqu'un des martyrs, Jacob Fossi, a entraîné un gendarme français dans sa chute. Les deux corps disparurent à tout jamais, restant introuvables.

Les chutes au Cameroun sont des lieux utilisés par la population riveraine pour des rites naturels et culturels, tels que les cérémonies de purification ou l'intronisation des chefs. Les visites peuvent se faire en pirogue ou à pied, directement au bord de la chute. Certaines chutes offrent des expositions culinaires ou des objets d'art. Certaines de ces chutes sont aménagées avec des boukarous, des aires de repos, des restaurants, des campings ou des chambres d'hôtes pour accueillir des touristes.

Nous allons présenter ici quelques chutes connues du pays. Nous avons dans le Grand Nord les rapides de Mayo Tsanaga, les chutes de la Vina, les chutes de Lancrenon, la chute de Moyo Dadi, les chutes de Telo qui dispose d'une vaste caverne dissimulée derrière les chutes. Des pistes, des bancs, des escaliers et des boukarous ont été construits pour faciliter l'accès et l'admiration du spectacle qu'elles offrent ; etc. Dans la région méridionale du Cameroun, nous sommes émerveillés par les spectaculaires cascades d'Ekom-Nkam, les majestueuses chutes de Nachtigal, les cascades de Ngo Njock Lipo, les impressionnantes chutes de Poupouna, les rapides bordés de fromagers de Mpoume, les chutes de Fifinda, les chutes de la Lobé, les chutes de Memve'ele, les chutes de Mbikiliki-Lolodorf, les chutes de Manjo, les chutes de Melong, les chutes d'Ebako, et bien d'autres encore. À l'est, il y a des chutes, comme celles du Nki, qui sont une merveille naturelle dans le parc national du Nki et qui sont constituées principalement de cascades et de rapides. Il y a aussi les chutes de Bodeng, celles de Mali Limboka, celles de Monaï ou encore celles de Boumba, les chutes de Ndong, etc.

Dans le grand Ouest, nous avons, les chutes de la Metche, les chutes de mamy wata, les chutes de Mouankeu, les chutes de la Menchum, les chutes de la Mifi, les chutes de Bomona, les chutes d'Ekombe, les chutes Fongo Tongo, les chutes du mont Cameroun, les cascades de Kigang, les chutes de Bakondji, les chutes de Banka, les chutes de Tchanke, Mobombe waterfall, Nyarue waterfall, les chutes de la Vévet, les chutes de Chehandzo, les chutes de Tsinkop, les chutes de Bangoua, les chutes de Mazo'o, les chutes de Tchélépi-Bamougong, les chutes de Tchouomi à Balessing, les chutes de Gounbela, les chutes de Foto, les chutes de Pebe à Bandjoun, les chutes d'Oku, les chutes d'Abi, les chutes de Belo, les chutes de Wum, les chutes de Bingo, les chutes sanctuaires de Sasse-Buea, etc.

Graphique 4 : répartition des chutes et cascades groupées par région en 2020

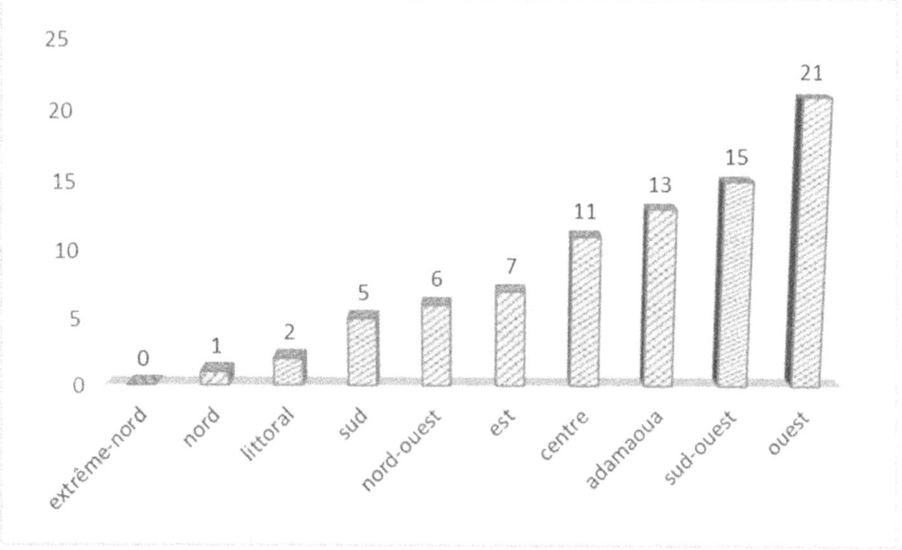

Source : auteure à partir des données du MINTOUL

La région de l'Ouest domine avec 21 chutes, alors que la région de l'Extrême-Nord n'en a aucune. Au bas de l'échelle, à côté de cette région vide de chutes, nous retrouvons le nord et le littoral. Mais, comme pour les autres attractions, la popularité de certaines chutes peut favoriser les flux dans certaines régions que dans d'autres au détriment de la quantité.

1.1.7. Étude des lacs comme éléments de l'offre touristique

Il s'agit d'étendues d'eau douce plus ou moins vastes au milieu de la terre. Au Cameroun nous avons des lacs naturels et des lacs artificiels bordés d'arbres d'essences diverses donnant la coloration des eaux. Ils favorisent la pratique de plusieurs activités, notamment l'agriculture, la pêche, le sport nautique, l'observation d'oiseaux et animaux aquatiques. Dans le Grand Sud, nous pouvons mentionner le lac municipal de Yaoundé, le lac municipal d'Ebolowa, le lac Ossa, le lac Tissongo, le lac artificiel Cofruca de Njombe, les lacs jumeaux mâle et femelle du mont Manengouba, etc. Dans la région du Grand Nord, nous avons, le lac Tyson, le lac Ngaoundaba, le lac Mbakaou, le lac Baleidjam, le lac de Lagdo, le Kakou, le lac de crocodiles de Boboyo, le lac de Maga, le lac de Guéré, etc.

Dans le grand Ouest, nous avons, le lac de Petpenoun, le lac Baleng, le lac du mont Mbapit, le lac municipal de Dschang, le lac de cratère de Bambili, le lac Awing, le lac Oku, le lac Nyos, le lac Bambalang, le lac Barombi Mbu, le lac Dissoni, le lac de cratère de Debunscha, le lac Ejagham, etc., à l'Est, nous retrouvons le lac Letta, une véritable beauté de la nature, un coin paradisiaque, le lac municipal de Batouri aménagé pour les randonnées en pirogue et la pêche sportive, le lac Mokounounou, les mares aux hippopotames de Ndélélé, Lala et Kétté, etc.

Graphique 5 : répartition des lacs par région en 2020

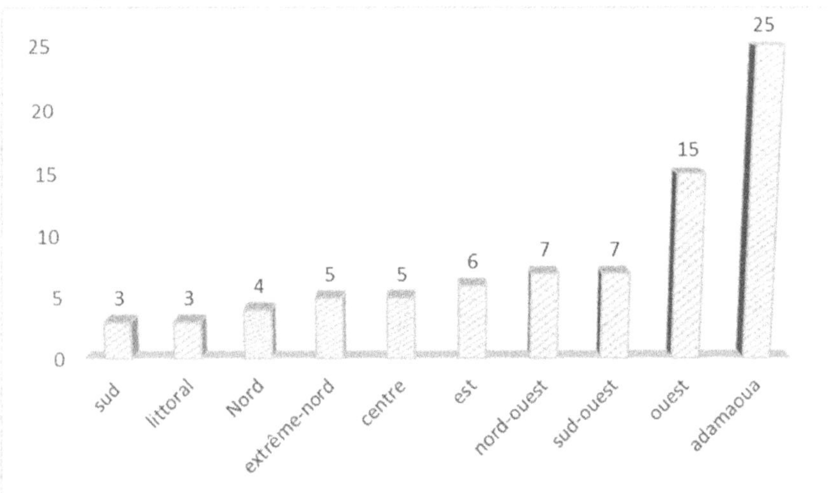

Source : auteure à partir des données du MINTOUL

La région de l'Adamaoua dispose du plus grand nombre de lacs. Les régions qui en ont le moins sont celles du Sud et du Littoral. Malgré que le littoral soit en bas du classement en termes du nombre de lacs, cette région peut recevoir plus de visites que les autres du fait de la popularité des lacs jumeaux mâle et femelle du mont Manengouba. Il faut noter que très peu de lacs sont connus du grand public.

1.1.8. Étude des rochers comme éléments de l'offre touristique

En plus des attractions touristiques naturelles citées plus haut, nous avons également les rochers. Dans le Grand Nord, vous pourrez visiter le pic de Mindif ou la dent de Mindif, qui est un grand pic rocheux de 729m de haut avec la forme d'une molaire renversée. Il a été le fond de toile des films tels que « Les racines du ciel » de John Huston en 1958 et « Chocolat » de Claire Denis en 1988. Le rocher de l'ile aux damans ou ile de Madagascar est accessible par pirogue à partir de Lagdo et vous pourrez participer aux activités nautiques et loger dans les installations hôtelières, le rocher du mont Djoumbal, le rocher du mont Djim, etc.

Dans le grand Sud, nous avons le rocher emblématique d'Ako'akas, qui se trouve à Ebolowa, dans la région du Sud. C'est un site remarquable avec des parois en granite d'environ 800 m de hauteur. Un seul des pics observables est accessible pour les randonnées ou l'alpinisme. Le rocher de Mezesse encore appelé « Mbil Be Kon » est situé dans la région du Sud en plein cœur d'une forêt du canton de Ndu Libi. Il est le garant de la tradition ancestrale Esse et sert de refuge à leurs ancêtres. Le rocher Vimli est un rocher localisé dans la région du Centre qui s'étend des berges jusqu'au milieu du fleuve Nyong au niveau duquel il a une forme arrondie. Il fut autrefois le site d'un poste administratif allemand. Le rocher du loup est un amas de pierres en forme de loup localisé dans la région du Sud et le rocher d'Akoa Bekoué encore appelé « rocher des pygmées » situé dans la région du Centre ; etc.

Parmi les rochers de l'Est, nous retrouvons le rocher de Bindia, le rocher rose de Bougogo, qui est situé à Batouri et qui mesure 649 m. C'est un sanctuaire consacré à la Vierge où de nombreux pèlerins et chrétiens se rendent pour des processions et des recueillements. Dans le grand Ouest on note la présence des rochers, comme le rocher de Batié qui se présente comme une énorme masse de roche avec la forme d'un hexagone de plus de 10m ; les rochers sacrés de Bapa encore appelés « Beugong » représentés par trois grands rochers disposés en étages et développés sur une base vallonnée et volcanique. Les touristes y trouvent leur plaisir, mais doivent au préalable obtenir l'accord du roi pour la prise de photos. Vous pouvez aussi visiter le rocher de la mort ou « Loung Gwou » dans le même village, le rocher de Fongo Tongo, le pic de Neyan, etc.

Graphique 6 : répartition des rochers par région en 2020

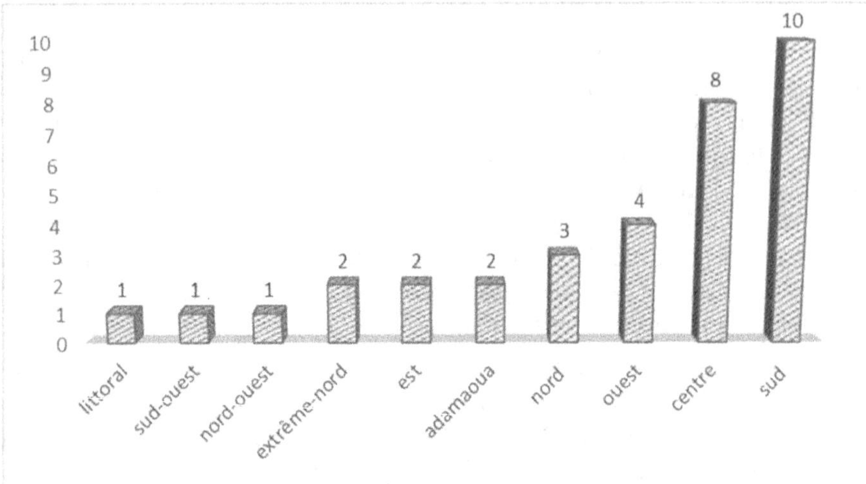

Source : auteure à partir des données du MINTOUL

Comme nous le constatons, les régions du Littoral, du Sud-ouest et du Nord-ouest sont celles qui présentent une faiblesse en termes de rochers au Cameroun. La région du Sud, quant à elle, arrive en première position et est par conséquent susceptible d'être la plus visitée.

1.1.9. Étude des autres attractions naturelles comme éléments de l'offre touristique

a- Présentation des plantations

Elles s'étalent sur plusieurs hectares et ont divers produits. On observe différentes cultures, telles que les champs de marbre dans la région septentrionale, les rizières dans le nord et le nord-ouest, les plantations de coton près du fleuve, la vallée des palmiers à huile à Poli, la palmeraie de SOCAPALM[134] dans le Moungo, la plantation de poivre blanc à Penja, la bananeraie de Mbanga, la plantation d'hévéa dans le sud, les plantations de thé de Djutitsa, Ndu, Ndawara et Tolé, les champs de cacao et de café, ainsi que la rizière de Santchou, les palmeraies de Pamol, les plantations de cacao à l'est.

[134] Société Camerounaise de Palmerais

Graphique 7 : répartition des plantations par région en 2020

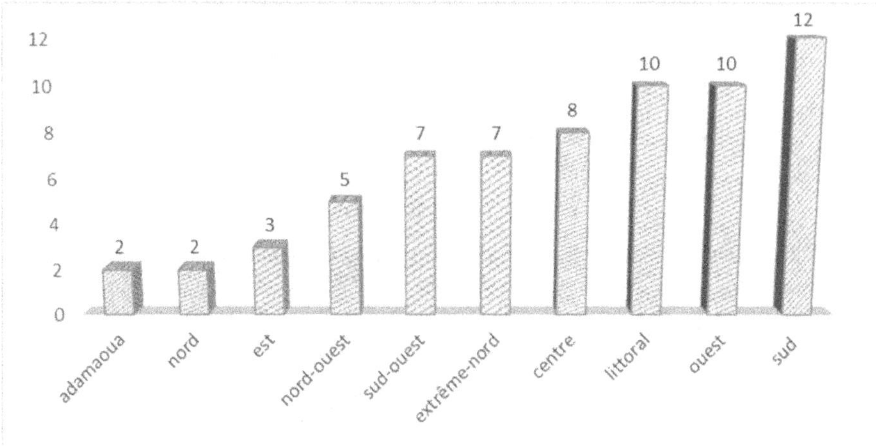

Source : auteure à partir des données du MINTOUL

La région du Sud arrive en tête avec le nombre de plantations, tandis que les régions de l'Adamaoua et du Nord en sont le moins dotées.

b- Présentation des grottes

Les grottes sont des cavités avec une taille plus ou moins grande que l'on retrouve généralement dans les flancs de montagne ou dans des rochers. Certaines cachent des légendes, d'autres sont considérées comme des lieux de culte et de prière. Le Cameroun est doté d'une multitude de grottes dont les plus populaires sont majoritairement situées à l'ouest du pays. Nous distinguons donc les grottes d'Akok Bekoe, les grottes de Fovu et la petite grotte de Nkei dans les monts Bamboutos, la grotte de Nka'a à Batié, la grotte de Doumelong à Bamougoum, la grotte de Ngog Lituba, la grotte de Tamziwé à l'ouest, les gorges de Kola et la grotte de Bana, les grottes de Mboeto, celles de Shum Laka à Bamenda, de Hynas et de Keup Nêh-Hû à Bangwa, de Ndemvoh à Fongo Tongo et de Hiala à Baham, etc.

Graphique 8 : répartition des grottes par région en 2020

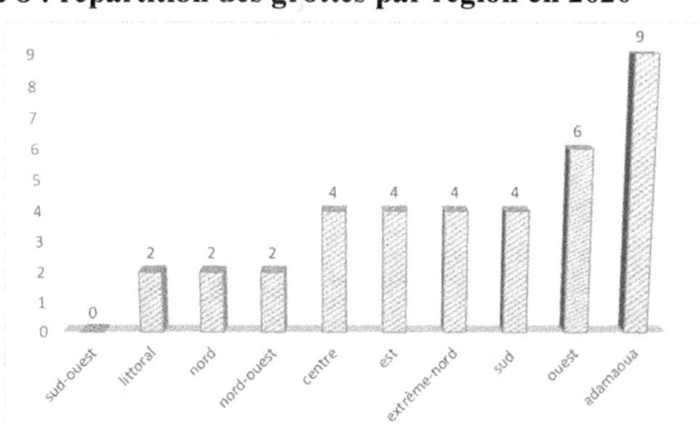

Source : auteure à partir des données du MINTOUL

Nous observons une dominance de la région de l'Adamaoua quant à la possession des grottes. La région du Sud-ouest, quant à elle n'en possède aucune.

1.2. Analyse des attractions culturelles dans les territoires comme éléments de l'offre touristique

1.2.1. Étude des lieux de prière comme éléments de l'offre touristique

a- Présentation des mosquées

L'architecture des mosquées est une représentation spectaculaire qui rend compte du savoir-faire des partisans de l'islam. Ces bâtisses religieuses suivent des règles architecturales formelles et rituelles consacrées à l'organisation des fidèles pour garantir une meilleure communication avec Dieu. C'est un lieu de pratiques religieuses, symbole d'unité et de foi dans lequel on mène également des activités dans le cadre du sport, de l'écologie, de l'éducation et du tourisme. C'est le lieu de prière le plus répandu dans la partie septentrionale du pays, car une partie de la population qui y habite est musulmane. Vous retrouverez les mosquées dans les autres régions à des lieux de concentrations des populations musulmanes. Dans le grand Ouest, nous pouvons retrouver la mosquée Njifurifum, la mosquée Ahlis Sounna, la mosquée Cheik Ali, la mosquée de camp oignons, la mosquée de Ndiandam, la mosquée de Mbouda, la mosquée de Babeté, la mosquée Haoussa/Foulbé, la mosquée chefferie Njindam, la mosquée centrale de Foumbot, la mosquée de Kekem, la mosquée New Town, etc.

Dans le Grand Nord, on distingue les mosquées en chaume, c'est-à-dire des tentes de forme rectangulaire, construites uniquement à partir de piquets de bois recouverts de chaume. L'armature d'attente de ce type d'édifice était faite de branches solides attachées avec des lianes, jointes par de petites branches en spirale et soutenue par des fourches autour desquelles les « sekko » (tiges tressées en nattes) servaient de barrières. Vous verrez également la mosquée de Sôro, construite sur un toit de terre battue mélangée à de l'herbe douce, des débris de céramique, du fumier et du sable. Elle est conçue pour résister aux incendies. Il y a aussi des mosquées en matériaux permanents, comme la mosquée de Poumpoumré, par exemple.

On retrouve dans le grand Sud la grande mosquée de Yaoundé de par ses éléments décoratifs et son minaret en est un parfait exemple de ce style architectural islamique au Cameroun. C'est également la plus grande mosquée d'Afrique centrale. La mosquée de Tsinga quant à elle, fait partie des plus beaux bâtiments de la ville de Yaoundé. Le design de sa charpente et de sa couverture de tuiles vertes font d'elle un site d'émerveillement classe et élégant. Nous avons aussi la mosquée Njoya Logbessou, la mosquée Annour New Bell, la mosquée Al Islah, la mosquée Masjid, la mosquée de Bonamoussadi, la mosquée Grand Béssengué, la mosquée centrale d'Ebolowa, la mosquée du marché d'Ebolowa, la mosquée centrale de Kio-Ossi, la mosquée centrale de Kribi, etc.

b- Présentation des basiliques

Les basiliques sont caractérisées par leur originalité architecturale, leur somptuosité et leur spiritualité poussée, la basilique Saint-Jean-Baptiste d'Ekié, la basilique orthodoxe de Yaoundé et la basilique Marie Reine des Apôtres de Mvolyé en sont des témoignages. La troisième, la plus imposante, la plus vaste et la plus renommée du Cameroun, est considérée comme la plus impressionnante. Cette basilique est bâtie sur 12 colonnes représentant les 12 apôtres et est faite d'un mélange de pierres, de métal et de bois. On y retrouve des vitraux aux couleurs pastel et lumineuses, la Vierge noire d'une hauteur de 3,50 m et sculptée dans le bois de l'arbre sacré de Nkong Ondoua. Le Christ et le tabernacle sont réalisés en bronze avec les techniques Bamoun. L'autel est taillé en forme de jeton d'abbia dans le granit à Akok Bekoé.

c- Présentation des cathédrales, chapelles et églises

Les cathédrales, chapelles et églises sont des lieux de prière des catholiques et des protestants. Elles sont caractérisées par leur originalité architecturale, leur somptuosité et leur spiritualité poussée. Il s'agit de monuments, d'édifices identitaires et mémoriels, d'icônes culturelles accumulant religion et histoire (Lours, 2024). La plus représentative est la cathédrale, une œuvre architecturale contemplée, visitée et parcourue, une silhouette gigantesque et imposante. On y observe les « *sculptures des personnages bibliques qui s'imposent en une série d'images folles* » (Prungnaud, 2008). Filles de l'histoire de la foi et du génie créatif des hommes, les cathédrales représentent des évolutions d'arts, de croyance et d'émotions collectives (Lours, 2007).

Vous trouverez quatre dans la région de l'Est : la cathédrale Notre-Dame de l'Immaculée Conception de Batouri, la cathédrale de la Sainte Famille de Bertoua, la cathédrale Saint-Pierre-et-Saint-Paul de Doumé (Abong-Mbang) et la Co-cathédrale du Sacré-Cœur de Doumé (Abong-Mbang). La cathédrale Marie-Reine-de-la-Paix est située à Yokadouma. Dans le grand Ouest, vous trouverez la cathédrale du Cœur immaculé de Marie Bafang, la cathédrale Saint-Joseph à Bafoussam, la cathédrale Saint-Joseph à Bamenda, la cathédrale Regina Pacis (Buéa) et la cathédrale de la Divine Miséricorde (Buéa). Dans la région du Grand Sud, vous pourrez visiter la cathédrale Saint-Sébastien à Bafia, la cathédrale Notre-Dame de Fatima à Eséka, la cathédrale du Saint Rosaire à Mbalmayo, la cathédrale Notre-Dame-du-Mont-Carmel à Obala et la cathédrale du Sacré-Cœur à Edéa. Dans la région du Centre, vous pourrez admirer la cathédrale de l'Immaculée Conception à Nkongsamba et la cathédrale Notre-Dame des Sept Douleurs à Akono. La cathédrale Saint-Joseph à Kribi, la cathédrale Saint-Pierre et Saint-Paul à Douala, la cathédrale Saint-Joseph à Sangmélima et la cathédrale Notre-Dame des Victoires à

Yaoundé sont également des lieux de culte remarquables à visiter dans la région du Centre.

On compte quatre cathédrales dans cette région : la cathédrale Sainte-Thérèse de l'Enfant-Jésus à Garoua, dans la région du Nord, est un immense bâtiment qui se distingue par sa forme triangulaire, ce qui en fait un lieu remarquable. La cathédrale Notre-Dame des Apôtres à Ngaoundéré, dans la région de l'Adamaoua, est le plus grand monument de l'Église catholique dans cet archidiocèse. La cathédrale Sainte-Anne à Yagoua, dans la région de l'Extrême-Nord, se distingue également par son architecture et sa forme unique. Ces cathédrales attirent des touristes du monde entier en raison de leur beauté et de leur originalité.

Toujours dans le Grand Nord, on trouve la cathédrale Notre-Dame de l'Assomption à Maroua (Mokolo), où l'on peut voir des fresques représentant la crucifixion, l'Assomption et la Pentecôte. Les quatre piliers qui soutiennent la toiture ont la forme d'une étoile qui se rétrécit vers le haut, symbolisant l'Assomption de la Vierge. Tout dans cette cathédrale a été fait à l'image de la Vierge. Cela inclut les contours du bâtiment, qui représentent son manteau qui recouvre et protège les fidèles, ainsi que les colonnes à l'intérieur, qui forment la première lettre de son nom, « M ». La Vierge Marie et les apôtres sont représentés avec des traits africains, tout comme la population. « *Le touriste le sait comme tous, sur ces routes pèlerines, il trouvera ces escales indicibles que sont les sanctuaires, que parfois il regarde étonné, et parfois intérieurement bouleversé* » (Nieuviarts, 2011). Les chapelles et les églises sont nombreuses, que ce soit des églises catholiques, protestantes ou évangéliques, différentes par leur architecture, leur grandeur et leur façon de prier.

d- Présentation des monastères

Dans le grand Sud, nous retrouvons donc les monastères dont le plus populaire est le monastère Notre-Dame des bénédictins du mont Fébé. Situé sur les hauteurs comme son nom l'indique du « mont Fébé » l'une des célèbres collines se trouvant à Yaoundé dans la région du Centre. C'est un site impressionnant où l'on retrouve en plus le rocher de la vierge Marie, un musée et une église. Il offre également une vue panoramique sur la ville. Le monastère Saint-Benoît de Babaté à Mbouda dans la région de l'Ouest est le lieu idéal pour la détente et le repos. C'est un espace où calme et tranquillité se côtoient. Nous avons également le monastère de Koutaba, communauté religieuse qui appartient à l'ordre cistercien et très célèbre pour son café.

1.2.2. Étude des lieux populaires comme éléments de l'offre touristique

a- Présentation des monuments

Il s'agira des monuments qui sont des sculptures, des édifices ou des fresques présentant l'histoire du Cameroun, ou d'un peuple. Ils peuvent être de couleurs uniques ou multicolores et de matériaux divers. Parmi les monuments présents dans le grand Sud, nous pouvons citer la statue de la nouvelle liberté, qui est un monument célèbre construit dans la ville de Douala au rond-point Deido. La place Charles Atangana est célèbre pour la présence en ce lieu de la statue d'une icône de l'histoire du Cameroun, Charles ATANGANA. Il fut intronisé par les Allemands et devint leur bras droit, particulièrement pour la collecte des impôts et le maintien de la paix entre les tribus indigènes.

Le monument de la réunification symbolise toute l'histoire de la formation du Cameroun de la réunification en 1961 à l'unification en 1972, représentée par des fresques murales colorées et de la parure des plafonds faits en bois et situés dans la crypte sous l'édifice. Il est constitué d'une sculpture représentant deux serpents qui s'enroulent autour d'un pilier avec des têtes qui fusionnent au sommet, la réunification des deux Cameroun anglophone et francophone. La statue représentant un vieil homme portant cinq enfants et brandissant le flambeau national signifie qu'il faut éclairer le chemin de la tradition vers la modernité en transmettant la sagesse de la tradition ancestrale aux nouvelles générations, etc.

Parmi les monuments les plus marquants de la région ouest, on compte le monument du cinquantenaire de Buea, érigé pour célébrer le 50e anniversaire de l'indépendance et de la réunification du Cameroun (Mengolo Mbel, 2020), le monument du roi Njoya, qui est une figure emblématique de l'histoire du pays, le monument du guerrier, qui symbolise la force et la puissance du souverain qui a remporté la guerre, la case du tam-tam, le monument Alfred Saker, en hommage au premier Européen à avoir visité Limbé, le site des esclaves de Bimbia, où des vestiges de la traite négrière ont été découverts, tels que des objets anciens utilisés par les marchands d'esclaves, la fontaine Bismarck, située à proximité de certains bâtiments historiques de la ville de Buea et offrant une vue imprenable sur le mont Cameroun, et bien d'autres encore.

On distingue à l'Est les monuments, comme celui construit à l'occasion du FENAC 2018 dans la ville de Bertoua, qui est une authentique attraction touristique représentant quatre instruments traditionnels de musique sur un dôme pyramidal, soit le tam-tam, le Mvet, le Kalangou et la cloche à double gong. Ces instruments symbolisent la cohésion harmonieuse des cultures soudano-sahélienne, Fang-Beti, Sawa et Bamiléké du pays. Le monument des origines est construit en souvenir du pacte qui a fondé la nation ; c'est une sculpture de quatre piliers regardant chacun les quatre côtés de la route avec un œuf recouvert d'une mosaïque en carreau posé sur la partie supérieure.

Graphique 9 : répartition des monuments par région en 2020

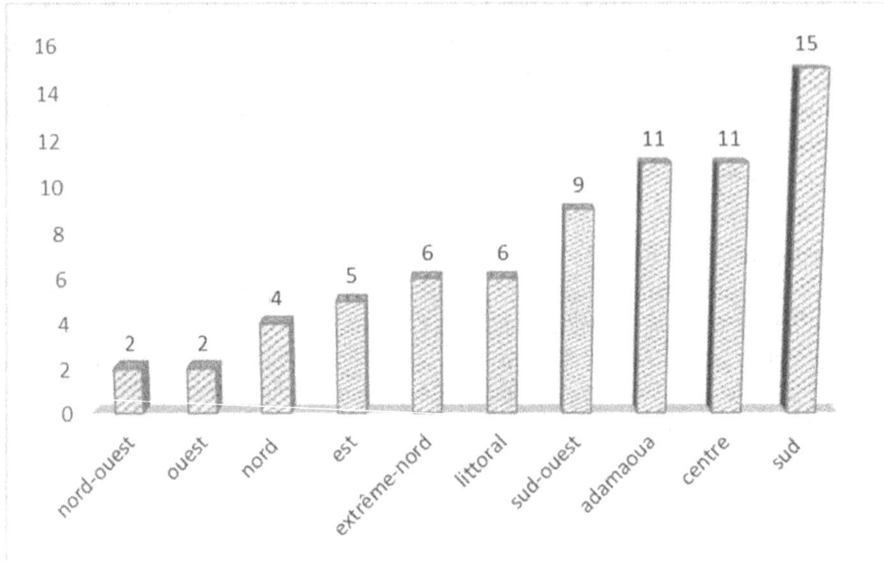

Source : auteure à partir des données du MINTOUL

Les régions du Nord-Ouest et de l'Ouest sont celles qui possèdent le moins de monuments. En tête, nous avons la région du Sud, suivie des régions du Centre et de l'Adamaoua. La célébrité de certains monuments favorise les visites dans les régions où ils sont situés.

b- Présentation des musées

Le musée renvoie à « *une institution au service de la société, qui a pour mission d'explorer et de comprendre le monde par la recherche, la préservation et la communication, notamment par l'interprétation et par l'exposition, des témoins matériels et immatériels qui constituent le patrimoine de l'humanité. C'est une institution sans but lucratif* » (Davis, Mairesse et Desvallées, 2010). En d'autres termes, il s'agit d'un établissement permanent, géré dans l'intérêt général « *en vue de conserver, étudier, mettre en valeur par des moyens divers et essentiellement exposer pour la délectation et l'éducation du public un ensemble d'éléments de valeur culturelle : collection d'objets artistiques, historiques, scientifiques et techniques, jardins botaniques et zoologiques, aquariums, etc.* » (Rivière, 1960). Ces institutions collectent, conservent et assurent la garde des spécimens et des artefacts au nom de la société, et les rendent accessibles aux visiteurs. Elles ont pour mission d'éduquer, d'exposer et de donner du plaisir.

Dans le grand Ouest Cameroun, vous trouverez le musée des civilisations de Dschang, le musée de Bandjoun, le musée des arts et traditions Bamoun, le musée du palais du sultan Bamoun, le musée de Baham, le musée de Mankon et le musée de Babungo. Vous observerez dans ces musées des objets d'art, des trônes, des légendes sur les rois, des masques, des calebasses ornées de perles ou de cauris, des tapisseries, des crânes animaliers, des pipes géantes et des fresques sculptées, etc. On peut découvrir dans le grand Sud le musée « la blacktitude », le musée national (ancien palais présidentiel et plus grand musée du Cameroun avec 30 salles), le musée ethnographique des peuples de la forêt, le musée du mont Fébé et le musée d'art camerounais à Yaoundé. À Douala, nous avons le musée de Douala, le musée maritime de Bonanjo, le musée provincial de Douala, le musée de l'eau et le Doual'art, le Lenale ndem museum de Melong.

Ce sont des lieux d'exposition dans lesquels on peut découvrir des masques, des costumes de danse traditionnelle, des rituels en céramique et en bois, des statues (et statuettes) en bois, en bronze et en argile, des artefacts, des instruments traditionnels de musique, des objets de magie et de croyance, des pièces uniques ayant appartenu à des chefs traditionnels, le saxophone de la grande icône de la musique camerounaise Manu Dibango, des peintures d'art contemporain, des objets de l'Égypte antique, la sculpture d'une reine et de ses sujets.

c- Présentation des lamidats/chefferies

Dans la région septentrionale, on trouve le lamidat de Ngaoundéré, fondé entre 1836 et 1839 par le chef Vollarbé Ardo Ndjobdi. Il se distingue par ses cases traditionnelles, qui présentent une architecture typique de la culture Mboum. Il abrite un musée et les visites sont possibles tous les jours, mais il est recommandé de les planifier le vendredi, jour de prière et de célébrations importantes. Le lamidat de Demsa, fondé vers 1830 par les Peuls du clan Wolarbé avec une superficie de 4 000 km^2, c'est l'un des plus grands lamidats du septentrion. Il est connu pour ses fantasias célèbres par le nombre de chevaux participants. Il est doté d'un musée d'une centaine de chevaux et les visites se font sur rendez-vous. Le royaume de Garoua a été établi vers 1839 sous le nom de Ribaopar Modibbo Haman, chef des Vollarbé, après sa victoire sur les Bâtas et les Falis. Il est connu pour sa fête équestre animée.

Nous avons aussi les lamidats de Gashiga, de Rey Bouba, de Bogo, les palais des sultans de Kousseri, de Makary, d'Afadé, de Bogo, du Logone Birni+, de Voulki, de Goulfey, de Gashiga, de Rey Bouba, de Bogo, etc. La chefferie d'Oudjilla est un site inévitable quand vous êtes dans la région de l'Extrême-nord. Elle est célèbre pour ses cuisines, ses habitats et ses greniers à mil. Vous pourrez également assister aux danses traditionnelles que les 50 épouses du roi exécutent. Et vous devez prévoir des chaussures adaptées, car la route est rocailleuse.

Les chefferies à l'Ouest sont généralement presque construites de façon identique et sont reconnaissables par leurs portes à toits sous forme de cônes symbolisant 7 ou 9 notables selon la chefferie. La description des chefferies adoptée ici est celle de Ngon (2019) pour qui la construction d'une chefferie à l'ouest résulte de la volonté d'un chef de démontrer sa puissance, marquer son territoire, mais également de symboliser la fierté d'un peuple. Pour lui, « *plus elle est imposante et grande, plus le regard que les autres groupes portent sur une chefferie repose sur le respect et la crainte. Ainsi donc, chaque chefferie Bamiléké se démarque des autres en fonction de sa case traditionnelle. L'architecture de ces cases traditionnelles [...] est une curiosité pour les visiteurs (...).* Parmi les chefferies du Cameroun, on peut citer Bafoussam, Bafut, Bandjoun, Baham, Bafou, Baleng, Bagam, Bamendjinda, Batoufam, Bazou, le sultanat de Foumban et le Mankon Palace, l'une des plus anciennes monarchies du nord-ouest du Cameroun sous contrôle allemand jusqu'en 1961.

Graphique 10 : répartition des chefferies/sultanats par région en 2020

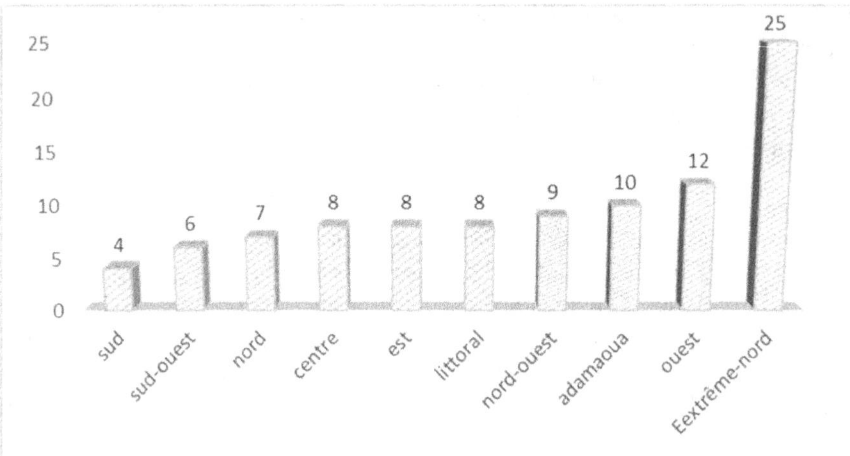

Source : auteure à partir des données du MINTOUL

Nous retrouvons le plus les chefferies/sultanats dans la région de l'Extrême-nord et moins dans la région du Sud.

d- Présentation de Djingliya et des cases Obus à Mousgoum dans le Grand Nord

Djingliya est une coopérative artisanale au paysage montagnard aride composée d'une quarantaine de cases Matakams où l'on peut découvrir la culture Matakam et la production artisanale. Les artisans travaillent au profit de la population locale et on peut assister à une coulée de fer dans le haut fourneau. Elle dispose d'un petit centre d'hébergement incluant les repas. Les cases Obus Mousgoum à Mourla et à Prouss sont des formes d'habitat typique de la tribu Mousgoum, elles sont faites à partir d'un mélange séché et solidifié au soleil fait à base de terre, de paille et de colle végétale séchée et ont une forme conique, striée, de nombreuses cannelures.

e- Présentation du bois de Mardock et des gorges de Kola dans le Grand Nord

C'est un jardin public, un espace vert considéré comme parc touristique dans la ville de Ngaoundéré à l'Extrême-nord et destiné à la détente et au loisir. Il a en son sein un hôtel, une salle de conférence, des étangs, un zoo, un monument à l'image du mont Ngaoundéré, un manège, un restaurant et un lac artificiel avec plage (Cameroon Tribune, 2020). Les gorges de Kola se présentent sous forme de passage rocheux de 700 m de long et de 200 m de large, offrent un spectacle rare avec des cavernes intérieures modelées par le courant en saison des pluies et des rochers merveilleusement taillés par les eaux.

f- Présentation des gravures rupestres de Bidzar et de l'île de Kofia dans le Grand Nord

Les gravures rupestres de Bidzar sont un site archéologique situé dans la région du Nord. Les illustrations de formes géométriques composées de cercles groupés ou isolés sont gravées avec un outil de gravure et un marteau dans du marbre. C'est une œuvre exceptionnelle et unique qui symbolisait des histoires, des mythes, des concepts. L'île de Kofia est située du côté camerounais du lac Tchad dans la région de l'Extrême-nord et est célèbre pour son lait ribot.

g- Présentation de la pagode de Douala et du centre touristique de Nkolandom dans le grand Sud

La pagode de Douala est construite en 1905 par Auguste Manga Ndoumbé pendant la période coloniale. Elle abrite aujourd'hui l'espace Doual'art, initiative de Marilyne Douala Bell. Ce palais est une figure emblématique de la ville avec à l'arrière le tombeau des rois Bell. Le centre touristique de Nkolandom est un cadre touristique très agréable de par sa propreté, son milieu naturel luxuriant, de nombreux rochers, grottes et statues et l'accueil symbolisé par la statue d'Adeline la verseuse d'eau. On peut y visiter plusieurs grottes.

h- Présentation de l'artisanat

L'artisanat au Cameroun est constitué de la vannerie, la poterie, le tissage, de la soudure, etc., les principaux éléments fabriqués sont : objets d'art, paniers, lits, nasses, claies, balafons, mortiers, hottes, nattes, jouets, tam-tam, balais. Ces éléments sont faits à base de feuilles de palmiers, bambou, bois, lianes, rotin. Dans le grand Ouest, nous avons la rue des artisans, qui est un espace idéal pour découvrir l'artisanat camerounais, on peut y observer les vanniers, les ébénistes et autres sculpteurs dans leurs boutiques et ateliers dans lesquels on retrouve des masques-passeports, des masques en pagaille, des tambours, des reproductions d'armes traditionnelles et des objets en bronze et en bois à l'instar du mobilier, la forteresse de Bamenda est un vestige colonial qui abrite maintenant certains services administratifs, la poterie de Nsei Bamessing où sont fabriqués à la main et de façon traditionnelle des tuiles et autre objet à base d'argile et majoritairement des articles de style Nsei, le centre de fabrication des perles Jean Félicien Gacha à Bangoulap, la fonderie de Foto et le centre artisanal à Dschang, etc.

i- Présentation de Bimbia et de la ring road

Située sur les rivages de l'océan atlantique, la forêt de Bimbia Banadikombo conserve les vestiges de la traite négrière découverts lors des travaux de terrassement du site de l'église dédiée à la mémoire d'Alfred Saker il y a plus d'une vingtaine d'années. On y trouve de vieux ustensiles que les marchands d'esclaves utilisaient, comme des bracelets, des clochettes, des cadenas coques vides rouillées, des pots ébréchés et en mauvais état, ainsi que la plus grande curiosité : les chaînes lourdes de deux mètres de long et le canon allemand. On peut également voir et emprunter le chemin parcouru par les esclaves jusqu'à la plage de Bonangombé. La Ring Road, longue de près de 400 km, est une route circulaire magique et mystique. Elle vous permettra de découvrir l'intimité spirituelle des villages, comme Jakiri, Kumbo, Bambui, Wé, Nkambé, Ndop et Wum.

j- Présentation des vestiges architecturaux

La grotte du roi Mbartoua, qui servait de résidence au fondateur de la ville de Bertoua pendant la période coloniale. Selon la légende, c'est à l'intérieur que le roi se cachait et organisait ses attaques contre les Allemands souhaitant s'emparer de son territoire, la grotte de Mvanda et d'Esseng, la grotte de Timbé. Le sous-bois de Madouma abritant la vieille demeure du Dr Jamot. Les vestiges coloniaux ayant abrité les services de la brigade de gendarmerie.

La Forteresse allemande de Doumé est célèbre pour son fort colonial allemand et sa cathédrale faite de briques rouges. Elle est située dans une zone qui permettait aux Allemands de contrôler tout l'Est du Cameroun. Elle est accessible par une belle allée bordée de manguiers. On y retrouve également une prison allemande construite entre 1909 et 1911 et constituée des cases de passage, des cellules, des chambres, un tunnel et des tours d'angle. Actuellement, quelques familles habitent dans le fort qui se dégrade progressivement avec le temps.

k- Présentation des campements

Djembé est un camp situé sur les rives de la rivière Sangha, connu pour ses clairières où vous pouvez voir des animaux sauvages, comme le gorille, le sitatunga, le buffle, l'éléphant ou le sanglier. Les touristes peuvent observer la nature à partir des tours construites pour l'occasion « les mirages », qui peuvent supporter jusqu'à cinq personnes et pratiquer la pêche sur la rivière. C'est une véritable attraction de par sa faune, sa clairière et sa végétation unique. Le site est accessible et doté des bungalows et des toilettes internes.

Le campement pygmée Baka à Lomié est l'un des plus anciens peuples de la forêt tropicale. Ses activités principales sont la chasse, la construction de huttes avec des branchages entrelacés, la cueillette, la pêche et la récolte du miel. On y trouve également les campements des Pygmées de Mayos, de Dompele, faits de cases en raphia et en écorce, ainsi que celui du grand rocher Bouamir, et celui des Pygmées du petit rocher.

1.2.3. Étude des lieux sacrés comme éléments de l'offre touristique

Les forêts sacrées et les sanctuaires sont de belles représentations de ces lieux. « *Le touriste le sait comme tous, sur ces routes pèlerines, il trouvera ces escales indicibles que sont les sanctuaires, que parfois il regarde étonné, et parfois intérieurement bouleversé* » (Nieuviarts, 2011, *op. cit.*). Les forêts sacrées, quant à elles, ont une biodiversité très riche favorisant le développement de nombreuses espèces. Ces forêts sont de lieux d'évocation des esprits ancestraux, des rites d'initiation des jeunes, de lieux d'enseignement des pratiques ancestrales en vue de conserver l'héritage traditionnel. En plus de l'aspect spirituel, les populations interagissent avec les forêts sacrées pour diverses raisons à savoir l'alimentation et la médecine traditionnelle. On les retrouve majoritairement dans le grand ouest et le Grand Nord du pays. On peut aussi mentionner les lacs sacrés utilisés pour les rites et les traditions, comme le lac sacré de Baleng, ou encore des lieux sacrés, tels que les lieux sacrés de Poumegne, de Chechio, de Toko à Badjoun, le lieu sacré de Bunker, très riche en plantes médicinales, à Baham à l'Ouest, etc.

1.2.4. Étude des manifestations culturelles comme éléments de l'offre touristique

Il s'agit de cérémonies organisées par une communauté (village ou ethnie) qui peuvent être annuelles ou biennales sur une période allant de quatre jours à deux semaines. C'est l'occasion pour ces communautés de valoriser et de promouvoir leurs valeurs culturelles du terroir et de purifier le village pour éloigner, voire éliminer les problèmes qui sont des sources de division et de désordre. C'est également une opportunité d'exposer sa culture et de promouvoir le vivre-ensemble. Au cours de ces cérémonies, vous assistez à une série d'activités, notamment : des danses traditionnelles, des concerts de musique traditionnelle, des créations artisanales, des lectures de contes et de légendes, des foires artisanales, des représentations théâtrales, des expositions d'œuvres d'art et de mets locaux. Au Cameroun, on trouve le festival Nyang Nyang, le festival Lie La'a Tatomdjap de Baham, le festival Kebouh Pouaniep, le festival Nguon, le festival du Ngondo à Douala, le mbam'art, le festival du peuple Batanga, Kribi, le « mayi », le festival des Elog Mpoo, Bakoko, etc.

2. Analyse des produits touristiques dans les territoires au Cameroun

Un produit désigne « *tout ce qui peut être offert pour satisfaire un besoin ou un désir* » (Kotler et al, 2000). Selon Smith (1994), le touriste est l'artisan du produit qu'il consomme, car il a la liberté d'effectuer ses propres choix concernant sa destination, ses activités, son hébergement, son mode de transport, etc. Cet auteur considère le produit touristique dans un premier tant comme un ensemble d'activités, de services et de bénéfices qui constituent l'expérience touristique dans sa globalité. Dans un second temps, ce produit peut représenter l'offre à l'échelle d'une entreprise touristique. C'est cette dernière forme que nous allons considérer.

2.1. Étude de la restauration comme produit touristique

La gastronomie peut se vanter d'avoir soutenu les débuts du tourisme ; sa mise en évènement contribue également à renforcer l'attractivité touristique. Elle est de plus en plus au centre de l'attraction touristique comme une expérience et a su devenir un faire-valoir unique des destinations touristiques (Fabry, 2014). Selon le même auteur, « *La restauration met alors en évidence la variété de l'offre culinaire d'un pays et, à ce titre, participe à l'attraction des touristes. Elle peut aussi prétendre renforcer l'image d'une destination en captant l'imaginaire touristique* ». Pour une niche particulière de touristes, la gastronomie constitue un élément de choix de la destination touristique. Les formes de restauration dans cette région du pays sont variées. Elles vont du plus informel au plus formel, en passant par le plus moderne et le plus traditionnel.

Tableau 1 : carte des établissements de restauration par catégorie et par région en 2020

Régions	Catégories				Total
	3 Fourchettes	2 Fourchettes	1 Fourchette	Non Classés	
AD[135]	0	0	11	15	**26**
CE[136]	7	33	59	30	**129**
ES[137]	1	0	3	15	**19**
EN[138]	3	2	16	4	**25**
LT[139]	4	8	43	109	**164**
NO[140]	0	0	7	5	**12**
NW[141]	0	2	16	16	**34**

[135] Adamaoua
[136] Centre
[137] Est
[138] Extrême-Nord
[139] Littoral
[140] Nord
[141] Nord-ouest

OU[142]	0	3	11	11	**25**
SU[143]	2	0	12	40	**54**
SW[144]	0	0	1	2	**3**
Total	**17**	**48**	**179**	**247**	**491**

Source : annuaire statistique 2020 du MINTOUL

Les établissements non classés dominent les établissements classés dans les régions du Sud-ouest, du Sud, du Littoral, de l'Est et de l'Adamaoua. Nous observons une égalité en termes de nombre entre les établissements non classés et les établissements une fourchette dans les régions du Nord-ouest et de l'Ouest. Nous observons une dominance des établissements une fourchette dans le Centre, l'Extrême-nord et le Nord. Les établissements de restauration de catégories élevées sont très peu nombreux et se trouvent dans les régions du Centre, du Littoral, de l'Est, de l'Extrême-nord et du Sud pour les établissements trois fourchettes ; dans le Centre, le Littoral, l'Extrême-nord, le Nord-ouest et l'Ouest pour les établissements deux fourchettes. Les établissements non classés représentent 50,3 % de la totalité des établissements de restauration au Cameroun. La région du littoral est celle qui est plus dotée en établissements de restauration et en établissements de restauration non classés. La région du centre concentre le plus grand nombre d'établissements classés. La région du Sud-ouest est celle qui possède le moins d'établissements au total, le moins d'établissements non classés et le moins d'établissements classés.

2.2. Étude de l'hébergement comme produit touristique

« *L'hospitalité traditionnelle donnée à l'étranger ou au pèlerin a évolué au cours de l'histoire* » (Cova et Giannelloni, 2015). Elle est passée d'une version gratuite à une version commerciale où l'accueillant assure, sur la base de la connaissance de ce qui fera plaisir à son hôte, le confort moral et physique ainsi que la sécurité de ce dernier. L'hospitalité ici renvoie à l'hébergement, qui est l'un « *des critères déterminants de l'attractivité des lieux* » (Viard, 2000), un élément central de l'industrie touristique. Les structures d'hébergement doivent refléter l'image des régions émettrices et se situer près des sites remarquables ou des loisirs (ski, pares, plages, cours d'eau, montagnes) des lieux de transport en commun (gare, port, aéroports…) ou même à l'entrée ou au centre des territoires. L'offre d'hébergement se décline en une grande variété de possibilités dans le monde entier. Les capacités d'accueil varient selon le nombre de lits offerts, qui peuvent être marchands ou non, et l'établissement est conçu pour recevoir des touristes en courts ou longs séjours.

On distingue généralement les auberges, les motels, les pensions, les hôtels, et même des résidences secondaires en propriété, des locations

[142] Ouest
[143] Sud
[144] Sud-ouest

meublées et non meublées. Toutefois, pour Daubet (1974), les principales formes d'hébergement sont l'hôtellerie, les logements de vacances, les campings et villages de vacances. L'hôtellerie est depuis longtemps un pilier majeur du tourisme et le principal moyen d'hébergement ; les hôtels varient en fonction du confort, de la grandeur, de la qualité et de la quantité de ses suites, de la présence ou pas de restaurants, ainsi que d'autres formes de prestations. On peut donc les classer en fonction des étoiles, des hôtels sans étoiles aux hôtels cinq étoiles.

Tableau 2 : carte hôtelière par catégorie et par région en 2020

Régions	Catégories						Total
	5 *	4*	3*	2*	1*	NC	
AD	0	0	2	10	36	71	**119**
CE	1	7	17	48	144	292	**509**
ES	0	0	2	4	35	88	**129**
EN	0	0	7	7	63	59	**136**
LT	1	8	25	65	87	565	**751**
NO	0	0	4	5	32	70	**111**
NW	0	0	8	16	49	63	**136**
OU	0	1	7	42	102	64	**216**
SU	0	1	10	17	51	178	**257**
SW	1	2	6	12	30	132	**183**
Total	**3**	**19**	**88**	**226**	**629**	**1582**	**2547**

Source : annuaire statistique 2020 du MINTOUL

Les établissements non classés sont majoritaires dans toutes les régions, sauf dans l'Ouest et l'Extrême-nord, où ce sont les établissements d'une étoile qui dominent. Les établissements d'hébergement de catégories élevées sont très peu et se trouvent uniquement dans quelques régions. Les cinq étoiles sont uniquement dans les régions du Centre, du Littoral et du Sud-ouest. Les quatre étoiles sont dans les régions du Centre, du Littoral, de l'Ouest, du Sud et du Sud-ouest. Les établissements non classés représentent 62 % de la totalité des établissements d'hébergement au Cameroun. La région du littoral est celle qui est plus dotée en établissements d'hébergement et en établissements d'hébergement non classés. La région du centre concentre le plus grand nombre d'établissements classés. La région du Nord est celle qui possède le moins d'établissements au total. L'Extrême-nord possède le moins d'établissements non classés. Les régions du Nord et de l'Est sont celles qui ont le moins d'établissements classés.

2.3. Étude du loisir comme produit touristique

Les établissements de loisirs sont classés en première, deuxième et troisième catégorie et font référence ici à un dancing, des salles de cinéma, des manèges, un cabaret, des casinos, des salles de jeux ou une boîte de nuit, selon le décret suscité.

Tableau 3 : carte des établissements de loisirs agréés par catégorie et par région en 2020

Régions	Catégories			Total
	Catégorie III	Catégorie II	Catégorie I	
AD	0	1	12	**13**
CE	1	18	74	**93**
ES	0	0	3	**3**
EN	0	3	8	**11**
LT	0	8	83	**91**
NO	0	2	4	**6**
NW	0	0	1	**1**
OU	0	0	10	**10**
SU	0	0	20	**20**
SW	0	0	3	**3**
Total	**1**	**32**	**218**	**251**

Source : annuaire statistique 2020 du MINTOUL

La région du centre est celle qui est le plus dotée d'établissements de loisirs et la région du Nord-ouest est celle qui en a le moins. Nous comptons qu'un seul établissement de troisième catégorie (qui est la catégorie la plus élevée) dans la région du Centre. Seules les régions de l'Adamaoua, de Centre, de l'Extrême-nord, du Littoral et du Nord sont dotées d'établissements de loisirs de deuxième catégorie. Les établissements de première catégorie sont présents dans toutes les régions et représentent 87 % du total des établissements de loisirs.

III. Présentation des résultats

Nous observons une inégale répartition naturelle des sites dans les différents territoires camerounais. Ceci prédispose certaines régions, comme les régions de l'Adamaoua et de l'Ouest plus riches en sites touristiques à recevoir plus de visites touristiques, et les régions comme celles du Nord et du Nord-Ouest à en recevoir moins. On peut donc ressortir le classement suivant des régions les plus riches en sites touristiques, allant respectivement de la première à la dernière : l'Adamaoua, l'Ouest, le Centre, l'Extrême-nord, le Sud-Ouest, le Sud, le Littoral, l'Est, le Nord et le Nord-Ouest. Le Cameroun ne se distingue pas sur la scène touristique en raison de la qualité plutôt que de la quantité de ses attractions et de ses produits touristiques. Pourtant, cette destination regorge d'un immense potentiel touristique, aussi bien en termes de nature que de culture, qu'il faudrait mettre en valeur. Les parcs nationaux et les réserves de faune sont menacés par le changement climatique, le braconnage et la déforestation. Les populations locales participent à la protection, à l'animation et à la conservation des espaces naturels.

On constate que la grande partie de la richesse touristique du Cameroun n'est pas connue ou est très peu connue tant au niveau national qu'au niveau international. Un coup d'œil rapide sur des sites comme « Tripadvisor » ou « le petit futé » montre que les informations que l'international a sur les attractions du Cameroun sont très limitées, car ils ne présentent que quelques sites connus de tous depuis plusieurs années déjà. Le ministère du Tourisme et des Loisirs du Cameroun nous renseigne dans son annuaire statistique de 2020 que le pays dispose de 941 sites touristiques. Un coup d'œil sur internet ou dans les documents ne te renseigne pas sur au moins 350 sites. Ceci témoigne à suffisance de l'absence ou de la faiblesse de la promotion, de la valorisation et même de la communication de l'industrie touristique dans ce pays.

Les sites qui, déjà pour la majorité, ne sont pas connus, ne disposent pas d'infrastructures nécessaires, comme des hébergements à proximité pour accueillir les touristes. Les infrastructures retrouvées dans les sites pour ceux qui en possèdent sont de faible standing. Les touristes doivent se déplacer dans certains cas dans les villes voisines ou les villages voisins pour avoir des infrastructures de meilleures qualités. Ceci peut occasionner des frais supplémentaires pour ces derniers. L'infrastructure est d'un soutien important pour le tourisme dans les territoires, car ça les rend plus attractifs. Selon le guide n° 6 de l'UNESCO, les infrastructures représentent le plus important des critères de croissance et de performance du tourisme. C'est la raison pour laquelle les régions comptant le plus d'attractions ne reçoivent pas le plus de touristes (Annuaire statistique du tourisme, 2020), puisque leurs infrastructures ne sont pas assez développées pour accompagner et soutenir ces attractions.

Les infrastructures ne sont pas situées à proximité des sites et donc par mesure de sécurité et soucis de confort, les touristes auront tendance à plus visiter des lieux où ils auront accès à un minimum de commodités à savoir l'hébergement et la restauration. Les établissements d'hébergement, de restauration et de loisirs sont inégalement répartis sur l'étendue du territoire et plus concentrés en zone urbaine du fait de l'état d'enclavement de l'arrière-pays. Les établissements non classés sont très nombreux par rapport aux établissements classés, ce qui est aussi un frein au développement de l'industrie touristique et un frein au développement d'un tourisme de luxe. Les établissements non classés représentent plus de la moitié du total des établissements touristiques au Cameroun. Les régions du Littoral et du Centre comptent le plus grand nombre d'établissements, avec respectivement 1006 et 731. En revanche, les régions du Nord et de l'Est en dénombrent le moins, soit 129 et 151.

En regardant de près l'annuaire susmentionné, nous observons un contraste : les régions ayant le plus grand potentiel touristique ne sont pas celles qui sont les plus visitées. D'après le potentiel touristique recensé, les régions de l'Adamaoua, de l'Ouest, du Centre et de l'Extrême-nord devraient être les plus visitées ; mais, selon l'annuaire du ministère du Tourisme de 2020, les régions les plus visitées sont respectivement le Centre, le Littoral, l'Est, l'Ouest, le Sud, l'Adamaoua, le Nord, l'Extrême-nord, le Sud-ouest et le Nord-ouest. Les régions du Centre et du Littoral sont celles qui sont le plus dotées en infrastructures touristiques en quantité et en qualité, ce qui expliquerait qu'elles reçoivent plus de touristes que les autres.

On note l'insuffisance d'infrastructures de transport et celles qui existent sont inégalement réparties dans les différentes régions du Cameroun. Le mauvais état observé des routes est à l'origine des embouteillages (Njimanted et al, 2013) et rend difficile l'accès aux sites touristiques avec pour conséquence de rendre la durée du voyage plus longue et le coût du transport élevé. Les agences de voyages sont plus nombreuses dans les zones urbaines que dans les zones rurales. Très peu d'agences du tourisme valorisent et vendent l'image du tourisme camerounais, elles se concentrent plus dans la vente des billets d'avion. Les compagnies aériennes et ferroviaires sont peu et certaines sont gérées par des firmes étrangères qui bénéficient des retombées au détriment du Cameroun.

Ce déséquilibre des arrivées peut également se justifier d'une part par la popularité de certains sites qui enregistreront plus de flux et d'autre part par le manque d'entretien des sites qui enregistreront moins de flux. On note également comme frein au développement de l'offre touristique dans les territoires, la faible participation des acteurs locaux aux projets touristiques globaux, une compagnie aérienne peu fiable et pas très efficace avec des renvois répétitifs des vols et heures de décollage. Malgré un parc hôtelier riche avec plus de 2000 structures, les structures d'hébergement répondant aux normes internationales prescrites par l'OMT sont insuffisantes et celles qui existent sont plus concentrées en zone urbaine avec un personnel très peu formé dans le domaine. L'insécurité constitue également un frein au développement de cette industrie avec le grand banditisme et le phénomène de coupeurs de route, et plus encore la crise anglophone dans le nord-ouest et le sud-ouest et les attaques terroristes de Boko Haram à l'Extrême-nord.

Malgré le nombre important de sites touristiques dont dispose le Cameroun, dont les parcs nationaux, les chutes, les stations balnéaires, les lacs et les montagnes pour ne citer que ceux-là, seulement deux sont inscrits au patrimoine mondial de l'UNESCO, les arrivées touristiques restent faibles. Certains sites sont envahis par des herbes, manquent de propreté et manquent d'aires de repos ou de logement. Des sites mal entretenus ne sont pas attrayants aux yeux des touristes. Résoudre le problème d'aménagement des sites serait peut-être source d'emploi, car nécessitant une main-d'œuvre supplémentaire. Le Cameroun doit développer son offre touristique afin d'être « *attracti-compétitif* » (Essombè Edimo, 2008) et faire face à la concurrence des autres destinations, avoir une offre compétitive et augmenter ses flux touristiques.

IV. Recommandations

Nous présentons ici quelques solutions pour rehausser l'image du tourisme camerounais et améliorer son offre.

1. Le Cameroun doit renforcer sa communication concernant l'offre touristique de chaque région. Cela peut se faire en concevant des brochures d'information ou encore en mettant sur pied des organismes spécialisés, comme des bureaux du tourisme qui présenteraient de façon détaillée ce qu'une région a à offrir (sites touristiques, activités, hébergement, etc.).
2. Il est nécessaire de construire et/ou d'améliorer les infrastructures qui soutiennent le développement du tourisme dans les régions ;
3. Il conviendrait également d'inciter l'innovation dans le secteur en créant des réseaux d'acteurs et implantant des prompteurs locaux, d'enseigner la culture touristique aux communautés locales qui se sentiront plus impliquées ;
4. Il faudra améliorer la formation de la filière tourisme afin qu'elle ne se limite plus uniquement à l'hôtellerie et à la restauration et que les employés soient qualifiés pour une meilleure qualité des services offerts ;
5. Il faut améliorer la qualité des infrastructures touristiques en privilégiant les établissements classés au détriment des établissements non classés ;
6. Il faut entretenir et rénover régulièrement les sites touristiques et s'assurer qu'il y ait des aires de repos à proximité de chaque site touristique ;
7. Le manque de données dans le secteur ne permet pas de faire une analyse objective, il serait nécessaire que chaque site et chaque établissement touristique communiquent au ministère du Tourisme et des Loisirs ses données sur une période de temps régulière afin de garantir la disponibilité des données et de faciliter l'établissement régulier d'un annuaire statistique ;
8. Rendre les sites accessibles pendant toutes saisons en construisant des infrastructures de transport pour faciliter le déplacement aisé des touristes dans tous les territoires ;

9. Il faut mettre sur pied des politiques et des stratégies, pour protéger les zones naturelles, comme les réserves de faunes et les parcs nationaux du braconnage et du changement climatique, et assurer leur durabilité ;
10. Chaque territoire doit pouvoir analyser ses atouts afin de déterminer sur quel type de tourisme développer son offre.

Conclusion

Cette contribution visait à évaluer l'offre touristique du Cameroun. Pour ce faire, nous avons mis en évidence le potentiel touristique du pays, tout en soulignant ses manquements. Nous avons constaté que les régions de l'Adamaoua et de l'Ouest possèdent les sites les plus intéressants, mais qu'elles ne sont pas nécessairement celles qui attirent le plus de visiteurs, d'après les statistiques du ministère du Tourisme. Il faut malheureusement admettre que les sites qui abritent une grande biodiversité sont menacés par la déforestation et le braconnage.

Malgré la richesse de son offre, la destination « Cameroun » n'est pas assez attrayante en raison des nombreux problèmes qui affectent son offre touristique. On comprend donc que disposer d'un potentiel touristique conséquent n'est pas la seule condition pour être attractif aux yeux des touristes ; il faudrait en plus disposer d'infrastructures qui assureront le confort et le plaisir de ces derniers. Il serait intéressant de différencier nos produits de ceux des concurrents en se basant sur les ressources spécifiques qui sont des ressources propres à un territoire qu'on ne peut retrouver dans un autre. La faune, tout comme la flore, diffère en fonction des territoires : elle favorise le tourisme cynégétique (la chasse sportive), le tourisme de safari photo, le tourisme de montagne, le tourisme balnéaire, et la survie de sa population dépend de la flore.

Bibliographie

Aboutayeb, H. (2014). La réserve de biosphère de l'arganeraie : un nouvel Eco-territoire touristique au sud du Maroc, *Pasos, Revista de Turismo y Patrimonio Cultural*, vol 12, n° 4, pp. 915-922.

Al-Ababneh, M., et Masadeh, M., (2019). Creative cultural tourism as a new model for cultural tourism, *journal of tourism management research*, vol. 6, n°2.

Agbeti, K. (2002). *Valorisation et gestion des potentialités touristiques de la commune de Grand Popo*, Mémoire de maîtrise de géographie, UAC, FLASH, Abomey Calavi.

Boutillier, S. (2015). Les grandes étapes de la pensée économique du territoire, *Cahiers du Laboratoire de Recherche sur l'Industrie et l'Innovation*, n° 296.

Bridaa, J., G. ; Meleddub, M. et Pulinac, M. (2012). Understanding urban tourism attractiveness: the case of the archaeological Otzî museum in Bolzano, *Journal of Travel Research*, 51(6), pp. 730-741.

Cameroon tribune (2020*), bois de Mardock de Ngaoundéré : un jardin envoûtant*, octobre, on line.

Conférence des Nations unies sur le commerce et le développement (2017), Rapport annuel sur le développement économique en Afrique (CNUCED), novembre.

Cova, V. et Giannelloni, J-L., (2015). Hospitalité et consommation touristique, *Revista Hospitalidade*, vol 6, n° 2.

Crouch, G. (2011). Destination Competitiveness : an analysis of determinant attributes, *Journal of Travel Research*, 50(1), 27.

D'Astous, A. (2002). Comportement du consommateur. Montréal : Chenelière, *Annals of Tourism Research*, 13(1), pp 79-100.

Daubet, M., (1974). Les structures d'hébergement touristique en Haut-Quercy, *Revue géographique des Pyrénées et du Sud-ouest*, tome 45, fasc 3, p. 297-316.

Davis, A., Mairesse, F. et Desvallées, A. (2010). What is museum? Munich, Germany : Verlag Dr C. Müller-Straten.

Diatta, S. (2018). *Potentialités et impacts du développement touristique en basse Casamance : cas de la commune de Diembering*, Mémoire de Master en géographie, Université Assane Seck de ziguinchor, 58 p.

Duthion, B. et Mandou, C. (2016). L'innovation dans le tourisme culture numérique et nouveaux modes de vie, de Boeck supérieur.

Équipe MIT, (2005). Tourismes 2. Moments de lieux, Paris : Belin Editeur : Coll. Mappemonde, 349 p.

Essombè Edimo, Nya Bonabébé, J-R., (2008). Douala et l'attractivité territoriale en zone CEMAC à l'heure de l'économie globale, *Revue Enjeux*, n° 34-35.

Fabry, N. (2014). La restauration, attracteur du tourisme, *Juris Tourisme*, n° 160.

Fabry, N. et Zeghni, S. (2012). Tourisme, territoires et développement, *Revue Monde en Développement*, n°40, de Boeck.

FAO, (2006). Situation mondiale de l'alimentation et de l'agriculture, n° 37.

Foudjet Nzépa, V., S. (2016). *Écotourisme et développement local à Oveng, (arrondissement de Nkolmetet*), Mémoire en Géographie, école normale supérieure, université de Yaoundé I, 116 p.

Gagnon, S. (2007). Attractivité touristique des territoires, *Téoros*, n° 3.

Handy, S., P. (1992). *Le tourisme au Cameroun réalités et rôle dans le développement économique et régional,* thèse de doctorat en lettres, Aix-Marseille 1.

Hascoët, Y. ; Violette, L. ; Dérioz, P. ; Jiménez, T. et Bachimon, P., (2021), La figure paysagère du col de montagne au double prisme des pratiques cyclotouristiques et de trekking : expériences, imaginaires, et fonctions symboliques, *Projets de Paysage, Revue scientifique sur la Conception et l'Aménagement de l'Espace*, n°25, on line.

Jansen-Verbeke, M. (1986). Inner-city tourism: resources, tourists and promoters. *Journal of Travel Research*, 51(6), 730-741.

Kotler, P. ; Filiatrault, P. et Turner, R., E. (2000). Le management du marketing, *Ed Gaëtan Morin,* 2e édition.

Landrin, A. (1866). *Les plages de la France*, Ed Hachette et cic.

Lavigne, J. et Couture, M. (2005). *Vers le tourisme durable : politique touristique du Québec*, un nouveau partenariat industrie-gouvernement, briller parmi les meilleurs.

Lecuppre G. (2003), Rois dormants et montagnes magiques, Montagnes médiévales, p. 345-354.

Leiper, N. (1990). Tourist attraction systems, *Annals of Tourism Research*, vol 17, p. 390-407.

Lew, A., E. (1987). A framework of tourist attraction research, *Annals of Tourism Research*, vol 14, n°4, p. 553-575.

Lours, M. (2007). *La grâce des cathédrales, une esthétique du sacré*, la Grâce d'une Cathédrale, 318p.

Lours, M. (2024). I*ntroduction : les temps des cathédrales*, les cathédrales dans le monde, p. 11-24.

Mengolo Mbel, S. (2020). Le monument des cinquantenaires de Buea : entre patrimonialisation et résurgence d'un contentieux historique dans la partie anglophone du Cameroun, *African Humanities*, vol 5, pp. 83-106.

Mesplier, A. et Bloc-Duraffour, P. (2005). *Le tourisme dans le monde,* Ed Bréal.

MINEPAT et PNUD, (2019). Rapport national sur le développement humain 2019 : croissance inclusive, inégalités et inclusion, rapport, Yaoundé,279 p.

Nasser Nasser, W. (2011), *Développement local, construction territoriale et tourisme : le cas du Liban,* thèse de doctorat en sciences économiques, université de Grenoble.

Ngon, C. (2019). *Les chefferies traditionnelles de l'ouest, un patrimoine architectural au Cameroun*, Auletch, webzine, février.

Nieuviarts, J. (2011). La foi à l'école du pèlerinage, des sanctuaires et des lieux saints, *Transversalités*, vol 3, n° 119, p. 103-110.

Njimanted, G., F. et Mobit, M., O. (2013). Determinants of congestion in the metropolis of Deuala, Cameroon an integrated approach, *Journal of the Cameroon Academy of Sciences*. Vol 11, n° 2 et 3.

OCI, (2002). Problèmes et perspectives concernant le développement durable du tourisme dans les pays de l'OCI avec une référence particulière à l'écotourisme, centre de recherches statistiques, économiques et sociales et de formation pour les pays islamiques.

OMT et UN (2002). Développement durable du tourisme, *Bulletin électronique n° 1.* Presses de l'Université du Québec.

Paskoff, R. (2010). *Les falaises, dans Les Littoraux : impact des aménagements sur leur évolution* de Armand Colin, Collection U, 3e éd, p. 209-230.

Prungnaud, J. (2008). Chapitre III : la cathédrale en représentation, *Figures Littéraires de la Cathédrale* 1880-1918, Septentrion, p. 69-92.

Raboteur, J. (2000). *Introduction à l'économie du tourisme,* Paris, L'Harmattan.

Raif, Z. et Zouiten, M. (2021). Tourist attractiveness and sustainable development: the place of cultural heritage in the rise of territories, *Revue de l'IJAFAME*, vol 2, n°4, pp 76-90.

Richez, G., (1992). *Parcs nationaux et tourisme en Europe,* Ed l'Harmattan.

Rieucau, J. et Lageiste, J. (2008). *La plage, un territoire singulier entre hétérotopie et antimonde*, Ed l'Harmattan.

Rivière, G., H. (1960). *Stage régional d'études de l'UNESCO sur le rôle éducatif des musées* (Rio de Janeiro, septembre, 7-30, 1958. Paris : UNESCO, 12.

Sadou, B. (2021). Tourisme rural intégré et développement local en Basse Casamance (Sénégal), 6e édition des Rencontres Internationales des Jeunes Chercheurs en Tourisme, 2 p.

Secheresse, J. et Poliwa, R. (2010). Projet de compétitivité des filières de croissance : filière tourisme-Cameroun, janvier, Secheresse consultant.

Sireyjol, D. (2010). Le tourisme dans les pays en développement : un levier de croissance ignoré en dépit de son potentiel, PROPARCO.

Smith, S., L., J. (1994). The tourism product, *Annals of Tourism Research*, n°21, p. 582-595.

Souissi, M. (2008). Le tourisme dans les parcs nationaux en Tunisie potentialités et contraintes, *téoros, revue de recherche en tourisme*, vol 27.

Stafford, J. (1999). *Microéconomie du tourisme*, Presses de l'Université du Québec, Québec.

Tchindjang, et Kengne Fouodop, (2008). Le Cameroun : un pays aux potentialités touristiques sous-exploitées, *Artigos*, vol 23, n° 1, juin.

Viard, J. (2000). *Court traité sur les vacances, les voyages et l'hospitalité des lieux*, Ed. de l'Aube, Paris, p.170.

World travel and tourism council (2011), Annual reports, progress and priorities, WTTC, n°11.

CHAPITRE 21 :

LE DÉVELOPPEMENT DE L'INDUSTRIE TOURISTIQUE POUR UNE CONTRIBUTION AU REVENU NATIONAL DU CAMEROUN

Gérard TCHOUASSI, Audrey G NGUETCHOUO DOMTCHOUANG et Pierre Anicet NGUELE

Résumé

L'objectif de ce chapitre est d'analyser la contribution de l'industrie touristique au revenu national du Cameroun à partir des données issues de la WDI entre 1995 et 2015. Nous utilisons pour cela le modèle de régression linéaire multiple. L'analyse des données du premier modèle montre que lorsque les recettes touristiques augmentent d'un dollar, le PIB augmente de 0,65 %, et lorsque les recettes touristiques d'exportation augmentent de 1 %, le PIB augmente de 39 %. L'analyse des données du second modèle montre qu'une augmentation des dépenses pour les postes de déplacement des touristes à l'intérieur du Cameroun d'un dollar traduit une augmentation du PIB de 83 %. Et lorsque les dépenses d'importation aux postes de transport des voyageurs à l'entrée du Cameroun augmentent de 1 %, le PIB varie positivement de 27 %. De même, un accroissement des dépenses pour les postes de transport des voyageurs en partance pour l'étranger d'un dollar se traduit par un accroissement du PIB de 68 %. De façon globale, l'industrie touristique influence significativement le revenu national avec des contributions des dépenses touristiques plus grandes que celles des recettes touristiques.

Mots-clés : revenu national, industrie touristique, dépense touristique, recette touristique, offre touristique, demande touristique, territoire

Abstract

The objective of this chapter is to analyze the contribution of the tourism industry to Cameroon's national income using data from the WDI between 1995 and 2015. For this purpose, we use the multiple linear regression model. Analysis of the data from the first model shows that when tourism revenue increases by one dollar, GDP increases by 0,65%, and when tourism export revenue increases by 1%, GDP increases by 0,39%. Analysis of the data from the second model shows that an increase in expenditure on tourist travel items within Cameroon by one dollar translates into an increase in GDP of 0,83%. And when import expenditure at passenger transport items entering Cameroon increases by 1%, GDP varies positively by 0,27%. Similarly, an increase in expenditure on passenger transport items leaving for abroad by one dollar translates into an increase in GDP of 0,68%. Overall, the tourism industry significantly influences national income with contributions from tourism expenditure greater than those from tourism revenue.

Keywords: *national income, tourism industry, tourism expenditure, tourism revenue, tourism supply, tourism demand, territory*

Introduction

L'aspiration à explorer de nouveaux horizons et à découvrir de nouvelles destinations n'est pas une tendance récente. Depuis l'Antiquité, des pharaons, des Grecs et des Romains, ainsi qu'une multitude d'autres personnes, se déplaçaient pour des raisons thérapeutiques, commerciales, migratoires, économiques, religieuses, d'aventure et de détente. Le désir d'accueillir plus de voyageurs et de rendre leur séjour agréable a contribué à la modernisation du tourisme. Dès la moitié du XXe siècle, le tourisme connaît un essor considérable et devient progressivement une filière économique qui bouleverse le milieu local par ses nombreux aménagements. Il reste toutefois un privilège réservé à une minorité possédant une fortune. Néanmoins, son évolution a favorisé un tourisme de masse.

Dans le cadre d'une mondialisation, qui accentue la connexion entre les différentes parties du monde, le climat de compétition entre les territoires est désormais aussi à l'ordre du jour. Le tourisme évolue en effet dans un contexte très concurrentiel, et joue un rôle majeur pour les territoires et leurs économies, avec l'apparition de nouveaux modes de commercialisation et de nouvelles destinations. Ce qui génère une nouvelle manière d'appréhender le territoire : « *le tourisme comprend les activités des personnes qui se rendent et séjournent dans des lieux autres que leurs lieux de résidence habituels pour une année ou moins pour les loisirs, les affaires ou autres motifs* » (centre de recherches statistiques, économiques et sociales et de formation pour les pays islamiques, 2002).

Au cours de ces dernières années, l'industrie du tourisme a connu une croissance en termes de nombre de touristes et de recettes. Elle est considérée comme le secteur économique qui permet de réaliser des profits sur les investissements dans des délais raisonnables. Par conséquent, ce secteur doit être directement visé par les stratégies d'expansion économique, notamment dans les pays en développement. Pour des pays dotés d'une somme considérable de ressources, le secteur touristique peut être l'un des moyens les plus efficaces pour valoriser ces ressources, surtout pour les pays en voie de développement, afin d'améliorer les niveaux de vie de leurs populations et de générer des possibilités d'emplois (Nasser, 2011). Depuis le milieu du XXe siècle, sa place dans les échanges internationaux et dans l'économie n'a cessé de croitre.

L'OMT (2000) sur recommandation de la commission statistique des Nations Unies définit le tourisme comme l'ensemble « des activités déployées par les personnes au cours de leurs voyages et leurs séjours dans des lieux situés en dehors de leur environnement habituel pour une période consécutive qui ne dépasse pas une année, à des fins de loisirs, pour une affaire et autres motifs ». C'est une industrie qui regroupe l'ensemble d'entreprises de tourisme qui concourent à satisfaire les besoins des visiteurs ; les activités dont la production principale est un produit caractéristique du tourisme. Elle regroupe l'ensemble des activités et des agents économiques exerçant dans le secteur des services de l'hébergement, de réservation ou d'organisation de séjours et de voyages, de vacances ou de loisirs à destination des consommateurs locaux ou étrangers.

Cette industrie est d'un apport pluriel surtout, comme le souligne Nasser (2011, *op. cit.*), pour des pays dotés d'une somme considérable de ressources. Car elle permet des rentrées en termes de revenus et d'investissements, améliore le niveau de vie des populations, génère des possibilités d'emplois, réduit la pauvreté, participe au développement de toute la sphère économique dans les secteurs primaire, secondaire et tertiaire, développe l'aptitude à faire face à la concurrence tout en valorisant la culture, le patrimoine et les ressources du territoire. Pour le cas du Cameroun, nous nous intéresserons principalement à l'apport de l'industrie touristique en termes de revenu. Car ce pays a récemment fait face à d'énormes situations problématiques, telles que la chute des revenus pétroliers dans la zone CEMAC (communauté économique et monétaire de l'Afrique centrale), la baisse des prix des matières premières, la dégradation des termes de l'échange, les menaces sécuritaires dans les zones anglophones qui ont conduit à une détérioration des finances publiques.

La majorité des grands projets d'infrastructures est financée par l'endettement, même si son taux reste encore inférieur au plafond communautaire du PIB. L'industrie touristique se trouve donc être l'un des moyens que le Cameroun doit utiliser pour résoudre ses problèmes en termes de revenu, surtout qu'au cours de ces dernières années, l'industrie du tourisme a connu une croissance à travers le nombre de touristes et de recettes, et est considérée comme le secteur économique qui permet de réaliser dans les délais raisonnables les profits sur investissements. Notre étude vise donc, dans un contexte de mondialisation, à évaluer la contribution de l'industrie touristique à la richesse nationale du Cameroun, à travers l'effet respectivement des recettes et des dépenses sur cette richesse. Nous utiliserons pour cela le modèle de régression linéaire multiple. Car celui-ci est bien adapté au traitement des séries chronologiques et peut, dans certains cas, expliquer les causes de l'évolution de la variable dépendante. Ce qui permet de se prémunir, en cas de données manquantes ou de chocs. Cette étude a donc pour but de montrer que le revenu national du Cameroun peut connaître une augmentation significative si l'industrie touristique est bien organisée et développée. D'entrée de jeu, nous présenterons une revue de la littérature qui expose des études déjà réalisées dans le secteur touristique. Puis nous allons montrer la place de l'industrie touristique dans l'économie territoriale en faisant ressortir l'importance du territoire pour cette industrie. Ensuite, nous parlerons de la demande touristique dans un troisième point, puis de l'offre touristique dans un quatrième. Nous présenterons cinquièmement l'état de lieux de l'industrie touristique du Cameroun. Enfin, dans un dernier point, nous présenterons les résultats de l'étude, les problèmes de l'industrie touristique camerounaise et quelques recommandations.

I. Revue de la littérature

La littérature sur l'industrie touristique est extrêmement large. Son étude est d'un intérêt théorique et pratique de plus en plus important. Car le tourisme est en pleine croissance dans plusieurs pays du monde. C'est une industrie en voie de mutation qui, en y associant les objectifs et les stratégies du développement durable et à travers de nouvelles formes de promotion de la marque et un nouveau modèle de partenariat, peut contribuer à la croissance d'un territoire, comme c'est le cas du Québec (Lavigne et Couture, 2005).

Contrairement au Sénégal, où l'industrie touristique est favorisée par la publicité et la facilité pour s'y rendre (ce qui explique son succès), ou encore à la Côte d'Ivoire, qui pratique le tourisme de haut standing centré sur Abidjan, le Cameroun est marqué par une dégradation de son tourisme. Celle-ci est caractérisée par l'éloignement par rapport à l'Europe et l'étirement du pays en latitude, qui sous-entendent une durée des programmes et des coûts de séjour nettement plus élevés (Mainet-Delair, 1985). Face à ces difficultés et après une analyse globale de l'évolution du tourisme dans le monde et au Cameroun, le Mintour et la Sofitoul (2011) présentent les conditions de développement de cette industrie au Cameroun, ainsi que les structures y afférentes, puis, proposent une série de recommandations.

La relation causale entre la croissance économique et le développement du tourisme, formalisée pour la première fois par Balaguer et Cantavella-jorda (2002), a fait l'objet d'un débat intensif. Quatre points de vue émanent de ce débat. Le premier point de vue soutient que le tourisme stimule la croissance : l'industrie touristique est un moteur de croissance. Cette hypothèse est soutenue par les analyses de Wu et Wu (2019) et d'Obafemi (2020). Ce dernier utilise le test des limites de la co-intégration, l'approche Toda-Yamamoto et Dolado-Lutkepohl de la causalité et les techniques comptables innovantes pour montrer que les recettes et les arrivées par habitant de l'industrie touristique peuvent stimuler efficacement la croissance à long et à court terme, tout comme les investissements dans le capital humain et physique au Nigeria. Dans le même ordre d'idées, Che Chou (2013), quant à lui, examine la relation causale entre les dépenses touristiques et la croissance économique dans 10 pays en transition. Ils prennent en compte la dépendance et l'hétérogénéité entre les pays et confirment la direction de causalité et sont cohérents avec l'hypothèse de neutralité pour trois pays (Bulgarie, Roumanie, et Slovénie) : l'hypothèse de croissance est valable pour Chypre, Lettonie et Slovaquie. Alors que des relations inverses ont été constatées pour la République Tchèque et la Pologne ; l'hypothèse de rétroaction vaut également pour l'Estonie et la Hongrie.

Le deuxième point de vue fait ressortir un tourisme tiré par la croissance. C'est la croissance qui stimule le développement de l'industrie touristique à court et à long terme. C'est ce que nous montrent les résultats de Bouzahzah et El Menyari qui analysent, en 2013, à l'aide d'un modèle vectoriel à correction d'erreurs, les déterminants de la demande touristique internationale au Maroc. Ils montrent donc qu'à long terme, les arrivées aux frontières marocaines dépendent positivement du taux de change, du revenu et de la capacité d'hébergement dans les établissements classés, et négativement du prix relatif et peut-être d'un choc extérieur.

Le troisième point de vue confirme que la croissance économique et l'industrie touristique se stimulent mutuellement, comme le démontrent les analyses de Trang et al. (2014) et celles de Dognon et al. (2023). Ces analyses se fondent sur des données chronologiques et utilisent le modèle vectoriel à correction d'erreurs, le test de causalité de Granger et le modèle à correction d'erreurs. Elles montrent que, dans une relation à double sens, le tourisme contribue à la croissance inclusive jusqu'à un certain seuil. La relation entre le ratio des recettes touristiques réelles et l'indice synthétique de la croissance inclusive est significative et positive. Le quatrième point de vue montre, quant à lui, qu'il n'y a pas de relation causale entre le tourisme et la croissance économique (Pisa, 2018).

L'industrie touristique est perçue comme étant exigeante en matière de main-d'œuvre, cela implique qu'une croissance du développement touristique devrait induire une croissance des emplois, donc plus l'industrie se développe, plus les emplois augmentent et le niveau de chômage baisse (WTTC, 2019). Le tourisme est susceptible de favoriser la construction de nouvelles infrastructures, en incitant l'investissement (Banque mondiale, 2011) ou en favorisant l'acquisition des biens d'équipement nécessaires dans le processus de production, à travers l'utilisation des devises en vue de stimuler la croissance. De même, un développement de l'industrie touristique entraîne une augmentation des arrivées touristiques et donc une forte probabilité des recettes touristiques et, par la même occasion, une amélioration de la balance des paiements (Signe, 2018).

II. La place du territoire dans le développement de l'industrie touristique

Raffestin (1980) définit le territoire comme « *la relation qu'entretient un groupe avec une portion d'espace* ». Cette définition ne s'éloigne pas d'ailleurs des deux autres données par Le Berre en 1992 et 1995 selon lesquelles le territoire est respectivement « *une portion de surface terrestre appropriée par un groupe social pour assurer sa reproduction et la satisfaction de ses besoins vitaux* » et « *une portion de la surface terrestre délimitée, que se réserve une collectivité humaine qui l'aménage en fonction de ses besoins* ». Plusieurs études ont été centrées sur l'analyse du territoire en tant qu'espace géographique de production. La pensée territoriale n'est pas une nouveauté dans l'analyse économique.

D'entrée de jeu, Von Thünen, fondateur de la théorie de la localisation (Isard, 1954) porte ses analyses sur la production et le commerce des denrées agricoles. Dans son ouvrage intitulé l'État isolé en relation avec l'agriculture et l'économie nationale, il développe un modèle à partir d'un noyau central où il place une ville-marché au centre. Il montre que les activités ne se développent pas de façon uniforme et constante, mais en fonction de la qualité des ressources produites et échangées, et aussi en fonction du coût de transport dépendant de la distance entre le lieu de consommation et le lieu de production. Les entreprises touristiques se localisent plus à proximité des postes de transport ou des sites touristiques pour capter le plus grand nombre de touristes possible. Les touristes, quant à eux, choisiront des territoires en fonction de la raison (motif) de visite et des aménités présentes sur ces territoires.

Alfred Marshall (1890) a quant à lui analysé le rôle économique du territoire en replaçant les entreprises dans un espace géographique et en analysant les interactions entre elles. Pour lui, le marché ne satisfait pas tous les agents et n'est pas régi uniquement par les règles de la concurrence. Il définit donc le « district industriel » comme l'ensemble des liens de collaboration et de non-concurrence entreprises par des sociétés géographiquement proches, qui entraînent des externalités positives, telles qu'une baisse des coûts de production pour chacune d'elles, un partage des connaissances et des compétences ainsi qu'une diffusion du progrès (Boutillier, 2015).

La théorie de Marshall a mené au cluster du tourisme, qui est un « *un cadre d'analyses prometteur dans une logique de développement des positions concurrentielles des entreprises touristiques et de l'attractivité des territoires... et doit accueillir le touriste pour que ce dernier puisse consommer son produit* » (Fabry, 2009), ainsi que le pôle de compétitivité qui est « *une combinaison sur un espace géographique donné, d'entreprises, de centres de formation, d'unités de recherche publiques et privées, qui s'engagent à travailler au sein d'une même structure, afin de dégager des synergies autour de projets communs à caractère innovant disposant d'une masse critique nécessaire pour une visibilité internationale* » (Retour, 2008). Autrefois perçu comme une simple portion de terre, le territoire s'impose aujourd'hui comme un espace vécu qui se construit grâce aux relations durables de proximité développées entre une pluralité d'acteurs nourris par des échanges (Pégui, 2012). Il subit par la suite de nombreux changements, suite au développement de nouvelles technologies de l'information et de la communication, à la mondialisation et à la mobilité croissante des facteurs de production ou des personnes. Les avantages dont disposent les territoires sont souvent liés à l'existence d'un capital humain particulier, à la présence des ressources naturelles, à la maîtrise des technologies et de savoir-faire, à la dotation en infrastructures de transport et de communication, au bon positionnement géographique par rapport aux autres territoires concurrents, à la qualité de l'environnement économique et institutionnel, à un faible niveau d'imposition et à un climat social favorable. Le territoire est un objet stratégique qui doit investir dans une politique d'image, de différenciation/spécialisation et valoriser ses qualités.

Mais c'est également un espace marqué par la proximité, qui traduit l'importance générale accordée aux interactions entre les agents. On distingue avec Torre (2009) deux formes principales de proximité. La proximité géographique « *relative aux caractéristiques morphologiques des espaces au sein desquels se déroulent les activités..., à la disponibilité d'infrastructures de transport... et aux conditions financières des individus qui utilisent ces infrastructures de transport* ». Elle concerne principalement les acteurs et les lieux, se traduit en termes de distance et de coûts et accorde un intérêt particulier aux infrastructures de transport et de communication. Ces infrastructures permettent aux acteurs de résoudre plusieurs problèmes à la fois, ou d'agir simultanément à des endroits différents. Elles favorisent la connexion, augmentent les possibilités d'interactions entre les acteurs, mais peuvent également, dans certains cas, être source de conflits entre ces derniers.

La proximité organisée est, quant à elle, ancrée sur deux logiques : la logique d'appartenance qui « *désigne le fait que deux ou plusieurs acteurs appartiennent à un même graphe de relation, que leur relation soit directe ou inter médiée* » et la logique de similitude qui « *correspond à l'adhésion mentale à des catégories communes ; elle se traduit par le fait que des individus se trouvent à de faibles distances cognitives les uns des autres* » (Torre, 2009, *op. cit.*). Les acteurs ont ici des valeurs communes et partagées. Le territoire se caractérise aussi par ses ressources. La notion de ressource territoriale englobe bien plus que les ressources naturelles. Elle peut aussi, selon Roux et al. (2006), être matérielle (matière première...) ou idéelle (savoir-faire partagé par les acteurs situés, connaissances...). On distingue :

- Les ressources territoriales génériques, présentes sur plusieurs territoires et dont la valeur est indépendante de leur participation à un quelconque processus de production ;
- Et les ressources territoriales spécifiques ancrées dans un territoire, liées aux particularismes locaux et aux volontés stratégiques des acteurs locaux, représentent une source de différenciation durable des territoires et des produits (Pecqueur, 2005 ; Essombè Edimo, 2015), et il est impossible de les reproduire en dehors de leur territoire d'origine.

La valorisation de la ressource territoriale favorise le développement de l'industrie touristique. Car elle permet de dévoiler ses qualités et de l'utiliser dans différentes activités qui favorisent le développement territorial. Une ressource territoriale valorisée « *devient un objet de référence qui participe activement à la construction identitaire et culturelle du territoire* » (François et al., 2006). Hadjou (2009) pense que les acteurs locaux peuvent également valoriser les ressources en les incorporant dans la production des biens et services destinés à être vendus à l'extérieur du territoire, permettant ainsi, tout en s'imposant comme facteur de différenciation et d'attractivité, de retrouver la traçabilité et l'authenticité des produits qui peuvent désormais s'adapter aux besoins et aux préférences des consommateurs qui désirent consommer à travers ces produits une culture spécifique ou un territoire.

Au vu du degré de concurrence qui règne dorénavant entre les territoires pour l'attraction des investissements et des visiteurs, il est nécessaire pour chaque territoire de construire des ressources spécifiques au-delà des avantages « premières natures » dont il dispose afin d'avoir une offre territoriale différenciée sur le marché.

III. La demande touristique

La demande touristique dépend généralement du degré d'attractivité de la destination et des produits touristiques qu'elle propose. La mondialisation a installé un esprit de concurrence entre les territoires qui désormais, à l'image des entreprises, se caractérisent par une offre territoriale afin de mieux se positionner sur le marché mondial. L'offre territoriale implique la prise en compte de l'ensemble des attributs d'un territoire pouvant conditionner le choix d'une entreprise ou d'un touriste. Elle permet d'affirmer les caractéristiques globales du territoire, ainsi que ses capacités à concentrer les ressources, et de le promouvoir par des images et aussi par des projets qui le valorisent.

Un territoire sera attractif pour un individu s'il garantit à cet individu la capacité d'être libre, de se loger à prix abordable et dans un cadre agréable en choisissant, parmi une gamme diversifiée, des logements disponibles et adaptés à ses besoins, de se nourrir, de se vêtir, d'échapper aux maladies.

L'offre territoriale doit donc garantir la capacité d'agir, d'accéder à un cadre de vie agréable, à la l'éducation et à la vie sociale et politique, voire de se déplacer aisément et en toute sécurité sur l'ensemble du territoire à l'aide des systèmes de transports performants, de travailler, de se divertir par le biais des parcs nationaux, des monuments historiques, des loisirs variés, etc. D'une manière plus simple, selon Poirot et Gérardin (2010), en fonction de son revenu, l'individu pourra effectuer diverses combinaisons d'activités qu'il souhaite réaliser et que le territoire doit le lui garantir sous forme de formations professionnelles, d'accès à la santé par un système sanitaire important et performant, équipé et efficace et un environnement non pollué, d'aides, d'activités à caractère culturel et récréatif à prix raisonnable. Un territoire attractif garantit une offre territoriale variée en quantité et en qualité, et offre à ses résidents de plus grandes libertés que ses concurrents.

La gouvernance territoriale et le marketing territorial peuvent conduire à améliorer la qualité du territoire et renforcer son degré d'attractivité. La gouvernance territoriale nait de la recherche d'un nouveau mode d'organisation et de gestion au sein d'un territoire, afin de mieux piloter les acteurs et les activités. Elle a pour objectif d'améliorer la gestion publique en introduisant la notion de performance et en privilégiant l'approche de la dépense en fonction de ses résultats. Ce qui se traduit par le maintien de la société dans son domaine de viabilité, et qui assure sa survie et son développement à long terme. Elle vise, in fine, à rechercher une solution face à l'identification d'un problème partagé par une coordination coopérative et à transformer en actifs spécifiques des ressources virtuelles ou cachées. D'après Leloup et al. (2005), il s'agit de susciter l'adhésion, la participation et l'implication des acteurs à une idée de construction collective des systèmes d'actions publics, de les inclure dans le processus de prise de décision territoriale et le développement, sous forme d'objectifs et d'actions et non seulement de demander leurs avis.

Pour sa part, le marketing s'est longtemps limité à l'étude des transactions entre les entreprises et leurs clients. Mais on s'est très vite rendu compte qu'il peut aussi servir un territoire, en mettant en valeur ses avantages comparatifs et en le positionnant sur le plan national et/ou international, voire mondial. Les territoires, se livrant de plus en plus à une vive concurrence, commercialisent donc, par des efforts déployés et à travers un marketing territorial reposant sur des facteurs territoriaux spécifiques, leurs espaces afin d'être plus attractifs et obtenir la préférence des touristes, entreprises et résidents. C'est dans ce sens que Chamard (2014) définit le marketing comme « *une démarche qui vise à élaborer, sur la base de la connaissance de l'environnement (géographique, démographique, culturel, économique, social et politique), l'offre territoriale dans l'optique d'accroître l'attractivité et l'hospitalité du territoire* ».

Faire du marketing territorial, c'est donc influencer des comportements en vue d'atteindre des objectifs fixés, dont les principaux sont d'augmenter la part de marché en matière d'implantation d'entreprises, d'améliorer la réputation du territoire et d'augmenter les flux touristiques. C'est ce que Couturier (2014) résume en reprenant la définition de Thébault pour qui « *le marketing territorial est la construction dans le temps par un territoire et ses partenaires, d'une offre qui puisse être sur un positionnement particulier, fruit des travaux préalables et dans un contexte concurrentiel, repérée et perçue comme attractive, crédible, unique et adaptée en permanence aux demandes des cibles visées* ».

La demande de produits touristique est un ensemble de services touristiques uniques qui sont assemblés pour être offerts à une clientèle ciblée. Autrement dit, il s'agit de la quantité d'un bien que les acheteurs souhaitent acquérir pour chacun des prix possibles. Elle englobe simultanément des biens et services physiques qui caractérisent une destination spécifique et font partie de l'expérience du touriste dans un lieu. Le produit touristique comprend généralement l'hébergement, le transport, la restauration, la destination, les services et les facteurs d'ambiance. Pour garder ou améliorer le niveau de l'activité touristique, les produits touristiques doivent constamment être améliorés et adaptés aux besoins des visiteurs. Car le client ou le touriste a besoin d'être rassuré quant à la qualité du produit ou du service qu'il achète.

Le produit touristique possède plusieurs caractéristiques, soit complémentaire, hétérogène, intangible ou inélastique, et il prend différentes formes, par exemple, le circuit, les évènements, les voyages organisés, les séminaires, colloques et congrès, les voyages de stimulation, les tours guidés, les excursions, etc. Un touriste en quête de détente a besoin de se divertir en effectuant des visites, en participant aux activités. Il veut fuir la routine, sa vie de tous les jours, et, pour cela, il cherche un environnement différent, la découverte. Il veut se sentir local, il serait donc judicieux de mettre en valeur les traits spécifiques du territoire. Dans le cadre de notre recherche, notre variable dépendante sera donc « PIB du Cameroun ». Le modèle sera donné par :

$Y_t = f(X_{1t}, X_{2t}, X_{3t}, X_{4t})$ et l'équation sera sous la forme

$$Y_t = \beta_0 + \beta_1 X_{1t} + \beta_2 X_{2t} + \beta_3 X_{3t} + \beta_4 X_{4t} + \varepsilon_t$$

Y_t =la variable expliquée « PIB du Cameroun ».

X_{1t} = la variable explicative « dépenses totales du tourisme en général au Cameroun »

X_{2t} =la variable explicative « dépenses pour les postes de déplacement des touristes à l'intérieur du Cameroun »

X_{3t} = la variable explicative « dépenses pour les postes de transport des voyageurs à l'entrée du Cameroun »

X_{4t} =la variable explicative « dépenses pour les postes de transport des voyageurs en partance pour l'étranger »

Ici on aura

β_1=le coefficient de régression de la variable X_{1t}

β_2=le coefficient de régression de la variable X_{2t}

β_3 =le coefficient de régression de la variable X_{3t}

β_4 =le coefficient de régression de la variable X_{4t}

ξ_t= le résidu t=indice de du temps avec t= 1960.........2015

IV. L'offre touristique

Dupont (2002) définit l'offre touristique comme « *l'ensemble des produits et services nécessaires à la satisfaction des besoins de vacances et de voyages des consommateurs* ». Constituée de plusieurs activités, elle doit pouvoir mettre en avant les potentialités d'un territoire (les parcs nationaux, les montagnes, la culture, les côtes, le climat…). Celle-ci est, pour la plupart du temps, représentée par les professionnels de l'hôtellerie, de la restauration, des agences de voyages, des tour-opérateurs, des guides touristiques, de l'artisanat, des musées et monuments, des entreprises de services, de divertissement ou de soins corporels pour le compte des clients souhaitant découvrir un lieu et vivre une nouvelle expérience. Il s'agit donc de l'ensemble des structures qui assurent, de manière directe ou indirecte, l'offre de services et de produits aux touristes.

D'après le MINTOUR et le SOFITOUL (2011, *op. cit.*), les tour-opérateurs encore appelés voyagistes sont des entreprises qui offrent des produits uniques issus de la combinaison de plusieurs services touristiques acquis auprès des producteurs pour des touristes potentiels, soit par leur propre réseau ou circuit de vente, soit par l'intermédiaire des agences de voyages et qu'ils proposent à un coût inférieur à celui que le touriste aurait dépensé s'il organisait tout seul son voyage. Les touristes, une fois sur un territoire, ont besoin des lieux où se restaurer, se divertir, se reposer, être hébergé. C'est pour cette raison que, Mesplier et Bloc-Duraffour (2005), constatent que « *de plus en plus des touristes, pour se documenter et rechercher des destinations, ils sont désireux de maîtriser au mieux leurs dépenses touristiques et d'être déchargés du souci d'organiser eux-mêmes leurs voyages* ».

Les agences de voyages commercialisent et distribuent les services de voyage et les produits touristiques, et servent d'intermédiaires entre les visiteurs et les tour-opérateurs. Elles organisent l'accueil et le déroulement du séjour pour des groupes ou des individus étrangers et ont principalement pour fonction de vendre le droit d'utiliser un certain service à un certain moment et moyennant certaines conditions (OCDE, UE, NU, OMT, 2003).

Élément central de l'industrie touristique, les structures d'hébergement doivent être à l'image des régions émettrices et se situer près des sites remarquables ou de loisirs, des lieux de transport en commun ou même à l'entrée, ou encore au centre des territoires. L'offre de l'hébergement présente une gamme très variée à travers le monde. Elle peut être marchande ou non marchande et, ses capacités d'accueil sont fonction du nombre de lits disponibles et est conçue pour recevoir des courts comme des longs séjours touristiques. Les structures de restauration : consommer la nourriture du territoire que nous visitons nous permet d'embrasser la culture de ce territoire, ainsi que la sensibilité des hommes qui y vivent. En la consommant plusieurs fois par jour, nous témoignons de notre intérêt pour les traditions culinaires locales qui résistent et s'affirment, devenant ainsi des indicateurs de l'identité locale. Ce qui favorise une résistance identitaire et un enracinement culturel face à une uniformisation supposée des goûts et une transformation des modes de vie.

Les territoires sont constitués d'un ensemble d'acteurs « *qui, chacun en fonction de ses missions et de ses compétences, déclinent leurs orientations stratégiques et opérationnelles devant répondre à la fois aux orientations nationales et aux besoins des populations* » (Audouard, 2016). Ces acteurs doivent s'unir, joindre leurs efforts et travailler en collaboration pour stimuler le développement de l'industrie touristique au Cameroun et renforcer l'attractivité. La qualité de la coordination entre les acteurs chargés de produire et de commercialiser le séjour touristique constitue un enjeu solide de la compétitivité des destinations d'où la nécessité d'établir des liens de coopération ou de les mettre en réseau. D'après Thibault (2014), « *chaque territoire doit désormais déployer des efforts pour que sa valeur soit perçue durablement supérieure à celle des territoires concurrents* ».

La participation des uns et des autres, afin de développer des stratégies locales cohérentes en réponse à une concurrence accrue, doit être coordonnée. La coordination d'acteurs favorise la construction d'une vision partagée du développement touristique, la cohérence d'intérêts divergents, l'élaboration et la mise en œuvre d'une stratégie collective de valorisation des attraits touristiques du territoire. La qualité de celle-ci, entre les acteurs en charge de la production et de la commercialisation du séjour touristique, constitue un enjeu fort de la compétitivité des destinations (Bocquet, 2008).

Le modèle sera donné par :

$Y_t = f(X_{1t}, X_{2t})$ et l'équation sera sous la forme

$$Y_t = \beta_0 + \beta_1 X_{1t} + \beta_2 X_{2t} + \varepsilon_t$$

Y_t =la variable expliquée « PIB du Cameroun ».

X_{1t} = la variable explicative « tourisme international, rentrée (US$ courants) »

X_{2t} =la variable explicative « tourisme international, rentrée (% des exportations) »

Ici on aura

β_1=le coefficient de régression de la variable X_{1t}

β_2=le coefficient de régression de la variable X_{2t}

ε_t= le résidu t=indice de du temps avec t= 1960.........2015

V. Présentation de l'industrie touristique camerounaise

Le Cameroun est doté d'une population très diversifiée et regroupée en ethnies avec une identité, des cultures et des traditions propres à chacune d'entre elles. On note principalement les Douala, les Tikar, les Bamiléké, les Bamoun, les Peuls, les Béti-fang, les Mboum, les Mandara, les Chamba et les Haoussa. Cette diversité culturelle constitue une grande richesse pour le Cameroun et favorise le tourisme culturel. Son milieu naturel est également très diversifié, il se caractérise par un climat chaud et humide aux précipitations abondantes, par une végétation dense et par un vaste réseau hydrographique, qui constituent des atouts pour son offre touristique.

Le Cameroun est l'un des pays les plus intéressants à visiter de par ses paysages variés, ses forêts tropicales, ses plaines désertiques et ses hautes montagnes. Ce pays compte près de 828 sites, dont deux inscrits au patrimoine mondial de l'UNESCO[145]. Les principaux sont la capitale politique (Yaoundé) et économique (Douala), les réserves (le Dja, Campo, etc.), les montagnes (le mont Cameroun, le mont Manengouba, etc.), les parcs nationaux (Waza, Bénoué, Nki, Bakossi, etc.), les plages (Kribi, Limbe, Idénau, etc.), les monuments (le monument de la réunification, statut Charles Atangana, le monument aux morts, le monument de l'unité, etc.), les chutes (Ekom-Nkam,

[145] Organisation des Nations Unies pour l'éducation, la science et la culture

la Lobe, Bomona, Nachtigal, Metchié, etc.) et les chefferies traditionnelles de l'ouest (Bamoun, Bandjoun, Bafoussam, Baham, etc.), sans compter d'autres sites. La diversité des sites aboutit à la pratique de plusieurs formes de tourisme : le tourisme de safari, le tourisme culturel, le tourisme de santé, le tourisme sportif, le tourisme d'affaires, le tourisme scolaire, le tourisme religieux, etc.

Le pays compte plus de 3000 établissements de tourisme, toutes catégories confondues, et dispose d'un énorme parc hôtelier. Les destinations les plus populaires sont : Douala (43 % des fréquentations), Yaoundé (29 %), Kribi (14 %), Limbé (5 %) et Maroua (4 %). On y retrouve des hôtels qui sont classés en fonction des étoiles (allant d'une étoile à cinq étoiles). C'est chaque pays qui définit les critères d'attribution des étoiles aux hôtels, en fonction des standards fixés sur le plan international par l'organisation mondiale du tourisme. De manière générale, ces critères portent sur l'accueil, le service client, la surface globale de l'établissement, la sécurité, le confort, l'aménagement, les installations, la gastronomie. Ainsi donc, les hôtels :

- Une étoile sont caractérisés par une surface minimale des chambres de 9 m² sans sanitaire, surface minimale des espaces communs de 20 m², 8 heures d'accueil par jour, des sanitaires privés ou communs. On en compte 538 (Masque hôtel, hôtel Le Relais, etc.) ;
- Deux étoiles se caractérisent par une surface minimale des chambres de 9 m² sans sanitaire, la surface minimale des espaces communs de 30 m², 10 heures d'accueil par jour, la pratique d'une langue étrangère, paiement possible par carte bancaire, journaux dans les parties communes, ascenseurs obligatoires à partir de quatre étages. On en compte 195 (Arenah hôtel, Liza hôtel, hôtel Le Diplomate, Saffana hôtel, etc.) ;
- Trois étoiles se caractérisent, en plus des caractéristiques des deux étoiles, par une surface minimale des chambres de 13,5 m² avec sanitaires, la surface minimale des espaces communs de 50 m², 12 heures d'accueil par jour, de télévisions avec télécommande, salles de bain et WC dans les chambres, ascenseur obligatoire à trois étages. On en compte 70 (Onomo hôtel, les Gites de Kribi, le Buffle Noir Appart hôtel, hôtel Zetta, Douala Design hôtel, etc.) ;
- Quatre étoiles se caractérisent par une surface minimale des chambres de 16 m² avec sanitaires, une surface minimale des espaces communs de 70 m², 12 heures d'accueil par jour si moins de 30 chambres et 24 heures si plus, accès à Internet et à des chaînes internationales, climatiseurs, ascenseurs obligatoires à partir de deux étages. On en compte 12 (hôtel Mont-Febe, Star Land hôtel, hôtel Franco, hôtel Résidence la Falaise, etc.) ;

- Cinq étoiles se caractérisent, en plus de celles ci-dessus citées, par une surface minimale des chambres de 24 m² avec sanitaire, une surface minimale des espaces communs de 90 m², parler au moins deux langues étrangères parmi lesquelles l'anglais, peignoirs, ascenseur obligatoire à partir d'un étage, room service et accompagnement dans la chambre. On en compte trois (Hilton hôtel, Krystal Palace hôtel et le WDC Appart hôtel).

Les restaurants sont classés en fonction des fourchettes (d'une à trois fourchettes). On peut citer en exemples, J.C, Tchop et Yamo, la Marmite de Boulevard, le Safoutier, la Pizzeria, O Vive, le Bacchus, 5 Fourchettes, Platinium Café, Bombay Masala, etc. Comme agences de tourisme ensuite, nous pouvons retenir, entre autres, l'Agence française de voyage, le Busclub travel, le Cameroon travel and tourism agency, le Cameroun Skyline tours, etc.

Selon l'Institut Nationale de la Statistique du Cameroun, les touristes se déplacent plus par voie routière (plus de la moitié) et logent plus dans des structures d'hébergement non classées. Il faut également noter que les touristes au Cameroun viennent majoritairement de l'Europe.

VI. Résultats, problèmes observés et recommandations

1. Présentation des résultats du modèle des recettes touristiques

Pour capter la contribution des recettes touristiques au revenu national, nous avons utilisé les recettes touristiques totales et les recettes d'exportation.

Tableau 1 : description de la variable (recette)

Libellé	Définition	Unité	Sources
Variables dépendantes			
PIB	Croissance du revenu national du Cameroun	(% du PIB)	*WORLD DEVELOPMENT INDICATOR (WDI)*
Variables indépendantes			
TOURISME INTERNATIONAL RENTRÉE	Tourisme international, rentrée	(US$ courants)	*WORLD DEVELOPMENT INDICATOR (WDI)*
EXPORSITE	Tourisme international, rentrée	(% des exportations)	*WORLD DEVELOPMENT INDICATOR (WDI)*

Source : Auteurs à partir des données de la WDI

Nous vérifions la stationnarité des variables en faisant usage du Test de racine unitaire DICKEY-Fuller Augmenté.

Tableau 2 : récapitulatif du Test de racine unitaire DICKEY-Fuller Augmenté

	Différence					**Ordre d'intégration**
Variables	**1 %**	**5 %**	**10 %**	**ADF**	**p-value**	
Croissance du revenu national du Cameroun	- 3.557472	- 2.916566	- 2.596116	- 6.374352	0,0000	I(0)
Tourisme international, rentrée	- 3.557472	- 2.916566	- 2.596116	- 6.322021	0,0000	I(0)
Tourisme international, rentrée	- 3.557472	- 2.916566	- 2.596116	- 6.739408	0,0000	I(0)

Source : Sortie du logiciel EVIEW.8.

Commentaires : On constate dans le tableau 2 que les résultats du test de DICKEY FULLER augmenté démontrent que toutes les variables sont stationnaires (P-value< 0,05). Elles sont toutes intégrées d'ordre 0. Donc, nous pouvons procéder à notre estimation du modèle de régression linéaire multiple.

Tableau 3 : les coefficients du modèle.

Dependent Variable : PIB				
Method: Least Squares				
Date : 10/31/19 Time : 06:21				
Sample : 1960 2015				
Included observations: 56				
Variable	Coefficient	Std. Error	t-Statistic	Prob.
TOUR	0.006462	0.001064	6.073852	0.0000
EXPSITE	0.396195	0.165804	2.389540	0.0205
C	12.55265	1.734480	7.237129	0.0000
R-squared	0.547926	Mean dependent var		24.10909
Adjusted R-squared	0.530538	S.D. dependent var		6.973953
S.E. of regression	4.778363	Akaike info criterion		6.019075
Sum squared resid	1187.303	Schwarz criterion		6.128566
Log likelihood	-162.5246	Hannan-Quinn criter.		6.061416
F-statistic	31.51266	Durbin-Watson stat		2.152338
Prob(F-statistic)	0.000000			

Source : Sortie du logiciel Eview. 8..

PIB = 0.00646165213031*TOUR + 0.39619453358*EXPSITE + 12.5526546617

L'analyse des données montre qu'une augmentation des recettes touristiques d'un dollar devrait se traduire par une augmentation du PIB de 0,65 %. De même, une augmentation des recettes d'exportation de 1 % devrait se traduire par une augmentation du PIB de 39 %. Ceci nous montre d'une manière globale que les recettes touristiques influencent significativement le revenu national, mais leur contribution reste encore faible. La contribution des recettes d'exportations est plus grande que celle des recettes en dollars courants.

2. Présentation des résultats du modèle des dépenses touristiques

Pour capter la contribution des dépenses touristiques au revenu national, nous avons utilisé les dépenses pour les postes de déplacement des touristes à l'intérieur du Cameroun, les dépenses pour les postes de transport des voyageurs à l'entrée du Cameroun, les dépenses pour les postes de transport des voyageurs en partance pour l'étranger et les autres dépenses du tourisme au Cameroun.

Tableau 4 : Description de la variable (dépenses)

Libellé	Définition	Unité	Sources
Variables dépendantes			
PIB	Croissance du revenu national du Cameroun	(% annuel du PIB)	*WORLD DEVELOPMENT INDICATOR (WDI)*
Variables indépendantes			
Autres dépenses du tourisme en générale au Cameroun (deptotour)	Tourisme international, dépenses	($ US courants) ;	*WORLD DEVELOPMENT INDICATOR (WDI)*
Dépenses pour les postes de déplacement des touristes à l'intérieur du Cameroun (deplacam)	Tourisme international, dépenses pour les postes de déplacement	($ US courants) ;	*WORLD DEVELOPMENT INDICATOR (WDI)*
Dépenses pour les postes de transport des voyageurs à l'entrée du Cameroun (entrée)	Tourisme international, dépenses	(% des importations totales)	*WORLD DEVELOPMENT INDICATOR (WDI)*
Dépenses pour les postes de transport des voyageurs en partance pour l'étranger (départ)	Tourisme international, dépenses pour les postes de transport des voyageurs	($ US courants)	*WORLD DEVELOPMENT INDICATOR (WDI)*

Source : Auteurs à partir des données de la WDI

Raison pour laquelle nous vérifions la stationnarité des variables en faisant usage du Test de racine unitaire DICKEY-FULLER Augmenté.

Tableau 5 : récapitulatif du Test de racine unitaire DICKEY-FULLER Augmenté

	Différence					**Ordre d'intégration**
Variables	**1 %**	**5 %**	**10 %**	**ADF**	**p-value**	
Croissance du revenu national du Cameroun	- 3.557472	- 2.916566	- 2.596116	- 6.374352	0,0000	I(0)
Dépenses totales du tourisme en générale au Cameroun (deptotour)	- 3.557472	- 2.916566	- 2.596116	- 6.042403	0,0000	I(0)
Dépenses pour les postes de déplacement des touristes à l'intérieur du Cameroun (deplacam)	- 3.568308	- 2.921175	- 2.598551	- 4.481298	0.0007	I(0)
Dépenses pour les postes de transport des voyageurs à l'entrée du Cameroun (entrée)	- 3.557472	- 2.916566	- 2.596116	- 6.322021	0,0000	I(0)
Dépenses pour les postes de transport des voyageurs en partance pour l'étranger (départ)	- 3.557472	- 2.916566	- 2.596116	- 6.195249	0,0000	I(0)

Source : Sortie du logiciel EVIEW.8.

Commentaires : On constate dans le tableau 5 que les résultats du test de DICKEY FULLER augmenté démontrent que toutes les variables sont stationnaires (P-value< 0,05) en différence première. Donc, nous pouvons procéder au test de cointégration (Tableau 6).

Tableau 6 : Test de cointégration de Johansen

Date : 10/31/19 Time : 09 : 37				
Sample (adjusted) : 1960 2015				
Included observations : 56 after adjustments				
Trend assumption : Linear deterministic trend				
Series: PIB DEPTOTOUR DEPLACAM ENTREE DEPART				
Lags interval (in first differences) : 1 to 1				
Unrestricted Cointegration Rank Test (Trace)				
Hypothesized		Trace	0.05	
No. Of CE(s)	Eigenvalue	Statistic	Critical Value	Prob.**
None*	0.504537	116.1076	69.81889	0.0000
Au maximum 1 (At most 1 *)	0.385883	78.88768	47.85613	0.0000
Au maximum 2 (At most 2 *)	0.345746	53.04650	29.79707	0.0000
Au maximum 3 (At most 3 *)	0.286633	30.56076	15.49471	0.0001
Au maximum 4 (At most 4 *)	0.212474	12.65951	3.841466	0.0004

Source : Sortie du logiciel EVIEW.8.

Les résultats du test dans le tableau 6 confirment l'hypothèse de cointégration entre les variables, ce qui traduit donc la présence d'une relation significative de long terme entre elles. Nous pouvons donc procéder à l'estimation de notre modèle.

Tableau 7 : les coefficients du modèle.

Dependent Variable : PIB				
Method: Least Squares				
Date : 10/31/19 Time : 08:08				
Sample : 1960 2015				
Included observations : 56				
Variable	Coefficient	Std. Error	t-Statistic	Prob.
DEPTOTOUR	-2.915744	1.885174	-1.546671	0.1282
DEPLACAM	0.837335	1.104462	0.758139	0.4519
ENTREE	0.277362	0.151193	1.834489	0.0725
DEPART	0.685841	0.120068	5.712126	0.0000
C	8.474143	3.484554	2.431916	0.0186
R-squared	0.665000	Mean dependent var		24.10909
Adjusted R-squared	0.638200	S.D. dependent var		6.973953
S.E. of regression	4.194821	Akaike info criterion		5.792087
Sum squared resid	879.8263	Schwarz criterion		5.974571
Log likelihood	-154.2824	Hannan-Quinn criter.		5.862655
F-statistic	24.81341	Durbin-Watson stat		2.257044
Prob(F-statistic)	0.000000			

Source : Sortie du logiciel Eview. 8

PIB= -2.91574431428*DEPTOTOUR + 0.837335159563*DEPLACAM + 0.27736243698*ENTRÉE + 0.685840794788*DÉPART + 8.4741426769

L'analyse des données montre que les autres dépenses du tourisme influencent négativement le revenu national. Donc, nous nous intéresserons aux autres variables. L'accroissement des dépenses pour les postes de déplacement des touristes à l'intérieur du Cameroun d'un dollar se traduit par un accroissement du PIB de 83 %. Lorsque les dépenses d'importation aux postes de transport des voyageurs à l'entrée du Cameroun augmentent de 1 %, le PIB augmente de 27 %. Lorsque les dépenses pour les postes de transport des voyageurs en partance pour l'étranger croissent d'un dollar, le PIB croît de 68 %. De façon globale, les dépenses touristiques influencent significativement le revenu national avec des contributions plus grandes que celles des recettes. Les touristes dépensent plus au Cameroun quand il s'agit de leurs mobilités sur l'ensemble du territoire camerounais.

3. Problèmes

Nous pouvons associer la faiblesse des contributions des recettes touristiques aux nombreuses difficultés auxquelles cette industrie fait face au Cameroun, majoritairement liées à sa valorisation et que certains auteurs, comme Dejo (2016), Tchingang et Fouodop (2008) ont également soulevées. Nous parlerons, par exemple, de :

- Un réseau routier inadapté, non entretenu et défectueux, qui rend difficiles les déplacements à l'intérieur du territoire et l'accès aux sites touristiques, notamment les routes qui mènent au parc national de Waza, l'un des plus importants sites du Cameroun. Cela est dû à un retard d'innovation dans ce domaine, et constitue une véritable entrave. Car personne ne veut, par exemple, parcourir 200km en cinq heures de temps. Distance qu'il aurait pu couvrir en un temps inférieur dans un territoire concurrent ;
- Malgré la création d'organismes spécialisés, on note encore une absence de promotion de la destination touristique et une rareté des mesures d'accompagnement : car leurs résultats restent encore en dessous des attentes, on note l'absence de politiques touristiques fiables, attrayantes et suffisamment convaincantes ;
- La coopération avec le secteur privé n'est pas suffisamment développée, les opérateurs engagés dans ce secteur sont découragés, car le gouvernement est trop regardant en matière de recettes et d'impôts ; il existe des difficultés d'accès au crédit ;
- L'insécurité est l'une des causes principales du ralentissement de ce secteur ; les crises anglophones dans les régions du nord-ouest et du sud-ouest, et les attaques terroristes auxquelles le Cameroun a dû faire face ont été d'une gêne pour les touristes à destination du Cameroun et ont contribué à une chute de sa fréquentation touristique ;
- La formation en matière de tourisme se limite aux métiers de restauration et d'hôtellerie et ne met nullement l'accent sur l'inventaire des potentialités touristiques et des ressources naturelles du pays ;
- Une analyse du budget du ministère du Tourisme et des Loisirs montre que la majeure partie de celui-ci est consacrée au fonctionnement de ce ministère, plutôt qu'à l'allocation d'investissements visant la promotion du territoire.
- L'insuffisance et le manque d'informations pour vanter l'industrie du tourisme, la gestion inadéquate et l'insuffisance des outils

statistiques et des données traduisent que ces données ne sont pas recueillies adéquatement.

- La mauvaise gestion de la compagnie aérienne, qui se fait remarquer négativement pour son manque de communication, de ponctualité, l'annulation régulière de ses vols. Cela suscite un manque de confiance de la part de sa clientèle, et ;
- Les tracasseries policières (visa d'entrée coûteux, contrôles routiers fréquents, etc.) et la cherté de la destination ne facilitent pas l'épanouissement des touristes constitués en grande partie d'étrangers.

4. Recommandations

Face à ces difficultés et à la vue des résultats obtenus, nous recommandons de :

- Créer une agence ou une structure, qui aura pour rôle de faire des prospections auprès des touristes dans des intervalles de temps régulier, afin d'adapter, de façon continue, les produits touristiques aux attentes des visiteurs ;
- Mettre en place un cadre réglementaire et un système d'imposition fiscale favorables garantissant l'accès au crédit et incitant les entreprises privées à davantage investir dans le secteur du tourisme ;
- Lorsque les voyages aériens sont organisés par des entreprises originaires d'un territoire autre que le territoire de destination, on observe des fuites de capitaux. Il serait donc préférable pour le territoire camerounais d'optimaliser la gestion de sa compagnie aérienne afin de rehausser son image et garantir un sentiment de confiance de la part des voyageurs ;
- Mettre en place davantage de mesures, des politiques et une véritable stratégie de marketing efficaces capables d'assurer et de promouvoir la destination touristique camerounaise ;
- Segmenter l'offre touristique en fonction, par exemple de l'âge ou du sexe (les préférences d'une personne du troisième âge, par exemple, sont différentes de celles d'un jeune) ;
- Définir clairement les objectifs de son développement touristique, mettre en place des stratégies pour valoriser des points essentiels et pousser une rentrée des recettes, recenser les sites à fort potentiel dans lesquels il faudra plus investir et décider du type de tourisme qui doit être développé ;

- Résoudre les problèmes sécuritaires du territoire ;
- Assurer l'accès aux différents sites touristiques en améliorant et en développant le transport routier par la construction des infrastructures nécessaires, principalement les routes, tout en considérant les innovations dans le domaine ;
- Collecter et mettre sur pied une base de données qui permettra d'évaluer le développement et l'évolution de l'industrie touristique et d'en faire des prévisions ;
- Créer des centres de formation professionnelle liés aux métiers du tourisme et ne se limitant pas uniquement à l'hôtellerie et à la restauration ;
- Les établissements d'hébergement sont très nombreux avec une grande partie non classée et seulement trois hôtels cinq étoiles. Il serait souhaitable de construire et d'aménager des infrastructures hôtelières de haut standing, assurant le meilleur rapport qualité prix.

Conclusion

Au regard de ses potentialités énormes, le territoire camerounais possède le nécessaire pour développer une activité touristique de qualité. Car nombre de personnes voyagent à travers le monde, animées par un sentiment de découverte. Les recettes et les dépenses touristiques ont un effet positif sur le PIB. Ce qui traduit un effet positif sur la richesse du Cameroun et donc sur son revenu national. Avant que le Cameroun ne puisse décider du type de tourisme qui doit être développé sur son territoire, il doit définir clairement les objectifs de son développement touristique ; sans un tel cadre, il ne peut exister un tourisme de qualité.

Promouvoir son offre suppose, en amont, une réflexion sur la manière de structurer et de valoriser cette offre tout en tenant compte du territoire et de son importance dans le processus. « *Le tourisme reste essentiel au bien-être économique et, dans bien des cas, à la survie de nombreuses populations locales et régionales. Car, il doit son existence à des destinations où, bien souvent le lieu et ses habitants se confondent* » (OCDE, 2010).

Bibliographie

Audouard, N. (2016). La coordination institutionnelle entre les acteurs, *Vie sociale*, vol 1, n° 13, pp 139-146.

Balaguer J., et Cantavella-Jorda M., (2002), Tourism as a long-run economic growth factor : the spanish case, *Applied Economics*, vol 92.

Bocquet R., (2008), Proximités et coordination inter-firmes : une analyse empirique de la compétitivité des stations de sports d'hiver, *Revue d'Économie régionale et urbaine*, vol 2.

Boutillier S., (2015), Les grandes étapes de la pensée économique du territoire, *Cahiers du Laboratoire de Recherche sur l'Industrie et l'Innovation*, n° 296.

Bouzahzah M., et El Menyari Y., (2013), Les déterminants de la demande touristique : le cas du Maroc, *International Research Journal of Finance and Economics*, vol 18, n° 4.

Centre de recherches statistiques, économiques et sociales et de formation pour les pays islamiques (2002), Problèmes et perspectives concernant le développement durable du tourisme dans les pays de l'OCI avec référence particulière à l'écotourisme, troisième conférence islamique des ministres du Tourisme, Royaume d'Arabie Saoudite, octobre.

Chamard C., (2014), Le marketing territorial : comment développer l'attractivité et l'hospitalité des territoires ? Ed De Boeck supérieur.

Che Chou M., (2013), Does tourism development promote economic growth in transition countries ? A panel data analysis, *Economic Modelling*, n°33, pp 226-232.

Couturier G., (2014), Guide pratique du marketing, Ed société des écrivains.

Dejo G., (2016), Quel futur pour l'industrie du tourisme au Cameroun, nkafu policy institute, juin.

Dognon A., Y., et al, (2023), Tourisme et croissance inclusive au Bénin une analyse d'après l'indice synthétique de croissance inclusive. ESI Prepints.

Dupont L., (2002), Contribution à l'étude des dimensions économiques du tourisme et des voyageurs, l'Harmattan.

Essombè Edimo Nya Bonabébé J., R., (2015), Douala et la répartition spatiale des entreprises, polarisation et fragmentation, l'Harmattan.

Fabry N., (2009), Clusters de tourisme, compétitivité des acteurs et attractivité des territoires, *Revue internationale d'Intelligence économique*, vol 1.

François H., Hirczak M., et Sénil N., (2006), Territoire et patrimoine : la Co-construction d'une dynamique et de ses ressources, *Revue d'Économie régionale et urbaine*, vol 5, décembre.

Hadjou L., (2009), Les deux piliers de la construction territoriale : coordination des acteurs et ressources territoriales, *Développement Durable et Territoires*, juillet.

Isard W., (1956), Location and space-economy, MIT Press.

Lavigne J., et Couture M., (2005), Vers le tourisme durable : politique touristique du Québec, un nouveau partenariat industrie-gouvernement, briller parmi les meilleurs.

Le Berre (1992), Territoires, in Bailly A. et al, encyclopédie de géographie, Paris.

Leloup F., Moyart L. et Pecqueur B., (2005), La gouvernance territoriale comme nouveau mode de coordination territoriale ? *Géographie, Économie, Société*, vol 7, n° 4.

Mainet-Delair N., (1985), La nouvelle image du tourisme international camerounais, *les Cahiers d'Outre-Mer*, vol 151, n° 38.

Marshall A., (1890), Principles of economics, University of Cambridge, *Macmillan & Co*, London, vol 1, issue 2, 754p.

Mesplier A., et Bloc-Duraffour P., (2005), Le tourisme dans le monde, Ed Bréal.

MINTOUR ET SOFITOUL, (2011), Le développement de l'industrie touristique au Cameroun, l'Harmattan.

Nasser N., W., (2011), Développement local, construction territoriale et tourisme : le cas du Liban, thèse de doctorat en sciences économiques, université de Grenoble.

Obafemi A., J. (2020), Tourism and growth in Nigeria : application of TYDL. Granger-causality test and innovation accounting techniques, *Journal of Tourism Management Research*, vol 7, n°2, pp 132-154

OCDE, (2010), Tourisme 2020 : les politiques pour promouvoir la compétitivité et le développement durable du tourisme, Les Tendances et Politiques du Tourisme de l'OCDE, chapitre 2.

OCDE, UE, NU, OMT, (2003), Compte satellite du tourisme : recommandation concernant le cadre conceptuel, OECD publishing, décembre.

OMT et Nations unis, (2000), Recommandations sur les statistiques du tourisme, New York.

Pecqueur B., (2005), Les territoires créateurs de nouvelles ressources productives : le cas de l'agglomération grenobloise, *Géographie, Économie, Société*, vol 7, n° 3.

Pegui Y., F., (2012), Gouvernance locale et attractivité des entreprises : cas de la ville de Douala, mémoire en économie du territoire, de l'environnement et de la décentralisation, université de Yaoundé 2.

Pisa N. (2018), Relation causale entre le transport aérien, le tourisme et la croissance économique, régression joint-point et analyse de la causalité de Granger, *Euroeconomica*, vol 37, n° 2, pp 164-167.

Poirot J. et Gérardin H., (2010), L'attractivité des territoires : un concept multidimensionnel, *Mondes en Développement*, vol 1, n° 149.

Raffestin C., (1980), Pour une géographie du pouvoir, librairies techniques.

Retour D., (2008), Pôles de compétitivité, propos d'étape, *Revue française de Gestion*, n°190, France.

Roux E., Vollet D., et Pecqueur B., (2006), Coordination d'acteurs et valorisation de ressources : le cas de l'Aubac et des Baronnies, *Économie rurale,* n° 293, mai-juin.

Signe L., (2018), Africa's tourism potential : trends, drivers, opportunities and statégies, Africa's Growth Initiave, Brookings.

Tchindjang M., et Kengne Fouodop, (2008), Le Cameroun : un pays aux potentialités touristiques sous exploitées, *Artigos,* vol 23, n° 1, juin.

Thibault A., (2014), Tourisme, attractivité territoriale et cluster, mémoire en tourisme et hôtellerie, institut supérieur du tourisme, de l'hôtellerie et de l'alimentation.

Thietart R., A., et al (2014), Méthode de recherche en management, 4 éditions Dunod, Paris.

Torre A., (2009), Retour sur la notion de proximité géographique, *Géographie, Économie, Société*, vol 11, n° 1.

Trang N., H., Due N., C., et Dung N., T., (2014), Note de recherche : évaluation empirique d'une croissance tirée par le tourisme : le cas du Vietnam, *Économie du Tourisme*, vol 20, n° 4, pp. 885-892.

World bank (2011), African region tourism strategy: transformation through tourism-harnessing, Washington DC.

World travel and tourism council (2019), Tourism economic impact, WTTC, UK.

Wu T., et Wu H., (2019), Tourism and economic growth in asia: a bootstrap multivariate panel granger causality, *International Journal of Tourism Research*, n°21, pp 87-96.

CHAPITRE 22 :

RESTAURATION DISTRACTIVE ET ATTRACTIVITÉ DES TERRITOIRES URBAINS DU CAMEROUN

Dieudonné LEKANE TSOBGOU

Résumé

Les entreprises de la restauration distractive se localisent dans les territoires du centre-ville et sur les artères principales de quartiers. La question de savoir si les nouveaux modes de manger hors de chez soi, dans les points de restauration distractive, pourraient susciter l'attractivité des territoires urbains au Cameroun dans un contexte de décentralisation. Ce chapitre postule que les activités du commerce de « bouche, du ventre et du plaisir » peuvent changer nos modes d'habiter, tout en valorisant et rendant attractif un territoire. Raison pour laquelle ce chapitre ambitionne de positionner les territoires des centres urbains du Cameroun parmi les destinations de choix en ce qui concerne l'investissement dans les activités de la restauration distractive.

Pour mener à bien ce travail, nous nous sommes appuyés sur une abondante recherche documentaire et des enquêtes de terrain de 2017 à 2024 auprès de 700 entrepreneurs de restaurants, afin de clarifier le concept de restauration distractive et d'analyser les nouveaux modes de manger. Les résultats de cette recherche nous permettent d'identifier les points chauds de la restauration distractive, les atouts et le choix des territoires de pratique, de consommation des repas distractifs dans les territoires urbains du Cameroun.

Mots clés : Restauration distractive- territoires urbains- Cameroun

Abstract

Entertaining catering businesses are located in downtown areas and on main neighbourhood streets. To the question of whether new modes of eating away from home in entertaining catering outlets can make urban areas in Cameroon more attractive in a context of decentralization. This study postulates that the activities of the "mouth, stomach and pleasure" trade can change our ways of living while enhancing and making an area attractive. This is why this chapter aims to position the territories of urban centres in Cameroon among the destinations of choice with regard to investment in entertaining catering activities.

To carry out this work, we relied on abundant documentary research and field surveys from 2017 to 2024 with 700 restaurant entrepreneurs, in order to clarify the concept of entertaining catering and to analyse new ways of eating. The results of this research allow us to identify the hotspots of entertaining catering, the assets and the choice of territories of practice and consumption of entertaining meals in the urban territories of Cameroon.

Keywords: *Entertaining catering - urban territories - Cameroon*

Introduction

Dans un contexte de décentralisation au Cameroun, le tourisme est un secteur essentiel de relance de l'économie des territoires, et son développement dépend bien sûr des lieux, des produits naturels et culturels authentiques, mais aussi, et plus que jamais, de leur mise en touristicité. Il s'agit d'une mise en scène créée par l'industrie du tourisme pour attirer les touristes, une sorte de marque de destination qui incite à l'accueil et organise en conséquence une offre gastronomique variée. La restauration distractive de masse est une action liée à un service populaire d'achat-plaisir, ou d'achat d'agrément d'un repas plaisir. De nos jours, elle est une activité touristique associée aux lieux de loisirs et sites touristiques, et constitue par la même occasion un marqueur (Lemarchand, 2007) et des signatures sociales (Morin, 1997). Cette activité prend son essence dans le commerce distractif.

Une activité commerciale est considérée comme distrayante parce qu'elle est associée à un moment de détente, de loisir ou à un lieu de visite touristique, et qu'elle se déroule dans des temporalités variées, courtes (comme une flânerie ou une promenade) ou plus longues (sur une journée). Ainsi, on se rend dans les quartiers du centre-ville et les rues de quartiers à la recherche de « quoi manger », « se changer les idées » en flânant entre les restaurants, les boulangeries, mais aussi pour « visiter » les quartiers des commerçants de grillade à l'occasion d'un séjour dans un environnement où sont associés commerce gastronomique et tourisme dans une ambiance festive. Il s'agit donc de moments de détente et de distraction. La distraction varie en intensité et peut se poursuivre de façon récréative. Dans les régions et territoires qui adossent leur développement économique sur l'activité touristique, l'on associe les lieux et les territoires gastronomiques en les incluant dans les circuits, ou en les désignant comme des lieux distractifs, récréatifs, voire festifs (Gravari-Barbas, 2000). Les territoires ont vocation à supporter et, même, à densifier les sites touristiques et à augmenter la dépense du touriste dans ces sites. Au sein d'une métropole, la vocation distractive du commerce s'observe plus particulièrement dans certains quartiers, avec une intensité et une diversité variable selon la fonction première du quartier et selon le consommateur visé : résident, visiteur d'un jour ou touriste.

L'objectif à terme de ce travail est de positionner les territoires des centres urbains du Cameroun parmi les destinations de choix en ce qui concerne l'investissement dans les activités de la restauration distractive. Les nouveaux modes de manger hors de chez soi dans les points de restauration distractive peuvent-ils susciter l'attractivité des territoires urbains au Cameroun dans un contexte de décentralisation ? Le présent article se structure donc ainsi qu'il suit, après une brève revue de la littérature sur la question, nous étayons la méthodologie suivie pour la collecte des données. Puis suivent les résultats et les analyses, ainsi que la discussion.

I. Revue de la littérature

La littérature sur le commerce distractif de détail est l'œuvre des auteurs anglo-américains. Tous citent et reconnaissent Walter Benjamin (2006) comme précurseur du commerce distractif. Cet auteur voit dans les lieux du commerce, l'esprit de la fantaisie et de l'illusion lié à la marchandise, il évoque « *l'expérience du flâneur, qui s'abandonne aux fantasmagories du marché* ». Les travaux des géographes francophones affirment que la rue où se pratiquent les activités du commerce distractif est un spectacle gratuit (Beaujeu Garnier et Delobez, 1977). Il insiste sur le fait que le commerce de détail a toujours accompagné les activités de loisirs et de tourisme dans sa dimension distractive (Merenne Schoumaker, 2001). Cette ambiance attire autant le flâneur, l'oisif aussi bien que le véritable consommateur physique des repas de rue. Le chaland y vient se distraire en mangeant. C'est ce que le sociologue Hannigan (1998) dans un néologisme considère comme un « *eatertainment* », à savoir « repas distractif ».

Ainsi, les régions et territoires qui adossent leur développement économique sur l'activité touristique associent les lieux gastronomiques aux circuits labellisés « *lieux distractifs, récréatifs, voire festifs* » (Gravari-Barbas, 2000). Ainsi, le territoire du commerce réunit, dans une unité territoriale plus ou moins étendue, des lieux du commerce qui ensemble le constituent. Il peut s'agir d'un centre commercial réunissant dans les complexes récréo-commerciaux, galeries commerciales et activités distractives, ou encore des territoires offrant une gamme de restauration assez large. Il y a là une démarche significative pour répondre aux attentes multiples des populations. Ailleurs, dans le centre de la métropole ou de l'agglomération, la recherche d'une unité paysagère délimite un parcours associant patrimoine et commerces, permettant là encore d'identifier des territoires réunissant des lieux du commerce.

En ce qui concerne l'identité spatiale, qu'il s'agisse de lieux ou de territoires commerçants, l'un et l'autre existent. Car ils sont signifiants auprès des consommateurs. Un état de l'art sur le commerce distractif, tant en langue française qu'en langue anglaise, montre qu'il couvre l'ensemble de la question, y compris la restauration de masse distractive (Brown, 1996 ; Wrigley et Lowe, 2002 ; Merenne-Schoumaker, 2003 ; Wayens, 2006 ; Lemarchand, 2009). Les recherches portent sur de nombreux aspects, à savoir les formes, les structures ou les localisations et, aujourd'hui, de nouvelles problématiques s'inscrivent (*New Geography of Retailing*, Wrigley et Lowe,

2002), et nous orientent vers l'attractivité des territoires de commerce distractif et de la restauration de masse distractive.

Les courants de la géographie du commerce peuvent être structurés en trois approches selon un système logique, chronologique ou thématique, ou selon les classifications habituelles des aires de production scientifique. Ainsi :

- le courant néo-classique, fondé essentiellement sur trois conceptualisations : on y retrouve la théorie des places centrales (hiérarchie et rayonnement), la notion de rente foncière, et le principe de différenciation minimum ;
- le courant comportementaliste : essaie d'identifier les processus de décision des consommateurs et les facteurs influençant les lieux qu'ils fréquentent, et
- le courant structuraliste, qui privilégie la compréhension des stratégies des différents acteurs, et porte beaucoup d'attention au cadre entrepreneurial, politique, culturel et législatif (Wayens, 2003 et 2006). Le courant structuraliste ne peut être distingué de la « géographie de l'action » (Beaujeu-Garnier en France, 1977 ; Sporck en Belgique, 1980), ou plus encore en géographie du commerce, le domaine de l'urbanisme commercial (Griffisch, 1997 ; Chemla, 1990 ; Desse et Metton, 1997 ; Desse, 2001).

Ce courant est bien celui qui structure notre raisonnement ici en ce qui concerne l'attractivité des clients et des entrepreneurs dans les territoires urbains du Cameroun, et singulièrement dans la commune de Dschang. L'attractivité est la capacité d'un territoire donné à attirer une quantité importante d'activités productives. Cette démarche aura un fondement théorique et appliqué, comme l'exige Merenne-Schoumaker (2003). Dans ce travail, l'approche par les processus de décision semble opportune pour justifier et expliquer l'attractivité du territoire et des lieux de la restauration de masse dans les communes de Dschang, Bafoussam 2e et Yaounde 6e.

Cette approche s'intéresse ici au processus à travers lequel l'investisseur choisit le site sur lequel il localisera son projet. On peut donc considérer qu'il s'agit d'une variante de l'approche « micro », dans la mesure où son objet est l'analyse d'une décision spécifique par un agent individuel. Mais elle en diffère fondamentalement dans la mesure où c'est ici la logique de choix de l'investisseur qui est placée au centre de l'analyse, plutôt que les caractéristiques comparées des territoires en compétition. Une telle approche a fait l'objet d'une littérature abondante, que l'on peut regrouper dans les catégories suivantes :

- *Travaux académiques à caractère théorique*, mettant en évidence l'impact de l'incertitude, des imperfections dans l'information, et des jeux de négociation entre groupes d'intérêt sur les processus de décision en entreprise. Ceux-ci peuvent prendre dans ces conditions des formes très éloignées du modèle néo-classique implicite décrivant un comportement totalement rationnel de maximisation sous contrainte d'une fonction-objectif unique et continue (voir Coriat et Weinstein, 1995) ;

- *Travaux à caractère empirique menés par des chercheurs* (Jayet, 1993 ; Kogut, 1983) ou des consultants privés (IBM/PLI, 2003), et décrivant les séquences du processus de décision de localisation des chaînes de restaurants) à travers un modèle par étape où le nombre des options envisageables se réduit à chaque stade, tandis que le nombre des critères et la complexité des calculs mis en œuvre pour comparer les sites en compétition augmentent. Ces travaux présentent l'intérêt de dépasser la vision mécanique d'un choix de localisation automatiquement dicté par l'utilisation d'une règle de calcul unique, en insistant sur la complexité du processus de décision et sur les spécificités de chacune de ses étapes. Ils suggèrent donc aux agences de chercher à « calibrer » leurs formes d'interventions auprès des décideurs en fonction des préoccupations spécifiques de ceux-ci (secteur d'activité, caractéristiques de l'entreprise, stratégies des concurrents, état d'avancement des projets de la firme) plutôt que de pratiquer aveuglément une promotion territoriale indifférenciée.

Lieux et territoires du commerce forment un système symbolique qui renvoie à des références entendues par une clientèle plus ou moins étendue. Par ailleurs, certains lieux sont investis par des activités spécifiques de la restauration de masse distractive (lieux de grillade, lieux de saveurs du terroir, etc.). Dans les centres urbains du Cameroun, il n'existe plus aujourd'hui aucun lieu pour les visiteurs qui ne soit accompagné de commerces gastronomiques où les touristes peuvent se faire plaisir en dégustant des mets du terroir.

Ainsi, la restauration distractive est à ce point associée aux lieux qu'elle intègre pour les touristes et les vacanciers, leur temps de visite et de loisir. Aussi, non seulement est-elle un marqueur spatial des lieux touristiques, mais elle participe également à leur mise en scène et à la construction de l'image de marque du territoire par des entrepreneurs de l'activité des repas distractifs.

II. Méthodologie

La méthodologie de cette recherche s'est appuyée sur un travail documentaire et un travail de terrain mené entre 2017 et 2024. Elle spécifie la taille et le critère de choix de la population cible.

En ce qui concerne l'échantillon de la population cible, parmi les 1200 établissements de restauration récréative répertoriés dans les villes de

Dschang, Bafoussam, Yaoundé, Douala, Kribi, Limbé, Bertoua, Ngaoundéré, Garoua et Maroua, nous avons sélectionné 700 en fonction de certains critères : offrir et vendre un repas récréatif, être un lieu de production et de consommation de repas récréatifs attirant au moins 20 clients, exercer ses activités de vente pendant la journée ou la nuit, être un restaurant ou un hôtel-restaurant classé, être un supermarché ou un hypermarché, être un petit restaurant de rue, être un lieu de grillade avec parking, être un lieu de braise de rue ou à proximité d'un snack-bar, être une boulangerie, être un snack-bar, être un lieu de vente de plats régionaux, et se situer dans la zone de restauration récréative (Figure 1).

C'est ainsi que nous avons pu identifier, localiser et enquêter sur 100 restaurants haut de gamme, 200 petits restaurants de rue, 200 lieux de production et de consommation de grillades ou braises, 25 lieux de consommation de mets du terroir, 100 snack-bars et 60 boulangeries, 13 lieux de grillade avec parking, 2 hypermarchés.

III. Résultats et analyses

La restauration distractive bénéficie de quelques atouts naturels, humains et infrastructurels. La typologie est fonction des lieux de pratique et consommation, des motivations des chalands et des restaurateurs. Nous avons pu ainsi distinguer : 1- une restauration distractive associée au tourisme ; 2- une restauration de masse distractive comme loisir. Cette distinction valable et nécessaire pour l'analyse ne se réalise pas cependant aussi nettement dans la réalité. Le repas distractif devient donc une activité associée au loisir, se réalisant dans les territoires urbains et spatialisés sur plusieurs lieux géographiques.

Son succès se mesure à la place qu'il occupe désormais dans les séjours touristiques ou comme prétexte à une « sortie » hors de chez soi à des fins de détente. Ces motifs sont très largement les mêmes pour l'ensemble des consommateurs, qu'ils soient touristes, voyageurs d'une journée ou visiteurs d'un moment ou résidents. Ainsi, nous avons des lieux de production et de consommation des repas distractifs au sein des grands restaurants classés, des des points de grillade ou de braise.

1. Territoires (et lieux) de la restauration distractive

Nous utilisons les termes « lieux de restauration » ou de « territoire de restauration ». Territoires et lieux plutôt qu'espace marchand, car parler d'espace renvoie à un territoire indifférencié ou englobant, et il faut distinguer, au sein de cet espace, des lieux et un territoire. La restauration de masse est désormais établie en lieux et territoires singuliers et signifiants auprès des fins gourmets. Il y a une identité spatiale qui passe par l'affichage de marqueurs, soit de signes visuels permettant, d'une part, de délimiter le lieu où le chaland déambule, et, d'autre part, de lui donner sa particularité, son authenticité, en l'associant à un univers spécifique.

Au cœur des villes camerounaises, des endroits en plein air proposent des espaces de grillades ou de dégustation de plats traditionnels, à l'image des parcs et des bois (le bois Saint Anastasie à Yaoundé, le bois de Mardock à Ngaoundéré et le parc d'attractions de Source Mbappé-Cité Sic Jourdain à Douala). Les divers « chemins du bonheur » (Mini-ferme Yaoundé ; Monaco-Douala ; Ndemnang-Bertoua), le long des avenues, sur le marché nocturne (joli soir à Kribi), et enfin, les divers endroits où l'on trouve des braises dans la briqueterie, Montée Caveau, Flamenco (Yaoundé) ; Bonapriso, Bonanjo (Douala). Les points chauds de Maroua se situent dans le quartier Domayo, plus précisément près des restaurants « Avion me laisse », « Bonne adresse » et du snack-bar Dreams, ainsi que le long de Talma hôtel-Mokolo, carrefour face à face (Bertoua). La **Figure 1** identifie les différents territoires urbains où on localise simultanément ou non des points chauds de dégustation de grillade avec parking, restaurant haut standing ou de petits restaurants de rue.

Figure 1 : Territoires urbains de localisation *des* nouveaux modes de manger hors de chez soi

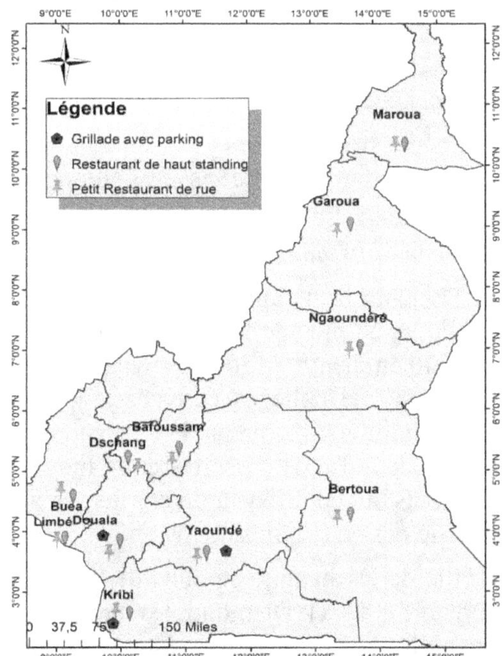

***Source** :* Enquêtes de terrain, D. Lekane Tsobgou et étudiants 2020

3. Étude de cas des points de restauration distractive de Bafoussam et à Dschang

Les supports spatiaux de la restauration de masse distractive sont par exemple 350 points chauds de Bafoussam où on retrouve la braise de divers aliments frais (poisson, poulet, viande de bœuf et/ou de mouton, banane, maïs, macabo, etc. (Toguem, 2023). La braise ici s'entend comme l'art de faire cuire, à partir du charbon de bois ou du four électrique, des produits alimentaires dans des lieux publics comme les carrefours, les devantures des ventes à emporter, les entrées de marché ou les endroits de grandes animations des espaces urbains. Les produits alimentaires sont en général les produits d'origine agricole (maïs frais, ignames, banane plantain, safou, macabo) ou d'origine animale (viande de bœuf, de chèvre, de mouton, de poulet). La braise de maïs, de porc, de poissons, etc., trouve sa raison d'être dans l'existence des consommateurs nostalgiques des cuissons à l'Africaine.

À Bafoussam, les lieux de prédilection de consommation des produits de la braise sont localisés géographiquement en fonction de leur importance : le lieu-dit Akwa, avec près de 25 points de braise le long des snack-bars, juste distants de moins de 4 mètres les uns des autres. Le second point se situe à l'entrée de la chefferie de Bafoussam, offrant 7 points de braise dans un rayon de 3 m à la ronde. À l'intérieur du marché central se trouve le point de « Dubaï ». Au lieu-dit « Auberge », des braises éparpillées sont visibles dans l'espace. Les carrefours sont également occupés (près de l'ancien cinéma Tamdja, carrefour SOCADA, carrefour Caisse, 1er carrefour Évêché, carrefour explosif, carrefour le Maire, etc.). Les abords des mosquées dans le quartier Haoussa sont également envahis par des braises de bœuf et de poulet. Enfin, le long des voies de communication, on peut voir des rangées de caisses métalliques et de poêles nécessaires à la cuisson du poisson.

La restauration hors de chez soi permet à chacun de vivre des expériences uniques en compagnie de sa famille et de ses amis autour d'un « bon piment » pour célébrer les retrouvailles, les récompenses ou les succès sociaux.

4. *Restauration distractive à Dschang*

La commune de Dschang peut capitaliser sur son expérience en tant que ville coloniale touristique, en plus de la présence de l'Université d'État qui compte près de 8000 étudiants, 1500 enseignants et personnels non enseignants, d'une dizaine de collèges et lycées, de plusieurs centres de formation comptant des milliers d'apprenants et encadreurs. Le territoire est bien desservi en termes de voies de dessertes et de moyens de transport par moto-taxi. Tous ces atouts ont contribué à diversifier les lieux de chalandises et structurer la typologie des restaurants de masse.

Dans le Centre-ville de Dschang, les points de braises se localisent dans les (rues de royal Dreams et Black Diamond, les marchés A et B), le quartier pedground, la gare routière. Le territoire de restauration de masse distractive dans la commune de Dschang est organisé spatialement en 3 lieux ou entités géographiques :

- lieux des grands restaurants : Ces grands restaurants se localisent au centre-ville, parmi lesquels on retrouve le restaurant le

Mbouoh, le Malte (barbecue tous les samedis), et le phénix. Il s'agit des restaurants classés aux normes internationales et au guide Michelin avec un meilleur confort et une exigence dans la qualité de service (au moins une fourchette). Le menu est diversifié et le prix des repas le moins cher est de 5000 FCFA.

Planche1 : Salle de restauration distractive à Malte Hôtel

- ***Photo 1** : Moment de Self-Service* ***Photo 2 :** Table de dégustation, les lieux des petits restaurants de rue. On trouve ces petits restaurants de rue (« Tourne-dos », « beignetaria », cafeteria) à l'entrée du campus de l'Université de Dschang (8), à la Gare routière (10), sur les artères des rues du centre-ville (6).*
  À la gare routière et aux Marchés A et B se trouvent des lieux de dégustation des mets ou saveurs de terroir (Taro à la sauce jaune, le Eru, le macabo pilé aux légumes localement appelé « *Nkwa Nzap* »). Ce sont des restaurants non classés, qui offrent moins de confort et dont la qualité du service est bas de gamme. Les prix sont plus démocratiques et accessibles à toutes les bourses (de 250 à 2500 FCFA), et
- les lieux des grillades ou braise : Les lieux de dégustation, de braise de porcs, de poulets, de chèvres et de poissons se localisent dans les rues de Pedground, Royal Dreams, Rond-point près de la station d'essence Total et ses artères, Gare routière, Terrasse hôtel Le Malte. Outre la terrasse rénovée de l'hôtel Le Malte, les vastes espaces de dégustation en plein air, tels que Pedground, Royal Dreams, le rond-point adjacent à la station-service Total et ses avenues, ainsi que la gare routière, sont également disponibles.

Par ailleurs, il est à noter que les clients ou chalands, qui sont abonnés aux restaurants en plein air, dégustent leur grillade de chèvres, de porc, de bœuf ou de poulet soit en position debout tout en inhalant la fumée, soit confortablement assis autour d'une table dans des snack-bars. C'est le cas du snack-bar *Black Diamond*, sur les lieux de grillades aux lieux-dits « Rondo » et à « Pedground » dans le snack-bar *Cour Suprême.* Ces lieux de grillades attirent, la nuit tombée, près de 80 % des clients de dégustation des repas distractifs et 90 % des entrepreneurs des activités de restauration de masse distractive. Les terrasses de boulangeries sont aussi des lieux de dégustation des repas distractifs, c'est pourquoi ils disposent d'au moins 10 places assises à cet effet (boulangerie Mbouoh, Emack, boulangerie de la Menoua, Boulangerie Didi entrée campus et Foto, Boulangerie Nkong Lah). La **Figure 2** ci-dessous identifie les lieux des restaurants classés et restaurants de rue dans la ville de Dschang.

Figure 2 : Territoire de localisation de la restauration de masse dans la ville de Dschang

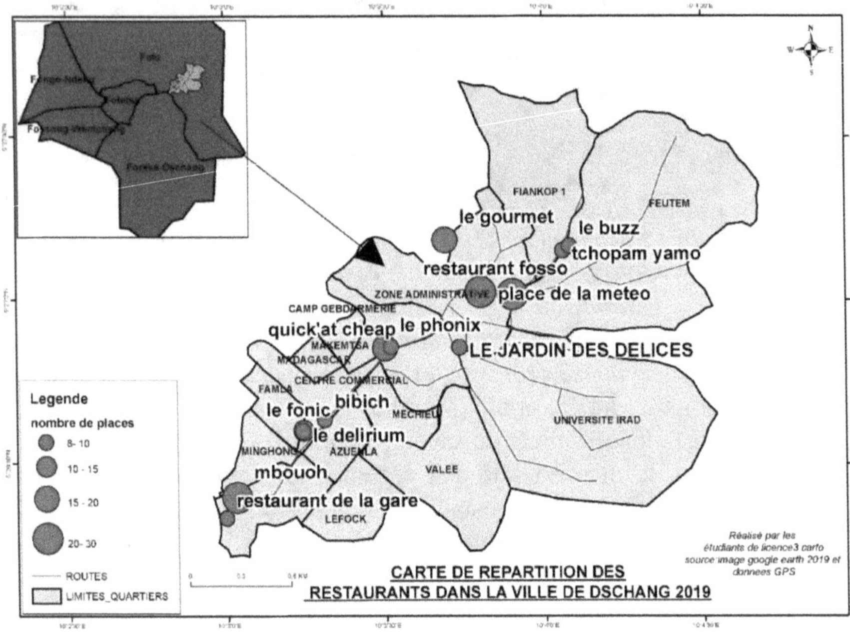

Source : Enquêtes de terrain, D. Lekane Tsobgou et étudiants 2020

2. Innovation-restauration et diffusion des nouveaux modes de manger hors de chez soi

À Yaoundé, les premiers points chauds de production et de grillade de viande de bœuf, de mouton, de chèvre et de poulet étaient situés dans le quartier Briqueterie, et Montée Caveau, pour les amateurs de poisson braisé. Ces points de braise étaient des lieux de convergence de tous ceux (nationaux et étrangers) qui aimaient mordre dans la bonne viande, ou du bon poisson avec ou sans piment. Progressivement, certains territoires ont été créés pour satisfaire les besoins des consommateurs de viande de porc braisé (Melen-Mini ferme, Carrefour Carrière, etc.). Depuis 2022, une innovation dans la restauration distractive a vu le jour dans les grandes villes et les villes touristiques du Cameroun. Elle combine à la fois le savoir-faire dans les grillades (que l'on retrouve dans les lieux de braise de la briqueterie, Melen, etc.) et, surtout, un aménagement comprenant un abri ayant un confort de restaurant (fourchette et au moins six places de stationnement pour les voitures).

Cette innovation propose aux clients des apéritifs, des entrées (fruits de saison), une carte de menus et suggestion (grillades variées) et des sorties. Les clients sont confortablement installés et peuvent d'ailleurs regarder leurs programmes préférés sur des écrans géants. En plus, ils sont désormais épargnés des effets nocifs du monoxyde de carbone qui s'échappait des fours à charbon au profit des fours électriques, plus spacieux. Nous localisons au moins deux points de grillade de ce type (**Planche 2**) dans chaque quartier de la ville de Yaoundé, de Douala ou dans les villes touristiques. Cette **Planche 2** montre, en photo3 et 4, la vue panoramique du restaurant avec un accent sur l'aménagement du parking et des meubles confortables disposés à la terrasse pour recevoir les clients (photo1). En plus on observe, en photo 2, l'espace réservé aux employés pour recevoir les commandes et les apprêter.

***Planche 2* : Grillage-restaurant Garga site de Simbock-Yaoundé**

Photo 3 : Vue du site avec parking

Photo 4 : Vue de l'ensemble des aménagements

Une autre innovation-restauration est observée dans les supermarchés ayant des boulangeries, et où on identifie des points de dégustation distractive dans des espaces couverts et bien aménagés. Le supermarché Santa Lucia a innové dans le fast food en proposant, au petit déjeuner, des plats tels que le pain, le beignet aux pois, les peaux, les tripes, les œufs durs, les boulettes de viande, le haricot dans les bols ou les gamelles. En guise d'entrée, on peut déguster des crudités (carottes, chou, tomates, avocat, salade de fruits : ananas, melon, papaye, etc.) à consommer sur place ou à emporter, emballées dans des récipients en aluminium ou en plastique. Cette innovation a connu un grand succès et s'est répandue dans les supermarchés (comme Supermaché Dov à Yaoundé) et les hypermarchés (tels que Carrefour à Yaoundé et Douala). La **Planche 3** illustre à suffisance l'aménagement extérieur et intérieur des supermarchés Dov à des fins de restauration distractive. Pendant la dégustation, les clients bénéficient d'une vue panoramique pour apprécier et sublimer le paysage urbain.

Planche 3 : Aménagement de restauration des Supermarchés Dov

Photo5 : *Vue intérieure des points de dégustation* ***Photo 6*** : *Vue extérieure*

Le positionnement de la restauration distractive dans les différents territoires urbains du Cameroun est analysé sous l'angle des outils de promotion des destinations et en fonction de deux atouts stratégiques.

5. Les outils de promotions des destinations

À partir du géomarketing, du branding ou du city-branding, les chercheurs ou les agences de promotion peuvent étiqueter les endroits de vente et de consommation de la restauration récréative pour structurer la destination touristique de Dschang, Bafoussam, Yaoundé, etc. Ils peuvent ainsi mettre en évidence leur qualité et leur attractivité. Il s'agira de susciter l'envie des visiteurs à déguster les saveurs du terroir afin de vivre et partager une expérience unique, hors du commun. La préparation de plats délicieux par les restaurateurs, les achats récréatifs des clients et la collecte des taxes locales par l'administration municipale favorisent une alliance sacrée pour la protection des intérêts de tous et de chacun.

C'est ainsi que la stratégie de promotion et de valorisation du territoire, qui sera basée sur les outils du branding et du géomarketing, permettra d'attirer davantage de visiteurs et d'investisseurs dans les commerces de bouche et de ventre. Les consommateurs prendront plaisir à découvrir ou redécouvrir les endroits où ils feront leurs achats, car ces lieux offriront une expérience agréable grâce à la socialisation et à la convivialité qu'ils proposent. Ces endroits de dégustation dans le commerce récréatif devraient attirer les résidents de la ville, les visiteurs locaux, les excursionnistes et les touristes.

6. Atouts et choix des territoires de pratique, de consommation des repas distractifs

L'attractivité des territoires urbains est basée sur deux atouts majeurs : la rente de localisation et la flexibilité et multifonctionnalité des lieux de pratique des activités de la restauration de masse distractive. Ce sont d'ailleurs ces deux atouts stratégiques qui influencent l'augmentation du nombre des entrepreneurs de ce secteur, ainsi que le flux des visiteurs et chalands (déambulation et flânerie) dans ces lieux :

- la rente de localisation attire les entrepreneurs du commerce distractif de tout bord pour y installer et pratiquer les activités qui vont de la restauration de masse aux boulangeries et autres snack-bars. Il s'agit de capitaliser l'importance des synergies potentiellement existantes entre des activités complémentaires réunies en un même lieu ;
- la flexibilité dans l'usage et la multifonctionnalité des lieux de pratique de la restauration distractive : pour rendre ces territoires attractifs, les autorités communales en charge de la gestion desdits territoires ou les propriétaires fonciers acceptent le bail individuel, en co-location ou en sous-location.

C'est ainsi qu'il est courant d'observer, dans les points de braise de certains territoires urbains, la mutualisation des lieux et du confort entre les entrepreneurs des snack-bars et les vendeuses de bouillons de viande et des mets du terroir. Parfois, ce sont les devantures des commerces distractifs (Boulangerie, restaurant, snack-bar, etc.) qui sont prises d'assaut par des femmes et des jeunes pour proposer des fruits exotiques (bananes, pastèques, avocat, etc.) qui vont accompagner la dégustation du repas distractif.

V. Discussion

Les lieux de supports spatiaux de la restauration distractive dans les territoires urbains du Cameroun concernent les centres-villes, les quartiers, les rues, les marchés, et les gares routières. Les promoteurs des différentes activités des repas distractifs rivalisent d'ingéniosité et de stratégies pour accéder aux espaces marchands en fonction de la rente de localisation et des diverses ententes. L'attractivité des lieux de production ou de consommation desdits repas distractifs n'a pas fait l'objet d'études de marché ou de géomarketing en fonction d'une approche théorique très formalisée en termes de « clusters » (Fabry, 2009) qui sont des analyses beaucoup plus accessibles aux non-spécialistes et aux décideurs politiques. Ces analyses insistent, notamment, sur l'importance des synergies potentiellement existantes, entre des activités complémentaires réunies en un même lieu (Snack-bar et point de braise ou snack-bar et point de consommation des saveurs du terroir). Entre plusieurs promoteurs d'activités de braise ou de mets de terroir, on constate la coopétition (Dagnino et al., 2007). Mais une compétition qui est une collaboration de circonstance ou d'opportunité entre différents acteurs s'organisant dans des territoires et par réseaux, comme le souligne Essombe Edimo (2005 ; 2007) et qui, par ailleurs, sont des concurrents dans l'écosystème d'affaires (Fabry, 2009 ; Morisset, 2003 ; Lagnel, 1998). Il s'agit de faire alliance sur une base de confiance et d'opportunité. La coopétition devient donc une doctrine stratégique et d'intelligence économique devant servir d'aiguillon dans l'attractivité des territoires.

Le modèle d'attractivité des territoires urbains que nous avons exposé dans ce chapitre en ce qui concerne les activités de la restauration distractive ou du « commerce de bouche, du ventre et de plaisir » est basé sur un modèle empirique et non heuristique. Contrairement aux petits promoteurs d'entreprises qui se lancent dans les activités de la restauration de masse distrayante sans étude de marché et d'accompagnement (Lekane et al., 2022), de nouveaux promoteurs de restaurants grillades avec stationnement ont mené des études de marché préalables. Plusieurs études similaires menées ailleurs sur le commerce distractif (Lemarchand, 2009 ; Merenne-Schoumaker, 2003) relèvent le rôle primordial des chercheurs, des pouvoirs publics, des collectivités territoriales décentralisées ou des agences de promotions des investissements dans la mise à disposition des potentiels investisseurs, des informations sur la localisation des lieux de pratique commerçante, les concurrents et les clients. Cependant, l'absence d'un diagnostic technique sur l'attractivité du territoire semble être la véritable limite de ce travail.

Conclusion

Au terme de cette recherche, nous avons démontré que le fait de manger hors de chez soi dans les restaurants de rue, les supermarchés et les grillades dans les points chauds des villes camerounaises peut susciter de l'innovation entrepreneuriale et l'attractivité des territoires urbains. Grâce à cette démonstration, nous soutenons que les activités commerciales liées à la nourriture, au ventre et au plaisir peuvent transformer notre façon de vivre, en renforçant la valeur d'un territoire et en le rendant plus attrayant. D'ailleurs, les délices et saveurs de table sont des marqueurs culturels, des signes et des valeurs qui renvoient à l'esprit du lieu et à l'authenticité de la destination touristique (Lekane Tsobgou et Schmitz, 2012, Schmitz et Lekane Tsobgou, 2016, Lekane et al., 2022). Ainsi, les « commerces de bouche » associée à la préparation des repas retrouve un certain usage, soulignant que les produits et achats qui y sont associés ne sont plus seulement « des courses pour se remplir le ventre », mais une artialisation (Roger, 1997) au service des plaisirs de table.

On voit ici que la notion de repas distractif n'est pas seulement réservée à ce qui semblerait aller avec les activités privilégiées de l'achat-plaisir. Moins que des catégories de produits, c'est bien la temporalité et la construction des schèmes perceptifs des lieux qui conduisent à qualifier certains achats de corvée et d'autres de plaisirs (Lemarchand, 2009, *op. cit.*). Le territoire de restauration distractive est vécu entièrement comme un ensemble des lieux d'une consommation symbolique et identitaire. C'est en vivant cette expérience hors du quotidien que les nouveaux lieux d'attraction contribuent à l'hyperconsommation ou à une consommation néo-exotique.

Les valeurs culturelles sont intimement liées à ces nouveaux environnements de consommation de plats ou de saveurs du terroir. L'univers créé doit refléter explicitement les valeurs servant à qualifier les produits vendus, et, par extension, « l'identité ou l'âme de la ville ou du territoire ». Les lieux de vie et les territoires participent de ce fait à l'identification communautaire, surtout si on a fait recours aux valeurs et aux signes du champ culturel ainsi qu'à des marqueurs culturels de l'espace géographique. Finalement, il faut admettre que le développement des réflexions sur les nouveaux modes de consommation et des outils d'analyse économique sur l'attractivité constitue un phénomène récent, qui n'a pas encore eu d'impact mesurable sur l'action des collectivités territoriales décentralisées, en ce début de pratique de la décentralisation au Cameroun. Par ailleurs, ces lieux de vie fournissent à chaque client au moins deux serviettes de table par service, un gobelet, une assiette en plastique et parfois un emballage en plastique non recyclable. Cette production de déchets en quantité n'est pas suivie de la collecte journalière ou hebdomadaire par l'entreprise Hysacam. L'abandon desdits déchets sur les trottoirs et dans les caniveaux entraîne un impact environnemental négatif dans les territoires des lieux de vie, dont les conséquences sont l'insalubrité et les inondations dans les quartiers. La démarche de l'Ecologie Industrielle et Territoriale (EIT) servira de moteur d'attractivité pour capitaliser toutes les synergies, flux, nouveaux emplois, nouvelles activités et opportunités dans ce secteur d'activité.

Bibliographie

Roger A. (2017). *Court traité du paysage.* Gallimard., Paris.

Beaujeu-Garnier J. et Delobez A. (1977). *Géographie du commerce.* Masson., Paris.

Benjamin W. (2006). *Paris, Capitale du XIXe siècle, le livre des passages.* Éditions du Cerf., Paris.

Broxn S. (1996). *Retail Location : a Micro-Scale Perspective.* Aldershot Hants., Avebury 5GB.

Chemla G. (1990). « L'évolution récente des restaurants gastronomiques parisiens », dans *Les restaurants dans le monde et à travers les âges*, Huetz De Lemps, A. et J.-R. Pitte (dir.)., Grenoble.

Coriat B. et Weinstein O. (1995). *Les nouvelles théories de l'entreprise.* Le livre de poche., Paris.

Dagnino G. B., Le Roy F. et Yami S. (2007). « La dynamique des stratégies de coopétition ». Revues françaises Gestion, *n° 176., Paris.*

Desse R.P. et Metton A (dir.). (1997). *Les nouveaux acteurs du commerce et leurs stratégies spatiales*, Actes du Colloque de l'Union Géographique internationale (Brest 23- 24-25 mars 1995), Université de Bretagne occidentale., Brest.

Desse R.P. (2001). *Le nouveau commerce urbain. Dynamiques spatiales et stratégies des acteurs*. Presses universitaires de Rennes, Coll. Espace et territoires., Rennes.

Essombe Edimo J. R. (2005) Le développement territorialisé à Douala, fondements et repérage des modalités institutionnelles d'une dynamique nouvelle, *Mondes en développement*, Vol. 33-2005/2, n° 130.

Essombe Edimo J.R. (2007). « Localisation périphérique des entreprises industrielles et création de nouvelles centralités à Douala ». Mondes en développement, N° 137

Fabr N. (2009). « Clusters de tourisme, compétitivité des acteurs et attractivité des territoires » *Revue internationale d'intelligence économique*, vol 1., Paris.

Gravari-Barbas M. (2000). *La ville festive*. HDR., Université d'Angers.

Griffisch F. (1997). « Les principes de base de la localisation des équipements et des activités commerciales. L'exemple du département de l'Essonne en région parisienne », *Revue belge de Géographie*, Bruxelles.

Hannigan J. (1998). *Fantasy city : pleasure and profit in the postmodern metropolis*. Routledge., London.

IBM-PLI. (2003). *The corporate view on the role of national and local IPAOs, WAIPA* VIIIth annual conference., Genève.

Jayet H. et Wins Ph. (1993). *Comment les firmes multinationales se localisent-elles ? Étude comparative sur les coûts de revient des entreprises* Roneo. Césure., Paris.

Kogut B. (1983). « Foreign direct investment as a sequential process », in Kindleberger and Audretsch (éd), *The multinational corporation in the 80es.*, Cambridge MA.

Lagnel O. (1998). *L'attractivité des territoires*. Thèse de Doctorat., Université de ParisX-Nanterre.

Lekane Tsobgou D. et Schmitz S. (2012). « Le tourisme dit « ethnique » : multiples usages d'un concept flou ». *Bulletin de la Société Géographique de Liège*, **59**, Liège.

Lekane Tsobgou D. Kaffo C. et Tchekote H. (2022). « Restauration de masse distractive et attractivité des territoires : Cas de la commune de Dschang (Ouest Cameroun). *Territoires Sud*, N° 3, Dschang.

Lemarchand N. et Leroux S. (2008). « Tourisme et commerce » dans *Dictionnaire du commerce et de l'aménagement*, DESSE, R.-P. et al. (dir.). *Presses universitaires de Rennes*., Rennes.

Lemarchand N. (2005). « Le centre commercial, lieu de consommations et de transactions culturelles ». Éditions L'Harmattan., Paris.

Lemarchand N. (2009). *Géographie du commerce et de la consommation : les territoires du commerce distractif*, Habilitation à diriger des Recherches, Géographie., Université Paris-Sorbonne - Paris IV.

Merenne-Schoumaker B. (2001). « Commerce de détail, loisirs et tourisme : vers un renforcement des liens ? ». *Hommes et Terres du Nord*, n° 2., Bruxelles.

Merenne-Schoumaker B. (2003). *Géographie des services et des commerces*. Presses universitaires de Rennes, Col Didact Géographie., Rennes.

Morin S. (1997). *Le haut et bas : signatures sociales, paysages et évolution des milieux dans les montagnes d'Afrique centrale* (Cameroun et Tchad). IRD Éditions, « Collection pays enclavés », n⁰ 8., Montpellier.

Morisset J. (2003). *Is investment promotion effective at attracting FDI ?* WAIPA VIIIth annuel conference., Genève.

Mourriaux F. (2004). « Le concept d'attractivité en Union monétaire », *Bulletin de la Banque de France, n° 123*., Paris.

Schmitz S. et Lekane Tsobgou D. (2016). « Developing Tourism Products and new Partnerships through Participative Action Research in Rural Cameroon ». *Geographical Research*, **54** (2).

Toguem D. (2023). Gagnez sa vie en braisant les produits alimentaires dans la ville de Bafoussam. In *les Dynamiques entrepreneuriales en Afrique subsaharienne* (Sd)., Connaissances et Savoirs, Paris.

Wayens, B. (2003). L'influence du tourisme sur la géographie du commerce de détail en Belgique, *Revue de Géorgraphie « Belgeo »,* n° 3.

Wayens B. (2006). *Structure et dynamique du commerce de détail bruxellois.* Thèse de Doctorat., Université Libre de Bruxelles.

Wrigley N. et Lowe M. (2002). *Reading Retail: A Geographical Perspective on Retailing and Consumption Spaces*. Arnold., London.

SEPTIÈME PARTIE :

INSTRUMENTS DE DÉVELOPPEMENT DES TERRITOIRES INTELLIGENTS

Gérard TCHOUASSI et **Eloi TIIGRIBE** analysent la théorie du partenariat public-privé comme un instrument de développement économique des territoires. Corriger les limites de la privatisation et pérenniser la maîtrise publique des prestations fournies aux usagers sont des raisons essentielles pour lesquelles les contrats de partenariat public-privé ont été imaginés en Grande-Bretagne. Il ne s'agissait donc pas, contrairement à une idée reçue, d'un désengagement de la puissance publique. Dans le contexte actuel de grands mouvements de décentralisation en Afrique, et plus particulièrement au Cameroun, il apparaît important de s'interroger sur les fondements théoriques des partenariats public-privé (PPP) et leurs liens avec la globalisation des économies. Autrement dit, la mondialisation constitue-t-elle un tremplin pour les PPP ? Nous nous proposons, tour à tour, de procéder à une analyse des fondements théoriques des partenariats public-privé. Si les contrats de partenariat sont pertinents dans le contexte actuel des pays en développement, il reste qu'ils présentent encore des dangers qu'il faut absolument aussi mettre en évidence.

Chantale Chrysleine KAMGA KAMGA met l'accent sur les contributions philanthropiques au développement dans les zones périurbaines de Yaoundé. Pour ce faire, le travail consiste en une présentation des aides philanthropiques au développement des localités périurbaines de Yaoundé. Ce travail est organisé autour de trois grandes parties : dans la première, l'auteure insistera sur les notions de philanthropie et de périurbanisation. Ensuite, dans la deuxième, elle présente les réalisations effectives sur le terrain selon les chefs de quartiers. Enfin, la troisième partie porte sur l'impact des réalisations sur le développement de la localité. Elle aura, pour l'occasion, fait une descente sur le terrain auprès de plus des 7 magistrats municipaux des communes du Mfoundi et d'une soixantaine de chefs de quartiers des différentes localités de Yaoundé. Au final, après investigation sur le terrain, l'auteur constate que plusieurs organisations philanthropiques y œuvrent et que leurs actions sont diverses.

Gérard Tchouassi, Bruno TACTOUM DJELOTSA et Thomas GAHAMANYI NIYONZIMA estiment que les divers modes de gouvernance des entreprises en général, et des entreprises publiques en particulier, donnent lieu à des controverses non seulement sur la présence ou l'absence d'un mode de bonne gouvernance, mais également sur son incidence sur la performance de l'entreprise. Ce chapitre vise à mettre en évidence les limites de la gestion des entreprises publiques au Cameroun et à proposer une solution : la mise en œuvre d'une démarche qualité axée sur la gouvernance. Cette démarche s'appuie sur des normes de qualité et la notion de veille qualité. Selon les auteurs, l'audit de l'existant serait une solution à la crise de gouvernance dans les entreprises publiques au Cameroun. Aujourd'hui, la démarche qualité est devenue une obligation vitale de compétitivité et de pérennité des entreprises. C'est un concept évolutif, elle est dépendante des évolutions industrielles, des mouvements économiques et de l'histoire de sociétés.

Elie Fernand JIOKENG TCHOUGON s'intéresse à la problématique de la performance fiscale locale. Une question qui s'est, depuis toujours, posée et qui n'a jamais été résolue de façon satisfaisante, alors même qu'elle est au cœur de l'autonomisation financière des collectivités territoriales décentralisées (CTD). Elle devrait assurer de manière significative le financement du développement local durable. L'objectif de ce chapitre est d'analyser la performance fiscale et l'atteinte des objectifs de développement durable dans les territoires urbains sous le prisme de la fiscalité locale. Une étude exploratoire a permis de collecter des données auprès de 213 employés communaux de quatre collectivités territoriales décentralisées camerounaises. L'analyse par enveloppement des données (méthode DEA) révèle que le recouvrement fiscal local s'améliore positivement et de manière statistiquement significative à 5 %. La coordination des acteurs de la chaîne de la fiscalité locale et la promotion des activités génératrices de revenus sont des éléments indispensables pour le développement durable urbain.

CHAPITRE 23 :

PARTENARIAT PUBLIC-PRIVE : THÉORIE ET PRINCIPES

Gérard TCHOUASSI et Eloi TIIGRIBE

Résumé

Le partenariat public-privé est un instrument de développement économique des territoires. Corriger les limites de la privatisation et pérenniser la maîtrise publique des prestations fournies aux usagers sont des raisons essentielles pour lesquelles les contrats de partenariat public-privé ont été imaginés en Grande-Bretagne. Il ne s'agissait donc pas, contrairement à une idée reçue, d'un désengagement de la puissance publique.

Dans le contexte actuel de grands mouvements de décentralisation en Afrique et plus particulièrement au Cameroun, il apparaît important de s'interroger sur les fondements théoriques des partenariats public-privé (PPP) par ces temps de globalisation des économies. Autrement dit, la mondialisation constitue-t-elle un tremplin pour les PPP ? Nous nous proposons, tour à tour, de procéder à une analyse des fondements théoriques des partenariats public-privé. Si les contrats de partenariat sont pertinents dans le contexte actuel des pays en développement, il reste qu'ils présentent aussi des dangers qu'il convient également de mettre en évidence

Mots-clés : Contrats, Partenariats, Gouvernance, Mondialisation, Public-privé.

Abstract

The public-private partnership is an instrument for regional economic development. Correcting the limits of privatization and perpetuating public control of services provided to users are essential reasons why public-private partnership contracts were designed in Great Britain. It was therefore not, contrary to popular belief, a disengagement of public power.

In the current context of major decentralization movements in Africa and more particularly in Cameroon, it seems important to question the theoretical foundations of public-private partnerships (PPP) in these times of globalization of economies. In other words, does globalization constitute a springboard for PPPs? We propose, in turn, to carry out an analysis of the theoretical foundations of public-private partnerships. If partnership contracts are relevant in the current context of developing countries, it remains that they also present dangers which should also be highlighted.

Keywords: *Contracts, Partnerships, Governance, Globalization, Public-private*

Introduction

La pertinence et l'opportunité du recours aux partenariats public-privé ont déjà été prouvées et démontrées dans plusieurs pays à travers le monde. En effet, le partenariat public-privé peut permettre à l'État de faire financer la réalisation, ainsi que l'exploitation et l'entretien d'un service public par un partenaire privé. Ce dernier est souvent rémunéré grâce aux ressources tirées de l'exploitation dudit service, notamment les redevances perçues sur les usagers du service. Avec cette technique de financement, les coûts ainsi que les risques techniques et commerciaux liés à la réalisation, à l'exploitation et à l'entretien du service sont, dans la plupart des cas, à la charge du secteur privé. Dans le but de promouvoir ce mécanisme de financement, tant au niveau central qu'au niveau des collectivités locales, plusieurs pays africains, dont le Sénégal, le Cameroun et la Côte d'Ivoire, ont adopté, dès le début des années 2000, un cadre juridique adapté aux pratiques internationales en matière de transparence dans le cadre des procédures applicables aux partenariats public-privé (PPP).

La notion de partenariat dans le cadre d'une coopération en faveur du développement d'un territoire n'est pas nouvelle. Dès 1969, la Commission Pearson d'étude du développement international examinait la nature du partenariat établi entre donateurs et pays bénéficiaires. Cette Commission a laissé entendre que la création d'un partenariat suppose la détermination de droits et d'obligations réciproques, et la mise en place d'objectifs clairs et avantageux pour les deux parties. Par la suite, de nombreuses définitions ont été proposées pour caractériser ce que recouvre la notion de partenariat, en mettant l'accent sur les objectifs, les responsabilités et les gains. Par essence, le partenariat est une « relation basée sur un accord, reflétant des responsabilités communes au service d'intérêts communs ». La notion de partenariat n'est pas plus spécifique que celle de partenaire. On définit le partenariat comme un groupe d'alliés, partageant les objectifs, les efforts et les fruits d'une entreprise commune. Cependant, ces alliés peuvent apporter certains niveaux de connaissances, de compétences et de financement aux partenariats : des éléments qui sont parfois complémentaires, mais qui peuvent aussi parfois entraîner des degrés d'influence divers. Ces alliés peuvent employer différents termes pour se décrire : ils sont partenaires devant une assistance, mais donateurs devant une autre. Qu'est-ce qu'un contrat de partenariat ? C'est un contrat à long terme (10 à 35 ans ou plus) par lequel une personne publique attribue à une entreprise une mission globale de : conception, réalisation et financement, d'entretien/maintenance et/ou exploitation de l'ouvrage, le tout assorti de modalités souples de paiement, étalées sur la durée du contrat et liées à des objectifs de performance.

Le resserrement des contraintes budgétaires et le déclin de l'État providence ont, durant les dernières décennies, amené celui-ci à recourir au secteur privé dans l'offre, la prestation et le financement des services publics. Cette nouvelle approche, qui accorde une place capitale aux coopérations et aux interactions, que ce soit dans le financement d'infrastructures, l'entretien du réseau routier, la distribution de l'eau potable, ou encore les transports urbains et interurbains, s'insère dans une dynamique de réforme de l'État et de gouvernance partenariale. Le développement des partenariats publics-privés provient de la difficulté croissante des collectivités publiques, des pays industrialisés comme des pays en développement, à financer les investissements répondant à la demande sociale. L'augmentation des dépenses de fonctionnement et d'intervention a conduit les autorités publiques, qu'elles soient nationales ou locales, à différer les investissements et l'entretien des infrastructures existantes. Dans ce contexte, les partenariats publics-privés apparaissent comme un moyen de réconcilier les attentes sociales et la maîtrise des finances publiques. L'Union européenne encourage d'ailleurs le recours à ce type de partenariats pour favoriser le développement de nouvelles infrastructures de réseaux (van Miert, 2003). Ces infrastructures ne peuvent être rapidement réalisées par les seuls investissements publics, notoirement insuffisants.

I. Le partenariat privé-public comme alternative et comme nouvelle forme de gouvernance d'un espace mondialisé : ancrages théoriques (corpus théoriques du partenariat public privé)

Le développement partenarial s'inscrit également dans le cadre général de la réforme profonde de l'action publique, commune à l'ensemble des pays du monde et entreprise dans les pays anglo-saxons dès le début des années 1980. Elle trouve sa source dans le contexte budgétaire et les contestations de l'efficacité de l'action publique traditionnelle portée tant par l'École du *public choice* (Mueller, 1997), que par la nouvelle économie publique (Laffont, 2000). Dans la logique de la nouvelle économie publique, il est nécessaire de confronter aux défaillances du marché (externalités, biens publics, monopoles naturels) qui justifient l'intervention publique (Lévêque, 1998), l'existence de défaillances de l'État. Lesquelles sont, en grande partie, liées à la faiblesse du cadre incitatif dans lequel agissent les agents publics (Laffont, 2000).

Le PPP s'appuie sur plusieurs théories, notamment la théorie de l'efficience-x, la théorie des coûts de transaction, la théorie des choix publics, la théorie de l'agence, la théorie des marchés contestables, la théorie du New Public Management.

La théorie de l'efficience-x a été développée par Leibenstein (1966), pour prendre en compte le fait que certaines inefficacités organisationnelles ne résultent pas d'un défaut d'allocation des facteurs de production. C'est le cas, notamment, des inefficacités liées à la motivation du personnel ou à une mauvaise organisation de l'entreprise. L'auteur commence par s'interroger sur la notion d'efficacité telle que développée par la théorie micro-économique conventionnelle. Il fait remarquer qu'à travers le postulat selon lequel le marché alloue de manière optimale les facteurs de production entre firmes et secteurs, la théorie traditionnelle n'analyse qu'un seul type d'efficience : l'efficience allocative.

Se basant sur les recherches empiriques entreprises un peu plus tôt par certains auteurs, Leibenstein (1966) conclut que les entreprises disposant de la même composition de main-d'œuvre (facteur travail) et de la même technologie (facteur capital) peuvent parvenir à des performances inégales en termes de productivité des hommes et de qualité des outputs obtenus. L'auteur précise qu'il existe un facteur-x, différent des facteurs de production traditionnels (travail et capital) qui explique l'efficience ou l'inefficience des firmes.

Les réflexions primaires de Leibenstein (1966, *Op. cit*) sur la théorie de l'efficience-x étaient appliquées à l'analyse du sous-développement, et n'établissaient donc pas de lien formel entre l'inefficience-x et les organisations publiques. Ce lien sera établi pour la toute première fois dans un article publié en 1978, dans lequel l'auteur dégage un certain nombre de facteurs qui seraient source d'inefficience-x dans les organisations publiques et qui, par conséquent, pouvaient implicitement justifier certaines politiques entreprises par l'État. L'absence de pression externe constitue le premier facteur d'inefficience dans les organisations publiques. L'auteur allègue que ces entreprises sont souvent en situation de monopole. Ce qui favoriserait une « vie tranquille » et n'inciterait pas celles-ci à un effort permanent de recherche de compétitivité, d'efficience et d'efficacité, contrairement au secteur privé.

En outre, l'autre argument évoqué par l'auteur pour expliquer la mauvaise performance des entreprises publiques tient à leur immortalité. En fait, les organisations publiques sont immortelles tant que la politique financière et monétaire de l'État est suffisamment expansive pour limiter la probabilité de faillite. Dans un tel contexte, les agents développent une aversion pour le risque, une faible propension à l'innovation et, enfin, une mentalité proche de celle observée dans des bureaux non marchands (Leibenstein, 1966, *Op. cit*). Par ailleurs, la multiplicité des objectifs assignés aux entreprises publiques constitue, selon Leibenstein (1978a), un facteur explicatif de leur inefficience. En dépit du fait qu'il ne remet pas en cause le bien-fondé de ces missions (économiques, sociaux et politiques), il fait remarquer cependant que leur caractère souvent conflictuel tend à exacerber les difficultés d'évaluation des gestionnaires, et entraîne l'arbitraire de la valse des dirigeants par les ministères de tutelle.

En clair, selon la théorie de l'efficience-x, les sources d'inefficience dans les organisations publiques se trouvent justifiées par les comportements inadaptés de l'État et de ses agents d'une part, et par la structure organisationnelle fortement bureaucratisée de celui-ci d'autre part. C'est pourquoi les théoriciens de l'efficience-x soutiennent que les partenariats publics-privés (PPP) pourraient contribuer à réduire de manière substantielle les sources d'inefficience-x dans les organisations publiques, permettant ainsi à celles-ci de renouer avec la performance et la compétitivité. Selon les postulats des théoriciens de l'efficience-x, les partenariats publics-privés (PPP) devraient donc permettre de soustraire les organisations publiques des mauvaises influences politiques et, par conséquent, de simplifier et de clarifier leurs fonctions-objectifs. Plus précisément, les décisions stratégiques revenant au niveau de la direction des entreprises, cela leur donnerait une autonomie suffisante pour se mettre en adéquation avec leur environnement afin de réaliser l'adéquation produit-marché. En outre, le processus décisionnel (scindé par Ansoff (1981) en décisions administratives et opérationnelles) s'en trouverait fortement amélioré par des choix et combinaisons optimaux des facteurs de production.

Les partenariats publics-privés (PPP) devraient conduire à l'abandon des attitudes de type bureaucratiques (vie tranquille, insouciance, aversion pour le risque, faible propension à l'innovation et à la recherche systématique de l'efficience). Le changement de contexte (l'entreprise dorénavant n'étant plus immortelle) force l'émulation interne et conduit à la productivité pour la survie de l'organisation. Leibenstein (1978b) parle d'efficience-x pour nommer les facteurs non mesurables, voire non identifiables, qui sont à l'origine des performances de l'organisation. En plus de certains facteurs traditionnels de production, jadis évoqués dans les analyses néo-classiques, l'auteur ajoute d'autres dimensions, plus spécifiques (organisationnelles), comme, par exemple, la motivation, le savoir-faire et la culture d'entreprise, qui ne peuvent pas être pris en compte par la rationalité parfaite. Cette approche a d'ailleurs été à l'origine du concept de culture d'entreprise qui a connu un engouement phénoménal durant les années 1980, notamment en psychologie organisationnelle, en sociologie et en sciences de la gestion. Selon Leibenstein (1978a, *Op. cit.*), l'organisation se conçoit fondamentalement comme une arène où l'attitude des personnes présentes est influencée non seulement par des ordres et des directives (comme le présentait jadis Fayol), mais aussi et surtout par des normes sociales et des valeurs imprégnées, partagées (jargon spécifique, symboles matériels, vêtement, rites...). Ainsi, la culture organisationnelle (culture d'entreprise) souvent présente seulement dans les firmes privées conventionnelles, favorise l'action, tout en renforçant la cohésion interne et, par voie de conséquence, le succès et l'efficacité organisationnels.

La théorie des coûts de transaction tire son origine des travaux de Coase (1937), qui en a été l'un des précurseurs. Celle-ci (la théorie) constitue d'ailleurs l'un des courants dominants des nouvelles théories économiques de la firme que d'aucuns qualifient de nouvelle économie institutionnelle. L'auteur part d'un constat établi quelques années plus tôt par Robertson (1922), selon lequel la vie économique cache des « îlots de pouvoir conscients dans un océan de coopération inconsciente ». En effet, alors que dans l'arène économique, la coopération entre agents économiques se fait de façon inconsciente via le système de prix, la coordination à l'intérieur de la firme est faite de manière plutôt consciente par l'autorité de l'entrepreneur. L'essence de la coordination par la firme, dira Coase (1937), se trouve dans la hiérarchie et la suppression du système de prix.

Pour l'auteur, le recours au marché entraîne des coûts, qui sont constitués de coûts de découverte de prix adéquats et de coûts de négociation et de conclusion de contrats séparés, pour chaque transaction. Par conséquent, la coordination administrative par la firme s'impose parce qu'elle permet une économie de coûts (qualifiés, plus tard, par coûts de transaction par Williamson). L'argumentation principale de Coase trouve en fait son origine dans la question posée par l'auteur, qui était celle de savoir quelle était la nature de la firme et pourquoi existe-t-elle. Selon l'auteur, les entreprises existent pour réduire les coûts de transaction, grâce à un système de coordination hiérarchique. Il l'exprime ainsi : « [...] si un travailleur se déplace du service y vers le service x, ce n'est pas à cause d'un changement de prix relatif, mais parce qu'on lui ordonne de le faire. »

Dans la lignée des travaux entrepris quelques décennies plus tôt par son prédécesseur, Williamson (1985) va entreprendre une relecture des travaux issus de l'ensemble du corpus théorique basé sur les relations contractuelles et les théories de la firme qui en résultent. Si Coase (1937, *Op. cit*) a fortement influencé Williamson (1985, *Op. cit.*), il faut dire que plusieurs disciplines et auteurs divers, allant du droit à la sociologie, seront mis à contribution pour dégager la synthèse de ce qui sera la théorie des coûts de transaction. Pour mieux comprendre la filiation intellectuelle de Williamson (1985, *Idem*), nous nous proposons d'évoquer ici quelques-unes de ses influences :

- Commons (1934), l'une des figures marquantes du néo-institutionnalisme américain dont il retiendra l'idée centrale selon laquelle la transaction est l'unité fondamentale de l'analyse économique ;
- Simon (1945), à qui il emprunte l'hypothèse de rationalité limitée des agents économiques ;
- Arrow (1952), avec qui il partage l'idée de l'importance de l'information pour une meilleure compréhension des imperfections du marché (*market failures*) ;

- Chandler (1969), de l'École historique des affaires, qui lui révéla l'importance des innovations organisationnelles dans l'évolution de la firme ;
- Hayek (1945), grâce à qui il découvrit que l'information est souvent incomplète, imparfaite et coûteuse à obtenir. En effet, la recherche d'information est coûteuse et le futur n'est parfois ni certain (risque), ni probabilisable (incertitude de Knight). Dans ce contexte, la relation entre les acteurs se complexifie. Tout un ensemble de possibilités plus ou moins « incorrectes » peut alors se produire. Il en résulte des problèmes de sélection adverse et de risque moral., Il faut alors chercher à contrer les comportements défavorables.

L'approche de Williamson (1985, *Idem*) est un peu différente de celle de Coase (1937, *Op. ci.t*) dans la mesure où l'auteur présente la théorie de la firme comme une partie de la théorie des institutions du capitalisme, et la firme elle-même n'est plus conçue comme une hiérarchie (vision de Coase), mais plutôt comme un nœud de contrats. Dans la conclusion de ces contrats, Williamson distingue les coûts ex ante, qui correspondent aux coûts de recherche et de conclusion du contrat, et des coûts ex post, qui sont relatifs aux coûts engendrés par la structure du déroulement du contrat lui-même. Et c'est, très précisément, sur ces derniers coûts que l'auteur focalisera son analyse de la théorie de la firme. Si l'analyse de Herbert Simon (1955) repose sur l'hypothèse de rationalité limitée, elle évoque aussi celle du comportement opportuniste des agents. L'opportunisme consiste, dans un contexte d'information incomplète, à rechercher son intérêt personnel en ayant recours à la ruse et diverses formes de tricherie. Selon l'auteur, on peut distinguer deux formes d'opportunisme : l'opportunisme ex ante et l'opportunisme ex post. La première est celle qui peut être observée en amont de la passation du contrat. Cette forme d'opportunisme peut conclure à ce qu'Akerlof (1970) a appelé le problème de la sélection adverse. Quant à la deuxième, elle a lieu quand il y a tricherie dans la phase d'exécution du contrat. L'incomplétude du contrat et la difficulté de déterminer si les parties ont bien respecté leurs engagements sont à l'origine du risque de ce type d'opportunisme.

Pour en venir aux organisations publiques et aux partenariats publics-privés (PPP), l'analyse économique des coûts de transactions est évoquée pour justifier un fait : les organisations publiques sont inefficientes parce qu'elles ne sont pas capables de minimiser leurs coûts de transaction (c'est-à-dire, d'information, de négociation, d'exécution des contrats). Contrairement aux organisations publiques, les firmes privées (avec des pouvoirs de management, de contrôle et de propriété) disposent de structures adaptées, où un nombre limité d'agents prend les décisions stratégiques importantes qui engagent l'avenir de l'organisation, et contrôlent ses grandes fonctions (financière, comptable, commerciale, marketing, ressources humaines, etc.).

Ce qui les aide à minimiser leurs coûts de transaction engendrés par des échanges sur le marché et à réaliser ainsi des économies d'échelles importantes. L'une des argumentations de la théorie des coûts de transactions est qu'au sein des organisations publiques, la rigidité des structures, le processus de prise de décision et les cercles vicieux bureaucratiques imposent une délégation des pouvoirs, ce qui engendre, en raison notamment de l'imperfection de l'information et des comportements opportunistes des agents, des structures onéreuses et des mesures coûteuses de surveillance.

En outre, l'opportunisme ex ante (dans les processus de recrutement des gestionnaires publics, par exemple), l'opportunisme ex post (non-respect des engagements contractuels des agents publics) et les diverses interférences politiques font que les transactions dans la sphère publique se font sur des produits de mauvaise qualité, et conduisent à une inefficacité notoire des agents recrutés pendant l'exécution du contrat et, par conséquent, à l'inefficacité même de l'entreprise. Cette idée de contrat a également fait émerger, dans une autre optique, ce qu'il est désormais convenu d'appeler la théorie de l'agence, qui considère l'organisation comme un ensemble d'individus qui sont en relations contractuelles. Cette approche prétend que l'entreprise est un nœud de contrats entre un mandant (le principal) et un mandataire (l'agent), à qui il confie la gestion de ses biens. Pour s'assurer de la qualité de l'effort de son agent, le principal doit instaurer un système incitatif. Il faut alors choisir le système incitatif le moins coûteux. À partir de cette idée, les théoriciens de l'agence vont ériger un système explicatif de l'ensemble des formes organisationnelles.

Nous dirons que la théorie économique des coûts de transaction soulève, sans fondamentalement les traiter à fond, des questions majeures relatives au mode de fonctionnement du secteur public. Ce champ, combiné à d'autres théories, constitue entre autres l'un des corpus théoriques des partenariats publics-privés (PPP).

C'est vers la fin des années 1960 que l'analyse économique des choix publics prend véritablement son essor, notamment avec les travaux de l'École de Virginie, compte tenu de l'appartenance académique et institutionnelle de ses principaux auteurs. La théorie des choix publics est apparue très tôt comme l'une des théories ayant le plus aidé à faire avancer les idées libertaires et néo-libérales des récentes décennies sur le plan économique. Élaborée essentiellement par des économistes comme Buchanan et Tollison (1972), elle postule que l'inefficience des entreprises publiques est due, notamment, aux groupes d'intérêts et aux jeux politiques qui caractérisent les administrations publiques.

L'argumentation de l'École du *Public Choice* est que les personnes qui sont supposées prendre les décisions publiques, notamment les administrateurs d'entreprises publiques, les politiciens et les bureaucrates, le font non pas en privilégiant les intérêts de la société dans son ensemble, comme l'affirme le discours officiel étatiste, mais plutôt leurs intérêts propres, comme c'est le cas pour tout autre individu dans d'autres contextes de la vie privée (Hodge, 2000). En fait, la théorie du *Public Choice* se veut, dans son essence, une espèce de critique du *New Welfare Economics* où l'État, en réalité, n'entretient que le mythe de l'engagement et du dévouement envers l'intérêt général et la chose publique. Ainsi, le courant du *Public Choice* oppose l'État au marché, le marché étant considéré comme le mécanisme d'allocation efficiente par excellence des ressources. La préoccupation des théoriciens s'oriente donc vers la manière de rendre minimale l'intervention de l'État dans l'économie.

L'État, dans cette approche, est perçu en effet comme ce qui échappe au marché, c'est-à-dire à la sanction du consommateur. Plus d'État, signifie donc nécessairement, moins de marché, selon Marris (1992). Les théoriciens de l'École du *Public Choice* allèguent que l'inefficience des entreprises publiques tient exclusivement à la motivation des hommes politiques et des dirigeants, à qui on reproche de ne point œuvrer dans l'intérêt général., L'axiomatique de l'intérêt (*self-interest*), le goût du prestige, la quête du pouvoir seraient davantage leur leitmotiv. En clair, dans ce modèle, les hommes politiques sont des entrepreneurs de la production de services collectifs. Cette approche des tenants de l'École du Public Choice a largement été inspirée du concept de l'individualisme méthodologique. Selon ce principe, les individus adoptent les mêmes comportements et attitudes, tant dans leurs transactions marchandes que non marchandes, à savoir qu'ils sont « guidés par leur propre intérêt et cherchent à maximiser leurs avantages personnels ». Si ce phénomène semble caractériser plus ou moins l'ensemble des administrations publiques, la situation dans le contexte africain semble plus alarmante.

La théorie des choix publics utilise les outils de la micro-économie pour étudier les comportements des individus dans l'administration et la vie publique et politique, comme citoyens et décideurs, et pour analyser, à travers eux, les défaillances des finances et de l'économie publiques. Le plus aberrant dans tout ça, affirment-ils, c'est que les élus politiques interfèrent fréquemment dans la gestion publique, en accordant des avantages et des bénéfices à des groupes précis en vue d'assurer leur réélection, attitude qui se révèle définitivement antagoniste à une gestion saine et efficiente des entreprises publiques. L'objectif avoué des théoriciens de l'École du *Public Choice* est « [...] un effort de formulation d'une théorie générale de l'économie publique qui permette de faire dans le domaine des choix collectifs ce qui a été fait depuis longtemps au niveau de la micro-économie des marchés. Il s'agit en fait de compléter la théorie de la production et de l'échange des biens et des services marchands par une théorie équivalente et, autant que possible, compatible avec le fonctionnement des marchés politiques ».

L'intervention de l'État, par la réglementation ou par la création d'entreprises publiques, n'est guère bien perçue par ce courant pour qui la privatisation des entreprises publiques ne serait qu'un juste retour des choses, un juste retour au marché et à l'efficience. La théorie des droits de propriété et celle des choix publics constituent deux approches complémentaires permettant d'analyser les écarts de performance entre l'entreprise publique et l'entreprise privée. De ces deux approches se dégagent, selon Ehrlich, Gallais-Hamonno et Lutter (1990), quatre propositions fondamentales expliquant que l'entreprise publique sera moins performante que l'entreprise privée :

- les décideurs dans le système public subissent faiblement, voire pas du tout, les conséquences monétaires et financières (ou non) de leurs actions et décisions ;
- le citoyen-propriétaire devient propriétaire bien malgré lui et, par ailleurs, il est propriétaire indivis ;
- étant donné que les droits de propriété publique ne peuvent faire l'objet d'échange sur le marché, il s'ensuit alors que le coût du contrôle des mandataires devient nettement plus élevé que celui des agents privés qui sont directement contrôlés par le marché financier ;
- le propriétaire privé, pouvant facilement vendre ou échanger ses droits de propriété, se préoccupe davantage de préserver, voire d'augmenter sa qualité ou la performance de son bien, ce qui n'est pas le cas du propriétaire public qui ne peut vendre ni échanger facilement ses droits.

La théorie des choix publics est en réalité une théorie du marché politique. Elle considère que l'État est un Robin des bois aveugle et que les citoyens sont des profiteurs (free riders) qui achètent des biens publics, mais qui désirent en retirer les bienfaits et les avantages sans jamais en payer le prix. C'est pour toutes ces raisons, et celles évoquées un peu plus haut, que cette approche théorique mise sur le dysfonctionnement de l'État pour proposer un recours au marché (secteur privé). Celui-ci devra, par ailleurs, régner sans contraintes dans la production de biens et de services à la collectivité. Cette théorie considère qu'en raison de l'inefficacité de l'État pour des considérations partisanes et bureaucratiques, il est impérieux de soumettre à la sanction du marché, le plus grand nombre d'activités gouvernementales.

La théorie de l'agence permet également de comprendre dans une certaine mesure le recours par les gouvernements aux partenariats publics-privés. Celle-ci (la théorie) se propose en effet de décrire les relations entre les principaux actionnaires de la firme et leur mandataire dans un contexte d'asymétrie d'information. Selon cette théorie, la divergence d'intérêts et l'asymétrie d'information existant entre ces deux acteurs (c'est-à-dire le mandant et le mandataire) engendrent bien souvent des coûts (qualifiés de coûts d'agence) comme ceux liés aux dépenses de surveillance et d'incitation, et aux assurances. La relation d'agence peut être définie comme « un contrat par lequel une (ou plusieurs) personne (le principal) engage une autre personne (l'agent) pour exécuter en son nom une tâche quelconque qui implique une délégation d'un certain pouvoir de décision à l'agent ».

Dans le cas des organisations publiques, les gestionnaires jouent un rôle qui leur a été mandaté par l'État, considéré comme le propriétaire et l'actionnaire principal de l'entreprise publique. Mais, puisque ce sont les gestionnaires qui y prennent les décisions pertinentes, ce dernier n'a pas le contrôle de l'entreprise. Dans cette relation, les intérêts du mandataire (les gestionnaires) et ceux du mandant (l'État) ne concordent pas. Ce qui engendre inévitablement des coûts de surveillance (*monitoring costs*) destinés à surveiller le comportement du mandataire (on pourrait citer, par exemple, les coûts engendrés dans les vérifications comptables et les coûts d'établissement des états financiers). Ces pertes résiduelles engendrées par ces divers coûts sont supportées par l'État, et causées par des gestionnaires publics qui agissent dans leurs propres intérêts. En réalité, l'argumentation de Jensen et Meckling (1976) suppose implicitement que la séparation de la structure de propriété des fonctions managériales engendre inéluctablement des conflits d'intérêts entre propriétaires (actionnaires) et dirigeants et donne lieu à des coûts d'agence, destinés à soutenir la relation.

Cette asymétrie d'information et les intérêts divergents du principal et de l'agent confèrent, dans bien des cas, un avantage à l'agent qui, en plus d'imposer son agenda propre, peut cacher au principal certaines informations (comme, par exemple, certaines caractéristiques du bien en termes de coûts, de qualité ou de vices), ce qui a pour conséquence d'amener le principal (qui est ici l'État) à prendre de mauvaises décisions (risque de sélection adverse). L'incertitude entourant la capacité de l'agent à produire les résultats voulus conduit le principal (donc l'État) à déployer des efforts considérables trop souvent coûteux (contrats de performance, bonus et autres) afin d'inciter l'agent à révéler l'information. Les partisans de la théorie de l'agence allèguent que l'inefficacité des organisations publiques se situe dans les coûts engendrés par les manœuvres et luttes menées par les différentes parties prenantes pour faire prévaloir leurs préférences avec comme conséquence des distorsions induites dans les décisions stratégiques et financières.

Le recours au privé dans les ententes contractuelles de partenariats publics-privés constitue une approche qui permet à l'État de minimiser ses coûts d'agence. Dans la firme privée, la nature des transactions est différente et il n'y a pas d'opposition fondamentale entre elle et le marché (contrairement à l'État et le marché).

La théorie des marchés contestables a été formulée pour la première fois par Baumol, Panzar et Willig (1986) dans un ouvrage intitulé : « Contestable Markets and the Theory of Industrial Structure ». La théorie des marchés contestables est apparue aux États-Unis dans un contexte de renforcement du libéralisme économique et du déclin de l'État-providence. Selon cette théorie, la concurrence, lorsqu'elle n'est pas confrontée à des barrières à l'entrée et à la sortie, garantit l'efficience des entreprises présentes sur le marché, même si celles-ci sont peu nombreuses, offrent le même produit ou sont en situation de monopole. Les auteurs définissent le marché contestable comme étant un marché dans lequel toute entreprise nouvelle peut à tout moment, venir s'installer.

Selon cette théorie, afin d'arriver à une organisation économique plus optimale du secteur public, il serait judicieux que l'État favorise une concurrence. Cette concurrence ferait en sorte que les entreprises qui sont en place puissent être contestées par des concurrents potentiels disposés à les supplanter (meilleur produit ou service au coût le moins élevé possible, innovation, etc.). En effet, cette théorie postule que, lorsque des concurrents potentiels d'une entreprise s'aperçoivent que les coûts de production de ce dernier sont supérieurs au coût minimal du marché, ceux-ci entreront spontanément sur le marché et élimineront l'entreprise en question en produisant de façon plus efficiente.

La théorie des marchés contestables (qui postule que l'État doit faire place aux entreprises privées) s'intéresse de façon particulière à la situation du secteur public, et insiste sur le rôle de l'État dans l'assainissement de l'environnement économique. Ainsi, il ne s'agit plus pour l'État d'imposer des contraintes coercitives d'ordre réglementaire au secteur privé, mais de créer plutôt les conditions nécessaires pour que ce dernier puisse rivaliser avec le secteur public en offrant et en produisant des biens et des services aux citoyens. De la même manière que les théories antérieures, la théorie des marchés contestables critique les pratiques du secteur public, qu'elle considère comme étant moins efficaces que les firmes soumises à la concurrence. De plus, l'existence d'entreprises intégrées en situation de monopole, surtout lorsqu'elles sont publiques, est fortement remise en question. Il faut opérer une transition vers une externalisation des relations avec des opérateurs privés. Cette opération s'est traduite au cours des dernières années par des mouvements de dérégulation, des transferts de gestion, des contrats de concession, de sous-traitance et des partenariats public-privé afin de permettre à l'État d'accroître sa performance.

Depuis quelques décennies, la crise de la légitimité de l'entreprise publique, de son rôle et de son fonctionnement marqué par le laxisme a consacré l'apparition des théories relatives au Nouveau Management public. Né en Grande-Bretagne au début des années 1980 (même si ses origines remontent à quelques années avant) sous le règne de Margaret Thatcher, et dans bien d'autres pays de tradition anglo-saxonne, le

Nouveau Management public est un mode de gestion qui vise (pourtant implicitement) à introduire dans l'administration publique les valeurs et modes de fonctionnement de la firme privée.

Le contexte général de la naissance de ce nouveau concept s'explique, notamment, par l'urgence et la nécessité de réduire les dépenses publiques, de compenser l'inefficience et le déficit managérial caractérisant les entreprises publiques, besoin qui s'est renforcé depuis le Traité de Maastricht. En outre, il faudrait ajouter à cela la crise de légitimité qui a secoué l'administration publique, critiquée par bon nombre d'auteurs pour ses dysfonctionnements. Par son orientation et ses caractéristiques intrinsèques, le *New Public Management* vise essentiellement, par son orientation vers la performance, l'efficience et l'atteinte des objectifs, la transparence et l'imputabilité dans la gestion des organisations publiques. En fait, le *New Public Management* « [...] désigne un ensemble d'éléments novateurs dans la gestion des administrations publiques. Tous ces éléments constituent une tendance d'évolution du secteur public, caractérisé par une approche de gestion au détriment de l'approche juridique, une volonté d'axer la gestion sur les résultats, l'introduction d'éléments de compétition, de performance, de réduction des coûts et de qualité » (Lane, 2002).

Moderniser l'État, le réinventer, moderniser les services publics, améliorer la gestion des organisations publiques jusqu'à la réforme de l'État, instaurer des contrats de performance, qui représentent les rouages de la nouvelle idéologie managériale publique : voilà, en quelques mots, l'objectif du New Public Management. Responsabilité et autonomie à tous les niveaux, créativité et innovation dans la gestion courante des affaires publiques, imputabilité et obligation de performance, d'efficience et d'efficacité. Le slogan des partisans de cette nouvelle approche pourrait se résumer ainsi : « Dis-moi comment tu administres, et je te dirai qui tu es. » Le *New Public Management* apparaît, selon plusieurs auteurs, comme l'une des réformes ayant précédé et précipité de façon implicite les partenariats publics-privés (PPP). Elle pense que la modernisation de l'administration publique, l'amélioration de la gestion des organisations publiques et la réforme de l'État sont des processus qu'il faut engager afin de redonner aux services publics leur lettre de noblesse et, surtout, de leur permettre de retrouver le chemin de Damas et de renouer ainsi avec l'efficience et l'élimination des énormes déficits accumulés au cours des dernières décennies. Si le *New Public Management* (NPM) peut être perçu comme une sorte de réponse à la crise des finances publiques, il prône également une logique d'efficacité et d'efficience des organisations publiques qui passe par la décentralisation des responsabilités et des ressources et propose un cadre normatif orientant les activités de l'ensemble des entreprises publiques vers les résultats plutôt que les procédures.

Loin d'être un modèle passager, le *New Public Management* représenterait donc le symbole de cette difficile, mais nécessaire transformation des organisations publiques à travers une nouvelle architecture plus souple, plus flexible et davantage soucieuse du contrôle des dépenses, une responsabilisation et une motivation plus forte des acteurs publics. Cette idée d'un secteur public plus efficace et davantage ouvert et réceptif à ses demandes a d'ailleurs été mise en relief par Mercier (2009). Dans sa dimension plus humaniste, le NPM appelle à la responsabilisation, à la polyvalence, à la capacité d'innovation, en un mot, à l'*empowerment* du personnel de la fonction publique. Dans le même esprit, il veut éliminer la dichotomie entre le penser et l'agir en revalorisant, entre autres, le personnel de première ligne, soit celui qui se trouve en contact direct avec la clientèle : c'est ainsi que, idéalement, dans l'esprit du NPM, les services centraux sont au service des opérationnels et non l'inverse.

Le New Public Management, par sa nature intrinsèque, préconise la décentralisation, l'habilitation des administrateurs publics à travers l'amélioration de leurs marges de manœuvre, ainsi que l'introduction de règles d'imputabilité qui se traduisent par des obligations de résultat pour ceux-ci. Il faut toutefois préciser que cette nouvelle approche, dans ses principes, a grandement favorisé l'émergence des partenariats publics-privés qui posent l'efficience comme dogme dans la gestion des affaires publiques.

II. Le partenariat public-privé soutenu par les organisations internationales ayant des typologies et des acteurs multiples

Parmi les difficultés intrinsèques à la gestion publique, susceptibles d'être à l'origine d'une moindre performance des prestations réalisées en régie, nous pouvons citer :

- l'absence de contrôle externe de la performance (rôle théoriquement assuré par les cours boursiers pour une entreprise privée) ;
- l'absence du risque de faillite (argument de la « contrainte budgétaire molle ») ;
- la faiblesse des incitations à l'investissement pour le manager public (lequel ne peut s'approprier l'intégralité des gains obtenus, à l'instar de son homologue privé) ;
- la difficulté d'obtenir des objectifs clairs et cohérents de la part de la tutelle publique (les différents ministères peuvent être porteurs d'objectifs divergents et inconciliables) ;
- la sensibilité de la tutelle publique aux groupes de pression.

Le partenariat public-privé (PPP) vise à assurer la fourniture de biens ou de services à caractère public par l'entremise d'infrastructures devant être conçues, financées, réalisées puis exploitées. Il peut concerner aussi l'externalisation de services gérés dans un cadre public dont, pour des questions d'efficacité, on souhaitera voir confier la gestion au secteur privé, pour autant qu'ils ne concernent pas le cœur même de la mission de service public (il pourrait s'agir, par exemple, de la gestion de systèmes informatiques ou d'actions de formation…).

Les biens et services publics sont toujours produits conjointement par le secteur public et le secteur privé. On n'imagine pas une entité publique totalement autosuffisante, qui fabriquerait elle-même l'ensemble des *inputs* dont elle a besoin pour fonctionner. Le débat ne doit donc pas porter sur le principe de l'implication du privé, mais sur son ampleur et ses modalités : il y a, pour une situation donnée, à définir le champ du recours au privé pour chacune des composantes de la fourniture du service (décision, ingénierie, construction, gestion, entretien, etc.), et à négocier un contrat ou plusieurs contrats spécifiant prestations et rémunérations, et prenant en compte la durée, le partage des risques, et l'engagement capitalistique des entreprises privées.

Dans un PPP, l'autorité publique et l'opérateur privé nouent un partenariat avec un objectif commun, mais des motivations clairement distinctes : la puissance publique cherche à apporter à la collectivité une bonne qualité du service au meilleur coût. De son côté, l'opérateur privé recherche un profit proportionnel à l'engagement des capitaux investis, à ses compétences, et à sa prise de risque. Cette différence d'objectifs n'exclut cependant pas une communauté d'intérêts dans la réussite du projet objet de leur partenariat, dont le premier est la satisfaction des citoyens ou usagers. Le partenariat public-privé (PPP) est un mode de financement par lequel une autorité publique fait appel à des prestataires privés pour financer et gérer un équipement assurant ou contribuant au service public. Le partenaire privé reçoit en contrepartie un paiement du partenaire public et/ou des usagers du service qu'il gère. Ce mode de financement est présent dans de nombreux pays sous des formes variées. Toutefois on utilise en général l'expression de « partenariat public-privé » pour désigner des projets plus récents, dans la lignée des contrats d'initiative de financement privé (en anglais *Private Finance Initiative*) apparus en Grande-Bretagne depuis 1992, contrats dont se sont inspirés de nombreux pays. Un exemple typique de partenariat public-privé consiste, pour un entrepreneur privé, à construire un hôpital public dont il gérera ensuite les activités non médicales.

Il existe plusieurs types de partenariats entre le public et le privé. Ni un marché ni une DSP (délégation de service public), le Partenariat Public-Privé est pourtant un contrat administratif « de partenariat ». Le PPP a la particularité de déléguer une mission globale de service public à une entreprise privée ou un partenaire public. Ces derniers ont alors la responsabilité d'un équipement public ou de services concourant aux missions de service public. La rémunération est étalée dans le temps, le plus souvent sur de nombreuses années. C'est un mode dérogatoire de la commande publique, soumise à conditions. Tous les projets publics ne sont pas éligibles. Dans un contexte de désengagement de l'État et d'incertitudes financières, les collectivités locales trouvent avec les PPP un levier de manœuvre supplémentaire pour engager rapidement des chantiers. Pour autant, le contrat de partenariat questionne sur la réalité des coûts, et la maîtrise du projet sur le long terme. Selon les situations, d'autres solutions peuvent être mises à profit.

La Banque Mondiale regroupe dans sa base de données relative aux partenariats publics-privés menés dans les pays en développement (*World Bank's Private Participation in Infrastructure Projects Database*), l'ensemble des investissements réalisés par le privé ou gérés par ce dernier. Elle distingue quatre types d'opérations :

- Les *management and lease contracts :* une entité privée prend en charge, pour une période donnée, la gestion d'une infrastructure qui participe d'un service public. Si l'exploitation est transférée au privé, la propriété demeure publique, comme dans les contrats d'affermage du droit administratif français.
- Les *concessions contracts* recouvrent les situations dans lesquelles une entité privée prend le contrôle d'un opérateur public pour une période donnée. Elle supporte alors une part significative des risques d'exploitation et d'investissement, correspondant aux délégations de service public à la française.
- Les *greenfield projects :* une entreprise privée ou une entreprise commune public-privé conçoit, finance, construit, exploite et maintient un nouvel équipement support d'un service public, pour une période contractuellement fixée. À l'issue de cette dernière, l'équipement peut éventuellement revenir au secteur public.
- Les *divestitures* : une entité privée prend le contrôle d'une infrastructure étatique dans le cadre d'une vente d'actifs immobiliers publics ou d'une opération de privatisation.

En plus d'une définition très large des partenariats public-privé, la base de données de la Banque mondiale répertorie la totalité des investissements dans les infrastructures, dès lors que le privé y contribue, et ce, peu importe la hauteur, de sa participation. Quand bien même un projet ne recevrait que 1 % de financement privé, il serait répertorié dans la base. De plus, cette dernière comptabilise les engagements et non les investissements effectifs. Ce faisant, les données fournies par la Banque Mondiale ne peuvent être considérées qu'avec circonspection quant aux investissements effectivement financés par les partenaires privés.

Le PPP est une formule soutenue par les organisations internationales (comme la Banque Mondiale, l'OCDE, la Banque européenne d'Investissement). En effet, l'importance actuelle de la dette publique dans certains pays occidentaux et en développement les pousse à se tourner de plus en plus vers la formule des partenariats publics-privés. Le message est soutenu depuis plusieurs années par la Banque Mondiale, tout comme l'OCDE, sans oublier la Banque européenne d'Investissement.

Le PPP est un contrat global. Il permet de confier, via un seul contrat, à un tiers, une entreprise ou un groupement, la conception, la réalisation, la maintenance et le financement d'un ouvrage. Le PPP est un contrat de longue durée : une durée étendue en fonction de la durée d'amortissement des investissements et des modalités de financement retenues (max. Le PPP est un investissement public, la rémunération principale provenant des paiements effectués par l'acheteur public sous forme de loyers. Les acteurs pouvant recourir au PPP sont : la ville, la collectivité territoriale décentralisée, l'agglomération, le département, la région, l'État et, dans une moindre mesure, les syndicats. Les secteurs d'intervention sont : Le bâtiment et l'équipement urbain (l'éclairage public, le plus souvent), qui sont les deux gros secteurs concernés par les PPP, avec plus de la moitié des contrats (57 %). Viennent ensuite l'énergie, la culture et le sport. Alors que l'on pourrait croire ces secteurs plus complexes que les précédents, les Technologies de l'Information et de la Communication, les transports et la formation font encore peu l'objet de ce type de contrat. Les contrats de performance énergétique, renforcés par la loi du Grenelle de l'environnement, prennent de l'ampleur et se développent souvent sous la forme d'un PPP. Le recours à un PPP s'effectue le plus souvent dans des conditions suivantes :

- En cas de retard ou face à une situation imprévisible : lorsqu'il est constaté, pour un secteur géographique donné, un retard particulièrement grave et préjudiciable à l'intérêt en général, qui peut concerner la réalisation d'équipements collectifs ou l'exercice d'une mission de service public, ou faire face à une situation imprévisible.

- Pour trouver une issue à un projet complexe : lorsque la personne publique n'est pas objectivement en mesure de définir seule, et à l'avance, les moyens techniques pouvant répondre à ses besoins, ou d'établir le montage financier ou juridique du projet. Cette incapacité doit être objectivement démontrée au regard de la nature du contrat et de ses capacités internes. Il existe trois types de complexité : technique, financière, juridique.

- Pour viser l'efficience économique : il s'agit du « bilan coûts/avantages » qui présente un bilan entre les avantages et les inconvénients plus favorables que ceux d'autres contrats de la commande publique. Le critère du paiement en différé ne saurait constituer à lui seul un avantage.

Le PPP est-il une solution magique ? Ce mode de financement a été critiqué par certains auteurs. Selon eux, ces mécanismes seraient nuisibles à la démocratie et n'apporteraient pas de réel bénéfice en matière de coût ou d'efficacité de gestion. Il ne serait, selon eux, qu'un moyen d'imposer une idéologie et de camoufler la dette publique. Le PPP présente des inconvénients que l'on pourrait résumer ainsi qu'il suit :

- une externalisation totale du projet qui est remis au privé dans sa globalité (conception, construction, exploitation, maintenance) ;
- une perte de compétence interne qui entraîne une dépendance croissante de la collectivité envers les savoir-faire du secteur privé ;
- des difficultés à irriguer les entreprises locales, car les PPP favorisent surtout les grands groupes ;
- la question des garanties : Comment sont traités les désordres du bâtiment au-delà des garanties légales ? En décomposant les différentes étapes de la commande et de la réalisation, le gain de temps peut n'être qu'apparent ;
- un processus très difficile à maîtriser dans son ensemble : avoir un service des Marchés publics très compétent et nécessité de bénéficier d'une Assistance à Projets et Partenariats, avec un(e) excellent(e) juriste.
- La question du coût réel : le loyer du contrat de partenariat pèse sur les dépenses de fonctionnement, non sur le budget d'investissement. Il est censé limiter le besoin d'emprunt. En fait, selon leur situation financière, l'analyse peut être très différente d'une collectivité à une autre. Le risque étant de reporter la dette sur les générations futures d'élus et de contribuables ;
- de même, le paiement différé et éparpillé dans le temps rend moins visible le coût final du projet et risque d'inciter les collectivités à se lancer dans des projets démesurés sous prétexte d'un étalement de la dépense ;
- quelle maîtrise sur le long terme ? Une fois l'équipement réalisé, le promoteur en reste juridiquement propriétaire et la collectivité en devient locataire selon un bail de longue durée. Elle ne maîtrise donc pas le bâtiment ou l'équipement, ce qui peut poser problème dans le cas où elle souhaite modifier sa destination.

Y a-t-il des alternatives au PPP ? Pour réaliser les projets, les collectivités territoriales décentralisées peuvent également créer des entreprises publiques locales (EPL). La gamme des EPL est composée des sociétés d'économie mixte (SEM), des sociétés publiques locales (SPL) et des sociétés publiques locales d'aménagement (SPLA). L'avantage majeur de ce choix est :

- la maîtrise publique totale du projet, dans la durée,
- l'implication des citoyens est plus importante, avec la possibilité de mettre en place un appel à l'épargne citoyenne pour financer les entreprises publiques locales (EPL), et
- la collectivité, actionnaire, peut percevoir les dividendes liés aux recettes éventuellement générées par l'activité.

Les pays en développement constituent la principale aire géographique de recours aux partenariats publics-privés, les institutions financières internationales (Fonds Monétaire international (FMI) et Banque Mondiale) les ayant promus comme l'un des principaux instruments de réforme de la gestion publique. La définition des partenariats retenue par ces institutions recouvre l'ensemble des solutions contractuelles d'associations public et privé autour de la réalisation d'une mission de service public. Elle englobe à la fois, les formes anciennes (concessions) et, nouvelles (partenariats public-privé d'origine anglo-saxonne). Les partenariats publics-privés ont donc été promus auprès des pays en développement par les bailleurs de fonds internationaux. Les capitaux privés sont préférés aux aides publiques traditionnelles, souvent considérées comme source de corruption ou d'investissements inutiles (les fameux « éléphants blancs »). Des projets de ce type concernent, notamment, le Mali ou le Sénégal, dans le domaine de la gestion de l'eau.

La mondialisation est une notion qui connaît dans la littérature scientifique plusieurs définitions qui ne font pas l'unanimité parmi les auteurs. Là où certains la réduisent aux manifestations de phénomènes économiques complexes et variés, d'autres cependant l'associent à tous les changements modernes au sein de la société humaine. Pour notre part, nous tenons à partager l'analyse de Siroën qui « distingue, définit et oppose deux formes de mondialisation : la mondialisation « inter-nationale » ou internationalisation, et la mondialisation "globale" ou globalisation ». Au-delà de la différence de vocabulaire emprunté au monde francophone (pour la mondialisation) et au monde anglophone (pour la globalisation), Siroën voit dans cette distinction deux logiques de mondialisation : d'une part celle qui insiste sur le caractère relativement banal de la mondialisation actuelle, et d'autre part celle qui voit dans la mondialisation l'effacement des frontières, le déclin des États-nations et la généralisation du marché.

La première forme de la mondialisation, appelée internationalisation, met en exergue l'interdépendance des États-nations séparés les uns des autres par « des frontières plus ou moins perméables qui permettent de fixer l'espace de la souveraineté nationale ». Cependant, comme le prévoient d'ailleurs les statuts du Fonds Monétaire International, les États peuvent rendre ces frontières imperméables à volonté dans le but, par exemple, de rétablir le contrôle de capitaux, notamment en cas de crise. Pour mieux coordonner leurs actions, les États créent des organisations internationales, à l'instar du Fonds Monétaire International ou de l'Organisation mondiale du Commerce, dont « l'autonomie se limite à celle que daignent leur accorder les États-nations qui en sont membres et les dirigent collectivement ». Ainsi, la mondialisation "internationale" serait caractérisée par trois éléments principaux :

- Une généralisation et une expansion du volume des échanges commerciaux et financiers principalement orientés vers l'étranger ;
- Un point de vue historique cyclique, selon lequel la mondialisation actuelle n'est pas un phénomène nouveau, mais serait très semblable à celle atteinte juste avant la Première Guerre mondiale ;
- Un besoin de régulation que seuls les États-nations peuvent assurer, leur affaiblissement relatif pouvant entraîner une sous-production des biens publics.

Au contraire de l'internationalisation, la deuxième forme de la mondialisation, appelée aussi globalisation, considère que le processus actuel de la mondialisation constitue une révolution radicale marquée par « l'effacement simultané des frontières et des prérogatives de l'État ». La mondialisation "globale" postule l'idée du dépérissement des États affaiblis par des « pouvoirs extérieurs liés au marché, comme les firmes multinationales, mais également par les organisations internationales, le crime organisé ou la société civile ». Le débat autour de ces deux logiques de mondialisation pose la question des conséquences de la mondialisation sur la souveraineté des États et sur l'autonomie des choix politiques. La réponse à cette question devra être essentielle pour déterminer le devenir du monde, partagé entre la thèse de l'interdépendance économique des États et la thèse de l'intégration des marchés globaux. Les deux thèses visent néanmoins une intégration des économies qui devrait avoir pour but de « créer un seul marché mondial pour les biens et les services, le travail et le capital ».

Il n'empêche que ces deux thèses ne sont pas compatibles, elles ne peuvent être confondues, car elles se réfèrent à deux formes distinctes de mondialisation proposant chacune une vision différente des conséquences de l'intégration des économies. Cette confusion subsiste même dans la description des faits et phénomènes du processus de la mondialisation, dont certains indicateurs utilisés identifient l'internationalisation, d'autres la globalisation. Il faut en conséquence conclure que ces deux logiques de la mondialisation sont aujourd'hui concomitantes, et se superposent dans l'espace mondial actuel dominé par l'idéologie libérale capitaliste. Au contraire de l'internationalisation qui, depuis cent ans, ne semble pas avoir évolué de manière extraordinaire, la globalisation, qui s'est accélérée dans les années 1980-1990, semble être aujourd'hui très avancée.

Or, ces deux logiques de mondialisation ont des « implications radicalement différentes et apportent des réponses différentes à la question de la remise en cause des États-nations », dont les politiques économiques et les cadres institutionnels reposent encore aujourd'hui sur le système régulateur des États appelés à coopérer suivant les principes d'égalité entre les peuples consacrés par l'ordre juridique international en vigueur. Ainsi, il semble plus indiqué que toute mise en place d'un système de gouvernance dans un État donné, et a fortiori dans les États de l'Afrique subsaharienne, implique « une évaluation préalable de la nature du processus de mondialisation en cours ».

II. Modalités de l'implication du privé dans les partenariats public-privé

Quatre considérations apparaissent essentielles de ce point de vue : l'importance des infrastructures, la complexité de la technologie, la facilité du recouvrement, la taille de la zone de production ou de consommation.

- L'importance des infrastructures varie d'un projet à l'autre. Elle est considérable pour les transports routiers, les transports urbains, les télécommunications, l'électricité, l'eau, l'assainissement, l'éclairage public. Elle est plus faible pour l'éducation, la santé, la défense, la sécurité, la recherche, la justice. La fonction de production de ces biens et services requiert surtout de la main-d'œuvre. Il est logique de faire prioritairement appel au secteur privé pour des projets comportant la réalisation d'infrastructures qu'il contribuerait à financer, son intervention peut aussi se concevoir dans des opérations moins capitalistiques pour lesquelles c'est sa capacité de gérer de manière innovante en réalisant des gains de productivité qui sera plus particulièrement recherchée.
- La production des différents biens et services publics implique un degré de technicité variable. Certains, comme l'éclairage des rues, l'offre de parcs et jardins ou les services postaux, font appel à des techniques simples et éprouvées. D'autres, au contraire, comme la santé, les transports aériens, les télécommunications, la recherche, font appel à des technologies compliquées et en progrès rapides. Par ailleurs, dans ce domaine, les choses peuvent évoluer rapidement. Des biens ou services comme l'eau ou l'assainissement, qui ont longtemps fait appel à des technologies robustes et simples, nécessitent aujourd'hui pour la purification et la facturation des techniques très sophistiquées. Parce que le secteur privé maîtrise mieux la technologie que le secteur public, notamment celle qui est de pointe et en constante évolution, les services très techniques tireraient avantage d'une plus grande présence du privé.

- Une caractéristique également fondamentale du point de vue du PPP est la facilité avec laquelle on peut (pratiquement) faire payer le service. On peut facilement imposer des redevances ou tarifs en fonction de la consommation dans le cas de l'eau, des télécommunications, de l'électricité, ou du transport ferroviaire. En revanche, cela est impossible dans le cas de la défense, de l'éclairage, de la justice, qui sont pour l'essentiel des biens publics purs et qui ne peuvent être payés que par les contribuables. Par ailleurs, l'existence de nombreux avantages non monétaires rend difficile la détermination du bon niveau de tarification. Dans ce domaine également, la technologie peut faire bouger les frontières lorsqu'on disposera des outils technologiques permettant de tarifer l'usage de la voirie en zone urbaine, l'équilibre usager/contribuable pourra être sensiblement modifié. D'une façon générale, plus un bien ou service public est « tarifable », plus il apparaît facile d'introduire une dose importante de privé dans sa fourniture. Mais un des objectifs de l'introduction des PPP doit être de permettre de traiter aussi le cas des biens et services publics pour lesquels aucune rémunération ne peut être tirée de l'exploitation ou perçue sur des usagers, la charge finale du financement reposant alors sur la collectivité publique concernée (qu'il s'agisse par exemple de la réalisation et de l'exploitation d'un réseau d'éclairage public ou de la construction et de la maintenance d'un bâtiment administratif).
- Les différents biens et services publics ont un caractère local plus ou moins marqué. Certains, comme la défense ou la recherche, ne se conçoivent que dans un cadre national ou international. D'autres, comme l'éclairage, l'assainissement, la fourniture d'eau, les transports urbains, n'ont de sens que locaux. Plus un service est local, et plus il se prête à l'introduction d'une dose de privatisation, compte tenu de l'avantage comparatif des entreprises privées par rapport à des petites collectivités territoriales. Ces dernières peuvent néanmoins avoir intérêt à se regrouper au sein de structures visant *a minima* à échanger de l'information sur les conditions technico-économiques de production des biens publics ; elles pourront ainsi plus facilement négocier des accords de partenariat équilibrés. Il faut veiller en tout état de cause à ce que les collectivités locales soient en mesure de défendre efficacement leurs intérêts face à leurs interlocuteurs privés. Des procédures d'évaluation préalable et de contrôle doivent être prévues à cet effet.

Plus un service est capitalistique, complexe, tarifable, et local, et plus la dose de privé dans le PPP peut être grande. La fourniture d'eau, par exemple, qui repose largement sur des infrastructures, qui fait appel à des technologies en progrès constants, qui peut facilement être tarifée, et qui est largement locale, se prête bien à une large dose de privé, et ce n'est donc pas par hasard que l'eau est généralement fournie par des entreprises privées. Il est en général admis que, pour un coût économique donné, le secteur privé produit généralement plus et mieux que la puissance publique et que sa gestion est plus efficace. On peut y voir quatre raisons.

- Le secteur privé bénéficie d'économies d'échelle par rapport au public dans certaines situations. En effet, une proportion significative des biens et services publics produits dans une économie développée présentent un caractère local marqué et sont en pratique fournis par des collectivités territoriales. De plus, la décentralisation tend à accroître cette part. Ainsi les grands groupes de fourniture de services publics (eau, déchets, etc.) sont-ils généralement beaucoup plus grands que les collectivités territoriales qu'ils desservent. L'existence d'importantes économies d'échelle conduit souvent à une forte concentration au sein des secteurs producteurs de biens publics ; l'ouverture à la concurrence au sein d'un espace économique suffisamment large (par exemple l'Union européenne) est donc nécessaire pour limiter les comportements de captation de rentes de la part de ces opérateurs privés.
- Le secteur privé bénéficie d'un système d'incitations et de sanctions (pression de la concurrence, peur de la faillite) qui incitent fortement à la rigueur, et peuvent être plus efficaces que les ressorts à l'œuvre dans le secteur public, tels que le sens de l'intérêt général ou les procédures d'évaluation.
- Une troisième explication de la plus grande efficacité du privé est à chercher dans sa plus grande flexibilité. Pour des raisons souvent légitimes, la puissance publique est régie par un ensemble de règles et de procédures nécessairement rigides. Ces règles empêchent ou freinent les adaptations et les mobilités, et entraînent parfois une mauvaise adaptation des moyens aux fins qui est génératrice d'inefficacité.
- Une quatrième raison de faire appel au privé est son dynamisme en matière de technologie et sa créativité. La recherche appliquée, la découverte technologique, l'innovation sont de plus en plus l'apanage des entreprises privées.

On peut noter que le secteur privé n'échappe pas non plus à une démarche d'inspiration analogue. En effet, sous la pression de la concurrence, il doit réduire ses coûts. Il concentre alors ses efforts sur ce qu'il sait faire, tout en externalisant certaines fonctions (comme les services généraux, la logistique, le transport, l'informatique, etc.) qui ne sont pas essentielles à son cœur de métier. Le PPP permet une répartition du risque entre public et privé en faisant supporter chacun des risques par le partenaire le mieux à même de le maîtriser.

La fourniture de biens et services publics comporte en général des risques qui peuvent être d'ordre technique et/ou commercial. Le risque technique concerne d'abord le coût de la construction de l'infrastructure. Parce que de nombreuses infrastructures sont des ouvrages « uniques » du fait de leur site et de leurs caractéristiques, dont l'édification demande beaucoup de temps, il n'est pas facile d'en prévoir le coût. On ne compte plus les ouvrages dont le coût effectif a dépassé de beaucoup le coût prévisionnel (risque de conception, risque de bonne exécution, risque de sous-traitance). Le risque commercial intervient en général au cours de la phase d'exploitation et concerne surtout le taux d'utilisation des infrastructures, qui est en général très difficile à prévoir. Les variables explicatives de la fréquentation sont si nombreuses (revenus, prix, coûts, autres infrastructures, technologies, etc.) et si incertaines, en particulier pour des horizons lointains, que les modèles de prévision les plus sophistiqués se trompent souvent. La relation entre le tarif et le niveau de fréquentation est également difficile à appréhender. Là encore, on ne compte plus les ouvrages dont la fréquentation effective est bien différente de la fréquentation projetée. Il y a donc à la fois de l'incertitude sur les dépenses et sur les recettes (au moins lorsqu'il y a tarification, c'est-à-dire un risque).

Il y a des systèmes de fourniture des biens et services publics qui conduisent plus que d'autres à des erreurs de projection. Les systèmes totalement publics, en particulier, tendent naturellement à minimiser les coûts et à exagérer les fréquentations, car ils n'incitent pas à la prise en compte d'éléments négatifs et n'incitent pas à la prudence, les erreurs y étant en règle générale moins sévèrement sanctionnées que dans le privé. On préférera donc les systèmes dans lesquels les erreurs de projection ont un coût pour leurs auteurs. C'est le cas lorsque le secteur privé est rémunéré au moins partiellement sur la base de la fréquentation. Ceci étant, si ces incitations doivent permettre de réduire les risques d'erreur, elles ne peuvent pas les faire complètement disparaître.

Cette dimension de risque est un élément constitutif important du PPP qui offre la possibilité de mettre en œuvre des formules intermédiaires entre le tout public ou le tout privé, qui minimisent et partagent efficacement le risque résiduel entre les partenaires. Ainsi, les formules dans lesquelles la totalité du risque résiduel est prise en charge par l'entité publique sont à écarter : ils ne conduisent pas l'entreprise privée partenaire à la minimisation des coûts et à la maximisation de la fréquentation.

Mais on se méfiera aussi des formules dans lesquelles la totalité du risque est à la charge de l'entreprise privée. Ils ne sont avantageux qu'en apparence pour l'entité publique. L'entreprise privée est bien obligée de se garantir contre un risque excessif (sous la pression de ses banques notamment), et elle le fera payer à l'entité publique, sous la forme de prix ou de tarifs plus élevés. Par ailleurs, lorsque le secteur privé investit au départ dans l'infrastructure, il a intérêt à ce que la mise en exploitation intervienne le plus rapidement possible, une fois les travaux démarrés. En particulier, il sera poussé à achever la réalisation en avance par rapport au calendrier retenu, si cela s'avère possible. L'intervenant le mieux placé pour maîtriser les risques de construction est le constructeur, qui doit être membre du consortium concessionnaire. Il est en effet primordial pour le succès de l'opération que la phase de conception-construction soit pleinement réussie. Le constructeur devra assurer la réalisation de l'ouvrage dans les délais et le budget prévus. Selon les agences spécialisées au Royaume-Uni, 80 % à 90 % des projets privés observés respecteraient les contraintes de coûts et de délais fixés au départ, pour une proportion inverse en matière d'investissements publics.

Les risques en phase d'exploitation doivent être répartis entre les actionnaires, l'opérateur et l'autorité publique. Inclure dans un même PPP à la fois les phases de construction et de gestion de l'infrastructure permettent de réduire les risques d'interface entre le constructeur et l'exploitant et de garantir la qualité de la réalisation, le ou les opérateurs privés étant directement incités à respecter les objectifs en matière de coûts d'entretien et de maintenance. En termes de volume de financement, il existe indubitablement une offre importante de capitaux privés susceptibles de s'investir dans le financement de projets publics en substitution de crédits budgétaires qui resteront fortement contraints dans les années à venir.

La demande de capitaux pour le financement d'investissements publics est patente. La France n'est pas dans la situation du Royaume-Uni, confronté à une quasi-absence d'investissement pendant plusieurs décennies. Néanmoins, il est indubitable que les équipements publics doivent à la fois être rénovés, développés ou multipliés pour faire face aux besoins dans un certain nombre de secteurs : routes, éducation, santé, prison, hôpitaux, tribunaux, commissariats, etc. Les projets d'investissement concernent à la fois de grands projets d'infrastructure et des projets plus immatériels ou destinés à favoriser un positionnement de l'économie française sur des activités à très hautes valeurs ajoutées. En outre, les administrations publiques ont peu de latitude : elles doivent respecter les ratios européens de déficit budgétaire et de dette pour l'État, et faire face à la pression fiscale croissante qui pèse sur la plupart des collectivités locales, qui doivent également surveiller leur niveau d'endettement. Il est d'ailleurs symptomatique de constater que l'investissement annuel des administrations publiques, qui avait crû assez régulièrement et de manière soutenue depuis 1959, a légèrement diminué de 1992 à 2000. Et s'il a même régressé au rythme de 2 % l'an de 1993 à 1997, période de grandes difficultés économiques, le retour à une croissance assez forte à la fin des années quatre-vingt-dix n'a pas entraîné un redressement marqué de cet indicateur.

Les capitaux privés disponibles pourront d'abord être investis dans des projets de toutes tailles, prioritaires du point de vue de l'intérêt général, mais qui ne procurent pas de retombées pouvant être facilement rentabilisées à court terme : microprojets de services aux personnes (garde d'enfants, aide aux personnes âgées, etc.), capital-risque orienté vers la haute technologie, projets de R&D de grandes entreprises, etc. Si l'adéquation de cette offre et de cette demande de capitaux était optimisée, cela devrait entraîner des conséquences macroéconomiques en générant un surcroît de croissance sans inflation. Une telle démarche ressemble d'ailleurs aux efforts historiques qui ont pu avoir lieu dans la deuxième moitié du dix-neuvième siècle, notamment lors de la réalisation des grandes infrastructures de transport, ou après la Deuxième Guerre mondiale, lors de la reconstruction du pays. La combinaison des financements publics et privés peut s'effectuer de manière rationnelle et harmonieuse dans un PPP : les capitaux privés investis doivent pouvoir bénéficier d'une juste rémunération, mais il convient de veiller à ce qu'elle ne soit pas excessive au détriment du partenaire public, par exemple en cas de refinancement du contrat, les économies réalisées à cette occasion devant faire l'objet d'un partage équitable. Le projet peut ainsi être développé en minimisant l'impact sur le budget de la collectivité concernée.

Conclusion

En conclusion, un montage d'activités en PPP peut permettre d'accélérer la mise en œuvre et la réalisation d'un projet, et c'est un de ces principaux avantages. En effet, la réalisation du projet dépend alors beaucoup moins de la disponibilité de ressources budgétaires, condition qui risque souvent de le reporter de plusieurs années. Cette réalisation plus rapide permet, à son tour, d'en retirer plus rapidement les bénéfices pour la société. Le recours au PPP est particulièrement intéressant en période de reprise économique : en effet, en raison du décalage entre le redémarrage de l'activité et les rentrées fiscales, le secteur privé dispose plus rapidement de ressources pour investir que le public. Ce qui permet d'accélérer la réalisation des projets rentables. Il est certain en tout état de cause que, dans le contexte budgétaire et économique actuel, les contrats de partenariat peuvent jouer un rôle contra-cyclique en permettant de réaliser à brève échéance des projets qui seraient différés de plusieurs années, faute de financement public disponible.

En outre, par le biais de montage en PPP, l'autorité publique peut se décharger du fardeau de l'investissement, pour se concentrer sur le contrôle de la qualité du service. Alors que l'opérateur privé, dont c'est le métier, cherchera à optimiser son investissement pour fournir la qualité de service requise. Des règles prudentielles seront toutefois édictées pour empêcher que l'État et les collectivités locales qui recourront aux PPP ne souscrivent des engagements hors bilan de manière incontrôlée. Les autorités compétentes devront être tenues régulièrement informées de l'état d'avancement des contrats de partenariat souscrits et du cumul des engagements financiers correspondants.

Bibliographie

Akerlof, G., A. (1979). The case against conservative macroeconomics: An inaugural lecture. *Economica*, *46*(183), pp. 219–237.

Akerlof, G., A. (2003). Writing the "The market for lemons": A personal and interpretive essay. *Available at Nobelprize. Org*. http://www.sietmanagement.fr/wp-content/uploads/2018/01/Akerlof.pdf

Arrow, K., J. (1952). The determination of many commodity preferences scales by two-commodity comparisons*. *Metroeconomica*, *4*(3), 105–115.

https://doi.org/10.1111/j.1467-999X.1952.tb00472.x

Baumol, W., J. et Willig, R., D. (1986). Contestability: Developments since the book. *Oxford Economic Papers*, *38*, pp. 9–36.

Bérard, C. (2009). *Le processus de décision dans les systèmes complexes : Une analyse d'une intervention systémique* [PhD Thesis, Université Paris Dauphine-Paris IX ; Université du Québec à Montréal]. https://theses.hal.,science/tel-00519068/

Buchanan, J., M. (1975). public finance and public choice. *National Tax Journal*, *28*(4), pp. 383–394. https://doi.org/10.1086/NTJ41863132

Buchanan, J., M. et Tollison, R., D. (1984). *The Theory of public choice–II*. University of Michigan Press.https://books.google.com/books?hl=en&lr=&id=bX3TbknHJj8C&oi=fnd&pg=PA1&dq=Buchanan+et+Tollison+(1972+public+choice&ots=SsEgoTo-eA&sig=qEqcn2rGTfH5YjVIxQE97dXfhAQ

Chandler, D. (2009).

Paul Mus (1902–1969) : A Biographical Sketch. *Journal of Vietnamese Studies*, *4*(1), pp. 149–191.

Coase, R. H. (1993). The nature of the firm (1937). *WILLIANSON, OE; WINTER, SG.* http://econdse.org/wp-content/uploads/2014/09/firm-coase.pdf

Commons, J., R. (1936). Institutional economics. *The American Economic Review*, *26*(1), pp. 237–249.

Ehrlich, I., Gallais-Hamonno, G. et Lutter, R. (1990). *Performances comparées des entreprises publiques et privées : L'exemple des grandes compagnies aériennes.* https://shs.hal.,science/halshs-00276784/

Franko, U., Frolking, S., & Jenkinson, D., S. (1997). A comparison of the performance of nine soil organic matter models using datasets from seven long-term experiments. *Geoderma*, *81*(1–2), pp. 153–225.

Gasmi*, F., Meddahi**, N. et Vuong, H.***, Q. (2005). Jean-Jacques Laffont et l'économie appliquée. *Revue d'Économie politique*, *115*(3), 309–336.

Hayek, F., A. (1955). Degrees of explanation. *The British Journal for the Philosophy of Science,* Vol. 6, N°23, pp 209-25, https://doi.org/10.1093/bjps/VI.23.209

Hodge, G. (2018). *Privatization: An international review of performance.* Routledge. https://www.taylorfrancis.com/books/mono/10.4324/9780429498022/privatization-graeme-hodge

Hodgson, G., M. (2003). John R. Commons and the Foundations of Institutional Economics. *Journal of Economic Issues*, *37*(3), 547–576. https://doi.org/10.1080/00213624.2003.11506603

Jensen, M., C. et Meckling, W., H. (1979). Theory of the Firm: Managerial Behavior, Agency Costs, and Ownership Structure. In K. Brunner (Ed.), *Economics Social Institutions* (Vol. 1, pp. 163–231). Springer Netherlands. https://doi.org/10.1007/978-94-009-9257-3_8

Labaronne, D. (2002). Les privatisations à l'Est : Une question de marchandage politico-économique. *Revue d'études Comparatives Est-Ouest*, *33*(1), pp. 205–226.

Lane, J. E. (2002). New public management : an introduction. Routledge.

Laffont, J.-J. (2000). Information et économie publique. *Économie et Prévision*, *145*(4), pp.107–115.

Leibenstein, H. (1966). Allocative efficiency vs." X-efficiency". *The American Economic Review*, *56*(3), pp.392–415.

Leibenstein, H. (1978a). *General X-efficiency theory and economic development*. Oxford University Press.

Leibenstein, H. (1978b). X-inefficiency Xists: Reply to an Xorcist. *The American Economic Review*, *68*(1), pp. 203–211.

Lévèque, F. (1998). Économie de la règlementation, La Découverte, Col. Repères, Paris

Marris, R. L. (1992). RF Kahn's Fellowship Dissertation : A Missing Link in the History of Economic Thought. *The Economic Journal*, *102*(414), pp.1235–1243.

Mercier, J. (2009). Equity, Social Justice, and Sustainable Urban Transportation in the Twenty-First Century. *Administrative Theory & Praxis*, *31*(2), pp.145–163. https://doi.org/10.2753/ATP1084-1806310201

Mueller, D., C. (1997). *Perspectives on public choice : A handbook*. Cambridge University Press.

Mueller, R., O. (1997). Structural equation modeling: Back to basics. *Structural Equation Modeling: A Multidisciplinary Journal*, *4*(4), 353–369. https://doi.org/10.1080/10705519709540081

Robertson, D., H. (1922). *Money* (Vol. 2). Harcourt, Brace.

Rutherford, M. (2000). Understanding institutional economics: 1918–1929. *Journal of the History of Economic Thought*, *22*(3), pp. 277–308.

Simon, Y., R. (1945). *Par delà l'expérience du désespoir*. Montr'eal : Parizeau & Cie.

Simon, H. (1955). A behavioral model of rational choice, *The Quarterly Journal of Economics*, 69(1), p. 99-118

Smith, P., Smith, J., U., Powlson, D., S., McGill, W., B., Arah, J., R., M., Chertov, O., G., Coleman, K.,

Stigler, G., J. (1976). The Xistence of X-efficiency. *The American Economic Review*, *66*(1), pp. 213–216.

Van Miert, D., K., W. (2003). *The religious beliefs of Hadrianus Junius (1511-1575)*. https://dare.uva.nl/record/1/214822

Williamson, O., E. (1979). Transaction-Cost Economics: The Governance of Contractual Relations. *The Journal of Law and Economics*, *22*(2), 233–261. https://doi.org/10.1086/466942

Williamson, O. E. (1989). Transaction cost economics. *Handbook of Industrial Organization*, *1*, pp. 135–182.

Yaya, H., S. et Sanni, H. (2005). Les partenariats privés-publics comme nouvelle forme de gouvernance et alternative au dirigisme étatique : Ancrages théoriques et influences conceptuelles. *La Revue de l'innovation dans le Secteur public*, *10*(3), pp.1–17.

CHAPITRE 24 :

LES CONTRIBUTIONS PHILANTHROPIQUES DANS DES TERRITOIRES DE LA VILLE DE YAOUNDÉ

Chantale Chrysleine KAMGA KAMGA

Résumé

De nos jours, les zones périurbaines posent d'énormes problèmes aux administrateurs locaux en particulier et à l'État en général, à cause de la non-maîtrise de leur croissance. L'explosion démographique et l'extension fulgurante consécutives au phénomène d'urbanisation galopante provoquent un accroissement rapide des besoins de la population en eau, logement, emplois, espaces publics, etc. Ce phénomène, s'il n'est pas maîtrisé, aura de lourdes conséquences sur le développement de la ville. La croissance urbaine, qui peut être une source d'opportunités, est également porteuse de risques majeurs sur les plans sociaux et environnementaux. Dans la plupart des cas, les périphéries se sont étalées anarchiquement dans un espace géographique qui a été investi au mépris de la réglementation d'urbanisme en vigueur. C'est ainsi qu'Essombé Edimo (2007 b) considère que le développement périurbain ou local doit être un processus faisant appel aux initiatives locales dans les petites collectivités comme moteur de l'économie.

L'objectif principal de ce chapitre est de mettre l'accent sur les contributions philanthropiques au développement dans les zones périurbaines de Yaoundé. Pour ce faire, notre travail se penche sur la présentation des aides philanthropiques au développement des localités périurbaines de Yaoundé. Ce travail est organisé en trois grandes parties : dans la première, nous insisterons sur les notions de philanthropie et de périurbanisation. Ensuite, dans la deuxième partie, nous allons présenter les réalisations effectives sur le terrain, selon les chefs de quartier. Finalement, la troisième partie porte sur l'impact des réalisations sur le développement de la localité. Nous avons pour l'occasion fait une descente auprès de plus des 7 magistrats municipaux des communes du Mfoundi et d'une soixantaine de chefs de quartiers des différentes localités de Yaoundé. Au final, nous pouvons dire qu'après investigation sur le terrain, plusieurs organisations philanthropiques y œuvrent et leurs actions sont diverses.

Mots clés : Contributions philanthropiques, Zones périurbaines, Développement local, Chefs de quartier.

Abstract

Nowadays, peri-urban areas pose enormous problems for local administrators in particular and for the State in general, because of the lack of control over their growth. The population explosion and the rapid expansion resulting from the phenomenon of galloping urbanization, cause a rapid increase in the population's needs for water, housing, jobs, public spaces, etc. This phenomenon, if not controlled, will have serious consequences on the development of the city. Urban growth, which can be a source of opportunities, also carries major risks on the social and environmental levels. In most cases, the peripheries have spread anarchically in a geographical space that has been invested in defiance of the urban planning regulations in force. Thus, for Essombé Edimo (2007b), peri-urban or even local development must be a process using local initiatives at the level of small communities as a driving force for economic development.

The main objective of this chapter is to focus on philanthropic contributions to development in the peri-urban areas of Yaoundé. For this, our work refers to the presentation of philanthropic aid on the development of peri-urban localities of Yaoundé. This work is organized around three main parts: In the first, we will emphasize the notions of philanthropy and peri-urbanization. Then in the second we will present the actual achievements on the ground according to the district chiefs. Finally, the third part focuses on the impact of the achievements on the development of the locality. For the occasion, we visited more than 7 municipal magistrates of the communes of Mfoundi and about sixty district chiefs of the different localities of Yaoundé. In the end, we can say after investigation on the ground, several philanthropic organizations work there and their actions are diverse.

Keywords: *Philanthropic contributions, Peri-urban areas, Local development, District chiefs.*

Introduction

Depuis la fin des années 1970, on assiste à travers le monde à l'abandon de l'idée d'un développement économique exclusivement centrifuge. Selon le professeur Jean Roger Essombe Edimo Nya Bonabebe, pionnier de l'économie territoriale au Cameroun et à la suite de Pecqueur (1992), cela s'explique par le fait que le modèle de concentration spatiale de la production qui le sous-tendait a montré ses limites explicatives et opérationnelles. De plus, on a constaté que de nombreuses régions infranationales (ou formations sociales) affichaient un dynamisme dont le fondement se situait loin des bases du système de production et d'organisation industrielle dominant jusqu'alors le « fordisme » (Essombè Edimo, 2005). Les années 1980 marquent un virage inédit dans la direction et la conduite des politiques publiques de développement, notamment au niveau local. L'aménagement du territoire (Lajugie, 1964 ; Gottman, 1966 ; Labasse, 1966) devient ainsi un problème majeur et complexe dans son exécution. L'État est responsable du développement urbain, mais prétendre pouvoir couvrir l'ensemble de ce processus serait une illusion, en considération des exigences multiples de l'exercice. En 2001, Lipietz disait déjà, d'« *aménager le territoire plutôt que déménager les hommes* ». La question démographique est ainsi l'une des préoccupations des pouvoirs publics et l'objectif premier du développement territorial. Aménager un territoire ou déplacer les personnes reste une option.

Aujourd'hui, les zones périurbaines posent d'énormes problèmes aux administrateurs locaux en particulier et à l'État en général, à cause de la non-maîtrise de leur croissance. Dans la plupart des cas, elles se sont étalées anarchiquement dans un espace géographique qui a été investi au mépris de la réglementation d'urbanisme en vigueur. Selon le Bureau central des Recensements et des Études de Populations (BUCREP 2010), la ville de Yaoundé s'agrandit chaque jour, et plus de la majorité des habitants vivent dans les zones périurbaines. Les besoins deviennent aussi multiples. En effet, l'urbanisation génère de manière croissante des besoins en logements décents, d'accès à l'eau potable, à l'assainissement, aux soins de santé, etc. Comme le disent Hartemann (2001), Sy et Wade (2007), les pouvoirs publics ne disposent pas de suffisamment de moyens pour faire face à cette situation. L'insuffisance ou la rareté de ces services essentiels affectent le bien-être des populations et les rendent fragiles (Dongo et Al, 2008). Le développement territorial impose dès lors des réflexions dans le but de l'améliorer. Cependant, il faut bien le reconnaître avec Essombè Edimo (2007a), le processus s'opère à travers un *« mouvement de dilatation par processus ségrégatifs »*.

Il y a quelques décennies, les économistes s'intéressaient au développement national et international, négligeant le côté spatial Essombé Edimo (1995, 2005, 2007a). Pourtant, Laganier, Villalba, et Zuindeau (2002) présentent le territoire comme le soubassement de la croissance et du développement. Il ne saurait avoir, selon ces derniers, de croissance sans territoire, l'espace étant le fondement physique sur lequel est bâti tout développement. Le territoire traduit un système complexe et évolutif. Il associe plusieurs acteurs à l'espace géographique que ces mêmes acteurs utilisent ou aménagent. Pour cette raison, les populations ont besoin d'être solidaires pour pouvoir avancer ensemble, d'où la présence de l'esprit philanthropique. Un proverbe africain dit : « seul, on va plus vite, ensemble, on va plus loin » (Observatoire de la Fondation de France, 2016). Le développement territorial a besoin, plus que jamais, de ce que le philanthrope contemporain Playton (OCDE, 2003) nomme « *une action bénévole pour le bien public* ». Le territoire étant au centre de toute activité économique, il convient de participer à son développement.

Le développement se définit, selon Perroux (1961), comme « *la combinaison des changements mentaux et sociaux d'une population qui la rendent apte à faire croître, cumulativement et durablement, son produit global net* ». Par la suite, en 1972, ce dernier y réintroduit plus ouvertement l'homme en précisant que le développement désigne *« le changement des structures mentales et sociales qui favorisent l'entraînement mutuel de l'appareil de production et de la population au service de cette dernière* ». Le développement se présente donc comme une cause et, en même temps, une conséquence de la croissance. C'est l'ensemble des transformations des structures démographiques, économiques et sociales qui accompagnent la croissance. En ce qui concerne le développement local, il est employé comme synonyme de « développement par le bas », « développement endogène », « développement rural », « développement régional », « développement territorial », « auto-développement », « développement autocentré », etc. Quant à l'échelle, elle est celle du « local », du « territoire », de « l'espace vécu », de « la région », du « pays » et, dans le cadre de notre article, des zones périurbaines de Yaoundé. La philanthropie, quant à elle, est une pratique courante dans l'ensemble des pays africains. Elle fait partie de sa culture (Mupondé, 2013). La philanthropie est la philosophie de vie qui place l'humain au premier plan de ses prérogatives. Un philanthrope cherche à améliorer le sort de ses semblables par de multiples moyens, de manière gratuite et désintéressée (Kamga Kamga, 2009, 2021b). Au Cameroun en particulier, elle s'assimile à la Solidarité. L'idéal serait d'arriver à faire d'elle l'un des catalyseurs du développement économique dans nos différentes régions. Son expression est variée et ses manifestations sont ponctuelles, et s'expriment essentiellement au bénéfice des œuvres sociales et religieuses (aumônes périodiques, construction de lieux de culte, distribution de médicaments, construction d'écoles et de dispensaires, soutien aux activités sportives, aménagement des ponts et passerelles, etc.).

Elle peut constituer une arme efficace pour la réalisation des équipements de proximité qui transforment le milieu de vie des habitants, ainsi que leur vécu. Ces réalisations sont certes insignifiantes face aux transformations nouvelles de l'espace économique que l'on n'a pas su envisager. Le développement de la localité encourage les secteurs public et privé, la société civile, la population à la base, à nouer des proximités relationnelles de partenariat, et à trouver ensemble des solutions à leurs défis de développement. C'est ce constat qui nous a poussés à étudier l'impact de la philanthropie sur le développement territorial à Yaoundé. Quelle est la portée de la philanthropie sur le développement urbain et périurbain à Yaoundé ? Nous avons pour l'occasion fait une descente auprès de plus des 7 magistrats municipaux des communes du Mfoundi et d'une soixantaine de chefs de quartiers des différentes localités de Yaoundé.

Dans ce chapitre, le terme philanthropie désignera toute action ou activité privée, tournée vers autrui dans la zone périurbaine, dans le but d'améliorer le cadre de vie des habitants, qu'elle soit menée à l'échelle individuelle, collective, familiale ou communautaire.

I. La philanthropie et la périurbanisation à Yaoundé

Comme bien d'autres villes et capitales d'Afrique, Yaoundé connaît un dynamisme urbain très remarquable, caractérisé par un taux d'accroissement annuel moyen de l'ordre de 5,7 % en 2005 (RGPH). Dans ce vaste mouvement d'urbanisation, habiter « chez soi » (Moles, 1978) est devenu pratiquement une règle. Tous ceux qui y arrivent cherchent à s'inscrire dans ce modèle d'insertion urbaine et périurbaine. Le but recherché par tous est de s'installer dans la ville aux sept collines afin de profiter des avantages de ladite ville. Seulement, la ville ne pouvant contenir tout ce monde, l'urbanisation se crée tout autour. L'État central n'ayant pas pris de l'avance dans l'aménagement de ces zones se sent pratiquement étouffé. Face à cet exode rapide et massif, il se sent incapable de réagir immédiatement en mettant sur pied les moyens adéquats. Et avec la crise économique que vivent les gouvernements, les dépenses en matière sociale ont beaucoup baissé. Gaillard (2014) dirait même qu'elles ont fondu comme neige au soleil. Les apports, tant en nature qu'en numéraire, pourraient donc constituer la plus grande force de changement social de notre pays.

Heureusement, avec Plewes (2008), nous avons l'arrivée d'acteurs nouveaux dans le combat pour le développement. Banerjee et Duflo (2012) parlent de façon différente d'approcher la lutte contre la pauvreté dans le monde. Ce qui d'après ces derniers, a changé l'allure du développement. De même qu'il n'y a pas de société sans clivages entre pauvres et riches (Rossel, 1998), de même, toute vie sociale implique l'existence des systèmes de solidarité destinés à rendre plus supportables les inégalités entre les nantis et les démunis, d'où l'existence des philanthropes.

Aina (2013) évoque, parmi les philanthropes, des hommes de bonne volonté, le grand public, certaines sociétés privées, des organisations non gouvernementales (ONG), etc. Pour ce dernier, l'esprit philanthropique est ancré en tout être humain, et est dénommé solidarité. Il se présente à plusieurs niveaux : au niveau individuel, au niveau collectif, au niveau familial, au niveau communautaire, au niveau territorial et au niveau local. Dès lors, la philanthropie est perçue comme un échange social (Malinoski, 1922 ; Lévi-Strauss, 1949). Dans la capitale politique camerounaise, nous avons les associations et fondations qui œuvrent dans les activités caritatives, leurs ressources proviennent essentiellement des dons des individus, des subventions des particuliers, des contributions des fondations et associations internationales, des personnalités publiques, de la diaspora, etc. Dans ce cadre précis, l'objectif philanthropique est d'améliorer le cadre de vie de ses semblables, afin de réussir un changement positif dans leur environnement et dans la société (Kamga Kamga, 2021a). La philanthropie est de prime abord un acte volontaire et bénévole. Nonobstant, le philanthrope de Yaoundé ne se limite pas exclusivement à donner de l'argent. Il peut donner de son temps et de sa personne.

Après une enquête que nous avons faite auprès des chefs de quartiers de la ville aux sept collines, l'on dénombre sur le terrain plusieurs acteurs, à des fréquences différentes.

Graphique 1 : Les acteurs au développement reconnus par les chefs de quartier (en %)

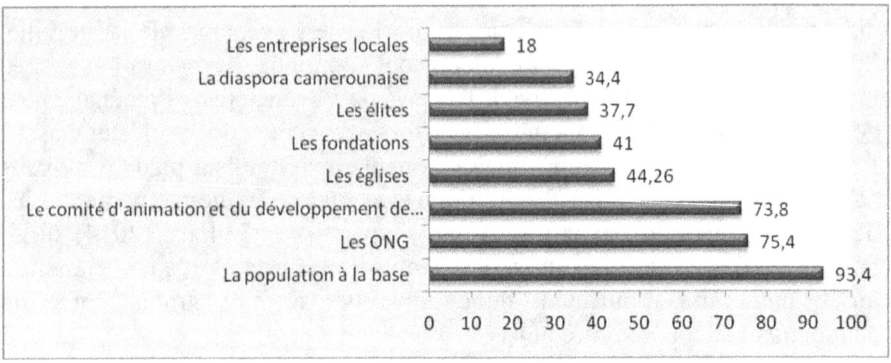

Source : Investigation sur le terrain

Presque tous les chefs interrogés (93,3 %) estiment qu'après les CTD, le développement local préoccupe en premier lieu les populations à la base. Ensuite, 75,4 % pensent qu'il est du ressort des organisations non gouvernementales (ONG), 73,8 % du comité d'animation et du développement (CAD). Selon les chefs des quartiers périurbains, les populations sont donc les principaux acteurs et bénéficiaires du développement local. D'autres acteurs ne sont pas reconnus comme acteurs principaux du développement par la majorité des chefs, mais ils demeurent néanmoins dans la liste des responsables. Ce sont par exemple : les églises (44,26 %), les fondations (41 %), les élites (37,7 %), la diaspora camerounaise (34,4 %) et les entreprises locales (18 %) (Tchouassi 2012, Kamga Kamga, 2021b).

Dans le développement territorial, la philanthropie se vit au travers de la participation.

1. La participation, un élément important pour le développement territorial

Du latin participare, participer signifie prendre part à, avoir sa part de, partager. La participation est donc l'action de participer, de prendre part à quelque chose. Exemple : prendre part à une discussion, prendre part à un projet de développement dans notre cas précis. Dans le cadre du développement territorial, la philanthropie est conçue comme l'ensemble des contributions que peuvent ou doivent apporter les organisations de la société civile (ONG, associations, population locale) dans les différents projets de développement de leur localité. La notion de participation a émergé en France (Jones, 2006 ; Mougoué, 2012) dans les années 1950 avec la préoccupation exprimée par un groupe d'experts. Leur objectif était de démocratiser l'urbanisme à travers l'offre de techniques d'analyse urbaine et rurale devant permettre aux populations de s'impliquer et d'être entendues dans des décisions portant sur l'aménagement de leurs régions. Le contenu de ce concept de participation a évolué au cours du temps. On est passé d'une simple cotisation ou fourniture de main-d'œuvre gratuite pour de grands travaux d'infrastructures à la prise en charge par les populations de leur développement. La participation apparaît ainsi comme l'implication de la population (société civile organisée ou non) dans le processus décisionnel de leur espace. La Banque Mondiale, depuis 1994, partage cette vision, qui est le processus par lequel les parties prenantes influencent les initiatives de développement, ainsi que les décisions et les ressources qui les affectent.

La participation est recherchée surtout pour les décisions qui affectent en priorité la population, en particulier dans le domaine de l'urbanisme et des rénovations urbaines ou dans celui de la gestion des ressources (eau, paysage...) et de l'environnement. L'approche participative est fondée sur l'établissement d'un dialogue permanent entre populations et agents techniques, sur le respect mutuel et le principe de partenariat, ainsi que sur la reconnaissance du savoir-faire local (Mougoué, 2012). La philanthropie à caractère territorial se traduit donc au travers des proximités organisées et apparaît comme un pacte scellé entre ces différents acteurs (État, Collectivités locales, ONG, associations, populations, etc.) (Tchouassi et Kamga Kamga 2016, Kamga Kamga 2021a). À ce titre, elle doit être considérée comme une méthodologie privilégiée d'intervention en milieu rural, qui permet la prise en charge progressive et concertée des actions de développement au niveau du terroir. Ouedraogo, cité par Moyenga (2000), explique cette approche comme une *« dynamique de développement organisée avec et par les intéressés. C'est un consensus librement construit sans heurts, sans conflit interne ni externe, avec le consentement de toutes les catégories sociales en présence »*.

À la suite de notre enquête sur le terrain, nous avons constaté que cette participation est effective et surtout qu'elle est perçue par les chefs de quartiers et les magistrats municipaux.

Graphique 2 : Perception des chefs de quartiers sur la participation des acteurs philanthropes au développement territorial

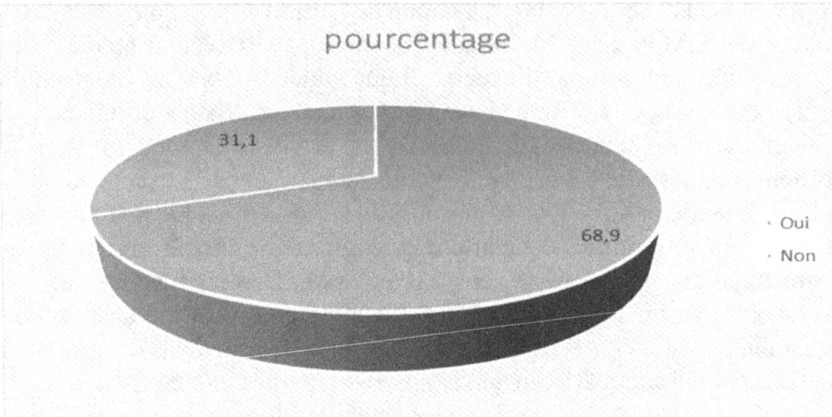

Source : Investigation sur le terrain

Les chefs de quartier rencontrés à 68,9 % pensent que le développement dans leur localité est pris en charge par plusieurs acteurs, plusieurs tâches sont effectuées par les uns et les autres dans le respect des directives de la collectivité territoriale, 31,1 % d'entre eux pensent que la grande partie des œuvres réalisées dans leur localité est faite par les volontaires (Kamga Kamga, 2021a).

Graphique 3 : Perception des mairies sur la participation des acteurs philanthropes au développement territorial

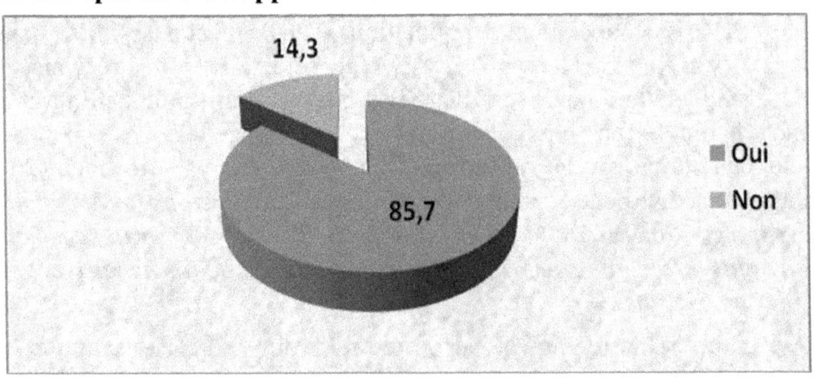

Source : Investigation sur le terrain

On comprend à partir de ce graphique que 85,7 % des mairies, soient 6 mairies sur les 7 présentes dans la ville de Yaoundé, estiment que le développement territorial est participatif. Cependant l'une des mairies estime que le développement territorial est du ressort de la collectivité territoriale décentralisée.

2. Les acteurs « philanthropes » du développement territorial à Yaoundé et leurs activités menées

À Yaoundé, les acteurs « philanthropes » réunis dans la société dite civile prennent de plus en plus une part importante dans l'aménagement urbain, l'amélioration du cadre de vie des populations. Dans la plupart des cas, cette société civile accompagne les populations dans l'aménagement de leur cadre de vie (Kuljian 2013, Kamga Kamga 2021a, 2021b). Elle ne se substitue pas aux autorités, mais accompagne les populations dans la prise en main de leur destin. Les rencontres entre acteurs de développement à Yaoundé sont ainsi structurées et se font dans des cadres bien définis de l'économie sociale et solidaire. L'Économie sociale et solidaire regroupe des organisations, des associations, des mutuelles, des coopératives… (Tchouassi 2010) qui se sont constituées pour répondre à des besoins mal pris en compte par l'État dans le processus du développement. Dans notre travail, l'organisation philanthropique est un terme générique qui désigne tout ensemble structuré de relations sans préjuger de la forme, de la structure œuvrant volontairement dans la localité de Yaoundé. Comme sus-présenté, nous avons les associations, les fondations, les entreprises, le comité d'animation au développement, les associations des jeunes du quartier, les associations des femmes du quartier, la population à la base (de façon individuelle). Celles-ci sont, pour la plupart, basées sur les manquements dans la localité.

II. Les réalisations effectives sur le terrain

Nous allons présenter quelques réalisations effectives dénombrées par les chefs de quartier dans leur localité. Ce sont des actions menées en parallèle par les collectivités territoriales décentralisées et par l'État, mais au vu des manquements observés sur le terrain, l'apport de tous est important.

Graphique 4 : Les actions concrètes selon les chefs de quartier dans le secteur de l'éducation (en %)

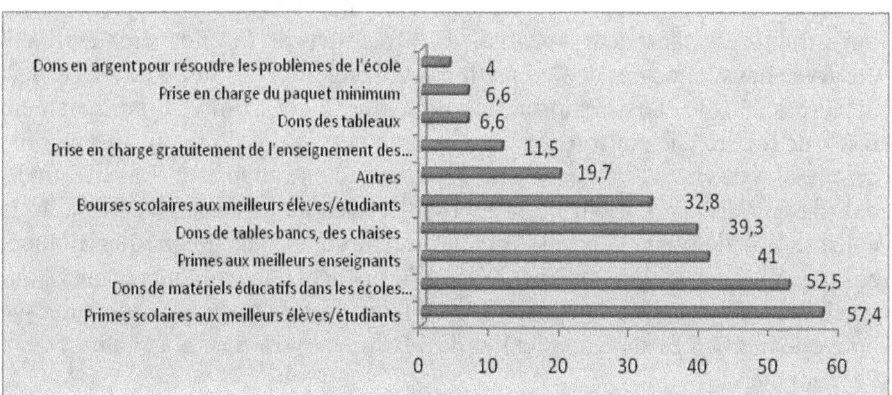

Source : Investigation sur le terrain

Selon 77 % de chefs de quartier, plusieurs réalisations sont effectivement mises en œuvre dans le secteur de l'éducation par les acteurs « philanthropes ». Dans l'ordre des actions concrètes qu'ils ont observées et réalisées dans ce secteur, on peut citer : les primes scolaires aux meilleurs élèves et étudiants (57,4 %), les dons de matériel éducatif dans les écoles (52,5 %), les primes aux meilleurs enseignants (41 %), les dons de tables, de bancs et de chaises (39,3 %) ainsi que les bourses scolaires aux meilleurs élèves et étudiants (32,8 %). La prise en charge du paquet minimum est du ressort du ministère de l'Éducation de base, pourtant 6,6 % de chefs de quartier déclarent que des âmes généreuses y participent souvent. En dehors des modalités que nous avons proposées aux chefs de quartier, ils avaient la possibilité de proposer des actions autres (19,7). Ce sont : la formation des orphelins aux petits métiers, la formation des adultes à l'informatique, etc. Des infrastructures réalisées dans ce domaine sont présentées en dessous (Tchouassi et al., 2021, Kamga Kamga et al., 2022).

Graphique 5 : Les infrastructures réalisées dans le secteur de l'éducation selon les chefs de quartier (en %)

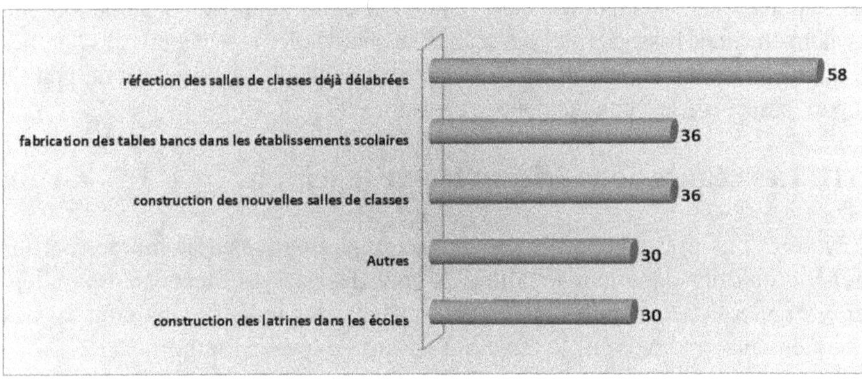

Source : Investigation sur le terrain

De l'avis des chefs encore, les volontaires s'occupent parfois des infrastructures dans leur localité. L'infrastructure la plus fréquemment observée dans le secteur de l'éducation est la réfection des salles de classe déjà délabrées (58 %). Les organisations philanthropiques trouvent certainement facile de refaire une maison délabrée, qui requiert moins d'argent, qu'une salle de classe toute neuve qui nécessite un financement important. Ensuite, 36 % des chefs d'équipe parlent de la fabrication des tables-bancs, et 36 % de la construction de nouvelles salles de classe. Certains chefs de quartier ajoutent aussi que les particuliers ou encore les élites cèdent souvent leurs locaux pour qu'ils servent de salles de classe (30 %). C'est le cas dans une école publique nouvellement créée dans la localité de Minkoameyos, dans l'arrondissement de Yaoundé 7.

Graphique 6 : Les actions concrètes dans le secteur de l'eau selon les chefs de quartier (en %)

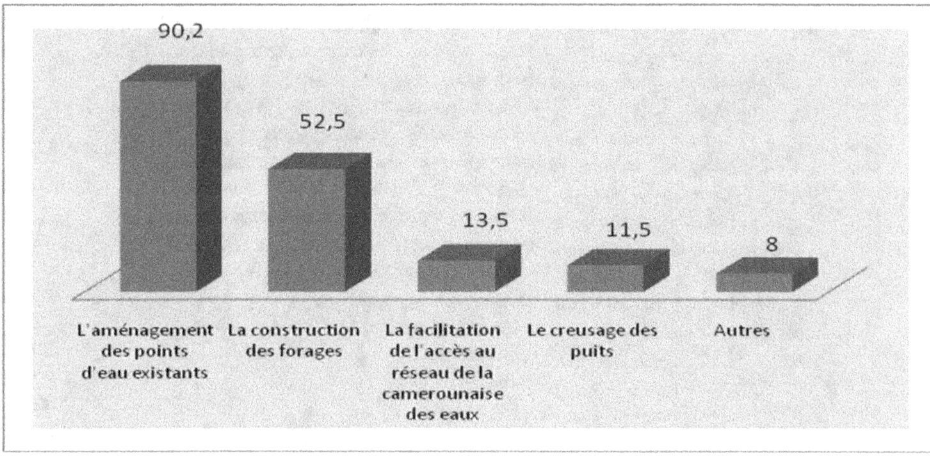

Source : Investigation sur le terrain

Comme réalisation dans le secteur de l'eau, plusieurs actions sont relevées par les chefs de quartier. Dans l'ordre d'importance, les plus fréquemment observées sont : l'aménagement des points d'eau existants (90,2 %), la construction des forages (52 %).

Exemple de point d'eau aménagé dans l'arrondissement de Yaoundé 3.

Photo 1 : Source aménagée par les riverains à Nkol Mbenda

2017 Cliché Kamga

Graphique 7 : Les actions concrètes dans l'amélioration du cadre de vie des populations selon les chefs de quartier (en %)

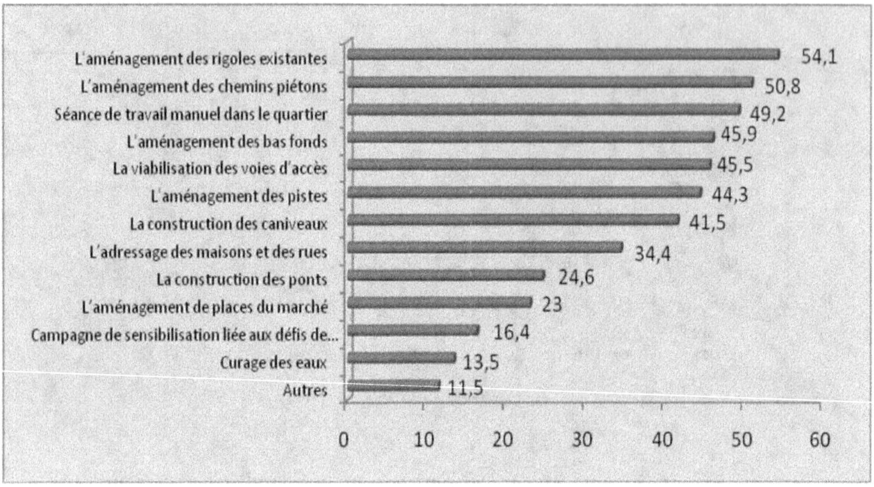

Source : Investigation sur le terrain

En ce qui concerne l'amélioration du cadre de vie des populations, 54,1 % des chefs de quartier placent l'amélioration des rigoles existantes au premier rang, 50,8 % estiment que l'aménagement des chemins piétons est réalisé grâce aux actions philanthropiques, 45,9 % aux séances de travail manuel dans le quartier, 45,5 % pensent à l'aménagement des bas-fonds. Par ailleurs, 24,6 % d'entre eux présentent la participation à la construction des ponts, 13,5 % au curage des eaux.

Photo 2 : Passerelle aménagée par la population à Biyem-assi

Cliché Kamga

Cette passerelle dessert les habitants de cette zone de Biyem-Assi, leur permettent d'aller d'une rive à une autre, sans être obligés de contourner par la grande route.

III. Impact des réalisations sur le développement de la localité

L'impact des réalisations sur le développement territorial peut être perçu dans tous les domaines d'action dans la communauté. Selon les chefs de quartier de la ville de Yaoundé, il est perceptible.

Graphique 8 : L'avis des chefs sur l'impact des réalisations dans leur communauté (en %)

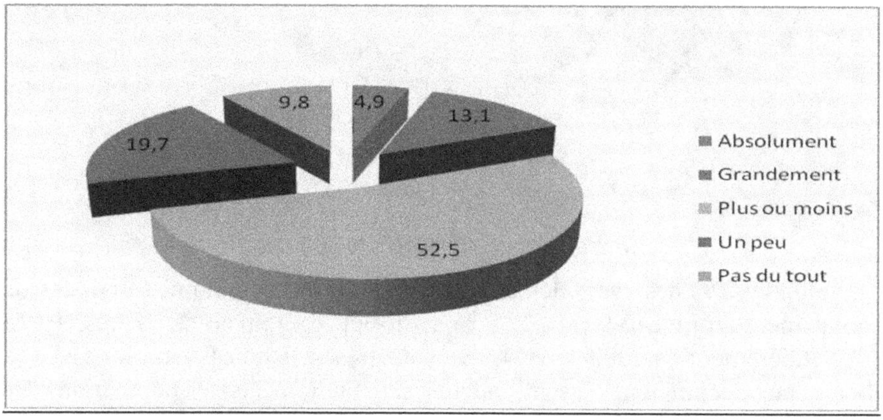

Source : Investigation sur le terrain

Dans l'ensemble, 90,2 % des chefs de quartier pensent que les réalisations effectuées dans les différents domaines influencent réellement le développement local dans leur communauté. À l'inverse, 9,8 % d'entre eux pensent au contraire qu'aucun impact n'est perceptible. Plusieurs enfants ont la possibilité d'aller à l'école grâce à la proximité de celle-ci, il y a moins de moustiques grâce aux journées « quartier propre », etc. Seulement d'après les chefs de quartier, beaucoup reste à faire avant qu'un réel changement ne soit visible. Plusieurs actions sont effectives, mais elles sont le plus souvent ponctuelles. Pour qu'elles apportent un changement bien visible, elles doivent être durables. Les organismes philanthropiques œuvrent déjà, mais elles doivent redoubler d'efforts (Kamga kamga, 2021).

Graphique 9 : L'avis des chefs de quartier sur le degré de satisfaction des populations (en %)

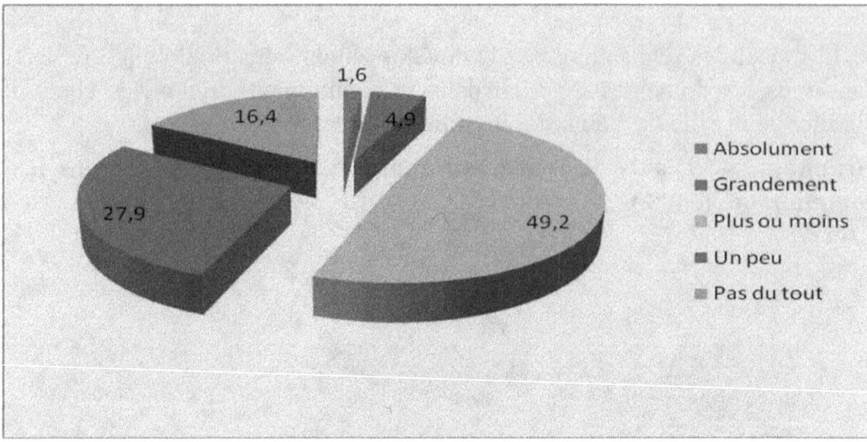

Source : Investigation sur le terrain

Selon 49,2 % des chefs, les populations sont plus ou moins satisfaites du changement au niveau local., 27,9 % se disent légèrement satisfaites, 1,6 % sont entièrement satisfaites, et 4,9 % sont très satisfaites. De plus, 16,4 % d'entre eux déclarent ne ressentir aucune satisfaction chez les populations. Ce degré de satisfaction détermine aussi le comportement des habitants vis-à-vis de la philanthropie des autres.

Les impacts de ces projets de proximité mis en place par les acteurs au développement sont ressentis et appréciés localement. Entre autres effets positifs, on peut citer :

- la diminution du climat d'insécurité dans la localité grâce à l'éclairage public ;
- L'emploi, voire l'auto-emploi de plusieurs jeunes formés gratuitement aux petits emplois ;
- l'embellissement du paysage par la mutation du faciès urbain ;
- la diminution des inondations dans les bas-fonds.

Conclusion

Au terme de ce chapitre, nous pouvons comparer le développement territorial à un train dont la locomotive et les wagons sont le gouvernement central d'une part et les organisations philanthropiques d'autre part. Il se doit donc de satisfaire ses passagers, qui sont les populations si et seulement si ces dernières s'activent aussi à la tâche, et lui permettent d'avancer. Le développement territorial vise l'amélioration du cadre de vie des populations et leur impose l'esprit de participation. La conjugaison « philanthropiedéveloppement territorial » est donc une stratégie d'intervention en milieu local, destinée à pallier les carences du gouvernement central. Dans ce travail, nous avons essayé de montrer comment les œuvres philanthropiques influencent positivement le développement local. Il en ressort de cette enquête dans la ville de Yaoundé, que le développement est l'apanage de tout le monde. Nous avons remarqué que le développement spécial et local présenté par Tchouassi, Kamga Kamga et Essombe Edimo (2021), Kamga Kamga Tchouassi, et Essombe Edimo (2022) est un phénomène qui prend de l'ampleur chaque jour grâce au partenariat, à la participation et à la collaboration de nombreux acteurs dynamiques. En effet, on observe sur le terrain que chacun d'entre eux réalise des actions pour modifier l'apparence du territoire. Ceci étant, tous les acteurs impliqués, soit les populations de base, le CAD, les ONG, les fondations, la diaspora, les entreprises et autres, se présentent effectivement comme des organisations philanthropiques puisqu'ils visent l'amélioration des conditions de vie de la population locale. Nous pouvons donc dire avec Essombé Edimo (2007b) que le développement périurbain, voire local, est véritablement un processus utilisant les initiatives locales au niveau des petites collectivités comme moteur du développement économique. Il vient en complément des grands projets locaux.

Il faut le dire, la philanthropie des uns et des autres par rapport au développement local ou, en d'autres termes, le développement local participatif, ne doit en aucun cas être l'occasion pour l'État de renoncer à ses fonctions régaliennes. Le risque majeur, dans le processus du développement local, est la tendance au désengagement de l'État et l'abandon des responsabilités aux collectivités territoriales, car l'État ayant remis le pouvoir aux communes et aux régions peut faillir à ses fonctions régaliennes économiques et sociales. Cette philanthropie doit être une manière pour les bénéficiaires de se prendre en charge, d'améliorer leur cadre de vie.

Bibliographie

Aina, A.T. & Moyo, B., (2013), *Giving to help, Helping to give, The context and politics of African Philanthropy,* Amalion publishing, TrustAfrica, 431p.

BUCREP, (2010), *Rapport de présentation des résultats définitifs du recensement 2005* ; Bureau central des Recensements et des Études de Population.

Denieuil P.N., (1999), *Introduction aux théories et à quelques pratiques du développement local et territorial,* Analyse et synthèse bibliographique en écho au séminaire de Tanger, Série 27 novembre, 66 p.

Dongo, K. F., Koffi Kouamé B., Koné J., Biém, M., Tanner et G, Cissé, (2008), Analyse de la situation de l'environnement sanitaire des quartiers défavorisés dans le tissu urbain de Yopougon à Abidjan, Côte d'Ivoire [VertigO] – La revue en sciences de l'environnement, Vol 8 no3, 11 p.

Essombè Edimo J.R. Nya Bonaébé (2007a), « Localisation des entreprises industrielles et création de nouvelles centralités à Douala », dans la *Revue Monde en développement*, n° 137, vol.35-2007/1.

Essombè Edimo J.R. Nya Bonaébé (2007b), *Spatialité et développement économique à Douala : entre le hasard et la nécessité*, L'Harmattan, Paris, 206 P.

Essombè Edimo J.R. Nya Bonaébé (2005), « Le développement territorialisé à Douala : fondements et repérage des modalités institutionnelles d'une dynamique nouvelle » dans la *Revue Monde en développement*, n° 130, 2005/2, pp.111-130.

Essombè Edimo J.R. Nya Bonaébé (1995), *Quel avenir pour l'Afrique ? Financement et développement,* Éd. Nouvelles du Sud, Paris.

Kamga Kamga C C (2021a), « Multi-agent analysis of the city's sustainable development policy (Analyse multi-agents de la politique du développement durable des villes), Tendances de Management Africaines, Volume 21, série 2, Décembre p157-172.

Kamga Kamga C C (2021b), Efficacité de la Philanthropie pour le développement local des zones périurbaines, Thèse de Doctorat Phd, 301 p.

Kamga Kamga C. C, Tchouassi G. et Essombe Edimo J. R., (2022), *Modeling the altruistic policy for local development with data envelopment analysis,* MPRA, Munich Personal RePEc Archive, Août, 21 p.

Kuljian, C.L., (2013), « Philanthropy and equity » in Akin Aina, T. & Moyo, B., *Giving to Help, Helping to Give, The context and politics of African Philanthropy,* Amalion Publishing, Trust Africa, pp169-194.

Laganier R., Villalba B., Zuindeau B., (2002), « Le développement durable face au territoire : éléments pour une recherche pluridisciplinaire », *Développement durable et Territoires,* 1, pp1-19.

Lajugie, J. (1964), *Développement économique régional et aménagement du territoire*. Sirey, Paris, 436 p.

Lévi-Strauss, C., (1949), *Les structures élémentaires de la parenté*, Presses universitaires, Paris-France, 617 p.

Lipietz A. (2001), « Aménagement du territoire et développement endogène » Rapport au Conseil d'Analyse économique ; CEPREMAP, janvier.

Malinowski, B., (1922), *Les Argonautes du Pacifique occidental* (*1922*). Traduction française : 1963. Paris : Éditions Gallimard, Traduit de l'anglais et présentée par André et Simone Devyver. Collection nrf., 606 p.

Mougoué, B., (2012), *Participation populaire au développement local dans le bassin de la mingoua à Yaoundé (Cameroun) à l'ère de la décentralisation.* Mémoire inédit d'habilitation à diriger des recherches en géographie (HDR), Université de Montpellier, février.

Muponde, R., (2013), « "I am well if you are well": Nervous conditiond of philanthropy » in Akin Aina,T. & Moyo, B., *Giving to Help, Helping to Give, The context and politics of African Philanthropy,* Amalion Publishing, Trust Africa, pp65-82.

OCDE (2003) : Fondations Philanthropiques et coopération pour le développement, dossiers du comité d'aide au développement, Organisation de Coopération et de Développement économiques.

Plewes B. (2008), *La philanthropie mondiale et la coopération internationale*, Guide des tendances et enjeux, Pour le conseil canadien pour la coopération internationale, 38p.

Pecqueur B. (1992), *Le développement local*, Syros, Paris.

Perroux F., (1950), « Les espaces économiques », Économie Appliquée, 1, pp. 225-244.

Perroux F., (1956), « Travail et civilisation », *Esprit*, n° 243, octobre, (reproduit dans Perroux, 1969), pp. 481-497.

Tchouassi, G., 2010, « Argent de la diaspora et financement du développement des infrastructures urbaines basées en Afrique », Repenser le développement africain pour le développement, pp 211-229.

Tchouassi G., Kamga Kamga C.C et Essombe Edimo J. R., (2021), « Politique Philanthropique et développement local au Cameroun : une analyse à partir du modèle DEA" », Revue Africaniste inter-Disciplinaire N° 16, pp159-17.

Tchouassi G. et Kamga Kamga C.C., (2016), « L'économie de proximité et la dynamique des activités de microfinance au Cameroun », in Tchékoté H., Moulendé Fouda T., Tallet B., Guillermou Y. et Yemmafouo A., (eds), (2016), *Savoirs et politiques de financement rural en Afrique subsaharienne*, Ed Clé, Yaoundé pp.371-390.

CHAPITRE 25 :

PERFORMANCE FISCALITÉ ET DÉVELOPPEMENT DURABLE DES TERRITOIRES URBAINS : UNE ANALYSE SOUS LE PRISME DE LA FISCALITÉ LOCALE

Elie Fernand JIOKENG TCHOUGON

Résumé

La problématique de la performance fiscale locale s'est, depuis, toujours posée et n'a jamais été résolue de façon satisfaisante, alors même qu'elle est au cœur de l'autonomisation financière des collectivités territoriales décentralisées (CTD). Elle devrait assurer de manière significative le financement du développement local durable. L'objectif de ce chapitre est d'analyser la performance fiscale et l'atteinte des objectifs de développement durable dans les territoires urbains sous le prisme de la fiscalité locale. Une étude exploratoire nous a permis de collecter des données auprès de 213 employés communaux de quatre collectivités territoriales décentralisées camerounaises.

Les résultats de l'analyse par enveloppement des données (méthode DEA) montrent que l'optimisation du recouvrement fiscale locale a un coefficient positif et statistiquement significatif à 5 %, l'amélioration de la coordination des acteurs de la chaîne de la fiscalité locale et la promotion des activités génératrices de revenus sont indispensables pour le développement durable urbain.

Mots-clès : Performance fiscale – Développement durable – Territoire urbain – Méthode DEA – Fiscalité locale

Abstract

The problem of local tax performance has always arisen since then and has never been resolved satisfactorily, even though it is at the heart of the financial autonomy of decentralized local authorities (CTD). It should significantly ensure funding for sustainable local development. The objective of this chapter is to analyze fiscal performance and the achievement of sustainable development objectives in urban areas under the prism of local taxation. An exploratory study allowed us to collect data from 213 municipal employees of four Cameroonian decentralized local authorities.

The results of the data envelopment analysis (DEA method) show that the optimization of local tax collection has a positive and statistically significant coefficient at 5%, the improvement of the coordination of actors in the local tax

chain and The promotion of income-generating activities is essential for sustainable urban development.

Keywords: *Fiscal performance – Sustainable development – Urban territories –* DEA method – *Local taxation*

Introduction

La problématique de la performance de la fiscalité locale est au cœur de l'autonomisation financière des collectivités territoriales décentralisées (CTD). Les défis que doivent relever les CTD africaines posent l'éternel problème des modalités de financement du développement local. Si les ressources fiscales existent, les capter et les optimiser pour financer le développement durable local reste un défi considérable pour les CTD. La conférence Habitat III, qui s'est tenue à Quito en 2016, a permis d'élaborer et de mettre en place une nouvelle feuille de route en faveur d'un financement urbain cohérent et viable, qui vise à atteindre des objectifs sociaux, économiques et durables face au changement climatique (ONU-Habitat, 2016 ; Jiokeng, 2021). La conjoncture internationale est marquée par la chute des cours des matières premières, et en particulier du pétrole. Cette baisse est accentuée par les troubles sécuritaires de divers ordres, tels ceux alimentés par la secte terroriste Boko Haram, par la crise dans la zone anglophone au Cameroun, par la crise sanitaire de la COVID-19 et par la guerre en Ukraine. Ces facteurs plongent les finances publiques de tous les pays dans une zone rouge et imposent la rectification des budgets. L'Accord d'Addis-Abeba met à juste titre la priorité sur les ressources générant une amélioration des recettes fiscales dans les pays en voie de développement. La fiscalité locale des villes africaines et des villes du Cameroun en particulier est aujourd'hui en panne, son produit n'alimente qu'insuffisamment le budget des collectivités confrontées aux effets enchevêtrés de leur urbanisation rapide.

La fiscalité locale dans les pays en voie de développement (PED) à l'instar du Cameroun est confrontée au défi de la défaillance de la chaîne fiscale, l'incompétence du personnel, le faible civisme fiscal des contribuables, la corruption et la mauvaise gouvernance, la place prépondérante de secteur d'activité « difficile à imposer » comme l'imposition des richesses issues des ressources naturelles. Cette situation impose une certaine posture pour les CTD afin de rendre performante la fiscalité locale pour remplir sa fonction d'accompagnement à la promotion du développement local en Afrique. La performance de la fiscalité locale est à l'image de la fiscalité nationale, car certains impôts locaux sont recouvrés par les services administratifs de l'État. Pour qu'il y ait de la performance, il faut combiner l'efficacité et l'efficience dans la gestion de la fiscalité locale pour atteindre les objectifs de développement durable (ODD).

L'efficacité d'une collecte locale doit être évaluée en fonction des actions à mener au niveau local. Le terme « efficacité », dérivé du latin « efficere », signifie « accomplir ». Une action est considérée comme efficace lorsqu'elle atteint l'objectif. Fare, Grosskopf et Lovell (1985) définissent l'efficacité comme la qualité ou le degré atteint en produisant un ensemble d'effets désirés. D'une manière holistique, l'efficacité (en anglais *effectiveness*) décrit la capacité d'un individu, groupe ou système à atteindre les objectifs attribués avec des ressources prévues. Être efficace consiste à atteindre les résultats attendus et à réaliser les objectifs fixés. Au-delà de ce concept, l'efficience (*efficiency*) traduit la qualité d'un rendement permettant de réaliser les objectifs avec le minimum de moyens engagés. L'efficacité économique se mesure par la performance économique globale de la firme, c'est-à-dire sa capacité à rentabiliser ses opérations. Farrell (1957) fut le premier à donner une définition claire de l'efficacité économique (efficience-coût), et à faire la distinction entre efficacité technique et efficacité allocative. Si l'efficacité peut être perçue comme un ensemble de forces agissantes, ou la vertu pour laquelle une chose produit tout son effet, l'on serait en droit de se demander si les moyens mis en œuvre par les collectivités territoriales décentralisées pour le développement local permettent d'assurer efficacement l'atteinte des ODD.

Selon Musgrave (1959), la fiscalité remplit trois fonctions essentielles, notamment la fonction de mobilisation des ressources budgétaire nécessaire au financement des dépenses publiques (fonction financière), la fonction d'allocation des ressources en orientant les investissements vers certains secteurs (fonction économique) et la fonction de répartition des revenus en modulant la charge fiscale supportée par les contribuables (fonction sociale). À la lecture de la loi n° 2009/019 du 15 décembre 2009 relative à la fiscalité locale au Cameroun, la fiscalité locale désigne l'ensemble des recettes fiscales définies par le code général des Impôts au profit des collectivités territoriales décentralisées. Selon cette loi, elle est constituée de tous prélèvements opérés par les services fiscaux de l'État ou compétents des collectivités territoriales décentralisées au profit de ces derniers. L'ensemble de ces prélèvements est encore désigné sous le vocable impôts locaux. Elle fournit l'essentiel des ressources propres des collectivités locales et est appelée à jouer un rôle croissant dans le financement des besoins sans cesse croissants des collectivités locales. L'article 2 de la loi ci-dessus précise que les impôts locaux comprennent entre autres les impôts communaux, centimes additionnels communaux sur les impôts et taxes de l'État, taxes communales, impôts et taxes des régions et tout autre type de prélèvements prévus par la loi. Din Elame (2009) définit la fiscalité locale comme un système de prélèvement d'impôts et taxes autorisés par la loi au profit des CTD. Encore désignés sur le vocable « impôts locaux », ils s'entendent comme des prélèvements pécuniaires sans contrepartie, autorisée par la loi permettant aux collectivités locales d'opérer sur le citoyen de la commune ou région, en vue de la couverture des charges publiques locales. Selon le rapport Camercap (2017), le système fiscal camerounais présente plusieurs inefficacités, particulièrement au niveau de la gestion municipale. On y observe notamment un incivisme fiscal, une sous-information du public, une absence de coordination effective entre les ministères sectoriels et la CTD, des incapacités du management des ressources humaines à tous les niveaux, et un manque de clarté dans la politique de décentralisation fiscale du gouvernement central.

Pour Tiebout (1956), il existe un lien fiscal privilégié entre collectivités et contribuables. Ce lien de proximité repose sur le vote des ménages et mobilité des entreprises, pouvant voter avec leurs pieds. Il est source d'efficacité, car permettant de révéler les préférences des contribuables, dont les collectivités tiennent compte lorsqu'elles mettent à leur disposition des biens et services publics Meyer (2013). D'après la définition dite officielle du développement durable, celui-ci s'entend comme un mode de développement répondant aux besoins des acteurs présents sans compromettre la capacité des générations futures à répondre aux leurs (Brundtland, 1987). Les 17 ODD de l'Agenda 2030 pour le développement durable adopté par l'Organisation des Nations Unies en septembre 2015 sont les outputs devant être mis en œuvre dans chaque territoire. Ils définissent un programme ambitieux visant à éliminer la pauvreté sous toutes ses formes, lutter contre les inégalités, construire la paix et résoudre les problèmes environnementaux.

Notre réflexion part du constat selon lequel la fiscalité locale ne remplit pas suffisamment son rôle d'instrument de financement des biens et services publics locaux, sans oublier de mentionner la discipline des consommateurs sur le niveau de bien à consommer pour une prise en compte des ODD par les CTD. La fiscalité locale, en tant qu'outil de financement des CTD, peut offrir un champ d'analyse favorisant une meilleure compréhension des défis posés par le développement durable. Pfister (2009), Sawadogo (2001), Zuindeau (2000), Zaki (2014) s'accordent sur le fait que la décentralisation fiscale est un gage de développement durable. La gestion efficace, efficiente et participative de la fiscalité locale a sans conteste un impact sur l'atteinte des ODD au niveau local. D'où cette question : La performance de la fiscalité locale des CTD contribue-t-elle de manière significative à l'atteinte des ODD ?

L'objectif général que poursuit notre étude est de montrer, à partir des employés communaux, que la performance de la fiscalité locale contribue significativement à l'atteinte des objectifs de développement durable. Plus spécifiquement à travers trois dimensions, notamment l'optimisation du recouvrement fiscal, l'amélioration de la coordination des acteurs de la chaîne fiscale locale et la promotion des activités génératrices des revenus, et en appliquant l'analyse par enveloppement des données (méthode DEA), de proposer un modèle de régression, dans un contexte africain. Le reste de l'étude est structuré comme suit : la revue de la littérature (1) ; méthodologie (2), analyse des résultats empiriques (3), discussion des résultats (4) et la conclusion.

I. Revue de la littérature

Il est communément admis avec Musgrave (1959) que l'intervention publique renvoie à trois fonctions principales, notamment d'allocation des ressources (dont les économistes pensent qu'elle reviendrait aux CTD), de redistribution des ressources et de stabilisation macroéconomique. La gestion de la chaîne fiscale, la détermination de l'assiette des impôts et taxes à leur recouvrement, est entièrement prise en charge par l'État par le biais des services déconcentrés (Steffensen et Trollegaard, 1999). L'efficacité de l'Administration des impôts au niveau local constitue un enjeu important dans la détermination du niveau optimal d'attribution et de partage des responsabilités entre l'État et les collectivités locales. Plusieurs auteurs ont traité la question de la fiscalité locale comme outil contribuant au financement des CTD (Musgrave 1959, *op. cit.*, Tiebout ; 1956, Chambas et al., 2007, Madiès ; 2001). Selon le rapport du Conseil de Prélèvement Obligatoire (2010), la fiscalité locale utilisée comme source de financement des CTD et outil de tarification établissant un signal-prix permet de la considérer comme un instrument d'amélioration de l'efficacité économique. À ce titre, il peut recevoir deux objectifs : financer des biens et des services publics locaux, ou encore orienter les comportements économiques. En corrigeant les insuffisances du marché, la fiscalité locale contribue à accroître le bien-être social. Les impôts ayant pour contrepartie les services publics offerts, les contribuables dans la logique du vote par le pied de Tiebout (1956, *op. cit*), choisissent leur lieu de résidence en prenant en compte de ces deux aspects.

L'architecture actuelle de la fiscalité locale camerounaise est opaque, comme celle de la France (Gilbert, 2009). L'enchevêtrement fiscal entre l'État et différents échelons des collectivités, l'imbrication de leurs compétences diluent ce lien. Les contribuables et collectivités ne disposent donc pas d'informations pertinentes sur le coût et bénéfices des actions locales leur permettant de prendre des décisions éclairées. Cette faible transparence peut, notamment, s'expliquer par la nature des compétences transférées aux collectivités. Les dépenses locales ne contribuent pas toutes à la fourniture des biens et services publics locaux, présentant des caractéristiques spécifiques du Conseil de Prélèvement Obligatoire (2010). Grail et al (2006) estiment que la performance est avant tout comportementale et culturelle. C'est une combinaison des actions de modernisation d'une collectivité la faisant une collectivité performante. Elle repose sur la responsabilisation des agents compensés par une capacité de maîtrise suffisante. Pour ces auteurs, être performant, c'est se fixer un cap et prendre un ensemble de mesures destinées à améliorer la performance dans une multitude de domaines. Pour eux, le contrôle de gestion est abordé à travers les outils des contrôleurs de gestion, notamment :

- comptabilité analytique (ou de gestion) ;
- tableau de bord ;
- suivi du plan pluriannuel d'investissement (PPI) ;
- budget par activité ;
- suivi des projets.

Giraud et al (2004) considèrent le contrôle de gestion comme une démarche permettant à une organisation de clarifier ses objectifs de performance et d'en piloter la réalisation progressive, en assurant la convergence des actions engagées par les différentes entités la composant.

Selon Debbi (2014), la performance publique locale pourrait être définie par les éléments suivants :

- la réalisation d'objectifs plus ou moins établis, communiqués et constituant la vision stratégique locale. La performance se réduit à l'atteinte des résultats espérés par l'action municipale ;
- la performance publique correspond aussi à une bonne utilisation (efficience). Sachant que les communes, les autres institutions territoriales ont une indépendance financière accrue par les actes de décentralisation, elles sont soumises aux arbitrages et contraintes financières ;
- la performance publique locale suppose aussi la satisfaction des citoyens du territoire concerné. En pratique, on distingue entre deux types de résultats : l'output concernant le produit de l'action, alors que l'outcome concerne l'impact. Le premier élément est associé à la dimension d'atteinte des objectifs, alors le second est lié à la dimension de satisfaction des usagers ;
- la performance publique locale conditionne la réussite politique et la légitimité. La réponse aux besoins des citoyens-usagers, supposant plus de dépenses, et passant par la concrétisation électorale, confronte le gouvernement des municipalités d'une contradiction potentielle : l'allégement de la fiscalité locale.

Dans ce sens, Guengant (1999) a proposé la balance entre les services rendus aux usagers et les impôts acquittés en contrepartie par les contribuables comme indicateur principal de la performance publique locale.

Debbi (2014) indique que la performance dans les services publics croise deux dimensions :

- la performance organisationnelle et sa mesure concernent l'organisation elle-même, son fonctionnement et ses interactions avec l'environnement ;

- la performance des politiques s'intéresse aux actions prescrites par les politiques et à celles mises en œuvre par les différents acteurs publics et privés (et donc organisés).

Pour Chambas et al (2007, *Op. cit*), il n'y a pas de décentralisation sans ressources suffisantes. Yatta (2010), Zaki (2014), Diop (2001), Alissoutin (2005) et Attila, Chambas et Combes (2008) remarquent que la fiscalité locale en Afrique est édulcorée, la corruption, la pauvreté et l'incivisme empêchant ainsi sa mobilisation et le financement des services publics locaux. Selon Brun, Chambas et Combes (2004, p. 123), Alessina et Perotti (1994), ainsi que Frey, Stutzer et Benz (2001), la prévalence de la pauvreté a un effet néfaste sur la collecte de taxes locales, ce qui renforce son inefficacité à assurer l'autonomie financière des collectivités territoriales décentralisées (CTD).

La littérature ne traite pas assez le lien entre fiscalité locale et développement durable (Tchouassi et al., 2021). Toutefois, certains auteurs sont optimistes sur l'efficacité de la fiscalité locale dans l'atteinte des ODD. C'est du moins ce qui ressort des rapports Pfister (2009) de l'OCDE, du Conseil de Prélèvement Obligatoire (2010, *Op. cit*), du CGLU (2016) et des auteurs, tels que Jahshan (2017), Boko (2008). Faye (2017) et Diagne (2011) soulignent que la gestion de la fiscalité orientée vers la performance contribue à l'amélioration des moyens logistiques, mais qu'elle ne règle pas les problèmes d'insuffisance du personnel ni les lourdeurs de procédures administratives dans la collecte de l'impôt local. Selon Pfister (2009, *Op. cit*), l'amélioration des résultats obtenus dans la collecte des recettes publiques nécessitera une amélioration majeure de l'administration, à travers l'embellie des prestations de services, l'éducation du contribuable, l'utilisation efficace des systèmes automatiques, le perfectionnement de la coopération entre les administrations fiscales pour lutter contre l'évasion fiscale et la planification fiscale agressive et le renforcement des capacités en matière de vérification et gestion des ressources humaines. Les auteurs Acemoghu (2005), Besly et Persson (2009) soulignent que la capacité à recouvrer les recettes fiscales reflète les décisions d'investissements préalables. Ils examinent ensuite comment celles-ci sont représentatives de considérations telles que la stabilité politique, l'ampleur des intérêts communs, les menaces extérieures étant l'exemple principal et le degré de consensus.

Dans le rapport ONU-Habitat (2012), qui traite de la mobilisation des ressources financières locales au Bénin, montre que le recouvrement de la fiscalité passe inéluctablement par la fluidité de l'information, notamment sur le foncier. L'assiette foncière est en effet généralement réputée pratique et efficace à travers sa stabilité, offrant des recettes prévisibles aux collectivités territoriales (Jomard et Kongstrud, 2003). Elle rend l'évasion fiscale difficile, tout comme elle permet aux autorités publiques d'améliorer l'aménagement du territoire en les corrigeant (Baker, 2004). En outre, elle est le baromètre efficace des bénéfices retirés des investissements publics locaux et permettrait aux collectivités de prélever le juste prix des biens collectifs qu'elle met à la disposition des résidents. Tout comme, enfin, elle serait l'assiette la plus efficace des taxations n'affectant pas l'allocation des ressources dans l'économie (sans effet sur les décisions d'offre de travail, d'investissement en capital humain, etc.). Selon les économistes de l'approche du bénéfice (*benefit tax view*), la taxe foncière serait économiquement efficace parce qu'elle constituerait le prix optimal que les résidents paient en échange des services publics locaux.

Pour y parvenir, Bertrand et Moquay (2004) pensent que la gouvernance locale recouvre des mécanismes de coordination et d'action collective permettant (i) de mobiliser un ou des champs d'interaction entre des acteurs de nature variée, et (ii) de garantir la tenue d'accords. L'efficacité de l'Administration des impôts au niveau local constituerait un enjeu important dans la détermination du niveau optimal d'attribution et de partage des responsabilités entre l'État et les CTD. Pour sa part, Debbi (2014) souligne que la performance fiscale se concentre, d'une part, sur le recouvrement fiscal, qui est considéré comme un indicateur de la performance des responsables municipaux, des fiscalistes et des spécialistes en comptabilité, et, d'autre part, sur le déficit budgétaire, correspondant à un mauvais recouvrement fiscal, ce qui entraîne une baisse des revenus municipaux. De son côté, Pfister (2009) fait également remarquer que la fiscalité efficace renforce la qualité de la gouvernance. D'autant plus que la fiscalité offre de nombreuses possibilités de promouvoir la responsabilité des gouvernements vis-à-vis des citoyens. Pour lui, un système fiscal solide favorise par ailleurs la qualité de l'action gouvernementale.

L'efficacité de la fiscalité locale dépend également du système fiscal, selon Zaki (2014), Fall (2010), Dafflon et al., (2008) et Gilbert (2009). Ces auteurs estiment que la performance des opérations de recensement et d'assiette doit être significative, par une grande proximité entre les structures en charge de la matière imposable et les assujettis (contribuables), afin de préserver l'intégrité de l'assiette fiscale. Pour une meilleure rentabilité du recouvrement des impôts locaux par les CTD, le CGLU (2016) souligne que la participation et la concertation sont au cœur de la mobilisation des ressources locales, fiscales (comme le civisme fiscal) et foncières. La transparence dans les modalités de fonctionnement permet à la fois, l'optimisation de la répartition de la ressource et le consentement accru des citoyens. Ainsi, une procédure telle que le budget participatif entend réorienter les programmes publics vers des actions ayant été jugées prioritaires par les habitants des quartiers concernés (Genro et Souza, 1998).

Selon l'étude Sauvez (2001), il est essentiel d'augmenter la fiscalité dans les zones de terrains constructibles non développées afin de financer une partie des infrastructures. De plus, Mohammed (2016) souligne l'importance de renforcer le rôle du secteur privé pour atteindre l'agenda 2030. Cela implique de renforcer les cadres réglementaires incitant les entreprises privées à investir dans le développement durable. Selon Ponty (2007), la réalisation des ODD dépend inévitablement de la construction d'infrastructures et de l'accessibilité à des équipements de pointe. Le partenariat public/privé en constitue un moyen d'accélération. Pour les auteurs Marty, Voisin et Trosa (2006), le recours aux partenariats public-privé vise à concilier les objectifs de stabilisation macroéconomique et d'amélioration de la qualité des services rendus aux usagers, dans un contexte favorable de taux bas. Selon Tchouassi (2005), l'accès, par exemple, aux services essentiels de base (écoles, centres de santé, bornes-fontaines, points d'eau potable, réseaux d'irrigation et d'assainissement, amélioration du type d'habitat, voies de communication comme les routes, les places de marché urbaines et périurbaines, l'électrification périurbaine, etc.) contribue également à une amélioration massive des conditions de vie des populations africaines. Selon Campbell (2007), une entreprise socialement responsable est une entreprise agissant de manière responsable en respectant les intérêts et attentes de toutes ses parties prenantes. Pour Attenburg et Assman (2017), la promotion des technologies vertes peut entraîner la diffusion de connaissances qui renforcent la capacité du secteur économique à respecter ses engagements et à attirer de nouveaux acteurs vers une croissance durable.

L'objectif de développement durable n° 8 vise à encourager une croissance économique durable, partagée et soutenue, à promouvoir l'emploi productif et décent pour tous. Van den Berg et Warren (2015) estiment que, lorsque les administrations locales assurent la bonne gestion des ressources et libèrent l'expression de la population, les structures de la gouvernance locale peuvent aussi cultiver la volonté politique de pérenniser la paix. C'est une condition indispensable pour que la fiscalité locale soit efficace. Le développement économique Local (DEL) est l'une des solutions pour remédier aux difficultés relevées dans les pays les moins avancés (PMA), parce qu'il génère une croissance endogène basée sur la production d'une valeur ajoutée que le secteur privé et les acteurs locaux peuvent générer. Pour Blakely et Leigh (2013), Denieuil (2005), les programmes du DEL ayant réussis, ont provoqué un développement des capacités économiques dans les territoires, augmentation du niveau de revenus et qualité de vie des habitants. Le DEL étant un processus de développement allant du bas vers le haut, il est considéré comme une démarche essentiellement endogène qui a recours aux ressources locales Hasan (2008). Tchouassi et al (2015, *Op. cit*) font encore remarquer que l'efficacité d'un programme, quel qu'il soit, se mesure en fonction des objectifs fixés au départ. Pour atteindre les objectifs de développement durable, les pays africains, y compris le Cameroun, devront développer de nombreuses infrastructures dans des secteurs tels que l'eau et l'assainissement, les routes, l'énergie et les télécommunications. Les partenariats publics privés (PPP), notamment les concessions et Built Operate

Transfer (BOT), constituent un instrument de préfinancement des investissements publics par l'épargne privée locale, nationale ou étrangère. Ils permettent ainsi d'assouplir la contrainte budgétaire de l'État à court et moyen terme. Si l'on cherche à promouvoir l'entrepreneuriat, l'efficacité se mesure en termes de survie et longévité de l'activité entrepreneuriale, éventuellement de croissance du chiffre d'affaires, de bénéfices et d'embauche du personnel salarié.

Selon Ponty (2007), l'atteinte des Objectifs du Millénaire pour le Développement (OMD) passe nécessairement par la réalisation du plus grand nombre d'infrastructures et la mise à disposition d'équipements performants, le Partenariat public privé (PPP) pouvant constituer un moyen d'accélération. L'Agenda 2030 constitue une occasion d'intégrer la consommation et la production responsables dans tous les aspects du développement, de créer de nouveaux indicateurs liant l'économie à l'environnement, et de renforcer les capacités de collecte de données et de suivi. D'après Mahmoud et al., (2018), l'entrepreneuriat peut développer et élargir le secteur privé local, et en particulier celui des petites et moyennes entreprises. Par ricochet, ici l'on recherche l'efficacité de la fiscalité locale pour l'atteinte des ODD, elle se mesure en termes d'optimisation du recouvrement des recettes fiscales locales, d'amélioration de la gouvernance fiscale et de développement de l'économie locale. Ainsi présentée, cette littérature sert de base pour la construction de notre méthodologie.

II. Méthodologie

Dans cette étude, nous avons utilisé un questionnaire pour collecter des données auprès de 213 employés municipaux de quatre collectivités territoriales décentralisées camerounaises : 76 de la Communauté urbaine de Douala (CUD), 42 de la commune d'arrondissement de Douala 1er, 54 de la commune d'arrondissement de Douala 4e, 41 de la commune d'arrondissement de Douala 5e du département du Wouri, dans la région du Littoral. La performance de la fiscalité locale pour le développement durable sera une réalité si et seulement si le personnel s'approprie les inputs et les outputs pour accompagner les magistrats municipaux dans leur politique de développement local.

Selon Farrell (1975), il est possible de diviser l'efficacité organisationnelle en trois catégories distinctes : (i) l'efficacité technique, correspondant à la capacité de maximiser la production de résultats avec un ensemble donné de ressources ; (ii) l'efficacité allocative, qui mesure la capacité d'affecter ces ressources aux tâches spécifiques en tenant compte du coût et de la technologie, dans le but d'optimiser la production de résultats ; et (iii) l'efficacité globale, qui représente simplement le produit des deux précédentes. L'optimum se définit en termes d'objectifs de comportement, et, dans ce cas, l'efficacité est économique et se mesure par la comparaison des coûts, des revenus ou des profits observés avec les optimums.

Pour Hatry (1999) la mesure de l'outcome capte les résultats ou conséquences des services délivrés et pertinents pour le public et consommateurs. Kelly et Swindell (2002) ajoutent de leur côté que, si l'outcome mesure la performance interne et externe, l'input s'intéresse à la performance strictement interne de l'entreprise.

Le choix des inputs et outputs est une tâche qui n'est pas aisée. Peu de recherches empiriques utilisant la méthode de DEA dans l'analyse de l'efficacité de la fiscalité locale. En nous inspirant de quelques études existantes, nous avons défini les variables d'intérêt d'une part, et les variables de contrôle, d'autre part.

Tableau n° 1 : variables d'intérêt

Variables inputs	Variables outputs
Optimisation du recouvrement des recettes	Objectifs de développement durable
Amélioration de la gouvernance locale	
Développement de l'économie locale	

Source : auteur

Tableau n° 2 : variables de contrôle

Variables	Description	Signes attendus
Administration de rattachement	Variable indicatrice qui prend la valeur 1 si l'institution est rattachée à l'administration et 0 sinon	+
Âge	Âge de l'institution calculé à partir de la date de fondation de l'institution	+
Âge^ 2	Âge au carré	+
Effectif du personnel	Effectif du personnel impliqué dans la chaîne fiscale de la structure	+

Source : auteur

L'analyse des enveloppements des données (DEA) a été souvent utilisée pour évaluer l'efficacité des institutions publiques et privées dans plusieurs études empiriques Sedzro et Keita (2007) ; Fluckiger et Vassilev (2009) ; Nieto et al., (2004) ; Chasmar (2009). Cette méthode semble avoir fait ses preuves dans le passé, puisqu'elle a été utilisée pour apprécier la performance d'institutions utilisant de multiples inputs et outputs tels que les hôpitaux, les forces aériennes américaines, les universités, les villes, le système judiciaire, les entreprises, et bien d'autres domaines comme les banques, assurances, tourisme (Cooper, Seiford et Zhu, 2006).

Seiford et Thrall (1990) ont permis de mettre à jour la méthode DEA depuis la publication de Charnes, Cooper et Rhodes (1978). Ils expliquent de manière plus détaillée la méthode, en développant davantage les deux types de calculs DEA, l'un axé sur les intrants et l'autre sur les extrants. L'approche orientée input cherche ainsi à mesurer la quantité d'inputs minimale possible pour produire une quantité d'outputs (Seiford et Thrall, 1990). Alors que l'approche orientée output cherchera à mesurer la quantité maximale d'outputs qu'il est possible de produire pour une quantité d'inputs donnée. Dans le cas des collectivités territoriales, il est préférable d'utiliser l'approche orientée output, car le caractère à but non lucratif de plusieurs institutions, ainsi que l'accès limité aux ressources laissent supposer que les gestionnaires cherchent à maximiser les outputs avec la quantité limitée d'inputs disponibles (Sedzro et Keita, 2007).

Pour faire court, cette méthode est mieux adaptée à l'évaluation de l'efficacité des institutions gouvernementales ou à but non lucratif. Il serait intéressant pour nous d'utiliser le résultat de la DMU (*Decision Making Unit*), le score du ratio entre inputs et outputs obtenu par les calculs de la méthode DEA, comme variable dépendante dans une régression économétrique. C'est pour cette raison que, dans cette étude, il sera testé le modèle que nous proposons pour apprécier l'impact de la fiscalité locale sur le développement durable (comme l'a fait Chasmar, 2009), pour saisir l'influence de l'optimisation du recouvrement des recettes, l'amélioration de la gouvernance locale et le développement de l'économie locale sur les objectifs de développement durable au Cameroun. Afin de faire cette régression économétrique, le modèle sera présenté comme suit :

$$DevDur_i = constante + \beta_1 Optim_i + \beta_2 Gouv_i + \beta_3 EcoLoc_i + \mu_i \quad (1)$$

La variable dépendante $DevDur_i$, représente le développement durable. La variable $Optim_i$ représente les variables d'optimisation du recouvrement des recettes fiscales locales pouvant influencer les objectifs de développement durable étant propres à l'institution communale concernée. La variable $Gouv_i$ indique les variables liées à l'amélioration de la gouvernance fiscale de la collectivité, et $EcoLoc_i$ représente la variable liée au développement de l'économie locale de chaque localité. Le terme μ_i est le terme d'erreur général au modèle.

Voici l'approche output de CCR pour la DEA démontré par Cook et Zhu (2005).

Supposons le modèle CCR suivant :

$$Min \frac{\sum_i v_i x_{io}}{\sum_r u_r y_{ro}} (2)$$

Sujet à : $\frac{\sum_i v_i x_{ij}}{\sum_r u_r y_{rj}} \geq 0 \; pourj = 1, 2, \ldots \ldots, n; ur; vi \geq \mathcal{E} > 0$ (3)

Où *i* représente les inputs *n* disponibles et *r* les outputs *m* disponibles. v_i représente le poids de la quantité d'inputs *i.* La quantité d'inputs est représentée par x_{ij}. u_r représente le poids de la quantité d'outputs *r*. La quantité d'outputs *r* est représentée par y_{rj}. *j* représente l'unité DMU qui est tout simplement l'unité de décision déterminant la quantité d'inputs et d'outputs disponibles. Le modèle CCR (modèle constant returns to scale) ci-dessus, minimise le nombre d'inputs pour une quantité d'outputs y.

Le modèle (2) représente une fonction de minimisation cherchant à mesurer quel est le minimum d'inputs possibles afin de produire un maximum d'outputs. Le modèle CCR ci-dessus, minimise le nombre d'inputs x pour une quantité d'outputs y. Ainsi, l'équation cherche à trouver la quantité d'inputs et la quantité d'outputs représentant la combinaison la plus optimale pouvant exister dans la fonction de production, mais qui est tout de même considérée efficace. L'équation (3) représentant les contraintes auxquelles l'équation (2) est soumise en démontrant que le ratio inputs et outputs ne peut être négatif c'est-à-dire, qu'il est impossible d'avoir une quantité d'inputs ou de outputs négative.

Les contraintes ci-dessus sont les conditions des outputs et des inputs « virtuels » qui sont créés afin de convertir plusieurs inputs et outputs en un seul input et output. Ces conditions doivent être respectées par toutes les DMU, incluant $DMU_j = DMU_0$. Il est possible avec le modèle ci-haut d'avoir une infinité de solutions, car si u^* et v^* sont optimaux, alors αu^* et αv^* sont aussi optimaux pour $\alpha > 0$. Néanmoins, la transformation vers une programmation linéaire fractionnelle représente une solution pour ce problème d'infinité de solutions. Ainsi, on obtient le modèle d'enveloppement suivant :

$$max\theta + \varepsilon\left(\sum_{i=1}^{m} s_i^- + \sum_{r=1}^{s} s_r^+\right)_{(4)}$$

Sujet à : $\sum_{j=1}^{n} x_{ij}\gamma_j + s_i^- = x_{i0}; i = 1, 2, \ldots\ldots, m$ (5)

$$\sum_{j=1}^{n} y_{rj}\gamma_j - s_i^+ = \theta y_{r0}; r = 1, 2, \ldots\ldots, s \quad (6)$$

$$\gamma_j \geq 0 \,, j = 1,2, \ldots, n_{(7)}$$

Le modèle représenté par les formules (4), (5) et (6) montre la fonction de production. Pour l'approche DEA orientée output, on cherche à résoudre l'équation du modèle d'enveloppement cherchant à maximiser θ, qui est le meilleur résultat possible en optimisant les inputs x et les outputs y de la façon la plus efficace possible. L'équation (4) est soumise aux contraintes des équations (5) et (6). Les variables représentent les variables d'écart que peuvent contenir les DMU. Les variables d'écart représentent les excès d'input et manque d'output pour que la DMU soit totalement efficace. On atteint l'efficacité Pareto-Koopman lorsqu'une DMU est totalement efficiente c'est-à-dire, qu'elle atteint l'efficience totale si et seulement si ce n'est pas possible d'améliorer tout input, en diminuant s_i^- , ou output, en augmentant s_i^+ , sans empirer les autres inputs et outputs (Cooper, Seiford et Tone, 2006).

III. Résultats empiriques

Puisque les données disponibles sont en coupe transversale, il est possible d'utiliser plusieurs approches économétriques pour estimer le modèle. Premièrement, il serait possible de faire une régression par les moindres carrés ordinaires (MCO) *pooled*, puisque le modèle est relativement simple. Cette méthode sert à vérifier l'effet de nos variables d'input (variables explicatives) sur notre variable output (variable dépendante).

Tableau n° 3 : Statistique des données

Variable	Moyenne	Écart type	Min.	Max.
DMU (ratio entre inputs et output)	0.782	0.215	0.106	1
Administration de rattachement	0.862	0.481	0	1
Âge	22.72549	0.8199873	5	51
Effectif du personnel	34.302	15.331	33	97
Optimisation du recouvrement des recettes	0.862	0.481	0	1
Amélioration de la gouvernance locale	0.862	0.481	0	1
Développement de l'économie locale	0.862	0.481	0	1

Source : auteur

Avant de commencer toute régression, il est important de vérifier par l'intermédiaire d'une table de corrélation s'il pourrait exister un problème de colinéarité dans le problème pouvant rendre le modèle présenté auparavant moins précis. La table de corrélation est présentée ci-dessous. Il est possible de constater, pour la variable DMU (représentant le ratio entre les variables inputs et outputs), qu'il existe une forte corrélation avec nos différentes variables d'intérêt.

Tableau n° 4 : Corrélation

	DMU	**Admis de rattachem**	**Âge**	**Effectif du person**	**optimi du reco des recet**	**amél de la perfo fiscale**	**déve de l'écon loca**
DMU	1.0000						
Admis de rattache	0.3269	1.0000					
Âge	0.5999	0.3404	1.0000				
Effectif du personnel	0.4269	0.2718	0.4433	1.0000			
optimi du reco des recettes	0.767	0.0368	-0.0700	-0.0610	1.0000		
amél de la gouv locale	0.862	-0.1595	-0.1863	-0.1345	0.2829	1.0000	
déve de l'écon locale	0.8489	-0.2196	-0.0995	-0.1854	-0.0827	0.2985	1.0000

Source : auteur

Les résultats des régressions MCO sont présentés dans le tableau ci-dessous.

Tableau n° 5 : Résultats régression MCO de notre équation de développement durable capté par la méthode DEA

Variables dépendantes :	**Coefficients**	**Écart type**
Variables explicatives		
Administration de rattachement	0.640***	(0.0639)
Âge	0.0198*	(0.0315)
Âge au carré	0.0103*	(0.125)
Effectif du personnel	0.0223*	(0.105)
Optimisation du recouvrement des Recettes	0.0878**	(0.0124)
Amélioration de la gouvernance locale	0.0743**	(0.0639)
Développement de l'économie locale	-0.0682**	(0.105)

Constante	2.0189**	(0.0656)
R-carré	0.807	
Effets fixes pays	Oui	
Effets fixes temps	Non	

Robust standard errors in parentheses**
* p<0.01, ** p<0.05, * p<0.1

Source : auteur

Le tableau ci-dessus présente les résultats des estimations de notre modèle par la méthode des MCO. Il ressort de ces résultats que notre modèle est globalement significatif, car notre R carré a une valeur proche de un. De même, les coefficients de nos variables présentent dans la majorité des cas des signes attendus avec toutefois des significativités diverses.

Concernant nos variables d'intérêt, nous constatons que l'optimisation du recouvrement des recettes fiscales locales a un coefficient positif et statistiquement significatif à 5 %. Ceci signifie simplement que lorsque le recouvrement des recettes est optimal dans les différentes communes, le développement durable est garanti. C'est également le cas pour la gouvernance locale, lorsqu'elle est améliorée, le développement durable est une réalité. Pareillement, nous avons le même effet pour le développement de l'économie locale.

Relativement à nos variables de contrôle, les effets sont également conformes à l'intuition économique. Le rattachement à l'administration impacte positivement le développement durable, de même que l'âge, bien que l'effet seuil soit observé. Un personnel conséquent est toujours affecté dans la gestion de la fiscalité locale au sein des collectivités territoriales décentralisées.

IV. Discussion

Nos résultats sont dans la continuité des travaux d'un certain nombre d'auteurs ayant apporté une contribution sur l'efficacité de la fiscalité locale pour le développement durable. Nous pensons ici à Musgrave (1959, *Op. cit*), Oates (1972, *Idem*), Tiebout (1956), Boko (2008, *op. cit*) et le Conseil des prélèvements obligatoires (2010, *Ibid.).*

L'intérêt des élus locaux est d'assurer la mobilisation des ressources fiscales sur la période du mandat. Ce qui n'est pas sans conséquence sur la pression fiscale auprès des contribuables, ainsi qu'une insuffisance de production des biens et services publics locaux pour les populations. On peut également redouter l'effectivité du processus de décentralisation dans ce cas de figure.

Diagne (2011, *Op. cit*) s'inscrit dans la conception selon laquelle le niveau peu performant des recouvrements relève de la complexité, de la lourdeur des procédures du recensement et du recouvrement des impôts locaux. Alors que Hoorens (2006) estime de son côté que le budget d'une collectivité locale ne peut se réduire à une caisse isolée que les élus ou responsables locaux sont chargés d'optimiser. Mais, pour une large part, l'argent manié est celui des contribuables locaux, toute stratégie financière d'une CTD se devrait donc de prendre en compte l'impact des décisions sur les budgets des contribuables concernés.

Les CTD ont plus que jamais besoin de la fiscalité locale pour financer la commande publique pour la mise en œuvre des 17 ODD de l'agenda 2030 dans leurs territoires. Les collectivités territoriales européennes ont déjà intégré ces objectifs, celles africaines et particulièrement camerounaises sont encore à la traine. C'est la raison pour laquelle, afin de répondre aux nombreux défis que soulèvent les ODD, la fiscalité locale serait efficace si les CTD optimisent le recouvrement des recettes fiscales, améliorent la gouvernance locale et développent l'économie locale.

Au regard de ce qui précède, l'on peut conclure que le recours à la fiscalité locale pour financer le développement durable devrait être remis en question. Le rapport du Conseil de Prélèvements Obligatoires (2010, *Ibid*), ainsi que les travaux d'Ebel et Yilmaz (2001), Gilbert (2009) insistent sur le fait que la production des services publics locaux bénéficie d'un avantage concurrentiel à partir de la fiscalité locale. Néanmoins, l'efficacité de la fiscalité locale sur le développement durable au Cameroun est possible avec les travaux de Pfister (2009, *Op. cit.*), ou encore ceux de Chambas et al., (2007, *Ibid*) pour ce qui est de l'amélioration des résultats obtenus dans la collecte des recettes publiques locales.

Conclusion

Dans ce chapitre, nous avons voulu appréhender l'efficacité de la fiscalité locale sur le développement durable au Cameroun, grâce à la méthode DEA permettant d'analyser les corrélations entre les inputs et outputs au sein des CTD. Les analyses effectuées sur quatre CTD du département du Wouri, dans la région du Littoral, montrent que l'optimisation du recouvrement des recettes fiscales locales a un coefficient positif et statistiquement significatif à 5 %. Ceci signifie simplement que lorsque le recouvrement des recettes est optimal dans ces différentes communes, le développement durable est garanti. C'est également le cas pour la gouvernance locale, lorsqu'elle est améliorée, le développement durable est une réalité. Et, l'on retrouve le même effet pour le développement de l'économie locale.

En nous appuyant sur les résultats passés, nous formulons les recommandations suivantes : la taxation des industries polluantes au niveau local, la révision de la taxe foncière pour une augmentation des recettes provenant uniquement des CTD, l'amélioration de l'efficacité productive de la fiscalité locale pour la réalisation et, le suivi de l'évaluation des ODD, et enfin le développement de la tarification des services publics locaux à travers l'entrepreneuriat et les partenariats publics-privés locaux.

Bibliographies

Acemoghu, D (2005). Politics and Economics in Weak and Strong States, *Journal of Monetary Economics,* Vol. 52, pp. 1199–226 ;

Alesina, A. et Perotti, R. (1994). The Political Economy of Growth: A Critical Survey of the Recent Literature, *World Bank Economic Review*, 8(3), 351-371;

Alissoutin, R., L. (2005). Les cinq péchés de la démocratie sénégalaise, *Le Quotidien* n° 621 du 19 janvier : 9 ;

Attila, J., G. ; Chambas, G et Combes, J., L. (2005). Corruption et mobilisation des recettes publiques : une analyse économétrique sur les pays en développement. Communication au Colloque AUPELF- UREF, Paris, septembre ;

Baker, R. (2004). *Capitalism's Achilles Heel: Dirty Money and How to Renew the Free- Market System*, ed. John Wiley & Sons ;

Bertrand, N. et Moquay, P. (2004). La gouvernance locale, retour à la proximité, Revue *Économie rurale*, 280, 77-95 ;

Besly, T. et Persson, T. (2009). The Origins of State Capacity: Property Rights, Taxation, and Politics, *American Economic Review*, Vol. 99, pp. 1218–244 ;

Blakely, E., J. et Leigh, N., G. (2013). Planning Local Economic Development. SAGE. http://doi.org/1452242593, 9781452242590;

Boadway, R.; Marchand, M. et Pestieau, P. (2000). Redistribution with Unobservable Bequests: A Case for Taxing Capital Income, *Scandinavian Journal of Economics* 102;

Boko, S. (2008). *Un aperçu sur la décentralisation fiscale et les finances locales en Afrique*

francophone, Wake Forest University Winston-Salem, NC USA.

Brun, J-F. ; Chambas, G. et Combes, J-L. (2004). Recettes publiques des pays en développement. Méthode d'évaluation, *Revue STATECO*, 100 ;

Chambas, G. ; Brun, J. et Graziosi, G., R. (2007). La mobilisation de ressources propres locales en Afrique ; Docpent de travail, cité par Diarra, S. (2012). Chocs et Mobilisation des Recettes publiques dans les Pays en Développement, *Économies et finances*. Université d'Auvergne - Clermont-Ferrand I, 2012. tel-00777227

CAMERCAP-PARC, (2017). *Comment atteindre le potentiel fiscal du Cameroun* ? MINEPAT, Yaoundé, https://camercap-parc.cm/portfolio/

CGLU, (2016). Objectifs du Développement Durable : ce que les gouvernements locaux doivent savoir ; https://www.uclg.org/sites/

Charnes, A. ; Cooper, W., W. et Rhodes, E. (1978). Measuring the Efficiency of Decision Making Units. *European Journal of Operational Research,* 2, 429–444 ;

Chasmar, K, (2009). *The Commercialisation of Microfinance in Latin America,* Thesis, Queen's University Economic department, 128 p ;

Cook, W. et Zhu, (2005). *Modeling Performance Measurement: Application and Implementation on Issus in DEA*, New York, Springer, 407 p ;

Cooper, W., W. ; Seiford, L., M. et Tone, K. (2006). *Introduction to Data Envelopment Analysis and Its Uses.* New York : Springer ;

Cooper, W., W. ; Seiford, L., M. et Zhu, J. (2004). *Handbook on Data Envelopment Analysis* (1st ed.). Boston : Kluwer Academic Publishers ;

Conseil de Prélèvement Obligatoire (2010). La fiscalité locale, Rapport, mai, 641 p ;

Dafflon, B. et Madiès, T. (2008). Décentralisation : quelques principes issus de la théorie du fédéralisme financier, Agence française de développement, Notes et Documents, N° 42, Paris, p118 ;

Debbi, A. (2014). Développer la fiscalité communale et améliorer la performance publique locale : de la régulation à la stratégie financière de la commune, *El-Bahith Review*, Université de M'sila, Algérie ;

Diagne, M. (2011), *Le droit des collectivités locales en Afrique. L'exemple du Sénégal,* Dakar, Panafrika-Silex-Nouvelles du Sud, 2011, 252 p ;

Din Elame (2009), Le rendement actuel et potentiel de la fiscalité locale des communes : cas du Cameroun, CIFAL, communication du 8 au 12 juin, Douala ;

Diop, M., C. (éd)(2002). *Le Sénégal contemporain.* Karthala ; Paris

Denieuil, P., N. (2005). Introduction aux théories et à quelques pratiques du développement local et territorial., BIT (p. 66). Genève : Bureau international du Travail ;

Ebel, R., D. et Yilmaz, S. (2001). *Le concept de décentralisation fiscal et survol mondial,*

Institut de la Banque Mondiale, Symposium international sur le déséquilibre fiscal du 13-14 septembre 2001, Québec ;

Fall, T. (2010). La décentralisation fiscale : situation actuelle, enjeux, défis et perspectives. RADI (Réseau africain pour le développement intégré), Hôtel Intercontinental — Tanger (Maroc) ;

Fare, R. ; Grosskopf, S. et Lovell, K., C., A. (1985). *The Measurement of Efficiency of Production.* Boston : Kluwer Academic Publishers ;

Farrell, M., J (1957). The measurement of productive efficiency, *Journal of Royal Statistical society*, 120 (3); 253-281 ;

Faye, B. (2017). *La réforme du système financier des collectivités locales sénégalaises*, sous la direction de Jean-Luc Albert. - Lyon : Université Jean Moulin (Lyon 3), 2017 ;

Fluckiger, Y. et Vassilev, A. (2009). *L'efficience des institutions de microfinance : application de la méthode d'analyse d'enveloppement des données sur les IMF du Pérou, Microfinance et politique publique*, Paris, Presse universitaire de France, pp. 117-146 ;

Folz, D. (1991), Recycling program design, management, and participation: A national survey of municipal experience. *Public administration Review* 51, n° 3, 222-231 ;

Frey, B., S., Strutzer et Benz (2001), Economics and Psychology: From imperialism to inspired Economics.*Philosophie économique*, 4; 5-22 ;

Gilbert, G. (2009). Fiscalité locale : une grille de lecture économique, Document de travail n° 87, Agence française de développement, Paris, septembre ;

Hoorens, D. (2006). *L'enjeu économique de l'investissement public et son financement : la spécificité du secteur local*, LGDJ, 127 p ;

Jahshan, P. (2017). *Quelle convergence entre société civile et puissance publique ? Un partenariat multi acteurs pour l'ODD 17. Un défi pour la planète, les ODD en débat,* édition IRD, Marseille, 363-373 ;

Jornard, I. et Kongstrud, P., M. (2003). Les relations financières entre l'État et les collectivités territoriales. *Revue économique de l'OCDE*, (36), 169-254 ;

Genro, T. et Souza, U., D. (1997). *Orçamento Participativo: a experiência de Porto Alegre*. São Paulo, Fundação Perseu Abramo

Hatry, H., P. (1999). Mini-symposium on intergovernmental comparative performance data.

Public Administration Review, 59 (2) : 101-104 ;

Julien, P., A. (2005a). *Entrepreneuriat régional et économie de la connaissance. Une métaphore des romans policiers, Québec* ; Presse de l'Université du Québec, 395p ;

Kelly, M., J. ; Swindell, C. (2002). A multiple-indicator approach to municipal service evaluation: correlating performance measurement and citizen satisfaction across jurisdictions. *Public Administration Review*, 62 (5) : 610-620 ;

Madiès, T. (2001). Concurrence territoriale et aides locales en faveur des entreprises : théorie et pratiques ; Édition électronique, URL http://journals.openedition.org/economiepublique/682 ; DOI : 10.4000/economiepublique.682

Marty, F. ; Voisin, A et Trosa, S. (2006). *Les partenariats public-privé*, Édition La Découverte, Paris ;

Melkers, J. et Willoughby, K. (2005). Models of performance measurement use in local governments: Undertaking budgeting. Communication and lasting effects. Public *Administration Review*, Vol 65, n°2, March/April, 180-190 ;

Meyer, G. (2013). *Développement durable et finances locales*, l'Harmattan, Paris ;

Mohammed, A., J. (2016). La coopération internationale peut-elle contribuer à remettre le développement durable au Cœur des modèles économiques ? Hpp //www.undp.org/content/undp/fr/home/blog/2016/7/18 ;

Musgrave, R., A. (1959). *The theory of publics finance*, McGraw-Hill, New York ;

Nieto, et al., (2004). Microfinance Institutions efficiency, Discussing paper in accounting finance, Universidad de Zaragoza, Universitat Politècnica de Catalunya and School of Management University of Southampton.

ONU-Habitat. (2009). Lignes directrices internationales sur la décentralisation et l'accès aux services aux services de base. Nairobi

Oates, W., E. (1972). *Fiscal Federalism, Harcourt*, Brace, Jovanovich, New York.

Pfister, M. (2009). *Une fiscalité orientée vers l'investissement et le développement : aperçu de quelques enjeux de politiques fiscales en Afrique*. NEPAD-OCDE, 11-12 nov 2009 ;

Ponty, N. (2007). *Partenariat public privé et accélération de l'attente des OMD pour le développement de l'Afrique*, INSEE ; Paris

Tchouassi, G. (2005). Argent de la diaspora et financement du développement des infrastructures urbaines de base en Afrique. 11e Assemblée générale du CODESRIA Maputo, Mozambique

Tchouassi, G. ; Njilam, O. et Bamou, T., L. (2015). *Efficacité des unités de micro assurance au Cameroun,* in Ayuk E. T. (sd), *La microfinance en Afrique centrale : Le défi des exclus*, Edition LangaaRPCIG/CRDI, pp. 209-227.

Tiebout, C. (1956). A pure theory of local Expenditure, *Journal of political economy*, Vol 645, 416-424 ;

Sawadogo, R., A. (2001). *L'État africain face à la décentralisation : la chaussure sur la tête*, Karthala Éditions, Paris, 2001 ;

Sauvez, M. (2001). *La ville et les enjeux de développement durable, Rapport du Ministre de l'aménagement territoire et de l'environnement.* La Documentation Française ;

Seiford et Thrall, (1990). Recent development in DEA: The mathematical Programming

Approach to Frontier Analysis, *Journal of Econometrics,* no. 46, p. 7-38.

Sedzro, K. et Keita, M. (2007). *Efficacité Relative des Institutions de Microfinance : une application de la méthode DEA,* Université de Monition et Université du Québec à Montréal ;

Van den Berg, D. et Warren, M., J. (2015). Acting local: How Decentralized Government can help Build states, *IPI Global Observatory*, September;

Zaki, M. (2014). *Les entraves à l'autonomie financière des collectivités locales au Sénégal*, Université Gaston Berger Saint-Louis-Sénégal ;

Zuindeau, B. (éd.)(2000). *Développement durable et territoire, Villeneuve-d'Ascq,* Presses universitaires de Septentrion.

Yatta, F., P. (2010). *La décentralisation fiscale en Afrique. Enjeux et perspectives.* Paris : Karthala.

CHAPITRE 26 :

LA DÉMARCHE QUALITÉ INTELLIGENTE POUR LA GOUVERNANCE DES ORGANISATIONS PUBLIQUES

Gérard TCHOUASSI, Bruno TACTOUM DJELOTSA et Thomas GAHAMANYI NIYONZIMA

Résumé

Les divers modes de gouvernance des entreprises en général, et des entreprises publiques en particulier, donnent lieu à des controverses non seulement sur la présence ou l'absence d'un mode de bonne gouvernance, mais également sur son incidence sur la performance de l'entreprise. Ce chapitre a pour objectif de montrer les limites de la gouvernance des entreprises publiques au Cameroun et de proposer comme solution la mise en œuvre d'une gestion axée sur la démarche qualité, c'est-à-dire une gouvernance axée sur la norme qualité et la notion de veille de qualité ; l'audit de l'existant ; serait une solution à la crise de gouvernance dans les entreprises publiques au Cameroun. Aujourd'hui, la démarche qualité est devenue une obligation vitale de compétitivité et de pérennité des entreprises. C'est un concept évolutif, elle est dépendante des évolutions industrielles, des mouvements économiques et de l'histoire de sociétés.

Mots-clés : Gouvernance ; modes de gouvernance ; performance ; Entreprise publique ; théorie de la gouvernance, démarche qualité.

Abstract

The various modes of governance of companies in general, and of public companies in particular, give rise to controversies not only on the presence or absence of a mode of good governance, but also on its impact on the performance of the business. This chapter aims to show the limits of the governance of public companies in Cameroon and to propose as a solution the implementation of management focused on the quality approach, that is to say governance focused on quality standards and concept of quality monitoring; auditing the existing situation; would be a solution to the governance crisis in public companies in Cameroon. Today, the quality approach has become a vital obligation for the competitiveness and sustainability of businesses. It is an evolving concept, it is dependent on industrial developments, economic movements and the history of societies.

Keywords: *Governance; modes of governance; performance ; Public company ; governance theory, quality approach.*

Introduction

La gouvernance d'entreprise est apparue au cours de la décennie 1980 pour se répandre, plus tard, dans la plupart des économies développées (Valin et al., 2006,) et Valin, G. (2023). Cette gouvernance d'entreprise résulte de la nécessité de concilier plusieurs intérêts, souvent antagonistes, au sein des entreprises, notamment ceux des actionnaires et des dirigeants. Bien entendu, dans ce cas, le système en question est l'entreprise. Les problèmes de la gouvernance d'entreprise résultent de la séparation entre la propriété et le contrôle du capital, du pouvoir disproportionné de certains actionnaires, du contrôle sur les actionnaires minoritaires, des salariés détenant des droits importants indépendamment de ceux qui leur reviennent en leur qualité de détenteurs potentiels du capital (OCDE, 2004).

La gouvernance d'entreprise se définit comme l'ensemble des « mécanismes organisationnels qui ont pour effet de délimiter les pouvoirs et d'influencer les décisions des dirigeants, autrement dit, qui gouvernent leur conduite et définissent leur espace discrétionnaire » (Charreaux, 1996). La définition standard de la gouvernance d'entreprise repose sur la défense des intérêts des actionnaires. Des économistes classiques d'Adam Smith (1776) à Berle et Means (1932) ont été préoccupés par la séparation de la propriété du contrôle qui est à la base de la relation d'agence entre un « Principal » et un « Agent » magistralement formalisée par Tirole (2001). Ainsi, alors que les actionnaires ont le « contrôle formel » sur de nombreuses décisions, les gestionnaires ont souvent le « véritable contrôle ».

La gestion d'entreprise, régie par des lois et des principes comptables, vise à protéger les intérêts des principales parties prenantes, telles que les actionnaires majoritaires, les dirigeants, les prêteurs (banques), les actionnaires minoritaires, les salariés, les fournisseurs, les clients et d'autres partenaires tels que les sous-traitants et les ONG. Dans un monde en constante évolution, la gouvernance est au cœur de tous les débats. En effet, ces dernières années, on a vu émerger une dialectique entre deux conceptions du système de gouvernance d'entreprise. D'un côté, il y a le modèle shareholder, axé sur la création de valeur pour l'actionnaire, et, de l'autre, le modèle stakeholder, visant à créer de la valeur pour l'ensemble des parties prenantes.

Depuis quelques années, la gouvernance de la plupart des entreprises publiques au Cameroun est décriée par les organismes de contrôle des finances publiques, avec pour principales causes les fautes de gestion, les détournements de fonds et pour conséquence sur les gestionnaires, la faillite ou des difficultés financières de ces entreprises. Il s'agit des scandales de toute sorte, avec pour axe principal la gouvernance. Aussi, par le passé, certaines sociétés américaines n'ont pas cru bon d'appliquer la normalisation qui s'imposait dans leur domaine d'activité. C'est ainsi que, dans celui de la finance, le non-respect des normes a plongé certaines d'entre elles au cœur d'un scandale. En 2002, Enron et Worldcom, accusées toutes deux de s'être livrées à des manipulations comptables, se sont retrouvées au cœur d'un énorme scandale financier qui a conduit, l'une et l'autre, à la faillite.

L'International organization for standardization (ISO) définissait la qualité comme l'ensemble des caractéristiques d'une entité qui lui confèrent l'aptitude à satisfaire des besoins exprimés et implicites. Plus récemment, elle a précisé cette définition de la qualité, qui est devenue « l'aptitude d'un ensemble de caractéristiques intrinsèques d'un produit, d'un système ou d'un processus à satisfaire les exigences des clients et d'autres parties intéressées ».

De ces définitions, l'on peut retenir que : la qualité ne concerne pas les seuls biens industriels, mais l'ensemble des produits, au sens de la norme ISO 8402 : le produit est le résultat d'activités ou de processus. Une conférence, un acte de soin, un logiciel, une prestation artistique ou sportive, un conseil constituent par conséquent des produits au sens social et économique. La qualité est envisagée à partir des attentes du client, c'est-à-dire le destinataire du produit, qu'il en soit lui-même l'acheteur, le consommateur ou le bénéficiaire, et non pas à partir du prestataire. La qualité qualifie un produit ou un service dont on attend qu'il réponde à des critères définis ; elle renvoie par conséquent à une méthodologie d'évaluation et d'appréciation. Il ne peut y avoir de qualification proprement dite sans une échelle de mesure connue et partagée qui évitera le jugement de valeur sans fondements.

La démarche qualité, quant à elle, relève d'un choix, d'un engagement ou d'une imposition dans le cadre d'une reconnaissance officielle (obtention de financement, reconnaissance d'un service). Elle se définit et se met en œuvre par l'application des procédures opérationnelles déterminées, la mesure de leur réalité et de leur impact sur le produit ou le service. La démarche qualité est donc un processus global qui permet à un opérateur individuel ou collectif d'obtenir et de garantir un certain niveau de qualité.

Les entreprises se sont toujours préoccupées d'obtenir un produit (ou un service) de bonne qualité, à travers une série de contrôles techniques au sein du système productif, ce qui permettait de limiter les défauts et de minimiser le nombre d'articles défectueux qui quittent l'entreprise. Mais la situation de crise des économies occidentales au cours des années 70-80 a généré de nouvelles exigences de qualité. La satisfaction du client passe désormais par la maîtrise de la qualité : action permettant à la fois de piloter un processus opérationnel et d'éliminer les non-conformités ou déviations par rapport à ce qui est attendu tout au long de ce processus. La maîtrise de la qualité est synonyme du zéro défaut, elle est obtenue sur l'ensemble des composantes du système productif de l'entreprise, depuis la conception du produit jusqu'au retour d'expérience, en passant par la réalisation, le contrôle technique et la maintenance.

Ce chapitre a pour objectif de montrer les limites de la gouvernance des entreprises publiques au Cameroun et de proposer comme solution la mise en œuvre d'une gestion axée sur la démarche qualité, c'est-à-dire une gouvernance axée sur la norme qualité. Aujourd'hui, la démarche qualité est devenue une obligation vitale de compétitivité et de pérennité des entreprises. C'est un concept évolutif, elle est dépendante des évolutions industrielles, des mouvements économiques et de l'histoire de sociétés.

Ainsi, il apparaît incontestable que la non-implémentation de la démarche qualité dans toute organisation occasionne des dérives, des risques qui peuvent être d'ordre économique, juridique, social, sanitaire ou bien encore environnemental selon les cas. Par conséquent, il est fondamental, dans toute société, de proposer la mise en œuvre d'une démarche qualité ou la gouvernance suivant la norme qualité, afin d'être assuré d'avoir toujours recours aux bonnes pratiques, gage d'efficacité pour l'organisation, avec une compétitivité renforcée.

I. Principes de bases de la gouvernance d'entreprise

La gouvernance d'entreprise tourne autour de plusieurs principes de bases, dont les plus importants sont les suivants :

1. Le principe de la création de valeur

Selon les visions actuelles, l'entreprise est perçue comme un nœud de contrats, une coalition ou une coopérative regroupant divers apporteurs de ressources (actionnaires, dirigeants, créanciers, salariés, pouvoirs publics). Il y a création de valeur si le surplus obtenu par l'entreprise permet de rémunérer les différents apporteurs au-delà du coût d'opportunité. Appliquée uniquement aux seuls apporteurs de ressources financières, cette règle revient à dire que la rentabilité des investissements doit être supérieure au coût du capital.

Selon la théorie financière traditionnelle, qui considère les actionnaires comme les seuls créanciers résiduels, la création de valeur est évaluée à partir de la richesse des actionnaires (création de valeur actionnariale), qui sont supposés détenir l'ensemble des droits de propriété. Les dirigeants jouent un rôle central dans la création de valeur. Le système de gouvernance d'entreprise est l'ensemble des mécanismes organisationnels qui ont pour effet de délimiter les pouvoirs et d'influencer les décisions de ces mêmes dirigeants. Selon cette définition, la gouvernance d'entreprise doit être appréhendée en fonction de ses répercussions sur les décisions des dirigeants qui déterminent la création de valeur.

D'un point de vue financier, l'enjeu central pour juger les pratiques de gouvernance est leur impact sur la création de valeur. Aguilera et Cuervo-Cazurra (2004) affirment : « sera jugée comme meilleure toute pratique de gouvernance contribuant à un accroissement de la valeur ». S'inscrivant dans une logique disciplinaire, le modèle de création de valeur conduit à des recommandations en termes de gouvernance qui pourraient être qualifiées de palliatifs à une possible destruction de valeur plutôt qu'à une véritable création de valeur. Le schéma contractuel amène à attribuer la performance non pas à la manière de créer de la valeur, mais à la manière de prévenir la déperdition de valeur potentielle en mettant en place des systèmes de contrôle adaptés.

2. Le principe de la séparation entre le contrôle et la prise de décision

La séparation des rôles de direction et de contrôle apparaît comme une exigence première de la gouvernance d'entreprise qui doit donner un cadre précis et repérable à chacun des rôles des deux parties prenantes ainsi qu'aux relations qu'elles entretiennent entre elles. Dans les sociétés anonymes (SA), le conseil d'administration joue un rôle important, qui consiste principalement à déterminer les axes stratégiques de l'entreprise, ses principaux plans d'action, ses budgets et programmes d'activités périodiques ; à recruter et à remplacer les principaux dirigeants (mandataires) chargés de gérer la stratégie ; à fixer leur rémunération ; à suivre les activités des dirigeants ; à définir les résultats souhaités ; à contrôler leur adéquation avec les prévisions.

L'objectif est donc ici de garantir l'indépendance du conseil d'administration et de son président, dont les décisions ne doivent pas être influencées par les intérêts particuliers de la direction générale, mais dictées par le seul objectif de création de valeur actionnariale à long terme. Il est également nécessaire de recruter des administrateurs indépendants, qui ne sont ni employés de la société ni liés à elle ou à sa direction d'une quelconque manière. Ces administrateurs peuvent ainsi contribuer de manière significative aux décisions du conseil d'administration grâce à une gestion rigoureuse des activités et à une évaluation objective des résultats.

3. Le principe de respect des droits des actionnaires

Le principe du respect des droits des actionnaires et la facilité de l'application de ces droits nécessitent une bonne communication avec eux en leur assurant la facilité d'assister aux réunions générales et en diffusant l'information dont ils ont besoin. L'obligation de diffusion d'informations sur les entreprises est une seconde exigence fondamentale de la gouvernance d'entreprise. Sur ce thème, l'OCDE a édicté en 1999 des principes qui visent à renforcer la diffusion d'informations périodiques, fiables et comparables nécessaires à l'exercice des droits d'information et de vote des actionnaires et à la prise de décision des investisseurs potentiels.

Le rapport Vienot prévoit également la diffusion d'une information financière exhaustive (estimée et définitive). Il devient donc nécessaire d'assurer un traitement équitable de l'ensemble des actionnaires. Pour cela, plusieurs mécanismes sont préconisés. Il s'agit : d'assurer une circulation de l'information sans faille auprès de tous les actionnaires ; de réduire les barrières à la participation active aux assemblées générales ; et d'éviter les déséquilibres entre structure du capital et structure des droits de vote.

II. Les théories de la gouvernance d'entreprise

1. Les théories anciennes de la gouvernance d'entreprise

Longtemps marginalisée dans le champ de la théorie économique classique, l'entreprise fait l'objet depuis les années 80 d'un ensemble d'interrogations majeures et de travaux importants de la part des théoriciens de l'économie. Ainsi, dans la théorie néoclassique de l'équilibre économique, la firme n'occupait qu'une place limitée. L'analyse de la firme a été souvent considérée comme une composante de la théorie des prix et de l'allocation des ressources.

Aussi, tantôt elle était présentée comme un agent sans dimension, tantôt comme un agent passif sans autonomie.

Plusieurs travaux novateurs ont tenté de dépasser l'approche réductrice de la théorie néoclassique et d'asseoir, progressivement, les fondements de ce qu'il convient d'appeler la théorie de la firme. Qu'il s'agisse des travaux de Berle et Leans (1933), toutes les publications suivantes ont mis l'accent sur la complexité du concept d'entreprise.

Ainsi, dès 1933, Berle et Means relevaient qu'une des caractéristiques principales de la firme moderne réside dans la séparation entre les propriétaires (ou actionnaires) détenant le capital et les managers (dirigeants), salariés de l'entreprise ayant la charge de la conduite réelle des affaires et des décisions. La firme est alors pensée comme une organisation complexe composée de groupes différents dont les objectifs ne sont pas identiques. Par ailleurs, la remise en question de la théorie de la rationalité telle que formulée par le modèle néoclassique du choix rationnel a constitué un jalon important dans l'édification d'une théorie de la firme. Dans cette optique Simon (1979) propose une approche alternative de la rationalité qualifiée de « rationalité limitée » qui revient à substituer le principe de satisfaction à celui de maximisation. L'approche par la rationalité limitée conduit à une analyse profonde des processus de prise de décision au sein des firmes en situation complexe.

Pour les auteurs de ce courant de pensée, la firme serait une organisation complexe mettant aux prises des groupes aux intérêts multiples. Pour ces auteurs, la firme est une organisation complexe constituée de groupes poursuivant chacun des objectifs propres de défense d'intérêt et de renforcement de leur pouvoir ou de leur prestige. Cela induit des pertes d'efficience inhérentes à toute entreprise qui chercherait à atteindre des objectifs acceptables par tout le monde. L'entreprise est, de surcroît, le lieu où se déroule le processus de prise de décision et d'apprentissage collectif, un lieu de négociation.

2. Théorie des coûts de transaction, rationalité limitée et opportunisme des acteurs

La faiblesse de la théorie néo-classique de la firme a donné naissance à des reconstructions théoriques à partir de la question fondamentale de la nature de la firme telle que formulée par Coase en 1937. L'apport de cet auteur et de Williamson est considérable en ce sens qu'il est aujourd'hui difficile de parler de la firme, de marché ou d'organisation sans référence à la théorie des coûts de transaction. La conception de Coase admet l'existence de deux formes de coordination des activités « Governance structure » : le marché et l'entreprise.

La coordination par la firme s'impose, selon Coase, dans la mesure où elle permet de minimiser les coûts de transactions (coûts de découverte des prix adéquats, coûts de négociation et de conclusion des contrats séparés) liés au marché. L'économie des coûts de transactions se fonde sur une hypothèse du comportement formulée par Williamson : le principe de la rationalité limitée qui a pour conséquence l'incomplétude des contrats qui, elle-même, conduit à la possibilité des comportements « opportunistes » des acteurs économiques. Les risques d'opportunisme augmentent les coûts de transaction, en l'occurrence le coût de négociation et de supervision d'un contrat ; il incite donc à l'internalisation des transactions et du processus de prise des décisions.

La vision de Williamson se situe bien dans le prolongement de celle de Coase : son objet central est de montrer comment la firme et les différentes configurations institutionnelles assurant la coordination des agents peuvent être expliquées par des considérations d'efficience où les coûts de transaction jouent le rôle principal. Le choix d'une structure de gestion se portera alors sur celle qui a la plus forte adaptabilité aux aléas, qui est dans ce cas la structure unifiée.

L'avantage de l'internalisation (intégration verticale) est de permettre la réduction des coûts de transaction, mais, pour Williamson, ce processus a des limites imposées par des problèmes de bureaucratie et l'existence de coûts de distorsion propres aux organisations administratives. Autrement dit, la coordination par une structure hiérarchique ne constitue une alternative efficace au marché que lorsque les coûts de la coordination sont inférieurs à ceux de transactions.

3. Théories des droits de propriété et de l'agence

Les théories des droits de propriété et de l'agence constituent la réponse néoclassique aux critiques qui lui ont été adressées. Cette réponse se présente sous la forme d'une théorie générale des institutions que l'on qualifie parfois d'économie néo-institutionnelle. Elle se propose de généraliser la théorie micro-économique standard à l'étude des institutions économiques et politiques en y introduisant, toutefois, l'imperfection de l'information et les coûts de transaction qui en résultent.

La théorie des droits de propriété s'est érigée pour montrer la supériorité des systèmes de propriété privée sur toutes les formes de propriété collective. La théorie des droits de propriété se propose de montrer comment différents types et systèmes de droits de propriété agissent sur le comportement des agents individuels et, par là même, sur le fonctionnement et l'efficience du système économique. Les tenants de cette théorie considèrent que l'existence de droits de propriété garantis et aliénables sur les produits et les ressources serait la condition du fonctionnement d'une économie décentralisée et de la coordination d'activités productives spécialisées. La structure des droits de propriété sur laquelle s'appuie la firme doit permettre d'une part de profiter des avantages de la spécialisation et d'autre part d'assurer un système d'incitation et de contrôle efficace.

Le modèle de l'entreprise capitaliste classique et de la « société par actions » en particulier, sert alors d'exemples pour soutenir ses affirmations. Cela conduit cette théorie à porter des critiques sévères à l'encontre des formes d'organisation publiques qui impliqueraient une dégradation des droits de propriété et, donc, une déficience des mécanismes d'incitation.

En effet, l'entreprise publique offre le cas le plus clair de mise en cause de la propriété privée. L'inefficacité de cette approche tient à deux facteurs. D'abord, les droits non transférables limitent la marge de manœuvre de l'acteur public. Ensuite, le gestionnaire de la firme publique n'est plus soumis au système incitatif qui assure l'efficacité de l'entreprise classique. La question qui se pose alors est donc de savoir comment pourrait être assurée la surveillance du gestionnaire public ; ce qui renvoie à des questions touchant au fonctionnement du système politique et de l'État. Ce seraient ces facteurs qui expliqueraient les carences des contrôles et des incitations pesant sur le gestionnaire public et, par là même, les dérives bureaucratiques et l'inefficience de la firme publique.

Complémentaire de l'économie des droits de propriété, la théorie de l'agence, proposée par les développements néoclassiques récents, constitue aujourd'hui le cadre d'analyse dominant des formes d'organisation économique et plus particulièrement de la firme. Les problèmes qu'elle étudie n'apparaissent, cependant, que dans la mesure où les intérêts des deux parties peuvent diverger et surtout s'il y a information imparfaite. Cette théorie part de la relation d'agence définie comme un contrat par lequel un ou plusieurs personnes (Principal) engagent une autre personne (Agent) pour exécuter en son nom une tâche quelconque qui implique une délégation d'un certain pouvoir décisionnel.

Le principal doit chercher à limiter les divergences en mettant en place un système d'incitation approprié ainsi que des moyens de surveillance visant à limiter les comportements aberrants de l'agent. Mais du fait des problèmes d'information, cela ne peut se faire sans coût. Cela conduit à la définition des coûts d'agence qui correspondent aux dépenses d'incitation et de surveillance, aux coûts d'obligation et aux pertes résiduelles. Dans le cadre de la théorie de l'agence Ross (1977), Jensen et Mercking (1976) soutiennent que les actionnaires, en tant que mandants, ont un pouvoir de décision lors de l'élection des membres du conseil d'administration. Ces derniers nomment ensuite les dirigeants, devenus les mandataires (agents) chargés de conduire l'activité de gestion. De ce fait, les actionnaires détiennent moins d'informations que les dirigeants sur l'activité de gestion de l'entreprise.

À la lumière de la théorie de l'agence, l'entreprise serait une organisation réduite à un « nœud de contrats ». Analyser l'entreprise revient à analyser les contrats centraux qui la caractérisent, contrats qui définissent les règles de jeu de l'organisation, les droits des contractants, les systèmes d'évaluation et de rémunération des agents. De ce point de vue, deux caractéristiques importantes marquent les systèmes contractuels : l'affectation des « créances résiduelles » et l'attribution aux agents des différents moments du processus de décision. Le principe central de définition d'une organisation serait, dans ces conditions, le mode de combinaison entre accroissement des risques et pouvoir de décision.

III. Théorie évolutionniste de la firme et théorie de la firme J

La théorie évolutionniste de la firme trouve ses origines dans les travaux de Nelson et de Winter. Basée sur le modèle biologique, cette théorie stipule de prime abord que les firmes ne peuvent être guidées que par la recherche de « règles de conduite » leur assurant la survie, c'est-à-dire disposer d'un niveau de profit « suffisant ». Winter (1977) insiste sur le fait qu'il faut se référer aux structures des firmes pour comprendre leur évaluation. La thèse évolutionniste soutient que ce sont les compétences acquises par l'entreprise et sa capacité à développer les apprentissages nécessaires pour s'adapter à un environnement en constante évolution qui déterminent les trajectoires qu'elle va emprunter.

Les changements de trajectoire sont, pour l'essentiel, déterminés par les « opportunités technologiques » qui caractérisent l'environnement immédiat de l'entreprise. Pour la théorie évolutionniste, le concept d'environnement recouvre une réalité complexe. Il intègre aussi bien la caractérisation de la nature du marché des produits et du capital que les effets des politiques publiques (en matière de réglementation notamment), ou encore la fréquence des discontinuités technologiques. Suivant la configuration particulière qui résulte de l'addition de ces différents éléments, les évolutionnistes distinguent ainsi des environnements de sélection « lâche » et « étroits » qui vont peser de manière différente sur l'évolution des firmes. Enfin, cette théorie propose un concept utile, celui de la « compétence fonçière » de la firme définie comme « un ensemble de compétences technologiques différenciées, d'actifs complémentaires et de routine qui constituent la base des capacités concurrentielles d'une entreprise dans une activité particulière ».

En dernière analyse, la théorie évolutionniste caractérise les firmes par l'ensemble des compétences foncières et par les routines transférables qui les spécifient les unes par rapport aux autres de manière irréductible. Les firmes évoluent sous l'effet de la transformation des actifs secondaires en actifs principaux à l'occasion des opportunités technologiques. Mais au-delà de l'utilité des approches élaborées, la théorie évolutionniste de la firme reste marquée par des carences dont la plus importante est celle de négliger les conditions historiques et sociales qui constituent le fondement des innovations organisationnelles, des compétences et des routines. De ce point de vue, l'entreprise devrait être considérée comme un ensemble de compétences organisationnelles qui se construisent au sein d'une institution où s'affrontent des règles qui sont en partie imposées par des agents et des acteurs sociaux, dont les intérêts divergent.

La théorie de la firme J (Aoki) se fonde sur le concept de structure des échanges d'information, c'est-à-dire la façon dont circule l'information et dont se prennent les décisions. À cet effet, Aoki distingue deux formes fondamentales de firmes proches de la firme A (Américaine) et J (Japonaise) : Firme Hiérarchique et Firme Horizontale. Ainsi l'auteur affirme que la firme J se distingue de la firme A en ce sens qu'elle fonctionne suivant une combinaison « coordination horizontale / hiérarchie de grade » comme moyen d'assurer la mobilisation des salariés dans un système où le réseau des employés constitue un actif spécifique décisif ; alors que la firme A se caractérise par un assemblage « coordination hiérarchique - mécanisme de marché » dans une logique d'efficacité centrée sur la spécialisation, et dont les ressorts essentiels reposent sur le recrutement de travailleurs spécialisés et efficaces.

Il va sans dire que le degré d'intégration de la firme J est moindre, ce qui explique qu'elle ait recours à la sous-traitance. Nous sommes loin de la « forme multi-divisionnaire » de Williamson, au sein de laquelle l'entreprise intègre différentes activités distinctes plutôt que de donner naissance à plusieurs entreprises. Dans cette optique, on ne peut que relever, ici, la grande proximité entre la théorie d'Aoki et celle de l'agence, qui attribuent un rôle prépondérant aux incitations qui, en dernière analyse, assurent l'efficacité du mode de coordination horizontale.

1. La firme dans la théorie régulationniste

L'approche de la théorie de la régulation a été construite initialement dans une perspective macroéconomique, mais en accordant un intérêt particulier aux dimensions micro-économiques des changements en cours. Partant du caractère non régulateur du marché, les tenants de cette théorie s'intéressent à la firme, en tant que lieu d'affirmation de compromis et de contrats qui règlent le procès d'accumulation d'ensemble, plus généralement en tant que fondement micro-économique de l'accumulation conçue de façon macroéconomique. Ces théoriciens soulignent, par la suite, que la perte d'efficience (liée à la complexité des organisations) qui s'affirme au plan micro-économique (rationalité limitée) entraîne des effets macroéconomiques, puisque des situations sous-optimales au niveau micro ne peuvent que générer des situations sous-optimales au plan macroéconomique.

Sur cette base initiale, les travaux régulationnistes, quoique ne prenant pas toujours pour objet explicite l'élaboration d'une théorie de la firme, se sont développés, dans les années 80, en accordant une attention particulière et explicite aux dimensions micro-économiques. Cette théorie appréhende la firme comme lieu de l'affirmation d'une relation d'emploi socialement déterminée, la relation d'emploi étant définie comme l'aspect micro-économique du concept salarial qui vaut, quant à lui, dans les approches macroéconomiques. Elle définit, alors, la firme comme « une organisation où à travers une relation d'emploi s'effectue la mise en valeur des capitaux et se déterminent les conditions de formation et de partage du surplus entre les agents de l'organisation ». En définitive, la théorie de la régulation a formulé une vision de la firme conçue à la fois comme une organisation et comme une institution. Cette dernière étant l'expression d'un système juridique déterminé par un ensemble de règles qui lui sont extérieures.

2. Les nouvelles théories de la gouvernance

Les développements actuels trouvent leur origine soit dans un élargissement de l'approche contractuelle à d'autres parties prenantes, soit dans une reformulation au sein des théories cognitives de la firme.

Une vision élargie de la propriété

Les modèles contractuels élargis reposent, d'une part, sur l'hypothèse que le capital financier apporté par les actionnaires ne joue qu'un faible rôle dans la construction de la rente organisationnelle de la valeur créée d'une part, et sur un élargissement de la notion de propreté, d'autre part. L'existence d'une rente organisationnelle suppose une compétence distinctive que le capital financier ne peut apporter. Il faut donc invoquer d'autres facteurs de production, en particulier le capital humain des dirigeants et des salariés, pour comprendre la formation de la rente. Cependant, ces nouveaux acteurs de la création de valeur ne seront incités à contribuer que s'ils perçoivent une partie de la rente, accédant ainsi au statut de propriétaire, en concurrence avec les actionnaires. Dans cette conception élargie de la propriété, qui englobe à la fois le droit de décision résiduel et la capacité de prendre des décisions en dehors des cas prévus par la loi ou les contrats, ainsi que la possibilité de capturer une partie de la rente organisationnelle, le statut de propriétaire s'étend à l'ensemble des participants au nœud de contrats productifs. Ainsi, un salarié qui se voit attribuer une forte latitude décisionnelle, de façon à mieux exploiter ses compétences, ne sera incité à accroître sa contribution que s'il perçoit une partie de la rente, une « sur rémunération », par exemple sous forme de participation au capital, par rapport à ce qu'il pourrait obtenir par ailleurs.

Contrairement à la vision négative du dirigeant, destructeur de valeur, dans l'approche financière, certains modèles supposent que, grâce à ses compétences, il est à l'origine de la « rente managériale », composante importante de la rente organisationnelle. Le dirigeant est incité à produire de la rente, notamment en développant des compétences spécifiques à la firme, s'il peut s'en approprier une partie suffisante pour rémunérer ses investissements personnels, ce qui pose toutefois le problème du partage avec les investisseurs financiers. Dans cette perspective, les intérêts des dirigeants rejoignent, dans une certaine mesure, ceux des actionnaires. De même, les actionnaires, qui profitent également de la rente, ont intérêt à laisser au dirigeant une latitude décisionnelle et un horizon suffisant pour qu'il puisse rentabiliser les investissements nécessaires au développement de ses compétences. Les stratégies d'enracinement, qui sécurisent l'investissement managérial, peuvent ainsi avoir une incidence positive sur la création de valeur.

3. L'importance du capital humain et l'essor des approches partenariales

L'interrogation sur l'origine de la rente conduit à mettre en évidence, outre le capital managérial, le capital humain, qui est associé aux compétences spécifiques des salariés. Cela est d'autant plus vrai que, dans la nouvelle économie, il semble déterminant dans la création de valeur fondée sur la connaissance. Ce capital, de par sa spécificité et les compétences acquises par le salarié, peut avoir une valeur uniquement dans l'entreprise. Il est donc également vulnérable aux tentatives d'expropriation : l'entreprise peut chercher à diminuer la part de la rente revenant aux employés. Le système de gouvernance se justifie alors par sa capacité de faciliter la création de valeur, notamment en protégeant la valeur du capital managérial et du capital humain.

Il est possible de généraliser cette problématique à l'ensemble des parties au nœud de contrats (fournisseurs, clients) qui contribuent à créer de la valeur. En effet, cette création dépend aussi des compétences particulières de certains fournisseurs, de sous-traitants, voire des clients. Toutes ces compétences sont nécessaires à l'instauration de relations de coopération de longue durée, qui ne se résument pas au simple échange marchand, mais permettent de construire en commun de la connaissance et des savoir-faire. Ces approches partenariales, plus ou moins larges selon la nature des partenaires considérés, conduisent à étudier l'efficacité du système de gouvernance non plus du seul point de vue des actionnaires (valeur actionnariale), mais en tenant compte des conséquences pour l'ensemble des partenaires (valeur partenariale). Les visions partenariales les plus larges conduisent à intégrer les dimensions de développement durable et de responsabilité sociale de l'entreprise.

4. Le dépassement de l'approche contractuelle

La vision partenariale reste cependant prisonnière des limites de la vision contractuelle. La rente organisationnelle est associée aux compétences, mais la problématique reste fondée sur une conception statique et adaptative de l'efficience. La valeur est maximisée à un instant donné, l'ensemble des opportunités d'investissement demeurant exogène. Les seuls leviers permettant d'agir sur la valeur sont les systèmes de mesures de la performance ou d'incitation. En cas de sous-performance, on s'adapte en les aménageant Guetsop (2021).

Les théories cognitives de la firme, d'inspiration évolutionniste, se proposent d'appréhender le processus de création de valeur dans une perspective plus active et dynamique. Elles accordent une importance centrale à la construction des compétences, ce qui permet de prendre en compte la capacité des firmes d'innover, de créer leurs opportunités d'investissement et d'agir sur leur environnement. La clé de la performance se situe davantage dans la capacité du management d'imaginer ou de percevoir de nouvelles opportunités que dans la possibilité de reconfigurer les structures ou le portefeuille d'activités en réponse aux évolutions de l'environnement. Ces interrogations sur la création et la répartition de la valeur modifient sensiblement la conception de la gouvernance. Il s'agit de l'étudier non plus comme un système disciplinaire contraignant les dirigeants à gérer dans l'intérêt des actionnaires, mais comme un système permettant de créer de la valeur de façon durable, notamment par l'innovation, pour l'ensemble des partenaires, en tenant compte de leurs contributions respectives.

5. La réinterprétation des systèmes de gouvernance

Dans le droit fil de l'évolution qui vient d'être décrite, l'interprétation du rôle des dirigeants et des mécanismes de gouvernance se trouve profondément transformée. Si, dans la conception financière, la clé de la création de valeur se situe dans le contrôle du dirigeant qui ne doit pas gaspiller les ressources financières mises à sa disposition, dans les nouvelles théories, elle réside dans la capacité de créer de nouvelles opportunités, sources de rente, et de gérer le nœud de contrats, de façon à ce que les différents partenaires contribuent à cette création ou, tout au moins, ne détruisent pas de valeur.

Le système de gouvernance ne peut être efficace que s'il laisse au dirigeant la latitude suffisante pour accomplir ces tâches de création et de gestion de la valeur. Un contrôle exacerbé de la part des actionnaires pourrait conduire à une création de valeur moins importante et plus précaire, préjudiciable à leurs propres intérêts. Ces nouvelles grilles de lecture conduisent également à des interprétations différentes des systèmes de gouvernance et de certains de leurs mécanismes. Par exemple, le rôle du conseil d'administration, disciplinaire dans la perspective actionnariale, s'enrichit pour prendre en compte non seulement une éventuelle fonction de protection des intérêts des autres partenaires, mais surtout celle de conseiller en matière stratégique. Grâce aux administrateurs, le dirigeant dispose d'un réseau social lui permettant d'accéder à des ressources, notamment cognitives, utiles pour l'élaboration, la mise en œuvre et le contrôle des stratégies, en y incluant la correction des éventuelles erreurs managériales.

Une telle perspective permet, d'une part, de mieux expliquer la composition réelle des conseils d'administration, d'autre part, de prendre ses distances vis-à-vis des recommandations issues de l'approche actionnariale. En effet, si les intérêts des dirigeants rejoignent ceux des actionnaires, la justification disciplinaire de la présence d'administrateurs indépendants s'évanouit ; il faut alors invoquer leur fonction de conseiller pour expliquer leur présence. De même, substituer la valeur partenariale à la valeur actionnariale comme mesure de l'efficience conduit à attribuer au conseil un statut d'organe collectif chargé d'aider à la création de valeur et d'assurer une redistribution équitable pour l'ensemble des partenaires.

Les approches partenariales ou cognitives conduisent également à un renouvellement de la perspective dans l'étude de l'architecture et du fonctionnement des différents systèmes de gouvernance. Si, dans l'approche actionnariale, le système de gouvernance accorde une place centrale aux mécanismes (assemblée des actionnaires, conseil d'administration, marché des dirigeants, marché financier) permettant de gérer les conflits entre actionnaires et dirigeants, dans les nouvelles approches, on privilégie les mécanismes supposés déterminants dans la création et la répartition de la valeur partenariale.

Les mécanismes traditionnels n'occupent plus nécessairement une place centrale et l'interprétation de leur rôle peut évoluer, notamment en fonction du type d'organisation ou du cadre institutionnel national. Il en est de même de leur composition. Ainsi, la place des femmes dans les conseils d'administration peut se justifier sur la base d'arguments cognitifs. Inversement, des mécanismes ignorés dans l'approche traditionnelle peuvent prendre une place importante, par exemple, les organisations syndicales, la « culture » d'entreprise, les systèmes de formation, les valeurs sociétales, etc. Certaines recherches montrent ainsi que ces valeurs, en conditionnant l'éthique des dirigeants, sont un mécanisme de gouvernance à part entière.

6. La gestion de la qualité et les principaux outils de la démarche qualité

L'histoire de la gestion de la qualité s'inscrit dans l'histoire du management. Les civilisations se sont donc d'abord appuyées sur l'art et l'artisanat pour faire vivre et progresser la qualité des productions au sein des sociétés. On peut effectivement se demander pourquoi la qualité, qui fait partie intégrante du processus de fabrication d'un produit, est devenue si importante dans l'étude des phases de production, qu'un organisme international a édicté une série de normes sur ce sujet. Il suffit de comprendre l'évolution du rapport producteur/acheteur pour expliquer cette apparition de notion de qualité dans le monde économique.

Pour illustrer notre propos, nous prendrons comme chronologie historique l'évolution des différentes formes de production au cours du temps. On peut alors découper l'histoire de l'industrie en plusieurs phases d'évolution :

- **L'artisanat**

Celui-ci couvre l'histoire de l'homme des confins de la préhistoire jusqu'aux prémices de la révolution industrielle. Cette forme de rapport producteur/acheteur est très simple. Le fournisseur du produit, qui est l'artisan, est en contact direct avec son client. Comme chaque stade de la production se fait sur un même site et par une même personne, celui-ci gère et contrôle ses sources d'approvisionnement et ses méthodes de travail. La qualité est ainsi liée à la dextérité de l'artisan, au choix des matières premières et au prix de vente du produit fini, le tout concernant une faible quantité. Comme l'artisan contrôle tout le temps sa production, la qualité du produit se fait en temps réel.

- ***Les débuts de l'industrie***

C'est la naissance des grandes fabriques, située vers la fin du XVIIe siècle ; fruit du regroupement d'artisans et de la progression des techniques. Comme l'offre reste très inférieure à la demande, tout se vend, même ce qui est de mauvaise qualité. Durant cette période, la qualité reste encore liée au prix que l'on paie lors de l'achat du produit : plus on paie cher, plus le produit est de bonne qualité.

- ***L'industrie au début du XXe siècle***

L'industrie subit ses révolutions : on assiste à la mutation des méthodes de production, qui suivent l'évolution des techniques, et au perfectionnement des machines, auxquelles on a de plus en plus recours. Cela se traduit par une forte augmentation de la demande, avec une complexification des produits, qui profitent entre autres du développement des transports, des sources d'approvisionnement et d'énergie. La notion de sous-traitance apparaît, car un nouveau mode de production vient de naître, afin de répondre à l'augmentation de la demande : c'est l'apparition des chaînes de production industrielle, qui emploient un personnel peu qualifié, mal payé, où les tâches se divisent en éléments simples et répétitifs (Taylorisme). Sur ces chaînes, on trie en fin de production entre les 'bons' et 'mauvais' produits. La qualité n'est alors liée qu'à un contrôle. En 1924, Walter A. Shewhart a inventé une méthode de contrôle de la qualité de la production en utilisant des méthodes statistiques.

- ***Du début du siècle jusqu'aux années 1950***

Le monde est secoué par des crises économiques, ainsi que par deux guerres mondiales, ce qui provoque un accroissement spectaculaire des besoins. Cela se traduit par une forte augmentation des quantités produites, les produits eux-mêmes devenant toujours de plus en plus complexes. C'est l'époque des grands projets (industrie militaire, aéronautique et spatiale...) ; avec une multitude d'entreprises concernées. On passe alors par des méthodes de contrôle statistiques, pour veiller à la bonne gestion qualité de ces vastes projets. Mais la complexité des schémas de production fait grimper les coûts des contrôles, et les méthodes statistiques atteignent rapidement leurs limites. En effet, ces dernières ne pouvaient que donner des indications sur la qualité, sans permettre de prévenir une éventuelle évolution du standard demandé.

Pendant la Seconde Guerre mondiale, William Edwards Deming a utilisé ces méthodes pour la fabrication de munitions et d'autres produits d'importance stratégique. Après la Deuxième Guerre mondiale, le Japon a décidé de faire de l'amélioration de la qualité un impératif national dans le cadre de la reconstruction de leur économie avec l'aide de certains théoriciens, comme Shewhart, William Edwards Deming et Joseph Juran dans les années 1950. C'est à cette époque que l'idée d'une intégration des services et d'un apprentissage continu a émergé. Par ailleurs, la rentabilité devenant une notion de plus en plus pressante dans les plans de financement ; on passe alors à la notion de qualité par prévention : l'assurance qualité.

- ***Les années 1965/1970***

La préoccupation qualité se répand dans l'entreprise, on la prend en compte dans les services études et développement, donc dès l'élaboration du cahier des charges. Cela revient à prendre en compte le facteur humain, dans les opérations de production. Les personnels sont ainsi responsabilisés dans l'obtention de la qualité. Et comme la concurrence devient de plus en plus rude, on commence à s'orienter vers les besoins des clients, être à l'écoute de leurs desiderata et commentaires.

- ***À partir de 1975***

Les produits japonais inondent les marchés avec une qualité meilleure pour un prix moindre. Les clients deviennent de plus en plus exigeants. Et comme l'offre est supérieure à la demande, il faut se battre sur tous les plans pour vendre. Notamment, sur la qualité, qui devient un facteur de compétitivité et un argument commercial. Ainsi à partir des années 1970, cette initiative est devenue un succès en particulier au niveau de l'automobile, dont Taiichi Ono est un des théoriciens (développant le juste à temps et le kanban, les 5 zéros) et directeur de production de Toyota dans les années 1950.

Divers états américains ont mis en place dès les années 1990 des organisations dédiées à la qualité de l'environnement. En avril 1990, 21 des plus importantes entreprises américaines de l'époque (dont IBM, AT&T) se sont regroupées dans le cadre du GEMI (*Global Environment Management Initiative*), pour ouvrir la démarche qualité sur la prise en compte de l'environnement (TQEM : Total Quality Environmental Management). Cette mobilisation se fit en réponse aux premières démarches juridiques liées à l'impact de l'industrie sur la santé et l'environnement. Les normes ont progressivement intégré les attentes de la société civile : risques globaux, changement climatique, etc. Les enjeux de développement durable ont été traduits, pour les entreprises, dans des concepts de responsabilité sociétale, santé, éducation et même gouvernance.

Quelques dates repères :

- 1970 (États-Unis) ; loi imposant l'obligation de l'assurance qualité pour la construction des centrales nucléaires ;
- 1991 (États-Unis) : les premières normes environnementales (EQS ; Envisonnemental Quality Standard) de qualité des sols sont étables ;
- 1993 (États-Unis) ; apparition des premières EQS relatives à la saté.

Une version simplifiée de la démarche qualité a alors été élaborée et diffusée sous le nom d'Assurance Qualité définie dans les normes ISO 9001, ISO 9002 et ISO 9003 (versions 1990 et 1994). Ces normes ISO 9002 et 9003 ont été supprimées dès la publication de la version 2000 de l'ISO 9001 qui souligne l'importance de l'implication managériale dans le pilotage global de la qualité, la maîtrise des process, et élargit l'application de la norme à la production de services.

7. L'évolution du concept de la qualité depuis sa naissance

Cette évolution se décline en quatre étapes principales :

L'ère du tri : aux États-Unis, Ford met en œuvre le principe de « la division du travail en tâches élémentaires » selon les préceptes de F.W. Taylor. On entre dans l'ère de la production de masse. Les industriels prennent conscience de la nécessité de contrôler les produits finis pour garantir une certaine qualité. Le concept qualité en est à ses débuts. On entre dans l'âge du tri, où chaque pièce est contrôlée et jetée au rebut si défectueux. Ce qui coûtait extrêmement cher à l'entreprise.

L'ère du contrôle : Bell Labs confie à Walter A. Shewhart, ingénieur-statisticien, la mission d'améliorer la qualité et la productivité. Il élabore le concept de contrôle statistique, applicable à la production de série, et, plus généralement à tout processus répétitif. Deming et Juran contribuent à développer la qualité au Japon en y introduisant les statistiques comme moyen de contrôle sur les produits finis et sur les processus. On prélevait dans chaque lot ou série un échantillonnage de produits afin de leur faire subir des tests qualité. La première norme ISO « Température normale de référence des mesures industrielles de longueur » est publiée.

L'ère de la prévention : dans les années 50, il est jugé plus rentable de sensibiliser et de former les personnes à la qualité, plutôt que de rectifier les défauts de fabrication. Ce sont les Japonais qui ont développé les cercles de qualité prenant en compte le facteur humain, dans le but d'impliquer tout le personnel, le rendre efficace et responsable. C'est l'époque des 30 glorieuses et du développement du marché de la consommation marquée par la naissance de la série des normes ISO 9000 en 1987. La qualité fait l'objet d'une approche beaucoup plus globale et devient même un argument de vente.

L'ère de la stratégie : l'exigence du client vis-à-vis de son fournisseur est de plus en plus forte. L'assurance de la qualité consiste à pouvoir garantir à sa clientèle un niveau de qualité constant et à présenter un cahier des charges de production complet permettant d'expliquer les différentes méthodes appliquées pour y parvenir.

1994 : Première évolution des normes ISO 9000

Ces normes ont ensuite continué d'évoluer, mettant en place des référentiels sectoriels pour répondre aux besoins spécifiques des secteurs économiques (industrie de l'automobile, dispositifs médicaux, l'environnement, la sécurité, les services,). Selon les procédures de l'ISO, toutes les normes doivent être révisées au moins tous les cinq ans afin de déterminer si elles doivent être confirmées, révisées ou annulées.

2000 : Seconde évolution des normes ISO 9000

La famille ISO 9000 : 2000 n'est plus constituée que de quatre normes principales c'est-à-dire :

- ISO 9000 : Systèmes de management de la qualité — Principes essentiels et vocabulaire.
- ISO 9001 : Systèmes de management de la qualité — Exigences.
- ISO 9004 : Systèmes de management de la qualité — Lignes directrices pour l'amélioration des performances.
- ISO 9011 : Lignes directrices relatives aux évaluations de systèmes de management de la qualité et/ou environnemental.,

Les principales modifications des normes ISO 9000 revisitées sont placées sur l'engagement de la direction, sur l'insistance sur l'approche processus au sein de l'organisme et sur l'amélioration continue, ainsi que le renforcement de la satisfaction du client et d'autres parties intéressées.

Au fil du temps, le concept de qualité a connu une évolution majeure. On ne parle plus d'assurance qualité, mais de management par la qualité. L'entreprise doit comprendre les besoins présents et futurs de leurs clients et satisfaire leurs exigences... Des travaux sont en cours pour formaliser un cadre de normalisation cohérent, à la fois sur le plan industriel et sur le plan de la gestion de l'information. On trouve ainsi les séries de normes, ou projets de normes (pour la mise en œuvre) ISO 26000 et ISO 27000.

La recherche de la qualité s'est imposée dans tous les domaines économiques depuis une trentaine d'années au fur et à mesure que la compétition devenait plus âpre et les clients plus exigeants. Elle est devenue un élément déterminant de la compétitivité des entreprises et de la réussite économique des pays. D'importantes réserves d'efficacité et de productivité peuvent être mobilisées dans toute organisation, grâce à la mise en œuvre d'une démarche Qualité. La qualité est donc maintenant globale. D'une vague notion intuitive sur l'idée d'un bon travail bien fait, elle est maintenant une priorité dans la notion de production. Au niveau de l'entreprise, elle concerne toutes les activités, tous les métiers, toutes les personnes, tous les instants.

8. Les outils de la démarche qualité

La démarche qualité propose toute une panoplie d'outils d'aide (méthode, analyse, statistique, suivi-contrôle). Ces outils, créés et/ou diffusés par les principaux fondateurs de la démarche qualité dans le cadre de leurs actions de conseil auprès des entreprises, ont une vocation pédagogique. Il est utile de répartir les outils de la qualité en deux catégories : les outils complexes et les outils simples.

- ***Les outils complexes***

Ils sont utilisés dans les domaines de l'ingénierie, de la logistique, de la métrologie, des statistiques, par les services de planification et de méthode... Ces outils ont souvent été créés au début du siècle dernier. La plupart d'entre eux figurent déjà dans le livre de Joseph Juran (1951) « Quality Control Handbook » Mc Graw-Hill Book Company, guide rassemblant les concepts, outils et démarches applicables à l'amélioration de la qualité.

- ***Les outils simples***

Ce sont des outils d'aide à la réflexion, à l'analyse, à la méthode, utilisables par tout public sans formation particulière. C'est la JUSE (Japanese Union of Scientists and Engineers) qui fera la première diffusion systématique, en 1977, de 7 outils "tout public" sélectionnés pour la simplicité de leur utilisation. Ces outils ont été dénommés les "7 M" (1-Diagramme de Pareto, 2-diagramme causes-effets, 3-stratification, 4-check-list, 5-histogramme, 6-diagramme de dispersion, 7-graphe / charte de contrôle).

- *Pour analyser une performance*

Il est possible de vérifier la performance à partir d'une carte de contrôle (Walter A. Shewart) (Variantes : suivi de tableau de bord, contrôle statistique de processus (CSP) : méthode de gestion de la qualité selon laquelle on mesure, à l'aide de techniques statistiques, un processus pour déterminer s'il faut lui apporter des changements ou le maintenir tel quel).

- *Pour cadrer le pilotage*

Il est possible d'utiliser la roue de Deming : étapes de mise en place de la maîtrise de la qualité. Autre dénomination : le PDCA (*Plan - Do - Check - Act* : concevoir, mettre en œuvre, contrôler, réagir), la "roue de la qualité". Cette méthode a été lancée par les qualiticiens Juran et Shewhart à la société Bell Téléphone en 1925. Deming un statisticien qui avait été stagiaire auprès de Shewhart à cette époque, évoquera cet outil au Japon en 1950 alors qu'il était chargé de donner durant 2 mois une série de cours sur les statistiques. En 1954, l'industrie japonaise fera appel à Juran afin qu'il expose les volets managériaux et méthodes de déploiement de la qualité. Néanmoins, le nom de Deming est resté attaché à cet outil. La méthode Six Sigma ; méthode de management visant à l'amélioration permanente de la qualité. Équivalent : PDCA, dont elle est une version améliorée.

- *Pour analyser un fonctionnement*

Il est possible d'utiliser la « figuration du process » (« process mapping »). Cet outil, déjà utilisé dans les années 1930 aux États-Unis où il est toujours utilisé, est depuis décliné sous diverses formes, des plus simples aux plus complexes, par exemple les suivantes :

Le logigramme (synonyme : ordinogramme). Schéma codifié représentant les étapes successives et logiques d'un cheminement et montrant les interactions d'une procédure, d'un processus ou d'un système à l'aide d'un ensemble de figures géométriques inter reliées (par exemple des rectangles ou des losanges). Le schéma géographique (organisation matérielle) analyse le flux matériel des activités. Il aide à minimiser les pertes de temps quand les extrants ou les ressources sont acheminés d'une activité à une autre. Le schéma fonctionnel représente les interactions entre différentes unités de travail. Il montre par exemple comment les services fonctionnels à orientation verticale influent sur un processus à orientation horizontale mis en œuvre au sein d'une organisation.

L'outil PERT (Project Evaluation and Review Technique, litt. "technique d'évaluation et d'examen de projets"), méthode de gestion de projet permettant de définir les tâches et délais d'un projet et d'en assurer le suivi. La stratification : présentation permettant la lecture simultanée de données compilées de natures et sources diverses, mettant en évidence leurs variations singulières, leurs influences respectives, l'impact du contexte, et ce, pour donner une vision d'ensemble du mode de fonctionnement d'un système et de ses variables.

- *Pour rechercher les causes des défauts et qualifier leur impact*

Le Diagramme de causes et effets ou diagramme d'Ishikawa Kaoru Ishikawa (synonyme : diagramme en arêtes de poisson). Diagramme permettant d'examiner les causes profondes des problèmes. En posant continuellement la question « Pourquoi ? », on finit par découvrir la véritable cause du problème. Généralement utilisé pour mettre en évidence les causes d'un problème et les regrouper dans des catégories distinctes (par. ex. méthode, main-d'œuvre, matériel, machines, matières).

La méthode des 5 pourquoi.

Le diagramme de Pareto. Auteur : Joseph Juran (synonyme : 80-20) (variante : la courbe A-B-C découpe le diagramme de Pareto en trois segments délimitant l'effort de traitement à effectuer). Graphique en bandes simple, servant, après la collecte de données, à classer les causes des problèmes et à établir des priorités d'action. Il indique les causes des problèmes selon l'ampleur de leurs effets et aide à définir les activités d'amélioration selon leur ordre de priorité. Le recours à ce genre de graphique donne lieu à la règle de 80-20, c'est-à-dire que 80 % des problèmes découlent de 20 % des causes.

L'Histogramme. Graphique en bandes indiquant la distribution d'une variance. Il montre également les écarts par rapport à la norme, sous forme d'analyse sélective par exemple. Il permet de mesurer la fréquence à laquelle quelque chose se produit.

- *Pour choisir la solution appropriée*

La matrice de compatibilité.

La démarche 8D (pour assurer la complète résolution d'un problème).

Arbre de décision : Représentation en arborescence qui permet à partir d'un objectif de départ de décliner l'ensemble des objectifs intermédiaires et les moyens à mettre en œuvre.

- *Pour optimiser - sécuriser un process*

L'AMDEC ou Analyse des Modes de Défaillances de leurs Effets et de leur Criticité.

Le diagramme de Gantt. Le diagramme de Gantt est un outil permettant de modéliser la planification de tâches nécessaires à la réalisation d'un projet. Il s'agit d'un outil inventé en 1917 par Henry L. Gantt. Il sert de support au paramétrage et à la gestion de projet.

La matrice « QFD » (*Quality Function Deployment*), également dénommée la "maison de la qualité". Il s'agit d'un tableau à double entrée recoupant les étapes du processus et les exigences de la clientèle. Un système de notation permet de préciser les points critiques dans la matrice et même d'en suivre l'évolution (tableau de bord figuratif).

Le *kanban*, système d'étiquettes permettant le suivi de production (utilisé dans le juste-à-temps).

Le Poka yoke : système d'alerte visant à éviter (yoke) les erreurs involontaires (poka) au niveau des opérateurs (recours à des moyens simples comme la vue et l'ouïe pour empêcher les incidents de fonctionnement). Inventé par un ingénieur japonais nommé Shigeo Shingo (concepteur du système SMED).

La défauthèque : dont le rôle est de recenser, de formaliser et de garder en mémoire les défauts.

Les 5 S- but : ordre et propreté

- *Pour gérer les premières étapes d'une analyse*

Le diagramme KJ. Il fait partie des 7 outils de la qualité diffusés par les Japonais. À l'origine, dénommé "diagramme des affinités" (*Affinity Diagram*) il est fréquemment identifié par les initiales de son concepteur Kawakita Jiro. Très fréquemment utilisé dans l'animation des groupes de travail, ce diagramme sert à regrouper des idées, des opinions se rattachant à des problématiques diverses et à créer des liens entre elles afin de les rapprocher par catégories.

Le *QQOQCCP* ("Five Ws" ou "5W2H" en anglais).

Les cinq pourquoi ("5 Whys" en anglais)

Analyse des forces et faiblesses. L'outil peut être simplement constitué d'un tableau distinguant les deux catégories, en vis-à-vis par thème. L'origine de cette méthode est attribuée à Kurt Lewin.

Analyse de la variance

Le brainstorming (remue-méninges).

Le QRQC (Quick Response, Quality Control), méthode développée au Japon, puis reprise en France et en Europe par l'équipementier automobile Valeo en 2002. D'abord utilisée dans le milieu automobile, la méthode QRQC est maintenant plus largement utilisée. Le QRQC est une méthode visuelle de résolution de problème, au plus près du terrain, impliquant celui qui a détecté l'anomalie. Chaque problème détecté doit être immédiatement identifié, caractérisé et analysé sur le terrain par les personnes concernées en utilisant les pièces incriminées ; une action corrective doit être définie et mise en place sous 24 heures. L'analyse du problème doit permettre d'identifier le ou les facteurs à l'origine de l'occurrence et de la non-détection du problème. Une fois que l'influence des facteurs sur le problème est démontrée, une analyse « cinq pourquoi » doit permettre d'arriver à la cause racine qui est à l'origine du défaut. Enfin, cette cause racine doit faire l'objet d'une carte d'apprentissage ou d'une « Lesson Learned Card » afin de capitaliser et partager cette expérience dans l'entreprise.

« La Matrice Auto-Qualité, qui fait partie de la boîte à outils de certaines méthodes de résolution de problème, et d'implication du personnel, qui identifie le lieu d'apparition d'un défaut et son lieu de détection.

Conclusion

Pour donner satisfaction aux usagers d'une administration, tout doit être de qualité : organisation, stratégie, management, fonctionnement, réalisation, relations interne et externe, communication. Chaque aspect constitue le maillon d'une chaîne dont la faiblesse peut compromettre l'efficacité de l'ensemble. Des îlots de qualité isolés ne peuvent assurer la qualité de l'ensemble.

La qualité doit être prise en charge par tous ; chaque acteur doit être impliqué, motivé et responsabilisé. Mais si la qualité est l'affaire de tous, la démarche qualité ne peut partir de la base. L'engagement de la hiérarchie est la condition nécessaire du succès de la démarche. Cet engagement doit être total, visible et permanent.

En effet, ce qui compte dans une démarche qualité, c'est la capacité de la direction à mobiliser les ressources humaines, à appliquer le programme d'amélioration sur le terrain, sans faiblir et sur une longue période. C'est une course de fond et non un sprint. Il faudra de même donner l'exemple, car c'est la meilleure incitation pour les autres.

Aussi, les responsables doivent intégrer dans leur démarche qualité la notion de veille de qualité ; c'est-à-dire l'audit de l'existant ; serait une solution à la crise de gouvernance dans les entreprises publiques au Cameroun. Ceci implique que les responsables de cette administration doivent être des managers capables de mobiliser les ressources humaines, de les impliquer et de piloter le changement. En ce domaine, la manière de diriger et de communiquer le changement est aussi cruciale que son contenu ou ses objectifs.

Bibliographie

Aguilera, R., V. et Cuervo-Cazurra, A. (2004). Codes of Good Governance Worldwide: What is the Trigger? *Organization Studies*, *25*(3), 415–443. https://doi.org/10.1177/0170840604040669

Berle, A., A. (1932). *For Whom Corporate Managers are Trustees: A Note*, Harvard Law Review, 45.

Berle, A. and Means, G. C. (1932), *The Modern Corporation and Private Porperty,* Macmillan, New York, 414 pages.

Caby, J. (1989). La valeur partenariale, un outil de gouvernance », Revue du Financier n° 155

Charreaux, G. (1996), « Vers une théorie du gouvernement des entreprises », 56 p

Charreaux, G. et Pastre, O. (200). Le gouvernement d'entreprise : quelle recherche pour quel concept ? Avant-propos, *Revue d'économie financière.*

Charreaux, G. et Wirtz, P. (2006). *Gouvernance des entreprises : nouvelles perspectives,* Economica, Paris

Charreaux, G. (1991). Structure de propriété, relation d'agence et performance financière, *Revue économique*, Vol. 42

Charreaux, G. (1997). *Gouvernement des entreprises*, Economica, Paris

Charreaux, G. (2001). *Images de l'investissement : au-delà de l'évaluation financière, une lecture stratégique et organisationnelle* Vuibert éd., Paris

Charreaux, G. (2001). Le rôle de la confiance dans le système de gouvernance des entreprises, *Revue Économies et Sociétés, Sciences de Gestion*, N° 8-9, pp. 47/65,

Charreaux, G. (2002). L'actionnaire comme apporteur de ressources cognitives, Dossier Spécial de l'actionnaire, *Revue française de Gestion*, Vol. 28, n° 141, pp.77-107

Charreaux, G. (2003). *Le gouvernement d'entreprise,* éd. Vuibert, Paris

Charreaux, G. (2003). Le point sur les réseaux d'administrateurs et de dirigeants, Revue Banque et Marchés, n° 66, pp. 59-63

Charreaux, G. (2004). Efficiency of French privatizations : a dynamic vision, *Journal of Corporat Finance*, Vol. 10, n°3, pp. 467/94

Charreaux, G. (2005). Pour une gouvernance d'entreprise « comportementale » : une réflexion exploratoire, *Revue française de Gestion*, Vol. 31, n° 157, pp. 215/38

Charreaux, G. (2006). La recherche française en gouvernance d'entreprise : un panorama, en collaboration avec A. Shatt (2006). Revue *Banques et Marchés,* n° 82, mai-juin, pp. 7/23

Charreaux, G. (2007). La valeur partenariale : vers une mesure opérationnelle, *Revue Comptabilité, contrôle audit*, n° 13, PP 7/45

Charreaux, G. et Pilot-Belin, J., P. (1985). La théorie contractuelle des organisations : une application au conseil d'administration, économie et société, *Cahiers de l'JME,* n° 81, Université de Dijon.

Charreaux, G. et Pitol-Belin, J.P., (1985), La théorie contractuelle des organisations : une application au conseil d'administration, économie et société, *Série Sciences de Gestion*, n° 6.

Charreaux, G. et Pitol-Belin, J., P. (1990). *Le conseil d'administration*, Vuibert.

Coase, R., H. (1993). The nature of the firm (1937). http://econdse.org/wp-content/uploads/2014/09/firm-coase.pdf

Deming, W., E. (1996). *Du nouveau en Économie,* Economica, Paris, 202 pages. (traduction française de *The New Economics for Industry, Government*, Education).

Deming, W., E. (1991). *Hors de la crise*, Economica, Paris, 2 ^e^éd., 1991, 352 pages. (3^e^éd., 2002) (traduction française par J-M. Gogue de *Out of Crisis*, Cambridge University Press, Cambridge, 1982, 1986).

Dosi, G. ; Teece, D. et Winter, S. (1990). Les frontières des entreprises : Vers une théorie de la cohérence de la grande entreprise. *Revue d'économie industrielle*, *51*(1), 238–254.

Guetsop Sateu, F., A. (2021). Modes de gouvernance et performance des PME camerounaises, *Revue D'Études en Management et Finance et d'Organisation,* n° 13, juin

Jensen, M., C. et Meckling, W., H. (1976). Theory of the Firm: Management Behaviour, Agency Cost and Ownership Structure, *Journal of Financial Economic.* Jensen, M., C. et Meckling, (1976). Theory of the Firm: Management Behaviour, Agency Cost and Ownership Structure, *Journal of Financial Economic.* Volume 3, Issue 4, octobre, pp. 305-360

Juran (J-M.), (1983), *Gestion de la qualité*, AFNOR.

Shewart, W., A. (1930). Economic quality control of manufactures product, Bell Système ; Technical Journal, 9 (2), pp. 364/89

Simon, H. (1947). *Administrative behavior: a study of decision-making pro cesses in administrative organization,* Macmillan, New York, 259 pp.

Simon, R. (1993). *Éthique de la responsabilité*. Éd. du Cerf, Paris.

Smith, A. (1776). *An Inquiry into the Nature and Causes of the Wealth of Nations,* Ed. London.

Tirole, J. (2001). Corporate Governance, *Econometrica vol.* 69 (1) et *The Econometrie Society*, pp. 1-35.

Valin, G. (2023). Gouvernance transnationale des entreprises européennes et critères ESG. *Allemagne d'aujourd'hui*, *4*, 125–136.

Valin, G. ; Gavanou, J. ; Guttmann, C. et Le Vourc'h, J. (2006). *Controlor and Auditor,* Paris, Dunod

Williamson O.-E. (1985). *The Economic Institutions of Capitalism: Firm, Market and Relational Contracting*. New York, Free Press.

Williamson, O., E. (1988). Corporate Finance and Corporate Governance. *Journal of Finance,* Vol.43.

Williamson, O., E. (1991). Comparative Economic Organization The Analysis of Discrete Structural Alternatives, *Administrative Science Quarterly.* Vol.36.

Williamson, O., E. (1991). Economic Institution: Spontaneous and Intentional Governance, *Journal of Law, Economics and Organization*, Vol .7.

Williamson, O., E. (1991). Strategizing, Economizing, and Economic Organisation Strategic, *Management Journal*, Vol. 12.

Williamson, O., E. (1996). *The Mechanisms of Governance.* Oxford University Press.

HUITIÈME PARTIE :

LEVIERS DE FINANCEMENT DE LA « VILLE SMART »

Elie NGONGANG, SOULEMANOU et Derick NDO ETOA tentent, dans cette étude, de rendre compte de la concentration (ou du regroupement) des investissements directs français (IDF) manufacturiers dans la ville de Douala et de Yaoundé. Il s'agit pour nous de montrer que les IDF dans la ville de Douala relèvent d'une histoire longue et, principalement, d'une logique d'offre alors que les IDF dans la ville de Yaoundé relèveraient d'une stratégie essentiellement axée sur la demande. Après avoir présenté les caractéristiques des IDF au Cameroun, nous rendrons compte des deux logiques d'implantation dont relèvent Douala et Yaoundé. Ensuite, nous avons effectué un test empirique pour valider nos hypothèses relatives aux caractéristiques des IDF au Cameroun, et aux attractivités différenciées des deux sites.

Elie NGONGANG et Jean TCHITCHOUA analysent le rôle que joue l'infrastructure de transport comme facteur de motivation des investissements directs étrangers (IDE) dans six économies des pays de la CEMAC, pour la période 1995-2018. En nous appuyant sur une approche de données de panel dynamique, nous observons que la disponibilité de l'infrastructure de transport contribue positivement à l'attractivité des pays de la CEMAC. Les investisseurs directs étrangers sont aussi sensibles à l'autre indicateur de la présence de l'infrastructure, mais moins à la disponibilité des moyens de transport. Par ailleurs, les flux d'investissement vers les pays de la CEMAC sont également liés par la recherche de ressources naturelles et de marchés. Cette étude établit aussi l'existence d'une dynamique dans les modèles d'IDE. Les décideurs qui formulent les politiques publiques devraient aussi tenir compte de ces résultats.

Gérard TCHOUASSI, Pierre Patrick DZOU et Elie Fernand JIOKENG TCHOUGON évaluent l'influence de la décentralisation financière sur le développement local. L'objectif de ce travail est d'analyser et évaluer l'efficacité de la décentralisation financière sur le développement des CTD. À partir du modèle DEA, ils ont calculé les scores d'efficacité de la décentralisation financière sur le développement local. Les résultats de l'analyse des variables explicatives dans nos différents modèles sont les suivants : une augmentation de 1 % du budget alloué aux collectivités territoriales décentralisées (CTD) entraîne une hausse de 13 points des réalisations de projets non générateurs de revenus et de 11 points de celles des projets générateurs de revenus au niveau des CTD.

Bainone DANZOUMBE et Taher Doutoum MAHAMAT analysent la double vocation sociale et financière dont se réclame le secteur de la microfinance. Il apparaît de plus en plus indispensable de s'intéresser à la façon dont ses institutions définissent leur mission sociale et la mettent en pratique dans leur mode de gouvernance (actions spécifiques, système d'information et de gestion, etc.). Le secteur de la microfinance est à la croisée des chemins. Les institutions de microfinance ont montré leur capacité à offrir de façon durable aux exclus des systèmes bancaires classiques, des services financiers diversifiés et adaptés (petites sommes, remboursements réguliers, ciblage des activités des ménages pauvres, contacts directs avec des agents de crédits locaux, etc.). Elles ont imaginé des garanties non traditionnelles et ont développé des systèmes basés sur la solidarité, la proximité et la participation pour accroître la confiance, et pour atténuer les barrières sociales et informationnelles entre les clients et l'institution.

Théogène NSENGIYUMVA, Christian KAMENGA et Célestin MAYOUKOU étudient les effets de la politique publique sur le financement des microentreprises agricoles au Burundi à travers le crédit warrantage. Les résultats économétriques sont très intéressants : par exemple, l'appui financier du gouvernement a un effet positif sur le financement des microentreprises agricoles en groupement solidaire ou en coopérative. Cependant, ces effets sont réduits lorsque les microentrepreneurs ne sont pas en coopérative, ou lorsqu'il manque des politiques d'accompagnement et/ou de suivi de l'État.

CHAPITRE 27 :

LES INVESTISSEMENTS DIRECTS FRANÇAIS AU CAMEROUN : UNE ATTRACTIVITÉ COMPARÉE DES VILLES DE DOUALA ET DE YAOUNDÉ

Elie NGONGANG, SOULEMANOU
et Derick NDO ETOA

Résumé

Nous avons tenté dans cette étude de rendre compte de la concentration (ou du regroupement) des investissements directs français (IDF) manufacturiers dans la ville de Douala et de Yaoundé. Il s'agit pour nous de montrer que les IDF dans la ville de Douala relèvent d'une histoire longue et, principalement, d'une logique d'offre alors que les IDF dans la ville de Yaoundé relèveraient d'une stratégie essentiellement axée sur la demande. Après avoir présenté les caractéristiques des IDF au Cameroun, nous rendrons compte des deux logiques d'implantation dont relèvent Douala et Yaoundé. Ensuite, nous avons effectué un test empirique pour valider nos hypothèses relatives aux caractéristiques des IDF au Cameroun, et aux attractivités différenciées des deux sites.

Mots Clés : IDF manufacturiers- délocalisation -Attractivité- Cameroun

Abstract

In this study, we attempted to account for the concentration (or grouping) of French direct manufacturing investments (FDI) in the city of Douala and Yaoundé. For us, it is a question of showing that the IDF in the city of Douala is part of a long history and, mainly, of logic of supply whereas the IDF in the city of Yaoundé would be part of a strategy essentially focused on the request. After presenting the characteristics of FDIs in Cameroon, we account on the two implementation logics which include Douala and Yaoundé. Then, we carried out an empirical test to validate our hypotheses relating to the characteristics of FDIs in Cameroon, and to the differentiated attractiveness of the two sites.

Keywords: *FDI manufacturers - relocation - Attractiveness – Cameroon*

Introduction

Pour améliorer la balance des paiements et stimuler la croissance économique, certains pays en développement, y compris les pays d'Afrique subsaharienne (ASS), reconnaissent maintenant que les flux d'investissements étrangers offrent des avantages spécifiques indéniables, en même temps constituent usuellement des externalités de ressources en matière de technologie, en matière managériale et d'expertise marketing combinée au capital (Sjoholm, 1999 ; Maingu, 2004 ; Mbang, 2022). Depuis les années 1985-1986, les pays d'Afrique subsaharienne, de la Communauté économique et monétaire de l'Afrique centrale (CEMAC) et, en particulier, le Cameroun, ont entrepris de vastes programmes de réformes structurelles sous l'égide des bailleurs de fonds (FMI, Banque mondiale, CEE, etc.). Ces réformes ont touché tous les secteurs de l'économie. Au tournant des années 1998 et 2000, après une période relativement calme dans les années 1990 et 1995, les entreprises françaises reprennent leur expansion en Afrique subsaharienne. Cet essor des investissements directs français (IDF) concerne l'ensemble de la zone franc lié pour la plupart par des accords historiques[1]. Cependant, la zone CEMAC et singulièrement le Cameroun font figure ; des pays privilégiés depuis 1991[2].

L'appréciation de l'attractivité d'un espace économique pose également des problèmes liés au grand nombre des variables à prendre en compte. Les littératures empirique et théorique, notamment celle de Loewendahlt et Ertugal-Loewendahlt (2001), reprise par Bloningen (2005), Nicet-Chenaf et Rougier (2007), recensent plusieurs déterminants de la localisation classés en déterminants économiques, politiques, institutionnels, historiques et d'incitations. Parmi les multiples attractivités d'un pays, Lim (2001) et Basu et Srinivasan (2002) montrent l'importance des facteurs traditionnels à savoir, la dimension du marché, les coûts salariaux ou les effets d'agglomération. Alors que Bloningen (2005) montre l'importance des taux de change, des prélèvements fiscaux, des institutions, et des facteurs liés aux obstacles commerciaux (coûts de transport, coûts de transaction).

Ainsi, l'Investissement direct étranger (IDE) correspond au flux international de capitaux motivé par l'acquisition d'une entreprise à l'étranger (rachat d'une structure, création ex nihilo...), ou une prise de participation dans le capital supérieur à 10 %. L'IDE doit présenter en principe un caractère stable et celui qui l'effectue doit prendre part aux décisions de l'entreprise. L'attractivité est la capacité d'un territoire (pays, région, ville) à attirer des opérateurs extérieurs (entreprises, investisseurs...). L'attractivité d'une zone dépend de sa stabilité, de sa fiscalité, du dynamisme de sa demande, des caractéristiques de la main-d'œuvre disponible, de la qualité de ses infrastructures, de la situation géographique... L'intensification du processus de mondialisation pose, avec plus d'acuité, la question de l'attractivité des sites nationaux et urbains. De ce développement, comment expliquer dans le cadre du Cameroun l'attractivité des IDF manufacturiers dans les villes de Douala et Yaoundé ? En d'autres termes, la ville de Douala et la ville de Yaoundé sont-elles attractives ensemble selon la logique de l'offre et de la demande ?

La France en Europe est en effet passée au premier rang des investisseurs en Afrique subsaharienne, suivie de la Grande-Bretagne et de l'Allemagne. Paris entretient des relations étroites avec les pays d'ASS en raison de leur proximité culturelle et historique.

Les investissements réalisés par les Français concernent principalement des projets de création ou de modernisation d'infrastructures de grande envergure, comme les routes, les ponts, permis par le FMI. Depuis l'invasion de l'Ukraine par la Russie, qui a entraîné un changement dans les chaînes d'approvisionnement commerciales des pays européens, l'accélération des projets d'extraction pétrolière et minière est également à noter. Les investissements nouveaux sont relativement faibles[4]. Les *IDF* sont marqués essentiellement par une double polarisation sectorielle et géographique. En effet, les investissements français sont réalisés par des entreprises dont la vocation est de produire des biens à faibles coûts et/ ou d'accéder au marché local (Pottier, 1998 ; Abri, 2009). Par ailleurs, la présence française dans les pays d'ASS est concentrée sur quelques sites aussi bien en bordure côtière que dans le centre du pays. Au Cameroun le regroupement est assez polarisé dans la ville de Douala en bordure de la mer et dans la ville de Yaoundé, capitale politique dans la région du centre.

L'objet de cette étude est de rendre compte de la concentration (ou du regroupement) des *IDF* manufacturiers au Cameroun sur les sites de Douala et Yaoundé. Il s'agit pour nous de montrer que les *IDF* dans la ville de Douala relèvent d'une longue histoire et, principalement, d'une logique d'offre, alors que les *IDF* dans la ville de Yaoundé relèveraient d'une stratégie essentiellement axée sur la demande. Après avoir présenté les caractéristiques des *IDF* au Cameroun et les logiques d'implantation dont relèvent les villes de Douala et Yaoundé en revue de littérature (1). Nous effectuerons un test empirique pour valider nos hypothèses relatives aux caractéristiques des *IDF* au Cameroun et aux attractivités différenciées des deux sites dans l'approche métrologique (2). Ensuite, les résultats et discussions en (3) et enfin, la conclusion en (4).

I. Revue de la littérature

Deux points clés ressortent, reliant les IDF et les politiques d'attractivité.

1. Les caractéristiques des IDF au Cameroun

Il s'agit pour nous de montrer que les *IDF* au Cameroun ne peuvent être isolés du regain d'intérêt de la France pour l'ensemble de la zone franc et de la CEMAC (1.1.1). Ensuite, nous présenterons les caractéristiques des *IDF* au Cameroun (1.1.2).

- **Le regain d'intérêt de la France pour la zone Franc et CEMAC**

Les IDF ont connu une évolution quantitative décomposable en plusieurs périodes. Durant les années 1980-1988, ces investissements sont de nature manufacturière. Ils ont concerné les entreprises françaises en désavantage comparatif à la France fortement consommatrice des produits induits et désireux d'accéder à des matières premières à moindres coûts (Diasso 2015). Durant les années 1990 et 1992, les *IDF* sont à dominante non manufacturière. Les entreprises françaises investissent surtout en Asie du sud et en Europe, afin de maintenir et de préserver les parts de marché contestées par les mesures protectionnistes (Fabry, 1992). Depuis les années 1992, l'Asie bénéficie d'un regain d'intérêt (OCDE, 1995, Machado, 1995). Celui-ci s'accompagne d'une nouvelle appréciation des avantages fournis par la zone. Alors qu'en France, les entreprises françaises subissent l'appréciation monétaire par rapport aux principales devises européennes, et voient leurs coûts de production augmenter.

La zone franche africaine (y compris le Cameroun) leur offre l'occasion de saisir de nombreuses opportunités (dynamisme de la demande, faibles coûts de la main-d'œuvre, disponibles des ressources naturelles, etc.) dans un contexte d'ouverture des États vis-à-vis des investisseurs étrangers[5]. Sur la période 1996-2005, 62,7 % des *IDF* en zone Afrique sont orientés dans l'industrie. Le Cameroun reçoit 22,9 % (DGTF, 2022). Les secteurs industriels concernés par les *IDF* sont regroupés sur trois activités industrielles ; textiles (30 %), agro-industriel (40 %) et les équipements de transports (22 %).

Tableau 1 : Les investissements directs français en Afrique subsaharienne (y compris le Cameroun) (mouvements cumulés en millions de FCFA courants, structures).

Dates	1980 1988	1980 1996	1980 2005	1980 2010	1980 2015	1980 2020
Ensemble zone Franc (y compris Afrique du nord)	*8830* *(100)*	*25 658* *(100)*	*46 519* *(100)*	*65 507* *(100)*	*97 977* *(100)*	*101 815* *(100)*
Dont :	*4538* *(34,98)*	*12 755* *(47,9)*	*24 275* *(48,98)*	*30816* *(47,04)*	*40 189* *(41,01)*	*43920* *(43,70)*
Afrique zone franc	*1324,5* *(15)*	*3078,96* *(14)*	*8373,42* *(18)*	*12577,3* *(19,2)*	*20673,14* *(21,1)*	*24344,6* *(23.8)*
ASS	*1282* *(14,5)*	*1607* *(4)*	*1915* *(4,2)*	*4167* *(7)*	*5877* *(6)*	*7011* *(5)*
Zone CEMA	*189,4* *(14,7)*	*329.7* *(20,5)*	*911.9* *(47,6)*	*1601,8* *(38,4)*	*2902,2* *(49)*	*1585* *(22,6)*
Cameroun						

Les chiffres entre parenthèses représentent le %.

Sources *:* Compilation des données, Banque de France (2019) ; DGTF (2022) ; Service de la Coopération française (2020).

Un autre élément important de l'attractivité retrouvée dans les pays d'ASS est le déploiement géographique des *IDE* dans la zone Afrique du Nord (voir **Tableau 1**). L'Afrique reçoit toujours des capitaux français, en raison de son niveau de développement et de la croissance de son marché intérieur, mais les pays d'Afrique centrale[6] et, surtout, d'Afrique francophone, deviennent d'importants pays hôtes.

La percée du Cameroun s'est principalement faite ou effectuée au détriment des autres pays de la zone CEMAC. Cela peut notamment s'expliquer par la stabilité politique, les ressources naturelles abondantes (agricole, pétrolière et minière), la diversification économique, de nombreux projets de modernisation des infrastructures permis par le FMI, le règlement sur la participation au capital permettant aux étrangers de détenir 100 % d'une société, et le gain relatif de l'avantage coût de ce dernier par rapport aux autres et surtout par l'ouverture du pays aux investisseurs étrangers.

- **La présence française au Cameroun**

L'investissement est un support d'activité pour les nations réceptrices qui orientent au maximum dans la recherche du gain économique à travers les bénéfices et les coûts. Au Cameroun, des tentatives de réformes ont été menées en 1980 pour attirer les capitaux étrangers. Mais ce n'est qu'à partir de 1990-1995 qu'une deuxième réforme du Code des investissements sous les auspices des bailleurs de fonds que les investissements étrangers ont pris à nouveau un véritable essor[7]. Cette poussée s'explique par l'attitude des pouvoirs publics qui, soucieux de valoriser et de préserver " l'attractivité " du pays face à l'ouverture aux capitaux étrangers des pays de la sous-région CEMAC, ont entrepris un important aménagement de l'environnement institutionnel et fiscal (World Bank, 2004).

Cette réforme a permis de lever les nombreux obstacles qui pesaient sur les entreprises installées dans le pays au moment où le marché camerounais offrait des perspectives de débouchés aux entreprises étrangères (DGI 1999), et une concurrence positive des IDE dans tous les secteurs de l'économie avec le géant de l'Asie de l'Est. En dépit, de la concurrence et de son corollaire de ralentissement, les entreprises françaises restent solidement implantées dans plusieurs secteurs stratégiques de l'économie camerounaise.

Le stock des IDE français au Cameroun était estimé à 3450 milliards de FCFA en 2019. Ces investissements à destination du Cameroun, selon le CNUCED (2019), ont connu une accélération entre 2009 et 2016 avec un taux de croissance annuel moyen de 14.5 %. Cependant, les difficultés économiques que connaît le pays depuis 2014, en lien avec la chute des prix plus ou moins probables des matières premières, ont conduit à un net ralentissement des projets d'investissement dans plusieurs secteurs de l'économie nationale : le stock d'IDF n'a progressé que de moins de 1,1 % en 2017.

Bien que le Cameroun semble attirer des investissements significatifs, son stock d'IDF reste très modeste, en comparaison avec plusieurs pays de la zone CEMAC (Congo, Guinée-Équatoriale, Gabon), qui concentrent d'importants investissements dans le secteur pétrolier. En 2019, la part des IDF dans le PIB camerounais ne s'élevait qu'à 22,5 %, contre 290,2 % au Congo, 102,5 % en Guinée-Équatoriale et 59,0 % au Tchad (**Diagramme 1).** Ces taux assez élevés s'expliquent non seulement par l'importance des investissements dans le secteur pétrolier, mais aussi par la grave récession qui continue de frapper ces pays depuis plusieurs années et qui a mécaniquement fait augmenter le ratio IDF/PIB (**Diagramme 2**). Les **Diagrammes 1** et **2** mesurent le poids comparé des IDF au Cameroun et dans les pays de la CEMAC en Milliards de FCFA et en pourcentage du PIB pour l'année 2019.

Diagramme 1 : IDF en zone CEMAC en milliards de FCFA 2019.

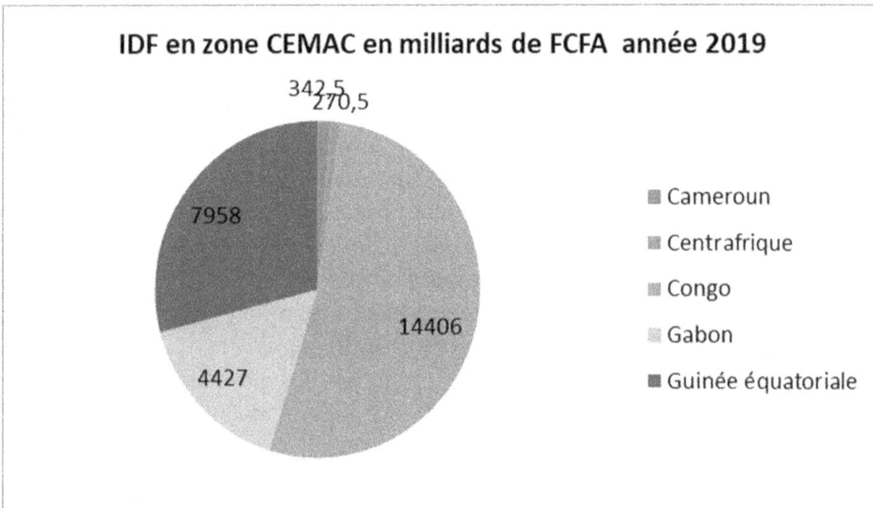

Source : compilation des données CNUCED (2019)

Diagramme 2 : IDF en zone CEMAC en pourcentage du PIB 2019

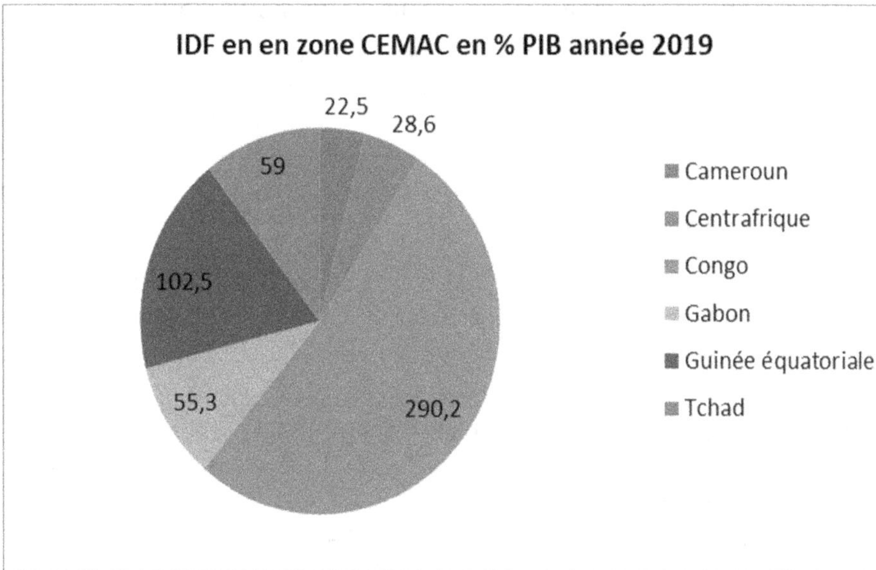

Source : compilation des données CNUCED (2019)

La France est un acteur majeur de la poussée des investissements étrangers au Cameroun. En 2016, année exceptionnelle en matière d'IDF dans les pays d'ASS, la France figure au premier rang des investisseurs étrangers devant la l'Allemagne, la Grande-Bretagne et la Belgique (CNUCED, 2016). Cette présence française directe est probablement sous-estimée, car de nombreuses entreprises françaises utilisent leurs filiales implantées dans les autres pays africains (Afrique du Nord, Afrique du Sud) comme tête de pont pour réaliser les investissements directs étrangers (IDE) (**Tableau 2**). En plus, la France reste le premier investisseur étranger dans les pays de la CEMAC et au Cameroun, avec plus de 120 entreprises employant quelque 65 000 personnes, et environ 200 entreprises appartenant à des ressortissants français dans tous les secteurs d'activités, soit plus de la moitié de flux d'investissements étrangers (55,6 %) en 2022[8].

De même, les réinvestissements des entreprises françaises installées en Afrique subsaharienne n'ont pas été pris en compte. Selon les services de la coopération française pour le Cameroun, les réinvestissements seraient de 960 milliards de FCFA en 2015. la présence des entreprises françaises au Cameroun est une présence durable tournée vers le long terme.

Tableau 2 : Les investissements directs étrangers réalisés par les entreprises françaises à partir de quelques pays africains (nombre de filiales possédées, exercice fiscale 2019).

Vers/ de	Asie du sud	Europe centrale	Afrique de l'Est	Afrique du Nord	ASS	Afrique centrale	Cameroun
Afrique du Nord	-	2	4	7	11	6	2
Afrique du Sud	10	1	4	-	6	4	3

Sources : Synthèse des statistiques ONUDI (2019), Services de la Coopération française (2007-2020).

Par ailleurs, il faut se garder de penser que la France fait preuve d'un engouement sans précédent pour le Cameroun. Après 1988, les IDF semblent marquer le pas (**Graphiques 1, 2** et **3**). Cette rupture aurait pour origine une diminution de l'attractivité au Cameroun au profit des nouveaux pays asiatiques. Elle correspond au frein du Code des investissements devenus obsolète et l'augmentation des exigences envers les investissements étrangers (relèvement des taxes et impôts). Elle correspond également aux obstacles rencontrés par les investisseurs au cours de leur implantation (infrastructures insuffisantes, protection juridique faible des investisseurs, tracasseries et lenteurs administratives.).

Selon le rapport annuel de la Coopération économique française (2016), les IDF au Cameroun devraient se maintenir à un niveau soutenu, en dépit de la crise qui touche l'ensemble de la zone CEMAC. En effet, si le Cameroun reste la destination prioritaire à l'horizon (2025) pour 60 % des entreprises françaises exerçant en Zone CEMAC, elles étaient 65 % à le penser en 2013 (Guymard, 2019). L'idée annoncée est désormais le maintien des proportions de marchés locaux et non plus exclusivement le développement de nouveaux marchés.

Graphique 1 : Les IDF totaux et manufacturiers au Cameroun (1981-2023) (mouvements annuels, milliards de FCFA courants).

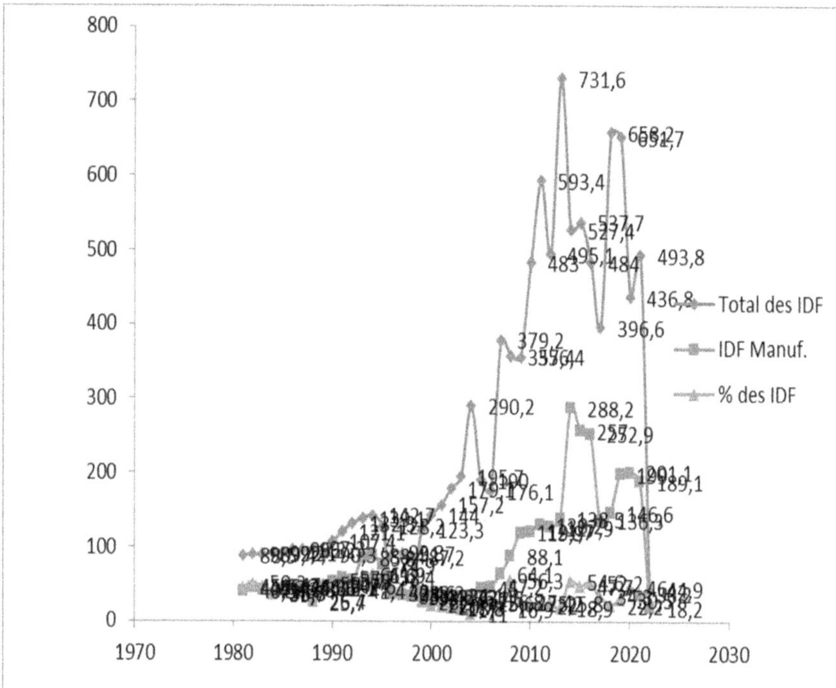

Sources : compilation des données Banque de France (2000-2017), CNUCED (2019)

Graphique 2 : Courbe d'évolution des IDF totaux et manufacturiers au Cameroun (1981-2023) (mouvements annuels, milliards de FCFA courants)

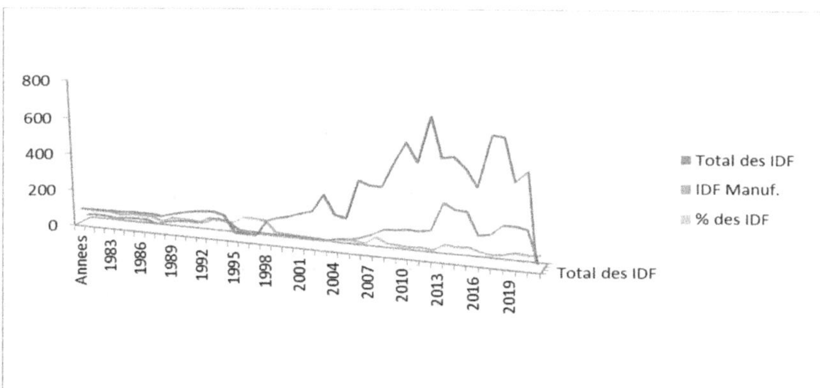

Sources : Compilation des données Banque de France (2000-2017), CNUCED (2019).

Graphique 3 : Les IDF totaux et manufacturiers au Cameroun (1981-2023) en données continues (mouvements annuels, milliards de FCFA courants)

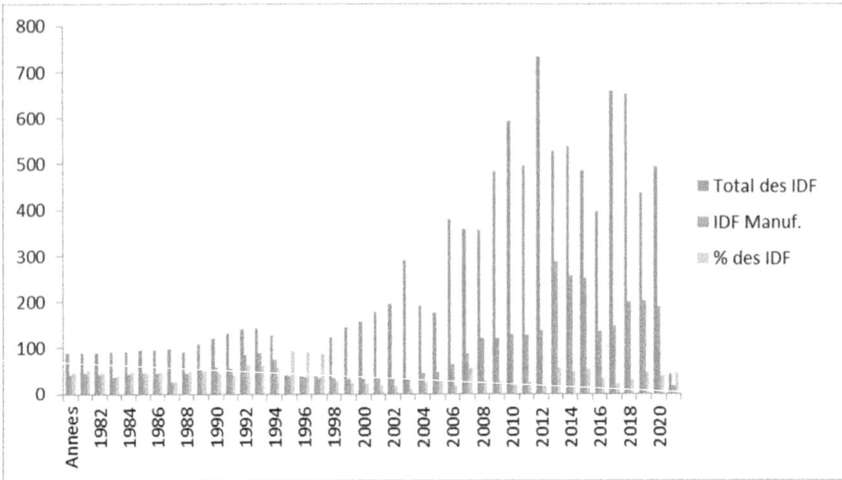

Sources : Compilation des données Banque de France (2000-2017), CNUCED (2019).

Il faut noter qu'en ce qui concerne les flux, depuis 1994, l'année de la dévaluation, les flux d'investissements français (y compris bénéfices réinvestis) vers le Cameroun témoignent d'une très forte volatilité. Ils s'établissent à 3110 milliards de FCFA en 2006, 4023 milliards de FCFA en 2012 et 3463 milliards de FCFA en 2016. Ce qui équivaudrait à 1/3 des stocks d'IDE dans le pays. Sur la base de ce qui précède, trois caractéristiques majeures des *IDF* au Cameroun peuvent être mises en évidence (**Graphique 3**).

1- Les IDF se regroupent en majorité dans l'industrie manufacturière, les secteurs d'exploitation pétrolière (Perenco exploite les gisements off-shore au large de Kribi), le transport et logistique (Bolloré, CMA-CGM, les activités financières (Société Générale, BPCE, AXA), les télécommunications (Orange) et, récemment, la distribution (franchise des enseignes Super U et Casino, Total, CFAO/Laborex, Carrefour) (**Tableau 3**). Depuis 1996, plus de 50 % des IDF sont orientés dans le secteur manufacturier (Métallurgie, chimie, industrie agroalimentaire (Compagnie fruitière, Bolloré, Vilgrain, Castel), bois (Rougier et Pasquet) l'industrie (Lafarge, Air Liquide), etc.) et des services. Alors qu'en moyenne, les investisseurs étrangers y consacrent 45 % (en 1999) de leurs investissements directs privilégiant par-là les activités de services et des transformations. Toutefois, les services occupent une part importante (33 %).

Tableau 3 : Les investissements manufacturiers français au Cameroun en % du total des IDF (en milliards de FCFA courants, structure).

Années	Total des IDF	IDF Manuf.	% des IDF	Années	Total des IDF	IDF Manuf.	% des IDF
1981	88.5	40.5	45.6	2002	179.1	34.0	18.8
1982	90.0	45.2	50.2	2003	195.7	33.4	17.0
1983	89.4	41.6	46.6	2004	290.2	31.6	11.0
1984	92.2	35.7	38.8	2005	190.0	45.0	25.6
1985	92.1	42.3	47.0	2006	176.1	47.2	26.8
1986	96.3	44.6	46.3	2007	379.2	64.1	16.9
1987	96.2	44.6	46.3	2008	356.4	88.1	56.3
1988	97.3	25.7	26.4	2009	436.2	119.9	27.4
1989	90.3	45.1	50.0	2010	483.0	121.7	25.2
1990	107.4	53.7	50.0	2011	593.4	130.2	22.0
1991	121.1	57.7	47.6	2012	495.1	127.9	25.8
1992	132.3	55.0	41.4	2013	731.6	138.5	18.9
1993	139.1	85.8	61.6	2014	527.4	288.2	54.6
1994	142.7	88.4	61.9	2015	537.7	257.0	47.7
1995	128.2	74.9	58.4	2016	484.0	252.9	52.2
1996	40.0	37.4	93.3	2017	396.6	136.3	34.3
1997	38.6	35.4	91.7	2018	658.2	146.6	22.2
1998	38.3	33.4	87.2	2019	651.7	199.0	30.5
1999	123.3	33.2	26.9	2020	436.8	201.1	46.0
2000	144.0	32.7	22.7	2021	493.8	189.1	38.2
2001	157.2	32.6	20.7	2022	42.0	18.2	44.9

Sources : Synthèse des statistiques AFRISTAT (2015), Fonds d'aide à la Coopération française (1980-2022), PNUD (1997-2020), Banque de France (2000-2023).

Le fléchissement perceptible entre 1996 et 2000 est une logique, et conforme à la nouvelle politique adoptée par le gouvernement français en septembre 1993 de ne plus s'engager dans le financement unilatéral des pays de la zone franc, mais en revanche, d'aider en priorité les pays qui sont en règle avec la communauté financière internationale et ayant préalablement négocié un accord avec le FMI.

2- Les IDF sont notamment réalisés dans le secteur des industries intensives en main-d'œuvre, comme l'activité du textile, l'extraction, le bois et l'agro-industrie (CNUCED, 2016). Les stocks d'investissements français dans ce secteur représentent 21 %, dont 5 % pour l'extraction pétrolière.

Par ailleurs, les IDF ont tendance à se diversifier sur le plan sectoriel et ont concerné les activités plus complexes et relativement intensives en technologie. Cette tendance est la volonté des autorités camerounaises de privilégier les implantations des entreprises appartenant aux secteurs de télécommunications (Orange, qui fait concurrence à CAMTEL, le fleuron national en télécommunication), de transports et logistique (Bolloré, CMA-CGM, ex-régie des chemins de fer), de distribution (Franchises des enseignes Super U et Casino, Total, CFAO/Laborex, carrefour) et l'agroforesterie (Rougier et Pasquet)).

3- Du point de vue géographique, les IDF se polarisent autour de deux grands sites : un en bordure côtière et l'autre au centre du pays : Douala (en bordure côtière), et Yaoundé (à l'intérieur et au centre du pays). Depuis le début des années 1970, les IDF à Douala et Yaoundé représentent plus de 75 % des IDF dans le pays. Les grandes entreprises françaises sont concentrées entre les deux villes. On note toutefois une déconcentration des IDF au Cameroun au bénéfice d'autres pays de la zone CEMAC, de pays lusophones comme l'Angola (industries pétrolières), l'Afrique du Sud (ranch) depuis 1999 (Pan et Jia, 2007). Ce mouvement récent a été entravé par la crise économique et l'attrait de la France pour les pays de l'Asie. Mais, la baisse du total des IDF reçus par le Cameroun reflète la tendance globale observée sur l'ensemble de la zone CEMAC au cours ces dernières années (CNCED (2022). En effet, dans cet espace communautaire, les IDF ont baissé de près de 300 milliards de FCFA (-12 %) en 2022, passant de 2050 milliards FCFA en 2021 à seulement 1750 milliards FCFA (Agence Ecofin, 2022).

Tableau 4 : Localisation des IDF dans la ville de Douala et de Yaoundé (en milliards de FCFA courant, nombre d'entreprises implantées).

Ville de DOUALA			Ville de YAOUNDÉ	
Années	Montants d'entreprises	nombre	Montants d'entreprises	nombre
1980	*207*	*17*	*146*	*12*
1985	*390*	*20*	*238*	*18*
1990	*503*	*29*	*318*	*21*
1995	*645*	*32*	*512*	*23*
2000	*971*	*37*	*620*	*25*
2005	*1098*	*41*	*701*	*31*
2010	*1099*	*40*	*709*	*30*
2015	*1191*	*38*	*776*	*27*
2020	*1208*	*39*	*791.3*	*28*
2023	*nd*	-	*Nd*	-

Sources : Synthèses des données : CNUCED (1990-2020) ; Afristat 1980-2020 ; Services de la Coopération française, 2007-2020.

2. Interprétation des IDF au Cameroun

Dunning (1988), dans une analyse axée autour du « paradigme OLI », a montré que les investissements directs productifs des entreprises tenaient à la combinaison de trois grandes catégories de déterminants[9]. Ces facteurs déterminants sont afférents à la fois, aux avoirs intangibles des entreprises (*Ownership advantage*), aux avantages à la localisation du pays récipiendaire ou bénéficiaire (*Localization advantage*), et à la volonté des entreprises d'internaliser les marchés (*Internalization advantage*). À cet effet, les déterminants des investissements directs productifs sont nécessairement variés (Fabry et Zeghni, 1998). La nature des pays émetteurs, l'origine sectorielle des entreprises qui s'engagent dans la réalisation d'un IDE, la structure du marché sur laquelle elles opèrent et, surtout, la catégorie d'appartenance des pays hôtes joue un rôle singulièrement important.

Le Cameroun, comme la plupart des pays d'ASS et de la zone CEMAC, a pour vocation de recevoir des entreprises étrangères dont les activités sont intensives en travail peu qualifié et nécessitent l'usage d'une technologie banalisée (Lall, 1991). Les investissements directs, dans ce cas, répondent à une logique d'offre qui vise à réduire les coûts de production et à maintenir la compétitivité-prix des produits sur les marchés d'exportation (Timeridjine, 2022 ; Leon, 1992 ; Fabry et Zeghni, 1998) [10]. Avec la mondialisation, la concurrence n'est plus seulement une concurrence en coût, mais aussi une concurrence de qualité. Dans ce nouveau contexte, selon (Abdelraheem, 2023 ; Lall, 1998), les entreprises multinationales auront l'obligation de rechercher, lorsqu'elles réalisent des coûts investissements directs, une combinaison reliant des coûts de main-d'œuvre relativement peu élevés, une forte capacité technologique, un niveau élevé de qualification de la main-d'œuvre, la croissance du marché, des infrastructures de qualité. Cela traduit largement pourquoi, en dépit d'un désavantage en termes de coûts salariaux, les pays de la zone franc demeurent attractifs pour les entreprises multinationales. Le Cameroun, comme nombre de pays africains, fait exception à la règle pour une simple raison qu'il permet aux entreprises étrangères de bénéficier de plusieurs avantages aussi bien axés du côté de l'offre que du côté de la demande. L'investissement direct au Cameroun relève d'une logique de long terme. Les entreprises françaises privilégient l'évolution à long terme du marché du Cameroun, et les potentialités de la zone franc dans son ensemble. Il nous a donc semblé que les investissements directs français pouvaient être appréhendés à l'aide des modèles d'agglomérations des entreprises sur chaque site retenu tenant compte de la langue d'expression.

Nous allons dans une première phase (*2.1)* expliquer les raisons qui poussent les entreprises françaises à se polariser sur deux sites à titre principal en faisant appel à des logiques historiques, institutionnelles et politiques (Stephan and al., 2023 ; Rauch 1993 ; Veltz 1993 et 1996). Nous décrirons dans une deuxième phase l'agglomération des entreprises françaises sur les deux sites (*2.2*).

- **La localisation : logique économique et institutionnelle.**

Veltz (1993, 1996) puis Duez (2011), montrent que la dynamique économique territoriale est souvent abordée comme la somme de décisions spatiales des entreprises individuelles. La localisation des entreprises repose à la fois sur des stratégies de préemption, une combinaison productive en adéquation avec les ressources locales, l'existence de coûts de transports et de localisation. Il ne s'agit pas pour nous de rejeter les apports en matière d'IDF de conceptions de la localisation. Nous articulons tout simplement les a priori, notamment pour ce qui concerne les conditions historiques, politiques, culturelles et institutionnelles, souvent ignorées par les modèles traditionnels. Cette option est vraisemblable dans la mesure où les IDE dans les pays en développement, notamment en transition, jouent un rôle important. Les stratégies des entreprises sont basées de nos jours sur un processus d'intégration et de décentralisation.

La relation entre le coût faible des ressources et les IDE ont tendance à baisser par rapport à la période où la compétitivité-prix était dominante. Il s'agit aujourd'hui pour elle d'avoir une compréhension générale des différenciations tant sur le plan territorial que sur le plan de processus, de produits ou de marché. L'intégration des fonctions d'études, d'achats, de fabrication et de distribution a généré une réorganisation des entreprises multinationales visant à réaliser des économies d'échelles potentielles. Cela a également entraîné davantage d'interconnexions et de rétroactions entre les différentes fonctions et étapes du produit. D'après (Aoki, 1988), ce processus s'organise autour de mécanismes de coordination horizontale fondée sur le partage local des compétences et des ressources. Afin d'attirer les IDE, le Cameroun ne peut plus seulement s'appuyer sur des ressources ou des compétences génériques à faible coût, mais doit développer une politique d'attraction reposant sur la stabilité du système institutionnel, sur la qualification de la main-d'œuvre, sur la mise en place d'un tissu productif local réactif et sur la présence d'infrastructures fiables (Wheeler et Mody, 1992 ; Goswani, 2023).

Si nous prenons le cas des pays en transition, les difficultés sont grandes tant en matière de stabilité politique, institutionnelle et juridique (Ngalebaye, 2023 ; Demurger, 1998 ; Pan, 1996 ; Cullen et Johnson, 1995) que de qualification de la main-d'œuvre (Gipouloux, 1998 ; Roulleau-Berger, 2015). Les pays d'ASS, à l'instar des autres pays en développement aujourd'hui, sont en situation de transition sur le plan institutionnel, politique et juridique. Les politiques d'accompagnement, tant sur le plan général que sur le plan local (Rauch, 1993, Proulx, 1995), vont jouer un rôle majeur de même que la tradition industrielle d'un site et ses liens historiques avec les éventuels pays investisseurs. L'analyse économique se spatialise, en effet, selon la logique bipolaire de la croissance polarisée (Essombé Edimo (2005). L'espace est divisé entre des centres et des périphéries. Si l'idée des centres, largement utilisée dans l'analyse de l'évolution de l'espace économique, est la polarisation, les périphéries sont considérées comme la domination. On peut expliquer alors que les périphéries naissent du fait de l'existence des inégalités croissantes entre régions et, parfois, des pays. Le Cameroun, grand attracteur d'IDE dans la zone CEMAC, ne fait pas exception à la règle.

Si nous regardons les IDF au Cameroun, leur forte concentration sur deux sites peut s'expliquer à la fois pour des raisons spécifiques tenant aux conditions locales de chaque site. En effet, les investisseurs français recherchent le partage des ressources entre entreprises locales et étrangères et la formation de districts relevant de deux logiques différentes. La première repose sur l'initiative des entreprises françaises dans une perspective d'offre (ville de Douala), tandis que la seconde relève d'un comportement prudent de suiveur dont le but est l'acquisition de parts de marchés locaux (ville de Yaoundé).

- **Douala et Yaoundé : étude de deux sources d'attractivité.**

L'essentiel des IDF au Cameroun se concentre autour de deux sites. Nous tentons ici de décrire la logique d'agglomération différenciée dans la ville de Douala et de Yaoundé.

Il y a sur le site de Douala, où on note la présence d'un peu plus de 100 entreprises françaises. L'histoire longue (occupation française des pays d'ASS d'expression française avant la Seconde Guerre mondiale et port d'embarquement et débarquement) a favorisé le développement de liens étroits, notamment commerciaux entre les zones côtières et la France. C'est surtout après la Seconde Guerre mondiale (1945) que les accords entre la France et les pays d'ASS ont favorisé des échanges dynamiques entre les régions côtières du littoral et la France, qui connaissait alors une croissance économique remarquable. Ces liens, que l'on peut qualifier d'historiques, ont donné lieu à l'émergence d'une structure de district Marshallien reposant sur une logique de confiance entre les entreprises françaises et les sous-traitants embryonnaires dans les pays d'Afrique subsaharienne et dans la ville de Douala au Cameroun en particulier.

L'IDF relève ici d'une stratégie industrielle autonome, c'est-à-dire de la seule initiative privée des entreprises françaises. L'IDF est lié à la présence de compétences locales et aux nombreux avantages du site : proximité de la mer, présence de nombreuses matières premières et ressources naturelles, présence de quelques infrastructures, de main-d'œuvre semi-qualifiée ou qualifiée abondante et, selon Essombé Edimo (2007), il constitue le principal centre industriel du Cameroun et la principale porte d'entrée des pays voisins (Tchad, RCA) de la sous-région CEMAC. La logique de coût ici doit être pondérée par le facteur historique et la volonté des Français de s'implanter à long terme. Les IDF se concentrent à 60 % dans des activités de production intensive en main-d'œuvre. Les secteurs de textiles et l'agroalimentaire sont les principaux vecteurs de l'investissement français sur le site de la ville de Douala. Depuis 1996, on assiste à un redéploiement diversifié des investissements français dans la ville de Douala, notamment dans les filières de télécommunications, la distribution et les activités financières (Banques).

Le cas de la ville de Yaoundé est aussi intéressant par le fait que la zone est en même temps la capitale politique du pays. Sur le plan économique, elle occupe la seconde place. La ville de Yaoundé est aussi une place financière forte au Cameroun. En ce qui concerne les IDF dans cette ville, on peut les qualifier de « retardataires » ou « récentes » dans la mesure ou, c'est depuis les années 1975 que de nombreuses entreprises françaises s'y sont installées. Les IDF dans cette ville représentent à peu près les deux tiers des IDE réalisés dans la ville de Douala. Toutefois, la stratégie des industriels français est plus prudente dans cette région. Il s'agit d'une stratégie qui ne permet pas de capter l'efficacité de la politique philanthropique du développement local de la ville au sens de la nouvelle approche basée sur les donations (Tchouassi et al., 2021). Ces donations permettent de financer les infrastructures économiques et sociales. L'essentiel de l'implantation française s'est effectué par des « joint-ventures ».

Tableau 5 : Caractéristiques des IDF sur le site de Douala et de Yaoundé.

Logique d'implantation
Ville de Douala : implantations s'inscrivant dans le long terme, importance liée aux liens historiques et culturels
Ville de Yaoundé : implantations récentes, mais conformes aux IDE qui les ont précédés sur le site.
Séquences d'implantation
Ville de Douala : liens commerciaux liés à une histoire commune (avant la Seconde Guerre mondiale), délocalisation sous la forme de créations des entreprises et des PME en raison des coûts et des dotations du site de la ville de Douala.
Ville de Yaoundé : implantation par le biais de « joint-ventures » ou de licences. Les investissements français sont récents dans la région.
Synthèse
Ville de Douala : accès à des ressources génériques abondantes et à faible coût ; liens culturels et historiques entre le site et la France.
Ville de Yaoundé : les entreprises françaises désirent accéder au marché de la ville de Yaoundé dans une logique de suiveur.

II. Méthodologique des Tests empiriques des schémas d'implantation

Dans cette partie, nous testerons les déterminants des IDF au Cameroun et nous essaierons de faire apparaître l'existence d'un double profil d'implantation des entreprises françaises au Cameroun d'après l'analyse précédente.

❖ **Présentation du modèle et des variables**

Le modèle statistique testé s'établit sous la forme log-linéaire suivante avec j, l'indice région (ville de Douala et ville de Yaoundé) et t, l'indice temporel. Le modèle s'écrit :

$$LogIDF_{jt} = a_1 + a_2 \log CT_{jt} + a_3 \log CMO_{jt} + a_4 DTC_{jt} + a_5 DCMO_{jt} + \varepsilon$$

Avec les variables d'équation ci-après.

Le **Tableau 6** illustre la définition et la mesure des variables retenues :

La variable dépendante

Nous utilisons les IDF au Cameroun dans le secteur manufacturier sur la période 1981-2023. Pour mieux distinguer nos deux logiques d'implantation, nous avons décomposé pour chaque année t les deux sites d'implantation j. La notation retenue est : IDF_{jt} avec j l'indice de la ville et t, l'indice temporel.

Les variables indépendantes

Elles sont scindées en deux catégories : demande et offre.

- Nous avons retenu un indicateur pouvant refléter l'état de la demande dans les deux villes retenues : il s'agit de la consommation par tête dans chaque ville j déflatée. Selon le principe de l'accélérateur, le « dynamisme » des marchés de la ville d'implantation constitue un appel aux investisseurs étrangers dont la vocation est d'accéder au marché local. Cette variable est notée CT_{jt}. Le signe ou sens attendu de la relation entre les IDF et la variable CT est positif.

Les IDF dans la ville de Yaoundé étant supposés être déterminés par une logique de demande, nous avons, à l'aide d'une variable muette interdépendante nommée DCT, isolé le lien IDF et DCT_{jt}.

- Le coût apparent de la main-d'œuvre dans chaque ville j notée CMO_{jt}, peut-être approché à l'aide d'un ratio salaire / produit moyen du travail. Ce ratio représente la part des salaires versés dans les recettes des entreprises. La variable « salaire » est composée du salaire réel moyen des travailleurs du secteur manufacturier perçu dans chaque Ville j.

Nous adoptons comme indice du produit moyen la valeur ajoutée par travailleur employé dans le secteur manufacturier de la ville j. Le signe attendu de la relation entre les IDF et CMO devrait être négatif. Une augmentation du ratio traduit une appréciation du coût apparent de la main-d'œuvre relativement à l'output de l'entreprise et correspond à l'augmentation de la part des salaires dans les recettes totales de l'entreprise française.

En supposant que les IDF de la ville de Douala sont essentiellement déterminés par une logique d'offre, nous avons introduit une variable muette interactive, notée $DCMO_{jt}$, pour isoler la relation entre les IDF et le $DCMO$. Le signe attendu de la relation est négatif.

Tableau 6 : Résumé des variables retenues pour le test empirique

Variables	définitions et sources	signes attendus
Variable dépendante		
IDF_{jt}	Les IDF sont exprimés pour chaque année t et chaque site j, En millions de FCFA courants et sont déflatés. Sources : Afristat (1981-2019), CNUCED (2006-2020).	
Variables indépendantes		
Facteur de demande :		
CT_{jt}	consommation par tête dans chaque ville j et année t déflaté et exprimée en FCFA. Sources : Afristat (1981-2019), CNUCED (2006-2020)	+
DCT_{jt}	Variable muette interactive. La CT est multipliée par une Variable muette qui prend la valeur 1 (D =1) pour la ville de Yaoundé et la valeur 0 pour la ville de Douala pour la période de 1981-2023.	
Facteur offre		
CMO_{jt}	coût apparent de la main-d'œuvre dans chaque ville j et pour chaque année t : salaire moyen du secteur manufacturier, déflaté, dans chaque ville j, divisé par le produit dans la ville j. Le tout est exprimé en FCFA.	-
$DCMO_{jt}$	Variable muette intensive. Le CMO est multiplié par une Variable muette qui prend la valeur 1 pour la ville de Douala et 0 pour la ville de Yaoundé sur la période 1981- 2023.	

III. Résultats obtenus et discussions

Le modèle statistique log-linéaire est testé à l'aide de la méthode des moindres carrés généralisés. Les séries relatives à chaque site sont empilées, ce qui revient à obtenir un panel à deux individus (Douala/Yaoundé). Les coefficients sont interprétés comme des élasticités. Les résultats obtenus des tests sont résumés dans le **Tableau 7** ci-dessous.

Tableau 7 : Résultats obtenus des tests empiriques.

variables	Résultats obtenus
Constante	0,222296 (0,279136)
LogCT	0,406035* (0,768278)
LogCMO	0,2483348* (3,478231)
DCMO	-0,305304* (-3,217308)
DCT	0,8205328* (2,596150)
AR (1)	0,433745* (2,857339)
Observations Méthode R^2 ajusté DW	43 MCG 0,965186 2,747127

Les chiffres entre parenthèses représentent les t- Student, avec * = probabilité > 0,05.

S'agissant des relations dans l'ensemble, le coefficient de corrélation et le Durbin-Watson sont bons. On retient des résultats et les renseignements suivants :

- En ce qui est des liens, entre *IDF* et *CT* , au niveau moyen, ce lien est positif et significatif, ce qui correspond au signe attendu de l'estimation.

L'introduction d'une variable muette interactive *DCT* montre que, dans la ville de Yaoundé, cette relation est non seulement positive et significative, mais a également une élasticité forte.

La demande exerce un appel fort et puissant sur l'IDF. Ce résultat est conforté par le fait que la ville de Yaoundé est en second sur le plan économique, où les salaires réels et la consommation par tête sont parmi les plus importants dans le pays. Les populations de la ville de Yaoundé ont (un comportement, un style de vie, des besoins, des aspirations liés au niveau culturel, aux valeurs morales et sociales dominantes) une demande de produits manufacturés assez différenciée, à laquelle les entreprises étrangères se doivent de s'accommoder. Le dynamisme économique de cette ville s'articule autour d'une compétitivité entre les producteurs nationaux et entrepreneurs étrangers.

- Pour ce qui est de la relation entre les IDF et le CMO, l'on retrouve ici des résultats différents selon le niveau d'observation. Au niveau moyen, la relation est de signe positif et significatif, mais ne correspond pas au signe attendu. Il apparaît que les investisseurs français semblent moins sensibles aux évolutions des coûts apparents de la main-d'œuvre. Nous pouvons analyser cette situation sur deux angles :

Les IDF ont des orientations beaucoup plus axées sur la technologie de pointe, ce qui traduit une moindre dépendance des entreprises à l'égard du coût apparent de la force de travail. D'une manière générale, plus l'investissement recouvre un caractère hautement technologique, moins le coût apparent de la force de travail a de l'importance. De ce fait, le niveau de qualification de la force de travail devient un critère déterminant et indispensable (Fabry et Zeghni, 1998, Fabry, 2021). Les IDF ont pour destination l'exploitation des débouchés locaux, l'exploration et le développement des parts de marché.

À l'inverse, lorsqu'on introduit la variable muette interactive DCMO, isolant l'effet propre sur la ville de Douala, on obtient un résultat conforme aux attentes. Le signe est négatif et significatif. Les IDF dans cette ville du littoral sont sensibles au coût apparent de la force de travail, car ils sont réalisés dans des activités plus intensives en main-d'œuvre.

- La variable AR (1) est significative et positive. Elle révèle un certain degré d'inertie des IDF T_2. Les IDF de la période sont partiellement expliqués par les IDF de la période précédente t_1 expliquée par t_0. Ceci est acceptable, compte tenu de la nature productive des IDF considérés et leur regroupement géographique.

Conclusion

Nous avons voulu dans cette étude expliquer la concentration des IDF sur le site de la Douala et sur celui de la ville de Yaoundé. La présente analyse prolonge la portée (ou le champ) des études précédentes, en regroupant les séries empilées relatives à chaque site, ce qui revient à obtenir un panel à deux individus (Douala/Yaoundé), le coût apparent de la main-d'œuvre relativement à l'output de l'entreprise et correspondant à l'augmentation de la part des salaires dans les recettes totales de l'entreprise française. En outre, le modèle a été estimé sur la base des moindres carrés généralisés.

De plus, pour vérifier la robustesse du modèle, nous avons utilisé une mesure alternative de simulation sur (basée sur les tests de jugements situationnels) les déterminants des IDF pour tirer une conclusion.

Nos résultats confirment globalement les hypothèses retenues pour chacune des villes. L'analyse de la concentration des investissements dans la ville de Yaoundé montre que la demande exerce une forte influence d'attraction sur les IDF. Cependant, le revenu par habitant permet une différenciation de la demande plus immédiate, ainsi que le développement d'un marché local dynamique. Et dans la ville de Douala, la logique de l'offre semble émerger. Les entreprises françaises cherchent à prendre pied sur le marché du Cameroun, ceci à partir de ce site du Littoral du pays.

Toutefois, la présence française au Cameroun ne doit pas occulter le fait que, pour de nombreux bailleurs de fonds étrangers (bilatéraux et multilatéraux), le pays reste doté d'infrastructures inadaptées aux exigences de la production moderne et de gestion de main-d'œuvre contradictoire au regard des attentes des bailleurs de fonds étrangers. La présence des entreprises françaises au Cameroun est une présence durable, tournée vers le long terme. Cependant, la relance de l'économie passe normalement par la mise en place des politiques fiscales qui entraîneront une croissance économique régulière tout en évitant d'aggraver l'inflation et la pauvreté avec des taux extrêmement élèves[11]. Classé 140e sur 180 pays, selon l'indice de perception de la corruption 2023 établi par Transparency international, le Cameroun connaît des problèmes de gouvernance qui freinent son développement et le rendent moins attractif aux yeux des investisseurs, y compris les investisseurs historiques. Il est aussi possible que les IDF intègrent prioritairement la gouvernance politique.

Notes

1. Le « noyau dur » de la zone franc comprend donc la France, les départements et territoires d'Outre-mer, Monaco et 14 États africains. Bénin, Burkina Faso, Côte d'Ivoire, Mali, Niger, Togo, Sénégal, Cameroun, Congo, Gabon, République centrafricaine, Tchad, République des Comores, République de Guinée-Équatoriale (1985). Il s'agit des 16 pays de la zone franc.
2. Voir Groupement Inter- patronat du Cameroun (GICAM) 2001.
3. Les relations France - pays d'ASS ont commencé bien avant l'indépendance par un accord commercial bilatéral.
4. Il s'agit surtout des investissements anciens, car dans les nouveaux investissements, on ne voit pas beaucoup, en dehors du secteur pétrolier et de la téléphonie mobile.

5. Une ouverture (depuis 1990) qui a consisté à créer un nouveau Code des investissements qui favorise l'initiative privée avec des réformes en profondeur du système fiscal.
6. Il s'agit des pays suivants : Cameroun, RCA, Gabon, Congo, Tchad
7. Il s'agit d'une période de mondialisation des économies africaines orientée vers la promotion des exportations, de l'amélioration de l'efficience des entreprises d'ASS et de l'insertion de ces pays dans l'économie mondiale. Il s'agit aussi d'une phase de rattrapage où les entreprises étrangères réalisent les investissements directs étrangers qui avaient été reportés lors des événements de dévaluation, phénomène semblable aux événements de " Tien An Men " en Asie (voir travaux : Chen, Chen et Zhang, 1995 ; Zhang, 1994).
8. Voir Banque de France, (2023 ; CNUCED (2022).
9. Respectivement : O = Ownnership advantage, L = localization advantage and I= for Internalization advantage. De plus, ce cadre d'analyse sert de base aux tenants de la nouvelle économie internationale (Markusen, 1995).
10. Les déterminants des investissements directs étrangers dans les pays industrialisés répondent à des logiques afférentes aux taux de change et à la demande. Les variations du taux de change réel à long terme ou les risques de change liés aux instabilités monétaires et financières constituent une force d'appel des investissements directs entre pays industrialisés. Du côté de la demande, la croissance des débouchés, consécutive soit à une augmentation de la dimension des marchés, soit à un taux de croissance des marchés élevé, constitue un déterminant puissant à l'investissement productif.
11. Taux de 9,8 % en 2023 selon Transparency International ; Banque Mondiale (2023).

Bibliographie

Abdelraheem, A., A., E. (2023). Effect of Strategic Cost Management on Total Quality Management Principles. resmilitaris.net.

Abir, K. (2009). La délocalisation des entreprises et ses effets sur l'emploi dans les pays industrialisés : cas de l'industrie du vêtement au Québec, Université de Québec à Montréal, https://archipel.uqam.ca.

Aoki, M. (1999). *Investment, incentives and bargaining in the Japanese economy*, Cambridge University Press.

Banque Mondiale (2023), La stratégie de partenariat de la banque mondiale pour le Cameroun porte principale sur le renforcement de la compétitivité du pays et l'amélioration de la prestation des services. Washington DC : Groupe de la Banque Mondiale, documents.worldbank.org

Basu, P. et Chandana, C. (2002). Liberalization FDI, and Growth in developing Countries: a Panel Cointegration Approach, *Economic Inequity*, Vol. 41, PP 510-515. DOI :10.1093/ei/cbg024

Blonigen, A., A. (2005), *A Review of the empirical Literature on FDI Determinants*, NBER, Working Paper.

CNUCED (2005), Le développement économique en Afrique : Repenser le rôle de l'investissement étranger direct, Nations Unies, New York et Genève.

Culln J. et Johenson J. (1995). Japanese and Local Partner Commitment to UVs: Psychological Consequences of Outcomers and Investments in the UVs Relationship. *International Journal of Business Studies, first Quarter.*

Démurger S. (1998). Determinants and role of foreign Investment in China: evidence from Panel Data. in W. Andreoff et X. Richet (1998), FDI in Manufacturing Economies, Elgar.

Démurger S. (1998), Indépendance de l'investissement étranger et de la croissance en Chine, *Revue économique, vol.49. n0 1.*

Duez, P.(2011). La place de l'économie des territoires dans la construction d'une théorie générale intégrant l'espace. *Revue d'économie régionale et urbaine. cairn.info.*

DGF (2022). A la une d'objectif : les échanges commerciaux et les investissements entre la France et les pays d'Afrique subsaharienne en 2022. www.tresor.economie.gouv.fr

Diasso Y. (2015). Dynamiques de moyen et long terme des cours des matières premières : les enjeux pour le développement dans les pays africains producteurs de coton. Https://theses.hal.,science/tel-01256279/document.

Dunning J. (1988). Explaining International Production, Londres, Unwin Dyman.

Essombè Edimo J., R., Nya Bonébébé (2005). Le développement territorial à Douala : fondements et repérage des modalités institutionnelles d'une dynamique nouvelle. *Revue Mondes en développement, Vol.2, no 130, pp.111-130.* DOI 10.3917/med.130.0111

Essombè Edimo J., R., Nya Bonébébé (2007). Localisation périphérique des entreprises industrielles et création de nouvelles centralités à Douala, *Monde en Développement, n° 137, pp. 101-117.* DOI 10.3917/med.137.0101

Fabry. N. (2021). Pour une intelligence économique du "lien tourisme et territoires". HAL Id : tel-03278968 https://hal.,science/tel-03278968.

Fabry, N. (1992). Le protectionnisme et les investissements directs manufacturiers japonais dans la C. E. E., *Revue d'économie politique, n0 102, Vol.5.pp 769-771.*

Fabry N. et Zeghni S. (1998). Les investissements directs japonais en chinois : attractivité comparée de Dihan et de Shanghai, *Revue d'économie de développement. Vol. 6, no 2, pp. 91-114.*

Gipouloux F.1998). Intégration ou désintégration ? Les effets spéciaux de l'IDE en Chine, Perspective chinoise, n046. 414 P.

Goswami,V. (2023). Do Institutional Determinants matter for FDI Inflows Location Choise? Evidence from Sub-national Panel in India. *International Journal of Emerging Markets. emerald.com*

Lall S. (1991). Direct Investment in South -East Asia by the NiEs: Trends and Prospects, BNC, *Quarterly Review, n0 179.*

Leon H. (1992). The Determinants of Korean FDI in manufacturing Industries, Welt-Writschriftshiches. Archiv, Vol.128, no 3.

Loewendahlt H. et E. Ertugal- Loewendahlt, (2001), Turkey' performance in Attracting Foreign Direct Investment: Implications of EU enlargement, European Network of Economic Policy research, *working paper*, n°8.

Machado K. (1995). Japanese Foreign Direct Investment in East-Asia the Expanding Division of Labor and the Future of Regionalism in S. Chan (ed), Foreign Direct Investment in a Changing Global Political Political Economy, Londres, McMillan.

Maingu, C. (2004). L'impact des investissements directs étrangers sur les économies en développement. *Revue région et développement. N0 20.*

Markusen J. (1995). The Bounndares of Multinational enterprises and the Theory of International Trade, *Journal of Economic Perspectives, Vol.9, no 2.*

Mbang, O. M. (2022). Foreign Direct Investment and Human Development in Cameroon. *American Journal of Industrial and BusinessManagement. Vol.12, pp. 58-72.* DOI:10.4236/ajibm.2022.121005.

République Ngalebaye J.P. (2020). Effets des IDE sur la croissance du secteur hors pétrole en du Congo. *Annales des sciences économiques et de Gestion.* annalesumng.org.

Nicet-Chenaf et Rougier. (2007), Foreign Direct Investment: a comparative study of the Attraction of Moroccan and Tunisian economics, *Cahiers du Gres*, n°5.

Sims C. (1980), *Macroeconomics and reality*, Economica.

Pan R. et Jia C. J. (2007). Complex Dynamics Analysis for a Duopoly. *Complex Systems and Complexity Science, vol. 4, No. 3, pp. 71-76.*

Pottier C. (1998) Le système productif Japon-Asie : quelle division internationale du travail ? *Revue de l'IRES.*

Rauch J.E. (1993). Does History Matter only When it Matters Little? The Case of City-Industry Location. *Quarterly Journal of Economics, CVII/issue 3, n0 434.*

Rauch, A. Stehan , U. Hatak. L. (2023). Happy Entrepreneurs? Everywhere? A meta-Analysis of Entrepreneurship and Wellbeing. *Journals Sagepub*.com.

Roulleau-Berger, L. (2015). Travail, luttes sociales et régulation du capitalisme dans la chine contemporaine. DOI: 10.4000/books.septentrion.5806.

Sjoholm F. (1999). Technology Gap, Competition and Spillovers from Direct Foreign Investment: Evidence from Establishment Data. The Journal of Development Studies, Vol. 36, n0 1, pp. 53-72. doi.org/10.1080/00220389908422611.

Srinivasan K. (3002). Customer Loyalty in E-Commerce: An Exploration of Its Antecedents and Consequences. Journal of Retailing . Vol. 78, No. 1, pp. 41-50. DOI:10.1016/S0022-4359(01)00065-3

Tchouassi G. Kamga Kamga C.C. Essombé Edimo J. R. (2021). Politique philanthropique et développement local au Cameroun : une analyse à partir de DEA. *Revue africaniste inter-disciplinaire-RAID, no 16, PP. 159-178. www.monange.org*

Timendjine S. (2022). Compétitivité des entreprises locales dans un contexte de mondialisation : cas de Willaya de Bejara. www.fsbsa.ummto.dz.

Veltz P. (1993). D'une géographie de l'organisation des coûts à une géographie de l'organisation : quelques théories sur l'évolution des rapports entreprises / territoires, *Revue économique, Vol.44, No 4.*

Veltz P. (1996). Mondialisation, Villes et territoires. L'économie d'archipel. PUF.

Wheeler D. et Mody A. (1992). International Investment Location Decisions. *Journal of International Economics*.

Site officiel de la CNUCED (2022) : http://unctad.org/fr/pages/About%20UNCTAD/A-BriefHistory-of-UNCTAD.aspx

Site officiel du FMI :http://www.imf.org/external/french/pubs/ft/scr/2014/cr14212f.pdf

Banque de France (2022). Site de la Banque de France consacrée aux IDE : http://archive.wikiwix.com/cache/?url=http://www.banquefrance.fr/fr/statistiques/economie/economie-balance/investissementsdirects.htm&title=lire%20en%20ligne

FMI (2013). Perspectives économiques régionales : Afrique Subsaharienne, maintenir le rythme - Lien :http://www.imf.org/external/french/pubs/ft/reo/2013/afr/sreo1013f.pdf.

CHAPITRE 28 :

QUALITÉ DES INFRASTRUCTURES DE TRANSPORT ET ATTRACTIVITÉ DES INVESTISSEMENTS DIRECTS ÉTRANGERS DANS LES PAYS DE LA CEMAC

Elie NGONGANG
et Jean TCHITCHOUA

Résumé

L'objectif de ce chapitre est d'analyser le rôle que joue l'infrastructure de transport comme facteur motivant les investissements directs étrangers (IDE) dans six économies des pays de la CEMAC, sur la période 1995-2018. En nous appuyant sur une approche de données de panel dynamique, nous observons que la disponibilité de l'infrastructure de transport contribue positivement à l'attractivité des pays de la CEMAC. Les investisseurs directs étrangers sont aussi sensibles à l'autre indicateur de la présence de l'infrastructure, mais moins à la disponibilité des moyens de transport. Par ailleurs, les flux d'investissement vers les pays de la CEMAC sont également liés par la recherche de ressources naturelles et de marchés. Cette étude établit aussi l'existence d'une dynamique dans les modèles d'IDE. Les décideurs qui formulent les politiques publiques devraient aussi tenir compte de ces résultats.

Mots Clés : Infrastructure de transport- Attractivité - IDE- panel dynamique- zone CEMAC.

JEL : H18 E63C21

Abstract

The objective of this chapter is to analyze the role that transport infrastructure plays as a motivating factor for foreign direct investments (FDI) in six economies of CEMAC countries, for the period 1995-2018. Drawing on a dynamic panel data approach, we observe that the availability of transport infrastructure contributes positively to the attractiveness of CEMAC countries. Foreign direct investors are also sensitive to the other indicator of the presence of infrastructure, but less to the availability of means of transport. Furthermore, investment flows to CEMAC countries are also linked by the search for natural resources and markets. This study also establishes the existence of dynamics in FDI models. Decision-makers who formulate public policies should also take these results into account.

Keywords: *Transport infrastructure - Attractiveness - FDI - dynamic panel - CEMAC zone.*

JEL Code : JEL : H18 E63C21

Introduction

L'Investissement direct étranger (IDE) constitue un puissant levier pour créer des richesses et stimuler la croissance économique dans la plupart des pays africains. Selon certains économistes, il contribue à accroître la productivité de l'économie et peut servir de véhicules au transfert de technologies ou de savoirs (Kokko, 1994 ; Bertschek, 1995). Pendant plusieurs décennies, les nations africaines ont été réticentes à l'idée d'accueillir des investissements directs étrangers (IDE) sur leur sol, arguant qu'ils étaient principalement motivés par le profit. De plus, ils ont été à l'origine de nombreux conflits sociaux dans les pays hôtes. Cependant, depuis les progrès économiques des années 1990 de la Chine, de l'Inde, de l'Indonésie et des quatre dragons de l'Asie du Sud-Est (Taïwan, Corée du Sud, Singapour et Hong Kong), tous ces pays ont mis en place des politiques d'incitation variées et diverses pour attirer le plus de capitaux étrangers sur leur territoire. Ceci vient ainsi remettre au goût du jour le débat sur les facteurs d'attractivité des IDE dans les pays économiquement moins avancés. Dans la littérature économique, plusieurs auteurs ont abordé la problématique du lien entre l'IDE et la croissance économique dans les pays africains, et sont arrivés à des résultats controversés. Certains auteurs soutiennent que les IDE, c'est-à-dire les investissements réalisés à l'étranger par des sociétés transnationales ou multinationales en vue d'acquérir des actifs et de gérer des activités de production dans les pays d'accueil, affectent positivement la croissance économique (Berthelemy et Demurger, 2000 ; Boukliahassane et Zatla, 2001). D'autres, par contre, pensent plutôt que cet impact est négatif (Brewer, 1991 ; Haddad et Harrison, 1993).

L'observation des statistiques de la Banque Mondiale montre que le volume des IDE a fortement augmenté ces dernières décennies dans les pays africains. Il est passé de 27,3 milliards de dollars en 2000 à 98,3 milliards de dollars en 2012 et de 109 milliards de dollars en 2018. Bien que faible, comparativement à celui des pays asiatiques et de l'Amérique latine, le volume des IDE entrants dans la Communauté économique et monétaire de l'Afrique Centrale (CEMAC) a également connu une hausse significative pendant la même période. Ainsi, selon les chiffres de la BAD, ce volume a atteint un sommet historique de 17,14 milliards de dollars en 2005. En dépit de cette forte augmentation des flux des IDE entrant dans cette communauté, les produits intérieurs bruts par habitant en dollars US des pays de ladite zone ont connu une baisse assez sensible. Selon les données de la Banque mondiale, le PIB par habitant au Cameroun est passé de 1396 à 1353 dollars américains entre 2008 et 2015 ; il est passé de 2881 à 1712 dollars américains au Congo ; de 10 094 à 7388 dollars américains au Gabon ; de 456 à 348 dollars américains en RCA ; de 929 à 777 dollars américains au Tchad ; et de 22 742 à 10 717 dollars américains en Guinée-Équatoriale (World Bank, 2018). Ce qui est contraire aux résultats obtenus dans d'autres PED, en l'occurrence les pays asiatiques et latino-américains qui jouissent des fondamentaux économiques semblables, et qui connaissent les mêmes problèmes d'infrastructures et disposent des mêmes potentialités économiques, à l'exception du capital humain.

L'infrastructure de transport est l'ensemble des installations fixes qu'il est nécessaire d'aménager pour permettre la circulation physique des personnes, des biens et services et, plus généralement, le fonctionnement des systèmes de transport. Elle constitue la totalité du système de transport. Elle est généralement organisée en réseaux comportant des nœuds et des liens. L'infrastructure de transport est un élément primordial pour garantir la liberté de déplacement des personnes et des biens, et pour assurer le fonctionnement et le développement de l'économie. Leur création, qui est une partie importante de l'aménagement du territoire, d'un pays ou d'une région, nécessité le plus souvent des investissements lourds. Cela explique qu'elle soit le plus souvent prise en charge par la puissance publique. Toutefois, celle-ci en délègue, quelquefois, la mise en place ou la gestion à des entreprises privées et étrangères.

L'attractivité des IDE peut être définie comme la capacité à attirer les fonds nouveaux et les facteurs de production mobiles sur un territoire. À titre d'exemple, selon Reiner et al., (2007, 2008) la France est régulièrement placée dans les premières positions mondiales des pays récipiendaires d'investissements directs étrangers (IDE), malgré une fiscalité élevée et un déficit d'image à l'étranger dans certains domaines. Cette performance s'explique en grande partie grâce à la qualité des infrastructures, notamment de transport.

La plupart des pays en développement et, en particulier, les pays de la zone CEMAC[1] ne reconnaissent pas en réalité l'importance de l'infrastructure parmi les facteurs qui encouragent l'IDE. La rareté des études dans ce domaine est illustrative. Selon les études de Wheeler et Mody (1992) ; Loree et Guisinger (1995) ; Richaud et al., (1999) ; Asiedu (2002 et 2006) ; et Seetanah et al., (2007), une infrastructure de qualité constitue une condition indispensable à l'attraction et la réussite des investisseurs étrangers. Une faible infrastructure ou l'absence de biens collectifs aggravent les coûts pour les entreprises. De ce fait, comme les biens collectifs ne sont pas congestibles, ils réduisent les coûts de la pratique des affaires pour les entreprises multinationales, qui cherchent à maximiser leurs profits, de même que pour les entreprises nationales. L'infrastructure devrait en fait créer un climat plus propice à l'IDE, via une subvention du coût de l'investissement total pour les investisseurs étrangers. Ce qui pourrait accroître le retour sur investissement de ces derniers. Estache et Fay (1997) et Wei et al., (2000) montrent que les dotations en faveur de l'infrastructure peuvent influencer sur l'avantage comparatif d'une zone et, donc, sur son développement.

Le développement de l'infrastructure de transport produit plusieurs effets positifs, notamment une meilleure accessibilité et une baisse des coûts de transport, dont les entreprises peuvent bénéficier sans vraiment contribuer directement à ce développement. Par exemple, l'existence d'infrastructures de transport étendues à un coût faible, voire nul, pour les usagers a un effet positif sur les coûts et la productivité des entreprises. En effet, l'utilité des véhicules privés et des semi-remorques est fonction de l'existence d'un réseau routier approprié. L'amélioration et la maintenance des routes réduisent davantage l'usure du parc automobile dans un pays et influent sur les coûts de transport. Il en est de même selon Seetanah (2007) pour les flottes aériennes, qui requièrent des aéroports, et des navires, ou encore des barges privées, qui ont besoin de ponts et de voies navigables [i]. On peut donc affirmer que l'infrastructure de transport, et les dépenses d'infrastructures en général, d'après Seetanah et al., (2007, *Op. cit*), peuvent rehausser le niveau de productivité des flux d'investissements privés entrants, en particulier les investissements directs étrangers.

Le développement des infrastructures permet de promouvoir différents types d'activités économiques, notamment parce qu'elles constituent un intrant dans la production. En outre, leur développement améliore le produit marginal des autres capitaux utilisés dans le processus de production. Etenburg (1993) souligne que, si l'État ne procurait pas ce type d'infrastructures, le secteur national et les entreprises multinationales opèreraient de manière moins efficiente, et leurs tentatives pour mettre en place leurs propres réseaux se traduiraient par un gaspillage des ressources. De ce fait, si s'installer dans une région en développement pour tirer parti d'une main-d'œuvre bon marché suppose que l'on doit supporter les coûts de transport ou de communication, alors les entreprises choisiront de ne pas s'y installer. Les études se concentrent dans leur immense majorité sur les pays développés. Les pays d'Afrique et, particulièrement, ceux de la CEMAC sont en général négligés. En ce qui concerne les facteurs qui poussent les investisseurs directs étrangers (IDE) en Afrique, et plus particulièrement en Afrique centrale (CEMAC), la littérature est encore assez rare. Parmi les auteurs qui s'y sont intéressés, figurent notamment Schoeman et al., (2000), Asiedu (2002, *Op. cit. et* 2006, *Op. cit.*), Seetanah et al (2007, *Op. cit.* et 2010) et Yahya- Zakari et al., (2014).

Après cet examen approfondi, on se pose la question suivante : « Quel lien y a-t-il entre le réseau routier et ferroviaire des Nations de la Communauté économique et monétaire de l'Afrique Centrale (CEMAC) retenues et leur capacité à attirer des investissements directs étrangers ? » Autrement dit, « les infrastructures de transport influencent-elles positivement ou négativement la compétitivité économique ? »

On peut envisager plusieurs méthodes pour répondre à ces questions. Une méthode possible consisterait à effectuer les tests sur des données de panel micro-économiques. Mais cette méthode a pour faiblesse de restreindre la démarche à poser des contraintes sur les paramètres, afin d'être capable de les estimer. Par contre, une modélisation fondée sur une approche des données de panel dynamique permet d'effectuer des tests en tenant compte de la variable endogène retardée qui caractérise ce type de modèle. Aussi, les MCO pourraient converger en l'absence d'auto-corrélation des erreurs. Ce chapitre s'inscrit dans cette perspective. L'objectif de cette étude est d'explorer le lien empirique entre infrastructures de transport et les IDE dans les six pays de la CEMAC, en fonction de la disponibilité des données, sur la période 1995-2018 à l'aide de la technique de régression des données de panel. Des études antérieures ont analysé le rôle de l'infrastructure en général dans la capacité d'attraction de l'IDE (voir Asiedu, 2006, *Op. cit.* ; Kandiero et Chitiga, 2003). Mais, notre étude diffère de ses contributions.

L'intérêt de ce chapitre est double. Il s'agit, premièrement, de compléter la littérature sur les déterminants de l'IDE, en nous attachant à l'infrastructure de transport. En effet, cette dernière n'a jusqu'ici jamais fait l'objet d'une attention particulière de la part des chercheurs en zone CEMAC. Et, deuxièmement, d'innover en s'intéressant au lien hypothétique dans le cadre de données de panel dynamique, en recourant à la méthode des moments généralisés et en procédant à des tests de racine unitaire. Afin de vérifier l'hypothèse d'une relation entre les infrastructures de transport et les flux d'IDE, le chapitre est organisé comme suit : la section 1 fait le point sur la littérature des infrastructures de transport dans l'attractivité des flux d'IDE. La section 2 décrit la méthodologie, et la section 3 en présente les résultats économétriques et Discussions.

I. Revue de littérature

Pour pouvoir expliquer les différences de niveau des flux d'IDE dans les pays et déterminer pourquoi les investisseurs investissent dans tel pays plutôt que dans tel autre, il est indispensable de comprendre quels sont les déterminants qui influencent les choix des multinationales concernant leurs investissements à l'étranger. En général, les firmes décident d'investir directement à l'étranger lorsqu'elles peuvent combiner les avantages propres avec les avantages géostratégiques que leur offrent les pays d'accueil dans un contexte d'internalisation des transactions (Essombè Edimo, 2015). Deux grandes familles de facteurs sont citées ces dernières années dans la littérature : les déterminants traditionnels, c'est-à-dire les caractéristiques de l'économie d'une manière générale, et les déterminants non traditionnels, c'est-à-dire le rôle des infrastructures des pays destinataires.

1. Cadre théorique

Les premières études sur les IDE portent sur les fondements de la théorie du commerce international, et identifient les avantages comparatifs des pays hôtes comme les plus importants déterminants de l'IDE. Cette façon de voir a contribué avec succès à la recherche des ressources (Banga, 2003). Cependant, depuis les années 1960 à 1970, cette approche est moins utilisée du fait qu'elle ne peut plus expliquer l'arbitrage fait par les facteurs économiques entre les IDE et l'infrastructure. L'accès au marché est alternativement considéré comme un élément moteur pour les IDE.

Pendant la décennie passée, l'économie mondiale est devenue de plus en plus intégrée avec une tendance globale de libéralisation dans le commerce et les finances. Un des signes de cette globalisation est la hausse significative observée dans les IDE (Busse, 2003). Une autre explication est celle proposée par Rugnan (1986), à savoir la théorie d'internalisation. Cette théorie examine les IDE en termes de besoin d'internaliser les coûts de transactions, afin d'améliorer la profitabilité et d'expliquer l'émergence de l'efficacité des IDE (Banga, 2003, *Op. cit.*).

Les théories ci-dessus n'ont cependant pas été capables d'expliquer pourquoi les investisseurs des IDE choisissent de s'implanter dans un pays plutôt que dans l'autre. Une tentative de réponse à cette insuffisance des théories précédentes est l'approche éclectique de Duming. Cette approche donne l'importance explicite des questions de localisation, en combinant avec les avantages des firmes spécifiques et des coûts de transactions (Duming, 1993). Dans le développement de différentes théories des IDE examiné par Duming (1999), il souligne que les IDE émergent à partir des décisions des investisseurs, de l'internalisation des coûts et des avantages de localisation.

Des études récentes ont fait ressortir la nécessité d'améliorer et de soutenir les avantages dans les pays hôtes par le rôle attractif joué par l'infrastructure de transport de ces pays. Grâce à ces recherches, la discussion concernant l'emplacement de la création d'entreprises a glissé vers les politiques structurelles, mettant ainsi en évidence non seulement les facteurs économiques, mais aussi la qualité des infrastructures, comme déterminants majeurs pour attirer les investissements directs étrangers. En se basant sur une recherche menée en 2002, Duming a découvert qu'en ce qui concerne les investissements directs étrangers provenant de nations industrielles, l'accessibilité à des infrastructures adéquates est désormais un critère de sélection crucial. Cependant, les IDE vers les pays en développement exigent encore les déterminants économiques traditionnels (taille du marché, main-d'œuvre qualifiée, etc.).

2. Analyse empirique des infrastructures de transport comme déterminants des IDE

Peu d'études issues des champs de l'économie ont tenté de mettre en évidence le rôle des infrastructures parmi les facteurs qui motivent l'IDE dans les pays africains en général, et de la CEMAC en particulier. Celles qui s'y sont intéressées sont parvenues à des conclusions plus ou moins divergentes selon l'espace géographique de l'étude. Dans la mesure où la théorie de l'IDE révèle l'importance que ce dernier est susceptible de jouer dans le processus de développement des pays, des études empiriques ont été menées sur la question et ont surtout concerné l'Asie (Husain et Wang, 1996). La disparité spatiale et temporelle, marquée des flux d'IDE a conduit les économistes à réfléchir sur les causes profondes des mouvements internationaux de capitaux privés.

Plusieurs études récentes ont cherché à expliquer cette apparente impuissance manifeste des pays africains à attirer les investissements étrangers. En effet, deux grands groupes de facteurs ont été identifiés dans la littérature comme déterminants de la mobilité internationale du capital. Il y a d'abord les facteurs intérieurs, c'est-à-dire ceux spécifiques au pays, puis il y a les facteurs extérieurs, qui sont relatifs au reste du monde (Claessens et al., 1995 ; Fernandez-Arias, 1996 ; Montiel, 1996).

Les facteurs intérieurs sont ceux qui reflètent les opportunités et risques liés à l'environnement intérieur. Lopez-Mejia (1999) a identifié, à travers la littérature sur l'entrée de capitaux, un canal par lequel le développement des pays hôtes a amélioré les caractéristiques risque-rendement pour les investisseurs étrangers privés. Ce canal est l'augmentation des gains de productivité inhérente à la réforme structurelle, et à la gestion macroéconomique jugée plus saine après la réussite des programmes de stabilisation dans les pays de l'Europe de l'Est et de l'Amérique latine. Mallampally et Sauvant (1999) distinguent, parmi les facteurs intérieurs, ceux qui sont d'ordre économique : l'étroitesse des marchés intérieurs, les déficiences des infrastructures de transport et les coûts de production élevés qui sont susceptibles d'expliquer la faiblesse des flux de capitaux et, notamment, des IDE en Afrique subsaharienne. Selon Bhattacharyo et al., (1997), le fait que les investissements dans la région africaine subsaharienne soient très risqués expliquerait pourquoi elle n'a pas beaucoup bénéficié des flux d'IDE.

De toutes les façons, les déterminants varient souvent en fonction du type de capitaux. Les études ayant examiné les flux de court terme trouvent qu'ils sont généralement déterminés par les variables relatives à l'état de l'économie, et l'infrastructure de transport dans le pays hôte (Carlson et Hernandez, 2003). Les facteurs qui expliquent l'évolution des flux de capitaux de long terme (IDE) sont assez nombreux. Morisset (2000), à partir d'une étude sur un groupe de 29 pays africains, montre par l'approche d'analyse des données de panel l'existence d'une corrélation positive entre la taille du marché (PIB) et les flux d'IDE avec un coefficient de corrélation égal à 0,99. Par ailleurs, les facteurs qui induisent l'entrée des IDE dans les pays en développement ont des impacts différents en Afrique subsaharienne. Contrairement à ce que l'on observe dans d'autres régions, l'infrastructure routière ainsi qu'un taux de profit élevé pour le capital n'ont pas été identifiés comme décisifs.

Morisset et Pirnio (2000) affirment que les taxes peuvent avoir un impact considérable sur les flux d'investissement étranger, à condition que d'autres facteurs, tels que les infrastructures et les coûts de transport, soient similaires pour les pays concernés.

Les facteurs économiques généralement cités pour expliquer l'évolution des IDE sont assez nombreux : l'existence de matières premières ou de main-d'œuvre locale abondante (Taylor et Sarno, 1997). Un autre avantage serait d'avoir un bon capital humain, ce qui favoriserait les gains en productivité. Le degré d'ouverture indique le niveau d'accès aux marchés régionaux et mondiaux. Plus le pays a un commerce extérieur important et plus il ouvre la porte aux investissements étrangers (Sader, 1995). La taille du marché et le revenu par habitant peuvent stimuler les entrées de capitaux dans le pays (Mallampally et Sauvant, 1990, *Op. cit.*). Le revenu par habitant mesure le pouvoir d'achat de ce marché. Plus il est élevé, plus les habitants peuvent acquérir des biens dont la production nécessite un investissement. Les capitaux privés sont déterminés principalement par l'existence de ressources naturelles et la taille de leur marché local (Moriset, 2000).

Le débat sur le rôle des infrastructures de transport dans le développement économique ne laisse aucun chercheur indifférent. Selon Sachs (2003), le concept d'infrastructure de transport est devenu l'objectif intermédiaire de toute réforme économique. IL ressort des récents travaux réalisés par des économistes comme Acemoglu et al., (2001), Easerly et Levine (2002), Glaeser et al., (2004), Sachs (2000), que le niveau de développement économique d'un pays ne s'explique presque intégralement pas ses infrastructures de transport, ses ressources et sa politique économique. Ces recherches empiriques mettent en évidence l'influence significative du facteur « qualité des infrastructures de transport dans les modèles du comportement des IDE (Glaeser et al., 2004, *Op. cit.* ; Asiedu. 2003, *Op. cit.*). On a remarqué que, dans les années 60 et 70, les potentiels de croissance de l'Afrique étaient initialement considérés comme plus favorables que celles de l'Asie de l'Est (Naouli, 2000). Les mêmes résultats ont été confirmés par les recherches empiriques avancées par Easterly et Levine (1997). On peut aussi croire que, si ce potentiel ne s'est pas concrétisé, son échec serait dû à une série de facteurs environnementaux, soit l'ouverture du marché et le manque d'infrastructures de transport. Une autre étude de Rodrik (1997) confirme ces résultats en montrant que les indices de la qualité infrastructurelle rendent très bien compte des écarts de croissance et d'IDE entre les pays d'Asie de l'Est et les pays africains. Ces écarts qui ne peuvent être imputés à des variables économiques traditionnelles, telles que l'accumulation du capital, le progrès technique ou la hausse de l'offre. Chan et Gemapl (2003), dans une étude, soulignent également que les facteurs, comme la qualité des infrastructures de transport, l'ouverture du commerce et un environnement favorable aux affaires, attirent les IDE.

La Banque Mondiale, dans une étude réalisée en 1998, indique que les pays en développement pourraient gagner un point de croissance, et donc favoriser l'entrée massive des IDE, s'ils améliorent sensiblement la qualité des infrastructures de transport. Edison (2003) estime que, si les infrastructures de transport des pays africains subsahariens étaient portées au niveau de celles des pays de L'OCDE, les PIB par habitant seraient relevés de 150 %, et la croissance annuelle de près de 2 points.

D'autres études, notamment celle d'Asiedu (2003, ibidem) portant sur 22 pays africains subsahariens, relèvent que l'efficacité des infrastructures de transport encourage l'attrait des capitaux privés. Dans toutes ces études, il est à noter que la variable infrastructure de transport, considérée dans les différents modèles, pose le problème d'endogéniésation. Aussi, le rôle de l'infrastructure dans la capacité d'attirer l'IDE reçoit depuis peu l'attention croissante des chercheurs. Les études pionnières sur le domaine sont, notamment, celles de Root et Ahmed (1979) et Wheerler et Mody (1992) qui ont montré l'importance de l'infrastructure pour les entrées d'IDE. Les études récentes qui mettent en évidence l'importance des infrastructures comprennent celles de Loree et Guisinger (1995) pour les États-Unis, de Kinoshita (1998) pour l'Asie, de Kumar (2001) pour 66 pays asiatiques et de Seetanah et al., (2007) pour 25 pays africains. Sur un échantillon de 7 pays et qui intègre les données obtenues au niveau des entreprises, via une enquête de la Banque Mondiale, Escribano et al., (2005) affirment également l'importance de l'infrastructure pour la productivité, ainsi que pour l'IDE.

D'autres approches novatrices ont complété cette approche formelle en développant des analyses micro et macroéconomiques de différents modes d'investissement : éducation, R&D, infrastructures, etc. La perspective tracée par Romer (1990) et Lucas (1988) a redonné à ces dernières toute leur place dans la politique économique des États. Conformément aux théories de la croissance endogène, l'une des conclusions les plus robustes et les plus récurrentes des travaux empiriques est bien que l'investissement en infrastructures a un impact macroéconomique important sur les taux de croissance des pays à long terme. Les revues récentes de la littérature économétrique soulignent l'existence de ce consensus parmi les chercheurs (Temple 1999, Pot 2000, Willoughby 2003). Ainsi, les externalités positives des infrastructures de transport se diffusent à l'ensemble de l'économie par divers mécanismes (DFID. 2002 ; Booth, Hanmer et Lovell, 2002), qui relèvent à la fois de la dynamique de la demande (les dépenses d'infrastructures sont une composante de la demande d'investissement) et de celle de l'offre. Les infrastructures appellent d'abord des politiques d'équipement et de travaux publics susceptibles, en période de contraction de l'activité ou de sous-production par rapport au potentiel de l'économie, d'avoir un impact keynésien en créant des emplois et en exerçant un effet contra-cyclique positif. Elles réduisent les coûts de transaction et facilitent les échanges commerciaux entre et à l'intérieur des frontières. Elles permettent aux acteurs économiques de répondre à de nouvelles demandes dans de nouveaux lieux ; elles abaissent le coût des intrants nécessaires à la production de presque tous les biens et services, tout comme elles rendent profitables des activités non rentables sans elles, et plus profitables encore les activités déjà existantes. On comprend ainsi l'existence de rendements croissants du capital.

Les infrastructures, notamment de transport, mais pas uniquement, apparaissent au cœur du processus de croissance, du fait de leur impact sur les coûts de transaction et sur les échanges commerciaux. Limao et Venables (2000) utilisent des données de transport d'un conteneur de Baltimore vers 64 différentes villes de destination, dont 35 dans des États enclavés, et trouvent qu'une amélioration des infrastructures locales de transport (par un écart type), a le même effet sur le coût du transport que l'effacement de 6500 km de mer, ou encore de 1000 km de terres.

En Afrique, le coût commercial des mauvaises infrastructures de transport ne cesse d'être relevé. Il représenterait, par exemple, les deux tiers de la valeur ajoutée des exportations de l'Ouganda (Milner, Morrissey et Rudaheranwa 2000). Quant à l'Asie orientale, qui a déjà largement profité de son intégration au système économique mondial, de récents travaux suggèrent qu'elle a encore beaucoup à gagner à réduire ses coûts de transports. Certains auteurs estiment ainsi que leur réduction de 20 % pourrait accroître de 10 à 15 % le volume des échanges mondiaux dont bénéficient la Chine, la Corée, le Laos ou encore le Cambodge (Carruthers et Bajpai 2002). Ces chiffres invitent les pays de la zone à améliorer rapidement les infrastructures de leurs régions enclavées, les relier aux ports, décongestionner ces derniers en déplaçant les activités non spécifiquement maritimes à l'intérieur des terres, développer la connexion rail-route. Ces travaux suggèrent aussi que les efforts de libéralisation commerciale, notamment ceux entrepris dans le cadre de l'Organisation mondiale du commerce (OMC) ou de la démarche d'adhésion à cette organisation, ne peuvent vraiment prendre tout leur sens que si les coûts des transactions, liés à l'insuffisance des infrastructures de transport, ne représentent pas une barrière encore plus importante aux échanges, comme cela semble être le cas en Afrique et particulièrement dans les pays de la CEMAC (Banque mondiale, 2000).

Les pays en développement bénéficient d'une situation favorable. Cependant, une disparité brutale existe entre les pays de la région Asie-Pacifique (Chine, Hong Kong, Inde, Corée, Malaisie, Philippines, Singapour,

Taïwan et Thaïlande) et l'Afrique subsaharienne. Sur la période 1986-1990, l'Afrique subsaharienne ne représente que 11,5 % des investissements directs étrangers (IDE) entrants des pays en développement, tandis que les pays de la région Asie-Pacifique en représentent près de 55 %. Le poids de ces derniers est donc, à cette époque, quatre fois et demie plus importante que celui de l'Afrique subsaharienne. En 2015, la part des pays de l'ASS tombe à 6,5 %, tandis que celle des pays de la zone Asie-Pacifique croît pour atteindre près de 60 %. Le poids de ces derniers, à cette date, devient alors neuf fois plus important que celui de l'Afrique subsaharienne (UNCTAD, 1992. 2015). Ainsi, entre la période 1986-1990 et l'année 2015, on relève que la part des pays de la zone Asie-Pacifique relativement à celle des pays de l'ASS, dans les IDE entrants de l'ensemble des pays en développement, est multipliée par deux. Par rapport à l'ensemble des investissements directs étrangers entrants (pays développés et pays en développement), la part de l'Afrique subsaharienne (notamment de la CEMAC) est très faible, et même réduite : elle passe de 2 % sur la période 1986-1990 à 1,7 % en 2002 et 1,5 % en 2014 (UNCTAD, 1992, 2015, *Op. cit.*). Ces évolutions contrastées par rapport à la mondialisation à l'intérieur même du groupe des pays en développement sont soutenues par des travaux portant sur la faiblesse structurelle de l'Afrique subsaharienne dans le commerce international (Subramanian et Tamirisa, 2015), et sur l'accroissement de la compétitivité technologique de l'Asie (Mahmood et Singh, 2015).

L'analyse des retombées des investissements directs étrangers entrants sur les économies des pays d'accueil fait appel à trois corpus théoriques principaux, à savoir les théories de l'organisation industrielle, les théories du commerce international et les théories de la croissance endogène. La première approche traite explicitement du rôle des investissements directs étrangers dans les transferts de technologie et la diffusion de la connaissance, ainsi que de leur impact sur la structure du marché du pays d'accueil (Dunning, 1993 ; Caves, 1996). La deuxième permet de comprendre les motifs qui fondent l'existence des IDE d'une part, les déterminants du choix de la méthode de pénétration des marchés étrangers (exportations, licence, IDE) d'autre part (Ethier, 1986 ; Horstmann et Markusen, 1992). La troisième approche, enfin, reconnaît en l'investissement direct étranger un moyen de faire augmenter la dotation du pays d'accueil en capital humain, d'accélérer le changement technologique et de diffuser la connaissance entre les nations (Grossman et Helpman, 1995), avec au bout de la chaîne des effets de l'IDE, l'augmentation du taux de croissance de l'économie du pays d'accueil. L'approche par la croissance endogène se distingue des théories de l'organisation industrielle et du commerce international par sa reconnaissance explicite du fait que les effets de l'activité des entreprises multinationales étrangères ne sont pas mécaniques. Autrement dit, attirer ces sociétés étrangères constitue un premier pas crucial, mais profiter pleinement de leur présence requiert des compétences supplémentaires. C'est exactement dans cette optique, qui met de côté la vision mécanique des effets de l'investissement direct étranger (IDE), que se situe notre réflexion.

De telles études dans le contexte africain sont assez rares. Parmi celles qui existent figurent, par exemple, les travaux d'Asiedu (2002) qui, à l'aide d'estimation de données de panel classique, a observé que les pays qui ont modernisé leur infrastructure étaient "récompensés " pour leurs efforts par un regain d'investissement. Les études ultérieures de l'auteur (voir Asiedu, 2006 ; Asiedu el al., 2007, *Op. cit.*) ont constaté l'impact positif de l'infrastructure sur l'IDE. Kandiero et Chitiga (2003), pour 52 pays africains, et Sekkat et al., (2004), pour les pays de MENA (Moyent-Orient et Afrique du Nord), ont également confirmé ces résultats. La plupart des études mettent en évidence l'importance de l'infrastructure sur l'IDE, mais certaines ne valident pas cette hypothèse. Par exemple, l'étude de Quazi (2005) montre qu'il n'existe aucun lien positif significatif entre l'infrastructure et l'IDE en Asie.

II. Méthodologie

En nous appuyant sur les travaux antérieurs qui ont analysé l'impact des infrastructures de transport sur l'attraction des investissements directs étrangers, notre modèle économétrique adopte une approche basée sur les données de panel. Plusieurs variables sont utilisées dans l'étude. Il est donc nécessaire de fournir des justifications et des définitions pour expliquer les raisons de ces choix.

1. Justification et définition des principales variables

Afin d'étudier l'hypothèse selon laquelle les zones bien développées disposant d'une infrastructure de transport routier de qualité séduisent de plus en plus les firmes étrangères, nous allons prolonger la spécification de la forme réduite pour la demande d'investissement direct entrant, en prenant l'infrastructure de transport comme variable indicative. La littérature sur ce type de modèle économique a fait l'objet de plusieurs utilisations (notamment par Wheeler et Mody, 1992 ; Chen et Kwan, 2000 ; Asiedu, 2002, Sandrina, 2009 ; Quazi (2005) et récemment par Seetenah et Khadaroo, 2009), et intègre généralement plusieurs variables explicatives comme déterminants de l'IDE telles que la taille du marché intérieur, le capital humain, les incitations fiscales, le coût du travail, l'ouverture du marché et la qualité de l'infrastructure, etc. Le modèle économique (1) est spécifié et élaboré à partir de la littérature empirique. Dans les pays de la CEMAC, la sélection des variables explicatives se heurte au manque des données. Toutefois, celles que nous avons utilisées sont probablement acceptables. Elles sont extraites des bases de données officielles des pays concernés. Il s'agit des données compilées et présentées sous forme composite. Le modèle s'écrit de la manière suivante :

$$IDE_{jt} = f[IRN_{jt}, TAMA_{jt}, SALA_{jt}, XMPIB_{jt}, KH_{jt}, INPOL_{jt}, INTRAN_{jt}, INCOM_{jt}] \quad \ldots\ldots..(1)$$

Nous avons utilisé j pour l'indice des pays et t pour l'indice du temps. Et nous expliquons plus loin pourquoi nous incluons les variables, nous avons évité autant que possible de recourir à l'extrapolation.

IDE_{jt} = Investissement direct étranger du pays j au temps t ;

IRN_{jt} = Intensité des ressources naturelles du pays j au temps t. Les pays qui sont dotés de ressources naturelles reçoivent davantage d'IDE. La prise en compte de cet indicateur des ressources naturelles permet de réduire un biais dans les estimations (Asiedu, 2002) dans le contexte des pays de la CEMAC. Nous avons donc inclus la part des minerais et des hydrocarbures dans le total des exportations comme variable reflétant la dotation en ressources naturelles. Nous avons extrait cet indicateur de ressources naturelles et les données sur des Indicateurs du Développement dans le Monde 2011-2018.

$TAMA_{jt}$ = Taille du marché d'accueil. Elle représente pour l'investisseur étranger les conditions économiques et la demande potentielle pour leur production dans la région qui reçoit. Elle constitue un élément indispensable pour la prise de décision concernant l'IDE. L'IDE réagit positivement à la taille du marché selon Scaperlanda et Mauer (1969) lorsqu'elle atteint un niveau suffisant pour permettre des économies d'échelle et une utilisation efficiente des ressources. Plusieurs autres études empiriques confirment l'importance de la taille du marché (notamment, Kravis et Lipsey, 1982 ; Shrneider et Frey, 1985 ; Tsai, 1994 ; Loree et Guisinger, 1995 ; Wei, 2000 ; Seetanah et Khadaroo, 2007). Cette variable est considérée comme indicative, et nous utiliserons le PIB en volume par habitant. (Les *chiffres sont extraits des Penn World Tables 6*). En considérant que cette variable sert d'indicateur du potentiel offert par le marché pour les produits des investisseurs étrangers, le signe attendu pour ce coefficient est positif. Le PIB par habitant peut également servir de variable indicative de l'abondance du capital (Edwards, 1990) et de l'environnement des affaires (notamment : Wei, 2000 et Aseidu, 2002).

Coût du travail : il représente une composante essentielle des coûts totaux de production et de la productivité des entreprises. Nous utilisons le taux de salaire nominal ($SALA_{jt}$), comme dans les travaux de Wheeler et Mody (1992) ; Tsai (1994) et Seetanah et Khadaroo (2007), comme variable indicative du coût du travail. Le signe attendu est négatif pour ce coefficient (c'est-à-dire que les régions où les salaires sont les plus bas attirent davantage d'IDE). Les Données sont extraites des documents de l'Organisation internationale du Travail (OIT)) et de sa compilation annuelle de statistiques sur le travail, ainsi que les Indicateurs du développement dans le monde.

Capital humain (KH_{jt}) : Les investisseurs directs étrangers se soucient généralement du coût du travail et de sa qualité. Les avantages que procurent des coûts salariaux de niveau inférieur dans les régions en développement sont souvent contrebalancés par la qualification des travailleurs. Une main-d'œuvre plus instruite s'adapte (et apprend rapidement) à une nouvelle technologie et se révèle plus productive. Boor et Ahmed (1979), Schneider et Fry (1985), Borensztein et al., (1998), Noorbakhsh et al., (2001), Aseidu (2002) et Seethanah et Khadaroo (2007) ont constaté que le niveau de capital humain constitue un déterminant significatif de l'avantage offert aux investisseurs par une région d'accueil, et qu'il joue un rôle important dans la capacité d'attirer les IDE. Nous neutralisons et testons l'impact de la qualité du travail à l'aide du taux d'inscription dans l'enseignement secondaire général (KH_{jt}) tels que (Hanson, 1996 ; Noorbakhsh et al., 2001 ; Seethanah et al., 2007). Les données sont extraites des indicateurs du développement dans le monde et sur site Web du bureau central des statistiques de chaque pays.

Instabilité politique ($INPOL_{jt}$) : À la suite de Schneider et Fry (1985), Edwards (1990), Loree et Guisinger (1995), Hanson (1996), Jaspersen et al., (2000), Aseidu (2002, *Op. Cit*) et Seetanah et al., (2007, *Op. cit*), nous avons ajouté la variable indicative de l'instabilité politique ($INPOL_{jt}$). De manière générale, l'instabilité politique dans les pays en développement constitue un facteur significatif dans le choix de la localisation des entreprises multinationales. L'instabilité politique et la fréquence des troubles créent un environnement d'affaires défavorable, qui affaiblit sérieusement la confiance que les investisseurs étrangers peu enclins au risque ont dans le marché local, et décourage ainsi l'IDE (Schneider et Fry, 1985). Nous utilisons comme variable indicative la mesure du risque politique 2. Cette mesure est composée de 12 indicateurs : stabilité du gouvernement, conditions socio-économiques, profil d'investissement, conflits intérieurs et extérieurs, place de l'armée dans la vie politique, place de la religion dans la vie politique, état de droit, corruption, tension interethnique, responsabilité démocratique et qualité de l'administration. Ces indicateurs sont tirés de l'International Country Risk Guide (2004). Plus cet indicateur est élevé, moins le risque politique est grand, et inversement. Il constitue, selon Seetanah et al., (2007, *op. cit.*) un moyen d'évaluer le contexte politique et institutionnel des régions (voir aussi ICRG, 1999).

Ouverture du marché : selon Hufbauer et al., (1994) l'ouverture favorise l'IDE. Dans la littérature classique, le ratio des échanges sur le PIB est utilisé comme mesure de l'ouverture d'une région, et souvent interprété comme une mesure des restrictions aux échanges. Rodrik (1998) observe une relation inverse et robuste entre plusieurs indicateurs de la politique commerciale et le ratio échange/PIB. Cette variable est indispensable pour les investisseurs directs étrangers qui sont motivés par le marché d'exportation. Des études empiriques corroborent l'hypothèse selon laquelle une hausse du niveau des exportations se traduit par une augmentation des entrées d'IDE (notamment celles de Jun et Singh, 1996 ; Aseidu, 2002, *Op. cit.* ; Seetanah et al., 2007, *Op. cit.).* Nous intégrons, par conséquent, le ratio échanges/PIB dans la régression afin d'examiner l'impact de l'ouverture du marché sur l'IDE.

Infrastructure de transport : la variable centrale pour notre étude est celle concernant l'infrastructure de transport. Pour évaluer le niveau et la qualité de cette infrastructure, le seul indicateur cohérent et fiable disponible pour notre échantillon est la longueur de routes pavées (c'est-à-dire bitumées) par kilomètre carré de superficie ($INTRAN_{jt}$). Plusieurs études (notamment, Canning, 1999 ; Canning et Bennathan, 2000 ; Seetanah et al., 2007, *Idem*) ont utilisé cet indicateur, aux fins de l'évaluation de l'importance économique du niveau général de l'infrastructure de transport. Les données sont extraites et compilées à partir de la base de données de Canning (1999), de la base de données de l'African Development Infrastructure Index (AIDI), des documents de la Fédération Routière internationale (FRI) et des documents des bureaux centraux des statistiques des différents pays. Nous avons compilé ces différentes données pour avoir des statistiques composites.

Communication : afin de neutraliser l'effet d'autres catégories d'infrastructures dans les régions destinataires de l'IDE et d'améliorer le modèle concernant l'influence de l'infrastructure sur l'IDE, nous avons intégré une variable indicative relative à l'infrastructure de communication, à savoir le nombre de téléphones disponibles pour 1000 habitant ($INCOM_{jt}$). La disponibilité des lignes téléphoniques est importante si l'on souhaite faciliter la communication entre le pays d'origine et le pays d'accueil. Cet indicateur est utilisé comme déterminant de l'investissement direct étranger dans la littérature (notamment des auteurs comme Loree et Guisinger, 1995 ; Asiedu (2002, *Idem* et 2006) ; Seetanah et al., (2007, *Idem*)). Les sources de données utilisées sont la base de données de Canning (1999, *Op. cit.*) et *les indicateurs de développement dans le monde* (synthèses de différentes éditions).

La variable dépendante, l'IDE, est mesurée comme correspondant aux entrées nettes d'investissement direct étranger en pourcentage du PIB. Ce qui constitue, selon Asiedu (2002, *Idem* et 2006, *Idem*), Quasi (2005) et Seetanah et al., (2007, *Idem*), un indicateur largement utilisé. Les principales sources de données sont les statistiques financières internationales du FMI (différentes éditions), les indicateurs du développement dans le monde (différentes éditions) et les statistiques choisies sur les pays africains de la Banque africaine de développement (2014). Cette étude couvre la période 1995-2018 et un échantillon de 6 pays de la CEMAC[3].

2. Modèle économétrique et tests préliminaires

Pour ce qui est des termes d'élasticité, si nous intégrons les logarithmes de chaque côté de l'équation (1) et en supposant que les variables en indice sont le logarithme naturel de la variable qui figure dans une police plus grande, t, indiquant le temps. L'équation (1) se réécrit comme suit :

$$IDE_{jt} = a + b_1 IRN_{jt} + b_2 TAMA_{jt} + b_3 SALA_{jt} + b_4 XMPB_{jt} + b_5 KH_{jt} + b_6 INPOL_{jt} + b_7 INTRAN_{jt} + b_8 INCOM_{jt} + \varepsilon_{jt} \quad \ldots(2)$$

Nous avons utilisé les tests de racine unitaire sur les données de panel d'Im, Pesaran et Shin (1995). Nous avons appliqué ces tests aux variables dépendantes et indépendantes. Im, Pesaran et Shin (1995) ont élaboré un test de racine unitaire sur données de panel pour l'hypothèse nulle jointe selon laquelle chaque série temporelle du panel est non stationnaire. Il s'agit d'une approche qui se fonde sur la moyenne du test ADF sur séries individuelles, et se caractérise par une distribution normale standard une fois qu'elle est ajustée d'une certaine manière. Les résultats de ce test appliqué à nos séries temporelles par niveaux rejettent une racine unitaire au profit de la stationnarité[4]. Nous avons jugé opportun de poursuivre avec les estimations de données de panel de la spécification économétrique telle décrite plus haut. Nous estimons qu'il n'est pas d'utilité d'afficher ces différents Tableaux intermédiaires de vérification.

3. Régression de données de panel dynamique

En réalité, il existe encore la possibilité d'endogénéité des variables explicatives et de la perte d'information dynamique même avec des données de panel existe. Quazi (2005) montre que les investisseurs étrangers affichent habituellement une certaine aversion pour le risque et ils ont une tendance à privilégier les régions qui leur sont familières, ce qui implique une endogénéité et une dynamique dans la modélisation de l'IDE. Il explique qu'il est important pour les régions « d'établir un box-office des entrées d'IDE, ce qui peut contribuer à dissiper les craintes des investisseurs étrangers lorsqu'il s'agit d'investir dans une région qu'ils ne connaissent pas ». Cheng et Kwan (2000) soulignent de plus que l'IDE se caractérise par un niveau élevé de dépenses d'investissement physiques irrécupérables et devient plus irréversible une fois qu'il est réalisé. Il a donc des chances de persister sur la durée. Noorbakhsh et al., (2001) ont aussi montré que de nombreuses multinationales testent leurs nouveaux marchés en échelonnant leurs investissements, qui atteignent progressivement le niveau souhaité après ajustements au fil du temps. De ce fait, on s'attend à ce que des variations incrémentielles retardées de l'IDE contribuent positivement au niveau courant de l'IDE. Selon Kinoshita (1998), « il faut du temps pour que l'encours d'IDE atteigne son niveau optimal ». L'intégration de la dynamique dans le modèle entraîne la réécriture de l'équation (2) sous la forme d'un modèle AR(1) de la manière suivante :

$$IDE_{jt} - IDE_{jt-1} = a_t + V_j IDE_{jt=1} + \beta X_{jt} + u_{jt} \quad \ldots\ldots\ldots\ldots\ldots\ldots(3)$$

Où le terme de gauche représente la différence logarithmique de l'investissement direct étranger sur une période ; IDE_{jt}= le log de l'IDE au début de cette période ;

X_{jt} = Le vecteur des variables explicatives, c'est-à-dire $X = [IRN_{jt}, TAMA_{jt}, SALA_{jt}, XMPIB_{jt}, KH_{jt}, INPOL_{jt}, INTRAN_{jt}, INCOM_{jt}]$

et a_t = les termes de l'ordonnée à l'origine spécifiques à la période qui expriment les variations communes à tous les secteurs ; u_{jt} = le terme d'erreur idiosyncrasique variant avec le temps.

De manière simplifiée et équivalente, nous reformulons l'équation 3 comme suit :

$$IDE_{jt} = a_t + (V-1) IDE_{jt-1} + \beta_{jt} + u_{jt} \quad \ldots\ldots\ldots\ldots\ldots\ldots (4)$$

Nous formulons l'équation 4 en différence première qui se laisse écrire :

$$\Delta IDE_{jt} = a_t + (V-1)\Delta IDE_{jt-1} + \beta\Delta X_{jt} + \Delta u_{jt} \quad \ldots\ldots\ldots\ldots\ldots\ldots (5)$$

Par ailleurs, il peut exister un problème d'endogénéité si IDE_{jt-1} est endogène par rapport aux termes de l'erreur jusqu'à u_{jt-1}, et il ne sera pas approprié d'estimer la spécification de l'équation (5) par la méthode des MCO. Pour surmonter ce problème d'endogénéité, nous avons utilisé une variable instrumentale pour IDE_{jt-1}. De ce fait, nous pouvons recourir à deux approches, à savoir la Variable Instrumentale (V.I. Anderson et Hsiao, 1982) et deux estimateurs GMM (Arellano et Bond, 1991) respectivement en une et en deux étapes. Nous avons choisi la deuxième technique, dans la mesure où la méthode de variable instrumentale aboutit à des estimations cohérentes, mais pas nécessairement efficientes des paramètres (voir Baltagi, 1995). Nous utilisons l'estimateur GMM en une étape, car il a été démontré que cette méthode débouche sur des inférences faibles. Par ailleurs, on a constaté que les erreurs standards asymptotiques qui découlent de l'estimateur GMM en deux étapes présentent un biais par défaut (Blundell et Bond, 1998).

III. Résultats et discussions

Les résultats de l'équation (5), complétés par un terme retardé à l'aide de l'estimateur GMM en une étape d'Arellano-Bond (1991), sont présentés dans le **Tableau 1**. Ce Tableau 1 résume de façon nécessaire et suffisante les éléments utiles à l'analyse et des éventuelles discussions.

Tableau 1 : Estimation de données de Panel dynamique (estimateur GMM en une étape)

Variables	Estimateur GMM
Constante	0.003 (0.31)
ide_{t-1}	0.51 (3.98)***
$dirn$	0.018 (2.26)**
$dsala$	- 0.09 (- 4.01)***
$dtamA$	0.15 (6.09)***
dkh	0.18 (5.06)***
$dxmpib$	0.16 (3.06)***
$dinpol$	- 0,24 (- 0.35)
$d\,\mathrm{int}ran$	0.08 (1.84)*
$dincon$	0.03 (3.27)***
Test de diagnostic Test de Sargan de suridentification de restriction Test d'Arellano-Bond d'auto corrélation de 1er ordre Test d'Arellano-Bond d'auto corrélation de 2er ordre Test de Wald	 Prob>chi2 =0.93 Prob>chi2 = 0.14 Prob>chi2 = 0.17 Prob>chi2 = 0.000

* significatif au seuil de 10 %**, significatif au seuil de 5 %,*** significatif au seuil de 1 %. Les lettres en petits caractères expriment le logarithme naturel des variables, désigne les variables en premières différences et les valeurs 2 robustes à l'hétéroscédasticité sont indiquées entre parenthèses.

Sources : Auteurs

Notre estimation est cohérente si les valeurs retardées des variables endogènes et exogènes sont des instruments valides pour notre régression. Par ailleurs, cette technique suppose l'absence d'autocorrélation de second ordre dans les erreurs ; un test pour les hypothèses précédentes se révèle alors nécessaire.

Nous avons procédé à un test pour l'autocorrélation et un test de Sargan pour la suridentification des restrictions tirées d'Arellano et Bond (1991, *Op. cit*). Le non- rejet de l'hypothèse nulle relative au test de Sargan (confirmé par la statistique de Hansen) pour la suridentification des restrictions (suggérant l'absence de suridentification invalide des restrictions), et le test d'Allerano et Bond de l'autocorrélation de second ordre[7] (validant l'utilisation à titre d'instrument de la variable endogène correctement retardée) corroborent que la spécification du modèle est correcte. Toutefois, il convient de noter que, lorsqu'on utilise les variables en premières différences, on génère une autocorrélation de premier ordre ; nous avons donc testé l'autocorrélation de second ordre dans le terme d'erreur. Notre modèle passe avec succès le test de Wald sur l'importance conjointe. Nous avons aussi appliqué un test de Hausman pour la stricte exogénéité de tous les répresseurs du modèle, et donc pour valider le caractère adéquat de notre modèle.

Le **Tableau 1**, montre que le coefficient robuste de l'équipement de transport est positif et significatif (0,08), ce qui suppose évidemment que les investisseurs directs étrangers sont sensibles à l'équipement de transport. Ce constat corrobore avec les fondements théoriques évoqués plus haut. Les investisseurs jugent aussi que l'infrastructure de communication est nécessaire et déterminante, mais un peu moins que celle du transport (0,03). Ces constats sont particulièrement validés dans le cas de l'Afrique subsaharienne et de la CEMAC, où une grande partie de l'IDE est orientée vers les activités d'extraction, qui sont généralement localisées dans les régions reculées et qui nécessitent un accès à des infrastructures de base, telles les routes, les communications, l'électricité et l'eau. Aseidu (2002, *Idem*) et Seetanah et al., (2007, *Idem*) ont affirmé que cette « infrastructure physique est plus pertinente pour les investissements dans les ressources non naturelles ». De ce fait, les régions d'accueils doivent présenter une infrastructure de bien meilleure qualité que celle qui existait jusque-là, si elles veulent attirer des IDE. La mise à disposition de l'infrastructure pourrait expliquer dans une certaine mesure la variation de la composition sectorielle de l'IDE, en Afrique subsaharienne et surtout en zone CEMAC. Nos résultats correspondent à ceux d'Aseidu (2002, *Idem* et 2006, *Idem*) ; d'Aseidu et Gyimah-Brempong (2007, *Idem*) et Seetanah et al., (2007, *Idem*) dans le contexte de l'Afrique subsaharienne (même si l'on observe qu'ils sont comparativement inférieurs). Ces résultats montrent que les régions qui ont amélioré leur infrastructure de transport, entre autres, attirent des volumes significatifs d'investissements étrangers.

En ce qui concerne les autres variables explicatives, nous constatons qu'elles se comportent conformément aux prévisions théoriques et, en même temps, elles correspondent aux données empiriques récentes. De ce fait, l'abondance de ressources naturelles, mesurée par l'intensité des ressources naturelles (IRN), est considérée comme positive et significative. Ce qui confirme les résultats d'Aseidu (2002, *Op. cit*), Seetanah et al., (2007, *Op. cit*) et d'Asiedu et Gyimah-Brempong (2007, *Op. cit*) dans le cas des pays d'Afrique subsaharienne. Cela signifie également qu'il existe un IDE à la recherche des ressources, en dépit du fait que l'élasticité ne puisse pas facilement être interprétée, dans la mesure où il s'agit d'une variable qualitative.

L'ouverture a également un impact positif sur l'IDE (0,16), ce qui suggère qu'un environnement efficient caractérisé par une grande ouverture aux échanges devrait attirer les firmes étrangères, et que les régions qui ont entrepris de libéraliser leurs échanges ont été récompensées par un accroissement d'IDE. Cette conclusion est également renforcée par Edwards (1990) et Asiedu (2006, *Idem*), qui ont soutenu cette idée. En réalité, la significativité de $XMPIB$, même après neutralisation de l'effet de la disponibilité des ressources naturelles, indique que l'IDE ne cherche pas uniquement les ressources et que le pouvoir public peut jouer un rôle de premier plan dans l'équation de l'IDE. On estime que l'IDE s'oriente vers les activités non extractives (IDE non fondé sur les ressources naturelles). Ce constat est assez important pour la zone CEMAC, car les investissements, par exemple dans le secteur de la manufacture et les activités à forte intensité capitalistique et technologique, favorisent la diffusion de la technologie et l'emploi.

La taille du marché intérieur (0,15) et le stock du capital humain (0,18) jouent un rôle positif, comme en témoigne l'ampleur de leurs coefficients respectifs. Par contre, la situation politique caractérisée par l'instabilité et le coût du travail ont des effets nuisibles aux entrées d'IDE, et ces résultats corroborent les travaux empiriques menés dans ce domaine par Abdellah et al., (2009), ou Lalime (2010, *Op. cit*).

Fait intéressant, le coefficient positif et significatif d' IDE_{t-1} dans le **Tableau 1** montre que l'IDE retardé contribue positivement au niveau actuel de l'IDE. Ce qui traduit en fait que l'IDE s'auto- renforce. On peut donc penser que les investisseurs étrangers jouent un rôle important dans une région une fois qu'ils prennent connaissance de l'opportunité d'investissement (la zone CEMAC n'y échappe pas). En fait, la valeur du coefficient robuste à l'hétéroscédasticité de l'IDE retardé s'établit à 0.51 pour l'échantillon agrégé du secteur, ce qui implique un coefficient d'ajustement partiel ζ de 0.49. Cet ajustement se rapproche de celui de Kinoshira et Campos (2004), dans le cas des pays d'Europe centrale et orientale et de Seetanah et al., (2007, *Idem*) dans le contexte d'Afrique qui ont constaté un rythme d'ajustement analogue. Cela signifie aussi que l'investissement net pour un an correspond à 49 % de la différence entre le niveau optimal et le niveau constant d'IDE. Dans la mesure où un coefficient ζ inférieur indique une vitesse d'ajustement inférieure, on peut en déduire que la persistance de l'orientation de l'IDE joue un rôle plus important dans les économies de la région considérée. Cette conclusion confirme l'existence d'une dynamique et d'une endogénéité dans la modélisation de l'IDE, et s'accorde avec Cheng et Kwan (2000), Kinoshita et Campos (2004, *Idem),* Quazi (2005) et Seetanah et al.,(2007, *Idem*). L'ouverture de la région, le coût du travail et le niveau d'instruction dans la région d'accueil sont parmi les facteurs importants qui déterminent les entrées d'IDE, alors que l'instabilité politique se révèle non significative.

Les implications économiques et politiques de l'analyse sont claires. Une région qui souhaite attirer les IDE doit améliorer son efficacité dans la gestion de ses affaires. Ce qui se traduit non seulement par l'habilité du gouvernement à formuler et à mettre en place des politiques favorables aux IDE, mais également à développer réellement la qualité des infrastructures de mobilité.

Enfin, les résultats des estimations suggèrent que toutes les variables explicatives n'ont pas été prises en compte dans le modèle. Notre recherche pourrait être complétée par une étude qui examinerait le lien entre IDE et la qualité de vie, et où l'état de santé permettrait d'analyser une autre dimension des flux internationaux de capitaux.

Conclusion

L'objet de ce chapitre a été d'explorer le rôle de l'infrastructure de transport dans les efforts déployés par les pays destinataires pour attirer les IDE. Elle a concerné un échantillon de 6 pays de la CEMAC, et sur la période 2000-2014. Réalisés à partir d'un cadre de données de panel dynamique, les résultats de l'analyse montrent que l'infrastructure de transport constitue un facteur important lorsqu'il s'agit de rehausser l'attrait d'une région à court et à long terme aux yeux des investisseurs étrangers. Et cette observation vaut aussi pour les autres catégories d'infrastructures. Les résultats semblables ont été obtenus par certains auteurs (notamment Seetanah et al., 2007, *Idem ;* Asiedu, 2010, et Bonnitcha, 2014) dans le cas des pays d'Afrique, et suggèrent que les améliorations de la qualité des infrastructures, en Afrique subsaharienne (et en zone CEMAC) soient attractives pour l'IDE. La valeur retardée positive et significative de la variable dépendante, issue des estimations des données de panel dynamique, confirme l'existence d'une dynamique et d'une endogénéité dans la modélisation de l'IDE. Ce qui laisse penser que le fait que les investisseurs étrangers prennent progressivement connaissance des opportunités d'investissement dans les régions d'accueils (CEMAC) joue également un rôle important. Le signe positif obtenu pour les infrastructures de transport montre également que le niveau des investissements dans ce secteur peut se révéler comme un indicateur pertinent de la situation du climat des affaires dans la région. Lorsque les conditions sont créées pour inciter les investissements dans le réseau de transport, cela favorise plus d'investissement étranger. Les autres variables classiques intégrées dans le modèle produisent, dans l'ensemble, le signe et les résultats attendus, l'instruction, l'ouverture et la taille figurent parmi les principaux moteurs de l'IDE.

Ces diverses observations suggèrent que le renforcement des infrastructures de transport, notamment, est une composante essentielle de la politique adoptée et ajustée par divers pays pour attirer les investissements directs étrangers, en particulier dans la région CEMAC, où il y a encore beaucoup de travail à accomplir dans ce domaine. Ces résultats constituent pour les pouvoirs publics et les décideurs des éléments à incorporer dans leurs orientations de développement. De ce qui précède, les investissements intérieurs étant faibles, les mesures d'incitation devraient être menées pour les augmenter. Ce qui peut aussi directement ou indirectement affecter les entrées des IDE.

Notes

1. Les pays de la zone CEMAC (Cameroun, Congo, Gabon, Guinée-Équatoriale, République centrafricaine, Tchad).
2. Sur une autoroute, on roule plus vite que sur une route carrossable, le courrier électronique est plus rapide que le courrier postal, et le temps, c'est de l'argent.
3. Cameroun, Congo, Gabon, Guinée-Équatoriale, République centrafricaine, Tchad.
4. Ces résultats sont confirmés par les tests de racine unitaire de Fischer ADF et Fischer-PP sur données de panel au niveau de significativité de 5 % pour chaque variable.
5. Confirmé par la statistique de Hansen.
6. Suggérant l'absence de suridentification invalide des restrictions.
7. Validant l'utilisation à titre d'instrument de la variable endogène correctement retardée.
8. Activités non extractives.
9. Au profit des activités non extractives.

Bibliographie

Abdellah, K., Dalila Nicet-Chenafet, E., R. (2009). *Entre instabilité et instabilité interne : les déterminants des IDE dans les MENA*, Rapport sur l'investissement, UNCTAD.

https://d1wqtxts1xzle7.cloudfront.net/31044596/papiemexique_-_esope.pdf?1364439541

Asiedu, E. (2005). Foreign direct investment in Africa: the role of natural resources, market size, government policy, institutions and political instability.

https://www.econstor.eu/bitstream/10419/63499/1/500782164.pdf

Asiedu, M. (2020). Economic globalization, informality and informal employment: the african perspective, papers.ssrn.com.

https://papers.ssrn.com/sol3/papers.cfm?abstract_id=3638708

Asiedu, E. (2002). On the determinants of foreign direct investment to developing countries: is africa different?, *World Development*, Vol.30, n0 1, pp. 107-118.

Asiedu, E. (2006). Foreign direct investment in Africa: the role of Government policy, institutions and political instability, *World Economy,* Vol. 29, n0 1, pp. 63-77.

Asiedu, E. et Gyimah-Brempong (2007). The effect of the liberalization of investment policies on employment and investment of multinational corporations in Africa, *African Development Review*, Vol.20, n01, pp. 49-66.

Baltagi, B., H. (1995). *Econometric analysis of panel data*, John Wiley & Sons.

Blundell, F. et Bond, S. (1998). Initial conditions and moments restrictions in dynamic panel data models, *Journal of Econometrical*, Vol.87, pp. 115-144.

Canh, N., Binh, T., THanh, S., D., et Schinckus, C. (2020). Determinants of foreign direct investment inflows: The role of economic policy uncertainty, *International Economics, Vol.161, pp. 159-172.*

Cheng L., K. et Kwan, Y., K. (2000). What are the determinants of the location of foreign direct investment? The Chinese experience. *Journal of International Economics Vol. 51 pp. 379–400.*

Essombè Edimo, J., R., Nya Bonabébé (2015). *Douala et la répartition spatiale des entreprises : polarization et fragmentation*, Éditions L'Harmattan.

Fauzel, S., Seetanah, B. et Sannassee, R. (2016). A Dynamic Investigation of Foreign Direct Investment and Poverty Reduction in Mauritiu. *Theoretical Economics Letters*, **6**, 289-303.

Fry, M., J. (1997). In favour of financial liberalization, *The Economic Journal*, Volume 107, no 442, pp. 754–770

Granger, C. et Newbold, P. (1974). Spurious Regressions in Econometrics. *Journal of Econometrics* 2(2): 111–120.

Im, K., Pesaran, H. et Shin, Y. (1995). Testing for units roots in heterogeneous panels, *DAE Working Papers Amalgamated Series,* n° 9626, University of Cambridge.

Kandiero, T. et Chitiga, M. (2003). Trade openness and foreign direct investment in Africa, Paper Prapared for "the Economic Society of Southern African 2003 annual conference" cape town, south Africa.

Kinoshita, Y. (1998). Micro-determinants of Japanese foreign direct investment in Asia, *Eastern Economic and Japan Economic Seminar* at Columbia University. : https://ssrn.com/abstract=1538315or http://dx.doi.org/10.2139/ssrn.1538315

Khadaroo. J. et Seetanah, B. (2008). The role of transport infrastructure in international tourism development: a gravity model approach, *Tourism & Management*, 29, pp. 831-840.

Kinoshita, Y. et Campos, N. (2004). *Estimating the determinants of foreign direct investment inflows: how important are sampling and omitted variables basies?*, CEPR-WDI Transition Conference.

Kumar, N.(2001). Infrastructure availability, foreign direct investment inflows and their export-orientation: a cross-country exploration, *Research and Information System for Developing Countries*, New Delhi.

Lalime, T.(2010). *Croissance économie et instabilité politique en Haïti (1970-2008)*, Mémoire, Université de Montréal.,

Lopes, J., Somanje, A., N., Velez, E. et Lam, R., D. (2020). Determinants of foreign investment and international aid for meeting the sustainable development goals in Africa: a visual cognitive review of the literature,

Lucas, (1988). On thes mechanisms of economic devlopment, *Journal of Monetary Economis*, 22, 3, juillet, pp. 3-42

Loree, D., W. et Guisinger, S., E. (1995). Policy and non-policy determinants of US equity foreign direct investment, *Journal of International Business Studies*, vol. 26, n0.2, pp. 281-299.

Noorbakhsh, F., Paloni, A. et Youssef, A. (2001). Human capital and FDI inflows to developing countries: new empirical evidence, *World Development*, Vo. 26, No. 7, pp. 1593-1610.

Nurbel, A. et Ahamada I. (2008). Investissements directs étrangers entrants et développements : enjeu de la capacité d'absorption, *Monde en développement, Vol.3, N0 143, PP. 79-96.*

Osunkwo, F., O. (2020). Foreign direct investment and economic growth of Nigeria (1980-2018), *Journal of Economics and Business*, Vol.3, No. 1, PP

Quazi, R. (2005). Economic freedom and foreign direct investment in East Asia, *International Academy of Business and Public Administration Disciplines (IABPAD) Meetings*.

Reiner, M., Arratibel, O. et Przbyla, M. (2007). Determinants of growth in the central and eastern European EU member states-a Production Function Approach, *ECB Occasional Papers.ssm.com*.

Reiner, M., Arratibel, O. et Eurcen, D. (2008). Real convergence in central and eastern European EU Member states: which role for exchange rate volatility?, *Papers.ssm.com*.

Richaud, C., Sekkat, K. et Varoudakis, A. (1999. Infrastructure and growth spillovers: a case for a regional infrastructure policy in Africa, *Mimeo*, University of Brussels.

Romer, P. (1990). Endigenous technological change, *Journal of Political Economics*, 98, 5, pp. S70/S102

Root, F., R. et Ahmed, A., A. (1979). Empirical Determinants of Manufacturing Direct Investment in Developing Countries", *Economic Development and structural Change*, Vol. 27, pp. 751-767.

Sandrina B.M. (2009)," The Determinants of Foreign Direct Investment: What is the evidence for Africa?",*Unisul, Tubarâo, Vol.2, no 1, pp. 83-104.*

Schoeman N.J., Robinson, Z. Clausen and T.J. Dewet (2000),"Foreign Direct Investment Inflows and Fiscal Disciplines in South-Africa" *South African Journal and management Sciences*, Vol.3, No. 2, pp. 161-175.

Seetanah et al.,(2007).(2007). Transport Infrastructure and Tourism Development. Annals of Tourism Research, 34, 1021-1032.

Seetenah B. and J. Khadaroo(2009), "Le rôle de l'infrastructure de transport dans la capacité d'attirer l'IDE en Afrique".

Seetenah, B. et J. Khadaroo (2010). Transport Infrastructure and Foreign Direct Investment, *International Development*, Vol. 22, No. 1, pp. 103-123.

Seetanah, B., Padachi, K. et Rojid, S. (2011). Tourism and economic growth: african evidence from panel vector autoregressive framework, (No. 2011, 33). *WIDER Working paper.* United Nations University (UNU): World Institute for Development Economics Research.

Seetanah, B. (2011). Assessing the dynamic economic impact of tourism for island economies; *Annals of Tourism Research 2011(38)1: 291–308.*

Sekkat, K. et Veganzones-Varoudaskis, M. (2004). Trade and foreign exchange liberalization, investment climate and FDI in the MENA countries, *Working Papers* DULBEA, Université Libre de Bruxelles, Department of Applied Economics (DULBEA).

Wei, S-J. et al., (2000). Corruption and composition of foreign direct investment: firm-level evidence*, NBER Working Paper*, No. 7969 in October.

Wei, S. (2000). How taxing is corruption on international investors, *Review of Economics and Statistics*, Vol.82, n0 1, pp. 1-11.

Wheeler, D. et A. Mody (1992). International investment location decisions: the case of US firms, *Journal of International Economics*, Vol.33.

Annexes

Tableau 6 : présentation des résultats de l'estimation du modèle VAR

		Coefficient	Std. Err.	Z	P>z	[95 % conf.interval]
Log Ide						
Log Ide	L1.	-0.5023205	1.54e-10	-3.3e+9	0.000	[-0.503 ; -0.502]
	L2.	-0.514	1.36e-10	-3.8e+10	0.000	[-0.515 ; -0.514]
Dtxpib	L1.	0	omitted			
	L2.	0	5.83e-8	0.00	1.000	[-1.14e-07 ; 1.14e-07]
Txinfl	L1.	-167.7137	7.21e-08	-1.1 e+9	0.000	[-167.7; -168]
	L2.	-45.1557	4.23e-08	-1.1 e+09	0.000	[-45.15 ;-45.16]
logtail	L1.	0.1086131	7.99e-12	1.4e+10	0.000	[-0.109 ;-0.108]
	L2.	-0.118173	8.20e-12	-1.4e+10	0.000	[0.111 ;-0.10]
Dccor	L1.	0	Omitted			
	L2.	0	Omitted			
Dspol	L1.	388.9563	1.29e-07	3.0e+09	0.000	[388 ; 389]
	L2.	0	Omitted			
constante		-15105.92	-	-	-	-

Source : auteur, sous Stata14.

Tableau 7 : présentation des résultats du test de causalité de Granger

Équation	Exclue	Chi2	Df	Prob>chi2
Logide	Dtxpib	0	1	1.000
Logide	Txinfl	5.4e+18	2	0.000
Logide	Dccor	-	0	-
Logide	Dspol	9.1e+18	1	0.000
Logide	All	1.6e+19	4	0.000

Source : auteurs, sous Stata14.

Tableau 8 : analyse de la stabilité du modèle

Valeurs propres		Modules
-0.2943352	+1.165127i	1.20173
-0.2943352	-1.165127i	1.20173
-1.005264		1.00526
1.002455		1.00246
0.9539982		0.953998
-0.2041622	-0.6537026i	0.684843
-0.2041622	-0.6537026i	0.684843
0		0
0		0
0		0
0		0
0		0

Source : auteurs, sous Stata14.

Data_Extract_From_World_Development_Indicators (4).
Data_Extract_From_Worldwide_Governance_Indicator.
FH_FIW_2017_Report_Final.,
FH_FITW_Report_2018_Final_SinglePage.
FactSheet_DoingBusiness2019_SSA_Fr.
Wir 2015 overview_fr.
Wir 2016_Overview_fr.
Wir 2017_overview_fr.
Wir 2019_overview_fr.

CHAPITRE 29 :

EFFICACITÉ DE LA DÉCENTRALISATION FINANCIÈRE POUR LE DÉVELOPPEMENT DES VILLES

Gérard TCHOUASSI, Pierre Patrick DZOU, Tahir Cherif BRAHIM et Elie Fernand JIOKENG TCHOUGON

Résumé

Ce chapitre propose une analyse empirique pour évaluer l'influence de la décentralisation financière sur le développement local. L'objectif de ce travail est d'analyser et évaluer l'efficacité de la décentralisation financière sur le développement des CTD. À partir du modèle DEA, nous avons mesuré les scores d'efficacité de la décentralisation financière sur le développement local. Les résultats obtenus après l'évaluation des variables explicatives prises dans nos différents modèles sont les suivants : une augmentation de 1 % du budget alloué aux collectivités territoriales décentralisées entraîne une hausse de 13 points des réalisations de projets non générateurs de revenus, et de 11 points celles des projets générateurs de revenus au niveau des CTD.

Lorsque le budget augmente de 10 points, cela entraîne une augmentation de 130 points des réalisations dans les projets non générateurs de revenus, et de 110 points dans ceux qui le sont. Plus simple, l'augmentation des ressources financières au niveau des CTD entraîne une augmentation des projets sociocollectifs et des infrastructures de base et une diminution drastique du taux de chômage et de pauvreté des populations. Cela diminue aussi la délinquance juvénile, et l'exode rural. Les mutations rapides des espaces et des institutions appellent de nouveaux modèles explicatifs des dynamiques territoriales, alors même que se creusent les disparités socio-spatiales. Après ce résultat, l'État pourrait envisager de mettre en œuvre des stratégies pour renforcer la capacité des collectivités territoriales à mobiliser des ressources. Cela pourrait non seulement favoriser le développement local en matière énergétique, mais également faciliter l'entretien des infrastructures hospitalières, éducatives et routières, toutes essentielles à la croissance locale.

Mots clés : décentralisation financière, budget, modèle DEA, développement des villes.

Abstract

This chapter offers an empirical analysis to evaluate the influence of financial decentralization on local development. The objective of this work is to analyze and evaluate the effectiveness of financial decentralization on the development of CTDs. Based on the DEA Model, we measured the effectiveness scores of financial decentralization on local development. The results obtained after the evaluation of the explanatory variables taken in our different models are as follows: when we increase by 1% the budget allocated to decentralized local authorities, this leads to an increase of 13 points in the implementation of non-income generating projects, and 11 points that of income-generating projects at the CTD level.

When the budget increases by 10 points, this leads to an increase of 130 points in the achievements of non-income-generating projects, and of 110 points in those of income-generating projects. More simply, the increase in financial resources at the CTD level leads to an increase in socio-collective projects and basic infrastructure and a drastic reduction in the unemployment and poverty rate of the populations. This also reduces juvenile delinquency and rural exodus. Rapid changes in spaces and institutions call for new explanatory models of territorial dynamics, even as socio-spatial disparities widen. Following this result, we can recommend to the State to implement strategies that can strengthen the resource mobilization capacity of local authorities, because this could not only allow local development, in terms of energy, but also facilitate the maintenance of hospital, educational and road infrastructures, all necessary for local development

Keywords: *Financial decentralization, Budget, DEA model, City development*

Introduction

La décentralisation n'est pas seulement une organisation juridique de transfert de pouvoirs. Elle est avant tout et surtout un outil d'aide à une croissance économique optimale. Le Cameroun se caractérise par l'extrême diversité de son milieu physique. L'histoire de la décentralisation au Cameroun est antérieure à l'indépendance du pays. On peut rappeler à cet effet que c'est en 1941 que furent créées les Communes de Yaoundé et de Douala (Akouafane, 2009). Depuis 2001, la pratique de la décentralisation n'a cessé d'évoluer au Cameroun, à travers l'avènement de la mise en place d'autres communes (Owona, 2012). Toutefois, c'est surtout la loi N° 96/06 du 18 janvier 1996, portant révision de la constitution du 02 juin 1972, qui a donné une impulsion nouvelle et un rôle accru et déterminant à la décentralisation pour améliorer et dynamiser le développement politique, social et économique du Cameroun (Rosenbaum, 1998). Dès lors, la décentralisation se présente comme un déterminant efficace du développement local au Cameroun.

Selon Titvack (1998), le terme décentralisation englobe une variété de concepts. « C'est le transfert d'autorité et de responsabilités de fonctions publiques, de l'administration centrale, vers les organisations gouvernementales subordonnées ou quasi autonomes et/ou vers le secteur privé ». D'après l'auteur, il existe plusieurs types de décentralisation : la décentralisation politique, administrative, de finances, et la décentralisation du marché.

L'idée centrale de cette réflexion est d'évaluer l'efficacité de la décentralisation financière dans le développement local. Il s'agit de montrer en quoi cette forme de décentralisation joue sur l'exécution des projets.

La justification est ici simple : rapprocher le gouvernement des gouvernés (acteurs locaux) en accroissant leur possibilité de participation, et la chance d'infléchir les décisions politiques dans le sens de leur intérêt et, donc, de leur bien-être tout en accroissant l'efficacité de chaque action entreprise. La réflexion s'élargit donc sur les secteurs qui constituent les véritables moteurs du développement et ceux qui génèrent la croissance. Il s'agit d'implémenter un système de gouvernance locale basé sur une plateforme de décentralisation financière où l'État investit sur les collectivités territoriales, pour procéder aux recouvrements de ces créances à travers des retours sur investissement. Ces ressources additionnelles doivent être exclusivement générées par les acteurs locaux et non par les détachements des fonctionnaires de l'administration centrale.

Les ressources des collectivités territoriales demeurent faibles au Cameroun. En effet, l'État chaque année, attribue seulement 2.6 % de son budget aux collectivités territoriales décentralisées. En plus, étant donné que les activités économiques réalisées par les populations se font dans l'informalité dans leur majorité, les recettes fiscales demeurent également faibles. Ce faible taux de ressources financières entraîne automatiquement un ralentissement des investissements communaux (Touna, 2018).

L'efficacité de la décentralisation est considérée comme une capacité à mobiliser les ressources, et à fabriquer le développement à partir de ces ressources pour résoudre les problèmes liés aux besoins et difficultés des populations, à savoir la gouvernance, la pauvreté, les inégalités, le financement extérieur. De ce fait, les questions suivantes méritent d'être posées. En quoi la décentralisation financière serait- elle efficace pour le développement local du Cameroun ? Cette forme de décentralisation apporte-t-elle un changement positif ou négatif au développement local ? Ce chapitre pose le problème de l'effet de la décentralisation financière sur le développement local. Il s'agit de tester si le transfert des ressources financières aux collectivités territoriales décentralisées peut résoudre significativement les problèmes de développement local au Cameroun.

L'objectif est d'évaluer l'impact de la décentralisation financière sur le développement local. Nous cherchons à analyser les effets de la décentralisation financière sur le développement local et à examiner le degré de réalisation des projets dans les collectivités territoriales avec le transfert de ressources financières. Ce travail se structure en trois points : la revue de littérature théorique et empirique, la méthodologie et la présentation des résultats empiriques.

I. Revue de la littérature

Selon Cheveau (2013), le concept de décentralisation renvoie au développement participatif. Pour lui, le développement participatif repose sur un quasi-oxymore : vouloir « faire participer » des populations, des communautés ou des États « à leur propre développement ». Cet auteur démontre la nécessité de la décentralisation dans le processus de développement local, d'un développement participatif pour une économie de proximité. Ce qu'il qualifie d'ailleurs « d'intervention participative volontariste ».

Pour Bahl et Smoke (2003), plusieurs formes de décentralisation ont été identifiées, à savoir la décentralisation politique, la décentralisation administrative et la décentralisation fiscale. La décentralisation politique consiste à déléguer des pouvoirs et des compétences décisionnelles à des subdivisions administratives, telles que des conseils villageois élus, des conseils de district et des collectivités d'État (Bardhan, 2002). Par contre, la décentralisation administrative représente le transfert de compétences décisionnelles, de ressources et de responsabilités aux fins de la fourniture d'un certain nombre de services publics, depuis l'administration centrale vers d'autres niveaux administratifs, divers organismes ou des antennes des organismes satellites de l'administration centrale (Bardhan, 2002). Cependant, la décentralisation fiscale ou financière implique une réallocation de ressources à une autorité locale d'un montant lui permettant de remplir correctement ses tâches (Bako-Arifari et al., 2004). Elle comprend également le transfert de la responsabilité en matière de prestations de services pour les fonds alloués (Bourguignon, 1998). L'affectation des impôts locaux, la répartition des recettes fiscales, la fixation de taxes de marché et d'utilisateur relèvent également de la politique en matière de décentralisation fiscale.

Cassar et Holes (2003) expliquent la structure financière des communes à travers la mise sur pied des PME par la théorie de l'ordre hiérarchique selon laquelle, pour financer leurs activités, les entreprises privilégieraient, dans l'ordre, le financement interne au financement externe (et pour ce dernier cas, le financement par dette à celui par fonds propres). En définitive, toutes ces sources d'informations concordent sur le fait que les communes sont mal outillées dans les procédures de recherches de financements. La plupart optent pour les financements remboursables à 100 % au lieu de se pencher sur les financements sur fonds propres.

La décentralisation financière est liée à plusieurs facteurs macroéconomiques qui affectent considérablement l'état de développement local au Cameroun : la corruption, le niveau de développement, la gouvernance, la pauvreté, les financements extérieurs.

La fraude fiscale est la dissimulation de la valeur réelle des transactions économiques légales dans le but d'éviter l'impôt (Virmani, 1989 ; Hindriks, Keen et Alii, 1999 ; Acconcia et ali, 2003). Celle-ci se matérialise par le refus des communes de payer les impôts dus à l'État. En effet, les pratiques fiscales observées au sein de nos collectivités ne sont pas favorables à assurer un bon climat économique fiscal. Dans plusieurs communes, tous les marchés publics réalisés, les retenues de diverses cotisations sociales prélevées dans les salaires et les paiements des prestataires ne sont pas souvent reversées à temps et parfois presque pas dans les caisses de l'état. Cette pratique est observée dans 8 communes sur dix au Cameroun. Cette amère réalité entrave la fiscalité et nuit au développement local. Cependant, ces ressources peuvent entraîner une hausse des impôts, car les contribuables peuvent réagir en modifiant leur revenu ou leur déclaration de transaction (CHU, 1990). La fraude a pour effet un transfert des ressources publiques vers des agents privés (Tanzi et Davoodi, 2000 ; Azam et Alii, 2004). Elle affecte la distribution de la charge fiscale dans la mesure où l'État, pour parvenir à un niveau de recettes fiscales donné, accroît la pression fiscale sur d'autres catégories de contribuables ou sur d'autres assiettes. La fiscalité peut ainsi devenir fortement régressive dès lors que certains impôts (impôt foncier, impôt sur les revenus non salariaux) sont mal collectés sur les contribuables les plus favorisés (Tanzi et Davoodi, 2000) et que les pauvres supportent l'essentiel de l'incidence fiscale de la fraude (Hindriks, et al., 1999). Cet effet est renforcé si l'État est obligé de réduire les dépenses bénéficiant prioritairement aux plus pauvres. De manière explicite, la décentralisation financière contribue dans la croissance de l'économie urbaine en ce sens que lorsqu'il y a, par exemple, une augmentation de 10 % du niveau de financement de ces mairies, cela augmente de 0.5 point les infrastructures de base.

Pour obtenir le financement externe, il est possible de financer la contrepartie locale en réduisant d'autres dépenses plutôt que d'accroître les recettes fiscales. En plus de ses effets directs, qui découlent du financement de dépenses publiques additionnelles, l'aide est susceptible d'exercer des effets indirects sur la mobilisation de recettes publiques en affectant les institutions du pays receveur (Khan et Hoshino, 1992). Au Cameroun, l'aide allouée aux communes transite par les organismes publics au lieu d'être directement transférée aux collectivités territoriales. Ce sont ces organismes qui définissent les politiques de développement des collectivités, parfois sans tenir compte des besoins réels et urgents des populations. De plus, la répartition de ces aides engendre un coût élevé pour les collectivités. Ce coût économique induit des retombées fiscales asphyxiantes pour les communes.

II. Méthodologie

Une démarche méthodologique à la fois descriptive et analytique a été adaptée. De ce fait, nous avons fait recours aux données secondaires obtenues après exploitation des plans communaux de développement des communes du Cameroun entre 2010 et 2015.

En effet, la mise en œuvre du processus de développement local obéit à des critères qui relèvent des stratégies de croissance et de création d'emplois. Le Cameroun, dans cette mouvance s'est engagé avec l'aide de la communauté internationale de mettre en place une stratégie de développement et de croissance basée sur la nouvelle donne des lois de la décentralisation de 2004. Agissant de concert avec l'État, le PNDP (Programme National de Développement Participatif) est interpelé dans l'accompagnement des collectivités locales décentralisées, au transfert de compétences liées aux objectifs et lois de la décentralisation. Chaque plan communal de développement énonce un ensemble de principes qui renvoient aux processus à mettre en place et aux résultats à atteindre. Ces principes mettent l'accent sur le transfert et l'appropriation des compétences aux populations locales, ainsi que sur leur participation effective dans la mise en œuvre des politiques et stratégies de la décentralisation.

Cette section a pour but de présenter les différents aspects méthodologiques pour l'identification des déterminants de la décentralisation financière. L'atteinte de cet objectif passe par deux points à savoir d'une part la présentation du cadre d'estimation de l'efficacité et d'autre part la présentation des résultats empiriques.

1. Cadre d'estimation de l'efficacité

Il est question pour nous de présenter la façon dont les premiers travaux empiriques ont évalué l'efficacité de la décentralisation financière.

Farrell dans son article « the measurment of productive efficiency » publié en 1957 fut le premier à définir clairement le concept d'efficacité économique et à distinguer les concepts d'efficacité technique et efficacité allocative. En effet il définit l'efficacité en dissociant ce qui est d'origine technique : c'est-à-dire ce qui est dû à un mauvais choix en termes de combinaison des facteurs (techniques), de ce qui est d'origine allocative : c'est-à-dire lié au mauvais choix des prix des intrants (allocative).

L'approche data envelopment analysis DEA est une méthode qui consiste à comparer la performance de chaque producteur uniquement avec celle des meilleurs producteurs de l'échantillon considéré ou les meilleurs producteurs virtuels. Cette technique correspond le plus au concept théorique de la « frontière » en tant que la plus haute (ou la plus basse) limite des outputs (ou des inputs). Selon Borodak (2007), l'approche DEA comporte certains avantages par rapport à d'autres approches. Dans le cas présent, la décentralisation financière sera considérée comme une variable explicative et le développement local comme la variable expliquée. Il s'agit ici d'évaluer les effets de la décentralisation financière sur le développement local. Avec l'aide du modèle DEA, on pourra démontrer l'efficacité de la décentralisation sur le développement local et le niveau de satisfaction de la population. Il sera question de faire une évaluation du développement local avec la décentralisation financière.

Pour chaque collectivité, les scores d'efficacité de la décentralisation sont obtenus en considérant les quantités des différents inputs utilisés. Un score d'efficacité très éloigné de 1 indique que le transfert de compétence dans une collectivité locale est inefficace. En revanche, un score égal à 1 indique que ce transfert se trouve sur la frontière. Étant donné que la grande partie des ressources de communes a pour origine les recettes fiscales, trois variables contribuent fortement dans la mobilisation de ces dernières : le financement de la commune, les procédures de passation des marchés et le capital humain. Ainsi, ces trois variables sont considérées comme des variables inputs.

En nous basant sur l'idée selon laquelle le taux d'imposition est fonction des secteurs d'activités, nous pouvons introduire une variable secteur d'activités dans le modèle. Ainsi, il est probable qu'une commune dominée par des activités à taux d'imposition faible ait beaucoup plus de difficultés à mobiliser les fonds pour son fonctionnement. Nous avons mesuré l'activité principale, comme la part du secteur appartenant à l'agriculture, à l'élevage, au petit commerce, à la pêche ou à l'artisanat par rapport aux autres secteurs.

Le financement doit être considéré comme la source principale de création de développement de projet dans les communes.

Le tableau ci-dessous décrit les différentes variables utilisées dans l'évaluation des scores d'efficacité du transfert de compétences.

Tableau 1. Description des variables expliquant les scores d'efficacité

Type de variable	Définition de la variable	Mesure de la variable
Input	Financement Exécution des marchés Capital humain	Variable captée par le coût estimatif du plan communal de développement
Output	Projets réalisés	Variable captée par le pourcentage des activités liées à l'agriculture, à l'élevage, à la pêche, à l'artisanat ou au petit commerce dans la commune
	Équilibre économique et social de la commune	
	Niveau informalité	Variable captée par le pourcentage des activités du secteur informel dans la commune

Source : auteurs

Comme mentionné dans le tableau ci-dessus, la variable financement est mesurée avec le coût estimatif du plan communal de développement. Le coût estimatif du plan de développement local est le cumul des budgets estimatifs de tous les secteurs. Le budget est l'acte par lequel on prévoit et on autorise l'ensemble des charges et des revenus de la commune pour une année civile. Le budget se divise en deux sections : fonctionnement et investissement, qui contiennent toutes deux des dépenses et des recettes. Il débute le plus souvent le 1er janvier et s'achève le 31 décembre. Mais dans certaines circonstances, il peut tenir sur plusieurs années. C'est par exemple notre cas de figure, car notre budget tient sur cinq ans.

Ainsi, le budget estimatif le plus bas est de 110.000.000 francs CFA. Cependant, le budget estimatif le plus élevé est de 8.510.000.000 francs CFA. Le budget estimatif moyen est de 2.480.000.000 francs CFA. Concernant la variable niveau d'informalité, nous avons constaté que l'informalité domine la grande partie d'activités économiques réalisées dans les communes du Cameroun. En effet, si le niveau d'informalité le plus bas est de 0,62 ; ce niveau d'informalité va jusqu'à atteindre 0,95 dans certaines communes du Cameroun. Nous constatons que le degré de dispersion n'est pas assez élevé parmi les différents niveaux d'informalité. Ainsi, nous avons un niveau d'informalité moyen de 0,75.

Concernant la deuxième variable d'*output* constituée des projets réalisés, les activités liées à l'agriculture, soit l'élevage, soit le petit commerce, soit la pêche, soit l'artisanat dominent dans toutes les communes du Cameroun. Aussi, dans le cadre des projets non générateurs de revenus, les infrastructures de bases (routes, centre de santé, écoles, électricité, eau) sont réalisées en série, mais le niveau des besoins reste toujours élevé. En effet, ces activités occupent en moyenne 68 % d'individus de la commune. Il est également intéressant de mentionner que, dans la commune où ce secteur occupe moins de places, il occupe au moins 52 % d'individus.

Tableau 2. Statistique descriptive du modèle DEA

Variables continues	Moyenne	Écart-type	Minimum	Maximum
Financement	2.480.000.000	162.000.000	110.000.000	8.510.000.000
Informalité	0,80	0,11	0,62	0,95
Projet réalisé	1.1	0,1	0,52	1.3

Source : auteurs

À côté des variables expliquant les scores d'efficacité, nous pouvons présenter les variables utilisées dans l'explication des déterminants d'efficacité du transfert des compétences. Il s'agit de la densité de la population, de la disponibilité des ressources naturelles, du nombre de marchés dans la commune, du milieu urbain, de l'activité principale exercée par la grande partie des populations de la commune et encore du niveau d'informalité des activités dans la commune.

La variable ressource naturelle est également introduite dans le modèle pour plusieurs raisons également. En milieu rural, la capacité de payer les taxes et impôts de la population, qui tire la plupart de ses revenus de l'agriculture, de l'élevage, de la pêche, etc., repose sur les ressources naturelles.

En effet, en basant sur l'acception populaire selon laquelle le milieu urbain dispose de plus d'activités rentable et taxable que le milieu rural, nous pouvons comprendre qu'en milieu urbain, l'assiette fiscale est un peu élevée qu'en milieu rural. Ainsi, les communes situées en zone urbaine pour avoir une plus grande force de mobilisation des fonds que les communes des zones rurales.

Le tableau ci-dessous décrit les différentes variables utilisées dans l'explication des déterminants des scores d'efficacité de financement des collectivités territoriales.

Tableau 3. Description des variables expliquant les déterminants des scores d'efficacité

Type de variable	**Définition de la variable**	**Mesure de la variable**
Variable expliquée	Scores d'efficacité	Variable continue sur [0 1[
Variables explicatives	Densité de la population	Variable continue égale au ratio population/superficie
	Ressource naturelle	Variable symbolisée par 1 si la commune dispose de ressources naturelles et par 0 sinon
	Milieu Urbain	Cette variable capte la superficie (en pourcentage) de la commune représentée par la zone urbaine
	Nombre de marchés	Variable continue
	Activité principale	Variable captée par le pourcentage des activités liées à l'agriculture, à l'élevage, à la pêche, à l'artisanat ou au petit commerce dans la commune
	Niveau informalité	Variable captée le pourcentage des activités du secteur informel dans la commune

Source : auteurs

En nous référant à notre base de données, nous pouvons constater que la densité de la population varie selon les régions et les communes du Cameroun. Si, par exemple l'Est est considéré comme la région la moins dense du pays (densité égale à 7,1 hab./km^2), les régions de l'Ouest et du Littoral sont considérées comme les plus denses du pays (densités égales à 123,8 hab./km^{2}et 124 hab./km^2 respectivement). Au niveau des communes cependant, la densité la plus faible est de 1,875 hab./km^2 et la densité la plus élevée de 3628 hab./km^2. La densité moyenne au Cameroun est de 50,03 habitants / km^2.

Concernant la variable ressource naturelle, toutes les communes du Cameroun disposent d'au moins une ressource nature (pétrole, charbon, gaz naturel, lithium, gallium, germanium, sable, roche, granulat, phosphate, bois, l'uranium). Mais nous avons centré notre travail sur les ressources naturelles, comme le pétrole, le charbon, le bois et le sable. La grande partie (80 %) des communes disposent de ces ressources naturelles contre 20 %.

En ce qui concerne la variable « milieu urbain », nous pouvons observer que, même si certaines communes existent uniquement en zone urbaine totale (c'est le cas de la commune de Yaoundé VI dans la région du Centre), d'autres ne sont présentes qu'en zone rurale totale (c'est le cas, par exemple, de la commune d'Esse, toujours dans la région du Centre). Cependant, d'autres communes occupent en même temps une zone rurale et une zone urbaine (c'est par exemple de la commune de Bafoussam premier dans la région de l'Ouest).

Le tableau ci-dessous récapitule l'analyse statistique de ces variables.

Tableau 4. Statistique descriptive des variables qui déterminent l'efficacité

Variables continues	**Moyenne**	**Écart type**	**Minimum**	**Maximum**
Densité	50,03	45, 10	1,875	3628
Milieu urbain	0,30	0,20	0	1
Nombre de marchés	11,81	7,40	2	27
Activité principale	0,68	0,1	0,52	0,83
Niveau d'informalité	0,8	0,11	0,62	0,95
Variables catégorielles	**Description**			**Proportion**
Ressource naturelle	La commune ne dispose pas de ressources naturelles La commune dispose de ressources naturelles			0,2 0,8

Source : auteurs

2. Résultats empiriques

La présentation des données, l'analyse statistique des différentes variables et enfin l'analyse et commentaire des résultats économétriques obtenus après estimation d'un modèle DEA et d'un modèle Tobit.

Pour ce paragraphe, nous allons tout d'abord présenter les résultats économétriques sur les niveaux d'efficacité de la décentralisation financière des collectivités territoriales camerounaises. Ensuite, nous présenterons les résultats économétriques sur les déterminants de l'efficacité du financement.

Les taux d'efficacité des gestionnaires sont évalués grâce au programme informatique DEAP 2.1, développé par Coelli (1996). L'avantage de la méthode DEA est qu'elle permet de décomposer l'efficacité technique totale en efficacité technique pure et efficacité technique d'échelle.

Lorsqu'on augmente de 1 % le budget alloué aux collectivités territoriales décentralisées, cela entraîne une augmentation de 13 points des réalisations de projets non générateurs de revenus et de 11 points celle des projets générateurs de revenus au niveau des CTD. Lorsque le budget augmente de 10 points, cela entraîne une augmentation de 130 points les réalisations en projets non générateurs de revenus et de 110 points celles en projets générateurs de revenus. Plus simple, l'augmentation des ressources financières au niveau des CTD entraîne une augmentation des projets sociocollectifs et des infrastructures de base et une diminution drastique du taux de chômage et de pauvreté des populations. Cela diminue aussi la délinquance juvénile, et l'exode rural.,

Les niveaux d'efficacité technique globale de financement sont présentés dans le tableau ci-dessous. En consultant donc ce tableau, nous pouvons nous rendre compte que, pour les 360 communes du Cameroun et 14 communautés urbaines, le score moyen d'efficacité technique globale de financement est de 0,5156. Cela signifie qu'une utilisation efficiente des inputs, permettra de les réduire de 48,44 % tout en maintenant le même niveau de financement. Parmi les 360 communes du Cameroun, 5 communes ont une efficacité technique globale de financement inférieure à 20 %, tandis que 16 communes ont une efficacité technique globale de financement de 10 %. Nous pouvons donc affirmer qu'il n'y a que 16 communes qui utilisent leurs inputs dans des proportions optimales. Le niveau minimum d'efficacité technique totale de financement pour toutes les communes est de 11,02 %. Cela voudrait en d'autres termes dire que les communes les moins efficaces pourraient réduire jusqu'à 89,8 % l'utilisation des inputs et garder les mêmes niveaux de financement. Nous constatons également que plus de 50 % des communes au Cameroun ont un niveau d'efficacité technique globale de financement supérieure à la moyenne.

Tableau 5 : Distribution des indices d'efficacité technique globale

Efficacité technique globale (%)	**Nombre de communes**	**Pourcentage (%)**			**Cumulé (%)**
1-10	0	0			0
11-20	5	1,39			1,39
21-30	38	10,56			11,95
31-40	26	7,22			19,17
41-50	46	12,78			31,95
51-60	58	16,11			48,11
61-70	66	18,33			66,39
71-80	43	11,94			78,33
81-90	24	6,67			85
91-99	38	10,56			95,56
100	16	4,44			100
Total	360	100			
Variables	**Observation**	**Moyenne**	**Écart-type**	**Minimum**	**Maximum**
Efficacité technique globale	360	0,5156	0,17827	0,1102	1

Source : auteurs

Les niveaux d'efficacité technique pure de financement sont présentés dans le tableau ci-dessous. L'hypothèse des rendements d'échelles variables permet de calculer l'efficacité technique pure sans tenir compte de la taille sous-optimale ou optimale de la commune. Le score moyen d'efficacité technique pure de financement des communes est de 0,6226. En d'autres termes, une utilisation efficiente des inputs pour les communes moyennes permettra de réduire leur utilisation de 37,74 %, le niveau de financement restant inchangé. Le niveau minimum d'efficacité technique pure de financement atteint dans l'ensemble des communes du Cameroun est de 0,09, ce qui signifie une réduction de 91 % des intrants dans les meilleures proportions et le maintien du même niveau de financement. Malgré le fait que 2 communes aient un score d'efficacité inférieur à 10 %, environ 50 % de communes ont un score d'efficacité technique pure de financement supérieur ou égal à la moyenne.

Conclusion

La question de décentralisation financière est un impératif pour le réveil du développement local en particulier et l'émergence du Cameroun en général. L'analyse empirique présentée dans cet extrait démontre que la décentralisation financière a un effet positif sur le développement local. En effet, les résultats obtenus après l'évaluation des variables explicatives prises dans nos différents modèles sont les suivants : lorsqu'on augmente de 1 % le budget alloué aux collectivités territoriales décentralisées, cela entraîne une augmentation de 13 points des réalisations de projets non générateurs de revenus et de 11 points celle des projets générateurs de revenus au niveau des CTD. Lorsque le budget augmente de 10 points, cela entraîne une augmentation de 130 points les réalisations en projets non générateurs de revenus et de 110 points celles en projets générateurs de revenus. Plus simple, l'augmentation des ressources financières au niveau des CTD entraîne une augmentation des projets sociocollectifs et des infrastructures de base et une diminution drastique du taux de chômage et de pauvreté des populations. Cela diminue aussi la délinquance juvénile, et l'exode rural. Les mutations rapides des espaces et des institutions appellent de nouveaux modèles explicatifs des dynamiques territoriales, alors même que se creusent les disparités socio-spatiales.

Nous pouvons à la suite de ce résultat recommander à l'État de mettre en œuvre des stratégies pouvant renforcer la capacité de mobilisation des ressources des collectivités territoriales, car cela pourrait non seulement permettre le développement local sur le plan énergétique, mais également faciliter l'entretien des infrastructures hospitalières, éducatives, routières, toutes nécessaires pour un développement local.

Il faut reconnaître que la décentralisation fait partie du paysage constitutionnel et démocratique des politiques publiques axées sur l'émergence du Cameroun. Pour y arriver, il faut :

- relancer la dynamique de décentralisation financière en entreprenant encore des travaux d'élaboration de nouveaux textes donnant accès aux acteurs locaux de travailler en harmonie avec les populations tant au niveau de la conception des projets qu'au niveau de leur mise en œuvre.
- Mettre sur pied une véritable fonction publique territoriale (fonction publique locale) administrée par le personnel des collectivités territoriales décentralisées. Les directeurs et délégués régionaux de la décentralisation doivent être le personnel des communes et non le personnel de l'administration centrale afin de mieux concevoir des modèles de développement au gout des populations et non sur la vision de l'administration publique.

Le règlement de la question du financement local paraît d'autant plus impérieux que la décentralisation constitue une chance pour l'État de se réinventer, en se donnant les moyens de fournir des services réels à ses citoyens et, ainsi, de renforcer son assise et sa légitimité. Pour cela, l'État doit mettre à la disposition des CTD plus de ressources financières venant du budget de l'état (15 à 25 % du budget) afin d'accroître de manière raisonnable les investissements communaux.

- Retenir le FEICOM comme agence d'exécution des fonds sectoriels communautaires en conformité avec le principe de subsidiarité.
- Mettre en place un mécanisme sous-régional de veille et de suivi de la décentralisation financière, qui se chargera notamment de la remontée des statistiques sur la question. Il s'agit de faire de la tenue de statistiques à jour et accessibles sur la décentralisation financière dans l'espace CEMAC, l'une des conditions de réussite de la décentralisation financière.
- Faire de la coopération décentralisée entre collectivités territoriales une réalité fondatrice du renforcement de l'intégration.
- Amener les États à impliquer les populations locales dans l'élaboration de la loi de finances ;
- aménager un mécanisme régional facilitant l'accès des collectivités territoriales à l'emprunt, les investissements et développer la culture de l'emprunt chez les acteurs locaux. Pour cela les pays de la zone CEMAC doivent créer une banque centrale communale chargée de la prospective locale.
- Promouvoir l'initiative privée locale comme moyen d'élargissement de l'assiette fiscale et assurer une parfaite coopération décentralisée entre les collectivités territoriales et le secteur privé, et
- simplifier la fiscalité locale en déterminant l'indice de développement fiscal par nature de collectivité territoriale afin d'organiser la fiscalité autour des trois ou quatre impôts qui procurent la quasi-totalité des recettes. Ainsi, on supprimera les impôts dont le rendement ne justifie pas les frais de gestion, surtout dans un contexte de faible capacité et de faibles moyens des collectivités et des services déconcentrés fiscaux et du trésor en matière d'élargissement de l'assiette et d'efficacité du recouvrement (Hochet, 2014).

Bibliographie

Acemoglu, D., Johnson, S. and Robinson, J. A. (2001) "The Colonial Origins of Comparative Development: An Empirical Investigation", *American economic review*, 91, 1369–1401.

Agbeyegbe, T. D. (2003) "On the Feasibility of a Monetary Union in the Southern Africa Development Community", *unpublished, City University of New York (September 2003).*

Akouafane, J.C. *(2009) « La décentralisation administrative au Cameroun »,* Harmattan, Paris 2009, 308p,

Arrow, K. J. and Hahn, F. H. (1971) "General Competitive Equilibrium", *Advanced Textbooks in Economics*, 12.

Azam, J. P. and Djimtoingar, N. (2004) Cotton, War and Growth in Chad (1960-2000).

Bacchetta, P. (2009) Co-Formations : Des Spatialités de résistance décoloniales chez Les Lesbiennes « of Color » En France, *Genre, sexualité & société.*

Bako-Arifari, Nassirou, Doevenspeck, M. and Singer, U. (2004) Politique locale et Stratégies de Mobilisation de Ressources financières à l'échelle communale au Bénin, *Financer la décentralisation rurale. Taxes et impôts à l'échelle locale au Bénin, Burkina Faso et Mali. Bulletin*, 357, 1644.

Bardhan, P. and Dayton-Johnson, J. (2002) Unequal Irrigators: Heterogeneity and Commons Management in Large-Scale Multivariate Research, *The drama of the commons*, 87–112.

Bornhorst, F., Gupta, S. and Thornton, J. (2009) Natural Resource Endowments and the Domestic Revenue Effort', *European Journal of Political Economy*, 25, 439–446.

Chabalgoity, J. A. (2005) Paving the Way for the Introduction of New Vaccines into Developing Countries', *Expert review of vaccines*, 4, 147150.

Courlet, C. and Pecqueur, B. (1991) Local Industrial Systems and Externalities: An Essay in Typology', *Entrepreneurship & Regional Development*, 3, 305–315.

Courlet, C. and Pecqueur, B. (2013) *L'économie Territoriale Grenoble*, PUG.

Domar, E. D. (1946) Capital Expansion, Rate of Growth, and Employment', *Econometrica, Journal of the Econometric Society*, 137–147.

Edwards, S. (1996) Exchange Rates and the Political Economy of Macroeconomic Discipline', *The American Economic Review*, 86, 159–163.

Ellis, R. (1989) *Understanding Second Language Acquisition*, Oxford University press, 31.

Eloundou, J. (2018) Le FEICOM et Le Développement local, *Violence et société*, 199.

Frey, B. S., Stutzer, A. and Benz, M. (2001) Trusting Constitutions *Économie publique/Public economics.*

Friedman, E., Johnson, S., Kaufmann, D. and Zoido-Lobaton, P. (2000) Dodging the Grabbing Hand: The Determinants of Unofficial Activity in 69 Countries, *Journal of public economics*, 76, 459493.

Gillis, I. and Redlich, M. (1998) The Effect of Different Porcelain Conditioning Techniques on Shear Bond Strength of Stainless Steel Brackets, *American Journal of Orthodontics and Dentofacial Orthopedics*, 114, 387392.

Goga, I. and Billard, A. (2006) Attention Mechanisms for the Imitation of Goal-Directed Action in Developmental Robots. In *Short paper accepted at the 6th International Conference in Epigenetic Robotics, 20-22 Sept 2006, Paris, France.*

Guigou, J. L. (1983a) *Coopération intercommunale et Développement par La Base : Le DeÂveloppementDeÂcentraliseÂ*, Paris : LITEC.

GuillaumontJeanneney, S., Hua, P. and Liang, Z. (2006) Financial Development, Economic Efficiency, and Productivity Growth: Evidence from China, *The Developing Economies*, 44, 2752.

Macedo, A. M. and Pena, S. D. J. (1998) Genetic Variability of TrypanosomaCruzi: Implications for the Pathogenesis of Chagas Disease, *Parasitology Today*, 14, 119–124.

Moussaoui, K. and Arabi, K. (2014) Le Rôle des Collectivités territoriales dans le Développement local à l'ère des Réformes en Algérie. Le Cas des Communes de Bejaia', *Économie et Solidarités*, 44, 122–133.

Ngodi, E. (2005) Gestion des Ressources pétrolières et développement en Afrique, *Présentation à la 11e Assemblée générale du CODESRIA*, 610.

OCDE, C. (2007) Ministère de l'Éducation de l'Ontario (2007), *Recherche sur le cerveau.*

OCDE, O. (2014a) *Perspectives régionales de l'OCDE 2011 : Des Régions résilientes pour Des Économies plus fortes*, OECD Publishing.

Pecqueur, B. (2004) Territoire et Gouvernance : Quel Outil pertinent pour Le Développement ?', *Gouvernance locale et développement territorial, le cas des pays*

Tchapnga, C. (2007) *« Désétatisation et nouvelle configuration du pouvoir en Afrique*

Yaron, J., Benjamin, M. P. and Piprek, G. L. (1997) Rural Finance: Issues', *Design, and Best Practice, Environmentally and Socially Sustainable Development Studies and Monographs Series*, 14.

Yaron, J., Benjamin, McDonald P. and Piprek, G. L. (1997) *Rural Finance: Issues, Design, and Best Practices*, World Bank Washington, DC, 14.

Yatta, F. P. (2006) *Villes et Développement économique en Afrique : Une Approche par Les Comptes économiques sociaux*, Club du Sahel et de l'Afrique de l'Ouest.

CHAPITRE 30 :

ÉCONOMIE SOCIALE ET SOLIDAIRE : LA MICROFINANCE AU SERVICE DU DÉVELOPPEMENT DES VILLES

Bainone DANZOUMBE
et Taher Doutoum MAHAMAT

Résumé

L'objectif de ce chapitre est d'analyser la double vocation sociale et financière dont se réclame le secteur de la microfinance. Il apparaît de plus en plus indispensable de s'intéresser à la façon dont ses institutions définissent leur mission sociale et la mettent en pratique dans leur mode de gouvernance (actions spécifiques, système d'information et de gestion, etc.). Le secteur de la microfinance est à la croisée des chemins. Les institutions de microfinance ont montré leur capacité à offrir de façon durable aux exclus des systèmes bancaires classiques, des services financiers diversifiés et adaptés (petites sommes, remboursements réguliers, ciblage des activités des ménages pauvres, contacts directs avec des agents de crédits locaux, etc.). Elles ont imaginé des garanties non traditionnelles et ont développé des systèmes basés sur la solidarité, la proximité et la participation pour accroître la confiance, et pour atténuer les barrières sociales et informationnelles entre les clients et l'institution. Les bénéficiaires apprécient ces services et remboursent généralement bien les prêts.

Ainsi, les acteurs de la finance solidaire cherchent à pouvoir valoriser, faire reconnaître et amplifier leurs actions, qu'ils considèrent comme aptes à concilier objectifs sociaux et objectifs financiers. La microfinance est issue de la problématique de l'accès des personnes les plus pauvres, marginalisées ou exclues, aux services financiers. Ledgerwood (1999) distingue quatre grandes catégories de services susceptibles d'être proposés aux clients de la microfinance : l'intermédiation financière, l'intermédiation sociale, les services d'appui au développement de l'entreprise et, les services sociaux.

Mots clés : Économie sociale et solidaire, microfinance, microcrédit, entrepreneuriat social, développement

Abstract

The aim of this chapter is to analyze the dual social and financial vocation of the microfinance sector. It is becoming increasingly important to examine how these institutions define their social mission and put it into practice through their governance (specific actions, information and management systems, etc.). The microfinance sector is at a crossroads. Microfinance institutions have demonstrated their ability to offer diversified and adapted financial services (small sums, regular repayments, targeting the activities of poor households, direct contact with local loan officers, etc.) on a sustainable basis to those excluded from conventional banking systems. They have devised non-traditional guarantees and developed systems based on solidarity, proximity and participation to increase trust and reduce the social and informational barriers between customers and the institution. Beneficiaries appreciate these services and generally repay loans well.

As a result, solidarity finance players are seeking to enhance the value, recognition and amplification of their actions, which they see as capable of reconciling social and financial objectives. Microfinance stems from the problem of access to financial services for the poorest, marginalized or excluded people. Ledgerwood (1999) distinguishes four main categories of services likely to be offered to microfinance customers: financial intermediation, social intermediation, business development support services and social services.

Keywords: *Social and solidarity economy, microfinance, microcredit, social entrepreneurship, development*

Introduction

« Ce n'est pas l'argent qui sauve, mais la confiance, la solidarité et la fraternité ».

« Le microcrédit devrait faire partie des droits de l'Homme ».

M. Muhammad Yunus

L'économie sociale et solidaire, qui historiquement, s'est constituée pour répondre aux besoins des agents économiques peu ou mal pris en compte par le marché ou par l'État n'est-elle pas devenue de nos jours une alternative popularisée pour le développement des économies africaines ? Ce modèle de fonctionnement de l'économie visant à instaurer des relations plus équitables entre les agents au moyen d'échanges, dont le prix ne résulte pas du mécanisme du marché, participe au renouvellement de la théorie économique néoclassique basée sur l'holisme. L'économie sociale est apparue au 19e siècle, notamment dans les écrits de Walras (1896), qui accordait une grande importance aux associations populaires. Aujourd'hui, ce secteur correspond à l'économie informelle, au système financier informel, aux établissements de microfinance, aux mutuelles, aux coopératives, aux associations, aux fondations et aux syndicats, dont la contribution au développement économique local n'est pas négligeable. De nombreux économistes, à l'instar de Smith (1759), dans sa Théorie des sentiments moraux, ont très tôt remis en cause l'hypothèse d'égoïsme en avançant l'idée d'un intérêt pour le bien-être d'autrui lors de la prise de décision. Aussi, le sentiment altruiste, qui est une motivation fréquemment avancée dans la modélisation des relations intergénérationnelles, a ainsi retenu l'attention des économistes.

L'économie informelle peut-elle, conceptuellement (Kanbur, 2009), être considérée comme une composante de l'économie sociale et solidaire ? En effet, dans les pays en développement, l'économie sociale et solidaire a une naissance informelle. Ainsi, Essombè Edimo disait-il qu'il faille admettre que, dans un milieu social considéré comme homogène, l'interaction des agents exerce un rôle structurant qui génère l'apparition des réseaux, que ceux-ci soient formalisés ou non. Et ils portent, à leur tour, l'émergence de la dynamique des territoires (Essombè Edimo, 2005).

En effet, le concept d'économie informelle fut employé pour la première fois dans une étude de Hart (1973) sur le Ghana, dont les résultats furent présentés dès 1971. Le Bureau international du travail (BIT) reprit ce terme dans un rapport publié en 1972, sur la situation de l'emploi urbain au Kenya dans le cadre du Programme mondial de l'emploi lancé en 1969. Le concept d'économie informelle englobe des travailleurs pauvres, qui exercent un travail pénible, dont les activités économiques ne sont pas reconnues, enregistrées, protégées ou réglementées par le gouvernement, et qui se distinguent par : un accès facile au capital social, l'utilisation par les entreprises de ressources locales, des technologies à forte intensité de main-d'œuvre, une propriété familiale des entreprises, une petite échelle de production, des marchés de concurrence non réglementés et des qualifications acquises hors du système scolaire officiel.

Il y a donc à comprendre qu'une démarche de développement local peut favoriser le passage de l'économie informelle à l'économie sociale par un financement utilisant diverses formules de microcrédit et de microfinance de l'économie sociale et solidaire (caisse d'épargne, fonds communautaire de développement, association d'emprunt). La microfinance constitue-t-elle une institution de liaison ou de relai entre le secteur financier informel et le système financier formel en Afrique ? La réponse est affirmative. En effet, la mutation des lois, commencée depuis les années 1980 relatives à la participation démocratique des populations, reste une préoccupation de développement. La microfinance ayant pour base l'économie sociale et solidaire contribue-t-elle au développement local ? L'objectif de cette contribution est d'analyser la microfinance, forme d'économie populaire en mutation en Afrique, comme un outil permettant de transformer la société.

I. Revue de littérature

1. Analyse conceptuelle de l'économie sociale et solidaire et la microfinance

La genèse du concept d'économie informelle est liée à l'observation, dans les villes des pays en développement, de l'existence d'activités productives non déclarées. On explique alors l'existence de cette économie informelle par l'incapacité de l'économie moderne à absorber toute la main-d'œuvre urbaine. Le terme « informel », qui va très rapidement se populariser pour désigner les activités productives de petites tailles de nature très diverse (production, commercialisation, financement, etc.), renvoie à l'idée de l'absence de forme précise. C'est pourquoi certaines approches préfèrent parler d'« économie non structurée » (Charmes 1980). On utilise aussi le terme « d'économie non officielle » (Archambault et Greffe 1984), expression qui semble plus proche de la signification anglaise de « informal economy », ou encore « secteur informel », voire « la petite production marchande » (Hugon, 1982, Nihan, 1979, entre autres). D'autres auteurs mettent l'accent sur la participation active des populations à ces activités en utilisant les termes « spontané » ou « populaire » : « le développement spontané » (Lachaud et Penouil, 1985), « économie populaire » (De Soto, 1987), ou encore « économie populaire spontanée » (De Miras, 1984).

À partir de Bairoch (1997), on peut sommairement définir l'économie informelle comme étant un ensemble « d'activités échappant à toute réglementation, et à forte intensité de main-d'œuvre dont les qualifications ont été acquises hors du système scolaire. La propriété des « entreprises », qui sont petites, est familiale, et les ressources locales (essentiellement des matières premières) très largement utilisées ». De la plupart des études faites sur le sujet, on peut en conclure qu'il s'agit en grande partie : d'une économie de survie, car il n'y a pas ou peu d'accumulation ; d'une économie de la débrouille où des millions de gens s'organisent en marge de toute aide et réglementation de l'État (50 à 70 % de l'économie des villes dans le Sud) ; d'une économie qui privilégie des stratégies d'embauche au sein des groupes familiaux ; d'une économie où les moyens de financement sont faibles. Le développement local, aussi appelé par certains le « développement par le bas » (Essombé Edimo, 2007), est un processus utilisant les initiatives locales au niveau des petites collectivités comme moteur du développement économique.

Plus largement, il faut inscrire l'économie informelle dans le contexte d'une tendance lourde, apparue dans les dernières, décennies d'urbanisation sans industrialisation (Zapata, 1996). Car, avec les années 1990, ce secteur révèle un problème de grande ampleur lorsqu'il se combine avec l'inflation urbaine des pays du Sud, parce qu'il dévoile un déficit d'emplois sans précédent. En effet, si, en Europe comme en Amérique du Nord, l'urbanisation a été concomitante à l'industrialisation, ce ne fut pas le cas de plusieurs pays d'Amérique latine et d'Afrique. Ces sociétés s'urbanisent sans s'industrialiser. On peut ainsi parler d'inflation urbaine du Tiers-Monde (Bairoch, 1985). En outre, les migrants en provenance du « campo » ont rarement trouvé un emploi dans le secteur moderne de l'économie, secteur trop rachitique. C'est ainsi que l'on retrouve une population urbaine flottante, où plus de 70 % de celle-ci est sans emploi ou vit d'un travail précaire dans le cadre d'une économie informelle (Lautier, 1994).

Si on prend le cas latino-américain (des pays comme le Pérou, par exemple), on s'entend généralement pour dire que le mal réside dans la rareté et la fuite des capitaux. Avec les années 60, l'État s'était proposé de prendre la relève d'un investissement privé déficient. Il s'était engagé dans une forme de capitalisme d'État pour suppléer à une bourgeoisie incapable d'assumer ses tâches. Dans les années 1970, les entreprises publiques en sont même arrivées à générer, dans bon nombre de pays de ce continent, jusqu'à un tiers du produit intérieur brut et 12 à 15 % de l'emploi de la population active. Mais, le contraste entre cette économie publique et l'ensemble de l'économie est d'autant plus prononcé aujourd'hui que la majorité de la population active vit de petits boulots et d'activités de survie. Sans compter le déclin radical de cette économie publique dans les années 90, suite aux exigences d'ajustement structurel du Fonds Monétaire International et de la Banque mondiale.

Autrement dit, à l'exception de pays tels que l'Argentine, l'Uruguay et le Chili, ainsi que de certaines régions du Brésil et du Mexique, le prolétariat moderne, composé des grandes usines manufacturières et publiques, a eu très peu d'influence dans les milieux populaires. Aujourd'hui, dans la plupart des grandes villes latino-américaines des pays andins (comme le Pérou, l'Équateur, la Colombie, la Bolivie) ou de l'Amérique centrale, les travailleurs s'adonnent sporadiquement à une quelconque micro-production et ne bénéficient pas, pour la très grande majorité, d'un revenu fixe. Les figures sociales de cette économie sont les vendeurs ambulants et les artisans, plutôt que l'ouvrier syndiqué des mines et de l'industrie.

L'économie informelle fournit l'exemple type d'une économie ultralibérale (De Soto, 1984), parce que des millions de gens se débrouillent en marge de toute intervention des pouvoirs publics. En revanche, dans certaines conditions, une partie de cette économie informelle peut devenir le creuset d'une économie sociale et solidaire. Ici une remarque s'impose immédiatement : le secteur informel peut servir de point de départ pour construire une économie solidaire dans les pays du Sud (Larrachea et Nyssens 1994 ; Ortiz 1994 ; Razeto 1990). Toutefois, ce serait une erreur d'identifier cette économie solidaire à l'économie informelle : cette dernière tient plutôt lieu de palliatif pour les États et pour les institutions internationales, comme le Fonds Monétaire Internationale (FMI). L'économie informelle n'est pas, à proprement parler, un dispositif de développement. Pour les personnes directement concernées, il s'agit d'un mécanisme de survie qui s'inscrit plutôt dans la logique d'une situation obligée, c'est-à-dire de la débrouillardise. L'économie sociale et solidaire participe, quant à elle, d'une stratégie de développement inscrite dans un projet de longue durée, stratégie dans laquelle les gens concernés deviennent alors des acteurs conscients.

L'économie informelle est une activité de survie ou de subsistance, parfois de croissance. Elle est une économie du « rez-de-chaussée » en tant que système local d'échanges. Elle peut se transformer en économie sociale, cette dernière lui servant d'escalier pour passer à l'étage de l'économie de marché. Première condition, une société civile qui s'appuie sur son capital social et qui s'organise en mobilisant un financement de soutien, interne ou externe (microcrédit et microfinance, par exemple) et un environnement favorable (Vigier, 1995). Deuxième condition, un État qui assure son soutien par certaines politiques publiques (soutien au développement local, par exemple) et par des législations spécifiques (en matière de fiscalité, par exemple), dans le cadre de partenariats actifs avec les forces économiques et sociales de la société civile (Reilly, 1995).

Une démarche de développement local peut en effet favoriser le passage de l'économie informelle à l'économie sociale en encourageant l'accumulation par la mise en réseau (association de petits entrepreneurs), et la création de dispositifs la favorisant (en amont, un dispositif de formation ; en aval, un dispositif de mise en marché). Tout comme elle peut aussi favoriser le passage de la survie à la subsistance et de la subsistance à la croissance. Ces petites entreprises informelles, en opérant progressivement leur passage à l'économie sociale, pourront en arriver à accepter de payer des impôts dans la mesure même où des gains de retour seront anticipés.

Donc, sur le plan plus micro, une démarche de développement local peut générer le passage de l'économie informelle à l'économie sociale, en fournissant une voie de passage du groupe familial au réseau de voisinage (entraide économique de type cuisine collective) et du réseau de voisinage, à l'insertion dans un incubateur (une coopérative d'achat, par exemple) et, plus largement encore, une liaison entre microentreprises et une politique municipale proactive. De même, une démarche de développement local peut favoriser le passage de l'économie informelle à l'économie sociale par un financement utilisant diverses formules de microcrédit et de microfinance de l'économie sociale et solidaire (caisse d'épargne, fonds communautaire de développement, association d'emprunt) (Vigier 1995 ; Lebossé 1998 ; Nowak 1994 ; Panos 1989).

Mais il faut avoir, sur le plan macro, une politique publique, régionale et nationale, de soutien à la microentreprise accompagnée d'une législation capable de garantir ou de préserver leur développement. À cet effet, l'expérience de Villa el Salvador au Pérou peut servir d'illustration de ce passage du micro au méso et du méso au macro (Zapata 1996, *Op. cit* ; Favreau et Fréchette 2002).

Que retenir de ces expériences qui conjuguent développement local et économie solidaire ? D'abord qu'elles sont relativement nombreuses, mais peu inventoriées. Ensuite, qu'elles sont très peu analysées et donc sous-estimées. Les sociétés industrielles nées en Europe au siècle dernier ne se sont-elles pas, très précisément, construites pendant au moins deux cents ans sur une « économie de rez-de-chaussée » ? L'économie sociale européenne ne s'est-elle pas elle-même constituée, en partie du moins, dans le creuset de cette économie de « rez-de-chaussée » et à côté/contre l'industrialisation capitaliste (Gueslin 1998) ? Une des conditions de développement économique s'avère être le « vivre ensemble » qui ne réside pas seulement dans une économie de subsistance pour se nourrir, mais bien dans un système local d'échanges. Habiter un lieu ne se limite pas à trouver un toit et de la nourriture. C'est aussi établir une présence sociale spécifique pour des interactions économiques et sociales au sein d'une communauté locale, donnant progressivement un sens au territoire à travers ces échanges. C'est ainsi partager cet espace.

Braudel (1980) énonce l'idée d'une économie à trois niveaux : une économie de subsistance, ou « rez-de-chaussée », qui est une économie informelle de la débrouille, puis une économie de marché local (au premier étage), et finalement une économie-monde (à l'étage supérieur). L'analogie d'un édifice à plusieurs étages illustre bien les relations entre les étages de la vie économique et sociale. Ses travaux montrent que les acteurs du marché, pendant une longue période de l'histoire économique, ont d'abord constitué un système d'échange dans une économie de subsistance. Cette idée, longtemps ignorée ou sous-estimée par la plupart des théories du développement, a ensuite donné naissance à l'économie informelle. Celle-ci a mené au développement de la théorie du secteur informel (Azuma et Grossman, 2008), qui a conduit au secteur financier de la microfinance.

L'analyse de l'évolution de la finance informelle et de ses conséquences sur les systèmes financiers (Lelart, 2002) dans les pays en développement a contribué à l'affinement de l'économie populaire. D'une acceptation purement financière, la microfinance est définie comme l'octroi de services financiers (épargne, crédit, assurance, transfert de fonds, etc.) aux pauvres. La Banque Mondiale a repris et augmenté cette définition : la microfinance est la fourniture de services financiers, y compris des services de l'épargne, de crédit, d'assurance et de paiement, aux personnes à faibles revenus. Gentil et Servet (2002) ont proposé une définition plus large encore. Pour eux, le terme de microfinance recouvre un ensemble très diversifié de dispositifs offrant des capacités d'épargne, de prêts ou d'assurances à de larges fractions des populations rurales, aussi urbaines, n'ayant pas accès aux services financiers des établissements soumis à des contraintes de rentabilité immédiate et à certains ratios prudentiels : un modèle qui domine dans les pays capitalistes développés.

Les personnes à faibles revenus, particulièrement celles vivant dans des secteurs ruraux, n'ont pas pu obtenir ces services du secteur financier formel. La microfinance apparaît donc comme une alternative. Elle est issue de la problématique de l'accès des personnes les plus pauvres, marginalisées ou exclues, aux services financiers. Ledgerwood (1999, *Op. cit*) distingue quatre grandes catégories de services susceptibles d'être proposés aux clients de la microfinance : l'intermédiation financière (produits financiers), l'intermédiation sociale (processus de formation de capital humain et du capital social nécessaire à la mise en place d'une intermédiation financière pérenne destinée aux pauvres), les services d'appui au développement de l'entreprise (ou services non financiers d'appui aux microentrepreneurs) et les services sociaux (ou services non financiers destinés à l'amélioration du bien-être des microentrepreneurs). La distinction entre une approche minimaliste et une approche intégrée se fait selon la proportion des services. Mais, contrairement au mot « finance », le préfixe « micro » pose un problème de compréhension.

La microfinance ne se réduit pas au microcrédit. En effet, lorsque l'on aborde la thématique du microfinancement, le premier terme qui vient à l'esprit est tout naturellement celui de microcrédit et non de microfinance. En effet, le microcrédit a été la première notion à être vulgarisée et popularisée en matière de microfinancement agricole ou rural. Il est aujourd'hui présenté comme le principal produit des institutions de la microfinance. Même si plusieurs auteurs admettent que la microfinance est la thématique principale répondant au constat de la « bancabilité » des pauvres (*banking the poors*), certains praticiens parlent ordinairement de microcrédit. Jusqu'à récemment, plusieurs ouvrages et enquêtes sur la microfinance se ramènent ordinairement au seul aspect du microcrédit. Or, la microfinance constitue à la fois l'offre de services financiers et non financiers. Toutefois, l'assimilation de la microfinance au microcrédit n'est pas justifiée, comme l'ont déjà souligné Matin Hulme et Rutherford (2002) dans leur étude. Premièrement, elle cache la diversification des services offerts par les institutions de microfinance. Par exemple, au même titre que l'obtention d'un crédit, la possibilité de constituer une épargne dans des conditions sûres est très souvent une des principales motivations des microentrepreneurs (Banerjee et Duflo, 2007). Deuxièmement, les institutions qui accordent des microcrédits trouvent dans la création d'un programme d'épargne efficace une source de financement, de rentabilité et de réduction des risques de défaut de paiement. Du point de vue du bénéficiaire, la contrainte de liquidité n'est pas la seule contrainte à laquelle il doit faire face, bien que ce soit une contrainte majeure. Les autres services vulgarisés par les institutions de microfinance sont entre autres la micro-assurance, la formation, le micro-transfert, le microcrédit habitat ou le logement, etc. La microfinance se distingue donc du microcrédit qui en est un produit ou seulement une forme particulière. C'est à partir des années 1990 que le terme microfinance commençait à remplacer celui de microcrédit (Dichter 2006). Cette substitution terminologique avait un objectif explicite : il s'agissait d'englober sous un même terme les services financiers, autres que le crédit, dans les services offerts par ces institutions. Une définition simple du microcrédit consiste à dire qu'il s'agit d'un crédit de faible ampleur. Il s'agit donc de crédits de montants peu élevés, voire très faibles, appelés « micro ». Les institutions de microfinance (IMF) sont des composantes de l'économie sociale et solidaire.

L'économie sociale et solidaire désigne une manière d'entreprendre qui place l'être humain au cœur de la démarche économique. En effet, elle regroupe des milliers d'initiatives permettant de produire, consommer, épargner et échanger de manière respectueuse pour l'homme et son environnement. Elle fonctionne selon des principes économiques de production, d'échanges et des principes de solidarité. Elle est caractérisée par une volonté et une capacité à entreprendre collectivement et elle fait passer l'intérêt collectif avant l'intérêt individuel. Elle intervient sur le secteur marchand et non marchand. Elle peut être lucrative, mais la recherche du profit n'est pas une fin en soi : c'est dans la redistribution de la valeur ajoutée qu'elle se distingue de l'économie libérale. Elle a démontré sa capacité à innover et à s'adapter aux nouveaux besoins : elle réussit là où l'économie libérale n'apporte pas de réponse satisfaisante. L'économie sociale et solidaire correspond à un statut juridique spécifique : le secteur informel, les IMF, les mutuelles, les coopératives, les associations et les fondations.

Certaines activités de l'économie sociale et solidaire sont bien connues : mutuelles de santé et d'assurance, logements sociaux des exclus, éducation populaire, aide aux personnes, protection de l'environnement. Les secteurs sur lesquels l'économie sociale et solidaire intervient sont variés : services aux personnes, insertion, finances solidaires, finances décentralisées, éducation populaire, agriculture, commerce équitable, environnement, création d'activités entrepreneuriales et d'emplois, tourisme, logement social, sport, culture, animation, etc. Tous ces secteurs d'activités de proximité contribuent au développement local. La proximité est considérée en économie sociale et solidaire comme un élément de succès dans le processus de production collective. Elle constitue un facteur de convergence des stratégies des acteurs vers une vision collective de production locale. Elle est un élément important dans la transformation, la mutation et l'émergence du développement local. Ce dernier est en effet perçu comme tout processus de mobilisation d'acteurs locaux qui aboutit à l'élaboration d'une stratégie d'adaptation aux contraintes extérieures, sur la base d'une identification collective à une culture et à un territoire (Pecqueur 1989).

La proximité sert de support à un modèle de développement économique porté par les acteurs locaux. À travers la concertation et la coopération entre ces derniers dans la définition et la mise en œuvre des priorités de leur localité, la proximité place ces acteurs au centre du processus de décision relative à la production collective. Le rapprochement des acteurs locaux des niveaux de décisions relatives à cette production permet non seulement de prendre en compte leurs préférences, mais également de les faire participer dans le processus de démocratisation et dans le cadre d'une gouvernance locale, voire aux initiatives concourant à leur bien-être commun.

Le modèle de développement local, en opposition avec ceux du développement hiérarchique et par le haut, favorise le rôle des populations locales. Ainsi, il n'y aurait pas de développement local sans une volonté populaire et une démarche collective sure et pour un espace. Cette volonté consciente ou latente correspond à la capacité de l'ensemble des habitants, quels que soient leur position sociale et leur degré de responsabilité, à élaborer et à mettre en œuvre un projet collectif en rapport direct avec leurs aspirations, leurs besoins et les ressources locales. Le développement local apparaît donc comme un modèle de développement basé sur les préférences des acteurs locaux. Dans le cadre d'un développement local, l'exercice par les acteurs de compétences liées à la production de biens collectifs les amène à s'investir dans des actions qui prennent en compte leurs préférences. En favorisant la prise en compte des réalités locales dans la fourniture des biens collectifs, la décentralisation des activités, des points centraux vers la périphérie, peut être considérée comme une stratégie de développement local.

2. L'économie sociale et solidaire : base des établissements de microfinance

S'il faut faire l'effort de définir l'économie sociale et solidaire, on retiendra cette définition assez large qui considère que l'économie sociale et solidaire relève de tous les projets d'entreprise où prévaut le principe de non-domination du capital et de contrôle démocratique du surplus économique, dans le secteur marchand comme dans le secteur non marchand. Ces projets étant essentiellement axés vers des initiatives de développement local et de développement durable. Néanmoins, c'est à travers les principes, les valeurs, les acteurs et les pratiques présentés ci-dessous que l'économie sociale et solidaire se définit le mieux. L'économie sociale se caractérise communément par des statuts (associations, coopératives, mutuelles, fondations) et par des principes que partage l'économie solidaire : la liberté d'adhésion des individus, la gestion démocratique (« un homme, une voix »), la défense et la mise en œuvre des principes de solidarité et de responsabilité, l'association de personnes plutôt que de capitaux (impliquant une non-rémunération du capital apporté), l'indépendance à l'égard des pouvoirs publics. C'est une économie plus récente, qui au-delà de ses principes, se fixe des exigences de développement durable et responsable de l'économie en proposant des modes de développement alternatif à l'économie dite « capitaliste ». Elle met l'accent sur la protection de l'environnement, la lutte contre les inégalités, la participation démocratique au progrès social et la gouvernance collective en tant que fondements alternatifs, complémentaires et inséparables du développement économique local. Présente au Cameroun avant même son indépendance, l'économie sociale et solidaire a été officiellement reconnue grâce aux réformes législatives des années 1990 et 2000, notamment les lois de décembre 1992, de 1998 sur les coopératives et les groupements d'intérêt commun (GIC) et la loi de 2002 de la COBAC. Le ministère en charge des PME/PMI, de l'économie sociale et de l'artisanat contribue à renforcer cette économie. Une loi de modernisation de l'économie sociale et solidaire est en préparation, dont l'objectif est de développer l'économie solidaire en facilitant l'obtention des agréments « entreprises solidaires ».

L'économie sociale et solidaire se définit aussi par des types d'acteurs et par des pratiques. On y trouve les organismes appartenant au secteur parce qu'ils mettent en œuvre des statuts spécifiques de sociétés ou de groupements de personnes. À titre d'exemple, on retiendra : les structures de production de biens et de services d'utilité sociale : services aux personnes, établissement pour personnes âgées dépendantes, garde d'enfants, tourisme, environnement, agriculture biologique, sports, cultures ; des structures de production, d'accompagnement ou de services, sous formes coopératives ou associatives et les établissements adaptés ; des structures d'éducation ou de formation (de la formation initiale à la formation continue, de la sensibilisation à la recherche et développement) ; des structures d'accompagnement à la création, reprise d'entreprise ; les structures engagées dans une logique d'échanges solidaires (monétaires ou non monétaires), ce sont les tontines au Cameroun, les SEL, en France (Système d'Échange local), les LETS en Grande-Bretagne, les réseaux d'échanges réciproques de savoir, les épiceries sociales et solidaires, le commerce équitable, les jardins collectifs, les AMAP (Association de Maintien de l'Agriculture Paysanne) ; les structures d'insertion par l'activité économique : associations intermédiaires, les ateliers chantiers d'insertion, entreprises d'insertion, entreprises de travail temporaire d'insertion, régies de quartier et les réseaux régionaux représentatifs des acteurs de l'économie sociale et solidaire.

Elle est présente dans l'ensemble des secteurs d'activité de l'économie selon la classification de Clark (1947) : secteur primaire, secteur secondaire et secteur tertiaire, et peut en investir tous les champs. On a souvent tendance à la cantonner à des activités spécifiques, « à la marge », dans lesquelles elle est pionnière et facilement identifiable comme, par exemple, les services à la personne, le sport, la culture et les loisirs, le commerce équitable et la coopération internationale, les circuits courts et l'agriculture biologique. Néanmoins, aucune activité ne lui est interdite, on le voit d'ailleurs avec des sociétés coopératives agricoles (UCCAO à l'ouest du Cameroun, SODECAO au centre et au sud, SODECOTON et SODERIM au nord du Cameroun), des coopératives financières et bancaires, ou des coopératives de commerce. Ces sociétés coopératives peuvent se développer en sociétés coopératives ouvrières d'accompagnement et de production dédiées à l'innovation technologique, à la recherche-développement, au conseil ou dans le domaine industriel, des entreprises d'insertion en restauration-traiteur, bâtiment, recyclage, imprimerie, etc.

Sa capacité d'adaptation aux changements et mutations sociales l'amène également à faire évoluer le législateur pour adapter le statut des entreprises à de nouvelles formes de gouvernances et permettre l'évolution de certains concepts, comme les groupements d'intérêts communs (GIC) et économiques (GIE). Elle permettrait aux associations de pouvoir se développer économiquement, aux territoires, de penser collectivement le développement de services d'intérêts généraux et aux chefs d'entreprise de l'économie sociales et solidaires d'ancrer leurs activités sur un territoire local en associant les acteurs du territoire (collectivités, associations, entreprises, particuliers) au projet d'entreprise. La coopérative d'activités et d'emplois, quant à elle, permet de sécuriser le parcours de créateurs d'entreprise par la rupture de l'isolement liée à la dynamique collective, et ouvre la porte à des projets d'entreprise innovants grâce à la mutualisation et à la coopération des moyens.

La crise actuelle du capitalisme est une opportunité permettant d'affirmer, de faire connaître et reconnaître l'économie sociale et solidaire. Dans le contexte de crise économique, et compte tenu des conséquences sociales qu'elle peut engendrer, l'économie sociale et solidaire a tout son rôle à jouer. Au-delà d'un essor nécessaire et d'un saut quantitatif et qualitatif, les valeurs et les pratiques de l'économie sociale et solidaire peuvent inspirer des réformes positives des réglementations économiques. Elles peuvent également inciter les pouvoirs publics, les entreprises et les citoyens à changer de comportement, afin que nous puissions tendre vers une économie plus solidaire, plus équitable, plus juste et plus responsable. L'économie sociale et solidaire incarne une réponse, partielle, mais réelle, perfectible, mais concrète, à ces enjeux fondamentaux, qui appellent un nouveau modèle de développement local. Il faut, pour cette raison, la soutenir, la développer, l'accompagner, la faire changer d'échelle et la rapprocher des collectivités. L'économie sociale et solidaire n'est pas une réponse immédiate à la crise, elle doit permettre de transformer profondément l'économie de marché dans sa globalité. Elle doit s'inscrire dans une volonté de démocratisation participative à mettre en œuvre dans les entreprises, et une volonté de participation du plus grand nombre dans le cadre d'une part, d'actions de lutte contre les exclusions économiques et sociales (accès à l'emploi et aux crédits, accès aux soins de santé et à l'éducation) et, d'autre part, d'actions liées à l'accès aux droits individuels (droit à la formation). Sans oublier les enjeux sociaux qui impactent très fortement le contexte économique en mutation. L'économie sociale et solidaire est une composante majeure de l'accompagnement des transformations et des mutations sociales.

En effet, l'économie sociale et solidaire développe des concepts innovants dans les domaines économique, financier, social et technologique, mais aussi organisationnel et territorial. Par exemple, les associations ont initié l'aide à domicile, les alternatives à l'hospitalisation, la prise en charge des personnes handicapées, le titre-emploi-service, les villages d'enfants et de vacances, le recyclage des vêtements, du matériel informatique, médical ou ménager. Les mutuelles d'assurance automobile ont permis l'existence du constat amiable en cas de sinistres ou des garages agréés tenus par les hommes et les femmes.

Les coopératives, quant à elles, ont contribué à l'animation économique (foire des vivres), sociale (lecture publique ambulante, consultation ambulatoire), à la protection de l'environnement (travaux collectifs de nettoyage des places publiques) et sportive (tournois sportifs de vacances) en milieu rural. C'est dans cette optique, très précisément, que Essombè Edimo (2007) estimait encore qu'il existe une nouvelle distribution des acteurs dans l'espace économique.

L'économie capitaliste a montré ses limites pour garantir, dans la durée, l'équilibre économique, social et environnemental des territoires. Sa logique de « profit à tout prix » fait peu de cas de l'homme et de son environnement. L'économie sociale et solidaire est un moyen de rééquilibrage de la durabilité des territoires locaux. Parce qu'ils pensent « global » tout en agissant « local », les hommes et les femmes des territoires qui portent des initiatives d'économie sociale et solidaire développent des initiatives économiques collectives profondément ancrées et intégrées dans les territoires. Le territoire privilégié d'une entreprise de l'économie sociale et solidaire, même quand il s'agit d'une grande institution de microfinance, d'une grande mutuelle ou d'une coopérative financière de banque, est le territoire de proximité, priorité des sociétaires, clients ou usagers. Les entreprises de l'économie sociale et solidaire contribuent à éviter le décrochement des territoires en se développant au plus près des besoins des populations. Elles constituent un levier important du renforcement de la cohésion territoriale de certains territoires locaux. Néanmoins, pour que l'impact de leur action soit visible et porteur sur les territoires locaux, il est nécessaire que les entreprises de l'économie sociale et solidaire prennent une certaine taille pour peser sur les enjeux économiques, sociaux et environnementaux au niveau local. Un des moyens d'y parvenir est de s'ouvrir à de nouveaux partenariats avec les entreprises, notamment celles impliquées dans la responsabilité sociale des entreprises (RSE) ou la philanthropie économique.

Les projets d'économie sociale et solidaire apportent des réponses locales aux besoins non satisfaits, ils lancent des initiatives économiques collectives, ils explorent des gisements d'emplois nouveaux, ils créent des emplois durables, ils encouragent la production et la consommation responsable, ils développent de nouveaux modes d'échange, ils accompagnent les changements et les mutations socio-économiques. Le vieillissement de la population, la bancarisation des personnes à faible revenu et des personnes rurales, l'aménagement urbain, l'équilibre entre la ville et la campagne, l'articulation des différents temps de la vie et l'évolution des structures familiales sont autant de sujets sur lesquels l'économie sociale et solidaire peut proposer des solutions locales et adaptées. Elle pourra proposer des institutions microfinancières collectives innovantes dans lesquelles salariés, clients et usagers pourraient être partie prenante du projet. Cela constitue autant de sujets qui, comme nous le verrons, contribuent à la pérennisation des activités des établissements de microfinance.

3. La pérennisation des établissements de microfinance : stratégie de développement économique local en débat

La microfinance n'est peut-être pas la panacée du développement dans les pays pauvres. Cependant, face à l'inégalité et l'exclusion financière caractéristique de ces pays, elle constitue incontestablement une réponse appropriée. Du moins, elle s'est établie comme un secteur à part entière dans le système financier de ces pays (Hudon, 2008). Dans le cas des pays en développement, elle lie participation de la population locale et aide des organisations internationales dans le cadre d'un changement d'objectif stratégique qui permet d'accroître les « capabilités » des bénéficiaires. L'expérience dans d'autres pays a montré que le développement des services microfinances peut permettre l'inclusion financière des pauvres (Servet, 2009, *Op. cit*) qui participeront plus fortement à la consommation nationale et tirer ainsi la croissance économique vers le haut. En résumé, notre évaluation de l'expansion de la microfinance est fondée sur l'hypothèse qu'elle favorise l'inclusion bancaire des personnes à faible revenu, la monétisation de l'économie et le passage de l'économie de l'échange personnel à l'échange impersonnel. Ce qui constituerait une condition au développement économique local.

Depuis quelques décennies, la microfinance apparaît comme l'outil privilégié de développement des territoires locaux. Plusieurs études discutent de son utilisation comme moyen de lutte contre la pauvreté. Non seulement le nombre d'articles publiés sur ce thème a considérablement augmenté, mais un journal entier s'y est consacré aux environs des années 2000. L'*economic Self-Reliance Center* de la *Brigham Young University* a lancé, en automne 1999, le *Journal of Microfinance* qui publiait au rythme biannuel avec une provision d'articles pour environ trois ans. Récemment, le journal a changé de nom pour prendre l'appellation plus publicitaire de « *Economic Self-Reliance Review* ». Les ouvrages traitant du sujet commencent à devenir nombreux. Pourtant, l'apport et l'influence de ces institutions ont été négligés dans le débat jusque dans les années 2000. Dans la réalité, les cas de réussite moins nombreux que ceux d'échec interpellent les analystes. Depuis plus d'une vingtaine d'années, la microfinance fait l'objet de controverses entre spécialistes et de débats publics (Gentil et Servet, 2002). L'engouement pour ce fait est lié à celui des analyses de l'économie du développement.

Dans la littérature, plusieurs auteurs ont déjà analysé le contexte économique et social dans les pays en développement. Nous nous contenterons de relater uniquement quelques éléments clés en relation avec le développement de la microfinance. Un premier point clé dans les débats actuels sur la microfinance porte sur sa capacité à contribuer réellement au développement économique durable. Ce point soulève beaucoup de controverses opposant vivement les chercheurs ainsi que les praticiens. En

2004, Kofi Anan déclarait que « le microcrédit a été l'une des *success stories* de la dernière décennie ». Les organisations internationales ont relayé l'écho. Selon l'unité microfinancière de l'USAID, « la microfinance a des potentiels incroyables de génération de revenus et d'expansion d'emplois ». C'est ainsi que la microfinance est venue bouleverser l'économie du développement. Le succès de la *Grameen Bank* a retenti dans le monde entier. L'attribution en 2006 du prix Nobel de la paix à son initiateur, Yunus, a couronné le secteur de notoriété.

Les arguments en faveur de la microfinance comme moyen de développement économique mobilisent la capacité des bénéficiaires à créer des microentreprises pérennes. Cette pensée a fait des adeptes. C'est pourquoi la microfinance a capturé la quasi-totalité de l'aide au développement. McGuire et Conroy (2000) vont jusqu'à affirmer que l'apparition de la microfinance est venue changer les paradigmes du développement. Pour McGuire et Conroy (2000, *Op. cit*) en effet, les premiers changements dans ceux qu'ils appellent « les paradigmes du développement » concernent l'appréhension des *policymakers* en faveur des initiatives comme la microfinance. Pour eux, l'approche traditionnelle de l'économie du développement des années 1950 et 1960 mettait l'emphase sur la croissance économique. Tandis que l'approche des besoins de base des années 1970 privilégiait la provision directe de santé, de nutrition et de l'éducation, plus que la croissance économique. Or, ces deux approches se sont révélées inadéquates. À partir des années 1980, les institutions financières internationales ont adopté une nouvelle approche, appelée « self-consciously hard-nosed », pour stimuler la croissance économique en corrigeant les défaillances macroéconomiques par des ajustements structurels. Malheureusement, ces politiques se sont révélées plus défavorables pour les personnes à faible revenu que ne le prévoyaient les décideurs dans le cadre du processus de « trickle-down ». À partir des années 1990, une nouvelle approche, prônée par la Banque Mondiale dans son Rapport mondial sur le Développement (1990), a été de reconnaître l'importance des interventions directes pour réduire la pauvreté. Dès lors, l'attention a été portée sur la pauvreté. Selon cette approche, l'objectif de réduire durablement la pauvreté peut être atteint à travers une stratégie duale consistant à promouvoir la productivité des pauvres et à leur fournir des services sociaux de base. À partir de là, la microfinance a été vue comme un important moyen d'accroître la productivité des pauvres, tout en répondant à la défaillance du marché et en proposant des règles d'incitations.

D'autres arguments en faveur de la microfinance comme moyen de développement communautaire ont été présentés par Morduch (1999). Pour cet auteur, « *Advocates who lean left highlight the "bottom-up" aspects, attention to community, focus on women, and, most importantly, the aim to help the underserved. Those who lean right highlight the prospect of alleviating poverty while providing incentives to work, the nongovernmental leadership,...* ». Les arguments contre cette pensée, comme ceux développés par Dichter (2006), mettent en évidence l'exagération et la généralisation des *success stories* individuels. Pour lui, ceux-ci sont mis en avance par beaucoup d'organisations uniquement pour justifier la raison de continuer à agir. Pour lui, la microfinance ne répond pas efficacement à la question « est-ce qu'il faut alléger la souffrance ou guérir la maladie ? ». Karnani (2008), lui, va tout droit au but dans ses critiques. Pour lui, c'est « l'emploi, et non le microcrédit, qui est la solution » au problème de sous-développement économique. Cet auteur montre également que le microcrédit a effectivement des bénéfices non économiques, comme l'augmentation de l'estime de soi, la cohésion sociale et le pouvoir d'agir des femmes. Pour lui, le microcrédit ne résout pas le problème des qualités entrepreneuriales (compétences, vision, créativité et persistance) qui manquent aux microentrepreneurs et ne saurait substituer à l'emploi. Il tient pour argument la déclaration de l'Organisation internationale du Travail, qui stipule que « rien n'est plus fondamental pour réduire la pauvreté que l'emploi » (Karnani 2008, *Op. cit*). En effet, le problème de l'éradication de la pauvreté est un autre point clé des débats sur la microfinance. En effet, dans les pays très pauvres, le développement économique passe d'abord par la lutte contre la pauvreté.

Le pari de la microfinance, c'est la réduction de la pauvreté, en offrant aux pauvres des services microfinanciers. C'est là un deuxième point focal des débats sur la microfinance. En effet, comme tout individu motivé à voir changer sa situation, le pauvre a des capacités entrepreneuriales. Les *success stories* sont autant de preuves que les pauvres peuvent entreprendre. Mais Barnerjee et Duflo (2007), fournissent un ensemble de caractéristiques éreintantes qui frappent les pauvres et limitent leurs capacités de créer une entreprise capable de les sortir de la pauvreté. Dans cette optique, nous pouvons avancer l'idée hypothétique selon laquelle l'amélioration de la condition des pauvres, par la création de microentreprises, est conditionnée par le passage de l'échange personnel à l'échange impersonnel. Cette transformation qualitative est propre aux entreprises productives et compétitives. Un pauvre dont la microfinance permet de créer une microentreprise pour laquelle le marché se restreint au voisinage immédiat a de faibles chances de voir sa situation s'améliorer considérablement.

Les débats sur la microfinance portent aussi sur la prééminence de l'informel dans le secteur de la microfinance. Nous sommes en train d'utiliser le mot informel dans son sens de « non enregistré » ou encore « non officiel » (La Porta et Shleifer, 2008). Dans les pays en développement, par exemple, un nombre important de microentreprises promues par la microfinance sont sans statut légal. Ce sont des entreprises qui ne payent pas d'impôts. Certaines organisations de microfinance collectent de l'épargne et octroient du crédit, en ayant pour seule loi et autorité de tutelle, leurs statuts et règlements intérieurs. Cette situation d'informalité, bien que s'amenuisant, persiste encore dans le secteur de la microfinance. Un certain nombre d'arguments contre la microfinance porte alors sur l'incapacité du secteur informel à générer le développement économique. Par exemple, dans une investigation commune, La Porta et Shleifer (2008, *Op. cit*) ont montré à partir des données fournies par la Banque Mondiale que les entreprises informelles sont petites et extrêmement improductives, en comparaison aux petites entreprises formelles de l'échantillon d'étude. Ils ont trouvé que ces petites entreprises informelles sont encore plus improductives lorsqu'elles sont comparées aux plus grandes entreprises formelles. Les auteurs fournissent alors deux arguments majeurs, à savoir que : premièrement, il y a peu d'entreprises formelles qui opéraient au départ dans l'informalité, et que, deuxièmement, la croissance économique vient de la création d'entreprises formelles hautement productives.

Cependant, face à ces arguments, les critiques reconnaissent que la microfinance génère un nombre élevé d'emplois et, notamment, d'auto-emplois dans le secteur informel. À l'échelle mondiale, en 2006, ce secteur représentait 80 à 90 % des emplois (Boyé, Hajdenberg et Poursat, 2006). Le problème qui persiste est la capacité de ces microentreprises à générer du développement économique à l'échelle nationale. En attendant, les entreprises informelles permettent à des millions de personnes de survivre bien qu'elles disparaissent au fur et à mesure que l'économie se développe. La microfinance ne peut pas être disqualifiée à partir de l'épithète « informelle ». Car les analystes des économies en développement soulignent la dominance de l'informel dans les pays en développement. Mais la question qui prévaut est dans la compréhension du concept « informel ». Ce concept est souvent défini par rapport au « formel ». La terminologie « informelle » est ordinairement difficile à délimiter.

Pour certains auteurs, ce problème majeur vient de la *traduction maladroite* de l'anglais « informal » (Attali et Arthus-Bertrand, 2007). Comme l'ont repris Soulama (2005), Kirkpatrick et Maimbo (2002), qui ont participé dans le débat sur le type d'organisations et de méthodes les plus appropriées dans les services financiers aux pauvres, et qui ont souligné l'existence de trois groupes : le « formal », le « semi-formal » et l'« informal ». Pour deux auteurs (respectivement, britannique et américain), les organisations dites « formal » sont celles qui sont sujettes aux lois bancaires du pays. Les organisations « semi-formal » sont plus largement les ONG et les banques avec un statut (charte) spécial, comme la *Grameen Bank* au Bangladesh. Le groupe « informal » comprend les pourvoyeurs résiduels de services financiers. On y trouve les prêteurs d'argent, les commerçants, les associations d'épargne rotative et les prêteurs sur gages. Soulama (2005, *Op. cit*) utilise, lui, le terme de « semi-formel » pour désigner ce qu'il appelle un système financier décentralisé. Dans la réalité, comme le soulignent certains auteurs, la pensée sur le secteur informel a beaucoup évolué (Attali et Arthus-Bertrand, 2007). Il y a quelques décennies, le secteur informel était très mal perçu. On estimait qu'il se présentait comme insuffisamment performant et mal organisé. On considérait qu'il ne contribuait pas aux impôts et aux services publics. Considéré comme non institutionnel, il était voué à être éliminé ou, plus exactement, à être formalisé. En même temps, en parallèle du développement du secteur formel, ce secteur s'impose, notamment dans les pays en développement, ce qui fait évoluer la perception des analystes. Trois raisons sont avancées : d'abord, il existe des liens multiples entre les secteurs informel et formel, notamment du point de vue des acteurs qui y interviennent. Ensuite, des études ont montré que, dans certains cas, des individus ont recours aux deux secteurs (formel et informel). Enfin, il n'a jamais été démontré que le seul développement du secteur financier formel avait pour corollaire la diminution du secteur informel.

Nous pouvons admettre qu'un service financier formel est un service financier accordé par une organisation financière légalement reconnue, et régulée par les autorités publiques, et qu'il est matérialisé par un contrat écrit. Or s'il parait naturel, dans les pays industrialisés, pour une majorité de la population d'avoir accès à des services financiers, dans les pays en développement, c'est l'immense majorité de la population qui est exclue du secteur financier formel. En effet, dans son acception normative (Soulama 2005, *Op. cit*), la microfinance est définie à partir des échecs du marché, et renvoie à l'offre de services financiers à des populations qui n'ont pas accès aux services financiers dits formels. À cause de cela, on a pensé qu'il y avait peu de place pour les acteurs de la microfinance dans les pays développés. Pourtant, il en est autrement et le secteur microfinancier commence à devenir considérable dans ces pays.

La dualité formelle/informelle présente une insuffisance, eu égard aux connaissances déjà acquises sur les institutions. Toute société étant instituée. S'il est une différence institutionnelle entre les sociétés, elle se trouve au niveau de la codification des institutions. Les relations financières informelles sont en réalité plus ou moins structurées et réglementées. Seulement, ces institutions ne sont souvent pas écrites. Autrement dit, la régulation de ces relations n'est pas officialisée. Sachant que les systèmes étatiques ne sont pas les premiers porteurs d'institutions, on comprend que la dualité formelle/informelle ne se tient pas sous la base des institutions. Comme nous l'avons appréhendé, l'approche institutionnelle peut permettre de dépasser aisément la dualité en question.

Un autre point de discussion qui fait l'actualité dans les débats sur la microfinance est la question du droit. L'accès au microcrédit est-il un droit pour les pauvres ? La question est posée dans le champ des droits humains, comme le précise Hudon (2009, *Op. cit*) qui a débattu de cette question. Ce débat a été lancé par Yunus, le récipiendaire du prix Nobel de la paix en 2006. Yunus, croyant que le crédit est central dans la lutte contre la pauvreté, défend l'idée que le crédit devrait être un droit humain. Bien que ni la Déclaration universelle des droits de l'homme ni le Pacte international relatif aux droits économiques, sociaux et culturels ne fassent clairement référence au crédit, Yunus considère que le droit au crédit est un droit moral. En effet, les conséquences de l'exclusion financière le justifient (Hudon, 2009, *Op. cit.*). L'objectif de Yunus est d'obtenir une reconnaissance légale dans divers États. En effet, selon le prix Nobel de la paix, une telle reconnaissance favoriserait de meilleurs soutiens à la microfinance et pousserait les États à contrôler les taux d'intérêt pratiqués par les IMF. L'idée de Yunus s'appuie sur trois piliers : en premier lieu, la promotion des capacités de pauvres à se débrouiller. En deuxième, la sécurité, la disponibilité et l'accès à la finance sont au cœur des facilités économiques, y compris dans le système de liberté instrumentale de Sen et en troisième, en réalité l'accès au crédit répond d'abord à un problème d'équité. Et la situation d'équité contribue à la justice sociale soutenue par les défenseurs de la microfinance. Hudon (2009, *Op. cit*) cite, à ce propos, trois grands groupes d'objection à cette idée que le (micro) crédit doit être établi en tant que droit moral. Il cite les objections *Benthamites* et libérales, la positivité du droit et, enfin, les conséquences négatives potentielles de l'établissement d'un tel droit.

L'objection *Benthamite* rejette l'idée qu'un tel droit vienne s'imposer aux gouvernements, tandis que l'approche libérale met l'accent sur la contradiction entre le droit prôné par Yunus et les droits individuels des prêteurs. On ne peut pas forcer les prêteurs à assumer le risque de mettre leur argent à la disposition d'une clientèle qu'ils considèrent comme trop fragile. Le principal problème qui se pose est alors le fait que le crédit ne serait plus une transaction volontaire. La positivité du droit est mise en avant pour clamer l'absence d'unanimité de la société quant à l'accès au crédit. Hudon nous dit « qu'alors que tout le monde est d'accord qu'il est essentiel d'être protégé contre la torture, tout le monde n'est pas d'accord que le crédit est utile pour tous les citoyens ». L'auteur cite à titre d'exemple les croyances religieuses, comme celles de l'Islam, qui interdisent l'utilisation de taux d'intérêt.

L'argument le plus fort contre l'établissement du droit au crédit est celui des conséquences négatives possibles d'un tel droit. L'exemple bien connu et souvent cité dans la littérature est celui du surendettement des emprunteurs (Guérin et Palier 2004 ; Servet 2006, *Op. cit* ; Roesch et Helies 2007). Cet argument s'appuie aussi sur le fait que l'accès au crédit n'est pas une fin en soi, mais ce qui importe est l'amélioration de la situation des emprunteurs. Aussi, si d'autres droits (comme l'alphabétisation ou l'éducation) sont garantis, les emprunteurs ne souffriront probablement pas du problème d'accès au crédit. L'utilisation inconditionnelle du crédit peut, selon les critiques, entraîner de graves conséquences pour l'emprunteur. Lorsqu'il n'est pas managé avec soin, le crédit peut être contreproductif si les emprunteurs courent le risque de surendettement. Notamment, dans le cas des pauvres décrits par Barnerjee et Duflo (2007, *Op. cit*) et faisant souvent l'objet d'un déficit en termes de *financial literacy*.

Malgré ces critiques du droit au crédit, le fait est que le développement économique doit être financé. Les analystes sont alors amenés à admettre que « l'accès aux services financiers est un outil essentiel pour le développement, à la fois au niveau micro et macro ». C'est au niveau micro que Yunus tient l'argument de la nécessité de financer les pauvres dont l'activité de survie est cruciale. Si l'on ne peut exagérer sur le droit au crédit, Hudon soutient l'idée de la nécessité d'un « *goal-right system* » visant à promouvoir les effets positifs du crédit tout en minimisant ses conséquences néfastes. D'où la légitimité de l'État dans son interventionnisme régulateur du système de (micro) crédit, afin d'éviter la généralisation et la perpétuation des pratiques usurières.

L'invitation de Yunus à considérer l'accès au crédit comme un droit cache en réalité une autre question très actuelle du débat sur la microfinance. Il s'agit de savoir dans quelle mesure la microfinance peut atteindre les plus pauvres des pauvres. La commercialisation de la microfinance, dans le sens des arguments libéraux développés par Hudon, se présente comme défavorable à l'atteinte de l'objectif de la microfinance de desservir les plus pauvres. Car plus le niveau de pauvreté est élevé, plus le risque évalué par les organisations prêteuses est élevé. Étant donné que la microfinance commerciale cherche d'abord la viabilité financière et la pérennité des institutions, les plus pauvres n'apparaissent pas être en toute vraisemblance les premières cibles des institutions de microfinance. Cependant, la popularité de la microfinance a été faite à partir de cet objectif de soulager les plus pauvres. C'est en vertu de ce message qu'elles ont pu canaliser une bonne partie de l'aide internationale (Dichter, 2006). Malgré la multiplication des critiques, il existe, en effet, un certain nombre d'expériences concluantes qui justifient le fait que la microfinance globale n'est pas totalement commercialisée, même si nous sommes forcés de reconnaître que la microfinance caritative n'existe pratiquement plus.

II. Approche méthodologique

L'approche utilisée dans cette étude est l'approche qualitative exploratoire. Elle est réalisée auprès des parties prenantes (Clients, bailleurs de fonds, investisseurs, agences de notation, praticiens, chercheurs, etc.), et se base sur l'initiative SPI.

L'initiative SPI (Social Performance Indicators) a pour objectif de définir, parallèlement à l'évaluation des performances financières, un outil de mesure des performances sociales dans le domaine de la microfinance (Lapenu et al., 2004), de promouvoir et de renforcer les performances sociales dans le secteur de la microfinance. Le principe général repose sur l'idée que, pour renforcer son impact social, une institution doit pouvoir clarifier sa mission et s'assurer que ses actions sont en cohérence avec sa mission. Ainsi, plutôt que d'observer simplement ses effets en bout de chaîne, l'institution de microfinance peut vérifier qu'elle se donne les moyens d'atteindre son objectif social.,

En matière de mesure des performances sociales, la conception de l'outil SPI-CERISE est destinée à apprécier la pertinence et l'efficacité des actions et des moyens que l'institution consacre à ses objectifs sociaux. L'analyse repose sur un questionnaire mobilisant des informations internes à l'institution de microfinance (principes fondateurs, plan d'affaires, rapports d'activités, déclaration de la direction, informations du SIG, etc.).

III. Résultats et Discussion

1. La mesure des performances sociales des établissements de microfinance : enjeux de changement local

Par la double vocation sociale et financière dont se réclame le secteur de la microfinance, il apparaît de plus en plus indispensable de s'intéresser à la façon dont ses institutions définissent leur mission sociale et la mettent en pratique dans leur mode de gouvernance (actions spécifiques, système d'information et de gestion, etc.). En effet, le contexte général suscite de nombreuses interrogations sur l'évolution du secteur de la microfinance (développement des approches commerciales, renforcement de l'investissement privé et émergence de partenariats bancaires, etc. ;) (Littlefield et Rosenberg, 2004). Alors que sa contribution réelle à un ensemble d'objectifs sociétaux, tels que la lutte contre la pauvreté, le développement local ou la réduction des inégalités sociales, fait toujours débat (Hulme et Mosley,1996 ; Morduch, 2000, *Op. cit* ; Pitt et Khandker,1998). Le secteur de la microfinance est à la croisée des chemins. Les institutions de microfinance ont montré leur capacité à offrir de façon durable aux exclus des systèmes bancaires classiques des services financiers diversifiés et adaptés (petites sommes, remboursements réguliers, ciblage des activités des ménages pauvres, contacts directs avec des agents de crédits locaux, etc.). Elles ont imaginé des garanties non traditionnelles et ont développé des systèmes basés sur la solidarité, la proximité et la participation pour accroître la confiance et pour atténuer les barrières sociales et informationnelles entre les clients et l'institution. Les bénéficiaires apprécient ces services, et remboursent généralement bien les prêts. Si les défis techniques ont été relevés, c'est principalement grâce aux innovations développées, en particulier par les ONG depuis une trentaine d'années, pour renforcer les liens sociaux et repousser les frontières des services financiers avec des produits adaptés aux contraintes économiques et sociales des populations cibles.

Pourtant, les défis du secteur restent importants. D'abord, en termes d'offre de services, pour pouvoir poursuivre leur action de façon durable, les institutions de microfinance doivent s'engager dans la voie de la pérennité financière, gérer au mieux leurs coûts et s'autonomiser des subventions. Les institutions de microfinance se sentent alors parfois tiraillées entre leur mission sociale (toucher les exclus) et leurs objectifs financiers (couvrir les coûts de l'offre de services). En outre, le nécessaire changement d'échelle de la microfinance, qui permettra de servir plus largement la masse du public cible (on peut estimer à un milliard le nombre de personnes qui pourraient, à terme, bénéficier des services financiers et qui en sont encore exclues), repose dans les tendances actuelles sur l'implication des banques commerciales et le renforcement de l'investissement privé. Qu'en sera-t-il alors de la mission sociale de la microfinance ? Ensuite, en termes de réponse aux besoins des populations cibles, la microfinance, outil stratégique de développement, a trop souvent été présentée comme un « médicament à large spectre », solution à une vaste gamme de problèmes économiques : lutte contre la pauvreté, croissance économique et développement individuel, émergence et consolidation des petites entreprises, *empowerment* des femmes, soutien à la famille, etc.

L'évolution de la microfinance vers la « commercialisation » pointe les risques de dérives où les financeurs pourront s'orienter vers les banques commerciales jugées plus professionnelles, plus solides, plus aptes à toucher un large public, en défaveur des institutions qui cherchent à réaliser une mission sociale et ont jusque-là permis des innovations. Les services de microfinance ne doivent pas être considérés comme la « chasse gardée » des ONG de développement ni devenir l'outil exclusif des banques commerciales. Mais, si l'on veut s'assurer que les services financiers offerts gardent leur pertinence sociale, il faut pouvoir suivre et valoriser les actions qui renforceront une microfinance de masse, mais respectueuse de ses clients et sensible à son impact. Les acteurs de la finance solidaire tentent alors de valoriser, de mettre en évidence et d'accroître leurs actions, qu'ils considèrent comme étant en mesure de concilier objectifs sociaux et objectifs financiers. Des préoccupations montent également parmi la communauté des bailleurs concernés par les effets de la microfinance, alors que de l'argent public est utilisé pour appuyer son expansion. Qui sont les bénéficiaires ? Quel impact social sur les individus, les communautés, les territoires ? Quels modes d'action et quelle responsabilité sociale de ces organisations ?

Cependant, les systèmes d'évaluation utilisés jusqu'à présent dans le secteur de la microfinance se focalisent essentiellement sur la mesure des performances financières. Les informations sur les performances sociales des IMF ont été jusqu'à récemment plutôt rares, ou sujettes à discussion, comme le montrent les débats autour des études d'impact.

Il est devenu de plus en plus clair pour le secteur de la microfinance que les résultats de ses activités ne peuvent pas être uniquement mesurés en termes de rentabilité financière. Cette prise de conscience s'est opérée progressivement, après avoir observé des dérives et des crises, comme le surendettement de clients ou les conséquences négatives sur les relations sociales du fonctionnement de certaines structures communautaires. Dans ce contexte, diverses initiatives ont vu le jour depuis le début des années 2000 pour faire valoir l'importance pour le développement, comme pour la pérennité des institutions de microfinance des objectifs sociaux et de leur valorisation. Encore faut-il en faire la démonstration avec des outils de pilotage et démarches d'évaluation adéquats. Sont apparus alors les premiers outils pour mesurer qui était réellement touché, et une pression croissante des bailleurs pour suivre le ciblage et l'impact. Des approches et des outils ont permis de faire avancer le concept de performance sociale et de finance solidaire. Le Consortium des bailleurs de fonds sur la microfinance (CGAP) et diverses initiatives travaillant dans ce domaine ont défini les performances sociales en spécifiant que la valeur sociale d'une institution financière repose non seulement sur le ciblage des personnes à faible revenu, mais également sur le renforcement des liens sociaux, du capital social et sur sa responsabilité sociale.

Des réticences se manifestent également. Comment et pourquoi suivre les performances sociales, trop complexes, trop subjectives, trop relatives, pas assez mathématiques ? L'attention sur les performances sociales ne risque-t-elle pas de détourner les institutions de microfinance de leurs objectifs de pérennité financière ? Ne va-t-on pas rajouter un fardeau supplémentaire aux institutions de microfinance en leur imposant encore de nouveaux standards à suivre et à atteindre ? Au-delà de la conception technique des outils, un certain nombre de questions restent en suspens : la promotion et la mesure des performances sociales permettent-elles de nouvelles régulations sociales, politiques et institutionnelles au sein du secteur financier ? Participent-elles à l'élaboration et à la diffusion d'un socle éthique commun ? Appuient-elles de nouveaux modèles de développement ? Pour que les démarches engagées puissent être un levier pour engendrer de nouvelles formes de régulation, il faut dépasser l'effet de mode sur l'évaluation sociale, et réellement intégrer ces outils et ces démarches dans le quotidien de la finance solidaire, les faire reconnaître par les acteurs du secteur, illustrer et prouver la valeur ajoutée de l'approche solidaire. Il s'agit également de pouvoir étendre les concepts et les approches à l'ensemble de la chaîne d'activité de l'économie sociale et solidaire : financement - production - distribution - consommation.

L'initiative SPI-CERISE est un des outils de mesure des performances sociales. Le réseau français CERISE anime depuis 2002 l'initiative SPI (Social Performance Indicators), en collaboration avec un ensemble de partenaires internationaux (Fondation Argidius des Pays-Bas, Fondation Charles Mayer — FPH en Suisse, Université de Göttingen en Allemagne, Coopération suisse — SDC et CGAP, ainsi qu'un ensemble d'institutions de microfinance partenaires et les membres d'un groupe de travail appuyé par la Fondation Charles Mayer (Chantier Finance solidaire). L'initiative SPI (Social Performance Indicators) vise à développer, en parallèle de l'évaluation des performances financières, un outil de mesure des performances sociales dans le domaine de la microfinance (Lapenu et al., 2004, *Op. cit.*), et à promouvoir et renforcer les performances sociales dans ce secteur. Le principe général repose sur l'idée que, pour renforcer son impact social, une institution doit pouvoir clarifier sa mission et s'assurer que ses actions sont en cohérence avec sa mission. Ainsi, plutôt que d'observer simplement ses effets en bout de chaîne, l'institution de microfinance peut vérifier qu'elle se donne les moyens d'atteindre son objectif social.

En matière de mesure des performances sociales, la conception de l'outil SPI-CERISE est destinée à apprécier la pertinence et l'efficacité des actions et des moyens que l'institution consacre à ses objectifs sociaux. L'analyse repose sur un questionnaire mobilisant des informations internes à l'institution de microfinance (principes fondateurs, plan d'affaires, rapports d'activités, déclaration de la direction, informations du SIG, etc.). La mesure des performances sociales autour de l'outil SPI-CERISE est alors complémentaire de la mesure d'impact. L'outil SPI-CERISE est construit autour de quatre grandes dimensions des performances sociales. La première dimension est orientée vers une clientèle pauvre ou exclue, n'ayant pas accès au secteur bancaire. Les institutions de microfinance cherchent généralement à atteindre une population exclue du système financier commercial. Certaines peuvent avoir l'objectif de cibler des populations exclues socialement ou des pauvres, ou simplement elles offrent des services financiers dans une localité où le système bancaire est absent, à des populations non bancarisées ou à des personnes rejetées par le système bancaire (mais qui ne sont pas nécessairement pauvres ou socialement exclues). Les questions de l'outil SPI-CERISE portent sur la stratégie de ciblage de l'institution de microfinance (ciblage géographique, ville/campagne, individuel ou par la méthodologie de prêts) et les résultats de la stratégie de ciblage.

La deuxième dimension analyse la diversification des services, afin de les adapter aux besoins de ce public spécifique. Il ne suffit pas de décider de viser une population cible. Les services de microfinance sont, trop souvent, standardisés. L'institution de microfinance doit étudier la population cible et travailler sur l'élaboration de ses services financiers pour qu'ils puissent être adaptés aux besoins des clients. Les questions portent sur la diversité des services, la qualité de ces services (rapidité, proximité, transparence, adaptation aux besoins) et l'accès à des services non financiers. La troisième dimension analyse l'instauration de relations de confiance avec ses clients et renforcement de leur « capital social » et politique. Pour l'institution de microfinance, la confiance entre l'institution et le client peut réduire les coûts de transaction et améliorer le taux de remboursement. Cela peut favoriser l'action collective et réduire les comportements de « cavalier seul », les comportements opportunistes, et réduire les risques. Pour les clients, renforcer leur capital social et politique peut renforcer leur organisation sociale (action collective, partage de l'information, lobbying, etc.), et la confiance en soi pour faciliter leur développement économique et social. Les questions de l'outil SPI-CERISE portent sur la confiance et le partage d'informations de l'institution de microfinance avec les clients, la participation de ceux-ci dans les instances de décision à différents niveaux de l'institution et, enfin, les actions de l'institution de microfinance dans le domaine du renforcement du capital social de ses clients.

La quatrième dimension, pour sa part, analyse les responsabilités sociales de l'institution envers ses salariés, ses clients et leurs collectivités locales. Une conscience sociale est nécessaire pour adopter un comportement responsable socialement. La responsabilité sociale demande une politique de ressources humaines adéquate, une adaptation de la culture de l'institution de microfinance au contexte culturel et socio-économique, une préoccupation de l'impact des actions sur ses clients et sur la communauté dans laquelle l'institution évolue. Les questions portent essentiellement sur la politique de ressources humaines de l'institution, les actions de la microfinance, qui sont l'expression d'une responsabilité sociale vis-à-vis de ses clients (études d'impact, par exemple), ou vis-à-vis de la communauté (réinvestissement dans des services à la communauté, par exemple). L'outil SPI-CERISE a été appliqué dans des contextes variés (ruraux, urbains, mixtes, sur différents continents, dans des pays à divers niveaux de richesse) et auprès d'institutions de microfinance de statut, de taille et de maturité différents.

En parallèle, avec d'autres initiatives qui se sont développées (via le consortium Imp-Act, le travail d'AMAP avec l'USAID, le réseau nord-américain SEEP, les plateformes et réseaux européens de microfinance ou le Conseil des investisseurs en microfinance), un travail d'échanges et de coordination a été jugé souhaitable à la progression de l'ensemble du secteur. De fait, suite à l'atelier SPI-CERISE de mars 2005, une rencontre élargie a eu lieu et deux groupes de travail ont été initiés. Le premier (*Social Performance Task Force*) réunit un ensemble d'acteurs intéressés par les performances sociales dans la microfinance (praticiens, chercheurs, bailleurs de fonds, investisseurs, agences de notation). Ce groupe vise à développer les échanges sur le sujet au sein du secteur. Le deuxième, organisé par les bailleurs de fonds (CGAP Donor Working Group on Social Performance), vise à renforcer la coordination de ces derniers autour de la prise en compte des performances sociales et à travailler sur un « étalonnage » (benchmarking) d'indicateurs. Ces groupes de travail ont abouti à une définition commune des performances sociales en microfinance. Cette définition élargit le concept de performance sociale au-delà du simple ciblage des pauvres, pour intégrer les notions de responsabilité sociale et de développement des « capabilities » au sens de Sen (2000).

L'objectif de ces différentes initiatives est de poursuivre les avancées sur les outils (standardisation, format de « reporting », conditions des notations), de renforcer les capacités des acteurs à gérer et mesurer leurs performances sociales à travers des échanges, des formations et de l'information, de développer la culture des performances sociales au sein des institutions de microfinance et de leurs partenaires (diffusion, lobbying). Un des objectifs majeurs est d'aboutir à la notation sociale pour les institutions de microfinance. Les agences de notations de ce groupe cherchent, sur la base de différents jeux d'indicateurs (CERISE-SPI, AMAP, Microfinanza, M-CRIL, Imp-Act, etc.), à relever les indicateurs communs, les différences, et identifier ce qui pourrait émerger comme une liste d'indicateurs pour la notation et le reporting social, faisant référence à ce qu'une institution de microfinance peut faire en auto-évaluation et ce qui serait évalué par l'extérieur. Avec l'avancée de ces démarches, un certain nombre de questions restent à éclaircir, afin de conforter l'objectif final qui est de promouvoir les performances sociales et renforcer l'impact social de la microfinance et, au-delà, des actions de l'économie sociale et solidaire dans le domaine financier, mais aussi de la production, de la commercialisation et de l'échange.

Ce rapide état des lieux suscite une série d'interrogations sur l'état d'avancement des outils et, plus généralement, sur la possibilité de construire des outils de mesure - et donc de notation- des performances en matière de responsabilité sociale. La notation des performances sociales, un objectif impossible ? Il faut rappeler que l'engouement en matière de « notation sociétale » repose largement sur le pouvoir symbolique qu'a acquis la notation (*rating*) financière. En effet, celle-ci, née au 19e siècle, est entrée dans sa phase de maturité et est désormais largement acceptée dans le monde de la finance. Elle formalise, pour le compte d'investisseurs, une opinion indépendante sur la capacité d'un emprunteur à rembourser sa dette, et permet de définir un niveau de risque qui déterminera le taux d'intérêt du financement. Dans le cas de la notation sociale en microfinance, les outils cherchent à vérifier que l'organisation se donne les moyens d'atteindre ses objectifs sociaux. En allant plus loin vers l'évaluation de l'impact, ils reposent sur une vision simplifiée des dynamiques sociales engendrées par les services financiers.

Mais, jusqu'à quel point peut-on simplifier et peut-on « formaliser une opinion indépendante » ? La simplification de la notation peut aussi se faire au détriment de la multiplicité des objectifs sociaux des parties prenantes, et peut tendre à ignorer les contradictions entre ces dernières. Par conséquent, il est impératif, selon l'initiative SPI, d'adopter une approche collaborative. Chaque participant aura ainsi l'occasion de suggérer des critères d'évaluation, des méthodes pour les mettre en pratique, et de s'assurer que ces derniers sont applicables, pertinents, mesurables, comparables, accessibles, fiables, transparents, etc. Les avancées des différentes initiatives permettent de visualiser des outils et des résultats et de promouvoir un débat sur des bases concrètes. Si la notation semble maintenant possible, les débats portent encore sur les approches à suivre : relativité et normativité des indicateurs.

L'objectif général d'un outil d'évaluation des performances sociales d'une entreprise est de fonder un jugement non pas sur ses profits à venir, mais sur la manière dont elle se comporte dans un contexte social donné. Il est donc important de développer une approche relative, soucieuse d'appréhender les contraintes du contexte des institutions et d'analyser comment, dans ce jeu de contraintes, une institution se comporte plutôt mieux qu'une autre. Or, la logique des systèmes de notation sociale définit des indicateurs qui ne sont pas forcément adaptés à l'ensemble des situations. Par exemple, l'approche de l'exclusion en fonction d'un seuil monétaire de pauvreté peut ne pas correspondre à tous les contextes et des facteurs d'exclusion sociale, comme l'appartenance à des communautés allochtones, telles que les éleveurs peuls en zones rurales d'Afrique de l'Ouest, peuvent être complètement ignorés dans les analyses. Dans la dernière version du questionnaire SPI-CERISE, les critères d'exclusion choisis sont laissés à l'appréciation de l'institution de microfinance, et dépendent donc du contexte de l'institution de microfinance. Néanmoins, la contrainte de comparabilité et de standardisation limite la prise en compte de spécificités très liées aux différents contextes.

Dans certains contextes, les critères retenus peuvent s'avérer inadaptés ou en contradiction avec la réalité locale. Par exemple, l'accès des femmes au crédit peut se traduire par une détérioration de leur situation quand elles sont soumises à la pression des époux les obligeant à rétrocéder leur crédit et, parfois, il s'avère tout simplement socialement impossible et les institutions de microfinance ne peuvent être redevables de cette discrimination sociale. Les contraintes socio-économiques locales doivent pouvoir être intégrées dans l'évaluation.

Une fois les critères définis, l'évaluation repose sur un ensemble de pondérations par domaine qui reflètent les valeurs et les principes sociaux de l'organisme de notation ou de son donneur d'ordre. Même quand cette « boîte noire » est transparente, dans le cas d'investissements internationaux, il est peu probable qu'un même système puisse remplir les attentes de partenaires issus de différentes institutions et de différents pays. On peut imaginer, par exemple, que des partenaires nord-américains prêtent une attention plus importante aux minorités que des Européens, alors que ces derniers (français, par exemple) pourront être amenés à s'intéresser davantage à la satisfaction des différentes parties prenantes, comme les salariés. Les minimas sociaux sur la base desquels les différents jugements sont constitués dépendront des contextes législatifs nationaux en matière de protection sociale, etc.

L'émergence de systèmes harmonisés est un enjeu d'importance pour éviter de multiplier les procédures et les questionnaires différents, voire contradictoires, comme c'est le cas pour les ONG et les projets d'aide au développement recevant leur financement de plusieurs bailleurs de fonds.

Que peut-on attendre de l'évaluation des performances sociales ? Les outils, comme le SPI, visent à donner aux institutions de microfinance un aperçu simplifié de leurs performances sociales. Cette information peut être utilisée à plusieurs niveaux et, comme toute activité d'évaluation, elle comporte une double finalité d'apprentissage interne et de redevabilité vis-à-vis de tiers. Comme le soulignent différents observateurs de la responsabilité sociale des entreprises (Utting, 2002), l'introduction des pratiques d'évaluation sociétale dans les activités économiques ne naît pas d'un engouement soudain pour les grands enjeux sociaux et environnementaux, mais peut d'abord être analysée comme une tentative d'adaptation au contexte économique et politique.

Différentes raisons sont avancées pour expliquer ces approches et on peut les analyser dans le cas de la microfinance, même si, par différence avec le secteur privé pris dans son ensemble, cette dernière s'est construite dès le départ sur la double identité sociale et financière. La première hypothèse est que les démarches de responsabilité sociale peuvent être à la base de stratégies doublement gagnantes à la fois, sur le plan social et, financier (*win-win solution*). Les résultats de nombreuses études dans le secteur privé montrent que la corrélation entre performances sociales et financières n'a rien d'évident. Dans le cas de la microfinance, certains analystes défendent cette approche (*double bottom line*). De nombreuses IMF ont l'intuition que le renforcement de leurs performances sociales peut contribuer à celui de leurs performances financières, en améliorant leurs relations avec la clientèle et leur environnement socio-économique. L'autre idée est qu'une démarche mettant en avant la responsabilité sociale permet aux institutions d'améliorer leur avantage compétitif. Si ce n'est pas, dans le cas de la microfinance, un réel enjeu vis-à-vis de la clientèle, on peut faire le parallèle avec la recherche de financement externe et le positionnement de la microfinance vis-à-vis des investisseurs, qui intègrent de plus en plus ces critères dans leurs processus d'analyse. Cette démarche est donc au cœur de la gestion de l'image de marque ou du « capital-réputation » des entreprises. L'idée centrale est que, dans certains secteurs, comme celui de la microfinance, ce dernier ne peut être basé uniquement sur des critères financiers. L'émergence de nouveaux segments de marché, en termes d'accès au financement (investisseurs éthiques), expliquerait alors le développement des démarches de responsabilité sociale.

Ces stratégies peuvent également s'avérer d'autant plus importantes que se développe une pression de la part d'ONG, de mouvements sociaux (du type syndicats de débiteurs, bien connus en Bolivie ou au Mexique, par exemple), et face à laquelle il est nécessaire de construire de nouvelles positions. Ainsi, par rapport aux pressions récurrentes sur les taux d'intérêt élevés du secteur de la microfinance, la mise en avant des performances sociales peut constituer une réponse indispensable pour maintenir la viabilité financière du secteur. C'est donc une nouvelle forme de régulation qui peut sembler émerger entre le libéralisme absolu et l'intervention de l'État. Basée sur des approches contractuelles entre acteurs privés, parfois dénommées capitalisme des parties prenantes, elle se propose comme une troisième voie construite à partir d'une approche éthique des activités économiques. Cet élargissement de l'utilisation de ce type de démarches dans la sphère de l'économie politique fait néanmoins l'objet de fortes critiques (Lordon, 2000, Guilhot, 2004). Alors que sa récupération par certaines catégories d'acteurs est elle-même parfois dénoncée. En termes de perspectives, on peut donc s'interroger sur la part relative de chacune de ces explications, leur capacité à réellement renforcer l'impact final sur les bénéficiaires et la façon de construire des dispositifs plus ou moins adaptés.

Pour les institutions de microfinance, les stratégies de renforcement des performances sociales impliquent à court terme des coûts spécifiques : formation des clients, animation de groupes, partage de l'information et volonté de transparence, prise en compte des liens sociaux et des valeurs locales. Ce qui requiert une connaissance approfondie des spécificités sociales et culturelles dans les zones d'opération de l'institution de microfinance, l'apport de services sociaux non financiers, etc. Le ciblage des populations pauvres (zones rurales reculées, petits montants, risques sur les activités, etc.) reste souvent une option coûteuse, où les économies d'échelles sont réduites, et les coûts de transaction élevés. Par rapport à ces investissements, les institutions de microfinance veulent que les gens les évaluent non seulement en fonction de leurs performances financières, de leurs prévisions et de leurs perspectives, mais aussi selon la valeur de leur action sociale et de leur engagement dans la lutte contre la pauvreté et l'exclusion. Les institutions de microfinance recherchent alors des outils qui donneront une valeur, une reconnaissance, une visibilité à leur travail. En contrepartie, cette approche sur le renforcement des liens sociaux et la responsabilité sociale peut aussi induire à plus long terme des réductions de coûts. Transparence, échange d'informations et connaissance réciproque vont créer la confiance, renforcer les relations sur le long terme, permettre le partage de normes et de valeurs et ainsi fidéliser les clients et favoriser les remboursements. La formation et la participation des clients peuvent aussi accroître la productivité des agents, et limiter les coûts de transaction pour l'institution en réduisant le coût du suivi et du contrôle sur les transactions financières.

Face aux crises auxquelles sont confrontées les institutions de microfinance ces dernières années (départs massifs de clients, groupes ou clients inactifs, impayés, faillites, etc.), celles-ci gagneraient alors à améliorer leurs performances sociales pour renforcer leur stabilité et leur crédibilité. Pour promouvoir ces situations « gagnant-gagnant », comme évoqué dans la première hypothèse, les institutions de microfinance cherchent à avoir des outils utilisés dans le pilotage interne de l'institution pour suivre leurs performances sociales : quelle est notre mission sociale, comment la mettre en œuvre, quels indicateurs suivre ? Ces outils doivent aussi permettre un « *feed-*

back » régulier pour améliorer leurs interventions. Elles ont alors besoin d'outils d'analyse et d'outils d'aide à la décision qui offrent un cadre de réflexion et des informations sur les indicateurs à suivre et leurs interprétations. Dans leurs attentes, les institutions de microfinance revendiquent des outils complets et adaptés à leurs situations ; elles craignent également, dans le cadre de la seconde hypothèse de construction de leur « capital-réputation », une multiplication d'outils qui rajouteraient des ratios et données à collecter à la longue liste des requêtes de leurs différents partenaires institutionnels et financiers. Elles désirent dans un système de notation pouvant résumer l'ensemble de leurs efforts menés en faveur de l'impact social sur leurs clients et environnement, et ne veulent se contenter de « *rating light* » qui ne mettrait pas suffisamment en valeur leurs activités et engagements.

2. La décentralisation comme facteur de gouvernance et stratégie de développement local

L'une des justifications de la décentralisation est le contrôle du pouvoir par les administrés et la gestion participative. Elle fait appel à la capacité des populations et des institutions locales à prendre en charge la gestion de leurs propres affaires. Elle est considérée comme un facteur de renforcement des capacités des populations, notamment dans le domaine de contrôle et de participation aux décisions publiques. La possibilité de participer au contrôle et aux décisions de production collective au niveau local permet aux populations de se familiariser avec les modes de fonctionnement et d'apprendre la gouvernance participative. La décentralisation possède alors une dimension cognitive et améliore la capacité d'action collective des acteurs. Elle constitue de ce fait une stratégie de développement local. Ce dernier est en effet considéré comme un facteur de renforcement de la participation des populations dans la recherche de leur bien-être. Il implique que soient associés, à la dynamique locale de production de biens collectifs, tous ceux qui participent à la vie économique et sociale d'un milieu.

En permettant aux populations de participer au contrôle et à la prise de décisions relatives à la production de biens collectifs au niveau local, la décentralisation est supposée favoriser le développement local à travers l'émergence d'une gouvernance participative. Il peut être aussi supposé qu'à travers cette proximité, dans la prise de décisions publiques, la décentralisation permette aux acteurs locaux de coopérer à l'émergence de préférences communes dans la production de biens collectifs. Certaines justifications de la décentralisation se basent sur son analyse néoclassique, telle que présentée dans le modèle du fédéralisme fiscal. Elles mettent en effet l'accent sur la révélation des préférences des citoyens consommateurs, à travers leur migration vers les collectivités locales à la recherche d'un optimum de consommation individuelle. Ceci suppose l'existence d'une offre variée de biens collectifs adaptée à la diversité des goûts des citoyens. D'autres justifications insistent sur le renforcement des capacités des acteurs à participer au choix et à la mise en œuvre des décisions relatives à la production de biens collectifs au niveau local.

Ces décisions collectives correspondent à des préférences dont les mécanismes de révélation méritent d'être expliqués. Ces dernières justifications soulignent, par ailleurs, que la participation des acteurs au choix et à la mise en œuvre des décisions de production de biens collectifs favorise un apprentissage de la gouvernance locale. Il apparaît intéressant d'analyser les rapports de causalité entre celle-ci et la décentralisation. Les justifications de la décentralisation portent également l'intérêt sur la création de la proximité dans la production de biens collectifs. Il est utile d'appréhender l'effet de la proximité sur cette production. Il est aussi important de savoir dans quels cadres de proximité intervient la production de biens collectifs au niveau local. Parmi les différents arguments, l'incidence de la proximité sur la révélation des préférences n'est pas abordée de façon explicite. Il s'avère alors intéressant d'étudier les interrelations entre ces deux éléments. L'ensemble des préoccupations ainsi évoquées amène à poser ici les questions spécifiques suivantes. La décentralisation conduit-elle à une offre variée de biens collectifs au niveau local ? La décentralisation a-t-elle une incidence sur la gouvernance participative ? La proximité favorise-t-elle la production locale de biens collectifs ? La décentralisation favorise-t-elle la révélation des préférences des acteurs locaux dans la production de biens collectifs ?

À l'heure actuelle, le développement du secteur tertiaire a connu une explosion parallèlement au secteur industriel. Ainsi, la demande en services des populations du monde s'élève et se diversifie de plus en plus. Entre-temps, notre monde a connu plusieurs grandes mutations. Une des mutations importantes, à côté des mutations technologiques, c'est la mutation financière. Les échanges deviennent de plus en plus financiarisés. Les services financiers deviennent dans ce contexte une priorité dans les aspirations des individus. À ce titre, on assiste à une croissance importante des acteurs de la microfinance. Puisque la demande financière dans beaucoup de pays peu développés n'est pas satisfaite par la finance officielle. Le chiffre de 3 000 organisations microfinancières est déjà dépassé et plus de 113 millions de clients microentrepreneurs sont touchés.

En marge des débats sur les façons d'aborder la question de la microfinance, il y a dans la réalité une évolution importante de ce secteur de la finance dont nous pouvons retrouver quatre moments reflétant son émergence récente. Labie (2009) a, pour sa part, proposé une évolution en cinq grandes tendances : l'évolution dans les méthodologies utilisées, l'évolution dans les produits offerts, l'accroissement de la diversité des acteurs, la modification de l'environnement économique et politique, et la modification des enjeux financiers fondamentaux (Labie 2009, p. *Op. cit.*). Son article sert d'introduction à tout un numéro de la revue Reflets et Perspective consacrée à la microfinance.

Conclusion

À travers l'étude, il est donc à comprendre qu'une démarche de développement local peut favoriser le passage de l'économie informelle à l'économie sociale, par un financement utilisant diverses formules de microcrédit et de microfinance de l'économie sociale et solidaire (caisse d'épargne, fonds communautaire de développement, association d'emprunt, etc.).

Le secteur de la microfinance est à la croisée des chemins. Les institutions de microfinance ont montré leur capacité à offrir de façon durable aux exclus des systèmes bancaires classiques des services financiers diversifiés et adaptés (petites sommes, remboursements réguliers, ciblage des activités des ménages pauvres, contacts directs avec des agents de crédits locaux, etc.). Elles ont imaginé des garanties non traditionnelles et ont développé des systèmes basés sur la solidarité, la proximité et la participation pour accroître la confiance et pour atténuer les barrières sociales et informationnelles entre les clients et l'institution.

La possibilité offerte aux populations de participer au contrôle et à la prise de décisions liées à la production collective au niveau local permet leur familiarisation avec les modes de fonctionnement et un apprentissage de la gouvernance participative. À cet effet, nous parlons de la décentralisation qui possède une dimension cognitive et améliore la capacité d'action collective des acteurs. Elle constitue de ce fait une stratégie de développement local. Ce dernier est en effet considéré comme un facteur de renforcement de la participation des populations dans la recherche de leur bien-être. Il implique que tous ceux qui participent à la vie économique et sociale d'un milieu soient associés à la dynamique locale de production de biens collectifs.

En permettant aux populations de participer au contrôle et à la prise de décisions relatives à la production de biens collectifs au niveau local, la décentralisation est supposée favoriser le développement local à travers l'émergence d'une gouvernance participative

Bibliographie

Archambault, E. et Greffe, X. (1984). *Les économies non officielles*, Paris, La découverte.

Attali, J. et Arthus-Bertrand, Y. (2007). *Voyage au cœur d'une révolution de la microfinance contre la pauvreté*, Paris, J. C. Lattès.

Azuma,Y. et Grossman, H., I. (2008). A theory of the informal sector, *Economies and Polities,* 20(1) ; pp. 62-79

Bairoch, P. (1985). *De Jéricho à Maxico, villes et économie dans l'histoire,* Gallimard, Paris

Bairoch, P. (1997). *Victoires et déboires III (histoire économique et sociale du monde du 16e siècle à nos jours).* Paris : Gallimard.

Banerjee, A. V. and Esther Duflo, (2007). The Economic Lives of the Poor, *Journal of Economic Perspectives,* 21(1): 141-168.

BIT, (1972). *Employment, Incomes and Equality. A Strategy for Increasing Productive Employment in Kenya.* Genève, OIT.

Boyé, S., Hajdenberg, J., Poursat, J.C., (2006). *Le guide de la microfinance. Microcrédit et épargne pour le développement.* Paris : Éditions d'Organisation.

Braudel, F. (1980). *Civilisation matérielle, économie et capitalisme.* Paris : Armand Colin.

CERISE, (2003). "L'évolution des enjeux et outils de l'analyse d'impact en microfinance". *Techniques financières et Développement,* 70 : 52-56.

Charmes, J. (1980). "Les contradictions du développement du secteur non structuré", *Revue Tiers-Monde,* 82 : 321-335.

De Miras, C. (1984). "De la formation du capital privé à l'économie populaire spontanée". *Politique africaine,* 14 : 92-109.

De Soto, H. [1994]1987). *L'autre sentier : la révolution informelle dans le Tiers-Monde.* Paris : La découverte.

Dichter,T.W. (2006). "Development management: Plain or fancy ? Sorting out some muddles". *Public Administration and Development,* 9(4):381-393

Essombè Edimo, J.R. (2005). Le Développement territorialisé à Douala : Fondements et repérage des modalités institutionnelles d'une dynamique nouvelle. *Mondes en Développement* Vol. 33-2005/2-n°130

Essombè, Edimo, J. R. (2007a). Localisation périphérique des entreprises industrielles et création de nouvelles centralités à Douala. *Mondes en Développement 2007*/1 (N° 137). Pages 101-116

Essombè Edimo, J.R. (2007b). *Spatialité et développement économique à Douala : entre le hasard et la nécessité.* Paris : L'Harmattan

Favreau, L. et Fréchette, L. (2002). *Mondialisation, économie sociale, développement local et solidarité internationale.* Québec : Presses universitaires du Québec.

Gentil, D., et Servet, J-M. (2002). "Entre localisme et mondialisation : la microfinance comme révélateur et comme levier des changements socio-économiques". *Revue Tiers Monde,* 172 : 737-760.

Guérin, I., et Palier, J. (2004). *Microfinance challenges : empowerment or disempowerment of the poor?* Pondichéry : French Institute Editions.

Gueslin, A. (1998). *L'invention de l'économie sociale, idées, pratiques et imaginaires coopératifs et des mutualistes dans la France du XIXe siècle.* Paris : Economica.

Guilhot, N. (2004). *Financiers, philanthropes, vocation éthique et reproduction du capital à Wall Street depuis 1970*. Paris : Raisons d'agir.

Hart, K. (1973). "Informal Income Opportunities and Urban Employment in Ghana", *Journal of Modern African Studies*, 2: 61-89.

Hugon, Ph. (1982) (éds). Secteur informel et petite production marchande dans les villes du Tiers Monde, Revue Tiers Mondes, n° 82, Tome 21,

Hulme, D., and Mosley, P. (1996). *Finance against Poverty*. Londres : Routledge.

Hudon, M. (2008). "Norms and values of the various microfinance institutions". *International Journal of Social Economies,* 35(112): 35-48.

Kanbur, R. (2009). *Conceptualising Informality: Regulation and Enforcement*, (www.people.comell.edu/pages/sk145).

Karnani, A. (2008). "Employment, not microcredit, is the solution", *The Journal of Corporate Citizenship*, 32: 23-55, December.

Kirkpatrick, C., and Maimbo, S.M. (2002). "The Implications of the Evolving Microfinance Agenda for Regulatory and Supervisory Policy". *Development Policy Review,* 20(3): 293-304.

Labie, M. (2009). "Microfinance : évolution du secteur, diversification de produits et gouvernance". *Reflets et Perspectives,* 48(3) : 5-6, août.

Lachaud, J-P., et Penouil, M. (1985). *Le développement spontané*. Paris : Pédone.

Lapenu, C., Zeller, M., Greeley, M., Chao-Beroff, R., Verhagen, K. (2004). "Performances sociales : une raison d'être des institutions de microfinance… et pourtant encore peu mesurées. Quelques pistes". *Monde en développement,* 126(32), ISMEA, Bruxelles.

La Porta, R., and Shleifer, A. (2008). "The Unofficial Economy and Economic Development", Working Paper, 40 p.

Larrachea, I., et Nyssens, M. (1994). "Les défis de l'économie populaire au Chili", *Revue des études coopératives, mutualistes et associatives* (RECMA), 49(252).

Lautier, B. (1994). *L'économie informelle dans le tiers monde*. Paris : coll. Repères, éd. La Découverte.

Lebossé, J. (1998). *Microfinance et développement local.,* Paris : OCDE.

Lelart, M. (2002). "L'évolution de la finance informelle et ses conséquences sur les systèmes financiers". *Mondes en développement*, 30 : 9-20

Ledgerwood, J. (1999). *Manuel de microfinance une perspective institutionnelle et financière.* Banque mondiale : Sustainable Banking with the Poor, Washington, D.C.

Littlefield, E. and Rosenberg, R. (2004). "Microfinance and the Poor. Breaking down walls between microfinance and formal finance". *Finance and Development,* 41(2).

Nihan, G. (1979). Le secteur non structuré : signification, aire d'extension du concept et application expérimentale, repris dans Revue Tiers Mondes, n° 82, pp. 261 - 284

Matin, I., Hulme, D., and Rutherford, S. (2002). "Finance for the poor: from microcredit to microfinancial services". *Journal of International Development,* 14(2): 273.

McGuire, P. B., and Conroy, J.D. (2000). "The microfinance phenomenon", *Asia-Pacific Review,* .7(1): 109-130.

Morduch, J. (1999). "The microfinance promise". *Journal of Economic Literature,* 37: 1569-1614.

Morduch, J. (2000). "The microfinance schism", *World Development,* 28(4): 617-629.

Nowak, M. (1994). *La banquière de l'espoir.* Paris : Edition Albin Michel.

Ortiz, H. (1994). *Las organizaciones economicas populares (semillas pequenas para grandescambios).* Lima : Servicios Educativos El Agustino.

Pecqueur, B. (2000). *Le développement local.,* Paris : Syros.

Panos, (1989). *Quand les pauvres du Sud s'autofinancent.* Paris : L'Harmattan.

Pitt, M., and Shahidur Khandker. (1998). "The Impact of Group-based Credit Program on Poor Households in Bangladesh: Does the Gender of Participant Matter?", *Journal of Political Economy,* 106(5): 958-996.

Razeto, L. (1990). *Las organizaciones economicas populares.* Santiago : PET.

Roesch, M. et Helies, O. (2007). "La microfinance, outil de gestion de risque ou de mise en danger par sur-endettement ? Le cas de l'Inde du Sud", *Autrepart,* 44 : 119-140, décembre.

Reilly, C. A. (eds) (1995). *New Paths to Democratic Development in Latin America: the Rise of NGO-Municipal Collaboration.* Boulder (USA) et London (UK) : Lynne Rienner Publishers.

Rutherford, S. (2002). *Comment les pauvres gèrent leur argent.* Paris : Karthala.

Servet, J-M. (2009). "Toward an alternative economy: Reconsidering the market, money, and value", in Chris Hann, Keith Hart (eds), *Market and Society. The Great Transformation Today,* Cambridge University Press, pp. 72-90.

Servet, J-M. (2006). *Banquiers aux pieds nus, La microfinance.* Paris : Odile Jacob.

Sen, A. (2000). *Un nouveau modèle économique. Développement, justice, liberté.* Paris : Odile Jacob.

Smith, A. (1759). *Théorie des sentiments moraux.* Paris : Presse universitaire de France (PUF)

Smith, A. [1999] 1759). *Théorie des sentiments moraux,* traduction de M. Biziou, C. Gantier & J.-F. Pradeau. Paris : Presses universitaires de France.

Soulama, S. (2005). *Microfinance, Pauvreté et développement.* Paris : Éditions des archives contemporaines.

Utting, P. (2002). "L'intérêt bien compris des entreprises ?", *Problèmes économiques,* 2(745) : 23-25.

Vigier, J-P. (1995). *Finances et solidarité, votre épargne pour le développement.* Paris : Syros.

Walras, L. (1896). *Études d'économie sociale. Théorie de la répartition de la richesse sociale*. Lausanne : F. Rouge.

Yunus, Muhammad. (2003). *Banker to the Poor*. New York : Public Affairs.

Yunus, Muhammad. (2008). *A World Without Poverty*. New York: Public Affairs.

Zapata, A. (1996). *Sociedad y poder local.*, Lima : DESCO.

CHAPITRE 31 :

POLITIQUE PUBLIQUE D'APPUI À LA MICRO FINANCE AU BURUNDI

Théogène NSENGIYUMVA,
Christian KAMENGA
et Célestin MAYOUKOU

Résumé

Ce chapitre a comme objectif d'étudier les effets de la politique publique sur le financement des microentreprises agricoles au Burundi à travers le crédit warrantage. Les résultats économétriques sont fort intéressants. Par exemple, on constate que les subventions publiques ont un effet positif sur le financement des microentreprises agricoles en groupement solidaire ou en coopératives. Cependant, ces effets sont réduits lorsque les microentrepreneurs ne sont pas en coopérative, ou lorsqu'il manque des politiques d'accompagnement et/ou de suivi de l'État. Ces résultats suggèrent que l'État puisse encourager la promotion de l'entrepreneuriat en coopératives. Cela conduirait inévitablement à la planification spatiale, afin de dégager des espaces à vocation agricoles, agro-industriels, ainsi que des espaces urbains.

Mots-clés : Microfinance, Microentreprise agricole, warrantage, Burundi

Abstract

The aim of this chapter is to study the effects of public policy on the financing of agricultural microenterprises in Burundi through warrantage credit. The econometric results reveal some very interesting findings. For example, public support has a positive effect on the financing of agricultural microenterprises in solidarity groups or cooperatives. However, these effects are reduced when the microentrepreneurs are not in cooperatives, or when there is a lack of government support and/or monitoring policies. These results suggest that the state could encourage the promotion of cooperative entrepreneurship. This would inevitably lead to spatial planning, in order to free up areas for agricultural and agro-industrial use, as well as urban areas.

Keywords : *Microfinance, Agricultural microentreprise, warrantage, Burundi*

Introduction

Les petits exploitants agricoles ont plus de difficulté à obtenir des prêts bancaires que les autres microentrepreneurs. Pour faciliter leur accès au financement auprès des institutions financières traditionnelles, les gouvernements ont mis en place une stratégie : le crédit warrantage. Il s'agit d'un prêt garanti « *par un stock de produit agricole dont la valeur est susceptible d'augmenter sur une période donnée. À travers cette technique, appelée aussi système de certificat d'entrepôt, crédit sur nantissement de stocks, crédit stockage, crédit warranté, il est recherché comme objectif premier non pas la sécurisation des productions, mais plutôt le gain économique » (*République du Niger, 2011*)*.

De ce fait, l'on entend qu'il permet alors de « *(i) d'auto-garantir le crédit par un stock de produits agricoles conservables ; (ii) de mettre en œuvre une activité génératrice de revenus (AGR) ; (iii) de profiter de l'augmentation des prix des produits agricoles ; et (iv) de favoriser une demande groupée, solvable et prévisible pour les intrants* » (République du Niger, 2011, *Op. cit*). Ces constats rejoignent ceux de Ouattara et al., (2018) dans le cas burkinabè. En effet, en évaluant les effets du warrantage sur les conditions socio-économiques des exploitants agricoles dans les zones semi-arides du Burkina Faso, ces auteurs affirment que ce mécanisme améliore, non seulement les revenus des agriculteurs, mais aussi leurs moyens de subsistance. C'est pourquoi Yoshino et Taghizadeh-Hesary (2019) affirment que le mécanisme de prêt garanti par l'État en faveur des microentreprises se justifie par leurs difficultés à accéder aux prêts formels et leur rôle socio-économique. Ces instruments de financement visent alors à assurer un financement stable aux microentreprises. En pratique, l'obtention des crédits warrantages exige que les emprunteurs soient en groupement solidaire pour gérer leurs microentreprises agricoles ensemble. Cela exige une planification de l'espace pour dégager les espaces productifs dédiés aux activités agricoles des habitables. Par ailleurs, pour que les activités des IMF aient des effets escomptés, celles-ci doivent continuer à offrir des services financiers à de faibles coûts. Il en suivra alors un effet d'engouement qui attirera d'autres clients (Hartarska, Zhang et Denis A. Nadolnyak, 2023).

Dans le cas burundais, cette politique s'est matérialisée par une série d'actions entreprises par l'État. Parmi ces actions, nous pouvons noter la mise en place d'un fonds de microcrédit rural (FMCR) en 2002, le fonds de garantie pour les microentreprises agricoles gérées par le FMCR en 2012, le microcrédit aux pauvres économiquement actifs en 2012, le fonds de garantie pour les fertilisants agricoles géré par le ministère de l'Environnement, de l'Agriculture et de l'Élevage (MINEAGRIE) dans le cadre du programme national pour la subvention des engrais au Burundi

(PNSEB) en 2012 (Nsengiyumva, 2021). Ces politiques visent à promouvoir le financement des microentreprises agricoles par les IMF.

Or, l'analyse des données sur les microcrédits octroyés par les IMF révèle que, sur 100 demandes de prêts, 46,54 % ont été accordés à des microentreprises agricoles. Parmi celles-ci, 12,83 % étaient constituées en association, tandis que 30,53 % fonctionnaient sous le régime de l'entreprise individuelle. En ce qui a trait au montant du crédit, 11,42 % des fonds ont été alloués aux microentreprises agricoles pour un montant de 14 616,14 milliards de francs burundais. 33,60 % du montant du crédit ont été octroyés aux microentreprises qui évoluent dans le commerce pour un volume de 16 605,19 milliards de francs burundais (Banque de la République du Burundi, 2018 ; Réseau des Institutions de Microfinance au Burundi, 2017). De ce qui précède, nous posons la question principale suivante : est-ce que les politiques de soutien entreprises par l'État burundais, pour promouvoir le financement des microentreprises agricoles, ont des effets positifs ? Il s'agit alors d'identifier les effets de ces politiques sur le financement des microentreprises agricoles au Burundi, et leurs impacts sur la possibilité de développement des villes.

Les données qui sont utilisées dans cet article proviennent des portefeuilles des IMF sur les crédits agricoles. Par répondre à notre questionnement, la première partie de cet article fait la revue de la littérature sur les effets des politiques de soutien au financement des microentreprises agricoles. La deuxième partie fait une modélisation des effets de ces politiques au Burundi. La troisième présente les données ainsi que le modèle à estimer. La quatrième partie présente les résultats empiriques, puis propose des recommandations en matière de politique économique, tandis que la cinquième partie clôt le texte.

I. Revue de littérature

Pour assurer la production agricole suffisante, des mécanismes visant à améliorer la productivité s'avèrent incontournables. C'est dans ce contexte qu'en s'interrogeant sur « la contribution de la microfinance au financement de l'agriculture », Wampfler et Lapenu (2002) justifient ces appuis aux agriculteurs par le fait que le secteur agricole, qui reste très important dans les pays en voie de développement, bénéficie d'un financement des institutions financières formelles faible et a besoin de se moderniser. Selon ces auteurs, cette modernité porte sur l'intensification du secteur agricole, le financement de l'innovation technique et organisationnelle. Ces types de financement pouvant être, soit à court terme, soit à long terme, ne peuvent pas être satisfaits par l'autofinancement des agriculteurs (Essombè Edimo, 2005).

Cette faible capacité financière s'explique par les faibles rendements des microentreprises agricoles, causés par les méthodes d'exploitation utilisées. En effet, celles-ci disposent comme facteur de production abondant, dans leur majorité, la main-d'œuvre familiale alors que les facteurs exogènes, tels que les aléas climatiques, échappent aux contrôles des agriculteurs (Bindoumou et Essombè Edimo, 2016). Vu sous cet angle d'analyse, l'objectif de telles interventions serait d'améliorer la production agricole et le revenu des ménages ruraux (Humphreys et Bayot, 2008). Pour Morvant-Roux (2008), ces interventions se justifient par la spécificité des besoins financiers du secteur agricole par rapport aux autres secteurs d'activités. Parmi ces particularités, les auteurs soulignent en effet la localisation des activités agricoles en zones inaccessibles, « *le manque d'infrastructures et autres services connexes, la dépendance du secteur agricole aux conditions climatiques, la saisonnalité des revenus des agriculteurs, la volatilité des prix des produits agricoles, les garanties peu faibles des agriculteurs [...]* ». De fait, bon nombre de ces entreprises agricoles se financent essentiellement par le secteur informel (Essombe Edimo, 1998).

Wampfler (2008) rappelle les conditions dans lesquelles la technique du crédit warrantage peut produire les effets positifs. Il s'agit de « l'existence des entrepôts agréés, c'est-à-dire des infrastructures adaptées, des agriculteurs groupés en coopératives, du professionnalisme des institutions prêteuses, de l'existence des manuels de procédures et de formation, de guide de formation en suivi-évaluation des produits mis en warrantage, de nombreux produits non périssables et la coopération entre les différents acteurs ». Cela signifie en clair que l'absence de l'un de ces facteurs peut remettre en cause les effets escomptés de ce mécanisme.

À ce niveau, Abebe et Kegne (2023) affirment que les microcrédits, ainsi que les services non financiers offerts par des institutions de microfinance (IMF), permettent d'augmenter significativement les compétences managériales et entrepreneuriales de femmes entrepreneures. Ces dernières deviennent performantes dans la conduite de leurs microentreprises. Le développement de ces microentreprises agricoles a comme corollaire une nouvelle planification spatiale, afin de dégager de grands espaces industriels et commerciaux, la mise en place des routes et autres infrastructures connexes, et l'installation des consommateurs afin de profiter des externalités positives de cette réorganisation spatiale (Essombè Edimo, 2007). De telles politiques peuvent conduire aussi à des investissements fonciers (Edafe, Osabuohien et Matthew, 2023). C'est pourquoi Essombè Edimo (2005) affirme que ce type de modèle constitue un « système productif local dans lequel ce modèle n'est plus une simple juxtaposition d'entreprises, mais un système d'articulations entre les instances politiques et économiques ». Ces résultats sont similaires à ceux de Vishwakarma et Mujjoo (2023) dans le cas indien, qui montrent que de telles actions étatiques sont motivées par l'existence des personnes à faible revenu, comme celles vivant dans la pauvreté rurale, des clients à faible revenu et les propriétaires de petites entreprises disposant peu de capital pour leurs opérations et qui reçoivent des moyens financiers des IMF. Ces emprunts leur permettent ainsi de développer leur entreprise. Pour ce faire, la microfinance devient un outil spécifique de financement destiné à aider les microentrepreneurs qui éprouvent des besoins financiers de trésorerie et/ou d'investissement et ceux qui vivent dans des zones rurales et qui souhaitent voler de leurs propres ailes.

Afin de résoudre ce problème de chaînon manquant de financement, divers acteurs doivent travailler en synergie. Du côté de l'administration locale, son intervention jouerait un rôle sans précédent afin de mettre en place un cadre institutionnel approprié tenant compte du savoir-faire local. Du côté des microentreprises agricoles, celles-ci ont besoin de fonds de garantie et de techniques solidaires pour accéder aux services financiers. Cela se justifie par le manque de garanties leur permettant d'accéder individuellement au crédit dans les institutions financières (Choudhury, Hossain et Solaiman, 2008). Pour ces auteurs, la réussite des fonds de garantie est positivement corrélée à la responsabilité morale, au cadre politique national. Dans le cas bangladais, un programme de fonds a permis aux femmes d'accéder aux crédits productifs dans les institutions de microfinance, passant de dix bénéficiaires à trente mille bénéficiaires en 2004.

En s'intéressant aux programmes des microcrédits aux microentreprises, Adams et Von Pischke (1992) trouvent que les fonds de garantie aux petits exploitants agricoles ont moins d'effets. Ils justifient cette position par le fait que ces fonds sont accordés à court terme. Pour ces auteurs, l'accord du crédit aux microentrepreneurs agricoles doit tenir compte du taux d'intérêt et de la rentabilité du projet à financer. Cela est dû à l'existence de plusieurs facteurs externes qui échappent au contrôle des microentrepreneurs. C'est le cas de la pluviométrie, l'absence de plans de suivi de l'emprunteur. Leur analyse révèle que les programmes de soutien aux exploitants agricoles restent coûteux. Ce coût élevé est lié aux activités de ciblage que l'institution prêteuse doit opérer. Ils continuent leur analyse en soulignant que ces coûts peuvent conduire aux phénomènes de rationnement de crédit, surtout lorsque le montant de crédit demandé est de plus en plus petit. Pour que ces crédits puissent produire leurs effets escomptés, ils doivent porter sur le long terme. De même, l'usage de groupes solidaires peut amoindrir ce phénomène de rationnement. En effet, les membres des groupes solidaires s'auto-choisissent. Ceux-ci sont issus d'une même aire géographique ou d'un même secteur socioprofessionnel. Cela évite par conséquent le comportement d'aléa moral et de sélection adverse (Servet, 1996).

Farinha et Félix (2015) ont mené une étude sur les facteurs explicatifs de l'offre et de la demande du crédit aux petites et moyennes entreprises portugaises. Après leur analyse économétrique, les auteurs justifient l'appui aux PME par le fait que la demande des services financiers est liée aux taux d'intérêt, à la capacité de financement interne de l'entreprise. Quant à l'offre des services financiers, elle est corrélée positivement à la capacité de la PME à générer des flux de trésorerie lui permettant de rembourser sa dette, et à la valeur de la garantie. Ces conditions concernent aussi les microentreprises. Certes, l'existence de fonds de garantie a un effet positif sur le financement de la microentreprise et la création des espaces agricoles propices. Cependant, nous pensons que cela ne suffit pas pour que l'activité soit financée. Celle-ci (de financement) doit être rentable. Ainsi, lorsque le niveau de rentabilité de l'entreprise est remis en cause, cela pourrait entraîner le rationnement soit total, soit partiel de celle-ci.

Ces analyses rejoignent les conclusions de Adeosun, Shittu et Ugbede (2021) dans le cas nigérian sur les options de financement des jeunes microentrepreneurs en milieu informel. En effet, leurs résultats économétriques révèlent que les antécédents du revenu, le genre, la capacité à travailler en réseau et la sensibilisation ont un effet positif sur l'accès au financement. À titre illustratif, les auteurs mentionnent un effet positif entre l'accès au financement formel et l'évolution des revenus de la microentreprise, un effet positif entre le genre et la capacité à travailler en réseau pour le financement informel, alors que la sensibilisation a un effet positif sur les deux modes de financement. Ces effets positifs de la sensibilisation se justifient par le fait que l'objectif de la sensibilisation est d'amener les bénéficiaires de crédit à adopter des comportements responsables, surtout en évitant le comportement d'aléa moral.

C'est pourquoi Adhikary, Kutsuna et Stephannie (2021) admettent que le fonds de garantie constitue, pour les microentreprises, une caution et remplace la garantie qu'elles devraient présenter en demandant le crédit. Il constitue en même temps un instrument politique permettant de réduire le rationnement des microentreprises.

II. Méthodologie de recherche

1. Les données

Dans cet article, nous utilisons les données secondaires récoltées dans les portefeuilles des IMF burundaises sur les crédits agricoles. Afin de déterminer la taille de l'échantillon, étant donné que la population-mère n'est pas connue, c'est-à-dire le nombre des microentreprises agricoles qui ont été financées, nous nous sommes servis de la formule de Anderson ; Sweeney et Williams (2007). Cette formule est la suivante :

$$n = \frac{t^2 * p * (1-p)}{e^2}$$

Avec n : taille de l'échantillon à considérer

t : niveau de confiance. Traditionnellement, pour un intervalle de confiance de 95 %, t=1,96 p : proportion estimée de la population qui présente le caractère étudié.

Comme la population n'est pas connue, les mêmes auteurs proposent de prendre p=0,5

En appliquant cette formule, nous trouvons :

$$n = \frac{1{,}96^2 * 0{,}5 * (1 - 0{,}5)}{0{,}05^2} \quad soit\ n = 384\ individus$$

Il s'agit de la taille minimale à considérer. Les données récoltées mettent en évidence le statut socioprofessionnel du microentrepreneur, son caractère associatif ou non, l'IMF dans laquelle il a demandé le crédit, le montant du crédit qu'il a sollicité et celui qui l'a obtenu.

2. Le modèle

L'objet de cette étude est d'identifier les effets du warrantage sur le financement des agriculteurs au Burundi. Ces effets sont matérialisés par la probabilité plus ou moins élevée d'accéder au financement dans les IMF par les microentreprises agricoles ou non. Nous mettons particulièrement l'accent sur le rationnement par la quantité, c'est-à-dire sur une situation où l'offre de crédit est inférieure à la demande de crédit. Si la différence entre l'offre de crédit et la demande de crédit est égale à 0, en conséquence, le rationnement n'existe pas. Dans le cas contraire, le rationnement ne peut être ignoré. La présence de 0 montre une discontinuité dans la variable d'intérêt. Ainsi, le modèle de régression linéaire devient inapproprié et laisse place aux modèles avec variables dépendantes limitées. Cela explique le choix du modèle Tobit.

On a le modèle Tobit qui se présente de la façon suivante :

$Y_i^* = X_i \emptyset + \varepsilon_i$ (1) avec Y_i^* effet du warrantage sur le financement des microentreprises agricoles

X_i : un vecteur des caractéristiques de la microentreprise agricole ou celle du microentrepreneur

ε_i : désigne le terme d'erreur

Le modèle général s'écrit :

$$Y_i^* = \beta_0 + \beta_1 marie + \beta_2 genre + \beta_3 activite + \beta_4 c_{cant} + \beta_5 cult + \beta_6 ens_p + \beta_7 autres + \beta_8 tyecaut + \varepsilon_i \ (2)$$

L'effet étant une variable non observable, nous pouvons écrire l'équation (2) sous forme d'un système, on alors :

$$Y_i = \begin{cases} Y_i^* \ si\ Y_i^* > 0 \\ 0\ si\ Y_i^* \leq 0 \end{cases} \ (3)$$

Le terme d'erreur est supposé suivre une loi normale centre réduite.

On peut écrire : $\varepsilon_i \rightarrow \aleph(0,1)$

Après manipulations de l'équation (3), nous obtenons la probabilité que le crédit warrantage ait un effet positif sur le financement de la microentreprise agricole suivante :

$$P(Y = 1/X) = \emptyset(X'\beta) \quad (4)$$

où $\emptyset$ désigne la fonction de répartition de la loi normale centrée réduite (Harari-kermadec, 2007).

Par ailleurs, il faut noter que le modèle Tobit peut être estimé soit en une étape, soit en deux étapes. Dans le second cas, on estime d'abord le modèle probit puis le modèle tronqué. Cette procédure est également connue sous le nom du modèle Cragg ou hurdle. Ensuite, on compare le modèle Tobit en une étape et celui en deux étapes à l'aide de test de Chi-deux. Le résultat de test de chi-deux (70,04) dépasse largement la valeur critique (15,51) au seuil de 5 % (ddl=8). Le modèle Tobit en une étape est donc rejeté au profit du modèle Cragg. Cependant les tests de significativité des paramètres du modèle Cragg sont globalement moins concluants que ceux du Tobit en une étape. Nous avons donc préféré le Tobit en une étape. C'est la censure à gauche qui est retenue ici.

III. Résultats

1. Statistiques descriptives

Le **Tableau 1** renseigne sur les statistiques descriptives. Nous constatons que la moyenne de la variable rationnement (mesurée en logarithmes) est quatre fois plus importante dans l'échantillon tronqué (c'est-à-dire, l'échantillon dans lequel les agriculteurs qui ne sont pas rationnés sont exclus) que dans l'échantillon non tronqué. La présence de 0 introduit donc des biais importants dans les calculs des estimateurs. En tenant compte de la proportion de 0 dans la variable d'intérêt (soit 74,63 %), nous avons estimé le modèle Tobit en une seule étape dans le **Tableau** de **l'annexe 2**. Nous avons rapporté les effets marginaux dans la colonne 2 pour les individus rationnés et dans la colonne 3 pour les individus non rationnés.

Le tableau montre que ce sont des activités agricoles qui sont appuyées par le fonds de garantie (62 % pour le modèle non tronqué et 84 % pour le modèle tronqué). Les microentrepreneurs qui bénéficient des fonds de garantie sont généralement des hommes (69 % pour le modèle non tronqué et 89 % pour le modèle tronqué). Ceux-ci sont en majorité mariés (93 % pour le premier modèle et 94 % pour le second).

Tableau 1 : Statistiques descriptives

Sigle	Intitulé de la variable	Min	Max	SD[146]	Moyenne	
					Non tronquée	Tronqué
Rat	Logarithme du rationnement du crédit (différence de logarithmique entre la demande de crédit et l'offre de crédit)	0	0,92	0,14	0,06	0,24
Marié	Variable binaire qui prend la valeur 1 si l'individu est marié et 0 ailleurs	0	1	0,26	0,93	0,94
Genre	Variable binaire qui prend la valeur 1 si l'individu est homme et 0 ailleurs	0	1	0,46	0,69	0,89
Activité	Variable binaire qui prend la valeur 1 si l'individu pratique l'agriculture et 0 ailleurs (élevage)	0	1	0,48	0,62	0,84
c_cant	Variable binaire qui prend la valeur 1 si l'individu est un commerçant pratiquant l'agriculture et 0 ailleurs (élevage)	0	1	0,20	0,04	0,06
Cult	Variable binaire qui prend la valeur 1 si l'individu est un cultivateur et 0 ailleurs (éleveur)	0	1	0,27	0,06	0,003
ens_p	Variable binaire qui prend la valeur 1 si l'individu est un fonctionnaire pratiquant l'agriculture	0	1	0,24	0,06	0,07
Autres	Variable binaire qui prend la valeur 1 si l'individu est membre d'une banque ou passionné ou s'il travaille dans le secteur privé et 0 ailleurs.	0	1	0,09	0,01	0,003
typecaut	Type de caution. Variable binaire qui prend la valeur 1 si la caution est individuelle et 0 ailleurs (caution solidaire)	0	1	0,43	0,08	0,09

Source : Résultat du modèle tobit en une seule étape

146 C'est l'écart-type.

2. Résultats économétriques du modèle Tobit

Afin de mettre en évidence l'effet de chaque variable sur l'effet de financement de la microentreprise agricole, nous avons estimé le modèle Tobit à l'aide de Stata. Nous obtenons alors le **Tableau 2** suivant :

Tableau 2 : Résultats économétriques

Tobit regression	Number of obs = 1,077					
LR chi2(8) = 228.76						
				Prob > chi2 = 0.0000		
Log likelihood = -374.5828				Pseudo R2 = 0.2339		
Rat	Coef.	Std. Err.	t	P>|t|	[95 % Conf. Interval]	
Mar	.0337078	.0590237	0.57	0.568	-.0821076	.1495232
Genre	.109053**	.0504644	2.16	0.031	.0100325	.2080734
Agri	.3881914***	.0690604	5.62	0.000	.252682	.5237007
c_cant	.362619***	.0895465	4.05	0.000	.1869122	.5383258
Cult	.2821426*	.1571726	1.80	0.073	-.0262592	.5905445
ens_p	.8001917***	.1310671	6.11	0.000	.5430137	1.05737
autres	.4431404**	.2152183	2.06	0.040	.0208421	.8654387
typcaut	-.549343***	.086483	-6.35	0.000	-.7190388	-.3796472
_cons	-.5956102	.0807831	-7.37	0.000	-.7541216	-.4370988

Source : Auteurs

* ; ** et *** donnent le degré de significativité de ces variables pour p-value est inférieure à 10 %, p-value inférieur à 5 % et p-value inférieure à 1 % respectivement.

3. Discussion des résultats

Le statut du microentrepreneur a un effet positif sur l'usage de fonds de garantie sur le financement de la microentreprise agricole. Par exemple, la microentreprise agricole détenue par un homme et marié augmente la probabilité d'utiliser le fonds de garantie comme caution auprès des IMF, respectivement, de 0.021 % et de 0.0065 %. Ces résultats rejoignent ceux de Taghizadeh-Hesary, Yoshino et Fukuda (2019) et Adegoroye, Olubunmi-ajayi et Akinbola, (2023). Pour ces auteurs, les microentreprises dirigées par les femmes connaissent une contreperformance par rapport à celles dirigées par les hommes. Cela peut mettre en évidence la nécessité d'associer les services non financiers aux services financiers de façon continue à l'endroit des microentrepreneurs féminins, afin d'améliorer leur niveau managérial et entrepreneurial (Bros, Fareed et Lochard, 2023).

Le fait que le microentrepreneur pratique l'agriculture augmente la probabilité d'obtenir le crédit de 0.07 % par rapport à celui qui fait des activités pastorales. Ces résultats sont corroborés par l'estimateur *agri* qui a un effet positif (+) sur l'obtention de financement en hypothéquant le fonds de garantie par rapport à celui qui fait de l'élevage. Cette probabilité est augmentée par l'existence des fonds de garantie, qui constituent une caution sûre auprès des IMF. Ces résultats sont similaires à ceux de Wahidi et Paturel, (2016) dans le cas libanais.

Par ailleurs l'estimateur *ens_p* a un effet plus élevé (0.154 %) d'utiliser le fonds de garantie comme caution que les agriculteurs (0.07 %). Cela serait dû aux risques élevés inhérents aux activités agricoles même s'il existe des fonds de garantie, ou aux mesures de précaution des IMF. Cela peut traduire alors l'absence des mesures de suivi sur le terrain par les pouvoirs politiques. Ces mesures de suivi, ces crédits warrantages ainsi que les mesures assurantielles constituent des facilités de financement stimulantes pour les jeunes entrepreneures (Anifowose, Olomola et Adeosun, 2023). Ainsi, le développement de ces entreprises agricoles spécialisées permet de dégager des zones dédiées aux activités agricoles et à d'autres, voire à des centres urbains. C'est le cas des zones de cultures d'exportation, comme le thé, ainsi que des zones industrielles de transformation de ces cultures au Burundi. Dans ces zones industrielles apparaissent de nouvelles constructions de logement non seulement pour les employés de ces industries, mais aussi les habitants de la localité qui développent, en même temps, d'autres activités génératrices de revenu qui aboutissent à des centres urbains (Scheba et Scheba, 2023).

Ces résultats rejoignent ceux de Wampfler (2008, *Op. cit*) dans le cas du Niger. En effet, pour cet auteur, le développement de la technique du warrantage est lié à l'existence des produits facilement stockables, des produits non périssables et susceptibles d'augmenter les prix dans le futur. De même, afin que la pratique des crédits warrantage puisse produire ses effets escomptés, il est souhaitable de la promouvoir au niveau des IMF et de mettre en évidence des espaces agricoles. En effet, ces exigences montrent que le crédit warrantage est fondé sur le principe de la spéculation des produits admis en warrantage.

Le fait qu'un microentrepreneur agricole sollicite le crédit sur la base d'une caution individuelle diminue la probabilité de l'obtenir de 0.106 % avec une significativité de 1 %. Ces résultats sont corroborés par les travaux de Guttman (2008) et Haldar et Stiglitz, (2016). Pour ces auteurs, l'usage de la caution solidaire impacte positivement l'accès au financement. Dans le cas du Burundi, cela peut être dû à la volonté de l'État d'encourager les microentrepreneurs agricoles à travailler dans les coopératives, surtout les jeunes et les femmes, par la mise en place des banques dédiées au financement des femmes entrepreneures (BIDF) et des jeunes entrepreneurs (BIJE) (Abebe et Kegne, 2023). En effet, les fonds de garantie ne sont accordés qu'aux microentrepreneurs agricoles ayant une coopérative en activité.

Conclusion

Ce chapitre avait comme objectif d'étudier les effets de la politique publique sur le financement des microentreprises agricoles au Burundi à travers le crédit warrantage et leur influence sur la possibilité de booster le développement des villes au Burundi. Au regard des résultats économétriques, nous pouvons dire que les appuis publics ont un effet positif sur le financement des microentreprises agricoles. Les effets de la politique d'appui au financement des microentreprises agricoles augmentent lorsque le microentrepreneur a un revenu supplémentaire (0.154 %) que s'il évolue dans l'agriculture seulement (0.07 %). Par contre, ces effets diminuent lorsque les microentrepreneurs sont individuels (-0.106 %) que s'ils sont en coopérative ou s'il manque des politiques d'accompagnement et/ou de suivi de l'État. Ces résultats mettent en évidence la nécessité pour les microentrepreneurs agricoles d'évoluer dans les coopératives.

Atanasova et Wilson, (2004) justifient cette réticence des institutions financières envers les activités agricoles par le niveau d'incertitude élevé en milieu rural, et le coût supplémentaire que les IMF doivent supporter. Ces coûts peuvent être liés à la formation des agents des crédits assurés par les IMF en matière de crédit warrantage, à la recherche des manuels de procédures sur le crédit warrantage, au suivi-évaluation des produits agricoles admis en warrantage, à la disponibilité des infrastructures de stockage adaptées, à l'absence des entrepôts agréés, à la faiblesse de l'appui financier pour rendre disponible des infrastructures et à la petitesse des produits admis en warrantage. Par exemple, dans le cas burundais, seul le riz fait l'objet de warrantage. Pour ce faire, nous pouvons dire que la fourniture de ces mesures d'accompagnement par l'État burundais pourrait encourager les IMF au financement des microentreprises agricoles.

Forts de ces résultats, nous pouvons suggérer à l'État burundais de participer à la construction des infrastructures adaptées pour le stockage des produits admis en warrantage, de planifier davantage son territoire pour la promotion des entreprises agricoles et des industries agroalimentaires modernes, surtout dans la plaine de l'Imbo à Gihanga, tout en mettant en place un cadre de coordination. Ce cadre pourra permettre d'assurer la formation des agents des IMF en matière de crédits warrantage, de disposer les manuels des procédures en produits warrantages, d'aider à identifier d'autres produits pouvant faire l'objet du warrantage, et de coordonner les actions de planification spatiale. Ce cadre pourrait aussi préciser les besoins en matière de planification spatiale. Ainsi, le développement des coopératives agricoles conduit à de nouvelles politiques publiques de planification spatiale, afin de distinguer des espaces à vocation agricole, des espaces agro-industriels et des espaces urbains.

Bibliographie

Abebe, A., & Kegne, M. (2023). The role of microfinance institutions on women ' s entrepreneurship development. *Journal of Innovation and Entrepreneurship, (2023) 12:*, 2–24.

Adams, D. W., & Von Pischke, J. D. (1992). Microenterprise credit programs: Déja vu. *World Development*, *20*(10), 1463–1470.

Adegoroye, A., Olubunmi-ajayi, T. S., & Akinbola, A. E. (2023). *Socioeconomic and performance of agripreneurs : a case study of dried melon value chain in owo local government of Ondo*. *5*(12), 851–862.

Adeosun, O. T., Shittu, A. I., & Ugbede, D. (2021). Disruptive financial innovations : the case of Nigerian micro-entrepreneurs. *Journal of Business and Socio-Economic Development*, *ahead-of-p*(ahead-of-print).

Adhikary, B. K., Kutsuna, K., & Stephannie, S. (2021). Does the government credit guarantee promote micro, small, and medium enterprises? Evidence from Indonesia. *Journal of Small Business and Entrepreneurship*, *33*(3), 323–348.

Anderson D. R. ; Sweeney D. J. & Williams T. A. (2007). *Statistiques pour l'économie et la gestion* (Nouveaux H).

Anifowose, O. L., Olomola, M.A., & Adeosun, A.. (2023). Youths' Participation in Agrobusiness in Ondo State. . . *KIU Interdisciplinary Journal of Humanities and Social Sciences*, *4(1)*, 236–258.

Atanasova, C. V., & Wilson, N. (2004). Disequilibrium in the UK corporate loan market. *Journal of Banking and Finance*, *28*(3), 595–614.

Banque de la République du Burundi. (2018). *Rapport d'activités sur le secteur de la microfinance au Burundi*. Bujumbura/Burundi.

Bindoumou, M. et, & J R Essombè Edimo. (2016). Climate Uncertainty and Dynamic Adjustment in Agriculture : The case of Cameroon. *PROCEEDINGS ICAS VII Seventh International Conference on Agricultural Statistics*, (October), 1–20.

Bros, C., Fareed, F., & Lochard, J. (2023). *Climbing the economic ladder : The role of microfinance institutions in promoting entrepreneurship in Pakistan*. (October 2022), 1143–1162.

Choudhury, M. A., Hossain, M. S. &, & Solaiman, M. (2008). *A well-being model of small-scale microenterprise development to alleviate poverty: A case study of Bangladesh village*. *28*(11), 485–501.

Edafe, O. D., Osabuohien, E., & Matthew, O. (2023). Heliyon Large-scale agricultural land investments and food security in Nigeria. *Heliyon*, *9*(9), e19941.

Essombè Edimo J.-R. (2007). Localisation périphérique des entreprises industrielles et création de nouvelles centralités à Douala. *Mondes En Developpement*, *1*(137), 101–116.

Farinha, L., & Félix, S. (2015). Credit rationing for Portuguese SMEs. *Finance*

Research Letters, *14*, 167–177.

Guttman, J. M. (2008). Assortative matching, adverse selection, and group lending. In *Journal of Development Economics* (Vol. 87).

Haldar, A., & Stiglitz, J. E. (2016). Group lending, joint liability, and social capital: Insights from the Indian microfinance crisis. *Politics and Society*, *44*(4), 459–497.

Harari-kermadec, H. (2007). *Le modèle Tobit*. Retrieved from http://samm.univ-paris1.fr/IMG/pdf/pdf_tobit.pdf

Hartarska, V., Zhang, J., & Denis A. Nadolnyak. (2023). *Scope Economies from Rural and Urban Microfinance Services*.

Humphreys, E., & Bayot, R. S. (2008). *Increasing the productivity and sustainability of rainfed cropping systems of poor smallholder farmers*. Ghana.

J-R Essombe Edimo. (1998). Dynamique financière des tontines : quels enseignements pour le financement des petites entreprises en Afrique ? *Tiers-Monde*, *39*(156), 861–883.

J.-R. Essombè Edimo. (2005). Le développement territorialisé à Douala : fondements et repérage des modalités institutionnelles d'une dynamique nouvelle. *Mondes En Developpement*, *2*(130), 111–130.

Morvant-Roux, S. (2008). *Quelle microfinance pour l'agriculture des pays en développement ?* Paris.

Nsengiyumva T. (2021). *La microfinance et appui au microentrepreneuriat : cas du Burundi*. Thèse de doctorat : Université de Rouen-Normandie.

Ouattara, B., Taonda, S. J. B., Traore, A., Serme, I., Lompo, F., Peak, D., … Bationo, A. (2018). Use of a warrantage system to face rural poverty and hunger in the semi-arid area of Burkina Faso. *Journal of Development and Agricultural Economics*, *10*(2), 55–63.

République du Niger. (2011). *Manuel de formation sur le warrantage au Niger*. Niamey.

Réseau des Institutions de Microfinance au Burundi. (2017). *Les indicateurs de la performance des institutions de microfinance au Burundi*. Bujumbura/Burundi.

Scheba, A., & Scheba, A. (2023). *Financializing Africa ' s urban peripheries : the rise of housing microfinance*.

Servet, J.-M. (1996). Risque, incertitude et financement de proximité en Afrique. Une approche socio-économique. *Tiers-Monde*, *37*(145), 41–57.

Taghizadeh-Hesary, F., Yoshino, N., & Fukuda, L. (2019). Gender and Corporate Success: An Empirical Analysis of Gender-Based Corporate Performance on a Sample of Asian Small and Medium-Sized Enterprises. *ADBI Working Papers*.

Vishwakarma, R. K., & Mujjoo, R. (2023). Role of microfinance in poverty alleviation in India. *International Journal of Financial Management and Economics*, *6*(1), 221–226.

Wahidi, I., & Paturel, R. (2016). L'octroi de crédits aux femmes entrepreneuses libanaises par les banquiers : le cas du dispositif Kafalat. *La Revue Gestion et Organisation*, *8*(1), 40–52.

Wampfler, B. (2008). *Le développement du Warrantage au Niger : Communication du projet Intrants FAO au colloque FARM.* Paris.

Wampfler, Betty, & et Lapenu, C. (2002). *La microfinance au service de l'agriculture familiale Le financement de l'agriculture familiale dans le contexte de libéralisation : Quelle contribution de la microfinance ?* Dakar/Sénégal.,

Yoshino, N., & Taghizadeh-Hesary, F. (2019). Optimal credit guarantee ratio for small and medium-sized enterprises' financing : Evidence from Asia. *Economic Analysis and Policy, 62*, 342–356.

Annexes

1) Effets marginaux dans le cas de l'échantillon censuré

Delta-method

	dy/dx	Std. Err	z	P>|z|	[95 % Conf. Interval]	
Mar	.006512	.011402	0.57	0.568	-.0158354	.0288595
genre	.0210681**	.0096953	2.17	0.030	.0020657	.0400704
Agri	.0749951***	.0131343	5.71	0.000	.0492523	.100738
c_cant	.0700548***	.0171092	4.09	0.000	.0365214	.1035881
Cult	.0545074*	.0307732	1.77	0.077	-.005807	.1148219
ens_p	.1545899***	.0236464	6.54	0.000	.1082438	.2009361
autres	.0856108**	.0411499	2.08	0.037	.0049585	.1662631
typcaut	-.1061282***	.0155543	-6.82	0.000	-.136614	-.0756424

2) Effets marginaux dans le cas l'échantillon tronqué

Delta-method

	dy/dx	Std. Err	z	P>|z|	[95 % Conf. Interval]	
Mar	.0072631	.0127143	0.57	0.568	-.0176564	.0321826
genre	.0234978**	.0108084	2.17	0.030	.0023138	.0446819
Agri	.0836443***	.0144073	5.81	0.000	.0554065	.111882
c_cant	.0781341***	.0189546	4.12	0.000	.0409838	.1152845
Cult	.0607938*	.0339724	1.79	0.074	-.005791	.1273785
ens_p	.1724187***	.0266108	6.48	0.000	.1202625	.2245749
autres	.0954842**	.0460186	2.07	0.038	.0052894	.1856791
typcaut	-.1183679***	.0174884	-6.77	0.000	-.1526446	-.0840912

CONCLUSION GÉNÉRALE

Professeur Auguste MPACKO PRISO
Université de Paris-Sarclay (France)

Je suis extrêmement heureux de terminer cet ouvrage rendant hommage aux travaux remarquables de notre collègue et ami, Jean-Roger Essombè Edimo Nya Bonabébé, dans le domaine des collectivités locales, un domaine qui, malheureusement, n'a pas bénéficié d'un intérêt suffisant de la part des chercheurs en Afrique. Notre collègue a compris très tôt l'importance de s'engager dans cette voie.

Ce livre est riche de la diversité des thèmes traités, chacun étant attaché à un aspect du travail intellectuel de notre illustre collègue. Il est le reflet du foisonnement et du bouillonnement des champs de recherche d'Essombè Edimo. Il démontre si besoin était de l'immensité du travail abattu au cours d'une carrière remarquable. Plus d'une cinquantaine de chercheurs de toutes les générations a participé à sa rédaction, chacun désirant être de cette fête qui célèbre notre collègue.

Dans cette conclusion générale, mon parti pris a été de ne pas revenir sur un résumé, même condensé des différentes parties du livre, celui-ci étant déjà effectué à la fin de chacune d'elles. J'ai choisi de me focaliser sur l'élargissement sur chaque thème traité en pointant les élargissements possibles.

Commençons par le thème de la ville intelligente et attractivité. S'il fallait raconter ce thème à un adolescent, la meilleure façon serait probablement de lui conter une histoire qui commencerait comme ceci. Imaginez une ville qui a plus d'algorithmes que le nombre de contacts de votre meilleur(e) ami(e) sur Tik Tok ! Une ville intelligente, c'est celle où les lumières vous saluent, et où les poubelles sont plus connectées que votre tonton sur Facebook. En gros, il s'agit d'une ville qui attire les talents comme un aimant pourtant sans ferraille et où le Wi-Fi est partout. Pour atteindre cet objectif, il faut que cette ville développe la mobilité urbaine, qu'elle indique comment elle gère la question énergétique, connecte ses infrastructures, concilie environnement et durabilité, implique ses citoyens dans la gestion publique, alimente son économie grâce à l'innovation, assure la sécurité publique et allie éducation et culture. Chacune de ces rubriques qui concourent au lien entre ville intelligente et attractivité mérite certains développements. La mobilité urbaine nécessite de développer des systèmes de transport intelligents pour réduire les embouteillage s. Pour fixer les idées, si vous êtes Camerounais, imaginez le rond-point de la poste centrale (Yaoundé) ou le carrefour Ndokotti (Douala) un mardi à 08h20, ou encore à 15h30. À ces heures de grande affluence, ces endroits sont naturellement bondés de monde et les embouteillages y sont quasi permanents, lesquels augmentent les émissions de gaz à effet de serre. Il en aurait été autrement si ces villes étaient dotées de transports en commun autres que les taxis collectifs à la capacité souvent limitée à 4 passagers, un peu plus en cas de surcharge. Un système de bus ou de tramways pour de villes de cette taille accroîtrait le nombre d'usagers transportés et réduirait la quantité de gaz à effet de serre émise dans la nature. Un tel résultat serait possible s'il y avait une production et une gestion efficace de l'énergie avec des circuits connectées pour optimiser la consommation. Le circuit de bus et/ou trams consommerait une énergie renouvelable produite en grande quantité en journée, soit le moment où la demande de transport est la plus élevée.

Dans les régions ensoleillées comme les nôtres, la recherche et le développement auraient déjà dû régler le problème de l'énergie. En effet, une énergie abondante est nécessairement peu coûteuse. Une énergie bon marché est une source de compétitivité inestimable pour nos entreprises. Les États-Unis, qui disposent du pétrole et du gaz contrairement à certains de leurs compétiteurs, l'Europe en particulier, le prouvent tous les jours. Elles peuvent ainsi attirer les industries qui préfèrent s'implanter là où l'énergie est moins chère plutôt que là où elle est plus chère, en plus de faire venir les talents de plus en plus mobiles.

Dans un contexte de changement climatique accéléré, le réchauffement climatique est une réalité quotidienne. La hausse des températures est palpable dans les cités camerounaises, celles de la partie septentrionale du pays, mais aussi dans le centre et le littoral. Il y a quelques décennies, l'utilisation de la climatisation dans une ville comme Yaoundé relevait du snobisme. Cela ne peut plus être considéré comme le cas aujourd'hui. Pour être attractive, une ville comme Yaoundé doit donc offrir des logements permettant à leurs habitants de ne pas suffoquer de chaleur. L'architecture de la ville doit être repensée. La climatisation basée sur une énergie renouvelable est une solution, mais elle ne doit pas être la seule. Les architectes doivent repenser l'habitat afin qu'il minimise la captation de la chaleur.

Nos villes seront d'autant plus attractives qu'elles seront durables. Un des critères de durabilité les plus incontestables est l'existence d'espaces verts. À Garoua, Bafoussam, Douala ou Yaoundé, nos villes doivent insérer davantage ces espèces. Ces derniers, lorsqu'ils sont bien entretenus, participent à l'embellissement de la ville. Aucun habitant n'est insensible à la beauté de sa ville. Une belle ville va attirer davantage d'habitants. La croissance du nombre d'habitants confère aussi à la ville un poids économique important et installe un cercle vertueux. Cependant, plus une ville a d'habitants, plus il est nécessaire de développer des infrastructures de transports adaptés, notamment les transports en commun. Un réseau de tramways en complément d'un réseau de bus est un duo à privilégier. Toutefois, un tel duo doit être pensé en amont de la réorganisation de la ville. Les tramways circuleraient sur des voies réservées et ont, sous réserve que les citoyens respectent la loi, résolu la question de l'occupation de l'espace. Ce n'est pas le cas du réseau de bus. Dans des villes, les routes à sens unique et à deux voies peuvent répondre de façon efficace à la problématique de l'occupation des routes. Imaginons un réseau de bus suffisant avec une voie réservée aux bus. Les citoyens ne sont pas toujours irrationnels et la majorité d'entre eux préféreront la fluidité d'un réseau de bus qui évite les embouteillages au confort d'une voiture individuelle ou même d'un taxi. Cette option ne marchera que si l'organisation des transports dans la ville confère ce caractère compétitif aux transports en commun. La mobilité douce, la marche à pied ou la pratique du vélo ne doivent pas être oubliées. Il faut pour cela prévoir un espace de cohabitation pacifique entre automobilistes et acteurs de la mobilité douce. Il peut s'agir des trottoirs partagés uniquement par des piétons et des cyclistes.

Une ville attractive est aussi une ville où les seuls déplacements faits sont ceux qui sont indispensables. En effet, nombre de déplacements peuvent aujourd'hui être évités grâce aux services en ligne. Faire une demande d'une pièce administrative est quelque chose qui peut se faire aujourd'hui en ligne. Les usagers se déplaceraient alors uniquement pour récupérer la pièce sollicitée. Cela ferait l'économie d'un déplacement. Dans certains cas, les déplacements peuvent même être évités. Imaginons le cas d'une déclaration de naissance. Rien n'empêche qu'un parent déclare une naissance en ligne en remplissant un formulaire. L'agent municipal qui traite la demande peut vérifier la véracité de la déclaration auprès de l'hôpital ou la clinique où la naissance a eu lieu. Il en est de même d'un acte de décès. En cas d'implémentation d'un coffre-fort numérique pour chaque citoyen, la réponse serait stockée dans ce coffre-fort. Cette solution présente l'intérêt d'être compatible aux risques d'une cyberattaque. Cette option ne peut fonctionner que si elle a l'onction des citoyens. Une telle onction peut être obtenue à travers une consultation citoyenne. Les municipalités pourraient s'associer à certaines sociétés sondages pour recueillir l'avis des citoyens à travers un échantillon représentatif.

Une ville attractive est une ville économiquement dynamique. Le dynamisme économique ne peut reposer que sur l'entrepreneuriat. De nos jours, les villes dynamiques développent des pépinières d'entreprises et des espaces de travail partagés qui sont de véritables laboratoires qui aident les entreprises à grandir à l'abri de la concurrence qu'ils devront affronter plus tard pour trouver leur place. Les entreprises de nouvelles technologies sont à privilégier, car ce sont elles qui sont aujourd'hui plus créatrices de valeur. Elles présentent aussi l'avantage de pouvoir être développées partout, dès lors que l'énergie et le réseau de communication sont disponibles. Les entreprises de nouvelles technologies ne peuvent toutefois se développer que s'il y a une réelle volonté politique.

Une ville attractive s'appuie sur des institutions de pointe qui développent le savoir, universités et/ou grandes écoles. Ces institutions nourrissent les incubateurs d'entreprises d'un personnel compétent et efficace, prêt à prendre des risques et qui considère l'échec comme une étape souvent nécessaire vers le succès. Les outils du savoir doivent donc être disponibles partout. Il ne doit y avoir aucun obstacle au savoir, que l'on se trouve dans son lit, dans son salon, dans un espace public ou à l'université. Cela n'est possible qu'avec une connexion internet de qualité. Ce savoir doit s'accompagner d'évènements culturels, concerts virtuels, musées virtuels… En ce qui concerne notre continent, des évènements issus des cultures ancestrales doivent être privilégiés.

L'attractivité d'une ville s'accompagne aussi de certains désagréments. Ces villes attirent souvent aussi des individus non désirés qui créent des problèmes d'insécurité. Les villes intelligentes résolvent généralement ces problèmes grâce à des outils d'observation, comme des caméras de surveillance. Lorsque le traitement des images se fait quasiment en temps réel, une réponse appropriée est apportée le plus tôt à chaque problème d'insécurité. La rapidité de leur traitement est un gage d'efficacité. Un traitement automatique des images est d'ailleurs possible. Un tel traitement déclenchera un envoi de la force publique le plus tôt possible avant que la situation ne s'envenime. La sécurité d'une ville est un élément à part entière de son attractivité.

Transformer les villes de notre pays en villes intelligentes est possible. De ce point de vue, Douala, par la position de son port autonome faisant de la ville la porte d'entrée de nombreux pays d'Afrique centrale, occupe une place particulière. Cette ville peut s'inspirer d'une ville intelligente comme Amsterdam, capitale des Pays-Bas. Le dynamisme économique d'Amsterdam, la qualité de ses universités et de ses transports en commun font d'Amsterdam l'une des villes qui ont la meilleure qualité de vie au monde. Pourtant, la ville n'a pas été gâtée par la nature. Elle se situe en effet à une altitude négative, (-2) mètres en dessous du niveau de la mer. Le pays s'est donné les moyens d'apprivoiser ce relief. Si cela n'avait pas été le cas, elle serait inondée très souvent. Cela devrait inspirer Douala. Les deux villes devraient multiplier les coopérations. Ce qui permettrait à Douala de bénéficier de l'expérience d'Amsterdam.

Faire de nos villes des villes attractives nécessite de lourds investissements financiers et non financiers. Nous y revenons dans la dernière partie de cette conclusion.

La deuxième partie du livre traite de l'intelligence territoriale et de l'attractivité. Il s'agit également d'un thème qui a été au cœur de la recherche du Professeur Essombè Edimo au cours de nombreuses années. Les travaux du Professeur Essombè Edimo nous ont permis de mieux comprendre les dynamiques territoriales des villes du Cameroun, Yaoundé et Douala en particulier. Les nombreuses données qu'il a collectées dans le cadre de ses travaux, sa connaissance fine de ces territoires et la profondeur de ses analyses en font probablement le meilleur expert de notre pays dans ce domaine. Des générations de chercheurs qu'il a formées dans ce domaine doivent suivre son exemple. Toutefois, aussi profonde que soit la contribution du Professeur Essombè Edimo, il n'a pas pu épuiser les thèmes de recherche dans ce domaine. Ainsi, en ce qui concerne l'analyse des données locales, il est nécessaire d'aller encore plus loin du travail déjà colossal du Professeur Essombè Edimo pour collecter et analyser les données plus fines des flux de population, leurs activités économiques et le rôle des infrastructures. Il faut aller plus loin dans l'identification des forces et des faiblesses des différents territoires pour mieux orienter et accompagner les politiques publiques locales, mais aussi nationales.

Dans le domaine des infrastructures, il faut s'assurer d'une clarification des responsabilités afin que chaque partie assume les siennes. Les infrastructures locales, notamment l'entretien des routes de nos villes, sont du ressort des collectivités locales décentralisées en vertu du principe de subsidiarité. Qu'en est-il de leur construction ? La construction des routes, y compris dans les grandes villes, ne devrait-elle pas être du ressort de l'État central dans le cadre d'un plan pluriannuel de développement des infrastructures routières ? L'État central n'est-il pas le seul à avoir une vision d'ensemble de la nation susceptible d'assurer une équité dans la répartition des ressources nationales, notamment lorsqu'elles proviennent des taxes ? Nos villes doivent passer à une étape supérieure dans la construction des infrastructures de transport. Il est temps d'envisager la construction d'un réseau de tramways dans toutes les villes qui en ont besoin, au rang desquels figurent Yaoundé et Douala. La solution aux inondations à répétition de ces dernières années devient aussi un préalable. La construction du réseau de tramways n'est envisageable que si notre pays a comblé son déficit en énergie. Il faut très clairement s'interroger si le système actuel de production et de distribution de l'électricité est adapté à nos besoins. Sans production suffisante d'électricité, il n'est pas possible d'envisager un bon réseau de tramways. La libéralisation de la production ne donnerait-elle pas de meilleurs résultats en termes de quantités produites ? Celui qui rédige cette conclusion en est convaincu. Il suffit pour cela de mettre en place des mesures incitatives, afin que ceux qui prennent un risque d'investissement en perçoivent de bonnes perspectives de retour sur investissement. La distribution peut rester centralisée, mais il faudrait que les producteurs aient un intérêt à la réussite de la distribution. Pour assurer cela, il suffit que tous les producteurs d'électricité soient actionnaires de la société de distribution. En choisissant une structure de société à capital variable, chaque producteur entrerait dans le capital de la société de distribution. Cela lui assurerait un accès à l'information, une bonne compréhension du modèle économique et une meilleure implication.

Devant une égalité des chances territoriales, les collectivités locales développeraient tout type d'ingénierie pour attirer les entreprises. Les entreprises s'installeraient en priorité dans les territoires pro-business. Il s'agit des territoires qui facilitent la vie des entreprises, par exemple, en mettant à la disposition de celles qui veulent s'installer diverses facilités, comme des bureaux équipés d'outils de communication haut débit, ou encore celles qui peuvent exonérer de taxes locales les premières années pour les entreprises nouvellement installées. Les entreprises privilégieront les territoires développant des zones industrielles avec aménagement des voies de desserte pour les transports en commun. Avec l'appui de l'État central qui renoncerait aux taxes, certains territoires pourraient développer des zones franches et autres « free trade zones » qui confèreraient à leur territoire un avantage compétitif indéniable.

Dans un monde où le changement climatique fait des ravages, les territoires attractifs de demain seront aussi ceux qui intégreront le développement durable dans leur plan de développement local. Les territoires sans inondation, par exemple, seront la preuve d'un meilleur aménagement pensé en amont du plan de développement. Ils peuvent aussi être la preuve d'une meilleure implication des citoyens avec une participation renforcée. Les nouvelles technologies permettent d'installer aujourd'hui, sans doute à moindre coût, un système de surveillance des catastrophes. Une permanence permet alors de traiter en temps réel les situations urgentes lorsque les informations sont communiquées à des stations ou personnes relais. Un exemple concret serait que chaque maison donnant sur la rue vérifie qu'il n'y ait pas d'eau stagnante en raison d'un obstacle dans les canalisations lorsqu'il pleut. Ainsi, les relais dans chaque périmètre de ville permettent de donner l'alerte pour se tenir prêt. Les citoyens participent ainsi à la protection et à la résilience collective aux catastrophes naturelles, comme les inondations. Ce type d'actions renforce l'appartenance des citoyens à leur ville, et est un motif de fierté pour ceux-ci. Il s'agit-là d'un engagement civique dont les moyens de valorisation restent à inventer. Une piste de valorisation peut être un système de points attribués à chaque citoyen engagé dans de telles actions. Ces points pourraient être pris en compte en cas de candidature à une élection municipale. Ils pourraient aussi être convertis en voix. Il ne fait aucun doute que les entreprises et les particuliers préféreront s'établir ou habiter dans ces régions plutôt que dans celles où les fortes pluies annoncent des inondations, voire des effondrements d'immeubles en raison de la saturation des sols en eau. Nul doute aussi qu'un tel territoire attirerait des touristes. Une telle organisation territoriale peut d'ailleurs être un objet touristique. Pour ce faire, il faudrait emballer l'offre pour la rendre commercialisable et séduisante. Ce sera la mission du marketing territorial.

La troisième partie du livre a traité du lien entre l'espace urbain et l'attractivité. L'espace urbain joue en effet un rôle essentiel dans l'attractivité d'une ville. Un espace urbain bien conçu, fonctionnant merveilleusement bien avec une esthétique propre affirmée, peut, non seulement attirer de nouveaux résidents, mais également de nouveaux touristes et de nouveaux investisseurs. Pour atteindre de tels objectifs, les villes devraient procéder à une planification urbaine intégrée, développer des espaces verts à vocation touristique, s'assurer que leur système de transport est inclusif et permet d'atteindre un bon niveau de mobilité. Les villes qui en disposent devront valoriser le patrimoine culturel et celles qui n'en disposent pas devraient en créer un (chaque ville peut bâtir son identité).

Pour développer une planification urbaine intégrée, les villes devront se livrer à des exercices de prospective et être en avance de phases des projets territoriaux afin que, lorsque ceux-ci sont adoptés, ils intègrent les projets de la ville. Ainsi, une ville qui a déjà élaboré un plan d'urbanisme prenant en compte les besoins de ses résidents, des entreprises existantes ou celles qu'elles souhaitent attirer, des visiteurs actuels ou ceux qu'elle souhaite attirer pourront aisément intégrer ces projets dans les plans territoriaux et s'assurer que les intérêts de la ville dans le territoire sont préservés. Dans l'optique de préserver ses intérêts en évitant une trop grande spécialisation, une ville pourra privilégier une planification urbaine intégrée qui favorise la mixité des usages pour créer des quartiers plus vivants. Ce sera le cas lorsque le plan d'urbanisme prévoit un mélange entre les bâtiments résidentiels, commerciaux et industriels. De tels quartiers peuvent bénéficier d'une animation à toute heure du jour ou de la nuit, contrairement aux villes qui ont privilégié des zones industrielles animées seulement pendant les heures de travail et totalement vides le reste du temps. Les évènements culturels réguliers, voire permanents, peuvent servir d'animation. Ces villes pourraient s'inspirer de New York et de son quartier Time Square à Manhattan. Tous les soirs, Time Square est un spectacle en continu.

Nos villes actuellement manquent cruellement d'espaces verts. Or, les espaces verts améliorent la qualité de vie dans les villes. Il est donc indispensable de multiplier des parcs et jardins publics afin de proposer aux citoyens de véritables espaces de détente. D'ailleurs, ces espaces de détente peuvent même engendrer des flux touristiques, qu'il s'agisse des habitants des petites villes voisines ou alors des touristes venus de plus loin, de passage dans la ville, ou qui se rendraient dans ces endroits pour y passer des moments agréables. Au-delà de la population des villes voisines ou de touristes de passage, ces espaces deviennent indispensables pour les habitants de ces villes. En effet, plus les villes se développent, plus les citoyens de ces villes sont stressés et plus ils ont besoin des espaces de détente. Douala est pour le Cameroun un cas d'école. Traverser la rue pour un piéton dans un brouhaha continu de klaxons de motos notamment est une véritable épreuve. Chaque traversée de rue lui fait accumuler un stress qu'il(elle) a besoin d'évacuer à un moment ou un autre. Au-delà des parcs et jardins publics, il est indispensable que nos villes, pour être vraiment attractives, développent une culture d'infrastructures de loisirs, notamment les équipements sportifs. Un objectif atteignable est d'envisager que chaque quartier de nos villes soit équipé en complexe sportif disposant d'au moins un de nos sports populaires. Parmi ces sports, le football, le handball et le basketball, du fait de leur caractère plus collectif, peuvent être privilégiés. Il faudrait aussi fournir un effort particulier pour des sports disposant d'une moindre notoriété, comme la natation. La construction de piscines permet d'une part de donner l'occasion aux enfants et aux adultes d'apprendre à nager, et d'autre part d'être des lieux de rafraîchissement lorsqu'il y a des chaleurs plus importantes que d'habitude. En outre, contrairement à la plupart des sports précédemment cités, la natation est l'un des sports/loisirs qui peuvent être pratiqués en famille. Pour cela, il faut construire des piscines avec des bassins à différents niveaux : pour les enfants, les adolescents et les adultes. La natation est aussi un sport/loisir qui mêle différentes générations.

Notons que les populations des villes ne peuvent bénéficier de manière efficace de ces lieux de détente que si les réseaux de transport adaptés sont disponibles. Au début des années 80, Douala et Yaoundé disposaient de systèmes de transport en commun en bus. Certes, ces deux villes étaient moins étendues qu'aujourd'hui, mais ce système fonctionnait de manière satisfaisante. La disparition des réseaux de bus par suite à des programmes d'ajustement structurels imposés au Cameroun par les institutions de Bretton Woods a été pour ces villes [147] un préjudice inestimable. Les villes camerounaises étant aujourd'hui plus étendues, un retour des transports en commun sous forme de bus, voire des tramways partout où c'est possible, serait bénéfique pour booster l'activité de loisir dans les parcs et jardins de ces villes.

Chacune de nos villes dispose d'une identité propre qui n'est pas encore suffisamment affirmée et/ou exploitée. Une ville qui se veut attractive doit développer et valoriser son identité culturelle. Les villes qui n'ont pas encore créé une identité propre ont intérêt à partir du socle historique de la ville. Il faudrait pour cela mettre à contribution les historiens et les conteurs pour façonner l'histoire de la cité. Il faudrait ensuite développer un marketing autour de cette histoire. Une ville qui décide de favoriser l'installation et/ou la création des start-ups peut créer son identité autour des nouvelles technologies. Il faudrait toutefois que cela ne soit pas qu'un slogan. Il faut qu'il y ait réellement un nombre significatif de start-ups accompagné de réalisations tangibles. Compte tenu de la pénurie de médecins qualifiés dans nos pays, une start-up peut, par exemple, se spécialiser dans les consultations d'un deuxième avis médical, ou encore,

[147] Ce préjudice ne concerne d'ailleurs pas uniquement ces villes, puisque la disparition des réseaux de bus (autrefois nommé SOTUC) a reporté vers des voitures à plus faible capacité le transport de personnes, engendrant plus de gaz à effet de serre.

proposer des consultations à distance avec un groupe de médecins. Il faut pour cela que l'équipement médical puisse permettre de délivrer la promesse faite d'une consultation de qualité à distance.

La dernière section de l'ouvrage se consacre à l'agriculture urbaine et son attrait croissant. On aurait pu penser il y a quelques années que ces deux notions étaient inconciliables. Aujourd'hui, il est indéniable que l'agriculture urbaine contribue à l'attractivité de certaines villes. Il en est ainsi parce que l'agriculture urbaine est un élément de la résilience alimentaire promouvant par la même occasion la durabilité. Les leviers par lesquels l'agriculture urbaine contribue à l'attractivité d'une ville sont nombreux : contribution à la qualité de vie et à l'amélioration de la santé publique, support d'éducation et de sensibilisation de ceux dont le village est une ville, contribution à l'économie locale, soutien à la biodiversité, recours aux innovations technologiques dans l'agriculture, contribution à la résilience et à la durabilité...

L'agriculture urbaine participe à l'amélioration de la qualité de vie et à la santé publique en permettant un accès à des aliments frais et locaux. Pour une ville comme Douala, l'éboulement de terrain ayant coupé la route Dschang-Douala peut priver cette dernière ville pendant plusieurs jours, voire des semaines, d'un canal essentiel d'approvisionnements. Si la ville de Douala avait suffisamment développé une agriculture urbaine, elle serait à l'abri des pénuries liées à la coupure de la route Dschang-Douala. Au-delà de l'accès aux aliments frais, le développement d'une agriculture urbaine améliore le paysage urbain et, finalement, son esthétique. Or l'amélioration de l'esthétique urbaine contribue à réduire le stress des habitants. L'agriculture urbaine permet à tous ceux qui ont comme village la ville de découvrir l'agriculture. Elle permet d'organiser des ateliers et des programmes éducatifs sur l'agriculture et la nutrition. Les participants à des ateliers ne considéreraient plus les choses de manière purement théorique, mais auraient ainsi l'occasion de tester les résultats de la recherche. Les écoles locales seraient particulièrement sollicitées pour enseigner aux jeunes l'importance de l'agriculture, non seulement comme source de notre alimentation, mais aussi comme source principale de notre médecine.

L'agriculture urbaine non seulement améliore la qualité de vie des citadins, mais elle contribue également à la prospérité économique locale en créant des emplois. En effet, il est impensable de mener une agriculture urbaine sans recourir à la main-d'œuvre. L'agriculture urbaine favorise les circuits courts en encourageant les marchés de producteurs locaux où les habitants peuvent éprouver de la fierté à vendre et à acheter des produits cultivés localement. C'est, par ailleurs, un soutien incontestable à la biodiversité. En effet, l'agriculture urbaine est rarement une agriculture non réfléchie. Elle se traduit souvent par l'introduction d'une variété de plantes et la création des habitats pour les pollinisateurs et d'autres animaux contribuant à cette agriculture urbaine. Le soutien à la biodiversité se traduit souvent aussi par la promotion des pratiques de jardinage biologiques et durables.

L'agriculture urbaine se caractérise souvent par des innovations, à la fois technologiques, mais aussi dans les pratiques que dicte le manque d'espaces. C'est ainsi qu'a vu le jour la pratique de l'agriculture verticale dans le but d'optimiser la production alimentaire dans des espaces limités. L'aquaponie ou l'élevage des poissons dans un système intégré à l'agriculture, où les déchets produits par des poissons nourrissent les plantes, a aussi vu le jour dans le contexte de l'agriculture urbaine. L'agriculture urbaine s'appuie abondamment souvent sur les nouvelles technologies avec, par exemple, l'utilisation des capteurs et des systèmes d'irrigation intelligents pour améliorer l'efficacité de la production agricole. Certaines de ces pratiques sont déjà expérimentées à Douala. L'agriculture urbaine est enfin source de résilience et de durabilité. En effet, en produisant localement, la ville accroît sa résilience en réduisant sa dépendance aux autres régions et/ou aux importations alimentaires. Dans le même temps, en produisant localement, la ville réduit son empreinte carbone en évitant des transports sur longue distance.

Au total, une ville qui pratique une agriculture urbaine avec toutes ces caractéristiques va sans doute transformer ses espaces urbains en zones dynamiques et attractives qui bénéficient à toute l'économie locale.

La cinquième partie de ce livre hommage au Professeur Essombè Edimo a traité de la mobilité urbaine et de l'attractivité. Il ne fait aucun doute que la mobilité urbaine joue un rôle crucial dans l'attractivité d'une ville. En effet, un système de transport efficace, de préférence durable et accessible à tous, peut améliorer significativement la qualité de vie des habitants et attirer de nouveaux résidents, visiteurs et investisseurs. Pour ce faire, les principaux leviers sont l'efficacité des transports publics, l'accessibilité, le stationnement et l'engagement citoyen.

Le rôle des transports dans l'attractivité d'une ville n'est plus à démontrer. Des villes qui ont un réseau de transports publics dense et, en termes de sécurité notamment, sont celles qui sont en général plébiscitées par les citoyens. Les villes qui disposent des banlieues plus ou moins lointaines des centres-villes nécessitent des transports publics de qualité. Une fois assurée la fiabilité des transports, le second objectif doit être la ponctualité et la fréquence pour encourager l'utilisation. Aujourd'hui, dans nos pays, la faiblesse des moyens financiers des États et des collectivités locales ne permet pas souvent de proposer des transports publics gérés par les entreprises publiques. Il est indispensable de réfléchir à des procédures de délégation de services publics aux entreprises privées avec une participation financière symbolique des collectivités locales et peut-être des dégrèvements d'impôts.

Les villes qui disposent d'un réseau ferré doivent faciliter l'intermodalité. Les autres doivent étudier la possibilité de se connecter à un réseau ferré. Il s'agit d'une ambition digne des collectivités territoriales. Autrefois, les trains circulaient jusqu'à Mbalmayo et Otelé (tronçon Otelé-Mbalmayo), Mbangua et Koumba (tronçon Mbanga-Koumba). Régénérer ces lignes conférerait à ces villes une indéniable attractivité. Il serait facile de combiner rail et routes dans ces localités.

Les villes actuelles avaient été conçues à une époque où la voiture était encore un bien de luxe. Dans ces conditions, difficile de prévoir des parkings. Cependant, avec l'expansion de la classe moyenne et la multiplication des initiatives de décarbonisation des véhicules en Europe, les voitures qui auraient dû être envoyées à la casse en Europe se retrouvent sur le marché africain, entraînant une pénurie de places de stationnement. Il faudrait vraisemblablement penser à construire des parkings en hauteur dans les centres-villes. Pour les villes qui développeront un bon réseau de transports en commun, une piste pour répondre à la pénurie de parkings est de construire des parkings relais en périphérie des villes. Cela réduirait l'entrée de voitures dans les centres-villes et le besoin d'accroître des places de stationnement. Les citoyens peuvent participer à la recherche de solutions si les autorités politiques les ont suffisamment impliqués. Ils peuvent participer de différentes manières. Ceux qui ont des moyens financiers peuvent participer à un actionnariat local (dont le montage financier reste à inventer), visant à doter la ville des infrastructures de transport visant à accroître leur attractivité. Ceux qui ont moins de moyens financiers peuvent apporter leur force de travail dans la construction d'infrastructures à travers une planification qui tient compte des forces disponibles pour avancer. Des citoyens pleinement impliqués dans la construction de leur ville se sentiront pleinement investis des missions de défense de leur ville. Ce seront de véritables ambassadeurs.

La sixième partie étudie le lien entre l'industrie du tourisme et le développement territorial. En effet, cette industrie a un impact significatif sur le développement territorial en stimulant l'économie locale, en créant des emplois et en encourageant les investissements dans les infrastructures.

L'industrie touristique créée des emplois dans des domaines aussi divers que l'hôtellerie, la restauration et les loisirs. Le secteur des loisirs est très important pour le tourisme, car, si les touristes n'ont pas de loisirs dans les lieux de villégiature, ils ne restent pas longtemps sur place. Ce qui est un mauvais signal à une époque où l'évaluation est à portée de clic. Outre les loisirs, les touristes consomment sur place et cela stimule le commerce de détail. Ce commerce local concernera les productions des petites entreprises locales, comme les boutiques d'artisanat et les marchés de produits locaux si un bon marketing est organisé autour de ceux-ci.

L'industrie touristique booste l'économie locale lorsqu'elle est bien pensée. Elle est même un élément de diversification des activités économiques dans un territoire, et accroît sa résilience face aux chocs qui peuvent frapper certains secteurs économiques. L'industrie touristique alimente les recettes fiscales et accroît ces dernières si les services (propreté, sécurité...) sont rendus aux touristes et que ceux-ci consentent au paiement des taxes touristiques à la hauteur des services rendus. Les cités gagneraient à adopter des méthodes semblables à celles employées par les agglomérations nord-africaines, telles que Marrakech, au Maroc. Les agents des impôts y ont un bureau dans les grands hôtels de luxe, où ils collectent des taxes. Dans les structures d'hébergement plus modestes, le responsable collecte toujours une taxe qui est reversée au trésor. D'ailleurs, le paiement à des plateformes peut permettre d'accroître la collecte des taxes touristiques, car la facture détaille toujours les différentes rubriques. De nombreux pays et même des régions à l'intérieur d'un pays mènent des campagnes marketing pour promouvoir l'industrie touristique de la région. De nombreuses régions ne disposant pas de grand-chose ont su créer une industrie touristique de qualité en installant des activités à découvrir. Les circuits de quad à découvrir ou à redécouvrir font le bonheur des touristes dans le désert marocain ou tunisien. Le septentrion du Cameroun peut s'en inspirer.

La septième partie de ce livre hommage a porté sur les instruments de développement des territoires intelligents. La question qui est posée ici est celle de savoir comment rendre nos territoires intelligents en s'appuyant sur les nouvelles technologies. Nos territoires ont là une réelle opportunité pour améliorer leur attractivité. Ils doivent développer pour cela des réseaux de communication satisfaisants. Les troubles dans les réseaux de communication, qui s'observent de manière régulièrement irritante, sont liés à des faiblesses d'investissement. Or, de l'avis des experts, le déploiement de la fibre optique devrait garantir la rapidité et la fiabilité de la connectivité. Les territoires qui combleront en premiers leur déficit dans ce domaine prendront une avance sur les autres.

Les territoires peuvent aussi se spécialiser sur la collecte et le traitement de données massives dès lors qu'ils peuvent s'appuyer sur la technologie. Les données ainsi massivement collectées seront traitées pour comprendre les tendances et les comportements, afin d'apporter des réponses appropriées aux nouveaux besoins des citoyens et des touristes. Ils peuvent s'appuyer sur l'intelligence artificielle et sa capacité d'apprentissage automatique pour développer des modèles prédictifs permettant d'améliorer la gestion des ressources et des services. Toutes ces avancées ne sont naturellement possibles que si la production d'énergie est suffisante. Un tel objectif passe par la multiplication des fournisseurs d'énergie. Ces derniers vont se lancer dans la production des énergies renouvelables, hydrauliques ou solaires. Ces sources d'énergie vont nécessairement réduire l'empreinte carbone du territoire et valoriser sa durabilité. Plus un territoire accroît sa capacité de production, plus il y a des chances que cette production profite d'abord au territoire, car, avant de distribuer ailleurs la production locale excédentaire, la consommation locale aura la priorité. Il s'agit ici d'un choix politique qui ne peut être assumé que par des collectivités territoriales qui ont une identité forte.

Les territoires intelligents seront aussi ceux qui sauront utiliser les nouvelles technologies pour gérer quelques problèmes fondamentaux que nos territoires n'ont pas, à ce jour, réussi à gérer : l'optimalité dans la gestion de l'énergie, les déchets et l'eau. S'agissant de l'énergie, alors que nos territoires souffrent encore d'un déficit en énergie, il est courant de constater ces ampoules qui sont allumées 24 heures sur 24 dans nos villes, alors qu'elles n'ont aucune utilité entre 6 heures et 17 heures 30. La distribution d'eau souffre aussi de carences préjudiciables du fait des pertes liées soit à la vétusté des canalisations, soit alors à leur mauvaise qualité. En ce qui a trait aux déchets, il faut admettre que la question de leur gestion dans nos territoires est toujours sans réponse. On pourrait envisager des bennes munies de capteurs pouvant signaler le moment où elles sont presque pleines et ainsi déclencher une collecte.

Le dernier thème de ce livre hommage a porté sur les leviers de financement de la ville intelligente. Nos villes et territoires ne peuvent devenir attractifs que s'ils peuvent trouver les moyens de financer leurs ambitions. Cela nécessite de mobiliser tous les leviers de financement et ceux-ci sont nombreux, des partenariats public-privé aux incitations fiscales en passant par des partenariats internationaux.

Commençons par les Partenariats Public-Privé (PPP). Ils ont pour origine la volonté de palier à l'insuffisance des recettes publiques pour financer les services publics. Les PPP ne sont donc pas une invention récente, même si leur forme moderne est apparue au cours des décennies récentes. L'absence de documentation et de statistiques nous empêche de creuser cette question dans l'histoire des royaumes africains. Cette recherche devra être entreprise plus tard. À l'étranger, et en particulier en Europe, les formes de partenariat public-privé sont déjà présentes au XIIIe siècle. Plus près de nous dans le temps, il faut noter que les principaux pays développés connaissent les déficits publics à partir des années 1970. C'est en particulier le cas des États-Unis, dont le financement de la guerre du Vietnam va plomber les caisses de l'État fédéral. Un pays comme la France n'a plus connu d'excédent budgétaire depuis 1974. Dans tous ces pays, la nécessité d'entretenir l'État-providence créé des besoins financiers toujours plus grands. C'est dans ce contexte que les partenariats public-privé dans leur forme contemporaine sont apparus en Grande-Bretagne en 1992, puis en France en 2004. Que ce soit pour financer la construction des hôpitaux, des universités, des ports ou des aéroports, les pays développés ne cessent depuis quelques décennies de recourir à des PPP. Ces derniers sont présentés par certains comme la solution miracle permettant de répondre à la faiblesse des financements publics destinés à la construction des infrastructures, notamment dans les pays dits émergents de la deuxième zone, l'Afrique et l'Amérique latine en particulier. Ces contrats ont d'autant plus le vent en poupe dans ces pays qu'ils ont été adoubés par les institutions de Bretton Woods que sont la Banque mondiale et le Fonds Monétaire International. Le principal problème avec les PPP est leur manque d'équilibre. Il n'est pas rare qu'ils soient davantage favorables à la partie privée qu'à la partie publique. Une explication de ce déséquilibre est que la partie publique n'investit pas dans la protection de ses intérêts. Il n'est pas rare de constater dans un dossier de PPP que la partie publique n'est pas accompagnée par un conseil juridique, alors que la partie privée s'adjoint un ou plusieurs avocats. Les détracteurs de ces montages aiment d'ailleurs à dire qu'il s'agit des contrats qui font supporter les charges à la sphère publique alors que les bénéfices sont privatisés. Les collectivités locales africaines qui signent ces contrats doivent absolument se faire accompagner par des cabinets d'avocats.

Les subventions et aides publiques sont des modes de financement que les collectivités et villes qui se veulent attractives ne peuvent pas négliger. Ces subventions peuvent provenir de l'État central dans le cadre des services de proximité et de subsidiarité. Les subventions et aides peuvent aussi provenir des organismes internationaux, notamment lorsqu'ils sont l'émanation des Nations-Unies, comme l'UNESCO, la Banque Mondiale ou le FMI.

Les fonds de pension des pays occidentaux sont aujourd'hui une source de financement que les collectivités locales des pays africains peuvent solliciter. En effet, avec le vieillissement de la population des pays développés, leurs fonds de pension ont accumulé d'énormes réserves qui ne demandent qu'à être investies. Les deux premiers fonds de pension dans le monde, selon *Thinking Ahead Institute*, le fonds de pension du gouvernement japonais et le fonds de pension du gouvernement norvégien, totalisent chacun, en 2024, près de 1,6 trillion[148] de dollars américains. Le fonds de pension sud-coréen, qui est le troisième plus gros fonds de pension dans le monde, totalise en 2024 plus de 800 milliards de dollars américains. Les sept plus importants fonds de pension sont les suivants : le fonds de pension du gouvernement américain (783 milliards de dollars), le fonds ABP des Pays-Bas (552 milliards de dollars), le Canada (477 milliards de dollars), le fonds de pension des employés des services publics de l'État de Californie (452 milliards de dollars), Singapore (432 milliards de dollars), la Sécurité nationale chinoise (364 milliards de dollars) et le fonds de pension des enseignants de l'État de Californie (310 milliards de dollars). Le vingtième fonds de pension, celui de Taiwan, a un portefeuille de 176 milliards de dollars américains. Face à des marchés financiers occidentaux matures qui présentent des opportunités de rentabilité limitées, les pays africains comme les collectivités locales africaines doivent passer à l'offensive dans la recherche des financements pour leurs infrastructures, les chemins de fer, ports, aéroports et routes notamment.

[148] Un trillion est égal à mille milliards.

Une source de financement de projets est apparue récemment, le crowdfunding ou financement participatif. Il s'agit de mobiliser les petits donneurs. L'idée est de s'appuyer sur la force du nombre. Les petits donateurs contribuent avec de petits montants, mais l'accumulation de petits montants en grand nombre permet de lever des sommes importantes susceptibles de financer des projets importants. Aujourd'hui, il existe de nombreuses plateformes qui disposent d'un agrément des autorités compétentes permettant de collecter des fonds en financement participatif et de contrôler ces fonds. Cette source de financement est peut-être le meilleur moyen d'impliquer les citoyens à la construction d'une ville ou d'une collectivité attractive. Il reste à développer des modalités permettant de valoriser cette participation citoyenne.

Les incitations fiscales sont également un moyen d'obtenir des financements. Il est bien connu que les entreprises sont en général attentives à l'optimisation fiscale. Dès lors, une collectivité locale, notamment lorsqu'elle est appuyée par l'État, seul véritable détenteur de la souveraineté fiscale, peut mettre en place une ingénierie susceptible d'attirer des investisseurs. Un système de concessions de gestion des infrastructures, financé par des détenteurs de capitaux, peut attirer des investisseurs.

Finalement, les leviers de financement des villes et territoires intelligents sont nombreux. Il ne tient qu'à nos pays d'activer les leviers appropriés en mettant en avant l'intérêt du pays.

LISTE DES CHAPITRES

Chapitre 4 : Assainissement et développement territorial : le rôle des toilettes publiques dans la construction de l'attractivité des territoires urbains au Cameroun.

Michel Stéphane Landry OYIE AVOULOU. PhD ; Université de Yaoundé II ; Docteur ès-Sciences Économiques, Économie du Territoire et de la Décentralisation ; Économie du Développement territorial ; Laboratoire du Réseau des Encadreurs, Initiateurs des Nouvelles Entreprises et des Talents D'Afrique (RETAAF-Lab) ; Groupe d'Études en Développement Local et Spatial (GREDLOS) ; michelstephanelandry.oyie@gmail.com, Cameroun/ Yaoundé.

Jean-Roger ÉSSOMBÈ ÉDIMO NYA BONABÉBÉ. Université de Yaoundé II et DEATC/CUD, Communauté urbaine de Douala (CUD) ; jressombe@yahoo.fr, Cameroun.

Gérard TCHOUASSI. Université de Yaoundé II, Professeur, Économie du territoire et du développement, Entrepreneuriat ; Laboratoire du Réseau des Encadreurs, Initiateurs des Nouvelles Entreprises et des Talents D'Afrique (RETAAF-Lab) ; tchouassigerard@yahoo.fr, Cameroun/Yaoundé.

Chapitre 5 : Pratiques managériales dans les collectivités territoriales décentralisées au Cameroun : la communication interne, catalyseur de l'implication au travail du personnel ?

Innocent ESSOMME. Doctorat Nouveau Régime en Sciences de Gestion, Université de Yaoundé II/ Faculté des sciences économiques et de gestion/ Centre d'Études et de Recherche en Économie et Gestion (CEREG), Maître-assistant CAMES/ Maître de Conférences, Gestion des ressources humaines, essommeinnocent@yahoo.fr, Cameroun/Yaoundé.

Pierre Anicet NGUELE. Doctorat/PhD Business administration, Enseignant-Associé à l'École Nationale d'Administration et de Magistrature (ENAM) et à l'Université Catholique d'Afrique Centrale (UCAC), Administrateur civil principal, Sciences de gestion, pierreanicetnguele@yahoo.fr, Cameroun/Yaoundé.

Lineda Massona KAMCHIE. Doctorante en gestion des ressources humaines, Université de Yaoundé II/ Centre d'Études et de Recherche en Économie et Gestion (CEREG), Chercheure, Gestion des ressources humaines, linedamassona@gmail.com, Cameroun/Yaoundé.

Deuxième partie : Intelligence territoriale et attractivité

Chapitre 6 : Facteurs institutionnels et attractivité des investissements directs étrangers pour les territoires urbains.

Gérard TCHOUASSI. Université de Yaoundé II, Professeur, Économie du territoire et du développement, Entrepreneuriat ; Laboratoire du Réseau des Encadreurs, Initiateurs des Nouvelles Entreprises et des Talents D'Afrique (RETAAF-Lab) ; tchouassigerard@yahoo.fr, Cameroun/Yaoundé.

Michel Stéphane Landry OYIE AVOULOU. PhD ; Université de Yaoundé II ; Docteur ès-Sciences Économiques, Économie du Territoire et de la Décentralisation ; Économie industrielle ; Économie urbaine ; Laboratoire du Réseau des Encadreurs, Initiateurs des Nouvelles Entreprises et des Talents D'Afrique (RETAAF-Lab) ; Groupe d'Études en Développement Local et Spatial (GREDLOS) ; Centre de Recherche en Diplomatie Stratégique (CREDIS) ; michelstephanelandry.oyie@gmail.com, Cameroun/ Yaoundé.

Bourkou Dédé El Hadj. PhD ; Échange international et Administration publique ; ministère de Finance ; Tchad/Ndjamena.

Chapitre 7 : Problématique et enjeux de la spatialisation des entreprises industrielles à Yaoundé.

Aurore Sara Sophie NGO BALEPA. Professeure-HDR, ex-Doyen Faculté des Lettres et Sciences humaines, Département de Géographie, Université de Douala. abalepa@gmail.com, Cameroun/Douala.

Marie Thérèse BILO'O ALO'O. Doctorat/PhD ; Université de Douala ; Laboratoire de Recherche en Géographie, Territoires et Environnement ; biloomarie@yahoo.fr, Cameroun/Douala.

Chapitre 8 : La prise en compte de l'attractivité territoriale dans les collectivités territoriales décentralisées : quelle stratégie pour le développement local ?

David SOSSO NJANGUI. Doctorat PhD ; Université de Douala/ Faculté de Lettres et Sciences humaines/ Département de Communication ; Assistant ; Communication publique ; Laboratoire d'Analyse des Conjonctures de la Communication (LACOCOM) ; sossodavid@yahoo.fr, Cameroun/Douala.

Chapitre 9 : Les technoparcs dans les pays en développement : peut-on aller plus loin dans la coordination de leur fonctionnement ?

Jean Roger ESSOMBE EDIMO Nya Bonbébé. Université de Yaoundé II et DEATC/CUD, Communauté urbaine de Douala (CUD), jressombe@yahoo.fr, Cameroun/Douala.

Troisième partie : Espace urbain et attractivité

Chapitre 10 : Ressources naturelles et développement du capital humain des territoires urbains.

Gérard TCHOUASSI. Université de Yaoundé II, Professeur, Économie du territoire et du développement, Entrepreneuriat ; Laboratoire du Réseau des Encadreurs, Initiateurs des Nouvelles Entreprises et des Talents D'Afrique (RETAAF-Lab) ; tchouassigerard@yahoo.fr, Cameroun/Yaoundé.

Magloire GOLOUM. Doctorant ; Institut Universitaire pour le Développement international ; magloiregoloum@gmail.com, Tchad/Ndjamena.

Emmanuel NANA MBAFONG. PhD ; Cadre au MINEPAT ; mbafonge@yahoo.fr, Cameroun/Yaoundé.

Chapitre 11 : Effets de l'urbanisation sur les profits agricoles dans les exploitations maraichères urbaines et périurbaines de Yaoundé : une analyse par l'approche multi-niveau.

Lucien Armel AWAH MANGA. Doctorat PHD ; Université de Yaoundé II ; Chargé de cours, Économie Agricole et de l'Environnement, Économie urbaine et Économie géographique, Armel.awah@gmail.com/ armel.awah@univ-yaounde2.org, Cameroun/Yaoundé.

Henri Aurelien ATÉBA BOYOMO. Doctorat ; Université de Yaoundé II-Soa ; Charge de Cours ; Economie Mathématique et Économie de l'environnement ; henriatebaboy@yahoo.fr,

Cameroun/Yaoundé.

Jean Bernard AWONO MONO. Doctorat/Ph.D. en sciences économiques ; Consultant en freelance ; Economie de la santé, l'Économie de l'Éducation, et l'Économie du Développement. Rattaché au Laboratoire d'Économie publique de Yaoundé (LEPY) ; bernardo.awono@gmail.com, Cameroun/Yaoundé.

Jean-Roger ÉSSOMBÈ ÉDIMO NYA BONABÉBÉ : Université de Yaoundé II et Directeur de l'Économie, de l'Attractivité territoriale et de la Coopération, CUD ; jressombe@yahoo.fr, Cameroun/Douala.

Chapitre 12 : L'offre des services de santé dans les territoires urbains au Cameroun

Ngwen NGANGUE. Doctorat Nouveau Régime, Université de Yaoundé II, Maître de conférences, Économie de Développement, ngwenn@yahoo.fr

Cameroun/Yaoundé.

Chapitre 13 : Enchérissement foncier et stratégies d'adaptation des maraichers dans l'arrondissement de Kyé-Ossi, ville transfrontalière Cameroun-Gabon-Guinée Equatoriale.

Louis Bernard TCHUIKOUA. Géographe-environnementaliste/ Docteur de l'Université Michel de Montaigne Bordeaux 3 (France) et Docteur PhD de l'Université de Douala (Cameroun), Maître de Conférences, Enseignant-chercheur, s'intéresse aux questions d'environnement et de développement durable en milieu urbain tropical, tchuikoua@yahoo.fr, Cameroun/Yaoundé.

Alex-Vidal ELLA BA ZAMBO. Doctorant en géographie, Université de Yaoundé I, Cameroun/Yaoundé.

Quatrième partie : Agriculture urbaine et attractivité

Chapitre 14 : L'agriculture urbaine face aux enjeux de durabilité : une étude à partir du maraichage dans les villes de l'Ouest-Cameroun.

Franky Jordann TAGNE. Doctorant au Département de Géographie-Aménagement – Environnement, Université de Dschang, Frankytagne052@gmail.com, Cameroun/Dschang.

Sylain TCHAGUI. PhD, Département de Géographie – Aménagement-Environnement, Université de Dschang, Doctorat en géographie du développement Sylvain.tchagui@yahoo.com, Cameroun/Dschang

Chapitre 15 : Végétalisation urbaine comme moyen d'atténuation des effets du changement climatique au Cameroun.

Gérard TCHOUASSI. Université de Yaoundé II, Professeur, Économie du territoire et du développement, Entrepreneuriat ; Laboratoire du Réseau des Encadreurs, Initiateurs des Nouvelles Entreprises et des Talents D'Afrique (RETAAF-Lab) ; tchouassigerard@yahoo.fr, Cameroun/Yaoundé.

Moïse GODOM. Doctorat PhD en ingénierie économique et financière, Université de Yaoundé II, le changement climatique, l'agriculture, la pauvreté et le développement durable, m.godom@yahoo.com,_Cameroun/Douala.

Abakar SOULEYMANE. Docteur/PhD, Economie des Sciences appliquées de Développement, Ababsoul1@gmail.com, Tchad/Ndjamena.

Chapitre 16 : Émergence d'une économie paysanne autour des « gastéropodes » : le cas des escargots dans la ville de Santchou au Cameroun.

Jolin TAFELEFACK. Doctorat/PhD en Géographie-Aménagement-Environnement, Faculté des Lettres et Sciences humaines, Université de Dschang, jolintafelefack@gmail.com, Cameroun/Dschang

Johannas Martial NGANKEU. Doctorat/PhD en Géographie-Aménagement-Environnement, Université de Dschang, Centre de Recherche sur les Hautes Terres de l'Ouest (CERETH) à l'Université de Dschang. johannasmartial@yahoo.fr, martial.ngankeu@univ-dschang.org, Cameroun/Bafoussam

Cinquième partie : Mobilité urbaine et attractivité

Chapitre 17 : Aménager et repenser la voirie urbaine au Cameroun pour une ville durable.

Gérard TCHOUASSI. Université de Yaoundé II, Professeur, Économie du territoire et du développement, Entrepreneuriat ; Laboratoire du Réseau des Encadreurs, Initiateurs des Nouvelles Entreprises et des Talents D'Afrique (RETAAF-Lab) ; tchouassigerard@yahoo.fr, Cameroun/Yaoundé.

Chantale Chrysleine KAMGA KAMGA. Doctorat PhD, Sciences Économiques ; Économie urbaine ; Économie circulaire ; Économie sociale et Solidaire, Économie de partage. Laboratoire du Réseau des Encadreurs, Initiateurs des Nouvelles Entreprises et des Talents D'Afrique (RETAAF-Lab), Chantalekamgakamga@yahoo.fr, Cameroun/Yaoundé.

Chapitre 18 : Infrastructures structurantes et développement péri-urbain : cas de l'autoroute Yaoundé-Nsimalen.

Elie Fernand JIOKENG TCHOUGON. Doctorat PhD, Économie du Développement territorial ; Économie Politique ; Urbanisme ; Gouvernance des Organisations ; fiscalité locale ; Économie urbaine, Laboratoire du Réseau des Encadreurs, Initiateurs des Nouvelles Entreprises et des Talents D'Afrique (RETAAF-Lab) ; Responsable de la Maturation des Projets, Mairie Douala Ive, jiokengfernand@gmail.com, Cameroun/Douala.

Donald Eric KAMGA. Doctorat PhD en Géographie, Université de Yaoundé 1, Département de Géographie, Dynamiques Urbaines et Rurales, kamgadonalderic@yahoo.fr, Cameroun/Yaoundé.

Charnel NGUEDIA DJOUGHO. Doctorant en Géographie, Université de Yaoundé 1, Département de Géographie, Département de Géographie, charnel1nguedia@gmail.com, Cameroun/Yaoundé.

Chapitre 19 : Pratique de la logistique inverse dans les villes de la région du centre au Cameroun.

Julien Grégoire ONGUENE ATÉBA. Docteur/PhD en Économie, Sorbonne Institut de Paris/ISSAER de Sa'a, Assistant Économie, logistique et transport/CEREG Yaoundé 2, Alandesstyles201@gmail.com, Cameroun/Yaoundé.

Sixième partie : Industrie du tourisme et développement territorial

Chapitre 20 : Offre touristique des territoires Camerounais.

Audrey Guylène NGUETCHOUO DOMTCHOUANG. Doctorante, Université de Yaoundé 2, Économie du territoire et décentralisation, Laboratoire du Réseau des Encadreurs, Initiateurs des Nouvelles Entreprises et des Talents d'Afrique (RETAAF-Lab), Guyeneaudrey17@gmail.com, Cameroun/Yaoundé

Chapitre 21 : Le développement de l'industrie touristique pour une contribution au revenu national du Cameroun.

Gérard TCHOUASSI. Université de Yaoundé II, Professeur, Économie du territoire et du développement, Entrepreneuriat ; Laboratoire du Réseau des Encadreurs, Initiateurs des Nouvelles Entreprises et des Talents D'Afrique (RETAAF-Lab) ; tchouassigerard@yahoo.fr, Cameroun/Yaoundé.

Audrey Guylène NGUETCHOUO DOMTCHOUANG. Doctorante, Université de Yaoundé II, Économie du territoire et décentralisation, Laboratoire du Réseau des Encadreurs, Initiateurs des Nouvelles Entreprises et des Talents d'Afrique (RETAAF-Lab), Guyeneaudrey17@gmail.com, Cameroun/Yaoundé.

Pierre Anicet NGUELE. Doctorat/PhD Business Administration, Enseignant-Associé à l'École Nationale d'Administration et de Magistrature (ENAM) et à l'Université Catholique d'Afrique Centrale (UCAC), Administrateur civil principal, Sciences de gestion, pierreanicetnguele@yahoo.fr, Cameroun/Yaoundé.

Chapitre 22 : Restauration distractive et attractivité des territoires urbains du Cameroun.

Dieudonné LEKANE TSOBGOU. Docteur en géographie rurale et enseignant-chercheur au Département de géographie Aménagement et Environnement de l'Université de Dschang. Maitre de Conférences ses travaux de recherche portent sur la géographie du tourisme, l'Entrepreneuriat, le Géomarketing, l'Écotourisme et l'adaptation aux changements climatiques. Collaborateur scientifique au LAPLEC de l'Université de Liège en Belgique. lekanedieudonne1@gmail.com. Cameroun/Dschang.

Septième partie : Instruments de développement des territoires intelligents

Chapitre 23 : Partenariat public-privé : théorie et principe.

Gérard TCHOUASSI. Université de Yaoundé II, Professeur, Économie du territoire et du développement, Entrepreneuriat ; Laboratoire du Réseau des Encadreurs, Initiateurs des Nouvelles Entreprises et des Talents D'Afrique (RETAAF-Lab) ; tchouassigerard@yahoo.fr, Cameroun/Yaoundé.

Eloi TIIGRIBE. Docteur en finance publique ; ministère des Finances ; Yaoundé/Cameroun.

Chapitre 24 : Les contributions philanthropiques dans des territoires de la ville de Yaoundé

Chantale Chrysleine KAMGA KAMGA. Doctorat PhD, ès-Sciences Économiques, Charisma University, Turks and Caicos Island United Kingdom ; Économie urbaine ; Économie circulaire ; Économie sociale et Solidaire, Économie de partage. Laboratoire du Réseau des Encadreurs, Initiateurs des Nouvelles Entreprises et des Talents D'Afrique (RETAAF-Lab), Chantalekamgakamga@yahoo.fr, Cameroun/Yaoundé.

Chapitre 25 : Performance fiscalité et développement durable des territoires urbains : une analyse sous le prisme de la fiscalité locale.

Elie Fernand JIOKENG TCHOUGON. Doctorat PhD, Économie du Développement territorial ; Économie Politique ; Urbanisme ; Gouvernance des Organisations ; fiscalité locale ; Économie urbaine, Laboratoire du Réseau des Encadreurs, Initiateurs des Nouvelles Entreprises et des Talents D'Afrique (RETAAF-Lab) ; Responsable de la Maturation des Projets, Mairie Douala Ive, jiokengfernand@gmail.com, Cameroun/Douala.

Chapitre 26 : La démarche qualité intelligente pour la gouvernance des organisations publiques.

Gérard TCHOUASSI. Université de Yaoundé II, Professeur, Économie du territoire et du développement, Entrepreneuriat ; Laboratoire du Réseau des Encadreurs, Initiateurs des Nouvelles Entreprises et des Talents D'Afrique (RETAAF-Lab) ; tchouassigerard@yahoo.fr, Cameroun/Yaoundé.

Bruno TACTOUM DJELOTSA. Docteur/PhD, Expert qualité, Port autonome de Douala (PAD) Cameroun/Douala.

Thomas GAHAMANYI NIYONZIMA. Doctorat/Ph D en Sciences économiques : Gestion de micro entreprise, Université de Yaoundé II et enseignant chargé de cours à ISC GOMA en RDC, Laboratoire d'Économie mathématique, Statistique et économétrie, Tgahamanyi01@gmail.com, République Démocratique du Congo/GOMA et Cameroun/Yaoundé.

Huitième partie : Leviers de financement de la ville smart

Chapitre 27 : Les investissements directs français au Cameroun : une attractivité comparée des villes de Douala et de Yaoundé.

Elie NGONGANG. Doctorat d'État en Sciences Economique FSEG, Université de Yaoundé II, Département des Techniques quantitatives, Maître de conférences, LAREM-FSEG

ngongother@yahoo.fr, Cameroun/Yaoundé.

Soulemanou. Doctorat/PhD, Université d'Ebolowa, Enseignant chercheur/ Assistant, Économie monétaire, bancaire et financière, Oumarou.soulemanou@yahoo.fr,_Cameroun/Yaoundé.

Derick NDO ETOA. Doctorant, Faculté des Sciences Econimiques et de Gestion, Université de Yaoundé II, LAREM-FSEG, ndoetoa@gmail.com, Cameroun/Yaoundé.

Chapitre 28 : Qualité des infrastructures de transport et attractivité des investissements directs étrangers dans les pays de la CEMAC.

Elie NGONGANG. Doctorat d'État en Sciences Economique FSEG, Université de Yaoundé II, Département des Techniques quantitatives, Maître de conférences, LAREM-FSEG

ngongother@yahoo.fr,_Cameroun/Yaoundé.

Jean TCHITCHOUA. Doctorat/Ph.D. en Sciences Économiques, Université de Yaoundé II, Maître de Conférences, Économie du développement, LAREM (Laboratoire d'Analyse et de Recherche en Économie Mathématique), jtchitchoua@yahoo.com, Cameroun/Yaoundé.

Chapitre 29 : Efficacité de la décentralisation financière pour le développement des villes.

Gérard TCHOUASSI, Pierre Patrick DZOU et Elie Fernand JIOKENG TCHOUGON

Gérard TCHOUASSI. Université de Yaoundé II, Professeur, Économie du territoire et du développement, Entrepreneuriat ; Laboratoire du Réseau des Encadreurs, Initiateurs des Nouvelles Entreprises et des Talents D'Afrique (RETAAF-Lab) ; tchouassigerard@yahoo.fr, Cameroun/Yaoundé.

Pierre Patrick DZOU. Doctorat/Phd, Sciences économiques, Université de Dschang, pierre.dzou@unionbankcameroun.com, Cameroun/Dschang.

Tahir Cherif BRAHIM. Tahir Cherif BRAHIM, Doctorat/PhD Enseignant - chercheur, Contrôleur à l'AILC, Ndjamena, Tchad.

Elie Fernand JIOKENG TCHOUGON. Doctorat PhD, Économie du Développement territorial ; Économie Politique ; Urbanisme ; Gouvernance des Organisations ; fiscalité locale ; Économie urbaine, Laboratoire du Réseau des Encadreurs, Initiateurs des Nouvelles Entreprises et des Talents D'Afrique (RETAAF-Lab) ; Responsable de la maturation des projets, Mairie Douala Ive, jiokengfernand@gmail.com, Cameroun/Douala.

Chapitre 30 : Économie sociale et solidaire : la microfinance au service du développement des villes.

Bainone DANZOUMBE. Doctorat/PhD en Sciences de Gestion, Option Administration des Affaires, Institut Universitaire de Développement international (IUDI) à Mokolo/Cameroun, Docteur Recherche Postdoctorale en Entrepreneuriat et Gestion des PME, Bainone.danzoumbe@iudi.org, NDjamena/Tchad.

Taher Doutoum MAHAMAT. Doctorat/PhD, expert Banque et Finance, BEAC, Cameroun/Yaoundé.

Chapitre 31 : Politique publique d'appui à la micro finance au Burundi.

Théogène NSENGIYUMVA. Docteur, Université du Burundi/ Faculté des Sciences économiques et de Gestion (FSEG), Chargé des Cours, Laboratoire d'Analyse économique (LAE) et Associé au Laboratoire d'Économie Rouen Normandie- Université de Rouen-Normandie, nsengiyumvatheogene@yahoo.fr, Burundi/Bujumbura.

Christian KAMENGA. Doctorant, Université de Rouen-Normandie, Laboratoire d'Économie Rouen Normandie-Université de Rouen-Normandie, christiankamenga@gmail.com, France/Rouen-Normandie.

Célestin MAYOUKOU. Docteur, Maître de Conférences, Université de Rouen-Normandie, Laboratoire d'Économie Rouen Normandie - Université de Rouen-Normandie

celestin.mayoukou@univ-rouen.fr, France/Rouen-Normandie.

Conclusion générale

Auguste MPACKO PRISO. Docteur HDR, Professeur Associé à l'Université de Paris-Saclay, site de Versailles Saint-Quentin-en-Yvelines. Auguste.mpackopriso@bpce.fr ; France/Paris.

QUELQUES PUBLICATIONS DE JEAN-ROGER ÉSSOMBÈ ÉDIMO NYA BONABÉBÉ

2023 : *Les collectivités territoriales décentralisées et le développement : pour quelle gouvernance locale ?* In Ntuda, J., V. et Etoa Oyono, G. (2013). *Les initiatives de développement en Afrique subsaharienne : entre construction et déconstruction des modèles existants depuis 1960* ? Réminiscences du Pr Emérite Laurent Zang, L'Harmattan, Paris

2022 a : (avec Awono J., B. et Awah Manga, A.). Choix scolaires contraints dans les établissements secondaires de qualité de la ville de Yaoundé, dans *La Revue subsaharienne d'Économie et de Finance,* n° 18, nov. Paris

2022b : Les collectivités territoriales décentralisées et la gouvernance locale, *Revue Tendances de Management Africaines*, Vol. 22, Série 4, juillet.

2021 : (Dir) (avec Kamdem, E). Le concertopôle : un nouvel outil pour le développement local dans les pays en développement, *La Revue subsaharienne d'Économie et de Finance*, n° 14, Déc.

2021 : (avec Tchouassi G. et Kamga Kamga, C.C.). Politique philanthropique et développement local au Cameroun : analyse à partir du modèle DEA, *Revue Africaniste Inter-Disciplinaire*-RAID, n° 16, Mars.

2020 a : *La concertation comme outil de gestion de la lutte contre le covid-19 dans des CTD Camerounaises,* dans *« Concertation locale, nationale et Internationale contre le Covid-19 : quelles leçons pour le futur ? »,* (J, R. Essombè Edimo Nya Bonabébé et E., Kamdem (Dir.), en collaboration avec l'Université des Nations-Unies pour la Paix, la Fondation P. Cruigneau et le BIT), éd. PIPD, Genève-Yaoundé Sept.

2020b : (avec E. Kamdem) (Dir). *« Concertation locale, nationale et Internationale contre le Covid-19 : quelles leçons pour le futur ? »,* (en collaboration avec l'Université des Nations-Unies pour la Paix, la Fondation P. Cruigneau et le BIT), éd. PIPD, Genève-Yaoundé Sept.

2020c : Développement local et développement territorial : au-delà des concepts quel rôle pour les CTD dans le développement local ? Leçon inaugurale, Université Catholique Saint-Jérôme, 16 juil. Douala.

2020d : Développement local ou développement territorial : peut-on dépasser le débat ?, *Actes du Colloque international* de l'Université de Dschang sur "*Regards croisés sur le processus de décentralisation en Afrique*", 28-30 oct. Dschang

2020e : *Préface,* de l'ouvrage « *Économie de l'adaptation : comprendre l'adaptation au changement climatique* » (Pr NGO NONGA Fidoline), éd. Véritas, *Coll. Economia*, Douala

2019a : Attractivité territoriale et agro-industrie au Cameroun, *Revue africaine des Sciences économiques et de Gestion (RASEG)*, Vol. 19, n° 2, Juil-Déc.

2019b : Quel apport de l'économie géographique ou de l'économie territoriale pour l'émergence de l'Afrique dans une économie globalisée ?, Leçon inaugurale, Université HEC-TCHAD, 24 nov, Radisson Blu, N'Djamena.

2019c : Aménagement du territoire et réduction des inégalités de revenus des ménages au Cameroun, MINEPAT, « *Conférences de Consultations scientifiques* » pour la « Stratégie nationale de Développement, SND 2030 », Palais des Congrès 06/08 juillet, Yaoundé.

2018 : (avec Awah, A. et Tchanou, J., P.) **:** Urbanisation et agriculture : une tentative d'élargissement des économies d'agglomération au secteur agricole, *La Revue subsaharienne d'Économie et de Finance,* n° 11, Déc. Paris.

2017 a : Aménagement du territoire : analyse traditionnelle et éléments d'une vision commune pour l'Afrique de l'Ouest et du Centre (AOC), *La Revue subsaharienne d'Économie et de Finance*, n° 8, mai, Paris

2017b (avec Bindoumou M.) : *Internal adjustment costs and dynamic input demands : evidence in the Cameroonian manufacturing industry*, dans I. Piot Lepetit (Coord)(2017) : "*Cameroon in the 21st Century : challenges and prospects*", éd. Nova Science Publishers

2016a : Migrations et fuite des cerveaux africains : état des lieux et nouvelles approches théoriques, dans Tchouassi Gérard (Dir.) (2016), « *Migrations et fuites des cerveaux africains »,* éd. Universitaires Européennes, Bruxelles

2016b (avec Ndamcheu, D) **:** Dynamique spatiale de la population et développement de la région du centre (Cameroun) : une application de la loi rang-taille, *La Revue subsaharienne d'Économie et de Finance, n° 6, Jan.,* Paris.

2016c (avec Ndamcheu, D) **:** Dépendances spatiales et décisions de localisation des entreprises industrielles dans la ville de Douala, *Revue africaine des Sciences économiques et de Gestion*, (RASEG), vol. XVI, Oct.

2015 a : *Douala et la répartition spatiale des entreprises : polarisation et fragmentation*, Éditions L'Harmattan, Paris

2015b : Disparités territoriales de la dynamique des Petites et Moyennes Entreprises à Douala, *La Revue subsaharienne d'Économie et de Finance, n° 5, juin,* Paris

2014 : Dynamique territoriale de la concentration et de la déconcentration des entreprises à Douala : polarisation et effets de diffusion, dans

« Panafricanisme, Recherche, Paix et Développement », Ed. PAID/Publishers, Collection *Innovation et Développement,* Genève, 2014.

2013 (avec Ngo Balepa, A. S.) : Bonabéri à Douala : dynamique de localisation des entreprises et congestion d'un espace de déconcentration industrielle, in *La Revue subsaharienne d'Économie et de Finance,* n° 4, Nov.

2012 : (*Dir.*) Perspectives d'aménagement du territoire en Afrique de l'Ouest et du Centre, collaboration avec le P.D.M. (Cotonou/Bénin), éd. du PDM

2011 : Enjeux et opportunités des politiques industrielles en Afrique Centrale, in « *Les Économies de l'Afrique centrale 2011* », UN-C.E.A./BSR, Éditions Je Publie, Paris, Nov.

2008 : Douala et l'attractivité territoriale en zone CEMAC à l'heure de l'économie globale, in *Revue « ENJEUX »*, n° 34-35, Jan-Juin. Yaoundé.

2007 a : Localisation périphérique des entreprises industrielles et création de nouvelles centralités à Douala, *Revue Mondes en Développement*, vol. 35-2007/1, n° 137.

2007b : *Spatialité et Développement économique à Douala : entre le hasard et la nécessité*, Éditions L'Harmattan, Paris.

2005 : Le développement territorialisé à Douala : fondements et repérage des modalités institutionnelles d'une dynamique nouvelle, *RevueMondes en Développement*, vol.33-2005/2, n° 130.

1998 : Dynamique financière des tontines : quels enseignements pour le financement des petites entreprises en Afrique ? *Revue Tiers Mondes*, IEDES – Paris I Panthéon-Sorbonne, n° 156, Tome XXXIX, oct/déc.

1995 : *Quel avenir pour l'Afrique ? Financement et développement*, Éditions Silex/Nouvelles du Sud, Paris.

TABLE DES MATIÈRES

Structures éditoriales du groupe L'Harmattan

L'Harmattan Italie
Via degli Artisti, 15
10124 Torino
harmattan.italia@gmail.com

L'Harmattan Hongrie
Kossuth l. u. 14-16.
1053 Budapest
harmattan@harmattan.hu

L'Harmattan Sénégal
10 VDN SICAP AMITIE 3
BP 45034 Dakar-Fann
direction@senharmattan.com

L'Harmattan Cameroun
Tsinga/Derrière polyclinique FECAFOOT
BP 11486 Yaoundé
Jacques.koukam@harmattan.fr

L'Harmattan Burkina Faso
Villa 281, secteur 23 623, rue 14.32
Ouagadougou
zagbie@outlook.fr

L'Harmattan Guinée
Almamya, rue KA 028 OKB Agency
BP 3470 Conakry
harmattanguinee@yahoo.fr

L'Harmattan RDC
185, avenue Nyangwe
Commune de Lingwala – Kinshasa
matangilamusadila@yahoo.fr

L'Harmattan Congo
219, avenue Nelson Mandela
BP 2874 Brazzaville
deunovmikhael@gmail.com

L'Harmattan Mali
Immeuble Mgr Jean Marie Cissé
Aci Hamadallaye
BP 145 Bamako
syllaka@yahoo.fr

L'Harmattan Togo
Djidjole – Maison Amela
face EPP BATOME
02 BP 20680 Lomé
didieramela11@gmail.com

L'Harmattan Côte d'Ivoire
Résidence Karl – Cité des Arts
Abidjan-Cocody
03 BP 1588 Abidjan
harmattan.ivoire@gmail.com

L'Harmattan Bénin
Rue 604, (Immeuble à l'entrée
de la rue UCAO- Cite de Saint-Jean)
Cotonou
stepcorpus@gmail.com

Nos librairies en France

Librairie internationale
16, rue des Écoles
75005 Paris
librairie.internationale@harmattan.fr
01 40 46 79 11
www.librairieharmattan.com

Librairie des savoirs
21, rue des Écoles
75005 Paris
librairie.sh@harmattan.fr
01 46 34 13 71
www.librairieharmattansh.com

www.ingramcontent.com/pod-product-compliance
Lightning Source LLC
LaVergne TN
LVHW011213061026
849535LV00001BA/10
* 9 7 8 2 3 3 6 5 7 8 8 1 1 *